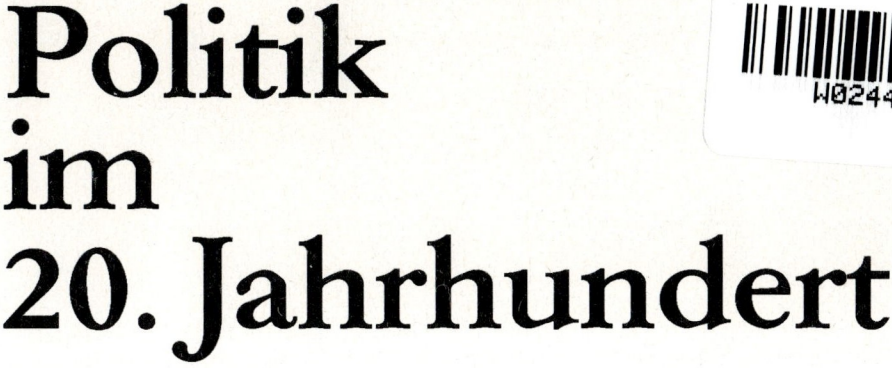

Politik im 20. Jahrhundert

Hartwich
Grosser
Horn
Scheffler

Herausgegeben von Hans-Hermann Hartwich

1987   1986   1985

Die letzte Zahl bezeichnet das Jahr der Herstellung

© Westermann Verlag GmbH, Braunschweig
1. Auflage 1984
Verlagslektor: Klaus Höller
Typographie: Gerd Gücker
Layout und Herstellung: Erhard Zische
Einbandgestalter: Eilart Focken
Zeichnungen: Technisch-Graphische Abteilung, Westermann
Satz: Zechnersche Buchdruckerei, Speyer
Gesamtherstellung: westermann druck, Braunschweig

Bestell-Nr. 3-14-**15 0995**-6

Inhalt (Übersicht)

Inhalt

Aus der Einführung zur 1. Auflage (1964)

„Die res publicae, die öffentlichen Angelegenheiten und Verhältnisse, sind nach dem Scheitern der Weimarer Demokratie, nach dem nationalsozialistischen Regime, nach Krieg und Zusammenbruch nachhaltig in das Bewußtsein der Bürger Deutschlands gerückt worden. Die Erfahrungen lehren, daß in unserer Zeit zur Bildung auch das Wissen um die öffentlichen Dinge, das Bewußtsein der Mitverantwortung, gehört.

Es kann und darf nicht allein Sache der Spezialisten sein, sich um die Gestaltung und um den Zustand der öffentlichen Angelegenheiten zu kümmern. Aber derjenige, der seine Mitverantwortung ernst nimmt, ohne zu dem kleinen Kreis der Spezialisten zu gehören, steht heute vor fast unüberwindlichen Schwierigkeiten. Die ungeheuere Mannigfaltigkeit des gesellschaftlichen, politischen und wirtschaftlichen Lebens, der rechtlichen Normen sowie der Ideen und Meinungen erschwert und verwehrt ihm die Orientierung. Hauptzweck dieses Buches ist es daher im Grunde, diese Orientierung als Basis der persönlichen Urteilsbildung zu ermöglichen.

Wer sich um die Gestaltung und den Zustand der öffentlichen Angelegenheiten kümmert, hat es mit der Politik zu tun. Politik ist die Gestaltung des öffentlichen Lebens des „Gemeinwesens". Das Gemeinwesen ist aber mehr als nur die staatliche Organisation und Struktur. Es umschließt die Menschen und die Gruppen mit ihren Vorstellungen über die beste und gerechteste Politik, mit ihrer Kritik und mit ihren Interessen.

Politisches Wissen ist die Einsicht in die Grundverhältnisse des öffentlichen Lebens und in die Probleme seiner Gestaltung. Politische Bildung verbindet dieses Wissen mit dem Bewußtsein von der Eigenständigkeit und der Würde des Menschen als Person und dem Engagement für eine Politik, die Freiheit und Würde des Menschen respektiert. Die Auflösung der Weimarer Republik und die Verhältnisse im nationalsozialistischen Staat sind für eine politische Bildung von besonders eindringlichem und nachhaltigem Erkenntniswert. Aber man darf darüber nicht die Gegenwart und die Zukunft vernachlässigen, d.h. die sich immer neu stellenden *Aufgaben* der Politik.

Zu Recht wurden gerade in der Erziehung junger Menschen Folgerungen aus der Vergangenheit gezogen und politisch-soziale Akzente in das Bildungsziel aufgenommen. Der Schule wird mit dieser „Politik" ein Arbeitsbuch für die gymnasiale Oberstufe vorgelegt, das die Themen und Fragestellungen der „Sozialkunde" im Rahmen der Gemeinschaftskunde unter dem Aspekt der Gestaltung des öffentlichen Lebens zusammenfaßt. Dabei wird immer zugleich der geschichtliche und erdkundliche Zugang aufgezeigt. Die Verfasser sind sich bewußt, daß sie mit diesem Arbeitsbuch zur Sozialkunde Neuland betreten. Sie wollen die Bemühungen der Kultusminister der Bundesländer um die Verwirklichung der Gemeinschaftskunde und besonders ihres sozialkundlichen Unterrichts unterstützen. Sie glauben, daß ihre Arbeit an der Universität sie auch dazu verpflichtet ..

Den Verfassern mag der Vorwurf gemacht werden, daß sie häufig oder insgesamt zu analytisch vorgegangen seien, zu wenig die Erziehung zum Demokraten in den Vordergrund gestellt hätten. Demokratisches Verhalten ist jedoch keine Sache der Definition, sondern der Überzeugung. Diese entsteht aus Einsicht und Erfahrung. Die Verfasser vertrauen mehr als allem anderen der Einsicht der heutigen Jugend. Das gründliche Nachdenken über die deutsche Geschichte und die ernsthafte Beschäftigung mit der Politik können zu keinem anderen Ergebnis als zum illusionslosen Bekenntnis zur freiheitlichen Ordnung führen. Die Illusionslosigkeit ist der beste Schutz vor politischer Rattenfängerei. Ferner ist sie Quelle der Einsicht, daß auch die Gestaltung des menschlichen Zusammenlebens nie etwas Vollkommenes und Endgültiges darstellt, sondern immer weiterer Vervollkommnung bedarf."

Berlin, im Dezember 1963

Hans-Hermann Hartwich

20 Jahre „Politik im 20. Jahrhundert"

Die Auszüge aus der Einführung zur 1. Auflage dieses Buches im Jahre 1964 kennzeichnen das Konzept und bringen das Engagement zum Ausdruck, das vier Politikwissenschaftler des Otto-Suhr-Instituts an der Freien Universität Berlin Anfang der sechziger Jahre leitete. Das Buch wurde in mancherlei Hinsicht bahnbrechend und es konnte seine Leser erreichen, wie über 500 000 Exemplare in 10 Auflagen beweisen.

Die Neuausgabe ist aus demselben Engagement heraus entstanden, obwohl die Autoren den täglichen Verpflichtungen des Universitätsalltages voll Rechnung tragen müssen. Die Verfasser sind heute Professoren an den Universitäten in Hamburg (Hartwich), München (Grosser) und Berlin (Horn, Scheffler). Auch die Neuausgabe kennzeichnet bei den einzelnen Kapiteln den jeweiligen Verfasser.

Die Neuausgabe der „Politik im 20. Jahrhundert" bleibt dem bewährten Grundkonzept treu, indem sie an der Gliederung in einen ideengeschichtlichen Teil, in drei Kapitel politischer Systeme im Deutschland des 20. Jahrhunderts und in ein Kapitel über auswärtige und internationale Politik festhält. Letzteres weist aber nunmehr thematische Konzentrationen auf, indem es auswärtige und internationale Politik vor allem im Zusammenhang mit Bedingungen, Instrumenten und Problemen der Friedenssicherung beziehungsweise der Kriegsverhütung in der zweiten Hälfte des 20. Jahrhunderts behandelt. Die Bedingungen für internationale Politik haben sich am Ende dieses Jahrhunderts in so starkem Maße gewandelt, daß einerseits – wie unten noch dargelegt wird – drei besonders wichtig erscheinende Politikbereiche des bisherigen Kapitels sowie die wirtschaftlichen Komponenten einer zusätzlichen und gesonderten Untersuchung unterzogen werden. Andererseits wird bewußt zugunsten der in der Tiefe des Ost-West-Gegensatzes, aber natürlich nicht allein dort, angesiedelten Friedensproblematik auf Vollständigkeit vor allem im Sinne eines das ganze 20. Jh. umgreifenden geschichtlichen Abrisses verzichtet. Geblieben ist es hier aber bei der ausführlichen Würdigung der „Deutschen Frage", womit die „Politik im 20. Jahrhundert" schon immer den Beschlüssen der Kultusminister-Konferenz in besonderem Maße entsprochen hat.

Die Neuausgabe folgt desweiteren neueren Entwicklungen in den einschlägigen Wissenschaften und auch in den Anforderungen an die schulische politische Bildung, indem sie neue Kapitel über Europa, insbesondere die westeuropäische Gemeinschaftsbildung im Sinne des KMK-Beschlusses von 1978, über Entwicklungsländer und Entwicklungspolitik sowie über die Entwicklung, die Bestimmungsgründe und die Zusammenhänge der internationalen Wirtschaftsbeziehungen, einschließlich des andauernden Ringens der Dritten Welt um eine Neue Weltwirtschaftsordnung bringt. Hinzu kommt ein neues 10. Kapitel, das vor allem jenen Faktoren und Problemen gewidmet ist, die sich am Ende des 20. Jahrhunderts aus zwei neuen bedeutenden und zukunftsrelevanten Politikbereichen ergeben: Es sind dies die gefährdete Umwelt und die endlichen Ressourcen einerseits, die Herausforderungen der Technik, insbesondere der Mikroelektronik, andererseits. Gerade diese globalen und nationalen Problembereiche der Politik am Ende des 20. Jahrhunderts zeigen aber auch an, welchen revolutionären Prozeß die Anforderungen und Erwartungen an die Politik, an politische Gestaltung, seit dem Beginn dieses Jahrhundert durchlaufen haben. Es ist der Punkt erreicht, an dem auf die „Grenzen der Politik" aufmerksam gemacht werden muß.

Die „Politik im 20. Jahrhundert" hat sich seit der ersten Auflage im Jahre 1964 stets eher durch wissenschaftlich fundierte und systematische Darstellungen und Analysen als durch schulbuchartige Aufbereitungen im engeren Sinne ausgezeichnet. Es ist seinerzeit jedoch in seiner Aufmachung mittels reichhaltiger und textbezogener Bebilderung, durch Statistiken und nicht zuletzt durch die übersichtliche Ordnung der Inhalte vorbildlich für einen eigenen Typus des Fachbuches geworden, das vor allem im Oberstufenbereich der Gymnasien und in den Anfangssemestern des sozialwissenschaftlichen Studiums, aber eben auch des studium generale innerhalb und außerhalb der Hochschulen seinen herausragenden Platz gefunden hat. An allem wurde festgehalten, soweit es die moderne Technik noch zuläßt.

Das Buch sucht aber auch in mancherlei Hinsicht auf neue Weise, natürlich bedingt durch den wissenschaftlichen Werdegang der Autoren, die geistige Durchdringung der Politik in der zweiten Hälfte des 20. Jahrhunderts. Sehr viel stärker wird verdeutlicht, daß die politische Analyse rationaler Verfahrensweisen bedarf. Die Befähigung dazu ist zugleich eine Anforderung an den modernen sozialwissenschaftlichen Unterricht in Schule und Hochschule. Deshalb bringt das 1. Kapitel nicht nur eine Einführung in die Politik, sondern befaßt sich kritisch-abwägend mit den unterschiedlichen Methoden der Politikanalyse und der sozialwissenschaftlichen Theoriebildung.

Einen weiteren besonderen Akzent hat die Darstellung und Analyse der Politik im 20. Jh. dadurch erhalten, daß die einzelnen Kapitel der Neuausgabe über die Ideengeschichte (2. Kapitel) und den Nationalsozialismus (3. Kapitel) hinaus den geschichtlichen Verwurzelungen und Herleitungen ein zum Teil starkes Gewicht einräumen. Abschnitte über die deutsche Verfassungsgeschichte, die deutsche Sozial- und Wirtschaftsgeschichte, sollen dem bei Studenten offenbar verbreiteten Vorstellungsbild entgegenwirken, die Geschichte der Bundesrepublik Deutschland beginne nach 1945 mit den „geschichtlichen Bedingungen ihrer Entstehung". Die historische Vertiefung gilt aber auch für das neue Kapitel über „Entwicklungspolitik" (8. Kapitel), das den Untertitel „Von der industriellen Revolution des 19. zur Dritten Welt des 20. Jh." trägt. Es gilt ebenso für die Darstellung und Analyse der heutigen Welthandels- und Weltwährungssysteme (9. Kapitel) und für das 6. Kapitel „Europa" („Prägende geschichtliche Kräfte in Europa"). Gerade die zuletzt genannten Politikfelder beweisen, daß die Gegenwartsanalyse ohne die Frage nach den geschichtlichen Wurzeln der Ereignisse und Konflikte zu kurz greift.

Schon mehr als ein neuer besonderer Akzent ist die durchgängige Berücksichtigung wirtschaftlicher Faktoren und Zusammenhänge. Mit einem gewissen Recht kann sogar gesagt werden, daß diese „Politik im 20. Jahrhundert" zugleich eine Wirtschaftskunde unserer Zeit darstellt. Am historischen oder aktuellen Ereignis oder Prozeß werden national- und weltwirtschaftliche Begriffe und Zusammenhänge erläutert und damit die Grundlagen geschaffen, um die politikwissenschaftliche Analyse durch sachgerechte und sachkundige Einblicke in die ökonomischen Bestimmungsfaktoren zu vertiefen. Dies gilt vor allem für die modernen Begriffe der Makroökonomie und der Wirtschaftspolitik, die am Beispiel des Stabilitäts- und Wachstumsgesetzes von 1967 erläutert werden. Es gilt für die Wirtschaftssysteme der Bundesrepublik Deutschland und der DDR und die Analyse ihrer Probleme. Es gilt für Theorie und Wirklichkeit der „Unterentwicklung" von Volkswirtschaften und für die komplizierten Zusammenhänge der Währungs- und Handelssysteme in der Welt der achtziger Jahre.

Die ausführliche Darstellung und Analyse der beiden deutschen Staaten, insbesondere allerdings der Bundesrepublik Deutschland als dem „Mutterland", versteht sich zugleich als die Vorstellung zweier „Prototypen" der unterschiedlichen politischen Systeme von „West" und „Ost". Dessen ungeachtet gilt für die politikwissenschaftliche Analyse auch heute, die „Deutsche Frage" aufzuspüren und aufzuzeigen: in der gemeinsamen Geschichte des Nationalsozialismus, in der je eigenen Ausprägung der beiden politischen Systeme, die dennoch die menschlichen Verbindungen nicht dauerhaft zerreißen kann, im Vergleich der „Systeme", im europäischen Kontext und in der internationalen Politik.

Herausgeber und Autoren hoffen, daß sie den vielfältigen Aufgabenstellungen gerecht werden konnten.

Hamburg, im Januar 1984

Hans-Hermann Hartwich

1 Politikwissenschaftliche Analyse

Dieter Grosser

1.1 Was ist Politik?

1.1.1 Definitionsprobleme

Regieren

Zuweisung von Werten

Öffentliche Ordnung

Der Begriff „Politik" kommt von „polis" (griech.): ursprünglich Siedlung im Schutz einer Burg, dann Gemeinwesen. Politik galt in der Antike als die Kunst, ein Gemeinwesen zu steuern. In diesem Sinne wird der Politikbegriff auch heute meistens verwendet: Alles, was direkt oder indirekt mit dem „Regieren" zu tun hat, gilt als Politik: die Tätigkeit von Regierungen und Parlamenten, Parteien und Interessengruppen, das Verhalten von Wählern, von Mitgliedern einer Bürgerinitiative, ein Leitartikel eines einflußreichen Journalisten über Regierung oder Opposition ...

Für eine wissenschaftliche Definition des Begriffs „Politik" reicht eine solche ungenaue Kennzeichnung nicht aus. Wünschenswert wäre ein Politikbegriff, der eine genaue Unterscheidung zwischen politischen und anderen sozialen Interaktionen ermöglicht, der nicht zu eng ist, weil sonst vielleicht wichtiges übersehen würde, und nicht zu weit, weil sonst das „Besondere" der Politik nicht deutlich würde. Bei der Suche nach einer solchen Definition gibt es natürlich Streit zwischen den Wissenschaftlern. Von deutschen Politikwissenschaftlern wurde in den fünfziger und sechziger Jahren gern die Definition „Politik ist die Gestaltung der öffentlichen Ordnung" verwendet (so etwa O. H. v. d. GABLENTZ 1965). Sie trifft einen wichtigen Aspekt, hat aber auch Nachteile. So ist unklar, was „öffentlich" konkret bedeutet. Gehört zur „öffentlichen Ordnung" das Ziel der Vollbeschäftigung? Noch in der Weimarer Republik hätten fast alle Politiker und Wissenschaftler mit nein geantwortet; unter dem Eindruck der Weltwirtschaftskrise 1929–1933 und unter dem Einfluß des englischen Nationalökonomen J. M. Keynes (1936) wandelte sich diese Ansicht. Heute gilt die Sorge um Vollbeschäftigung als eine wichtige politische Aufgabe, die vom Staat zu lösen ist. Wenn aber Politik definiert ist als Gestaltung der öffentlichen Ordnung und öffentliche Ordnung als das, was politisch geregelt wird, erhält man eine Tautologie, die nicht viel hilft. Hinzu kommt, daß bei dieser Definition der Eindruck entstehen könnte, Politik habe es ausschließlich mit dem Festlegen von „Ordnungen"

in der Form von Verfassungen, Gesetzen, Verträgen zu tun. Bei Politik handelt es sich aber auch um die Beeinflussung von Machtverhältnissen zwischen Staaten oder zwischen Gruppen innerhalb eines Staates. Die aus dem Ringen um Macht sich ergebenden Kräfteverhältnisse als „Ordnung" zu bezeichnen, ist vielleicht nicht zweckmäßig. Die zynisch-lockere Formel des Amerikaners Lasswell „Politik: Wer bekommt was, wie, wann und warum?" ist realistischer, aber als Definition wiederum wissenschaftlich nicht präzise genug.

In der internationalen Politikwissenschaft hat sich die Definition des amerikanischen Systemtheoretikers D. Easton (1965) „politics is the authoritative allocation of values" weithin durchgesetzt. Politik als verbindliche Zuweisung von Werten zu bezeichnen, mag zunächst befremden. „Value" umfaßt aber ideelle und materielle Güter, einen Gewinn an Macht wie einen Gewinn an Prestige, Einkommen oder Sicherheit. In der Tat geht es bei Politik stets darum, Einzelnen oder Gruppen Vorteile oder Nachteile zuzuweisen. Diese Zuweisung erfolgt verbindlich, d.h. sie kann, wenn sie von den Betroffenen nicht akzeptiert wird, notfalls mit Hilfe von Sanktionen durchgesetzt werden.

Eastons Definition ist so allgemein, daß sie auf alle Organisationen paßt. Auch in einem Unternehmen, einer Bürokratie, einem Verbrechersyndikat werden Werte verbindlich zugewiesen, und über die Sanktionsmöglichkeiten etwa der Mafia bestehen keinerlei Zweifel. Wie fast alle Politikwissenschaftler war auch Easton allerdings weniger an beliebigen Organisationen als an Gemeinden, Staaten und überstaatlichen Organisationen wie Bündnissen oder den Vereinten Nationen interessiert. Um die Politikdefinition auf Gemeinden und Staaten auszurichten, wird daher oft von „Allgemeinverbindlichkeit" der Zuweisung von Werten gesprochen. Gemeint ist, daß die entsprechenden Entscheidungen für jeden Bürger, der in einem bestimmten Gebiet wohnt, verbindlich sind, und nicht nur für die Angehörigen bestimmter Gruppen und Organisationen. Eine restlos befriedigende Lösung ist das allerdings nicht; denn sie geht zu sehr von der Vorstellung aus, es gäbe überall eine Staatsgewalt, die das Monopol für allgemeinverbindliche Entscheidungen auf ihrem Territorium hätte. Ein Blick auf den Libanon, in dem die Staatsgewalt machtlos gegenüber den sich bekämpfenden Gruppen ist, zeigt, daß dies eine normative Vorstellung, d. h. ein Anspruch, aber nicht unbedingt die Realität ist.

Eine allseits zufriedenstellende Definition der Politik gibt es somit nicht. Das muß auch nicht unbedingt sein; auch die Definitionen anderer Wissensgebiete sind umstritten. Der Streit um die zweckmäßigste Definition hat sogar Vorteile; denn er läßt die verschiedenen Aspekte des zu definierenden Sachverhaltes deutlicher werden als eine elegante, aber meist abstrakte oder tautologische Definition.

Abb. 1: Fabriktor 1930

1.1.2 Politische Aufgaben der Gegenwart

Seit der griechischen Antike werden der Politik drei Hauptaufgaben gestellt: Sicherung des Gemeinwesens vor äußeren Feinden, Wahrung und Fortentwicklung der Rechtsordnung im Inneren, Förderung des Wohlstands der Bürger. Soweit sich die Geschichte zurückverfolgen läßt, waren längere Zeiten des Friedens und des auch nur bescheidenen Wohlstandes eher die Ausnahme als die Regel. Doch seit Platon (427–347) und Aristoteles (384–322) haben die Philosophen immer wieder die Frage gestellt, wie die Ordnung des Gemeinwesens beschaffen sein sollte, damit Politik diese Aufgaben in moralisch und sachlich vertretbarer Weise erfüllen kann.

Friedens-sicherung

Rechts-ordnung

Wohlstands-förderung

Die Aufgaben der Politik lassen sich auch heute noch grob mit den Begriffen Friedenssicherung, Wahrung und Fortentwicklung der Rechtsordnung sowie Wohlstandsförderung umschreiben. In den Industrieländern haben sich diese Aufgaben aber so ausgeweitet, in sich differenziert und kompliziert, daß jeder Vergleich mit Politik in vorindustriellen Gesellschaften fragwürdig wird. Es ist notwendig, diesen Wandel deutlich zu sehen; denn einflußreiche Modelle der politischen Ordnung, so Rousseaus Demokratiemodell (vgl. S. 66 f.), sind für die relativ einfachen, statischen Gesellschaften vor Beginn der Industrialisierung entworfen worden; sie passen nicht auf die hochkomplexe Situation der dynamischen, von einem schnellen Veränderungsprozeß erfaßten Gesellschaften der Gegenwart.

In den statischen Gesellschaften, wie sie in Europa mindestens bis zur Französischen Revolu-

Abb. 2: Werksparkplatz 1983

tion 1789 dominierten, waren neue Gesetze höchst selten erforderlich. Da sich die wirtschaftlichen und sozialen Verhältnisse nicht oder nur sehr langsam veränderten, ergab sich auch nicht die Notwendigkeit einer politischen Neugestaltung der Wirtschafts- und Sozialordnung oder einer laufenden Anpassung der Rechtsordnung an neue Bedingungen. Die für die Bürger wichtigsten politischen Entscheidungen, die über Krieg und Frieden und über die Höhe der Besteuerung, blieben zugleich beinahe die einzigen, die überhaupt zu treffen waren.

Industriali-
sierung

Das änderte sich grundlegend mit der durch die Industrialisierung ausgelösten Dynamik der Gesellschaften des europäisch-nordamerikanischen Kulturkreises. Eine politische Entscheidung von großer Tragweite war die Aufhebung der Feudal- und Zunftordnungen, um, entsprechend den Lehren des Liberalismus, den freien Wettbewerb die wirtschaftliche Entwicklung vorantreiben zu lassen und den Volkswohlstand auf diese Weise rasch zu erhöhen. In Preußen standen die Stein-Hardenbergschen Reformen (1808–1812) am Beginn dieses Prozesses. Das nun entstehende Proletariat war aber gar nicht in der Lage, aus eigener Kraft Vorsorge gegen Krankheit und Alter zu treffen; die Löhne der Arbeiter blieben dafür während des ganzen 19. Jahrhunderts zu niedrig. Erst relativ spät, aber immer noch früher als in anderen Industrieländern, wurde mit Bismarcks Sozialversicherungsgesetzgebung (1881–89) die soziale Mindestsicherung zur politischen Aufgabe. Auch in der Außenwirtschaftspolitik begann zur gleichen Zeit im Deutschen Reich eine allmähliche Abkehr von den liberalen Grundsätzen: Einzelne Wirtschaftszweige wie Schwerindustrie, Textilindustrie und Landwirtschaft wurden durch Zölle vor ausländischer Konkurrenz geschützt. Bis zum Ausbruch des ersten Weltkrieges blieb der Umfang der Staatätigkeit noch relativ begrenzt: Im Durchschnitt der Jahre 1910–1913 betrug der Anteil der Staatsausgaben am Volkseinkommen (einschließlich Sozialversicherung) 14,5 % (HOHORST 1975, S. 148). Heute fließen über 45 % des Volkseinkommens durch die Kassen des Fiskus und der Sozialversicherungsträger. Hinter dieser gewaltigen Zunahme der Staatätigkeit steht eine Intensivierung der politischen Steuerung aller Bereiche der Gesellschaft.

Mehr als ein Drittel der Güter- und Dienstleistungspreise, die bei der Berechnung der Lebenshaltungskosten berücksichtigt werden, ist durch politische Entscheidungen staatlicher Stellen festgelegt. Dazu gehören die Preise für Strom, Gas und Wasser, die Verkehrstarife, die Preise für die wichtigsten Agrarprodukte, ein Teil der Mieten. Mit seiner Wettbewerbspolitik versucht der Staat, „funktionsfähigen Wettbewerb" (vgl. S. 170 f.) herzustellen; mit Konjunkturpolitik will er die Konjunkturschwankungen verringern, Inflation einerseits, Arbeitslosigkeit andererseits bekämpfen. Seine Strukturpolitik zielt auf die Förderung

Liberalismus

Daseinsvor-
sorgestaat

Staatsfähigkeit

von Industrieansiedlung in wirtschaftsschwachen Regionen oder auf Unterstützung einzelner Wirtschaftszweige. Die Konferenz der Wirtschaftsminister von Bund und Ländern schätzte im Februar 1981, daß bei 80 % aller Investitionen der Staat durch Steuerermäßigungen oder Finanzhilfen Unterstützung gewährte. Im Bereich der sozialen Sicherung sind die Sozialleistungen vor allem seit den fünfziger Jahren (Dynamische Rente 1957) ausgeweitet worden, sie führen inzwischen zur Umverteilung von über einem Drittel des Volkseinkommens. Im Bereich von Bildung und Ausbildung gibt es, außerhalb der Familie, überhaupt keine Institution mehr, die nicht staatlich wäre oder mindestens vom Staat subventioniert würde. Der moderne demokratische Sozialstaat ist „Daseinsvorsorgestaat" geworden; Politik scheint damit zur unentbehrlichen Voraussetzung für das Funktionieren der modernen Industriegesellschaft überhaupt geworden zu sein.

Zu den Faktoren, die diese Entwicklung in Deutschland vorantrieben, gehörten:

- Die Folgen der beiden Weltkriege zwangen zur Ausweitung der Sozialleistungen, weil Kriegsopfern und Vertriebenen geholfen werden mußte;
- Die Weltwirtschaftskrise nach 1929 bewies, daß eine Demokratie durch langanhaltende Massenarbeitslosigkeit gefährdet sein kann; Vollbeschäftigungspolitik gilt vor allem seit dieser Erfahrung als unumgängliche politische Aufgabe;
- Der wirtschaftliche Aufstieg der Bundesrepublik Deutschland machte eine Ausweitung der Staatätigkeit möglich, ohne den Zuwachs des privaten Konsums allzu stark durch Steuern zu beschränken. Die Parteien begannen daher spätestens 1957, mit dem Versprechen zusätzlicher Staatsleistungen um Wählerstimmen zu werben. So wuchsen Subventionen und Sozialleistungen.

Die Frage, ob diese Ausweitung der Staatätigkeit und damit der politischen Steuerung der Gesellschaft notwendig war, oder ob die Politik mit der gegenwärtigen Aufgabenfülle nicht hoffnungslos überfordert und die Grenze der Finanzierbarkeit des Daseinsvorsorgestaates überschritten ist, wird je nach politischem Standort unterschiedlich beantwortet (vgl. S. 78 f.). Nicht kontrovers ist allerdings die Ansicht, daß eine wesentliche Minderung der Aufgabenfülle ebensowenig möglich sein dürfte wie eine Abnahme des Problemdrucks und des hohen Schwierigkeitsgra-

Entscheidungs-
bedarf

des sachgemäßer politischer Entscheidungen. Das folgt aus der Dynamik der weltweiten Veränderungsprozesse, die sich auf die Bundesrepublik Deutschland auswirken und zu denen sie als hochentwickelter Industriestaat selbst beiträgt, sowie aus der zunehmenden Komplexität der zu regelnden Probleme. Beispiele finden sich in allen Bereichen. So ist die Energieversorgung der Bundesrepublik Deutschland gefährdet, weniger weil Öl bereits knapp wäre, sondern weil es in absehbarer Zeit knapp zu werden droht und außerdem überwiegend aus politisch instabilen Regionen bezogen wird. Diese Lage ist seit 1973 bekannt. Aufgabe der Politik im Daseinsvorsorgestaat wäre es, die Abhängigkeit vom Öl zu verringern, alternative Energiequellen zu erschließen und das Energiesparen zu fördern. Das ist allerdings leichter gefordert als verwirklicht: Die Sachprobleme bei der Entwicklung alternativer Energien sind groß, sogar für Fachleute nicht in allen Auswirkungen überschaubar, wie der Streit um die Kernenergie und über die Möglichkeiten, Kohle in stärkerem Maße einzusetzen, zeigt. Die politischen Widerstände gegen jede der sich abzeichnenden Möglichkeiten sind ebenfalls hoch, weil jede Lösung auch negative Folgen für Teile der Bevölkerung zu haben scheint. Für Politiker wäre es in einer solchen Lage kurzfristig am einfachsten, nichts zu entscheiden. Der Problemdruck bleibt jedoch; geschehe nichts, tritt früher oder später die Notlage ein, die zu vermeiden gerade Aufgabe vorausschauender Politik ist. Das Beispiel zeigt, daß politische Entscheidungen, selbst wenn sie mit Sachkenntnis getroffen werden, mit einem hohen Maß an Ungewißheit verbunden sein können und schon aus diesem Grund, nicht nur wegen des Widerstandes von Teilen der Betroffenen, umstritten sind. Sie müssen aber getroffen werden, denn auch Nichtstun ist eine Entscheidung mit erheblichen Folgen. Die Entscheidungen müssen in der Demokratie in Übereinstimmung mit der Mehrheit der Wähler und unter Beachtung unverzichtbarer Interessen der Minderheiten getroffen werden.

Versagt Politik bei der Lösung wichtiger Aufgaben, so können die Folgen Leben und Freiheit

existentielle
Fragen im
politischen
Streit

Informiertheit

ganzer Völker gefährden. Im Falle eines Krieges wie 1914 ist das ebenso offensichtlich, wie beim Versagen eines großen Teils der deutschen Wähler, der demokratischen Parteien und vor allem der Eliten in Wirtschaft, Armee und Gesellschaft vor dem Nationalsozialismus 1932. Die Außenpolitik der westlichen Demokratien gegenüber dem nationalsozialistischen Deutschland vor 1939 war gleichfalls falsch, weil sie durch Beschwichtigung HITLER zur Aggression geradezu ermunterte. Die Erfahrung, daß Politik lebensgefährlich werden kann, war den Deutschen, die Nationalsozialismus und Kriege erlebt hatten, somit durchaus geläufig. In den Jahren des wirtschaftlichen und außenpolitischen Aufstiegs der Bundesrepublik Deutschland geriet diese Erfahrung allmählich in Vergessenheit, vor allem bei den Jüngeren, für die Freiheit, Wohlstand und Sicherheit selbstverständlich schienen. Als nach dem sowjetischen Einmarsch in Afghanistan 1979 der Ost-West-Konflikt wieder deutlicher wurde und die westliche Sicherheitspolitik zur Debatte stand, sahen viele Bürger wieder, daß Politik lebensbedrohende Folgen haben kann. Der Streit um die richtige Friedenspolitik, der 1981 ausbrach, ist so erbittert, weil es dabei um eine existentielle Frage geht. Die einen sagen, Frieden auf der Grundlage eines „Gleichgewichts des Schreckens" werde das Wettrüsten und auf die Dauer den Atomkrieg zur Folge haben. Die anderen sagen, nur das „Gleichgewicht des Schrekkens" könne die leichtfertige Auslösung eines Krieges verhüten. Beide Seiten haben Angst. Mit absoluter Gewißheit kann niemand sagen, wer recht hat. Die Regeln freiheitlicher Demokratie verlangen, daß in dieser Lage eine Lösung gefunden wird, die von einer wohlinformierten Mehrheit gebilligt, von einer wohlinformierten Minderheit hingenommen werden kann. Der Wohlinformiertheit steht aber die Emotion entgegen, mit der in existentiellen Fragen gedacht und gehandelt wird. Die Rationalität der politischen Auseinandersetzung zu fördern, ist daher notwendig. Dies ist Aufgabe der Politiker, der Medien, und auch der Wissenschaft, die sich mit Politik beschäftigt.

1.2 Was ist Politikwissenschaft?

1.2.1 Ziele, Abgrenzung zu den Nachbarwissenschaften

Volkswirtschaftslehre

Politikwissenschaft (auch Politologie oder politische Wissenschaft) untersucht die politische Wirklichkeit mit dem Ziel, sie durch Aufdeckung von Wirkungszusammenhängen zu erklären. Da generalisierte Aussagen über Wirkungszusammenhänge „Theorie" heißen, läßt sich als Aufgabe der Politikwissenschaft auch die Analyse der politischen Realität mit dem Ziel der Theoriebildung bezeichnen.

Politik ist soziale Interaktion

Politik ist Handeln, das auf andere Menschen einwirken soll, also soziale Interaktion. Von anderen Formen sozialer Interaktion, etwa der Erziehung, unterscheidet sich Politik nach der hier verwendeten Definition (vgl. S. 16) dadurch, daß sie auf die Festsetzung von allgemeinverbindlichen Normen im Gemeinwesen gerichtet ist. Trotz dieser Unterscheidungsmöglichkeit ist Politik Gegenstand nicht nur einer, sondern einer ganzen Reihe von Wissenschaften: Die Politikwissenschaft, Teile der Soziologie, der Rechtswissenschaft, der Psychologie, der Ökonomie und der Geschichte befassen sich mit Politik. Politikwissenschaft hat kein Monopol auf das Objekt „Politik". Die leitenden Fragestellungen der verschiedenen Wissenschaften unterscheiden sich jedoch.

Geschichte

Politische Wissenschaften

Politikwissenschaft

Soziologie

Die Soziologie interessiert sich primär für soziale Bestimmungsfaktoren politischen Handelns; sie fragt z. B. danach, ob und wie sich die Zugehörigkeit zu bestimmten sozialen Gruppen auf das Wählerverhalten auswirkt. In der Rechtswissenschaft interessiert sich der Verfassungsrechtler für die Möglichkeiten, die Normen der Verfassung zu interpretieren – damit hat er einen entscheidenden Bedingungsfaktor politischer Prozesse, die handlungsleitenden und handlungsbegrenzenden Verfassungsbestimmungen, im Blickfeld. Darüber hinaus ist der Jurist generell zuständig für die Erläuterung und Interpretation der rechtlichen Bedingungen politischen Handelns – von den Möglichkeiten, Einspruch gegen einen Verwaltungsakt zu erheben, bis zu den Einzelheiten des Demonstrationsrechts. Der Psychologe, der sich für Politik interessiert, fragt z. B., welche individuellen Erfahrungen bestimmte politische

Rechtswissenschaft

Psychologie

Einstellungen bewirkt haben. Immer wieder diskutiert wird etwa die Frage, ob autoritäre Erziehungsmethoden der Eltern die Entwicklung demokratischer Einstellungen bei Kindern hemmen können. Die Volkswirtschaftslehre hat in den letzten Jahren besonders intensives Interesse an Politik gezeigt. Sie muß berücksichtigen, daß der Staat in mannigfacher Weise in die Wirtschaft eingreift, und möchte in ihren Modellen diese politischen Einwirkungen mit einbauen, weil sie sonst die Realität nicht erklären und prognostizieren kann. Zugleich hat sie erkannt, daß wichtige wirtschaftliche Vorgänge, etwa die am Arbeitsmarkt, mit dem Wechselspiel von Angebot und Nachfrage nur unzureichend, mit politischen Verhandlungsmodellen aber besser erklärt werden können. Die Geschichte schließlich hat sich immer schon vorrangig für Politik interessiert, allerdings für Politik als Triebkraft und Ergebnis historischer Prozesse.

Die „Nachbarwissenschaften" interessieren sich somit immer nur für bestimmte Teilaspekte der Politik. Die Politikwissenschaft hingegen sieht Politik als ein zwar hochkomplexes, aber nach außen abgegrenztes, in sich zusammenhängendes Ganzes, das nur verstanden werden kann, wenn es auch als Ganzes betrachtet wird; und sie interessiert sich für diesen Gesamtkomplex Politik, wie er in der Gegenwart tatsächlich funktioniert.

Politikwissenschaft wird dadurch zu einer besonders vielseitigen, aber auch zu einer äußerst umfangreichen und schwierigen Disziplin. Der Politikwissenschaftler muß, wenn er sein Objekt als Ganzes erfassen will, eben auch Teile der Rechtswissenschaft, der Soziologie, der Volkswirtschaftslehre, der Psychologie und der Geschichte verarbeiten. Politikwissenschaft wird daher manchmal auch als „Integrationswissenschaft" bezeichnet, die die Ergebnisse einer ganzen Reihe von Fächern zusammenfasse.

Von Kritikern der Politikwissenschaft wird dieser Begriff manchmal so mißverstanden, als handle es sich somit nur um eine Zusammenfassung von Ergebnissen anderer, altehrwürdiger Fächer, aber nicht um einen eigenen Beitrag zur Erkenntnis. Politikwissenschaft rupfe anderen Fächern die

Federn aus und schmücke sich damit, hat ein Sozialphilosoph behauptet (v. KEMPSKI, 1966). In Wirklichkeit umfaßt die Politikwissenschaft heute eine für den Einzelnen unüberschaubare Menge von Fragen, Fakten, Hypothesen über Zusammenhänge, Theorieansätze, die aus keiner anderen Fachdisziplin stammen, sondern von der Politologie selbst erarbeitet worden sind – allerdings unter Beachtung von Ergebnissen auch der Nachbarwissenschaften. Integriert wird somit ein Komplex von Aussagen, die im Fach Politikwissenschaft erarbeitet wurden, mit politisch relevanten Aussagen einiger Nachbardisziplinen. Das Verhältnis der Politikwissenschaft zu ihren Nachbardisziplinen ist vergleichbar mit dem Verhältnis der Medizin zur Physik, Chemie, Biologie, Psychologie, Soziologie.

*Integrations-
wissenschaft*

Ein Beispiel aus der Wirtschaftspolitik kann sowohl die besondere Fragestellung der Politikwissenschaft als auch ihr Verhältnis zu einer wichtigen Nachbarwissenschaft anschaulich zeigen: 1967 erhielt die Bundesrepublik Deutschland mit dem Stabilitäts- und Wachstumsgesetz ein beeindruckendes Mittel zur Sicherung von Vollbeschäftigung einerseits, Geldwertstabilität andererseits. 1975 war es klar, daß damit weder Vollbeschäftigung noch Geldwertstabilität gewährleistet waren. Die Nationalökonomen fragten nun, ob die ökonomische Theorie, die dem Gesetz zugrunde lag, ganz oder teilweise falsch war oder ob nur seine Anwendung durch die Politiker mangelhaft gewesen sei. Die meisten Nationalökonomen kamen zu dem Schluß, daß die wirtschaftlichen Schwierigkeiten der Bundesrepublik Deutschland – erst Inflation, dann sogar Inflation und Arbeitslosigkeit – mindestens teilweise Schuld der Politik gewesen sei: Bund, Länder und Gemeinden hätten 1968–1974 dauernd gegen Grundregeln der Wirtschaftspolitik verstoßen und das Stabilitäts- und Wachstumsgesetz nie konsequent und rechtzeitig angewendet.

Die Politikwissenschaft nimmt das Problem an dieser Stelle auf und untersucht, warum die Politik, d.h. in diesem Falle Regierungen in Bund und Ländern sowie die Gemeinden – offenbar nicht imstande waren, so zu handeln wie das dem Auftrag und den Mitteln des Stabilitäts- und Wachtumsgesetzes entsprochen hätte. Dazu ist es erforderlich, die „Kräftefelder" zu prüfen, in denen die Entscheidungen von Bund, Ländern und Gemeinden getroffen wurden. Welche Gruppen (Parteien, Verbände) wirkten auf diese Entscheidungen ein? Welche Interessen hatten diese Gruppen, welche die verantwortlichen Regierungen? Welche Rolle spielten Überlegungen, ob

*Politische
Theorie*

ökonomisch richtige Politik vielleicht zu Stimmenverlusten bei Bundestags- und Landtagswahlen führen könnte? Weiter ist zu fragen, ob zwischen Bund, Ländern und Gemeinden Interessenkonflikte bestanden, die einer Koordinierung ihrer finanz- und wirtschaftspolitischen Maßnahmen entgegenstanden, und ob die Fähigkeit der Politiker und Verwaltungen zur Verarbeitung von Informationen überhaupt ausreicht, um schnell und richtig zu reagieren. Sind in dieser Weise empirisch abgesicherte Hypothesen über die Ursachen des Versagens der Politik bei der Anwendung des wirtschaftspolitischen Instrumentariums erarbeitet worden, lockt es die Politikwissenschaftler natürlich, Verbesserungen vorzuschlagen. Da sie darauf spezialisiert sind, die Faktoren zu untersuchen, die politisches Handeln bestimmen, werden sie bei diesen Verbesserungsvorschlägen darauf achten, das politisch Mögliche, Durchsetzbare vorzuschlagen. Nationalökonomen hingegen neigen bei wirtschaftspolitischen Empfehlungen nicht selten dazu, von reinen ökonomischen Modellen und Sachzwängen auszugehen und zu übersehen, daß nicht alles, was wirtschaftlich vernünftig erscheint, auch politisch machbar oder wünschenswert wäre.

Bei der in diesem Beispiel geschilderten Untersuchung braucht der Politikwissenschaftler gründliche ökonomische Kenntnisse – sonst begreift er überhaupt nicht, worum es bei dem Problem geht. Er braucht auch juristische Kenntnisse; politisches Handeln ist stets an Rechtsnormen gebunden, er muß die einschlägigen Normen kennen und interpretieren können. Seine Hauptarbeit besteht jedoch darin, herauszufinden, wie der Prozeß verläuft, der zu allgemeinverbindlichen Entscheidungen führt – und diese Arbeit nimmt ihm keine andere Wissenschaft ab.

1.2.2 Einteilung

Politikwissenschaft wird meist in drei Hauptgebiete gegliedert: in Politische Theorie, Regierungslehre und Internationale Beziehungen (BEYME, 1974).

Politische Theorie umfaßt die Ideengeschichte, also die Konzeptionen politischer Leitideen, wie sie von den politischen Denkern entwickelt worden sind, von Platons Modell der Philosophenherrschaft über die verschiedenen Vorstellungen von Demokratie bis zum Marxismus heute. Zur politischen Theorie ist aber auch jeder Versuch zu rechnen, systematische Aussagenkomplexe zur

Erklärung der Wirklichkeit zu entwickeln. Jede Untersuchung, die mehr ist als bloße Beschreibung, will Ursachenkomplexe ermitteln und zu gewissen Prognosemöglichkeiten gelangen, sie hat damit einen theoretischen Anspruch in diesem zweiten Sinne. Die Einteilung in die drei Hauptgebiete ist somit verwirrend; ein beträchtlicher Teil „theoretischer" Arbeit ist unlösbar mit Untersuchungen im Bereich der Regierungslehre oder der internationalen Beziehungen verbunden.

Regierungs-
lehre

Regierungslehre umfaßt zunächst die Innenpolitik, etwa die Untersuchung der Beziehungen zwischen Parlament und Regierung, des Parteiensystems, des Verbändesystems, der Funktion von Bürgerinitiativen, des Wählerverhaltens, der Willensbildungs- und Entscheidungsprozesse im Bereich von Regierung und Verwaltung. Darüber hinaus beschäftigt sich die Regierungslehre generell mit der Frage, wie politische Entscheidungen zustande kommen. Diese Entscheidungen können natürlich auch das Verhältnis zu anderen Staaten betreffen, d. h. außenpolitische Folgen haben. Hinzu kommt der wichtige, besonders schwierige Zweig der „Vergleichenden Regierungslehre", der sich mit einem Vergleich von Systemen (Bundesrepublik Deutschland – DDR, Bundesrepublik Deutschland – Großbritannien) beschäftigt. Da Vergleiche methodisch außerordentlich problematisch sind, beschränken sich die meisten Untersuchungen auf das Nebeneinanderstellen von Länderstudien.

Vergleichende
Regierungs-
lehre

Empirisch-
analytische
Theorie

Internatio-
nale Bezie-
hungen

Die Lehre von den Internationalen Beziehungen umfaßt die Untersuchung der Ursachen internationaler Konflikte, die Möglichkeiten, sie zu verhüten, zu begrenzen und beizulegen. Dazu gehört die Analyse des Funktionierens von Bündnissen wie der NATO oder des Warschauer Paktes ebenso wie von internationalen Organisationen wie den UN. Das Problem internationaler Entwicklungshilfe wird gleichfalls als Teilgebiet der „Internationalen Beziehungen" angesehen.

1.2.3 Unterschiedliche Auffassungen von Wissenschaft

Naturwissen-
schaftliches
Denken

Wie in jeder anderen Sozialwissenschaft konkurrieren auch in der Politikwissenschaft unterschiedliche Auffassungen von Wissenschaft miteinander. In der Regel trifft man mindestens drei verschiedene Auffassungen von Wissenschaft: die des „Kritischen Rationalismus", die normativ-ontologische und die dialektisch-historische.

1.2.3.1 Der „Kritische Rationalismus"

Hauptvertreter sind KARL POPPER, der international als einer der bedeutendsten Wissenschaftstheoretiker der Gegenwart gilt, und HANS ALBERT.

Hauptvertreter des „Kritischen Rationalismus" bzw. des „logischen Empirismus", bis 1969 Professor in London. 1965 geadelt

Abb. 3: Sir Karl R. Popper, *28. 7. 1902 in Wien

„Kritischer Rationalismus", oft mit „empirisch-analytischer Theorie" gleichgesetzt, ist Theorie über Wissenschaft. Ziel ist es dabei, Kriterien für die Wissenschaftlichkeit einer Aussage zu gewinnen. Die Anhänger des „Kritischen Rationalismus" halten das für wichtig, um bloßes Meinen von Aussagen unterscheiden zu können, die einen Überprüfungsprozeß überstanden haben. Ein Grundgedanke des „Kritischen Rationalismus" lautet: Absolute Gewißheit kann weder in den Natur- noch in den Geistes- und Sozialwissenschaften erreicht werden. Auch naturwissenschaftliche Gesetze, die empirisch immer wieder bestätigt werden, seien nicht absolut sicher, sondern hätten hypothetischen Charakter. Logisch sei es denkbar, daß ein durch Verallgemeinerung von Einzelfällen (Induktion) gefundenes Gesetz millionenfach durch Beobachtung bestätigt, beim 1 000 001. Male aber widerlegt würde.

In den Sozialwissenschaften müsse der Forscher prinzipiell genau so vorgehen wie in den Naturwissenschaften: Die Realität liefere ihm empirisches Material; aus der Beobachtung von Einzelfällen müßten allgemeine Aussagen abgeleitet werden; die Verknüpfung dieser allgemeinen Aussagen zu einem in sich zusammenhängenden

Komplex sei Theorie; Theorie ermögliche die Erklärung und gegebenenfalls Prognose von Realität. Alle allgemeinen Aussagen und damit auch der gesamte Theoriekomplex hätten hypothetischen Charakter. Von noch so vielen Einzelfällen könne eben nicht mit absoluter Sicherheit auf alle vergleichbaren Fälle geschlossen werden. Das liege nicht nur an der prinzipiellen Problematik des Induktionsschlusses. Es liege auch daran, daß die Auswahl der Einzelfälle unter dem Gesichtspunkt bestimmter Interessen vorgenommen wird und Fakten, die diesen Interessen entgegenstehen, leicht vernachlässigt werden. Wer z. B. davon überzeugt ist, daß die Arbeitslosigkeit in der Bundesrepublik Deutschland nach 1974 primär eine Folge zu hoher Löhne war, wird bei der Auswahl seiner Fakten beinahe unvermeidlich dazu neigen, dieser Überzeugung entgegenstehende Fakten zu vernachlässigen. Wer die Arbeitslosigkeit auf zu niedrige Löhne zurückführt, wird seine Fakten von vornherein mit ähnlicher Voreingenommenheit zusammenstellen. „Alle Sicherheiten in der Erkenntnis sind selbstfabriziert und damit für die Erfassung der Wirklichkeit wertlos", lautet die Schlußfolgerung aus diesen Überlegungen (ALBERT 1975, S. 30).

Das heißt nun aber nicht, es gäbe keine Möglichkeit, sich der Wahrheit wenigstens anzunähern. Annäherung an Wahrheit könne gelingen, wenn alle Aussagen ständig der kritischen Überprüfung mit rationalen Argumenten ausgesetzt seien. Durch Versuch und Irrtum – „durch versuchsweise Konstruktion prüfbarer Theorien und ihre kritische Diskussion an Hand relevanter Gesichtspunkte" (ALBERT 1975, S. 35) – habe Wissenschaft Aussicht, der Wahrheit näherzukommen, ohne jemals Gewißheit zu erreichen.

Eine zentrale Forderung des „Kritischen Rationalismus" lautet somit: Theorien sind so zu formulieren, daß sie überprüft werden können. Die Überprüfung kann nicht lediglich darin bestehen, Fakten heranzuziehen, die die Theorie bestätigen. Sie muß vielmehr im Versuch bestehen, die Theorie durch Heranziehung von neuen Fakten oder durch bessere Erklärungsmodelle für die bekannten Fakten zu widerlegen (falsifizieren). Erst

wenn die Widerlegung (Falsifizierung) trotz intensiven Bemühens zahlreicher kritischer Wissenschaftler nicht gelingt, ist es gerechtfertigt, sie als Annäherung an die Wahrheit vorläufig zu akzeptieren. Hypothetisch bleibt sie allerdings auch dann noch.

Diese zentrale Forderung des „Kritschen Rationalismus" ist von einer empirischen Wissenschaft im Prinzip erfüllbar. Empirische Wissenschaft zielt auf Erkenntnis der Realität; die Hypothesen, die diese Realität erklären sollen, können so formuliert werden, daß eine Widerlegung oder Korrektur möglich ist. Voraussetzung sind lediglich die Eindeutigkeit der verwendeten Begriffe und ein Höchstmaß an Genauigkeit der Aussage; Quantifizierung von Mengenangaben ist erwünscht. Beispiel: Die Hypothese „Eine sich stärker an sozialistischen Zielen orientierende SPD würde Wähler auf der Linken gewinnen, weitaus mehr Wähler in der Mitte verlieren, weil die meisten Wähler sich im Links-rechts-Schema zur Mitte rechnen" drängt sich bei der Analyse der Daten zum Wählerverhalten auf. Gelänge es, Fakten zu finden, die die Hypothese widerlegen, wäre sie falsifiziert und müßte aufgegeben werden. Die methodischen Idealvorstellungen empirisch-analytischer Politikwissenschaft wären erfüllt, wenn die Hypothese noch präziser gefaßt würde (z. B. durch Quantifizierung der bei bestimmten Veränderungen der programmatischen Ziele der Partei zu erwartenden Wählerbewegung) und sie dann einer intensiven kritischen Diskussion kompetenter Sozialwissenschaftler unter Verwendung aller überhaupt erreichbaren Daten unterzogen würde.

Politik bedeutet aber Handeln. Handeln setzt eine Vorstellung von Zielen voraus. Diese Ziele wiederum sind „normativ" d. h. an Werturteile, an Vorstellungen von gut und schlecht, Recht und Unrecht gebunden. Politikwissenschaft kommt daher gar nicht umhin, sich auch mit Werturteilen zu beschäftigen. Was kann empirisch-analytische Wissenschaft nach den Vorstellungen des „Kritischen Rationalismus" mit Wertungen („präskriptiven Aussagen") anfangen?

„Letzte" Werturteile, d. h. Wertungen, die nicht von übergeordneten Wertungen logisch ableitbar sind, können nach Auffassung des „Kritischen Rationalismus" wissenschaftlich nicht mit absoluter Sicherheit begründet werden. Sie teilen dieses Dilemma mit den Hypothesen über Tatsachenzusammenhänge. Im Gegensatz zu diesen Hypothesen lassen sich die „letzten" Werturteile aber auch nicht so formulieren, daß sie prinzipiell falsifizierbar wären. Am konkreten Beispiel zeigt sich das sofort. So kennzeichnet das Bundesverfassungsgericht das Menschenbild des Grundgesetzes mit der folgenden Aussage:

„Das Menschenbild des Grundgesetzes ist nicht das eines isolierten souveränen Individuums; das Grundgesetz hat vielmehr die Spannung Individuum-Gemeinschaft im Sinne der Gemeinschaftsbezogenheit und Gemeinschaftsgebundenheit der Person entschieden, ohne dabei ihren Eigenwert anzutasten … Das heißt aber: Der einzelne muß sich diejenigen Schranken seiner Handlungsfreiheit gefallen lassen, die der Gesetzgeber zur Pflege und Förderung des sozialen Zusammenlebens in den Grenzen des bei dem gegebenen Sachverhalt allgemein Zumutbaren zieht, vorausgesetzt, daß dabei die Eigenständigkeit der Person gewahrt bleibt." (BVerf GE 4, 7, 15 ff.)

*Marx'
Freiheitsbegriff*

Als Interpretation des Grundgesetzes ist diese Aussage weithin akzeptiert. Wir können somit davon ausgehen, daß sie ein Werturteil der Verfassungsgeber korrekt wiedergibt. Dieses Werturteil läßt sich historisch mindestens bis zum Freiheitsbegriff KANTS zurückverfolgen. Dieses Zurückverfolgen ist aber keine wissenschaftlich zureichende Begründung der Geltung des Werturteils. Ob man es für richtig hält, ist eine Frage ethischer Überzeugung, bei der man sich durch die Autorität KANTS leiten lassen kann. Der Sozialwissenschaftler kann aber, nach Auffassung des „Kritischen Rationalismus", nicht erklären, ein Werturteil gelte, weil KANT es für richtig gehalten habe – ein solches Vorgehen würde jedem Dogmatismus Tür und Tor öffnen. Erst recht kann er sich nicht auf seine subjektive Überzeugung berufen. Er kann das „Menschenbild des Grundgesetzes" mit Hilfe der empirisch-analytischen Wissenschaft nicht ableiten, nicht begründen. Er kann es aber auch nicht durch Empirie widerlegen. Muß er Sein und Sollen strikt trennen, sich nur für das Sein, aber nicht für das Sollen zuständig erklären?

*Kants
Freiheitsbegriff*

Nach Auffassung des „Kritischen Rationalismus" sind Werturteile, wie sie in den Zielen und Idealen menschlichen Zusammenlebens enthalten sind, wissenschaftlich zwar nicht ableitbar oder begründbar, wohl aber wissenschaftlicher Kritik unterworfen. So kann eine empirisch-analytisch vorgehende Politikwissenschaft untersuchen, welche historischen, politischen, ökonomischen, sozialen Bedingungen zur Entstehung bestimmter Modelle menschlichen Zusammenlebens geführt haben. Sie kann weiter fragen, welche sozialen Gruppen bestimmte Modelle bevorzugen, welche Interessen dabei gefördert werden. Sie kann eine „Konsistenzanalyse" vornehmen: passen bestimmte Sollensvorschriften zu anderen, ebenfalls weithin für richtig gehaltenen Normen? Sie kann fragen, ob die damit bestimmten Sollensvorschriften verbundenen Annahmen über die Wirklichkeit realistisch sind: Sollensvorschriften bleiben wirkungslos oder führen allenfalls zu Enttäuschungen, wenn es nicht möglich ist, sie zu befolgen. Sie kann schließlich eine Analyse der Konsequenzen vornehmen, die sich nach der vorliegen-

*Keine Dog-
matisierung*

den Erfahrung in Geschichte und Gegenwart einstellen, wenn bestimmte Normen einer Gesellschaft oder einem Staat zugrundegelegt werden: Welche Auswirkungen des mehr an der Autonomie des Individuums orientierten Freiheitsbegriffs bei Kant, welche des mehr an der Gemeinschaft orientierten Freiheitsbegriffs bei Marx lassen sich feststellen? Empirisch-analytische Sozialwissenschaft kann somit eine „Brücke" zwischen Sollen und Sein schlagen. Werturteile sind durchaus Gegenstand wissenschaftlicher Analyse und Kritik, allerdings nicht ihr Ergebnis.

Werturteile haben nicht nur für die politische, sondern auch für die wissenschaftliche Praxis eine hohe Bedeutung. Jeder Politikwissenschaftler geht mit bestimmten Wertvorstellungen an seine Arbeit heran. Der eine interessiert sich für die Funktionsbedingungen repräsentativer Demokratie, weil er Demokratie für notwendig hält und zu ihrem Funktionieren beitragen möchte. Der andere interessiert sich für die Ursachen von Arbeitslosigkeit, weil ihn das Los der Betroffenen bedrückt. Während des gesamten Entdeckungsprozesses müssen dauernd neue „wertende" Entscheidungen getroffen werden; sogar die Entscheidung, welche der Fakten wichtig, welche weniger wichtig sind, hängt von Wertungen ab. Der „Kritische Rationalismus" verlangt nicht die Ausschaltung dieser Wertungen, sondern die Offenlegung der getroffenen Wertentscheidungen und ihre klare Trennung von Tatsachenurteilen.

Der Wissenschaftler, der sich für den „Kritischen Rationalismus" entscheidet, hat damit natürlich selbst schon eine prinzipielle Wertung vorgenommen: Er entscheidet sich für Selbständigkeit, gegen die Bindung an Autoritäten; für Toleranz gegenüber anderen, rational begründeten Auffassungen, gegen Dogmatisierung von Lehr- und Glaubenssätzen. Die oft geübte Kritik, empirisch-analytische Sozialwissenschaft werde zum Instrument in den Händen jedes Mächtigen, denn sie müsse dessen Ziele übernehmen, weil sie selber keine Ziele begründen könne, wird von den Anhängern des „Kritischen Rationalismus" zurückgewiesen. Moralisch sei der Wissenschaftler wie jeder andere Mensch verpflichtet, Ziele, die mit dem Bild des Menschen als zu Vernunft und Selbständigkeit befähigtem Individuum nicht übereinstimmen, zurückzuweisen; sein eigenes Wissenschaftsverständnis setze dieses Menschenbild geradezu voraus.

Für die politische Praxis gewinnt Sozialwissenschaft im Sinne des „Kritischen Rationalismus" die Funktion, dem Bürger oder Politiker zu sagen, was möglich ist und was nicht, welche Folgen bei bestimmten Lösungen auftreten könnten, was der unter den verschiedensten Wertgesichtspunkten beste Weg zur Problemlösung ist. Dabei ist sie allerdings auf die Analyse von überschaubaren Problemkreisen und relativ kleinen Veränderungen der bestehenden Verhältnisse beschränkt. Der Grund dafür liegt in ihrem Bestreben, prinzipiell überprüfbare und zugleich ausreichend geprüfte Hypothesen zu liefern. Wird der Problembereich unüberschaubar komplex, werden die Hypothesen unvermeidlich global, unpräzise, nicht mehr überprüfbar. „Kritischer Rationalismus" scheut daher vor Globaltheorien, die etwa die Entwicklung der Geschichte erklären sollen, zurück. Er bevorzugt die Analyse kleiner Schritte zur Veränderung der Realität und wird deshalb auch als „Stückwerkstechnologie" („piece-meal-social engineering") bezeichnet. Ursache dieser Selbstbeschränkung ist, wie bei der Vorsicht gegenüber Wertungen, das Prinzip, von Wissenschaft nur bei rational prüfbaren Aussagen, nicht bei bloßer Spekulation zu reden.

1.2.3.2 Der normativ-ontologische Wissenschaftsbegriff

Der normativ-ontologische Wissenschaftsbegriff wird vor allem von einigen Wissenschaftlern vertreten, die die Politikwissenschaft in der Bundesrepublik Deutschland in der Aufbauphase bis Mitte der sechziger Jahre beeinflußten. Zu ihnen gehörten ARNOLD BERGSTRAESSER in Freiburg und ERIC VOEGELIN in München. Heute kann WILHELM HENNIS noch dieser „Schule" zugerechnet werden.

Die Anhänger des normativ-ontologischen Wissenschaftsbegriffs gehen, ganz in der Tradition der klassischen Philosophie, davon aus, daß Sein und Sollen eine untrennbare Einheit bilden. Ontologie ist ein System von Aussagen über den Gesamtzusammenhang und die sinnvolle Ordnung der Realität. Der normativ-ontologisch vorgehende Politikwissenschaftler fragt zunächst nach Modellen des „guten Staates", der „menschenwürdigen Ordnung". Er untersucht dann die Wirklichkeit unter dem Gesichtspunkt, wie sie ist und wie sie verändert werden könnte, um dem Modell zu entsprechen.

Die Modelle und die in ihnen enthaltenen Wertvorstellungen sind für den Anhänger des normativ-ontologischen Theoriebegriffs Ergebnisse des Dialogs, den die politischen Philosophen seit Jahrtausenden führen und in denen historische Erfahrung der Menschheit mit Politik verdichtet ist. Da der Dialog rational und kritisch geführt

werde, führe er zur Trennung von Irrtum und Wahrheit. Verbindliche Aussagen über die letzten Werte könnten auf diese Weise wissenschaftlich begründet werden. Der Begriff „Theorie" wird daher auf Modelle des menschlichen Zusammenlebens ebenso angewendet wie die Erklärungen der Realität.

Bei der Analyse der Realität unterscheidet sich der normativ-ontologisch vorgehende Politikwissenschaftler vielfach kaum von dem Anhänger des „Kritischen Rationalismus": er versucht, Hypothesen zu erarbeiten, die Zusammenhänge zeigen. Allerdings wagt er sich weiter vor, als es die strenge Forderung nach Falsifizierbarkeit jeder Aussage zulassen würde. Er arbeitet nicht nur mit empirisch kontrollierbaren Daten; er versucht auch, das Handeln der Menschen zu verstehen, den „Sinn" politischer Entwicklung zu erfassen. Wenn die Datenbasis dafür gering ist und es darauf ankommt, sich in die Handelnden hineinzuversetzen, will er aus eigenen Erfahrungen auf die Erfahrungen anderer schließen, interpretieren, deuten. Dieses Bemühen um Verstehen und Sinndeutung entspricht einer in den Geisteswissenschaften verbreiteten Methode, der „Hermeneutik" (von griech. hermeneuin verstehen, erklären, darstellen). Erkenntnis der Wirklichkeit ist in dieser Sicht nicht Selbstzweck, sondern Voraussetzung für wertorientierte Praxis. Wissenschaft soll Praxis anleiten und sicherstellen, daß die in der Geschichte erworbene, philosophisch reflektierte und dabei geprüfte Idee der dem Menschen angemessenen guten Ordnung bei der politischen Gestaltung berücksichtigt wird.

Als Beispiel für die Anwendung des normativ-ontologischen Theoriebegriffs wird oft der Aufsatz von WILHELM HENNIS: „Demokratisierung – zur Problematik eines Begriffs" (1970) angeführt. HENNIS kritisiert darin die damals verbreitete Forderung nach „Demokratisierung aller Lebensbereiche". Er geht davon aus, daß im abendländischen politischen Denken seit der antiken Polis Demokratie definiert wird als „tunlichste Gleichheit der freien Bürger in bezug auf ihre politischen Rechte"; und daß zugleich in dieser Tradition zwischen dem Politischen und dem Nichtpolitischen scharf getrennt wird. Bei Politik handelt es sich um Entscheidungen für alle Bürger auf der Ebene der polis; es gibt aber Bereiche innerhalb der polis, die aus dem Verfügungsbereich der Politik ausgegrenzt sind: der private Haushalt, die Wirtschaft, später die Kirche. HENNIS sieht „abendländische Politik" als „Kampf um die Grenze zwischen dem politischen und nichtpolitischen Bereich", den Absolutismus und die tota-

Theoriebegriff

Stückwerkstechnologie

Sinndeutung/ Hermeneutik

Beispiel „Demokratisierung"

Klassische Philosophie

Lehre vom „guten Staat"

litäre Tyrannis der Gegenwart als Versuche der Aufhebung dieser Grenze. Werde nun das für den Staat geltende, Gleichheit voraussetzende Prinzip der Demokratie auf alle Sozialbereiche ausgedehnt, so komme es genau so zu einer Aufhebung der Trennung zwischen politischem und nichtpolitischem Bereich, nur diesmal nicht im Namen des absoluten Fürsten oder Tyrannen, sondern im Namen der Demokratie. Das verstoße gegen Grundsätze der guten, in der Geschichte bewährten Ordnung. Hinzu komme, daß die für die Politik geltende Gleichheit der erwachsenen Bürger in den Sozialbereichen Familie, Schule, Wirtschaftsbetrieb nicht angenommen werden könne: Kinder und Erwachsene, Schüler und Lehrer, Arbeiter und Betriebsleiter seien eben in Kompetenzen und Urteilsfähigkeit so ungleich, daß das Demokratieprinzip hier nicht angewendet werden könne. „Man kann – und warum sollte man nicht – in Schulen, Universitäten, Wirtschaftsbetrieben, Zeitungsredaktionen, Krankenhäusern usw. die Formen des menschlichen Miteinander ändern, sie freier, auch ihre rechtlichen Strukturen weniger hierarchisch gestalten. Für Anhörung, Mitwirkung, auch Mitbestimmung sollte, wo immer es möglich ist, Raum gegeben werden. Nur „demokratisch" läßt sich all dies nicht legitimieren". (HENNIS 1970, S. 33).

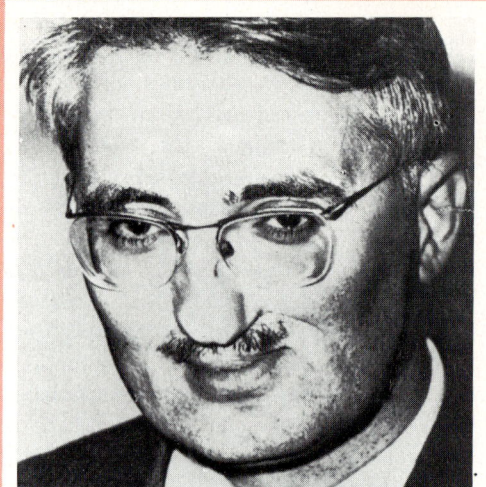

Hauptvertreter der kritisch-dialektischen Theorie der „Frankfurter Schule". Schüler von Adorno u. Horkheimer, Prof. in Frankfurt/M.

Abb. 4: Jürgen Habermas, *18. 6. 1929

1.2.3.3 Der dialektisch-historische Wissenschaftsbegriff

Geschichtlichkeit

Der dialektisch-historische Wissenschaftsbegriff geht auf HEGEL und MARX (vgl. S. 82 ff.) zurück; er wird heute in der Sozialwissenschaft der Bundesrepublik Deutschland vor allem von den Anhängern der „Frankfurter Schule" verwendet, die ihre Auffassung „Kritische Theorie" nennen. Heutiger Hauptvertreter ist JÜRGEN HABERMAS.

Totalität

Frankfurter Schule

Kritische Theorie

Die „Kritische Theorie" geht von der Einheit von Sein und Sollen, von Theorie und Praxis aus. Die Theorie zeigt die Entwicklungsgesetze der Geschichte; sie liefert nicht nur Analysen der Wirklichkeit, sondern auch Sollensvorschriften. Das Sollen ergibt sich aus der potentiellen Richtung der historischen Entwicklungsprozesse. Wenn der Mensch nur wollte und die Möglichkeit ergriffe, die die Geschichte ihm bietet, könnte er die Entwicklung vorantreiben zu mehr Freiheit, mehr Gleichheit, zu harmonischem Zusammenleben, zur „gelungenen Gesellschaft". Die Analyse des Seins zeigt die Möglichkeiten, Gesellschaft zu verändern; aus den Möglichkeiten erge-

Dialektik

ben sich die Normen für die politische Praxis. „Kritische Theorie" ist an bestimmte Prämissen gebunden, die zugleich Werturteile und methodische Prinzipien darstellen. Dazu gehören:

Geschichtlichkeit: Die bestehenden Verhältnisse müssen in ihrer historischen Entwicklung, d.h. als Ergebnis historischer Prozesse und als Schritt zu weiteren Entwicklungen, gesehen werden. Die Gegenwart läßt sich nur verstehen, wenn man sie als Teil eines Prozesses begreift.

Totalität: Gesellschaft muß als Ganzes gesehen werden. Einzelne Teile, wie Politik, Staat, Wirtschaft, Erziehung lassen sich nur verstehen, wenn sie in ihren Wechselbeziehungen zum Ganzen untersucht werden. Veränderungen in der Wirtschaft wirken sich auf Politik, Bildungssystem, Kunst aus, und umgekehrt. Totalität bedeutet aber auch, daß die Entwicklungsmöglichkeiten der Gesellschaft zu berücksichtigen sind. Die Bewertung des gegenwärtigen Zustandes muß im Hinblick auf das mögliche Ziel der Entwicklung erfolgen.

Dialektik: Die Entwicklung wird durch Krisen vorangetrieben, die Folge von „Widersprüchen". Als grundlegender Widerspruch gilt nach wie vor der, den schon MARX (vgl. S. 82 f.) hervorgehoben hatte: zwischen der gesellschaftlichen Produktion einerseits und der privaten Aneignung der Pro-

26

dukte andererseits. Methodisches Prinzip bei der Analyse der Totalität ist es daher, Widersprüche, Krisen und Konflikte aufzudecken.

*Freiheits-
begriff* *Freiheitsbegriff:* Zu den Prämissen kann auch der Freiheitsbegriff gerechnet werden, den die Anhänger der „Kritischen Theorie" vertreten. Freiheit sei nicht, wie Kant lehrte, die Möglichkeit des Einzelnen, auf seine Art glücklich zu sein, beschränkt lediglich durch das gleiche Recht aller anderen. Die freie Entfaltung des Einzelnen sei vielmehr an die „aktive Mitwirkung der übrigen Individuen" gebunden (FETSCHER 1967, S. 34). Modell kann daher nicht das isolierte Individuum sein, dessen Egoismus durch moralisch gebotene und durch die Gesetze erzwungene Rücksicht auf andere begrenzt wird. Modell ist vielmehr der Einzelne, der die Gemeinschaft als Bereicherung empfindet und „seine eigene Leistung als Beitrag zur Befriedigung des anderen, die Leistung des anderen als Beitrag zur eigenen Befriedigung versteht" (FETSCHER, a. a. O.). Dieser Freiheitsbegriff geht auf ROUSSEAU und MARX zurück.

*Praxis-
verständnis* Die Anhänger der „Kritischen Theorie" sind vorrangig an Praxis interessiert, mit der die bestehenden Verhältnisse verändert werden können. Ihre Interpretation des Sinns der Geschichte gibt ihnen das Ziel dieser Praxis vor: Selbstentfaltung des Einzelnen in der Gemeinschaft und durch die Gemeinschaft der Gleichen. Dies setzt die Überwindung der kapitalistischen Leistungs- und Konkurrenzgesellschaft ebenso voraus wie die Überwindung einer bloß „formalen" Demokratie, in der die faktische Ungleichheit der Chancen der politischen Beteiligung die Demokratie zu einer Veranstaltung mache, die in erster Linie den Besitzenden und durch Ausbildung Privilegierten nütze. So werden Politik, Wirtschaft, Gesellschaft unter dem Gesichtspunkt untersucht, ob Konflikte, „Widersprüche", erkennbar sind, die ausgenutzt werden könnten, um die Entwicklung voranzutreiben. Im Gegensatz zur orthodox-marxistischen Version des Marxismus, wie sie in den kommunistischen Parteien dominiert, sind die Anhänger der „Kritischen Theorie" undogmatisch und bereit, angesichts von empirischen Daten ihre Thesen zu korrigieren, ohne sie allerdings im Wesentlichen aufzugeben. So interpretiert HABERMAS den Klassenkampf anders, viel wirklichkeitsnäher, als die orthodoxen Marxisten.
Gegen Marx Er zählt „vier Fakten gegen MARX auf":

1. Der Staat greife heute viel stärker in die Wirtschaft ein, als es MARX im 19. Jahrhundert beob-

achten konnte; der demokratische Staat ist auch nicht einfach das Instrument der Kapitalisten; er verringert z. B. durch Umverteilung die materielle Not der Besitzlosen.

2. In den fortgeschrittenen kapitalistischen Ländern sei der Lebensstandard so weit gestiegen, daß das Proletariat, entgegen der MARXschen Annahme, nicht „verelende"; „Der Pauperismus der entfremdeten Arbeit findet seinen entfernten Reflex allenfalls in einem der entfremdeten Freizeit – Skorbut und Rachitis erhalten in psychosomatischen Störungen, Hunger und Mühsal in der Öde fremdgesteuerter Ermunterung, in der Befriedigung von Bedürfnissen, die nicht die ‚eigenen' sind, ihre sublimere und nicht einmal klassenspezifische Form".

3. Unter diesen Umständen habe sich der von MARX erwartete Träger der sozialistischen Revolution, das Proletariat, als Proletariat aufgelöst. Die Masse der Bevölkerung sei allerdings nach wie vor „proletarisch", d. h. sie habe keine Verfügung über Produktionsmittel. Doch mit dieser proletarischen Existenz seien heute nicht mehr unzureichende Einkommen, unzureichende Sicherheit, mangelhafte Erziehung so eindeutig verbunden, daß die objektive Lage auch subjektiv als proletarisch erfahren werden müßte. „Ein Klassenbewußtsein, zumal ein revolutionäres, ist heute auch in den Kernschichten der Arbeiterschaft nicht festzustellen" … „Allerdings reproduziert sich der national stillgelegte Klassenkampf auf der internationalen Ebene zwischen kapitalistischem und sozialistischem ‚Lagern'".

4. Die Existenz der Sowjetunion sei der Tatbestand, von dem die „systematische Diskussion des Marxismus und mit dem Marxismus am meisten gelähmt" werde. Die Oktoberrevolution in Rußland 1917 habe unmittelbar gar keine sozialistischen Ziele gehabt, wohl aber eine Funktionärs- und Kaderherrschaft begründet. Gestützt auf diese Funktionäre und Kader habe Stalin ein Jahrzehnt später mit der Kollektivierung der Landwirtschaft eine „sozialistische Revolution von oben bürokratisch eingeleitet". Seit dem Zweiten Weltkriege Weltmacht, zwinge der Sowjetmarxismus einerseits die kapitalistischen Länder des Westens zu äußerster Wachsamkeit über die Stabilität ihres eigenen Systems und zu dauernden Reformen; andererseits habe der sowjetische Weg des Sozialismus „sogar hinter die rechtsstaatlichen Errungenschaften des Kapitalismus in den legalen Terror einer Parteidiktatur zu-

rückgeführt". Der sowjetische Weg zum Sozialismus scheine somit nur als eine „Methode abgekürzter Industrialisierung" für Entwicklungsländer zu empfehlen zu sein.

Langfristig will HABERMAS allerdings weder hohen Lebensstandard noch mehr Freiheit in der Sowjetunion ausschließen. Seine Begründung ist bezeichnend für die gewichtige Rolle, die die „Kritische Theorie" ihren eigenen Leitzielen im Geschichtsprozeß zuschreibt:

Realität

„Wenn allerdings die alten Utopien der besten Ordnung und des ewigen Friedens, der höchsten Freiheit und der vollkommenen Glückseligkeit als rationale Motive einer, wie immer zum sekundären Mythos entstellten Theorie unveräußerlich zugrundeliegen, und wenn sich an dieser Theorie, weil sie nun einmal als Staatsideologie investiert wurde, die politische Praxis immer wieder legitimieren muß – dann mag man ... behutsam die Überlegung anstellen, ob am Ende ein solches System nicht auch ... über Korrektive verfügt". (HABERMAS 1969)

1.2.3.4 Zusammenfassender Vergleich

Erfahrungs-
wissenschaft

Nach dem Konzept des „Kritischen Rationalismus" ist Politikwissenschaft eine reine Erfahrungswissenschaft. Die Anhänger des ontologisch-normativen und des dialektisch-historischen Wissenschafts- und Theoriebegriffs betrachten die Politikwissenschaft hingegen als eine normative und empirische Wissenschaft zugleich. Theorie ist für den „Kritischen Rationalismus" ein System von empirisch gewonnenen, generalisierten Hypothesen, die angeben, wie unter bestimmten, genau definierten Bedingungen Menschen sich verhalten (oder Institutionen funktionieren) werden. Theorie in diesem Sinne ermöglicht somit Prognosen. Die beiden anderen Konzeptionen hingegen enthalten nicht nur Aussagen über die beobachtbare Realität, sondern stellen auch höchste Ziele und Werturteile auf.

Sinndeutung

Normative
Wissenschaft

Empirische
Wissenschaft

Theoriever-
ständnis

Nach dem Konzept des „Kritischen Rationalismus" sind Theorien niemals absolut sicher, sondern haben Hypothesencharakter. Wegen dieser Unsicherheit ist ständige Überprüfung der wissenschaftlichen Aussagen notwendig; daher müssen sie prinzipiell widerlegbar formuliert werden. Die Anhänger der normativ-ontologischen Auffassung sind davon überzeugt, daß es eine überzeitliche, dem Menschen angemessene, daher „gute" Ordnung gibt, die in der von Philosophen über die Jahrhunderte geführten Diskussion erkennbar wird. Eine Aussage über diese Ordnung gilt als wahr, wenn sie durch den Konsens der Philosophen und durch immer wieder neue, in Geschichte und Gegenwart vorliegende Erfahrung bestätigt wird. Bei Aussagen über die Realität wird das Kriterium der Falsifizierbarkeit ebenfalls nicht als unabdingbar angesehen. Um Erscheinungen verstehen zu können, werden hermeneutische Verfahren angewendet, die sich teilweise der Überprüfbarkeit entziehen, wohl aber plausible Ergebnisse erbringen können. Der dialektisch-historische Wissenschaftsbegriff geht ebenfalls von Wahrheiten aus, die durch Analyse der Totalität der Gesellschaft, einschließlich ihrer historischen Entwicklung und ihres möglichen Ziels, gefunden werden können. Das Auffinden dieser Wahrheit geschieht durch Anwendung des dialektischen Verfahrens. Konsens der Wissenschaftler, die dieses Verfahren beherrschen, wird als ausreichende Begründung angesehen.

Der Wissenschaftsbegriff des „Kritischen Rationalismus" hat den Vorteil, daß er zu prüfbaren Aussagen führt, die in begrenzten Bereichen Prognosen ermöglichen. Der Nachteil ist, daß er die großen Ziele, den „Sinn" menschlicher Existenz ebenso wie den „Sinn" historischer Prozesse, nicht begründen kann. Der normativ-ontologische Wissenschaftsbegriff hat den Vorteil, daß er zu intensiver Diskussion über die „gute Ordnung" und die dem Menschen angemessenen Normen führt. Er setzt sich allerdings dem Vorwurf aus, daß dabei Wertvorstellungen, die in der Antike entstanden sind, zu leicht auf die Gegenwart übertragen werden. Den Nachteil der mangelhaften Prüfbarkeit seiner Aussagen teilt er mit der dialektisch-historischen Konzeption.

Die Attraktivität der „Kritischen Theorie" besteht darin, daß sie Ziele des historischen Prozesses, einen die Gegenwart transzendierenden Sinn politischen Handelns aufzeigt und Interpretationen des Ganzen der Politik, sogar der gesamten Gesellschaft liefert. Ihr Nachteil ist die mangelnde Prüfbarkeit ihrer Aussagen, die ihren Anhängern den Vorwurf eingetragen hat, keine Prognosen, sondern Prophezeiungen zu liefern.

1.3 Macht als Voraussetzung politischer Gestaltung

1.3.1 Definition der Macht

Max Weber

Nach einer weithin akzeptierten Definition des deutschen Soziologen MAX WEBER (1864–1920) ist Macht das Vermögen, den eigenen Willen gegen den Willen anderer durchzusetzen. Politische Macht wäre dann das Vermögen, im Entscheidungsprozeß, der zu allgemeinverbindlichen Regeln führt, den eigenen Willen gegen den Willen anderer durchzusetzen.

Herrschaft

Herrschaft ist die Ausübung institutionalisierter Macht. Der Demagoge, der die Massen durch seine Beredsamkeit begeistert, hat zwar Macht, doch er „herrscht" erst, wenn er an die Regierung gelangt ist und seine Macht im Rahmen der Institution „Staat" ausübt.

Staat

Da politische Entscheidungen in der Regel kontrovers sind, ist Macht eine unentbehrliche Voraussetzung politischer Gestaltung. Bei naiver Interpretation könnte der WEBERsche Machtbegriff allerdings die Auffassung nahelegen, als habe der Machthaber nur zu drohen oder zu befehlen, um seinen Willen durchzusetzen. Die Voraussetzungen für Machtausübung sind kompliziert, und zwar um so komplizierter, je komplexer die sozialen Organisationen sind, die gesteuert werden sollen. So ist im Regierungssystem der Bundesrepublik Deutschland der von der Volksvertretung gewählte Bundeskanzler befugt, die „Richtlinien der Politik" zu bestimmen; ebenso liegt die Auswahl der Minister bei ihm. Die Verfassung hat ihm mehr Macht gegeben als irgendeinem anderen Staatsorgan. Die Annahme, der Kanzler könne, einmal gewählt, im Rahmen der Verfassung durchsetzen, was er für richtig halte, geht aber ganz an der Wirklichkeit vorbei. Er muß Rücksichten nehmen auf die eigene Fraktion, die eigene Partei, auf die Interessen einflußreicher Verbände, nicht zuletzt auf Wählergruppen, die für seine Partei wichtig sind; er braucht den Rat sachkundiger und loyaler Berater. Setzt er seinen Willen gegen die Wünsche irgendeiner dieser Gruppen durch, so schafft er sich Gegner: Machtausübung ist stets mit politischen „Kosten" verbunden. Das gilt auch für Diktatoren. So braucht sich der sowjetische Parteichef zwar nicht um Wählermeinungen zu kümmern, und er muß

*Machtaus-
übung*

*Gewalt-
anwendung*

auch keine Rücksicht auf organisierte Interessenverbände nehmen. Auch er braucht jedoch die Unterstützung der Spitzenfunktionäre in Partei, Geheimpolizei, Armee und Wirtschaft. Diese Spitzenfunktionäre sind zwar zum Teil von ihm selber ausgewählt worden, damit sie ihn unterstützen – aber sie werden das nur solange tun, als er auf ihre Wünsche eine gewisse Rücksicht nimmt. Selbst STALIN konnte seine Terrorherrschaft, der Spitzenfunktionäre ebenso zum Opfer fielen wie einfache Parteimitglieder und Millionen sowjetischer Bürger, nur mit Hilfe eines ihm ergebenen Apparats von Geheimpolizei und Partei ausüben.

1.3.2 Grundlagen politischer Macht

Politische Macht, sei es die Macht einzelner Politiker, die an der Spitze von Parteien oder Verbänden stehen, sei es die Macht einer Regierung, die „Herrschaft" ausübt, kann verschiedene Grundlagen haben. Sie kann auf der Fähigkeit des Machthabers zur Gewaltanwendung, zum Einsatz wirtschaftlicher Mittel, zur Manipulation der Information beruhen. Grundlage politischer Macht kann aber auch freiwillige Anerkennung der Machtausübung sein. In der Wirklichkeit sind fast immer mehrere Ursachen miteinander verbunden.

1.3.2.1 Gewalt

Die Fähigkeit zur Gewaltanwendung als Ursache politischer Macht ist in den internationalen Beziehungen besonders deutlich. Nach wie vor gründet sich die äußere Macht der Staaten in erster Linie auf militärische Stärke. Aber auch Herrschaft gegenüber der eigenen Bevölkerung hat eine Gewaltkomponente. Herrschaft, die überwiegend auf Gewalt und damit auf Furcht der Unterworfenen beruht, galt schon den Griechen als despotisch und menschenunwürdig. Despotische Herrschaft ist weder stabil noch effizient; sie ist stets vom Aufstand der Unterdrückten bedroht, und sie kann auch nicht die wirtschaftlichen oder militärischen Kräfte eines Volkes hinreichend mobilisieren. Das Wort Talleyrands „Mit Bayonetten kann man alles Mögliche tun, nur nicht darauf sitzen" gilt nach wie vor. Es ist daher zu einfach, die Herrschaft Hitlers oder Stalins ausschließlich als Gewaltherrschaft zu sehen, obwohl Terror in beiden Fällen ein unentbehrliches Mittel der Herrschaftsausübung war. Beide totalitäre Diktaturen (vgl. S. 90 und 127) gewährten ihren Anhängern erhebliche wirtschaftliche Vorteile und Karrieren, und beide konnten mindestens zeitweise eine begeisterte Zustimmung von großen Teilen der Bevölkerung erzielen. In rechtsstaatlichen Demokratien ist staatliche Gewaltanwendung unter bestimmten, von der Mehrheit der Volksvertretung gesetzlich festgelegten Bedingungen möglich, Voraussetzung ist stets, daß anders die Allgemeinverbindlichkeit der Gesetze nicht durchgesetzt werden kann und die Verhältnismäßigkeit der Mittel gewahrt bleibt (vgl. S. 55).

Interessengruppen

1.3.2.2 Wirtschaftliche Macht als Grundlage politischer Macht

Politische Macht kann auf dem Einsatz wirtschaftlicher Mittel beruhen. Dem Widerstrebenden werden wirtschaftliche Nachteile in Aussicht gestellt, wenn er sich nicht fügt; oft wird eine Belohnung für Fügsamkeit mit Androhung wirtschaftlicher Sanktionen bei Widerspenstigkeit („Zuckerbrot und Peitsche") verbunden. Voraussetzung dafür ist, daß der politische Machthaber auch über wirtschaftliche Macht, d.h. über knappe Güter, verfügt. Das gilt in besonderem Maße, wenn die Verfügung über die wichtigsten Produktionsmittel in den Händen der politischen Führungsgruppe liegt. Das historische Beispiel dafür ist der Feudalismus. Der adlige Großgrundbesitz verfügte nicht nur über das seinerzeit wichtigste Produktionsmittel, den Boden, sondern er hatte faktisch ein Monopol politischer Macht. Das gegenwärtige Beispiel bieten die Parteiführungen in den sozialistischen Ländern mit einer zentralgeleiteten Wirtschaft. Ein wichtiges Mittel zur Stabilisierung dieser Einparteiendiktaturen ist das Monopol der Vergabe von Karrieren nicht nur in Partei und Staatsverwaltung, sondern auch in der Wirtschaft und allen anderen Bereichen der Gesellschaft: Wer befördert, befiehlt.
Auch in den Demokratien haben die politischen Führungsgruppen die Möglichkeit, ihre durch den Wählerauftrag gewonnene politische Macht durch wirtschaftliche Mittel zusätzlich zu sichern. Sie verfügen zwar nur über Teile der Produktionsmittel, in der Bundesrepublik Deutschland

Feudalismus

Zentralgeleitete Wirtschaft

z.B. über 4543 öffentliche Unternehmen, die 1979 24% des Bruttosozialprodukts erwirtschafteten. Sie verfügen aber über den Staatshaushalt und damit über Subventionsmöglichkeiten für alle möglichen Interessengruppen, und nicht zuletzt über Karrieren im öffentlichen Dienst. Subventionen können eingesetzt werden, um Wählergruppen an die Regierungspartei heranzuführen. Durch die Besetzung möglichst vieler Stellen in der Verwaltung mit Anhängern der eigenen Partei wird nicht nur der Einfluß der jeweiligen Regierung auf die Verwaltung verstärkt, die Partei wird auch attraktiv für Personen, die Karriere machen wollen. Die Parteiführung, die in der Lage ist, Spitzenpositionen im öffentlichen Dienst zu vergeben, stärkt ihre Macht gegenüber den eigenen Parteimitgliedern.
Während die politischen Führungsgruppen in den Demokratien somit versuchen, ihre politische Macht durch wirtschaftliche Mittel zu stützen, versuchen umgekehrt die Träger wirtschaftlicher Macht, ihre Position politisch zu nutzen, d.h. die gewählten Führungsgruppen zu beeinflussen. Das ist besonders deutlich, wenn Unternehmen oder Unternehmensverbände bestimmte Parteien durch Spenden begünstigen, oder wenn Unternehmen Investitionen in neue Arbeitsplätze nur vornehmen wollen, wenn öffentliche Subventionen gezahlt werden. Interessengruppen, die außer über wirtschaftliche Macht auch über viele Mitglieder und damit über Wählerpotential verfügen, können beides einsetzen, um ihre Ziele zu erreichen. Beispiele bieten Gewerkschaften und Agrarverbände (vgl. S. 197).

1.3.2.3 Manipulation der Information als Grundlage politischer Macht

Politische Macht kann durch Macht über Kommunikation gestützt werden. Ein extremes Beispiel bietet wiederum das Monopol über alle Informationen, das die Parteiführungen in Ländern des „realen Sozialismus" für sich beanspruchen. Aber auch in Demokratien gibt es den Versuch politischer Führungsgruppen, in den öffentlichen Rundfunk- und Fernsehanstalten eine für sich besonders positive Berichterstattung durchzusetzen. Verbreitet ist dabei das Bemühen, Anhänger der eigenen politischen Richtung in leitende Positionen der Anstalten zu bringen. Umgekehrt gibt es marktbeherrschende Stellungen einzelner Verleger von Zeitschriften („Der Spiegel") und Zeitungen („Bild"), die wirksame Instrumente zur politischen Beeinflussung der Wähler durch private Interessenten sein können (vgl. S. 202 ff).

1.3.2.4 Legitimität

Kein Gemeinwesen läßt sich dauerhaft durch politische Macht steuern, die ausschließlich auf Gewalt, Gewährung wirtschaftlicher Vorteile bzw. Drohung mit wirtschaftlichen Sanktionen und Manipulation der Information beruht. Eine Ausnahme bildet lediglich die Herrschaft eines fremden Eroberers, der stark genug ist, jede Erhebung der Unterworfenen niederzuschlagen und der sich die Kooperation eines Teils der Unterworfenen durch wirtschaftliche Privilegien erkauft. Seit jeher haben deshalb die Machthaber versucht, die Anerkennung der Machtausübung durch die Beherrschten zu erreichen. Gelingt das, so gilt Herrschaft als „legitim". Legitime Herrschaft kann auf Gehorsam und Vertrauen der Machtadressaten rechnen, weil sie als rechtmäßig anerkannt ist und weil die Aufrechterhaltung dieser Art von Herrschaft im langfristigen Gesamtinteresse zu liegen scheint.

„Charismatisch"

Legitime Herrschaft

„Rational"

MAX WEBER hat drei Typen legitimer Herrschaft unterschieden:

„Traditional"

Traditional begründete Herrschaft gilt als legitim, weil eine bestimmte Ordnung seit langem besteht, und/oder eine bestimmte Dynastie seit langem herrscht. Traditional legitimiert waren die europäischen Monarchien bis ins 19. Jahrhundert. Bezeichnend ist die Idee des „Gottesgnadentums": Gott hat die Dynastie eingesetzt, über Jahrhunderte ihr die Herrschaft erhalten. Der Herrscher ist „von Gottes Gnaden", ihm zu gehorchen ist sittliche Pflicht, mindestens solange er nicht gegen Gottes Gebote verstößt.

Charismatisch begründete Herrschaft gilt als legitim, weil der Herrscher als Genie (charisma griech. große Begabung) angesehen wird, der seine Anhänger in eine bessere Zukunft führen kann. Der charismatische Herrscher begeistert die Menschen; er versteht es, ihrem Leben, auch ihrem Opfer Sinn zu geben. WEBER rechnet zum Typ des charismatischen Herrschers die religiösen Propheten (JESUS, MOHAMMED) ebenso wie die großen Heerführer (ALEXANDER, CAESAR, NAPOLEON) oder den Revolutionär (LENIN). In die gleiche Gruppe müßten heute HITLER und neuerdings CHOMENI eingeordnet werden.

Rational begründete Herrschaft beruht auf Sachkompetenz zur Lösung der politischen Aufgaben im Verfassungsstaat, auf Einhaltung der von der Verfassung vorgegebenen Regeln bei der Machtausübung, und in der Demokratie auf dem Auftrag der Wählermehrheit.

WEBERS Typen legitimer Herrschaft sind wertfrei; die Herrschaft eines skrupellosen Demagogen, der alle Menschenrechte mißachtet, wird dabei ebenso als legitim angesehen wie Herrschaft in einer rechtsstaatlichen Demokratie – sofern nur die freiwillige Zustimmung der Beherrschten vorliegt. Nach der Erfahrung des Nationalsozialismus liegt es allerdings nahe, den Begriff „Legiti-

Abb. 5: Kaiser Haile Selassie 1892–1975

Führer der schiitischen Geistlichkeit (Mullahs) und der „islamischen Revolution" im Iran, steht faktisch über dem Staatspräsidenten

Abb. 6: Ajatollah Chomeni *1900

mität" nur auf Herrschaft zu verwenden, die ethische Mindestanforderungen wie die Achtung der Menschenrechte erfüllt. Abgesehen von dieser Einschränkung sind WEBERS Typen aber nach wie vor nützlich. WEBER hat sie als „Idealtypen" *Idealtypen* konstruiert, d.h. als durch Abstraktion bestimmter Elemente aus der Wirklichkeit gewonnene Modelle, die „rein" in der Wirklichkeit nie vorkommen, wohl aber gemischt auftreten. So beruht *Rechts-* die freiwillige Anerkennung der Herrschaft *ordnung* nahezu aller herausragender demokratischer Regierungschefs primär ohne Zweifel auf der Respektierung des Wählerauftrages, auf der Überzeugung, daß die Verfassung, die seine Machtausübung regelt, auch im eigenen Interesse liegt, auf der Zubilligung einer mehr oder weniger großen Sachkompetenz. Eine nicht geringe Rolle spielte jedoch auch die „charismatische" Qualität von Politikern wie CHURCHILL, KENNEDY, DE GAULLE, ADENAUER. Charismatische Wirkung ist nicht ungefährlich. Sie kann leicht Schwäche der Sachkompetenz überdecken; doch ganz ohne charismatische Qualität ist das Gewinnen von demokratischen Wahlen ebenso schwierig wie das Durchsetzen von Lösungen, die in der eigenen Partei umstritten sind.

1.3.3 Das Problem der Machtbeschränkung und Machtkontrolle

Politische Macht ist einerseits notwendig, andererseits gefährlich. Sie ist Voraussetzung für gemeinsames Handeln; sie setzt und erzwingt die Rechtsordnung, ohne die das Faustrecht des Starken gelten würde, und hat daher auch eine unverzichtbare Schutzfunktion für die Schwachen. Sie kann aber auch zur Bereicherung der politischen Führungsschicht, zur Unterdrückung von Minderheiten, sogar zur Unterdrückung der Mehrheit der Bevölkerung mißbraucht werden. Das politische Denken seit der Antike beschäftigt sich daher mit dem Problem, wie einerseits die Rechtsordnung hergestellt und die Handlungsfähigkeit der Regierung gesichert, andererseits aber Machtmißbrauch verhindert werden kann.

Zwei grundsätzliche Möglichkeiten zur Beschränkung und Kontrolle der politischen Macht sind aus den historischen Erfahrungen der europäisch-nordamerikanischen Staaten entwickelt worden:

Abb. 7: Die Glarus-Landgemeinde

- Die Beschränkung des Wirkungsbereichs politischer Macht, indem bestimmte Freiheitsrechte der Menschen dem Zugriff der politischen Machtträger entzogen werden. Das wichtigste Beispiel sind die „vorstaatlichen" Menschenrechte der liberalen Verfassungstradition, die dem Menschen als zur Vernunft befähigtem Wesen zustehen, die ihm der Staat nicht geben kann (vgl. S. 47 f.).

Vorstaatliche Menschenrechte

- Die Beschränkung der Macht eines einzelnen Machtträgers, indem Macht auf verschiedene Machtträger aufgeteilt wird. Diese Idee liegt allen Formen der „Gewaltenteilung" zugrunde, so der Unabhängigkeit der Justiz von den politischen Machtträgern, der Kompetenzverteilung zwischen Regierung und Volksvertretung, zwischen Bund und Ländern im Bundesstaat. Ihr entspricht das Prinzip, die Macht der einen Gruppe durch die Macht der anderen Gruppe zu begrenzen: die der einen Partei durch die anderen Parteien im Mehrparteiensystem, die der Unternehmer durch die der Gewerkschaften.

Gewaltenteilung

Machtkontrolle

Kontrolle eines Machtträgers ist nur möglich, wenn es von ihm unabhängige andere Machtträger gibt, die ihm entgegentreten können. Das gilt für alle drei Arten der Kontrolle:

- für die politische Richtungskontrolle, die sicherstellen soll, daß der Machtträger sich an vereinbarte Ziele hält;
- für die rechtliche Kontrolle, mit der der Machtträger gezwungen wird, sich an die Verfassung und die übrigen Rechtsnormen zu halten;
- für die Effizienzkontrolle, die ihn anhalten soll, bestimmte Ziele mit geeigneten Mitteln, z. B. ohne Verschwendung von Steuergeldern, zu erreichen.

In Demokratien ist die politische Richtungskontrolle eine wesentliche Aufgabe der Volksvertretung, in letzter Instanz der Wähler selber. Sie haben durch ihre Stimmabgabe einer Partei oder einer Koalition die Mehrheit im Parlament verschafft und ihr damit den Regierungsauftrag gegeben – und zwar aufgrund eines bestimmten Angebots an programmatischen Zielen und an Führungspersonal. Freie Wahlen zwischen von einander unabhängigen Parteien geben den Wählern die Möglichkeit, den Regierungsparteien diesen Auftrag wieder zu entziehen. Sie braucht dazu eine von der Regierungsmehrheit unabhängige Opposition, die die Regierung öffentlich und wirksam kritisieren und für programmatische und personelle Alternativen werben kann. Ein Mehrparteiensystem ist somit eine unverzichtbare Voraussetzung für politische Richtungskontrolle durch die Wähler. Doch diese Voraussetzung allein genügt nicht. Wichtig ist auch, daß die parlamentarische Opposition in ihrer Kritik nicht behindert wird und gleiche Chancen hat, die Wähler zu erreichen, wie die Regierung. Gelänge es der Regierungsmehrheit etwa, das Fernsehen durch Anhänger der Regierungspartei „gleichzuschalten", wäre die Opposition erheblich benachteiligt und die Kontrollmöglichkeit der Wähler deutlich eingeschränkt.

Rechtliche Kontrolle ist Aufgabe einer unabhängigen Justiz, die in der Lage sein muß, Gesetze auf ihre Verfassungsmäßigkeit und Akte der staatlichen Verwaltung auf ihre Übereinstimmung mit dem Gesetz zu prüfen. Unabhängigkeit bedeutet dabei rechtlich, daß die Richter nicht an Weisungen politischer Instanzen gebunden sein dürfen. Unabhängigkeit in diesem Sinne reicht aber allein noch nicht aus. Es muß auch verhindert werden, daß die Richter als Gruppe politisch einseitige Interessen widerspiegeln, etwa überwiegend einer Partei angehören.

Die Effizienz von Regierung und Verwaltung zu kontrollieren ist Aufgabe von Rechnungshöfen, der Volksvertretung und der Wähler selber, um deren Stimmen die Opposition auch durch Kritik an der Effizienz der Regierung wirbt. Effizienzkontrolle setzt Unabhängigkeit von Kontrollierenden und Kontrollierten voraus. Wenn der Anteil der Angehörigen des öffentlichen Dienstes im Bundestag über ein Drittel, in den Landtagen bis zu 60 % beträgt, kann nicht erwartet werden, daß die Parlamente die Effizienz der staatlichen Verwaltung scharf kontrollieren. Kontrolle des öffentlichen Dienstes durch den öffentlichen Dienst hat sich als wenig geeignet erwiesen, die Aufblähung des Personalbestandes des Staates zu verhindern (vgl. S. 240 ff.).

1.4 Ideologien als Rechtfertigung politischer Ziele

Luhmann: Recht- fertigung

Als Ideologie wird in der Auseinandersetzung oft die Meinung des politischen Gegners bezeichnet: die eigene Meinung sei richtig, die des Gegners falsch, weil er Politik unter dem Gesichtspunkt seiner besonderen Interessen betrachte. Auch in der wissenschaftlichen Analyse von Politik spielt der Ideologiebegriff eine wichtige Rolle. Es gibt allerdings sehr unterschiedliche Ideologiebegriffe.

MARX warf dem Bürgertum seiner Zeit vor, die Welt aus Interessengebundenheit falsch zu sehen, z. B. der Auffassung zu sein, kapitalistische Wettbewerbswirtschaft verwirkliche den optimalen Volkswohlstand. Ideologie ist für MARX falsches Bewußtsein, bedingt durch die ökonomische und soziale Lage der herrschenden Klasse, die blind sei für Tatsachen, die ihren Vorurteilen widersprächen. Für MARX war nur das Denken des Bürgertums und des Feudaladels „falsches Bewußtsein", nicht aber das Denken des revolutionären Proletariats, das die Chance habe, eine ideale Gesellschaft zu verwirklichen und daher das richtige Bewußtsein besitze.

Marx: falsches Bewußtsein

Der MARXsche Ideologiebegriff eignet sich allerdings dazu, das Denken jeder Gruppe, auch der Marxisten, in Frage zu stellen. Es ist nicht einzusehen, warum nur das Bürgertum „falsches Bewußtsein" haben sollte. Nichtmarxistische Sozialwissenschaftler wendeten daher den Ideologiebegriff auch auf das sozialistische Denken an und erklärten es zu „falschem Bewußtsein" aufgrund seiner Gebundenheit an besondere wirtschaftliche, soziale und politische Interessen.

In der modernen Sozialwissenschaft wird der Ideologiebegriff oft in diesem allgemeinen, auf alles politische Denken anwendbaren Sinne benutzt. Ideologie gilt z. B. als ein Ideensystem, das die Werte und Ziele eines Gemeinwesens oder einer politischen Partei beschreibt und begründet und zugleich die Menschen aufruft, sich so zu verhalten, wie es diesen Werten und Zielen entspricht.

Wird in dieser Weise jedes politische Denken als ideologisch bezeichnet, so verliert der Ideologiebegriff die Funktion, falsches Bewußtsein zu kritisieren. Denn jede Gruppe, die politische Ziele rechtfertigt, denkt dann ideologisch, d. h. mindestens teilweise einseitig, interessengebunden, falsch. Fruchtbarer ist die Definition des Ideologiebegriffs bei NIKLAS LUHMANN (1974). LUHMANN nennt ideologisch jedes Denken, das in „seiner Funktion, das Handeln zu orientieren und zu rechfertigen, ersetzbar ist". Diese Definition hat den Vorteil, daß Ideensysteme zur Rechtfertigung politischer Ziele und politischen Handelns nicht einfach als falsch erklärt werden. Vielmehr wird der Blick auf Alternativen gerichtet, die ebenfalls Ideologien sein können, aber eben andere Voraussetzungen und Folgen haben.

Ideologien rechtfertigen, nach LUHMANN, politisches Handeln dadurch, daß sie bestimmte Werte und Ziele aus der Fülle der möglichen auswählen und mit einer Vorzugsstellung versehen. So betonen die einen den Wert „individueller Freiheit" in besonderem Maße und leiten daraus eine Gesellschaft ab mit ausgedehnten Freiheitsräumen für den einzelnen, Wettbewerbswirtschaft, sowie Beschränkung des Staates auf das notwendige Mindestmaß an Eingriffen zur Aufrechterhaltung der äußeren und inneren Sicherheit und zum Schutze des Einzelnen vor materieller Not. Die anderen wiederum betonen den Wert „soziale Gleichheit" und leiten daraus ein Gesellschaftsmodell mit engen sozialen Bindungen des einzelnen, vergesellschafteten Produktionsmitteln und Staatseingriffen zur Herstellung von möglichst gleichen Chancen der Entfaltung für jeden Menschen ab.

Ideologiekritische Analyse solcher Ideensysteme bedeutet zunächst, daß die Wertvorstellungen offengelegt werden. Dann ist die sachliche Begründung der Wertung zu prüfen. Stellt sich heraus, daß die Begründung nachweisbar falsch ist, wie bei der Rassenlehre der Nationalsozialisten, so wird allein aus diesem Grund die Ideologie zurückgewiesen werden müssen. Im Falle eines mehr individualistischen oder mehr kollektivistischen Menschenbildes ist der Nachweis „falsch" oder „richtig" empirisch nicht zu führen. Ob der Mensch eher als Individuum oder eher als gemeinschaftsgebundenes Wesen leben sollte, oder ob stets ein Ausgleich zwischen individueller Freiheit und sozialer Bindung zu suchen ist, muß vom Einzelnen aufgrund seiner persönlichen moralischen Überzeugung entschieden werden. Wohl aber kann wissenschaftliche Ideologiekritik im Sinne LUHMANNs die ökonomischen, sozialen, politischen Folgen prüfen, mit denen nach Erfahrung und Logik zu rechnen ist, wenn bestimmte Modelle menschlichen Zusammenlebens als Orientierung politischen Handelns gewählt werden. Typische ideologiekritische Fragen an den klassischen Liberalismus oder an den Sozialismus wären: Führt eine ökonomisch-politische Ordnung mit einem Minimum an staatlicher Aktivität unter den heutigen Bedingungen tatsächlich zu einem Maximum an persönlicher Freiheit für jeden, wie es dem klassisch-liberalen Modell entspräche? Trägt Verstaatlichung der Produktionsmittel, unter den Bedingungen moderner Industriegesellschaften, tatsächlich dazu bei, einen neuen gemeinschaftsbezogenen Menschen heranzubilden, wie es dem marxistischen Modell entspräche? Welche Gruppeninteressen werden von dem einen, welche von dem anderen Modell in besonderem Maße berücksichtigt, welche vernachlässigt? Gibt es historische Bedingungen, die Voraussetzung für die Funktionsfähigkeit eines bestimmten Modells sind? Könnte es sein, daß beide Modelle spezifisch europäische oder nordamerikanische Erfahrungen des 19. Jahrhunderts widerspiegeln, auf Länder anderer Kulturkreise und vor allem auch anderer religiöser Tradition nicht anwendbar sind?

Als Utopie kann eine Ideologie bezeichnet werden, die zur Verwirklichung einer zukünftigen Ordnung aufruft, dabei aber Unmögliches voraussetzt. Unmöglich in diesem Sinne ist z. B. die Vorstellung, nach der sozialistischen Revolution würde eine Gesellschaft möglich, in der der Staat und damit Herrschaft allmählich verschwindet. Die gegenwärtigen Kenntnisse über menschliches Verhalten und soziale Organisation lassen diese Hoffnung nicht zu, lassen sogar die Frage aufkommen, ob ein solcher Zustand überhaupt wünschenswert sei.

Ideologie-kritik

Utopie

1.5 Grundtypen politischer Systeme

1.5.1 Probleme bei der Typenbildung

In Geschichte und Gegenwart ist eine große Zahl höchst unterschiedlicher politischer Systeme zu beobachten. Seit der Antike gehörte es zu den zentralen Aufgaben der Politikwissenschaft, diese Vielfalt durch Typenbildung zu ordnen. Bis ins 20. Jahrhundert wurde die Unterscheidung von *Monarchie, Aristokratie* und *Demokratie,* wie sie sich schon bei ARISTOTELES findet, als grundlegend betrachtet. Der analytische Wert dieser Unterscheidung wurde jedoch mit der Ausbildung des modernen Verfassungsstaates immer fragwürdiger. War es am Ende des 19. Jahrhunderts noch zweckmäßig, Großbritannien unter dem Typus „Monarchie" einzuordnen? Der Schwerpunkt der Macht hatte sich längst zum Parlament und vor allem in die parlamentarische Kabinettsregierung verlagert; die Krone war bereits weitgehend auf Repräsentativfunktionen beschränkt. Auch die Verfassung des Deutschen Reiches von 1871 schuf keine Monarchie im klassischen Sinne mehr; der Kaiser war durch den nach allgemeinem und gleichem Wahlrecht gewählten Reichstag in seiner Herrschaftsausübung beschränkt, ohne Zustimmung des Reichstages kamen Gesetze nicht zustande.

Als mit der Ausweitung des Wahlrechts die Massenparteien entstanden und immer größeren Einfluß auf die politische Willensbildung gewannen, wurde es deutlich, daß ohne Berücksichtigung der Parteiensysteme keine brauchbare Gliederung der politischen Systeme möglich war. Mit der bolschewistischen Parteidiktatur in Rußland und der nationalsozialistischen Parteidiktatur in Deutschland ergab sich darüber hinaus das Problem, wie politische Systeme einzuordnen wären, die einerseits mit demokratischem Anspruch auftraten, andererseits alle Macht bei der Führungsgruppe einer Monopolpartei oder sogar bei einem durch Personenkult herausgestellten Führer konzentrierten. Das Bestreben der Kommunisten in der Sowjetunion und der Nationalsozialisten in Deutschland, die gesamte Gesellschaft mit Hilfe einer Zwangsideologie auf ein für alle verbindliches Ziel auszurichten, wurde seit den dreißiger Jahren mit dem Begriff „Totalitarismus" bezeichnet. Nach dem Zweiten Weltkrieg setzte sich die Gegenüberstellung von freiheitlicher Demokratie westlichen Typs und totalitärer Diktatur stalinistischen und nationalsozialistischen Typs als grundlegendes Einteilungsprinzip weithin durch. Die meisten Regierungssysteme der Gegenwart paßten in dieses Schema allerdings nicht hinein. Die Entwicklungsländer waren weder Demokratien westlichen Typs noch totalitäre Diktaturen. Das gleiche galt für Staaten wie Spanien und Portugal vor ihrem Übergang zur Demokratie. So half man sich damit, diese Systeme, denen auf der einen Seite der totalitäre Anspruch, auf der anderen Seite aber unentbehrliche Voraussetzungen persönlicher und politischer Freiheiten fehlen, als „autoritär" zu bezeichnen und zwischen die Extremtypen der freiheitlichen Demokratie und der totalitären Diktatur einzuordnen.

In den sechziger Jahren begann die Anwendbarkeit des Totalitarismusbegriffs fragwürdig zu werden. Die „Entstalinisierung" in der Sowjetunion und ihren Satellitenstaaten ließ die Transformation des sowjetischen Totalitarismus in eine autoritäre Diktatur möglich erscheinen. In der Sozialwissenschaft wurde zugleich der Unterschied zwischen dem nationalsozialistischen und sowjetischen Totalitarismus stärker betont: in Deutschland eine ideologische Gleichschaltung mit dem Ziel des Eroberungskrieges auf der Basis eines kapitalistischen Gesellschaftssystems, in der Sowjetunion eine ideologische Gleichschaltung mit dem Ziel, eine sozialistische Industriegesellschaft aufzubauen. Manche marxistisch orientierten Wissenschaftler schlugen vor, den Totalitarismusbegriff nur noch auf den Nationalsozialismus und den italienischen Faschismus, nicht aber auf sozialistische Gesellschaften anzuwenden. Andere Autoren hielten am bisherigen Totalitarismusbegriff fest und wiesen darauf hin, daß in den sozialistischen Ländern nach wie vor mit Hilfe einer Zwangsideologie und auch mit den Mitteln einer Terrorjustiz die Gleichschaltung aller Bereiche der Gesellschaft und der Führungsanspruch der Monopolpartei durchgesetzt werden.

Weitere Schwierigkeiten bei den Versuchen, die politischen Systeme der Gegenwart zu gliedern, ergaben sich aus der Beobachtung, daß die politischen Systeme der Entwicklungsländer höchst

Monarchie
Aristokratie
Demokratie

Partei-
staatliche
Wirklichkeit

Totalitaris-
mus

unterschiedlich blieben und weder eine allgemeine Annäherung an westlich-demokratische noch an sozialistische Modelle zu beobachten war. Es lag daher nahe, die Entwicklungsländer als Gruppe für sich zu betrachten und für sie eigene Einteilungsprinzipien zu finden (vgl. S. 42).

Politische Demokratie Bei jeder Analyse von politischen Systemen muß schließlich der Unterschied von Verfassungsform und Verfassungswirklichkeit beachtet werden. Es wäre verhältnismäßig einfach, eine Typologie politischer Systeme auszuarbeiten, wenn man sich dabei lediglich an die Verfassungsform halten könnte. Die Verfassungsform besteht aus den Bestimmungen des Verfassungsrechts, die in den meisten modernen Staaten in einer Urkunde, der „geschriebenen" Verfassung, zusammengefaßt sind. Das Grundgesetz der Bundesrepublik Deutschland ist eine solche geschriebene Verfassung. Großbritannien kennt keine Verfassungsurkunde; die britische Verfassung besteht aus Konventionen und richterlichen Entscheidungen, die traditionell als Bestandteil des Verfassungsrechts angesehen werden.

Die Verfassungform ist jedoch keine ausreichende Beschreibung der Verfassungswirklichkeit, sondern lediglich der rechtliche Rahmen, innerhalb dessen der politische Prozeß abläuft.

Manche Verfassungen sind absichtlich so formuliert, daß sie die Verfassungswirklichkeit verschleiern. In diesen Fällen sollte man von „Scheinverfassung" sprechen. So schien die erste Verfassung der DDR von 1949 den Bürgern beträchtliche Rechte der persönlichen und politischen Freiheit zu gewähren. Die überragende Rolle der SED, die alle Staatsorgane und den gesamten Prozeß der politischen Willensbildung kontrolliert, wurde nicht erwähnt. Ähnlich deutet die Verfassung der Sowjetunion nur an zwei untergeordneten Stellen die Rolle der KPdSU an, die das gesamte politische System trägt und deren innere Ordnung für die Verfassungswirklichkeit wichtiger ist als der Verfassungstext.

1.5.2 Beispiele für „Typen" politischer Systeme

1.5.2.1 Von der „politischen Demokratie" bis zur „traditionalen Oligarchie": Ein Versuch der Erfassung aller politischer Systeme der Gegenwart

Gelenkte Demokratie Unter den Versuchen, alle politischen Systeme der Gegenwart durch Typenbildung zu erfassen, ist der des Amerikaners E. SHILS (1962) nach wie vor interessant. SHILS gelingt es, die Entwicklungsländer, die inzwischen mehr als drei Viertel der „selbständigen" Staaten der Erde umfassen, ausreichend zu berücksichtigen und die sonst übliche Konzentration auf Regierungssysteme hochentwickelter Länder Europas und Nordamerikas zu vermeiden. Er unterscheidet die folgenden Typen:

1. *Politische Demokratie* ist Herrschaft durch repräsentative Institutionen und verbunden mit politischen Freiheitsrechten. Dazu gehören Gesetzgebung durch ein aus allgemeinen Wahlen hervorgehendes Parlament, Kontrolle der Regierung durch das Parlament, Wirkungs- und Freiheitsgarantien für die parlamentarische Opposition und politische Minderheiten, eine unabhängige Justiz und eine freie öffentliche Meinungsbildung. Voraussetzungen für die Funktionsfähigkeit des Systems sind: Die Legitimität der Führungsgruppe, d.h. ihr Recht, im Namen der Gesamtheit zu entscheiden, muß von einem sehr wesentlichen Teil der Bevölkerung anerkannt sein. Es muß eine politische Opposition geben, die konstruktive und nicht lediglich zersetzende Kritik übt und die Grundlagen des Systems akzeptiert. Zur Ausführung der Entscheidungen muß eine kompetente und loyale Bürokratie zur Verfügung stehen, die frei von Korruption ist. Eine möglichst breite Schicht von einigermaßen informierten und politisch interessierten Bürgern und eine vom Staate unabhängige Intelligenz sind notwendige Grundlagen einer pluralistischen Infrastruktur. Sie besteht aus einem System von freiwilligen Vereinigungen, z.B. Interessenverbänden, und begrenzt die Macht der Regierung. Kein bestehendes politisches System erfüllt alle diese Bedingungen vollständig; die westeuropäischen Demokratien und die USA kommen dem Modell jedoch relativ nahe. Indien wird oft als Beispiel einer funktionierenden Demokratie bezeichnet; die meisten der kulturellen, wirtschaftlichen und politischen Voraussetzungen der Demokratie fehlen jedoch. Nur einer überragenden politischen Führungsgruppe, einer relativ leistungsfähigen Verwaltung, einem loyalen Offizierskorps und einigen qualifizierten Journalisten ist es zu verdanken, daß das Land als demokratisch bezeichnet werden kann.

2. *Gelenkte Demokratie* („Tutelary Democracy") ist eine modifizierte Form der Demokratie. Die herrschenden Eliten möchten die demokratischen Institutionen soweit erhalten, wie es mit rascher Modernisierung und der dazu notwendigen stabilen und starken Regierung vereinbar ist. Die Kompetenzen von Parlament und Parteien sind geschwächt, die politischen Freiheitsrechte sind

eingeschränkt. Pressefreiheit existiert nicht oder nur in beschränktem Umfange. Die politische Opposition hat keine Chancengleichheit, ihr Zugang zu den Massenmedien ist beschränkt, in manchen Fällen wird sie ganz unterdrückt. Die Rechtsprechung bleibt jedoch unabhängig von der Regierung; Rechtsstaatlichkeit ist durch die Bindung der Verwaltung an das Gesetz in begrenztem Maße gegeben.

Voraussetzung für die Funktionsfähigkeit der gelenkten Demokratie ist eine politische Elite, die sich mindestens über die Grundsätze, nach denen das Land entwickelt werden soll, einig ist, deren Erziehungspolitik selbständiges Denken in breiten Schichten fördert und damit die Möglichkeit weiterer Demokratisierung schafft.

Traditionale Oligarchie

Gelenkte Demokratie ist instabil; wenn die Beschränkung der politischen Freiheitsrechte nicht ausreicht, um die Opposition niederzuhalten und starke Führung durch die Regierung zu garantieren, können die noch vorhandenen demokratischen Elemente leicht ganz beseitigt werden. Beispiele für gelenkte Demokratie sind Indonesien und Ceylon in den sechziger Jahren.

Modernisierende Oligarchie

3. *Modernisierende Oligarchien* entstehen, wenn die Kluft zwischen einer in traditionalen Verhaltensweisen verharrenden Mehrheit und einer zur Modernisierung entschlossenen politischen Führungsgruppe so groß ist, daß repräsentative Institutionen nicht funktionsfähig wären. Das System verlangt eine relativ geschlossene, gut organisierte Elite, wie sie das Offizierskorps einer Armee, aber auch eine disziplinierte Partei darstellen können. Das Parlament wird auf reine Akklamation beschränkt, Parteien werden gleichgeschaltet oder aufgelöst, eine von der Regierung unabhängige öffentliche Meinungsbildung wird unterbunden. Presse, Rundfunk und Fernsehen sind fest in der Hand von Regierungsbeamten. Verwaltung, Polizei und Armee sind gut ausgebaut und straff diszipliniert. Während die gelenkte Demokratie noch eine gewisse Beteiligung der Bürger wünscht, beschränkt die modernisierende Oligarchie die Rolle der Beherrschten auf reine Akklamation in der Form von Volksabstimmungen, Demonstrationen und organisierten, gegen Feinde des Regimes gerichteten Gewalttätigkeiten. Beispiele sind Pakistan, Sudan, Ghana, Ägypten.

Totalitäre Oligarchie

4. Eine *Totalitäre Oligarchie* wird durch eine von Intellektuellen geschaffene Ideologie legitimiert. Die politische Elite organisiert in einer disziplinierten Partei, die von ihrer historischen Mission überzeugt ist und alle Bereiche des sozialen Lebens, die religiösen Gruppen ebenso wie lokale traditionale Autoritäten und Stammesbindungen, zu durchdringen und gleichzuschalten sucht. Ähnlich wie die modernisierende Oligarchie verlangt die totalitäre Oligarchie die Akklamation durch die Beherrschten, um die demokratische Fassade zu wahren. Ihr Ziel, alle Bereiche der Gesellschaft zu kontrollieren, läßt sich nur durch den Aufbau einer sehr umfangreichen Bürokratie erreichen. Beispiele bieten die Staaten des „realen Sozialismus". Aus Mangel an ausgebildetem Personal und Sachmitteln hat die totalitäre Oligarchie in den meisten Entwicklungsländern nach Meinung vieler Beobachter wenig Chancen. Ausnahmen sind z.Z. die VR China, Cuba und Vietnam.

5. In der *traditionalen Oligarchie* herrscht immer noch die vor Beginn der wirtschaftlichen Entwicklung zur Macht gelangte Dynastie. Oft wird ihre Legitimität durch die Religion gestützt. Es gibt kein Parlament mit realen Kompetenzen, höchstens beratende, sorgfältig kontrollierte Versammlungen. Der Beamtenapparat ist in der Regel unentwickelt. Regionalfürsten, oft Verwandte des Herrschers, genießen ein hohes Maß an Autonomie. Es gibt keine unabhängige und informierte öffentliche Meinung. Teilnahme der Machtadressaten an politischen Entscheidungen wird höchstens auf der Dorfebene zugelassen. Für die Steuerung wirtschaftlicher Entwicklung ist die traditionale Oligarchie in der Regel wenig geeignet; denn durch rasche Entwicklung würde sie die Voraussetzungen für ihren eigenen Fortbestand gefährden. Traditionale Oligarchien, die allerdings alle in gewissem Umfang wirtschaftliche und kulturelle Modernisierung anstreben, herrschen in Marokko und Nepal.

1.5.2.2 Regierungssysteme innerhalb des Typs „politische Demokratie"

SHILS' Charakterisierung des Typs „politische Demokratie" reicht zwar aus, um die Systeme der USA oder der Bundesrepublik Deutschland von denen der Sowjetunion oder Kenyas grob abzugrenzen. Die erheblichen institutionellen Unterschiede zwischen den wichtigsten Systemen der Demokratien werden dabei aber natürlich nicht deutlich. Dazu ist eine differenziertere Typenbildung notwendig. Mindestens drei Haupttypen demokratischer Systeme lassen sich unterscheiden:
- Das parlamentarische System;
- Das präsidentielle System;
- die Direktorialregierung der Schweiz

1.5.2.2.1 Das parlamentarische System

Im parlamentarischen System wählt das Volk das Parlament; das Parlament wiederum wählt den Regierungschef (Premierminister oder Kanzler). Die Wahl des Regierungschefs durch das Parlament bewirkt eine „Integration" von Parlamentsmehrheit und Regierung: Die Regierung besteht aus den Führern der Partei oder der Parteienkoalition, die im Parlament die Mehrheit hat; die Regierungsmitglieder sind in der Regel auch Parlamentsmitglieder. Einerseits trägt die Parlamentsmehrheit die Regierung und sichert ihr die zum politischen Handeln notwendige Zustimmung; dabei hat sie die Möglichkeit, die Regierung an die Linie zu binden, die innerhalb der Parlamentsmehrheit die meiste Zustimmung findet. Andererseits ist die Regierung in der Lage, ihre eigene Mehrheit zu beeinflussen: Der Regierungschef und auch wichtige Minister sind nicht nur weithin bekannt und bringen Wählerstimmen, sondern haben auch Schlüsselpositionen in ihren Parteien inne. Der Einfluß des Regierungschefs auf die eigene Mehrheit wird verstärkt, wenn er, wie in Großbritannien, bis zu einem Drittel der Mitglieder seiner eigenen Parlamentsfraktion in Regierungsämter berufen kann.

„Integration" Regierung– Parlamentsmehrheit

Parteiensystem

Das Parlament kann den Regierungschef stürzen. Die Integration von Parlamentsmehrheit und Regierung bewirkt aber, daß die Mehrheit an „ihrem" Regierungschef in der Regel festhält und ein Regierungswechsel meistens die Folge einer Wählerentscheidung ist. Die Wählermehrheit entzieht der bisherigen Regierungsmehrheit das Vertrauen, die bisherige Opposition rückt in die Mehrheitsposition ein. Zum Regierungswechsel kann es auch kommen, wenn die Regierungskoalition zerbricht oder, viel seltener, wenn eine Regierungspartei ihre Mehrheit durch „Fraktionswechsler" einbüßt. Vom Wechsel der Regierung und der sie tragenden Mehrheit unterschieden werden muß der Austausch des Regierungschefs durch die regierende Partei oder Parteienkoalition. Dazu kommt es vor allem, wenn die Mehrheit fürchtet, mit dem bisherigen Regierungschef die nächsten Wahlen nicht mehr gewinnen zu können.

Neue Gewaltenteilung

Die Linie der Gewaltenteilung verläuft im parlamentarischen System weniger zwischen der Regierung und dem Parlament als Ganzes sondern zwischen der Regierung einschließlich ihrer parlamentarischen Mehrheit einerseits und der Opposition andererseits. Die parlamentarische Opposition hat die Funktion, personelle und programmatische Alternativen zur Regierung anzubieten, die Regierung zu kritisieren und den Versuch zu unternehmen, die Wählermehrheit für sich zu gewinnen. Politische Kontrolle übt die Opposition weniger für sich allein als im Zusammenwirken mit den Wählern aus: Lassen sich die Wähler von Argumenten der Opposition beeindrucken, wird die Regierung zu einer Veränderung ihrer Politik gezwungen, oder sie riskiert eine Wahlniederlage.

Die Funktionsfähigkeit des parlamentarischen Systems hängt nicht zuletzt vom Parteiensystem ab, mit dem es verbunden ist. Als Modell gilt nach wie vor das britische Parteiensystem, wie es bis in die siebziger Jahre existierte: zwei Parteien, die tendenziell alle Schichten der Bevölkerung ansprechen wollen („Volksparteien"), bei aller Gegensätzlichkeit sich im Grundsätzlichen einig sind und daher die Grundlagen der politischen Ordnung nicht in Frage stellen; ein ausreichend hoher Anteil von Wählern, die zwischen den Parteien hin- und herwechseln, so daß ein Wechsel der Mehrheiten im Parlament und damit ein Regierungswechsel in nicht allzu langen Abständen eintritt; klare Mehrheitsverhältnisse im Parlament und die Bereitschaft der Mehrheit, sich der Führung durch die Regierung unterzuordnen, so daß die Regierung handlungsfähig, aber zugleich durch Opposition und Wählerschaft ständiger Kritik unterworfen ist. Ist das parlamentarische System hingegen mit einem Mehr- oder gar Vielparteiensystem verbunden und die Regierungsbildung nur auf der Grundlage von Koalitionen möglich, so sind Regierungskrisen als Folge von Koalitionskrisen häufig, die Handlungsfähigkeit der Regierung ist eingeschränkt. Noch weniger paßt das parlamentarische System in eine Gesellschaft, die von schroffen politischen Gegensätzen zwischen sozialen Klassen, Religionsgemeinschaften oder zwischen regionalen Gruppen gekennzeichnet ist. Unter solchen Bedingungen fehlt das Minimum an Gemeinsamkeit, das erforderlich ist, um der jeweiligen Minderheit die Herrschaft der Mehrheit überhaupt erträglich erscheinen zu lassen (z. B. in Nordirland).

1.5.2.2.2 Das präsidentielle System

Im präsidentiellen Regierungssystem der USA ist der Präsident Regierungschef und wird indirekt vom Volk gewählt. Volksvertretung ist der aus Senat und Repräsentantenhaus bestehende Kongreß. Der Präsident hängt nicht vom Vertrauen des Kongresses ab und kann vom Kongreß auch nicht abgewählt werden; lediglich, wenn dem Präsidenten Rechtsverletzung vorgeworfen wird, ist Anklage („impeachment") möglich. Regierungschef und Volksvertretung sind somit voneinander relativ unabhängig. Die Gewaltenteilungslinie verläuft zwischen Regierung und Volksvertretung; dem entspricht es, daß Regierungsmitglieder nicht Mitglieder des Kongresses sein dürfen („Inkompatibilität").

„Klassische" Gewaltenteilung

Die politische Handlungsfähigkeit wird im präsidentiellen System nicht durch Integration von Regierung und Parlamentsmehrheit, sondern durch Koordinierung von Präsident und Kongreß erreicht. Diese Koordinierung ist schwierig; selbst wenn die politische Partei des Präsidenten über Mehrheiten in beiden Häusern des Kongresses verfügt, ist es keinesfalls sicher, daß diese Mehrheiten dem Präsidenten entgegenkommen. Die amerikanischen Parteien sind nämlich weitaus lockerer organisiert als die europäischen; es gibt kaum einheitliche Sachprogramme, und es gibt auch keine Fraktionsdisziplin. Hinzu kommt die starke föderalistische Komponente; so kann der Senat die Zustimmung zu internationalen Verträgen und zur Ernennung der Spitzenbeamten verweigern. Der Präsident muß daher in oft mühsamen Verhandlungen mit einflußreichen Mitgliedern des Kongresses versuchen, von Fall zu Fall Mehrheiten für seine Politik zu finden. Umgekehrt hat der Präsident ein aufschiebendes Veto gegen Gesetzesvorschläge des Kongresses; der Kongreß kann dieses Veto nur mit Zwei-Drittel-Mehrheit überwinden. Zu einem wichtigen Mittel der Durchsetzung der Regierungspolitik gegenüber dem Kongreß ist die Beeinflussung der öffentlichen Meinung durch den Präsidenten geworden. Gelingt es dem Präsidenten, die Medien für sich zu gewinnen und über die Medien seine Politik den Wählern gut zu präsentieren, setzt er damit auch die Mitglieder der Volksvertretung unter einen gewissen Druck. Ohne Rückhalt in der öffentlichen Meinung wird der Präsident dazu verurteilt, zwischen Sonderinteressen zu lavieren.

„Koordination" Regierung– Parlament

Parteien

Föderalismus

Opposition

Volksbegehren und Volksentscheid

1.5.2.2.3 Die Direktorialregierung in der Schweiz

Unmittelbare Demokratie

Im Schweizer Regierungssystem wird der unmittelbaren Demokratie ein größeres Gewicht eingeräumt als in irgendeinem anderen demokratischen System der Gegenwart. Volksvertretung ist die aus zwei Häusern bestehende Bundesversammlung. Sie gliedert sich in den Nationalrat, in dem das Bundesvolk nach dem Verhältniswahlrecht gewählte Vertreter entsendet, und in

Proporzsystem

den Ständerat, in den die Wähler der einzelnen Kantone je zwei Vertreter nach dem Mehrheitswahlrecht entsenden. In der Bundesversammlung verfügen die drei „großen" Parteien Freisinnige (Liberale), Konservative (Katholiken) und Sozialdemokraten heute über je rund ein Viertel der Stimmen. Ein Achtel der Stimmen fällt auf die Bauern-, Gewerbe- und Bürgerpartei, der Rest auf mehrere kleine Parteien.

Die Regierung heißt „Bundesrat". Der Bundesrat ist ein Kollegialorgan aus sieben Mitgliedern, die von der Bundesversammlung gewählt werden. Dabei wird ein Proporz beachtet: Jede der drei „großen" Parteien stellt zwei Bundesräte; die Bauern-, Gewerbe- und Bürgerpartei stellt einen Bundesrat. Außer diesem Parteienproporz werden auch die Ansprüche der vier Sprachen, der beiden Konfessionen und der Kantone bei der Wahl der Bundesräte berücksichtigt. Die Bundesräte dürfen nicht Mitglied der Bundesversammlung sein und sind von der Bundesversammlung während der Legislaturperiode auch nicht abwählbar.

Das Schweizer System kennt somit keine klare Trennung von Regierungsmehrheit und Opposition. Der Bundesrat ist faktisch der Koalitionsausschuß einer überwältigend großen Koalition, in der rund ⅞ der Volksvertretung eingebunden sind. Gesetze werden mit wechselnden Mehrheiten in der Regel auf Grund einer Initiative des Bundesrates von der Bundesversammlung beschlossen, so daß jede Partei frei ist, Opposition gegen einzelne Gesetzesinitiativen zu treiben.

Eine wesentliche Funktion kommt dem Volksbegehren und dem Volksentscheid zu. Das Volk kann über jedes politische Sachproblem einen Volksentscheid herbeiführen; Parteien, Verbänden und Bürgerinitiativen ist es in allen Fragen von öffentlichem Interesse leicht möglich, die für ein Volksbegehren notwendige Mindeststimmenzahl zu organisieren. In die politische Willensbildung vor dem Volksentscheid schalten sich dann die Parteien und Verbände intensiv ein.

Das Schweizer System hat den Vorzug, die „Polarisierung" der Wähler zwischen konkurrierenden, sich in Versprechungen und auch herabsetzender Kritik des politischen Gegners übertreffenden Parteien vermeiden zu können. Das Proporzsystem sorgt dafür, daß die Interessen aller großer Gruppen einigermaßen berücksichtigt werden. Volksbegehren und Volksentscheid tragen jedoch dazu bei, daß der Proporz nicht zur Erstarrung des Systems und zur Konservierung bestehender sozialer Verhältnisse führt.

2 Politische Leitbilder

Dieter Grosser

In der weltweiten Auseinandersetzung um die dem Menschen angemessene Ordnung des Zusammenlebens stehen zwei Leitbilder im Vordergrund: das der freiheitlichen Demokratie und das des Kommunismus. Für viele Entwicklungsländer haben diese in Europa- und Nordamerika entstandenen Leitbilder allerdings nur eine begrenzte Bedeutung. Nur wenige Entwicklungsländer, unter ihnen allerdings so wichtige wie Indien und China, orientieren sich eindeutig an der freiheitlichen Demokratie oder am Kommunismus. Die meisten sind „modernisierende Oligarchien" (vgl. S. 38), legen höchstens Lippenbekenntnisse zu Demokratie und/oder Sozialismus ab, rechtfertigen politische Herrschaft mit Versprechungen steigenden Wohlstands und nationaler Größe, haben aber differenzierte Leitbilder, an denen sie ihre Entwicklung ausrichten können, bisher nicht gefunden. Eine Ausnahme bildet der Iran nach der Machtergreifung KHOMEINIS 1979. Ob sich das Leitbild einer islamischen Theokratie allerdings auf andere Länder ausbreiten oder sich auch nur in Iran als dauerhaft erweisen wird, ist zur Zeit noch offen.

Leitbilder dienen der Orientierung und Rechtfertigung politischen Handelns; insofern sind sie Ideologien im Sinne des Ideologiebegriffs von LUHMANN (vgl. S. 34). Sie gehen von bestimmten normativen Vorstellungen vom Wesen des Menschen aus und enthalten Aussagen über die politische, ökonomische und soziale Wirklichkeit. Ideologiekritik muß die normativen Grundlagen klären und dabei fragen, welche historischen Erfahrungen, welche religiösen und philosophischen Lehrtraditionen und welche Interessen in ihnen wirken. Ideologiekritik muß die Aussagen über die Wirklichkeit prüfen. Stellen sie sich als falsch heraus, so kann das Leitbild politisches Handeln nicht zuverlässig orientieren oder überzeugend rechtfertigen – was nicht ausschließt, daß politische Führungsgruppen versuchen, ein politisches System mit Hilfe eines falschen Leitbildes zu rechtfertigen.

Das Leitbild der freiheitlichen Demokratie besteht aus mehreren Ideenkomplexen, die unterschiedliche historische, philosophische und religiöse Wurzeln haben. Unterschieden werden können die Idee der

- Menschenrechte,
- der Bindung aller öffentlichen Gewalt an Recht und Gesetz,
- der Verantwortlichkeit der Regierung,
- der Demokratie,
- des Sozialstaats.

Einerseits stehen diese Elemente des Leitbildes der freiheitlichen Demokratie in einem logischen Zusammenhang. Wer die Menschenrechte will, die jedem ein Mindestmaß an Freiheit und Selbstentfaltungsmöglichkeiten gewähren, muß konsequenterweise auch die Demokratie und ein Mindestmaß an sozialer Sicherung wollen. Andererseits gibt es ein Spannungsfeld zwischen Freiheit und sozialer Bindung. Wenn jeder das Recht hat, sich frei zu entfalten, muß jeder Einzelne Rücksicht nehmen auf alle anderen und um der prinzipiellen Gleichheit aller Menschen willen erhebliche Einschränkungen seiner Freiheit hinnehmen. Freiheitliche Demokratie ist durch einen offenen und ständigen Konflikt um einen für alle zumutbaren Ausgleich zwischen individueller Freiheit und sozialer Bindung gekennzeichnet.

Das Leitbild des Kommunismus entstand aus der historischen Erfahrung des Frühkapitalismus und aus der deutschen Geschichtsphilosophie des 19. Jahrhunderts, wie sie von HEGEL begründet und von MARX weiterentwickelt wurde. Es ist viel geschlossener als das Leitbild der freiheitlichen Demokratie und kennt auch nicht die Spannung zwischen individueller Freiheit und sozialer Bindung. Es geht davon aus, daß sich die Freiheit des Einzelnen nur in engster Bindung an die Gemeinschaft entfalten kann.

2.1 Elemente des Leitbildes der freiheitlichen Demokratie

2.1.1 Die Idee der Menschenrechte

> *„Nein, eine Grenze hat Tyrannenmacht.*
> *Wenn der Gedrückte nirgends Recht kann finden,*
> *Wenn unerträglich wird die Last – greift er*
> *Hinauf getrosten Mutes in den Himmel*
> *Und holt herunter seine ew'gen Rechte,*
> *Die droben hangen unveräußerlich*
> *Und unzerbrechlich wie die Sterne selbst."*
>
> FRIEDRICH SCHILLER

unantastbare Rechte

Der Gedanke, daß der einzelne Mensch unantastbare Rechte habe, gehört zu den ältesten Leitbildern politischen Handelns. Die Ausbildung freiheitlicher Ordnungen zuerst in England, Amerika und Frankreich, dann auch in vielen anderen europäischen Ländern, kann als Versuch gedeutet werden, die Idee der Menschenrechte erst für einige, dann für alle Bürger zu verwirklichen. Von der ersten Formulierung dieser Idee bis zur Verwirklichung der ihr entsprechenden politischen Ordnungen vergingen jedoch mehr als zwei Jahrtausende. Ideen allein sind selten geschichtswirksam. Erst wenn soziale, wirtschaftliche und politische Verhältnisse ihnen einen günstigen Nährboden bieten, entfalten sie eine Kraft, die den Lauf der Geschichte bestimmt. So begann die Verwirklichung der Idee der Menschenrechte erst, als im 17. Jahrhundert die englischen Mittelschichten stark genug wurden, um persönliche und politische Freiheiten durchzusetzen.

Gleichheit

2.1.1.1 Ursprünge

2.1.1.1.2 Die Idee des Naturrechts in der Antike

Stoa

Die Idee der Menschenrechte wurde zum ersten Male von den Philosophen der griechisch-römischen *Stoa* (begründet um 300 v. Chr. von dem Phöniker ZENON) entwickelt. Für die stoischen Philosophen ist die ganze Welt, die Natur ebenso wie die Menschen und ihre Schöpfungen, von einer göttlichen Macht durchdrungen. Diese Macht ist die Vernunft. Der Mensch unterscheidet sich von den Tieren dadurch, daß er teil hat an der universalen Vernunft. Darin besteht sein wahres Wesen, dem sein Handeln nicht immer entspricht, nach dessen Verwirklichung er aber streben soll. Wenn er ein vernunftgemäßes Leben führt, befindet er sich nicht nur in Übereinstimmung mit seinem eigenen Wesen, sondern auch mit Gott und der Natur.

Thomas von Aquin

Da in jedem Menschen die universale Vernunft lebendig ist, besitzt jeder, ob arm oder reich, Sklave oder freier Bürger, Athener oder Barbar, unantastbare Würde und Anspruch auf Achtung. Es gibt eine Gemeinschaft aller rationalen Wesen, in der Götter wie Menschen Mitglieder sind. Allen Gliedern dieser Gemeinschaft sind bestimmte höchste Rechtsnormen gemeinsam, die das Naturrecht bilden, das der Vernunft als dem wahren Wesen des Menschen gemäß ist.

Der Gedanke der wesenhaften Gleichheit der Menschen und der Universalität der höchsten Rechtsnormen konnte als philosophische Rechtfertigung der römischen Weltherrschaft dienen: alle Menschen sollten unter dem gleichen vernunftgemäßen Recht leben. Doch weitergehende soziale und politische Folgerungen wurden in der Antike noch nicht gezogen. Obwohl die Philosophen die Gleichheit der Menschen als Teilhaber an der Vernunft anerkannten, billigten die meisten von ihnen die schärfste Form der sozialen Ungleichheit, die Sklaverei.

Bedeutende römische Vertreter der Stoa waren die Politiker CICERO (106–43), der Philosoph SENECA (4 v. Chr.–65 n. Chr.), der Philosoph und ehemalige Sklave EPICTET (50–13), der Kaiser MARCUS AURELIUS (121–180).

2.1.1.1.3 Das christliche Naturrecht

Das christliche Naturrecht knüpft an die Gedanken der Stoa an. Die Menschen werden nun als gleich angesehen, weil sie alle Ebenbilder Gottes und zugleich Sünder sind. Für alle Menschen gilt das Naturrecht, das die höchsten Grundsätze des Rechts enthält. Der bedeutendste christliche Naturrechtslehrer, THOMAS VON AQUIN (1225–1274), unterscheidet

- das *ewige Recht,* d. h. die Vernunft im Geiste Gottes, die das Weltall lenkt;

- das *Naturrecht,* das durch die Teilnahme des Menschen am ewigen Recht entsteht. Zu dieser Teilnahme ist der Mensch durch seine Vernunft und sein Gewissen befähigt;
- das *positive Recht,* das vom Menschen zur Regelung der Einzelfragen des menschlichen Zusammenlebens gesetzt wird und das nur gültig ist, wenn es dem Naturrecht nicht widerspricht;
- das *göttliche Recht,* das von Gott unmittelbar für den Menschen gesetzt ist, z. B. die Zehn Gebote.

THOMAS kennt ein Recht auf Gehorsamsverweigerung, wenn menschliche Gesetze dem Naturrecht oder dem göttlichen Recht widersprechen. Doch auch THOMAS nahm Ungleichheit und Unfreiheit der Menschen in der sozialen Wirklichkeit als gottgegeben hin. Aus der Gleichheit vor Gott wurde nicht die rechtliche oder gar soziale Gleichheit abgeleitet, und Freiheit wurde in erster Linie als innere Freiheit, den Willen Gottes zu tun, verstanden.

2.1.1.1.4 Die ständische Freiheitstradition des Mittelalters

Eine weitere Quelle der modernen Menschenrechte liegt in der ständischen Freiheitstradition des Mittelalters. Im mittelalterlichen Feudalstaat war die Macht des Herrschers stets durch das überkommene Recht, durch Verpflichtungen aus dem Lehnsverhältnis und durch Verträge mit den Ständen beschränkt.

Die Anerkennung der Rechtmäßigkeit seiner Herrschaft hing davon ab, ob er sich an das herkömmliche Recht hielt. Verletzte er überkommene Rechte und Privilegien, mußte er mit Gehorsamsaufkündigungen rechnen. Häufig nutzten die Stände Zeiten der Schwäche des Fürsten, um ihn zu weiteren Zugeständnissen zu zwingen.

Diese Vereinbarungen und Verträge enthielten im allgemeinen die Zusicherung des Fürsten,

- in das Leben, die Freiheit und das Eigentum der Untertanen nur aufgrund eines Gerichtsurteils nach herkömmlichem oder von den Ständen gebilligtem Recht einzugreifen;
- keine neuen Abgaben und Steuern ohne die Einwilligung der Stände zu erheben;
- keine Kriege ohne die Zustimmung der Stände zu beginnen.

Zuweilen wurde sogar ein Widerstandsrecht der Stände gegen einen Fürsten, der das Recht brach, anerkannt.

In den kontinentaleuropäischen Ländern wurden die mittelalterlichen Freiheitsrechte der Stände unter dem monarchischen Absolutismus fast überall beseitigt. Die Besonderheit der englischen Geschichte liegt darin, daß sich der Absolutismus nicht ausbilden konnte und die mittelalterliche Freiheitstradition erhalten blieb. Aus der Verbindung der altenglischen Freiheiten mit dem Denken der Aufklärung (vgl. S. 61) entstand Ende des 17. und im 18. Jahrhundert der moderne Begriff persönlicher und politischer Freiheit.

Eine der berühmtesten Urkunden mittelalterlicher Freiheitsgarantien ist die *Magna Charta Libertatum* aus dem Jahre 1215. Die englischen Feudalherren zwangen den König JOHANN OHNE LAND, nicht nur die traditionellen Rechte zu gewährleisten, sondern auch der Einrichtung einer ständischen Kontrollkommission zuzustimmen. In den folgenden Jahrhunderten gelang es dem englischen Parlament, die Grundsätze der Magna Charta weitgehend zu behaupten, obwohl mächtige Könige zeitweilig mit Erfolg versuchten, die Rechte der Stände zurückzudrängen. Die *„Petition of Rights",* die das Parlament 1628 an König KARL I. richtete, stützte sich auf die Bestimmungen der Magna Charta, und auch die *„Habeas Corpus Act"* des Jahres 1679 knüpfte an mittelalterliche Rechtsvorstellungen an. Die Habeas-Corpus-Akte bestimmte, daß niemand ohne schriftlichen Befehl verhaftet werden durfte und innerhalb von 20 Tagen nach der Verhaftung einem Richter vorgeführt werden mußte.

2.1.1.2 Das rationalistische Naturrecht

2.1.1.2.1 Die Verweltlichung des Naturrechts und die Vertragslehre

Renaissance, Humanismus und Aufklärung führten zu einer Säkularisierung des Naturrechts. Es wurde entchristlicht und wieder, wie schon in der Stoa, aus der Vernunft begründet. Der Holländer HUGO GROTIUS (1583–1645), der Schöpfer des modernen Völkerrechts, erklärte, das durch die Vernunft gefundene Naturrecht würde auch gelten, wenn es keinen Gott gäbe. Der Mensch wird nun als autonome Persönlichkeit verstanden. Er ist ein rationales Wesen und muß daher die Freiheit haben, sein Leben und seine Umwelt in eigener Verantwortung nach der Vernunft zu gestalten. Die äußere Freiheit, die Freiheit von unvernünftigen sozialen und politischen Bindungen, tritt gleichberechtigt neben die innere Freiheit, die Freiheit, vernunftgemäß zu denken und sich von den Fesseln unvernünftiger Leidenschaften zu befreien.

Mit dem rationalisierten Naturrecht eng verbunden ist die rationalistische Staatsvertragslehre, die seit dem Ende des 16. Jahrhunderts zu einer politischen Macht wurde. In ihrem Kampf gegen feindliche politische Gewalten in Frankreich und in England griffen die Calvinisten die alttestamentarische Lehre vom doppelten Bunde, dem Bunde Gottes mit den Menschen und dem Bunde des Königs mit dem Volke auf und verbanden sie mit den mittelalterlichen Lehren vom Vertrag zwischen dem Fürsten und dem in Ständen gegliederten Volk. So entstand die moderne *Staatsvertragslehre,* nach der das ursprünglich freie Volk einen Vertrag mit dem Herrscher abschließt, in dem es sich zum Gehorsam verpflichtet, sofern der Herrscher Sicherheit, Ordnung und bestimmte Rechte gewährleistet. Als Zweck des Vertrages wird der Schutz von Leben, Freiheit und Eigentum der Bürger angesehen. Verletzt der Herrscher diese Rechte, so ist Widerstand zulässig.

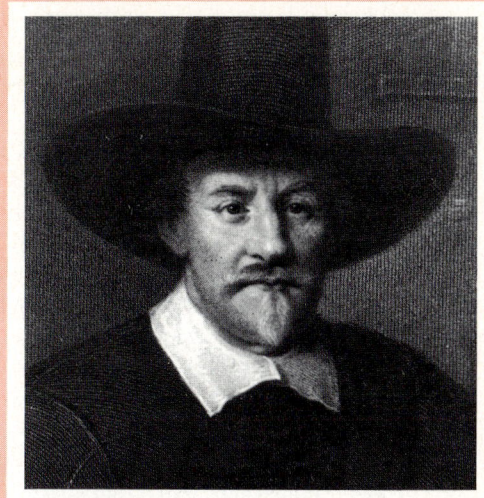

An der Universität Leiden in den Niederlanden begründete er mit dem Werk „De jure belli ac Pacis" 1625 das Völkerrecht

Abb. 8: Hugo Grotius 1583–1645

Die Staatsvertragslehre bildete eine Waffe gegen den Absolutismus der Regierungen und wurde von allen Gruppen benutzt, die ein höheres Maß an Freiheit wünschten. Ihren ersten Höhepunkt erreichte die politische Wirkung von Naturrecht und Vertragslehre in den englischen Revolutionen des 17. Jahrhunderts. JOHN MILTON (1608–1674), Dichter und Sekretär CROMWELLS, forderte das Recht der Selbstbestimmung des Menschen in allen Lebensbereichen und bezeichnete die Gewissens- und Religionsfreiheit, das Recht auf Eigentum, die Freiheit der Rede und der Presse als Grundrechte des Menschen.

Politische Wirkung

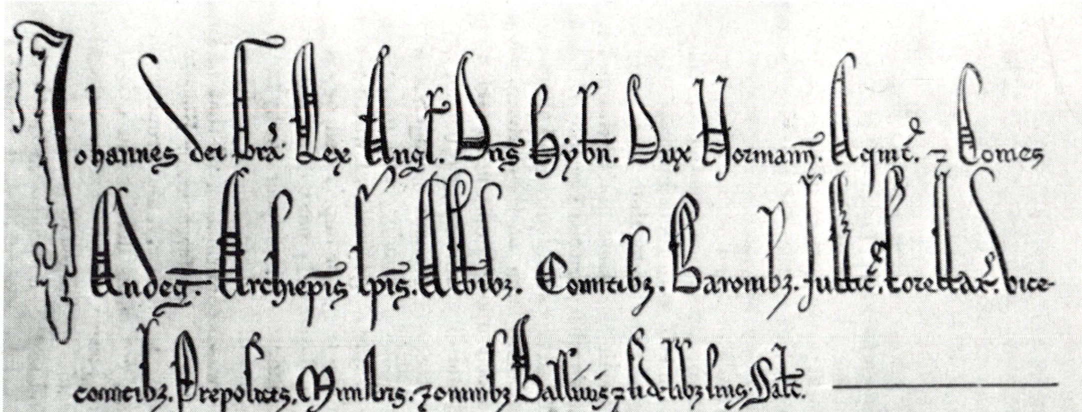

Johannes dei gra. Rex Angl. Dns Hybn. Dux Normann. Aquit. & Comes Andeg. Archiepis Epis. Abbibz. Comitibz. Baronibz. Justic. Forestar. Vicecomitibz. Prepositis. Ministris. & omnibz Ballivis & fidelibz suis Salt.

Nullus liber homo capiat' vel imprisonet' aut dissaisiat' aut utlaget' aut exulet' aut aliquo modo destruat' nec sup eum ibimus nec sup eum mittemus nisi p legale judiciu pariu suor' vel p legem terre.

Data p manum nram in prato qd vocat' Runingmed Inter Windelesor' & Stanes. Quinto decimo die Jun. Anno Regni nostri Septimo decimo.

Specimen of Magna Charta, engraved from one of the Original Copies in the British Museum. The passages are a portion of the Preamble, the Forty-sixth Clause, and the Attestation.

Abb. 9: Die Magna Charta Libertatum von 1215

2.1.1.2.2 Die Verbindung von rationalistischem Naturrecht und englischer Freiheitstradition bei JOHN LOCKE

Von überragender geistesgeschichtlicher und politischer Bedeutung war das Werk JOHN LOCKES (1632–1704), des Philosophen der „Glorious Revolution" von 1688, durch den die Lehre von den Menschenrechten ihre klassische Form erhielt. LOCKE unternahm es, die englischen Vorstellungen von persönlicher und politischer Freiheit mit den philosophischen Mitteln des Rationalismus zu rechtfertigen. Dadurch wurde er nicht nur zum klassischen Vertreter der Idee der Menschenrechte, sondern auch zum *Begründer des* *Liberalismus* modernen Liberalismus. – Kennzeichnend für den Rationalismus ist, daß die Elemente einer Theorie in logisch zwingender Weise von einem obersten Prinzip abgeleitet werden müssen, das als unzweifelhaft wahr erscheint.

In seinem politischen Hauptwerk, den „Two Treatises on Government" (1690), geht LOCKE von der als unzweifelhaft wahr angenommenen *Rationalität* des Menschen aus. Er konstruiert einen Naturzustand, in dem es noch keinen Staat gibt und die Menschen vollkommen frei und gleich sind. Ihre Vernunft zeige den Menschen, daß es Rechtsgrundsätze gibt, die sie beachten müssen: das Recht jedes Menschen auf Leben, auf Freiheit, auf Eigentum. Diese Rechtsgrundsätze sind für LOCKE ewiges und unveränderliches Naturrecht.

Naturrecht

Nach LOCKE leben die Menschen im Naturzustand dank ihres natürlichen Rechtsempfindens in erträglichen Verhältnissen. Schwierigkeiten treten auf, wenn Rechtsbrecher zu verfolgen und zu bestrafen sind, da es keine Organisation gibt, die für Sicherheit und Ordnung sorgt, und jeder auf Selbsthilfe angewiesen ist. Ihre Vernunft gebietet den Menschen, sich zusammenzutun, um gemeinsam für den Schutz von Leben, Freiheit und Eigentum zu sorgen. So schließen sie freiwillig einen Vertrag. Die einzelnen erklären sich bereit, auf Selbsthilfe gegen Rechtsbrecher hinfort zu verzichten und gemeinsam Leben, Freiheit und Eigentum zu schützen.

Vertrag

Mit diesem Vertrag ist jedoch erst die Gesellschaft entstanden. Es fehlt noch eine Institution, deren ständige Aufgabe es ist, für die Sicherung der Rechte der Bürger zu sorgen: Es fehlt der Staat. In einem zweiten Vertrag überträgt daher die Gesellschaft als Ganzes durch die Zustimmung der Mehrheit ihrer Mitglieder einer Person oder einer Gruppe die Leitung des Staates.

Staat

Der wirksamste Vertreter der englischen Aufklärungsphilosophie und Begründer des bürgerlich-liberalen Staatsgedankens

Abb. 10: John Locke 1632–1704

Die Vertragstheorie mag als reine Fiktion erscheinen. Es gibt in der Tat auch nur ein einziges historisches Beispiel für die Gründung eines Gemeinwesens durch Vertrag, den *Mayflower-Compact,* der 1620 von puritanischen Auswanderern unter dem Einfluß der frühen Vertragstheorie des ALTHUSIUS (1557–1638) geschlossen worden war. Doch wenn man mit Kant im Gesellschaftsvertrag keine historische Tatsache, sondern eine „regulative Idee" sieht, gewinnt die Vertragstheorie reale Bedeutung. Sie besagt dann, daß staatliche Autorität stets auf der ausdrücklichen oder wenigstens stillschweigenden Zustimmung der Bürger beruhen muß. So hat sie LOCKE auch verstanden. Als stillschweigende Zustimmung wertete er es schon, wenn ein Bürger nicht auswanderte. Das ist eine sehr extreme Auslegung; denn wer kann ohne schwerwiegende Nachteile für sich und andere seine Heimat verlassen? Immerhin hätte LOCKE einen Staat, dessen Bewohner mit Gewalt an der Flucht gehindert werden müssen, eindeutig als unrechtmäßige Herrschaft bezeichnet.

Die politische Bedeutung der Theorie LOCKES war außerordentlich stark und reicht bis in die Gegenwart. Ihre Wirkung beruht auf LOCKES Annahme, daß der Mensch vorstaatliche Rechte besitze, die zu wahren der Staat überhaupt erst eingerichtet wird. Damit wies LOCKE den Staat in die Schranken ein, die ihm der Liberalismus hinfort setzte: Der Staat ist dazu da, Leben, Freiheit und Eigentum der Bürger zu schützen. Er kann ihnen diese Rechte nicht nehmen, denn er hat sie ihnen nicht gegeben; sie bestanden schon, ehe er errichtet wurde. Verletzt er sie, so nimmt er seiner eigenen Existenz die Grundlage.

2.1.1.3 Die politische Verwirklichung der Idee der Menschenrechte

2.1.1.3.1 Die Menschenrechte in England und Nordamerika

Nach der Revolution von 1688 waren Leben, persönliche Freiheit und Eigentum in England gesichert. Parlament und Gerichte wachten darüber, daß die öffentliche Gewalt die Rechte der Bürger nicht verletzte.

Common Law

Das englische *Common Law,* aus dem die Grundsätze der Magna Charta und der Habeas-Corpus-Akte stammten, bildete die wichtigste Garantie für die Sicherheit des einzelnen vor staatlicher Willkür. Das Common Law war im 12. Jahrhundert aus den Rechtsreformen HEINRICHS II. entstanden. Es bedeutete ursprünglich das für ganz England gültige, allgemeine Recht. Durch richterliche Auslegung und Fortbildung wurde es den veränderten Zeiten angepaßt, ohne dadurch seine Bindung an die alten Traditionen zu verlieren. Es setzte der Macht der Krone Schranken, weil es den König unter das Recht stellte und somit an das Recht band. Bis heute gelten in England und Wales diese Prinzipien des Common Law.

Auch die Siedler in den 13 englischen Kolonien in Nordamerika lebten in der gleichen Rechtstradition. Die persönlichen Freiheitsrechte galten als selbstverständlich, und die politische Selbstverwaltung der Gemeinden war kräftig entwickelt. Im englischen Parlament, das die wichtigen Steuer- und Zollgesetze erließ, waren die Kolonisten hingegen nicht vertreten.

Mißgriffe der englischen Politik führten schließlich zum offenen Bruch. In den Erklärungen der Rechte in den Einzelstaaten und in der Unabhängigkeitserklärung der 13 Vereinigten Staaten von Amerika legten die Kolonisten die Grundsätze dar, auf die sich nach ihrer Meinung ein freiheitliches Gemeinwesen stützen müsse. In diesen Erklärungen stehen die jedem Menschen angeborenen, unveräußerlichen Rechte im Vordergrund.

So heißt es in der *„Bill of Rights"* von *Virginia* vom 12. Juni 1776:

> *Art. 1.*
> *Alle Menschen sind von Natur gleichermaßen frei und unabhängig und besitzen gewisse angeborene Rechte ...; nämlich das Recht auf Leben und Freiheit und dazu die Möglichkeit, Eigentum zu erwerben und zu behalten und Glück und Sicherheit zu erstreben und zu erlangen,*
> *Art. 2.*
> *Alle Macht ruht im Volke und leitet sich daher von ihm ab; alle Amtspersonen sind seine Treuhänder und Diener und ihm jederzeit verantwortlich.*

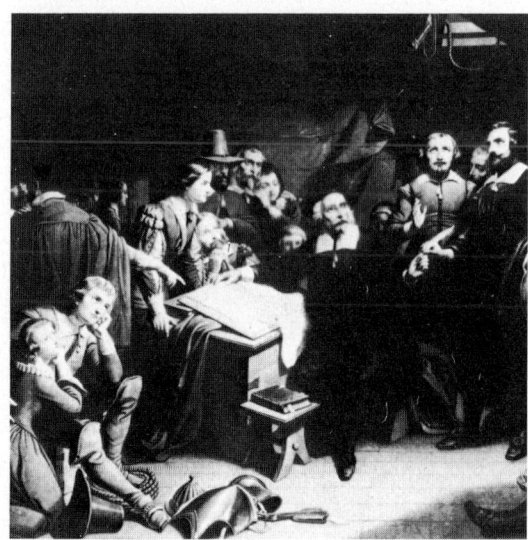

Abb. 11: Der Mayflower-Compact.
Die Unterzeichnung des Siedlervertrages durch die vierzig Pilgerväter an Bord der „Mayflower" am 21. November 1620

Abb. 12: Demokratische Tradition:
Im Nationalarchiv in Washington wird das Original der amerikanischen Unabhängigkeitserklärung aufbewahrt

Art. 3.

Die Regierung ist eingesetzt oder soll eingesetzt werden, um des gemeinsamen Wohles, Schutzes und der Sicherheit des Volkes, der Nation oder des Gemeinwesens willen; von all den verschiedenen Regierungen und Regierungsformen ist diejenige die beste, die ein Höchstmaß an Glück und Sicherheit zu bieten vermag und die am wirksamsten gegen die Gefahr des Machtmißbrauchs gesichert ist; und wenn irgendeine Regierung sich als dieser Aufgabe nicht gewachsen erweist oder ihr zuwiderhandelt, so soll die Mehrheit der Gemeinschaft ein unleugbares, unveräußerliches und unverletzliches Recht haben, sie zu reformieren, umzugestalten oder zu beseitigen, so wie es für das allgemeine Wohl für am zweckmäßigsten erachtet wird.

Art. 8.

Bei allen schwerwiegenden Amtsvergehen und in Strafsachen hat jedermann das Recht, Grund und Art der Anklage zu erfahren, Anklägern und Zeugen gegenübergestellt zu werden und Entlastendes vorzubringen und auf unverzügliche Durchführung des Verfahrens vor einem unparteiischen Gerichtshof von zwölf Geschworenen aus den Reihen seiner Mitbürger, ohne deren einstimmigen Spruch er nicht für schuldig befunden werden kann; auch kann er nicht gezwungen werden, gegen sich selbst auszusagen; kein Mensch kann seiner Freiheit beraubt werden, außer aufgrund der Landesgesetze oder eines Urteilsspruchs von seinesgleichen.

Art. 12.

Die Pressefreiheit ist eines der stärksten Bollwerke der Freiheit und kann niemals, außer durch despotische Regierungen, eingeschränkt werden.

Die Unabhängigkeitserklärung vom 4. Juli 1776 enthält die berühmten Sätze:

„Folgende Wahrheiten erachten wir als selbstverständlich; daß alle Menschen gleich geschaffen sind; daß sie von ihrem Schöpfer mit gewissen unveräußerlichen Rechten ausgestattet sind; daß dazu Leben, Freiheit und das Streben nach Glück gehören; das zur Sicherung dieser Rechte Regierungen unter den Menschen eingesetzt sind, die ihre rechtmäßige Macht aus der Zustimmung der Regierten herleiten; daß, wenn immer irgendeine Regierungsform sich als diesen Zielen abträglich erweist, es das Recht des Volkes ist, sie zu ändern oder abzuschaffen und eine neue Regierung einzusetzen und diese auf solchen Grundsätzen aufzubauen und ihre Gewalten in der Form zu organisieren, wie es ihm zur Gewährleistung seiner Sicherheit und seines Glücks geboten zu sein scheint ...“

Die Unabhängigkeitserklärung und die Erklärungen der Rechte in den Einzelstaaten zeigen deutlich den Einfluß der naturrechtlichen Vorstellungen LOCKES. Sie sind typisch für das politische Denken des Frühliberalismus. Die Rechte des Individuums werden betont, die Gemeinschaft tritt demgegenüber zurück. Alle politische Macht wird mit Mißtrauen betrachtet, und es werden Möglichkeiten gesucht, die Regierung zu beschränken und zu kontrollieren, damit die Freiheitsrechte des Bürgers von der öffentlichen Gewalt nicht angetastet werden können.

2.1.1.3.2 Die französische Erklärung der Rechte des Menschen und des Bürgers 1789

Die von der französischen Nationalversammlung im Juli 1789 angenommene Erklärung der Rechte des Menschen und des Bürgers, die zum Bestandteil der Verfassung von 1791 wurde, steht in unmittelbarem Zusammenhang mit den amerikanischen Erklärungen des Jahres 1776.

Im einzelnen heißt es:

1. *Die Menschen werden frei und gleich an Rechten geboren und bleiben es. Die gesellschaftlichen Unterschiede können nur auf den gemeinsamen Nutzen gegründet sein.*
2. *Der Endzweck aller politischen Vereinigung ist die Erhaltung der natürlichen und unabdingbaren Menschenrechte. Diese Rechte sind die Freiheit, das Eigentum, die Sicherheit, der Widerstand gegen Unterdrückung.*
3. *Der Ursprung aller Souveränität liegt seinem Wesen nach beim Volke. Keine Körperschaft, kein einzelner kann eine Autorität ausüben, die nicht ausdrücklich hiervon ausgeht.*
4. *Die Freiheit besteht darin, alles tun zu können, was einem anderen nicht schadet. Also hat die Ausübung der natürlichen Rechte jedes Menschen keine Grenzen als jene, die den übrigen Gliedern der Gesellschaft den Genuß dieser nämlichen Rechte sichern. Diese Grenzen können nur durch das Gesetz bestimmt werden.*
5. *Das Gesetz hat nur das Recht, solche Handlungen zu verbieten, die der Gesellschaft schädlich sind. Alles, was durch das Gesetz nicht verboten ist, kann nicht verhindert werden, und niemand kann genötigt werden zu tun, was das Gesetz nicht verordnet.*
6. *Das Gesetz ist Ausdruck des allgemeinen Willens. Alle Staatsbürger sind befugt, zur Feststellung desselben persönlich oder durch*

ihre Vertreter mitzuwirken. Es soll für alle das gleiche sein, es mag beschützen oder bestrafen. Da alle Bürger vor seinen Augen gleich sind, so können sie gleichmäßig zu allen Würden, Stellen und öffentlichen Ämtern zugelassen werden auf Grund ihrer Fähigkeit und ohne Unterschied als den ihrer Tugenden und ihrer Talente.

7. *Kein Mensch kann angeklagt, in Haft genommen oder gefangengehalten werden, als in den durch das Gesetz bestimmten Fällen und in den Formen, welche es vorgeschrieben hat ...*

8. *Das Gesetz soll nur solche Strafen festsetzen, welche unbedingt und offenbar notwendig sind, und niemand kann bestraft werden, als kraft eines vor Begehung des Verbrechens eingesetzten, verkündeten und rechtlich angewandten Gesetzes.*

9. *Da jeder Mensch so lange für unschuldig erachtet wird, bis er für schuldig erklärt ist, so soll, wenn seine Verhaftung für unumgänglich gehalten wird, alle Härte, die nicht notwendig wäre, um sich seiner Person zu versichern, durch das Gesetz streng unterbunden werden.*

10. *Niemand soll wegen seiner Ansichten, auch nicht wegen seiner religiösen, beunruhigt werden, sofern ihre Äußerung die durch das Gesetz errichtete öffentliche Ordnung nicht stört.*

Die politische Wirklichkeit blieb weit hinter dem Pathos und Optimismus dieser Erklärung zurück. Das Frankreich von 1791 gab nicht jedem die gleichen politischen Rechte, sondern beschränkte das Wahlrecht auf die Besitzenden. Das Frankreich von 1793 gab wohl erwachsenen Männern das Wahlrecht, verletzte jedoch in krasser Form die Freiheit derjenigen, die im Willen ROBESPIERRES nicht den „allgemeinen Willen" sahen (vgl. S. 66). Die Ausschreitungen der Jakobiner waren dafür verantwortlich, daß in Europa eine Reaktion gegen die Ideen von 1789 entstand und mit ihnen auch das rationalistische Naturrecht kritischer betrachtet wurde.

2.1.1.3.3 Die Menschenrechte in den Verfassungen des 19. und 20. Jahrhunderts

Die Forderung nach verbrieften Freiheitsrechten des einzelnen Bürgers war durch die Restauration (1814–1830) nicht mehr zu unterdrücken.

Die französische Charte von 1814, die LUDWIG XVIII. gewähren mußte, enthielt „Grundrechte" der Franzosen. Von der Anerkennung „vorstaatlicher" Rechte war allerdings keine Rede mehr, sondern der Staat schuf bestimmte Rechte des Individuums kraft seiner Befugnis zur Gesetzgebung. So waren die Rechte nicht mehr im Naturrecht, sondern im positiven Recht begründet. Das

Abb. 13: Mitglieder der Nationalversammlung von 1848 waren viele bedeutende Persönlichkeiten der deutschen Geistesgeschichte. Am Pult: Präsident H. v. Gagern, links unten die Professoren Dahlmann und Waitz, hinter ihnen Ernst Moritz Arndt

aber bedeutete, daß sich der Staat die Möglichkeit vorbehielt, die Grundrechte wieder aufzuheben.

Süddeutschland

Auch die Verfassungen der süddeutschen Länder, die nach 1814 ergingen, enthielten in Anlehnung an die französische Charte Abschnitte über „allgemeine Rechte und Pflichten", in denen einige der einstigen Menschenrechte als Rechte der Bayern, Badenser usw. verkündet wurden. Ähnlich enthielt die preußische Verfassung (1848, revidiert 1850) „Rechte der Preußen".

Rechte der Preußen

Grundgesetz

Alle diese Grundrechte sicherten dem Individuum eine Sphäre, in der es sein Leben nach eigenem Wunsche und in eigener Verantwortung gestalten konnte. Sie schützten diese persönliche Freiheitssphäre vor Staatseingriffen, doch im Gegensatz zu den amerikanischen Erklärungen von 1776 und den französischen von 1789 gewährten sie keine Rechte der *politischen* Mitbestimmung. Nur die „Grundrechte des deutschen Volkes", die die Frankfurter Nationalversammlung 1848 annahm und die in die Paulskirchenverfassung eingingen, enthielten außer den persönlichen Freiheitsrechten auch Rechte der politischen Mitbestimmung.

Paulskirchenverfassung

UN-Menschenrechtserklärung

KSZE-Schlußakte

So hieß es im Art. XII der „Grundrechte des deutschen Volkes" (§ 186 Reichsverfassung): „Jeder deutsche Staat soll eine Verfassung mit Volksvertretung haben. Die Minister sind der Volksvertretung verantwortlich."

Weimarer Verfassung

Die Weimarer Verfassung (1919) enthielt nicht nur Grundrechte der persönlichen Freiheit und der politischen Mitwirkung, sondern darüber hinaus auch soziale Rechte, so das Recht auf Arbeit bzw. auf Unterstützung bei Arbeitslosigkeit, den Grundsatz, daß Eigentum zu besonderen Leistungen für die Allgemeinheit verpflichtet, die Beteiligung der Arbeitnehmer an der Regelung der Lohn- und Arbeitsbedingungen. Hierin zeigte sich die Dynamik der Idee der Menschenrechte. Wer die Würde des einzelnen Menschen anerkennt, kann sich nicht damit begnügen, ihm lediglich Freiheit zu gewähren. Er muß sich auch für eine Gestaltung des Gemeinwesens einsetzen, die jedem Bürger die materiellen Grundlagen für ein menschenwürdiges Leben bietet.

Die Grundrechte der Weimarer Verfassung waren jedoch unzureichend gesichert.

Die wichtigsten Rechte der persönlichen Freiheit und der politischen Mitbestimmung konnten durch den Reichspräsidenten ganz oder zum Teil außer Kraft gesetzt werden, wenn es „zur Wiederherstellung der öffentlichen Sicherheit und Ordnung" notwendig erschien (Art. 48 der Reichsverfassung). Außerdem bestand die Möglichkeit, jedes Grundrecht durch verfassungsänderndes Gesetz aufzuheben. Die Machtergreifung HITLERS wurde durch die mangelnde Sicherung der Grundrechte wesentlich erleichtert. Jetzt rächte es sich, daß diese nicht mehr als vorstaatliches und daher unantastbares Recht galten.

Das Grundgesetz der Bundesrepublik wendet sich daher wieder dem Gedanken vorstaatlicher Rechte zu. Art. 1 erklärt die Würde des Menschen für unantastbar und enthält das Bekenntnis des deutschen Volkes zu *„unverletzlichen und unveräußerlichen Menschenrechten als Grundlage jeder menschlichen Gemeinschaft, des Friedens und der Gerechtigkeit in der Welt."* Zugleich versucht das Grundgesetz, die Grundrechte durch starke rechtliche Sicherungen vor Aufhebung zu schützen (vgl. S. 142 ff.).

Auch die Erklärung der Menschenrechte durch die Vereinten Nationen, die 1948 angenommen wurde (bei Stimmenthaltung der Ostblockländer, Südafrikas und Saudi Arabiens), greift wieder die alten naturrechtlichen Formulierungen auf.

In der Schlußakte der Konferenz über Sicherheit und Zusammenarbeit in Europa (Helsinki 1975) sah sich die Sowjetunion genötigt, ein Bekenntnis zu Menschenrechten und Grundfreiheiten zu unterschreiben. Dissidenten in der Sowjetunion und in anderen Ländern des „realen Sozialismus" haben sich seither auf die Schlußakte von Helsinki berufen; es ist allerdings bisher in keinem dieser Länder gelungen, die Staatsgewalt zur Beachtung der Menschenrechte zu zwingen.

2.1.2 Die Idee der Herrschaft des Rechts

2.1.2.1 Die Herrschaft des „gefundenen" Rechts in Antike und Mittelalter

Alle Gemeinwesen, in denen politische Macht beschränkt und somit persönliche Freiheit möglich ist, stellen Herrscher und Beherrschte unter ein gemeinsames, verbindliches, öffentliches Recht. In Antike und Mittelalter entsprach dieses Recht den überlieferten Gerechtigkeitsvorstellungen und Sitten des Gemeinwesens, und ebenso wie diese wurde es als vorgegeben angesehen. Es konnte nicht von Menschen geschaffen, sondern lediglich gefunden werden. Durch richterliche Auslegung wurden die „gefundenen" Rechtsnormen der Verschiedenheit der Einzelfälle angepaßt. Richterliche Auslegung reichte meist auch aus, um alte Rechtsvorstellungen mit veränderten Verhältnissen in Einklang zu bringen.

Neubildung von Rechtsnormen kam in den Gesellschaften der Antike und des Mittelalters selten vor. Da sozialer und wirtschaftlicher Wandel sehr langsam vor sich gingen, war eine Gesetzgebung im modernen Sinne unnötig. Zudem waren die Rechtnormen, die das öffentliche Recht regelten, so allgemein, daß sie dem politischen Gestaltungswillen fähiger Fürsten breiten Raum ließen. Mußten dennoch neue Rechtsnormen aufgestellt werden, so war dazu meist ein kompliziertes Verfahren notwendig.

Bindung an Tradition

Die Bindung des „gefundenen" Rechts an überkommene Sitten und Gerechtigkeitsvorstellungen war eine Schranke für den politischen Machtträger und, im Mittelalter, eine Garantie ständischer Privilegien. Sie bildete somit eine Sicherheit der Freiheit derjenigen, die überkommene Freiheitsrechte besaßen. Zugleich aber stellte die Herrschaft des „gefundenen" Rechts ein Hindernis für durchgreifende Reformen dar. Die Entwicklung des modernen Staates mit seiner leistungsfähigen Verwaltung und seiner Fülle von Aufgaben wäre unter der Herrschaft des gefundenen Rechts nicht möglich gewesen.

Reformhindernis

Monarchischer Absolutismus

Der monarchische Absolutismus des 17. und 18. Jahrhunderts setzte sich über die Bindungen des Rechts an überkommene Sitten und Gerechtigkeitsvorstellungen hinweg. Die rasch wachsenden Staatsaufgaben förderten die Entwicklung eines neuen Rechtsbegriffs. An die Stelle des *gefundenen* Rechts trat das vom Gesetzgeber nach rationalen Gesichtspunkten *neu geschaffene* Recht. Politische Zweckmäßigkeit verdrängte die Bindung des Rechts an die Traditionen des Gemeinwesens. Die rationalistische Naturrechtslehre (s. S. 46) versuchte, dem absolutistischen Herrscher dadurch Grenzen zu setzen, daß Leben, Freiheit und Eigentum zu unantastbaren vorstaatlichen Rechtsnormen erklärt wurden. Der aufgeklärte Absolutismus des 18. Jahrhunderts beachtete im allgemeinen diese naturrechtlichen Schranken.

Aufgeklärter Absolutismus

Policey-Staat

Nach dem Niedergang der Naturrechtslehre Anfang des 19. Jahrhunderts entfiel jede Bindung des gesetzten Rechts an Rechtsnormen, die dem Gesetzgeber übergeordnet sind. Die ordnungsgemäß vom Gesetzgeber erlassenen allgemeinen Rechtsnormen (Gesetze) wurden mit Recht und Gerechtigkeit gleichgesetzt (Rechtspositivismus, s. S. 52 f.). Wo diese Auffassung herrschte, gab es für die Juristen keinen Maßstab mehr, an dem geprüft werden konnte, was als Recht zu gelten hatte.

Ära Metternich

Rechtspositivismus

2.1.2.2 Rule of Law: Herrschaft des an die freiheitliche Tradition gebundenen Rechts

Auch England konnt sich der Flut der nach rationalen Gesichtspunkten neu zu schaffenen Gesetze nicht entziehen, und die Naturrechtslehre ist in England und Amerika ebenso angegriffen worden wie in Deutschland. Doch die englische Rechtstradition bot eine Möglichkeit, die Elemente des alten „gefundenen" Rechts, die die persönliche Freiheit schützten, auch im Zeitalter des gesetzten Rechts zu bewahren. Neben den vom Gesetzgeber neu geschaffenen Normen erhielt sich in England und Amerika das Common Law (s. S. 47), das im Laufe der Geschichte die ganze Tradition englischer Freiheit in sich aufgenommen hatte und das englische und amerikanische Prozeßrecht noch heute prägt. Hüter der im Common Law verankerten individuellen Freiheitsgarantien ist der unabhängige Richterstand. *„Rule of Law"* bedeutet somit für den anglo-amerikanischen Juristen Herrschaft des bestimmte Freiheitsgarantien einschließenden Rechts über alle Zweige der öffentlichen Gewalt. Es ist kein rein formales Prinzip, sondern ist an einen Inhalt gebunden: an die mühsam erkämpften und in der Geschichte bewährten persönlichen Freiheitsrechte.

2.1.2.3 Der liberale Rechtsstaat in Deutschland: Die Herrschaft des Gesetzes

2.1.2.3.1 Rechtsstaat und Polizeistaat

Der klassische deutsche Rechtsstaatsbegriff entstand aus dem Widerstand des liberalen Bürgertums gegen den „Polizeistaat" der Restaurationszeit.

„Polizeistaat" hieß bei seinen Gegnern der bevormundende Obrigkeitsstaat des aufgeklärten Absolutismus, der die Wohlfahrt der Untertanen durch ständige Eingriffe in die Tätigkeit des einzelnen steigern wollte und gegen den sich schon KANT (s. S. 61 f.) energisch gewandt hatte. „Polizey" bedeutete damals die gesamte öffentliche Verwaltung.

In der Ära METTERNICHS (1815–1848) gewann der Begriff des Polizeistaates eine weit üblere Bedeutung. In den Demagogenverfolgungen kam es zu groben Verletzungen gesetzlich festgelegter Prozeßregeln; persönliche Freiheitsrechte wurden mißachtet; Bespitzelungen und Repressalien gegen politisch Verdächtige waren die Regel. Zur

Aburteilung politischer Gegner setzten die Regierungen Sondergerichte ein, die ihren Weisungen unterlagen. Maßregelungen von Richtern waren nicht selten.

Angesichts dieser Verhältnisse ging es den deutschen Liberalen in der Zeit der Restauration vor allem um die Sicherung der persönlichen Freiheit. Die einzige Möglichkeit, Willkürmaßnahmen der Regierung zu verhindern, sahen sie in der Bindung aller Zweige der öffentlichen Gewalt an Gesetze, die mit der Zustimmung einer Volksvertretung zustande gekommen waren, und in der Kontrolle der Gesetzmäßigkeit der staatlichen Maßnahmen durch unabhängige Gerichte.

Der liberale Rechtsstaatsbegriff, wie er in der ersten Hälfte des 19. Jahrhunderts entwickelt wurde, ist somit durch drei Prinzipien gekennzeichnet:

1. Bindung aller Zweige der öffentlichen Gewalt an das Gesetz,
2. Gesetzgebung mit Zustimmung einer Volksvertretung,
3. Kontrolle der Gesetzmäßigkeit der Verwaltung durch unabhängige Richter.

2.1.2.3.2 Die Verwirklichung des liberalen Rechtsstaats

Nach 1848 wurden diese Prinzipien von fast allen deutschen Staaten beachtet. Der weitere Ausbau des Rechtsstaates in Deutschland war vor allem durch den Aufbau einer *Verwaltungsgerichtsbarkeit* gekennzeichnet. Gesetze können der öffentlichen Verwaltung nur allgemeine Richtlinien zum Handeln geben. Die Aufgaben der Verwaltung sind viel zu mannigfaltig und die Einzelfälle zu verschieden, als daß sie in Gesetzen im einzelnen geregelt werden können. Die Verwaltung braucht daher einen Bereich, in dem sie nach pflichtgemäßem Ermessen selbständig entscheiden kann. Die Gesetze bilden die Schranken dieses Bereiches. Die Bindung an das Gesetz bedeutet daher für die Verwaltung das Verbot, die gesetzlichen Schranken zu überschreiten, nicht aber, daß alle Handlungen der Verwaltung im einzelnen durch Gesetz festgelegt wären.

Der absolutistische Staat hatte jede gerichtliche Kontrolle, ob die Verwaltung die gesetzlichen Schranken innehielt, abgelehnt. Der König als Herr der Verwaltung stand über dem Gesetz und konnte von Gerichten nicht belangt werden. So war der Bürger wehrlos, wenn staatliche Beamte in seine Berufstätigkeit und Privatsphäre eingriffen. 1794 führte das preußische *Allgemeine Landrecht* eine begrenzte gerichtliche Kontrolle von Ver-

waltungsakten ein. Den Gerichten gelang es jedoch nicht immer, Streitfälle zwischen Bürgern und Behörden an sich zu ziehen. Meist wurden Beschwerden gegen Verwaltungsakte von den Verwaltungsbehörden selbst entschieden, und noch 1848 bildete es eine der Forderungen der Liberalen, Verwaltungsakte durch die ordentlichen Gerichte kontrollieren zu lassen. Ab 1863 wurde in Deutschland nach französischem Vorbild eine besondere Verwaltungsgerichtsbarkeit eingeführt. In den unteren Instanzen entschieden die Verwaltungsbehörden selbst; lediglich die obersten Instanzen (z. B. das Oberverwaltungsgericht in Preußen) bildeten unabhängige, von der Verwaltung getrennte Gerichte. Heute sind alle Verwaltungsgerichte unabhängig, organisatorisch und personell von der Verwaltung getrennt und nur dem Gesetz unterworfen (vgl. S. 251). Die Verwaltungsgerichtsbarkeit bewährte sich in Deutschland als wirksamer Schutz des Bürgers vor Willkürakten der öffentlichen Verwaltung. Nicht nur die Beachtung der gesetzlichen Schranken konnte nun gerichtlich erzwungen werden; Der Staat war auch entschädigungspflichtig, wenn seine Beamten schuldhaft ihre Befugnisse überschritten und dem Bürger dadurch Nachteile zufügten.

Das Deutsche Reich von 1871 war ein Rechtsstaat im Sinne der liberalen Vorstellungen. Die Bindung aller Zweige der öffentlichen Gewalt an das Gesetz war gesichert; der Bürger besaß einen Rechtsschutz gegen willkürliche Eingriffe des Staates in Leben, persönliche Freiheit und Eigentum. Als Folge der festen Bindung von Verwaltung und Rechtsprechung an das Gesetz waren die Handlungen des Staates berechenbar geworden. Der gesetzeskundige Bürger konnte voraussehen, wie die öffentliche Gewalt auf seine Handlungen reagieren würde. Er kannte seine Rechte, und er kannte die Möglichkeiten des Staates, seine Freiheit zu beschränken. Für eine auf Privatinitiative beruhende, aufblühende Wirtschaft war diese Berechenbarkeit der Handlungen des Staates von größtem Wert; vor allem aber erzeugte sie das Gefühl der Sicherheit und das Bewußtsein, daß der Staat die Rechte des einzelnen schützen wird.

Der liberale Rechtsstaat des 19. Jahrhunderts ruhte jedoch auf schwachen Fundamenten. Seit der Mitte des 19. Jahrhunderts beherrschte der „Rechtspositivismus" die Ausbildung der deutschen Juristen. Ein Gesetz, das ordnungsgemäß beschlossen und verkündet worden war, galt ohne Rücksicht auf seinen Inhalt als verbindlich. Man sprach nicht mehr von der *Herrschaft des*

Rechts, sondern von der *Herrschaft des Gesetzes.*
Solange sich der Gesetzgeber den Prinzipien persönlicher Freiheit verpflichtet fühlte, bildete der
Rechtspositivismus keine Gefahr. Vor 1914 erkannten nur wenige, daß der liberale Rechtsstaatsbegriff zur bloßen Form geworden war und
keinerlei Sicherheit gegen die Aufhebung des
Rechts durch in Gesetzesform gekleidetes Unrecht bot.

2.1.2.3.3 Die Aushöhlung des liberalen Rechtsstaats in der Weimarer Republik

In der Weimarer Republik wurde die Aushöhlung des formalisierten Rechtsstaatsbegriffs durch
einige Bestimmungen des Verfassungsrechts gefördert. Das Verfassungsrecht der Weimarer Republik war zur Sicherung persönlicher und politischer Freiheiten wenig geeignet. Es gewährte
zwar Rechte der persönlichen Freiheit und der
politischen Mitbestimmung in einem Ausmaße
wie kaum eine andere demokratische Verfassung,
kannte jedoch keine unantastbaren Bestimmungen und konnte vom Gesetzgeber in allen Einzelheiten abgeändert werden. Besonders bedenklich

war, daß der Reichstag Gesetze, die gegen die
Verfassung verstießen, auf dem Wege der gewöhnlichen Gesetzgebung beschließen konnte,
ohne daß der Text der Verfassung geändert werden mußte. Erforderlich war lediglich eine
Zweidrittelmehrheit. Dadurch verlor die Verfassung an Autorität. Noch gefährlicher für den Bestand des Rechtsstaats waren die Vollmachten,
die Art. 48 der Weimarer Verfassung dem
Reichspräsidenten gewährte (vgl. z. B. S. 120).

> *Art. 48 Abs. 2 lautete:*
>
> *„Der Reichspräsident kann, wenn im Deutschen
> Reiche die öffentliche Sicherheit und Ordnung
> erheblich gestört oder gefährdet wird, die zur
> Wiederherstellung der öffentlichen Sicherheit
> und Ordnung nötigen Maßnahmen treffen, er-
> forderlichenfalls mit Hilfe der bewaffneten
> Macht einschreiten. Zu diesem Zwecke darf er
> vorübergehend die in den Artikeln 114, 115,
> 117, 118, 123, 124 und 153 festgesetzten
> Grundrechte ganz oder zum Teil außer Kraft
> setzen."*

Diese umfassenden Vollmachten begründeten
eine Diktaturgewalt des Reichspräsidenten, die
nicht einmal vor den Grundrechten der Freiheit
der Person, der Meinungs- und Versammlungs-

*Abb. 14: Fritz Reuter (1810–1874) als politischer
Gefangener. Obwohl mecklenburgischer Staatsange-
höriger, wurde er in Preußen wegen seiner Betätigung bei der Burschenschaft in Jena zum Tode verurteilt und sieben Jahre in Haft gehalten („Ut mine
Festungstid")*

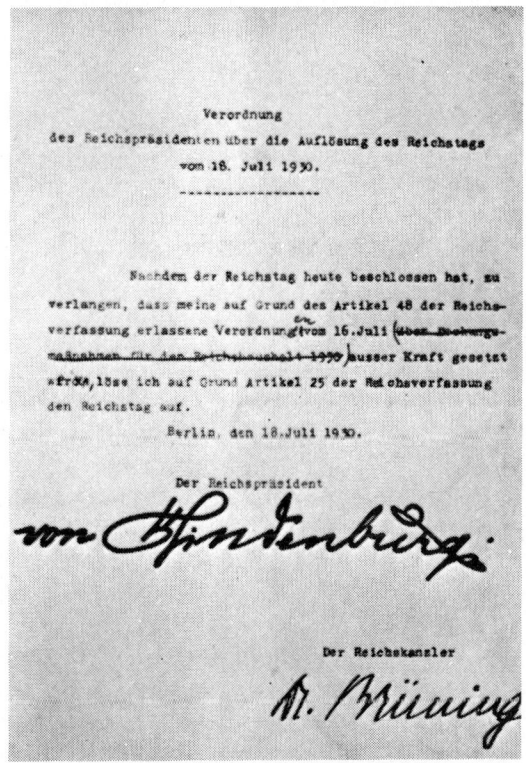

*Abb. 15: Reichspräsident Hindenburg löste im Juli
1930 den Reichstag auf, weil dieser verfassungsgemäß die Außerkraftsetzung seiner Notverordnung
verlangt hatte – Beginn der „Präsidialdiktatur"*

freiheit halt machte und höchstens mit den Befugnissen eines Regierungschefs im Kriegsfalle zu vergleichen ist. Sie war bei der Beratung der Verfassung auch von überzeugten Demokraten gebilligt worden, weil dem vom Volke gewählten Reichspräsidenten wirksame Machtmittel gegen die Feinde der Demokratie von rechts und links gegeben werden sollten. Die Väter der Weimarer Verfassung übersahen dabei, daß sie damit den Bestand der freiheitlich-demokratischen Ordnung weitgehend von der demokratischen Gesinnung und politischen Urteilsfähigkeit des Präsidenten abhängig machten.

Bindung an Gesetz und Recht

Die Aushöhlung des Rechtsstaates durch *Positivismus* und *Präsidialdiktatur* erleichterte die Machtergreifung der Nationalsozialisten. In den ersten sieben Wochen der nationalsozialistischen Herrschaft – vom 30. Januar bis zum Ermächtigungsgesetz am 26. März 1933 – ergingen 20 „Notverordnungen" nach Art. 48. Sie schufen die formale Rechtsgrundlage für die Errichtung der totalen Herrschaft. Die wichtigste dieser Verordnungen war die „Reichstagsbrandverordnung" vom 28. Februar 1933, durch die wesentliche Grundrechte aufgehoben und die Ausschaltung der politischen Opposition ermöglicht wurde (s. S. 225 f.). Den meisten schien es, als schöpfe diese Verordnung lediglich die Möglichkeiten des Art. 48 voll aus und sei daher legal. Sie sahen nicht oder wollten nicht sehen, daß mit der Beseitigung der Grundrechte und der Ausschaltung der politischen Opposition im Parlament der Rechtsstaat faktisch aufgehoben war.

Menschenwürde

Völkerrechtsregeln

Notverordnungen

Reichstagsbrandverordnung

Rechtsweggarantie

2.1.2.4 Die Neubegründung der Herrschaft des Rechts in der Bundesrepublik Deutschland

Unabänderbarkeit von Art. 1 und 20 GG

Die Erfahrungen der Weimarer Republik und der nationalsozialistischen Herrschaft bestimmten die Väter des Bonner Grundgesetzes, mit dem formalisierten Rechtsstaatsbegriff des Positivismus zu brechen und einen Rechtsstaat zu schaffen, der fest an die persönlichen und politischen Freiheitsrechte gebunden ist.

Rechtsstaatlichkeit

Notwendig war vor allem, die Freiheitsrechte über den Gesetzgeber zu stellen, damit sie nicht von freiheitsfeindlichen Parlamentsmehrheiten oder von mit Notstandsbefugnissen ausgestatteten Regierungen durchbrochen werden können. Daher verankerte der Verfassungsgeber naturrechtlich begründete Freiheitsrechte als positive Rechtsnormen unantastbar im Grundgesetz. Das Grundgesetz verbietet sogar den vom Volke gewählten Repräsentanten die Beseitigung der

Unantastbare Grundrechte

Grundrechte. Eine weitere Sicherung gegen die Aushöhlung des Rechtsstaates durch freiheitsfeindliche Gesetze bildet die Bestimmung des Art. 20, Abs. 3, nach der vollziehende Gewalt und Rechtsprechung an Gesetz und Recht gebunden sind. Jeder Akt der öffentlichen Gewalt muß demnach nicht nur auf ein formelles Gesetz zurückzuführen sein, sondern muß auch mit dem „Recht" in Einklang stehen. Unter Recht im Sinne des Art. 20, Abs. 3, sind die Rechtsvorstellungen zu verstehen, die sich aus den Wertentscheidungen des Grundgesetzes ergeben und die vor allem in Art. 1 (Bekenntnis zur Würde des Menschen und zu unveräußerlichen und unverletzlichen Menschenrechten) und Art. 25 (Vorrang der allgemeinen Regeln des Völkerrechts vor den Gesetzen) zum Ausdruck kommen.

Auch der richterliche Schutz gegen Verletzungen der Grundrechte ist erheblich verstärkt worden. Oberster Hüter der Verfassung und damit der Grundrechte ist das nach US-Vorbild geschaffene Bundesverfassungsgericht (vgl. S. 249 f.).

Artikel 19, Abs. 4 des Grundgesetzes öffnet dem Bürger den Rechtsweg gegen alle ihn verletzenden Akte der öffentlichen Gewalt. Während es in der Weimarer Republik umstritten war, ob der Bürger nur in Fällen, die vom Gesetz aufgezählt waren (Enumerationsprinzip), oder in jedem Falle Akte der öffentlichen Gewalt vor Gericht überprüfen lassen konnte, entschied sich das Grundgesetz eindeutig für das Prinzip der „Generalklausel". Der Rechtsschutz des Bürgers gegenüber dem Staat ist damit lückenlos geworden.

Der unbedingte Vorrang der Grundrechte, die Unabänderlichkeit der tragenden Verfassungsbestimmungen der Art. 1 und 20 des Grundgesetzes und die lückenlose gerichtliche Kontrolle aller Akte der Staatsgewalt bilden eine erhebliche Schranke für alle Zweige der Staatsgewalt einschließlich der Gesetzgebung.

Die Rechtsprechung der obersten Gerichte der Bundesrepublik hat versucht, dem Begriff des Rechtsstaates einen Inhalt zu geben, der die wichtigsten Sicherungen der persönlichen und politischen Freiheit umfaßt. So gehören nach gegenwärtiger Auffassung zur Rechtsstaatlichkeit

a) die Gewaltenunterscheidung und -trennung;
b) die Gewähr persönlicher Grundrechte: Die Freiheit der Einzelpersönlichkeit ist prinzipiell unbeschränkt und in mancher Hinsicht auch durch Gesetz nicht beschränkbar;
c) der Begriff des formellen Gesetzes, das unter Mitwirkung der Volksvertretung zustande gekommen ist, eine generelle Norm darstellt

und auch den Gesetzgeber selbst bindet, bis er es durch ein neues formelles Gesetz aufhebt;

d) die Gesetzmäßigkeit von vollziehender und rechtsprechender Gewalt: Alle staatlichen Handlungen müssen sich auf ein formelles Gesetz zurückführen lassen;

Minderheitenschutz

e) die Berechenbarkeit der staatlichen Machtäußerungen: Aufgrund der gesetzlichen Zuständigkeiten und Befugnisse muß das Handeln des Staates vorhersehbar sein;

Privatsphäre

f) der gerichtliche Rechtsschutz des einzelnen durch weisungsungebundene und persönlich unabhängige Richter;

g) der Grundsatz, daß Handlungen nicht bestraft werden können, deren Strafbarkeit nicht durch formelles Gesetz ausgesprochen war, bevor die Handlungen vorgenommen worden sind;

h) der Grundsatz der Verhältnismäßigkeit der Mittel: Greift der Staat im Rahmen seiner gesetzlichen Befugnisse in die Freiheit der Bürger ein, so muß er das mit angemessenen, die Bürger möglichst wenig beschränkenden Mittel tun.

Rechtsstaatlichkeit in diesem Sinne verhindert die willkürliche Ausübung jeder öffentlichen Macht und setzt auch dem Willen des souveränen Volkes Grenzen.

> *„Das Volk hat nicht das Recht, einen Unschuldigen zu schlagen."*
>
> (BENJAMIN CONSTANT)

Die Rechtsstaatlichkeit sichert die Minderheit vor der Unterdrückung durch die Mehrheit; sie schützt die Privatsphäre des einzelnen vor der öffentlichen Gewalt; sie ist eine unabdingbare Voraussetzung jeder politischen Ordnung, die nach Gerechtigkeit für alle strebt.

2.1.3 Die Idee der verantwortlichen Regierung

Eng mit dem Ringen um die Anerkennung der Menschenrechte und des Rechtsstaates verbunden ist das Bestreben, die Regierung zu kontrollieren und gegenüber dem Volke verantwortlich zu machen. Menschen- und Bürgerrechte bleiben bloße Deklamationen, wenn die Regierung nicht gezwungen werden kann, die persönliche Freiheitssphäre des Bürgers zu achten.

Die europäischen Fürsten des Mittelalters galten als verantwortlich vor Gott dafür, daß sie ihre

Abb. 16: Verantwortliche Regierung: Eine von Verteidigungsminister Strauß ausgelöste Polizeiaktion gegen den „Spiegel" im Oktober 1963 führt zu einer dreitägigen Bundestagsdebatte und zum Koalitionsbruch

Macht in den Schranken des überkommenen Rechts zum Wohle des Volkes gebrauchten. Sie konnten jedoch nicht gezwungen werden, dieser Verantwortung zu genügen. Zwar brauchten sie zur Einführung neuer Steuern die Zustimmung der Stände (Adel, Geistlichkeit, Städte). Daher mußten sie Rücksicht auf die Wünsche der Stände nehmen. In fast allen europäischen Ländern gelang es den Fürsten aber, den Einfluß der Stände allmählich zurückzudrängen, bis im 16. und 17. Jahrhundert der Übergang zur absolutistischen Herrschaft erfolgte. Lediglich das englische Parlament konnte seinen Einfluß nicht nur wahren, sondern sogar verstärken, den Absolutismus abwehren und schließlich wirksame Verfahren entwickeln, um die Regierung zu kontrollieren und politisch zur Verantwortung zu ziehen. Diese

Konstitutionalismus

Verfahren können mit dem Begriff des *„Konstitutionalismus"* (Verfassungsstaates) zusammengefaßt werden. Ihr wesentliches Kennzeichen ist die Aufteilung und somit Beschränkung politischer Macht. Das englische Regierungssystem wurde daher zum Vorbild aller freiheitlichen Regierungssysteme, und das englische Parlament ist zu

Commons

Recht als „Mutter der Parlamente" bezeichnet worden.

2.1.3.1 Das Beispiel England

2.1.3.1.1 Die Ursprünge des englischen Parlaments

House of Lords

House of Commons

Das englische Parlament entstand ursprünglich aus dem königlichen Rat. WILHELM DER EROBERER (Landung in England 1066) und seine Nachfolger setzten die alte angelsächsische Tradition fort, daß der König vor großen, das ganze Land betreffenden Entscheidungen den Rat der Vasal-

len einholte. So pflegte im 12. Jahrhundert der König dreimal im Jahre die Erzbischöfe, Bischöfe, Äbte, Fürsten, Barone und Ritter zu Hofe zu laden, um mit ihnen zu beraten. Die Vasallen betrachteten diese Zusammenkünfte als ein Recht und eine Möglichkeit, *die Entscheidungen des Königs zu beeinflussen.* Im 13. Jahrhundert begannen die zu Hofe geladenen Vasallen, sich als besondere Körperschaft zu betrachten. Sie kamen nicht nur, um den König einzeln zu beraten, sondern sie führten vor allem Verhandlungen untereinander, um eine möglichst einheitliche Haltung gegenüber dem Könige zu erzielen. Damit war das Parlament entstanden.

Ende des 13. Jahrhunderts begann König EDUARD I., nicht nur die großen Feudalherren, sondern auch Vertreter der örtlichen Gemeinwesen (counties = Grafschaften und boroughs = Städte) zur Beratung heranzuziehen. Sie unterrichteten ihn über die Wünsche und Beschwerden seiner Untertanen und wirkten bei der Veranlagung der Steuern mit. Die Abgeordneten dieser Selbstverwaltungskörperschaften (communes) wurden *commons* genannt. Sie waren entweder knigths (Ritter), d.h. mittlere Grundbesitzer in den counties, oder Bürger der boroughs. Das Wahlverfahren war in den einzelnen counties und boroughs recht verschieden. Wahlberechtigt waren meist nur die vermögenden Schichten; z.T. wurden die Abgeordneten der boroughs nicht gewählt, sondern von den Magistraten ernannt. Bald wurde es üblich, die Commons zu allen Parlamenten zu berufen. Damit waren zwei Häuser des Parlaments entstanden: das *House of Lords* (Oberhaus) mit den Vertretern des Hochadels und den Kirchenfürsten und das *House of Commons* (Unterhaus) mit den Vertretern der counties und der boroughs. Da der Wohlstand der Städte allmählich

Abb. 17: Das britische Parlament 1641

Abb. 18: Das britische Unterhaus heute

wuchs, wurden die von den Commons vertretenen Schichten immer wichtigere Steuerzahler. Ohne die Zustimmung und Mitwirkung der Commons wurde es schließlich den meisten Königen unmöglich, die für die öffentlichen Aufgaben erforderlichen Mittel aufzubringen.

2.1.3.1.2 Die Abwehr des Absolutismus

Den energischen und rücksichtslosen Tudor-Herrschern gelang es im 16. Jahrhundert, die Steuerbewilligungsrechte des Parlaments zum Teil zu umgehen, die Unterhauswahlen zu beeinflussen, alte Rechte beiseite zu schieben. Dennoch entwickelte sich die Tudor-Herrschaft nicht zum Absolutismus. HEINRICH VIII. konnte den Bruch mit Rom vollziehen (1533) und die darauf folgenden Kriege und Aufstände überstehen, weil er die wirtschaftlichen Interessen der englischen Mittelschichten berücksichtigte und daher die Unterstützung starker Gruppen im Parlament fand. Auch ELISABETH I. fand die Unterstützung der englischen Mittelschichten. Die Bereitschaft der Mittelschichten, eine starke Monarchie zu dulden, bedeutete aber nicht, daß sie geneigt waren, staatliche Eingriffe in ihre Privilegien hinzunehmen. Als die Stuart-Könige JAKOB I. und KARL I. versuchten, das Parlament als politischen Faktor auszuschalten, kam es zu dem für die englische Geschichte entscheidenden Konflikt zwischen Krone und Parlament.

Petition of Rights In der *„Petition of Rights"* (1628) wandte sich das Parlament gegen den Absolutismus KARLS I. und berief sich auf seine alten Freiheitsrechte (vgl. S. 44 f.). 1642 brach der Krieg zwischen dem König und dem Parlament aus; er endete mit der Hinrichtung KARLS I. und mit der Diktatur CROMWELLS (1649). Nach CROMWELLS Tod erfolgte *Bill of Rights* die Restauration der Stuarts. Unter KARL II. brach der Streit zwischen Krone und Parlament erneut aus. Unter dem katholischen JAKOB II. führten religiöse Gegensätze und die Neigung des Königs zum Absolutismus zur *„Glorious Revolu-* *Glorious* *tion"* (1688). Das Parlament berief WILHELM VON *Revolution* ORANIEN auf den Thron, und in der *„Declaration of Rights"* wurde das Verhältnis von Krone und Parlament so festgelegt, daß die Vorherrschaft des Parlaments gesichert war (1689).

Im Gegensatz zur Entwicklung auf dem europäischen Kontinent war es somit dem englischen Parlament gelungen, den Absolutismus abzuwehren und die aus dem Mittelalter überkommenen Freiheiten zu erhalten, zu erweitern und durch neue Auslegung an die Gegenwart anzupassen.

2.1.3.1.3 Die Entwicklung des parlamentarischen Regierungssystems

Auf der Grundlage der Macht und der Rechte, die das englische Parlament durch die Glorreiche Revolution 1688–1689 gewonnen hatte, entwickelte sich bis 1832 das parlamentarische Regierungssystem. Alle späteren Regierungssysteme, die persönliche und politische Freiheit ermöglichten, sind vom englischen Parlamentarismus beeinflußt worden. Selbst das in vielen Zügen vom parlamentarischen System abweichende präsidentielle Regierungssystem ist 1787 in den Vereinigten Staaten von Amerika mit dem Blick auf die Verhältnisse in England eingeführt worden und enthält zahlreiche Elemente, die nur aus der englischen Geschichte erklärt werden können. Die in England im 18. Jahrhundert ausgebildeten politischen Techniken gehören zu den Fundamenten des modernen Verfassungsstaates, der die Macht der Regierung durch feste Schranken begrenzt und kontrolliert, um die Freiheit der Bürger zu ermöglichen.

WILHELM VON ORANIEN hatte 1689 die englische Krone vom englischen Parlament empfangen, und er mußte bei seinem Amtsantritt schwören, daß er „gemäß den im Parlament beschlossenen Gesetzen" regieren werde. Er und seine Nachfolger konnten sich nicht mehr auf das Gottesgnadentum berufen. Sie waren Monarchen von des Parlaments Gnaden und konnten nur mit dem Parlament, nicht aber gegen das Parlament regieren. Im Parlament aber wurden nun die Commons der entscheidende Machtfaktor; denn seit 1691 übten sie nicht nur über die Steuereinnahmen, sondern auch über die wichtigsten Staatsausgaben die Kontrolle mit aus.

Aus: Bill of Rights von 1689 (Sie sind das Dokument der Souveränität des Parlaments):
„Und daraufhin erklärten die vorerwähnten geistlichen und weltlichen Lords und das Unterhaus, vor allem (wie es ihre Vorfahren in einem ähnlichen Fall zu tun pflegten) zur Rechtfertigung und Behauptung ihrer alten Rechte und Freiheiten, gemäß ihren betreffenden Briefen und Wahlen, und nun in voller und freier Vertretung dieser Nation versammelt und indem sie auf das Ernsteste die besten Methoden zur Erreichung der obenerwähnten Ziele erwägen;
Daß die angebliche Macht, durch königliche Autorität, ohne Zustimmung des Parlaments Gesetze oder ihre Vollstreckung außer Kraft zu setzen, ungesetzlich ist.
Daß die angebliche Macht, durch königliche Autorität von Gesetzen oder ihrer Vollstreckung

zu entbinden, wie man es sich in letzter Zeit herausnahm und exerzierte, ungesetzlich ist.

Daß die Weisung zur Gründung des ehemaligen Gerichtes der Bevollmächtigten für Kirchliche Angelegenheiten und alle anderen Weisungen und Gerichte ähnlicher Art ungesetzlich und verderblich sind.

Daß die Einhebung von Geld zum Nutzen der Krone, unter dem Vorwand der Prärogative ohne Zustimmung der Parlamente, für längere Zeit und in einer anderen Form als dies bewilligt ist oder bewilligt werden wird, ungesetzlich ist.

Daß es das Recht der Untertanen ist, Bittschriften an den König zu richten, und daß jede Verhaftung und Verfolgung wegen Einreichung solcher Bittschriften ungesetzlich ist.

Daß innerhalb des Königreiches die Aushebung und Erhaltung eines stehenden Heeres in Friedenszeiten ohne die Zustimmung des Parlaments dem Gesetz widerspricht.

Daß die Untertanen protestantischen Glaubens ihrer Stellung entsprechend und soweit das Gesetz es erlaubt, Waffen zu ihrer Verteidigung besitzen dürfen.

Daß die Wahl der Parlamentsmitglieder frei sein soll.

Daß die Freiheit der Rede, daß Debatten oder Verhandlungen im Parlament an keinem anderen Ort oder Gericht außerhalb des Parlaments unter Anklage oder in Frage gestellt werden dürfen.

Ministerver-
antwortlich-
keit

Daß übertrieben hohe Sicherstellungen nicht verlangt, noch übermäßige Geldbußen auferlegt werden dürfen, noch dürfen grausame und unübliche Strafen verhängt werden. Daß Geschworene rechtmäßig ernannt und wiedergewählt werden müssen, und daß solche, die über Menschen, die des Hochverrats angeklagt sind, zu Gericht sitzen, freie Grundbesitzer sein müssen.

Daß alle Zusagen und Versprechungen aus Geldbußen und Verfallstrafen vor der Verurteilung der betreffenden Personen ungesetzlich sind.

Und daß zur Abstellung aller Beschwerden und zur Verbesserung, Stärkung und Bewahrung der Gesetze das Parlament häufig tagen sollte.“

Finanzbewil-
ligungsrecht

Bereits WILHELM VON ORANIEN und seine Nachfolgerin ANNA (1702–1714) waren gezwungen, bei der Wahl ihrer Minister Rücksicht auf die Stimmung des Parlaments zu nehmen. Nur wenn die Minister Aussicht hatten, die Gesetzesvorschläge im Unterhaus durchzubringen, konnte der Monarch regieren. Dennoch setzte sich das Prinzip des Parlamentarismus, daß die Minister des Vertrauens der Parlamentsmehrheit bedürfen, erst allmählich durch.

Abb. 19: Britischer Kabinettsrat um 1740 unter Vorsitz Walpoles. Beginn des Parlamentarismus

1709 kam es zum letzten Male zu einem Veto der Krone gegen ein vom Parlament beschlossenes Gesetz. Der erste König aus dem Hause Hannover, GEORG I. (1714–1727), überließ es seinem fähigen und mächtigen „Ersten Lord des Schatzamtes“ (First Lord of the Treasury), WALPOLE, die Sitzungen des „Kabinetts“, des königlichen Ministerrates, zu leiten und die Politik des Königs im Unterhause zu vertreten.

WALPOLE gelang es, das Unterhaus mehr als 20 Jahre lang für seine Politik zu gewinnen. Sein Sturz ist bezeichnend für die allmähliche Ausbildung der Ministerverantwortlichkeit. 1742 sprach sich die Unterhausmehrheit zweimal gegen ihn aus; er trat daraufhin zurück. Darin wurde ein wichtiger Präzedenzfall gesehen. Allmählich setzte sich das Prinzip durch, daß die Regierung das Vertrauen der Commons brauchte und ein Minister zurückzutreten hatte, wenn er im Unterhaus eine Niederlage erlitt (politische Ministerverantwortlichkeit).

Obwohl die englischen Könige des 18. Jahrhunderts, vor allem GEORG III. (1760–1820), immer wieder versuchten, Minister ihrer Wahl gegen den Willen des Parlaments zu halten, war der endgültige Sieg des Prinzips der politischen Ministerverantwortlichkeit nicht aufzuhalten. Die Macht des Unterhauses, die Finanzen zu bewilligen, erwies sich als ein unüberwindliches Hindernis für alle Versuche, gegen das Parlament zu regieren. Es wurde üblich, daß der König einflußreiche Parlamentsmitglieder zu Ministern ernannte, weil nur so Aussicht bestand, daß das Parlament die Gesetzesvorlagen der Regierung billigte.

Solange noch keine festen Parteien bestanden, die sich über bestimmte politische Prinzipien einig waren, hatte jede Regierung die größten Schwierigkeiten, im Unterhaus sichere Mehrheiten zu finden. Die leitenden Minister versuchten, sich die notwendigen Mehrheiten durch Patronage zu verschaffen: Sie betrauten wichtige Abgeordnete mit Staatsämtern oder verschafften ihnen lohnende Staatsaufträge. Gegen Ende des 18. Jahrhunderts traten diese anrüchigen Methoden in den Hintergrund. Whigs und Tories wurden zu einigermaßen festgefügten Parlamentsfraktionen, von denen jede sich vor der Abstimmung im Parlament auf eine einheitliche Haltung festlegte. Die *Fraktionsdisziplin* (s. S. 216) trat allmählich an die Stelle der Bestechung.

1832 erfolgte die erste der großen Wahlrechtsreformen (weitere 1867 und 1884). England war zwar noch keine Demokratie, aber ein Land, in dem die politische Macht bei den besitzenden Schichten lag, durch feste Tradition und Gesetze beschränkt war und in dem die persönliche Freiheit jedes Bürgers absolut gesichert schien.

Die Ausweitung des Wahlrechts zwang die Parteien, schlagkräftige Wahlkampforganisationen zu schaffen, um für Kandidaten und Programme wirksam werben zu können. Aus lockeren Vereinigungen von angesehenen Persönlichkeiten („Honoratioren") wandelten sich die Parteien Ende des 19. Jahrhunderts zu Organisationen, die von Berufspolitikern und Funktionären straff geführt wurden und Hunderttausende von Mitgliedern aufweisen konnten. Zugleich entstand das moderne Zeitungswesen („Massenpresse"). Die Wähler wurden über Fragen von regionaler und nationaler Bedeutung weitaus besser informiert als bisher. Die Folge war, daß die Spitzenpolitiker allein aufgrund der Tatsache, daß ihre Namen dem Durchschnittswähler bekannt waren und ihre Parteien sie als „Zugpferde" im Wahlkampf brauchten, an politischem Einfluß in Partei und Parlament gewannen, während das einfache Parlamentsmitglied („backbencher") an Einflußchancen verlor.

Diese Entwicklung wurde dadurch beschleunigt, daß die politischen Aufgaben mit der fortschreitenden Industrialisierung und Bevölkerungszunahme immer komplizierter wurden und nur noch durch Experten gelöst werden konnten. Schon 1867 hatte der berühmte Verfassungstheoretiker WALTER BAGEHOT erklärt, das Parlament sei nur noch „dignified part of the constitution", die politische Macht habe sich zum Kabinett verlagert, das er als „effective part of the constitution" bezeichnet.

Vor dem Ausbruch des Ersten Weltkrieges zeichnete sich eine weitere Machtverschiebung ab: nicht mehr das Kabinett als Ganzes, sondern der Regierungschef selbst wird zum effektiven Träger der Macht: denn er ist jedem Wähler bekannt, er symbolisiert in den Augen der Wähler die Partei, deren Vorsitz er hat. Er vergibt zahlreiche Ämter und Ehrungen, die von Politikern begehrt sind und die sie nur erwerben können, wenn sie seinen Wünschen entgegenkommen, bestimmt die Zusammensetzung des Kabinetts und hat es in der Hand, die Karriere eines ehrgeizigen Politikers zu fördern oder plötzlich zu beenden. Dennoch kann er diese Macht nicht willkürlich ausüben. Seine Partei folgt ihm, solange er Erfolg hat und es wahrscheinlich ist, daß er die nächsten Wahlen gewinnen wird. Versagt er bei wichtigen Aufgaben, kann er gestürzt werden, und zwar weniger durch ein Mißtrauensvotum der parlamentarischen Opposition als durch die Kritiker in seiner eigenen Partei, die ihn rechtzeitig vor den nächsten Wahlen durch eine bessere „Wahlkampflokomotive" ersetzen wollen.

Die entscheidenden Faktoren, die die Macht des Regierungschefs in Schranken halten, sind die *Opposition* und die *Wählerschaft*. Im Parlament kann die Opposition gegen die Regierung wenig ausrichten; ihre Kritik an der Regierungsmehrheit zielt daher nicht darauf, Abgeordnete der Mehrheitspartei bei den Abstimmungen zu sich herüberzuziehen, sondern die Öffentlichkeit auf Fehler der Regierung hinzuweisen und die Unterstützung der Wählermehrheit für ihre Ziele zu gewinnen. Bei diesem Ringen um die Gunst der Wählermehrheit ist die Regierung allerdings im Vorteil. Die *Massenmedien* berichten über die Regierung weit häufiger und ausführlicher als über die Opposition, weil das, was die Regierung tut, im allgemeinen höheren Nachrichtenwert hat. Die Regierung hat es leichter als die Opposition, die Unterstützung finanzkräftiger oder wählerstarker Interessenverbände zu gewinnen, weil sie den Verbänden mehr an Gegenleistungen bieten kann als die von der politischen Macht zeitweise ausgeschlossene Opposition. In Großbritannien wird das Übergewicht der Regierung dadurch noch verstärkt, daß der Regierungschef den Zeitpunkt der Neuwahl des Unterhauses selbst festsetzen kann und dafür einen Termin wählt, an dem die Regierungspartei der Unterstützung der Wählermehrheit sicher zu sein glaubt. Die Opposition hat es daher schwer, einen Regierungswechsel herbeizuführen. Es gelingt ihr meist nur, wenn die Regierung schwerwiegende wirtschafts- oder außenpolitische Fehler begeht, so daß die

Primeminister

Patronage

Fraktionsdisziplin

Wahlrechtsreformen

Opposition

Kabinettsregierung

Wähler Arbeitslosigkeit oder Inflation befürchten oder sogar die äußere Sicherheit des Landes bedroht sehen.

2.1.3.2 Die Interpretation des englischen Regierungssystems durch Montesquieu

2.1.3.2.1 Die Lehre von der Gewaltenteilung

Die politischen Verhältnisse, die sich Anfang des 18. Jahrhunderts in England ausgebildet hatten, regten den französischen Juristen und Philosophen CHARLES DE MONTESQUIEU (1689–1755, Hauptwerk „Vom Geist der Gesetze" 1748) zu seiner Lehre von der Gewaltenteilung an. Sie war für die weitere Entwicklung des Verfassungsstaates von größter Bedeutung.

Die Beobachtung der englischen Verhältnisse hatte MONTESQUIEU auf den Gedanken gebracht, daß Freiheit vielleicht weniger das Ergebnis besonderer moralischer Eigenschaften eines Volkes sei als die Folge bestimmter Verfassungsregelungen, die die Staatsgewalt beschränken. In der englischen Verfassungswirklichkeit glaubte er eine institutionelle Trennung der höchsten Staatsfunktionen zu erkennen.

Vorbild England?

Prinzip: Freiheitssicherung

Seine Lehre von der Gewaltenteilung verlangte: Die *Legislative* (gesetzgebende Gewalt) soll aus zwei Häusern bestehen, einem vom Volk gewählten und einem aus Mitgliedern von Adelsfamilien, denen ein erblicher Sitz zusteht.

Die *Exekutive* (ausführende Gewalt) soll dem Monarchen zukommen.

Die *Judikative* (rechtsprechende Gewalt) soll von unabhängigen Richtern aus allen Ständen wahrgenommen werden.

MONTESQUIEU legte Wert darauf, daß diese verschiedenen Gewalten von Personen und Gruppen ausgeübt würden, die ihrer sozialen Herkunft und Interessenlage nach verschieden waren.

Durch diese Teilung will MONTESQUIEU erreichen, daß sich die Gewalten gegenseitig hemmen und beschränken. Die Legislative muß die Exekutive kontrollieren können, der Exekutive soll im Vetorecht ein Mittel zur Beschränkung der Legislative gegeben werden. Besonders wichtig ist die Unabhängigkeit der Richter, die nur nach dem Recht, doch nicht nach Anweisungen der Regierung urteilen dürfen.

Als Beschreibung der englischen Verfassung war diese Lehre kaum noch zutreffend. Legislative und Exekutive waren in England schon zu MONTESQUIEUS Zeiten dadurch miteinander verbunden, daß die Minister, also höchst einflußreiche Mitglieder der Exekutive, zugleich einen starken

Parlamentspräsident in Bordeaux und aristokratischer Kritiker des Absolutismus. Er wurde zum Klassiker der Gewaltenteilungslehre

Abb. 20: Charles De Montesquieu 1689–1755

Anhang in der Legislative hatten und selbst Mitglieder der Legislative waren. Dennoch hatte MONTESQUIEU ein überaus wichtiges Prinzip des modernen Verfassungsstaates formuliert. In jeder politischen Ordnung kann die Freiheit nur erhalten werden, wenn mehrere voneinander unabhängige Machtträger vorhanden sind, so daß die Macht des einen an der Macht des anderen ihre Grenze findet. Bloße Rechtsnormen reichen zur Sicherung der Freiheit nicht aus. Wenn alle Macht an einer Stelle konzentriert ist, kann der Machthaber das Recht verletzen, ohne daß es möglich ist, ihn zur Verantwortung zu ziehen. Macht muß daher durch Gegenmacht beschränkt und kontrolliert werden.

Machtzentren, die einander kontrollieren können, sind aber nicht nur Legislative, Exekutive und Judikative. Das Prinzip der Gewaltenteilung wird heute allgemeiner aufgefaßt. Parteien, Interessenverbände, im Bundesstaat auch Zentralregierung und Länderregierungen kommen als Elemente eines Systems der Gewaltenteilung ebenso in Betracht (s. S. 144). Entscheidend ist, daß kein einzelnes Element übermächtig wird.

2.1.3.2.2 Die Anwendung der Lehre Montesquieus in den Vereinigten Staaten von Amerika

Der Einfluß der Gedanken MONTESQUIEUS wird vor allem in der Verfassung der USA (1787) deutlich.

Aus: Abschiedsbotschaft von George Washington vom 17. 9. 1776

„Es ist gleichermaßen von Wichtigkeit, daß die Denkweise in einem freien Land diejenigen zur Vorsicht mahne, die mit seiner Regierung betraut sind, sich auf ihren jeweiligen, durch die Verfassung festgelegten Wirkungskreis zu beschränken und bei der Ausübung ihrer Befugnisse in einem Amte Übergriffe auf ein anderes zu vermeiden. Der Geist der Machtanmaßung strebt danach, die Gewalten aller Ämter in einem zusammenzufassen und so unabhängig von der Regierungsform praktisch den Despotismus herbeizuführen. Eine richtige Einschätzung dieses Machthungers und die das menschliche Herz beherrschende Bereitwilligkeit, diese Macht zu mißbrauchen, genügt, von der Wahrheit dieser Behauptung zu überzeugen. Die Notwendigkeit gegenseitiger Kontrollen bei der Ausübung politischer Macht in Form ihrer Aufteilung auf verschiedene Regierungszweige, wobei jede zum Wächter des öffentlichen Wohls gegen Übergriffe des anderen bestellt wird, ist aus Erfahrung in alter und neuer Zeit dargetan worden – zum Teil in unserem Land und vor unseren eigenen Augen. Diese Teilung zu erhalten, muß ebenso Notwendigkeit sein, wie ihre Herbeiführung. Wenn nach der Meinung des Volkes die Verteilung oder die Abgrenzung der verfassungsmäßigen Gewalten in irgendwelchen Einzelheiten verkehrt sein sollte, so mögen sie durch eine Verfassungsänderung oder ergänzende Bestimmungen auf dem in der Verfassung vorgeschriebenen Wege verbessert werden."

Aufgabe des Staates

nach streben, die „bürgerliche Gesellschaft" zu verwirklichen, wenn auch Menschen nicht hoffen können, diese Aufgabe jemals vollkommen zu erfüllen. In der bürgerlichen Gesellschaft besteht die höchste Freiheit des einzelnen. Die Freiheit des einzelnen ist notwendig, weil der Mensch sein Leben nach seiner Vernunft einrichten soll. Zugleich ist aber die Grenze der Freiheit des einzelnen genau bestimmt: Sie darf nur so weit reichen, als sie mit der Freiheit der anderen vereinbar ist. Die Freiheit des einzelnen zu sichern und zugleich zu beschränken, ist Aufgabe der gemeinsamen Rechtsordnung, unter der die bürgerliche Gesellschaft lebt. Die Unvollkommenheit des Menschen verlangt, daß eine Gewalt besteht, die das Recht notfalls erzwingen kann. Diese Gewalt selbst aber muß dem Recht unterworfen sein.

Aufgabe des Staates kann es nach KANT nicht sein, für das Glück der Untertanen zu sorgen; vielmehr muß die Regierung Bedingungen schaffen, die es dem einzelnen ermöglichen, auf seine Art sein Glück zu suchen. Wenn die Herrscher anfangen, sich um das Glück der Untertanen zu kümmern, endet dies stets damit, daß sie selbst bestimmen, worin das Glück der Untertanen besteht. Das aber ist schlimmste Despotie. KANT fordert daher, daß sich der Staat nicht nur vor Eingriffen in die Privatsphäre des einzelnen, sondern auch vor Eingriffen in die Wirtschaft zurückhalte.

KANTS politisches Denken förderte die Entwicklung des Rechtsstaates in Deutschland (vgl. S. 52)

2.1.3.3 Die Entwicklung zur verantwortlichen Regierung in Deutschland

2.1.3.3.1 Kants Lehre von der republikanischen Verfassung

Die Entwicklung des modernen Verfassungsstaates in Deutschland erhielt von englischen und französischen Denkern und Institutionen wesentliche Anregungen. Bedeutend war aber auch die Wirkung der politischen Lehren IMMANUEL KANTS (1724–1804), der nicht nur zu den größten Philosophen, sondern auch zu den politischen Denkern höchsten Ranges gehört. Seine politische Theorie entwickelte er vor allem nach der Französischen Revolution (besonders in „Kritik der Urteilskraft" 1790, „Zum ewigen Frieden" 1795, „Der Streit der Fakultäten" 1798).

Französische Revolution

Die höchste Aufgabe der Menschheit ist für KANT die Gründung und Entwicklung der „bürgerlichen Gesellschaft". Die Politik muß stets da-

Bürgerliche Gesellschaft

Philosoph an der Universität Königsberg. Seine Philosophie der Freiheit förderte die Herausbildung des bürgerlichen Rechtsstaates

Abb. 21: Immanuel Kant 1724–1804

und beeinflußte die preußischen Reformer. Vor allem unter den Mitarbeitern des Freiherrn VOM STEIN befanden sich Schüler KANTS. Die Pläne der Reformer, Preußen eine Verfassung zu geben, scheiterten aber am Widerstand der restaurativen Kräfte in Adel und Bürokratie.

2.1.3.3.2 Die Verantwortlichkeit der Regierung unter dem monarchischen Prinzip

Die ersten deutschen Verfassungen ergingen in den süddeutschen Staaten: 1814 in Nassau, 1818 in Bayern und Baden, 1819 in Württemberg, 1820 in Hessen. Preußen erhielt erst 1848 eine Verfassung. Alle diese Verfassungen, auch die preußische, sind von der französischen Charte von 1814 beeinflußt und durch das monarchische Prinzip gekennzeichnet.

Nach dem monarchischem Prinzip galt der Monarch als Oberhaupt des Staates und vereinigte alle Staatsgewalt in seiner Person. Für seine Handlungen übernahmen zwar Minister durch Gegenzeichnung die *rechtliche* Verantwortung; diese Minister waren aber allein vom Monarchen, nicht vom Parlament abhängig. Sie wurden vom Monarchen ernannt und entlassen und konnten vom Parlament nicht, wie im 19. Jahrhundert bereits in Großbritannien, zum Rücktritt gezwungen werden (also keine *politische* Verantwortlichkeit, s. S. 58). Das Parlament hatte nur die Möglichkeit, sie wegen Rechtsverletzung anzuklagen („Ministeranklage"). Die Verantwortlichkeit der Regierungen gegenüber den zweiten Kammern, die mit einigem Recht als „Volksvertretungen" bezeichnet werden konnten, war nach diesen Verfassungen sehr beschränkt. Zu Ministeranklagen wegen Rechtsbruchs hatten die Kammern äußerst selten Anlaß. Entscheidend war die Frage, ob die Volksvertretung die Regierung zu einem bestimmten politischen Verhalten zwingen konnte. Diese Möglichkeit bestand nur in Ausnahmefällen.

2.1.3.3.3 Der Übergang zur parlamentarischen Verantwortlichkeit

Auch die *Verfassung des Deutschen Reiches von 1871* kannte keine parlamentarische Verantwortlichkeit der Regierung. Der Text der Verfassung erwähnte die Reichsregierung überhaupt nicht. Faktisch wurde die Reichsregierung durch den Reichskanzler und seine Staatssekretäre gebildet. Der Reichstag konnte jedoch weder den Kanzler

Der Schöpfer des Deutschen Reiches von 1871, Reichskanzler von 1871–1890, preußischer Ministerpräsident ab 1862

Abb. 22: Otto von Bismarck 1815–1898

noch die Staatssekretäre stürzen. Lediglich der Kanzler war rechtlich, nicht politisch verantwortlich für die Handlungen der Regierung. Nach dem Verfassungsrecht waren Kanzler und Staatssekretäre allein vom Monarchen, nicht von der Volksvertretung abhängig.

Schon unter BISMARCK wurde es deutlich, daß die Regierung ohne Rücksicht auf die Wünsche der Parlamentsmehrheit keine Politik treiben konnte. Nach 1878 hatte BISMARCK zunehmende Schwierigkeiten, Reichstagsmehrheiten für seine Gesetzgebung zu finden. Um eine Mehrheit im Reichstag zu finden, braucht er außer den Stimmen der Konservativen entweder die Stimmen der Nationalliberalen oder die des Zentrums. Um dem Zwang zur Rücksichtnahme auf die Wünsche der Parteien zu entgehen, erwog BISMARCK sogar, die Verfassung durch Staatsstreich zu ändern. BISMARCKS schwächere Nachfolger konnten zwar vom Kaiser ohne Rücksicht auf die Reichstagsmehrheit ernannt, aber kaum gegen den Willen der Reichstagsmehrheit im Amt gehalten werden.

In den Wahlen 1912 stiegen die Sozialdemokraten zur stärksten Fraktion des Reichstages auf. Wie die Linksliberalen, die sich 1910 zur „Fortschrittlichen Volkspartei" zusammengeschlossen hatten, wünschten sie die Einführung des parlamentarischen Regierungssystems. Der Erste Weltkrieg unterbrach diese Entwicklung zur Reform des deutschen Regierungssystems. Das Problem der Verfassungsreform trat vorübergehend in den Hintergrund. Erst angesichts der militärischen Niederlage im Oktober 1918 wurde das parlamentarische Regierungssystem eingeführt. Nun aber war es für Teilreformen zu spät. Das Vertrauen breiter Schichten in die gesamte bisherige Ordnung war erschüttert. In den Novemberunruhen 1918 brach die Monarchie zusammen.

Weimarer Republik

Die parlamentarische Demokratie der Weimarer Republik entsprach zwar dem Ideal von der verantwortlichen Regierung, doch das komplizierte System einer freiheitlich-demokratischen Ordnung wurde von dem an eine autoritäre Ordnung gewöhnten Volk nicht verstanden, von Nationalisten und Kommunisten bekämpft, durch Inflation (1923) und Weltwirtschaftskrise (1929–1933) mit schwierigsten sozialen und wirtschaftlichen Problemen belastet. Mehr als die Hälfte der deutschen Wähler entschied sich 1932 für radikale Parteien, die die Idee der verantwortlichen Regierung ablehnten.

2.1.4 Die Idee der Demokratie

Menschenrechte, Rechtsstaatlichkeit und verantwortliche Regierung sind wesentliche Bestandteile der freiheitlichen Demokratie; doch sie allein reichen nicht aus, um die Demokratie zu begründen. Zur Demokratie gehört, daß nicht nur einige, sondern alle Bürger des Gemeinwesens Rechte der politischen Mitbestimmung besitzen.

Politische Mitbestimmung

Erst die Ausweitung der politischen Rechte, vor allem des Wahlrechts, auf alle Schichten der Bevölkerung verwandelte den liberalen Staat des 19. Jahrhunderts, der durch Menschenrechte, verantwortliche Regierung und Rechtsstaatlichkeit gekennzeichnet war, in eine freiheitliche Demokratie. Die Ausweitung der politschen Rechte auf

liberales Bürgertum

alle Schichten der Bevölkerung lag dem liberalen Bürgertum, das bis zur Mitte des 19. Jahrhunderts persönliche und politische Freiheiten für sich durchgesetzt hatte, noch fern. Im Gegenteil glaubte man, die Freiheit sei nur gesichert, wenn die Kontrolle über Gesetzgebung und Regierung vorwiegend bei den Schichten von Besitz und

„polis"

Bildung läge. Es war bezeichnend, daß sich die deutschen Liberalen leidenschaftlich gegen das allgemeine und gleiche Stimmrecht zum Reichstage wehrten (1867).

Der Anspruch der Schichten von Besitz und Bildung, politische Sachwalter der gesamten Gesellschaft zu sein, ließ sich aber nicht lange aufrecht-

Bürgerrechte

erhalten. Das Bürgertum hatte die alte traditionelle Ordnung, die dem Adel alle politischen Rechte zubilligte, nicht zuletzt durch die Idee zerstört, daß der Mensch rational sei und daß ihm daher Freiheit und Selbstbestimmung in jeder Richtung zukomme. Die Beschränkung der Freiheitsrechte auf bestimmte Schichten ließ sich mit diesem Gedanken nicht rechtfertigen. Es konnte nicht ausbleiben, daß bald die Arbeiterschaft die gleichen Rechte für sich forderte. Durchsetzen konnte die Arbeiterschaft die politische Gleichberechtigung jedoch erst, als sie durch die Industrialisierung zahlenmäßig stark und für die Gesellschaft ebenso unentbehrlich geworden war wie das Bürgertum.

2.1.4.1 Die historische Entwicklung

2.1.4.1.1 Die Ursprünge der Idee der Demokratie

Die Demokratie Athens

Eine bis in die Gegenwart wirkende Quelle des demokratischen Denkens ist die direkte Demokratie, die sich im 5. Jahrhundert vor Chr. in manchen griechischen Stadtstaaten, vor allem in Athen, ausbildete. Diese Frühform der Demokratie ist zwar mit der modernen Demokratie kaum vergleichbar; sie konnte nur in dem begrenzten Gebiet eines Stadtstaates und auf der Basis von Sklavenarbeit funktionieren. Doch damals wurden zum ersten Male in der Geschichte die Ideale der freiheitlichen Ordnung formuliert, die seither das demokratische Denken kennzeichnen.

Eine wichtige Ursache für die Entwicklung der Demokratie in Athen war militärischer Natur: Die griechischen Stadtstaaten lagen in dauerndem Streit miteinander. Athen stieg in diesem Kampfe zur führenden Seemacht empor. Die Flotte wurde zum wichtigsten militärischen Machtinstrument. Die Matrosen stammten aus den ärmsten Schichten der Bürger. Ohne ihre freiwillige Bereitschaft, der „polis" zu dienen, ließ sich die Machtstellung Athens nicht aufrechterhalten. Die Rechte der politischen Mitbestimmung mußten daher auf alle Schichten der freien Bürger ausgedehnt werden. 458 wurde den Angehörigen der untersten Vermögensklasse das Recht gewährt, alle öffentlichen Ämter zu bekleiden.

Um die Mitte des 5. Jahrhunderts bot die politische Ordnung Athens folgendes Bild: Volles politisches Bürgerrecht war nur den Männern gewährt, die aus alteingesessenen Familien stammten. Frauen und Zugewanderte durften an Volks- und Geschworenenversammlungen nicht teilnehmen. Etwa 40% der Bevölkerung bestand aus politisch rechtlosen Sklaven. Wenn dazu berücksichtigt wird, daß viele Bürger nicht die Muße hatten, an den zahlreichen politischen Versammlungen teilzunehmen, dürften bei den Volksversammlungen höchstens 5000–10 000 Personen zusammengekommen sein.

Scherbengericht

Alle 36 Tage fand eine Volksversammlung statt. Da die Zahl ihrer Mitglieder zu hoch war, um einen gemeinsame Beratung zu ermöglichen, hatte sie vor allem die Aufgabe, über bereits formulierte Gesetze abzustimmen, die ihr vom „Rate der 500" vorgelegt wurden. Bei der Abstimmung entschied die Mehrheit der Stimmen.

Volksversammlung

Die Mitglieder des Rates der 500 wurden jedes Jahr neu in den 10 „Phylen" gewählt, in die die Bürger aufgeteilt waren. Jede Phyle stellte 50 Ratsmitglieder. Diese 50 Abgeordneten einer Phyle übten ihr Amt aktiv nur 36 Tage aus; dann kamen die Abgeordneten der nächsten Phyle an die Reihe, bis am Ende des Jahres alle 500 einmal 36 Tage lang amtiert hatten. Die so entstehenden Gruppen von je 50 Personen (dazu die 9 Vorsitzenden der zur Zeit nicht amtierenden Phylen) legten die Tagesordnung der Volksversammlung fest und bereiteten die Gesetzentwürfe vor. Die Vorsitzenden der 50 wechselten täglich. Sie wurden durch Los bestimmt, weil so jeder die gleiche Chance hatte. Kein Athener durfte jedoch das Amt des Ratsvorsitzenden mehr als einmal in seinem Leben ausüben.

Die meisten Beamten wurden durch Los aus der Bürgerschaft bestimmt. Ihre Amtszeit war im allgemeinen auf ein Jahr befristet, Wiederwahl nicht zulässig. Eine Ausnahme bildeten die zehn „Strategen", denen ursprünglich nur die militärische Führung anvertraut war. Sie konnten wiedergewählt werden. Dadurch konnten sie größeren Einfluß gewinnen als die nur ein Jahr lang amtierenden Beamten. Sie dehnten ihre Befugnisse schließlich auch auf zivile Angelegenheiten aus.

Strategen

PERIKLES wurde 14 Jahre hintereinander zum Oberfeldherrn gewählt und leitete in dieser Zeit, gestützt auf die Volksversammlung, die Politik Athens (443–429).

Perikles

6000 Geschworene wurden jedes Jahr durch das Los bestimmt, um die zahlreichen Gerichtshöfe Athens zu besetzen. Diese Geschworenen entschieden nicht nur Fälle des Straf- und Zivilrechts, sondern sie prüften die Kandidaten für die öffentlichen Ämter, die ordnungsgemäße Verwaltung der öffentlichen Finanzen, sie konnten Beamte wegen schlechter Amtsführung belangen. Dadurch besaßen die Gerichtshöfe große politische Bedeutung. Die politischen Kontrollbefugnisse der Bürger wurden durch den Ostrakismos noch verschärft. Wenn die Bürgerschaft befürchtete, daß ein Athener zuviel Macht gewinnen und die Freiheit bedrohen könnte, stimmte sie im „Scherbengericht" (ostrakon = Scherbe, in die der Name des Angeklagten geritzt wurde) darüber ab, ob er zu ehrenvoller Verbannung verurteilt werden sollte. Der Ostrakismos kostete Athen einige profilierte Politiker, aber er bildete eine gewisse Schranke gegen das Umschlagen der Demokratie in die Tyrannei eines Demagogen.

Wenn man von der Begrenzung des Bürgerrechts auf die freien Männer aus alteingesessenen Familien absieht, war die Demokratie in Athen in beachtlichem Maße verwirklicht. Zwar waren auch

Abb. 23: Perikles

64

hier die Regierten nicht mit den Regierenden identisch, aber die Ausübung der Macht geschah mit direkter Zustimmung und unmittelbarer Kontrolle der Bürger. So konnte ein Staatsgefühl entstehen, das den Staat nicht als äußerliche, übergeordnete, die Freiheit einschränkende Macht empfand, sondern ihn als die Sache der Bürger selbst auffaßte. Die Ideale dieser Demokratie werden in der „Grabrede für die Gefallenen" des PERIKLES deutlich (431 vor Chr.):

Keine Reprä-sentation

„Wir genießen eine Verfassung, welche die Gesetzgebung anderer Staaten nicht nachahmt; im Gegenteil sind wir eher anderen ein Beispiel, als daß wir sie nachahmten. Und mit Recht wird sie, da die Gewalt nicht bei wenigen, sondern bei der Gesamtheit ruht, Demokratie genannt. Jedem gebührt nach den Gesetzen gleiches Recht mit den anderen in allen seinen privaten Angelegenheiten; in dem öffentlichen Ansehen aber wird jeder dort, wo er sich auszeichnet, nicht weil er aus einem bestimmten Teil der Bürgerschaft hervorgegangen ist, sondern wegen seiner Tüchtigkeit herausgestellt. Und indem wir jedem im öffentlichen Leben freie Entfaltungsmöglichkeiten gewähren, tragen wir diesen Geist auch in unser Alltagsleben. Wir tragen es dem Nachbarn nicht im Zorn nach, wenn er sich in seiner Weise vergnügt ... Während wir unbeschwert von Mensch zu Mensch verkehren, halten wir uns in unserem öffentlichen Leben streng im Rahmen der Gesetze...
Wir unterscheiden uns von den anderen Staaten darin, daß wir einen Mann, der sich vom öffentlichen Leben fern hält, nicht für einen Ruheliebenden, sondern für einen Unnützen erachten. Wir besprechen und entscheiden sorgfältig und persönlich alle Angelegenheiten der Politik und glauben nicht, daß Worte und Taten sich nicht miteinander vertragen, sondern daß Taten zum Scheitern verurteilt sind, wenn sie nicht vorher erörtert wurden ..."

Gleichheit vor Gott

Reich Gottes

Diese Worte des PERIKLES sind eine für alle Zeiten gültige Formulierung der demokratischen Ideale. Dennoch war die besondere Form der athenischen Demokratie bereits zur Zeit des PERIKLES fragwürdig und wenige Jahre nach seinem Tode überholt. Das lag weniger an der Begrenzung der demokratischen Rechte auf eine Minderheit – der Gedanke der Gleichheit *aller* Menschen tauchte erst in der Stoa auf – als daran, daß die direkte Demokratie nur für Stadtstaaten geeignet war. Die Zeit der selbständigen Stadtstaaten war aber vorüber. Schon PERIKLES hatte versucht, Athen zum Mittelpunkt eines Imperiums zu machen. Da den übrigen Mitgliedern des

Keine Gleichheit

von Athen geführten „Seebundes" keine Repräsentation gewährt wurde, herrschten die Athener, die für sich selbst die Ideale der Demokratie in Anspruch nahmen, über die von ihnen abhängigen Städte. In den Großreichen, die durch die Eroberungen ALEXANDERS entstanden, war direkte Demokratie vollends unmöglich. Die politische *Repräsentation* aber, durch die allein Demokratie in einem größeren Staat möglich ist, war im Altertum so gut wie unbekannt.

2.1.4.1.2 Wirkungen des Christentums

Eine zweite Quelle für das moderne demokratische Denken bilden zwei Elemente des Christentums: die Lehre, daß vor Gott alle Menschen gleich sind, und der Gedanke vom Reiche Gottes.
Aus der Lehre, daß vor Gott alle Menschen gleich seien, folgerte die Kirche zwar nicht, daß im irdischen Leben Anspruch auf soziale oder politische Gleichheit bestehe. Doch die Überzeugung, daß die Menschen vor Gott gleich sind, mußte in die Forderung nach Gleichheit vor den irdischen Gewalten umschlagen, als die Menschen ihr höchstes Ziel nicht mehr in der jenseitigen Erlösung, sondern im diesseitigen guten Leben sahen. Diese Wendung begann in der Renaissance, erhielt aber erst durch die Aufklärung den entscheidenden Impuls. Aus der Gleichheit vor Gott wurde die Gleichheit der Menschen als Teilhaber an der universalen Vernunft. So hat das Christentum dem Gedanken der politischen Gleichheit zumindest den Boden bereitet.
Die weitaus größte Bedeutung für die geistesgeschichtliche Vorbereitung der Demokratie kommt dem Gedanken vom Reiche Gottes zu. Nach christlicher Vorstellung herrscht im Gottesreiche die „herrliche Freiheit der Kinder Gottes": Die erlösten Menschen sind frei, weil sie eins sind mit Gott. Wenn sie Gott gehorchen, gehorchen sie ihrem eigenen Willen, der im Zustande der Erlösung dem wahren Wesen der Menschen entspricht. Die römisch-katholische Kirche hat es ebenso wie die protestantischen Kirchen immer abgelehnt, aus dem Gedanken vom Reiche Gottes Folgerungen für die politische Ordnung abzuleiten. Viele christliche Sekten wollten dagegen bereits im Diesseits Verhältnisse schaffen, die dem Zustande des Gottesreiches nahekommen, und gelangten dabei zu demokratischen Vorstellungen. Doch die weitaus größte politische Wirkung des Gedankens vom Reiche Gottes trat erst ein, als er in der Aufklärung verweltlicht wurde. Aus der Vorstellung, daß im Reiche Gottes die Menschen frei sind, weil sie nur ihrem eigenen

lauteren Willen gehorchen, wurde die Forderung, die menschliche politische Ordnung müsse so beschaffen sein, daß sie dem lauteren Willen der Bürger entspreche und somit Freiheit ermögliche.

2.1.4.1.3 Jean Jacques Rousseau: Demokratie am Scheidewege

JEAN JACQUES ROUSSEAU (1712–1778) entwickelte unter dem Eindruck der griechischen direkten Demokratie und einer aus dem verweltlichen Reich-Gottes-Gedanken abgeleiteten Freiheitsvorstellung ein Modell der Demokratie, das große geistesgeschichtliche und politische Bedeutung gewann. ROUSSEAU will Freiheit und Gleichheit *Freiheit und* mit Einordnung in die Gesellschaft verbinden, er *Gleichheit* fragt: *„Wie findet man eine Gesellschaftsform, die mit der ganzen gemeinsamen Kraft die Person und das Vermögen jedes Gesellschaftsmitgliedes verteidigt und schützt und in der jeder einzelne, obgleich er sich mit allen vereint, gleichwohl nur sich selbst gehorcht und so frei bleibt wie vorher?"* Die Antwort glaubt ROUSSEAU in der direkten Demokra- *Direkte* tie zu finden. Alle Bürger sollen gleichberechtigt *Demokratie* an der Volksversammlung teilnehmen und gemeinsam das souveräne Staatsoberhaupt bilden. Die gleiche Körperschaft, das versammelte Volk, ist zugleich Gesetzgeber und Regierung, erläßt die Gesetze und bestimmt die Maßnahmen zu ihrer Ausführung.

Wenn in der Volksversammlung immer Einstim- *Einstimmig-* migkeit herrschte, so wäre wirklich ROUSSEAUS *keit* Frage beantwortet: Jeder gehorchte nur den Gesetzen, denen er selber zugestimmt hat. Einstimmigkeit aber ist selbst in kleinen Versammlungen selten; daher versucht ROUSSEAU, das Problem der abweichenden Meinungen durch seinen Begriff der *„volonté générale"* zu lösen. Nach ROUS- *volonté* SEAU gibt es einen einheitlichen, dem wahren *générale* Gemeinwohl stets entsprechenden Volkswillen, den er Gemeinwillen (volonté générale) nennt. Er behauptet, daß sich Meinungsverschiedenheiten darüber, was das wahre Gemeinwohl sei, aus mangelhaftem Wissen und infolge der Sonderinteressen der einzelnen ergäben. Das einfache Zusammenzählen der Einzelwillen könne daher auch nicht den richtigen Gemeinwillen, sondern höchstens den von egoistischen Interessen ver- *volonté de* fälschten „Willen aller" (volonté de tous) ergeben. *tous* Der wahre Gemeinwille sei so zu ermitteln, daß sich gut unterrichtete Bürger in der Volks- *Volks-* versammlung beraten, wobei sich die auf man- *souveränität* gelndes Wissen und Sonderinteressen zurückgehenden Meinungsverschiedenheiten ausglichen. Voraussetzung für diesen Ausgleich sei, daß jeder

Der Theoretiker der direkten Demokratie stammte aus Genf und lebte überwiegend in Frankreich. Die repräsentative Demokratie Englands lehnte er ab

Abb. 24: Jean Jacques Rousseau 1712–1778

einzelne nach eigenem Urteil entscheide und keine festen Verbindungen zwischen den Stimmberechtigten entstünden. Parteibildungen verhinderten das Erkennen des wahren Volkswillens. ROUSSEAU erkannte natürlich, daß die von ihm geschilderte direkte Demokratie nur in sehr kleinen Staaten möglich ist; denn wie sollten sonst alle Bürger gemeinsam beraten können? Er verlangte außerdem, daß sich die Bürger mit einer einfachen Lebenshaltung begnügen, damit sie nicht durch wirtschaftliche Interessen von der Teilnahme an der Politik abgelenkt werden. Vor allem sah er, daß die unmittelbare Demokratie sehr hohe Anforderungen an die Sittlichkeit aller Bürger stellt: Der wahre Gemeinwille kann nur erkannt werden, wenn sich alle Bürger ehrlich um das Gemeinwohl bemühen und bereit sind, Sonderinteressen zurückzustellen. Je besser die Sitten der Bürger seien, desto weniger Gesetze seien notwendig und desto schwächer könne die Regierung sein.

Da die Voraussetzungen für die Verwirklichung seines Ideals der direkten Demokratie nur selten anzutreffen sind, war ROUSSEAU gezwungen, auch die Aristokratie und die Monarchie als legitime Regierungsformen anzuerkennen. Bedingung ist jedoch, daß auch in diesen Regierungsformen die Souveränität beim ganzen Volk liegt. In jeder legitimen Regierungsform muß das Volk die oberste Gewalt verkörpern und die Gesetzgebung vornehmen; lediglich die Regierung ist in der Aristokratie einer besonderen Gruppe, in der

Monarchie einem einzelnen Fürsten übertragen. Die absolute Monarchie seiner Zeit betrachtete er als Despotie.

totalitäre Demokratie

In ROUSSEAUS Theorie sind die Keime für zwei gänzlich verschiedene Entwicklungen enthalten: Sein leidenschaftliches Eintreten für die Beteiligung des ganzen Volkes an der politischen Gewalt gab dem Gedanken der Volkssouveränität in Europa neue Kraft. Es ist bezeichnend, daß IMMANUEL KANT erklärte, er habe durch ROUSSEAU gelernt, den einfachen Menschen zu achten und mit der philosophischen Forschung die Rechte der Menschheit zu fördern. Doch zugleich sind in ROUSSEAUS Demokratiebegriff freiheitsgefährdende Elemente enthalten, die ihm selbst offenbar nicht bewußt waren, die aber von späteren Diktatoren zur Errichtung einer Scheindemokratie mißbraucht wurden: Die Behauptung, daß es einen unfehlbaren Gemeinwillen gäbe, die Machtkonzentration bei der Volksversammlung, das Fehlen unantastbarer Grundrechte.

Freiheitsgefährdung

ROUSSEAUS „volonté générale" erhebt den Anspruch, ähnlich wie ein Naturgesetz absolut gültig und richtig zu sein. Wie wird dieser unfehlbare Gemeinwille ermittelt? Nach ROUSSEAU durch die Diskussion aller Bürger, sofern sie nur gutwillig und gut unterrichtet sind. Was aber, wenn der von ROUSSEAU angenommene Ausgleich der Sonderinteressen nicht stattfindet und keine Einstimmigkeit erzielt wird? Dann ist für ROUSSEAU die Minderheit im Irrtum. Wenn sie diesen Irrtum nicht einsieht, muß sie zur Unterwerfung unter den Mehrheitswillen gezwungen werden. Wer an die „volonté générale" glaubt, kann abweichende Meinungen nicht dulden; denn für ihn ist der Wille der angeblich gut unterrichteten und am Gemeinwohl orientierten Mehrheit unfehlbar.

„Wahrer" Gemeinwille

Minderheitsrechte?

Der Anspruch der Mehrheit, den unfehlbaren Gemeinwillen zu vertreten, wird noch gefährlicher dadurch, daß ROUSSEAU der Minderheit keine Möglichkeit gewährt, lebenswichtige Interessen zu schützen. Er kennt keine dem Gemeinwillen entzogenen, unantastbaren Menschenrechte. Er glaubt, in der Volksversammlung würden sich immer Vernunft und Gerechtigkeit durchsetzen, weil es ihm undenkbar erscheint, daß das Volk sich selbst unvernünftige und ungerechte Gesetze geben könnte. So hält er Begrenzungen des Volkswillens, etwa durch das Prinzip der Gewaltenteilung und durch unantastbare Menschenrechte, für unnötig.

Mehrheitsanspruch

Auf ROUSSEAUS Lehre von der „volonté générale" konnten sich daher alle Tyrannen berufen, die

behaupteten, im Namen des unfehlbaren Volkswillen zu handeln: ROBESPIERRE, LENIN, STALIN, HITLER. Die „totalitäre Demokratie", wie sie uns heute in den kommunistischen „Volksdemokratien" entgegentritt, könnte ihren demokratischen Anspruch mit Gedanken ROUSSEAUS begründen: Die kommunistische Führungsschicht kenne den wahren, auf das Gemeinwohl zielenden Volkswillen; wer sich diesem Willen widersetzt, sei entweder falsch unterrichtet und müsse sich belehren lassen, oder er sei böswillig und müsse zur Unterwerfung gezwungen werden. Der einzige Unterschied liegt darin, daß ROUSSEAUS Vorschlag, der Gemeinwille müsse in der Beratung aller Bürger ermittelt werden, der verbindlichen Auslegung des Marxismus-Leninismus durch die kommunistische Parteiführung gewichen ist.

ROUSSEAUS Lösung des Problems, wie die politische Ordnung durch die Gesamtheit der Bürger bestimmt werden kann, führt daher zur Bedrohung der Freiheit des einzelnen. Erst die Verbindung des Prinzips der politischen Mitbestimmung aller Bürger mit dem Prinzip des Schutzes des einzelnen und der Minderheiten vor willkürlicher Ausübung jeder politischen Macht schuf die Voraussetzungen für eine politische Ordnung, in der die persönliche und politische Freiheit aller Bürger gesichert ist.

2.1.4.1.4 Die Verbindung von Freiheit und Gleichheit: das angelsächsische Beispiel

Die Verwirklichung der Demokratie in Nordamerika

ROUSSEAUS Theorie der Demokratie war nicht zuletzt deshalb radikal, weil in der französischen Gesellschaft, in der er lebte, krasse Ungleichheiten bestanden. Lange unterdrückte Erbitterung der Volksmassen gegen ungerechtfertigte Privilegien war die Hauptursache der Ausschreitungen, mit denen die Jakobinerherrschaft 15 Jahre nach ROUSSEAUS Tode den Gedanken der Demokratie in Europa belastete. Da angesichts der Verhältnisse vor 1789 die Ungleichheit als das größte Übel erschien, waren die radikalen französischen Demokraten einseitig auf die Verwirklichung der Gleichheit bedacht und vernachlässigten darüber die Freiheit. Dagegen boten die sozialen Bedingungen in den 13 amerikanischen Kolonien, die 1776–1783 ihre Unabhängigkeit von Großbritannien erkämpften, bessere Voraussetzungen für die Ausbildung und Verwirklichung eines demokratischen Leitbildes, das Freiheit des einzelnen mit politischer Gleichheit aller Bürger verband.

Die überwiegende Mehrheit der Bevölkerung in den nordamerikanischen Kolonien bestand am Vorabend des Unabhängigkeitskrieges aus selbständigen Farmern und ihren Angehörigen. Neben ihnen besaßen das Bürgertum in den Städten an der Ostküste und die Großgrundbesitzer und Pflanzer der Südstaaten politisches Gewicht.

Chartisten Zwar war das Wahlrecht durch Zensus auf die Wohlhabenderen beschränkt, doch die persönlichen Freiheitsrechte des einzelnen Weißen waren durch die englische Rechtstradition gesichert, und die Möglichkeit, drückenden wirtschaftlichen Abhängigkeiten durch Siedlung an der *„frontier"* „Grenze" im Westen zu entgehen, verhütete eine Verschärfung der sozialen Spannungen.

Der erste große Schritt zur Demokratisierung erfolgte während des Unabhängigkeitskrieges. Die politische Führungsrolle von Großgrundbesitz und Großbürgertum war bis zum Kriege durch die britische Kolonialherrschaft gestützt worden. Der Kampf gegen die Briten war nun nur zu gewinnen, wenn die kleinen Farmer, die zumeist von der politischen Mitbestimmung ausgeschlossen gewesen waren, sich bereit fanden, die Hauptlast des Krieges zu tragen. Dazu aber waren politische Zugeständnisse der Oberschicht notwendig.

Die „Bill of Rights" der Einzelstaaten und die von JEFFERSON entworfene Unabhängigkeitserklärung aus dem Jahre 1776 tragen demokratischen Charakter, ohne mit der englischen Freiheitstradition zu brechen. So enthalten diese Dokumente die liberalen Gedanken JOHN LOCKES zusammen mit der demokratischen Forderung nach Gleichheit und politischer Mitbestimmung für alle Schichten der Bevölkerung (vgl. die Auszüge aus der Virginia Bill of Rights und der Unabhängigkeitserklärung S. 48. Die Verfassung von 1787 sollte jedoch eine liberale Republik, keine Demokratie begründen. Erst als 1800 JEFFERSON nach WASHINGTON und ADAMS zum dritten Präsidenten der Vereinigten Staaten gewählt wurde, verstärkte sich der Zug zur Demokratie, der sich mit der Wahl ANDREW JACKSONS (1828) durchsetzte.

Die Verwirklichung der Demokratie in Großbritannien

Wie in den Vereinigten Staaten von Amerika erfolgte auch in Großbritannien der Übergang zur Demokratie durch allmähliche Ausdehnung des *Wahlrechts-* Wahlrechts auf immer breitere Volksschichten, *reformen* Während in Amerika die Demokratie vor allem durch die selbständigen Farmer durchgesetzt

wurde und die Arbeiterschaft, die erst in der zweiten Hälfte des 19. Jahrhunderts entstand, bereits einen demokratischen Staat vorfand, drängte in Großbritannien zuerst die Arbeiterschaft auf Verwirklichung der Demokratie. Als die Parlamentsreform von 1832 lediglich dem wohlhabenden Bürgertum das Wahlrecht gab, entstand unter den Arbeitern die Bewegung der „*Chartisten*"; sie verlangte eine „Charta" des Volkes, durch die das allgemeine Wahlrecht, Diäten für die Abgeordneten, gleiche Wahlkreise und Arbeitszeitbe-

Abb. 25: Die Freiheitsstatue am Hafeneingang von New York wurde dem Volk der Vereinigten Staaten von den Franzosen geschenkt

schränkungen garantiert würden. Durch Streiks und Massenpetitionen versuchten die Chartisten ihre Ziele durchzusetzen (1839). Sie scheiterten jedoch am Widerstand des Bürgertums und an der Uneinigkeit der Arbeiterschaft selbst. Wie die Fabrikgesetzgebung von 1833, die die Arbeitszeit für Kinder und Jugendliche beschränkte, gezeigt hatte, war in der Oberschicht eine gewisse Bereit-

Arbeiterschaft schaft zur Reform vorhanden. Viele Arbeiter lehnten den Weg der Gewalt zur Verwirklichung ihrer Forderungen ab. Vielmehr versuchten sie, durch Gründung von Gewerkschaften und Genossenschaften ihre wirtschaftliche Position zu stärken. So wurde der Radikalismus vermieden und ein stetiger wirtschaftlicher, sozialer und politischer Aufstieg der Arbeiterschaft eingeleitet.

1867 wurde die Wählerzahl durch Herabsetzung des Zensus auf 40 Prozent, 1885 auf 75 Prozent der erwachsenen Männer erweitert. 1918 erhielten schließlich alle Männer über 21 und die Frauen über 30 das Wahlrecht, 1928 erfolgte die gänzliche politische Gleichstellung der Frauen.

Frauen- Großbritannien bietet somit das Beispiel für eine
wahlrecht kontinuierliche Entwicklung zur Demokratie, die durch die Bereitschaft der alten Führungsschichten zu rechtzeitigen Reformen ermöglicht wurde. Revolutionen wurden vermieden. Die aufsteigenden Schichten erst des Bürgertums, dann der Arbeiterschaft, empfanden den Staat nicht als Werkzeug zur Unterdrückung der von der Herrschaft Ausgeschlossenen. Sie wuchsen in eine politische Ordnung hinein, deren Tradition sie beja-

hen konnten, weil sie ihnen die Möglichkeit gab, eigene Vorstellungen vom Gemeinwohl zu vertreten und zu verwirklichen. So blieb beim Übergang zur Demokratie das in der Geschichte bewährte Regierungssystem erhalten, und die liberalen Prinzipien individueller Freiheit und der Begrenzung der Staatsgewalt verbanden sich mit dem demokratischen Prinzip der politischen Gleichheit.

2.1.4.2 Demokratiekonzeptionen im Streit der Meinungen

Nach dem Ende des Zweiten Weltkrieges, den die Westmächte mit dem Ziel geführt hatten „to make the world safe for democracy", war vor allem in den USA der Glaube verbreitet, das Modell der liberalen Demokratie englisch-amerikanischer Tradition werde sich über die ganze Erde ausbreiten. Diese Hoffnung wurde enttäuscht. Zwar nennen sich die meisten Staaten der Erde heute „demokratisch" und berufen sich auf den Willen des Volkes. Freie Wahlen, gesicherte Menschen- und Grundrechte gibt es aber nur in einer kleinen Minderheit von Staaten, die, mit der Ausnahme Japans, alle aus dem westeuropäisch-nordamerikanischen Kulturkreis stammen. In der Sowjetunion und den übrigen Staaten des „realen Sozialismus" hat sich eine Herrschaftsform durchgesetzt, die von sich behauptet, volksdemokratisch zu sein, dem Ideal der liberalen Demokratie aber genau entgegengesetzt ist und die

Abb. 26: Chartistendemonstration in London um 1840

Macht in den Händen der Führung der kommunistischen Monopolpartei konzentriert. In den Entwicklungsländern erwiesen sich Regierungssysteme, die am Modell der liberalen Demokratie orientiert waren, meist als wenig stabil oder als ganz funktionsunfähig. Viele der Staaten Asiens und Afrikas sind „Erziehungsdiktaturen", in denen eine politische Führungsgruppe Modernisierungsziele setzt und die Zustimmung der Bevölkerung durch Propaganda und Ausschaltung jeder Opposition zu erreichen sucht.

Gemeinwohl

In den „westlichen" Demokratien, in denen das Ansehen der liberalen Demokratie englischen oder amerikanischen Vorbildes noch in den fünfziger Jahren ungebrochen war, übte seit 1968 die „Neue Linke" Kritik an der liberalen Demokratie, der sie vorwarfen, die „wahren" Interessen des Volkes unzureichend zu berücksichtigen, den Inhabern wirtschaftlicher Macht zuviel, den breiten Volksschichten zu wenig Mitbestimmungsmöglichkeiten zu gewähren.

„Linke" Kritik

Für den systematischen Vergleich der in den gegenwärtigen Auseinandersetzungen verwendeten Demokratiekonzeptionen sind die von dem Berliner Politikwissenschaftler ERNST FRAENKEL entwickelten Begriffe „autonom legitimierte", pluralistische und die „heteronom legitimierte", monistische Demokratie nützlich.

2.1.4.2.1 Die autonom legitimierte, pluralistisch organisierte Demokratie

Der Begriff autonom legitimierte Demokratie geht von der Annahme aus, daß die Bürger jedes Gemeinwesens sehr unterschiedliche politische Interessen haben, die sie autonom, d. h. aufgrund einer selbständigen Einschätzung ihrer eigenen Lage, entwickeln. Politische Freiheit besteht darin, diese autonom gebildeten Interessen bei der Gestaltung der politischen Ordnung zur Geltung bringen zu können. Da er einzelne „Normalbürger" in einem Gemeinwesen, das Millionen von Wählern umfaßt, nur ein sehr geringes politisches Gewicht hat, ist es notwendig, ihm das Recht zu geben, sich mit anderen Bürgern gleicher Interessenlage in Parteien und Verbänden zusammenzuschließen.

Fundamentalkonsens

Autonom legitimierte Demokratie verlangt ein „pluralistisches" System von Parteien und Verbänden, um die unterschiedlichen Interessen der Bürger politisch wirksam vertreten zu können. Der politische Willensbildungs- und Entscheidungsprozeß besteht nun darin, einen Ausgleich zwischen den unterschiedlichen Interessen her-

Pluralismus

beizuführen, der von der Mehrheit der Bürger getragen, von der Minderheit ertragen, wenn auch nicht unbedingt als wünschenswert hingenommen werden kann. Was „Gemeinwohl" ist, steht somit nicht von vornherein fest. Das „Gemeinwohl" ist vielmehr erst das Ergebnis des politisch herbeigeführten Ausgleichs autonomer Interessen. Parlament und Regierung sind bei diesem Ausgleich nicht lediglich passive Koordinierungsstellen für handfest vertretene Gruppeninteressen. Aufgabe der politischen Führung ist es vielmehr, alle wohlbegründeten Interessen zu berücksichtigen, auch die Interessen von Randgruppen, auch die Interessen der zukünftigen Generation, die heute vielleicht noch keinen Anwalt hat. Das ist zwar schwierig, aber dennoch möglich. Mindestens Teile der Wählerschaft erweisen sich immer wieder als bereit, über ihre unmittelbaren und aktuellen Interessen hinauszusehen, auf Schwächen Rücksicht zu nehmen, zukünftige Probleme zu erkennen – vorausgesetzt, daß sie ausreichend informiert werden. Parlament und Regierung haben somit auch eine Aufklärungsfunktion gegenüber den Bürgern. Sie sollen und müssen auch für Ziele werben, die über die aktuellen, kurzsichtigen, konkreten Interessen der Gruppen hinausgehen. Die „autonome Legitimation" der Demokratie bleibt jedoch auch dabei erhalten. Solange die politischen Führungsgruppen durch das allgemeine und gleiche Wahlrecht und ein System von konkurrierenden Parteien gezwungen sind, sich immer wieder der freien Zustimmung der Wählermehrheit zu versichern, können sie sich nicht allzu weit von jenen Zielen entfernen, die mehrheitsfähig sind.

Damit das Modell autonom legitimierter, pluralistisch organisierter Demokratie funktioniert, müssen allerdings bestimmte Spielregeln eingehalten werden. Zu diesem „Fundamentalkonsens" gehören:

- Die durch die Verfassung gesicherten Verfahrensregeln bei der politischen Willensbildung, die einerseits das Prinzip, daß Mehrheit entscheidet, andererseits Minderheitenschutz und Machtkontrolle gewährleisten sollen.
- Die Achtung vor der Meinung des politischen Gegners. Toleranz setzt allerdings Gegenseitigkeit voraus. Wer anderen Toleranz verweigert, kann sie nicht für sich beanspruchen.
- Grundrechte der persönlichen Freiheit und der politischen Mitbestimmung für alle.
- Ein Mindestmaß an sozialer und wirtschaftlicher Sicherheit für alle.

70

Autonom legitimierte Demokratie betrachtet somit die Vielfalt der Interessen und Ideen nicht als unvermeidliches Übel, sondern als unabdingbare Voraussetzung für eine dem Menschen angemessene Politik. Es gibt in dieser Sicht keine „vorgegebenen", absolut sicheren Lösungen politischer Probleme. Daher kann es nur nützlich sein, wenn unterschiedliche Meinungen zu jedem Problem gehört werden müssen. Politik wird als Prozeß von Versuch, Irrtum und neuem Versuch gesehen, als Prozeß durch den nicht nur die Interessenkonflikte von Fall zu Fall friedlich ausgeglichen werden, sondern auch sachlich brauchbare Lösungen annäherungsweise verwirklicht werden können.

2.1.4.2.2 Die heteronom legitimierte, monistisch organisierte Demokratie

Das Modell der heteronom legitimierten, monistisch organisierten Demokratie beruht auf der Annahme, daß es eine objektiv richtige Lösung aller wichtigen politischen Probleme gibt. Deshalb kann es auch nur einen einzigen einheitlichen vernünftigen Willen des Volkes geben. Bei ROUSSEAU ergibt sich dieser Volkswille aus der Diskussion der aufgeklärten, gutwilligen und vernünftigen Bürger in der Volksversammlung. Da er jedoch bezweifelt, daß die einzelnen immer ausreichend aufgeklärt und gutwillig sind, hält er es für notwendig, sie zur Beachtung des wahren Volkswillens zu zwingen. Bei MARX und LENIN ergibt sich die richtige Politik aus der Beachtung der historischen Entwicklungsgesetze, die vom wissenschaftlichen Sozialismus erkannt wurden und von den Kommunisten so interpretiert werden können, daß sie auf die konkrete praktische Situation anwendbar werden. Am einfachsten stellten die Nationalsozialisten das Problem dar: Der geniale Führer erkannte den wahren Volkswillen. Stets ist der Volkswille aber etwas anderes als die konkreten, höchst unterschiedlichen, subjektiven Interessen der Einzelnen und der Gruppen; er ist von außen „vorgegeben", „heteronom" (heteronom = durch fremdes Gesetz gegeben).

Da es nur einen einzigen wahren Volkswillen gibt, können Gesellschaft und Staat auch nicht pluralistisch organisiert werden. Interessengruppen und unterschiedliche Parteien würden den Prozeß stören, der die Zustimmung des Volkes zum wahren Volkswillen herbeiführt. Die Interessenvielfalt in der Gesellschaft wird daher mindestens in allen wichtigen Fragen geleugnet, die Verbände werden aufgelöst oder gleichgeschaltet,

das Mehrparteiensystem wird durch eine Einheitspartei ersetzt. Die Konzeption verlangt monistische, nicht pluralistische Organisation.

Die Führungsgruppe sieht sich in dem Modell der heteronom legitimierten, monistisch organisierten Demokratie als Vollstrecker des wahren Volkswillens. Sie legt deshalb auch großen Wert darauf, die Zustimmung von möglichst allen Bürgern einheitlich zu erhalten. In der Praxis muß sie diese Zustimmung allerdings manipulativ herbeiführen. Mit Hilfe des Machtmonopols werden Andersdenkende ausgeschaltet. Das Informationsmonopol sorgt dafür, daß dem Volk die Politik der Führungsgruppe als die einzig richtige und mögliche erscheint.

Während die autonom legitimierte, pluralistisch organisierte Demokratie das angemessene Modell einer politischen Ordnung darstellt, in der die Freiheit des Einzelnen das höchste Prinzip darstellt, ist die heteronom legitimierte, monistisch organisierte Demokratie eine Rechtfertigung der Diktatur.

Wie ist es aber zu erklären, daß eine Demokratiekonzeption, die zur Rechtfertigung der Diktatur mißbraucht werden kann, auch auf manche Bürger westlicher Demokratien anziehend wirkt? Müßte nicht jeder, der freien Zugang zu politischen Informationen hat und sich ein selbständiges Urteil bilden kann, den Glauben an ein „vorgegebenes" Gemeinwohl als eine Verschleierung von Herrschaftsinteressen einer Führungsgruppe und Entmündigung des Bürgers zurückweisen? Die Anziehungskraft der heteronom legitimierten, monistisch organisierten Demokratie hat vor allem zwei Gründe:

- Sie spricht Menschen an, die den Sinn ihrer Existenz in der Verwirklichung von politischen Idealen suchen. Oft sind diese Idealisten zugleich Menschen, die emotionale Sicherheit und Befriedigung in einer engen Gemeinschaft von Gleichgesinnten suchen. Der feste Glaube an die eigenen politischen Ideale und die enge und ausschließliche Bindung an Gleichgesinnte kann dazu führen, daß Fakten und Argumente, die der eigenen Überzeugung entgegenstehen, nicht mehr zur Kenntnis genommen werden. Konsequenz ist dann, daß die Argumente der Gegenseite nicht mehr als gleichberechtigt akzeptiert, die eigene politische Meinung zum allein verbindlichen Maßstab gemacht wird. Partikularinteressen werden als Gemeinwohl ausgegeben, der pluralistische Willensbildungsprozeß wird nicht mehr anerkannt.

- Sie spricht politische Führungsgruppen an, die ihre Macht vermehren und stabilisieren wollen

71

und für die die Möglichkeit, sich als Interpreten und Vollzieher des „wahren Volkswillens" auszugeben, besonders verlockend sein muß.

2.1.4.2.3 Die Spannung zwischen Partikularinteressen und Gemeinwohl als Zentralproblem der autonom legitimierten, pluralistisch organisierten Demokratie

Der große entscheidende Vorzug der autonom legitimierten, pluralistisch organisierten Demokratie liegt darin, daß sie die Menschen in ihren unterschiedlichen, oft kurzsichtigen und egoistischen Interessen zum Ausgangspunkt der politischen Gestaltung nimmt. Sie ermöglicht daher Freiheit in dem Sinne, wie die große Mehrheit der Bürger Freiheit versteht: als Recht des Einzelnen, das zu tun, was er für richtig hält, eingeschränkt nur durch die Rücksicht auf das gleiche Recht des anderen.

Der Hauptnachteil dieses Demokratiemodells folgt unvermeidlich aus diesem Vorzug: Die unterschiedlichen Interessen sind von höchst ungleicher Durchsetzungsfähigkeit. Die Forderung, Politik müsse einen Ausgleich zwischen den Teilinteressen herbeiführen, der Aussicht hat, von der Mehrheit gebilligt, von der Minderheit ertragen zu werden, ist leicht erhoben, in der politischen Praxis allerdings schwer zu erfüllen. In allen freiheitlichen Demokratien, vor allem in den USA und der Bundesrepublik Deutschland, hat sich daher eine intensive „Pluralismuskritik" entwickelt. Der Anspruch, alle vernünftig begründbaren Interessen angemessen zu berücksichtigen,

Pluralismuskritik

Randgruppen

wird dabei mit der Realität verglichen. Diese Realität läßt sich kennzeichnen:

Erfolgreiche Vertretung von Interessen ist an bestimmte Voraussetzungen gebunden. Wichtig ist die Organisationsfähigkeit. Interessen, die sich nicht organisieren lassen, sind von vornherein benachteiligt.

Unter den durch Verbände organisierten Interessengruppen sind im Vorteil:

- Gruppen mit hohen Mitgliederzahlen;
- Gruppen, die über knappe Güter oder Dienste oder über ein hohes Störpotential verfügen. Sie gelten als konfliktfähig in dem Sinne, daß sie Leistungen verweigern oder behindern können, auf die andere angewiesen sind.
- Gruppen, deren Interessen allgemein als wichtig angesehen werden;
- Gruppen, denen es gelungen ist, Schlüsselpositionen in Parteien und Verwaltungen zu besetzen.

Im Vorteil sind z.B. die Gewerkschaften (hohe Mitgliederzahlen, Fähigkeit, durch Streik die Produktion zeitweise stillzulegen, Fähigkeit zu Demonstrationen), die Unternehmerverbände (Verfügung über Investitionen und damit Arbeitsplätze sowie über Geldmittel), die Bauernverbände (relativ große für CDU/CSU und FDP wichtige Gruppen, hohes Steuerpotential), die Beamten (Schlüsselpositionen nicht nur in der Verwaltung, sondern in allen Parteien und im Parlament). Im Nachteil sind sozial wenig beachtete Randgruppen, wie Kinderreiche und Behinderte. Eher im Vorteil hingegen sind die Rentner. Sie sind zwar kaum organisiert, aber zahlreich und

Abb. 27: Demonstration der antiautoritären Studentenbewegung mit Rudi Dutschke in Berlin 1967. Der Vietnam-Krieg spielte eine große Rolle

Abb. 28: Trotz der Einheitsgewerkschaft DGB ist das Zusammenwirken von Arbeitern und Angestellten nicht selbstverständlich. Arbeitskampf 1971

daher als Wähler für alle Parteien unentbehrlich; ihre Interessen werden außerdem von den meisten Erwerbstätigen für wichtig gehalten, weil jeder einmal ins Rentenalter kommt.

Ein besonderes Problem ist das Interesse am Schutz der Natur. Es wird heute von der großen Mehrheit der Wähler der Bundesrepublik geteilt, aber in der Regel nicht mit gleich hoher Priorität versehen. Ausnahmen bilden lediglich die Bürger, die von Umweltbelastungen unmittelbar betroffen sind, etwa Anlieger einer neuen Autobahn. Der Grund dafür liegt darin, daß die Belastung der Umwelt dem Durchschnittsbürger als Gefahr eher für die Zukunft, noch nicht für die Gegenwart erscheint und er sich daher bei Zielkonflikten eher für wirtschaftliches Wachstum und mehr Arbeitsplätze als für Umweltschutz entscheidet. Die Folge davon ist, daß die Minderheit der unmittelbar Betroffenen dazu neigt, ihr Störpotential zu erhöhen, um mehr zu erreichen.

Chancengleichheit der Interessen?

Es käme somit darauf an, die Fähigkeit des politischen Systems zur Berücksichtigung jener Interessen zu verbessern, die weder von mächtigen Organisationen vertreten noch von den Parteien unter dem Gesichtspunkt der Wählerstimmen aufgegriffen werden. Das sind unter den heutigen Bedingungen in erster Linie die Interessen von sozial weniger beachteten Randgruppen sowie Interessen, deren allgemeine Bedeutung heute noch nicht ausreichend erkannt ist, von der Mehrheit der Fachleute für die Zukunft aber gesehen wird.

Eine einfache Lösung dieses Problems gibt es nicht. Ein liberal-konservativer Kritiker der pluralistischen Demokratie, FRIEDRICH V. HAYEK (1969, S. 203) hat vorgeschlagen, neben das aus Parteien gebildete Parlament eine Art Oberhaus aus „Männern und Frauen, die aufgrund ihrer Redlichkeit und Weisheit geachtet sind" und für einen langen Zeitraum gewählt werden, zu stellen. Dieses Oberhaus sollte sich nicht um die Vertretung der aktuellen Interessen kümmern, sondern sich eine Meinung darüber bilden „was gerecht ist", d. h. allgemeine Regeln, Gesetze im klassischen Sinne des Begriffs, aufzustellen. Die Regierung und die sie stützende Mehrheit der Zweiten Kammer hätten dann die allgemeine Regel anzuwenden und dabei natürlich die Teilinteressen zu berücksichtigen. Im Falle des Umweltschutzes würde HAYEKs Vorschlag bedeuten: Das Oberhaus setzt die allgemeine Regel „Verursacherprinzip" fest: Wer Umweltbelastungen hervorruft, muß die entsprechenden wirtschaftlichen und sozialen Kosten tragen, etwa die der Abwasserreinigung, der ausreichenden Filterung von Abgasen, des Lärmschutzes. Regierung und Zweite Kammer hätten dann, unter Berücksichtigung der Sonderinteressen und der besonderen Lage der Wirtschaftszweige, die Einzelheiten, z. B. Richtwerte, zu regeln. Das Beispiel macht die Vorteile und Nachteile des Vorschlags deutlich. Das Oberhaus wäre vielleicht eher in der Lage, das mächtigen Sonderinteressen zuwiderlaufende Prinzip „Umweltbelastungen trägt der Verursacher" zu beschließen, als der mit diesen Sonderinteressen eng verbundene Bundestag. Andererseits ist keinesfalls gesichert, daß im Oberhaus nicht wiederum Sonderinteressen, nur eben ande-

Abb. 29: Bauerndemonstration 1972. Alle gesellschaftlichen Gruppen stellen Ansprüche an den Sozialstaat

re, durchschlagen. Hinzu kommt, daß es in den meisten Fällen überaus schwierig wäre, strikt zwischen den „allgemeinen Regeln" und dem, was Regierung und Zweite Kammer entscheiden dürfen, zu unterscheiden.

politische Beteiligung

Andere, am demokratischen Ideal möglichst weitgehender politischer Beteiligung der Bürger orientierte Vorschläge zielen darauf, das Problem durch mehr Beteiligung der Bürger an den Willensbildungs- und Entscheidungsprozessen zu lösen: Ausbau der Anhörungsverfahren, mehr innerverbandliche und innerparteiliche Demokratie, Volksbegehren und Volksentscheid, Ausbau der Mitbestimmung der Arbeitnehmer in der Wirtschaft. Weitgehende politische Beteiligung der Bürger ist tatsächlich eine Bedingung für das Funktionieren des Modells der autonom legitimierten, pluralistisch organisierten Demokratie. Nur wer sich an Politik beteiligt, hat eine Chance, seine Interessen zur Geltung zu bringen. Nur

Risiko-minderung

würde auch intensivere und breitere politische Beteiligung in der Bundesrepublik Deutschland nicht das Problem der Vernachlässigung von zukünftigen gegenüber aktuellen Interessen lösen,

sozialer Ausgleich

und sie würde auch nicht die Benachteiligung bestimmter Randgruppen korrigieren können. Denn fähig und bereit zur politischen Beteiligung sind nun einmal in erster Linie die Bürger, die ein relativ hohes Bildungsniveau und relativ viel ver-

fügbare Zeit besitzen. Es ist kein Zufall, daß unter den aktiven Mitgliedern aller Parteien, aber auch unter den Mitgliedern von Bürgerinitiativen die Angehörigen der oberen Mittelschicht, nicht zuletzt Beschäftigte im öffentlichen Dienst, überwiegen.

2.1.5 Die Idee des Sozialstaats

Alle freiheitlichen Demokratien verstehen sich heute als Wohlfahrts- oder Sozialstaaten. Allgemein definiert, läßt sich der Sozialstaat durch zwei Ziele kennzeichnen:

- Der Staat muß das Risiko des Einzelnen, bei Krankheit, durch Unfall, im Alter oder bei Arbeitslosigkeit in materielle Not zu geraten, aufheben oder mindestens verringern.
- Der Staat muß einen sozialen Ausgleich zwischen den sozialen Schichten fördern.

Dem Ziel der Risikominderung dienen die staatlichen oder quasi-staatlichen Pflichtversicherungen sowie die Sozialhilfen aus allgemeinen Steuermitteln. Dem Ziel des sozialen Ausgleichs dient eine Vielzahl einzelner Politikbereiche, so die Steuerpolitik durch progressive Lohn- und Einkommensteuer, die Bildungspolitik durch Verbesserung der Bildungschancen für Kinder

74

aus benachteiligten Schichten, die Subventionierung von Wohnraum für Personen mit niedrigem Einkommen, die Betriebsverfassungs- und Mitbestimmungsgesetze.

In den verschiedenen freiheitlichen Demokratien ist die Sozialstaatlichkeit in sehr unterschiedlicher Weise ausgeprägt. In den USA ist sie relativ *New Deal* wenig entwickelt. Dort gibt es seit dem „New Deal-Programm", mit dem Präsident ROOSEVELT die Wirtschaftskrise der dreißiger Jahre bekämpfte, zwar einen Rechtsanspruch auf staatliche Sozialunterstützung, aber auch heute noch keine allgemeine Pflicht-Krankenversicherung. Schweden *Schweden* hingegen kennt nicht nur ein Sozialversicherungssystem, das dem Einzelnen alle materiellen Daseinsrisiken abnimmt, sondern auch eine Politik des sozialen Ausgleichs, die auf Nivellierung der Unterschiede zwischen den Schichten zielt. *Staatliche* Die Bundesrepublik Deutschland steht in der *Sozialreform* Tradition der Sozialreform, die mit BISMARCKS Sozialversicherungssystem 1883 begann und jahrzehntelang international als vorbildlich galt. Wesentliche Elemente des modernen Sozialstaatsbegriffs sind zuerst in Deutschland entwickelt worden; es ist daher berechtigt, in der Idee der „sozialen Geborgenheit" (FRAENKEL 1964) den wesentlichen Beitrag Deutschlands zum Leitbild der westlichen Demokratie zu sehen.

2.1.5.1 Anfänge

Der historische Ursprung der Entwicklung zum Sozialstaat liegt in der „sozialen Frage" des 19. Jh. *Bauern-* Bauernbefreiung (in Preußen 1807) und Gewerbe-*befreiung* befreiung (in Preußen 1810) waren Voraussetzungen für eine dynamische wirtschaftliche Entwick-*Gewerbe-* lung, die in den dreißiger Jahren des 19. Jh. auch *freiheit* in Deutschland einsetzte. Das im Mittelalter entstandene System der sozialen Sicherung wurde zerstört: Die Fürsorgepflicht des Grundherrn für einen beträchtlichen Teil der Landbevölkerung, die an die Scholle gebundenen Bauern, entfiel ebenso wie die Zunftordnung, die dafür gesorgt hatte, daß in der Regel nicht mehr Handwerker zugelassen wurden, als dem üblichen Bedarf entsprach.

Nach 1820 setzte in Deutschland eine beträchtliche Bevölkerungsvermehrung ein. Schon in den dreißiger Jahren waren Hunderttausende ohne Arbeit. Vor 1870 reichten die im Zuge der Industrialisierung entstehenden neuen Arbeitsplätze nicht entfernt aus, um die Arbeitssuchenden auf-*Proletariat* zunehmen. Die Prognose von MARX, das Proletariat werde verelenden, erschien bis ins letzte Drit-*Selbsthilfe* tel des 19. Jh. durchaus als realistisch. Selbsthilfe-

organisationen der Arbeiter („Kassen") entstanden zugleich mit den Anfängen der Gewerkschaften. Doch diese Kassen waren von den Beiträgen der Arbeitenden abhängig, auf Betriebs- oder Gemeindeebene organisiert und gar nicht in der Lage, der großen Zahl der Arbeitslosen Hilfe zu gewähren. Der Staat versuchte seit den vierziger Jahren, durch Notstandsarbeiten, vor allem im Eisenbahnbau, die Arbeitslosigkeit zu verringern. Eine staatliche Verantwortung für die Mindestsicherung der Arbeiter bei Krankheit, Invalidität und im Alter wurde jedoch erst 1881 anerkannt, als die „Kaiserliche Botschaft" BISMARCKS Sozialreform ankündigte. 1883 wurde die Krankenversicherung, 1884 die Unfall-, 1889 die Invaliditäts- und Altersversicherung eingeführt.

Dem deutschen Versicherungssystem lagen drei Prinzipien zugrunde: gesetzlicher Beitrittszwang für Arbeiter, bald auch für die niedrigeren Einkommensgruppen der Angestellten; Finanzierung durch Arbeitnehmer- und Arbeitgeberbeiträge sowie durch Zuschüsse aus allgemeinen Steuermitteln; Selbstverwaltung der Sozialversicherungsträger. Der Zwang zum Beitritt bedeutete einen Bruch mit der klassisch-liberalen Vorstellung, der Einzelne solle selbst für Alter und Krankheit vorsorgen. Die staatliche Subventionierung der Versicherungträger brachte außerdem einen gewissen Umverteilungseffekt zugunsten der sozial Schwachen. Krankengeld und Renten waren allerdings noch lange nicht so hoch, daß sie allein zur Sicherung des Lebensunterhalts ausgereicht hätten. Immerhin war ein entscheidender Schritt zum modernen Sozialstaat getan. Die Hoffnungen BISMARCKS, durch die Sozialreform den Aufstieg der Sozialdemokratie aufhalten zu können, erwiesen sich als Illusion. Wirtschaftliches Wachstum und Sozialreform trugen aber wesentlich dazu bei, den Lebensstandard der Arbeiter zu erhöhen. Innerhalb der SPD gewannen reformistische Kräfte an Einfluß, der revolutionäre Flügel wurde geschwächt.

Der weitere Ausbau des deutschen Sozialstaats bahnte sich im Weltkrieg 1914–18 an. In Übereinstimmung mit der Mehrheit der SPD unterstützten die Gewerkschaften die Kriegsanstrengungen; bei der Organisation der Kriegswirtschaft entwickelte sich eine enge Kooperation zwischen Unternehmern, Staat und Gewerkschaften. Nach Kriegsende gelang es den Gewerkschaften, ihre Position zu sichern. Das Abkommen zwischen den Spitzenverbänden unter Leitung des Gewerkschaftsführers LEGIEN und dem Arbeitgeberverbandschef STINNES vom 15. November 1918 brachte u. a. den Gewerkschaften die Anerkennung als Tarifpartei. Mit der Verordnung über Tarifverträge, Arbeiterausschüsse und die Schlichtung von Arbeitsstreitigkeiten vom 27. 12. 1918 griff die Regierung des Rates der Volksbeauftragten das Stinnes-Legien-Abkommen auf. Damit war das „Kollektive Arbeitsrecht" als ein tragendes Element des Sozialstaats auch durch den Staat anerkannt. Außerdem wurden für alle Betriebe mit mehr als 20 Arbeitern Betriebsräte mit Mitbestimmungsrechten bei Einstellungen und Entlassungen vorgeschrieben. 1926 wurde die staatliche Arbeitsgerichtsbarkeit und 1927 die staatliche Arbeitslosenversicherung und Arbeitsvermittlung eingeführt.

Soziale Grundrechte

Die Weimarer Verfassung enthielt einen Katalog von sozialen Grundrechten, so ein Recht auf Arbeit und ein Anspruch auf Unterhalt, soweit eine „angemessene Arbeitsgelegenheit" nicht nachgewiesen werden konnte (Art. 163), oder eine „Überwachung der Verteilung und der Nutzung des Bodens mit dem Ziele, „jedem Deutschen eine gesunde Wohnung" zu sichern (Art. 155). Diese sozialen Grundrechte waren ohne Ausführungsgesetze rechtlich nicht durchsetzbar. Ausführungsgesetze aber mußten unterbleiben; die wirtschaftliche Entwicklung der Weimarer Republik ließ die Erfüllung der sozialen Grundrechte nicht zu. Das wirtschaftliche Wachstum blieb schwach, erst 1928 wurde der Lebensstandard von 1913 wieder erreicht. Die 1929 einsetzende Weltwirtschaftskrise verursachte im Deutschen Reich 1932 eine Arbeitslosigkeit von über 6 Mill. und trug zum Zusammenbruch der Demokratie wesentlich bei.

Weltwirtschaftskrise

In den westlichen Demokratien wurde die Weltwirtschaftskrise zum entscheidenden Anstoß, dem Staat eine neue ökonomisch-soziale Funktion zu übertragen: die Sicherung der Vollbeschäftigung. Zuerst versuchten die USA unter dem 1933 gewählten Präsidenten ROOSEVELT eine Vollbeschäftigungspolitik. 1936 lieferte der englische Nationalökonom JOHN MAYNARD KEYNES mit seiner „Allgemeinen Theorie der Beschäftigung, des Zinses und des Geldes" die theoretische Grundlage dazu. Gegen die bisherige Lehrmeinung der Wirtschaftstheorie erklärte er, Arbeitslosigkeit könne nicht immer durch die Selbstregelungsmechanismen der Marktwirtschaft beseitigt werden. Sähen etwa die Unternehmer nur geringe Gewinnchancen, würden auch sehr niedrige Zinsen sie nicht veranlassen, Kredite aufzunehmen und durch Investitionen Arbeitsplätze zu schaffen. Der Staat müsse in dieser Lage die unzureichende private Nachfrage dadurch ergänzen, daß er selber seine eigene Nachfrage nach

Keynesianismus

Gütern und Dienstleistungen der Unternehmen verstärke. Die entsprechend höheren Staatsausgaben sollten nicht etwa durch Steuererhöhungen finanziert werden, denn das würde den Privaten Kaufkraft entziehen. Vielmehr müsse der Staat „deficit spending" betreiben, d. h. er müsse Haushaltsdefizite zulassen und durch Kredite finanzieren. Inflationäre Tendenzen erwartete KEYNES durch staatliches „deficit spending" nicht; er ging davon aus, daß bei Arbeitslosigkeit generell ungenutzte Produktionskapazitäten vorhanden seien und die Produktionsanregung daher nicht zu Preiserhöhungen führen würde. Nach 1945 setzte sich der „Keynesianismus" in den meisten westlichen Industrieländern durch; seit Mitte der 60er Jahre auch in der Bundesrepublik. Erst die Wirtschaftskrise nach 1974 bewirkte verbreitete Zweifel, ob die Theorie von KEYNES heute noch zutrifft.

2.1.5.2 Das Sozialstaatsprinzip im Grundgesetz der Bundesrepublik Deutschland

Art. 20 Abs. 1 GG lautet: „*Die Bundesrepublik Deutschland ist ein demokratischer und sozialer Bundesstaat.*"

Das Sozialstaatsprinzip ist damit Verfassungsgrundsatz von hohem Rang: es gehört zu den in Art. 1 und 20 niedergelegten Grundsätzen, die auch durch verfassungsändernde Mehrheit nicht antastbar sind.

Das Sozialstaatsprinzip ist allerdings ein Verfassungsgrundsatz, der einen breiten Spielraum der Interpretation zuläßt. Die Abgeordneten des Parlamentarischen Rates, die 1948/49 über das Grundgesetz berieten, standen in der Tradition deutscher Sozialreform. Die soziale Bindung des Einzelnen und die Verpflichtung des Staates, für eine sozial gerechte Ordnung zu sorgen, war nicht umstritten. Eine Minderheit der Abgeordneten hätte es vorgezogen, soziale Grundrechte ähnlich wie in der Weimarer Verfassung in das Grundgesetz aufzunehmen. Die Mehrheit hielt es für besser, lediglich einklagbare Rechte aufzunehmen; sie fürchtete, daß programmatische Erklärungen, die im zerstörten Nachkriegsdeutschland auf lange Zeit nicht verwirklicht werden konnten, den gesamten Grundrechtskatalog in seiner Bedeutung beeinträchtigen würden. Zu dieser Mehrheit gehörten auch die meisten Abgeordneten der SPD. Sie gingen davon aus, daß in der künftigen Bundesrepublik der Staat weiterhin in irgendeiner Form die Wirtschaft lenken müßte, diese Lenkung angesichts von Unterernährung und Obdachlosigkeit eines großen Teils der westdeutschen Bevölkerung notwendig auf die Befriedigung von wirtschaftlichen und sozialen Grundbedürfnissen ausgerichtet werden müsse und eine künftige, wahrscheinlich sozialdemokratische Bundesregierung freie Hand zur pragmatischen Gestaltung der Wirtschafts- und Sozialordnung brauche. Die Formel vom „sozialen" Staat reichte ihnen aus. Trotz ihrer Allgemeinheit schien sie geeignet, den Rahmen für konkretere wirtschafts- und sozialpolitische Ziele zu liefern, die die SPD aufgreifen konnte, sobald die Voraussetzungen dafür gegeben wären (s. a. S. 144).

*Wirtschafts-
ordnung
nicht
festgelegt*
Für die Anhänger der Marktwirtschaft, die 1948/ 49 in CDU/CSU und bei den liberalen Parteien bereits dominierten, bedeutete die Formel vom „sozialen" Staat die Verpflichtung des Staates, soziale Mindestsicherungen zu garantieren und Korrekturen bei der Einkommensverteilung vorzunehmen, falls die Einkommensverteilung über den Markt nicht als sozial gerecht angesehen würde. Sie gingen dabei von der Konzeption der „sozialen Marktwirtschaft" aus, deren Grundlagen von WALTER EUCKEN während des Krieges entwickelt worden waren. Im Juni 1948 hatte LUDWIG ERHARD als Direktor des Wirtschaftsrates der Westzonen mit dem „Leitsätzegesetz" die Aufhebung der Bewirtschaftung eingeleitet und die entscheidende Weichenstellung zur „sozialen Marktwirtschaft" vorgenommen (s. S. 159 ff.).

*Soziale
Marktwirt-
schaft*
Die soziale Wirkung der marktwirtschaftlichen Konzeption sahen ERHARD und die Theoretiker der „sozialen Marktwirtschaft" vor allem in der Steigerung der Realeinkommen nicht zuletzt der Arbeitnehmer, die als Folge des von Markt und Wettbewerb ausgelösten hohen wirtschaftlichen Wachstums eintreten würde. Hinzu kam die Möglichkeit, aus hohen Steigerungsraten der Realeinkommen Mittel zur Verbesserung der Sozialversicherung abzuzweigen.

*Dynamisches
Prinzip*
Da sich somit unter der Sozialstaatsformel schon während der Beratungen des Parlamentarischen Rates jeder etwas anderes vorstellen konnte, ist es kein Wunder, daß es zu langen wissenschaftlichen und politischen Auseinandersetzungen über die „richtige" Auslegung kam. So haben sozialistische Politologen und Juristen wie WOLFGANG ABENDROTH und HELMUT RIDDER behauptet, die Sozialstaatsformel verlange in Verbindung mit der Sozialbindung des Eigentums (Art. 14 GG) und der Möglichkeit, Produktionsmittel zu vergesellschaften (Art. 15 GG), die sozialistische Umgestaltung der Gesellschaft (KEMPEN

*Verfassungs-
auslegung*
1976). Umgekehrt haben eine Reihe von Juristen, so 1953 der damalige Präsident des Bundesarbeitsgerichts, CARL NIPPERDEY, die Meinung vertreten, das Grundgesetz schreibe die „soziale Marktwirtschaft" vor; denn aus der allgemeinen Handlungsfreiheit (2,1 GG), der Freiheit der Berufswahl, der Vereinigungsfreiheit und der Eigentumsgarantie folge die Marktwirtschaft, aus der Sozialstaatsformel folge die soziale Bindung (NIPPERDEY 1965). Das Bundesverfassungsgericht hat sich diesen einseitigen Interpretationen nicht angeschlossen. Zum Verhältnis von Grundgesetz und Wirtschaftsordnung hat es sich stets auf den Standpunkt gestellt, daß das Grundgesetz eine bestimmte Wirtschaftsordnung nicht vorschreibe, dem Gesetzgeber einen weiten Spielraum der Gestaltung lasse, aber zugleich Grenzen setze: Totalverstaatlichung und zentrale Lenkung nach dem sowjetischen Modell seien ausgeschlossen, weil dadurch die Grundrechte der Handlungs- und Entfaltungsfreiheit, der Berufs- und Koalitionsfreiheit, das Eigentumsrecht verletzt würden; reine Marktwirtschaft ohne soziale Bindung sei ebenfalls ausgeschlossen, weil dadurch das Sozialstaatsprinzip und die Sozialbindung des Eigentums verletzt würden.

Zum Verhältnis von Grundgesetz und Sozialordnung hat sich in der Staatsrechtslehre die Auffassung durchgesetzt, daß das Sozialstaatsprinzip als Aufforderung an den Gesetzgeber zu verstehen ist, die bestehenden sozialen Verhältnisse, nicht zuletzt die Güterverteilung, im Sinne eines sozialen Ausgleichs zu verändern (V. MÜNCH 1975). Wie das konkret zu geschehen hat, ob primär durch wirtschaftliches Wachstum in Verbindung mit Verbesserungen des Systems sozialer Sicherung wie nach dem ursprünglichen Konzept der sozialen Marktwirtschaft, oder durch auf Umverteilung und Gleichheit gerichtete Sozial- und Wirtschaftspolitik, bleibt offen.

Das Sozialstaatsprinzip kann somit als dynamisches Prinzip angesehen werden, das den Staat zur Gestaltung von Wirtschaft und Gesellschaft legitimiert und zugleich aufruft. Wird das Prinzip der Rechtsstaatlichkeit im Sinne der klassisch-liberalen Staatslehre des 19. Jahrhunderts einseitig als Prinzip der Wahrung bestehender Rechtsverhältnisse aufgefaßt, so kann sich ein Gegensatz zwischen Rechtsstaatlichkeit und Sozialstaatlichkeit ergeben: Rechtsstaatlichkeit erscheint dann als Schutz des Einzelnen vor dem Staat, Sozialstaatlichkeit gewährt dem Einzelnen Ansprüche an den Staat und an andere Einzelne und kann daher zur Einschränkung der Freiheitssphäre der Einzelnen führen. Wird das Prinzip der Rechtsstaatlichkeit hingegen im Sinne demokratischer Staatsvorstellungen aufgefaßt, so erscheint die Sozialstaatlichkeit als notwendige Ergänzung des Rechtsstaats. Es kommt dann darauf an, jedem Einzelnen die existentiellen Voraussetzungen für die Entfaltung seiner Freiheitsrechte zu gewährleisten. Darin aber liegt die Aufgabe des Sozialstaats.

2.1.5.3 Triebkräfte der Entwicklung des Sozialstaats in der Bundesrepublik Deutschland

Die Entwicklung des Sozialstaats in der Bundesrepublik Deutschland wurde weniger durch die in der Verfassung verankerte Sozialstaatlichkeit als durch ökonomisch-politische Faktoren vorangetrieben (s. S. 244 ff.).

Das wirtschaftliche Wachstum 1950–1974 führte zu einer Steigerung der Realeinkommen je Beschäftigten auf mehr als das Vierfache und übertraf damit sogar die Erwartungen der Anhänger der sozialen Marktwirtschaft. Die finanziellen Voraussetzungen für eine überproportionale Erhöhung der Sozialleistungen waren damit gegeben: Die „Sozialleistungsquote", d.h. der Anteil des „Sozialbudgets" (vgl. Tab.) am Bruttosozialprodukt erreichte 1960 20%, 1974 29,3%. Überproportional steigende Steuern und Sozialabgaben waren die Kehrseite dieser Ausweitung von Sozialleistungen. Die meisten Erwerbstätigen empfanden vor 1974 diese Belastung aber noch nicht als übermäßig, weil das verfügbare Nettoeinkommen als Folge des wirtschaftlichen Wachstums trotzdem beinahe kontinuierlich zunahm. Für die jeweilige Regierungspartei erwies sich die Ausweitung der Sozialleistungen unter diesen Bedingungen regelmäßig als vorteilhaft, die jeweilige Opposition versuchte zu überbieten. Jede Einbeziehung einer neuen Gruppe in das Sozialleistungssystem und jede Erhöhung der Leistungen an bisher schon begünstigte Gruppen brachte mehr Wählerstimmen als durch Verärgerung über steigende Abgaben verloren gingen. Es entstand somit eine Parteienkonkurrenz um Leistungsausweitung: Regierungsparteien und Opposition griffen nicht nur bereitwillig Gruppeninteressen auf, sondern regten diese Interessen gelegentlich selber an. Typisch war das Verhalten von Regierungsparteien und Opposition bei der Ausweitung der Rentenversicherung auf Selbständige zu überaus günstigen Bedingungen 1972. Eine nicht zu unterschätzende Triebkraft der Ausweitung des Leistungssystems bildeten außerdem die Interessen der öffentlichen Verwaltung, deren lei-

Sozialleistungsquote

Finanzierungsprobleme

Kostenexplosion

tendes Personal durch jede Erhöhung öffentlicher Leistungen einen Machtzuwachs und weitere Aufstiegsmöglichkeiten gewinnt (vgl. S. 241 f).

2.1.5.4 Grenzen des Sozialstaats?

Seit Mitte der siebziger Jahre verschärfte sich die Kritik, das Sozialleistungssystem der Bundesrepublik Deutschland sei zu teuer, streue Leistungen viel zu breit und begünstige dadurch Personen, die überhaupt nicht bedürftig seien und schränke die Freiheiten des Einzelnen unzulässig ein. Soweit sich diese Kritik präzisieren und quantifizieren läßt, liegen ihr die folgenden Beobachtungen zugrunde:

- Die Belastung der Arbeitnehmer durch Lohnsteuer und Sozialversicherungsabgaben ist kontinuierlich gestiegen (Tab.) und wird vor allem seit dem Einbruch der Wachstumskrise 1974 als drückend empfunden.

Lohnsteuer und Arbeitnehmerbeiträge zur Sozialversicherung in % der Lohn- und Gehaltssumme

	Lohn-steuer	Arbeitnehmer-beiträge zur Sozialversicherung	Sa.
1961	7,2	9,1	16,4
1967	8,8	9,7	18,5
1973	14,9	11,6	26,5
1975	15,1	12,2	27,4

- Die Finanzierungsprobleme zeigten sich besonders deutlich bei der Rentenversicherung. Die Zahl der Rentner bezogen auf 100 Personen im erwerbsfähigen Alter von 15–59 wird als Folge der Geburtenentwicklung in den nächsten Jahren ständig zunehmen, von 32,4 1980 auf 37,8 2000 und ca. 40 im Jahre 2010. Das bisherige System der bruttolohnbezogenen dynamischen Renten würde unter diesen Bedingungen zu Rentenversicherungsbeiträgen bis zu einem Drittel der Lohn- und Gehaltssumme führen; die Erwerbstätigen würden dieses Maß an Belastung nicht hinnehmen. Schon nach 1976 mußte die Rentenanpassung vorübergehend ausgesetzt werden; ähnliche Sanierungsmaßnahmen drohen auch in Zukunft.

- Im Krankenversicherungssystem ist eine „Kostenexplosion" eingetreten, die ebenfalls kaum lösbare Finanzierungsprobleme aufwirft. Ursache ist nicht nur die steigende Nachfrage nach

Gesundheitsleistungen sowie der Kostenanstieg durch Verbesserung von Medikamenten und Geräten. Als Hauptursache wird das Versagen der Steuerungsmechanismen angesehen. Der Arzt bestimmt die medizinischen Leistungen; sein Einkommen steigt mit der Intensität und Häufigkeit der Behandlung. Da nicht der Patient, sondern die Krankenkasse die Kosten ganz oder zum größten Teil trägt und eine Überprüfung der Zweckmäßigkeit der ärztlichen Leistung durch unabhängige Institutionen sich bisher als kaum möglich erwiesen hat, fehlt jede Bremse des Kostenanstiegs.

Zur Kostenexplosion im Gesundheitswesen

	1969	1980
Leistungen pro Kopf der Bevölkerung durchschnittlicher Beitragssatz zur gesetzlichen Krankenversicherung	725,—	2500,—
	8,5%	11,4%

Solidarität (Randnotiz)

Zufriedenheit (Randnotiz)

Ungereimtheiten (Randnotiz)

- Das gesamte Sozialleistungssystem enthält in sich erhebliche Ungereimtheiten; in vielen Fällen gewährt es Leistungen an Personen, die überhaupt nicht bedürftig sind, vernachlässigt jedoch die Schwächsten. Die Anhebung des Kindergeldes führte z. B. ausgerechnet bei den Sozialhilfeempfängern zu Kürzungen der Sozialhilfe. Die Fehlbelegungen im sozialen Wohnungsbau sind ein weiteres, besonders krasses Beispiel für Fehlsteuerungen zu Lasten der Schwächsten.

Hinzu kommen Einwendungen gegen eine immer weiter ausufernde Ausdehnung des Sozialleistungssystems, die weniger auf Finanzierungsprobleme als auf prinzipielle Fragen des Verhältnisses von Bürger und Staat zielen.

Persönlichkeitsentfaltung (Randnotiz)

- So notwendig soziale Sicherung ist, um jedem Einzelnen Chancen zur Entfaltung seiner Persönlichkeit und damit zur Nutzung seiner Freiheitsrechte zu gewähren, so deutlich muß gesehen werden, daß soziale Sicherung zugleich die Freiheitschancen der Einzelnen durch Belastung mit Abgaben und durch Einbindung in bürokratisch gesteuerte Systeme einschränkt. Der Punkt, von dem an die freiheitsfördernden Wirkungen eines sich ausdehnenden Sozialleistungssystems die freiheitsbeschränkenden nicht mehr aufwiegen können, wird um so eher erreicht, als jede Ausweitung von Leistungen die Macht der Gruppen verstärkt, die das System steuern und verwalten.

- Sozialleistungen werden durch Solidarität der Arbeitenden mit den Alten, der Leistungsfähigen mit den Leistungsschwachen möglich. Diese Solidarität wird gefährdet, wenn Sozialleistungen mißbraucht werden. So hat der Mißbrauch von Arbeitslosenunterstützung zu verbreiteten Vorurteilen auch gegen die große Mehrheit der Arbeitslosen geführt, die arbeitswillig sind und unter ihrer Lage schwer leiden. Mißbrauch von Sozialleistungen darf allerdings nicht primär als moralisches Problem gesehen werden; die Bürger verhalten sich nur systemgemäß, wenn sie Leistungen, die angeboten werden, für sich optimal nutzen. Tritt Mißbrauch auf, so ist das die Folge unzureichender Steuerungsmechanismen und Kontrollen.

- Sozialleistungen haben zwar die materiellen Lebensrisiken der Bürger wesentlich verringert und Chancengleichheit gefördert. Sie haben jedoch die Zufriedenheit der Bürger mit der sozialen, ökonomischen und politischen Ordnung offenbar nicht erhöht. Vor allem bei einem Teil der Jugendlichen zeigt sich eine verbreitete Kritik gerade an den Kräften und Ordnungen, die für die Ausweitung der Sozialleistungen verantwortlich sind: an den „etablierten" Parteien sowie an der „sozialen Marktwirtschaft" generell. Eine der Ursachen könnte die destabilisierende Wirkung der „Anspruchsinflation" sein. Politiker versuchen, Wählerstimmen dadurch zu gewinnen, daß sie allen Gruppen weitere materielle Vorteile versprechen. Die jedem Sachkundigen deutlichen Folgekosten erhöhter Subventionen und Sozialleistungen werden dabei verschwiegen oder ignoriert. Es werden somit Ansprüche geweckt, die auf die Dauer gar nicht befriedigt werden können. Bei geringem wirtschaftlichem Wachstum geht gar nichts mehr: Zusätzliche Leistungen an bestimmte Gruppen können dann nur noch durch Kürzungen der Leistungen an andere Gruppen finanziert werden. Das aber ist politisch nur schwer durchsetzbar, weil einmal gewährte Vorteile zu Rechtsansprüchen werden, die ohne heftige politische Abwehrreaktionen der Betroffenen nicht zurückgenommen werden können. Dem Sozialleistungsstaat droht in dieser Lage die Handlungsunfähigkeit. Staatsverdrossenheit als Folge enttäuschter Erwartungen ist die Folge.

2.2 Der marxistische Kommunismus

Die Siegeszuversicht der Kommunisten und ihre Überzeugung, daß die marxistisch-leninistische Ideologie wahr sei, beruht vor allem darauf, daß dem marxistischen Kommunismus ein philosophisches System von beachtlichem Anspruch zugrunde liegt: der dialektische und historische Materialismus, wie er von MARX und ENGELS ausgearbeitet und von LENIN weiterentwickelt wurde. Nach der Auffassung der Marxisten enthält der *dialektische Materialismus* die allgemeinen Gesetze, die die gesamte Wirklichkeit, die Natur ebenso wie die Geschichte beherrschen. Der *historische Materialismus* ergänzt den dialektischen Materialismus. Er besteht in der Anwendung der allgemeinen Gesetze des dialektischen Materialismus auf die Entwicklung der menschlichen Gesellschaft. Der Kommunist ist überzeugt, daß ihn die Kenntnis des historischen und dialektischen Materialismus befähigt, die Geschichte nicht nur in den Ursachen und Entwicklungen zu verstehen, sondern auch zu lenken. Er hält es für möglich, aus den Grundsätzen des historischen Materialismus politische Lehren abzuleiten, die als Anweisung zum Handeln dienen und die Verwirklichung des Kommunismus fördern können.

Die nichtmarxistischen Philosophen haben eine umfassende Erklärung und Sinndeutung von Natur und Geschichte längst als unmöglich erkannt. Das Scheitern der Philosophie des deutschen Idealismus, die sich zuletzt an eine so schwierige Aufgabe wagte, war ihnen eine Warnung. Da

MARX aber vom Denken HEGELS, des letzten großen Philosophen des deutschen Idealismus, stark beeinflußt war, blieb im Marxismus-Leninismus der Anspruch erhalten, daß die Bewegungsgesetze von Natur und Geschichte durch ein einheitliches System erklärt werden können.

2.2.1 Die theoretischen Grundlagen: der dialektische und historische Materialismus bei Marx und Engels

2.2.1.1 Der dialektische Prozeß in der Philosophie Hegels

Der heutige Begriff der Dialektik geht vor allem auf GEORG WILHELM FRIEDRICH HEGEL (1770–1831) zurück. HEGEL versucht eine Sinndeutung der Geschichte und geht dabei von einem Leitgedanken aus, der nach heutigem Verständnis eher in die Theologie als in die Philosophie paßt. Der Geschichtsprozeß ist für ihn die allmähliche, stufenweise Selbstverwirklichung Gottes; die Geschichte hat ihr Ziel erreicht, wenn Gott sich im vernünftigen, zum Erkennen der Wahrheit befähigten Menschen selbst erkennt. Im Laufe des Geschichtsprozesses tritt das Übel, das Negative, immer mehr zurück; Gott stellt sich immer reiner selbst dar.

HEGEL glaubt somit an den Fortschritt in der Geschichte. Im politischen Bewußtsein der Menschen spiegelt sich dieser Fortschritt wider. HEGEL sagt daher: „Weltgeschichte ist der Fortschritt im Bewußtsein der Freiheit."

Der Geschichtsprozeß verläuft nach HEGEL nicht gradlinig und kontinuierlich aufwärts, sondern *„dialektisch"*. Es gibt Rückschläge, es gibt Ereignisse und Perioden, die, für sich betrachtet, sinnlos und unvernünftig erscheinen, die aber dennoch einen Sinn im Rahmen der Gesamtentwicklung haben.

Ein berühmtes, den Marxismus beeinflussendes Beispiel dialektischer Entwicklung gibt HEGEL in der

„Diamat"

„Histomat"

Handlungsanweisung

Geschichtsprozeß

dialektisch

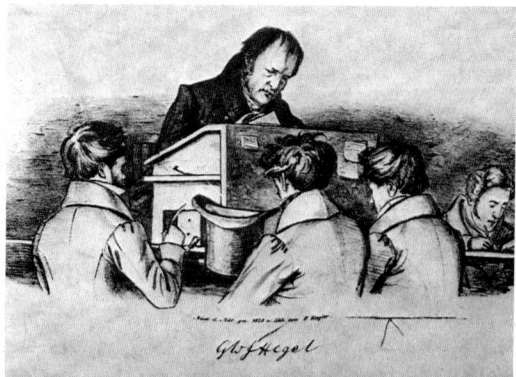

Abb. 30: Hegel vor seinen Studenten in der Berliner Universität

Beschreibung des Verhältnisses zwischen dem Herrn und dem Knecht. Herrschaft und Knechtschaft ergeben sich ursprünglich aus dem Kampf zweier selbständiger Menschen. Beide trachten danach, den Gegner zu vernichten. Der eine riskiert sein Leben und gewinnt dadurch die Herrschaft über sein physisches Sein, die materielle Welt: Er wird zum Herrn. Der andere klammert sich an sein physisches Sein und unterwirft sich aus Furcht vor dem Tode: Er wird zum Knecht. Ist aber die Unterwerfung vollzogen, so beginnt eine neue Entwicklung, die die Herrschaft zersetzt. Der Herr läßt den Knecht arbeiten und gibt sich dem Genuß hin. Der Knecht arbeitet, bildet sich durch Arbeit, gewinnt dadurch Herrschaft über die materielle Welt, während der Herr diese Herrschaft verliert. Der Herr wird abhängig vom Knecht, weil er dessen Arbeit braucht. Der Knecht gewinnt Macht über den Herrn. Die dialektische Entwicklung hat das ursprüngliche Verhältnis umgekehrt.

Dialektische Entwicklung wird oft schematisch mit dem Dreischnitt *Thesis – Antithesis – Synthesis* beschrieben. Der Thesis stellt sich die Antithesis gegenüber. Der „Widerspruch" leitet zur Synthesis über, in der Thesis und Antithesis „aufgehoben" werden, und zwar in einem Doppelsinn. Sie sind nicht mehr voll gültig, doch bestimmte, für den Fortschritt wertvolle Teile von ihnen bleiben in der Synthese erhalten.

Die dialektische Entwicklung der Wirklichkeit will HEGEL mit der dialektischen Methode erkennen. Sie verlangt vor allem, daß die Wechselbeziehungen zwischen dem Ganzen und seinen Teilen beachtet und „Widersprüche" in den Erscheinungen gesucht werden, um die Entwicklungstendenzen aufdecken zu können. HEGEL glaubt jedoch nicht, daß Menschen, auch wenn sie im Besitz der dialektischen Methoden sind, Geschichte bewußt planen und gestalten können.

Geschichte ist für ihn vom bewußten Handeln der Menschen unabhängig; sie sind unwissende Werkzeuge des „Weltgeistes", durch den sich die Selbstentfaltung und Selbstbewußtwerdung Gottes vollzieht. Während die Menschen glauben, eigene Ziele zu verfolgen, dienen sie in Wirklichkeit höheren Mächten. Der Philosoph kann zwar im Rückblick das Zufällige vom Wesentlichen unterscheiden und sagen, worin der Sinn einer vergangenen Epoche, d.h. ihr Beitrag zum Fortschritt im Bewußtsein der Freiheit, bestand. Doch er kann Einzelheiten des Geschichtsverlaufs nicht vorhersagen. An die Entwicklungsstufe seiner Zeit gebunden, kann er zwar hoffen, daß der Fortschritt, den er in der Vergangenheit zu erkennen glaubt, sich fortsetzen wird, doch er kann

nicht sagen, welcher Mittel sich der Weltgeist dabei bedienen wird.

2.2.1.2 Der historische Materialismus

KARL MARX (1818–1883) und FRIEDRICH ENGELS (1820–1895) entwickelten ihre Ideen unter dem Eindruck der wirtschaftlichen und sozialen Umwälzungen, die vor ihren Augen stattfanden und die Welt in wenigen Jahrzehnten stärker veränderten als in Jahrhunderten zuvor. In immer größerem Umfange begannen private Unternehmer, Güter mit Hilfe von Maschinen nicht für den Eigenverbrauch oder im Auftrag eines Kunden, sondern für den Verkauf auf dem „Markt" zu produzieren und die erzielten Gewinne zum großen Teil für die Erweiterung der Produktionsanlagen zu verwenden. Die Periode raschen wirtschaftlichen Wachstums und schneller technischer Entwicklung hatte begonnen. Die Folge waren soziale und politische Veränderungen größten Ausmaßes:

- Es entstanden Großstädte mit einem industriellen Proletariat, das zum Teil am Rande des Existenzminimums lebte.
- Die Spannungen zwischen den Schichten verschärften sich.
- Die in ihrer wirtschaftlichen Entwicklung fortgeschrittenen Staaten erfuhren einen erheblichen Machtzuwachs.

Der Begründer des historischen und dialektischen Materialismus (zus. m. Engels) wurde in Trier geboren, promovierte 1841, war Redakteur der Rheinischen Zeitung. Nach der Revolution von 1848 lebte er in London

Abb. 31: Karl Marx (1818–1883) als Student

- Die Rechtsordnungen mußten den Bedürfnissen der Wirtschaft angepaßt werden.
- Der Einfluß des geldbesitzenden Bürgertums wuchs, der landbesitzende Adel verlor an politischer Bedeutung.

MARX und ENGELS glaubten, daß die entscheidende Ursache für diese sozialen und politischen Veränderungen in der wirtschaftlichen Entwicklung zu suchen sei. Sie setzten sich das Ziel, eine ähnliche umfassende Geschichtsphilosophie zu entwerfen wie HEGEL, sie jedoch nicht auf die Selbstentfaltung Gottes, sondern auf die Selbstentfaltung des von wirtschaftlichen Kräften vorangetriebenen Menschen zu gründen. Sie meinten, das HEGELsche System müsse „vom Kopf auf die Füße" gestellt werden. An der HEGELschen Dialektik hielten sie jedoch fest. Ziel der Geschichte ist für MARX und ENGELS nicht mehr wie für HEGEL die Selbstverwirklichung Gottes, sondern die *Selbstverwirklichung des Menschen*. Voraussetzung für diese Selbstverwirklichung ist Freiheit, und zwar nicht nur Freiheit des einzelnen Menschen von aller Unterdrückung und Ausbeutung, sondern auch Freiheit von materieller Not und die Fähigkeit, die Geschichte bewußt zu gestalten. Solange der Mensch blinder Spielball gesellschaftlicher Entwicklungstendenzen ist, kann er nicht wirklich frei sein. Erst wenn er lernt, seine gesellschaftliche Umwelt so zu beherrschen, daß er ihre Entwicklung und damit die Bedingungen seiner eigenen Entfaltung bewußt steuern kann, ist er frei zur vernunftgemäßen Selbstverwirklichung.

Geschichte planbar

Der auf dieses Ziel gerichtete Geschichtsprozeß wird vorangetrieben durch Widersprüche, die sich in der ökonomischen Basis der Gesellschaft zeigen und die den Konflikt zwischen Unterdrückern und Unterdrückten („*Klassenkampf*") bis zur Revolution steigern können. In seinem berühmten „Vorwort zur Kritik der politischen Ökonomie" (1859) schildert MARX diese Gesetzmäßigkeiten:

Klassenkampf

Gesetzmäßigkeiten

„*In der gesellschaftlichen Produktion ihres Lebens gehen die Menschen bestimmte, notwendige, von ihrem Willen unabhängige Verhältnisse ein, die einer bestimmten Entwicklungsstufe ihrer materiellen Produktivkräfte entsprechen. Die Gesamtheit dieser Produktionsverhältnisse bildet die ökonomische Struktur der Gesellschaft, die reale Basis, worauf sich ein juristischer und politischer Überbau erhebt und welcher bestimmte gesellschaftliche Bewußtseinsformen entsprechen. Die Produktionsweise des materiellen Lebens bedingt den sozialen, politischen und geistigen Lebensprozeß überhaupt. Es ist nicht*

Produktivkräfte

Produktionsverhältnisse

Der Fabrikantensohn wurde 1820 in Barmen geboren. Er starb 1895 in London. Seit 1845 entwickelte er mit Marx den wissenschaftlichen Marxismus

Abb. 32: Friedrich Engels als Dreißigjähriger

das Bewußtsein der Menschen, das ihr Sein, sondern umgekehrt ihr gesellschaftliches Sein, das ihr Bewußtsein bestimmt. Auf einer gewissen Stufe ihrer Entwicklung geraten die materiellen Produktivkräfte der Gesellschaft in Widerspruch mit den vorhandenen Produktionsverhältnissen, oder, was nur ein juristischer Ausdruck dafür ist, mit den Eigentumsverhältnissen, innerhalb derer sie sich bisher bewegt hatten. Aus Entwicklungsformen der Produktivkräfte schlagen diese Verhältnisse in Fesseln derselben um. Es tritt dann eine Epoche sozialer Revolutionen ein. Mit der Veränderung der ökonomischen Grundlage wälzt sich der ganze ungeheure Überbau langsam oder rascher um ... Eine Gesellschaftsformation geht nie unter, bevor alle Produktivkräfte entwickelt sind, für die sie weit genug ist, und höhere Produktionsverhältnisse treten nie an ihre Stelle, bevor die materiellen Existenzbedingungen derselben im Schoße der alten Gesellschaft selbst ausgebrütet worden sind."

In diesen Sätzen ist der Kern des historischen Materialismus enthalten. „*Produktivkräfte*" bestehen nach MARX aus Produktionsmitteln, z. B. Maschinen, aus Menschen, die die Maschinen und Werkzeuge bedienen, aus Produktionserfahrungen und Arbeitsfertigkeit. Die Produktionsverhältnisse bilden die Grundlage der gesamten Gesellschaftsordnung. So werden fünf typische Gesellschaftsordnungen unterschieden, in denen jeweils bestimmte Produktionsverhältnisse vorherrschen.

Ihnen wiederum liegen bestimmte Produktivkräfte zugrunde. Diese Bezeichnungen lassen sich in einer Tabelle darstellen:

Gesellschaftsform	typische Produktivkräfte
Urgemeinschaft	Steinwerkzeuge, Pfeil und Bogen
Sklaverei	Metallwerkzeuge
Feudalismus	Pflug und Webstuhl
Kapitalismus	Maschinen
Sozialismus	mechanisierte Großindustrie

Basis-Über-
bau

Die „Gesamtheit der Produktionsverhältnisse" oder auch die „Produktions- und Eigentumsverhältnisse" bezeichnet MARX als „Basis"; die Machtverhältnisse, Rechtsnormen, politischen Ideen, Moral, Kunst, Religion, aber auch Institutionen wie Staat und Kirche, gehören dagegen zum „Überbau". Eine Kernthese des Marxismus lautet, daß der Überbau die Verhältnisse in der Basis widerspiegele. Die Rechts- und Moralvorstellungen und die staatliche Ordnung seien hauptsächlich von den Produktionsverhältnissen bestimmt. So entspreche das Prinzip der Unverletzlichkeit des Eigentums den Interessen der Besitzer der Produktionsmittel, gehe also letzten Endes auf die Produktionsverhältnisse zurück. Der kapitalistischen Gesellschaftsform kommt eine besondere Bedeutung im Geschichtsprozeß zu. Sie ist die erste Gesellschaftsform, die in großem Umfang Maschinen anwendet und rasches wirtschaftliches Wachstum ermöglicht, das die Befriedigung aller wichtiger menschlicher Bedürfnisse und somit Freiheit von materieller Not zum ersten Male in der Geschichte in greifbare Nähe rückt. Zugleich aber erzeugt der Kapitalismus die Klasse der Industriearbeiter, deren Zahl rasch zunimmt und deren Not wächst, obwohl die materiellen Voraussetzungen für die Befriedigung ihrer Bedürfnisse mehr und mehr geschaffen werden. Dieser „Widerspruch" gehöre zu den wichtigsten Triebkräften der Entwicklung.

Ausbeutung

Akkumula-
tion

In seinen ökonomischen Lehren versucht MARX, die Gesetzmäßigkeit der krisenhaften Entwicklung des kapitalistischen Systems zu zeigen.

Mehrwert

In der *Lehre vom Mehrwert* behauptet MARX, daß die Gewinne der Kapitalisten aus der Verfügung über die Arbeitskraft der Lohnarbeiter entstünden. Der den Arbeitern gezahlte Lohn könne nicht als Bezahlung für die geleistete Arbeit angesehen werden, sondern sei der Preis für die Nutzung der Arbeitskraft. Arbeitskraft sei eine Ware wie jede andere Ware auch, und ihr Preis, d. h. der Arbeitslohn, richte sich nach ihren Herstellungskosten. Die Herstellungskosten der Ware Arbeitskraft seien gleich den Kosten für die Lebensbedürfnisse des Arbeiters und seiner Familie. Die Arbeitszeit, die notwendig ist, um Güter herzustellen, deren Wert dem Arbeitslohn entspricht, nennt MARX „gesellschaftlich notwendige Arbeitszeit": sie ist erforderlich, um die Arbeitskraft der Arbeiter zu erhalten und durch Alter ausscheidende Arbeiter durch junge Arbeitskräfte zu ersetzen. Da der Kapitalist die Produktionsmittel besitze, könne er die Arbeiter zwingen, länger als die gesellschaftlich notwendige Arbeitszeit zu arbeiten, ohne daß die Mehrarbeit vergütet werde. Der Arbeiter erzeuge daher mehr Werte, als er durch den Lohn zurückerhalte, und dieser „Mehrwert" bilde den Profit des Kapitalisten.

Beispiel für die Berechnung des Mehrwerts

gesellschaftlich notwendige Arbeitszeit	*6 Std.*
tatsächliche Arbeitszeit	*12 Std.*

Werden in 1 Arbeitsstunde durchschnittlich Güter oder Dienstleistungen im Werte von 1 Mark erstellt, so beträgt der Lohn des Arbeiters 6 Mark, der Wert seiner tatsächlichen Leistung 12 Mark, der Profit des Kapitalisten (= Mehrwert) 6 Mark.

In der Macht des Kapitalisten, die Arbeiter zur Mehrarbeit über die gesellschaftlich notwendige Arbeitszeit hinaus zu zwingen, sieht MARX die Ursache der Ausbeutung, die nur durch Aufhebung des Privateigentums an Produktionsmitteln beseitigt werden kann. Mit der Lehre vom Mehrwert hängen die *Akkumulationstheorie* und die *Verelendungstheorie* zusammen. In der Akkumulationstheorie behauptet MARX, daß die Unternehmer den aus dem Mehrwert gezogenen Gewinn zum größten Teil nicht für sich selbst verbrauchten, sondern zur Vermehrung ihres Kapitals benutzten. Dazu zwingt sie der Wettbewerb. Wenn sie nicht ständig bessere Maschinen einsetzten und neue Produktionsverfahren anwenden, um mehr, besser und billiger zu produzieren, würden sie von den Konkurrenten aus dem Felde geschlagen werden. Bei dieser Vermehrung des Kapitals und der damit verbundenen Erweiterung der Produktion würden zwar auch mehr Arbeiter eingestellt; doch viel stärker wachse der Anteil des Kapitals, der für neue Maschinen und Fabrikanlagen ausgegeben werde. Die Maschine ersetze in zunehmendem Maße den Arbeiter. Es entstehe die „industrielle Reservearmee", das Heer der Arbeitslosen, das vor allem in den Wirtschaftskrisen gewaltig anschwelle. Die Akkumulation des Kapitals führe somit zur Anhäufung des Reichtums bei wenigen Kapitalisten und zur Verelendung der Massen.

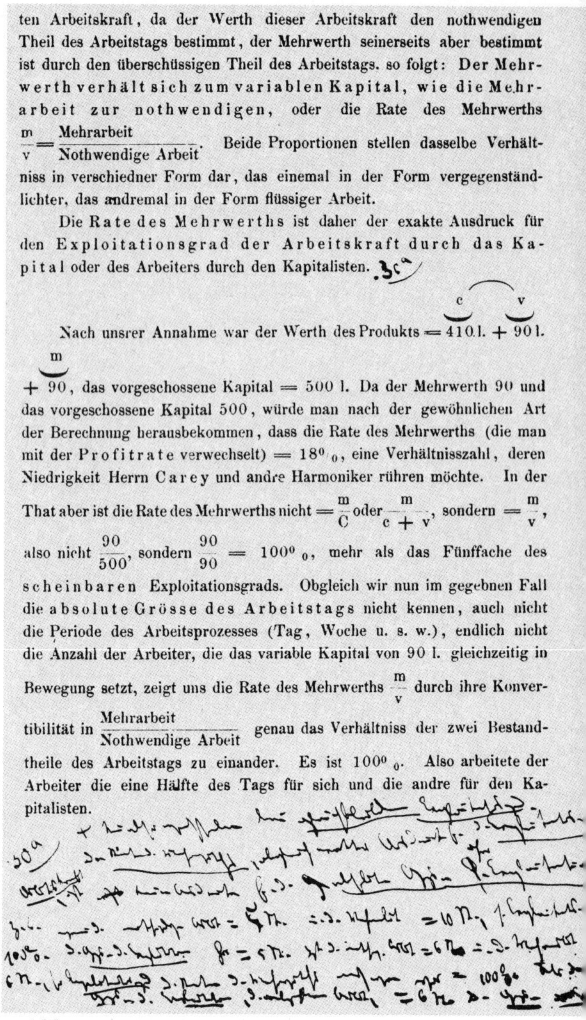

Krise Auch die MARXsche *Krisentheorie* hängt mit der Mehrwertslehre zusammen. Gewinne könne der Kapitalist nur aus dem Mehrwert ziehen. Wenn die Maschine immer mehr den Arbeiter verdränge, sinke der Mehrwert und damit auch der Gewinn im Verhältnis zum gesamten Kapitaleinsatz (Fall der Profitrate). Der Kapitalist versuche dieses Fallen der Profitrate durch Steigerung der Produktion auszugleichen. Er werfe riesige Warenmengen auf den Markt, die aber wegen der geringen Kaufkraft breiter Schichten nicht verkauft werden könnten. So käme es zu periodischen Wirtschaftskrisen, in denen der Absatz stocke, die Arbeitslosigkeit ansteige und viele kleine Kapitalisten zugrunde gingen. Übrig blieben die größeren und starken Unternehmungen, so daß die Krise die Konzentration der Produktionsmittel bei wenigen Großkapitalisten fördere.

Zusammenbruch In der *Zusammenbruchstheorie* behauptet MARX, die Wirtschaftskrisen würden immer heftiger. Arbeitslosigkeit und Verelendung des Proletariats würden unerträglich werden, der Gegensatz zwischen den wenigen Großkapitalisten und den Massen der verzweifelten Arbeiter werde sich aufs äußerste verschärfen. Schließlich würden die verarmten und verbitterten Proletarier zur Revolution schreiten, um die Unterdrückung der Vielen durch die Wenigen zu beenden.

Entfremdung Mindestens ebenso einflußreich wie diese ökonomischen Lehren wurde MARX' *Entfremdungsbegriff.* Auch er weist auf die Not der Menschen im kapitalistischen System hin und begründet die Notwendigkeit seiner Überwindung. Wie HEGEL meint auch MARX, der Mensch bilde sich durch Arbeit. Der Fabrikarbeiter könne sich aber nicht durch Arbeit bilden, denn das Produkt seiner Arbeit gehöre ihm nicht; im Gegenteil erzeuge seine Arbeit Reichtum bei den Kapitalisten, die ihn ausbeuten. So werde ihm das Produkt seiner Arbeit, in dem er seine eigene Leistung erkennen sollte, nicht zu einer Quelle der Befriedigung, sondern zu einer feindlichen Macht.

Der Arbeiter sei aber nicht nur dem Produkt seiner Arbeit, sondern auch der Arbeit selbst entfremdet. Unter der kapitalistischen Produktionsweise könne er sein eigenes Wesen durch die Arbeit nicht entfalten; er sei darauf beschränkt, eintönige Arbeitsprozesse ständig zu wiederholen. Er könne weder schöpferische Energie entwik-

---

ten Arbeitskraft, da der Werth dieser Arbeitskraft den nothwendigen Theil des Arbeitstags bestimmt, der Mehrwerth seinerseits aber bestimmt ist durch den überschüssigen Theil des Arbeitstags, so folgt: Der Mehrwerth verhält sich zum variablen Kapital, wie die Mehrarbeit zur nothwendigen, oder die Rate des Mehrwerths $\frac{m}{v} = \frac{Mehrarbeit}{Nothwendige\ Arbeit}$. Beide Proportionen stellen dasselbe Verhältniss in verschiedner Form dar, das einemal in der Form vergegenständlichter, das andremal in der Form flüssiger Arbeit.

Die Rate des Mehrwerths ist daher der exakte Ausdruck für den Exploitationsgrad der Arbeitskraft durch das Kapital oder des Arbeiters durch den Kapitalisten.

Nach unsrer Annahme war der Werth des Produkts $= \overbrace{410\ l.}^{c} + \overbrace{90\ l.}^{v}$ $+ \underbrace{90}_{m}$, das vorgeschossene Kapital $= 500\ l.$ Da der Mehrwerth 90 und das vorgeschossene Kapital 500, würde man nach der gewöhnlichen Art der Berechnung herausbekommen, dass die Rate des Mehrwerths (die man mit der Profitrate verwechselt) $= 18\%$, eine Verhältnisszahl, deren Niedrigkeit Herrn Carey und andre Harmoniker rühren möchte. In der That aber ist die Rate des Mehrwerths nicht $= \frac{m}{C}$ oder $\frac{m}{c+v}$, sondern $= \frac{m}{v}$, also nicht $\frac{90}{500}$, sondern $\frac{90}{90} = 100\%$, mehr als das Fünffache des scheinbaren Exploitationsgrads. Obgleich wir nun im gegebnen Fall die absolute Grösse des Arbeitstags nicht kennen, auch nicht die Periode des Arbeitsprozesses (Tag, Woche u. s. w.), endlich nicht die Anzahl der Arbeiter, die das variable Kapital von 90 l. gleichzeitig in Bewegung setzt, zeigt uns die Rate des Mehrwerths $\frac{m}{v}$ durch ihre Konvertibilität in $\frac{Mehrarbeit}{Nothwendige\ Arbeit}$ genau das Verhältniss der zwei Bestandtheile des Arbeitstags zu einander. Es ist 100%. Also arbeitete der Arbeiter die eine Hälfte des Tags für sich und die andre für den Kapitalisten.

Abb. 33: Eine Seite aus dem „Kapital" mit Korrekturen von Marx

keln noch sich das Produkt seiner Arbeit aneignen. So werde ihm die Arbeit zur Last und zu äußerem Zwang. Er fühle sich während der Arbeit unglücklich und könne durch die Arbeit weder Körper noch Geist entfalten. Die Entfremdung des Arbeiters von der Arbeit führt nach MARX dazu, daß er seinem eigenen Wesen entfremdet wird. Freie bewußte Arbeit unterscheidet den Menschen vom Tier und ermöglicht ihm geistige Entwicklung. Sinkt die Arbeit zum unwillig ergriffenen Mittel des Lebensunterhalts herab, so kann der Mensch sein wahres Wesen nicht verwirklichen. – Schließlich unterliegt auch das Verhältnis von Mensch zu Mensch der Entfremdung. Die kapitalistische Produktionsweise erniedrigt den Menschen zum Mittel: für den Kapitalisten ist der Arbeiter Mittel zum Erzielen von Profit.

Die Entfremdung erfaßt auch den Kapitalisten. Auch er gelangt durch die Arbeit nicht zur

Selbstverwirklichung seines wahren Wesens, sondern ihn treiben die Gesetze der kapitalistischen Produktionsweise dazu, dem Streben nach Profit alle anderen Neigungen unterzuordnen. Doch im Gegensatz zum Arbeiter empfindet der Kapitalist die Entfremdung nicht als drückende Last, sondern hält die Bedingungen seiner Existenz für einen unabänderlichen und notwendigen Zustand.

Privat-eigentum

Die Ursache der Entfremdung liegt nach der Lehre von MARX im Privateigentum an Produktionsmitteln. Die Entfremdung könne erst überwunden werden, wenn das Privateigentum an Produktionsmitteln aufgehoben sei. Erst dann werde es dem Menschen möglich sein, sich durch freie und bewußte Arbeit allseitig zu bilden und sein wahres Wesen zu verwirklichen.

Auf die Revolution drängen somit die Widersprüche im kapitalistischen Wirtschaftssystem, der sich verschärfende Klassenkampf zwischen dem Proletariat und der immer kleiner, aber reicher werdenden Schicht der Besitzenden, und das Bewußtsein, im Kapitalismus an der Selbstentfaltung gehindert zu sein, das immer mehr Menschen erfaßt.

Revolution Gewalt

MARX warnte jedoch davor, die Revolution herbeizuführen, ehe die Produktivkräfte innerhalb des kapitalistischen Systems voll entfaltet sind. Dafür hatte er zwei Gründe:

- Er glaubte, daß eine erfolgreiche Revolution nur möglich ist, wenn sie von einer nach Zahl und politischem Bewußtsein starken Klasse getragen wird, deren „Lebenslage sie notwendig zur sozialen Revolution treibt", und wenn zugleich die bisherige Führungsschicht unfähig und überflüssig zur Lenkung der Gesellschaft geworden ist.

Klassenlose Gesellschaft

- Er wollte mit der Revolution die klassenlose Gesellschaft und die Befreiung der Menschen nicht nur von politischer Unterdrückung, sondern auch von materieller Not herbeiführen. Er wußte, daß dazu ein hoher Stand der wirtschaftlichen Produktivkräfte notwendig war. Er fürchtete, daß die Revolution in einem wirtschaftlich unterentwickelten Lande nicht die Befreiung von Unterdrückung und Not bringen, sondern nur den *„Mangel verallgemeinern"* würde und daß *„mit der Notdurft auch der Streit um das Notwendige wieder beginnen und die ganze alte Scheiße sich herstellen müßte".*

Revolution wird also erst empfohlen, wenn der Kapitalismus die materiellen Voraussetzungen für eine „Gesellschaft im Überfluß" geschaffen hat, die Massen aber in Not und Entfremdung hält und an der Grenze seiner Leistungsfähigkeit

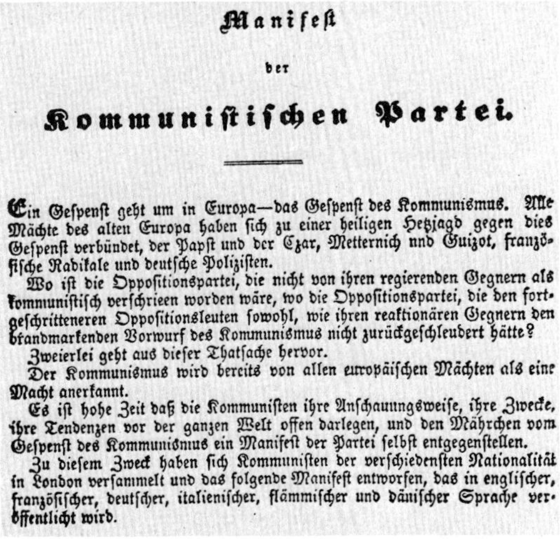

Manifest

der

Kommunistischen Partei.

Ein Gespenst geht um in Europa—das Gespenst des Kommunismus. Alle Mächte des alten Europa haben sich zu einer heiligen Hetzjagd gegen dies Gespenst verbündet, der Papst und der Czar, Metternich nnd Guizot, französische Radikale und deutsche Polizisten.

Wo ist die Oppositionspartei, die nicht von ihren regierenden Gegnern als kommunistisch verschrieen worden wäre, wo die Oppositionspartei, die den fortgeschritteneren Oppositionsleuten sowohl, wie ihren reaktionären Gegnern den brandmarkenden Vorwurf des Kommunismus nicht zurückgeschleudert hätte?

Zweierlei geht aus dieser Thatsache hervor.

Der Kommunismus wird bereits von allen europäischen Mächten als eine Macht anerkannt.

Es ist hohe Zeit daß die Kommunisten ihre Anschauungsweise, ihre Zwecke, ihre Tendenzen vor der ganzen Welt offen darlegen, und den Mährchen vom Gespenst des Kommunismus ein Manifest der Partei selbst entgegenstellen.

Zu diesem Zweck haben sich Kommunisten der verschiedensten Nationalität in London versammelt und das folgende Manifest entworfen, das in englischer, französischer, deutscher, italienischer, flämmischer und dänischer Sprache veröffentlicht wird.

Abb. 34: Das Kommunistische Manifest von 1848

angelangt ist. Erst dann ist nicht nur die *Zerschlagung der kapitalistischen Gesellschaft,* sondern auch die *Verwirklichung einer klassenlosen Gesellschaft möglich,* in der alle vernünftigen Bedürfnisse der Menschen befriedigt werden.

Zur Frage, ob die Revolution gewaltsam sein müsse, enthalten die Schriften von MARX und ENGELS unterschiedliche Angaben. Im *„Kommunistischen Manifest"* (1848) wird erklärt, daß die Kommunisten ihre Ziele nur durch „gewaltsamen Umsturz aller bisherigen Gesellschaftsordnung" erreichen könnten. Später neigten MARX und ENGELS zu der Auffassung, in Ländern mit relativ freiheitlichen Traditionen und Institutionen könne, sofern die Arbeiterschaft erst einmal die Mehrheit der Bevölkerung umfasse und auch die Mehrheit im Parlament besitze, der Kapitalis-

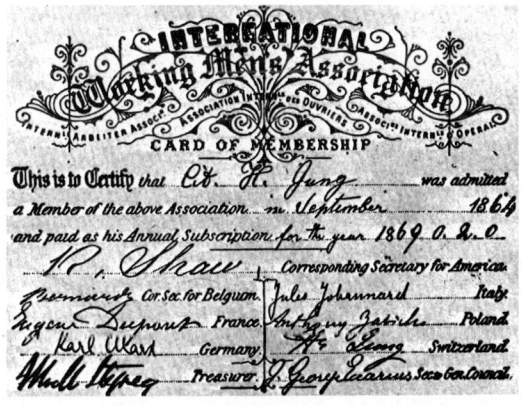

Abb. 35: Mitgliedskarte von 1864 der Internationalen Arbeiter-Assoziation (1. Internationale). Sie trägt die Unterschrift von Karl Marx für die deutsche Sektion

mus vielleicht auf legalem und friedlichem Wege überwunden werden.

Zwischen dem Zusammenbruch der kapitalistischen und der Verwirklichung der kommunistischen Gesellschaft hielten MARX und ENGELS eine Übergangsperiode für notwendig, die sie als *„Diktatur des Proletariats"* bezeichneten.

Absterben des Staates

Diktatur des Proletariats

> *„Zwischen der kapitalistischen und der kommunistischen Gesellschaft liegt die Periode der revolutionären Umwandlung der einen in die andere. Der entspricht auch eine politische Übergangsperiode, deren Staat nichts anderes sein kann als die revolutionäre Diktatur des Proletariats."* (KARL MARX 1875)

Während der Revolution von 1848 setzten MARX und ENGELS die „Diktatur des Proletariats" mit der einer demokratischen Staatsverfassung gleich, die einer Arbeitermehrheit den entscheidenden politischen Einfluß gibt. Nach der Pariser Kommune 1871 sahen sie in der Rätedemokratie der aufständischen Pariser Arbeiter das Modell der Diktatur des Proletariats. Die „Diktatur des Proletariats" bedeutete für MARX und ENGELS somit nicht die unkontrollierte Herrschaft einer Gruppe von Parteiführern, sondern die Herrschaft der proletarischen Volksmehrheit über die bürgerliche Minderheit. Die Willensbildung innerhalb der proletarischen Mehrheit sollte demokratisch sein, die Frage, ob der bürgerlichen Minderheit gleiche politische Rechte zuerkannt werden können, wurde kaum gestellt. MARX und ENGELS ließen jedoch keinen Zweifel daran, daß Widerstand der bürgerlichen Minderheit gegen den Willen der Mehrheit mit Gewalt überwunden werden müßte.

Räte

Ziel der Diktatur des Proletariats ist es, die Voraussetzungen für den Kommunismus zu schaffen. In der kommunistischen Gesellschaft

Kommunismus

- gibt es nur noch gesellschaftliches Eigentum an den Produktionsmitteln; alle Gesellschaftsmitglieder verbinden sich in Genossenschaften zur gemeinsamen und planmäßigen Ausbeutung der Produktivkräfte;
- gibt es keine Klassen mehr und keine Ausbeutung der Beherrschten durch die Herrschenden;
- ist die Teilung der Arbeit beseitigt und damit die „allseitige Entwicklung der Fähigkeiten aller Gesellschaftsmitglieder" möglich;
- ist die Produktion so hoch, daß die unentgeltliche Verteilung der Güter möglich wird;
- wird der Staat als Instrument zur Unterdrückung einer Klasse durch die andere überflüssig und stirbt ab. „An die Stelle der Regierung

Gesetze

über Personen tritt die Verwaltung von Sachen und die Leitung von Produktionsprozessen." (ENGELS 1882; in: MARX, ENGELS: Werke, Bd. 19, S. 224.)

Die *These vom Absterben des Staates* zeigt am deutlichsten, daß sich MARX und ENGELS die kommunistische Gesellschaft als eine harmonische Gemeinschaft vernünftiger Individuen vorstellen. Sie sahen in unbefriedigten materiellen Bedürfnissen und in den Hindernissen, die in der arbeitsteiligen und repressiven kapitalistischen Gesellschaft der freien Entfaltung des einzelnen entgegenstehen, die wichtigsten Ursachen sozialer Konflikte. Da sie den Kommunismus erst für möglich hielten, wenn materieller Überfluß vorhanden ist und alle vernünftigen materiellen Bedürfnisse unentgeltlich befriedigt werden können, und da sie vom Kommunismus auch den Abbau der letzten Hemmnisse für die freie Entfaltung der Persönlichkeit des einzelnen Menschen erwarteten, ist ihr Glaube verständlich, daß auch die sozialen Konflikte sich verringern würden, bis jede politische Zwangsgewalt zur Aufrechterhaltung des inneren Friedens überflüssig sei. Grundlage dieser Auffassung ist ein sehr optimistisches Menschenbild. MARX *und* ENGELS *waren der Überzeugung, daß der Mensch nur von ungünstigen Umweltbedingungen daran gehindert ist, gut und vernünftig zu sein, und daß in einer freiheitlichen Überflußgesellschaft Unvernunft und Egoismus zur Ausnahme, Vernunft und Verantwortung gegenüber der Gemeinschaft zur Regel werden würden.*

2.2.1.3 Der dialektische Materialismus

Marx und ENGELS glaubten, ihre politischen Lehren unumstößlich sichern zu können, wenn es gelänge, in Natur und Gesellschaft die gleichen Entwicklungsgesetze zu entdecken. FRIEDRICH ENGELS wollte daher die Allgemeingültigkeit der vom historischen Materialismus aufgestellten Gesetze nachweisen und entwickelte zu diesem Zwecke den dialektischen Materialismus. ENGELS versteht unter Materialismus, daß alle Wirklichkeit aus Materie besteht und unabhängig vom menschlichen Bewußtsein existiert. Die Materie ist in ständiger Aufwärtsentwicklung begriffen: vom Anorganischen zum Organischen, vom Organischen zum Bewußtsein. Die Aufwärtsentwicklung erfolgt dialektisch. ENGELS betont drei Gesetze dialektischer Entwicklung:

- vom Umschlag der Quantität in die Qualität;
- von der Negation der Negation;
- von Einheit und Kampf der Gegensätze.

Das *Gesetz vom Umschlag der Quantität in die Qualität* will erklären, wie etwas grundlegend Neues im Verlaufe der Aufwärtsentwicklung der Materie entstehen und die höhere Form aus der niedrigen aufsteigen kann. So führe eine quantitative Veränderung der Temperatur des Wassers zu qualitativ veränderten Zustandsformen des Wassers. Überschreite die quantitative Veränderung einen gewissen Grad, so komme es zu Sprüngen: aus der flüssigen werde die feste oder die gasförmige Zustandsform. Wird das Gesetz vom Umschlag der Quantität in die Qualität auf die gesellschaftliche Entwicklung übertragen, so besagt es, daß Sprünge, Revolutionen, zum Wesen der Entwicklung gehören und daß die aus einer Revolution entstehende Ordnung etwas grundlegend Neues und Besseres als die überwundene Ordnung sein kann.

Das *Gesetz von der Negation der Negation* soll zeigen, daß die Entwicklung nie zum Abschluß kommt. Negation bedeutet Beseitigung und Bewahrung zugleich im Sinne der HEGELschen „Aufhebung": das Überwundene, Alte wird nicht gänzlich verworfen, sondern das Wertvolle im Überwundenen wird in das Neue hinübergerettet. Die Negation ist nicht die endgültige und absolute Wahrheit. Sie bildet den Ausgangspunkt für eine neue Weiterentwicklung, wird also nach einiger Zeit durch eine neue Negation aufgehoben werden. Absolute Wahrheit ist nie in der einzelnen Erscheinung, sondern nur im gesamten Entwicklungsprozeß.

(Aufgrund dieser ihrer Philosophie hätten MARX und ENGELS ihre eigene Theorie als nicht endgültig bezeichnen dürfen. Wie HEGEL glaubten sie jedoch, in der dialektischen Methode ein Werkzeug zu besitzen, mit dem die gesamte Entwicklung erfaßt werden kann. So neigten sie dazu, ihre eigene, auf der Dialektik beruhende Philosophie als absolut gültig anzusehen.)

Das *Gesetz von der Einheit und dem Kampf der Gegensätze* soll erklären, wie eine Höherbewegung, eine Selbstentfaltung der Materie ohne einen außenstehenden Beweger, einen Gott, möglich ist. ENGELS meint, jedes Ding sei in sich zwiespältig, bestehe aus miteinander ringenden Gegensätzen, die es in Bewegung treiben. Als Beispiel führt er Wirkung und Gegenwirkung in der Mechanik, Differential und Integral in der Mathematik, positive und negative Elektrizität an. Der Lebensprozeß ist für ihn Ausdruck des „Widerspruchs" zwischen neuentstehenden und absterbenden Zellen.

Dieses Gesetz von der Einheit und dem Kampf der Gegensätze kann als das Fundament des dialektischen Materialismus angesehen werden, weil es die Eigenständigkeit der Materie und ihre Kraft zur Selbstentfaltung philosophisch rechtfertigen soll. Nicht nur die Selbstbewegung der Materie in irgendeiner Richtung, sondern eine Höherentwicklung, ein „Fortschritt", wird behauptet. Die wichtigste Anwendung dieses Gesetzes auf die gesellschaftliche Entwicklung besteht in der These, daß die Widersprüche in der Basis, d. h. Spannungen zwischen Produktivkräften und Produktionsverhältnissen, die Umwandlung der Gesellschaft einleiten. Feudalismus und Kapitalismus werden demnach von Kräften überwunden, die in ihnen selbst angelegt sind.

2.2.2 Die Weiterentwicklung des dialektischen und historischen Materialismus durch Lenin und Stalin

2.2.2.1 Die Revolutionslehre Lenins

Wie viele russische Intellektuelle, die ihr Leben der Zerstörung der zaristischen Autokratie und der Umwandlung der russischen Gesellschaft widmeten, war WLADIMIR ILJITSCH LENIN (1870–1924) Marxist geworden, weil ihn die Lehre von der gesetzmäßigen Entwicklung der Gesellschaft und von der Unvermeidlichkeit der Revolution beeindruckte.

Nach der marxistischen Theorie war Rußland zum Beginn des 20. Jahrhunderts für die sozialistische Revolution noch lange nicht reif. Das Industrieproletariat umfaßte kaum 5 % der Bevölkerung, die Produktivität der kapitalistischen Wirtschaft befand sich erst am Anfang ihrer Entwicklung. Da es noch keine entwickelte kapitalistische Gesellschaftsordnung gab, konnte sie auch nicht untergehen (vgl. S. 84). LENIN war jedoch nicht bereit, sich mit dem Gedanken abzufinden, daß bis zur sozialistischen Revolution noch Jahrzehnte vergehen könnten. Er wollte erreichen, was nach MARX unmöglich war: die antikapitalistische Revolution in einer Gesellschaft, die noch vorkapitalistisch war. Um die marxistische Theorie mit seinen Plänen in Einklang zu bringen, war er gezwungen, sie in wesentlichen Punkten zu ergänzen und äußerst einseitig zu interpretieren. In seiner Schrift *„Was tun?"* (1902) erklärte er, eine revolutionäre proletarische Bewegung entstehe nicht spontan *innerhalb* der Arbeiterschaft. Ohne Anleitung könnten die Arbeiter nur gewerkschaftlich denken und versuchen, durch gewerkschaftliche Kampfmittel ihre Arbeitsbedingungen zu verbessern. Die Ausbeutung der Arbeiter durch die Kapitalisten werde dadurch aber nicht beseitigt. Allein die revolutionäre Umwandlung der kapitalistischen in die sozialistische Gesellschaft könne das Proletariat befreien.

Zur erfolgreichen Revolution brauchen die Arbeiter nach LENIN revolutionäres Bewußtsein, Einheit im Handeln, revolutionäre Theorie. Da es ihnen an Bildung fehlt, können sie die revolutionäre Theorie nicht selbst entwickeln. Sie muß ihnen von außen, von den marxistischen Intellektuellen, nahegebracht werden. Ohne die Intellektuellen, die ihnen die Ideologie liefern, ist die Arbeiterbewegung blind; sie weiß nicht, auf welcher Stufe der gesellschaftlichen Entwicklung sie sich befindet und kann revolutionäre Chancen nicht erkennen. Ohne die Massenbasis der Arbeiterbewegung sind die Ideen der Intellektuellen fruchtlos. Sie können nicht in erfolgreiches revolutionäres Handeln umgesetzt werden.

Revolutionäre Theorie

Eng verbunden mit der starken Betonung der Rolle des revolutionären Bewußtseins ist der Parteibegriff LENINS. LENIN hält eine Elitepartei aus geschulten Berufsrevolutionären für notwendig, um das revolutionäre Bewußtsein von außen an die Arbeiterschaft heranzutragen. Nicht jeder Sympathisierende sollte Parteimitglied werden, sondern nur, wer zur aktiven Arbeit, bedingungslosen Unterordnung unter die Parteiführung und zu jedem Opfer im Dienste der Revolution bereit war. LENIN hatte gewichtige Gründe, eine Mas-

Elitepartei

Revolutionär, Theoretiker und sowjetischer Staatsmann. Er gründete nach 1903 die bolschewistische Partei, nach der Oktoberrevolution die Sozialistische Sowjetrepublik

Abb. 36: Wladimir Iljitsch Lenin 1870–1924

senpartei abzulehnen. Die Partei mußte Untergrundarbeit leisten und war stets in Gefahr, von Polizeispitzeln durchsetzt zu werden. Nur eine straffe Organisation von ausgewählten Berufsrevolutionären hatte in der Illegalität Aussicht auf Bestand. In der Untergrundarbeit entwickelte sich aber zugleich eine Parteistruktur, die alle Macht bei der Parteiführung konzentrierte.

Ich bestätige,

1.) dass die eingegangenen Bedingungen, die von Platten mit der deutschen Gesandtschaft getroffen wurden, mir bekannt gemacht worden sind;

2) dass ich mich den Anordnungen des Reiseführers Platten unterwerfe;

3) dass mir eine Mitteilung des "Petit Parisien" bekanntgegeben worden ist, wonach die russische provisorische Regierung die durch Deutschland Reisenden als Hochverräter zu behandeln drohe.

4) dass ich die ganze politische Verantwortlichkeit für diese Reise ausschliesslich auf mich nehme;

5) dass mir von Platten die Reise nur bis Stockholm garantiert worden ist.

Bern - Zürich, 9. April 1917.

Lenin.

Abb. 37: Verpflichtung und Passierschein Lenins bei seiner Reise aus der Schweiz durch Deutschland nach Schweden vom 9. 4. 1917

Eine weitere folgenreiche These LENINs behauptet, daß durch Zusammenarbeit von Industrieproletariat und Landproletariat die Überleitung der bürgerlichen Revolution in die sozialistische möglich sei, auch wenn die kapitalistische Gesellschaftsordnung noch nicht voll entwickelt ist. Die Provisorische Regierung im Jahre 1917 bedeutete für die Bolschewisten den Griff des Bürgertums nach der politischen Macht. Nach der Lehre MARXens mußte nun eine Periode des ungehemmten Kapitalismus unter der Herrschaft der Bourgeoisie anbrechen. LENIN glaubte jedoch, daß es möglich wäre, die Kriegsmüdigkeit des Volkes zu nutzen und durch gemeinsame revolutionäre Aktionen der Industriearbeiter und der unzufriedenen Kleinbauern und Landarbeiter die Bourgeoisie zu stürzen, noch ehe sie ihre Herrschaft gefestigt hatte. Der Erfolg der Oktoberrevolution zeigte, das LENINs These vielleicht schlechte marxistische Theorie, aber erfolgreiche Anleitung zum Handeln war.

LENIN war sich jedoch darüber im klaren, daß die sozialistische Revolution in einem wirtschaftlichen zurückgebliebenen Lande wenig Aussicht *Weltrevolution* auf Bestand hatte. Daher hoffte er, der Weltkrieg würde mit der Weltrevolution, zumindest mit der Revolution des deutschen Proletariats enden, und das russische Proletariat würde schließlich mit Hilfe des deutschen Proletariats die Angriffe der Kapitalisten von außen und von innen abschlagen und zum Aufbau des Sozialismus übergehen können.

Große politische Bedeutung gewann auch LENINs Lehre von der *Diktatur des Proletariats*. Da unter *Diktatur des* den russischen Verhältnissen des Jahres 1917 die *Proletariats* revolutionäre Industriearbeiterschaft eine kleine Minderheit bildete, konnte er nicht erwarten, daß nach Einführung des allgemeinen und gleichen Wahlrechts die Mehrheit der Volksvertretung den Aufbau des Kommunismus befürworten würde. Er sah es daher als Aufgabe der Elitepartei an, die Revolution nicht nur vorzubereiten, sondern auch bis zur vollständigen Beseitigung aller kapitalistischen Institutionen und Verhaltensweisen weiterzuführen.

Die „Diktatur des Proletariats" ist für LENIN daher am Anfang unvermeidlich eine Minderheits- *Minderheits-* herrschaft, später, wenn die Massen der Arbeiter *herrschaft* und Bauern von der Partei umerzogen sind, eine Parteiherrschaft im Auftrag der Mehrheit, stets aber eine Herrschaft, die mit gewaltsamer Unterdrückung aller konterrevolutionären Kräfte verbunden ist.

> „Die Diktatur des Proletariats aber, d. h. die Organisierung der Avantgarde der Unterdrückten zwecks Niederhaltung der Unterdrücker, kann nicht einfach nur eine Erweiterung der Demokratie ergeben. Zugleich mit der gewaltigen Erweiterung des Demokratismus, der zum ersten Male ein Demokratismus für die Armen, für das Volk wird und nicht ein Demokratismus für die Reichen, bringt die Diktatur des Proletariats eine Reihe von Freiheitsbeschränkungen für die Unterdrücker, die Ausbeuter, die Kapitalisten. Diese müssen wir niederhalten, um die Menschheit von der Lohnsklaverei zu befreien, ihr Widerstand muß mit Gewalt gebrochen werden – es ist klar, daß es dort, wo es Unterdrückung, wo es Gewalt gibt, keine Freiheit, keine Demokratie gibt."
>
> (W. I. LENIN 1955, S. 225)

Durch LENINs Theorie und Praxis gewann die „Diktatur des Proletariats" einen Inhalt, den sie bei MARX und ENGELS nicht gehabt hatte. Während MARX und ENGELS an eine relativ kurzfristige Periode der raschen Umstellung der Gesellschaft durch die politisch bewußte und demokratisch organisierte Volksmehrheit dachten, entwickelt LENIN das Konzept einer Erziehungsdiktatur durch eine straff disziplinierte revolutionäre Elite, die zwar um die Zustimmung der „Massen" wirbt, doch den politischen Prozeß allein steuert und alle oppositionellen Gruppen rücksichtslos unterdrückt.

Die Diktatur des Proletariats führt nach LENIN nicht unmittelbar zum Kommunismus, sondern sie leitet zunächst die Periode des Sozialismus ein. Im Sozialismus sind die Produktionsmittel Gemeineigentum, doch das politische Bewußtsein des Volkes ist noch nicht so hoch entwickelt und die Produktivität der Wirtschaft reicht noch nicht aus, um auf jede politische Zwangsgewalt zu verzichten und alle materiellen Bedürfnisse befriedigen zu können. Es ist daher noch eine Staatsgewalt nötig, und die Verteilung der Güter muß von der Arbeitsleistung des einzelnen abhängig gemacht werden.

2.2.2.2 Der Stalinismus

Zur Rechtfertigung seiner Terrorherrschaft berief sich STALIN auf die Theorien von MARX, ENGELS und LENIN, interpretierte sie jedoch sehr einseitig und verdrehte zum Teil ihren Sinn.

MARX hatte in der Partei eine locker organisierte, in sich demokratische Interessenvertretung der gesamten Arbeiterschaft gesehen; LENIN betrachtete eine straff organisierte Elitepartei als Vorbedingung einer erfolgreichen Revolution; STALIN entwickelte die Partei zu einem diktatorisch geführten, die gesamte Gesellschaft durchdringenden Lenkungsapparat, dessen Mitglieder zu bedingungslosem Gehorsam der Parteiführung gegenüber verpflichtet waren. Seine „Sechs Merkmale der Partei" 1924 formuliert, haben bis zur Entstalinisierung unter CHRUSCHTSCHOW den Charakter der KPdSU und der von Moskau abhängigen kommunistischen Parteien in anderen Staaten bestimmt. Die kommunistische Partei ist danach

Stalinistische Partei

- Vortrupp der Arbeiterklasse;
- organisierter Trupp der Arbeiterklasse;
- höchste Form der Klassenorganisation des Proletariats, lenkende Kraft der gesamten Gesellschaft, Koordinierungsorgan für alle anderen gesellschaftlichen Organisationen, die zu bloßen „Hebeln" und „Transmissionsriemen", über die der Wille der Partei in das Volk übertragen wird, umfunktioniert werden;
- Instrument der Diktatur des Proletariats, das auch nach der Revolution weiter ausgebaut und gefestigt werden muß;
- Willenseinheit, mit der „Fraktionsmacherei" unvereinbar ist;
- zur Selbstreinigung fähige Organisation, die sich von opportunistischen Elementen aus dem Kleinbürgertum, der Intelligenz und der Bauernschaft säubern muß, um ihre Stärke und Einheitlichkeit zu erhalten.

MARX, ENGELS und auch noch LENIN waren Internationalisten. Sie versuchten, eine internationale kommunistische Bewegung aufzubauen, weil sie glaubten, daß eine auf ein Land beschränkte Revolution keinen dauernden Erfolg haben könnte. LENIN versuchte zwar die Revolution zunächst nur in Rußland, dem „schwächsten Glied in der Kette der imperialistischen Mächte"; doch er hoffte auf ein baldiges Übergreifen der Revolution auf Mittel- und Westeuropa, vor allem auf Deutschland mit seiner starken Arbeiterbewegung und hochentwickelten Industrie. Nach dem Scheitern dieser Hoffnungen verkündete STALIN die These von der Möglichkeit des Sozialismus in einem Lande. Unter Führung der Partei sollte es möglich sein, in der Sowjetunion allein den Sozialismus aufzubauen; Voraussetzung dafür war die Industrialisierung des Landes aus eigener Kraft und seine Verteidigung gegen die feindliche kapitalistische Umwelt. Mit dem Hinweis auf die Aufgaben – Industrialisierung und Abwehr der „kapitalistischen Umkreisung" – wurde nicht nur die Diktatur der Partei, sondern auch die Er-

Führung der SU

Sozialismus in einem Land

Revolutionär und sowjetischer Staatsführer nach Lenins Tod bis 1953. Der Aufbau der UdSSR und der Sieg 1945 sind mit seinem Namen ebenso verbunden wie blutige Schauprozesse und Terror

Abb. 38: Josef Wissarionowitsch Stalin 1879–1953

weiterung und Verstärkung einer riesigen Bürokratie gerechtfertigt, die offensichtlich im Widerspruch zur MARXschen Lehre vom Absterben des Staates stand. Die These vom möglichen Sieg des Sozialismus in einem Lande hatte aber auch Konsequenzen für die Theorie und Praxis der Weltrevolution.

STALIN sah nun in der Sowjetunion das Modell und zugleich die Führungsmacht des Sozialismus und erhob den Anspruch, daß sich alle anderen revolutionären Bewegungen dem sowjetischen Modell anpassen und der sowjetischen Führung unterordnen müßten. Er verkündete die *„Zwei-Zentren-Theorie"*. Es werde sich ein sozialistisch-revolutionäres Zentrum unter Führung der Sowjetunion und ein kapitalistisch-konterrevolutionäres Zentrum unter der Führung der stärksten kapitalistischen Macht herausbilden. Das Schicksal der Revolution werde von der Stärke des sozialistischen Zentrums, d.h. der Sowjetunion, bestimmt. Damit war an die Stelle des sozialistischen Internationalismus der *russische Großmachtanspruch* getreten. Trotz der Entstalinisierung nach 1956 sind diese politischen Lehren STALINs im Kern auch heute noch in der Sowjetunion unangefochten. Die Führungsrolle der Partei wird nicht angetastet, der Führungsanspruch der Sowjetunion in der internationalen sozialistischen Bewegung ist durch die Ereignisse in der Tschechoslowakei 1968–1970 erneut bewiesen worden.

Unverändert gültig ist auch die Änderung, die STALIN am historischen Materialismus vornahm. In der These, daß die gesellschaftliche Entwicklung durch revolutionäre Sprünge gekennzeichnet ist, sah STALIN eine Gefährdung seiner Herrschaft. Mußte er nicht annehmen, daß eines Tages ein revolutionärer Sprung den Sowjetstaat ebenso beseitigen werde, wie der kapitalistische Staat von der sozialistischen Revolution besiegt worden ist? STALIN behauptete daher, die revolutionäre Umwälzung sei nur in einer Gesellschaft notwendig, die in feindliche Klassen aufgespalten ist. In der sozialistischen und kommunistischen Gesellschaft, in der es keine feindlichen Klassen gebe, könnten qualitativ neue Gesellschaftsformen auch durch allmählichen friedlichen Übergang entstehen. So sei die Kollektivierung der Landwirtschaft eine Umwälzung gewesen, die nicht mit dem Sturz der bestehenden Staatsmacht verbunden, sondern im Gegenteil von der Staatsmacht geplant und in der Form eines allmählichen Übergangs von der alten zu einer neuen Ordnung durchgeführt wurde („Revolution von oben").

Revolution von oben

Die Aufwärtsentwicklung der Gesellschaft hat somit im Sozialismus eine neue Form gefunden. Sie verläuft nicht mehr im dialektischen Prozeß von Kämpfen zwischen gegensätzlichen Kräften, sondern nimmt die Gestalt einer kontinuierlichen Vorwärtsbewegung an. Sie kann nun auch nicht mehr durch den Widerspruch von Produktivkräften und Produktionsverhältnissen angetrieben werden, denn nach der Aufhebung des Privateigentums an den Produktionsmitteln ist dieser Widerspruch verschwunden. So wirken andere

Entstalinisierung

„nichtantagonistische" Faktoren als Triebkräfte der Entwicklung; Kritik und Selbstkritik, die moralisch-politische Einheit des Volkes, die Freundschaft der Nationalitäten der Sowjetunion, der Sowjetpatriotismus.

2.2.3 Die drei Richtungen im gegenwärtigen Marxismus: der „wissenschaftliche Kommunismus" in der Sowjetunion, der Maoismus und der Reformkommunismus

2.2.3.1 Der „wissenschaftliche Kommunismus" in der gegenwärtigen Sowjetunion

STALIN starb 1953. Die Sowjetunion ging zur kollektiven Führung über, der Terror wurde schrittweise gemildert, die „sozialistische Gesetzlichkeit" proklamiert und damit dem Bürger, der sich systemkonform verhielt, eine gewisse Rechtssicherheit gewährt. Auf dem 20. Parteitag im Februar 1956 wurde der Stalinismus von CHRUSCHTSCHOW scharf kritisiert. Es begann die Periode der „Entstalinisierung". Die Hoffnungen, es werde sich in der Sowjetunion allmählich ein Übergang zu einem demokratischen Sozialismus anbahnen, erfüllten sich jedoch nicht. Die Kritik an STALINs Herrschaftsmethoden mußte als Kritik an der nach wie vor bestehenden bürokrati-

Abb. 39: Folge der „Breshnew-Doktrin: Sowjetische Panzer in Prag am 28. 8. 1968

schen Einparteiendiktatur wirken und stieß auf zunehmenden Widerstand konservativer Funktionäre. Nach CHRUSCHTSCHOWs Sturz 1964 setzte eine politische Reaktion ein, die als *„Restalinisierung"* bezeichnet werden kann. Die Kritik an STALIN verstummte, Abweichungen von der Parteilinie wurden wieder schärfer geahndet, auf Reformen drängende Intellektuelle verfolgt. 1967 erschien eine verbindliche Darstellung der politischen Lehren unter dem Titel „Grundlagen des wissenschaftlichen Kommunismus", die als die gegenwärtig gültige sowjetamtliche Anwendung des historischen Materialismus auf die Probleme der Sowjetgesellschaft und der internationalen revolutionären Bewegung angesehen werden kann und die die dogmatischen Tendenzen der Parteiführung deutlich spiegelt.

Nach den „Grundlagen des wissenschaftlichen Kommunismus" besteht die kommunistische Weltbewegung gegenwärtig aus drei Hauptabteilungen:

- den kommunistischen Parteien der sozialistischen Länder, die für den erfolgreichen Aufbau des Sozialismus und Kommunismus verantwortlich sind;
- den kommunistischen Parteien der entwickelten kapitalistischen Länder, die auf den Sturz des kapitalistischen Systems durch eine sozialistische Revolution hinarbeiten;
- aus den kommunistischen Parteien der vom Kolonialismus befreiten Länder, die das Ziel haben, die Entwicklung ihrer Länder auf nichtkapitalistischem Wege zu fördern und die

Abb. 40: Niederschlagung des ungarischen Aufstandes im November 1956

Grundlagen für den Aufbau des Sozialismus zu schaffen.

Alle drei Hauptabteilungen sind sich einig in dem Ziel, das kapitalistische System in der ganzen Welt zu stürzen und durch die kommunistische Gesellschaft zu ersetzen. Während CHRUSCHTSCHOW vorübergehend die Möglichkeit eines friedlichen Übergangs zum Sozialismus betont hatte, wird nun die Notwendigkeit der gewaltsamen Revolution in den kapitalistischen Ländern erneut in den Vordergrund gestellt; ebenso ist in den Beziehungen zwischen den sozialistischen und kapitalistischen Ländern nicht mehr die „friedliche Koexistenz", sondern der „Kampf gegen die aggressive Politik des Imperialismus" Generallinie.

Von unterschiedlichen Wegen zum Sozialismus, wie sie während der Entstalinisierung gebilligt wurden, ist kaum noch die Rede; im Gegenteil werden „allgemeine Gesetzmäßigkeiten" beim Aufbau des Sozialismus betont, die vom sowjetischen Vorbild abgeleitet sind. So werden *zehn programmatische Richtlinien für alle kommunistischen Parteien aufgestellt:*

1. Die Führung der Werktätigen durch die Arbeiterklasse, deren Kern die kommunistische Partei ist.
2. Die Verwirklichung der proletarischen Revolution.
3. Das Bündnis von Arbeitern und Bauern.
4. Das gesellschaftliche Eigentum an den Produktionsmitteln.
5. Die allmähliche sozialistische Umgestaltung der Landwirtschaft.
6. Die planmäßige Entwicklung der Volkswirtschaft.
7. Die sozialistische Revolution auf dem Gebiet der Ideologie und Kultur und die Heranbildung einer Intelligenz, die dem Sozialismus ergeben ist.
8. Die Lösung der nationalen Frage.
9. Der Schutz der Errungenschaften des Sozialismus gegen die Anschläge äußerer und innerer Feinde.
10. Der proletarische Internationalismus. (vgl. LEONHARD 1970, S. 258 f.)

Das Parteiprogramm von 1961 hatte ausführliche Beschreibungen der kommunistischen Zukunftsgesellschaft und detaillierte Versprechungen enthalten. In den „Grundlagen des wissenschaftlichen Kommunismus" von 1967 fehlt die Zukunftsvision. Im Vordergrund steht der Kampf gegen die Konterrevolutionären Kräfte im kapitalistischen Lager und gegen die von den Kapitali-

Restalinisierung

Wissenschaftlicher Kommunismus

Richtlinien für kommunistische Parteien

sten und Imperialisten verführten Feinde des Sozialismus im Inneren der sozialistischen Länder; Friede, Wohlstand und Harmonie bleiben einer fernen Zukunft überlassen.

Die Intervention in der Tschechoslowakei und die anschließend zu ihrer Rechtfertigung entwickelte Doktrin von der „begrenzten Souveränität" der einzelnen sozialistischen Länder lagen in der Konsequenz der bereits 1967 vorgezeichneten Linie. BRESHNEW behauptete,

Breshnew-Doktrin

- es gebe eine „stille Konterrevolution" in manchen sozialistischen Ländern, die vom kapitalistischen Ausland geschürt werde. Sie arbeite mit Schlagworten wie der „Demokratisierung des Sozialismus", zersetze aber die Grundlagen der sozialistischen Gesellschaft;

Bauern

- die Verteidigung eines sozialistischen Landes gegen die offene imperialistische Aggression von außen oder die „stille Konterrevolution" von innen sei Aufgabe des gesamten sozialistischen Lagers. Weder eine formal verstandene nationale Selbstbestimmung noch eine abstrakt aufgefaßte staatliche Souveränität dürften die sozialistischen Länder daran hindern, gemeinsam zu intervenieren; wenn der Sozialismus irgendwo bedroht sei;

Nationale Befreiungs-bewegung

- ob das sozialistische Lager in einem Mitgliedlande intervenieren müsse, könne nicht von den Kommunisten des von der Konterrevolution bedrohten Landes allein entschieden werden, sondern sei Sache der gesamten sozialistischen Staatengemeinschaft.

Diese „Breshnew-Doktrin" hat im sozialistischen Lager selbst zu Protesten geführt. Weder Rumänien noch Jugoslawien waren bereit, sich einem Interventionsrecht des sozialistischen Lagers auszusetzen, das faktisch der Sowjetunion allein das Recht gab, zu entscheiden, ob sie sich in innenpolitische Entwicklungen eines Landes einmischen dürfte. Dennoch zeigt die Entwicklung in der Tschechoslowakei nach 1968, daß die Sowjetunion in allen Ländern, die zu ihrem militärischen Einflußgebiet gehören, Abweichungen vom sowjetischen Modell des Sozialismus hart und wirksam unterbinden kann. Auch die Unterdrückung der unabhängigen Gewerkschaft „Solidarität" in Polen durch die Militärdiktatur Jaruzelskis 1982 liegt auf der gleichen Linie. Die sowjetische Version des Marxismus-Leninismus ist heute wieder, wie schon zu Stalins Zeiten, in erster Linie die Rechtfertigung der Parteidiktatur über die Sowjetunion selber und des sowjetischen Führungsanspruchs über die Länder des sozialistischen Lagers.

2.2.3.2 Die „Große Lehre Mao Tse-tungs"

Die schärfste Kritik am sowjetischen Führungsanspruch wird von China erhoben. Die Differenzen hängen mit dem besonderen Weg Chinas zum Sozialismus zusammen.

Als MAO in den zwanziger Jahren mit dem Aufbau einer sozialistischen Bewegung begann, waren die Voraussetzungen für eine erfolgreiche Revolution nach MARXschem Modell noch weniger gegeben als in Rußland 1917. Die Industrialisierung hatte im größten Teil Chinas noch nicht begonnen, MAO mußte sich von Anfang an in erster Linie auf eine Bauernbewegung stützen. STALIN schätzte die Entwicklung Chinas wiederholt falsch ein. Anfangs glaubte er nicht an einen Erfolg der Bauernrevolution MAOs und setzte eher auf die nationale Befreiungsbewegung TSCHIANG KAI-SCHEKs; später begann er, einen Erfolg MAOs zu fürchten, weil er in einem kommunistischen 700-Millionen-Staate eine Gefahr für den sowjetischen Führungsanspruch sah. Für die Chinesen war der russische Führungsanspruch auch deshalb unerträglich, weil das zaristische Rußland zu den imperialistischen Mächten gehörte, die China ausgebeutet hatten. Die sowjetische Einmischung wurde daher oft mit neoimperialistischen Neigungen der Sowjetführer gleichgesetzt.

Die „*Große Lehre* MAO TSE-TUNGs", zu der die zahlreichen verstreuten Äußerungen MAOs zur politischen Theorie zusammengefaßt werden, beruft sich zwar auf den Marxismus-Leninismus, weicht jedoch in wichtigen Teilen, vor allem in der Revolutionstheorie, weit von MARX, ENGELS und LENIN ab. Hauptkraft der Revolution sind nach MAO die nationalen Befreiungsbewegungen Asiens, Afrikas und Lateinamerikas. In den Entwicklungsländern hätten es die Imperialisten zwar vermocht, die Städte unter ihre Kontrolle zu bringen.

Die Bauern, die überall die Mehrheit der Bevölkerung umfaßten, seien jedoch für den Kampf gegen den Imperialismus zu gewinnen, und die ausgedehnten Landgebiete böten den Revolutionären auch den notwendigen Raum, in dem sie, gestützt auf die Bauern, manövrieren könnten, um die Städte zu „umzingeln". Die gleiche, aus der chinesischen Erfahrung abgeleitete Doktrin wird verallgemeinert und auf das Verhältnis von Entwicklungsländern und kapitalistischen Industrieländern angewandt.

Revolutionär, Theoretiker und chinesischer Staatsführer. Er proklamierte am 1. 10. 1949 die Volksrepublik China und blieb immer der „Große Vorsitzende"

Abb. 41: Mao Tse-tung 1893–1976

So erklärte LIN PIAO 1965:
„Nehmen wir die ganze Welt her. Wenn Nordamerika und Westeuropa als ‚Städte der Welt'
bezeichnet werden können, kann man Asien,
Afrika und Lateinamerika die ‚ländlichen Gebiete der Welt' nennen. Seit Ende des Zweiten
Weltkrieges ist die proletarische revolutionäre
Bewegung in den nordamerikanischen und
westeuropäischen kapitalistischen Ländern aus

Abb. 42: Rote Garden während der Kulturrevolution in China, Shanghai, Februar 1967

verschiedenen Gründen vorübergehend abge-
bremst worden, während die revolutionäre Bewegung der Völker in Asien, Afrika und Lateinamerika sich kraftvoll entwickelt hat. In einem gewissen Sinne bietet die gegenwärtige
Weltrevolution ein Bild der Einkreisung der
Städte durch die ländlichen Gebiete."
(vgl. LEONHARD 1970, S. 310)

In chinesischer Sicht haben die sozialistischen
Länder vor allem die Aufgabe, die revolutionären
Bewegungen in den Entwicklungsländern zu unterstützen und mit ihnen den Kampf gegen die
kapitalistischen Industrieländer zu führen. Der
Sowjetunion wird vorgeworfen, die „nationalen
Befreiungsbewegungen" der Dritten Welt nur unzureichend unterstützt zu haben. Außerdem habe
CHRUSCHTSCHOW mit seiner These von der
„friedlichen Koexistenz" zwischen Staaten unterschiedlicher gesellschaftlicher Ordnung den gemeinsamen Kampf der revolutionären Kräfte in
den Entwicklungsländern und der sozialistischen
Länder gegen die Imperialisten verraten. Die sowjetische Politik sei nicht mehr durch das Ziel
der Weltrevolution bestimmt, sondern durch die
Interessen der neuen sowjetischen Bourgeoisie,
die eine staatskapitalistisch-bürokratische Diktatur über die Arbeiter, Bauern und Intellektuellen
ausübe.

Für die Sowjetunion stellte MAOS Theorie und
Politik nicht nur eine unbequeme Konkurrenz,
sondern eine Gefahr dar. Die Bedeutung der Entwicklungsländer für den weiteren Verlauf der
Weltrevolution ist auch von den sowjetischen
Führern erkannt worden. MAOS Ansicht, daß die
Entwicklungsländer die wichtigste revolutionäre
Kraft bilden, stellte jedoch den Führungsanspruch der Sowjetunion in Frage. MAOS Ziel, die
„Städte", d. h. die westlichen Industrieländer, von
den sozialistischen Entwicklungsländern einzu-
kreisen und seine Überzeugung von der Unvermeidlichkeit des Krieges konnte die Sowjetunion
in politische und militärische Konflikte verwik-
keln, die von ihr schwer zu beeinflussen waren.
MAOS Betonung der „Widersprüche" während
des Aufbaus des Sozialismus und seine rücksichtslose Konfliktpolitik im Inneren konnte
Auswirkungen auf die Sowjetgesellschaft haben,
in der sich Intellektuelle zunehmend gegen bürokratische Bevormundung wehrten und in der
zwar MAOS Außenpolitik weithin abgelehnt wurde, seine Innenpolitik aber teilweise auf Sympathien traf. Hinzu kam, daß sich die Sowjetunion
von dem technologisch rasch erstarkenden China
auch militärisch bedroht fühlte.

Nach MAOs Tod (1976) setzte sich in China eine pragmatische, vorrangig an der wirtschaftlichen Entwicklung des Landes orientierte Politik durch, die Ideologie trat in den Hintergrund. Damit war nicht nur eine Verbesserung der Beziehungen zu den westlichen Industrieländern, sondern auch eine Verringerung der ideologischen Auseinandersetzung mit der Sowjetunion verbunden. Erhalten blieb allerdings der realpolitische Gegensatz zwischen der Sowjetunion und China. Auch die neue chinesische Führung widersetzt sich den Bestrebungen, die sowjetische Machtsphäre auszuweiten (Afghanistan). Umgekehrt scheint die sowjetische Führung nach wie vor zu fürchten, daß gegen Ende des Jahrhunderts das 1000-Millionen-Volk der Chinesen wirtschaftlich und militärisch stark genug sein wird, um die Sowjetunion zu bedrohen.

Reformkommunismus

2.2.3.3 Der „Reformkommunismus"

2.2.3.3.1 Entstehung, Grundsätze

Zuerst in Jugoslawien, dann auch in Ungarn, in der Tschechoslowakei und in Polen gewann seit 1950 eine von der sowjetischen und maoistischen Ideologie deutlich abgrenzbare dritte Strömung an Einfluß, die unter dem Begriff „Reformkommunismus" zusammengefaßt werden kann. Nur in Jugoslawien gelang es allerdings, ein reformkommunistisches Modell politisch zu verwirklichen. Auch der „Eurokommunismus", zu dem in den siebziger Jahren Teile der Kommunistischen

Eurokommunismus

Parteien in Frankreich, Italien und Portugal gerechnet wurden, stellt eine Tendenz innerhalb des „Reformkommunismus" dar. Ausgangspunkt der reformkommunistischen Ideen ist die Kritik am Stalinismus. Die „Entstalinisierung" 1956 ging den Reformkommunisten nicht weit genug. Sie sind der Auffassung, daß die politischen Verhältnisse in den Ländern des sozialistischen Lagers – mit der Ausnahme Jugoslawiens – auch weiterhin durch die bürokratische Herrschaft einer Parteioligarchie gekennzeichnet blieben. Die Reformkommunisten stimmen in den folgenden Grundsätzen überein:

● Die politischen Mitbestimmungsmöglichkeiten sind in den meisten sozialistischen Ländern zu gering. Die Macht der Monopolpartei und der von ihr gelenkten Bürokratie kann nicht kontrolliert werden.
● Das System der zentralistisch gelenkten Planwirtschaft gibt den Arbeitern nicht genügend Möglichkeiten, ihre Interessen im Betrieb zu vertreten und an der Planung von Produktion und Arbeitsbedingungen mitzuwirken.
● Die Unterordnung der sozialistischen Bewegungen in den einzelnen Ländern unter die Führung Moskaus hindert sie daran, den Weg zum Sozialismus zu gehen, der den besonderen ökonomischen und politischen Bedingungen jedes Landes entspricht.
● Die von Moskau gebilligte Version des Marxismus ist dogmatisch erstarrt und wenig geeignet, zur Analyse der gegenwärtigen Entwick-

Abb. 43: Chinesische Bauern:
Die „Große Lehre" Maos lernen

lung in den sozialistischen Ländern, in den Entwicklungsländern und den kapitalistischen Ländern beizutragen. Die marxistische Theorie muß daher erneuert werden. Notwendig ist der Rückgriff auf die Grundgedanken von MARX und die Analyse der gegenwärtigen Probleme im Lichte einer undogmatisch verstandenen Marxistischen Theorie.

- Der demokratische Sozialstaat, etwa westdeutschen Typs, ist lediglich eine Verschleierung kapitalistischer Ausbeutung. An der Vergesellschaftung der Produktionsmittel ist festzuhalten, weil sie die Grundlage des Sozialismus darstellt.

2.2.3.3.2 Jugoslawiens Rätemodell als Vorbild

Arbeiter-selbstverwal-tung

Über die konkrete politische und ökonomische Organisation einer zukünftigen sozialistischen Gesellschaft besteht keine Einigkeit. Im allgemeinen wird das jugoslawische Modell positiv beurteilt. Die Meinungen gehen aber darüber auseinander, ob die Arbeiterselbstverwaltung allgemein angewendet werden sollte. Als Vorteil erscheint, daß die Verfügung über die Produktionsmittel im jugoslawischen Modell bei Organen liegt, die von den Arbeitern gewählt werden. Als Nachteil erscheint, daß die Koordinierung der wirtschaftlichen Entscheidungen überwiegend durch den Markt erfolgt und daher eine politische Planung der wirtschaftlichen Entwicklung kaum möglich ist. Umstritten ist auch, ob das in Jugoslawien konsequent angewendete Rätesystem das geeignete politische Organisationsprinzip ist.

Räte

Räte waren ursprünglich revolutionäre Kampforgane, so die Arbeiterräte in Rußland 1905 und 1917, die Arbeiter- und Soldatenräte in Deutschland im November 1918. Sie waren notwendig als neue, den noch bestehenden, von bürgerlichen Parteien beherrschten Volksvertretungen entgegengesetzte Legitimationsorgane. Sie waren durch drei Strukturprinzipien von „bürgerlichen" Repräsentativorganen unterschieden:

- Mitglieder waren ausschließlich Arbeiter bzw. Arbeiter und aus der Arbeiterklasse stammende Soldaten. Vertreter der Bourgeoisie wurden nicht zugelassen.
- Die Mitglieder der Räte waren an die Weisungen ihrer Wähler gebunden (imperatives Mandat) und jederzeit abrufbar.
- Die Verhandlungen waren öffentlich, um die Kontrolle durch das „Volk" zu erleichtern.

- Der Rat verstand sich als einheitliches Führungsorgan, das die Funktion von Regierung, Gesetzgebung und Rechtsprechung zugleich ausübt und auch keine Kontrolle durch eine Opposition zuläßt. Kontrolle sollte ausschließlich Sache der Wähler sein.

Räte haben überall nur kurze Zeit eine Rolle gespielt; in Rußland wurden sie 1917/18 bald von der Kommunistischen Partei durchsetzt und gleichgeschaltet, in Deutschland waren sie 1918 nur für wenige Wochen und höchstens auf kommunaler Ebene arbeitsfähig. Das war kein Zufall. Gerade in Krisensituationen sind rasche Entscheidungen notwendig. Dazu ist ein echtes Rätesystem, in dem die Mitglieder der Räte weisungsgebunden sind und jederzeit abberufen werden können, überhaupt nicht imstande.

Jugoslawien hat Räte als politische und wirtschaftliche Verfassungsorgane eingerichtet und dabei die Strukturprinzipien des Rätesystems im wesentlichen übernommen. Die Ratsmitglieder sind allerdings nicht an die Weisungen ihrer Wähler gebunden, jedoch vor Ablauf ihrer Amtszeit abberufbar, wenn Mehrheiten ihrer Wähler sich gegen sie stellen. Auch in Jugoslawien funktioniert das Rätesystem aber nur, weil die Monopolpartei (der „Bund der Kommunisten") für Koordinierung und rasche Entscheidungen sorgt und Opposition notfalls mit Gewalt ausschalten kann. Ohne das Rückgrat einer Monopolpartei wäre das Rätesystem wahrscheinlich nirgendwo in der Lage, Interessenkonflikte so auszugleichen, daß mehrheitsfähige Entscheidungen zustande kämen. Wird aber die Monopolpartei beibehalten, besteht stets die Gefahr, daß die Führungsgruppe der Partei jede Kritik und Kontrolle unterdrückt. Es gibt daher unter den Reformkommunisten auch Anhänger eines Mehrparteiensystems und eines Parlamentarismus nach dem Modell „bürgerlicher" Gesellschaften, aber natürlich ohne die Möglichkeit, die Grundlagen des Sozialismus, vor allem die Vergesellschaftung der Produktionsmittel, in Frage zu stellen.

2.2.3.3.3 Der „Eurokommunismus"

Seit Mitte der siebziger Jahre ist es üblich geworden, die reformkommunistischen Strömungen in den westeuropäischen Staaten, aber auch in den Ländern des „realen Sozialismus" als „Eurokommunismus" zu bezeichnen. Der Begriff, eine Erfindung des jugoslawischen Journalisten BARBIERI (1975), hat sich rasch verbreitet und begünstigt die Vorstellung, die Kommunistischen Parteien in den westeuropäischen Demokratien seien im Begriff, sich zu demokratisieren.

Herausragendes Beispiel für den Eurokommunismus ist die Kommunistische Partei Italiens. Sie hat 1979 30,4% der Stimmen erhalten und trägt in einer großen Zahl von Kommunen politische Verantwortung. Schon unter TOGLIATTI (gest. 1964), der 1964 das Fehlen einer wirklichen Demokratie in der Sowjetunion kritisierte, suchte sie sich dem sowjetischen Führungsanspruch zu entziehen. Vor allem seit dem Scheitern der Volksfrontregierung in Chile (1973) setzt sie auf den „historischen Kompromiß". Sie will die Aufspaltung des Volkes in zwei unversöhnliche Lager von „Roten" und „Schwarzen" verhindern, weil diese Spaltung leicht zu einer faschistischen Diktatur führen könne. Sie erstrebt daher eine Verständigung mit der stärksten bürgerlichen Partei (der Democracia Christiana), erstrebt Beteiligung an der Regierung, will die Spielregeln der parlamentarischen Demokratie und das Mehrparteiensystem akzeptieren. In ihren programmatischen Positionen unterscheidet sie sich somit kaum noch von einer reformistischen sozialistischen Partei.

Anders die kommunistische Partei Frankreichs. Sie hat an der engen Bindung an die KPdSU festgehalten, obwohl sie dadurch eine große Zahl von Wählern abstieß, die zur Sozialistischen Partei Mitterands übergingen. Reformkommunistische Tendenzen zeigten sich in der KPF allenfalls insofern, als sie sich 1976 von dem Dogma der „Diktatur des Proletariats" distanzierte.

In der Kommunistischen Partei Spaniens dominiert die reformkommunistische Position; der Sowjetunion ist es jedoch gelungen, Teile der Partei, vor allem die Parteiorganisation der Region Katalonien, auf ihre Linie zu bringen.

In allen Kommunistischen Parteien in den westeuropäischen Staaten ist zu beobachten, daß bei der innerparteilichen Willensbildung strikt am leninistischen Prinzip des „demokratischen Zentralismus" festgehalten wird. Opposition gegen die Beschlüsse der Parteiführung ist somit nicht zulässig, innerparteiliche Wahlen werden von der Parteiführung manipuliert, eine offene innerparteiliche Auseinandersetzung über kontroverse Positionen wird nicht zugelassen. Ein Urteil darüber, ob die Betonung reformkommunistischer Positionen in diesen Parteien lediglich Taktik ist, um Wähler zu gewinnen, oder einer Abkehr vom Marxismus-Leninismus gleichkommt, ist daher zur Zeit nicht möglich.

3 Der Nationalsozialismus

Wolfgang Scheffler

3.1 Merkmale faschistischer Bewegungen

Keine Einheitsfront

Überblickt man die politische Szenerie der europäischen Staaten in den zwanziger und dreißiger Jahren unseres Jahrhunderts, so stellt man in vielen europäischen Ländern die Existenz mehr oder minder starker politischer Gruppierungen fest, die generell unter der Bezeichnung faschistische Bewegungen zusammengefaßt werden. Nur zwei von ihnen, der italienische Faschismus und der deutsche Nationalsozialismus, gelangten mit Hilfe einer Massenbewegung durch halb-revolutionäre Umstände (Italien) oder durch quasi-legale Ernennung (Deutschland) zur Macht. In einem dritten Staat (Spanien) etablierte sich ein faschistische Züge tragendes Militärregime durch einen lang andauernden Bürgerkrieg, in dem sowohl das faschistische Italien als auch das nationalsozialistische Deutschland aktive militärische Hilfe leisteten.

Faschismus-Begriff

Den Begriff Faschismus, abgeleitet vom Rutenbündel (lat.: fasces) des antiken Rom, das zum Zeichen der Amtsgewalt von den Liktoren den Magistraten vorangetragen wurde, übernahm BENITO MUSSOLINI (1883–1945) für seine 1919 aufgestellten Kampfbünde (Fasci di combattimento). Obwohl zunächst nur vom italienischen Faschismus benutzt, wurde der Begriff, anfänglich in erster Linie von seinen linken Gegnern (Antifaschisten), auf alle ähnlichen nationalistischen Bewegungen in Europa angewandt, die für einen autoritären, auf antidemokratischer, antiparlamentarischer, antimarxistischer und antiliberaler Grundlage aufgebauten Staat eintraten. Unter dem Zeichen des Antifaschismus stand schließlich der Kampf aller Gegner des Faschismus in Europa während des Zweiten Weltkrieges.

Antifaschismus

In anderen Ländern gelangten derartige Strömungen über eine mehr oder minder starke Partei- oder Gruppenexistenz nicht hinaus, waren nur kurze Zeit an der Macht (*Hlinka-Garde* in der Slowakei 1939–1944; *Eiserne Garde* in Rumänien 1940/41; *Ustascha* in Kroatien 1941–1944/45 und die *Pfeilkreuzler* in Ungarn 1944) und verdankten ihre Existenz oder Förderung sehr oft direkt oder indirekt dem Einfluß oder der Unterstützung der beiden faschistischen Hauptmächte. Übersehen werden darf aber nicht, daß der Führer der deutschen Nationalsozialisten im allgemeinen wenig Interesse an einem Zusammenhalt oder gar einer Einheitsfront faschistischer Parteien zeigte. Außer seiner Bewunderung für MUSSOLINI waren sie für ihn lediglich aus machtpolitischem Interesse von vorübergehender Bedeutung. So starb der rumänische Faschistenführer CODREANU eines unrühmlichen Todes in einem Gefängnis seines Landes, während König CAROL bessere Beziehungen zu HITLER suchte; baltische Faschisten mußten sich den deutschen Besatzungszielen beugen; der österreichische „Austrofaschismus" war am italienischen Faschismus orientiert und wurde von den österreichischen Nationalsozialisten überflügelt; andere faschistische Bewegungen erlangten lediglich als Kollaborateure der deutschen Besatzungsmacht vorüber-

Abb. 44: Benito Mussolini 1883–1945

gehende Bedeutung (z. B. VIDKUN QUISLING in Norwegen).

Entstehung Die meisten faschistischen Bewegungen entstanden vornehmlich während der Unruhen unmittelbar nach Beendigung des Ersten Weltkrieges und im Verlauf oder als Folge der Weltwirtschaftskrise. Der im Gegensatz zu anderen Ländern durchschlagende Erfolg des Nationalsozialismus in Deutschland erklärt sich vornehmlich aus dem Zusammentreffen politischer Frustration breiter Bevölkerungskreise und der durch die ökonomischen Spannungszustände verschärften Klassengegensätze mit einer autoritären, obrigkeitsstaatlichen Tradition, unterentwickeltem Demokratieverständnis und chronischer Schwäche liberaler Vorstellungen.

Trotz einer nahezu fünfzigjährigen Diskussion gibt es bis heute keine allgemein akzeptierte wissenschaftliche Theorie über den Faschismus. Die *Theorie* Gründe hierfür liegen, nicht zuletzt infolge des sehr widersprüchlichen Charakters derartiger Bewegungen, im unterschiedlichen ideologischen Ausgangspunkt theoretischer Betrachtungen, in der bisher ungenügenden Aufarbeitung des empirischen Befundes in den einzelnen Ländern und in den unterschiedlichen politischen, ökonomischen und sozialen Bedingungen, unter denen faschistische Bewegungen entstanden und existierten. Völlig uferlos wird der Begriff Faschismus als politisches Schimpfwort zur Diffamierung des jeweiligen politischen Gegners bis in die Gegenwart verwendet.

Weitgehende Übereinstimmung besteht darin, daß der Faschismus und seine Entstehung Ausdruck einer tiefgreifenden Krise der europäischen Gesellschaft waren. Ökonomische und politische Spannungen, verbunden mit revolutionären Umsturzversuchen der erstarkenden Arbeiterbewegung, ließen in vielen Ländern gegenrevolutionäre Bewegungen entstehen, die von glühendem *Ziele* Nationalismus, antimarxistischen und antiliberalen Motiven und sehr oft auch von starken antisemitischen Ideen geprägt waren. Die Wurzeln dieser Krise lagen, in den einzelnen Ländern unterschiedlich akzentuiert, in

- den Anpassungsschwierigkeiten der Gesellschaft an die Realitäten demokratisch-parlamentarischer Verhältnisse;
- den Machtverschiebungen innerhalb der Gesellschaft durch die allmähliche Emanzipation der Arbeiterklasse;
- dem unterschiedlichen Grad und den verschiedenartigen Folgen der Industrialisierung; den Konsequenzen ökonomisch unterentwickelter Staaten, die sich sehr oft noch mit starken na-

tionalen Minderheitenproblemen konfrontiert sahen.

Gemeinsamer Kulminationspunkt der vielfältigen Wurzeln waren die unbefriedigenden Konsequenzen der politischen Friedensregelung am Ende des Ersten Weltkrieges und die als Folge des Krieges auftretenden wirtschaftlichen Krisenzustände. Allein die Variationsbreite der allgemeinen Krise zeigt, daß die faschistischen Bewegungen zwar einheitliche Grundtendenzen aufweisen, sich aber jeweils sehr verschieden entwickelten und keineswegs immer zur Bildung einer Massenpartei fähig waren.

Das Reservoir zur Bildung einer Massenbewegung fanden sowohl MUSSOLINI als auch HITLER zunächst in den Jahrgängen der Kriegsgeneration, die den „Frontkämpfergeist" in die innenpolitische Arena übertrugen. Besonders anfällig erwiesen sich weiterhin die vom Ausgang des Krieges enttäuschten Nationalisten und Entwurzelten aller Schichten der Bevölkerung (z. B. Versailles-Problematik und Reparationstrauma in Deutschland; unerfüllt gebliebene Gebietserweiterungen in Italien; ungelöste nationale Fragen und Minderheitenprobleme in verschiedenen ostmitteleuropäischen Staaten usw.) und vor allem die von Inflation und Weltwirtschaftskrise deklassierten Schichten des Mittelstandes und der Landwirtschaft. Gerade die Ängste der sich durch eine veränderte Welt bedroht fühlenden Angehörigen des Kleinbürgertums ergaben einen idealen Nährboden für die Gemeinschaftsideologie faschistischer Führer. Zu einem nicht geringen Teil war die Entstehung des Faschismus aber auch ein Ausdruck eines heftigen Generationskonflikts (Schlagworte: „Dynamik der Jugend", Kampf gegen „vergreiste Repräsentanten der verrotteten bürgerlichen Demokratie" usw.). Alle faschistischen Bewegungen waren in sich selbst höchst widersprüchliche Gruppierungen.

Die Ziele der Faschisten zeichneten sich ebenso durch utopische Vorstellungen über die Lösbarkeit politischer Probleme aus, wie ihre Tätigkeit durch die Anwendung von Gewalt und Terror geprägt war (Kampfbünde, SA, „Weißer Terror" usw.). Mit seinen Losungen zur Schaffung einer „neuen Welt", der Ablehnung und Bekämpfung der Demokratie und des Parlamentarismus, der Marxisten und Sozialisten, der angeblichen Überwindung der Klassengesellschaft und mit seinem Aktivismus zog der Faschismus nicht nur die sich in ihrer Existenz bedroht Fühlenden, sondern auch viele junge Menschen an. Gemäß den verschiedenartigen sozialen und wirtschaftlichen Verhältnissen in den einzelnen Staaten vertraten faschistische Bewegungen in unterschiedlicher Weise mehr oder minder stark radikale soziale Ziele, vor allem in industriell unterentwickelten Ländern. In der politischen Wirklichkeit strebten sie aber, wie man am Beispiel Deutschlands und Italiens sah, in keinem Fall den Umsturz bestehender ökonomischer Verhältnisse an, sondern deren konsequente, stufenweise zu verwirklichende Inanspruchnahme für die aus einer Mischung modernistischer und zumeist jedoch reaktionärer Ideen bestehenden Absichten.

Nationalistische Gemeinschaftsideologie

In der Verkennung der Anziehungskraft und Explosivität der nationalistischen Gemeinschaftsideologie vereinten sich sowohl die Interpretation der kommunistischen Internationale („Der Faschismus ist die offen terroristische Diktatur der reaktionärsten, am meisten chauvinistischen, am meisten imperialistischen Elemente des Finanzkapitals.") als auch die Fehleinschätzung konservativer Kreise, z. B. den Nationalsozialismus durch Machtbeteiligung einzuengen.

Durch die nationalistische Gemeinschaftsideologie (Schlagwort: „Du bist nichts, Dein Volk ist alles.") in Verbindung mit der Staatsverherrlichung und der Kultivierung des Führermythos versuchte der Faschismus heterogene Züge zu vereinen:

- *Pseudoüberwindung der Klassengegensätze durch die systematische Förderung nationalistischer Instinkte als Gegenpol zum Klassenkampf, zu marxistischen und sozialistischen Kräften, zu liberalen und demokratischen Idealen; Idee der Volksgemeinschaft.* (Sammlung aller „nationalen" Kräfte zur Verwirklichung einer starken, von einem Führer geprägten, autoritären Staatsführung; Beseitigung des Mehrparteienstaates und des Parlamentarismus als dem Ausdruck der Zerrissenheit und Zersetzung zugunsten einer Staatspartei; rücksichtslose Bekämpfung und Vernichtung echter und – nach der eigenen Ideologie – potentieller Gegner; Militarisierung des öffentlichen Lebens, Gewaltverherrlichung usw.)

- *Schaffung eines Elitebewußtseins (Mythos der Rasse und der Nation) zur Überwindung politischer und sozialer Minderwertigkeitsgefühle.* (Förderung des Antisemitismus als Vorbedingung eines „rassereinen" Volkes; mehr oder minder verschleierter Fremdenhaß; Minderheitenbekämpfung; Ritualisierung des öffentlichen Lebens; nationalistische, „rassische" Idealisierung der Vergangenheit.)

- *Hinwendung zu imperialistischen Zielen zur Ablenkung von innenpolitischen oder ökonomi-*

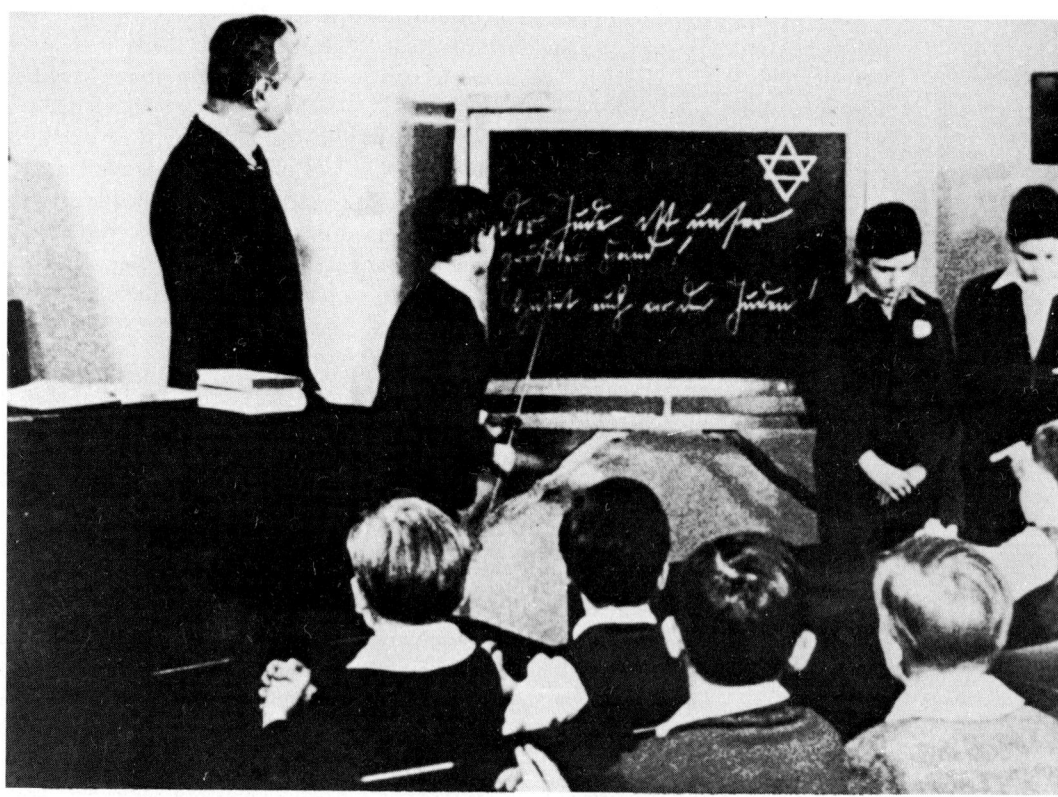

Abb. 45: Diffamierung jüdischer Schüler im Unterricht nach 1933

schen Schwierigkeiten (Sozialimperialismus) als Vorbedingung zur Neugestaltung der politischen Verhältnisse in Europa unter gleichzeitiger Anknüpfung an historische Vorläufer und Traditionen; hemmungsloser Vernichtungswille unterstützt durch einen simplifizierenden Freund-Feind-Schematismus. (Sündenbockproklamierung in der Innen- und Außenpolitik: Juden, Kapitalisten, Bolschewisten, korrupte Demokraten usw. im Gegensatz zur eigenen völkischen, angeblich rassereinen Vergangenheit usw.)

Diese Zielsetzungen variierten unter den einzelnen Faschismen je nach den politischen, ökonomischen, sozialen und geographischen Verhältnissen. Was für den Nationalsozialismus die Lebensraumgewinnung und Welteroberungspläne waren, stellte für den italienischen Faschismus der Traum von der Wiederherstellung des römischen Weltreiches dar. Ungarische Faschisten verbanden Revisionsforderungen mit der Utopie eines rein magyarischen Staates, finnische Faschisten träumten von einem Großfinnland. Nicht alle faschistischen Strömungen waren von vornherein antisemitisch eingestellt und keine erreichte das Ausmaß antisemitischer Verhetzung wie der deutsche Nationalsozialismus.

Im Gegensatz zu den antikirchlichen Aktionen des Nationalsozialismus gingen die rumänischen Faschisten eine Verbindung mit religiösen Ideen ein. Auch der Ustascha-Staat Kroatien hatte enge Verbindung zur katholischen Geistlichkeit. Die meisten faschistischen Bewegungen waren aber von starken antikommunistischen, teilweise auch antirussischen Ideen geprägt.

Dynamik   Die Hinwendung zum Faschismus bedeutete generell keine dauerhafte Lösung aktueller politischer Fragen, sondern ihre Verdrängung zugunsten irrationaler Wunschvorstellungen. In *Bündnis mit* Deutschland und Italien kam es zu einem Kom-
Konservativen promiß zwischen den Vorstellungen konservativer Kreise und den zur Macht drängenden faschistischen Parteien über die Regelung aktueller Fragen. Diese Interessenidentität am Ausgangspunkt der Machtergreifung kennzeichnete, wenn auch in unterschiedlichem Maß, alle faschistischen Regime. Zugunsten dieses Interessenbündnisses verdrängten die Führer der Bewegungen sozialistische und antikapitalistische Richtungen in ihren Parteien, während die konservativen Kräfte die neue Bewegung an der Macht beteiligten. Konservative Absichten und antikapitalistische Motive fanden sich alsbald zugunsten der faschistischen Gemeinschaftsideologie zurückgedrängt. Ständische Wünsche des Mittelstandes

Abb. 46: Die große Illusion: „Nationale Erhebung"

und antikapitalistische Ziele der Arbeitnehmer blieben unerfüllt, während es der Industrie gelang, ihre Interessen dank der bald einsetzenden Aufrüstung im wesentlichen zu wahren und im Krieg den imperialistischen Zielen anzupassen. Das Geheimnis des faschistischen Erfolges ist weniger in der Intensität der Abhängigkeit oder Steuerung durch das Finanzkapital zu suchen, als vielmehr in der zielstrebigen Dynamik faschistischer Führer, sich die Unterstützung ausschlaggebender Machtfaktoren zur Lösung der akuten politischen Krise zu sichern und als Retter aus der Not Sehnsüchte und Wünsche der Massen, wie auch Absichten elitärer Gruppen konsequent zur Machtdurchsetzung auszunutzen. Erleichtert wurde das Bündnis zwischen faschistischen Bewegungen und konservativen Kräften durch die faktische Ohnmacht der Arbeiterparteien, die sich gegenseitig bekämpften (Deutschland), bzw. systematisch tyrannisiert wurden (Italien). Die Paralysierung der Gewerkschaften durch die Auswirkungen der Weltwirtschaftskrise vervollständigt ebenso das Bild wie die bereits vorausgegangene Ohnmacht der Parlamente.

Ein weiteres Merkmal des schnellen Erfolges des Nationalsozialismus war es, daß durch die im wesentlichen reibungslose Übernahme der Staatsbürokratie und der Wehrmacht, deren Privilegien unangetastet blieben, die staatliche Kontinuität gewahrt wurde und diese bei nur geringem Widerstand in den nun einsetzenden Gleichschaltungsprozeß eingefügt werden konnten, ein Vorgang, der in Italien mehrere Jahre in Anspruch nahm. Das Führerprinzip und der Führerkult, der Einparteienstaat und die oberflächlich beruhigende Wirkung von Befehl und Gehorsam waren ebenso Kennzeichen aller faschistischen Bewegungen wie Uniformierung, Militarisierung und Gewaltanwendung gegen wirkliche oder vermeintliche Gegner.

Destruktions-
prozeß

Das Besondere am nationalsozialistischen Staat war es, daß unter Wahrung bestimmter Eigeninteressen alle maßgebenden Kräfte im Staat der ausschlaggebenden Führergewalt und den von ihr auf eine Vielzahl von Behörden, Ämtern und Organisationen delegierten Befugnissen unterlagen. Das erklärt auch die für manchen nachträglichen Betrachter immer wieder erstaunliche Pluralität der Kräfte, die Machtkämpfe usw., die trotz der diktatorischen Gewalt, die HITLER besaß und ausübte, intern ausgetragen wurden und das innere Gesicht des „Dritten Reiches" in starkem Maße prägten. Ämterchaos und Machtkämpfe änderten aber nichts an dem geschlossenen Bild, das der Staat nach außen hin bot und an dem Einsatz, den er für „den Führer" und seine Ideen leistete. Die Geschichte des nationalsozialistischen Staates zeigt deutlich, daß es der faschistischen Führungsmacht letztlich vor allem darum ging, die Lösung der von ihr als vorrangig erklärten Fragen in einem nach ihren Gesetzen zu führenden

Krieg

Krieg (Blitzkriegsstrategie) zu suchen und nicht um eine langfristige friedliche Klärung.

Die Vielzahl faschistischer oder faschismusähnlicher Bewegungen in Europa, ihre regional unterschiedlichen Ziele und ihre sehr oft vergeblichen Versuche, in den einzelnen Ländern die Herrschaft zu gewinnen, darf nicht darüber hinwegtäuschen, daß es in erster Linie der italienische Faschismus und vor allem der Nationalsozialismus waren, die Gestalt und Wirkung des Faschismus bestimmten. Keine andere faschistische Bewegung als der Nationalsozialismus hat den totalen Anspruch so deutlich gemacht, den Menschen zu erfassen und zu gestalten und seine Gegner auszurotten. Keine andere Erscheinungsform hat den Destruktionsprozeß, den der Faschismus letztlich repräsentiert, so zu verwirklichen versucht. Als antihumanistische und antichristliche Erscheinung verkörperte er die Verneinung der Ergebnisse des Fortschritts europäischer Entwicklung der letzten 150 Jahre. Hinter der Maske der Einheitlichkeit verbarg er das Chaos als Prinzip. Auch insofern war er die faschistische Führungsmacht per se, in deren Gefolge unterschiedliche Bewegungen in den verschiedensten Ländern Europas nur der Ausdruck ähnlicher Tendenzen waren.

Die Verhinderung des Wiederentstehens faschistischer Massenbewegungen, ohnehin wesentlich beeinflußt vom Zusammentreffen bestimmter ökonomischer, sozialer und politischer Spannungszustände, ist vor allem vom Grad der politischen Bildung und der wachsenden Einsicht in politische Zusammenhänge abhängig, was nicht ausschließt, daß faschistische Merkmale in den politischen Ordnungen auch unserer Zeit vorkommen können und vorkommen.

3.2 Die nationalsozialistische Weltanschauung

3.2.1 Entstehung und Grundlagen

Hitler

ADOLF HITLER (1889–1945), der Begründer des Nationalsozialismus, gewann seine politischen Anschauungen aus der Krise des vom Zerfall bedrohten Vielvölkerstaates Österreich, aus dem Ersten Weltkrieg und der verworrenen Situation des Zusammenbruchs des kaiserlichen Deutschland. In seinen autodidaktischen Studien, über deren Intensität und Umfang man weitgehend im unklaren ist, formte sich aus einer Vielzahl geistiger und politischer Strömungen sein politisches Weltbild. Wissenschaftliche Redlichkeit und Objektivität blieben ihm fremd.

Deutsche Geschichte

Die von HITLER entwickelten Vorstellungen und Ziele sind daher auch nicht die Summe geistiger Vorbilder der deutschen Geschichte, der Philosophie und der politischen Ideen. ADOLF HITLER ist *nicht* das letzte Glied einer „Ahnenreihe", die von Luther über Friedrich den Großen und das Preußentum bis hin zu Bismarck reicht, Hegel, Nietzsche und die Romantiker gleichermaßen umfaßt. Die Weltanschauung des Nationalsozialismus ist vielmehr ein Ideengemisch der unterschiedlichsten Herkunft. Dieser „Ideenbrei" zeichnete sich in seinem Gehalt mehr durch die Zufälligkeit seiner Zusammenstellung, die willkürliche Interpretation vieler vermeintlich geistiger Vorbilder und durch die Übernahme unhaltbarer, angeblich wissenschaftlich erwiesener Theorien als durch Logik aus.

Es besteht aber auch kein Zweifel darüber, daß bestimmte Ideen der deutschen Geistes- und politischen Geschichte zur Herausbildung eines aggressiven Nationalismus, wie er im Nationalsozialismus in Erscheinung trat, geführt haben. Auserwähltheits- und Missionsglaube, der Glaube an die Notwendigkeit eines starken Staates, Untertanenmentalität, idealistische Geschichtsschau, Übersteigerung des Nationalstaatsgedankens und die übermäßige Wertschätzung militärischer Erziehung und Traditionen fanden im Nationalsozialismus ihre eigentliche Zuspitzung.

„Die aus den Fugen geratene Selbstsicherheit eines national und ökonomisch unerwartet schnell prosperierenden Bürgertums, das sich aus Sedan-Feiern, Bismarckschen Blut- und Eisenzitaten, den historischen Romanen Felix Dahns, Massenauflagen volkstümelnder Haus- und

Abb. 47: Arthur de Gobineau
1816–1882

Paul de Lagarde
1827–1891

Houston Stewart Chamberlain
1855–1927

NSDAP

*Bürgerliche
Sammlung*

*„nationale"
Konzentration*

Unter den vielen antidemokratischen Gruppen und Strömungen, die während und nach dem Zusammenbruch der Monarchie in Deutschland entstanden, entwickelte sich die 1919 in München gegründete *Nationalsozialistische Deutsche Arbeiterpartei* (NSDAP) zur bedeutendsten Erscheinung. Aus der Enttäuschung über die militärische und politische Katastrophe und aus der tiefgehenden Ablehnung der neuen demokratischen Republik heraus fanden sich Menschen vor allem jener Kreise zusammen, die sich mit den neuen politischen Verhältnissen nicht abfinden wollten. Mit dem Wegfall der monarchischen Staatsform, dem Zusammenbruch sowohl alter Traditionen als auch wirtschaftlich stabiler Verhältnisse war für viele Menschen ein politisches und ökonomisches Vakuum entstanden. Neben den politischen Ursachen sorgten gerade die wirt-

schaftlichen Schwierigkeiten dafür, daß sich weite Kreise, vornehmlich der kleinbürgerlichen Schichten, denjenigen Parteien anschlossen, die ihnen eine Erlösung aus der politisch verworrenen Zeit versprachen. So hatte die NSDAP ihren größten Zulauf an Mitgliedern in den Jahren der Not und der politischen Unruhe: bis 1923 und nach 1928/29. In der Zeit relativer politischer und wirtschaftlicher Stabilität (1925 bis 1928) war sie nicht nur wegen ihres Zusammenbruchs am 9. November 1923 eine unbedeutende Partei unter vielen anderen; vielmehr fanden ihre radikalen nationalsozialistischen Parolen in dieser Zeit nur wenig Anhänger. Im Kern bleib aber die NSDAP, über alle Wechselfälle des politischen Lebens hinweg, *das* vorwiegend bürgerliche Sammelbecken für alle, die mit den Verhältnissen der Weimarer Republik unzufrieden waren. Im Vordergrund der politischen Agitation stand für HITLER das Bestreben, unter dem Kennwort „national" eine Konzentration aller derjenigen Kräfte herbeizuführen, die auf der Suche nach einem neuen deutschen Reich waren. Es ist von entscheidender Wichtigkeit, daß die meisten Anhänger HITLERS vor und nach 1933 nicht merkten, daß der Führer der NSDAP mit den propagierten nationalen Zielen zwar den Wunschvorstellungen vieler Menschen entsprach, selbst aber etwas an-

Abb. 48: Ansatzpunkte politischer Propaganda: Krise und Restauration

deres darunter verstand. Auf der Suche nach einer politischen Orientierung lasen viele Wähler und Anhänger der NSDAP aus den von dieser Partei verkündeten Thesen dasjenige heraus, was ihren eigenen Vorstellungen zu entsprechen schien.

Versailler Vertrag

Zum Beispiel forderte HITLER als vordringlichstes nationales Ziel die Beseitigung des Versailler Friedensvertrages und entsprach damit den politischen Ansichten der Mehrheit des Volkes. In seinen Schriften und Reden jedoch wies er mit Nachdruck darauf hin, daß er gerade kein Revisionspolitiker sei. Es ging ihm niemals um die Wiederherstellung der politischen Grenzen von 1914, sondern um die Errichtung eines auf völkischer Grundlage gebauten Reiches, dem die früheren Grenzen nicht genügen konnten. Der Reichsgedanke HITLERs deckte sich daher nicht mit den hergebrachten nationalen Vorstellungen, sondern griff weit über diese hinaus.

Volksgemeinschaft

So unterstützten viele geistige Bewegungen den Nationalsozialismus oft unbewußt, vor allem durch die radikale Ablehnung der Republik, ohne direkt mit der NSDAP verbunden zu sein. Mancher ihrer Vertreter geriet nach 1933 in Widerspruch zum „Dritten Reich".

Neu-Konservative

Dies trifft vor allem auf die „neu-konservativen" Kreise zu, die ihre begabtesten Sprecher in ARTHUR MOELLER VAN DEN BRUCK (1876–1925; bekanntestes Werk: „Das Dritte Reich", Berlin 1923) und ERNST JÜNGER (1895 geb.) fanden. Allen diesen Kreisen, so sehr sie sich auch voneinander unterschieden, war die Suche nach einem neuen deutschen Reich, einem deutschen Sozialismus und nach einer starken Staatsführung gemeinsam. In der Interpretation ihrer Begriffe unterschieden sie sich in starkem Maße vom Nationalsozialismus, bereiteten aber in ihrem zumeist irrationalen Denken den Boden mit vor, auf dem die nationalsozialistische Propaganda Erfolge erzielen konnte.

Typisch für die leidenschaftliche Ablehnung der Weimarer Republik ist z. B. der Kulturphilosoph OSWALD SPENGLER (1880–1936; Hauptwerk: „Der Untergang des Abendlandes", München 1918), der 1933 schrieb:

„Mein Kampf"

> „Niemand konnte die nationale Umwälzung dieses Jahres mehr herbeisehnen als ich. Ich habe die schmutzige Revolution von 1918 von Anfang an gehaßt als den Verrat des minderwertigen Teiles unseres Volkes an dem starken, unverbrauchten, der 1914 aufgestanden war, weil er seine Zukunft haben konnte und haben wollte.

> Alles, was ich seitdem über Politik schrieb, war gegen die Mächte gerichtet, die sich auf dem Berg unseres Elends und Unglücks mit Hilfe unserer Feinde verschanzt hatten, um diese Zukunft unmöglich zu machen. Jede Zeile sollte zu ihrem Sturz beitragen, und ich hoffe, daß dies der Fall gewesen ist."
>
> (O. SPENGLER 1933, S. VII)

Genauso wie HITLER bestrebt war, sich und seine Partei zum Zentrum der „nationalen Opposition" zu machen, versuchte er auch, einen Ausweg aus der wirtschaftlichen Notlage mit Hilfe eines niemals exakt definierten „nationalen Sozialismus" aufzuzeigen. Unter radikaler Ablehnung marxistisch-sozialistischer Anschauungen forderte er die Überwindung des Klassenkampfes durch die Herausbildung einer gemeinsamen Zielen dienenden „Volksgemeinschaft". Diese „Volksgemeinschaft", von vielen als Ideal angesehen und bejaht, hatte nichts mit den allgemeinen Zielen einer „sozialen" Gestaltung von Wirtschaft und Gesellschaft gemeinsam, sondern sie gipfelte in Vorstellungen von der Überwindung der Standes- und Klassengegensätze aus völkischen Grundsätzen heraus. Die weitverbreitete Angst großer Teile der deutschen Bevölkerung vor dem Kommunismus, die durch die verschiedenen kommunistischen Aufstände in der ersten Phase der Weimarer Republik gefördert wurde, kam dem Nationalsozialismus zugute.

Daß der an traditionellen Anschauungen orientierte „sozialistische" Flügel innerhalb der NSDAP bereits vor 1933 seine Rolle ausgespielt hatte, lag nicht nur daran, daß HITLER schon allein aus rein finanziellen Gründen Anschluß an die kapitalkräftigen Kreise der deutschen Wirtschaft suchen mußte. Darüber hinaus war ihm völlig bewußt, daß er für seine Ziele (Wiederherstellung nationaler Macht und Größe = Aufrüstung) eine intakte Wirtschaft brauchte, die mitarbeitete und nicht durch das Gespenst einer Verstaatlichungspolitik erschüttert war. Aber auch in „Mein Kampf" (München 1933, 78.–84. Aufl., S. 493) sagte er deutlich: *„Wer heute glaubt, daß sich ein völkischer, nationalsozialistischer Staat etwa nur rein mechanisch durch eine bessere Konstruktion seines Wirtschaftslebens von anderen Staaten zu unterscheiden hätte, also durch einen besseren Ausgleich von Reichtum und Armut oder durch mehr Mitbestimmungsrecht breiter Schichten am Wirtschaftsprozeß oder durch eine gerechtere Entlohnung durch Beseitigung von zu großen*

Vergleich der Sozialgliederung der NSDAP und der Gesellschaft 1930 (in %)
(nach W. Schäfer 1957, S. 17)

Berufsgruppe	NSDAP	Gesellschaft	Ges.[1] = 100
Arbeiter	28,1	45,9	61,2
Angestellte	25,6	12,0	213,5
Selbständige	20,7	9,0	230,0
Beamte	8,3	5,1	162,7
Beamte	6,6	4,2	157,1
Lehrer	1,7	0,9	188,8
Bauern	14,0	10,6	132,0
Sonstige (männl. Personen)	3,3	17,4	18,9
	100,0	100,0	

[1] Anteil der Berufsgruppe in der NSDAP im Vergleich zum Anteil der Berufsgruppe in der Gesellschaft.

Lohndifferenzen, der ist im Alleräußerlichsten stekkengeblieben und hat keine blasse Ahnung von dem, was wir als Weltanschauung zu bezeichnen haben." Daß die NSDAP vor 1933 keine Arbeiterpartei im üblichen Sinne war, zeigt die obenstehende Tabelle über die Sozialgliederung der Partei.

Die Erfolge, die die NSDAP bei den Wahlen bis 1933 erzielte, sind nicht allein verständlich aus den der jeweiligen Tagessituation angepaßten Wahlparolen, sondern auch aus der weitverbreiteten und prinzipiellen Verneinung der bestehenden politischen Verhältnisse. *„Der Nationalsozialismus ist das Gegenteil von dem, was heute ist"*, lautete die bezeichnende Erklärung eines prominenten Nationalsozialisten.

Ablehnung des Bestehenden

Konkret faßbar ist daher die nationalsozialistische Weltanschauung am ehesten von ihrer Ablehnung des Bestehenden her. Dies entsprach insofern der allgemeinen Stimmung, als Enttäuschung und Wunschvorstellungen im politischen Fühlen und Denken vieler Staatsbürger den Vorrang einnahmen vor der nüchternen Einschätzung der eigenen Lage und der realen Möglichkeiten zur Behebung politischer und wirtschaftlicher Notstände. Daher verdankt der Nationalsozialismus gerade dem Appell an die politischen

Nationale Ziele

Leidenschaften einen großen Teil seiner Anhänger.

Ebenso wie in der politischen Propaganda diese Emotionen der Massen angesprochen wurden, beherrschten unklare, mystische, national verkleidete Begriffe das nationalsozialistische Denken. Gerade weil die NSDAP kein geschlossenes Programm aufzuweisen hatte, konnte sie für die zahllosen politischen und wirtschaftlichen Nöte der Zeit die verschiedensten Lösungen anbieten, ohne sich durch ihre Widersprüchlichkeit im politischen Tageskampf einengen zu lassen. Von vielen Deutschen wurden die radikalen Grundsätze des Nationalsozialismus nicht ernst genug genommen, oder sie wurden von ihnen als das kleinere Übel betrachtet. Man ordnete sie entweder den nationalen und patriotischen Zielen unter oder hoffte, daß sie nach einer Regierungsübernahme durch HITLER gemildert werden würden.

So umfaßten die im tagespolitischen Kampf verwandten Thesen und Forderungen der NSDAP den ganzen Katalog nationaler Ziele: Wiederherstellung der nationalen Ehre; Errichtung eines stabilen deutschen Reiches; Grenzkorrekturen; Kampf gegen die Reparationen; Wiederaufrüstung und Gleichberechtigung im internationalen

Anteil der Stimmen der NSDAP an den Reichstagswahlen und Zahl der Reichstagsmandate

Datum	%	Mandate	Datum	%	Mandate
4. 5. 1924	6,5	32	31. 7. 1932	37,3	230
7. 12. 1924	3,0	14	6. 11. 1932	33,1	196
20. 5. 1928	2,6	12	5. 3. 1933	43,9	288
14. 9. 1930	18,3	107			

Rahmen; „Säuberung" des kulturellen Lebens von ausländischen Einflüssen; Ausschaltung der deutschen Juden aus dem öffentlichen Leben; Bekämpfung des Kommunismus; Errichtung eines nationalen Sozialismus; Einschränkung des Kapitalismus; Förderung und Aufbau einer starken deutschen Wirtschaft usw.

Das Parteiprogramm vom 24. Februar 1920 enthielt bereits wichtige Grundlagen nationalsozialistischen Denkens, wie sie sich später immer deutlicher herausbilden sollten. Im wesentlichen war es aber noch von tagespolitischen Gesichtspunkten, zumal pseudo-sozialistischer und antikapitalistischer Art geprägt, die später weitgehend aufgehoben wurden. Als Parteidogma ist das Parteiprogramm niemals von entscheidender Bedeutung gewesen.

So vielseitig und anpassungsfähig die Programmatik der NSDAP auch war, so widersprüchlich ihre Parolen auch sein mochten, so *konstant* zeigten sich jedoch einzelne Elemente im Hitlerschen Denken. Sie lassen sich als Grundsubstanz bei allen prinzipiellen politischen Vorhaben nachweisen. Diese Grundlagen entstammen keiner wissenschaftlich erwiesenen Lehre, sondern waren *irrationaler* Natur. Es sind Theorien, die *Irrationalität* HITLER als Tatsachen ansah und auf denen er sein politisches Programm aufbaute. Diese „Weltanschauung" fand ihren Niederschlag in HITLERS programmatischem Buch „Mein Kampf" und in ALFRED ROSENBERGS pseudophilosophischem Werk „Der Mythos des 20. Jahrhunderts". Zwar wurde ROSENBERGS Schrift nicht als parteioffiziell angesehen, sie enthielt jedoch ebenfalls wesentliche Merkmale der Anschauungen der *Begriff* NSDAP und fand nach 1933 weite Verbreitung. *„arisch"* Das nach 1945 gefundene „Zweite Buch" HITLERS, das zu seinen Lebzeiten nicht veröffentlicht wurde, zeigt ebenfalls wichtige Gedanken zur nationalsozialistischen Weltanschauung auf.

> *Die Leitlinien der Vorstellungen* HITLERS *waren Rassebewußtsein, radikaler Antisemitismus, antichristliche Vorstellungen und aggressiver Nationalismus.*

Die Bestätigung dieser Ideen findet sich in den nach 1933, vor allem während des Krieges, entwickelten Plänen zur Begründung eines „Großgermanischen Reiches".

3.2.2 Das Rassebewußtsein als Grundlage der nationalsozialistischen Weltanschauung

3.2.2.1 Der Glaube an die Vorherrschaft der „arischen Rasse"

Im Zentrum des Hitlerschen Denkens stand der Glaube an die unterschiedliche Wertigkeit menschlicher Rassen.

Die Lehre von der Überlegenheit der weißen Rasse, unter der den „Ariern" die führende Rolle zugedacht war, hatte vornehmlich JOSEPH ARTHUR GRAF GOBINEAU (1816–1882; Hauptwerk: „Essai sur l'inégalité des races humaines", 1853–1855 erschienen) entwickelt. GOBINEAU, für den das Schicksal der „arischen Rasse" auf das engste mit dem des Adels verbunden war, betrachtete die Geschichte als fortschreitenden Verfall der Führungsschicht des Adels durch Rassenvermischung. Seine Grundhaltung war daher pessimistisch, er wußte keinen Ausweg aus diesem Degenerationsprozeß.

Der bedeutendste Mitbegründer der Rassenlehre, HOUSTON STEWART CHAMBERLAIN (1855–1927; Hauptwerk: „Die Grundlagen des 19. Jahrhunderts", 1899 erschienen und seither in vielen hohen Auflagen, vornehmlich in Deutschland, verbreitet), betrachtete die Germanen als den Kern der „arischen Rasse" und als eigentliche Schöpfer menschlicher Kultur und Zivilisation. Die antisemitische Komponente, die bei GOBINEAU noch weitgehend fehlt, ist in seinem Denken, ebenso wie die antichristliche, von großer Bedeutung.

Der Begriff „arisch" war der Sprachwissenschaft entnommen worden, bei der er als Ordnungsbegriff bestimmter Sprachgruppen verwandt wurde. Trotz des Protestes der Sprachwissenschaftler wurde er unter Nichtbeachtung der verschiedenen Tatbestände in die Rassenlehre übernommen und als Merkmal biologischer Rassenverwandtschaft gebraucht. Von der Konstruktion einer „Führungsrasse" war es dann nur ein Schritt zu der Gleichung: arisch = germanisch = deutsch. Damit war die Grundlage für jenen Führungsanspruch gegeben, den HITLER für das deutsche Volk usurpierte. Für HITLER galt es als erwiesen, daß sich hier der arische Rassekern noch am reinsten erhalten habe und im deutschen Volk die Möglichkeit gegeben sei, der Rassenvermischung ein Ende zu setzen.

Der Rassebegriff wurde von HITLER völlig subjektiv interpretiert. Er ging davon aus, daß es ursprünglich eine reine „arische Rasse" gab, die in sich alle Tugenden der Menschheit vereinigte. Der Rasse- oder Blutswert wurde für ihn aber erst dann wirksam, „wenn dieser Wert von einem Volke erkannt, gebührend geschätzt und gewürdigt wird". Da HITLER wußte, daß das deutsche Volk keine rassische Einheit darstellte, verknüpfte er die Zukunftsaussicht des Volkes mit dem Bewußtsein des Blutswertes. Für ihn war „jeder vorhandene rassische Wert eines Volkes so lange wirkungslos, wenn nicht gar gefährdet, als nicht ein Volk bewußt sich seiner erinnert und ihn mit aller Sorgfalt pflegt..." Das bedeutet, Rasse besitzt erst derjenige, der sich seines Rassewertes bewußt ist.

Die „arische Rasse" erhielt bei HITLER noch größere Bedeutung dadurch, daß sie nach seinem Glauben auch in der Lage war, gute charakterliche und geistige Eigenschaften zu vererben. Diesem Idealbild, das er im deutschen Volk im Kern verkörpert sah, galt es, die Vorherrschaft zu sichern.

Kampf ums Dasein

Für HITLER war die Geschichte ein ewiger Kampf zwischen höherwertigen und minderwertigen Rassen. Er glaubte an das Prinzip der „natürlichen Auslese" unter den Menschen im „Kampf ums Dasein", bei dem der Schwächere gesetzmäßig untergeht. „Minderwertige", d. h. rassisch vermischte, nicht den Ariern zugehörende

Völker waren nach diesem Glauben zu Sklaven der „höherwertigen Rasse" bestimmt. Dem höherwertigen Herrenvolk, das sich seiner Rasse bewußt war, stand die Führung zu.

Das Prinzip des ewigen Kampfes, aus der pervertierten Darwinschen Lehre abgeleitet, die Reinerhaltung des Blutes („Rassenhygiene") und die Führungskraft „reinarischer" Persönlichkeiten prägten das Erziehungsideal im „Dritten Reich". Die Förderung heldischer Tugenden sollte die Menschen in die Lage versetzen, den ewigen Rassenkampf um die Erhaltung des Blutswertes zu bestehen. Die sich ihrer Rasse bewußte – und daher schöpferische – Persönlichkeit wurde zum Vorbild des nationalsozialistischen Führergedankens.

3.2.2.2 Die politische Funktion des Rassenantisemitismus

Es gehört zu den typischen Merkmalen totalitärer Systeme, daß sie zur Aufrechterhaltung ihrer Herrschaft einen Gegenpol benötigen, auf den nach taktischen Gesichtspunkten die Aufmerksamkeit der Bevölkerung gerichtet wird.

Entsprechend der Lehre vom ewigen Rassenkampf sah HITLER im Judentum den *Weltfeind,* der den Herrschaftsanspruch der arischen Führungsrasse bedrohte. Dem Idealtyp der „arischen

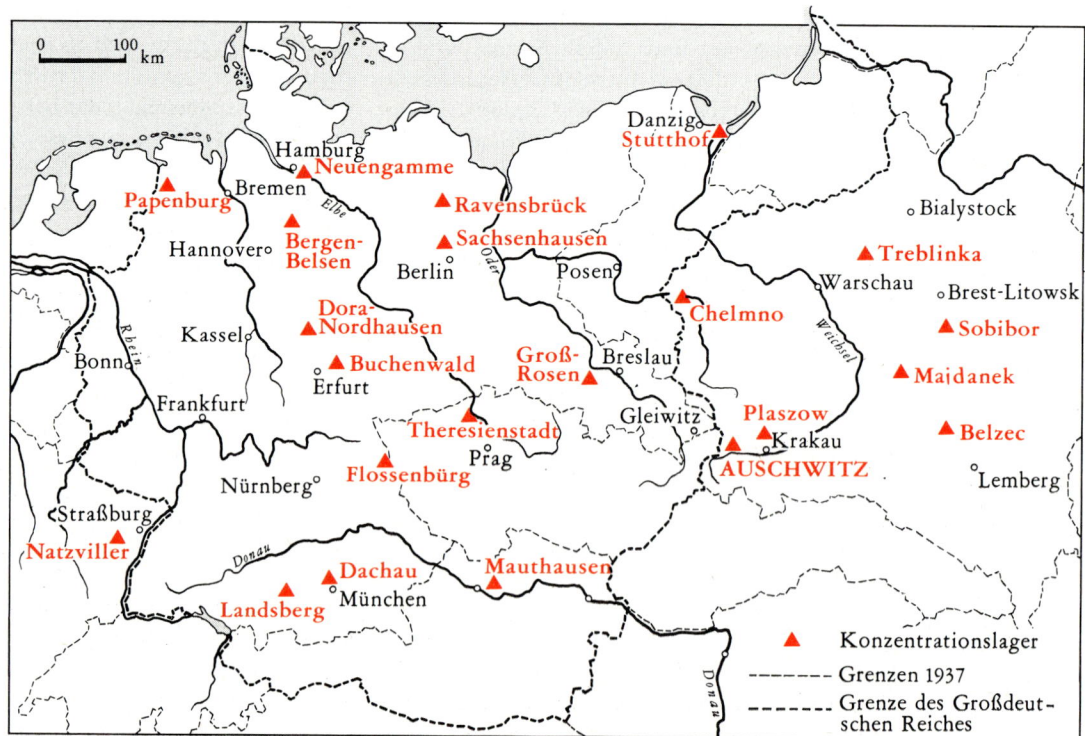

Abb. 49: Die größten Konzentrationslager im nationalsozialistischen Deutschland

Rasse" wurde die „semitische Rasse" gegenübergestellt.

Bei dieser Gegenüberstellung tritt der pseudowissenschaftliche Charakter der „Rassenlehre" besonders deutlich hervor. Mit der Übernahme des Begriffs „Semiten" erfolgte die gleiche fälschliche Vermischung sprachwissenschaftlicher Begriffe mit anthropologischen Theorien wie bei dem Terminus „Arier". Sobald diese Begriffe mit der Wirklichkeit konfrontiert wurden, trat ihre wissenschaftliche Unhaltbarkeit zutage. So mußte nach den Nürnberger Gesetzen (1935) und ihren Ausführungsbestimmungen der Nachweis der *biologischen* Abstammung, die Feststellung, wer Jude sei, mit Hilfe der *Konfessionszugehörigkeit* erbracht werden.

Jüdische Rasse

War die sogenannte „arische Rasse" die Verkörperung alles Guten, Edlen und Schöpferischen, so war es nur logisch, daß der Gegenpol, die „jüdische Rasse", zur Inkarnation alles Dunklen, Schlechten und Bösen abgestempelt wurde. Kein Mittel politischer Propaganda war für den Nationalsozialismus schlecht genug, als daß es sich nicht zur Diffamierung dieses vermeintlichen Gegners geeignet hätte.

Das Zerrbild dieser „Gegenrasse" wurde mit dem ganzen Arsenal antisemitischer Verleumdungen versehen. So scheute man sich z. B. nicht, die aus dem Mittelalter stammende Legende vom Ritualmord als eine auch im 20. Jahrhundert noch existierende „Tatsache" anzusehen. Den politischen Akzent erhielt der Rassenhaß durch das Heraufbeschwören einer angeblich vorhandenen „jüdischen Weltverschwörung". Da der Nationalsozialismus den Rassegedanken als Grundlage seiner gesamten Vorstellungen benutzte, wurden auch unter diesem Gesichtspunkt die politischen Verhältnisse des 20. Jahrhunderts beurteilt. Kapitalismus und Kommunismus wurden zu jüdischen Erfindungen, die die „arische Rasse" bedrohten.

Weltverschwörung

Das Programm dieser „Weltverschwörung" war für den Nationalsozialismus in den sogenannten „Protokollen der Weisen von Zion" enthalten, einer längst als Fälschung widerlegten, mehrfach umgearbeiteten Schrift. Ungeachtet dessen spielte sie innerhalb der antisemitischen Propaganda eine wesentliche Rolle.

Die antisemitische Komponente des nationalsozialistischen Denkens stellte *das* Allheilmittel dar, mit dem die Führung des „Dritten Reiches" alle Probleme zu erklären und alle Notstände zu bekämpfen vorgab.

Antisemitismus

Die nebulose Existenz einer internationalen geheimen Gruppe, die die Weltherrschaft erstrebte, eignete sich in hervorragender Weise als propa-

Abb. 50: *Beginn offizieller Judenverfolgung*

gandistische Erklärung aller Nöte und Sorgen des „kleinen Mannes".

Alle Erscheinungsformen, die über den nationalen Rahmen hinausreichen, seien sie nur erfunden oder tatsächlich vorhanden, stellen für ein totalitäres Regime eine fiktive Gefahr dar. Das Judentum, die Freimaurer, die Katholische Kirche usw. waren für den Nationalsozialismus insgeheim bewunderte „internationale Organisationen", deren vermeintliche oder tatsächliche Organisation man teilweise zu kopieren versuchte und andererseits leidenschaftlich bekämpfte. Durch immer wiederholte Anklagen versuchte der Nationalsozialismus, die Bevölkerung von der Gefährlichkeit dieser „übermächtigen" Kräfte zu überzeugen. Nicht umsonst lautete eine der Empfehlungen HITLERS für die Behandlung der breiten Masse:

> „Die Aufnahmefähigkeit der großen Masse ist nur sehr beschränkt, das Verständnis klein, dafür jedoch die Vergeßlichkeit groß. Aus diesen Tatsachen heraus hat sich jede wirkungsvolle Propaganda auf nur sehr wenige Punkte zu beschränken und diese schlagwortartig so lange zu verwenden, bis auch bestimmt der Letzte unter einem solchen Wort das Gewollte sich vorzustellen vermag."
>
> („Mein Kampf", S. 198.)

Der Rassenantisemitismus nationalsozialistischer Prägung konnte im Prinzip um so mehr auf ein gewisses Maß an Verständnis bei der Bevölkerung stoßen, da der Antisemitismus, besonders bei den unter den Folgen des Ersten Weltkrieges notleidenden Schichten des Kleinbürgertums, weit verbreitet war. Es wurde in der Bevölkerung weitgehend übersehen, daß die deutschen Juden unter den wirtschaftlichen Folgen des Ersten Weltkrieges genauso schwer zu leiden hatten wie die nichtjüdische Bevölkerung. Dieser herkömmliche Antisemitismus war allerdings im allgemeinen nur im gesellschaftlichen Rahmen wirksam und von der Radikalität der nationalsozialistischen Propaganda noch weit entfernt. Unter dem Einfluß der völkischen und nationalsozialistischen Gruppen wandelte er sich allerdings schnell zum „Radauantisemitismus", der sich in aller Öffentlichkeit austobte. Die Triebkräfte waren vorhanden, und es bedurfte nur des geeigneten Anstoßes, um sie zu wecken.

Arisch-nordisches Ideal

HITLER fand nicht nur die theoretischen Voraussetzungen für seine Weltanschauung vor; auch die radikale Terminologie war bei verschiedenen Rassenfanatikern bereits vorgebildet. So kam in den Werken von EUGEN DÜHRING (1833–1921; z.B. in „Die Judenfrage als Racen-, Sitten- und Culturfrage", 1881 erschienen), das radikale antisemitische Vokabular, wie es später vom Nationalsozialismus verwandt wurde, bereits sehr deutlich zum Ausdruck.

Den Schwierigkeiten, die sich für die Rassentheoretiker daraus ergaben, daß nur ein verschwindend kleiner Teil des deutschen Volkes dem arisch-nordischen Ideal entsprach (groß, blond, blauäugig), versuchte man mit der Aufstellung verschiedener Rassensysteme zu begegnen. Als Endziel wurde dabei die „Züchtung" des gewünschten Typs angestrebt. Zu einer überzeugenden Klärung der verschiedenen Begriffe (arische, indogermanische, nordische, deutsche Rasse usw.) konnte man überdies nicht gelangen, da Wunsch und Realität auseinanderklafften. Für den Nationalsozialismus war das Fehlen klarer

Abb. 51: Technik politischer Mobilisierung: Die Nürnberger Reichsparteitage. Hier mit Kolonnen des Reichsarbeitsdienstes 1936

Definitionen ohnehin kein besonderer Nachteil, weil nicht das Dogma einer Weltanschauung die Sicherheit des Regimes garantierte, sondern die bedingungslose Unterordnung unter den Willen des „Führers", der für alle verbindlich seine Weltanschauung interpretierte.

3.2.2.3 Hitler und die völkischen Ziele

HITLER stand mit seiner antisemitischen Einstellung in der Weimarer Republik nicht allein, wenn sie auch bei ihm die radikalste Konzentrierung erfuhr. Seine Motive waren zu großen Teilen Allgemeingut der ihm eng verwandten völkischen Gruppen, die in Deutschland und Österreich vor und vor allem nach dem Ersten Weltkrieg bestanden. Viele seiner ersten Anhänger entstammten diesen Vereinigungen, deren Programm sich zu großen Teilen aus antisemitischen, germanophilen und antichristlichen Ideen zusammensetzte.

Thomas Mann

Die Hauptpunkte der Völkischen konzentrierten sich auf die Abschirmung des „deutschen Wesens" von allen fremden, d.h. ausländischen Einflüssen: „Alles Internationale ist dem ‚Völkischen' suspekt und verhaßt. Er verfolgt ein Programm völkischer Autarkie auf allen Gebieten:

Völkische Autarkie

„1. Auf dem Gebiet der Bevölkerungspolitik durch die Forderung nach Reinerhaltung des deutschen Blutes vermittels der Rassenhygiene.
2. Auf dem Gebiete der Wirtschaft durch die Ausschaltung des internationalen Börsenkapitals und der weltwirtschaftlichen Verflechtung.
3. Auf dem Gebiete des Geistes durch Konzentrierung auf deutsches Denken unter Ausschaltung fremden Geistesgutes, insbesondere durch Ausmerzung des widerdeutschen jüdischen Literatengeistes. In der deutschen Sprache durch Ablehnung bzw. Eindeutschung aller Fremdwörter.
4. In der Kunst durch die Pflege artgemäßer und das deutsche Wesen verherrlichender Kunst.
5. In der Politik durch Abschaffung aller fremden westlichen Institutionen und ihre Ersetzung durch einen völkischen Staatsaufbau.
6. In der Religion durch Ersetzung des jüdischen Gottes durch einen ‚deutschen Gott'."
(K. SONTHEIMER 1962, S. 166 f.)

Kirchen

Positives Christentum

Diese Ansichten deckten sich zu großen Teilen mit HITLERs Überzeugung. Wenn auch die Füh-

rung des „Dritten Reiches" die völkischen Theoretiker später nicht immer weiter förderte, so waren deren Ideen doch wesentlicher Bestandteil des nationalsozialistischen Denkens. Der Unterschied zwischen HITLER und den völkischen Vereinigungen bestand allein darin, daß der Führer der NSDAP tatkräftig daranging, dieses gemeinsame Gedankengut in den aktuellen Tageskampf einzubeziehen. Mit Verachtung blickte er auf die „theoretisierenden völkischen Sekten" herab. Da für viele „völkisches Bewußtsein" gleichbedeutend mit „deutschem Bewußtsein" war, völkische Ziele als deutsche Ziele angesehen wurden, gelang es HITLER unter Betonung der „nationalen" Ziele seiner Partei, Anklang bei diesen Wählern zu finden.

THOMAS MANN beschrieb diese Situation in seinem Tagebuch: *„Die Primitivierung, … die jähe Niveausenkung, der Kulturschwund, die Verdummung und Reduzierung auf eine Kleinbürger-Massen-Mentalität wurde von den Intellektuellen nicht mit Schrecken, sondern mit perverser Bejahung … begrüßt. Ihr törichtes Schwelgen im machtvoll-dunkel Volkhaften ohne Sinn dafür, daß das Moralische mit dem Intellektuellen zusammenhängt, daß sie zusammen steigen und fallen und moralische Verwilderung die Folge der Vernunftsverachtung ist … Das Niveau, das nötig war: Geheimwissenschaften, Halbwissenschaften, Hintertreppenreligionen … blühten, und all das wurde von den Gebildeten nicht als niedriger, moderner Rummel, nicht als kulturelle Verelendung, sondern als die Wiedergeburt tiefer Lebenskräfte und der Volksseelenhaftigkeit empfunden und gefeiert."*

(T. MANN 1960, S. 696 ff.)

Das Verhältnis der nationalsozialistischen Weltanschauung zu den christlichen Kirchen war für HITLER eine Frage ihrer Verwendbarkeit im völkischen Staat. So offenherzig er sonst in „Mein Kampf" über die Ziele seiner Bewegung sprach, so sehr ist die Frage der Behandlung der Religion in diesem Buch für ihn ein taktisches Problem. Bis in die Anfangsjahre des „Dritten Reiches" war der Nationalsozialismus bemüht, den Anschein der Kirchenfreundlichkeit zu wahren. Allerdings war im Parteiprogramm von 1920 bereits die Einschränkung enthalten, daß die Freiheit des religiösen Bekenntnisses dort ihr Ende zu finden habe, wo der Bestand des Staates gefährdet sei oder gegen das Sittlichkeits- und Moralgefühl der germanischen Rasse verstoßen werde. Das Eintreten des Nationalsozialismus für ein „positives

Abb. 52: Religionsersatz: Fahnenweihe

Christentum" besagte nichts darüber, was HITLER darunter verstand.

Da der Führer der NSDAP, wie aus vielen Äußerungen überliefert ist, die christliche Religion ablehnte und die Kirchen in ihrer Wirksamkeit unterschätzte, sah er auch nicht voraus, daß die totale Inanspruchnahme des einzelnen Menschen durch den völkischen Staat, diesen in einen unüberbrückbaren Gegensatz zu den christlichen Kirchen bringen mußte. Der Gegensatz war außerdem durch den in der nationalsozialistischen Weltanschauung liegenden Antisemitismus gegeben.

Hitler und die Religion

Während HITLER an Fragen der Religion sich nach außen hin uninteressiert zeigte, traten einige Parteiführer, insbesondere HANS KERRL, mit dem Anspruch auf „Germanisierung des Christentums" an die Öffentlichkeit, andere, vornehmlich ALFRED ROSENBERG, wollten dem „syrisch-römischen Christentum" einen neuen, am germanischen Götterideal orientierten Glauben entgegensetzen. Die Bestrebungen reichten von der Forderung auf Beseitigung des Alten Testaments bis zur Ausmerzung des Christentums überhaupt.

Im internen Kreis hat sich HITLER allerdings viel offener zu den Fragen der Religion und der Kirchen geäußert. Sowohl in den vom früheren Danziger Senatspräsidenten HERMANN RAUSCHNING überlieferten Gesprächen mit HITLER als auch in den während des Krieges geführten und steno-

grafisch aufgezeichneten „Tischgesprächen" zeigt sich seine Ablehnung des Christentums in aller Deutlichkeit. PAULUS war für ihn der jüdische Begründer des Bolschewismus, durch den das Christentum zur eigentlichen jüdischen Lehre gemacht worden sei. Letzten Endes war für HITLER die ganze Lehre „nur derselbe jüdische Schwindel".

Sein Hauptziel war es, die Kirchen Schritt für Schritt in ihrem Einfluß zurückzudrängen und durch die nationalsozialistische Weltanschauung zu ersetzen. „Ostern ist nicht mehr Auferstehung, sondern die ewige Erneuerung unseres Volkes, Weihnachten ist die Geburt *unseres* Heilands: des Geistes der Heldenhaftigkeit und Freiheit unseres Volkes." Das Hakenkreuz sollte an die Stelle des Kreuzes treten. HITLER duldete bewußt die neuheidnischen Bestrebungen seiner Anhänger: *„Sie helfen zersetzen, das ist es, was wir zur Zeit allein machen können."*

In der nationalsozialistischen Propaganda war der Versuch, unter Übernahme christlicher Vorbilder eine nationalsozialistische Heilslehre zu schaffen, unübersehbar. Die Propagandaparolen wie „der heilige Glaube an Deutschland", der Glaube an das „auserwählte Volk" (die arische Rasse), die Verteufelung des Feindes (das Judentum), HITLER als Erlöser usw. weisen auf den pseudoreligiösen Charakter hin.

Es gibt viele Beispiele, wie z. B. im Erziehungsbereich, die Gleichsetzung nationalsozialistischer

Abb. 53: Appell des Deutschen Jungvolks (DJ), 10–14 Jahre. Die Vierzehn- bis Achtzehnjährigen waren in der „Hitler-Jugend" (HJ).

Hitler als Retter

Vorbilder und Glaubenssätze mit den Lehren des Christentums vor allem an die jungen Menschen herangebracht wurde. In einer Münchner Volksschule wurde 1934 z.B. nebenstehendes Diktat geschrieben:

Die Verherrlichung des „unfehlbaren" Führers, wozu die Faszination, die für viele von HITLER ausging, beitrug, verfehlte ihre Wirkung auf die Bevölkerung nicht. Im politischen Bereich war daher für die gläubigen Anhänger der NSDAP Opposition gegen HITLER „der" Sündenfall.

„Jesus und Hitler. Wie Jesus die Menschen von der Sünde und Hölle befreite, so rettete Hitler das deutsche Volk vor dem Verderben. Jesus und Hitler wurden verfolgt, aber während Jesus gekreuzigt wurde, wurde Hitler zum Kanzler erhoben. Während die Jünger Jesu ihren Meister verleugneten und im Stich ließen, fielen die 16 Kameraden für ihren Führer. Die Apostel vollendeten das Werk ihres Herrn. Wir hoffen, daß Hitler sein Werk zu Ende führen darf. Jesus baute für den Himmel, Hitler für die deutsche Erde." (J. NEUHÄUSLER 1946)

Abb. 54: Aufmarsch des „Bundes Deutscher Mädel" (BDM), 14–18 Jahre alt. Die Zehn- bis Vierzehnjährigen waren „Jungmädel".

Genauso wie HITLER insgeheim die durch die jüdische Religion gegebene, durch antijüdische Maßnahmen im Laufe der Geschichte erzwungene Abkapselung des Judentums von der christlichen Umwelt bewunderte, sah er auch in der Organisation der katholischen Kirche ein nachahmenswertes Vorbild. Der SS als Eliteorganisation setzte er die Jesuiten als Vorbild. Menschenkenntnis und Menschenführung durch die katholischen Geistlichen sollten von den Parteifunktionären übernommen werden.

Volkszahl und Raummenge

In der Herrschaftspraxis des „Dritten Reiches" vollzog sich die Kirchenpolitik auf mehreren Ebenen. Nach außen war HITLER bemüht, neutral zu erscheinen. Im Kreise seiner Anhänger brauchte er dagegen aus seiner, schon von der Rassenlehre her gegebenen, antichristlichen Einstellung kein Hehl zu machen. Die „Neutralität" in kirchlichen Fragen fand jedoch ihre Grenzen in der Duldung aller pseudoreformatorischen und neuheidnischen Bestrebungen seiner Anhänger. Der entscheidende Einschnitt für HITLER war in dem Moment erreicht, als sowohl die evangelische als auch die katholische Kirche Eingriffe in den Glaubens- und Amtsbereich der Kirchen durch staatliche und parteiamtliche Stellen zurückwiesen. Maßnahmen der Geheimen Staatspolizei (Verhaftungen von Geistlichen und ihre Einweisung in Konzentrationslager, Unterdrückung kirchlicher Tätigkeit, erzwungene und staatlich geförderte Kirchenaustritte usw.), Diffamierung des Glaubens und der Geistlichkeit in der Öffentlichkeit (vor allem in der antisemitischen Hetzschrift „Der Stürmer", durch Verleumdungsprozesse usw.) waren die Folgen. Daß es zu keiner Lösung der Kirchenfrage kam, war durch den Kriegsausbruch bedingt. HITLER spürte, daß die Macht des Christentums in Deutschland tiefere Wurzeln hatte und eine radikale Beseitigung der Kirchen während des Krieges unmöglich war. Die religiöse Frage ist für den Nationalsozialismus unlösbar geblieben, so tief auch die Einbrüche waren, die in Organisation und Bestätigungsmöglichkeiten der Kirchen erzielt wurden.

Kirchenpolitik

Keine Lösung

3.2.3 Die Lebensraumtheorie

HITLERS Vorstellungen vom Wesen und Sinn der Politik kreisten immer wieder um die Zentralbegriffe Rasse, Kampf und Macht. Er beschrieb Aufgabe und Ziel der Politik folgendermaßen:

„Wenn aber die Aufgabe der Politik die Durchführung des Lebenskampfes eines Volkes ist, der Lebenskampf eines Volkes im letzten Grund darin besteht, der jeweiligen Volkszahl die zur Ernährung notwendige Raummenge zu sichern, dieser gesamte Vorgang jedoch eine Frage des Machteinsatzes eines Volkes ist, dann ergibt sich folgende Schlußdefinition: Politik ist die Kunst der Durchführung des Lebenskampfes eines Volkes um sein irdisches Dasein.
Außenpolitik ist die Kunst, einem Volke den jeweils notwendigen Lebensraum in Größe und Güte zu sichern.
Innenpolitik ist die Kunst, einem Volke den dafür notwendigen Machteinsatz in Form seines Rassenwertes und seiner Zahl zu erhalten."
(HITLERS Zweites Buch, Stuttgart 1961, S. 62)

Die Erhaltung und Förderung des Rassewertes als Hauptaufgabe der Innenpolitik ist nach dieser Erklärung nur durch die Schaffung des dafür notwendigen Lebensraumes möglich. Dieser systemnotwendige Anspruch auf Lebensraum hatte aber mit den herkömmlichen nationalen Zielen auf Wiederherstellung der Grenzen von 1914 nichts mehr zu tun. HITLER machte die zukünftige Rolle Deutschlands als Weltmacht davon abhängig, daß es einen seiner Volkszahl entsprechenden Raum erhielt. Zwischen der Zahl und dem Wachstum des Volkes und der Größe und Güte des Grund und Bodens müsse ein gesundes Verhältnis hergestellt werden *„Jedes gesunde, urwüchsige Volk sieht deshalb im Bodenerwerb nichts Sündhaftes, sondern etwas Natürliches."* (Zweites Buch, S. 55)
Auch über das Ziel eines künftigen Raumerwerbs hat HITLER in „Mein Kampf" klare Auskunft gegeben:

„Damit ziehen wir Nationalsozialisten bewußt einen Strich unter die außenpolitische Richtung unserer Vorkriegszeit. Wir setzen dort an, wo man vor sechs Jahrhunderten endete. Wir stoppen den ewigen Germanenzug nach dem Süden und Westen Europas und weisen den Blick nach dem Land im Osten. ...Wenn wir aber heute in Europa von neuem Grund und Boden reden, können wir in erster Linie nur an Rußland und die ihm untertanen Randstreifen denken." (Mein Kampf, S. 742)

Die Gefahren, die mit einer kriegerischen Erweiterung des Besitzstandes des Deutschen Reiches verbunden sein könnten, schätzte HITLER gering ein. Da das russische Volk als rassisch minderwertig angesehen wurde, schied es als gefährlicher Machtfaktor aus.

Sowohl aus diesen theoretischen Grundlagen als auch aus der deutschen Besatzungspolitik in Sowjetrußland während des Zweiten Weltkrieges geht deutlich hervor, daß es HITLER nicht um die „Rettung Europas vor dem Bolschewismus" ging. Seine Absicht war, nach einer Aktennotiz MARTIN BORMANNs vom 16. Juli 1941, „Beherrschen, Verwalten, Ausbeuten". Das Ziel war nicht die Rettung, sondern die imperialistische Eroberung und Beherrschung des gesamten europäischen Kontinents. Eine nationalsozialistische Europaideologie hat es nur unter imperialistischen Vorzeichen gegeben.

Himmlers Vorstellungen

In konsequenter Weiterbildung der in „Mein Kampf" angedeuteten Ideen einer Neugestaltung Europas, vor allem auf Kosten der Sowjetunion, hatten ALFRED ROSENBERG und – weit radikaler – HEINRICH HIMMLER eigene Vorstellungen über die Beherrschung der besetzten Gebiete entwickelt, die von HITLER ausdrücklich gebilligt wurden. In diesen Plänen, die in den ersten Kriegsjahren heranreiften und angesichts der Möglichkeit ihrer Verwirklichung ihren Niederschlag nicht nur in zahlreichen Denkschriften, sondern auch in der Praxis fanden, enthüllte sich der wahre Charakter der nationalsozialistischen Rassenlehre.

Groß- germanisches Reich

Gemäß dieser Lehre sollte die Grundlage des „Großgermanischen Reiches" in der gewaltsam herbeigeführten Unterteilung der Bevölkerung in Herren- und Sklavenvolk bestehen. Die slawischen Völker, vornehmlich Polen und Russen, sollten auf die niedrigste kulturelle und zivilisatorische Stufe herabgedrückt werden und als „Arbeitsmaterial" zur Verfügung stehen. Die jüdische Bevölkerung sollte zunächst durch gewaltsame Auswanderung und später durch Vernichtung beseitigt werden. Vorgesehen war eine „rassische" Siebung der Bevölkerung in Osteuropa mit dem Ziel, „eindeutschungs- und aufnordungsfähige Elemente" herauszuziehen und zur nationalsozialistischen Schulung nach Deutschland zu bringen.

> „Für die nichtdeutsche Bevölkerung des Ostens darf es keine höhere Schule geben als die vierklassige Volksschule. Das Ziel dieser Volksschule hat lediglich zu sein: einfaches Rechnen bis 500, Schreiben des Namens, eine Lehre, daß es ein göttliches Gebot ist, den Deutschen gehorsam zu sein und ehrlich, fleißig und brav zu

> sein. Lesen halte ich nicht für erforderlich. Außer dieser Schule darf es im Osten überhaupt keine Schule geben."
> (HIMMLER in der Denkschrift über die Behandlung der Fremdvölkischen im Osten vom Mai 1940)

„Germanische" Völker, wie Holländer und Engländer, waren zur Ausfüllung der weiten Landgebiete Osteuropas bis zum Ural vorgesehen, da sich das Schlagwort vom „Volk ohne Raum" umzukehren drohte. Bereits vor dem Krieg und während der Zeit der deutsch-sowjetischen Allianz war ein wichtiges Anliegen nationalsozialistischer Siedlungspolitik, die Umsiedlung („Heim ins Reich") volksdeutscher Bevölkerungsgruppen aus dem Ausland in das „Großdeutsche Reich", vornehmlich in das besetzte Polen. Die Rückkehr zu den „germanischen" Traditionen erhoffte man sich durch die Schaffung eines weitmaschigen Systems von Wehrbauerndörfern, das nach rassenpolitischen Gesichtspunkten organisiert werden sollte.

HIMMLER, der als „Reichskommissar für die Festigung des deutschen Volkstums" die Um- und Aussiedlungsaktionen im Osten leitete, plante gleichermaßen die Umgestaltung West- und Nordeuropas. So sollte z. B. Frankreich in einen Staat „Burgund", der als Zentrum für die SS vorgesehen war, und in einen die restlichen Gebiete umfassenden Staat „Gallien" aufgeteilt werden. Für das gesamte Gebiet des „Großgermanischen Reiches" war als Einheitssprache die deutsche Sprache vorgesehen.

In dieser Planung und ihrer teilweisen Durchführung fand die nationalsozialistische Weltanschauung ihre Vollendung: die Neugründung eines auf rassischen Grundlagen aufgebauten, von Deutschland beherrschten Europas, zu dessen Schaffung der Massenmord als legitimes Mittel gehörte. Das Schicksal der Heimatvertriebenen der Nachkriegsjahre ist als Konsequenz dieser Politik ein Teil davon und ohne das grausige Vorspiel während des Krieges nicht denkbar.

3.2.4 Das Verhältnis von Volk und Staat

Diese Grundelemente nationalsozialistischen Denkens beherrschten die Gesamteinstellung der „Bewegung".
Die NSDAP hatte sich schon in der Weimarer Republik durch dieses Gedankengut sowohl

ideenmäßig als auch in der politischen Realität von den anderen Parteien unterschieden. Mit zynischer Offenheit hatte HITLER die Plattform des demokratischen Parteienstaates lediglich mit dem Ziel der Beseitigung dieser Staatsform betreten. In der realen, taktisch bedingten Anpassung an die politischen Gegebenheiten des Weimarer Staates war die NSDAP den anderen Parteien ebenso überlegen wie in der Manipulierung aller ihr geeignet erscheinenden Ideen, die Erfolg zu versprechen schienen.

Starkes Reich

Im Ergebnis sollten die Ereignisse von 1933 und der folgenden Jahre jedoch mehr sein als nur die Ablösung der Regierung durch eine andere. Sie sollten eine Abkehr von christlich-humanistischen Werten bringen, von Ideen und Institutionen, die mit der geistigen Entwicklung Westeuropas eng verknüpft waren. Daß die Nationalsozialisten die Machtergreifung 1933 in dieser Weise ansahen, zeigt ein Ausspruch von JOSEPH GOEBBELS: *„Damit wird das Jahr 1789 aus der Geschichte gestrichen."*

Die NSDAP hatte ihre Wahlerfolge vor 1933 nicht nur auf Grund der Propagierung eines radikalen Antisemitismus erzielen können; die Führer dieser Partei verstanden es vielmehr, in geschickter Weise die Wünsche und Ideale breiter Wählermassen mit den Zielen ihrer Partei in der Öffentlichkeit zu identifizieren. Indem sie den verschiedenen Bevölkerungsschichten die Erfüllung ihrer jeweiligen Wünsche und die Beseitigung der vorhandenen Nöte versprachen, verkündeten sie mit der Machtübernahme, das Deutsche Reich politisch, wirtschaftlich und kulturell zu erneuern. In wirkungsvoller Form gelang es der nationalsozialistischen Propaganda angesichts des nicht vorhandenen demokratischen Staatsbewußtseins im Volk, das neue „Dritte Reich" als das Ziel der deutschen Geschichte, ja, als die Rückkehr zu den Wurzeln wahren Deutschtums hinzustellen.

Militarisierung

Mystische Begriffe

Mit der Einführung mystischer Begriffe (z.B. die Bindung des Volkes an „Blut und Boden" als der Verkörperung des Vaterlandsgefühls und der Heimatliebe) in den politischen Bereich konnte man dem einfachen, sich an den Weimarer Staat nicht gebunden fühlenden Staatsbürger Ersatzideale, Wunschträume, gemischt mit teilweise echten Bedürfnissen der Bevölkerung, als greifbare Wirklichkeit hinstellen. Der Nationalsozialismus baute darauf, daß die Menschen diese utopischen Vorstellungen für realisierbar hielten. Dies bezog sich nicht nur auf die Rassenlehre, die vom einfachen Bürger ohnehin mit der Ableitung des deutschen Volkes von den Germanen ver-

wechselt wurde. Man verglich vielmehr das durch die Wirren der Zeit verzerrte Bild einer parlamentarischen Demokratie mit der von HITLER entworfenen Zukunft. An Stelle des parlamentarischen Staates versprach HITLER die Verwirklichung eines einheitlich organisierten starken Reiches. Die verwirrende Vielfalt des pluralistischen Staates, die dem mit demokratischen Verhältnissen nicht vertrauten Staatsbürger unheimlich schien, sollte durch den Einparteienstaat abgelöst werden. Damit entfiel für den einzelnen die als Last empfundene politische Orientierungs- und Verantwortungspflicht, Grundbedingungen jedes demokratischen Staatswesens. Die einigende Kraft der „Volksgemeinschaft" sollte an die Stelle individualistisch-liberaler Vorstellungen treten; Ordnung an Stelle von Chaos; staatliche Stärke an Stelle von staatlicher Schwäche; Gemeinsamkeit an Stelle vieler um egoistische Ziele ringender Kräfte. Diese „Ideale", verbunden mit herkömmlichen nationalen Parolen, ließen viele Anhänger der NSDAP sowohl die Grundanschauungen des Nationalsozialismus als auch die sich daraus ergebenden Konsequenzen übersehen.

Hand in Hand mit dem unaufhörlichen Anruf an die nationale Würde und deutsche Größe ging der Appell an militärische Tugenden. Unter Ausnutzung der historischen Sonderrolle des Militärs im Ansehen der deutschen Bevölkerung, unter Betonung der „klassensprengenden Kraft der Frontkameradschaft" des Ersten Weltkrieges sollte das deutsche Volk nicht nur die Ehre des deutschen Soldaten wiederherstellen. Die Erziehung sollte vielmehr ganz in dem Bewußtsein militärischer Ideale erfolgen. Der nach militärischen Gesichtspunkten aufgebaute Organisationsapparat der NSDAP und ihrer Verbände sollte das Vorbild für den Gesellschaftsaufbau sein. Traditionsbewußtsein und Ordnungssinn wurden so in den Dienst der Propaganda gestellt.

An die Stelle einer breiten demokratischen Basis sollte die Geschlossenheit des „Volksganzen" treten. Die Demokratie war für HITLER nur der Schauplatz egoistischer, um materieller Vorteile willen geführter Parteienkämpfe, bei denen das Volk als untätiger und ausgebeuteter Zuschauer das Opfer darstellte. Darüber hinaus war sie für ihn ohnehin eine „jüdische Erfindung". Um diesen angeblichen Zustand zu beseitigen, vertrat HITLER die Lehre von der „Auserwähltheit des deutschen Volkes". Das geeinte, durch „Blut und Boden" verbundene Volk sollte allein in der Lage sein, seine Ehre und Macht nach innen und außen wiederzugewinnen. Das Mittel dazu war der bedingungslose Kampf als „Vater aller Dinge", der dem „Höherwertigen" den Sieg schenken werde.

Um diesen Kampf bestehen zu können, bedurfte es nach nationalsozialistischer Ansicht der unbedingten Unterordnung des einzelnen unter den Staat, der den Willen des Volkes zu verkörpern habe. Schlagworte wie „Du bist nichts, Dein Volk ist alles" oder „Recht ist, was dem deutschen Volke nützt" waren bezeichnende Ausdrücke dieses Glaubens. Es versteht sich von selbst, daß dabei vom Schutze der Rechte des einzelnen Staatsbürgers oder derjenigen von Minderheiten keine Rede mehr war. Sie hatten dem „ehernen Willen der Nation" zu weichen. In der Praxis des „Dritten Reiches" bedeutete das Terror für alle diejenigen, die sich dem totalitären System zu widersetzen wagten.

Dem bedingungslosen Glauben des Nationalsozialismus an das Volk und die Nation entsprach die unbedingte Opferbereitschaft, die der Staatsbürger der Nation entgegenzubringen hatte. Der „Volksgenosse" war verpflichtet, sein Leben dem Wohl des Vaterlandes zu weihen und seinen Willen der Unfehlbarkeit des „Führers" zu unterwerfen. „Bedingungsloser" Gehorsam bedeutete außerdem nicht nur unbedingte Unterstellung, sondern auch den absoluten Verzicht auf jeden Widerspruch. Das vom Nationalsozialismus vertretene „Führerprinzip" war mit dem demokratischen Recht auf freie Meinungsäußerung unvereinbar. Damit war das Urteil über alle von der „absoluten Unfehlbarkeit" der Staatsführung abweichenden Meinungen gesprochen. Die Partei und ihre Organisationen sollten nicht nur – ebenso wie der Staat – die Verkörperung des Willens der Nation sein, sondern als Elite des Volkes diesen Willen ausführen. Das Endziel war dabei, ähnlich wie in der marxistischen Lehre vom Absterben des Staates in der klassenlosen Gesellschaft des Kommunismus, eine allmähliche Identifizierung von Staat, Führer und Volk. Die Elite war allein dem „Führer" verantwortlich, ein Verhältnis, das letztlich für das ganze Volk gelten sollte. Das „Führerprinzip", nach dem das „Dritte Reich" regiert wurde, war ein erster Schritt auf diesem Wege, die auf HITLER allein vereidigten Elitetruppen der SS ein zweiter.

Im „Führerkult" lag die eigentliche Wirksamkeit der nationalsozialistischen Weltanschauung. Als der „vom Schicksal dem deutschen Volk gesandte Retter" wurde HITLER von der Masse der Bevölkerung gefeiert. Sein Befehl war Gesetz. Für „Führer, Volk und Vaterland" war man bereit, alles zu tun. Selbst das Verbrechen erhielt durch die Anordnung des „Führers" seinen „Sinn" für den nationalsozialistischen Staat. Die Praxis des „Führerprinzips", d.h. die Verantwortung, die man nur seinem Führer, nicht aber seinem Gewissen schuldete, führte zu einer erschreckenden, von den meisten nicht bemerkten Entpersönlichung des einzelnen. Durch die Gleichsetzung des „Wohles des Vaterlandes" mit dem Willen des „Führers", mit der Erklärung vieler berechtigter Anliegen des Volkes aus dem Herrschaftsanspruch des „arischen Menschen" und mit der Unterordnung des Individuums unter die Unfehlbarkeit ADOLF HITLERS konnte der Nationalsozialismus seine Herrschaft über das deutsche Volk ausüben.

3.3 Der totalitäre Anspruch des nationalsozialistischen Staates

3.3.1 Die Ausgangsposition – Der Machtergreifungsprozeß

Brand-verordnung

„*Auf Grund des Artikels 48, Absatz 2 der Reichsverfassung wird zur Abwehr kommunistischer staatsgefährdender Gewaltakte folgendes verordnet:*
§ 1. Die Artikel 114, 115, 117, 118, 123, 124 und 153 der Verfassung des Deutschen Reiches werden bis auf weiteres außer Kraft gesetzt. Es sind daher Beschränkungen der persönlichen Freiheit, des Rechtes der freien Meinungsäußerung, einschließlich der Pressefreiheit, des Vereins- und Versammlungsrecht, Eingriffe in das Brief-, Post-, Telegraphen- und Fernsprechgeheimnis, Anordnungen von Haussuchungen und von Beschlagnahme sowie Beschränkungen des Eigentums, auch außerhalb der sonst hierfür bestimmten gesetzlichen Grenzen zulässig.
§ 2. Werden in einem Lande die zur Wiederherstellung der öffentlichen Sicherheit und Ordnung nötigen Maßnahmen nicht getroffen, so kann die Reichsregierung insoweit die Befugnisse der obersten Landesbehörde vorübergehend wahrnehmen."

Ermächti-gungsgesetz

(Verordnung des Reichspräsidenten zum Schutz von Volk und Staat vom 28. Febr. 1933)

Obwohl nur Chef einer Koalitionsregierung, der außer dem Führer der NSDAP lediglich zwei Nationalsozialisten angehörten, gelang es HITLER, gestützt auf die Notverordnungspraxis des Art. 48 der Weimarer Reichsverfassung, binnen kurzer Zeit nicht nur die Koalitionspartner auszuschalten, sondern auch die wesentlichen Eckpfeiler der Weimarer Verfassung zu beseitigen.

Säuberungen

Reichstags-auflösung

- Die Auflösung des Reichstags (1. 2. 1933) gab der NSDAP die Möglichkeit, in einem die nationalen Leidenschaften aufheizenden Wahlkampf den 30. Januar 1933 als Tag der „nationalen Erhebung" zu propagieren.

Röhm-Putsch

- Mit Hilfe von Notverordnungen schränkte Hitler die Versammlungs- und Pressefreiheit zuungunsten seiner politischen Gegner ein und brachte durch die Ernennung GÖRINGs zum preußischen Innenminister die preußische Polizei unter nationalsozialistische Befehlsgewalt.

Der „Schießerlaß" (17. 2.) für die Polizei und die Gründung einer „Hilfspolizei" (22. 2.), die im wesentlichen aus SA-Leuten bestand, sorgten für die Einschüchterung politischer Gegner.

- Durch die „Reichstagsbrandverordnung" (28. 2.) wurden die wichtigsten demokratischen Grundrechte suspendiert und mit Hilfe dieses scheinlegalen Vorgangs die eigentliche Grundlage nationalsozialistischer Willkürherrschaft geschaffen. Als Begründung für Massenverhaftungen, zunächst vornehmlich von Mitgliedern der Arbeiterparteien und der damit verbundenen Ausschaltung der Kommunistischen Partei, diente die „Brandverordnung" auch in den späteren Jahren als wesentliche Grundlage der allgemeinen Schutzhaftpraxis (Konzentrationslager-Einweisung).

- Gestützt auf das knappe Wahlergebnis vom 5. 3. 1933 und vorbereitet durch den Staatsakt von Potsdam am 21. 3. erreichte HITLER am 23. 3., unterstützt von Geschäftsordnungsmanipulationen, die Annahme des „Ermächtigungsgesetzes" im Reichstag (444 gegen 94 Stimmen der SPD) und damit die Übernahme der legislativen Gewalt durch die Regierung.

- Nichtnationalsozialistische Landesregierungen wurden unter Mißbrauch der Reichstagsbrandverordnung durch nationalsozialistische Reichskommissare (später Reichsstatthalter) ersetzt und der Gleichschaltungsprozeß der Länder eingeleitet.

- Durch die „Säuberung" des Beamtenapparats (Gesetz zur Wiederherstellung des Berufsbeamtentums vom 7. 4.), die Auflösung der Gewerkschaften (2. 5.), durch das Verbot der SPD (22. 6.) und dem anschließenden schnellen Selbstauflösungsprozeß aller übrigen Parteien erreichte HITLER, jede mögliche institutionelle und organisatorische Opposition auszuschalten und die NSDAP zur allein zugelassenen Partei zu erklären (14. 7.).

- Innerparteiliche Schwierigkeiten wurden schließlich durch die Ereignisse des angeblichen „Röhm-Putsches" (30. 6. 1934) mit Gewalt beseitigt, wobei es Hitler auch gelang, sich die Loyalität der bewaffneten Streitkräfte zu sichern und zugleich die in Deutschland herr-

Reichspräsi-
dentenamt

schende Rechtlosigkeit vor aller Augen zu dokumentieren (Gesetz über die Maßnahmen der
Staatsnotwehr vom 3. 7. 1934).

- Die Vereinigung des Amtes des Reichspräsidenten mit dem des Reichskanzlers (1. 8. 1934)
und die sich anschließende Vereidigung der
bewaffneten Streitkräfte auf HITLER als Führer
des Deutschen Reiches bildeten das letzte
Glied in der Kette von Maßnahmen zur totalen
Machtübernahme.

3.3.2 Erfassung und Gleichschaltung aller Bevölkerungskreise

Im Besitz der Staatsmacht konnte der neue Staat
damit beginnen, seine Ansprüche in die Wirklichkeit umzusetzen. Trotzdem blieben manche ge-
äußerten Forderungen in ihrer Rigorosität Theorie. Daraus erklärt sich auch, daß man den
unter Umständen gebliebenen schmalen Frei-
heitsraum des einzelnen, wenn er nicht Jude, politischer Gegner oder sonst mißliebig geworden
war, der bis zum Anfang des Krieges teilweise bestand, sehr oft übersieht. Erst der Krieg stellte
den Bürger ganz unter die totalen Forderungen
des nationalsozialistischen Staates. Allerdings
hatten die Rigorosität der Zielsetzung und auch
die Praxis des Alltags bis zum Krieg immerhin
erreicht, daß Anpassung und Gewöhnung an das
immer wieder verlangte „Außerordentliche" den
Blick vieler für die Verwischung der Grenzen
zwischen den dann verlangten und vollzogenen
kriegsnotwendigen und rein kriminellen Handlungen entscheidend getrübt hatten.

Gleich-
schaltung

Die Art und Weise der „Erfassung" des einzelnen
im „Dritten Reich" hat HITLER am Beispiel der
Jugend in offenen Worten beschrieben:

Jugend

*„Diese Jugend, die lernt ja nichts anderes als
deutsch denken, deutsch handeln, und wenn
diese Knaben mit zehn Jahren in unsere Organisationen hineinkommen und dort oft zum ersten Male überhaupt eine frische Luft bekommen und fühlen, dann kommen sie später vom
Jungvolk in die Hitlerjugend, und dort behalten
wir sie wieder vier Jahre, und dann geben wir
sie erst recht nicht zurück in die Hände unserer
alten Klassen- und Standeserzeuger, sondern
dann nehmen wir sie sofort in die Partei, in die
Arbeitsfront, in die SA oder in die SS, in das
NSKK und so weiter. Und wenn sie dort zwei
Jahre oder anderthalb Jahre sind und noch
nicht ganz Nationalsozialisten geworden sein
sollten, dann kommen sie in den Arbeitsdienst*

*und werden dort sechs bis sieben Monate ge-
schliffen, alles mit einem Symbol, dem deutschen
Spaten. Und was dann nach sechs oder sieben
Monaten an Klassenbewußtsein oder Standes-
dünkel da oder dort noch vorhanden sein sollte,
das übernimmt die Wehrmacht zur weiteren
Behandlung auf zwei Jahre, und wenn sie
dann nach zwei, drei oder vier Jahren zurück-
kehren, dann nehmen wir sie, damit sie auf keinen Fall rückfällig werden, sofort wieder in die
SA, SS und so weiter, und sie werden nicht mehr
frei ihr ganzes Leben."* (nach W. JÄGER, S. 15).

Mit einer reinen Zwangserfassung allein hätte
HITLER jedoch die Jugend nicht für sich begei-
stern können. Genauso wie bei den Erwachsenen
an die nationalen Ressentiments und Wünsche
appelliert wurde, sprach der Nationalsozialismus
den Idealismus der Jugend an. Die Begeisterung
für die Gemeinschaft, für das Idealbild einer starken, sportlich und militärisch ausgebildeten Jugend, die für ihre spätere Führungsrolle vorbereitet werden sollte, blieb nicht ohne Wirkung. Ge-
ländespiele, das Fahrtenerlebnis am Lagerfeuer,
das militärische Gepränge zogen viele Jugendliche
an. Die vormilitärische Ausbildung konnte so auf
die ganze Jugend ausgedehnt werden. – Voraussetzung für das Erziehungsmonopol der Hitlerjugend und des BDM war das Verbot aller anderen
Jugendorganisationen außerhalb der Gliederung
der NSDAP. Diese Ausschaltung fand während
der allgemeinen Gleichschaltungsperiode in den
ersten Jahren des nationalsozialistischen Staates
statt.

Es war vornehmlich die Aufgabe der Staatspartei
und ihrer Gliederungen, in den Monaten der
Machtergreifung, neben den spektakulären Maßnahmen (Reichstagsbrandverordnung, Ermächti-
gungsgesetz usw.), die Gleichschaltung einer Vielzahl von Organisationen und Verbänden vorzunehmen, die im politischen, wirtschaftlichen und
gesellschaftlichen Bereich des Volkes eine Rolle
spielten. Nicht nur die angeschlossenen Verbände der Partei sollten den „Volksgenossen" erfassen, sondern auch in allen anderen Vereinigungen sollte der Einfluß der Partei gesichert sein.
Durch den Sturz von Vorständen, durch revolutionäre Eingriffe in das Verbandswesen, die Konstituierung nationalsozialistischer Zellen usw.
wurde überall nach dem gleichen Muster von Angehörigen der NSDAP oder ihr nahestehenden
Personen die Leitung der einzelnen Organisationen übernommen. Widerstände wurden durch
Gewaltanwendung, bei denen die Partei und ihre
Gliederung Hilfestellungen leistete und sich da-

bei ganz allgemein auf den „nationalen Umschwung" beriefen, gebrochen. Mancher Verband suchte diesem Schicksal zu entgehen, indem er Loyalitätserklärungen abgab, ohne sich auf die Dauer der personellen Unterordnung unter die Partei entziehen zu können.

Die zwangsweise Gleichschaltung, das Einordnen des Verbandswesens in den Führerstaat, fand ihre Ergänzung in dem propagandistisch groß aufgezogenen staatlichen und parteiamtlichen Betreuungswesen. Die von der Arbeitsfront organisierten KdF-Reisen („Kraft durch Freude") sollten *Kraft durch* dem arbeitenden Menschen die angenehmen Seiten des neuen Systems demonstrieren, das Winterhilfswerk des deutschen Volkes (WHW) und die NS-Volkswohlfahrt für die ärmeren Bevölkerungskreise sorgen. Der Betreuung und Förderung kinderreicher Familien dienten Kinderkrippen, Steuererleichterungen und die Auszeichnung kinderreicher Mütter mit dem „Mutter *Mutterkreuz* kreuz".

Diese Maßnahmen ließen den Staat sozial erscheinen, während er dabei nur seinen eigentlichen Zielen eine humanitäre Umhüllung gab. Erfassung, Betreuung und Fürsorge dienten dem uneingeschränkten Einsatz der Arbeitskraft, der Volksgesundheit, der Förderung des Geburtenreichtums, der Reinerhaltung der Rasse und dem Nachwuchs für die Führerrolle des „deutschen Menschen". Viele durchschauten dieses Doppelspiel nicht und lobten die sozialen Leistungen des Staates.

3.3.3 Aufgabe und Bedeutung der Propaganda

Eine nicht zu unterschätzende Rolle spielte im nationalsozialistischen Herrschaftssystem die politische Propaganda. Nicht nur, daß HITLER in der Person des Reichsministers für Volksaufklärung und Propaganda, Dr. JOSEPH GOEBBELS, der nach der Schaffung seines Ministeriums am 13. 3. 1933 Kabinettsmitglied wurde, der wohl talentierteste Fachmann auf diesem Gebiet im „Dritten Reich" zur Verfügung stand, sondern vor allem deshalb, weil bereits vor 1933 vom Führer der NSDAP die wichtige Rolle der politischen Propaganda erkannt und praktiziert worden war. HITLER faßte selbst die Richtlinien, nach denen Partei und Staat Propaganda zu treiben hatten, folgendermaßen zusammen: *„Die Wirkung auf* *Die breite* *die breite Masse, Konzentration auf wenige Punkte,* *Masse* *immerwährende Wiederholung derselben, Selbstsicherheit und selbstbewußte Fassung des Textes in*

Abb. 55: *Der Agitator: Joseph Goebbels*

Abb. 56: *Der große Irrtum: „Retter aus der Not"*

der Form einer apodiktischen Behauptung, größte Beharrlichkeit in der Verbreitung und Geduld im Erwarten der Wirkung." Nach diesen, zwar von HITLER nicht erfundenen Gesetzen der Massenpropaganda wurde die Öffentlichkeit im „Dritten Reich" unentwegt bearbeitet.

122

Hitler als Redner

Rundfunk

Da HITLER ein überaus begabter, die Massen faszinierender Redner war, hatte er Gelegenheit, diesen Propagandastil immer mehr zu verfeinern und erfolgreich anzuwenden. In der Hand von GOEBBELS wurde dabei vor allem der Rundfunk als Massenbeeinflussungsmittel zu seiner vollen Bedeutung entwickelt. Ein kennzeichnendes Merkmal nationalsozialistischer Propaganda war es auch, nicht an den Verstand, sondern an das Gefühl der Zuhörer zu appellieren.

Großveranstaltungen

Unterstützt wurde dieser Stil durch die öffentlichen Großveranstaltungen. Mit Hilfe von Fackelzügen, Marschmusik, Fahneneinzug, Erhöhung der Spannung durch das Warten auf den „Führer" wurde die Anteilnahme der Demonstrationsteilnehmer beeinflußt. Das Gefühl „dabeigewesen zu sein", der Eindruck, der von Zehntausenden einheitlich uniformierter, militärisch gedrillter Mitglieder der einzeln vorüberziehenden Parteiformationen ausging, die gleiche Ausrichtung der in allen Orten parallel aufgezogenen Gemeinschaftsveranstaltungen (das Anhören von Hitlerreden in den Betrieben usw.) verfehlten ihre suggestive Wirkung auf die Bevölkerung nicht. Die jährlich stattfindenden Nürnberger Parteitage, Staatsbesuche ausländischer Politiker (z. B. der triumphale Empfang Mussolinis 1937 in Berlin), internationale Veranstaltungen (Olympiade 1936) erweckten nicht nur bei der deutschen Bevölkerung, sondern auch bei ausländischen Besuchern durch die psychologisch geschickte Regie den Eindruck einer „gewaltigen Größe und Geschlossenheit".

Reichsfeierjahr

Kam noch die Erfüllung „nationaler Wünsche" hinzu, wie z. B. die Errichtung des „Großdeutschen Reiches" durch den Anschluß Österreichs, so kannte der Jubel und die Begeisterung keine Grenzen mehr. Das Schlagwort „Ein Volk, ein Reich, ein Führer" war für viele der Ausdruck echt empfundener Gemeinsamkeit. Ohne diese bedenkenlose Begeisterung und Zustimmung wäre HITLER nicht in der Lage gewesen, nahezu 6 Jahre lang Krieg zu führen, auch wenn der Enthusiasmus der Deutschen 1939 keineswegs mit dem von 1914 zu vergleichen war. Es besteht kein Zweifel daran, daß durch die Massendemonstration, in erster Linie vor 1939, das Gemeinschaftsgefühl der Bevölkerung im nationalsozialistischen Sinne gestärkt wurde. Die nationalen „Weihehandlungen" (Heldengedenkfeiern usw.), die mit gleichbleibendem Ritual abliefen, nahmen dabei, unterstützt durch das feierliche Pathos der auftretenden Redner, nahezu religiöse Formen an.

Schriftleitergesetz

Weihehandlungen

Abb. 57: Deutsche Studenten verbrannten „undeutsche" Bücher 1933

In gleicher Weise wirkten die verschiedenen Symbole, die der Nationalsozialismus erfolgreich in das Leben des Volkes hineintrug. Abzeichen, Uniformierung, der einheitliche Gruß („Heil Hitler"), der ständige Gebrauch einprägsamer Parolen und Schlagworte trugen zum neuen Gemeinschaftsstil bei.

Typisch für den totalitären Anspruch des Regimes war die Ritualisierung öffentlicher Feiern. Genauso wie man versuchte, die Bevölkerung laufend auf neue Ziele auszurichten, sollte sie sich durch immer wiederkehrende Gedenktage und Feiern dem Staat und der Partei immer mehr verbunden fühlen. Das „Reichsfeierjahr", wie kritische Beobachter den Ablauf der jährlich sich wiederholenden Veranstaltungen nannten, macht dies deutlich:

Machtergreifung (30. 1.); Parteigründungstag (24. 2.); Heldengedenktag (März); Hitlers Geburtstag (20. 4.); Tag der nationalen Arbeit (1. 5.); Reichsparteitag (September); Erntedankfest (Oktober); Marsch zur Feldherrnhalle (9. 11.).

GOEBBELS leitete nicht nur das Propagandaministerium, sondern konnte in seiner Eigenschaft als Reichspropagandaleiter der NSDAP die gesamte Propaganda im Staate einheitlich dirigieren. Besonders die Presse unterlag seinen Anweisungen. Durch das *Schriftleitergesetz* (4. 10. 1933) wurde sichergestellt, daß nur im nationalsozialistischen Sinne „zuverlässige" Redakteure tätig sein konnten. Juden waren selbstverständlich von der Ausübung des Journalistenberufes ausgeschlossen. Durch „Schaukästen", Transparente, Haustafeln

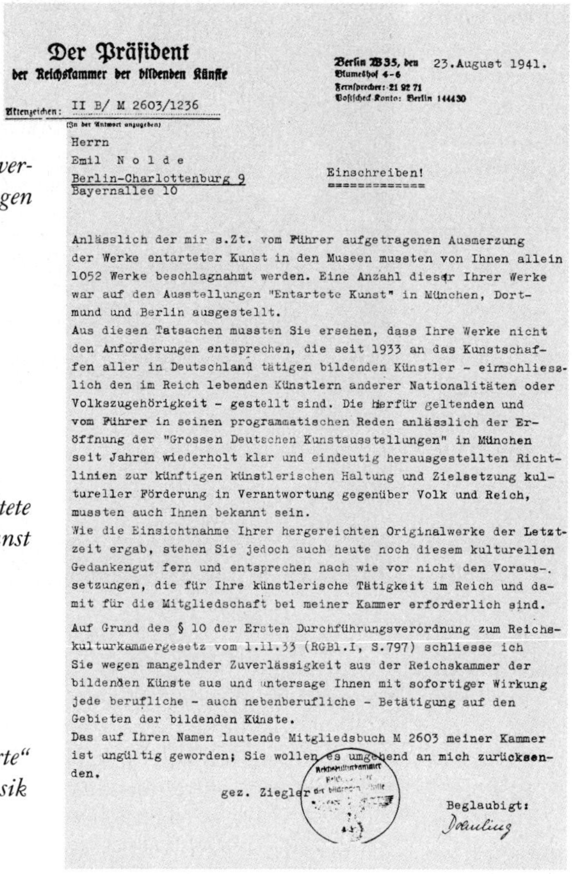

Der Präsident
der Reichskammer der bildenden Künste

Berlin W35, den 23.August 1941.
Blumeshof 4-6
Fernsprecher: 21 92 71
Postscheck-Konto: Berlin 144430

Aktenzeichen: II B/ M 2603/1236

(In der Antwort angeben)

Herrn
Emil N o l d e   Einschreiben!
Berlin-Charlottenburg 9   ===========
Bayernallee 10

Anlässlich der mir s.Zt. vom Führer aufgetragenen Ausmerzung der Werke entarteter Kunst in den Museen mussten von Ihnen allein 1052 Werke beschlagnahmt werden. Eine Anzahl dieser Ihrer Werke war auf den Ausstellungen "Entartete Kunst" in München, Dortmund und Berlin ausgestellt.

Aus diesen Tatsachen mussten Sie ersehen, dass Ihre Werke nicht den Anforderungen entsprechen, die seit 1933 an das Kunstschaffen aller in Deutschland tätigen bildenden Künstler - einschliesslich den im Reich lebenden Künstlern anderer Nationalitäten oder Volkszugehörigkeit - gestellt sind. Die hierfür geltenden und vom Führer in seinen programmatischen Reden anlässlich der Eröffnung der "Grossen Deutschen Kunstausstellungen" in München seit Jahren wiederholt klar und eindeutig herausgestellten Richtlinien zur künftigen künstlerischen Haltung und Zielsetzung kultureller Förderung in Verantwortung gegenüber Volk und Reich, mussten auch Ihnen bekannt sein.

Wie die Einsichtnahme Ihrer hergereichten Originalwerke der Letztzeit ergab, stehen Sie jedoch auch heute noch diesem kulturellen Gedankengut fern und entsprechen nach wie vor nicht den Voraussetzungen, die für Ihre künstlerische Tätigkeit im Reich und damit für die Mitgliedschaft bei meiner Kammer erforderlich sind.

Auf Grund des § 10 der Ersten Durchführungsverordnung zum Reichskulturkammergesetz vom 1.11.33 (RGBl.I, S.797) schliesse ich Sie wegen mangelnder Zuverlässigkeit aus der Reichskammer der bildenden Künste aus und untersage mit sofortiger Wirkung jede berufliche - auch nebenberufliche - Betätigung auf den Gebieten der bildenden Künste.

Das auf Ihren Namen lautende Mitgliedsbuch M 2603 meiner Kammer ist ungültig geworden; Sie wollen es umgehend an mich zurücksenden.

gez. Ziegler

Beglaubigt:

Abb. 58: Auf dem Wege zur „Arteigenen Kultur": Berufsverbot für international berühmte Künstler

usw. wurde für eine weitere Verbreitung der nationalsozialistischen Ideen gesorgt.

Auch die intensive Förderung des Filmwesens erfolgte planmäßig im nationalsozialistischen Sinne. Groß aufgezogene Propagandafilme („Ohm Krüger", „Jud Süß", Dokumentarfilme über die Reichsparteitage) waren Ausdruck der Verbreitung nationalsozialistischer Ideen.

GOEBBELS sicherte aber nicht nur als Minister für Volksaufklärung und Propaganda den Einfluß des Staates und der Partei auf die öffentliche Meinung, sondern gab auch in seiner Eigenschaft als Präsident der Reichskulturkammer für alle Bereiche des kulturellen Lebens verbindliche Richtlinien heraus.

Gemäß der nationalsozialistischen Weltanschauung bekämpfte der Staat angebliches „jüdisch-liberales" und „marxistisch-kommunistisches" Gedankengut. Unter diesen Stichworten ließ sich alles zusammenfassen, was nicht der „arteigenen deutschen Kultur" zu entsprechen schien. Als Grundsatz galt dabei nach den Worten Goebbels,

daß es „nicht auf die gute Gesinnung und das anständige Wollen", sondern vor allem auf „das Können und die nationalsozialistische Gesinnung ankomme". Wer diese nicht aufzuweisen hatte, erhielt Berufsverbot.

Bereits mit der Bücherverbrennung am 10. 5. 1933 wurde die Richtung angegeben. Die Werke von BERTOLT BRECHT, MAX BROD, ALFRED DÖBLIN, SIGMUND FREUD, HEINRICH MANN, ERICH MARIA REMARQUE, KURT TUCHOLSKY, FRANZ WERFEL, STEFAN ZWEIG und vieler anderer waren unerwünscht, durften nicht mehr gedruckt werden und wurden aus öffentlichen Bibliotheken entfernt. Für diejenigen, die später für „unerwünscht" erklärt wurden, ist der Name THOMAS MANN symbolisch. Nach dem Gesetz über die „Einziehung von Erzeugnissen entarteter Kunst" (31. 5. 1938) wurden die Museen und Galerien „gesäubert", die Kunstwerke beschlagnahmt und zugunsten des Reiches im Ausland verschleudert. Hierunter fielen u.a. Werke von: LOVIS CORINTH, KÄTHE KOLLWITZ, MAX LIEBERMANN, EMIL NOLDE, FRANZ MARC, PABLO PICASSO.

Ebenso wurde die Musik „gesäubert". Die Werke von MENDELSSOHN, HINDEMITH, SCHÖNBERG usw., ja, im Kriege auch die russischen Komponisten, fielen unter das Aufführverbot.

An Stelle der Schöpfungen der als „Kulturbolschewisten" beschimpften und geächteten Künstler sollte die „arteigene, nordische Kultur" treten. Der „heldische" Mensch als Vorbild, die Verbundenheit von „Blut und Boden" als Ausdruck der Volksgemeinschaft, der Rückzug auf das „arteigene Volkstum" – all das sollte die rassereine Kultur repräsentieren und fremdländische Einflüsse zurückdrängen. Nach dem Maßstab allgemeiner Kunstkritik bedeutete das die Vertreibung international berühmter Künstler und die Vernichtung ihrer Werke zugunsten einer volkstümelnden, dem Geschmack des „Spießers" entgegenkommenden Kunstrichtung, die zwar den Ansichten HITLERS und seiner Anhänger entsprach, die jedoch jedes echte künstlerische Leben erstickte. Die individuelle künstlerische Leistung, die nicht am Gemeinschaftsgeschmack des „Dritten Reiches" orientiert war, wurde geächtet. Der Begriff „intellektuell" bedeutete „Zersetzung", Verbundenheit im künstlerischen Schaffen mit den Gleichgesinnten in aller Welt wurde als „Kulturbolschewismus" diffamiert.

Verbotslisten für Literatur, Kunst und Wissenschaft sowie Zensurbehörden sorgten für die Einhaltung der Gleichschaltung. Zwar war dieses Kontroll- und Überwachungssystem nicht lük-

Marginalien:
Bücherverbrennungen

Entartete Kunst

„Gesäuberte" Musik

Heldischer Mensch

Propagandafilme

Kulturbolschewismus

124

kenlos, es überzog aber im wesentlichen das Volk mit einem nationalsozialistischen Propagandaschleier und förderte entscheidend die Isolierung der Bevölkerung von der kulturellen und wissenschaftlichen Fortentwicklung in der übrigen Welt. In der Literatur und vor allen Dingen in den Wissenschaften war diese Abkapselung um so verheerender, da mit der Vertreibung aller „unliebsamen" Personen (vornehmlich der deutschen Juden) ein Substanzverlust eingetreten war, der nie wieder aufgeholt werden konnte.

Deutsche Mathematik „Arteigene Physik" und eine „Deutsche Mathematik" boten hierfür keinen Ersatz.

3.3.4 Zur Lebenssituation des einzelnen im nationalsozialistischen Staat

Es erhebt sich die Frage, warum der einzelne Deutsche den nationalsozialistischen Staat bejahte und wie er sich den Lebensverhältnissen im „Dritten Reich" anzupassen wußte. Eine Antwort hierauf ist ebenso problematisch wie vielseitig. HITLER traf bei seinen Bemühungen, das deutsche Volk für sich zu gewinnen, in mehrfacher Hinsicht ein Vakuum an. Im *politischen Bereich* fand er ein gestörtes Verhältnis zwischen den Staatsbürgern und dem Staat vor. Die Staatstreue zur Weimarer Republik fehlte bei vielen. Die Fülle der politischen Belastungen, die das Le-

ben der ersten deutschen Demokratie erschwerte, benötigte zu ihrer befriedigenden Beseitigung politische Reife und politische Erfahrung nicht nur der Führungsschichten, sondern auch großer Teile des Volkes, das von demokratischem Empfinden weit entfernt war. Dies ist keine Anklage, sondern die Feststellung der Tatsache, daß das deutsche Volk mit seinem politischen Schicksal nach 1918 vor anscheinend unlösbaren Problemen stand, mit denen es sicherlich nicht fertig wurde.

Die *wirtschaftlichen* Krisen in den Jahren vor 1933 hatten vielen Menschen die ökonomischen Reserven genommen und eine allgemeine Existenzunsicherheit erzeugt. Eine gemeinsame Kraftanstrengung, das Vertrauen des Volkes auf die Fähigkeit einer tatkräftigen, von den Parteien unterstützten Regierung fehlten ebenso wie die Konzentrationsfähigkeit der Mehrheit der Parteien auf die Bewältigung der bestehenden Krise.

Die Folgen dieser Schwierigkeiten waren eine weitgehende politische Demoralisierung breiter Kreise des Volkes, die durch die Existenz der radikalen Parteien verstärkt wurde, und das intensive Bemühen einzelner Gruppen, neue Wege zur Staatsstabilisierung zu suchen.

Auch in *rechtlicher* Hinsicht war diese Demoralisierung nicht ohne Konsequenzen geblieben. Konnte man einerseits von einer permanenten Justizkrise zwischen 1918 und 1933 sprechen, so waren andererseits viele bereit, bei der Schaffung

Abb. 59: Der Alltag – „Eintopf-Sonntag" 1935

Abb. 60: „Arbeitsappell" im Konzentrationslager Oranienburg 1934

eines neuen Staates autoritärer Prägung Gewalt-
maßnahmen als das kleinere Übel zu empfinden,
die man zur Lösung der „nationalen" Not glaubte
in Kauf nehmen zu müssen. Der vehemente Antisemitismus der Nationalsozialisten sorgte außerdem dafür, daß viele im Judentum entweder den
Schuldigen für die vorhandenen Mißstände erblickten oder mit dem Gefühl „vielleicht steckt
doch ein Körnchen Wahrheit darin" die Augen
vor der nach 1933 einsetzenden Verfolgung der
deutschen Juden schlossen. Auch die Kirchen

waren sich, so sehr sie dann selbst im Kampf mit
dem „Dritten Reich" lagen und schweren Verfolgungen ausgesetzt waren, zuerst über die Konsequenz des radikalen Antisemitismus nicht im klaren. Traf das für viele Geistliche zu, so in noch
stärkerem Maße für die Gläubigen. Die staats-
treuen Kräfte der Weimarer Republik waren auf
die Dauer weder der demagogischen Propaganda
noch der politischen Taktik Hitlers gewachsen.
Viele machten die demokratischen Parteien für
die bestehenden Schwierigkeiten verantwortlich.

Abb. 61: Das Ende: Die Zerstörung des Reiches – Verwüstung und Flucht.

Diese latente Vertrauenskrise schwächte ihre Wirksamkeit und ermöglichte es den Nationalsozialisten, sie Zug um Zug aufzuweichen und auszuschalten.

Abgesehen von der, wenn auch sehr starken, Minderheit der Anhänger der NSDAP im Januar 1933 brachten viele Menschen in Deutschland, vor allem nach den ersten außenpolitischen Erfolgen und einer gewissen wirtschaftlichen Stabilisierung, der Regierung HITLER ein immer stärker werdendes Vertrauen entgegen. Die Stabilisierung der Verhältnisse, die Identifizierung mit dem nationalsozialistischen Nationalismus schwächte auch den Blick für viele kriminelle Ereignisse der ersten Jahre.

Widerstandshandlungen waren vom Augenblick der vollzogenen Machtergreifung und der Ausbildung der Machtmittel des totalitären Staates an mit dem größten Risiko verbunden. Die *Zustimmung* der Bevölkerung beruhte auf

- innerer Bereitschaft der echten Anhänger,
- propagandistischer Überrollung und Vernebelung des kritischen Denkvermögens,
- allgemeiner *Unterordnung* unter eine „starke" Führung,
- *Furcht* vor den terroristischen Praktiken des totalitären Staates.

Viele wollten nicht außerhalb stehen und über das neue Staatsgefüge nach Möglichkeit *Karriere* machen. Das ist auch die Erklärung für die Tatsache, daß viele akademisch gebildete Personen nach 1933 z.B. in die Eliteorganisation der SS eintraten. Die Führer der Mordorganisationen der Einsatzgruppen im Kriege setzten sich zu großen Teilen aus sogenannten „gebildeten" Leuten zusammen, die nach 1933 in der SS Karriere gemacht hatten. Gerade bei der SS und Polizei kann man genau verfolgen, wie die Vermischung von militärischer Tradition mit ideologischem Gehorsam die Bereitschaft förderte, jede geforderte Tat, auch den Mord, zu begehen.

Es wäre ein Irrtum, wollte man annehmen, daß das nationalsozialistische Regierungssystem nur auf den Gewaltmitteln einer terroristischen Geheimpolizei beruht habe. Ohne das *gläubige* Vertrauen von Millionen Deutschen hätte HITLER nicht so ungestört seine Ziele verfolgen können. Wer nicht zu den potenziellen Staatsfeinden (festgebliebene Anhänger der demokratischen Parteien und Organisationen, Oppositionelle aller Richtungen) gehörte, und wer nicht als Angehöriger des Judentums geächtet und verfolgt war, konnte auch ohne überschwenglich gezeigte Begeisterung für das neue Regime unbehelligt seiner Arbeit nachgehen. Viele gingen den Weg des

Zustimmung

Unterordnung
Furcht

Karriere

Gleichgültigkeit

Gläubigkeit

Moralische Verstrickung

Abb. 62: Symbol des Widerstandes: Graf Stauffenberg 1907–1944

geringsten Widerstandes und schlossen „kleine Kompromisse" mit dem neuen Staat (Zahlungen zu den allgemeinen Sammlungen, nominelle Mitgliedschaft bei den verschiedenen Organisationen usw.), zumal die öffentlich verkündeten Ziele des Nationalsozialismus sich großer Popularität erfreuten, und vorhandene eigene Bedenken dagegen gering erschienen.

Neben der allgemeinen Begeisterungsfähigkeit konnte sich HITLER aber auch auf eine weitverbreitete Eigenschaft verlassen: die Gleichgültigkeit vieler Menschen in Deutschland gegenüber den verfolgten Personengruppen, vornehmlich gegenüber der jüdischen Bevölkerung. Nicht nur aus antisemitischen Gefühlen oder aus Angst vor der Gestapo, sondern in vielen Fällen aus allgemeiner Gleichgültigkeit heraus gab es keine Solidarität mit diesen verfolgten Menschen. Daß viele den Novemberpogrom 1938 ablehnten, ändert daran ebensowenig wie die Tatsache, daß nach Kriegsausbruch für die meisten der Schleier des Geheimnisses über der Tragödie der Juden lag, auch wenn z.B. im Generalgouvernement mehr darüber bekannt wurde und teilweise durch die Umstände (z.B. Gettoräumungen mit ihren grausigen Begleitumständen) bekannt werden mußte. Die Tabuisierung gerade dieser Vorgänge wurde zu einem Kennzeichen der Nachkriegsgesellschaft. Die Tragödie der jüdischen Bevölkerung begann nicht erst mit der Vernichtung während des Krieges, sondern am 30. Januar 1933. In der Verstrickung großer Teile des deutschen Volkes in diese moralische Schuld liegt einer der unheimlichsten Erfolge der Methoden Hitlerscher Politik. Unter dem Einfluß des ständigen Appells an die Pflichttreue, an den Staatsgehorsam, an einen verfälschten „Ehrbegriff" wurde dann im Krieg mit „freiwilligem Zwang" das Volk für die Zwecke HITLERS eingesetzt. Erst nach 1939 begannen größere Teile des deutschen Volkes zu spüren, in welche Abhängigkeit sie sich gebracht hatten. Wo der Anruf an den „blinden Gehorsam" versagte, brachte der Staat seine Machtmittel rücksichtslos zur Anwendung. War bis 1939 ein gewisses Maß an Freiheit trotz des totalitären Anspruchs des Staates noch gegeben, so beseitigte der Krieg diese Möglichkeit restlos. Aus der Mischung von gläubiger Opferbereitschaft und Angst vor der Gestapo, aus dem Gefühl heraus, mit dem nationalsozialistischen Staat unlöslich verbunden zu sein, erklärte sich die Leidensfähigkeit des Volkes während des Krieges. Selten hat ein Volk mit derartiger Hingabe die größten Opfer zugunsten eines verbrecherischen Systems gebracht.

Angesichts der Zustimmung weiter Bevölkerungskreise zum Nationalsozialismus, angesichts der unaufhörlichen propagandistischen Beeinflussung und eines das ganze Volk überziehenden, im Kriege lückenlosen Kontroll- und Beobachtungssystems von Partei- und Staatsbehörden verdient der Mut und die aufrechte Haltung derjenigen Deutschen, die sich weder „gleichschalten" ließen, noch aus Furcht vor der Gestapo ihr Gewissen unterdrückten, die größte Bewunderung.

Die soziale Zusammensetzung der am Widerstand gegen HITLER Beteiligten war überaus vielseitig und reichte im politischen Bereich von Kommunisten bis zu Konservativen. Abgesehen von denen, die seit der Machtübernahme durch HITLER das neue System bekämpften, standen diejenigen, die erst nach und nach das Rechtswidrige der Politik HITLERS durchschauten, vor schweren Gewissenskonflikten. Die Konsequenzen des auf den „Führer und Reichskanzler" geleisteten Eides waren namentlich für die Angehörigen der Wehrmacht und des Beamtenstandes ein schwer zu lösendes Problem. In der Treue zum Staat erzogen, bedeutete für sie die Erkenntnis, daß dieser Staat die Gebote der Religion, der Sittlichkeit und des Rechts permanent brach, ein bitteres Erwachen. Das Opfer, das die allen Bevölkerungsschichten angehörenden Frauen und Männer im Widerstand gegen HITLER gebracht haben, ist ebenso wie der Millionenmord an unschuldigen Menschen eine unübersehbare Mahnung, Recht und Freiheit als das kostbarste Gut eines Volkes zu wahren und zu schützen.

Der Widerstand

Der Krieg

3.4 Neonazistische Tendenzen nach 1945

SRP

Das „tausendjährige Reich" fand im totalen militärischen Zusammenbruch sein Ende. Die Zerstörung und Spaltung des Reiches, begleitet von namenlosem Elend, waren das Erbe nationalsozialistischer Diktatur. Die Wirkung dieser Ereignisse lastet auf der Geschichte der nachfolgenden Jahrzehnte und konfrontiert mit ihren Konsequenzen noch Generationen, die nach 1945 geboren wurden, so vielfältig und erfolgreich auch die Anstrengungen gewesen sind, sich aus den Verstrickungen des gescheiterten Regimes zu lösen. Ein Prüfstein dafür, wieweit dieser Ablösungsprozeß gelungen ist, bietet der Blick auf die Überreste nationalsozialistischer Bestrebungen und Ideen der Nachkriegsjahrzehnte.

Belastung der Nachkriegsgeneration

NPD

● Im Parteienspektrum erregten in der frühen Geschichte der Bundesrepublik Deutschland mehrere kleinere Parteigruppierungen Aufsehen, von denen die 1949 gegründete Sozialistische Reichspartei (SRP) am deutlichsten nationalsozialistische Ideen verbreitete, bis sie 1952 aufgrund ihres verfassungswidrigen Charakters durch ein klassisches Urteil des Bundesverfassungsgerichts verboten wurde. Die sich aus diesem Urteil ergebenden Konsequenzen zwangen die noch vorhandenen kleineren, zersplitterten Gruppierungen zur äußersten Vorsicht. Lediglich der 1964 gegründeten Nationaldemokratischen Partei (NPD) gelang es für einige Zeit, Wähler an sich zu ziehen und Mandate in einigen Landtagen zu erringen. Nach einer vorübergehenden „Erfolgsphase", die ihr 1969 bei der Bundestagswahl 4,3 % der Stimmen einbrachte, versank sie wieder zu absoluter Bedeutungslosigkeit.

● Als wesentlich hartnäckiger erweisen sich die von zumeist miteinander personell verbundenen Kleingruppen (aber auch von Einzelperso-

Abb. 63: Sprengstoffattentat auf dem Oktoberfest in München 1980

NS-Hetz-
schriften

Ausländer-
feindlichkeit

Terrorismus
Gefahren

Hitler-Ver-
harmlosung

nen) vertriebenen zahlreichen Hetzschriften oder die unter Wahrung presserechtlicher Bestimmungen erscheinenden nationalistischen Zeitschriften und Publikationen, in denen mehr oder minder offen der nationalsozialistische Staat verherrlicht, Verbrechen des untergegangenen Regimes heruntergespielt oder gar geleugnet werden. In zunehmenden Maße gelangen dabei Druckschriften aus dem Ausland in die Bundesrepublik Deutschland, deren antisemitischer Charakter unverkennbar ist.

• Am schwerwiegendsten machten in den letzten Jahren terroristische Einzeltäter und Minigruppen auf sich aufmerksam, die im Gefolge der weltweiten Ausbreitung des Terrorismus sich mit Gewalttaten zu profilieren versuchten. Verbindungen zu ausländischen Gesinnungsgenossen wurden dabei sichtbar. Vornehmlich auch Angehörige einer jungen Generation, denen die Bemühungen der „Altnazis" im politischen Raum überholt schienen, suchten hier ein Betätigungsfeld.

Die Argumente der Anhänger neonazistischer Gruppierungen erschöpfen sich neben der Verharmlosung des Hitler-Staates in der Wiedergabe verbrämter nationalsozialistischer und quasi legitimer nationalistischer Unlustgefühle (Wiedererrichtung einer „Volksgemeinschaft", Kampf gegen Kapitalismus und Kommunismus, Abwehr übernationaler Verschwörungen zur Rettung des

deutschen Volkes usw.) und in den einer gewandelten Zeit angepaßten Parolen (Schutz vor Überfremdung, Ausländerfeindlichkeit, Übernahme von Umweltschutzforderungen usw.). Ging man in den sechziger Jahren davon aus, daß sich z.B. in der NPD vor allem auch extrem rechtsorientierte „Protestwähler" versammelten, findet man in den heute noch existierenden rechtsextremistischen Gruppen und Vereinigungen einen harten Kern von Anhängern neonazistischer Ideen, die durch Provokationen in der Öffentlichkeit Aufsehen erregen.

Die Gefahren des Neonazismus liegen jedoch weniger in organisatorischen, die Massen anziehenden Zusammenschlüssen als vielmehr in der untergründigen Verbreitung verschwommener, unrealistischer, sehr oft auch antisemitischer Vorstellungen, die vom Unwissen, der Beeinflußbarkeit und der Unzufriedenheit zunehmend jüngerer Menschen leben. Es wäre ein Fehler, derartige Tendenzen zu unterschätzen, auch wenn die Gefährlichkeit derartiger Bestrebungen sich darauf beschränkt, vornehmlich das Ansehen der Bundesrepublik Deutschland zu schädigen. Jede demokratische Gesellschaft wird mit einem geringen Prozentsatz Unbelehrbarer leben müssen, die rationalen Erwägungen unzugänglich bleiben. Nur ist offenkundig, daß das Auftreten derartiger Erscheinungen angesichts unserer Geschichte für alle Demokraten eine ständige Herausforderung darstellt und Wachsamkeit stets geboten ist.

4 Die Bundesrepublik Deutschland

Hans-Hermann Hartwich

4.1 Geschichte und politisches Selbstverständnis

4.1.1 Die Bundesrepublik Deutschland im Zusammenhang der deutschen Verfassungsgeschichte bis 1945

Die Bundesrepublik Deutschland ist das größte Teilgebiet des deutsches Staates, der 1871 als Deutsches Reich gegründet worden war und dessen Staatsgebiet bis 1945 erhebliche Veränderungen erfuhr. Die territoriale Aufteilung nach 1945 war die Folge des durch bedingungslose Kapitulation besiegelten Zusammenbruchs des nationalsozialistischen Deutschen Reiches am 8. Mai 1945 und der Besetzung durch die USA, die Sowjetunion, Großbritannien und Frankreich.

4.1.1.1 Verfassungsgeschichtliche Merkmale Deutschlands

Die Bundesrepublik Deutschland wurde im September 1949 als parlamentarische Demokratie konstituiert. Damit knüpfte die Verfassungsentwicklung vor allem an die Tradition der Paulskirche (1848/49) und der Weimarer Republik (1919–1933) an. Diese demokratische Tradition war bis dahin eher die Ausnahme in der deutschen Verfassungsgeschichte. Die Verfassung der Paulskirche stellte den mißlungenen Versuch einer „Deutschen Nationalversammlung" dar, im Jahre 1848 einen deutschen Nationalstaat als liberalen und demokratischen Rechtsstaat durch das liberale Bürgertum (vor allem Juristen, Verwaltungsbeamte, Professoren, Kaufleute und Industrielle) zu schaffen. Erfolgreich war dagegen 1871 die Einigungspolitik des preußischen Ministerpräsidenten und späteren Reichskanzlers OTTO VON BISMARCK. Nach der Ausschaltung Österreichs (Krieg von 1866), der Gründung des Norddeutschen Bundes (1866/67) unter Führung Preußens, dem deutsch-französischen Krieg von 1870/71, an dem auch die süddeutschen Staaten teilnahmen, gelang BISMARCK 1871 die Gründung des Deutschen Reiches (1871–1918) „von oben", als Bund der Fürstenstaaten und der Freien Hansestädte, unter preußi-

Paulskirchen-Verfassung

Bismarck-Reich

scher Hegemonie. Gemäß dieser Gründung war der Bundesrat die wichtigste Institution. Preußen hatte das größte Stimmengewicht. Das Präsidium des Bundes stand dem König von Preußen zu, der den Namen „Deutscher Kaiser" führte. Den Vorsitz im Bundesrat hatte der Reichskanzler, der vom Kaiser ernannt wurde und zugleich preußischer Ministerpräsident war. Neben diesem dynastisch geprägten Verfassungsorgan gab es einen Reichstag, der aus allgemeinen, direkten und geheimen Wahlen hervorging. Damit erhielt die bürgerliche Gesellschaft „von oben" das Zugeständnis einer demokratisch gewählten Nationalrepräsentation (E. R. HUBER). Sie war jedoch verfassungsrechtlich dem Organ der „verbündeten Regierungen", dem Bundesrat, nachgeordnet. Der Reichskanzler und die Minister waren vom Reichstag formal nicht abhängig. Politische Abhängigkeiten, also die Notwendigkeit parlamentarischer Mehrheiten für die Reichsregierungen, verstärkten sich jedoch mit der zunehmenden Zahl von Reichsgesetzen und zunehmendem Finanzbedarf. Ein „Parlamentarisches Regierungssystem" (s. S. 218 ff.) entstand politisch aber erst am 3. 10. 1918, rechtlich durch Verfassungsänderung vom 28. 10. 1918, also zehn Tage vor der „Novemberrevolution" (9. 11. 1918) in Berlin.

Die in Weimar tagende, frei gewählte Nationalversammlung verabschiedete dann am 11. August 1919 – also nach dem verlorenen I. Weltkrieg (1914–1918) und dem Zusammenbruch des Kaiserreiches im November 1918 – die „Verfassung des Deutschen Reiches" (Weimarer Verfassung). Das Deutsche Reich wurde eine Republik. Die Staatsgewalt ging vom Volk aus. Der Reichstag wurde zur bestimmenden Einrichtung, von der Reichskanzler und Reichsminister abhängig waren. Die neue demokratische Ordnung kam weiter in der Möglichkeit von Volksabstimmungen, Volksentscheiden und Volksbegehren und darin zum Ausdruck, daß der an die Stelle des Kaisers getretene Reichspräsident direkt vom Volke gewählt wurde. Ein umfassender zweiter Teil der Verfassung gestaltete die „Grundrechte und Grundpflichten der Deutschen" zugleich liberal und sozial aus.

Dieses demokratische, soziale und parlamentarische Regierungssystem scheiterte schon zwölf Jahre später in der bisher schwersten Welt-Wirtschaftskrise (ab 1930), die das Deutsche Reich besonders hart traf. Sie scheiterte an wirtschaftlicher und sozialer Not, politischer Radikalisierung und antidemokratischen Kräften. Voraufgegangen waren schon schwerste Belastungen innerer (Inflation, Kapp-Putsch, Hitler-Putsch, kommunistische Aufstände, Politische Morde) und äußerer (Versailler Vertrag, Ruhrbesetzung, Reparationen) Art. Das Präsidentenamt erhielt 1925 der ehemalige Generalfeldmarschall des Kaisers, PAUL VON HINDENBURG, der sich eher als „Ersatz-Monarch", denn als gewählter demokratischer und republikanischer Repräsentant verstand. Als das Parlament nach Ausbruch der Wirtschaftskrise im Frühjahr 1930 Mehrheiten für eine Reichsregierung nicht mehr zustandebrachte, ernannte der Präsident fortan die Reichskanzler allein und regierte mit ihnen aufgrund seiner Ausnahmebefugnisse nach Art. 48 der Reichsverfassung. Während die wirtschaftlichen Schwierigkeiten und die politische Radikalisierung und Polarisierung zunahmen, hatten die von HINDENBURG ernannten Kanzler immer geringeren parlamentarischen Rückhalt. Nationalsozialisten und Kommunisten erzielten in den Wahlen große Stimmengewinne. Am 30. Januar 1933 ernannte Hindenburg den nationalsozialistischen Führer ADOLF HITLER zum Reichskanzler (s. S. 120). Offiziell wurde danach die Weimarer Reichsverfassung nie außer Kraft gesetzt. Sie wurde jedoch vor allem durch zwei Maßnahmen durchbrochen: die „Brand-Verordnung" vom 28. 2. 1933 mit der Außerkraftsetzung von Grundrechten nach Art. 48 RV (so genannt wegen des Anlasses: Reichstagsbrand) und das „Ermächtigungsgesetz" des Reichstages vom 24. 3. 1933, das der Regierung ein Gesetzgebungsrecht, auch in bezug auf Abweichungen von der Verfassung, zugestand. Nur die SPD-Fraktion stimmte dagegen. Die Kommunisten waren ausgeschlossen worden.

Damit war eine kurze Periode (1919–1933) demokratischer Verfassungsverhältnisse wieder beendet. Die Parteien und demokratischen Massenorganisationen wurden bis auf die NSDAP verboten bzw. lösten sich auf. Die Kapitulation beendete dann auch das NS-Regime (1945). Dem totalen Zusammenbruch des Staates folgte die militärische Besetzung durch die Siegermächte.

Deutschland ist also nicht – wie vor allem England und die USA – in einem jahrhundertelangen

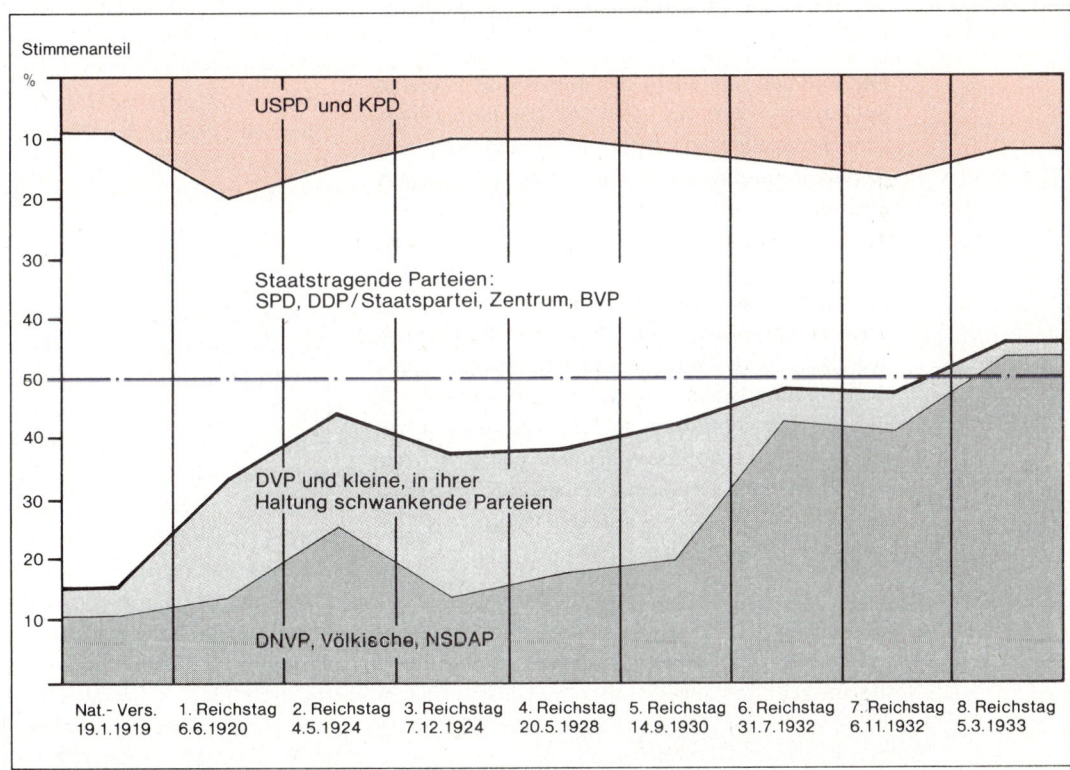

Abb. 64: Die Weimarer Demokratie war stets gefährdet; 1930 wurde das Gewicht der Parteien erdrückend, die dieses „System" parlamentarisch-parteienstaatlicher Regierung ablehnten

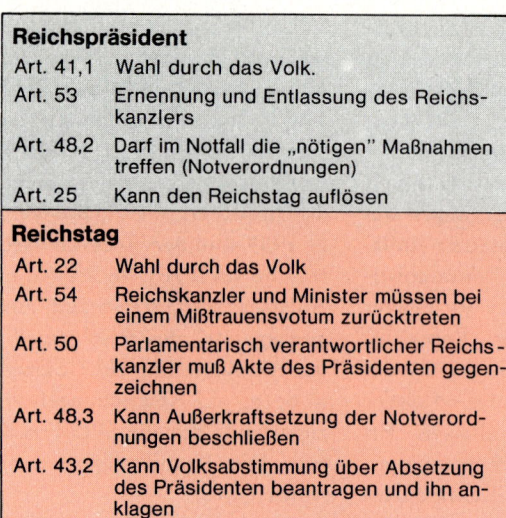

Reichspräsident	
Art. 41,1	Wahl durch das Volk.
Art. 53	Ernennung und Entlassung des Reichskanzlers
Art. 48,2	Darf im Notfall die „nötigen" Maßnahmen treffen (Notverordnungen)
Art. 25	Kann den Reichstag auflösen
Reichstag	
Art. 22	Wahl durch das Volk
Art. 54	Reichskanzler und Minister müssen bei einem Mißtrauensvotum zurücktreten
Art. 50	Parlamentarisch verantwortlicher Reichskanzler muß Akte des Präsidenten gegenzeichnen
Art. 48,3	Kann Außerkraftsetzung der Notverordnungen beschließen
Art. 43,2	Kann Volksabstimmung über Absetzung des Präsidenten beantragen und ihn anklagen

Abb. 65: Der „Dualismus" Reichspräsident-Reichstag in wichtigen Verfassungsbestimmungen

Abb. 66: Parlamentarisch-politische Kombinationen (in % der Reichstagssitze), nach Bracher 1957, S. 645

Prozeß in demokratische Staats- und Lebensformen hineingewachsen. Es hat auch keine erfolgreichen Revolutionen – wie vor allem in Frankreich – gesellschaftlicher Schichten, Klassen oder Gruppen gegen die Inhaber der feudalen Staatsgewalt gegeben. Es gab vielmehr ab 1871 eine *Nationalstaat* *Obrigkeitsstaat* jahrzehntelange Identität von Nationalstaat und Obrigkeitsstaat, d.h. der deutsche Nationalstaat war nicht demokratisch und liberal ausgestaltet.

Die Parteien, vor allem des linken und liberalen Spektrums, waren bis 1919 von der Regierungsverantwortung ausgeschlossen. In der Weimarer Republik mußten sie dann unter besonders schwierigen außen- und innenpolitischen Bedingungen regieren. Die Gegner von Parlamentarismus, Demokratie und Parteistaat beanspruchten die nationale Komponente weiterhin für sich und verunglimpften den neuen Staat als „pluralistisch zersetzt", durch Parteien und Interessengruppen. Außenpolitisch blieb ungeklärt, was denn eigentlich die Reichsgründung in der Mitte von Europa, zwischen den schon bestehenden Mächten, wirklich bedeutete. Deutschlands Stellung zwischen *Sozial-* *gesetzgebung* *und* *Sozialisten-* *gesetz* West (Locarno, 1925) und Ost (Rapallo, 1922) konnte nicht stabilisiert werden.

Bei der Gründung der Bundesrepublik Deutschland 1947–1949 hatten die damals Fünfundvierzigjährigen ihre Jugend im obrigkeitsstaatlichen Kaiserreich, die Dreißigjährigen ihre Jugend in der Weimarer Demokratie und die Fünfzehnjährigen ihre Jugend in der nationalsozialistischen Diktatur und im II. Weltkrieg verbracht.

4.1.1.2 Sozialgeschichtliche Merkmale Deutschlands

Zu den wichtigsten Merkmalen der deutschen Sozialgeschichte gehört, daß die erst in der 2. Hälfte des 19. Jh.s erreichte nationalstaatliche Einheit zugleich die Möglichkeit zur Vereinheitlichung des Wirtschaftsraumes und des Rechts nach innen und außen schuf. Dieser Prozeß verlief dann, im Gegensatz zu den führenden westlichen Nationalstaaten, in einem atemberaubenden Tempo und ungeheuer produktiv. Deutschland „überholte" bald seine Nachbarn in seiner industriellen Kraft. Die Intensität dieses Prozesses (DAHRENDORF: spät, schnell und gründlich) hatte erhebliche soziale Begleiterscheinungen, deren wichtigste waren: rasche Verstädterung, Proletarisierungen und soziales Elend, ein Interessenverbund zwischen den führenden Wirtschaftsgruppen der Schwerindustrie Westdeutschlands, den Großagrariern des deutschen Ostens und dem Staat, imperiale Ansprüche.

In diesem Bedingungsfeld wurde die Lösung der „sozialen Frage" von oben versucht. Die Bismarcksche Sozialgesetzgebung der achtziger Jahre und das „Sozialistengesetz" von 1878 gehören zusammen. Staatliche Sozialfürsorge einerseits, Unterdrückung der Selbsthilfe-Organisationen (Gewerkschaften) andererseits prägten die Innenpolitik des Wilhelminischen Reiches. Charakteristisch für das Sozialrecht dieses Staates war auch die Trennung von Arbeitern und Angestellten in fast allen Sparten der sozialen Gesetzgebung (1911 wurde eine eigene Angestelltenversicherung geschaffen).

Die obrigkeitsstaatlichen Verhaltensweisen verbanden sich also in der Regel mit konservativen und sozialen Denkweisen. Das Leitbild des „Ordnungsbürgers" mit seiner Forderung nach Sicherung von „Ruhe und Ordnung" als oberster Richtschnur staatlichen Handelns prägte diese Gesellschaft anstelle eines aktiv-demokratischen Bürgersinns. Der Wunsch nach Harmonie innerhalb von Gesellschaft und Staat verdrängte eine realistische Einstellung gegenüber den bestehenden Interessenkonflikten in der Politik. So überwog eine unpolitische bis antipolitische Haltung der Bürger in dieser „wilhelminischen Gesellschaft". Die gesellschaftlichen Bedingungen ließen auch die aufstrebenden politischen und gewerkschaftlichen Organisationen der Arbeiterschaft nicht unberührt. Trotz programmatischer Orientierung am Klassenkampf dominierte im praktischen Verhalten der Gewerkschaften und auch der SPD das Ringen um Anerkennung in Gesellschaft und Staat. So erklärt sich z. B., daß die Gewerkschaften im Zusammenbruch des Kaiserreiches und seiner politischen Machtträger, zu denen auch die Arbeitgeber- und Unternehmerorganisationen vor allem der Schwerindustrie gehörten, das Abkommen über die „Zentralarbeitsgemeinschaft" vom 15. 11. 1918 abschlossen. Dieses Abkommen brachte den Arbeitnehmerorganisationen die Anerkennung als berufene Vertreter der in abhängigen Arbeitsverhältnissen Stehenden und stellte den Versuch dar, die Arbeitsbeziehungen autonom, d. h. ohne den Staat, und „kollektivrechtlich", d. h. durch eigenes Recht der Verbände, statt durch staatliches Recht, zu gestalten. Die „Arbeitsgemeinschaft" zerbrach bald an den Unvereinbarkeiten der Interessen. Das neue „kollektive Arbeitsrecht" aber wurde – vom neuen Staat garantiert und durch Arbeitsgerichte vervollständigt – zum bleibenden Bestandteil deutschen Sozialrechts (s. S. 258).

Sozialgeschichtlich wichtig ist schließlich, daß sich in der Entwicklung der Weimarer Demokratie, insbesondere als die Weltwirtschaftskrise das politische Leben und den Staat mehr und mehr gefährdete, letztlich wieder die alten Fronten herausbildeten. Während die Organisationen der Arbeitnehmerschaft bis zuletzt Stützen der demokratischen Republik blieben, wandten sich gewichtige Teile der Arbeitgeber gegen diesen Staat und unterstützten seine Gegner. Die Mittelschichten, die Selbständigen, die Angestellten und Beamten, waren 1923 durch die Inflation besonders betroffen worden (Verlust von Vermögen und Alterssicherung). Sie wurden, nunmehr in ungesicherter materieller Lage, ab 1930 erneut

von wirtschaftlicher Not betroffen. Hier vor allem fand der Nationalsozialismus seine Wähler. Zum „Trauma" der linken Parteien und der Gewerkschaften bis weit in die Entwicklung der Bundesrepublik Deutschland hinein wurde schließlich der Umstand, daß sie sich gegenseitig bekämpften anstatt die demokratische Republik vor dem Nationalsozialismus zu schützen. Der Vorwurf der Kommunisten gegenüber den Sozialdemokraten, sie seien „Sozialfaschisten" und ein schlimmerer Feind als die Nazis, hat Gräben gezogen, die nicht wieder zugeschüttet wurden.

4.1.1.3 Wirtschaftsgeschichtliche Merkmale

Das Wirtschaftssystem der Bundesrepublik Deutschland ist im Anschluß an die nationalsozialistische Kriegswirtschaft unter den Bedingungen der Besatzungszeit neu konstituiert und nach 1949 weiter ausgestaltet worden. Dies heißt nun aber nicht, daß damit ein neues „System" ein „altes" durch Beseitigung aller Vorprägungen, früheren Institutionen und Prozesse ablöste.

Deutschland bestand vor der Reichsgründung von 1871 aus zahlreichen großen und kleinen Einzelstaaten. Ein erster Schritt zur wirtschaftlichen Einheit war aber schon sehr viel früher, 1833, durch die Gründung des deutschen Zollvereins unter preußischer Führung erfolgt. Die Beseitigung der Zollschranken war eine bedeutsame Voraussetzung für die wirtschaftliche Entfaltung vor der Reichsgründung, obwohl es z. B. noch keine Niederlassungsfreiheit und eine gemeinsame Währung gab. Hier begann auch die für ein Wirtschaftssystem grundlegende Vereinheitlichung der Wirtschaftsgesetzgebung; vor allem ab 1861 die Erarbeitung der Allgemeinen Deutschen Gewerbeordnung, die der Norddeutsche Bund dann 1867 erließ. Die Ideen des „Laissez faire"-Liberalismus und des Freihandels setzten sich überall durch. Sie bestimmten auch noch die „Gründerjahre" des Deutschen Reiches.

Entscheidend für die weitere Entwicklung des Wirtschaftssystems und auch der Innenpolitik wurde jedoch die Bismarcksche Schutzzollpolitik, die mit seiner Abkehr von den Nationalliberalen verbunden war. Die Jahre 1878/79 leiteten mit dem politischen Bündnis von großagrarischem Adel und westdeutscher Schwerindustrie eine Phase genereller Entliberalisierung ein: Landwirtschaft und Schwer(eisen-)industrie wurden durch Schutzzölle des Staates vor ausländischer Konkurrenz (nordamerikanischem Getreide und englischem Eisen) geschützt. Dem Deutschen Reich, bis dahin finanzpolitisch abhängig von seinen Bundesstaaten, flossen zusätzliche Einnahmen zu (s. S. 484).

Im Schutze der Außenzölle und im Bündnis von Staat, Schwerindustrie und Agrariern „Ostelbiens" entwickelte sich das Deutsche Reich zu einer der bedeutendsten Industriemächte der Welt. Wirtschaftliche Konzentrationsbewegungen (Kartelle) wurden von Staat und Rechtsprechung toleriert. In den sozialen Konflikten stand der Staat – unabhängig von seiner Sozialpolitik – meist auf seiten der Arbeitgeber. Das Deutsche Reich bekam eine einheitliche Währung. Der Goldstandard (s. S. 485) wurde gesetzlich eingeführt und 1875 die Deutsche Reichsbank als zentrale Notenbank errichtet. In dieser Zeit wurden die Eisenbahnen verstaatlicht. Die rasch wachsenden Städte übernahmen oder errichteten Versorgungsbetriebe wie Elektrizitätswerke, Gas- und Wasserwerke, Straßenbahnen. Sie und die Staaten beteiligten sich am Ausbau der staatlichen Bergwerke und Eisenwerke. Post und Telefon wurden staatlich, die Sparkassen kommunal. Auch gemischt-wirtschaftliche Unternehmen (z. B. die Rheinisch-Westfälischen Elektrizitätswerke) breiteten sich aus.

Staat und Wirtschaft

Der 1. Weltkrieg (1914–1918) brachte für Deutschland wie für die anderen beteiligten Industriestaaten eine enorme Verstärkung des Staatseinflusses auf die Wirtschaft. Am Beispiel dieser Kriegswirtschaften entwickelte LENIN zuerst die Theorie vom „staatsmonopolistischen Kapitalismus". Die Rohstoffe und Nahrungsmittel wurden bewirtschaftet. Die Militärbehörden beaufsichtigten die Produktion. Hier begann auch die Inflationierung der Währung, die sich nach dem Krieg verstärkte und schließlich „galoppierend" in den Höhepunkt im November 1923 einmündete. Eine erhebliche Bedeutung für die Zukunft erhielt der kriegsbedingte Ausschluß Deutschlands von ausländischen Rohstoffeinfuhren. Die jetzt durch die Blockade der Kriegsgegner erzwungene „Autarkie" (s. S. 482 f.) wurde später zu einem wirtschaftlichen Grundprinzip der nationalsozialistischen Wirtschaft.

Kriegswirtschaft

Massenarbeitslosigkeit

Wirtschaftlich bestand das Erbe des 1. Weltkrieges neben der Inflation und dem Abgeschnittensein von Rohstoffen, vor allem in der Zerrüttung der Staatsfinanzen und in zunächst unbegrenzten, aber laufenden Reparationsforderungen der Siegermächte. Hinzu kam die abgewehrte sozialistische Revolutionierung der Wirtschafts- und Gesellschaftsstruktur, die durch besondere sozialstaatliche Verpflichtungen der demokratischen Republik ausgeglichen werden sollte.

Inflation

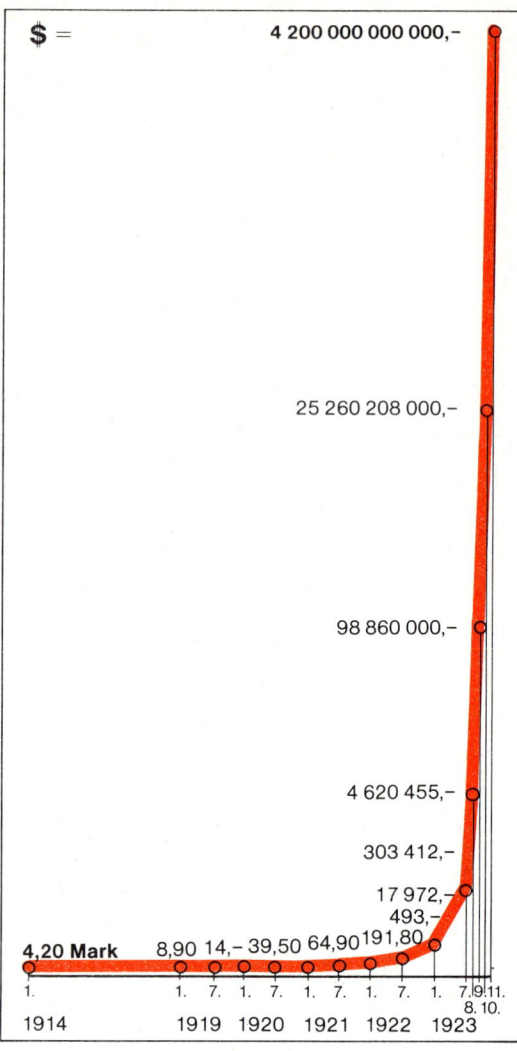

Abb. 67: Ein geschichtliches Ereignis ersten Ranges: Die „galoppierende" Inflation 1922/23

Die zentralen Wirtschaftsprobleme der Weimarer Republik waren die Inflation und Währungsstabilisierung Ende 1923 sowie die Massenarbeitslosigkeit und der allgemeine Produktions- und Einkommensniedergang ab 1930. Die letzte parlamentarisch verantwortliche Reichsregierung, die große Koalition unter Reichskanzler HERMANN MÜLLER (SPD), zerbrach am Streit um die Finanzierung der gerade erst geschaffenen Arbeitslosenversicherung. Der 1930 von Reichspräsident HINDENBURG eingesetzte Reichskanzler BRÜNING (Zentrum) betrieb zwei Jahre lang eine nach heutigen wirtschafts- und konjunkturtheoretischen und konjunkturpolitischen Erkenntnissen falsche Finanz- und Konjunkturpolitik (s. S. 254 ff.). Mit Ausgabenkürzungen und Lohnsenkungen paßte er die Politik der rückläufigen Konjunktur an und verstärkte damit die Krise („Deflationspolitik"). Im Herbst 1932 zeigten dann erste Indikatoren die Möglichkeit konjktureller Belebung an. Die Nationalsozialisten betrieben nach der „Machtergreifung" (30. 1. 1933) sogleich eine Politik der wirtschaftlichen „Ankurbelung". Dabei standen nicht massive öffentlich finanzierte zivile Arbeitsbeschaffungsmaßnahmen (z. B. der Autobahnbau) wirklich im Vordergrund des Interesses und der öffentlichen Kredite und Finanzierungen, sondern Aufrüstungsmaßnahmen. Im übrigen ließen die Nationalsozialisten die Eigentumsverhältnisse in der Wirtschaft unangetastet. Sie errichteten aber mit Hilfe der bestehenden Wirtschaftsverbände eine ständische Organisation der Wirtschaft. Die Gewerkschaften wurden verboten. Seit 1933 bestand de facto ein Lohnstopp. 1936 wurde angesichts inflationistischer Gefahren, hervorgerufen durch die öffentliche Kreditpolitik, ein Preisstopp eingeführt. Die Kriegswirtschaft bestand aus einem behördlich reglementierten Bezugsschein- und Zuteilungssystem. Eine wirkliche staatliche Planung der Produktion setzte erst gegen Ende des Krieges ein.

Der Zusammenbruch des nationalsozialistischen Deutschen Reiches im Mai 1945 bedeutete mithin nicht eigentlich eine „Stunde Null" für die Bevölkerung im besetzten Deutschland. Es gab viele und höchst widersprüchliche „Kontinuitäten": Rechtsregelungen, Verhaltensweisen, Erfahrungen mit Verfassungen, gesellschaftlichen Reformen, Reaktionen und wirtschaftlichen Krisen.

4.1.2 Die geschichtlichen Bedingungen der Entstehung

Die Bundesrepublik Deutschland entstand vier Jahre nach dem totalen Zusammenbruch des Deutschen Reiches durch die staats- und völkerrechtlich wirksame Vereinigung der drei westlichen Besatzungsgebiete. Davor gab es schon seit 1946 gewählte Landesparlamente und Länderregierungen. Die Zerreißung Deutschlands und die Bildung zweier deutscher Staaten aus den vier Besatzungszonen war eine Folge des weltpolitischen Konflikts zwischen Ost und West, des „Kalten Krieges" also.

4.1.2.1 Die Ausgangssituation 1945

Die von deutschen Staatsangehörigen bewohnte Fläche verkleinerte sich als Folge der militärischen Okkupation von 470 000 km² (31. 12. 1937) auf 249 000 km² in den drei westlichen und 108 000 km² in der östlichen Besatzungszone. Die UdSSR annektierte etwa 13 000 km² um Königsberg; über 100 000 km² östlich der Oder und Neiße wurden unter polnische Verwaltung gestellt.

Aus der französischen Zone wurde das Saarland ausgegliedert und einem Sonderstatut unterstellt, das dieses Gebiet eng mit Frankreich verband. Die Hauptstadt Deutschlands, Berlin, wurde – obwohl in der sowjetischen Besatzungszone gelegen – in vier Sektoren mit einer gemeinsamen „Kommandantur" eingeteilt. Für die Besatzungspolitik in ihrer Zone war jede Regierung jeweils allein zuständig. Alle Fragen, die Gesamtdeutschland betrafen, sollte der „Alliierte Kontrollrat" mit Sitz in Berlin einvernehmlich regeln. Dieser entfaltet 1945 und 1946 auch eine rege Tätigkeit. Jedoch wurde er dann durch den Ost-West-Konflikt mehr und mehr gelähmt. Im Frühjahr 1948 verließen die Sowjets den Kontrollrat. Diese Entwicklung bedeutete, daß über die weitere Entwicklung im besetzten Gebiet allein die für ihre Zonen uneingeschränkt zuständigen Militäroberbefehlshaber (im Namen ihrer Regierungen) entschieden.

Die Situation 1945/46 im besetzten Deutschland war durch zerstörte Städte, unterbrochene Verkehrsverbindungen und, vor allem, durch heimatlose Menschen geprägt. Auf 25 Mill. wird die Zahl der Deutschen geschätzt, die zu dieser Zeit Heimatvertriebene, Flüchtlinge, Umgesiedelte, Ausgebombte, Evakuierte, Arbeitsverpflichtete, entlassene Kriegsgefangene und befreite KZ-Häftlinge waren. Im Sommer 1945 befanden sich außerdem über 4 Mill. aus der Haft oder von der Arbeitszwangsverpflichtung befreite Ausländer – Displaced Persons (DPs) – aus allen europäischen Ländern auf deutschem Boden. Jetzt stockte die Versorgung der Bevölkerung, weil es keine Lebensmitteleinfuhren aus besetzten Gebieten mehr gab. „Schwarze Märkte" entstanden, weil der vorhandenen Geldmenge kein ausreichendes Angebot an Waren gegenüberstand. In dieser Zeit wurde überall bekannt, welche Grausamkeiten in den Konzentrationslagern verübt worden waren. Fotos von der Befreiung bewiesen dies. Die Frage, ob es nicht eine „Kollektivschuld" der Deutschen für die nationalsozialistischen Verbrechen gab, lag auf der Hand, auch wenn die Siegermächte in den Nürnberger Kriegsverbrecher-Prozessen Führungspersonen und Verantwortliche direkt vor ein internationales Gericht stellten. „Entnazifizierungen" mit komplizierten Fragebögen für alle Deutschen, Einstufungen in „Mitläu-

Wirtschaftsankurbelung

Alliierter Kontrollrat

Kollektivschuld

Kriegsverbrecherprozesse

Abb. 68: Das zerstörte Frankfurt am Main 1945

Entnazifizierungen

fer", „Minderbelastete", „Belastete", „Hauptschuldige", die von „Spruchkammern" vorgenommen wurden, und Verurteilungen zu Sühnemaßnahmen der verschiedensten Art in allen Besatzungszonen waren notwendige, aber auch problematische Antworten auf die politische Beteiligung am NS-Regime.

In den drei Westzonen behandelten die Spruchkammern bis Ende Februar 1950 (in der amerikanischen bis August 1949) mehr als 6 Mill. Fälle.

Abb. 69: Wegen Kriegsverbrechen waren 1948 in Nürnberg auch Direktoren von IG-Farben angeklagt

1667 Personen wurden als Hauptschuldige, 23 060 als Belastete, 150 425 als Minderbelastete, 1 005 854 als Mitläufer, 1 213 873 als Entlastete eingestuft. In annähernd 4 Mill. Fällen führten Amnestien für die jungen Jahrgänge, für Heimkehrer und andere Gründe zur Einstellung des Verfahrens (M. REXIN 1962, S. 25).

Wirtschaftsrat

Durch die anhaltenden Flüchtlingsbewegungen kamen etwa 12 Mill. Menschen in das heutige Bundesgebiet. Dies bedeutete z. B., daß zeitweise in Ländern wie Schleswig-Holstein und Niedersachsen fast die Hälfte der Bevölkerung aus Vertriebenen bestand.

4.1.2.2 Länderparlamentarismus und Zweizonen-Wirtschaftsrat

In den Jahren 1946 und 1947 fanden in allen westdeutschen Ländern Wahlen statt. Landtage und Landesregierungen gingen daraus hervor. Damit waren erste Einrichtungen demokratisch-parlamentarischer Willensbildung wiedererstanden. Einen Überblick über die neue politische Kräfteverteilung in dem Gebiet der drei Westzonen vermittelt das Gesamtergebnis der Landtagswahlen 1946/47. Auf die von den Besatzungsmächten zugelassenen ("lizensierten") Parteien entfielen

Kräfteverteilung

37,6% auf die CDU/CSU
35,0% auf die SPD
9,4% auf die KPD
9,3% auf die FDP (damals auch noch LDP und DVP)
8,7% auf sonstige Parteien   (nach REXIN, S. 29)

Damit hielten sich "bürgerliche" und "sozialistische" Kräfte mit einem leichten Übergewicht der ersteren in etwa die Waage.

Während in den Ländern der amerikanischen und französischen Besatzungszonen frühzeitig umfangreiche Verfassungen ausgearbeitet und verabschiedet wurden, beschränkten sich die Länder der britischen Besatzungszone auf die Durchführung von Wahlen und auf Organisationsgesetze über die politischen Institutionen und den Prozeß politischer Willensbildung. Die in dieser Zeit ausgearbeiteten Länderverfassungen enthielten in starkem Maße sozialstaatliche bis sozialistische Elemente. Die Durchführung von Sozialisierungen wurde jedoch von den westlichen Besatzungsmächten "vorläufig" suspendiert (s. S. 160). Nur relativ kurze Zeit schien international gesehen eine einheitliche Politik- und Wirtschaftsgestaltung durch den Alliierten Kontrollrat für alle vier Zonen möglich. Der "Kalte Krieg" wirkte

Währungsreformen

sich dann aber bald dahingehend aus, daß Institutionen einer nur die drei westlichen Zonen übergreifenden Wirtschaftsverwaltung errichtet wurden.

Eine deutsche Zentralinstanz mit regierungsähnlichem Charakter wurde für die britische und die amerikanische Besatzungszone ("Bizone") am 25. Juni 1947 mit der Bildung des "Zweizonenwirtschaftsrates" in Frankfurt/M. (1. Frankfurter Wirtschaftsrat) geschaffen. Sein Vorläufer, der "Mindener Wirtschaftsrat", war demgegenüber nur der erste Versuch, dringlichste wirtschaftspolitische Maßnahmen über die einzelnen Länder hinaus zu koordinieren. Der Frankfurter Wirtschaftsrat hatte gesetzgeberische Kompetenzen auf den Gebieten der Wirtschaft, des Verkehrs, der Ernährung, der Post und der Finanzen. Seine Beschlüsse mußten von den Militärgouverneuren genehmigt werden. Er wurde am 9. 2. 1948 von den beiden Militärgouverneuren umgebildet (2. Frankfurter Wirtschaftsrat). Seit dieser Zeit bestand er aus 104 von den Landtagen gewählten Mitgliedern. Daneben gab es eine zweite Institution, den Länderrat, in den jedes Land zwei Vertreter entsandte. Das ausführende Organ ("Regierung") war der Verwaltungsrat, der aus dem Vorsitzenden des Wirtschaftsrates und sechs Direktoren bestand. Am wichtigsten, besonders auch für die Zukunft, war das Amt für Wirtschaft. Es war seit der Umbildung von LUDWIG ERHARD (später CDU) besetzt (vgl. S. 160). Der Wirtschaftsrat amtierte bis zur Konstituierung der Bundesorgane im September 1949.

4.1.2.3 Die Gründung der Bundesrepublik Deutschland

Die internationalen Spannungen und die vergeblichen Außenminister-Konferenzen über das Schicksal Gesamtdeutschlands führten um die Jahreswende 1947/48 zur definitiven internationalen Weichenstellung in Richtung auf einen eigenen "Weststaat". Dies bedeutete die Spaltung Restdeutschlands. Einen entscheidenden Schritt dorthin bildeten die Währungsreformen in den drei Westzonen (20. 6. 1948) und in der Ostzone (24. 6. 1948). Mit der (Land-)Blockade der drei Berliner Westsektoren durch die Sowjetunion (24. 6. 1948 bis zum "Jessup-Malik-Abkommen" vom 4. 5. 1949) und den Gegenmaßnahmen der USA (u.a. "Luftbrücke" vom 26. 6. 1948–29. 7. 1949) erreichten die internationalen Spannungen auf deutschem Boden ihren Höhepunkt. Für die westdeutschen Politiker aller demokratischen Parteien, die die drohende Spaltung

Deutschlands verhindern wollten, stellte sich immer dringlicher die Frage, ob sie nicht doch eine Entwicklung gestaltend mittragen sollten, die dem größten Teil Deutschlands eine freiheitliche Verfassung und die weitgehende Wiedererlangung der deutschen Souveränität bringen würde. Die Entscheidung fiel im Sommer 1948 dadurch, daß die Ministerpräsidenten der in den drei Westzonen bestehenden Länder mit den drei Militärgouverneuren über die „Londoner Empfehlungen" verhandelten. Diese „Empfehlungen" waren das Ergebnis der „Sechs-Mächte-Konferenz" vom 23. 2.–7. 6. 1948 in London (USA, Großbritannien, Frankreich, die Benelux-Länder). Am 1. 7. 1948 übergaben die Militärgouverneure den Ministerpräsidenten drei Dokumente in Frankfurt am Main. Sie sind als „Frankfurter Dokumente" in die Gründungsgeschichte der Bundesrepublik Deutschland eingegangen.

Dokument I ermächtigte die Ministerpräsidenten, eine verfassunggebende Versammlung einzuberufen. Diese Versammlung sollte eine Verfassung für einen deutschen Staat auf dem Gebiet der (damals) elf westdeutschen Länder ausarbeiten. In Richtlinien wurde gefordert, „eine demokratische Verfassung, die für die beteiligten Länder eine Regierungsform des föderalistischen Typs schafft, welche am besten geeignet ist, die gegenwärtig zerrissene Einheit schließlich wieder herzustellen, und welche die Rechte der beteiligten Länder schützt, eine angemessene Zentralinstanz schafft und Garantien der individuellen Rechte und Freiheiten enthält." Über die Verfassung sollte in den einzelnen Ländern eine Volksabstimmung entscheiden, außerdem mußte sie von zwei Dritteln der Länderparlamente angenommen werden.

Dokument II betraf die Möglichkeit, die westdeutschen Ländergrenzen zu ändern.

Dokument III enthielt Leitsätze für ein Besatzungsstatut, das die Beziehungen zwischen den Deutschen und den Alliierten erstmals in Rechtsform regeln sollte (bis dahin galt das unbeschränkte Recht des Siegers).

Die Vorbehalte der deutschen Seite richteten sich schließlich weniger gegen den kaum noch zu vermeidenden „Weststaat" und gegen die internationalen Vorgaben als vielmehr dagegen, „endgültig" einen vollständigen neuen Staat zu schaffen. Würden damit nicht die letzten Möglichkeiten einer späteren Wiedervereinigung verschüttet? Hinzu kam der Umstand, daß die Bundesrepublik Deutschland mit dem „Besatzungsstatut" noch keine volle Handlungsfreiheit in äußeren und teilweise auch inneren Angelegenheiten erlangen

sollte. Die Ministerpräsidenten erreichten in ihren Verhandlungen mit den Alliierten, daß auf die Einberufung einer „Nationalversammlung" verzichtet werden durfte. Auch sollte die Verkündung des Grundgesetzes nicht nach einer Volksabstimmung, sondern nach der Annahme durch die Landtage erfolgen. So hoffte man den Charakter des „Vorläufigen" erhalten zu können. Im übrigen entsprachen die internationalen Vorgaben dem Typus einer „westlichen Demokratie", wobei in der föderalistischen Orientierung das amerikanische Vorbild erkennbar war.

Ausgearbeitet wurde das Grundgesetz vom „Parlamentarischen Rat", der vom 1. 9. 1948 bis zum 8. 5. 1949 in Bonn tagte. Die 65 Abgeordneten, zu denen noch 5 Berliner Abgeordnete mit beratender Stimme kamen, waren von den elf Landtagen gewählt und an Weisungen nicht gebunden. Je 27 von ihnen gehörten zur CDU/CSU und zur SPD; die FDP stellte 5, Zentrum, DP und KPD je 2 Abgeordnete. Diese politische Zusammensetzung glich im Prinzip derjenigen des schon amtierenden „Wirtschaftsrates" in Frankfurt. Als Präsident des Parlamentarischen Rates wurde KONRAD ADENAUER gewählt. Am 8. Mai 1949, genau vier Jahre nach der totalen Kapitulation, stimmte der Parlamentarische Rat über das Grundgesetz ab. 53 Mitglieder stimmten dafür, 12 dagegen. Nach der Genehmigung des Textes durch die Militärgouverneure, – sie hatten während der Verfassungsarbeiten vor allem wegen der Föderalismus- und der Finanzverteilungsfrage nachhaltig interveniert, – stimmten die Länderparlamente – mit Ausnahme des bayerischen Landtages – ebenfalls zu. Da nur die Zustimmung von zwei Drittel der beteiligten Länder erforderlich war, konnte der Parlamentarische Rat am 23. Mai 1949 das Grundgesetz verkünden. Es trat am 24. 5. 1949 in Kraft. Am 14. August fand die erste Bundestagswahl statt. Am 7. September 1949 trat der 1. Bundestag zu seiner ersten Sitzung zusammen. Am 12. 9. 1949 wählte die Bundesversammlung THEODOR HEUSS (FDP) zum ersten Bundespräsidenten. Am 15. September 1949 wurde KONRAD ADENAUER (CDU) zum ersten Bundeskanzler gewählt. Die Bundesrepublik Deutschland war konstituiert.

Im Zusammenhang mit der Bildung der deutschen Verfassungsorgane trat am 21. 9. 1949 das „Besatzungsstatut" in Kraft. Drei „Hohe Kommissare" traten an die Stelle der Militärbefehlshaber. Sie hatten nicht mehr „die höchste gesetzgebende, rechtsprechende und vollziehende Machtbefugnis und Gewalt in dem besetzten Gebiet" (Proklamation Nr. 1 vom Mai 1945),

Parlamentarischer Rat

Frankfurter Dokumente

Grundgesetzverabschiedung

Besatzungsstatut

sondern nur noch Zuständigkeiten auf Teilgebieten sowie das Recht der Wiederübernahme der vollen Gewalt, falls es für notwendig gehalten wurde. Diese Einschränkungen dokumentieren eindrucksvoll, in welchem Zustand der Abhängigkeit sich die Deutschen befanden. Ein erheblicher Teil deutscher politischer Handlungsfreiheit war auf Kosten der nationalen Einheit zurückgewonnen worden.

Die „Pariser Verträge" (s. S. 426) proklamierten 1955 die Souveränität der Bundesrepublik Deutschland. Die Westmächte behielten sich dabei ihre Rechte und Pflichten hinsichtlich Gesamtdeutschlands, eines Friedensvertrages und Berlins vor. Dies gilt noch heute. Der Prozeß der

Souveränität

Wiedererlangung der Souveränität aber war abgeschlossen. Nach insgesamt zehn Jahren waren an die Stelle der anfangs uneingeschränkten, später schrittweise zurückgenommenen Besatzungsherrschaft vertragliche Begrenzungen der Souveränität, die wegen des Vertragscharakters alle Vertragspartner banden, getreten. Ein weitreichendes Ergebnis dieser Politik war die Proklamation des Anspruchs, trotz Bildung eines deutschen Teilstaates auch die anderen Gebiete des ehemaligen Deutschen Reiches in den Grenzen von 1937 mit zu vertreten. Die Legitimation für den Anspruch der Bundesrepublik Deutschland, als einziger rechtmäßiger Nachfolgestaat Deutschland zu repräsentieren, wurde darin gesehen, daß nur die Deutschen in der Bundesrepublik Deutschland die Möglichkeit hatten, frei über die Gestalt ihrer politischen Ordnung zu entscheiden. Darauf nimmt die Präambel des Grundgesetzes ausdrücklich Bezug:

> *„Es (das Deutsche Volk in den Ländern der Bundesrepublik Deutschland) hat auch für jene Deutschen gehandelt, denen mitzuwirken versagt war."*

4.1.3 Verfassungsrecht und sozialer Wandel

In der Hierarchie des staatlichen Rechts nimmt das Verfassungsrecht die oberste Position ein. Die Gesetze, die von den dafür vorgesehenen staatlichen Institutionen beschlossen werden, müssen mit der Verfassung in Einklang stehen. Regierung und staatliche Verwaltungen müssen wiederum „im Rahmen der Gesetze" oder „gesetzmäßig" handeln. Das Grundgesetz ist in dieser Hinsicht besonders streng durchgebildet. Die Gerichte haben Überprüfungskompetenzen. Das Bundesver-

Das Grundgesetz

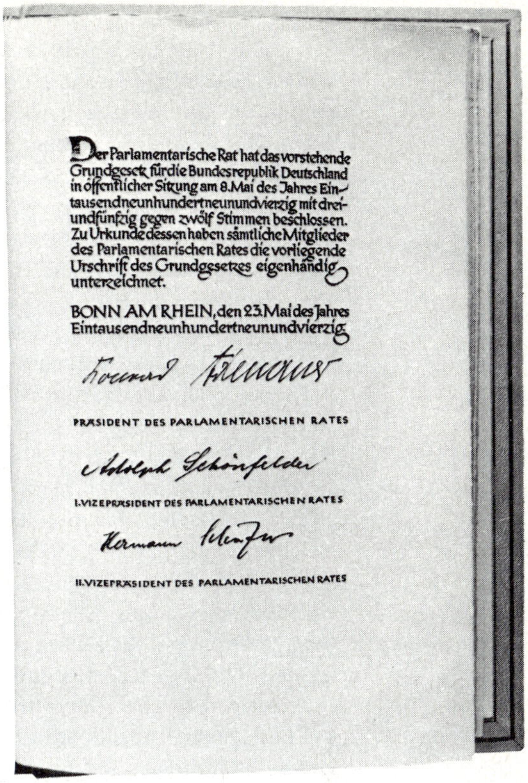
Der Parlamentarische Rat hat das vorstehende Grundgesetz für die Bundesrepublik Deutschland in öffentlicher Sitzung am 8. Mai des Jahres Eintausendneunhundertneunundvierzig mit dreiundfünfzig gegen zwölf Stimmen beschlossen. Zu Urkunde dessen haben sämtliche Mitglieder des Parlamentarischen Rates die vorliegende Urschrift des Grundgesetzes eigenhändig unterzeichnet.

BONN AM RHEIN, den 23. Mai des Jahres Eintausendneunhundertneunundvierzig

Konrad Adenauer

PRÄSIDENT DES PARLAMENTARISCHEN RATES

Adolph Schönfelder

I. VIZEPRÄSIDENT DES PARLAMENTARISCHEN RATES

Hermann Schäfer

II. VIZEPRÄSIDENT DES PARLAMENTARISCHEN RATES

Abb. 70: Das Grundgesetz – am 8. Mai 1949 beschlossen

fassungsgericht (s. S. 248) hat mit seiner Zuständigkeit für „Normenkontrollverfahren" eine besondere Stellung auf dem Grenzgebiet zwischen Recht und Politik. Diese rechtsstaatliche Strenge des Verfassungsrechts ist eine Folge der deutschen Verfassungsgeschichte. Die Mitglieder des Parlamentarischen Rates („Verfassungsväter") wollten nach den Erfahrungen mit der nationalsozialistischen Diktatur und der sich äußerlich so reibungslos vollziehenden Abschaffung von Demokratie und Rechtsstaat im Jahre 1933 eine Verfassungskonstruktion schaffen, die möglichst unabdingbar Freiheit sichert und Recht bewahrt. Das Grundgesetz ist daher auch in seiner Grundtendenz eher „konservativ" als programmatisch, sieht man einmal von der deutschen Frage ab. Es „bewahrt" eher als daß es plebiszitärer Willensbildung vertraut. Das Grundgesetz wurde sozusagen als „Anti-Verfassung" zur Weimarer Reichsverfassung von 1919 konzipiert.

4.1.3.1 Die normativen Elemente: Grundrechte und Grundsätze

Für das Verständnis der Besonderheiten des Grundgesetzes ist es nicht nur wichtig, die politische und verfassungsrechtliche Vorgeschichte seit 1919 zu kennen. Wichtig ist auch die konkrete

Situation während der Verfassungsarbeiten von September 1948 bis Mai 1949. Der „Kalte Krieg" war mit großer Schärfe auf deutschem Boden entbrannt, wie die Blockade Berlins bewies. Die politische Weiterentwicklung war schwer abzuschätzen. Die Zerstörungen und Folgen des Krieges mußten durch den kommenden Staat beseitigt oder gemildert werden. Es war keineswegs klar, wie dies am besten zu geschehen habe und welche Handlungsspielräume den Deutschen zur Verfügung stehen würden. Zwar gab es seit dem Sommer 1948 eine neue und stabile Währung und erste Maßnahmen einer Liberalisierung der Wirtschaft waren eingeleitet. Jedoch war ihr Erfolg umstritten und nicht gesichert. Schließlich standen sich im Parlamentarischen Rat zwei große politische Gruppierungen annähernd gleichgewichtig gegenüber: die CDU/CSU einerseits und die SPD andererseits. Keine war in der Lage, eine bestimmte Konzeption der künftigen inneren Ordnung, vor allem im Bereich der Wirtschafts- und Gesellschaftspolitik, mit einer überzeugenden Mehrheit durchzusetzen. Darüber, daß Beschlüsse über die Verfassung mit möglichst großen Mehrheiten gefaßt werden sollten, bestand andererseits Konsens.

Menschenrechte

Alle diese zeitgeschichtlichen Bedingungen der Entstehung des Grundgesetzes führten dazu, daß nur jene Bestimmungen in das Grundgesetz aufgenommen wurden, die konsensfähig waren und als grundlegend für die neue Staatsordnung angesehen wurden. Alle politisch umstrittenen näheren Ausgestaltungen der künftigen politischen und gesellschaftlichen Ordnung sollten der Zukunft überlassen bleiben. Die Parteien, die nach freien Wahlen die Regierung bilden konnten, sollten auf der Grundlage der Verfassung die Möglichkeit haben, ihre Vorstellungen gesetzlich zu verwirklichen. Für die Zukunft bedeutete dieses Konzept natürlich, daß die Auslegung der Verfassung, die Frage, was nach den Grundsätzen der Verfassung gesetzgeberisch möglich ist und was nicht, einen zentralen Rang erhielt und bis heute behalten hat. Darin liegt die besondere Stellung des Bundesverfassungsgerichts.

Verfassungs-konsens

Zu den fundamentalen Normen der Verfassung gehören:
1. Das Grundgesetz soll nur unter erschwerten Bedingungen und in einem Kern überhaupt nicht abänderbar sein. Der Art. 79 fordert für „normale" Verfassungsänderungen Zwei-Drittel-Mehrheiten im Bundestag und im Bundesrat. In seinem Abs. 3 wird selbst von einer solchen Abänderung ausgeschlossen: die Gliederung des

Verfassungs-änderungen

Bundes in Länder, die grundsätzliche Mitwirkung der Länder bei der Gesetzgebung und die in den Art. 1 und 20 GG niedergelegten „Grundsätze".

Artikel 1

(1) Die Würde des Menschen ist unantastbar. Sie zu achten und zu schützen ist Verpflichtung aller staatlichen Gewalt.
(2) Das Deutsche Volk bekennt sich darum zu unverletzlichen und unveräußerlichen Menschenrechten als Grundlage jeder menschlichen Gemeinschaft, des Friedens und der Gerechtigkeit in der Welt.
(3) Die nachfolgenden Grundrechte binden Gesetzgebung, vollziehende Gewalt und Rechtsprechung als unmittelbar geltendes Recht.

Das Grundgesetz will demnach nicht nur die in der Verfassung aufgeführten („positivierten") *Grundrechte* gewährleisten. Es enthält darüber hinaus ein ausdrückliches Bekenntnis zu den naturrechtlich begründeten („vorstaatlichen") *Menschenrechten* (s. S. 46 f.). Neu und besonders wichtig ist auch die Bestimmung, daß die Grundrechte die staatlichen Organe *unmittelbar* binden.

Artikel 20

(1) Die Bundesrepublik Deutschland ist ein demokratischer und sozialer Bundesstaat.
(2) Alle Staatsgewalt geht vom Volke aus. Sie wird vom Volke in Wahlen und Abstimmungen und durch besondere Organe der Gesetzgebung, der vollziehenden Gewalt und der Rechtsprechung ausgeübt.
(3) Die Gesetzgebung ist an die verfassungsmäßige Ordnung, die vollziehende Gewalt und die Rechtsprechung sind an Gesetz und Recht gebunden.
(4) Gegen jeden, der es unternimmt, diese Ordnung zu beseitigen, haben alle Deutschen das Recht zum Widerstand, wenn andere Abhilfe nicht möglich ist.

„Unabänderlich" sind hiernach Demokratie, Sozialstaat, Bundesstaat sowie die Volkssouveränität, die Gewaltenteilung, die Rechtsstaatlichkeit, – die eine Bindung der staatlichen Organe nicht nur an beschlossene Gesetze, sondern auch an „Recht" einschließt, – das Recht auf Widerstand. Dieses Recht wurde am 24. 6. 1968 zusammen mit der Notstandsverfassung eingeführt.

2. Die Grundrechte bilden den ersten Teil der Verfassung. Weitere Rechtsgarantien enthalten der Art. 104 (Rechtsgarantien bei Verhaftung) und Art. 33 (gleicher Zugang zu öffentlichen Ämtern). Bei den Grundrechten stehen die („klassischen") individuellen Freiheits- und Gleichheitsrechte im Vordergrund. Ihre Ausübung wird durch das Bekenntnis zum „sozialen" Rechtsstaat sowie in Einzelfällen direkt (z. B. „Eigentum verpflichtet", Art. 14,2) zum Wohle der Allgemeinheit beschränkt. Im Nebeneinander von individueller Freiheit und sozialer Bindung wird deutlich, daß die Grundrechte nicht allein als gegen den Staat gerichtet angesehen werden können. Die staatsbürgerlichen Rechte schließlich, z. B. das Wahlrecht oder die freie Betätigung in Parteien und Vereinigungen, sind mehr als „Freiheiten". Ihr Gebrauch ist für das Funktionieren der freiheitlichen demokratischen Ordnung von entscheidender Bedeutung.

Dem Parlamentarischen Rat ging es vor allem darum, die Grundrechte so zu formulieren, daß sie unmittelbar geltendes Recht, „justiziabel", sein konnten. Nur klassische Grundrechte wurden in diesem Sinne als konkretisierbar angesehen. „Soziale" Grundrechte oder ein „Recht auf Arbeit" entfielen nach dieser Ansicht, weil sie in der freien Wirtschafts- und Gesellschaftsordnung nicht unmittelbar, sondern nur durch gesetzgeberische oder politische Maßnahmen verwirklicht werden könnten. Dies ist eine nach wie vor umstrittene Frage. Ein Problem besteht auch darin, daß ein unmittelbar geltendes Recht auf Eigentum oder individuelle (wirtschaftliche) Entfaltungsfreiheit jede gesetzliche „Sozialbindung" unmöglich machen könnte. Hiermit mußte sich das Bundesverfassungsgericht verschiedentlich befassen. Es hat dabei stets betont, daß das Grundgesetz nicht von schrankenloser individueller Freiheit, sondern von der Gemeinschaftsbindung des einzelnen ausgehe.

3. Das Rechtsstaatsverständnis des Grundgesetzes enthält zumindest in Ansätzen die Verbindung zu naturrechtlichen Postulaten (Art. 1 GG) und eine politische Einbettung der rechtsstaatlichen Elemente (Art. 20 Abs. 3 GG). Hier wird versucht, den Rückschritt in einen rein „formalen Rechtsstaat" ein für allemal zu versperren. Z. B. durften auch früher Eingriffe in die Individualsphäre nur aufgrund eines vom Parlament beschlossenen Gesetzes erfolgen. Das setzt aber stillschweigend voraus, daß das Parlament sich inhaltlich an die Menschenrechte gebunden fühlt und nicht „unter dem Mantel des Gesetzes" gegen das verstößt, was es eigentlich schützen soll

(vgl. die NS-Gesetzgebung). Auf dieses Problem, die Sicherung des „materiellen" Rechtsstaates, zielt die Bindung der Rechtsprechung an Gesetz *und Recht* (Art. 20 Abs. 3). Der Sicherung der Rechtsstaatlichkeit dient schließlich auch das aus der amerikanischen Verfassungspraxis stammende *Prinzip der richterlichen Überprüfung von Gesetzen* (Normenkontrolle, s. S. 250).

4. Das Demokratieverständnis des Grundgesetzes folgt in erster Linie dem Grundsatz der Volkssouveränität und dem der Repräsentation. Der Parlamentarische Rat war so stark von den negativen Erfahrungen in der Weimarer Republik bestimmt, daß er „plebiszitäre" Formen der Willensbildung faktisch ausschloß. Eine direkte politische Willensbildung durch das Volk läßt das Grundgesetz nur bei der Änderung der Ländergrenzen zu (Art. 29 und Art. 118). Die Verfassungen der Bundesländer ermöglichen dagegen z. T. Volksabstimmungen. Die rein repräsentative Form der Willensbildung kann – ungeachtet der alle vier Jahre stattfindenden Wahl – den Grundsatz der Volkssouveränität zu einer substanzlosen Formel werden lassen, wenn nicht „intermediäre" Gruppen wie Parteien (s. S. 175 ff.), Interessenverbände (s. S. 190 ff.), sonstige gesellschaftliche Initiativen und Bewegungen (s. S. 194 ff.) und die Massenmedien (s. S. 199 ff.) für ständige Informations-, Artikulations-, Denk- und Druckprozesse zwischen „der Basis" und ihren Repräsentanten sorgen. Sie müssen ihrerseits „nach unten" offen sein (Prinzip der innerparteilichen und innerverbandlichen Demokratie).

5. Der durch Art. 79 Abs. 3 sogar vor Verfassungsänderungen geschützte bundesstaatliche Grundsatz kommt zum einen in der Existenz der Länder und in ihren politischen Einrichtungen und Kompetenzen, zum anderen durch die Mitwirkung der Länder in der Bundespolitik (s. S. 227 ff.) zum Ausdruck. Zwei Prinzipien konkurrieren in diesem Verfassungsgrundsatz: das Prinzip der Wahrung von Ländereigenarten als eines zusätzlichen Elements der Demokratie und das Prinzip der „funktionalen" Gewaltenteilung als einer zusätzlichen Sicherung gegen zentralistische Machtansprüche, indem öffentliche Funktionen und Leistungen auf Bund und Länder verteilt werden.

Beide Prinzipien schützen Vielfalt und Liberalität in der politischen Gestaltung des Gesamtstaates. Sie können aber auch der notwendigen Einheitlichkeit der Lebensverhältnisse im Wege stehen. Der moderne Leistungsstaat (s. S. 263 ff.) enthält eine deutliche Tendenz zur Zentralisierung der Staatsfunktionen.

Grundrechte

Repräsentation

Soziale Grundrechte

Funktionale Gewaltenteilung

Rechtsstaat

Abb. 71: Die ersten Kanzlerkandidaten – Schumacher (SPD) und Adenauer (CDU) am 10. 9. 1949

Sozialstaat

6. Mit der Kennzeichnung der Bundesrepublik Deutschland als sozialen Staat (Sozialstaat) in Art. 20 Abs. 1 GG hatte der Parlamentarische Rat einen Kompromiß zwischen widerstreitenden gesellschaftspolitischen Vorstellungen gefunden, der zugleich ein von allen Gruppierungen getragenes Bekenntnis zu den traditionellen Einrichtungen der deutschen Sozialpolitik und zum Gedanken der sozialen Gerechtigkeit darstellte. Das „Sozialstaatspostulat" des Art. 20 GG verpflichtet in diesem Sinne Gesetzgebung, Verwaltung und Rechtsprechung. Die Verfassung läßt einen weiten Spielraum. Er reicht von der traditionellen Sozialpolitik bis hin zum Konzept des „demokratischen Sozialismus", wie ihn 1948/49 eine der beiden großen Verfassungsparteien, die SPD, noch im Wahlkampf von 1949 als ihrer Ansicht nach notwendige Ausfüllung der neuen Verfassungsordnung vertreten hatte. Die Verwirklichung des Sozialstaatsgrundsatzes ist verfassungsrechtlich z.B. mit der Formel von der gesetzlichen Inhaltsbestimmung des Eigentums (Art. 14), der Berufsausübung (Art. 12), dem Gleichheitsgrundsatz (Art. 3) und der Möglichkeit der Vergesellschaftung von Grund und Boden, Naturschätzen und Produktionsmitteln durch Gesetze des Bundestages (Art. 15) angesprochen. Die Zuständigkeitsregelungen für die Bundesgesetzgebung, vor allem in Art. 74 GG, nennen fast alle Gebiete, die einer sozialstaatlichen Intervention durch den Gesetzgeber zugänglich sind (s. S. 243 ff.).

Die Vorstellungen der Verfassungsgesetzgeber über die neue politische Ordnung scheint ein

Sozialpolitik

Demokratischer Sozialismus

Satz am besten wiederzugeben, den Professor CARLO SCHMID (SPD) als Vorsitzender und Berichterstatter des Hauptausschusses des Parlamentarischen Rates bei den abschließenden Lesungen des Grundgesetzes am 6. Mai 1949 formulierte:

> *„In diesem Namen („Bundesrepublik Deutschland") kommt zum Ausdruck, daß ein Gemeinwesen bundesstaatlichen Charakters geschaffen werden soll, dessen Wesensgehalt das demokratische und soziale Pathos der republikanischen Tradition bestimmt, nämlich einmal der Satz, daß alle Staatsgewalt vom Volke ausgeht, weiter die Begrenzung der Staatsgewalt durch die verfassungsmäßig festgelegten Rechte der Einzelpersonen, die Gleichheit aller vor dem Gesetz und der Mut zu den sozialen Konsequenzen, die sich aus den Postulaten der Demokratie ergeben."*

4.1.3.2 Die organisatorischen Elemente: Verfassungsorgane und ihre Sicherung

Die Verfassungsorgane des Bundes sind
der Bundestag   der Bundespräsident
der Bundesrat   die Bundesversammlung
die Bundesregierung   das Bundesverfassungs-
                       gericht

Die Zuordnung dieser Verfassungsorgane zueinander entspricht formal-verfassungsrechtlich folgendem Bild

144

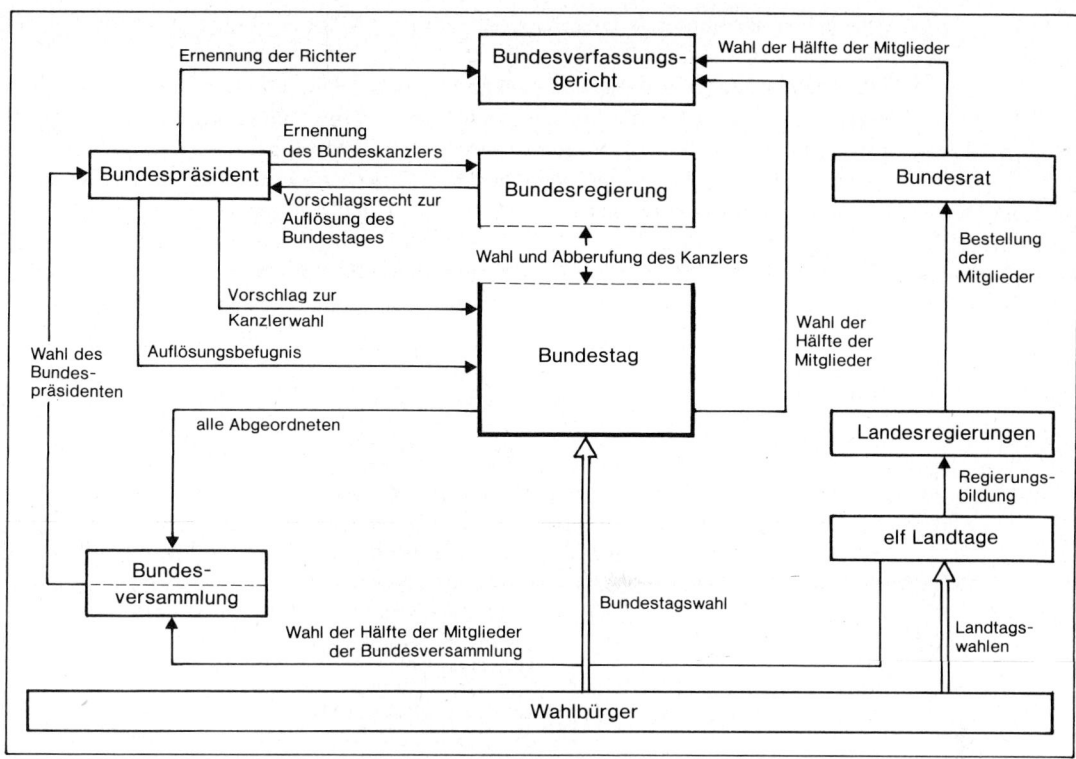

Abb. 72: Die Verfassungsorgane der Bundesrepublik Deutschland in ihrer verfassungsrechtlichen Verknüpfung

In diesem Schaubild wird die verfassungsrechtliche „Gewaltenteilung" ebenso deutlich wie bestimmte Zuordnungen und Abhängigkeiten. Die zentrale Institution ist der Deutsche Bundestag, das Parlament. Nur seine Mitglieder sind als Repräsentanten des Volkes auch unmittelbar von ihm gewählt. Zwischen Bundestag und Bundesregierung besteht ein besonders enges Verhältnis. Der Bundeskanzler wird vom Parlament gewählt. Dieses hat auch die Möglichkeit, ihn durch ein „konstruktives Mißtrauensvotum" wieder abzuwählen. Der Bundeskanzler hat seinerseits das Recht, den Bundespräsidenten zur Auflösung des Bundestages zu veranlassen. Diese Regelungen und der Umstand, daß in der Verfassungswirklichkeit Bundesregierung und Bundestagsmehrheit nicht nur kooperieren, sondern eine relativ enge Arbeitseinheit bilden, kennzeichnen die Bundesrepublik Deutschland als ein „Parlamentarisches Regierungssystem" (s. S. 218 ff.). Dieser Begriff kommt im Grundgesetz nicht vor. Er ist eine Kennzeichnung jener Verhältnisse und Beziehungen zwischen den Verfassungsorganen, die sich durch das Wirken der politischen Parteien in der Praxis der politischen Willensbildung entwickelt haben.
Das Schaubild ist also unvollständig, weil es die tragende und integrierende Rolle der Parteien

Parteienstaat

Parlamentarisches Regierungssystem

nicht verzeichnet, sondern nur die formalen Bestimmungen des Grundgesetzes erfaßt. Im Gegensatz zur Weimarer Reichsverfassung von 1919 berücksichtigt das Grundgesetz aber insofern die politische Wirklichkeit der modernen Massendemokratie auch rechtlich stärker, als es den politischen Parteien einen eigenen Art. 21 GG widmet und sie damit verfassungsrechtlich anerkennt. Die Parteien „wirken" allerdings nicht nur bei der politischen Willensbildung „mit", wie es in diesem Artikel heißt, sondern sie sind die entscheidenden Träger dieser Willensbildung. Daher wird die Bundesrepublik Deutschland häufig auch als „Parteiendemokratie"/„Parteienstaat" bezeichnet (s. S. 175).

Die Parteien sollen in der politischen Willensbildung miteinander konkurrieren (Mehrparteienprinzip). Die Anerkennung und Einhaltung dieses und weiterer Prinzipien verlangt das Grundgesetz von den Parteien, indem es sie in Art. 21 Abs. 2 auf die „freiheitliche demokratische Grundordnung" verpflichtet. Eine solche Verpflichtung enthält das Grundgesetz auch in bezug auf Einzelpersonen. Der Kampf gegen diese Grundordnung kann nach Art. 18 GG zur „Verwirkung" von Grundrechten führen. Über beides – die „Verwirkung" und das „Parteienverbot" –

entscheidet das Bundesverfassungsgericht auf Antrag.

Das Bundesverfassungsgericht hat auf Antrag der Bundesregierung 1952 die Sozialistische Reichspartei (SRP) und 1956 die Kommunistische Partei Deutschlands (KPD) verboten. Es hat dabei die „freiheitliche demokratische Grundordnung" als eine Ordnung definiert,

Freiheitlich-demokratische Grundordnung

„die unter Ausschluß jeglicher Gewalt- und Willkürherrschaft eine rechtsstaatliche Herrschaftsordnung auf der Grundlage der Selbstbestimmung des Volkes nach dem Willen der jeweiligen Mehrheit und der Freiheit und Gleichheit darstellt." (Urteil vom 23. 10. 1952)

Nach der Interpretation des Verfassungsgerichts müssen folgende „oberste „Prinzipien" respektiert werden: Achtung vor den im Grundgesetz konkretisierten Menschenrechten, vor allem vor dem Recht der Persönlichkeit auf Leben und freie Entfaltung, Volkssouveränität, Gewaltenteilung, Verantwortlichkeit der Regierung, Gesetzmäßigkeit der Verwaltung, Unabhängigkeit der Gerichte, Mehrparteienprinzip, Chancengleichheit für alle politischen Parteien mit dem Recht auf verfassungsmäßige Bildung und Ausübung einer Opposition. Dies sind Voraussetzungen, „über die sich mindestens alle Parteien einig sein müssen, wenn dieser Typus der Demokratie überhaupt sinnvoll funktionieren soll", – so das Bundesverfassungsgericht.

Treuepflicht

Parteienverbot

„Parteienverbot" und „Verwirkung von Grundrechten" waren für den Parlamentarischen Rat notwendige verfassungsrechtliche Sicherungen dagegen, daß die neue demokratische Ordnung noch einmal mittels ihrer eigenen demokratischen Freiheiten und Mitwirkungsrechte beseitigt werden könnte. Die Weimarer Demokratie hatte allen eine freie politische Betätigung geboten und sie war am Ende abgeschafft worden von jenen, die unter Ausnutzung ihrer demokratischen Freiheiten die Macht erlangt hatten. Das sollte sich nicht wiederholen dürfen. Diese entstehungsgeschichtlich überzeugende Begründung für Parteienverbote führte Anfang der fünfziger Jahren zu den erwähnten Verfahren und Verboten. Neonazistische Programme und das Ziel einer „Diktatur des Proletariats" (KPD-Programm) sind nach den Verfassungsgerichtsurteilen unvereinbar mit der Wahrnehmung demokratischer Freiheiten. Der Umstand, daß es danach nie mehr zur Einleitung von Parteiverbotsverfahren gekommen ist, kann als eine Folge der Stabilisierung der politischen Ordnung angesehen werden. Dies stärkte auch die Überzeugung, daß Feinde der Demokratie am besten mit Argumenten und durch den Stimmzettel bei den Wahlen zu bekämpfen seien.

Die schon in den fünfziger Jahren übliche Praxis, die Angehörigen des öffentlichen Dienstes einer besonderen „Treuepflicht" in Form der Verpflichtung auf die freiheitliche demokratische Ordnung zu unterwerfen (Beschluß der Bundesregierung vom 19. 9. 1950), hat dagegen ihre politische Bedeutung behalten. Zum Ausgangspunkt einer anhaltenden Kontroverse wurde der „Extremisten-Beschluß" der Regierungschefs des Bundes und der Länder vom 28. 1. 1972. Während der Beschluß von 1950 die Organisationen im einzelnen aufgeführt hatte, deren Unterstützung mit den Dienstpflichten unvereinbar sei, sprach der „Extremistenbeschluß" von „verfassungsfeindlichen" Aktivitäten bzw. Organisationen. Die Zugehörigkeit zu einer solchen Organisation begründe Zweifel an der Verfassungstreue. Die Verfassungs„feindlichkeit" neben der (vom Bundesverfassungsgericht festzustellenden) Verfassungs„widrigkeit" sowie routinemäßige Überprüfungsverfahren waren besonders umstritten. Zu einer Modifizierung der Regelungen trug dann der Beschluß des Bundesverfassungsgerichts vom 22. 5. 1975 bei, in dem es u. a. hieß: „Die hergebrachte Treuepflicht des Beamten erhält unter der Geltung des Grundgesetzes ein besonderes Gewicht …" Der Staat dürfe keine Bewerber zum Staatsdienst zulassen, die die freiheitliche demokratische, rechts- und sozialstaatliche Ordnung ablehnten und bekämpften. „Ein Stück des Verhaltens, das für die hier geforderte Beurteilung der Persönlichkeit des Bewerbers erheblich sein kann, kann auch der Beitritt oder die Zugehörigkeit zu einer politischen Partei sein, die verfassungsfeindliche Ziele verfolgt – unabhängig davon, ob ihre Verfassungswidrigkeit durch Urteil des Bundesverfassungsgerichts festgestellt ist oder nicht" (BVerfGE 39, S. 359). Ein anschließend vom Bundestag mit den Stimmen von SPD und FDP verabschiedetes Gesetz scheiterte 1976 am Bundesrat. Daraufhin kündigten die von SPD und FDP regierten Länder den „Extremistenbeschluß" auf und erließen neue Verfahrensgrundsätze. Auch die sozialliberale Bundesregierung erließ neue „Grundsätze für die Prüfung der Verfassungstreue im Bereich des Bundes" am 19. 5. 1976 (Neufassung am 17. 1. 1979). Die von CDU/CSU regierten Länder hielten dagegen am Ministerpräsidenten-Beschluß von 1972 fest. Sie erblickten nach wie vor schon in der Mitgliedschaft in einer extremen Partei den Grund für erhebliche Zweifel an der Verfassungstreue. SPD und FDP traten dagegen für die Prüfung eines jeden einzelnen Falles und eine erhebliche Einschränkung der Voraussetzungen für die Prüfung der Verfassungstreue ein. In den zum Teil sehr

Total-Revision

heftigen Kontroversen um Verfassungstreue und Treuepflicht im öffentlichen Dienst wurde von den Kritikern sehr häufig übersehen, daß es gewichtige und historisch erhärtete Gründe für die Sicherung der Demokratie gerade auch im staatlichen Bereich gab und gibt. Die Befürworter einer strengen Prüfungspraxis übersahen gelegentlich die Weiterentwicklung des öffentlichen Dienstes hin zu Dienstleistungsfunktionen, in denen die

Finanzver-
fassung

Treuepflicht kaum relevant ist, und die Gefahr, daß eine umfassende und routinemäßige Überprüfungspraxis die freiheitliche Grundordnung unglaubwürdig machen könnte.

4.1.3.3 Das Verfassungsrecht und der soziale Wandel

Das Grundgesetz und seine Bestimmungen sind zwischen 1949 und 1976 durch 34 verfassungsändernde Gesetze abgeändert oder ergänzt worden. Seither hat es bis 1983 keine Verfassungsänderungen mehr gegeben. Diese Zahl allein sagt noch nichts über das Gewicht und den Umfang der Änderungen aus.

Vorläufigkeit

Wenn je diese Verfassung einen „vorläufigen" Charakter hatte, wie es immer wieder während der Verfassungsarbeiten gefordert worden war, dann ist er im Verlaufe von drei Jahrzehnten be-

seitigt worden. Gewichtige Verfassungsänderungen haben das Grundgesetz zu einer „Voll-Verfassung" gemacht, die eigentlich die Forderung nach einer „Total-Revision" des Grundgesetzes – dies forderte vor allem der CDU-Bundestagsabgeordnete HANS DICHGANS („Vom Grundgesetz zur Verfassung", 1970) – hinfällig macht. Gemeint sind hier vor allem das 7., 17., 20. und 21. Gesetz zur Änderung des Grundgesetzes. Diese vier großen Änderungsgesetze brachten die Einfügung der „Wehrverfassung", der „Notstandsverfassung" und einer umfassenden Neugestaltung der „Finanzverfassung" in das Grundgesetz. Wegen der Finanzverfassung, die als verfassungsrechtliche Ausgestaltung der Finanzen des Bundes und der Länder das Kernstück eines wirksamen Föderalismus darstellt, hatte es schon während der Arbeiten des Parlamentarischen Rates 1948/49 Interventionen der Alliierten gegeben. In den fünfziger und sechziger Jahren betrafen mehrere Verfassungsänderungen diesen Komplex, ohne daß eine langfristige Lösung gefunden wurde. Dies geschah erst 1969 durch die große Koalition. Seit dieser Finanzreform werden z.B. die Einnahmen aus den großen Steuern (Einkommen-, Körperschaft- und Umsatzsteuer) als „Gemeinschaftssteuern" gehandhabt, gibt es „Gemeinschaftsaufgaben" (Art. 91a) und die bundesstaatliche Bildungsplanung (Art. 91b) sowie die Möglichkeit, daß der Bund den Ländern Finanzhilfen für wichtige Investitionen gewährt (Art. 104a).

Abb. 73: Der Kampf um die am 28. 6. 1968 in Kraft getretene Notstandsverfassung

147

Die „Wehrverfassung" wurde durch das Gesetz zur Ergänzung des Grundgesetzes vom 19. März 1956 eingeführt. Damit konnte elf Jahre nach dem totalen Zusammenbruch wieder eine Armee aufgestellt und die allgemeine Wehrpflicht eingeführt werden. (Wehrpflichtgesetz v. 21. 7. 1956; Gesetz über zivilen Ersatzdienst v. 13. 1. 1960; seit 1968 auch Art. 12a GG.) Es ist verständlich, daß es aus diesem Anlaß zu erbitterten Auseinandersetzungen im Bundestag und in der Öffentlichkeit kam, die sich über Jahre hinzogen. Sie hatten sich zunächst auf die Aufstellung einer Europäischen Verteidigungsgemeinschaft konzentriert. Diese EVG war aber an der Ablehnung durch die französische Nationalversammlung gescheitert. Die Bundesrepublik Deutschland wurde anschließend in den Brüsseler Pakt und die NATO aufgenommen (s. S. 410 f.). Die grundsätzlichen politischen Auseinandersetzungen um deutsche Soldaten und „Wiederaufrüstung" kamen nie ganz zur Ruhe. „Ostermärsche", Friedenskampagnen, „Kampf gegen den Atom-Tod" (Atombewaffnung) sind Bürgerbewegungen der fünfziger und sechziger Jahre, die – unabhängig vom politischen Standpunkt in diesen Fragen – in ihrer Ernsthaftigkeit, Stärke und Intensität ein Novum in der deutschen politischen Geschichte darstellten.

Ausnahme-
zustand

Die grundsätzlichste und innenpolitisch wohl bedeutsamste Auseinandersetzung in der Bundesrepublik Deutschland stellte der „Kampf um die Notstandsgesetze" dar. Er dauerte von 1958 bis 1968. Das 17. Gesetz zur Ergänzung des Grundgesetzes brachte die Entscheidung über die Einfügung der „Notstandsverfassung" in das Grundgesetz. Diese Verfassungsänderung berührte stärker als jede andere den Kern der Verfassungsgestaltung und Verfassungssicherung. Wieder spielten die Erfahrungen in der Weimarer Republik eine entscheidende Rolle. Die Reichsverfassung von 1919 kannte den Art. 48, der dem Reichspräsidenten – wie sich ab 1930 herausstellte – faktisch eine „Diktaturgewalt" einschließlich der Außerkraftsetzung von Grundrechten ermöglichte. Auf ein Gesetz, daß diesen Verfassungsartikel genauer interpretierte und Sicherungen gegen den Mißbrauch schuf, hatte sich der Reichstag nicht einigen können. Die Folge war die Überdehnung der Kompetenzen des Reichspräsidenten und eine Interpretation, die den wirtschaftlichen Notstand mit einschloß (Notverordnungen des Reichspräsidenten „Zur Sicherung von Wirtschaft und Finanzen"). Nach dem Reichstagsbrand am 27. 2. 1933 wurden auch noch die Grundrechte außer Kraft gesetzt.

Notstands-
verfassung

Notstandsrechte lagen auch nach der Wiedererlangung der deutschen Souveränität 1955 noch bei den USA, Großbritannien und Frankreich als ehemaligen Besatzungsmächten. Sollte nun ein eigenes deutsches Notstandsrecht eingeführt werden?

Über die Art und Weise einer verfassungsrechtlichen Regelung der Fälle, in denen die normalen Rechtsregeln außer Kraft gesetzt werden müssen und dürfen, gehen die Meinungen naturgemäß stark auseinander. Sind Ausnahmebefugnisse für bestimmte Staatsorgane bereits im Zustand einer Gefahr oder bei einer ernsthaften Störung der öffentlichen Sicherheit und Ordnung gerechtfertigt oder dürfen sie erst zugelassen werden, wenn Katastrophen eingetreten sind oder ein Angriff von außen erfolgt? Müssen in solchen Ausnahmesituationen allgemeine Ermächtigungen an die staatliche Exekutive gewährt werden, um den zu treffenden Maßnahmen höchste Wirksamkeit zu sichern („Der Ausnahmezustand ist die Stunde der Exekutive!") oder ist es notwendig und möglich, auch in Notfällen die rechtsstaatlichen Bindungen und die demokratischen Kontrollen beizubehalten? Wie soll das Verhältnis zwischen Effektivität und Kontrolle gestaltet werden, um einen Mißbrauch der Ausnahmegewalt zu verhindern?

Die am 28. 6. 1968 in Kraft getretene Notstandsverfassung versucht, die „Weimarer Verhältnisse" durch rechtzeitige Regelung und inhaltlich genaue Umschreibung der zulässigen Ausnahmebefugnisse und ihrer Voraussetzungen zu vermeiden. Der mit elf Artikeln umfangreichste Teil der Notstandsverfassung regelt den „Verteidigungsfall" (Art. 115a–l). Hierbei sind ein verlängerter Freiheitsentzug (abweichend von Art. 104 GG), besondere Entschädigungsregelungen bei Enteignungen, Abkürzung des Gesetzgebungsverfahrens, Weisungsrecht der Bundesregierung gegenüber Landesregierungen und -behörden möglich. Zunächst aber muß der Bundestag mit qualifizierter Mehrheit und Zustimmung des Bundesrates feststellen, daß „das Bundesgebiet mit Waffengewalt angegriffen wird oder ein solcher Angriff unmittelbar droht." Da kaum zu erwarten ist, daß für derartige Beschlüsse Zeit bleibt, wurde nach Art. 53a ein „Gemeinsamer Ausschuß" eingerichtet, der zu zwei Dritteln aus Abgeordneten des Bundestages und zu einem Drittel aus Mitgliedern des Bundesrates besteht. Er kann den Eintritt des Verteidigungsfalles ebenfalls mit Zweidrittelmehrheit feststellen. Er handelt auch im Verteidigungsfall, wenn er zuvor förmlich festgestellt hat, daß Bundestag und Bundesrat nicht zusammentreten können. Für den Fall eines plötzlichen Angriffs auf die Bundesrepublik Deutschland gilt die Feststellung des Verteidigungsfalles als getroffen. Die Handlungsmöglichkeiten des Gemeinsamen Ausschusses sind daran gebunden, daß Bundestag und Bundesrat nicht zusammentreten können. Auch ist festgelegt, daß die Stellung des Bundesverfassungsgerichts nicht beeinträchtigt werden darf. Der Gemeinsame Ausschuß kann notfalls auch einen Bundeskanzler wählen.

Spannungsfall Art. 80a GG regelt den „Spannungsfall". Er ermächtigt ebenfalls zu Notmaßnahmen wie Dienstverpflichtungen (Art. 12a), Beschränkungen von Berufsausübung und Arbeitsplatzwahl. Für die Feststellung des „Spannungsfalles" gibt es wiederum ein Stufenverfahren. Grundsätzlich muß dies durch den Bundestag mit Zweidrittelmehrheit erfolgen. Möglich ist hier aber auch, daß ein entsprechender Beschluß von einem internationalen Organ im Rahmen eines Bündnisvertrages (NATO) mit Zustimmung der Bundesregierung gefaßt wird. Auch hierbei kann der Bundestag die Aufhebung des Beschlusses verlangen.

Art. 87a regelt den „Einsatz der Streitkräfte im Innern". Hiernach können im Verteidigungs- und Spannungsfall die Streitkräfte auch zum Schutz ziviler Objekte und zur Unterstützung polizeilicher Maßnahmen eingesetzt werden. Dieser Artikel enthält zudem die Befugnis für die Bundesregierung, die Streitkräfte im Falles eines „Inneren Notstandes" nach Art. 91 Abs. 2 („Abwehr einer drohenden Gefahr für den Bestand oder die freiheitliche demokratische Grundordnung des Bundes oder eines Landes") auch „bei der Bekämpfung organisierter und militärisch bewaffneter Aufständischer einzusetzen". Bundestag und Bundesrat können die Einstellung dieser Aktion erwirken.

Durch eine wesentliche Erweiterung des Art. 35 GG wurde schließlich der *„Katastrophenfall"* geregelt.

Grundrechts-beschrän-kungen Die im Rahmen der Notstandsverfassung vorgesehenen Einschränkungen von Grundrechten betreffen außer den Dienstverpflichtungen nach Art. 12a die Freizügigkeit (Art. 11) und die Beschränkung des Post- und Fernmeldegeheimnisses (Art. 10 Abs. 2). Die Beschränkung muß dem Betroffenen nicht mitgeteilt werden. Der Rechtsweg (Art. 19 Abs. 4) ist in diesem Falle ausgeschlossen. Eine Nachprüfung erfolgt durch einen besonderen Ausschuß des Bundestages. Schließlich erhielt noch der Art. 9 Abs. 3 den Zusatz, daß in keinem der genannten Notfälle die Arbeitskampffreiheit eingeschränkt werden dürfe.

Das „Widerstandsrecht" des Art. 20 Abs. 4 (s. S. 142) ist ebenfalls Bestandteil der Notstandsverfassung.

Zugleich mit der Verabschiedung der Notstandsverfassung wurden verschiedene „einfache Notstandsgesetze" teils novelliert, teils neu beschlossen.

Angesichts der Bedeutung und der Fülle von Notstandsregelungen in der Verfassung und in einfachen Gesetzen ist es nicht erstaunlich, daß gerade hieran eine vertiefte und aggressive politische Diskussion über Demokratie, Staatsgewalt und Grundrechte geführt wurde. Sie gewinnt ihre Dauerhaftigkeit durch den Umstand, daß die Grenze zwischen Krieg und Frieden angesichts der Waffentechnik und der denkbaren außenpolitischen Verwicklungen nicht mehr eindeutig bestimmbar ist. Begriffe wie „Spannungsfall", „Innerer Notstand" bzw. „Drohen" eines Angriffs (Art. 115a) bringen dies zum Ausdruck. Die Befürworter einer Regelung waren der Ansicht, es müsse dennoch Vorsorge getroffen werden, um möglichst viele Bestandteile der Demokratie auch im Ausnahmezustand zu sichern. Die Gegner sahen darin die Schaffung von Möglichkeiten zur „totalen Disziplinierung der Bevölkerung" und eine „Durchsetzung der Friedensordnung mit Kriegsvorsorge". Nur eine wirklich freie Nation könne ihre Freiheit auch verteidigen.

Durch die deutsche Notstandsverfassung wurden die besatzungsrechtlichen Vorbehalte aus den Pariser Verträgen von 1954 abgelöst. Die mit der Notstandsverfassung errungene größere Souveränität gehörte mit zu den entscheidenden Argumenten der Befürworter. Übrig geblieben ist das Selbstverteidigungsrecht der alliierten Truppen auf deutschem Boden.

4.1.4 Die Bundesrepublik Deutschland und Berlin (West)

Berlin (West) ist ein Bundesland der Bundesrepublik Deutschland, und dennoch wird seine Existenz nach wie vor durch die mit der Besetzung Deutschlands begründeten Rechte der westlichen Besatzungsmächte in „Groß-Berlin" garantiert. Diese Stellung erhielt durch das Berlin-Abkommen der vier „Besatzungsmächte" von 1971 (s. S. 439 f.) zwar eine zeitgemäße Fassung, blieb jedoch grundsätzlich unangetastet.

4.1.4.1 Die Zugehörigkeit des Landes Berlin zur Bundesrepublik Deutschland

Grundgesetz

Die Präambel des Grundgesetzes erwähnt „das deutsche Volk" im Lande Berlin nicht. Dies geschieht erst durch Art. 23 GG (Geltungsbereich des Grundgesetzes). Hier wird „Groß-Berlin" neben den anderen westdeutschen Ländern erwähnt. Art. 144 GG (Ratifizierung des Grundgesetzes) schafft in seinem zweiten Absatz die Möglichkeit für Berlin (West), gemäß Art. 38 und 50 GG Vertreter in Bundestag und Bundesrat zu entsenden, ohne die Stadt ausdrücklich zu erwähnen. Diese staatsrechtliche Formulierung wird dem Genehmigungsschreiben der drei westlichen Militärgouverneure zum Grundgesetz vom 12. 5. 1949 gerecht. Hier wurde festgestellt, daß „Berlin keine abstimmungsberechtigte Mitgliedschaft im Bundestag oder Bundesrat erhalten und auch nicht durch den Bund regiert werden wird, daß es jedoch eine beschränkte Anzahl Vertreter zur Teilnahme an den Sitzungen dieser gesetzgebenden Körperschaften benennen darf."

Landes-Verfassung

Die nach der Spaltung Groß-Berlins und der Blockade der Westsektoren der Stadt sowie nach der Gründung der Bundesrepublik Deutschland und der DDR verabschiedete Verfassung des Landes Berlin (West) vom 1. 9. 1950 bekräftigt ungeachtet der besonderen geografischen und völkerrechtlichen Bedingungen: „Berlin ist ein deutsches Land und gleichzeitig eine Stadt. Berlin ist ein Land der Bundesrepublik Deutschland. Grundgesetz und Gesetze der Bundesrepublik Deutschland sind für Berlin bindend." (Art. 1).

Völkerrecht

Dieses deutsche Verfassungsrecht wird durch die völkerrechtliche Ebene der westalliierten obersten Gewalt in Berlin (West) überlagert („Alliierte Schutzmächte"). Formal müssen deshalb auch die vom Bundesgesetzgeber beschlossenen Gesetze durch ein „Mantelgesetz" des Berliner Abgeordnetenhauses übernommen werden, d.h. ein Berliner Gesetz stellt jeweils fest, daß ein Bundesgesetz unverändert in Berlin (West) Anwendung findet. Diese unveränderte Übernahme wird vom Bundesgesetzgeber durch eine besondere „Berlin-Klausel" in den Bundesgesetzen angeordnet. So bleibt auch juristisch die Rechtseinheit gewahrt. Ausnahmen bilden Wehrgesetze und Notstandsgesetze. Auch gilt z. B. das Gesetz über das Bundesverfassungsgericht nicht. Funktionen der Verfassungsrechtsprechung liegen beim Berliner Kammergericht (Oberlandesgericht). Trotz der

Stimmrechts-beschränkun-gen

Stimmrechtsbeschränkungen haben Berliner Vertreter bei der Wahl des Bundespräsidenten (Bundesversammlung, S. 229) und in den Ausschüssen

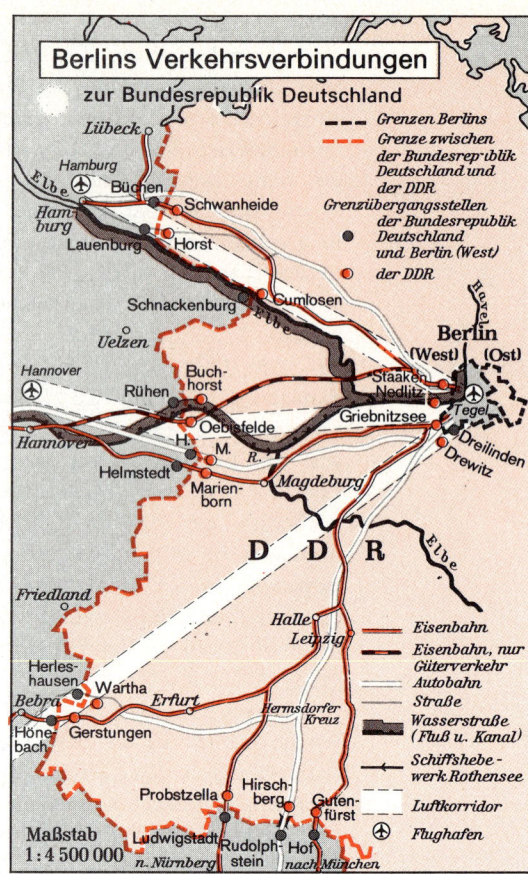

Abb. 74: Die Verkehrsverbindungen nach Berlin

von Bundestag und Bundesrat volles Stimmrecht. Der Bundespräsident hat eine Residenz in Berlin; Sitzungen der Bundestags-Ausschüsse werden auch nach dem Berlin-Vertrag als Bestandteil der gewachsenen Bindungen angesehen.

4.1.4.2 Rechtseinheit und „Bindungen"

Die Bindungen von Berlin (West) an den Bund sind im Viermächte-Abkommen auch von der Sowjetunion anerkannt worden. Sie bleiben, ebenso wie die westalliierten Garantien, lebensnotwendig für die Stadt. Denn das Bundesland Berlin (West) liegt mindestens 170 km vom Bundesgebiet entfernt und ist – zu Wasser, zu Lande und in der Luft – nur durch das Staatsgebiet der DDR zu erreichen.

Berlin war als Reichshauptstadt bis 1945 nicht nur die Zentrale der Politik, sondern auch Sitz fast aller Spitzenorganisationen von Wirtschaft und Gesellschaft in Deutschland. Es gehörte zu den industriellen Ballungszentren, vor allem im Bereich der verarbeitenden Industrie, aber z. B. auch der Mode und des Films. Der wirtschaftliche Aufstieg der Bundesrepublik Deutschland und die gefährdete Lage der Stadt bedeuteten, daß seit dem Kriegsende nicht nur die zentralen Einrichtungen der Politik, der Wirtschaft und der Gesellschaft ihren Sitz in „Westdeutschland" (so der Berliner Jargon für die Bundesrepublik Deutschland) nahmen, sondern daß auch ein *Industrie-* Exodus der Industrie nicht zu vermeiden war. *entwicklung* Zwar blieben große Produktionsstätten, z.B. im Stadtteil Siemensstadt, erhalten. Jedoch bekamen sie eher die Funktion einer stets gefährdeten „verlängerten Werkbank" westdeutscher Unternehmen.

Die wirtschaftlichen Verlagerungen waren von er-*Bevölkerungs-* heblichen Abwanderungen wichtiger Bevölke-*entwicklung* rungsteile begleitet. Dabei handelte es sich vor allem um arbeitsfähige jüngere und mittlere Jahrgänge; die Stadt ist deshalb heute – wird von den ausländischen Arbeitskräften abgesehen – im Vergleich zu Großstädten im Bundesgebiet „überaltert". Bis zum Bau der Mauer am 13. August 1961 wählte etwa die Hälfte der seit 1949 aus der DDR und Ostberlin geflüchteten 2,5 Mill. Menschen den Weg über Berlin (West). Viele blieben in dieser Stadt. Seit dem Mauerbau ist sie auf den Zuzug aus dem Westen und dem Ausland angewiesen. Berlin (West) hatte 1980 1 896 230 Einwohner (1950 ca. 2,2 Mill.). Darunter waren 233 011 Ausländer (davon 114 306 Türken). 22,7 % der Einwohner (Bundesgebiet 15 %) waren 65 Jahre und älter. Insgesamt besteht eine Situation, die eine politische Ausgestaltung der Bindungen zum Bundesgebiet lebensnotwendig macht. Unter den zahlreichen politischen Maßnahmen, auch z.B. die Wirtschaft (BDI) und die Gewerkschaften suchen die bestehenden Bindungen zu sichern und auszubauen, sind vor allem die „Bundeshilfe" als direkter finanzieller Ausgleich für besondere Lasten und Aufgaben sowie die „Berlinförderung" als ein System von Steuerpräferenzen von entscheidender Bedeutung.

Mit dem „Gesetz über die Stellung des Landes *Bundeshilfe* Berlin im Finanzsystem des Bundes (Drittes Überleitungsgesetz)" vom 4. 2. 1952 wurde ein gesetzliches Junktim zwischen der Einbeziehung in das Rechtssystem des Bundes und der Einbeziehung in das Finanzsystem hergestellt. Das bedeutet: Das Land verpflichtet sich, Bundesgesetze *Berlin-Klausel* mit der Berlin-Klausel innerhalb eines Monats in Berlin (West) in Kraft zu setzen. Politisch bedeutete dies z.B. in den fünfziger Jahren die Aufgabe eigener Wege in bezug auf die Einheitsversicherung, den öffentlichen Dienst (kein Berufsbeamtentum) und die Einheitsschule.

Einbeziehung in das Finanzsystem bedeutet: das Land ist in den vertikalen Finanzausgleich des

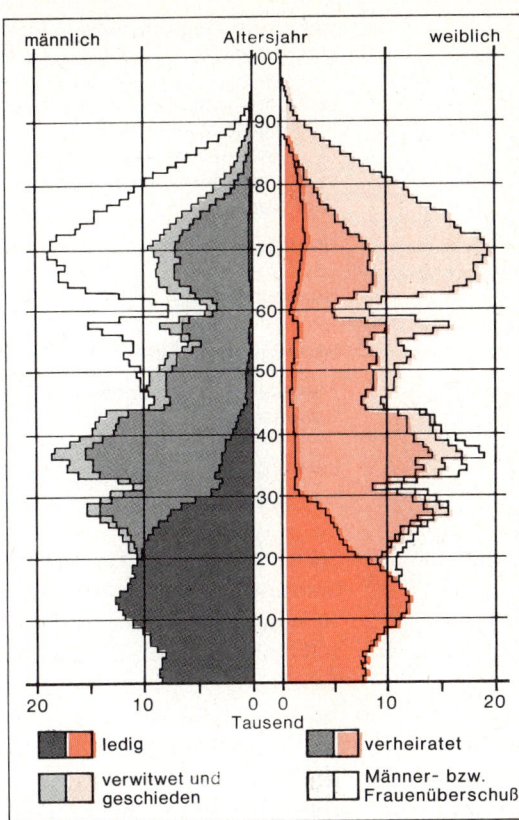

Abb. 75: Altersaufbau der Bevölkerung von Berlin (West) 1977

Bundes (Art. 104a, 106 GG) einbezogen. Es führt die in Berlin (West) anfallenden Bundessteuern und die Bundesanteile an den Gemeinschaftssteuern (s. S. 254) wie jedes andere Bundesland an den Bund ab. Andererseits finanziert der Bund wie in jedem anderen Bundesland seine eigenen Aufgaben und Gesetze nach dem Grundgesetz. Die Besonderheit für das Land Berlin liegt darin, daß es in den „horizontalen" Finanzausgleich (zwischen den Bundesländern) nicht einbezogen ist, sondern „Bundeshilfe" erhält. Damit erfolgt nicht nur, wie bei den Bundesländern, ein Steuerkraftausgleich, sondern ein umfassenderer Finanzkraftausgleich. Im horizontalen Finanzausgleich unter den Bundesländern wurden z.B. 1979 2,5 Mrd. DM umverteilt; das Land Berlin (West) erhielt in diesem Jahr dagegen 8,4 Mrd. DM Bundeshilfe. Die Bundeshilfe betrug 1950 insgesamt 600 Mill. DM, 1980 über 9 Mrd. DM. Sie wurde insbesondere nach dem Mauerbau 1961/62 drastisch, um 73 %, gesteigert. Der Anteil der Bundeshilfe am Berliner Haushalt betrug 1951 35,7 %, 1979 53,3 % (alle Zahlen nach: Baesecke/Maier 1981). Dies bedeutet, daß über die

Bilanz der Finanzbeziehungen zwischen Berlin (West) und dem Bund 1979 (Quelle: Finanzbericht des Bundes 1979)

Leistungen des Bundes im Rahmen der Gleichstellung Berlins	Mrd. DM		Mrd. DM
Leistungen aus dem Bundeshaushalt an den Berliner Haushalt	0,9	Steuerablieferung Berlins	7,6
Unmittelbare Leistungen des Bundes	3,3	Korrekturposten für die Verbrauchssteuern	./.4,3
Bundeshilfe	8,4		
		Steuerablieferung Berlins	3,3
Sonstige Leistungen des Bundes	0,7		
Steuermindereinnahmen des Bundes im übrigen Bundesgebiet	0,6	Überschuß der Leistungen des Bundes 10,5 Mrd. DM	
Leistungen des Bundes	13,8		

Hälfte des Berliner Landeshaushaltes vom Bundeshaushalt getragen wird. Dem stehen die Überweisungen der Bundessteuern, die im Land Berlin aufkommen, an den Bund gegenüber (siehe obere Tabelle).

Steuerschwäche

Steuerverzichte

Im Vergleich mit den anderen Bundesländern fallen in Berlin (West) wegen der wirtschaftlichen Lage (Steuerschwäche) und der Steuerverzichte durch die Berlin-Förderung unverhältnismäßig geringere Steuersummen an. Die Steuerquote des Berliner Haushalts (Anteil der Steuern an der Finanzierung des Haushalts) betrug 1979 nur 24,7 %, dagegen in Hamburg 59,7 %, in Bremen 40,3 %, in Baden-Württemberg 67,5 %.

Bundeseinrichtungen

Die Gründe für die Berlinhilfe können folgendermaßen addiert werden, wobei als „überregionale Leistungen" Berlins (West) vor allem die Hochschulen (z. B. ist die während der Blockade gegründete „Freie Universität" (FU) Berlin seit 1981 größte deutsche Universität), die Forschungseinrichtungen und die kulturellen Einrichtungen

von Weltgeltung genannt werden müssen (siehe untere Tabelle).

Zu den finanziellen Leistungen des Bundes, die nicht nur der Stützung der Region dienen, sondern auch allgemeine politische Ziele verfolgen bzw. betreffen, sind neben den erwähnten wissenschaftlichen und kulturellen Einrichtungen vor allen noch zu nennen: die Zahlung der Kosten für die Anwesenheit der Alliierten Streitkräfte (1979 834 Mill. DM), die Zahlungen des Bundes für seine Mitträgerschaft an der „Stiftung Preußischer Kulturbesitz", der Berlinverkehr, bei dem die Finanzleistungen des Bundes zugleich die Infrastruktur der DDR verbessern (Autobahnen), die Bundesinstitutionen in Berlin (West). Es gibt 50 Bundeseinrichtungen, die mehr als 44000 Menschen beschäftigen. Die für das gesamte Bundesgebiet handelnde „Bundesversicherungsanstalt für Angestellte (BfA)" beschäftigt allein 12000 Mitarbeiter. Hinzu kommen z. B. das Bundeskartellamt, das Bundesgesundheitsamt, das Bundesaufsichtsamt für das Versicherungswesen sowie das Bundesverwaltungsgericht.

Die Bedarfsfaktoren der Bundeshilfe (Quelle: Baeseke/Maier, 1981)

Bedarfsfaktor	Anteil an der Bundeshilfe 1979 Mrd. DM	v. H.
Steuerschwäche	4,3	51,1
Kriegsfolgen	0,5	6,0
Teilungsfolgen	0,9	10,7
Geographische Lage	0,7	8,3
Sozialstruktur	0,6	7,2
Überregionale Leistungen	0,9	10,7
Summe Steuerschwäche und Sonderlasten	7,9	94,0
Finanzierung des Attraktivitätsvorsprungs	0,5	6,0
Bundeshilfe (insgesamt)	8,4	100,0

Berlin-
förderung

Die Berlinförderung seit 1950 – neben der Berlinhilfe – soll durch steuerliche Vergünstigungen den Absatz Berliner Waren und Leistungen im Bundesgebiet fördern (Absatzförderung, 1979 1,7 Mrd. DM), das Investieren in Berlin (West) anregen (Investitionsförderung, 1979 348 Mill. DM), auch direkt durch Gewährung von Darlehen (1979 442 Mill. DM), und es soll die Einkommen in Berlin (West) fördern (1979 2,5 Mrd. DM), durch niedrigere Steuersätze und eine steuerfreie Zulage an die Arbeitnehmer (im Berliner Jargon „Zitterprämie"). Dieses „Präferenzsystem" soll stets so ausgestaltet sein, daß der Vorsprung Berlins (West) vor den anderen Bundesländern und Großstädten der Bundesrepublik Deutschland gewährleistet bleibt.

Die Symbol-
funktion

Sonstige Leistungen des Bundes 1979 (Mill. DM)

Förderung des Luftreiseverkehrs zwischen Berlin und dem Bundesgebiet	43,0
Besondere Hilfsmaßnahmen (Jahrespauschale gem. Art. 18 Transitabkommen, Verbesserung des Verkehrs von und nach Berlin u. a.)	506,3
Förderung besonderer kulturpolitischer Maßnahmen gesamtdeutschen Charakters in Berlin	53,9
Förderung der Arbeitsaufnahme in Berlin	42,0
Pflege kultureller Beziehungen	8,5
Beiträge des Bundes an die Stiftung „Preußischer Kulturbesitz"	76,3
Sonstiges	1,8
Summe	731,8

Quelle: Finanzbericht des Bundes 1979)

Struktur-
probleme

Abb. 76: Ein Umsatteln ist unmöglich

4.1.4.3 Berlin im Selbstverständnis der Bundesrepublik Deutschland

Die Leistungen der Bundesbürger für Berlin (West) sind zweifellos seit Kriegsende erheblich. Die Notwendigkeit und Berechtigung der Leistungen ist unbestritten. Über die Diskussion der Details wird jedoch häufig nicht mehr genügend die gesamtpolitische Dimension beachtet. Das ist die Frage nach der Bedeutung Berlins für die Bundesrepublik Deutschland. Nach dem Krieg und in den fünfziger Jahren war es relativ einfach, diese Frage zu beantworten. Der westliche Teil der Stadt war das Symbol für den Widerstand gegen die erneute Unterdrückung von persönlicher Freiheit und Demokratie in Deutschland. Für diese Idee demonstrierten stets Hunderttausende vor dem alten Reichstag. Die „Regierenden Bürgermeister" ERNST REUTER und WILLY BRANDT gaben diesem Widerstand einen Ausdruck, der für die Bevölkerung der Bundesrepublik Deutschland uneingeschränkt nachvollziehbar war. Die Existenzgefährdung der Stadt und ihr Behauptungswille waren weiter die entscheidende Grundlage der deutsch-amerikanischen Freundschaft. Mit „Berlin" wurde fortan das neue Deutschland identifiziert als ein Volk mit Freiheitswillen und einem uneingeschränkten Bekenntnis zur Form der westlichen Demokratie.

Die Ost- und Berlin-Verträge haben Sicherheit für die Stadt gebracht. Seit dieser Zeit ist aber auch ein neues Selbstverständnis notwendig. Die naheliegende Idee, Berlin sei in seinen beiden Teilen der geborene Dreh- und Angelpunkt einer den Ost-West-Konflikt überwindenden internationalen Kooperation, scheiterte bislang am Widerstand der DDR. Seit dem Mauerbau sind zudem die inneren Strukturprobleme in den Vordergrund getreten, z.B. Stadtentwicklung und Wohnungsbau. Die Lösung derartiger Probleme bedeutet im Gegensatz zu den fünfziger Jahren ein Alltagsgeschäft, das wie in jeder westdeutschen Stadt mühevolle Erfolge, aber auch neue Fehlentwicklungen mit ihren sozialen und politischen Folgen (z.B. Hausbesetzungen) bringt. Die Stadt verlor damit viel von ihrer ursprünglichen politischen Ausstrahlung, und sie wurde zu einem Ort, an dem stärker und sensibler auf Strukturschwächen in der gesamten Bundesrepublik Deutschland reagiert wurde. Beispiele sind die „Außenparlamentarische Opposition" (Apo) mit RUDI DUTSCHKE und der Studentenbewegung. Hier nahm die Universitätsreform mit ihren positiven und ihren negativen Erscheinungsformen ihren Ausgang, Hier agierte zunächst der linke Terrorismus (Entführung des CDU-Vorsitzenden LORENZ und die Ermordung des Richters DRENCKMANN). Hier waren stadtplanerische Fehlentwicklungen und gewaltsame Hausbesetzungen und Demonstrationen stärker und anhaltender als in jeder anderen Stadt. Hier liegt der Ausländeranteil weitaus höher als im Bundesgebiet, hier stellt sich also die Frage der Ausländerintegration mit besonderer Schärfe.

Identifikationsmöglichkeiten Die Möglichkeiten der Bevölkerung in der Bundesrepublik Deutschland, sich mit Berlin (West) zu identifizieren, sind damit andere als in den fünfziger Jahren. Die Stadt wurde zu einem attraktiven Reiseziel, in dem viele, gerade auch ausländische Besucher, nach wie vor ein „weltstädtisches Flair" wie in keiner anderen deutschen Stadt zu erkennen glauben. Sie ist ein Zentrum von Wissenschaft und Kultur in Deutschland. Politisch gesehen bietet sie aber vor allem, und nach wie vor, einen eindringlichen Anschauungsunterricht vom Bild der deutschen Spaltung. Sie ist das Tor zum Besuch Ostberlins als der „Hauptstadt der DDR". Mit der Reise nach Berlin (West), vor allem auf dem Landwege, drängt sich schließlich der Vergleich mit der DDR geradezu auf.

4.2 Soziale Strukturen und Wirtschaftssystem

Der Begriff der „Sozialstruktur" gilt heute in der Soziologie als ein „Schlüsselbegriff der Gesellschaftsanalyse". Die Frage, welche sozialen Tatbestände im einzelnen die Sozialstruktur einer Gesellschaft ausmachen, wird unterschiedlich beantwortet. In jedem Fall geht es bei der Analyse aber auch um das Beziehungsgeflecht der Elemente zueinander („System") sowie um die Art der sozialen Beziehungen (z. B. kooperativ, konfliktorisch, herrschaftlich). Hier wird der Begriff „Sozialstruktur" zum Aufweis einiger wichtiger sozialer Tatbestände benutzt, die sozusagen das „Bedingungsfeld" gesellschaftlicher und politischer Institutionen, Organisationen und Prozesse in der Bundesrepublik Deutschland darstellen.

Wirtschaftssystem

Die Frage, ob der Begriff „Wirtschaftsordnung" oder „Wirtschaftssystem" eine sinnvolle und wissenschaftlich haltbare Kennzeichnung von wirtschaftlichen Grundtatbeständen, Institutionen, Regelungen und Prozessen ist, gehört ebenfalls zu den umstrittenen Problemen der Sozial- und Wirtschaftswissenschaften. Richtig erscheint der Systembegriff hier wie bei der Gesellschaftsanalyse, wenn erkennbare Konstanten in der Zuordnung von „Elementen", also wirtschaftlichen Grundtatbeständen, aufgezeigt werden sollen.

Wirtschaftsordnung

Der Begriff „Wirtschaftsordnung" wird vornehmlich von der neoliberalen Wirtschaftstheorie zur Kennzeichnung der gleichen Tatbestände und Prozesse benutzt. In beiden Begriffen sind rechtliche Regelungen, wirtschaftliche Verhaltensweisen und Beziehungen mit angesprochen. Wichtig ist darüber hinaus aber die Erkenntnis, daß „Wirtschaftssysteme" oder „Wirtschaftsordnungen" – wie übrigens auch alle Verfassungen – Ergebnisse geschichtlicher Entwicklungen sind, die von Auseinandersetzungen zwischen Mächten, Interessen und Ideen in spezifischen Machtkonstellationen geprägt wurden. Es ist deshalb weder wirtschaftspolitisch noch verfassungsrechtlich richtig, von der Vorstellung eines festgefügten und dauerhaften Systems der Wirtschaft auszugehen. Der wirtschaftliche und soziale Wandel führt zu immer neuen Tatbeständen, Problemlagen und Institutionen. Das „Systemdenken" beflügelt die Erkenntnis, es ersetzt aber nicht die Wirklichkeit.

4.2.1 Soziale Strukturen als politische Handlungsbedingungen

Aus der Fülle sozialer Grundtatbestände, Entwicklungen und Zusammenhänge sollen als für den politischen Prozeß besonders relevante Bedingungen herausgegriffen werden: die Bevölkerungsentwicklung und die Siedlungsstruktur, die soziale Schichtung und die Berufsstruktur.

4.2.1.1 Bevölkerungsentwicklung und Siedlungsstruktur

In der Bundesrepublik Deutschland lebten am 31. 12. 1980 auf einer Fläche von 248 630 km² 61 658 000 Menschen. Hier ist Berlin (West) mit 480,19 km² und 1 896 000 Menschen einbezogen. Bei der Gründung der Bundesrepublik Deutschland waren es nur 49,2 Mill. Die Heimatvertriebenen aus den ehemaligen Ostgebieten, die Flüchtlinge aus der DDR und Heimkehrer einerseits,

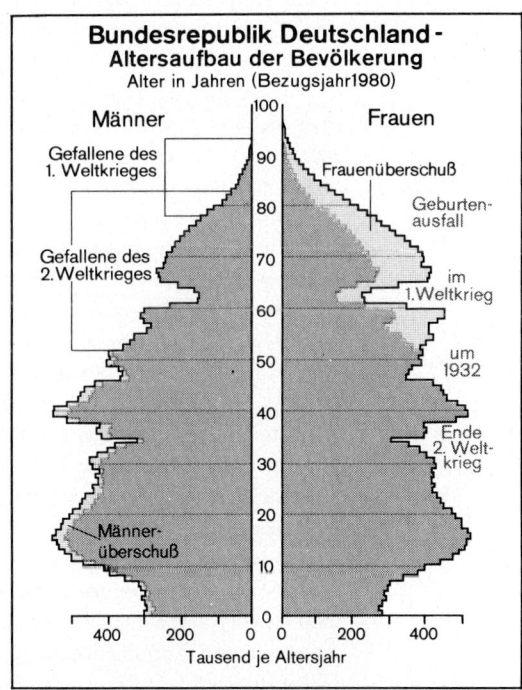

Abb. 77: Die Bevölkerungspyramide und ihre Narben

155

ein Geburtenüberschuß bis 1971 mit dem Höhepunkt 1965 andererseits bewirkten den Bevölkerungsanstieg bis zum Höhepunkt 1974 (62 Mill.). Damit kamen 250 Einwohner auf 1 km². Die Entwicklung ist in den achtziger Jahren rückläufig.

Die Einwohnerzahl pro Quadratkilometer hatte sich seit dem 19. Jh. ständig erhöht. Bei der Reichsgründung 1871 waren es 82 E./km² (Gebietsstand des Bundesgebietes), 1925 157, 1933 165 und bei der Gründung der Bundesrepublik Deutschland 1949 198 E./km². Die Bevölkerungsdichte hat also erheblich zugenommen.

Die Durchschnittszahlen sagen aber nur wenig über die tatsächlichen Verhältnisse aus, die generell seit mehr als 100 Jahren von einem Prozeß der Verstädterung bestimmt sind. Heute leben 8,2% der Bevölkerung der Bundesrepublik Deutschland in Gemeinden unter 2000 Einwohner, 34,8% dagegen in Großstädten (über 100 000 Einwohner). Es gibt 67 Großstädte. Die Bevölkerungsdichte in den Städten ist in der Regel sehr hoch: Hamburg 2400 E./km², Düsseldorf 2728, München 4189. Derartige Wohn- und Lebensbedingungen sind natürlich auch für die Politik und die Wirtschaft von erheblicher Bedeutung.

Verstädterung

Die Industrialisierung, also wirtschaftliche Gründe, beschleunigten diesen Prozeß in erster Linie. Jedoch sollten auch die zivilisatorischen und kulturellen Momente städtischer Anziehungskraft nicht unterschätzt werden. Als Verkehrsprobleme, Umweltbedingungen und Grundstücks- wie Mietpreise diesen Prozeß stoppten, setzte eine „Entleerung" der Stadtkerne ein. Dort wird immer weniger gewohnt; die Zentren dienen immer stärker nur der Arbeit und dem Einkauf. Die dabei verlorengegangene „Urbanität" beschäftigt seit Jahren Stadtplaner, Soziologen und die Politiker von den Gemeinden bis zum Bund. Die Entleerung der Innenstädte von Wohnbevölkerung hat auch eine erhebliche sozialstrukturelle und politische Bedeutung. Die Innenstädte werden an den für Büros und Kaufhäusern unattraktiven Stellen von einkommensschwachen Bevölkerungsteilen bewohnt, während die Grünzonen um die Städte herum besser verdienenden „Mittelschichten" für gut ausgestattete Mietwohnungen, Eigentumswohnungen und Einfamilienhäuser vorbehalten bleiben.

Urbanität

Geburten-
rückgang

Von besonderer Bedeutung für Arbeit und Wohnen ist aber nicht nur das Verhältnis zwischen Innenstadt und Randbezirken. In der Bundesrepublik Deutschland gibt es – in der Regel um große Städte herum – „Ballungsgebiete" oder „Verdichtungsräume". Das größte Ballungsgebiet der Bun-

Ballungsgebiete

desrepublik ist der Rhein-Ruhr-Raum mit über 10 Mill. Menschen. Das Rhein-Main-Gebiet, Hamburg und Stuttgart folgen mit jeweils noch über 2 Mill. Menschen. München und Rhein-Neckar sind weitere Ballungsräume. Die hier bestehenden starken Bevölkerungsverdichtungen besitzen vor allem eine wirtschaftliche Bedeutung. Für die Politik heißt dies, daß hier der Arbeitsmarkt und der Konsum besondere Aufmerksamkeit benötigen. Die wirtschaftliche Verflechtung ist in diesen Räumen außerordentlich hoch. Zusammenbrüche mehrerer großer Unternehmen in einem Gebiet, z. B. anläßlich des Niedergangs einer ganzen Branche, zeigen erhebliche wirtschaftliche, politische und soziale Auswirkungen (Beispiele: Ruhrkohle in den sechziger Jahren, die Werften in Norddeutschland, die Stahlindustrie im Saarland).

Für Politik und Wirtschaft ist aber nicht nur diese Bevölkerungs*verteilung* ein wichtiges „Grunddatum"; die Wahlkreiseinteilung, die Wohnungspolitik und die Stadtplanung, die Verkehrspolitik und der Umweltschutz, die Kulturpolitik und die regionale Wirtschaftspolitik sind z. B. davon direkt bestimmt. Auch die Bevölkerungs*entwicklung* bestimmt nachhaltig politische Planung und Zukunftsvorsorge. Wichtig ist nicht so sehr die absolute Zahl, – von Rückentwicklungen der Gesamtbevölkerung der Bundesrepublik Deutschland z. B. auf 39 Mill. Menschen im Jahre 2030, wie manchmal geschätzt wird, einmal abgesehen. Wichtig ist die altersmäßige Zusammensetzung der Bevölkerung im Laufe der Entwicklung. Der ideale Pyramidenaufbau der Bevölkerung etwa von 1910 (breiter Unterbau junger Jahrgänge mit gleichmäßig in die Spitze sehr alter Menschen hinauf verlaufenden Seiten) gehört der Vergangenheit an. Kriege und Krisen haben die Gleichmäßigkeit des Altersaufbaus zerschlagen – mit erheblichen Auswirkungen auf politisch zu lösende Aufgaben.

Noch deutlicher werden die Probleme, wenn das seit Mitte der achtziger Jahre zu beobachtende generative Verhalten der Bevölkerung mit Kinderlosigkeit oder geringer Kinderzahl anhält, was allgemein erwartet wird. Geburtenrückgang und Abnahme der Zahl kinderreicher Familien haben eine veränderte Altersstruktur zur Folge, die zum Ende des 20. Jahrhunderts zu entscheidenden Änderungen in jahrzehntelang funktionierenden staatlichen Einrichtungen führen muß. Man ist dabei nicht nur auf vage Schätzungen angewiesen. Denn wenn 1980 der Anteil junger Menschen unter 16 Jahren an der Gesamtbevölkerung 19,8% betrug – derartige Zahlen kann jeder dem

Schichtungs-
gesellschaft

jährlich erscheinenden amtlichen „Statistischen Jahrbuch" entnehmen –, dann läßt sich daran und an weiteren bekannten Zahlen ablesen, wann wieviel Auszubildende in die Schulen, die Universitäten, die Lehre kommen, wann mit weniger Wehrpflichtigen, wann mit einer größeren oder geringeren Zahl von Erwerbstätigen im arbeitsfähigen Alter, wann mit mehr Rentnern gerechnet werden muß. Derartige Zahlen und Entwicklungen sind wichtig vor allem für die Bildungspolitik, den Wohnungsbau, die Arbeitsmarktpolitik, Wirtschaft und Wirtschaftspolitik sowie nicht zuletzt für die Sozialversicherungen, die ja auf dem Prinzip des „Generationen-Vertrages" beruhen.

Generationen-
vertrag

Mit ihren Beiträgen zur Rentenversicherung finanzieren z.B. die Erwerbstätigen nicht ihre eigenen Renten, sondern die ihrer Eltern bzw. der aus dem Arbeitsleben (wegen Alters und Invalidität) Ausgeschiedenen. Sie erwarten ihrerseits dabei natürlich, daß ihre Rente später auch gesichert ist. Dafür aber muß eine vergleichbar große Zahl Erwerbstätiger vorhanden sein, oder es müssen die Versicherungsbeiträge drastisch erhöht werden oder das System der Rentenversicherung muß neuen Prinzipien folgen. Dies alles zu entscheiden ist die Aufgabe der Politik.

4.2.1.2 Soziale Differenzierung und politische Gleichheit

Ein weiteres wichtiges Thema der Beziehungen zwischen Gesellschaft und Politik ist die Frage, wie der Grundsatz politischer Gleichheit angesichts sozialer Ungleichheit gesichert werden kann. Die Antwort hängt nicht zuletzt davon ab,

Vertikale
Mobilität

wie ausgeprägt die „vertikale Mobilität" in einer Gesellschaft ist (hier vor allem: Vorhandensein und Wahrnehmung von Aufstiegschancen). Das Vorhandensein gesellschaftlicher Ungleichheit kann nicht geleugnet werden. Die Sozialwissenschaftler sind heute mehrheitlich der Meinung,

daß die westlichen Industriegesellschaften als „Schichtungs-Gesellschaften" bezeichnet werden können. Hierbei werden die Differenzierungen in der Gesellschaft nach mehreren Merkmalen vorgenommen (Beruf, Einkommen, Bildung, Vermögen usw.) und bewertet. Die soziale Wertschätzung („Prestige") bildet die Grundlage für die Feststellung eines bestimmten sozialen „Status". Nach ihrem sozialen Status werden Personen und Personengruppen einer bestimmten „Schicht" zugerechnet. Die Zuordnungen lassen sich empirisch feststellen, jedoch kann natürlich nicht übersehen werden, daß in die Bewertung sehr subjektive Momente eingehen können. Ein Beispiel für die in wissenschaftlicher Untersuchung (differenzierte Befragungen) gewonnene „Schichtungspyramide" der 16–65jährigen westdeutschen Bevölkerung „nach Status- oder Prestige-Mobilität und Wohnortgröße 1974 in v.H." stammt von G. KLEINING (in: Schäfers 1976, S. 267; siehe unten).

Metropolen: Berlin, Hamburg, Bremen, Düsseldorf, Köln, Frankfurt/M., Stuttgart, München; *andere Städte:* über 5000 E. ohne die Metropolen; *Land:* bis 4999 E. pro Gemeinde. N^1 = Summe der (repräsentativ) für die Untersuchung ausgewählten Personen.

Erkennbar ist, daß es in den Großstädten mehr privilegierte Positionen gibt. Im übrigen kann es politisch nützlich und interessant sein, durch Zusammenfassung von Schichten tatsächlich vorhandene „Grobstrukturen" auszumachen. Der Soziologe SCHELSKY hat die Gesellschaft der Bundesrepublik Deutschland einmal als eine „nivellierte Mittelstandsgesellschaft" bezeichnet (1953). Dafür gibt es ebenso Anhaltspunkte wie für eine Diskussion der Frage, was „Eliten" in dieser Gesellschaft sein könnten.

Wenn auch eine deutliche Mehrheit der Sozialwissenschaftler die Schichtungsstruktur für realistisch hält, so gibt es auch noch die von

Schichtungspyramide nach Kleining

Schicht		Bundesrepublik Deutschland	Metropolen	andere Städte	Land
O	Oberschicht	0,5	1,2	0,4	0,1
OM	Obere Mittelschicht	7,4	11,5	8,3	4,0
MM	Mittlere Mittelschicht	11,3	14,3	12,8	7,2
UM/ni	Untere Mittelschicht/nicht ind.	28,0	32,9	28,3	24,9
UM/i	Untere Mittelschicht/industriell	12,3	10,9	12,9	11,9
OU/ni	Obere Unterschicht/nicht ind.	9,2	7,5	8,2	11,9
OU/i	Obere Unterschicht/industriell	18,4	12,5	18,0	22,0
UU	Untere Unterschicht	10,7	6,8	9,7	14,5
SV	Sozial Verachtete	2,2	2,4	1,4	3,5
N^1		10900	1610	5995	3295

MARX (s. S. 82) ausgehende „Klasseneinteilung" (Kritierium ist hier der Besitz von Produktionsmitteln bzw. die Verfügungsgewalt darüber). Danach wurden z. B. die „erwerbstätigen Gesellschaftsmitglieder der Bundesrepublik Deutschland" für 1970 von TJADEN-STEINHAUER und TJADEN (1973) unterschieden (in %):

Arbeiterklasse	83,3
Kapitalistenklasse	1,8
nicht-kapitalistische oder halb-kapitalistische Sondergruppen und -schichten	14,9

Stellung im
Beruf

Eine andere Einteilung (Projekt „Klassenanalyse", 1970) ergab (in %):

Arbeiterklasse	51,6
Kapitalistenklasse	5,1
Mittelklassen	43,3

(Schäfers 1976, S. 266)

Es sollte nicht bestritten werden, daß man bei Anerkennung einer bestimmten Terminologie (z. B. „Arbeiter" = „Lohnabhängige" schlechthin) so verfahren kann. Nur sind die gewonnenen Unterteilungen derart grob, daß sie kaum Erkenntnisse über den Zustand der Gesellschaft und über politische Grundbedingungen liefern können.

Kennzeichnendes Merkmal der modernen Gesellschaft ist überdies die vertikale Mobilität. Durch Bildung, Weiterbildung, neue Chancen und berufliche Weiterentwicklungen (Aufstieg), aber auch z. B. durch den Verlust an Qualifikationen infolge technischer Veränderungen („Dequalifikation"; Abstieg), ist die Gesellschaft in ihrer Struktur nicht starr. Sie ist damit das Gegenteil einer „Stände-Gesellschaft", in der die Gesellschaftsstruktur und die Position des einzelnen in der Regel bereits durch Geburt festgelegt sind.

Frauenberufs-
tätigkeit

4.2.1.3 Berufsstruktur und politische Repräsentation

Während in der ständischen Gesellschaft der unterschiedliche Anteil der Stände an der politischen Herrschaft relativ starr festlag, gesellschaftliche und „politische" Hierarchie annähernd gleich waren, beruht die demokratische Herrschaftsordnung auf dem „allgemeinen" Wahlrecht, dem sich jedermann unterwerfen muß. Damit ist aber noch keine Gewähr dafür gegeben, daß alle Schichten angemessen in den politischen Institutionen vertreten sind. Um für diese politisch wichtige Frage noch objektivere soziale Daten zu besitzen, wird nach einem einzelnen – für die Industriegesellschaft aber besonders wichtigen – Kriterium gefragt: der „Stellung im Beruf".

In der Bundesrepublik Deutschland gab es im April 1983 28,3 Mill. Erwerbspersonen, davon 17,4 Mill. Männer und 10,9 Mill. Frauen, 1 560 000 waren arbeitslos (Tab. unten).

Im Vergleich mit früheren Jahrzehnten werden die Veränderungen der sozialen Struktur deutlich. Der Anteil der Selbständigen betrug im Deutschen Reich 1882 25,6 % aller Erwerbspersonen, im Bundesgebiet waren es 1950 14,8 %. Der Anteil der mithelfenden Familienangehörigen stieg dagegen in diesem Zeitraum von 10 % auf 14,4 %. Beamte und Angestellte hatten (einschl. Soldaten) 1882 zusammen einen Anteil von 7,0 % aller Erwerbspersonen. 1950 dagegen waren es schon 4 % und 16 %. Der Anteil der Arbeiter nahm ab (von 57,4 auf 50,9 %). Er ist auch weiterhin rückläufig.

Deutlich wird des weiteren, daß die Frauenberufstätigkeit nach wie vor strukturelle Benachteiligungen aufweist. Der Anteil der Frauen an der Zahl der Erwerbspersonen beträgt etwas mehr als ein Drittel, während ihr Anteil an der Gesamtbevölkerung mehr als die Hälfte ausmacht. Etwa ein Drittel davon hatte Kinder unter 18 Jahren zu betreuen. Stark zugenommen hat von 1950 (34,6 %) bis 1979 (60,9 %) der Anteil der verheirateten erwerbstätigen Frauen. In ihrer Berufsstellung sind die Frauen schwerpunktmäßig Angestellte und mithelfende Familienangehörige. Ihr Anteil ist bei den Beamten und den Selbständigen äußerst gering. Dies ist ein Problem, das auch in den achtziger Jahren zusammen mit dem Thema

Von den fast 27 Mill. Erwerbstätigen waren

		in %	Männer	Frauen
Selbständige	2 324 000	8,7	78,5	21,5
Mithelfende Familienangehörige	818 000	3,1	13,4	86,6
Beamte	2 324 000	8,7	81,0	19,0
Angestellte	10 250 000	38,3	47,1	52,9
Arbeiter	11 059 000	41,3	71,9	28,1

Quelle: Stat. Jb. 1983, S. 97

„Gleicher Lohn für gleiche Arbeit" die Politik beschäftigen wird. Zum Thema „Frau und Gesellschaft" hatte eine Enquete-Kommission des Deutschen Bundestages in der 8. Wahlperiode detailliertes Material vorgelegt.

Demokratischer Sozialismus

Die Berufsstruktur ermöglicht Aussagen über den Grad politischer Partizipation und Repräsentation. Denn es ist auch bekannt (s. S. 212), aus welchen Berufsgruppen überwiegend die politischen Repräsentanten stammen. Wenn „Arbeiter" im Bundestag so gut wie gar nicht vertreten sind, so ist das ein politisches Problem auch dann, wenn man keine (ständische) Widerspiegelung der einzelnen Berufsgruppen in den politischen Institutionen aufgrund des allgemeinen und freien Wahlrechts erwarten kann (s. S. 213 f.).

4.2.2 Die Konstituierung des Wirtschaftssystems

Die wichtigsten Entscheidungen über das Wirtschaftssystem der Bundesrepublik Deutschland fielen vor der Verabschiedung des Grundgesetzes und vor der Konstituierung der Bundesorgane.

4.2.2.1 Die wirtschaftspolitischen Weichenstellungen 1947–49

Währungsreform

Die Herausbildung des Wirtschaftssystems der sozialen Marktwirtschaft war kein gradlinig verlaufener, zielgerichteter Prozeß nach einem vorgegebenen Modell. Zunächst war unklar, und diese Frage ist auch heute noch umstritten, ob nach dem Zusammenbruch des Deutschen Reiches eine „offene Situation" bestand, weil – wie es der damalige SPD-Vorsitzende KURT SCHUMACHER sah – der Kapitalismus „zusammengebrochen" war. Die Situation des Anfangs war bestimmt durch das Fortbestehen des kriegsbedingten Bewirtschaftungs- und Zuteilungssystems und durch das, trotz Beschlagnahmungen, keineswegs aufgehobene private Eigentum an den Produktionsmitteln. Die Landesregierungen und ab Mitte 1946 die Zwei-Zonen-Wirtschaftsverwaltung in Minden bemühten sich um die Aufrechterhaltung dieses Systems bei immer stärker wachsendem Geldüberhang, der auf die „Schwarzen Märkte" außerhalb des Bewirtschaftungssystems drängte. Ein rationelles Produzieren war unmöglich. Garantiert wurde die Versorgung letztlich durch die Besatzungsmächte. Der im Juni 1947 in Frankfurt/M. eingerichtete (1.) Wirtschaftsrat beschloß am 30. 10. 1947 mit den

Bewirtschaftungssystem

Stimmen aller Parteien das „Bewirtschaftungsnotgesetz", das von den bürgerlichen Parteien als erste Auflockerung der nicht funktionierenden Bewirtschaftung, von der SPD als erster Schritt in Richtung auf die rational planende und operierende Wirtschaftsordnung des „demokratischen Sozialismus" angesehen wurde. Ein anderes System schien vielen angesichts der Not kaum vorstellbar.

In dieser Phase der Entwicklung kam es Anfang 1948 zu einer zunächst keineswegs klar erkennbaren Übereinstimmung zwischen den US-Militärbehörden und maßgeblichen deutschen Politikern und Verwaltungsstellen im Wirtschaftsrat. LUDWIG ERHARD, seit März 1948 Direktor des Amtes für Wirtschaft und überzeugter „Neoliberaler", wandte als zuständiger Direktor das „Bewirtschaftungsnotgesetz" bewußt nicht so an, wie es zum Beweis dessen, daß eine Plan- und Verteilungswirtschaft funktionieren könne, notwendig gewesen wäre. Er hielt eine Währungsreform, die den Geldüberhang beseitigte, für die einzig richtige Lösung und verfolgte in Zusammenhang damit den Plan, auf der Grundlage einer stabilen Währung wieder zum System freier Preise, Produktion und Märkte überzugehen. Am 1. 3. 1948 gründeten die Besatzungsmächte die „Bank Deutscher Länder" als Zentralnotenbank für die Bizone, die aber erst bei der Währungsreform durch das „Emissionsgesetz" das Recht zur Notenausgabe erhielt. Am 20. 6. 1948 führten die Besatzungsmächte die Währungsreform durch. Sie bestand aus vier Gesetzen zur „Neuordnung des Geldwesens" (Währungsgesetz, Emissionsgesetz, Umstellungsgesetz, Festkontengesetz) sowie weiterer Durchführungsverordnungen, die die Banken und Versicherungen betrafen.

Die wichtigsten Prinzipien dieser für Deutschland zweiten (vgl. S. 136) großen Währungsreform waren: Die neue Währung heißt „Deutsche Mark" (DM). Jeder Bürger erhält einen einmaligen „Kopfbetrag" bis zu 60 DM im Umtauschverhältnis 1:1. Gewerbetreibende erhalten diesen Betrag auch für jeden Arbeitnehmer als „Geschäftsbetrag". Die öffentliche Hand wird mit einem Sechstel ihrer Ist-Einnahmen in der Zeit vom 1. 10. 1947 bis 31. 3. 1948 ausgestattet. Der Umlauf der neuen Banknoten und Münzen wird auf 10 Mrd. DM begrenzt. Die Umstellung der Reichsmarkverbindlichkeiten erfolgte im Verhältnis 10:1. So wurden auch die Guthaben der Bausparer umgestellt. Regelmäßig wiederkehrende Leistungen wie Löhne, Mieten, Renten wurden im Verhältnis 1:1 umgestellt. Bei der Umstellung wurden die Inhaber von Sparguthaben besonders schwer betroffen. Ihre Altgeldguthaben wurden faktisch zu 94% abgewertet.

Die Alliierten verfügten auch eine erste „Neuordnung von Steuergesetzen". Die gleichzeitige Durchführung eines „Lastenausgleichs" wurde von ihnen verweigert und den Deutschen für einen späteren Zeitpunkt übertragen.

Lasten-ausgleich

Der amerikanische Wirtschaftswissenschaftler HENRY C. WALLICH bewertete die Maßnahmen so:

Leitsätzegesetz

> „Die tabula rasa begünstigte Unternehmer, Geschäftsleute und Schuldner auf Kosten von Personen mit festem Einkommen und Gläubigern. Nur das außerordentlich umfassende System der deutschen Sozialversicherung … ließ die Reformen sozial gerade noch tragbar erscheinen. Obwohl die Reform von den Alliierten auferlegt war und sicherlich von einer deutschen parlamentarischen Regierung nicht hätte durchgebracht werden können, darf man doch sagen, daß ihr Geist mit der Erfolgsmentalität in Einklang war, der seitdem ein Charakteristikum der deutschen Wirtschaft bildete."
>
> (H. C. Wallich 1955, S. 70)

Die Bedeutung der besatzungsrechtlichen Maßnahmen lag, zusammengefaßt, in der Schaffung einer stabilen Währung unter Schonung der für einen privat-wirtschaftlich getragenen Aufschwung wichtigen Sachkapitalbesitzer, in einem dezentralisierten Notenbanksystem und – bei der Steuerneuordnung – in der Einführung jenes wirtschaftspolitischen Prinzips der Investitionsanreize durch Steuervergünstigungen, das den 1950 einsetzenden Wirtschaftsaufschwung maßgeblich förderte.

Ein weiterer alliierter Beitrag zum künftigen System der Marktwirtschaft war die Sicherung des Privateigentums durch Verhinderung der in den Landesverfassungen mehr (z. B. Hessen) oder weniger zwingend vorgeschriebenen bzw. durch Gesetze eingeleiteten (z. B. Nordrhein-Westfalen) Sozialisierungen. Das Argument war, die Besatzungsmacht müsse verhindern, daß der künftige deutsche Bundesgesetzgeber „präjudiziert" würde, – was natürlich selbst eine Präjudizierung war. An diesem vor allem vom amerikanischen Oberbefehlshaber General CLAY befolgten Verfahren änderte auch nichts, daß die britische Besatzungsmacht in ihrem eigenen Land zur gleichen Zeit umfassende Verstaatlichungen vornahm („Labour-Sozialismus"). Die Briten ließen allerdings im Ruhrgebiet die Einführung der qualifizierten Mitbestimmung in den seinerzeit beschlagnahm-

Privat-eigentum

Wirtschafts-wunder

ten Montan-Unternehmen zu. Auch dies kann als ein alliierter Beitrag zum Wirtschaftssystem der Bundesrepublik Deutschland angesehen werden. Des weiteren gehören zu den alliierten Maßnahmen die „Entflechtungen" (Konzernauflösungen) und die mit dieser nicht sehr wirksamen Politik verkoppelten deutschen Bemühungen, durch gesetzliche Regelungen (Kartellgesetz von 1957) Wettbewerbsbeschränkungen zu verbieten oder wenigstens zu kontrollieren (s. S. 170).

Der deutsche Beitrag zur Ausgestaltung des Wirtschaftssystems vor Gründung der Bundesrepublik Deutschland bestand vor allem in den gesetzlichen Maßnahmen, die die „bürgerliche" Mehrheit im Wirtschaftsrat unter der Führung des Wirtschaftsdirektors LUDWIG ERHARD traf. Unmittelbar im Zusammenhang mit der Verkündung der Währungsreform beschloß der Wirtschaftsrat mit 50 gegen 37 Stimmen das „Gesetz über Leitsätze für die Bewirtschaftung und Preispolitik nach der Geldreform" vom 24. 6. 1948. Dieses programmatische Gesetz brachte die Abkehr von der Bewirtschaftung und vom wirtschaftspolitischen Dirigismus: ein angesichts der ungesicherten wirtschaftlichen Lage sehr mutiger und sehr umstrittener Kurswechsel der Wirtschaftspolitik. Bestimmte Nahrungsmittel und Grundstoffe blieben deshalb zunächst noch ausgenommen. Die Löhne wurden erst am 3. 11. 1948 freigegeben.

Nach anfänglichen überraschenden Erfolgen (aufgrund der Auflösung gehorteter Warenlager) kam es im Herbst 1948 zu beträchtlichen Preissteigerungen, später auch zu wirtschaftlicher Stagnation. Am 15. 11. 1948 führten die Gewerkschaften den in der Geschichte der Bundesrepublik Deutschland bisher einzigen allgemeinen „Generalstreik" gegen die Wirtschaftspolitik durch. ERHARD gab nicht nach. Er mußte allerdings 1949, nun schon Bundeswirtschaftsminister, gegen seine Überzeugung staatliche Beschäftigungsprogramme vorbereiten lassen. Der Aufschwung im Zeichen der „Sozialen Marktwirtschaft" (das „deutsche Wirtschaftswunder") setzte erst im Frühsommer 1950 ein, in einer Zeit, als der Korea-Krieg ausgebrochen war und die zivile deutsche Investitionsgüterindustrie dadurch besondere Impulse erhielt, daß sie in die durch die Aufrüstung anderer Staaten entstehenden Marktlücken eindringen bzw. traditionelle Absatzmärkte zurückerobern konnte.

Dies alles sind, auch in ihren zeitlichen Abfolgen, politische Grundentscheidungen gewesen. Manche andere könnten erwähnt werden, vor allem die Entwicklung von wirtschaftspolitischen Kon-

zeptionen bei den deutschen Parteien (G. AM-
BROSIUS 1977). Das Wirtschaftssystem der Bundesrepublik Deutschland entstand somit als Ergebnis eines über mehrere Jahre unter sich än-
dernden politischen Konstellationen – nicht zuletzt außenpolitischen – verlaufenden Entscheidungsprozesses. Dabei spielte auch das „Gegen-
bild" der sowjetischen Besatzungszone, in der ein
Sozialismus sowjetisch-stalinistischer Prägung
entstand, eine wesentliche Rolle. Diese Entwicklung beeinträchtigte die Sozialismus-Diskussion
im Westen schlechthin und minderte sicher auch
die Chancen des von der SPD favorisierten „demokratischen Sozialismus".

*Euckens
Entwurf*

Am Ende stand im Westen Deutschlands die
Wirklichkeit eines privatwirtschaftlichen, „kapita-
listisch"-marktwirtschaftlichen Faktorenzusam-
menhanges („System"), der seine Dauerhaftigkeit
dadurch gewann, daß
1. die Verfassung nichts Gegenläufiges vorschrieb;
2. die bestimmenden politischen Kräfte der 1949
gegründeten Bundesrepublik Deutschland (für 20
Jahre unter der Führung der CDU/CSU) die
Grundentscheidungen weitertrugen, sie in Gesetzen im einzelnen ausfüllten, weitergehende und
detailliertere Programme auf der Basis des grundsätzlich Geschaffenen mit Erfolg (durch Wahlen
und Wohlstand) vortrugen und verwirklichten;
3. die Wirtschaftspolitik des wirtschaftlichen
Wiederaufbaus unbestreitbar große Erfolge für
den einzelnen und die Gesellschaft zu verzeichnen hatte und, was politisch von entscheidender
Bedeutung war, damit der jungen Demokratie
Massenzustimmung und politische Legitimation
sicherte.

*Soziale Markt-
wirtschaft*

4.2.2.2 Das theoretische Modell

Das historische Ergebnis läßt sich auch theoretisch fassen und einordnen. Es entspricht weitgehend dem nationalökonomischen Modell des
„Neo-Liberalismus", der sich vom „Klassischen
Liberalismus" eines ADAM SMITH (s. S. 483) dadurch unterscheidet, daß er dem Staat eine Ord-
nungsfunktion zuweist.
WALTER EUCKEN forderte in den „ORDO-Jahr-
büchern" zusammen mit anderen Neoliberalen
wie RÜSTOW, RÖPKE, MIKSCH, MÜLLER-AR-
MACK, vor allem in seinen „Grundsätzen der
Wirtschaftspolitik" (1952), eine Wirtschaftsordnung, deren Grundlagen vom Staat bestimmt und
organisiert werden, deren Wirtschaftsprozesse jedoch staatsfrei ablaufen sollen. Die im politischen

*Neo-
Liberalismus*

Prozeß bis 1949 und danach geprägte Wirklichkeit ist dem neoliberalen wirtschaftstheoretischen
Entwurf stark angenähert, der folgende Merkmale
enthält und zum Konzept erhebt:
- Privateigentum und seine Garantie,
- Autonomie der Notenbank, stabiles Geld
durch Primat der Geld- und Kreditpolitik,
- Ordnung des Wettbewerbs und des Marktes
durch den Staat mit einem besonderen staatlichen Kartellamt (nach „siebenjähriger Kartell-
schlacht", 1949–27. Juli 1957, gelang es ER-
HARD ein, wenn auch mit zahlreichen Ausnahmen versehenes, Gesetz durch den Bundestag
zu bringen, das diese Forderung erfüllte),
- freie Preisbildung, freie Lohnbildung, Vertrags-
freiheit,
- konstante und nur auf die Ordnungsfragen bezogene Wirtschaftspolitik,
- notwendige staatliche Interventionen in wirtschaftliche Abläufe sollen „marktkonform"
sein, d. h. sich als wirtschaftliche Daten in die
Wettbewerbswirtschaft einfügen.

Der Begriff „Soziale" Marktwirtschaft geht auf
ALFRED MÜLLER-ARMACK zurück, der die soziale Gerechtigkeit dann am ehesten gesichert
sah, wenn der Staat die Marktwirtschaft wirklich
als lebendiges Prinzip erhält. Sozialpolitische
Korrekturen sollten besonders negative Ergebnisse marktwirtschaftlicher Prozesse mildern. Po-
pulär wurde der Begriff „Soziale Marktwirtschaft"
dadurch, daß die CDU/CSU ihn erfolgreich zur
zentralen Wahlaussage in der Bundestagswahl
von 1949 machte.
Die, wie EUCKEN es nannte, „konstituierenden"
und „regulierenden" Prinzipien eines Systems
sinnvoller marktwirtschaftlicher Ordnung sind
historisch-politisch geschaffen worden. Das „Modell" bzw. „System" steht am Ende. Modell und
Realität wiesen eine erstaunliche Übereinstimmung auf. Der Historiker weiß aber, daß dennoch
nicht die Wirklichkeit entsprechend dem Modell
geprägt wurde, sondern daß erst im nachhinein
historische Entwicklungen und Modelle zu einem theoretisch faßbaren Gesamtbild geraten
und gefügt wurden, das – verbunden mit einem
sehr einprägsamen politischen Begriff – als „Soziale Marktwirtschaft" eine beeindruckende Dauerhaftigkeit gewann.

4.2.2.3 Wirtschaftssystem und Verfassung

Das Grundgesetz wurde erst erarbeitet, nachdem
die wichtigsten Weichenstellungen für das künftige Wirtschaftssystem schon erfolgt waren. Die
Mitglieder des Parlamentarischen Rates, die ab 1.

9. 1948 in Bonn tagten, konnten dies kaum übersehen. Andererseits verfügten diejenigen, die die neue Wirtschaftspolitik trugen, im Parlamentarischen Rat über keine so eindeutige Mehrheit, daß sie ihr Konzept vom Wirtschaftssystem gegenüber dem entgegengesetzten Konzept der damaligen SPD, die den „demokratischen Sozialismus" mit Gemeineigentum und Planwirtschaft wollte, hätten durchsetzen können. Hinzu kamen die außenpolitischen Entwicklungen mit der Spaltung Deutschlands, die anhaltende Berlin-Blockade und innenpolitische Überlegungen bezüglich der ersten und von allen für entscheidend angesehenen Bundestagswahl. So stimmten fast alle Parteien darin überein, daß auf eine genauere Festlegung sogenannter „Lebensordnungen", und dazu gehörte auch die Wirtschaftsordnung, verzichtet werden sollte.

Vom Verfassungsgesetzgeber wurde also kein Wirtschaftssystem im Grundgesetz verankert. Eine andere Frage ist aber, ob nicht einzelne Grundrechte und andere Bestimmungen für sich genommen oder als Zusammenhang gesehen doch ein bestimmtes Wirtschaftssystem ergeben.

Wenn z.B. die „klassischen" Grundrechte wie das Privateigentum und die freie (wirtschaftliche) Entfaltung der Einzelpersönlichkeit allein im Verfassungstext stünden, so ergäbe sich auch für die Wirtschaft ein „System", das diese beiden wichtigen Grundlagen uneingeschränkt akzeptieren müßte. Damit wäre sozusagen der „klassische Liberalismus" verfassungsrechtlich verankert. Dies trifft jedoch für das Grundgesetz nicht zu. Die Garantie des Privateigentums ist mit dem Prinzip der „Sozialbindung" versehen. Der Gesetzgeber kann „Inhalt und Schranken" bestimmen, er

kann gegen Entschädigung enteignen (Art. 14 GG), er kann durch einfache Gesetze des Bundestages „vergesellschaften" (Art. 15 GG). Die freie Entfaltung des einzelnen findet ihre Grenze in den Rechten anderer (Art. 2). Der Grundsatz des „Sozialstaats" verpflichtet Gesetzgebung, vollziehende Gewalt und Rechtsprechung zur sozialen Gerechtigkeit. Die Würde des Menschen ist oberste Richtschnur. Andererseits setzen die Freiheitsrechte und die übrigen Grundrechte, die für den einzelnen oder auch Gruppen Garantien aussprechen (z.B. Art. 9 Abs. 1, die freie Vereinsgründung; Art. 9 Abs. 3, das Recht der Koalitionen von Arbeitgebern und Gewerkschaften zu freier Vereinigung und „Tarifautonomie" sowie Arbeitskampffreiheit; Art. 11, die Freizügigkeit; Art. 12, die Freiheit der Berufswahl), politische und wirtschaftliche Verhältnisse voraus, in denen sie überhaupt wirksam werden können.

Es kommt also unter diesen Bedingungen auf die Verfassungs-„Interpretation" an, ob z.B. eine staatliche Maßnahme der Wirtschaftssteuerung oder etwa Eingriffe in das Eigentum an Grund und Boden in „Ballungsgebieten" mit dem Grundgesetz vereinbar sind oder nicht. Derartige Interpretationen spielen in der Wissenschaft, der Rechtsprechung und in der praktischen Politik immer eine wichtige Rolle. Es geht nicht ohne „Interpretation", wenn eine Verfassung eine langfristige Grundordnung bleiben soll. Interpretationen betreffen Interessen und sie sind häufig auch interessengeleitet. Darauf sollte geachtet werden, wenn mit großer Überzeugungskraft nur die eine, nicht aber eine andere Ausdeutung zugelassen wird. Dies gilt insbesondere für Fragen der Wirtschafts- und Sozialordnung, die es ja mit einer ständig veränderten „Wirklichkeit" zu tun haben. Das Bundesverfassungsgericht ist das zur Interpretation der Verfassung ausdrücklich berufene Staatsorgan. Auch dessen Deutungen sind deswegen keineswegs immer unumstritten. Man wird aber aus Gründen der Stabilität einer politischen Ordnung kaum darauf verzichten können, daß mit höchster Autorität „Interpretationen" des Grenzbereichs zwischen Recht und Politik vorgenommen werden (s. S. 250 f.).

Das Bundesverfassungsgericht hat 1954, als es um die Frage ging, ob das „Investitionshilfegesetz" des Bundestages vom 7. 1. 1952, das eine Zwangsanleihe der privaten Industrie anordnete, mit dem System der „Sozialen Marktwirtschaft" vereinbar sei, festgestellt:

> *„Die gegenwärtige Wirtschaftsordnung der Bundesrepublik Deutschland ist eine nach dem Grundgesetz mögliche, keineswegs aber die allein mögliche Ordnung."*

Der Gesetzgeber könne sie jederzeit durch eine andere Wirtschaftsordnung oder auch eine andere, ihm sachgemäß erscheinende Wirtschaftspolitik ersetzen, soweit er dabei die Grundrechte beachtet. Dieses Urteil wurde durch die Entscheidung des Bundesverfassungsgerichts vom 1. 3. 1979 über die Verfassungsmäßigkeit des Mitbestimmungsgesetzes von 1976 bestätigt.

> *„Das Grundgesetz, das sich in seinem 1. Abschnitt im wesentlichen auf die klassischen Grundrechte beschränkt hat, enthält keine unmittelbare Festlegung und Gewährleistung einer bestimmten Wirtschaftsordnung. Anders als die Weimarer Reichsverfassung (Art. 151 ff.) nor-*

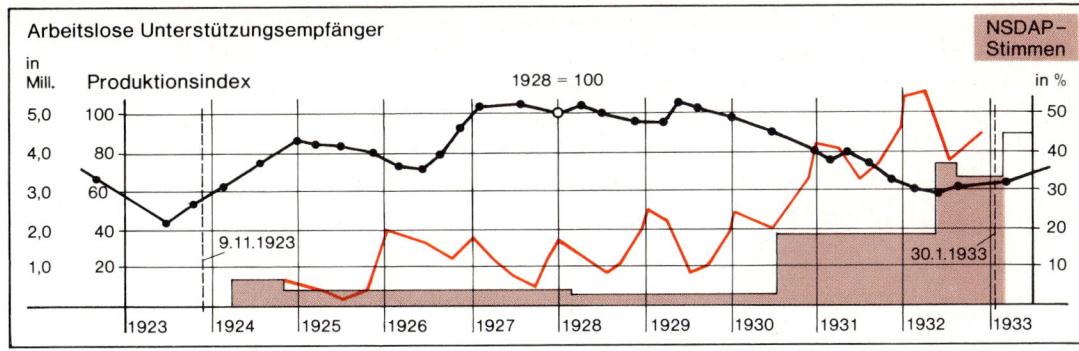

Abb. 78: Konjunkturverlauf und Arbeitslosigkeit 1923–1933; Hitler-Stimmen in der Krise ab 1930

4.2.3 Soziale Marktwirtschaft und wirtschaftlicher Wandel

Politik und Gesetzgebung müssen versuchen, neuen wirtschaftlichen Entwicklungen und Problemlagen gerecht zu werden und dennoch die Verfassung zu beachten. Dies ist in mehr als 30 Jahren immer wieder versucht worden und in der Regel auch gelungen. Grundlegend war dabei, daß in der Bundesrepublik Deutschland – historisch gesehen – ein ungewöhnliches Maß an wachsendem wirtschaftlichem Wohlstand für alle Schichten erreicht und bewahrt werden konnte. Damit unterscheidet sich die Bundesrepublik Deutschland wesentlich von der Weimarer Republik, in der alle Politik entscheidend von immer wiederkehrenden wirtschaftlichen Notlagen bestimmt war. Der Index der industriellen Produktion (1928 = 100) lag im Sommer 1932 wieder dort, wo er sich nach der Stabilisierung im Anschluß an die Inflation 1923/24 befunden hatte. Demgegenüber ist die Entwicklung der Wirtschaft in der Bundesrepublik Deutschland seit 1950 durch ein jahrzehntelang ständiges, Anfang der achtziger Jahre labiles wirtschaftliches Wachstum gekennzeichnet. Krisen, die einen Rückgang von Produktion und Sozialprodukt mit sich brachten, gab es bisher nur 1967 in sehr geringfügiger, 1974/75 und 1981/82 in stärkerer Form, vor allem hoher Arbeitslosigkeit, ohne daß allerdings die Auswirkungen in irgendeiner Weise mit den Verhältnissen in der Weimarer Republik vergleichbar wären. Dies hatte natürlich eine große Bedeutung für die Festigung demokratischer Verhältnisse. Wie eng wirtschaftliche Entwicklung und Politik miteinander verzahnt sind, bewies auch der Wahlkampf zur Bundestagswahl am 6. März 1983. Er wurde ganz entscheidend von den Fragen der wirtschaftlichen Belebung und der Überwindung der Massenarbeitslosigkeit (2,4 Mill.) geprägt.

Die Grundrechte hätten einen ursprünglichen und bleibenden Sinn. Sie dürften aber nicht „zu einem Gefüge objektiver Normen" verselbständigt werden. Bei der Frage nach der Verfassungsmäßigkeit wirtschaftsordnender Gesetze gehe es unter dem Gesichtspunkt der Grundrechte um die Wahrung der Freiheit des einzelnen Bürgers, die auch bei der Ordnung der Wirtschaft beachtet werden müsse. Es gehe nicht um die Frage eines *„institutionellen Zusammenhangs der ‚Wirtschaftsverfassung', der durch verselbständigte, den individualrechtlichen Gehalt der Grundrechte überhöhende Objektivierungen begründet wird."*

*Wirtschafts-
verfassung*

*Wirtschafts-
wachstum*

Der Gesetzgeber könne, wie schon 1954 gesagt, die ihm sachgemäß erscheinende Wirtschaftspolitik verfolgen. Ihm komme eine weitgehende Gestaltungsfreiheit zu, ohne daß die in den Einzelgrundrechten garantierten individuellen Freiheiten verkürzt werden dürften.

*Wirtschafts-
politik*

4.2.3.1 Soziale Marktwirtschaft im Wandel – Vier Phasen der Wirtschaftspolitik

Ausgestaltung und Entwicklung des Wirtschaftssystems der Bundesrepublik Deutschland lassen sich in vier Phasen einteilen:

Die 1. Phase reichte von 1949 bis etwa 1960/61.

Liberalisierung

Ihr wichtigstes Kennzeichen ist „Liberalisierung" der überkommenen wirtschaftlichen Verhältnisse bis hin zur allgemeinen Mietenfreigabe 1961. Die für die Industrie lebenswichtige Integration in die Weltwirtschaft wird durch zunehmende Liberalisierung des Außenhandels und am Ende auch durch die Konvertibilität der DM (freie Austauschbarkeit) abgesichert (s. S. 492). Hinzu kommt für den westeuropäischen Raum die Gründung der Europäischen Wirtschaftsgemeinschaft mit der allmählichen Herstellung einer Zollunion und der Herauslösung der Agrarmärkte aus der allein national bestimmten Wirtschaftspolitik. Hierdurch wird Westeuropa zur stärksten Stütze der Exportkonjunktur der deutschen Industrie.

Die Wirtschaftspolitik arbeitet primär mit der Steuerpolitik, d. h. Investitionen werden vor allem steuerlich begünstigt. Dies gilt auch für die Mittelstandsförderung dieser Zeit. Die nationale

Keynesianische Emanzipation

Landwirtschaftspolitik der fünfziger Jahre ist dagegen eher schon eine direkt intervenierende „sektorale Strukturpolitik", weil sie notwendige Strukturwandlungen direkt zu steuern versucht. Aus der generell liberalen Tendenz der Wirtschaftspolitik fällt das „Investitionshilfegesetz" von 1952 heraus, weil es für eine Finanzierung notwendiger Investitionen im Bereich der Grundstoffindustrien durch eine Art „Zwangsanleihe" bei der verarbeitenden Industrie sorgte.

Das als „Grundgesetz der Marktwirtschaft" bezeichnete und sieben Jahre lang im Bundestag umkämpfte Kartellgesetz („Gesetz gegen Wettbewerbsbeschränkungen") wird am 27. 7. 1957 endlich verabschiedet. Mit dem Gesetz über die Deutsche Bundesbank vom 26. 7. 1957 trifft der Bundestag eine zweite grundlegende Entscheidung. Die von den Alliierten gegründete Bank Deutscher Länder wird zentraler organisiert, die „Autonomie" gegenüber der Bundesregierung neu definiert und gleichzeitig bestätigt.

Die 2. Phase beginnt im Grunde schon am Ende des sehr dynamischen Wiederaufbaus der deutschen Wirtschaft („Deutsches Wirtschaftswunder") in den frühen sechziger Jahren und soll hier bis zum Anfang der siebziger Jahre datiert werden. Ihr Hauptmerkmal ist die verfassungsrechtliche und gesetzliche Anerkennung der Ver-

Rezession

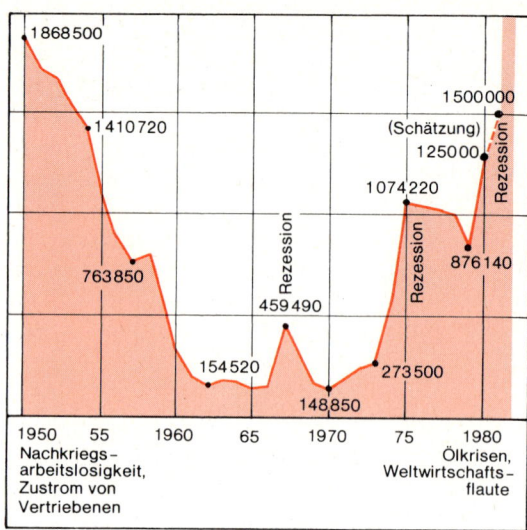

Abb. 79: Wirtschaftsentwicklung 1950–1982; drei Jahrzehnte schien die Arbeitslosigkeit gebannt

pflichtungen des Staates gegenüber den wirtschaftlichen Abläufen. Dies unterscheidet sie deutlich von den Prinzipien des Gründungsjahrzehnts und den Grundsätzen der neoliberalen Theoretiker. Man kann sie auch die Phase der „keynesianischen Emanzipation" nennen. Der britische Nationalökonom JOHN MAYNARD KEYNES gilt als theoretischer Begründer des staatlichen Interventionismus. In seinem Werk „General theory of employment, interest and money" (1936) hatte er nachgewiesen, daß entgegen den Annahmen der klassischen liberalen Nationalökonomie der Marktmechanismus nicht automatisch zur Vollbeschäftigung führe. Es gebe durchaus ein wirtschaftliches Gleichgewicht bei Unterbeschäftigung. Die vermachtete Konkurrenzwirtschaft sei ständig durch Arbeitslosigkeit und Stagnation bedroht, wenn der Staat nicht – notfalls durch „deficit spending" (kreditfinanzierte Staatsausgaben) – die fehlende, aber notwendige private Nachfrage nach Gütern und Dienstleistungen ergänze. „Keynesianismus" heißt hiernach, daß der Staat die Konjunktur dadurch zu steuern versucht, daß er bei Unterbeschäftigung und fehlender privater Nachfrage selbst als Auftraggeber auftritt, um private Investitionen anzuregen. Er soll sich „antizyklisch" verhalten, d. h. dann eingreifen, wenn der Konjunkturzyklus eine solche Ergänzung der privatwirtschaftlichen Aktivitäten erfordert.

Die erste wirtschaftliche Rezession in der Bundesrepublik Deutschland zeichnete sich im Herbst 1966 ab. Sie führte zum Sturz von Bundeskanzler ERHARD und zur großen Koalition von CDU/CSU und SPD. Wichtigstes wirtschaftspolitisches Ergebnis war, daß diese Koalition angesichts der krisenhaften Entwicklung sofort mit staatlichen Auftragsprogrammen begann, „gegenzusteuern". Hier kam es zum ersten Mal zu einer „keynesianischen" Politik in der Bundesrepublik Deutschland. Diese neue wirtschaftspolitische Richtung fand ihren Niederschlag im „Gesetz zur Förderung der Stabilität und des Wachstums der Wirtschaft" (Stabilitäts- und Wachstumsgesetz) vom 8. 6. 1967. Damit wurden die „Globalsteuerung" der Wirtschaft und die „mittelfristige Finanzplanung" von Bund und Ländern zur gesetzlichen Aufgabe, die auch – in Form einer Verfassungsänderung – im Art. 109 GG verankert wurde (Abs. 2–4). Neue Institutionen wie „Konjunkturrat" und später noch „Finanzplanungsrat" wurden eingeführt. Schon 1963 war der „Sachverständigenrat zur Begutachtung der gesamtwirtschaftlichen Entwicklung" gesetzlich berufen worden. Am 25. 6. 1969 kam noch das „Arbeitsförderungsgesetz" hinzu, das die „Erzielung eines hohen Beschäftigungsstandes" zur Aufgabe der Bundesanstalt für Arbeit machte. Insgesamt betrachtet zeigte sich gerade in dieser Phase, daß im Rahmen der Verfassung durchaus neue wirtschaftspolitische Grundsätze Geltung erlangen konnten, die zuvor strikt abgelehnt worden waren.

Stabilitäts-/
Wachstums-
gesetz

Fiskalisten
Monetaristen

Die folgenden beiden Phasen der Entwicklung lassen sich nicht so deutlich kennzeichnen und abgrenzen. Die 3. Phase, ab 1969 bis etwa 1976, ist bestimmt durch die Politik der „Inneren Reformen" der sozialliberalen Bundesregierung vor dem Hintergrund beträchtlicher Inflationsgefahren und energiepolitischer Probleme. Wirtschaftspolitisches Hauptmerkmal ist, daß die nach dem Stabilitätsgesetz erforderliche „Globalsteuerung" der Wirtschaft ergänzt wird durch gezielte Strukturmaßnahmen des Staates. Hierbei ist vor allem die Verwirklichung der „Gemeinschaftsaufgaben" (Art. 91a) zu nennen, die im Mai 1969 noch von der großen Koalition eingeführt worden waren und die nun zu einer Bund-Länder-Planung des Hochschulbaus, der regionalen Wirtschaftsstruktur sowie der Agrarstruktur und des Küstenschutzes führte. Hinzu kamen Bildungsplanung und Forschungsförderung (Art. 91b), eine gezielte Forschungs- und Technologiepolitik des Bundes auf einigen Sektoren der Wirtschaft wie der Luft- und Raumfahrttechnik und der deutschen EDV-Industrie, ein „Zukunftsinvestitionsprogramm" (1977) und energiepolitische Maßnahmen. Das Kartellgesetz wurde durch die Einführung der „Fusionskontrolle" und die Bildung der „Monopolkommission" in einem we-

Innere
Reformen

sentlichen Punkt ergänzt (s. S. 170 f.). Das Betriebsverfassungsgesetz wurde 1972 novelliert und 1976 das Mitbestimmungsgesetz beschlossen, das die qualifizierte, aber nicht die von den Gewerkschaften geforderte paritätische Mitbestimmung in allen größeren Unternehmen einführte.

Die achtziger Jahre können, obwohl Voraussagen schwierig sind, insofern unbedenklich als eine 4. Phase der Entwicklung bezeichnet werden, als offensichtlich die Wirtschaftssteuerung nicht mehr richtig funktioniert. Der fiskalische Interventionismus nach KEYNES ist kaum noch finanzierbar, seine Wirksamkeit wird angezweifelt, weil selbst großdimensionierte Programme keine entsprechenden beschäftigungspolitischen Wirkungen haben. Technische Revolutionierungen beginnen voll auf die Arbeitsplätze durchzuschlagen; Mikroprozessoren ersetzen die Menschen (s. S. 527 ff.). Die Energiekosten werden höher und immer unkalkulierbarer. Das Umweltbewußtsein und umweltpolitische Gesetze verhindern rein ökonomisch orientierte Standort- und Produktionsplanungen, die Weltmarktkonkurrenz ist mit der der fünfziger Jahre nicht mehr vergleichbar. „Fiskalisten" und „Monetaristen" (s. S. 255 ff.) streiten um das richtige wirtschaftspolitische Konzept, jedoch werden beide den komplexen Anforderungen an rationale Ressourcenplanung, Vereinbarkeit von Wirtschaftswachstum und Umweltvorsorge, Beseitigung von hoher Arbeitslosigkeit, Verteilungsgerechtigkeit bei stagnierendem Volkseinkommen, nicht gerecht. Mittlere Wege werden erprobt.

Der Überblick über die Phasen der Marktwirtschaft zeigt, daß dieses System nicht eng definiert und auf unveränderbar gültige Grundsätze festgelegt werden kann. Dies ist weder verfassungsrechtlich richtig, noch wäre es von den sich wandelnden Aufgaben des Wirtschaftssystems her gesehen zu verantworten.

4.2.3.2 Grundbegriffe der Makroökonomie und der Wirtschaftspolitik

§ 1 des Stabilitäts- und Wachstumsgesetzes vom 8. Juni 1967 lautet:

> *„Bund und Länder haben bei ihren wirtschafts- und finanzpolitischen Maßnahmen die Erfordernisse des gesamtwirtschaftlichen Gleichgewichts zu beachten. Die Maßnahmen sind so zu treffen, daß sie im Rahmen der marktwirtschaftlichen Ordnung gleichzeitig zur Stabilität des Preisniveaus, zu einem hohen Beschäfti-*

Gesamtwirtschaftliches Gleichgewicht

In diesem § 1 sind grundlegende volkswirtschaftliche Begriffe und Zielsetzungen direkt oder indirekt enthalten. „Gesamtwirtschaftliches Gleichgewicht" bedeutet, daß die „makroökonomischen" (volkswirtschaftlichen) Größen Preisniveau, Beschäftigung, Außenwirtschaft, Wirtschaftswachstum in einem Gleichgewichtszustand gehalten werden sollen. Wie bei den Einzelmerkmalen des Wirtschaftssystems kann es sich dabei nicht um ein starres Gleichgewicht zu jeder Zeit handeln. Wichtig ist vielmehr ein „dynamisches" Gleichgewicht, d.h. im wirtschaftlichen Ablauf dürfen einzelne Ziele nicht dauerhaft vernachlässigt werden; es darf also z.B. keine andauernd hohe Geldentwertung, dauernde Massenarbeitslosigkeit, ständige Wachstumseinbußen geben. Insgesamt betrachtet handelt es sich hier um ein Hauptziel mit vier Unterzielen, deren Erreichen in einer marktwirtschaftlichen Ordnung mit demokratischer politischer Willensbildung nicht garantiert werden kann, wie die Entwicklung der achtziger Jahre zeigt. Die vier Teilziele werden deshalb in der Wirtschaftswissenschaft auch als ein „magisches Viereck" bezeichnet.

Magisches Viereck

Beschäftigungsstand

In der Marktwirtschaft hat jedes Gut und jede Leistung einen Preis. Aus der Fülle der Preise werden zur Beurteilung der wirtschaftlichen Entwicklung vor allem die Erzeugerpreise und die Preise für die Lebenshaltung herangezogen. Dabei wird das Preisniveau mit Indizes gemessen. Um z.B. den „Preisindex für die Lebenshaltung" zu ermitteln, wird ein bestimmter „Warenkorb" zugrunde gelegt, d.h. typische Ausgaben und ihre Struktur (Preise für Lebensmittel, Reinigungsmittel und Kosmetik, Miete, Fahrtkosten, Ausgaben für Kultur usw. und ihr Gewicht innerhalb der Gesamtausgaben) werden für ein Ausgangsjahr festgestellt und gleich 100 gesetzt. In den folgenden Jahren wird dann die Entwicklung der Preise im einzelnen auf dieser Basis aufgezeichnet. Wenn sich nach 15 Jahren die Verbrauchsgewohnheiten wesentlich geändert haben, muß ein neuer, zutreffenderer „Warenkorb" erarbeitet werden. „Stabilität des Preisniveaus" heißt wiederum nicht Starrheit der Preise; dies käme dem „Preisstopp" gleich. Auch in der heutigen Marktwirtschaft mit staatlich und privatwirtschaftlich von Konzernen „administrierten" (mehr oder weniger geplant festgesetzten) Preisen, sind die Preise in Bewegung und zwar – da sie ja letztlich

Preisniveau

wieder Einkommen und Gewinne bringen – in einer Bewegung nach oben.

Wenn das Preisniveau steigt und sich gleichzeitig die Einkommen (Löhne, Gehälter, Gewinne) erhöhen, dann gibt es ein annäherndes Gleichgewicht in bezug auf die „reale Kaufkraft". Gleichzeitig erfüllen die Preise ihre Funktion des Anreizes zur wirtschaftlichen Leistung und zur Investition. Die Stabilität des Preisniveaus ist nicht mehr gewahrt, wenn die Preise „davonlaufen", also wesentlich stärker als die Einkommen steigen. Dann beginnt die Gefahr der Inflationierung, d.h. der Geldentwertung (ohne Erhöhung des Angebots an Waren und Dienstleistungen bekommt man für nominell mehr Geld immer weniger an realem Gegenwert).

Eine Inflation liegt vor, wenn eine starke Vermehrung der umlaufenden Geldmenge mit einem starken Anstieg der Preise verbunden ist und das Geld drastisch an Kaufkraft eingebüßt hat. Eine „galoppierende Inflation", in der dieser Prozeß zu dramatischer, täglicher, ja stündlicher Entwertung führte, lag 1923 vor. Von 1945 bis 1948 herrschte eine „zurückgestaute" Inflation, d.h. es gab viel umlaufendes Geld, die Preise der Waren waren aber gestoppt, so daß das Ausmaß der Inflation nicht sichtbar wurde.

Ein „hoher Beschäftigungsstand" ist nicht erst dann gegeben, wenn alle Arbeitsuchenden einen Arbeitsplatz besitzen. Dann besteht Vollbeschäftigung. Da aber auf dem Arbeitsmarkt stets eine Fluktuation herrscht, bedingt durch die freie Arbeitsplatzwahl und den möglichen Arbeitsplatzwechsel, gibt es immer an einem Stichtag eine Anzahl von Menschen, die gerade Arbeit suchen, also arbeitslos sind. Wann man dennoch von Vollbeschäftigung sprechen kann, ist umstritten. Im Anschluß an die Lehren von KEYNES wurde eine Arbeitslosigkeit von 3% der Erwerbspersonen noch als „Vollbeschäftigung" bezeichnet. 5% und mehr galten aber seit der Weltwirtschaftskrise von 1930/33 als dauerhaft nicht tragbar. Dauerhaft heißt, daß noch zwischen „saisonaler", „konjunktureller" und „struktureller" Arbeitslosigkeit unterschieden werden muß. Eine saisonale Arbeitslosigkeit liegt z.B. vor, wenn die Arbeitslosigkeit unter den Bauarbeitern im Winter stets höher als im Sommer ist. Konjunkturelle Arbeitslosigkeit entsteht, wenn die Nachfrage nach Gütern und Dienstleistungen (Gesamtnachfrage) nicht ausreicht, um die anbietenden Unternehmen auszulasten (Gesamtangebot). Kurzarbeit oder Entlassungen vorübergehender Art sind die Folge. Die strukturelle Arbeitslosigkeit entsteht durch den dauerhaften Fortfall von Arbeitsplätzen infolge technisch bedingter Veränderungen (Automatisation, Computereinsatz, Steuerung durch Mikroprozessoren) oder auch Rationalisierungen (Abbau unrentabel erscheinender Arbeitsplätze und Arbeitsabläufe). Sie ist vom Staat in der Marktwirtschaft naturgemäß schwerer zu bekämpfen als die konjunkturelle Arbeitslosigkeit (s. S. 252 ff.).

Zahlungs-bilanz
Die finanziellen Beziehungen der Bundesrepublik Deutschland zu anderen Volkswirtschaften und zur Weltwirtschaft werden insgesamt in der „Zahlungsbilanz" erfaßt. Diese besteht zum einen aus der *Leistungsbilanz*. Dazu gehören die Summe von Ausfuhr und Einfuhr, „Handelsbilanz", sowie Leistungen in Form von Transithandel, Versicherungen, Frachten, auch Zinszahlungen aller Art, Patentgebühren und nicht zuletzt der Reiseverkehr. Zusammengefaßt ergeben diese Summen die „Dienstleistungsbilanz". Schließlich gibt es noch eine Reihe unentgeltlicher Güter- und Geldleistungen, z. B. auch Schenkungen und Überweisungen der Gastarbeiter in ihre Heimatländer (Übertragungs- oder Schenkungsbilanz). „Leistungsbilanz" bezieht sich also auf alle Leistungstransaktionen zwischen den Volkswirtschaften.

Wirtschafts-wachstum
Die *Kapitalverkehrsbilanz* faßt dagegen die kurzfristigen Kaptialbewegungen (z. B.: Forderungen und Verbindlichkeiten von Unternehmen, Geschäftsbanken, Privatleuten, aber auch Einrichtungen der öffentlichen Hand, z. B. Kommunen) und die langfristigen Kapitalbewegungen (z. B. Käufe und Verkäufe von Anlagepapieren im Ausland, vor allem aber auch Direktinvestitionen im Ausland, Grundbesitzkäufe und Beteiligungen an internationalen Organisationen) zusammen.

Sozialprodukt
Die *Devisenbilanz* erfaßt das Ergebnis der Bewegungen, also die Änderungen des Devisen- und Goldbestandes bei der Bundesbank.

Die Zahlungsbilanz ist als buchungstechnische Zusammenfassung immer „ausgeglichen", d. h. jeder Forderung entspricht technisch eine Verbindlichkeit usw. Die Handels- und die Dienstleistungsbilanz können erhebliche Ungleichgewichtigkeiten aufweisen. Kapitalabflüsse bewirken dasselbe in bezug auf die Kapitalbilanz.

Traditionell weist der Warenhandel der Bundesrepublik Deutschland einen mehr oder weniger hohen Exportüberschuß auf. 1980/81 reichte er aber z. B. nicht aus, um die gewaltigen Summen für die Erdöleinfuhren zu bezahlen. Damit war ein Rückgriff auf die Devisen bei der Bundesbank (ausländische Zahlungsmittel wie Dollar und Franc) zum Ausgleich der höheren Zahlungen an das Ausland erforderlich. Das „außenwirtschaftliche Gleichgewicht" war gestört, wenngleich die Bundesrepublik Deutschland aufgrund ihrer Devisenreserven mit diesem Problem immer noch besser fertig werden kann, als Staaten ohne entsprechende Überschüsse im Warenhandel. Diese sind dann auf ausländische Kredite oder Kapitalimport angewiesen.

Die komplizierteste makroökonomische Größe ist neben Geld und Währung das Wirtschaftswachstum und seine Messung. Das Wachstum wird an der Veränderungsrate des Sozialprodukts gegenüber dem Vorjahr gemessen. Das „Sozialprodukt" ist im Prinzip der in Geld ausgedrückte Wert aller geschaffenen Güter und erbrachten Dienstleistungen („Output") in einer Volkswirtschaft. Alle Waren und Leistungen (Autos, Eis, Schallplatten, Kartoffeln, elektronische Geräte, Dauerwelle) werden mit ihren (Markt-)Preisen bewertet und zu einer einzigen Größe als Jahresleistung addiert. Um den Zuwachs zu ermitteln und Preisveränderungen auszuschalten, werden die Güter und Dienstleistungen jeweils mit den Preisen eines Basisjahres bewertet. Das Sozialprodukt, bewertet mit den gleichbleibenden („konstanten") Preisen eines Basisjahres, wird als „reales", das Sozialprodukt zu den jeweiligen Preisen als „nominales" Sozialprodukt bezeichnet. In der Differenz zwischen dem realen und dem nominalen Sozialprodukt kommt der Grad an inflatorischer Entwicklung zum Ausdruck.

Beispiel für die Berechnung des Sozialprodukts (1980)[1] nominal und real (in Preisen von 1970)

	nominal	real
Bruttoinlandsprodukt	1 494 650 000	896 000 000
+ Saldo der Erwerbs- und Vermögenseinkommen zwischen Inländern und der übrigen Welt	+ 2 850 000	+ 1 500 000
= Bruttosozialprodukt	1 497 500 000	897 500 000
− Abschreibungen	175 800 000	110 720 000
= Nettosozialprodukt zu Marktpreisen	1 321 650 000	786 780 000
− Indirekte Steuern abzgl. Subventionen	166 210 000	
= Nettosozialprodukt zu Faktorkosten (Volkseinkommen)	1 155 440 000	

[1] vorläufiges Ergebnis (nach Stat. Jb. 1981, S. 528)

Das „Volkseinkommen" heißt also exakt: „Nettosozialprodukt zu Faktorkosten". Die inflatorische
Entwicklung ist im Vergleich der zu Marktpreisen bewerteten Güter und Leistungen (Nettosozialprodukt zu Marktpreisen) erkennbar. „Stetiges
Wachstum" heißt also, daß die Leistungen der
Volkswirtschaft zunehmen, nicht stagnieren oder
gar abnehmen. Die Berechnung der Leistungen
einer Volkswirtschaft durch dieses Bewertungssy-
stem ist nicht unumstritten, denn es gehen nur
die mit Preisen bewerteten Leistungen in die Berechnung ein. Leistungen, die nicht bewertet werden oder nicht bewertbar sind, fallen u. U. unter
den Tisch („Wer Schweine mästet ist produktiv,
wer Kinder erzieht nicht". FR. LIST). Umweltverschmutzungen können dagegen rein rechnerisch
die Leistungen steigern (z. B., wenn Lastwagen
eingesetzt werden, um Giftmüll abzufahren). Die
Sozialproduktsberechnung folgt den „Sektoren"
Unternehmen, Haushalte, Staat und Ausland. Die
wichtigsten Akteure des wirtschaftlichen Geschehens sind damit benannt (s. S. 255).

Institutionen der Wirtschaftssteuerung sind die
Regierung, in der insbesondere der Finanzminister und der Wirtschaftsminister die Entscheidenden sind, die Zentrale Notenbank (Deutsche
Bundesbank) sowie die Verbände der Arbeitgeber
und die Gewerkschaften, die im Rahmen der Tarifautonomie, d. h. staatsfrei, Lohn- und Arbeitsbedingungen durch Tarifverträge auf Zeit (in der
Regel für ein Jahr) festsetzen. In der Dezentralisierung der Entscheidungsinstanzen liegen, auch
nach dem Stabilitätsgesetz, erhebliche Probleme
für die staatliche Konjunktursteuerung. Neben
der Autonomie der Tarifparteien gibt es die Autonomie der Bundesbank. Sie ist nach dem Bun-
desbankgesetz gehalten, unter Wahrung ihrer
Aufgabe – und das ist die Sicherung des Geldwertes – die Wirtschaftspolitik der Regierung zu „unterstützen" (§ 12). Konflikte, ob eher der Geldwert durch eine strenge Geld- und Kreditpolitik
(s. S. 257 f.) gesichert werden soll, oder ob die Aufrechterhaltung eines hohen Beschäftigungsstandes weitere kreditfinanzierte Investitionen und
Aufträge des Staates erfordert, können nicht ausbleiben (z. B. Streit zwischen der Regierung der
großen Koalition und der Bundesbank im 1.
Halbjahr 1967). So ist z. B. eine weitere staatliche
Einrichtung, die Bundesanstalt für Arbeit, gesetzlich verpflichtet, eine Arbeitsmarktpolitik zu betreiben, die einen hohen Beschäftigungsstand
sichert (s. S. 260). Die Zielsetzungen „Sicherung
des Geldwertes" und „Sicherung der Beschäftigung" können miteinander konkurrieren. Die Lösung des Zielkonflikts muß dann politisch unter

Wahrung der Autonomiebereiche gefunden werden.

Über den hohen Anteil der öffentlichen Finanzen
am Sozialprodukt (s. S. 252) erhält die „fiskalische
Konjunkturpolitik" eine besondere Bedeutung.
Bund oder Länder können in einer beginnenden
Wirtschaftskrise Schulden machen, um dadurch
die Gesamtnachfrage in der Wirtschaft durch
eine staatliche Nachfrage nach Gütern und
Dienstleistungen zu stabilisieren. Sie sind dazu
zwecks „Sicherung des gesamtwirtschaftlichen
Gleichgewichts" verfassungsrechtlich sogar verpflichtet (Art. 109 GG). Dies ist aber letztlich
doch wieder eine politische Frage, denn eine
staatliche Kreditaufnahme ohne jede Begrenzung
gefährdet den Geldwert. Bei inflationistischen
Gefahren und Hochkonjunktur soll der Staat
möglichst unverzinsliche Guthaben bei der Bundesbank unterhalten, also Steuereinnahmen dem
Geldkreislauf entziehen, um dämpfend zu wirken. Diese „Konjunkturausgleichsrücklagen" haben aber nicht die Bedeutung von Ersparnissen,
wie sie ein guter Hausvater für die Zeiten der Not
anlegt. Sie wirken dadurch dämpfend auf Preissteigerungen, daß größere Geldsummen dem
Kreislauf entzogen sind. Sie können ihm in Krisenzeiten, bei fehlender Kaufkraft, durch Auflösung der „Konjunkturausgleichsrücklagen" wieder zugeführt werden.

Nach dem Stabilitäts- und Wachstumsgesetz ist
der Staat zur „Mittelfristigen Finanzplanung"
(Mifrifi) verpflichtet, d. h. Bund und Länder sollen
ihre jährlichen Haushaltspläne in fünf Jahre vor-
ausschauende Übersichten von erwarteten Einnahmen und geplanten Ausgaben einbetten. Der
Finanzplan wird jährlich fortgeführt („rollende
Planung"). Neben diesen beiden Planungen gibt
es seit 1967 noch die Pflicht der Bundesregierung, einen „Jahreswirtschaftsbericht" im Januar
eines jeden Jahres vorzulegen. Er soll eine Stellungnahme zum Gutachten des „Sachverständigenrates zur Begutachtung der gesamtwirtschaftlichen Entwicklung", das immer im November
des Vorjahres vorgelegt wird, enthalten, die eigenen wirtschafts- und finanzpolitischen Ziele benennen und die zu ihrer Erreichung vorgesehene
Finanz- und Wirtschaftspolitik des kommenden
Jahres erläutern. Dies ist der Kern der „Globalsteuerung", wie sie von der Regierung der großen
Koalition 1967 in das Wirtschaftssystem eingeführt worden war.

Das Stabilitäts- und Wachstumsgesetz sieht ferner vor, daß bei einer Gefährdung der Ziele (§ 1
des Gesetzes) die Bundesregierung Orientierungsdaten für eine „Konzertierte Aktion" der Gebiets-

Konzertierte Aktion

körperschaften und der Tarifparteien zur Verfügung stellt. Daraus wurde bis 1977 eine feste Einrichtung, die vor allem die Lohnpolitik einzubinden versuchte. Seit der Klage der Unternehmerverbände gegen das Mitbestimmungsgesetz von 1976 sind die Gewerkschaften aus dieser „Konzertierten Aktion" ausgetreten. Weitere Koordinierungsinstitutionen des Gesetzes sind der „Konjunkturrat für die öffentliche Hand" und der „Finanzplanungsrat". Das Stabilitäts- und Wachstumsgesetz von 1967 zeigt somit deutlicher als jede andere staatliche Regelung, daß es in der Bundesrepublik Deutschland eine politische Verantwortung für die wirtschaftlichen Abläufe gibt. Ob dieser Verantwortung entsprochen wird oder entsprochen werden kann, ist aber letztlich eine Frage der politischen Willensbildung und Entscheidung.

4.2.3.3 Strukturelle Veränderungen in der Wirtschaft

Veränderung der Beschäftigungsstruktur

Wandlungsprozesse in der Wirtschaft führen nicht nur zu Konjunkturschwankungen (s. S. 252 f.), sie bringen auch grundlegende strukturelle Veränderungen, die für die Politik von erheblicher Bedeutung sein können.

Zum Beispiel haben sich die drei Wirtschaftssektoren seit der Industrialisierung sehr unterschiedlich entwickelt. Unterschieden wird hierbei zwischen dem
- Primären Sektor oder auch „Agrarsektor", zu dem Landwirtschaft, Forstwirtschaft, Fischerei und Tierhaltung gehören,

> *„Die Strukturanalyse der Volkswirtschaft vermittelt Informationen über eingetretene Strukturwandlungen, liefert Hinweise für die Prognose des zukünftigen Wirtschaftswachstums und bildet die Grundlage für die sektorale und regionale Strukturpolitik."*
> (Gutachten der „Kommission für wirtschaftlichen und sozialen Wandel", 1977, S. 58)

- Sekundären Sektor oder auch „Industriesektor" mit Bergbau, Energiewirtschaft, Verarbeitendem Gewerbe, Baugewerbe,
- Tertiären Sektor oder auch „Dienstleistungssektor" mit Handel, Verkehr, Nachrichtenübermittlung, Banken, Versicherungen, Wohnungsvermietung, Staat, private Haushalte.

Gemessen an der Zahl der in diesen Sektoren Beschäftigten hat es seit Beginn der Industrialisierung im Kaiserreich einen starken Rückgang des Agrarsektors und eine deutliche Zunahme des Dienstleistungssektors gegeben.

Diese Veränderung der Beschäftigungsstruktur in der Industriegesellschaft, die in anderen Staaten noch sehr viel deutlicher ausfällt (z. B. USA: 4,3 % – 32,2 % – 65,5 %; Frankreich: 8,9 % – 32,9 % – 58,2 %, 1979 nach der Internationalen Systematik der Wirtschaftszweige der UN, Stat. Jb. 1981, S. 641; bei den Zahlenvergleichen müssen Einschränkungen wegen unterschiedlicher Definitionen gemacht werden), veranlaßte den französischen Wirtschaftswissenschaftler JEAN FOURA-

Verteilung der Erwerbspersonen auf Wirtschaftsbereiche (in %)

	Land- und Forstwirtschaft	Industrie und Handwerk	Dienstleistungen
1800 (geschätzt)	80	15	5
Deutsches Reich			
1882 (Kaiserreich)	42,2	35,6	22,2
1925 (Weimarer Republik)	30,3	42,3	27,4
1939 (Nationalsozialismus)	25,0	40,8	34,2

Bundesrepublik Deutschland

	Land- und Forstwirtschaft	Industrie und Handwerk	Dienstleistungen	
			Handel und Verkehr	Dienstleistungen und Sonstiges
1950	23,2	42,3	15,6	18,9
1961	13,5	48,3	17,4	20,8
1970	8,5	48,8	17,5	25,2
1980	5,9	44,9	17,7 – 49,2 –	31,5

(nach K. M. Bolte u. a., Gesellschaft, Bd. 2 1970, S. 372 und Stat. Jb. 1981, S. 96)

STIÉ zur Theorie der „Tertiären Gesellschaft". Nur noch 15 % der Erwerbstätigen würden letztlich im primären und im sekundären Sektor arbeiten, der Rest im tertiären. Die „tertiäre Zivilisation" sei die Epoche eines neuen Gleichgewichts und die „Epoche der Gleichheit". Neben dieser optimistischen Prognose, die in technischer Hinsicht plausibel erscheint, wird der Ausbau des tertiären Sektors häufig auch aus strukturpolitischen und beschäftigungspolitischen Gründen gefordert. Kritisch äußert sich dazu die

Fusion

Industrie, die auf die strukturellen Besonderheiten der modernen Volkswirtschaften verweist, z. B. die große Exportabhängigkeit der Bundesrepublik Deutschland und ihre Abhängigkeit von der Produktivität und der internationalen Wettbewerbsfähigkeit des Industriesektors, die eine drastische Reduktion des Industriesektors verböten. Außerdem müßten Industrie und Dienstleistungen gleichmäßig wachsen, letztere hingen sonst sozusagen in der Luft.

In diesem Zusammenhang ist es nicht unwichtig,

Sektorenbeitrag

die Sektoren nach ihren Beiträgen zum Bruttoinlandsprodukt zu befragen. Der Beitrag des primären Sektors ging zwischen 1950 und 1975 von 10,2 % (1950) auf 2,7 % (1975) zu jeweiligen Preisen, d. h. nominal, zurück; real, zu konstanten Preisen (Preise von 1962) von 9,1 % auf 4,1 %. Der Beitrag des sekundären Sektors sank in diesem Zeitraum von 49,6 % auf 48,6 %, nachdem er 1960–1970 über 54 % betragen hatte. Während dieser Beitrag nominal rückläufig war, bedeutete dies real eine Steigerung von 44,5 % auf 55,3 %.

Der tertiäre Sektor hingegen steigerte seinen Beitrag nominal von 40,2 % (1950) auf 48,7 % (1975),

Monopol-
kontrolle

real aber ging der Beitrag von 46,4 % auf 40,6 % zurück. Das Gutachten „Wirtschaftlicher und sozialer Wandel in der Bundesrepublik Deutschland", 1977, dem diese Zahlen entnommen sind (S. 59), warnte aber in bezug auf den Dienstleistungssektor vor einer alleinigen Orientierung an konstanten Preisen. Die Bewertung der Größen im Dienstleistungsbereich sowie der Vergleich seiner Preisstruktur mit der der anderen Sektoren seien schwierig und problematisch. Zumindest sprechen aber diese Zahlen für eine geringere Produktivität des tertiären Sektors, wenn der Berechnung von Produktivität ein rein ökonomisches Kalkül zugrunde gelegt wird. Damit wird wiederum deutlich, daß ökonomische Berechnungen möglichst auch nach gesellschaftlichen und politischen Maßstäben beurteilt werden sollten.

4.2.3.4 Wirtschaftliche Konzentration

Ein politisch sicher noch wichtigeres Problem des Strukturwandels der Wirtschaft in der Bundesrepublik Deutschland ist die wirtschaftliche Konzentration. Das Kartellgesetz von 1957 hatte vertragliche Absprachen selbständig bleibender Unternehmen über Preise, Geschäftsbedingungen, Kalkulationen, Absatzgebiete u. ä. (Kartelle) unter staatliches Verbot bzw. Kontrolle und Genehmigung gestellt. Die Verschmelzung von Unternehmen (Fusion) zu immer größeren Konzernen war nur mit kurzen Bestimmungen über den Mißbrauch von Marktmacht durch „marktbeherrschende Unternehmen" angesprochen. Die Fusionen aber bestimmten die wirtschaftliche Entwicklung. Diese bewog etwa ab 1970 den Bundestag und die Bundesregierung, eine Zusammenschlußkontrolle zu fordern. Mit der Novelle zum Kartellgesetz vom 3. 8. 1973 wurde eine (nachträgliche) Fusionskontrolle eingeführt, die allerdings auf Großfusionen beschränkt blieb. Fusionen, an denen kleinere Unternehmen beteiligt sind, wurden nicht der Kontrolle unterworfen. Fusionierende „Umsatzmilliardäre" müssen ihr Vorhaben vorher beim Bundeskartellamt mit Sitz in Berlin anmelden. Für kleinere Unternehmen gewährte diese Novelle gleichzeitig Kooperationserleichterungen.

Hierin kam ein neues Leitbild der Wettbewerbspolitik gegenüber dem neoliberalen Ideal zum Ausdruck. Die zugelassene Kooperation kleiner und mittlerer Unternehmen, die natürlich auch den vollständigen Wettbewerb beeinträchtigt, wurde zugelassen, um diese Unternehmen vor dem Konzentrationsprozeß der Großen zu schützen. Zur Beobachtung der Konzentrationsentwicklung wurde 1973 die Monopolkommission geschaffen. Sie besteht aus fünf unabhängigen Wissenschaftlern, die alle zwei Jahre ein „Hauptgutachten" vorlegen. Eine gesetzliche Auskunftspflicht der Unternehmen gegenüber der Kommission gibt es nicht.

Den Grad der Konzentration und ihre Entwicklung mögen einige Zahlen aus dem 4. Gutachten der Monopolkommission (1982) beleuchten. Der Umsatzanteil der jeweils drei größten Unternehmen eines Wirtschaftszweiges betrug 1979 im Bergbau und Verarbeitenden Gewerbe durchschnittlich 27,9 % (1973 25,4 %). Eine solche Durchschnittszahl sagt jedoch relativ wenig aus, denn der Konzentrationsgrad in den einzelnen Wirtschaftszweigen ist unterschiedlich. Der Anteil der drei umsatzstärksten Unternehmen am Gesamtumsatz eines Industriezweiges reicht von

3,2 bis 82,6%. In sechs ausgewählten Wirtschaftszweigen hatten die drei umsatzstärksten Unternehmen folgende Anteile am Gesamtumsatz des Wirtschaftszweiges: Büromaschinen, Datenverarbeitungsgeräte 73,8; Tabakverarbeitung 64,9; Bergbau 66,9; Mineralölverarbeitung 60,4; Straßenfahrzeugbau 47,5% (S. 79). Die niedrigste Konzentration, nach dem Umsatz gemessen, gibt es im Bekleidungsgewerbe (4,6%), Textilgewerbe (3,8) und in der Holzverarbeitung (3,2). Die „Hauptgutachten" der Monopolkommission erfassen die Konzentration immer genauer. Dabei zeigte sich für 1980/81, daß nicht von einer generell und kontinuierlich zunehmenden Konzentration gesprochen werden kann.

Konzentrationsentwicklung

Ein Vergleich der Unternehmensgrößen in den Wirtschaftszweigen zeigt ferner, daß in unterschiedlichem Ausmaß kleine und große Unternehmen in den Branchen nebeneinander bestehen. So gab es 1979 in der Elektrotechnik 2248 Unternehmen. Die zehn größten hatten einen Umsatzanteil von 48,4%. In der Chemischen Industrie war dies bei insgesamt 1195 Unternehmen genauso. Im Maschinenbau gab es 4540 Unternehmen, die zehn umsatzgrößten hatten nur einen Anteil von 18,7%. Der Zweig „Druckerei und Vervielfältigung" umfaßte 1834 Unternehmen, der Anteil der zehn Umsatzgroßen lag bei 14,5%.

Die Entwicklung der Umsatzanteile der jeweils zehn größten Unternehmen der Wirtschaftszweige zwischen 1954 (31,1%) und 1978 (44,0%) zeigt, daß in aller Regel in jenen Zweigen, die heute stark konzentriert sind, schon 1954 eine nennenswerte Konzentration vorlag. Diese nahm bis 1978 zu. 1979 war sie leicht rückläufig (43,6%). Im Vergleich von Beschäftigungs- und Umsatzanteil kommt die Monopolkommission zu dem Ergebnis, daß die ganz großen Unternehmen eine höhere „Faktorproduktivität" besitzen (Produktivität je eingesetzten Produktionsfaktor) und/oder höhere Verkaufspreise erzielen sowie stärker in anderen Zweigen tätig sind (sog. „Diversifikationseffekt") als die kleineren Unternehmen. Bei diesen sei der Beschäftigtenanteil in der Regel höher als der Umsatzanteil.

Produktivität

In ihrem Hauptgutachten 1978/79 (erschienen 1980) hatte die Monopolkommission die Einführung von Entflechtungsregeln zur Beseitigung konkreter marktbeherrschender Positionen gefordert. Daran wird die politische Aufgabe deutlich. Der wirtschaftliche Wandel erzeugt immer neue Fragen und Probleme, die einer politischen Gestaltung und Steuerung zugänglich sind und zugänglich bleiben müssen, wenn nicht die Demo-

Entflechtungsregeln

kratie vor den Sachgesetzlichkeiten in Wirtschaft und Technik kapitulieren will. Gerade die immer noch unbefriedigende gesetzliche Ausgestaltung des Wettbewerbs- und Konzentrationsrechts zeigt an, daß es ein politisches Problem ist, gegen wirtschaftliche Macht und Interessen eine politische Kontrolle durchzusetzen. Sie beweist aber auch, daß dies nicht von vornherein als unmöglich angesehen werden darf.

4.2.3.5 Der Ausbau der Mitbestimmung

In bezug auf die Mitwirkungsrechte der Arbeitnehmer in der Wirtschaft hat es seit der Gründung der Weimarer Demokratie eine Art deutschen Sonderweg gegeben. Schon 1920 brachte das erste „Betriebsrätegesetz" den Arbeitnehmern Mitentscheidungsrechte in sozialen Angelegenheiten, Einspruchs- und Beratungsrechte in personellen Angelegenheiten, Beratungs- und Informationsrechte in wirtschaftlichen Angelegenheiten. 1922 ermöglichte ein weiteres Gesetz die Entsendung von ein oder zwei Betriebsratsmitgliedern in den Aufsichtsrat eines Unternehmens. Nach 1933 wurde jede Mitbestimmung abgeschafft. Es kam zur Erstürmung und Schließung der Gewerkschaftshäuser am 2. Mai 1933 sowie zur Eingliederung der Arbeitgebervereinigungen und der Arbeitnehmer in die „Deutsche Arbeits-Front" (DAF). Nach dem Kriege erließ der Alliierte Kontrollrat im April 1946 ein neues Betriebsrätegesetz; die schon bestehenden Länder folgten zum größten Teil mit eigenen Betriebsverfassungsgesetzen. Die Entwicklung in der Bundesrepublik Deutschland wurde sodann von zwei Linien der Mitbestimmung geprägt: das Betriebsverfassungsgesetz vom 11. 10. 1952 (für den öffentlichen Dienst das Personalvertretungsgesetz vom 5. 8. 1955) mit einer bedeutsamen Novellierung 1972 einerseits, die in der Besatzungszeit eingeführte und erst am 21. 5. 1951 gesetzlich festgeschriebene Mitbestimmung in der Montanindustrie (mit einigen späteren Veränderungen und Ergänzungen) und das Mitbestimmungsgesetz vom 18. 3. 1976 andererseits. Institutionen und Kompetenzen im Rahmen des Betriebsverfassungsgesetzes zeigt Abb. 80.

Der zentrale Streitpunkt ist das Ausmaß der „wirtschaftlichen Mitbestimmung", also die Frage, wieweit die Arbeitnehmer über grundsätzliche Fragen des Betriebes, z. B. Investitionen, Verlagerungen, Stillegungen, mitentscheiden dürfen.

Die Verteilung der Stimmverhältnisse im Rahmen der Mitbestimmungsgesetze kann an Abb. 81 verdeutlicht werden. Die Montanmitbestim-

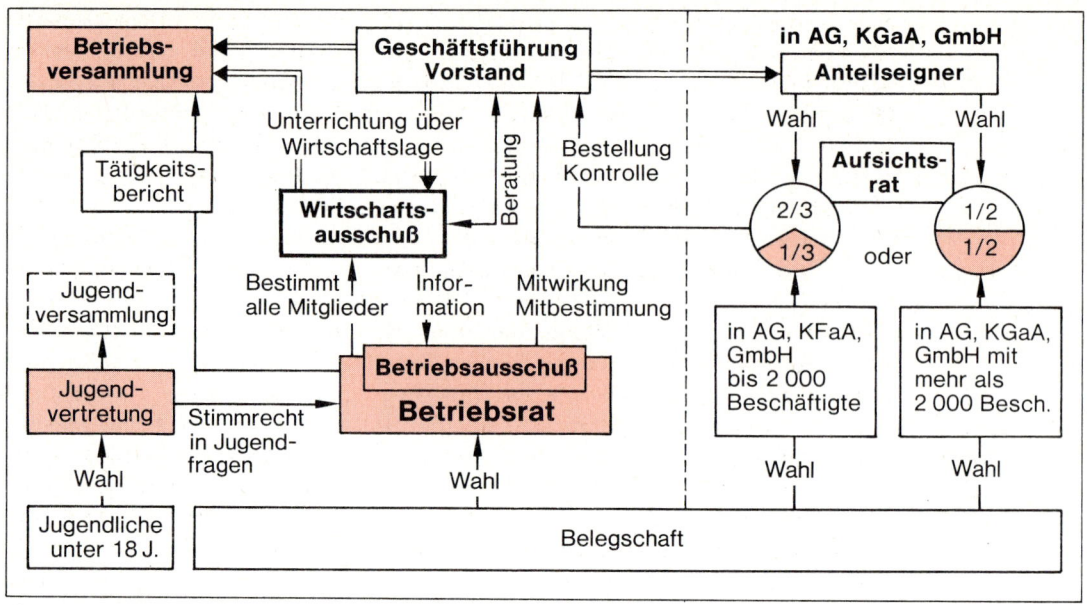

Abb. 80: Institutionen und Kompetenzen der Arbeitnehmer nach dem Betriebsverfassungsgesetz

Parität

mung von 1951 stellt am deutlichsten die „Parität" zwischen Kapitalvertretern und Arbeitnehmervertretern her. Allerdings kommt dem „neutralen" Mitglied, auf den sich beide Seiten einigen müssen, ein entscheidendes Gewicht zu.

Das Mitbestimmungsgesetz von 1976, das nach langwierigen politischen Auseinandersetzungen zustandekam und nach einer Verfassungsbeschwerde der Arbeitgeberverbände am 1. 3. 1979 vom Bundesverfassungsgericht als verfassungsgemäß beurteilt worden war, bringt zwar eine deutliche und wichtige Erweiterung der Mitbestimmung, indem nun alle größeren Unternehmen

der privaten Wirtschaft einbezogen sind, es brachte den Gewerkschaften aber nicht die angestrebte volle „Parität". Denn auf der „Arbeitnehmerbank" bleibt ein Platz den „Leitenden Angestellten" reserviert, die nach der Rechtsprechung des Bundesarbeitsgerichts der Unternehmensleitung besonders nahe stehen. Das Mitbestimmungsgesetz sichert überdies der Kapitalseite ein Letztentscheidungsrecht, indem es dem Vorsitzenden, einem Mitglied der Kapitalseite, bei Stimmengleichheit die entscheidende Stimme verleiht.

Die Ausgestaltung der Mitbestimmung wurde als ein „deutscher Sonderweg" bezeichnet, weil andere Staaten diesen Weg gar nicht (USA) oder nur zögernd (EG-Staaten) beschreiten. Dort gibt es Vorbehalte gerade auch auf seiten der Gewerkschaften. Sie wollen nicht in die wirtschaftlichen Interessen der Unternehmer mehr oder weniger stark eingebunden werden. Eine solche Einbindung enthält zweifellos das Betriebsverfassungsgesetz, wenn es Unternehmensleitung und Betriebsrat zur Zusammenarbeit „zum Wohle des Betriebes" verpflichtet. Andererseits bringt die Mitbestimmung im Betrieb und in den Konzernspitzen eine Vielzahl von Einfluß- und Sicherungsfaktoren für die Arbeitnehmer, nicht zuletzt eine Ausfüllung des Verfassungsgrundsatzes von der Würde des Menschen (Art. 1 GG). Ihm wird dort, wo er einen beträchtlichen Teil seiner Lebenszeit verbringt, am Arbeitsplatz, Teilhabe an Entscheidungen über ihn selbst zuerkannt. Diese Teilhabe wird in der Regel durch gewerkschaftli-

Deutscher Sonderweg

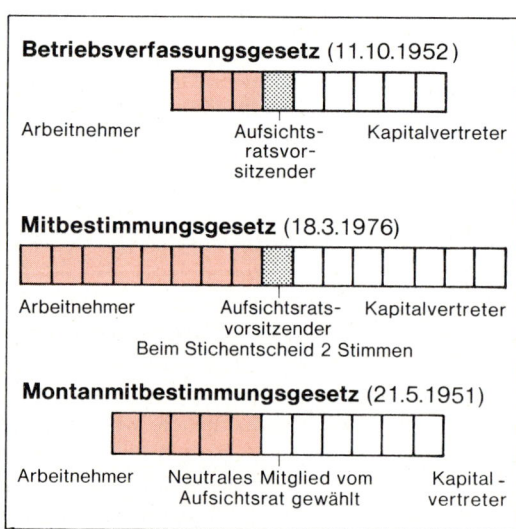

Abb. 81: Arbeitnehmervertreter im Aufsichtsrat. Eine „Parität" enthält auch das Gesetz von 1976 nicht

che Organisation verwirklicht. Darin liegt aber zugleich ein zentraler und anhaltend wichtiger Streitpunkt.

Führt mehr Mitbestimmung zu einer Verstärkung der gewerkschaftlichen Macht und nicht eigentlich zu verstärkter Beteiligung der Betroffenen? Die Gewerkschaften sind ja auch noch Kapitalbesitzer (z. B. Bank für Gemeinwirtschaft, Neue Heimat, Volksfürsorge). So stellte die „Monopolkommission" (s. S. 170) in ihrem 1982 erschienenen 4. „Hauptgutachten" fest, daß die zum größten Teil in der „Beteiligungsgesellschaft für Gemeinwirtschaft (BGAB)" zusammengefaßte Gruppe gewerkschaftseigener Unternehmen an ihrer Wertschöpfung gemessen an 14. Stelle in der Rangfolge der größten Unternehmen in der Bundesrepublik Deutschland stehe. Die Kommission meinte gleichzeitig, daß dieser Anteilsbesitz und die durch die Mitbestimmung erlangten Mitwirkungsmöglichkeiten der Gewerkschaften keinen Hebel zu einer zentralen Steuerung des Marktverhaltens von Unternehmen ergeben könnten. Die Arbeitgebervereinigungen sehen dies anders. Sie wehrten sich stets gegen die Versuche, in der Betriebsverfassung – der Betriebsrat ist keine Einrichtung irgendeiner Gewerkschaft, weshalb diese in vielen Branchen auch ein System von besonderen „Vertrauensleuten" geschaffen haben – und in den Konzernorganen die Arbeitnehmersitze allein durch die Gewerkschaften besetzen zu lassen. Die Gewerkschaften ihrerseits halten dies für den einzig richtigen Weg, um der Mitbestimmung ein entsprechendes Gewicht zu geben.

Der Mitbestimmungsgedanke hat verschiedene und unterschiedliche Wurzeln. Er wurde nach der gescheiterten „November-Revolution" (1918) zur Grundlage des vom ADGB vertretenen und von seinem Theoretiker FRITZ NAPHTALI entworfenen Konzepts der „Wirtschaftsdemokratie" (1928): Die politische Demokratie müsse durch eine wirtschaftliche ergänzt werden; wirtschaftliche Autokratie müsse eingeschränkt werden. Der Kapitalismus könne „gebogen werden", bevor er „gebrochen" wird. Der Mitbestimmungsgedanke ist aber keineswegs allein Bestandteil eines Konzepts des demokratischen Sozialismus. Er hat seinen festen Platz und Stellenwert ebenso in der katholischen Soziallehre. Einer ihrer profiliertesten Vertreter, OSWALD V. NELL-BREUNING S. J., hat stets ohne Umschweife gefordert, daß Kapital und Arbeit sich die Bestimmungsmacht teilen müßten, weil es ein wesentlicher Mangel der gesellschaftlichen Ordnung sei, wenn die Großgruppe der Arbeitnehmerschaft als „Produktionsfaktor Arbeit" primär darauf verwiesen sei, eine „Objektrolle" zu spielen. Die Wahrung der Würde des Menschen am Arbeitsplatz und die Entwicklung der Gesellschaft zur Arbeitnehmergesellschaft verlangten eine „Subjektstellung", die durch Mitbestimmung auf allen Ebenen erreicht werde.

Wirtschafts-demokratie

Katholische Soziallehre

4.3 Pluralistische Gesellschaft und politische Partizipation

pluralistisch

Der Begriff „Pluralistische Gesellschaft" kennzeichnet die Differenziertheit und Vielgestaltigkeit der Gesellschaft in ihren frei gebildeten und frei tätigen Vereinigungen, Verbänden, Interessengruppen, Parteien. Als Gegenteil gilt der „Monismus", der die Gesellschaft einem einheitlichen Staatswillen oder Parteiwillen unterordnet. Die „pluralistische" Gesellschaft unterscheidet sich auch von der „ständischen" Gesellschaft, in der die Zuordnung zu einem gesellschaftsgliedernden Stand primär mit der Geburt festliegt.

alternativ

ständisch

Der einzelne kann in der pluralistischen Gesellschaft der Bundesrepublik Deutschland mehreren Vereinigungen angehören. Er kann aber auch ganz darauf verzichten. Die Beteiligung an einem Verein oder Verband ist nicht notwendigerweise eine politische Handlung. Jedoch gilt heute in der gesellschaftlichen Wirklichkeit, daß politische Teilnahme („Partizipation") ohne Gruppenbildung, ja selbst Interessenwahrnehmung (soweit nicht Rechtsstreitigkeiten gemeint sind), ohne die Zugehörigkeit zu einer Vereinigung von Menschen kaum möglich oder wenigstens kaum erfolgversprechend ist. Da die Gründung neuer erfolgversprechender Vereinigungen praktisch, nicht rechtlich, schwierig ist, bedeutet dies, daß politische Teilnahme und Interessenwahrnehmung in der Regel zunächst einmal die Beteiligung an einer bestehenden Vereinigung voraussetzen.

Partizipation

etablierte Institutionen

Das Angewiesensein auf „etablierte" Institutionen der politischen Teilnahme oder der Interessenwahrnehmung ist ein positives Moment der Gesellschaft, weil Chancen angeboten werden. Es ist ein negatives Moment, weil es den einzelnen zwingt, sich in innerverbandliche Verfahrensweisen und Machtstrukturen einzuordnen, wenn er etwas erreichen will.

Interessenwahrnehmung

In der Entwicklung der Bundesrepublik Deutschland hatten die etablierten Vereinigungen wie SPD und später FDP als Parteien, die Gewerkschaften und „linke" Vereinigungen und „Bewegungen" bis 1969/72 die Kritik und die politische Opposition gleichsam gebündelt. Nach dem offenkundigen Ende einer Politik der „Inneren Reformen" war das Bild dieser Gesellschaft Anfang der achtziger Jahre dadurch gekennzeichnet, daß sich eine größer werdende Zahl von Kritikern der gesellschaftlichen Zustände und der Politik überhaupt von den etablierten Institutionen und Verhaltensnormen abgewandt hat. Sie zogen sich auf ihre individuellen staatsbürgerlichen Rechte zurück oder sie schlossen sich immer vielfältiger werdenden „alternativen" Vereinigungen an.

Die Freiheit der Vereinsbildung (Art. 9 Abs. 1), die Koalitionsfreiheit der Gewerkschaften und Arbeitgebervereinigungen (Art. 9 Abs. 3), die besondere verfassungsrechtliche Stellung der Parteien (Art. 21 GG) – dies sind die verfassungsrechtlichen Grundlagen der Vereinigungen im Bereich staatspolitischer Partizipation. Die Meinungsfreiheit (Art. 5), die Versammlungs- und Demonstrationsfreiheit (Art. 8), das Petitionsrecht (Art. 17) gehören dazu, sie sind aber auch verstärkt die Grundlagen alternativen Protestes geworden. So dient die Verfassung beiden Ausdrucksformen freier politischer Betätigung. Die Entwicklung selbst ist ein Zeichen sowohl der Stärke als auch der Schwäche des politischen Systems der Bundesrepublik Deutschland. Der Stärke, weil auch „alternativer" Protest gesichert ist und erfolgreich sein kann; der Schwäche, weil es die etablierten Institutionen der politischen Willensbildung nicht vermochten, den nennenswert gewordenen Protest und Ausstieg konstruktiv in eine stärker engagierte und umfassendere politische Partizipation umzusetzen.

Zu beachten bleibt, daß die Begriffe „politische Teilnahme" („Partizipation") und auch „Interessenwahrnehmung" in der Regel auf den Staat bezogen verstanden werden. Es gibt aber auch wichtige Problembereiche und Interessen innerhalb der Gesellschaft und Wirtschaft, die als öffentliche und nicht private Angelegenheiten politisch gestaltet werden. Am wichtigsten und bekanntesten sind die Tarifpolitik, d.h. die regelmäßige Interessenauseinandersetzung und anschließende tarifvertragliche Vereinbarung über die Lohn- und Arbeitsbedingungen, und die Mitbestimmung in den Betrieben und Konzern-Aufsichtsräten. Hier sind Politik und Interessenwahrnehmung nicht auf den Staat, sondern auf den sozialen Gegenspieler gerichtet. Auch hier gilt: Effektive Interessenwahrnehmung ist nur über Organisation möglich; auch gewerkschaftliche Aktivität z.B. ist demnach politische Teilnahme.

4.3.1 Die politischen Parteien

Die bevorzugten Institutionen politischer Partizipation, politischer Willensbildung auf allen Ebenen der Gesellschaft und des Staates und der Besetzung der Staats- und Regierungsämter sind die politischen Parteien.

Definition

Parteienstaat

> *„Parteien sind Vereinigungen von Bürgern, die dauernd oder für längere Zeit für den Bereich des Bundes oder eines Landes auf die politische Willensbildung Einfluß nehmen und an der Vertretung des Volkes im Deutschen Bundestag oder einem Landtag mitwirken wollen, wenn sie nach dem Gesamtbild der tatsächlichen Verhältnisse, insbesondere nach Umfang und Festigkeit ihrer Organisation, nach der Zahl ihrer Mitglieder und nach ihrem Hervortreten in der Öffentlichkeit eine ausreichende Gewähr für die Ernsthaftigkeit dieser Zielsetzung bieten. Mitglieder einer Partei können nur natürliche Personen sein."*
>
> (§ 2 des Parteigesetzes vom 24. 7. 1967)

Die Dauerhaftigkeit der Einflußnahme auf die staatlich-politische Willensbildung als Vertretung „des gesamten" Volkes und nicht ausschließlich bestimmter Interessen sowie die Organisationsfestigkeit sind Merkmale, die die Parteien von Vereinigungen und Verbänden (Interessenverbänden) der unterschiedlichsten Art, von den meisten Bürgerinitiativen, Kleingartenvereinen, aber auch – wie es das Parteiengesetz selbst sagt – von Wählervereinigungen („Rathausparteien") unterscheidet. Ihre zentrale Funktion bei der politischen Organisation einer pluralistischen Massengesellschaft, die ihre repräsentativen Einrichtungen durch Wahlen besetzen will, sowie die geschichtlichen Erfahrungen haben dazu geführt,

Freies Mandat

daß den Parteien, im Gegensatz zu den Vereinigungen, in der Verfassung ein eigener und ausführlicher Artikel gewidmet ist. Der Art. 21 GG nennt ihre Funktion untertreibend: „Die Parteien wirken bei der politischen Willensbildung des Volkes mit. Ihre Gründung ist frei." Heute bestimmen die Parteien die staatlich-politische Wirklichkeit, vor allem personalpolitisch durch die Besetzung der politisch verantwortlichen Staatsämter. Die Parteien werden durch die Verfassung – im Gegensatz zu allen Interessenverbänden – ausdrücklich auf eine „innerparteiliche Demokratie" verpflichtet (s. S. 176 f.). Die „Parteienfinanzierung" muß veröffentlicht werden (s. S. 177 ff.). Die Parteien werden durch das Grundgesetz

auf die freiheitliche demokratische Grundordnung (s. S. 145 f.) verpflichtet. Sie können auf Antrag des Bundestages, Bundesrates oder der Bundesregierung verboten werden (s. S. 146), aber nur durch das Bundesverfassungsgericht und nicht – wie die Vereinigungen – durch staatliche Organe (auf der Grundlage von Art. 9 Abs. 2 GG).

4.3.1.1 Rechtsprobleme der parteienstaatlichen Demokratie

Das Grundgesetz bestätigt mit der rechtlichen Institutionalisierung der Parteien die Ablösung des liberal repräsentativen „freien" Mandats durch das parteienstaatliche, ohne allerdings mit letzter Konsequenz den „Parteienstaat" im Sinne der Theorie des ehemaligen Bundesverfassungsrichters und Theoretikers GERHARD LEIBHOLZ zu verwirklichen. LEIBHOLZ hatte den „Parteienstaat", der in Deutschland mit der Weimarer Republik voll zur Entfaltung gekommen war, als einen Ersatz des liberalen Parlamentarismus interpretiert. Dort stellten die Parteien allenfalls Wahlvereine oder „Honoratioren-Parteien" dar, die ihre Mitglieder bei Parlamentswahlen unterstützten, im übrigen aber kein eigenes politisches Profil entwickelten. Die moderne Massenpartei sei dagegen eine „rationalisierte Erscheinungsform der plebiszitären Demokratie" in Flächenstaaten. „Parteienstaat" heißt also in der Theorie von LEIBHOLZ, daß die Abgeordneten nicht nur durch die Parteien aufgestellt und gewählt werden, sondern daß sie ständig in die durch die Parteien von unten nach oben ermöglichte plebiszitäre Willensbildung mit einbezogen sind. Abgeordnete sind dann nicht mehr freie Repräsentanten. Sie sind vielmehr Parteidelegierte, gebunden an die ständige plebiszitäre Willensbildung, die durch die Parteien organisiert wird.

Dieses Prinzip wurde durch das Grundgesetz offensichtlich nicht verwirklicht. Die damit aufgezeigten Widersprüche zwischen dem „freien" Parlamentsmandat und der Tatsache, daß dieses Mandat nur noch über die Parteien erlangt wird, stellen aber ein strukturelles Problem dar. Dem Art. 21 GG steht in diesem Sinne der Art. 38 GG gegenüber, nach dem Abgeordnete „Vertreter des ganzen Volkes (sind), an Aufträge und Weisungen nicht gebunden und nur ihrem Gewissen unterworfen" (Abs. 1). Damit gibt es *rechtlich* keine direkte Abhängigkeit von der Partei, in der *politischen* Wirklichkeit hingegen, ist sie – schon wegen der Wiederwahl – vorhanden. Es bleibt dabei noch die Frage, ob die Abhängigkeit gegenüber den Parteiführungen oder mehr gegenüber der

Parteibasis besteht. Dieses Problem hat in der Bundesrepublik Deutschland immer neue Aktualität gewonnen (vgl. z. B. den Fall des MdB HANSEN, 1981).

Die rechtliche Institutionalisierung der Parteien hat, da die traditionelle Garantie des freien Mandats ausdrücklich erhalten blieb, keine größere Klarheit als früher gebracht. Die Verfassung des Deutschen Reiches von 1871 hatte von den Parteien keine Notiz genommen, obwohl sie gerade in dieser Phase deutscher Verfassungsgeschichte eine Stellung erlangten, die über die Kandidatenaufstellung für die Wahlen hinausging. Allerdings trugen sie – bis 1918 – formell keine Regierungsverantwortung.

Inner-
parteiliche
Demokratie

Die Weimarer Reichsverfassung von 1919 ignorierte die Parteien ebenfalls, obwohl sie nun selbst die entscheidenden Träger der parlamentarisch-politischen Willensbildung und der Regierungsverantwortung geworden waren (Ausnahme: Art. 13 „Beamte sind Diener der Gesamtheit, nicht einer Partei"). Hinzu kam eine weit verbreitete Abneigung gegen die Parteien. Sie war bedingt durch obrigkeitsstaatliches Denken aus der Kaiserzeit, das die Regierungsautorität fraglos anerkannte und den Parteienstreit um politische Fragen sowie den Parteienkompromiß nur als Schwäche und Verfall des ganzen Systems ansah. Aber die Parteien trugen auch selbst zur Abneigung bei, indem sie sich häufig unfähig zu konstruktiver Mehrheitsbildung zeigten und lieber die ihnen im Kaiserreich aufgezwungene Oppositionsrolle praktizierten. Die parteipolitische Kompromißfindung wurde allerdings auch durch wirtschaftliche und gesellschaftliche Bedingungen erschwert, die der Bundesrepublik Deutschland in den ersten 30 Jahren ihres Bestehens weitgehend erspart geblieben waren (Existenzgefährdung weiter Schichten der Bevölkerung durch Inflation und Arbeitslosigkeit, außenpolitische Instabilität, ausgebliebene Sozialisierungshoffnungen).

Die rechtliche Institutionalisierung der Parteien in der Bundesrepublik Deutschland hatte (und hat) weitergehende Normierungen zur Folge. Die Verpflichtung der Parteien auf die freiheitliche demokratische Grundordnung und die Möglichkeit des Parteienverbots schienen dem Verfassungsgesetzgeber notwendig, um das politische System vor solchen Parteien zu schützen, die die demokratischen Freiheiten – wie die NSDAP und die KPD in der Weimarer Republik – letztlich nur zur Beseitigung der Freiheiten anderer benutzen wollten. Demokratie soll nicht völlig wertfrei verstanden werden, etwa nur als Prinzip,

Parteienverbot

das jeder politischen Richtung ohne Rücksicht auf ihre Ziele die Mitwirkung bei der Gestaltung einer politischen Ordnung erlaubt (s. S. 146).

Diesem historisch verständlichen Anliegen steht z. B. die Überlegung entgegen, ob man denn eine Partei noch verbieten kann, die trotz ihrer antidemokratischen Ziele bereits große Wahlerfolge erzielt hat (NSDAP nach dem 14. September 1930).

Die Erfahrungen in der Bundesrepublik Deutschland mit stabilen demokratischen Parteien werfen auch die Frage auf, ob es nicht besser ist, antidemokratische Parteien politisch zu bekämpfen, d. h. vor allem, durch die Wahlen in ihre Schranken zu verweisen. Vieles spricht dafür, daß dies der bessere Weg ist, jedoch sollte nicht übersehen werden, daß starke soziale Spannungen und ein Versagen der etablierten Parteien durchaus wieder zu einem politischen Klima führen können, das lautstarke extreme Parteien begünstigt.

Wichtiger als die Diskussion der extremen Lösung des Parteiverbots ist die Beschäftigung mit der inneren Ordnung der Parteien. Die innerparteiliche Demokratie ist nicht nur theoretisch von grundlegender Bedeutung, weil das Demokratiegebot des Grundgesetzes logisch nach demokratischer Legitimation der Träger des Willensbildungsprozesses verlangt. Innerparteiliche Demokratie ist von eminent praktisch-politischer Bedeutung. Denn durch den Fortfall politischer Mitwirkungsrechte in Form von Volksbegehren und Volksentscheid, wegen des hohen Konzentrationsgrades im Pressewesen sowie wegen der komplizierten Organisationsprobleme im Verbands- und Vereinigungswesen (Notwendigkeit hauptamtlicher Funktionäre, hohe Kosten u. ä.) bieten die Parteien praktisch auch die einzigen Möglichkeiten gesamtstaatlicher Mitwirkung und Einflußnahme.

Wie sieht es mit der Realität dieser Mitwirkungsmöglichkeiten aus? Das Grundgesetz verlangt (Art. 21), daß die „innere Ordnung" der Parteien demokratischen Grundsätzen zu entsprechen hat. Zwingend wird darüber hinaus vorgeschrieben, daß die Parteien über die Herkunft ihrer Mittel öffentlich Rechenschaft zu geben haben. Hiermit sind drei wichtige Probleme angeschnitten:

- die innere Organisation der Willensbildung,
- die Finanzierung des „Apparates" und der politischen Aktivitäten,
- das Problem der „Außensteuerung" der Parteien.

Das „Nähere" sollte nach der Verfassung durch Gesetze geregelt werden. Es hat 18 Jahre gedauert, bis die Parteien im Bundestag sich im Zeichen der großen Koalition auf das „Gesetz über die politischen Parteien (Parteiengesetz)" vom 24. 7. 1967 einigten. Zuvor, am 19. 7. 1966, hatte das Bundesverfassungsgericht die ab 1959 praktizierte Parteienfinanzierung für verfassungswidrig erklärt.

Der 2. Abschnitt dieses Gesetzes enthält umfangreiche Bestimmungen zur „Inneren Ordnung" (§§ 6–16). Daneben gibt es für die wichtige Frage der Aufstellung von Wahlbewerbern für die Parlamente einen weiteren (3.) Abschnitt, der aber nur das Prinzip der geheimen Abstimmung festlegt (§ 17). Alles Weitere wird in den Wahlgesetzen und – nach Maßgabe des Parteiengesetzes – in den Satzungen der Parteien geregelt. Die materiellen Bestimmungen zur inneren Ordnung konzentrieren sich auf den Grundsatz, daß Vertreterversammlungen und Vorstände aus Wahlen hervorgegangen sein müssen. Kooptationen in diese Gremien ohne Wahl (z. B. von Abgeordneten und Ministern) sind auf ein Fünftel (bei Parteiausschüssen ein Drittel) begrenzt. Die Vorstands- und Delegiertenwahlen müssen geheim sein (§ 15); offen kann im übrigen abgestimmt werden, wenn sich auf Befragen kein Widerspruch erhebt. Das Antragsrecht soll auch Minderheiten ausreichende Chancen gewähren. Der § 10 „Rechte der Mitglieder" regelt vor allem die Aufnahme (die Partei braucht die Ablehnung eines Aufnahmeantrages nicht zu begründen) und den Ausschluß (bei vorsätzlichem Verstoß gegen die Satzung und erheblichem Verstoß gegen Grundsätze der Partei).

Parteijugend

Insgesamt betrachtet, verweist das Parteiengesetz vor allem auf die Satzungen der Parteien, indem es detailliert diejenigen Fragen aufzählt, die dort zu regeln sind. Es schafft damit in diesem Bereich, soweit möglich, Rechtsklarheit; die Verwirklichung demokratischer Prozesse in der parteilichen Willensbildung des Alltags kann es nicht garantieren. Dies ist eine Frage der Parteimitglieder und ihrer Vertretungen selbst. Folgende Momente vor allem hemmen die Entfaltung innerparteilicher Demokratie

Hemmende Faktoren

von innen her:

*Partei-
finanzierung*

- Informationsmonopol oder -vorsprung der Leitungen.
- Eigenleben der Organisation: „Die Organisation ist die Mutter der Herrschaft der Gewählten über die Wähler, der Beauftragten über die Auftraggeber, der Delegierten über die Delegierenden". ROBERT MICHELS, der schon 1911 diesen Satz schrieb, sprach denn auch von einem „ehernen Gesetz der Oligarchie" als einer notwendigen Folge jedweder Organisation.

- Unterordnung der innerparteilichen Arbeit und Zielsetzungen unter die Parlamentspolitik.
- Verfügungsgewalt der Leitungen und der Funktionäre über Parteifinanzen und Parteipresse.
- Gewohnheitsrecht verdienter Mitglieder.
- Steuerung von Parteitagen und Vertreterversammlungen.
- Ämterpatronage;

von außen her:

- „Außensteuerung" durch Verbände, insbesondere aufgrund der Abhängigkeit von Geld und Experten.
- Abhängigkeiten von demoskopischen Untersuchungen.
- „Überfremdung" durch die Massenmedien.
- Unpopularität innerparteilicher Auseinandersetzungen und „Flügelkämpfe".

Zweifellos hat die vor allem von der Parteijugend ausgehende Gesellschaftskritik seit Mitte der sechziger Jahre sowie ihre Zusammenarbeit mit anderen politischen und gesellschaftlichen Gruppen, z. B. in der „Friedensbewegung", zu einer Belebung der innerparteilichen Szene geführt. Immer wieder zeigte sich dabei aber auch das Gewicht der hemmenden Faktoren, zu denen nicht zuletzt die Vorstellung und Forderung gehört, eine Partei müsse ein „geschlossenes" Bild nach außen abgeben. Distanzierungen, Disziplinierungen und Parteiausschlüsse gehören häufig eher zum Bild einer Partei als das offene Bekenntnis, daß der innerparteiliche Streit doch eigentlich nur – und notwendigerweise – die Auseinandersetzungen über klärungsbedürftige Fragen in der Gesellschaft widerspiegele. Dies ist die Aufgabe der Politik.

Natürlich muß aber auch dem Gesichtspunkt Rechnung getragen werden, daß die lebendigste innerparteiliche Demokratie nichts mehr nützt, wenn dies offenkundig und dauerhaft einen Wahlerfolg der Gesamtpartei und die Chance der Regierungsübernahme bzw. der Erhaltung der Regierungsmehrheit zunichte macht.

Die rechtliche Institutionalisierung der Parteien schließt auch die *Parteienfinanzierung* ein. Das Grundgesetz fordert in Art. 21 Abs. 1, daß die Parteien über die Herkunft ihrer Mittel öffentlich Rechenschaft ablegen. Ein Überblick über die Einnahme der Parteien im Wahlkampfjahr 1980 (493 Mill. DM) zeigt, daß das Verhältnis der Finanzierungsarten zwischen den Parteien sehr unterschiedlich ist. Vor allem trifft dies für das Verhältnis von Mitgliedsbeiträgen zu Spenden zu.

	Gesamt-einnahm.	Mitglieds-beiträge	%	Wahlkampf-erstatt.	%	Spenden	%	Kredite	%	Fraktions-abgaben	%
SPD	207,1	70,3	34,0	49,5	23,9	12,7	6,2	51,0	24,6	16,0	7,7
CDU	176,9	50,5	28,6	38,9	22,0	48,4	27,4	17,6	10,0	15,9	9,0
CSU	45,9	8,8	19,2	7,7	16,9	16,8	36,7	8,3	18,2	3,5	7,7
FDP	35,2	4,8	13,8	11,6	33,0	11,0	31,5	0,2	0,7	2,1	5,8
DKP	15,7	5,3	33,9	0,03	0,3	5,9	37,9	0,2	1,5	0,7	4,1
Grüne	6,9	0,5	8,4	4,7	68,8	0,5	7,5	0,2	3,5	—	—
DFU	2,8	0,3		—	—	2,3	—	—	—	—	—
NPD	1,5	0,5	38,7	—	—	0,8	55,3	0,01	0,7	0,0	—

(nach Bundesanzeiger Nr. 227 v. 4. 12. 81; Zahlen über das Wahljahr 1983 im Dez. 1984)

Spenden

Wahlkampf-kosten-finanzierung

Staatsparteien

Die Einnahmen einer Partei richten sich zunächst nach der Zahl ihrer Mitglieder. Deren Beiträge bilden sozusagen die „normale" Grundlage der Finanzierung. Die nach dem Einkommen gestaffelte Höhe der Mitgliedsbeiträge wird durch Beschlüsse festgesetzt. Das einzelne Mitglied muß sich aber selbst einstufen. Es kommt also letztlich auf die Zahlungsmoral an. Mandatsträger der Partei müssen in erheblichem Umfang ihre Aufwandsentschädigungen an die Parteikasse abführen. Bei der SPD als der mitgliedsstärksten Partei spielen die Beiträge der Mitglieder nach wie vor eine erhebliche Rolle, die Spenden die geringste von allen Parteien. Bei der FDP, der CDU und CSU, sowie der DKP dagegen haben die Spenden eine größere Bedeutung als die Mitgliedsbeiträge. Die Offenlegung der Finanzierung durch Spenden und die Bekanntgabe der Spender (interessierte und finanzkräftige Gruppen, Verbände und Einzelpersonen) ist ein politisches Problem, das durch das Parteiengesetz von 1967 mehr formal als tatsächlich gelöst wurde. Bei Spenden über 20 000,— DM im Jahr mußte der Spender benannt werden. Große Spenden konnten aber gestückelt werden. Auch war es üblich, daß ein „Kapitalsammler" sich regelmäßig mit großen Summen namentlich bekanntgeben ließ, wobei wiederum über die tatsächlichen Hintergründe nichts bekannt wurde. Spenden sind heute bis zu 1 200,— DM pro Person und Jahr (Stand 1984) bei der Einkommen- und Körperschaftsteuer abzugsfähig (Neuregelung durch das Parteienfinanzierungsgesetz vom Dezember 1983). Mitgliederbeiträge und Spenden sind jedoch nicht allein die Hauptquellen der Parteifinanzen. Die Parteien erhalten Mittel aus dem Staatshaushalt. Die Frage ist, ob nicht der „Parteienstaat" von „Staatsparteien" abgelöst wird, wenn die parteigebundenen Abgeordneten ihren Zugriff auf die öffentlichen Haushalte zur gesetzlichen Regelung der Parteienfinanzierung dieser Art nutzen.

Von 1959 bis 1966 erhielten die im Bundestag vertretenen Parteien direkt Mittel aus dem Bundeshaushalt (ab 1964 38 Mill. DM). Diese Regelung wurde am 19. 7. 1966 vom Bundesverfassungsgericht für verfassungswidrig erklärt. Es wies aber gleichzeitig einen Weg:

„Erstattungsfähig sind nur die tatsächlichen Ausgaben, die im unmittelbaren sachlichen Zusammenhang mit dem Wahlkampf stehen. Die laufenden Kosten der Parteien für die Unterhaltung ihrer ständigen Organisation und die Kosten der Tätigkeit, die nicht unmittelbar dem Wahlkampf dient, können nicht erstattet werden."

Die Trennung der Parteifinanzierung von der Wahlkampfkostenfinanzierung ist natürlich auch problematisch. War es bis dahin die Frage, wie die Gelder gerecht an die Parteien verteilt werden sollten (nach Zahl der Bundestagssitze, nach der Zahl der Parteimitglieder; auch für Parteien, die nicht im Parlament vertreten waren?), so mußte jetzt geregelt werden, welche Aufwendungen der Parteien denn nun „im unmittelbaren sachlichen Zusammenhang mit dem Wahlkampf stehen", was „angemessene" Kosten des Wahlkampfes sind, bis zu welchem Stimmenanteil neue Parteien, die am Wahlkampf teilnehmen, einen Anspruch auf Zuschüsse haben, ob es für solche Parteien (z. B. „Grüne") Vorschüsse geben müsse, um die Chancengleichheit zu wahren und was geschehen solle, wenn eine Partei dann nicht in den Bundestag gelangt. Muß sie die Gelder zurückzahlen? Wenn nicht, dann besteht natürlich wieder die Gefahr, daß alle möglichen politischen Gruppierungen erst einmal Wahlkampfkosten kassieren, auch wenn sie gar keine Aussichten haben.

Das Parteiengesetz regelt entsprechend dem Verfassungsgerichtsurteil die „Erstattung der Wahlkampfkosten" (4. Abschnitt). § 18 legt zunächst eine Wahlkampfkostenpauschale fest (5,— DM je Wahlberechtigten). Diese Pauschale wird auf diejenigen Parteien verteilt, die mindestens 0,5 % der abgegebenen gültigen Zweitstimmen im Bundesgebiet erhalten haben oder die – bei Fehlen einer Landesliste – in einem Wahlkreis 10 % der abgegebenen Erststimmen erhielten. Im ersteren Fall bemißt sich der Anteil der Parteien an der Pauschale nach dem Verhältnis der im Wahlgebiet erreichten Zweitstimmen. Bei der zweiten Möglichkeit – Ausnahmeregelung für Splitterparteien – erhält die Partei seit dem 1. 1. 1984 5,— DM je Erststimme im Wahlkreis (anfangs waren es 2,50 DM).

Volksparteien

Obwohl die Regelung im Parteiengesetz als „Erstattung von Wahlkampfkosten" bezeichnet wird, bringt der § 20 faktisch doch die laufende Finanzierung. Denn hier ist bestimmt, daß die Parteien „Abschlagzahlungen" erhalten. Erlaubt ist im zweiten Jahr der Wahlperiode die Auszahlung von 10 %, im dritten Jahr von 15 %, im Wahljahr von 35 % des voraussichtlichen Erstattungsbetrages. Den Rest gibt es dann nach der Bundestagswahl. Welche Bedeutung die Wahlergebnisse für die Parteifinanzen haben, läßt sich besonders gut am Vergleich der Einnahmen nach dem Wahlkampf 1980 mit den Erstattungen aufgrund des Wahlergebnisses vom März 1983 aufzeigen, insbesondere in bezug auf die SPD und die Grünen.

Weltanschauungsparteien

Das Bundesverfassungsgericht hat diese Regelung 1968 für gerechtfertigt erklärt. Sie gehe von dem Grundsatz aus, daß der Wahlkampf praktisch schon am Tage nach einer Wahl beginnt. Die Steigerungsraten sollten der steigenden Intensität der Wahlkampfvorbereitungen und -durchführung Rechnung tragen. Unklar ist noch, ob es die Behandlung der Parteien als gemeinnützige Vereine ab 1984 anerkennt.

Protestparteien

Die gesetzliche Neuordnung im Dezember 1984 hat die politischen Probleme nicht beseitigt. Es sind dies vor allem die Gefahr der „Verstaatlichung" der bestehenden Parteien, also die Stabilisierung des parteipolitischen Status quo. Zugleich wäre das eine Verstärkung der etablierten Machthierarchien. Ohne angemessene Mittel können die Parteien aber ihre vielfältigen Aufgaben nicht wahrnehmen. Den Gefahren können sie wohl nur begegnen, wenn sie sich ihrer bewußt bleiben und möglichst große Offenheit in die Ausgestaltung ihrer Funktionen (z. B. innerparteiliche Demokratie) bringen.

4.3.1.2 Politische Entwicklung und soziale Struktur der Parteien

Die großen Parteien in der Bundesrepublik Deutschland werden zumeist als „Volksparteien" bezeichnet. Dies soll besagen, daß sie sich nicht einer bestimmten Ideologie (Weltanschauung) und auch nicht einer bestimmten sozialen Schicht bzw. nur bestimmten gesellschaftlichen Interessen verpflichtet fühlen, sondern daß sie mehr oder weniger die Interessen aller vertreten wollen. Außerdem gibt es noch die aus der traditionellen parlamentarischen Sitzordnung stammende Unterscheidung zwischen „rechten" und „linken" Parteien.

Für die Beschäftigung mit den Parteien ist es nützlich, zunächst einmal ihre Geschichte vor 1945 bzw. 1933 zu betrachten. Parteien sind in Deutschland als Weltanschauungsparteien entstanden. Die Palette der Weltanschauungen reichte von marxistisch-leninistischen, sozialistischen und sozialdemokratischen bis hin zu christlichen, liberalen, konservativen und nationalistischen Parteien bzw. Parteiflügeln. Auch heute, so scheint es, können die Parteien ihre Vergangenheit nie ganz verleugnen (vgl. Abb. 82).

Die Sozialdemokratische Partei Deutschlands (SPD) hat die längste Parteigeschichte. Sie knüpfte 1945 an ihre Traditionen an. Auch zur FDP führen relativ klare geschichtliche Verbindungslinien. Für KPD und Zentrum galt 1945 ähnliches. Das wichtigste Ereignis in der deutschen Parteigeschichte der Nachkriegszeit ist die Gründung und der erfolgreiche Auf- und Ausbau der „Christlich-Demokratischen Union" (CDU) bzw. ihrer bayerischen Schwesterpartei, der „Christlich-Sozialen Union" (CSU), weil damit der Versuch einer Bündelung „bürgerlicher" politischer Parteirichtungen der Vergangenheit gelungen ist. Daß die Parteien im Spektrum der „Grünen" und „Alternativen" historisch nicht ohne weiteres einzuordnen sind, weist auf die Besonderheiten ihres Protestes („Protestparteien") bzw. die Neuartigkeit ihrer Programmpunkte hin.

CDU

Die Gründung der Union ging hauptsächlich von Berlin, dem Rheinland (Köln) und Bayern (CSU) aus. In Berlin, verbunden mit den Namen JAKOB KAISER und ERNST LEMMER, wurde schon am 22. 6. 1945 der Name „Christlich-Demokratische Union" beschlossen. In Rheinland und Westfalen gründeten ehemalige Anhänger der christlichen

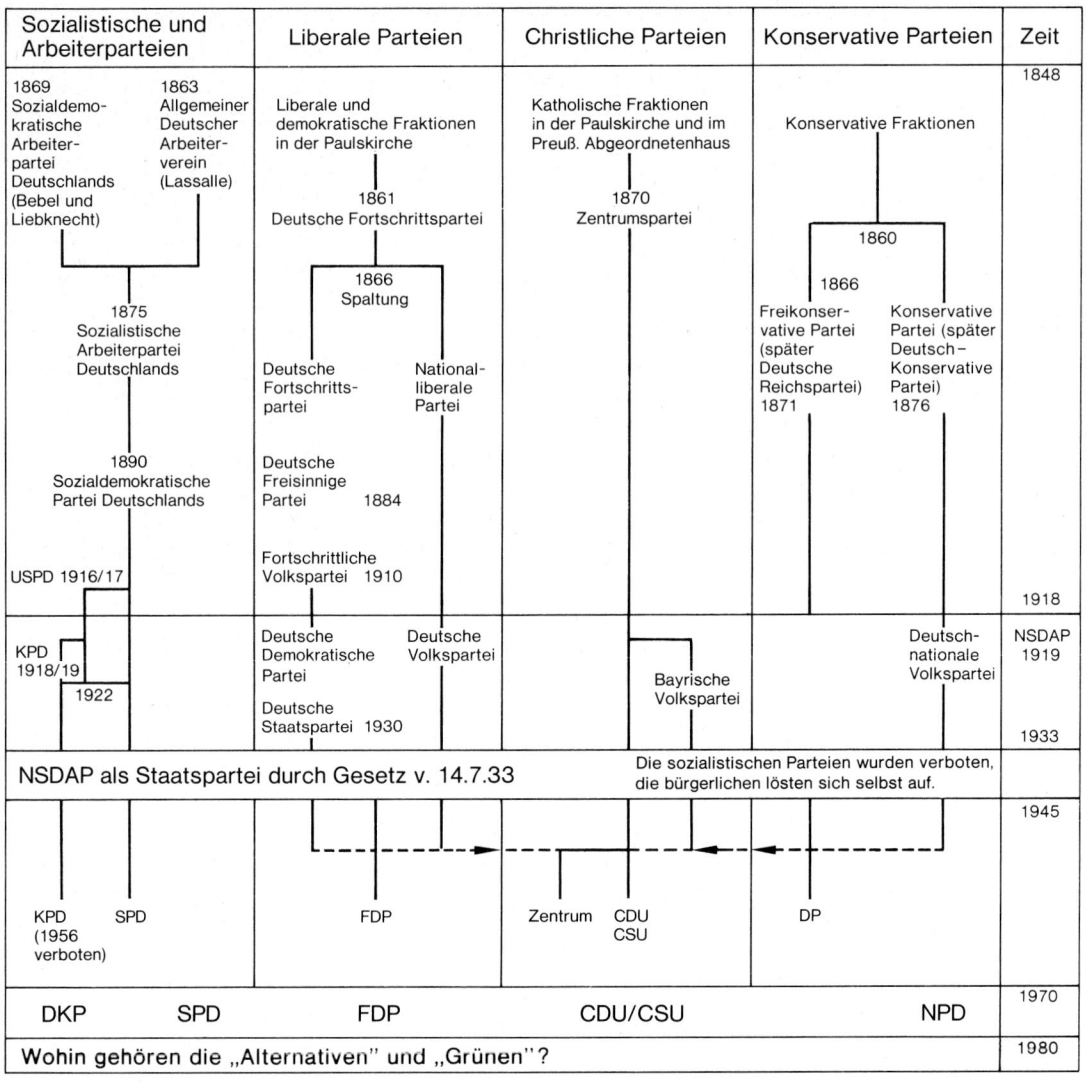

Abb. 82: Parteien im Deutschen Reich und die Verbindungslinien zu den Parteien von 1980

Gewerkschaften und der Zentrumspartei, in Abkehr von ihrer rein katholischen Parteitradition, am 2. und 3. 9. 1945 die „Union". Sie vereinigte Katholiken und Protestanten, Konservative und Liberale, Arbeiter, Angestellte und Unternehmer, Beamte und ehemalige Offiziere. Die Führung der verschiedenen Parteigruppierungen ging bis 1949 immer mehr an die CDU in der britischen Zone unter ihrem Vorsitzenden ADENAUER über. Sie war als einzige CDU-Gruppe auf Zonenebene organisiert. Mit der CSU in Bayern wurde im Februar 1947 in Königstein eine „Arbeitsgemeinschaft CDU/CSU Deutschland" gegründet. Die Zusammenarbeit mit der CDU in der Ostzone erlosch bald aufgrund der dortigen Entwicklung. Die Berliner Gründungsmitglieder verloren an Einfluß auf die Partei, konzentrierten

Arbeits-
gemeinschaft
CDU/CSU

sich allein auf West-Berlin oder gingen in das Bundesgebiet.

Bei den Wahlen zum 1. Deutschen Bundestag im August 1949 war die CDU formell noch keine Bundespartei. Diese konstituierte sich erst endgültig auf dem 1. Bundesparteitag in Goslar (20.–22. 10. 1950). ADENAUER, der schon ein Jahr lang Bundeskanzler war, wurde zum Vorsitzenden der Gesamt-CDU gewählt. Diese Abfolge wurde für die Partei kennzeichnend. Von den Notwendigkeiten der Regierungsverantwortung und nicht von der Partei gingen die wesentlichen Impulse aus.

ADENAUER und die von ihm geführten Bundesregierungen erwiesen sich in den ersten 15 Jahren der Bundesrepublik Deutschland als die stärkste

Konrad Adenauer (1876–1967) war in der Weimarer Republik Mitglied der Zentrumspartei, seit 1917 Oberbürgermeister von Köln und 1920–1932 Präsident des preußischen Staatsrates. 1933 wurde er aus allen Ämtern entlassen. 1945 war er Mitbegründer der CDU in Köln, 1948/49 Präsident des Parlamentarischen Rates, 1949–1963 Bundeskanzler.

Abb. 83: Adenauer, erster Parteivorsitzender, auf dem 1. Gesamtparteitag der CDU am 20. 10. 1950

Klammer der CDU. Wie schon bei ADENAUER gab es auch bei seinen Nachfolgern als Bundeskanzler, ERHARD und KIESINGER, die im parlamentarischen Regierungssystem häufige Personalunion von Kanzlerschaft und Parteiführung. Von 1949 bis 1969 bestand angesichts der Dominanz der Regierungsverantwortung vor der Partei praktisch eine „Identifikation zwischen Regierung und Regierungspartei". Verschiebungen des Kräfteverhältnisses zwischen Kanzler und Partei in den sechziger Jahren erfolgten zugunsten der CDU/CSU-Fraktionsführung im Bundestag. Dies wurde noch stärker, als die Partei nach der Bundestagswahl 1969 durch die Bildung der sozialliberalen Regierung in die Opposition gedrängt wurde. Die frühere Beschränkung der Partei auf die Funktion eines Wahlkampfverbandes, der Verlust der zur Selbstverständlichkeit gewordenen Rückgriffsmöglichkeit auf die Regierungsmaschinerie und auf die Experten des Beamtenapparates, stellten die Partei Anfang der siebziger Jahre vor beträchtliche Schwierigkeiten. Diese suchte sie zunächst dadurch zu bewältigen, daß sie die sofortige Rückkehr in die Regierung anstrebte (s. S. 222). Erst der überzeugende Wahlsieg des SPD-Bundeskanzlers WILLY BRANDT über den Kanzlerkandidaten der Union und Fraktionsvorsitzenden RAINER BARZEL von 1972 bewirkte, daß unter der Führung des neuen Parteivorsitzenden HELMUT KOHL durchgreifende Reformen in der Parteiorganisation und -programmatik unternommen wurden. Als parlamentarische Opposition im Bundestag (bis 1982) und in der Politik der von der Union geführten Landesregierungen hat die CDU ihre primäre Orientierung auf Regierung und Staat hin immer in den Vordergrund gerückt. Nicht zuletzt dadurch gewann sie Geschlossenheit in den Wahlkämpfen und erzielte aus der Opposition heraus bis zur erneuten Regierungsübernahme am 1. 10. 1982 bedeutende Wahlerfolge, die sie schon 1976 wieder, und erst recht 1983, zur stärksten Partei im Bundestag machten.

Aber die CDU ist in dieser Phase auch eine echte Mitgliederpartei geworden. Stärker als jede andere Partei vereinigt sie in sich einflußreiche soziale Gruppierungen, deren Interessenlagen durchaus gegensätzlich sind.

Innerhalb der CDU spielen „Vereinigungen" nach § 38 des Parteistatuts und andere organisatorisch parteiunabhängige, jedoch innerhalb der Willensbildung der Partei stets präsente Organisationen eine gewichtige Rolle. Dies gilt natürlich in erster Linie für die Personalpolitik, es gilt aber auch für die Sachpolitik, bei der die Vereinigungen konkurrieren. Sie wurden jedoch in den vergangenen Jahrzehnten stets „durch Proporz bei Personalentscheidungen und ein Subventionsverteilungssystem bei Sachentscheidungen"

Personalunion

Vereinigungen

Mitglieder-partei

Soziale Struktur der CDU 1983 in % (nach Fischer-Weltalmanach '84, S. 307, Diercke-Weltstatistik 82/83, S. 28).

Männer	78,5	(1971: 86,16)
Frauen	21,5	(1971: 13,84)
Arbeiter		10,4
Angestellte		28,0
Beamte		12,3
Selbständige		24,6
Rentner		4,9
Studenten, Schüler, Lehrlinge		6,3
Hausfrauen		11,0
Katholiken		59,1
Protestanten		34,4

Mitglieder insgesamt (30. 4. 1983): 732 337; (Ende 1981: 705 116)

(KAACK) integriert. Vereinigungen sind (nach KAACK/ROTH, Handbuch I, 1980) die Sozialausschüsse der Christlich-Demokratischen Arbeitnehmerschaft (CDA) mit 1979 110000 Mitgliedern, von denen 88% der CDU direkt angehören; die Mittelstandsvereinigung mit 20000 Mitgliedern; die Frauenvereinigung, deren Anteil in den siebziger Jahren stark stieg; die Kommunalpolitische Vereinigung der CDU und CSU; die Union der Vertriebenen und Flüchtlinge in der CDU/CSU und die Junge Union, als „selbständige Vereinigung der Jungen Generation" (bis 35 Jahre) der CDU und CSU. Die Mitgliedschaft wurde am 1. 8. 1981 mit 260451 angegeben. Zu den wichtigsten parteiintegrierten weiteren Organisationen zählen der Wirtschaftsrat der CDU e.V., dessen Mitgliedschaft Ende 1978 auf 5500 geschätzt wurde; der Evangelische Arbeitskreis der CDU/CSU; der Bundesfachausschuß für Agrarpolitik und der Ring Christlich-Demokratischer Studenten (RCDS).

Die bloße Aufzählung derartiger Vereinigungen besagt natürlich wenig über ihr tatsächliches Gewicht. Interessant ist die offene Struktur dieser Partei, in der auch Nicht-Mitglieder an der Willensbildung teilnehmen.

> *„Vereinigungen sind organisatorische Zusammenschlüsse mit dem Ziel, das Gedankengut der CDU in ihren Wirkungskreisen ... zu vertreten sowie die besonderen Anliegen der von ihnen repräsentierten Gruppen in der Politik zu wahren."*
>
> (§ 39 des CDU-Statuts)

Seit der Erhardschen Wirtschaftspolitik (s.S. 164) besitzen unternehmerische und mittelständische Interessen innerhalb der Partei ein erhebliches Gewicht. Auch in der Opposition deutete z.B. die Stellungnahme der Partei 1971 in der Mitbestimmungsfrage darauf hin, daß sich der Unternehmerflügel gegenüber den Sozialausschüssen durchsetzte. Schließlich ist ein Einfluß der Kirchen auf Positionen der Partei unverkennbar. Es ist aber richtiger, nur von tendenziellen Übergewichten zu sprechen, da die CDU über mehr als 35 Jahre hinweg ihren Charakter als „Volkspartei" erhalten konnte.

CSU

Obwohl die „Christlich-Soziale Union" (CSU) fast immer mit der CDU zusammen genannt wird (CDU/CSU) und auch sehr ähnliche weltanschauliche und gesellschaftspolitische Grundlagen hat,

besitzt sie in parteiorganisatorischer und auch in programmatischer Hinsicht ein eigenes Profil und Gewicht. Sie hatte am 1. 6. 1983 182218 Mitglieder.

In Bayern hatten nach dem Zusammenbruch 1945 ehemalige Mitglieder der Bayerischen Volkspartei, der christlichen Bauernvereine, der christlichen Gewerkschaften und vor allem auch der ehemalige Zentrumsabgeordnete, Führer der christlichen Gewerkschaften in der Weimarer Republik, preußischer Ministerpräsident und Reichsarbeitsminister, ADAM STEGERWALD, die Initiative zur Gründung einer „Union" ergriffen. Der Parteiname „sozial" kennzeichnet die Position der Gründer, obwohl das Grundsatzprogramm der CSU vom Dezember 1946 im Gegensatz zum „Ahlener Programm" der rheinischen CDU vom Februar 1947 keine Sozialisierungsforderungen enthielt. Der aus der Widerstandsbewegung kommende JOSEF MÜLLER wurde 1946 zum ersten Landesvorsitzenden gewählt.

Als sich 1950 die CDU als Bundespartei konstituierte, blieb die CSU selbständig. Seit dem Frankfurter Wirtschaftsrat (s.S. 139/159) gibt es aber die auch heute noch praktizierte „Fraktionsgemeinschaft" mit der CDU. Unter ADENAUER als Bundeskanzler war dies die primäre Orientierung. Seit der Wahl von FRANZ JOSEF STRAUSS zum Vorsitzenden der CSU (1961) und vor allem den Bundestagswahlkämpfen bis 1983 um die Wiedererlangung der 1969 verlorengegangenen Regierungsmacht, hat die CSU als Partei stetig an

Bayerischer Ministerpräsident. Mitglied im Wirtschaftsrat (1948/49), im Bundestag (1949–78). 12 Jahre Bundesminister

*Abb. 84: Franz Josef Strauß, *6. 9. 1915 München*

Abb. 85: Die vier Bundesgeschäftsführer der im Deutschen Bundestag vertretenen Parteien im Februar 1980 bei der Vorbereitung eines Wahlkampfabkommens. Von links Verheugen (FDP), Geissler (CDU), Stoiber (CSU) und Bahr (SPD).

Profil gegenüber der CDU gewonnen. Die beträchtlichen personellen und programmatischen wie taktischen Schwierigkeiten der CDU in der Oppositionsrolle von 1969 bis 1982 erhöhten den Einfluß der von STRAUSS straff geführten und in Bayern sehr erfolgreichen CSU (sie errang z.B. in der Bundestagswahl 1983 in Bayern 59,5% der Zweitstimmen) auf die personellen und politischen Entscheidungen der CDU/CSU-Oppositions-Fraktion im Bundestag. 1976 kündigte die CSU in Kreuth sogar die Fraktionsgemeinschaft mit der CDU auf, mied aber den Bruch. 1980 war STRAUSS gemeinsamer Kanzlerkanditat. In der 2. Regierung von Bundeskanzler KOHL ist sie mit 5 Ministern stärker als der Koalitionspartner FDP vertreten.

CSU-Freundes-kreise

Kreuth

Gegenüber der CDU ist das Parteiprogramm der CSU stärker föderalistisch, konfessionell und konservativ orientiert. Über die soziale Struktur der Partei (1977) ist Folgendes bekannt (nach KAACK/ROTH, Handbuch 1980, S. 95 in %):

Überwindung der Spaltung

Arbeiter	14
Angestellte	20
Beamte	12
Selbständige	32
Rentner	6
Hausfrauen	4
In der Ausbildung	4
Anteil der Frauen	13 (1980)

Eine Statistik über die Berufsgruppenschichtung der CSU-Fraktion im 9. Bundestag weist nach,

daß dort „parteibezogene Berufstätigkeiten" (23%) und Angehörige des öffentlichen Dienstes, ohne Lehrer und Wissenschaftler (23%), dominieren vor Unternehmern, Selbständigen, Leitenden Angestellten (13,0%) und Rechtsanwälten (11,5%) (KAACK, Z Parl. 2/81, S. 185).

Daß die politische Richtung der CSU unter STRAUSS durchaus als etwas Eigenständiges empfunden wird, zeigte die Bildung sog. „CSU-Freundeskreise" in Bundesländern, in denen es an sich nur die CDU gibt. Zwar hat die CSU selbst diese Freundeskreise nie offen gefördert, jedoch spielte die Frage einer Ausdehnung der CSU als Partei für das gesamte Bundesgebiet neben der CDU 1972, 1977 und 1979 eine Rolle.

SPD

Die „Sozialdemokratische Partei Deutschlands" (SPD) wurde nach dem Zusammenbruch 1945 wiedergegründet, nicht neugegründet. Die Parteiorganisation konnte dabei auf die traditionelle Verbundenheit ihrer Mitglieder auch in der Zeit der Unterdrückung (1933–45) aufbauen. Die Wiedergründung wurde allerdings durch die Zoneneinteilung Deutschlands bald zu einem Prozeß der Spaltung.

Die wichtigsten Gründungsgruppen, die sich im Oktober 1945 in Hannover zu einer „Reichskonferenz" trafen, waren der „Zentralausschuß" aus Berlin unter der Führung von OTTO GROTE-WOHL (s. S. 283), die von KURT SCHUMACHER in Hannover wiedergegründete SPD und der aus emigrierten Parteiführern bestehende Vorstand der Partei, der seinen Sitz zunächst in Prag, dann in Paris und schließlich in London hatte. Vorsitzender war 1945 ERICH OLLENHAUER.

Daneben bestanden zahlreiche lokale Parteiaktivitäten, die – vor allem noch unter dem Eindruck der gemeinsamen Unterdrückung im NS-Staat – nach einer einheitlichen Partei sozialdemokratischer und kommunistischer Arbeiter, Angestellter und Gewerkschaftler strebten. Für alle diese Bestrebungen wurde – abgesehen von der ablehnenden Haltung der westlichen Besatzungsmächte – von entscheidender Bedeutung, daß sich die SPD in der sowjetischen Besatzungszone unter GROTEWOHLS Führung im April 1946 unter dem Druck der Sowjets mit der KPD (PIECK, ULBRICHT) zur „Sozialistischen Einheitspartei Deutschlands" (SED) zusammenschloß (s.S. 284). In den Berliner Westsektoren wurde eine solche Vereinigung mit überwältigender Mehrheit abgelehnt; KURT SCHUMACHER und die SPD-Führungen in den Westzonen wandten sich ebenfalls eindeutig dagegen.

Im Mai 1946 fand unter diesen Vorzeichen der 1. Nachkriegsparteitag der Gesamtpartei in den Westzonen statt. SCHUMACHER wurde zum Vorsitzenden, OLLENHAUER zum stellvertretenden Vorsitzenden der SPD gewählt. Die Ereignisse in der Ostzone und Berlin führten sehr bald zur Herausbildung einer klaren antikommunistischen Linie, die – wenn auch nicht unumstritten – die Politik der SPD in der Bundesrepublik Deutschland nachhaltig bestimmte. Die Anfänge wurden entscheidend von KURT SCHUMACHER geprägt, der nicht nur in bezug auf die Zusammenarbeit mit Kommunisten, sondern auch in bezug auf die nationale Frage und die des Sozialismus ganz von den Erfahrungen in den letzten Jahren der Weimarer Republik bestimmt war.

Erster Vorsitzender der SPD nach 1945. Führer der parlamentarischen Opposition 1949–1952

Abb. 86: Kurt Schumacher 1895–1952

> Kurt Schumacher (1895–1952) war im I. Weltkrieg Offizier und gehörte, schwerkriegsbeschädigt, vor 1933 zum rechten Flügel der SPD. Von den zwölf Jahren nationalsozialistischer Herrschaft verbrachte er zehn Jahre im Konzentrationslager.

Kanzlerpartei

Sozialismus

Unter dem bestimmenden Einfluß SCHUMACHERS versuchte die SPD, „den Sozialismus zur Angelegenheit des ganzen Volkes zu machen" und sich der früher gering geschätzten nationalen Frage stärker zuzuwenden.

Parteiapparat

Im Gegensatz zur CDU dominierte bei der SPD in den ersten zehn Jahren gemäß parteipolitischer Tradition der „Apparat", d.h. die Funktionäre und gewählten Mandatsträger. Erst allmählich ge-

wannen die wahl- und parlamentspolitischen Zielsetzungen der Fraktion im Bundestag Einfluß auf Politik und Struktur der Gesamtpartei. Das Gewicht hauptamtlicher Funktionäre in der Partei- und Fraktionsführung wurde geringer. Selbst der traditionelle gewerkschaftliche Einfluß schwächte sich ab. So kam im November 1966 der Entschluß der führenden SPD-Gremien, nach 17 Jahren parlamentarischer Opposition und schärfster parteipolitischer Gegnerschaft, mit CDU/CSU zusammen eine Bundesregierung zu bilden, trotz heftiger innerparteilicher Opposition zustande. Dieser Beschluß gewann erhebliche Bedeutung für Bildung und Erstarken der APO („außerparlamentarische Opposition").

Die Regierungsübernahme 1969 verschob die Gewichte naturgemäß noch stärker. Politische Grundentscheidungen fielen durch oberste Parteiinstanzen, die überwiegend aus Regierungsmitgliedern, den Spitzen der Bundestagsfraktion und Mitgliedern der SPD-Landesregierungen bestanden. Dennoch ist die SPD nie wie die CDU in ihren ersten Jahren zu einer reinen „Kanzlerpartei" geworden. Innerparteiliche Aktivität und Kritik, Versuche, die Regierungen durch Parteitagsbeschlüsse zu binden, blieben nach wie vor stark. Zu den wachsenden Spannungen zwischen sozialliberaler Koalitionsregierung und sozialdemokratischer Partei 1982 trugen nicht zuletzt die Beschlüsse des Münchener SPD-Bundesparteitages vom April 1982 bei. Nach dem Sturz von Kanzler HELMUT SCHMIDT (1974–1982) und insbesondere nach der deutlichen Wahlniederlage am 6. 3. 1983 (s. S. 211) steht die Partei erneut vor der Frage des Machtgleichgewichts zwischen Parteiorganisation und Bundestagsfraktion.

Die soziale Struktur der SPD-Mitgliedschaft hat sich seit den fünfziger Jahren stark verändert (das Zahlenmaterial liegt für diese Partei vollständiger vor als bei den anderen).

Mitglieder insgesamt (1. 4. 1983) 940 231, davon (Januar 1982) 23,28% Frauen, in %

	(1952)	1982/83
Arbeiter	(45)	28,11
Angestellte	(17)	25,03
Beamte	(5)	10,18
Selbständige	(14)	4,66
Rentner	(12)	8,55
Hausfrauen	(7)	11,70
Lehrlinge, Schüler	(—)	1,66
Studenten	(—)	8,43

(nach Z Parl. 1/1974; Fischer-Weltalmanach '84; Diercke Weltstatistik 82/83)

Volkspartei

Die SPD ist in dem Sinne eine „Volkspartei", als sie in ihrer Mitgliederstruktur eher noch als die CDU die tatsächliche Bevölkerungsstruktur widerspiegelt. Für sie gilt allerdings genauso wie für alle anderen Bundestagsparteien, daß Mandatsträger und gewählte Führungen primär aus Berufspolitikern im weitesten Sinne und Angehörigen des öffentlichen Dienstes bestehen.

Die großen sozialen Gruppen haben nicht, wie bei der CDU die „Vereinigungen", ein deutliches Eigenprofil innerhalb der Partei. In der SPD gibt es nur „Arbeitgemeinschaften" ohne organisatorische Eigenständigkeit.

Arbeitsgemein-schaften

Zu den Arbeitsgemeinschaften gehören die „Arbeitsgemeinschaft Sozialdemokratischer Juristen" (ASJ), die bildungspolitische Arbeitsgemeinschaft (AfB), die „Arbeitsgemeinschaft Frauen in der SPD" (AsF). Typisch erscheint in diesem Zusammenhang, daß in der Partei, die einmal eine Arbeiterpartei war, zur Wahrung der besonderen Interessen der Arbeitnehmer 1973 eine „Arbeitsgemeinschaft für Arbeitnehmerfragen" (AfA) gegründet wurde. Die „Arbeitsgemeinschaft Selbständige· in der SPD" spielt – gemessen am „Wirtschaftsrat der CDU" – nach wie vor eine eher untergeordnete Rolle.

„Jusos"

Den Status einer Arbeitsgemeinschaft haben auch die „Jungsozialisten in der SPD" (1983 270 000 Mitglieder). Hier handelt es sich um eine Zusammenfassung der „jüngeren" Mitglieder der Partei (bis 35 Jahre). Die „Jusos" hatten, vor allem

seit der Bildung der großen Koalition 1966, ein deutliches Eigenprofil gewonnen. Dabei ging es nicht nur in Kontroversen mit der Gesamtpartei um aktuelle Fragen, sondern noch mehr um den Stellenwert marxistischer Positionen und um Bündnisse mit anderen politischen Gruppen im Rahmen von Kampagnen und Bewegungen, z.B. der „Friedensbewegung" und der „Anti-Kernkraft-Bewegung". In den achtziger Jahren verloren die „Jusos" wieder an Eigengewicht, teils infolge der Dominanz der Regierungspolitik, teils durch die Erfolge der „Grünen" und „Alternativen" bei den jüngeren Bürgern.

FDP

Bei dem anscheinend unaufhaltsamen Konzentrationsprozeß in Richtung auf die beiden großen Parteien (s. S. 188 f.) hatte sich lediglich die „Freie Demokratische Partei" (F.D.P) als widerstandsfähige kleinere Partei erwiesen. Die Gründung dieser Partei nach dem Zusammenbruch 1945 knüpfte an liberale und nationale Traditionen vor allem in Südwestdeutschland und in Hessen an. THEODOR HEUSS, der erste Bundespräsident, und REINHOLD MAIER sind für diese liberale Tradition bedeutende Repräsentanten gewesen. Im übrigen wurde und wird die FDP in den einzelnen Ländern von Wählern und Mitgliedern mit z.T. unterschiedlichen politischen Vorstellungen und Interessen getragen. Dabei können durchaus die traditionellen Elemente eines eher „rechten" (wirtschaftsliberalen, früher auch: „nationalliberalen") und eines eher „linken" (sozialen; früher „fortschrittlich", „freisinnig") Liberalismus erkannt werden. War diese Partei im Regierungsbündnis mit der CDU unter ADENAUER und ERHARD eher von Vertretern des „rechten" politischen Liberalismus bestimmt, so bedeutete der Parteivorsitz des späteren Bundespräsidenten SCHEEL nicht nur die Vorbereitung eines Regierungsbündnisses mit den Sozialdemokraten infolge großer Übereinstimmungen in der Ostpolitik, sondern auch das Hervortreten eines „linken" politischen Liberalismus. Er wurde ab 1969 Mitträger der „Politik der inneren Reformen" und profilierte sich vor allem bei der Liberalisierung des Rechts in der Bundesrepublik Deutschland. War die FDP bis zu dieser Phase mehr eine Honoratioren-Partei, so erhielt sie spätestens seit dem „Freiburger Programm" von 1971 ein parteipolitisches Profil, das sie vor allem für die wachsende Schicht der Angestellten und „mittleren Führungskräfte" (neben Beamten und selbständigem Mittelstand) und für jüngere Wähler attraktiv machte.

Die FDP hatte Ende 1981 86 800 Mitglieder, davon 24 % Frauen.

Sozialstruktur der Parteimitglieder 1977 in %

Arbeiter	5	Rentner	12
Angestellte	30	Hausfrauen	11
Beamte	14	in der Ausbildung	9
Selbständige	19		

(nach Kaack/Roth, Handbuch, 1980, S. 95)

Ende der siebziger Jahre war, insbesondere in der Wirtschafts- und Gesellschaftspolitik, nicht zu übersehen, daß die soziale Struktur der Wähler, besser verdienende Angestellte, Beamte und Selbständige, einen bestimmenden Einfluß auf die Politik der FDP erhielt. Dies war offensichtlich eine Folge davon, daß die FDP zwischen den beiden großen Parteien ständig um Profil und Wählerstimmen ringen muß und mit dem Aufkommen der „Grünen" noch von dritter Seite her in die Gefahr geriet, keine wahlpolitisch bedeutsamen Strömungen und Interessen im Volk mehr direkt anzusprechen. Ihre Rolle als „Zünglein an der Waage" in der Bundesrepublik Deutschland ist für die Erhaltung dieser Partei gleichermaßen günstig und gefährlich. Dies zeigte sich beim Bruch der sozialliberalen Koalition im September 1982. Die insbesondere vom wirtschaftsliberalen („rechten") Flügel der FDP-Bundestagsfraktion und FDP-Ministern für notwendig gehaltene „Wende" hin zu einem Bündnis mit der CDU/CSU wurde, da Bundeskanzler SCHMIDT (SPD) die Initiative zum Bruch mit den FDP-Ministern ergriff (17. 9. 82), zu einer fundamentalen Krise der Partei. Das neue Regierungsbündnis mit der CDU/CSU unter Kanzler KOHL ab 1. 10. 1982 wurde zwar durch den Wähler in der Bundestagswahl vom 6. 3. 1983 honoriert, der Partei gelang mit 7,0 % der Zweitstimmen wieder der Einzug in Bundestag und Bundesregierung. Die Landtagswahlen, in denen die FDP keine „Leih-Stimmen" von CDU-Wählern erhalten konnte, zeigten jedoch, daß die Partei 1983 zu einer Splitterpartei (3–4½%) zu werden drohte. Inwieweit die Hessenwahl (Sept. 1983) den Trend umkehrte, muß die Zukunft erweisen.

„Zünglein an der Waage"?

Wende

Andere Parteien

Die weiteren Parteien in der Bundesrepublik Deutschland stellten bis zum Hervortreten der „Grünen" Versuche dar, die politischen Flügel „rechts" und „links" zu organisieren. Das Auftreten der „Grünen" und „Alternativen" hat gezeigt, daß auch die mangelnde Beachtung wichtiger gesellschaftspolitischer Fragen durch die etablierten drei Parteien über Bürgerinitiativen zu neuen Parteien führen kann. Ob und inwieweit die neuen Parteien erfolgreich sind, hängt offensichtlich vor allem davon ab, ob und inwieweit es den Etablierten gelingt, neue Sachthemen, Interessen, Kräfte und Bewegungen in sich zu integrieren. Dies schien schon eine Woche nach der Bundestagswahl 1983 das Wahlergebnis der SPD in Schleswig-Holstein (13. 3. 1983) zu bestätigen.

Ein weiteres konstituierendes Moment für eine Parteibildung kann die besondere Betonung der Eigenarten eines Landes sein. Ein Beispiel hierfür war die nach 1945 in Bayern zunächst recht starke „Bayernpartei", die jedoch in den fünfziger Jahren von der CSU vollkommen an den Rand gedrängt wurde.

Den Versuch, rechtsstehende politische Gruppierungen zu sammeln, stellte die 1964 gegründete „Nationaldemokratische Partei" (NPD) dar. Vor ihr waren die Deutsche Partei (DP) als hannoversche Regionalpartei, die auch im Parlamentarischen Rat vertreten gewesen war, und die Deutsche Reichspartei gescheitert. Die NPD erzielte Mitte der sechziger Jahre einerseits bei älteren Jahrgängen, die dem nationalsozialistischen Gedankengut verhaftet geblieben waren, andererseits bei „Protestwählern" aller Jahrgänge, deren Motivation am besten durch die Begriffe „Nation", „Ordnung" und „Krisenfurcht" gekennzeichnet sind, Erfolge bei einigen Landtagswahlen. Nachdem es ihr nicht gelungen war, im Zeichen des Wirtschaftsaufschwunges nach 1967 bei der Bundestagswahl von 1969 Mandate zu erringen – sie erreichte aber immer noch 4,3 % der Zweitstimmen –, verlor die NPD schnell wieder an Bedeutung. Für die achtziger Jahre muß sie als politisch bedeutungslos bezeichnet werden. Es gelang ihr auch nicht, in den Krisenjahren 1974/75 und zur Bundestagswahl von 1980 irgendwelche nennenswerte Erfolge zu erzielen (Mitglieder 1982 10 000).

Auf dem linken Flügel des parteipolitischen Spektrums stand nach dem KPD-Verbot von 1956 viele Jahre lang die „Deutsche Friedens-Union" (DFU). Sie scheiterte aber stets an der 5 %-Klausel.

Mitte der sechziger Jahre wurde ein „Initiativausschuß" für die Wiederzulassung der KPD gegründet. Auch kam es zu verstärkten Aktivitäten der verbotenen KPD. Am 25. 8. 1968 wurde dann

DKP

aber die „Deutsche Kommunistische Partei" (DKP) gegründet. Programmatische Aussagen oder Begriffe, die das Bundesverfassungsgericht 1956 im KPD-Verbotsurteil als Beweis für die Verfassungswidrigkeit der KPD gewertet hatte, wurden vermieden.

Nach eigenen Angaben hatte die DKP bei ihrem 1. Parteitag im April 1969 22 000 Mitglieder (Mai 1983 rd. 50 000 Mitglieder). Ihre Jugendorganisation ist die „Sozialistische Deutsche Arbeiterjugend" (SDAJ), ihre Studentischen Organisationen sind der Marxistische Studenten-Bund (MSB) „Spartakus" und die DKP-Hochschulgruppen.

Die Nähe zur SED der DDR ist unübersehbar. Denn die DKP bezeichnet sich als eine „Kampforganisation", „die die fortschrittlichsten und klassenbewußtesten Kräfte der Arbeiterklasse in sich vereint. Sie gründet ihre ganze Tätigkeit auf die Theorien von MARX, ENGELS und LENIN. Die Weltanschauung des Kommunismus ist der Marxismus-Leninismus, für dessen freie Verbreitung die DKP kämpft. Sie setzt die revolutionäre Tradition der deutschen Arbeiterklasse fort …" (Thesen zum 2. Parteitag 1971). Orientiert ist die DKP an KPdSU und SED, nicht an den eurokommunistischen Parteien Italiens und Spaniens.

In den Wahlen blieb sie ohne Chancen. Ihre geringen Prozentanteile werden durch die „Alternativen" und „Grünen" noch weiter geschmälert. Die DKP ist deshalb zur Erlangung eines politischen Wirkungsgrades auf „Bündnisse" mit „antikapitalistischen Kräften" entsprechend der „Stamokap-Theorie" (der kapitalistische ist „Agent der Monopole") angewiesen und versucht vor allem, im Rahmen der „Friedensbewegung" und der „AKW-Bewegungen" eine Rolle zu spielen.

Die Grünen

Protest-
bewegungen
Dauer-
haftigkeit

Die ökologischen und alternativen Bewegungen, die sich zunächst allein als „Bürgerinitiativen" oder „Protestbewegungen" gebildet hatten, begannen Anfang der achtziger Jahre nach immer neuen internen Auseinandersetzungen, sich als Parteien zu konstituieren und an den Landtagswahlen mit Erfolg (seit Bremen 1981), an der Bundestagswahl 1980 ohne Erfolg teilzunehmen. Als „Partei", die im Januar 1980 bundesweit gegründet wurde (Ende 1981 22 500 Mitglieder), waren sie gezwungen, ihre Orientierung an einem Ziel („one purpose movement") aufzugeben und politische Programme zu entwickeln, um überhaupt zu den bestehenden großen Parteien in Konkurrenz treten zu können. Damit waren er-

Abb. 87: Grüne im Bundestag. Das parlamentarische Experiment einer parlamentarismuskritischen sozialen Bewegung

hebliche Schwierigkeiten verbunden, da das Engagement für den Umweltschutz, gegen die Kernkraft, für den Frieden, jeweils sehr unterschiedliche Gruppen vereinte, die im übrigen sehr unterschiedliche Vorstellungen von der Gestaltung der gesellschaftlichen und wirtschaftlichen Verhältnisse hatten. Deshalb schienen die Chancen der „Grünen" und „Alternativen" – die in den verschiedenen Ländern und Wahlen mit unterschiedlichen Parteibezeichnungen teilgenommen hatten – zunächst recht gering zu sein. Die Landtagswahlen 1982 brachten ihnen jedoch weitere Wahlerfolge (Hamburg, Hessen). In den Bundestag gelangte die Partei der „Grünen" 1983 mit über 2 Mill. Stimmen (5,6%), so daß vorerst von einer Neustrukturierung des Parteiensystems gesprochen werden muß. Wieweit hier selbst den großen Parteien eine echte und dauerhafte Konkurrenz erwächst, entscheidet sich zunächst an der Frage, wie eine immer noch recht spontane Bewegung die Möglichkeiten und die Grenzen parlamentarischer Politik zugleich nutzen und akzeptieren kann, ohne daß sich die „Basis" abwendet. Außerdem befindet sie sich in ständiger politischer Konkurrenz, da die großen Parteien sich die Themen der Grünen aneignen werden und damit ihre Integrationskraft wieder erhöhen.

4.3.1.3 Entwicklung und Bedeutung des Parteiensystems

Konzentrationsprozeß

Das Parteiensystem der Bundesrepublik Deutschland ist durch einen jahrzehntelangen Konzentrationsprozeß gekennzeichnet, der bereits mit der Gründung der Christlich-Demokratischen Union 1945 beginnt und bis in die achtziger Jahre hinein anhält. In der Weimarer Republik hatte es dagegen stets eine Vielzahl von Parteien gegeben.

Ein Blick auf die Mandatsverteilung im 1. Deutschen Bundestag (1949–1953) zeigt, daß auch in der Bundesrepublik Deutschland zunächst an die traditionelle Parteienstruktur angeknüpft wurde. Erst 1961 hatte sich das Drei-Parteiensystem im Deutschen Bundestag durchgesetzt.

Der in den fünfziger Jahren einsetzende, 1960 abgeschlossene und bis zum Beginn der achtziger Jahre anhaltende Konzentrationsprozeß im Parteiensystem der Bundesrepublik Deutschland ist also ein eigenständiges Ergebnis der politischen und gesellschaftlichen Entwicklung nach dem Zusammenbruch des Deutschen Reiches. Die Bundesrepublik Deutschland weist damit heute Merkmale des angelsächsischen Regierungssystems (Großbritannien, USA) auf.

Gründe

Die Gründe für einen solchen Prozeß der Konzentration im Parteiensystem sind vielfältig und in der Wissenschaft ebenso diskutiert wie umstritten. Sicher ist zunächst einmal, daß rechtliche Gründe eine Rolle spielten, und zwar die Parteienverbote, die 5%-Klausel im Wahlrecht und die Parteienfinanzierung. Weiter muß daran erinnert werden, daß schon die Gründung der CDU eine Konzentration im Bereich der bürgerlichen Parteien darstellte. Hinzu kommen gesellschaftspolitisch-ideologische Gründe, nämlich der weitgehende Verzicht auf eine engere ideologische oder konfessionelle Programmatik mit einer einzigen, aber wichtigen Ausnahme: Der „Antikommunismus" im Zeichen des Kalten Krieges, aber auch darüber hinaus, muß als eine prägende Komponente der Entwicklung des Parteiensystems angesehen werden. Hierzu darf auch gerechnet werden, daß infolge der Entwicklung in der Ostzone jede Art von Sozialismus diskreditiert war und

Mandatsverteilung/Parteien im Reichstag nach der Wahl vom 20. 5. 1928

Partei	Sitze
Nationalsozialistische Deutsche Arbeiterpartei (NSDAP)	12
Deutschnationale Volkspartei (DNVP)	78
Deutsches Landvolk (Christlich-nationale Bauern- und Landsvolkpartei)	9
Deutsche Volkspartei (DVP)	45
Wirtschaftspartei (Reichspartei des deutschen Mittelstandes)	23
Deutschhannoversche Partei	4
Bayerische Volkspartei	17
Zentrumspartei (Christliche Volkspartei)	61
Deutsche Bauernpartei (Bayer. Bauern- und Mittelstandsbund)	8
Deutsche Demokratische Partei (DDP) (Deutsche Staatspartei)	25
Sozialdemokratische Partei (SPD)	153
Kommunistische Partei (KPD)	54
Volksrechtspartei (Reichspartei für Volksrecht und Aufwertung)	2
Gesamtsitze	491

Mandatsverteilung/Parteien im Deutschen Bundestag, 1. bis 4. Wahlperiode (nach Schindler, 30 Jahre Bundestag, 1979, S. 18 ff.)

Partei	Sitze 1949	1953	1957	1961
Christlich-Demokratische Union/Christlich-Soziale Union (CDU/CSU)	139	243	270	242
Sozialdemokratische Partei (SPD)	131	151	169	190
Freie Demokratische Partei (FDP)/Demokratische Volkspartei (DVP)	52	48	41	67
Kommunistische Partei Deutschlands (KPD)	15	—	—	—
Bayern-Partei (BP)	17	—	—	—
Deutsche Partei (DP)	17	15	17	—
Zentrums-Partei (ZP)	10	3	—	—
Wirtschaftliche Aufbauvereinigung (WAV)	12	—	—	—
Deutsche Konservative Partei (DKP)/Deutsche Reichspartei, auch Rechtspartei (DRP)	5	—	—	—
Südschleswigscher Wählerverband (SSW)	1	—	—	—
Parteilose und Kreiswahlvorschläge	3	—	—	—
Gesamtdeutscher Block/Bund der Heimatvertriebenen und Entrechteten (GB/BHE)	—	27	—	—

Ohne Berliner Abgeordnete

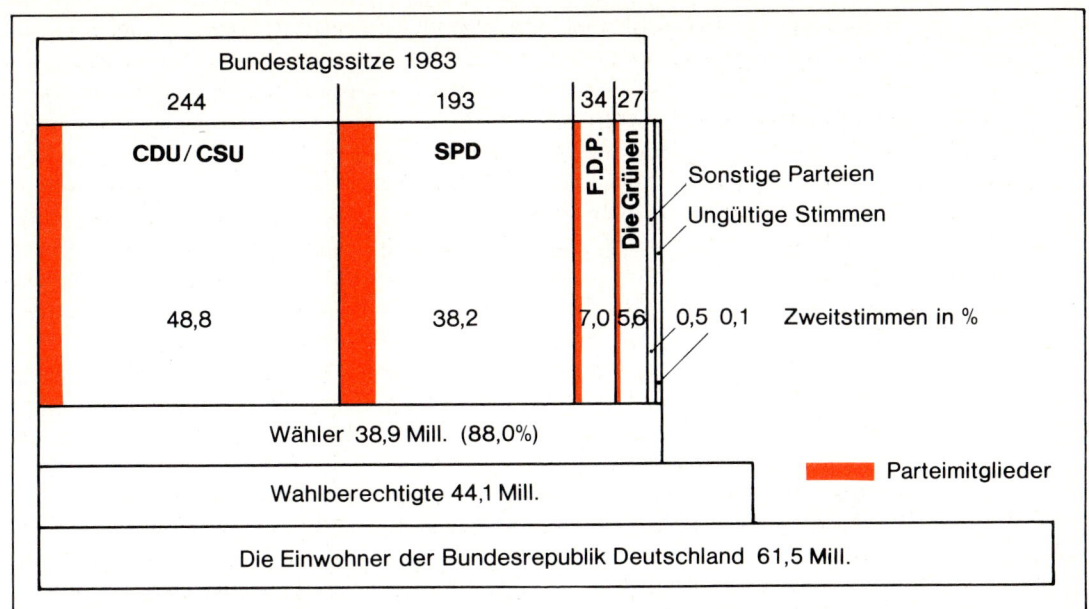

Abb. 88: *Volkssouveränität, Repräsentation und die Bedeutung der Parteimitgliedschaft*

schon damit programmatisch eine Annäherung der großen Parteien einherging.

Von zentraler Bedeutung aber waren wirtschaftliche und sozialpolitische Gründe. Die erfolgreiche Politik des wirtschaftlichen Wiederaufbaus machte bald die Regierungsparteien CDU/CSU und die große Oppositionspartei SPD zu den Zentren des staatlichen Verteilungs- und Subventionssystems. Natürlich wurde dadurch vor allem die Regierungspartei bevorzugt, die dies vor Wahlen auch zu nutzen pflegte. Als potentielle Regierung kam dafür jedoch auch die Oppositionspartei in Frage, die zudem in den Bundestagsausschüssen für ihre Klientel mitwirken konnte. Der Wohlstand schließlich trug wesentlich zur Festigung und Legitimation des demokratisch-parlamentarischen Systems bei und verhinderte tiefgreifende soziale Spannungen, die ihrerseits wieder Spaltungsprozesse in den großen Parteien hätten in Gang setzen können.

Der Begriff „Konzentration" bezieht sich nun nicht allein auf die Tatsache, daß jahrzehntelang nur zwei große und eine kleine Partei das Parteiensystem prägten. „Konzentration" bedeutet *Programm-annäherung* auch, daß weitgehende programmatische Annäherungen vor sich gingen (siehe Kasten).

Die SPD wurde erst zu einem ernstzunehmenden Gegner für die regierende CDU/CSU, nachdem sie mit dem Godesberger Programm von 1959 eine Abkehr vom Konzept des „demokratischen Sozialismus" mit sozialisierten Industrien und Planwirtschaft vorgenommen und nachdem

> „*Das Programm einer politischen Partei soll vor allem über ihren Charakter und ihre Ziele Aufschluß geben. Und doch wird man kaum aus der Programmatik allein die wahre Natur der Partei voll und ganz erkennen. Man wird – so schwierig das sein mag – nicht umhin können, den Zusammenhang zwischen der Programmatik einer Partei, ihrer organisatorischen, sozialen Struktur und ihrem gesamten Verhalten im politischen Alltag zu untersuchen. Alle drei Ebenen stehen in Wechselwirkung miteinander.*"
> (O. K. Flechtheim, Dokumente, Bd. 2, 1963)

sie sich außenpolitisch der eindeutigen Westbindung unter Verzicht auf Neutralisierung und Wiedervereinigung Deutschlands angeschlossen hatte (Bundestagsrede von HERBERT WEHNER im Sommer 1960).

Die Mitte der sechziger Jahre für die CDU/CSU offensichtlich nicht mögliche Neuorientierung des Verhältnisses zur Sowjetunion und zu den Ostblockstaaten, einschließlich der DDR, begründete die Verbindung von SPD und FDP 1968/69. Erst behutsame Korrekturen der „Ostpolitik" führten Ende der siebziger Jahre die CDU/CSU wieder an die Regierungsparteien heran und ermöglichte die Annäherung von FDP und CDU/CSU, die wirtschafts- und gesellschaftspolitisch wenig Differenzen aufwiesen. Trotz gelegentlicher, auch grundsätzlicher Differenzen hat sich in den Parteiprogrammen ebenso wie in der tatsächlichen Innen- und Außenpolitik eine Übereinstimmung im Grundsätzlichen herausgebildet, die dem gesamten politischen System einerseits Stabilität verleiht, andererseits diese Stabilität aber auf einer Art „Machtkartell" der etablierten großen Parteien im Bundestag beruhen läßt. Dies ist ein Grundproblem des Parteiensystems der achtziger Jahre. Es scheint weniger ein Problem der Demokratie zu sein, denn diese ist unter den gegebenen Parteien garantiert, als vielmehr eine Frage der Offenheit gegenüber neuen gesellschaftlichen Problemlagen (Beispiel Umwelt) und politischen Strömungen (Beispiel Friedensbewegung). Die „etablierten" Parteien können kein Interesse daran haben, daß nennenswerte Teile der politisch interessierten und engagierten Bevölkerung „aussteigen", weil sie keine Vertretungsmöglichkeiten für sich und ihre Interessen und Ideen sehen.

Koalitionen

Machtkartell

Die in den Parteien organisierten Bürger stehen der politischen Willensbildung innerhalb der verschiedenen Staatsorgane am nächsten.

Sie genießen ein höheres Maß politischer Partizipation als diejenigen, die nur alle vier Jahre zur Wahlurne gehen (Wahlbürger), ganz abgesehen von jenen, die sich nicht einmal an den Wahlen beteiligen. Die Souveränität des Volkes kommt in verschiedenen Abstufungen zur Geltung. Die Anzahl der „Parteibürger" ist sehr gering. Dennoch nehmen die Parteien – und das heißt de facto: die Bundestagsparteien – alle entscheidenden Aufgaben wahr.

4.3.2 Gesellschaftliche Vereinigungen in der Politik

Verhältnismäßig wenige Menschen in der Bundesrepublik Deutschland sind Mitglieder von Parteien (etwa 5 % der Wähler). Sehr viele aber (z. B. 44 % der 1980 beschäftigten Arbeitnehmer) gehören irgendeiner Vereinigung an. Keineswegs alle verfolgen irgendein politisches Ziel oder Interesse. Die Mitgliedschaft in mehreren Vereinen ist durchaus üblich (z. B. Sportverein, ADAC und Gewerkschaft).

Systematik

Die freie Vereinsgründung gehörte zu den wichtigsten Forderungen des aufstrebenden Bürgertums gegenüber dem feudalistisch geprägten Obrigkeitsstaat. Die Verfassung von 1848 („Paulskirchenverfassung") sagte in § 162: „Die Deutschen haben das Recht, Vereine zu bilden". Die Preußische Verfassungsurkunde von 1850 gab den Preußen das Recht, „sich in Gesellschaften zu vereini-

Vereine

gen" (Art. 30). Ausdrücklich verboten wurden aber „Koalitionen" von Gesellen, Gehülfen, Arbeitern, z. B. durch den Deutschen Bund (Beschluß gegen Gesellenvereine 3. 12. 1840) und die Allgemeine Preussische Gewerbeordnung von 1845. Die für Gewerkschaften und Arbeitgebervereinigungen heute so wichtige „Koalitionsfreiheit" gab es in Preußen/Deutschland erst seit der Gewerbeordnung des Norddeutschen Bundes (§§ 152/153). Aus den Vereinen gingen auch die ersten Parteien hervor, z. B. 1863 der „Allgemeine Deutsche Arbeiterverein".

Begründet werden Vereinigungen, insbesondere die politisch wichtigen, vor allem durch Interessen. Berufsinteressen unterschiedlichster Art (z. B. der Arbeiter, der Bauern, der Rechtsanwälte) und Wirtschaftsinteressen (z. B. der mittelständischen Unternehmer, der Kapitalanleger, der Großkonzerne) liegen an der Spitze. Dennoch dürfen kulturelle und kulturpolitische Gründe, Gemeinsinn und karitative Hilfe im Inland und im Ausland und viele andere (z. B. „Amnesty International" als Rechtshilfeorganisation) nicht übersehen werden. Politische Vereine ohne Parteicharakter, wohl aber als rechtsgerichtete Sammlungsbewegungen, waren im Kaiserreich und mit antidemokratischer Tendenz in der Weimarer Republik z. B. der „Deutsche Flottenverein" (1898–1934) und der „Alldeutsche Verband" (1891–1939). Heute ist die Spontaneität der Interessenwahrnehmung zu einem Merkmal, ja Markenzeichen jener gesellschaftlichen Vereinigungen geworden, die sehr pauschal „Bürgerinitiativen" genannt werden. Die Betroffenheit von Bürgern veranlaßt sie zur Vereinsbildung. Dies kann auch als die Hauptursache für Entstehung und Ausbreitung gesellschaftlicher Gruppierungen angenommen werden, die sich dann in „Bewegungen" und Demonstrationen für den Frieden und gegen die Nutzung der Kernkraft politisch gemeinsam und öffentlich äußern.

4.3.2.1 Die Organisation von Interessen

Ein möglichst instruktiver Überblick über die Breite gesellschaftlicher Organisierungen in der Bundesrepublik Deutschland setzt eine einleuchtende Systematik voraus. Einleuchtend ist zweifellos die Einteilung der Vereinigungen nach Bereichen der Gesellschaft (z. B. nach J. WEBER 1977):

- Bereich des Wirtschafts- und Arbeitssystems (Industrie, Arbeitgeber, Gewerkschaften, Selbständige, Bauern, Ärzte und Verbraucher);

…rete 66 53 61
…nstr.11
…rg 37 92 57
…str.160
…. 65 26 54
…8
… 21 85 04
…57
21 73 53
…4
…ner 37 39 23
…r.1
…Werner Reg.- 32 33 35
…go) Tulpenbaumweg 15
…**erg-Apotheke** 28 14 68
…str.39
…**nanns** 63 83 89
…da Beringstr.26
…Harald 21 17 95
…rtzstr.5
…Herbert 31 18 94
…Promenadenweg 148
…**f** Paul H. 69 13 08
…Krausfeld 7
…ral Ali 34 75 86
(Bgo) Floßweg 23
…eral Ümit 33 42 36
2 KoblenzerStr.126
Verband der Ärzte 37 30 45
Deutschlands s. Hartmannbund
Verband allein- 63 85 85
stehender Mütter u. Väter e.V.
1 Kasernenstr.7 b
Ortsverband ρ 66 37 76
1 LandsbergerStr.49
Verband der Auto- 33 10 68
mobilindustrie e.V. (VDA)
2 Rolandstr.66
Verband der Beamten 65 23 38
der Bundeswehr e.V.
1 Baumschulallee 18 a
Verband Bildung und 37 66 11
Erziehung
(Bgo) Dreizehnmorgenweg 36
Verband der 21 10 31
Chemischen Industrie e.V.
Schumannstr.113a
Verband des ρ 22 20 88
deutschen Cash and Carry-Groß-
handels e.V. Adenauerallee 45
Verband der Deut- 65 37 11
schen Essenzenindustrie e.V.
1 MeckenheimerAllee 87

Musikschulen e.V.
Bundesgeschäftsstelle
(Bgo) Villichgasse 17
Verband Deutscher 36 30 56
Ölmühlen e.V.
(Bgo) Kronprinzenstr.24
Verband Deutscher 22 20 21
Papierfabriken e.V. 22 20 24
Adenaueral.55 22 20 25
Verband Deutscher 21 50 11
Putenerzeuger e.V.
Niebuhrstr.51
Verband Deutscher 22 32 34
Reeder 22 40 64
Lennéstr.27 22 35 05
Verband Deutscher 21 36 69
Schwarzbuntzüchter in der
Arbeitsgemeinschaft Deutscher
Rinderzüchter e.V.
Adenauerallee 174
Verband deutscher 31 00 17
Soldaten e. V. 2 Südstr.125
Verband Deutscher 65 56 46
Weinexporteure Dorotheenstr.241
Verband Deutscher ρ 31 10 46
Zeitschriftenverleger e. V.
2 Winterstr.50
Verband Fleisch- 33 29 00
mehlindustrie e.V.
(Bgo) Konstantinstr.109
Verband ehem. Flieger- 63 42 88
korpsangehöriger e.V.
Georgstr.40
Verband der Arbeit- 31 40 50
nehmer der Bundeswehr (VAB)
2 Südstr.125
Verband der Gemein- 63 15 66
wirtschaftl. Geschäftsbanken
BerlinerFreiheit 36
Verband gemeinwirt- 21 89 10
schaftlicher Unter- 22 10 07
nehmen für Städtebau u. Landes-
entwicklung e.V.
PoppelsdorferAllee 43
Verband der Haft- 21 20 69
pflichtversicherer 22 91 22
Unfallversicherer Autover-
sicherer und Rechtsschutzver-
sicherer e. V. HUK - Verband
Büro Welckerstr.22
Verband der 35 21 97
Heimkehrer Erholungswerk
2 Konstantinstr.17

Verband der Suppen- 21 20 17
industrie e.V. Reuterstr.151
Verband unabhängig ρ 21 70 64
beratender Ingenieurfirmen e.V.
WinstonChurchillStr.1
Verband der 35 30 27
Zigarettenpapier verarbeitenden
Industrie e.V.
(Bgo) Rheinallee 25b
Verband Hochschule 8 11–1 21
u. Wissenschaft
2 Dreizehnmorgenweg 36
Verbansky Isabella 66 17 67
BriegerWeg 12
Verbeeck Anna 36 46 16
(Bgo) WittelsbacherStr.11
Verbeek Albert 28 42 75
Prof. Dr. (Ipp) AmMühlenberg 7
Verbeek Anselm 47 26 35
3 Grabenstr.62
Verbeek Egbert 28 43 14
AmMühlenberg 7
Verbeek Hans-Wilhelm 61 42 81
u. Anneliese 1 Maarweg 15
Verbeek Hermann u. 21 88 09
Küpper Beate
1 Sternenburgstr.30
Verbeek Ludwig 34 69 33
(Bgo) AmGlückshaus 20
Verbeek Rutger 64 23 90
(Imp) Bendenweg 1
Verberk Luise 62 58 50
(Dui) LudwigRichterStr.26
Verberk Renate 62 34 52
(Dui) Rochusstr.99
Verbraucher- 64 10 11
Politische Korrespondenz
(Dui) Heilsbachstr.20
Verbraucher- und 1 16 06
Einkauftips
Verbraucher- 22 40 61
beratungsstelle der 22 40 62
Arbeitsgemeinschaft der
Verbraucher e.V.
PoppelsdorferAllee 15
Verbrauchergemein- ρ 65 09 09
schaft Interessenverband und
Selbsthilfeorganisation der
Verbraucher e.V.
Maximilianstr.26
Verbrauchermarkt 63 19 45
Grenzland Herburger KG
BornheimerStr.153a

…Wilhelmstr.5
Verein zur Förderung 37 80 61
des Instituts für 37 80 62
Sozialgeschichte
(Bgo) Dreizehnmorgenweg 10
Verein zur Förderung 23 20 34
kath.-soz. Bildungswerke in der
BRD e.V. Urstadtstr.2
Verein zur Förderung 33 07 53
der Waldorfschulbewegung
Köln-Bonn e.V.
2 Keplerstr.20
Kindergarten 36 43 55
2 Karl- <36 44 75>
FinkelnburgStr.15
Verein zur Förderung 23 20 34
der Weiterbildung in kath.
Trägerschaft e.V. Urstadtstr.2
Verein f. Gefährdeten- 65 76 91
hilfe e.V. KfzRep.Werkst.
Autoverwertung 63 50 10
AmDickobskreuz 3
Gesch.St. 63 19 26
Eifelstr.24
Verein f. internationale 22 44 33
Jugendarbeit e.V.
Adenauerallee 37
Verein für Kanusport 23 53 36
Bonn e.V. 1921/25
Heimkehrerweg 4
Verein für Straf- 64 67 91
fälligen-Hilfe Bonn e.V.
Verein türkischer 63 50 34
Arbeitnehmer e.V.
1 Annagraben 27
Verein f. wirtschaft- 2 03 – 0
liche u. soziale **FuW** 4 61 25
Fragen e.V.
1 FritzSchäfferStr.30
Verein der Zeit- ρ 31 10 46
schriftenverlage in Nordrhein-
Westfalen e. V. 2 Winterstr.50
Verein der Zucker- 22 85 – 0
industrie e.V. 1 AmHofgarten 8
Vereinigte 21 10 61
Beratungsdienste der
Landmaschinen-Fachbetriebe
(VBL) GmbH FranzLoheStr.21
Vereinigte Bonner ρ 22 86 – 0
Wohnungsbau AG
1 Kaiserstr.125
1 Florentius- 69 15 45
graben 14

Abb. 89: Interessenverbände in Bonn. Ausdruck einer pluralistischen Gesellschaft

- Sozialer Bereich (Wohlfahrtsverbände, Kriegsopfer- und Vertriebenenverbände, Familien-, Frauen- und Jugendverbände);
- Freizeitbereich (Deutscher Sportbund, ADAC);
- Kultur, Religion, Wissenschaft (Wissenschaftliche Vereinigungen, Stifterverband für die Deutsche Wissenschaft, Zentralkomitee der Deutschen Katholiken, Deutscher Evangelischer Kirchentag, Kinderschutzbund, Kirchen);
- Gebietskörperschaften und andere Körperschaften des öffentlichen Rechts (Deutscher Städtetag, Deutscher Städte- und Gemeindebund als Interessenverband kleinerer Städte und Gemeinden, Deutscher Landkreistag).

Der Nachteil dieser Übersicht ist die Zusammenballung besonders machtvoller Interessenorganisationen im Wirtschafts- und Arbeitsbereich und ihre mangelnde Gewichtung. v. BEYME (Interessengruppen, 1980) vermeidet dies, indem er gerade diesen Bereich untergliedert in:

- Wirtschaftliche Interessengruppen der Investoren;
- Gewerkschaften;
- Berufs- und erwerbsständische Gruppen.

Zu dem ersten Typus von Vereinigungen gehören vor allem die drei großen Säulen unternehmerischer Interessenvertretung:

BDI

1. Der Bundesverband der Deutschen Industrie (BDI) ist die zentrale Vereinigung der Mitgliedsverbände der Industrie und befaßt sich in erster Linie mit wirtschaftspolitischen Fragen. Historisch betrachtet vereinigt er den „Centralverband Deutscher Industrieller“ von 1876 (primär Schwerindustrie) und dessen Konkurrenz von 1895, den „Bund der Industriellen“ (primär verarbeitende Industrie).

BDA

2. Die Bundesvereinigung der Deutschen Arbeitgeberverbände (BDA) ist der Zentralverband aller Arbeitgeberorganisationen. Die BDA nimmt die Interessen der Arbeitgeber auf arbeitsmarkt-,

lohn- und sozialpolitischem Gebiet wahr. Ihre Untergliederungen schließen die Tarifverträge mit den Industriegewerkschaften ab. Entstanden ist diese Säule der Interessenwahrnehmung im Kampf gegen gewerkschaftliche Organisierungen und Streiks in den Unternehmen („Anti-Streik-Vereine").

DIHT 3. Der Deutsche Industrie- und Handelstag (DIHT) ist die privatrechtlich organisierte Spitze der öffentlich-rechtlich organisierten Industrie- und Handelskammern, die kraft Gesetzes die wirtschaftlichen Interessen der Unternehmen einer Region wahrnehmen und z.B. neben den staatlichen Berufsschulen für die Berufsausbildung und die Berufsabschlußprüfungen zuständig sind.

Neben diesen großen Spitzen- oder Dachverbänden (Verbände der Verbände) gibt es vergleichbare Verbandsstrukturen im Einzelhandel, im Groß- und Außenhandel, im Bankwesen sowie im Handwerk. Handwerkskammern und die traditionell nach wie vor daneben bestehenden „Innungen" haben wiederum in der Bundesrepublik Deutschland einen öffentlich-rechtlichen Status. Dies gilt auch für die „Landwirtschaftskammern".

*Organisations-
grad* Der Deutsche Bauernverband, Deutscher Raiffeisenverband (Ländliche Genossenschaften) und Deutsche Landwirtschaftliche Gesellschaft sind weitere Vereinigungen im Bereich der Landwirtschaft. Alle Spitzenvereinigungen finden heute eine internationale Fortsetzung, zumindest in den westeuropäischen Raum hinein.

DGB Die wichtigste und größte Gewerkschaftsorganisation in der Bundesrepublik Deutschland ist der Deutsche Gewerkschaftsbund (DGB). Er wurde 1949 als „Einheits-Gewerkschaft" gegründet. Damit sollte auf der Grundlage des „Industrieverbandsprinzips" („ein Betrieb – eine Gewerkschaft") die frühere Spaltung in „Richtungsgewerkschaften" (sozialistisch oder sozialdemokratisch, christlich, liberal bzw. Hirsch-Dunckersche Richtung) überwunden werden. Neben dem DGB, der in seinen Reihen mit Abstand die meisten Angestellten und die meisten Beamten orga*Einheitsgewerkschaft*nisiert, gibt es trotz Gründung der „Einheitsgewerkschaft" die „Deutsche Angestellten-Gewerkschaft" (DAG) und den zahlenmäßig schwachen „Deutschen Handels- und Industrieangestellten-Verband" sowie den mitgliederstarken „Deutschen Beamtenbund" (DBB). Dieser versteht sich nicht als Gewerkschaft traditioneller Prägung gegenüber einem Arbeitgeber, sondern als eine Vereinigung, die von den hergebrachten Grundsätzen des Berufsbeamtentums (Art. 33 GG) und einem besonderen Dienst- und Treue-

verhältnis gegenüber dem „Arbeitgeber Staat" ausgeht. Das Prinzip der Einheitsgewerkschaft wurde schließlich 1955 auch dadurch durchbrochen, daß es seitdem wieder christliche Gewerkschaften gibt. Der „Christliche Gewerkschaftsbund" (CGB) fällt jedoch neben dem DGB und seinen 17 „Industriegewerkschaften" zahlenmäßig kaum ins Gewicht (Ende 1981 294916 Mitglieder).

Ein Überblick über beschäftigte Arbeitnehmer und die Organisationsstruktur jenes Teiles, der sich einer Gewerkschaft angeschlossen hat, ergibt für 1981 (Stat. Jb. 1982; der arbeitgeber 12/82):

Beschäftigte Arbeitnehmer: 20864000
12754100 Männer und 8109900 Frauen, darunter Ausländer: 1929700

Organisierte Arbeitnehmer: 9635776 *Arbeiter, Angestellte und Beamte* (46,2%)
7487978 Männer und 2147798 Frauen (58,71% bzw. 26,5% der beschäftigten Männer und Frauen)

Der Organisationsgrad der Männer ist also weitaus höher als der der Frauen. Die Gründe hierfür sind vielfältig und sollten genauer untersucht werden (Halbtagsbeschäftigung, geringere Identifikation mit dem Beruf, Unterbrechungen in der Beschäftigung infolge jahrelangen Ausscheidens wegen der Erziehung der Kinder, die Art der Frauenarbeit).

Die Arbeiter waren Ende 1981 zu 48,78% organisiert, die Angestellten zu 23,14% und die Beamten zu 73,92%.

Organisierte Beschäftigte Ende 1981 (nach: Stat. Jb. 1982; Angaben der Gewerkschaften):

DGB 7957512, davon 6306739 Männer und 1650773 Frauen
DAG 499439, davon 305318 Männer und 194121 Frauen
Deutscher Handels- und Industrieangestellten-Verband 63647, davon 46053 Männer und 17594 Frauen
DBB 820262, davon 609952 Männer und 210310 Frauen.

Innerhalb des DGB gibt es jeweils mehr Angestellte und Beamte als in den beiden großen anderen Organisationen, der DAG und dem DBB.

> Im DGB sind organisiert
> 5 410 578 Arbeiter, darunter 854 014 Frauen,
> 1 703 449 Angestellte, darunter 664 618 Frauen, und
> 843 485 Beamte, darunter 132 141 Frauen.

Berufsständische Vereine

Interessen-unterschiede im DGB

Der Deutsche Gewerkschaftsbund ist mithin eine sehr machtvolle, weil mitgliederstarke Organisation. Für die Interessenvertretung gegenüber den Arbeitgebern und dem Staat ergeben sich aber nicht geringe Schwierigkeiten daraus, daß die Interessen der Beamten, der Angestellten und der Arbeiter keineswegs immer gleichgelagert sind. Dazu weisen die im DGB zusammengeschlossenen 17 (geplant war 1983 eine 18.) „Einzelgewerkschaften" – der DGB selbst ist Dachverband, er schließt keine Tarifverträge ab – sehr große Unterschiede auf. Sie haben zwar im DGB alle zunächst eine Stimme, vertreten aber in höchst unterschiedlichem Maße die Arbeitnehmer der jeweiligen Wirtschaftszweige (s. Tabelle unten).

Eine solche Zusammenstellung ist in jedem „Statistischen Jahrbuch" vollständig enthalten. Die Existenz einer mitgliederstarken Organisation wie des DGB sagt noch nichts aus über ihre Schlagkraft. Innerhalb großer Organisationen, das gilt

Bürger-initiativen

auch für die der Arbeitgeber und andere Vereinigungen, gibt es wiederum unterschiedliche Interessen und Machtverhältnisse. Wenn im DGB die IG Metall ein Drittel aller Mitglieder umfaßt, dann hat sie automatisch ein größeres Gewicht als kleine Gewerkschaften wie „Gartenbau", „Kunst" (hier ist 1983 noch die Abtrennung einer (18.) Mediengewerkschaft geplant), „Leder", ja auch noch die „IG Druck und Papier" (151 796 Mitglieder) und die GEW – Gewerkschaft „Erziehung und Wissenschaft" (187 467 Mitglieder). Zusammen organisieren IG Metall und ÖTV fast die Hälfte aller DGB-Mitglieder. Sie haben aber höchst unterschiedliche Kontrahenten, nämlich die private Industrie einerseits, die „öffentlichen Arbeitgeber" (Bund, Länder, Gemeinden) andererseits.

BBU

Während für die Arbeitnehmer der „Organisationsgrad" durchaus ein entscheidender Faktor

von Stärke ist, gilt dies für die Kapital- und Arbeitgeberseite nicht gleichermaßen. Man denke etwa an die wirtschaftliche Bedeutung allein des Volkswagenwerkes (das einen „Haustarif" mit der IG Metall abschließt) oder an die Bedeutung der multinationalen Konzerne (s. S. 494 ff.).

Auch für die Vereinigungen im berufs- und erwerbsständischen Bereich gilt der Organisationsgrad nicht allein als Kennzeichnung. Hinzu kommt das gesellschaftliche und wirtschaftliche Gewicht eines Berufsstandes. So ist z. B. die Ärzteschaft in der Bundesrepublik Deutschland öffentlich-rechtlich (in Ärztekammern und Kassenärztlichen Vereinigungen) und privatrechtlich (z. B. Hartmann-Bund als Verband der Kassenärzte) organisiert und außerdem deshalb ein starker Faktor in der Gesundheitspolitik, weil der Staat mit seinen Leistungen und Einrichtungen auf Zusammenarbeit angewiesen ist. Die Skala der Vereinigungen reicht von der ganz einseitigen Vertretung von Interessen bis hin zu großen Organisationen, die sich auch um Kultur und Bildung bemühen (z. B. der DGB mit den „Ruhrfestspielen" oder die Industrie mit der Förderung der Wissenschaften) oder die humanitär-politischen Zwecken dienen, wie „Amnesty International" und das „Deutsche Rote Kreuz".

Mit den Bürgerinitiativen haben in den siebziger Jahren politische Vereinigungen weite Verbreitung gefunden, die zwar nicht neu sind, aber doch in ihrer Vielfalt und Zielrichtung ein eigenes Element darstellen. Hierbei sollte zwischen der kleineren Zahl jener Initiativen, die ihr Interesse allein auf einen Zweck (z. B. die Errichtung eines Kindergartens) konzentrierten, und jenen, die zu dauerhaften Faktoren politischer Gestaltung vorwiegend auf der kommunalen Ebene geworden sind, unterschieden werden. Wegen der Freiheit der Vereins- und Vereinigungsbildung ist es unmöglich, genaue statistische Angaben über die Zahl der Bürgerinitiativen in der Bundesrepublik Deutschland zu erhalten. Die Schätzungen schwanken zwischen 5000 und 50 000, wobei eine Initiative ganz unterschiedlich viele Mitglieder haben kann. Der „Bundesverband der Bürgerinitiativen Umweltschutz e. V." (BBU) umfaßt etwa 1000 Bürgerinitiativen mit mehreren 10 000

Stand 31. 12. 1981	Insgesamt	Arbeiter	Angestellte	Beamte
IG Metall	2 622 069	2 234 247	387 822	—
ÖTV (Öffentliche Dienste, Transport und Verkehr)	1 181 460	584 794	504 838	91 828
IG Chemie, Papier, Keramik	654 633	534 252	120 381	
Postgewerkschaft	457 605	142 556	40 952	274 097
Gartenbau, Land- und Forstwirtschaft	42 618	36 936	2 878	2 804

Einzelmitgliedern. Obwohl bisher umfassende Untersuchungen nicht vorliegen, deuten empirische Einzelstudien an, daß diese Vereinigungen in erster Linie Einrichtungen politischer Beteiligung sind, in denen die Mittelschichten und jüngere Bürger vertreten sind. Auch stehen diese Vereinigungen eher neben den Gewerkschaften, als daß sie mit ihnen übereinstimmen.

4.3.2.2 Gesellschaftliche Vereinigungen in der institutionalisierten politischen Willensbildung

Auch wenn die Mehrzahl der Vereine, Vereinigungen und Gesellschaften nicht primär politischen Zielsetzungen dient, können sie alle in Lagen geraten, die zumindest den Versuch einer politischen Einflußnahme erforderlich machen. Mögliche Beispiele sind der Kleingartenverein, durch dessen Gelände eine Straße gezogen werden soll, der Motorsportverein, der die geplante Einführung von Geschwindigkeitsbegrenzungen auf Autobahnen für eine Beschneidung der persönlichen Freiheit hält, der Buchklub, der die gesetzliche Neuregelung der finanziellen Abgeltung für Buchautoren untragbar findet. Sie alle sind dann gezwungen – und sie haben dazu die Chance –, sich bestimmter Mittel und Instrumente zu bedienen und die richtigen Ansprechpartner zu finden, um ihre Interessen geltend zu machen. Diese Interessenwahrnehmung ist natürlich bei weitem nicht so politisch bedeutsam, als wenn z. B. ein mächtiger Industrieverband mit allen seinen wirtschaftlichen Möglichkeiten und finanziellen Mitteln versucht, eine wirksame Kontrolle wirtschaftlicher Großzusammenschlüsse („Fusionen") zu verhindern. Für das demokratische politische System ist es eine zentrale Frage, wie die Chancen der Interessendurchsetzung verteilt sind.

Wenn von den „Interessenverbänden" in der politischen Willensbildung gesprochen wird, dann sind vor allem diejenigen Vereinigungen gemeint, die als dauerhafte Organisationen regelmäßig im Sinne ihrer spezifischen Ziele auf die politischen Institutionen (Regierung, Verwaltung, Parlament, Parteien) einwirken. Typisch ist die Neigung der Verbände, ihr eigenes Interesse zum Interesse der Allgemeinheit zu erklären. Sie wählen dabei auch den Weg über die Massenmedien, um so einen öffentlichen Druck in Richtung auf politische Entscheidungen in ihrem Sinne zu erzeugen. Im übrigen reichen die Mittel der politischen Interessenwahrnehmung von der sachlichen Information (Gutachten) bis zum massiven Druck. Nach

dem englischen Wort dafür („pressure") werden deshalb die Interessenverbände vielfach auch als „Pressure Groups" bezeichnet. Von politischen Parteien unterscheiden sich die großen Interessenverbände vor allem dadurch, daß sie sich zwar politischer Mittel bedienen, die Übernahme politischer Verantwortung aber nicht ihr Ziel ist.

Die Interessen der Großverbände und der Parteien treffen sich z. B. bei einer Wahl. Die Parteien brauchen Fachleute, „kompakte Wählermassen" und finanzielle Unterstützung. Dies alles besitzen die Verbände. Die Parteien eröffnen die Wege zur Gesetzgebung, zur Verwaltung und zur politischen Planung. Die personelle Verflechtung zwischen Parteien und Interessenverbänden ist eng. SPD und CDU unterscheiden sich dabei heute nur noch graduell, indem erstere mehr gewerkschaftliche Funktionäre, letztere mehr Unternehmer und leitende Angestellte in ihren Reihen im Bundestag hat. Die bloße Verbandsmitgliedschaft eines Abgeordneten sagt jedoch nur wenig über seine tatsächlichen Interessenbindungen aus.

So ist z. B. mehr als die Hälfte der Bundestagsabgeordneten gewerkschaftlich organisiert.

Die Zahl gewerkschaftlich organisierter Abgeordneter hat sich seit 1949 ständig erhöht, wobei insbesondere die CDU seit Mitte der siebziger Jahre stark aufholte. Dennoch ist eine „große Koalition der Gewerkschaftler" quer durch die Fraktionen des Bundestages untypisch. Hier dominiert das Partei- bzw. Fraktionsinteresse vor dem Verbandsinteresse. Dies wurde z. B. besonders augenfällig, als der Bundestag das vom DGB abgelehnte Mitbestimmungsgesetz von 1976 beschloß. Obwohl die Mitglieder der SPD-Fraktion fast alle einer Gewerkschaft angehörten, stimmte nur ein einziger Abgeordneter gegen den Regierungskompromiß zwischen SPD und FDP, also im Sinne „seines" Verbandes, des DGB.

Soziologisch außerordentlich interessant ist auch, daß die DGB-Einzelgewerkschaften keineswegs entsprechend ihrer Mitgliederstärke im Bundestag vertreten sind. Vielmehr ist unübersehbar, daß die Gewerkschaften des öffentlichen Dienstes und der Angestellten in der Privatwirtschaft unverhältnismäßig stark vertreten sind; Politik und Interessenvertretung liegen also überwiegend in den Händen von Angestellten und Beamten (s. Tab. S. 195).

Noch aussagekräftiger ist die Berufsgruppenzugehörigkeit. Nach den Untersuchungen von KAACK (s. S. 212) waren im 9. Deutschen Bundestag 15,7 % der CDU-Fraktion Unternehmer, selbständiger Mittelstand und leitende Angestell-

Gewerkschaftlich organisierte Bundestagsabgeordnete seit 1949

Bundestag	1949	1953	1957	1961	1965	1969	1972	1976	1980	1983
Abgeordnete, einschl. Berlin	420	506	519	521	518	518	518	518	519	520
gewerkschaftlich organisiert	115	194	202	223	242	286*	318	328	322	311
in %	28,0	33,2	38,9	42,8	46,7	55,2	61,4	63,3	62,0	59,8
davon in DGB-Gewerkschaften	106	168	172	185	197	227	250	236	239	225
in anderen Organisationen wie DAG, CGB, DBB, DJV, VLA	9	26	30	38	45	38	29	91	84	86

* = ab VI. Bundestag Zahlen mit DBB, der keine Gewerkschaft im Sinne des Tarifvertragsgesetzes ist, aber bei sonstigen Statistiken im Parlamentsbereich mitgeführt wird. (Quelle: Gewerkschaftliche Monatshefte 7/83)

te; 7,6% waren Landwirte, 7% Verbandsfunktionäre außerhalb der Gewerkschaften, 2,2% Gewerkschaftsfunktionäre, 21,6% gehörten insgesamt dem öffentlichen Dienst an. Bei der SPD waren die Gewerkschaftsfunktionäre mit 12,7%, Lehrer und Hochschulvertreter mit 19,3% vertreten; ansonsten gab es keine weiteren herausragenden Berufsgruppenanteile mit einer einzigen, aber wichtigen Ausnahme: Insgesamt 40,4% der SPD-Fraktion gehörten dem öffentlichen Dienst an (Durchschnitt des Bundestages 30,3%).

Lobbyismus

Die „Arbeitsgemeinschaften" und „Vereinigungen" der Parteien (s. S. 182/185) sind Sammelstellen für Verbandsinteressen im vorparlamentarischen Raum. „Lobbyismus" wird die Interessenvertretung von außen her genannt. Das Wort kommt von „Lobby" und ist mit Wartezimmer, Vorraum, Wandelhalle des Parlaments, zu übersetzen. Diese Tätigkeit wird von Verbands- und Firmenangestellten oder auch hauptberuflichen Kontaktpersonen, die als „Repräsentanten" beauftragt werden, ausgeübt. Sie umschließt neben der Wahrung möglichst enger persönlicher Kontakte zu Ministern, Abgeordneten und Ministerialbeamten die gezielte und zeitgerechte Vorlage von Gutachten, Empfehlungen und Protesten. Die Repräsentanten müssen bei der Bundestagsverwaltung registriert sein, um tätig werden zu können.

Angesichts der Bedeutung, die heute die Regierungen und ihre Ministerien im politischen Prozeß, vor allem in der Gesetzgebung besitzen (vgl. S. 234), konzentriert sich das Schwergewicht der interessenpolitischen Einflußnahme darauf, möglichst frühzeitig in die Vorbereitung von Gesetzentwürfen und andere Regierungsaktivitäten ein-

DGB-organisierte Abgeordnete des 10. Deutschen Bundestages nach Mitgliedsgewerkschaft und Fraktionen (Stand: 1. April 1983)

	SPD	CDU/CSU	FDP	Grüne	Gesamt
Gewerkschaft Öffentliche Dienste, Transport und Verkehr	76	8	1	2	87
Gewerkschaft Erziehung und Wissenschaft	33	1	–	7	41
IG Metall	25	5	–	3	33
IG Druck und Papier	16	–	–	–	16
Gewerkschaft Handel, Banken und Versicherungen	11	2	–	–	13
IG Bergbau und Energie	8	–	–	–	8
Gewerkschaft der Eisenbahner Deutschlands	6	1	–	–	7
IG Bau, Steine, Erden	7	1	–	1	9
Deutsche Postgewerkschaft	2	–	–	–	2
Gewerkschaft Gartenbau, Land- und Forstwirtschaft	2	–	–	–	2
IG Chemie, Papier, Keramik	2	–	–	–	2
Gewerkschaft Nahrung, Genuß und Gaststätten	1	–	–	–	1
Andere	3	1*	–	–	4
Insgesamt:	192	19	1	13	225

*) RFFU (Quelle: Gewerkschaftliche Monatshefte 7/83)

geschaltet zu werden. Der Zugang ist auch durch Geschäftsordnungen geregelt. Am wichtigsten ist dabei der § 23 der „Gemeinsamen Geschäftsordnung der Bundesministerien" (GGO). Danach können zur Beschaffung von Unterlagen für die Vorbereitung von Gesetzen, Rechtsverordnungen und allgemeinen Verwaltungsvorschriften die Vertretungen der beteiligten Fachkreise, in der Regel die Spitzenverbände, herangezogen werden. Diese frühzeitige und in der Regel auch vertrauliche Einbeziehung von Interessenverbänden kann diesen sogar einen Vorsprung vor den gewählten Volksvertretern verschaffen. Öffentlicher ist der Zugang von Abordnungen (Delegationen) zu den Fachministern und zum Bundeskanzler, geregelt in § 10 der Geschäftsordnung der Bundesregierung.

Beiräte

Eine weitere Form der Interessenrepräsentation, -einflußnahme und -koordination bilden „Beiräte" bei den Ministerien. Auch hierdurch erhalten Interessenvertreter als „Sachverständige" – und dieser Sachverstand ist für die Politik heute, man denke an die gesetzliche Erfassung umweltschädlicher chemischer Stoffe und Verbindungen, an das Gesundheitswesen u. ä. unentbehrlich – unmittelbaren Zugang zu den Institutionen und Trägern der politischen Willensbildung.

Druck

In der Regel läßt sich der Druck mächtiger Verbände auf die Regierungen, Verwaltungen und Parlamente nicht oder nur schwer nachweisen. Druck übten z. B. die fünf Spitzenverbände der Wirtschaft im Januar 1975 aus, als sie in einem Brief an den Bundeskanzler die Zurücknahme verschiedener Maßnahmen der Regierung in Zusammenhang mit der Berufsbildungsreform forderten und als eine Art Belohnung die Möglichkeit der Erhöhung des Lehrstellenangebots andeuteten, auf die die Regierung seinerzeit sehr drängte.

Wahlen

Die Bewertung dessen, was Druck genannt werden darf, ist schwer. Drohung, Nötigung, Widerstand, Verweigerung, Androhung von Gewalt, gehören zum politischen Geschäft. Nicht jedes Interesse, das sich in der Politik Geltung verschaffen möchte, hat auch die gleiche Chance, sich wie die großen Verbände zahlreicher geebneter Kanäle zu bedienen. Es muß und wird dann auftrumpfen, lautstark in die Öffentlichkeit gehen. Bauern schütten Tomaten auf die Straße oder versperren den Eingang zum Ministerium mit vielen Säcken voller Kartoffel. Großer Lärm kann aber durchaus Machtlosigkeit bedeuten. Heute können auch nicht mehr, wie es im Wilhelminischen Staat der Fall war, bestimmte Methoden der Interessenverdeutlichung ganz be-

stimmten gesellschaftlichen Gruppen allein (z. B. der Streik den Arbeitern) zugerechnet werden. Politische Streiks, Massenansammlungen, Sternfahrten und Drohungen sind ebenfalls – so stellte v. BEYME (1980) fest – zu Mitteln aller jener Gruppen unserer Gesellschaft geworden, die sich in eine starke Statusfurcht (d. h. Furcht vor gesellschaftlicher und wirtschaftlicher Deklassierung) hineinsteigern. Selbst Ärzte und Lehrer greifen zu den Mitteln des Streiks und der Demonstration, was früher als nicht „standesgemäß" abgelehnt wurde.

Die Probleme politischer Interessenwahrnehmung sind damit keineswegs erschöpfend dargestellt. Der Interessendruck im Bereich der Parteien- und Wahlkampffinanzierung bleibt weitgehend unbekannt (s. S. 178). Schwer meßbar, aber gewiß wirkungsvoll, ist darüber hinaus der versteckte oder offen eingestandene Druck von Interessen über die Massenmedien. Gelegentlich wird die Massenpresse mit Riesenschlagzeilen in die aktuelle parlamentarisch-politische Willensbildung eingeschaltet. Dabei verbindet sich häufig dann das wirtschaftliche Interesse an der Auflagensteigerung mit dem wirtschaftlichen Interesse an einer bestimmten politischen Lösung des anstehenden Problems, und beide Interessen verbergen sich hinter dem Anschein einer Anwaltsfunktion für jene Allgemeinheit, die nicht direkt mitwirken kann.

Es ist selbstverständlich, daß die Interessenverbände größtes Interesse am Ausgang der Wahlen haben. In der Regel vermeiden sie es aber, ihre Mitglieder ausdrücklich um deren Stimme für eine bestimmte Partei zu ersuchen. Vereinigungen wie der Deutsche Gewerkschaftsbund, die in ihren Reihen Mitglieder verschiedener Parteien haben, müssen naturgemäß besonders vorsichtig sein. So ist es üblich, daß große Verbände vor den Wahlen Aufrufe erlassen oder an die Parteien mit konkreten Fragen nach ihren Plänen im Bereich des Verbandsinteresses herantreten.

Der Wahlaufruf des DGB zur Bundestagswahl von 1953 („Welt der Arbeit" v. 7. 8. 1953) wurde stark kritisiert, weil er vielen schon den Grundsätzen der Einheitsgewerkschaft zu widersprechen schien:

„Für einen besseren Bundestag! ... Gebt nur solchen Männern und Frauen Eure Stimme, die entweder Mitglieder der Gewerkschaften sind oder durch ihre Haltung in der Vergangenheit bewiesen haben, daß sie im neuen Bundestag Eure berechtigten Interessen erfüllen ..."

Heute beschränkt sich der DGB auf die Formulierung von „Wahlprüfsteinen", die als „Meßlatte
zur Bundestagswahl" (DGB-Vorsitzender BREIT
1983) angesehen werden.

Einfacher hatte es da der Bauernverband:

> *„Ich verstehe nicht, daß Sie so wenig tun, um die
> einzig geschlossene Kerntruppe des sogenannten
> Bürgertums zu verpflichten",*

hieß es in einem Brief des Präsidenten des
Deutschen Bauernverbandes an Bundeskanzler
ERHARD 1964 (ACKERMANN 1968).

Konzentration und Entwicklung der Parteien zu
„Volksparteien" sowie vor allem der Regierungswechsel 1969 hatten bewirkt, daß allzu enge Beziehungen bestimmter Großverbände zu nur einer bestimmten großen Partei gelockert wurden.
Für Industrie- und Mittelstandsvereinigungen erwies es sich in den siebziger Jahren als durchaus
nützlich, sich nicht nur auf eine bestimmte Partei
festzulegen, wenn damit der Zugang zur Regierungspartei versperrt blieb. Die Verhältnisse änderten sich jedoch nach dem Regierungswechsel

1982 sehr eindeutig. Zur Bundestagswahl vom 6.
März 1983 forderten z. B. einzelne Unternehmer
ihre wahlberechtigten Mitarbeiter und deren Familien mittels Brief auf, ihre Stimme der CDU
zu geben.

> *„Ich selbst sehe (falls die SPD weiterregieren soll-
> te, d. V.) keine Möglichkeit für unsere Betriebe,
> die Beschäftigtenzahl zu halten ... Ich bitte Sie
> daher ... im Interesse unseres Staates und zur
> Erhaltung von Arbeitsplätzen der ... SPD eine
> deutliche Abfuhr durch eine Stimmabgabe für
> die CDU zu erteilen."*
> (SZ/FR v. 18./19. 2. 1983)

Indirekte Formen der Wählerbeeinflussungen liegen vor, wenn über Zeitungen, Zeitschriften und
Anzeigen unabhängig von einer Wahl bestimmte
politische Richtungen dauerhaft gestützt und das
Image anderer ebenso dauerhaft beeinträchtigt
werden. Derartige Verfeinerungen politischer Interessenwahrnehmung machen es vielen Wählern
immer schwerer, ein eigenständiges Urteil zu entwickeln und zu bewahren.

Politische Partizipation ist heute (vgl. S. 174 und
S. 190) keineswegs nur eine Angelegenheit der
etablierten oder weniger etablierten „Interessen-

verbände". Gegenüber der zweiten Hälfte der
fünfziger Jahre ist die politische Szenerie in der
Bundesrepublik Deutschland durch das Hervortreten nicht parteigebundener, nicht ökonomischer oder berufsständischer Vereinigungen
immer vielfältiger geworden.

Wurzeln dieser breiteren Politisierung der Gesellschaft waren zunächst die Kritik an den gesellschaftspolitischen Ergebnissen des „Wiederaufbaus" (z. B. Stadtplanung und Mietrecht, Vermö-
gensverteilung), an Wehrverfassung, Atomwaffen
und Notstandsverfassung (s. S. 149) und an gesellschaftlichen Normen und Rechtsregeln, die zum
Teil noch auf das 19. Jh. zurückgehen (Bürgerliches Recht, Bildungswesen). Die Bildung der großen Koalition und damit der endgültige Fortfall
der SPD als parlamentarischer Opposition verhal-
fen der „außerparlamentarischen Opposition"
(APO) zum Durchbruch. Sie verstand sich am
Anfang als „antiautoritäre Bewegung" gegen den
„CDU-Staat", die vor allem auf die studentische
Jugend eine beträchtliche Ausstrahlung hatte.

Mit dem Ende der großen Koalition und dem Beginn des Reformprogramms der sozialliberalen
Koalition setzte eine weitere Politisierung im
Sinne parteipolitischer Grundorientierungen ein.
„Wählerinitiativen" („Bürger für BRANDT"!) waren typische Erscheinungsformen. Immer wichtiger wurde dann ab Mitte der siebziger Jahre der
Vorwurf an die Parteien, sie vernachlässigten, ja
blockierten die Diskussion grundlegender gesellschaftspolitischer Interessen, Bedürfnisse und
Zukunftsprobleme. Den Bürgerinitiativen und
„alternativen" Gruppierungen gelang es mehr
und mehr, das Spektrum der öffentlich diskutierten Themen wesentlich zu erweitern. Schutz der
Umwelt, die mittel- und langfristigen Auswirkungen der Kernenergie, immaterielle Werte, Frieden, Wohnen und „neue Lebensweisen" wurden
zu politischen Themen, die auf eine neue Art von
Betroffenheit zurückgingen und die Parteien
ebenso wie die etablierten Großverbände heraus-
forderten.

Erscheinungsformen und Mittel dieser Art politischer Partizipation sind neben Vereinen (z. B.
auch Rechtshilfevereine) „Initiativen" vielfältigster Art mit und ohne festen Mitgliederstruktu-
ren. Hauptaktionsformen sind die Ausschöpfung
aller legalen Mittel, der Meinungs- und Informationsfreiheit, der Versammlungs- und Vereinigungsfreiheit, der Rechtsweggarantie, Information der Öffentlichkeit („Gegenöffentlichkeit"),
Mobilisierung der Öffentlichkeit durch Demonstrationen. Die Erfolge dieser außerparlamentarischen und außerparteilichen Partizipation sind

unbestreitbar. Ihre Hauptthemen wurden zu Themen und Programmpunkten der Parteien. Politische Planungen wurde neu überdacht (Energiepolitik), Gesetze, wie das Bundesbaugesetz und das Städtebauförderungsgesetz, wurden ergänzt durch Regelungen über die Beteiligung der Bürger an der (Bauleit-)Planung. „Die Betroffenen" tauchen in Gesetzestexten auf. Gemeindeordnungen tragen dem Rechnung.

Voraus-
setzungen

Offenkundig bedeutet diese Entwicklung in vielen Fällen eine Behinderung effektiven politischen und administrativen Handelns. Auch beherrscht das Thema „Gewalt" angesichts des Mißbrauchs von Freiheitsrechten zu Recht die politischen Diskussionen „alternativer" Politik. Dies sind Begleitumstände eines freien politischen Prozesses, die in den Formen des demokratischen Prozesses und mit den Mitteln rechtsstaatlich gesinnter Ordnungsgewalt bewältigt werden müssen und können. Das Bemerkenswerteste an dieser Entwicklung sind letztlich nicht nur diese Begleiterscheinungen oder der Grad an Politisierung, der – gemessen an den fünfziger Jahren – tatsächlich ein lebendigeres politisches Leben in der Bundesrepublik widerspiegelt. Bemerkenswert ist darüber hinaus, daß das „Interesse" in der Politik nicht nur dann zu politischen Aktivitäten und Interessenverbänden führt, wenn es materieller Natur ist. Auch für eine stärkere Beachtung „allgemeiner" Interessen bilden sich Vereinigungen und Initiativen („public interest groups", USA), gibt es Kampagnen und Demonstrationen. Es besteht nicht mehr jene politische Sterilität der endfünfziger und beginnenden sechziger Jahre, die E. FRAENKEL einst als „Strukturdefekte" der parlamentarischen Demokratie beklagte.

public interest
groups

4.3.2.3 Verbandspluralismus und Korporatismus

Pluralismus

Der Begriff „pluralistische Demokratie" ist zutreffend, wenn er die offenkundige Vielfalt von Interessen, Gruppen, Mächten und Ideen kennzeichnen soll. Er ist problematisch, wenn mit ihm gedankenlos die Vorstellung verbunden wird, die Interessen, Gruppen und Ideen hätten alle ein gleiches oder annähernd gleich starkes politisches Gewicht. Keineswegs z. B. garantiert allein die Massenorganisation des DGB die politische Durchsetzung der Gewerkschaftsinteressen (s. S. 194). In Fragen des Bodeneigentums, des Haus- und Grundbesitzes, vermag die kleinere Interessengruppe der Haus- und Grundbesitzer u. U. einen sehr viel größeren Einfluß auf den Gesetzgeber zu erlangen. Die Abhängigkeit von Wirt-

Herrschaft der
Verbände

Macht

schaftswachstum und Investitionen gibt z. B. dem Wohlergehen der Unternehmen eine gewisse Priorität gegenüber der Durchführung großer kostspieliger Reformen, die aus Steuermitteln finanziert werden müssen. Interesse ist also nicht gleich Interesse, ein Verband hat nicht stets die gleichen Chancen wie jeder andere.

Für eine erfolgreiche Interessenvertretung sind folgende Voraussetzungen wichtig bzw. unerläßlich:

- Interessen müssen organisationsfähig sein;
- die Gruppe, die ihr Interesse wahrnehmen und durchsetzen will, muß konfliktfähig sein;
- das Ziel der Interessenvertretung muß klar erkennbar sein;
- der Adressat des Interesses muß klar benennbar sein;
- je homogener die Interessengruppe ist, um so durchschlagskräftiger ist sie;
- je existentieller die Betroffenheit der Mitglieder einer Gruppe ist, um so chancenreicher ist die Interessenorganisation;
- die Bündnisfähigkeit gegenüber anderen Gruppen, Parteien und der Öffentlichkeit ist wichtig bei der Interessenwahrnehmung;
- die gesellschaftspolitische Bedeutung der Interessen, die wahrgenommen werden, ist von entscheidender Bedeutung;
- das Verhältnis der Forderungen zu bestehenden Rechtsregeln darf nicht außer acht gelassen werden.

An diesen Kriterien können Chancen bei der Interessenwahrnehmung abgewogen, Gründe für die Chancenlosigkeit mancher Interessen (z. B. das alte Problem der Konfliktfähigkeit der Hausfrauen bei einem Käuferstreik gegen hohe Preise für Schweinefleisch) erörtert werden (siehe auch Abb. 90, S. 199 oben).

Unter diesen Bedingungen kann das zuerst von T. ESCHENBURG in die politische Diskussion eingeführte Schlagwort von der „Herrschaft *der* Verbände" nur heißen, daß keineswegs alle Verbände, sondern bestimmte Verbände oder Gruppierungen von Verbänden mit ihren einseitigen Interessen die politische Willensbildung beherrschen, klare gesamtpolitisch orientierte Entscheidungen verhindern oder nur in ihrem Sinne zulassen. Die Funktionsfähigkeit der Demokratie wäre damit in Frage gestellt. Keine Frage ist, daß in der Gesellschaft und in der Politik zumindest auf Teilgebieten mächtige Interessen existieren. Sie müssen sich, wie das Beispiel mächtiger multinationaler

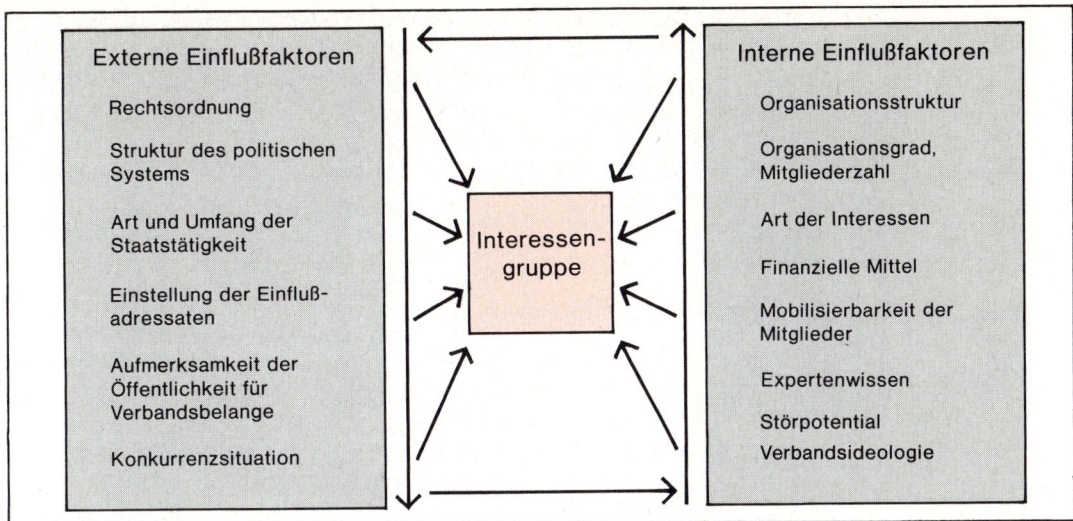

Abb. 90: Das Bedingungsfeld für Aktivitäten der Interessengruppen (nach Ante, 1981, S. 61)

Konzerne (Beispiel: Öl-Konzerne) zeigt, keineswegs immer als Verband zusammenschließen. Das damit verbundene Problem für jede demokratische Ordnung soll – so lautet ein Axiom des Verfassungstyps „westlicher Demokratien" – nicht mit einem „verschämten Niederschlagen der Augen" (E. FRAENKEL) vertuscht bzw. durch Unterdrückung gelöst werden, obwohl die Gefahren, die aus der ungehinderten Vertretung einseitiger Interessen erwachsen können, groß sind. Die westlichen Gesellschaften sind auf die freie und politische Auseinandersetzung mit diesen Gefahren angewiesen. Bildung von Gegenmacht, *Korporatismus* Kontrolle durch Öffentlichkeit, staatliche Überwachung, sind einige bekannte Gegenkonzepte, die allerdings eher Skepsis denn Optimismus zulassen. Immer wieder im Gespräch sind „Verbän-*Verbändegesetz* degesetze", die Kriterien für die Organisation, die Finanzierung und die Mittel der Interessenwahrnehmung festlegen sollen. Derartige Gesetze scheitern in der Regel nicht nur am Widerstand der großen Verbände. Sie sind auch problematisch, weil sie allein auf jene Interessen zielen, die erst durch massenhafte Organisation wirksam werden, also in erster Linie auf die Gewerkschaften und ähnliche Vereinigungen. Gesellschaftliche Macht und ihre politische Ausübung, *Gewerkschafts-* die nicht erst der Organisation bedarf, bleibt da-*staat* bei unberührt, weil sie nicht erfaßbar ist. Zu den *Unternehmer-* Konzepten einer Einbindung großer gesellschaft-*staat* licher Gruppen gehörte auch das von R. ALTMANN entworfene und von Bundeskanzler ERHARD propagierte Konzept der „formierten Ge-*Formierte* sellschaft". Dahinter stand die Vorstellung, daß *Gesellschaft* diese Gruppen einer Gemeinwohlbindung unterworfen werden müßten. Offen blieb das schwie-

rige Problem, wer denn in einer freien und demokratischen Gesellschaft dieses Gemeinwohl für alle verbindlich definieren solle.

Die „Institutionalisierung von Interessen" (s. S. 194 ff.) und die vielfach erkennbare Kooperation gesellschaftlicher Großverbände, wie vor allem der Arbeitgeber- und Unternehmensorganisationen, der Gewerkschaften, des Mittelstandes und anderer (z. B. in der Konzertierten Aktion, s. S. 168), mit dem Staat hat in der wissenschaftlichen Diskussion zu der Frage geführt, ob nicht der „Verbandspluralismus" tendenziell bereits durch einen „Korporatismus" abgelöst sei. Damit ist gemeint, daß die etablierten gesellschaftlichen Interessengruppen heute nicht nur mit dem Staat „kooperieren", sondern faktisch in den Staat „inkorporiert" seien, eingegliedert mit bestimmten Funktionen. Gegenwärtig scheint die Formel vom „Neokorporatismus" noch eine Überzeichnung gesellschaftspolitischer Erscheinungsformen zu sein. Die Inkorporierung der Verbände statt sinnvoller Kooperation mit staatlichen Einrichtungen wäre eine Entwicklung, die der parlamentarischen Demokratie schaden würde.

Eine differenzierte Untersuchung des Verbandsproblems ergibt auch, daß polemische Schlagworte wie „Gewerkschaftsstaat" und „Unternehmerstaat" unhaltbar sind. Hier werden bestimmte Erscheinungsformen wie die Zahl der gewerkschaftlich organisierten Bundestagsabgeordneten (s. S. 195), die gewerkschaftseigenen Unternehmen usw. zu einer „Über"-macht im Staat hochstilisiert. Auf der Gegenseite steht die Behauptung einer allumfassenden Kapitalmacht, die den Staat total an die Interessen der Unternehmen binde (ähnlich auch die „Stamokap-Theorie").

Abb. 91: Der Bürger als Nutznießer und Opfer der Meinungsfreiheit in Wort, Schrift und Bild

Öffentliche Meinung

Die Diskussion über Interessenverbände und politische Partizipation muß schließlich noch beachten, daß die Tätigkeit der gesellschaftlichen Vereinigungen nicht nur auf den Staat bezogen ist, sondern daß sie heute auch in nennenswertem Umfang Interessen gegeneinander vertreten. Das wichtigste Beispiel hierfür ist natürlich der Arbeitsmarkt und das Tarifvertragswesen (s. S. 258 f.). Dies gilt aber auch im unternehmerischen Bereich, wenn z.B. in Arbeitskämpfen die Interessen kleinerer und mittlerer Firmen gegen die der großen Konzerne stehen. Es gilt für den Bereich wirtschaftlicher Konzentration, wo die Gefährdung mittelständischer Unternehmen durch Riesenkonzerne Interessenkonflikte hervorruft. Jede Politik ist mit der Wahrnehmung von Interessen verbunden.

4.3.3 Bedeutung und Problematik der Massenmedien

Art. 5 GG

Der Kampf gegen Restauration und die Zensurpolitik der Karlsbader Konferenz von 1819 hat nicht nur zu einem „Preßgesetz"-Trauma der deutschen Öffentlichkeit des 19. Jh. geführt (HAARMANN), sondern auch allenthalben freie politische Meinungsäußerung in Wort und Schrift zu einem „klassischen" politischen Freiheitsrecht und zu einem liberalen Axiom der par-

lamentarischen Demokratie werden lassen. Für beides lieferte schon der § 143 der Paulskirchen-Verfassung von 1849 ein beredtes Zeugnis. Die (liberale) „öffentliche Meinung" wurde im klassischen Parlamentarismus-Verständnis geradezu zum „Schiedsrichter" im politischen Interessenstreit. Der Nationalsozialismus machte die Presse zum Instrument der Gewaltherrschaft und der Staatspropaganda. Das Grundgesetz will sowohl das Menschenrecht der individuellen Meinungsäußerung als auch die Betätigungsfreiheit der Einrichtungen zur Verbreitung von Informationen und Meinungen unverbrüchlich sichern.

Die Massenmedien sind heute, nach nicht unbedenklichen Konzentrationsvorgängen, nicht nur zu Vermittlern, sondern auch zu Trägern politischer Willensbildung geworden. Die Entwicklung neuer Informationstechniken läßt außerdem befürchten, daß der Bürger am Ende zugleich Opfer und Nutznießer einer Gesellschaft der totalen Kommunikation sein könnte.

4.3.3.1 Rechtsfragen der Medienpolitik

Der Art. 5 des Grundgesetzes unterscheidet sich kaum von seinem Vorgänger (Art. 118 der Weimarer Verfassung), wenngleich er etwas stärker die Institutionen schützt und die Schranken deutlicher benennt.

> *„Jeder hat das Recht, seine Meinung in Wort, Schrift und Bild frei zu äußern und zu verbreiten und sich aus allgemein zugänglichen Quellen ungehindert zu unterrichten. Die Pressefreiheit und die Freiheit der Berichterstattung durch Rundfunk und Film werden gewährleistet. Eine Zensur findet nicht statt."*

Fernsehurteil

Schranken dieser Freiheiten liegen, außer in den allgemeinen Gesetzen, im gesetzlich geregelten Jugendschutz und im Recht der persönlichen Ehre. Art. 5 GG garantiert auch die Freiheit von Kunst und Wissenschaft, Forschung und Lehre. Allerdings:

> *„Die Freiheit der Lehre entbindet nicht von der Treue zur Verfassung." (Abs. 3).*

Die verfassungsrechtlich garantierte Meinungsfreiheit umschließt also die Freiheit der Meinungsäußerung und der Meinungsverbreitung, die Informationsfreiheit, die Freiheit der Berichterstattung und die Pressefreiheit. Es waren wieder die geschichtlichen Erfahrungen – z.B. auch das Verbot des Lesens von Auslandszeitungen und des Abhörens ausländischer Rundfunksendungen in der NS-Zeit –, die zu einem so umfassenden Schutz durch die Verfassung führten. Weitere Rechtsregelungen der einfachen Gesetzgebung (z.B. des BGB) und höchstrichterliche Urteile (z.B. des Bundesgerichtshofes) suchen den Grenzbereich zwischen dem berechtigten Interesse der Öffentlichkeit an sachgemäßer Information und dem individuellen Bereich persönlicher Ehre, beruflicher und wirtschaftlicher Interessen, abzustecken. Schließlich haben alle Bundesländer durch Landespressegesetze die Materie nochmals gesondert geregelt. Auch hier überwiegen der Ge-

Persönlichkeits-schutz

sichtspunkt des Schutzes der Institution „Presse" und der „Persönlichkeitsschutz". Aus dem ersteren folgt die Notwendigkeit, den Grundsatz der Pressefreiheit zu verdeutlichen, die öffentlichen Aufgaben der Presse, Auskunftsansprüche gegenüber Behörden zu definieren, strafprozessuale Regelungen in bezug auf das Recht der Beschlagnahme von Presseerzeugnissen durch Polizei, Staatsanwalt oder Richter zu erlassen, und das Zeugnisverweigerungsrecht der Presseangehörigen näher zu bestimmen (vgl. auch die Beschlagnahme von Fernsehaufnahmen der Rundfunkanstalten bei Demonstrationen zum Zwecke der Strafverfolgung). Aus dem zweiten Aspekt folgen

Privatfunk

das „Recht auf Gegendarstellung" und Schadensersatzansprüche bei ungerechtfertigten Eingriffen.

Viele Fragen sind offen. Die lapidare Kürze der Verfassungsbestimmung steht im Gegensatz zum Fortschritt der Medientechnik. So kommt z.B. das Wort „Fernsehen" nicht vor, ganz zu schweigen von den „neuen Medien" (s. S. 204). Während Art. 75 GG die Rahmengesetzgebungs-Kompetenz des Bundes für Presse und Film festlegte, im übrigen also die Zuständigkeit der Länder gegeben war, blieb zunächst offen, wie bei Rundfunk und Fernsehen zu verfahren sei. Das Fernsehurteil des Bundesverfassungsgerichts vom 28. 2. 1961 stellte klar, daß der Bund als Gesamtstaat allein für den technischen Teil des Rundfunks die Gesetzgebungs- und Verwaltungskompetenz besitzt (zuständig ist die Bundespost). Nur bei Anstalten, in denen es nur oder vornehmlich um Auslandssendungen gehe, sei dies anders. Sonst haben die Länder die eigentliche Rundfunkkompetenz.

Dieses „Fernseh-Urteil", mit dem das Verfassungsgericht die von Bundeskanzler ADENAUER betriebene Gründung der „Deutschland-Fernsehen-GmbH" für verfassungswidrig erklärte, verankerte auch die bis heute gültige Auffassung, daß der Staat weder mittelbar noch unmittelbar eine Anstalt oder Gesellschaft des Rundfunks oder Fernsehens beherrschen dürfe. Es dürfen in der Bundesrepublik Deutschland nur „plural" strukturierte Rundfunkanstalten zugelassen werden. Rundfunk bzw. Fernsehen erfordern in ihren Organen eine Repräsentanz aller gesellschaftlichen Kräfte.

Schließlich legte dieses Urteil fest, daß der Staat auf Landesebene für die öffentlich-rechtlichen Rundfunkunternehmen ein Monopol schaffen darf, „unter den gegenwärtigen technischen Bedingungen" und unter der Voraussetzung, daß für eine angemessene anteilige Heranziehung aller am Rundfunk Interessierten gesorgt sei. Begründet wurde dies 1961 damit, daß im Bereich des Rundfunks sowohl aus technischen als auch aus finanziellen Gründen die Zahl der Anstalten verhältnismäßig klein bleiben müsse. Dies nun ist eine der zentralen Fragen der Zukunft, wieweit nämlich neue Techniken auch hier eine Vielfalt von Trägern und damit auch private Trägerschaften für Rundfunkanstalten ermöglichen.

Im Urteil vom 27. 7. 1971 („Mehrwertsteuerurteil") bestätigte das Bundesverfassungsgericht die besondere öffentliche Aufgabe des Rundfunks. Mit Urteil vom 16. 6. 1981 stellte es weitergehende Grundsätze auf, die mit der Formel „Privatfunk unter Staatsaufsicht" gekennzeichnet werden können. Zunächst betonte das Gericht, daß nur der Gesetzgeber, nicht Regierungen, entscheiden dürfen. Er müsse die pluralistischen Strukturen des Rundfunks sichern und Leitgrundsätze verbindlich machen, die ein Mindestmaß von inhaltlicher Ausgewogenheit, Sachlichkeit und gegenseitiger Achtung gewährleisten.

Multimedia-Unternehmen

Der Gesetzgeber könne eine „binnenpluralistische Struktur" privater Rundfunkanstalten verbindlich machen oder eine „außenpluralistische Struktur" sichern, indem „mehrere Meinungsträger jeweils zeitlich begrenzt dieselben Frequenzen benutzen können". Der Gesetzgeber müsse

Staatsaufsicht

eine „begrenzte Staatsaufsicht" über private Anstalten normieren und die Einhaltung der gesetzlichen Anforderungen durch die privaten Betreiber überprüfen. Der Zugang privater Träger müsse auf dem Wege eines rechtsstaatlichen Verfahrens erfolgen. Mit diesem Urteil war nicht die zentrale Frage beantwortet, ob es einen Anspruch auf Privatfunk nach dem Grundgesetz gebe. Das Gericht hat im Prinzip seine Grundsätze für den öffentlich-rechtlichen Rundfunk auf einen möglichen Privatfunk übertragen.

Während die Auseinandersetzungen über Privatfunk und -fernsehen noch nicht abgeschlossen sind, ist die privatrechtliche Form der Presse unbestritten. Hier war es allerdings dem Bund infolge des Widerstandes der Interessengruppen bis

Presserechts-Rahmengesetz

1982 nicht gelungen, ein „Presserechts-Rahmengesetz" zu verabschieden, das neben der Vereinheitlichung der Landesgesetze zu so wichtigen Fragen wie z. B. der „inneren Pressefreiheit" und dem Verhältnis zwischen Verlegern/Zeitungseignern und Redakteuren Stellung nimmt. Das Medienrecht läuft somit letztlich auch in diesem Bereich Gefahr, daß die technische und wirtschaftliche Entwicklung die Gesetzgebung eher auf die Probleme von gestern als auf die von morgen reagieren läßt. Die CDU/CSU verdeutlichte überdies nach der Regierungsübernahme 1982, daß sie eine bundeseinheitliche Regelung wegen der fortschrittlichen Landesgesetze für überflüssig hält.

4.3.3.2 Entwicklung und Struktur der Massenmedien

Massenwirksame Publikationsmittel sind Zeitungen, Zeitschriften, Taschenbücher mit hohen Auflagen, Film, Rundfunk und Fernsehen. Mit Ausnahme des öffentlich-rechtlichen Funk- und Fernsehens sind alle Massenmedien in der Bundesrepublik Deutschland Geschäftsunternehmen

Privateigentum

in privatem Eigentum.

Nach 1945 hatte es zunächst viele relativ kleine Verlage gegeben, die von den Besatzungsmächten eine Lizenz erhalten hatten. Dann setzte in den fünfziger und sechziger Jahren ein starker Konzentrationsprozeß ein. Die Zahl der „Vollredaktionen" von Tages-, Sonntags- und Wochenzeitungen sank z. B. von 225 1954 auf 121 1977. Örtliche Zeitungsmonopole betrafen 1954 etwa 8% der Bürger, 1977 33%.

> *„Aus einer vergleichsweise reich gegliederten und dezentralen Presselandschaft entstanden so in der Bundesrepublik große Multimedia-Unternehmen, die ihre Verlagsprodukte über viele Teilmärkte streuen und neben Druckperiodika heute Bücher, Schallplatten, AV-Kassetten u. a. herstellen."*
>
> (Hoffmann/Kleinsteuber 1979)

Wachstum von Umsatz und Auflagen bei gleichzeitiger Konzentration sind zwar nicht allein Kennzeichen des Mediensektors. Wegen der politischen Bedeutung gerade dieser Konzentration hat es aber gerade hier nicht an Versuchen gefehlt, nähere Einzelheiten über Konzentration und Verflechtung aufzudecken. 1967 erstellte die „Kommission zur Untersuchung der Wettbewerbsgleichheit von Presse, Funk/Fernsehen und Film" (Michel-Kommission) im Auftrage der Bundesregierung ein besonderes Gutachten (BT-Drs. V/2120). 1977 beauftragte die Bundesregierung die „Monopolkommission" (§ 24b Abs. 3 des Gesetzes gegen Wettbewerbsbeschränkungen), ein Gutachten über „Stand und Entwicklung der Unternehmenskonzentration in der Presse unter besonderer Berücksichtigung der Beteiligungsverhältnisse bei Presseunternehmen" zu erstatten. Der Versuch einer empirischen Erhebung durch die gesetzlich eingesetzte Kommission scheiterte, weil sie kein Enquete-Recht mit Auskunftpflicht der Befragten (wie z. B. das Statistische Bundesamt) besitzt (vgl. S. 170 f.).

> *„Daß die Presseerhebung der Monopolkommission trotz der Bemühungen um eine Begrenzung des Erhebungsumfanges scheiterte, läßt nur den Schluß zu, daß eine Untersuchung des Pressebereichs auf der Grundlage einer freiwilligen Teilnahme der Presseunternehmen nicht möglich ist."*
>
> (Hauptgutachten 1976/77, S. 398)

So gibt es auch heute nur eine sehr allgemeine Pressestatistik, die seit 1975 vom Statistischen Bundesamt erstellt wird. Die dort ermittelten

Unternehmen, die Zeitungen oder Zeitschriften verlegen (Anteil der größten Unternehmen am Gesamtumsatz, 31. 12. 1979)

Umsatz (Mill. DM)	Anteil der ... größten Unternehmen in %					Anzahl der Unternehmen
	3	6	10	25	50	
1. alle Unternehmen						
23 452	16,6	21,9	25,7	36,9	48,3	2 386
2. Unternehmen des Verlagsgewerbes						
20 261	19,2	25,3	29,7	42,0	53,6	1 943
3. Zeitungs- und Zeitschriftenunternehmen						
17 392	22,4	29,5	34,6	47,7	59,7	1 586
4. Zeitungsunternehmen						
9 688	23,8	30,5	38,8	56,0	72,6	307
5. Zeitschriftenunternehmen						
7 704	36,5	44,0	49,6	60,3	68,3	1 279

Konzentrationsraten der Zeitungen (Hauptausgaben) nach der Verkaufsauflage 1979

Verkaufsauflage in 1000 Stück	Anteil der ... Zeitungen in %					Anzahl der Zeitungen
	3	6	10	25	50	
1. alle Zeitungen						
25 016	31,4	35,7	40,8	55,0	70,9	370
2. Abonnementszeitungen						
15 339	7,5	13,7	20,4	40,1	61,9	352
3. Straßenverkaufszeitungen						
9 677	80,3	89,6	96,6	—	—	18

(Zeitungen werden als Abonnements- oder als Straßenverkaufszeitungen eingestuft, je nachdem, welcher der beiden Vertriebswege im Absatz überwiegt.)

Konzentrationsentwicklung

Konzentrationsraten werden erst bei einem längeren zeitlichen Vergleich aussagekräftig. In ihrem IV. Hauptgutachten (1982) stellte die Monopolkommission fest, daß die Entwicklung der Umsatzkonzentration bei Presseunternehmen im Zeitraum 1975–1979 stagnierte. Die Zahlen für 1979 geben einen Einblick in die Konzentration bei Zeitungen und Zeitschriften (gemessen am Umsatz und an der Auflage) (nach Hauptgutachten der Monopolkommission 1980/81, S. 146).

Daß der Konzentrationsprozeß nicht gradlinig verläuft, geht aus der Feststellung der Monopolkommission hervor, daß zwischen 1975 und 1979 die Zahl der Zeitschriften zugenommen, die Konzentrationsraten bei den auflagenstärksten Zeitschriften jedoch gesunken sind. Die Monopolkommission war übrigens in ihrem Hauptgutachten 1976/77 bezüglich der neuen Techniken (Einführung des Fotosatzverfahrens) der Meinung, daß nach den bisherigen Erfahrungen davon kein besonderer Einfluß auf die betriebliche Konzentration der Zeitungsverlage anzunehmen sei.

Neue Medien

Die Entwicklung des privaten Pressewesens hat sich heute, ungeachtet derartiger Differenzierungen, auf einem hohen Konzentrationsniveau stabilisiert. Der Prozeß verläuft jetzt sehr uneinheitlich, teils weiter, teils in die Gegenrichtung. 1976 brachte die dritte Novellierung des Kartellgesetzes eine besondere Fusionskontrolle im Pressewesen. Wie wirksam sie ist, kann schwer beurteilt werden. Bezeichnend für die komplizierte Situation war im Oktober 1981 die Ablehnung einer Beteiligung des Burda-Verlages, viertgrößter Medienkonzern in der Bundesrepublik Deutschland, am Springer-Konzern, dem mit 2 Mrd. DM Umsatz (1980/81) größten Konzern im Verlagswesen. Zwischen ihnen lagen die Verlage der Bertelsmann-Gruppe (1,9 Mrd. DM Umsatz ohne Buchklubs, Musikgeschäft usw.) und der Bauer-Verlag (1,4 Mrd. DM). Auch wenn durch die Fusion die Wirtschaftlichkeit verbessert werden könnte, so wäre dies ein weiterer Schritt zu immer gewaltigeren Größenordnungen.

Die kapitalstarken Medienkonzerne sind es in erster Linie, die zum Einstieg in die „neuen Medien" bereit und in der Lage sind, wenngleich die

Forderungen auf breiterer Grundlage vorgetragen werden. Sie laufen im wesentlichen auf eine privatwirtschaftliche Beteiligung an neuen Medientechniken im Bereich von Fernsehen und Rundfunk hinaus. Beispiele beschrieben HOFFMANN/ KLEINSTEUBER (1979):

> „Der Anspruch der Zeitungsverleger auf die neuen Medien ist durch den Bundesverband Deutscher Zeitungsverleger (BDVZ) vielfach formuliert worden; so bezeichnet er die Videotext-Technik als Bildschirmzeitung und definiert sie als „Darbietungsform der Presse"; ebenso fordert er eine eigenverantwortliche Beteiligung an den Kabelfernsehpilotprojekten."

Totale Kommunikation

BTX

Im März 1983 wurde von den Bundesländern ein Staatsvertrag abgeschlossen, nach dem ab 1. 9. 1983 der „Bildschirmtext", auch „BTX", – die Kombination von Telefon und Fernsehschirm zu einem modernen Kommunikationsmittel – bundesweit eingeführt werden kann. Jeder Interessent kann als Anbieter auftreten. Der Staat schreibt Sorgfaltspflicht, Wahrheitsgehalt, Beachtung des Datenschutzes usw. vor. Jeder Benutzer kann sich per Telefon Nachrichten, Informationen und Angebote in das Haus holen. Er hat also direkten Zugang zu Datenverarbeitungsleistun-

Publizistisches Gleichgewicht

gen. BTX eröffnet eine neue elektronische Ära mit erheblichen wirtschaftlichen und sozialen Folgen für das tägliche Leben. Er ist Teil der umstrittenen „neuen Medien", zu deren Einführung die Verkabelung des Bundesgebietes notwendig ist.

Kabelfernsehen

Das Kabelfernsehen scheint letztlich das entscheidende Instrument für die Durchbrechung des öffentlich-rechtlichen Monopols bei Funk und Fernsehen zu werden. Es hebt die vom Bundesverfassungsgericht zugrundegelegte Frequenzknappheit auf. Die Interessenten an einem kommerziellen Fernsehen sehen damit keine Hindernisse mehr für die Vergabe von Sendekanälen an Private.

Mit dem Urteil des Bundesverfassungsgerichts von 1981 ist zudem rechtlich ein Weg gewiesen. Ob eine „Staatsaufsicht über den Privatfunk" akzeptiert wird, steht allerdings dahin.

4.3.3.3 „Öffentlichkeit" als politische Partizipation

Die nüchterne Betrachtung der Medienwirklichkeit führt zu der Erkenntnis, daß es das Idealbild einer „Öffentlichen Meinung" als autonomen und objektiven Bestandteil der demokratischen politischen Willensbildung nicht gibt. Dennoch kann auf Öffentlichkeit nicht verzichtet werden; sie ist eine Grundvoraussetzung der demokratischen Ordnung. Recht und Politik müssen mit dieser Gegebenheit fertigwerden.

Art. 5 GG bleibt die verfassungsrechtliche Grundlage aller Funktionen von „Öffentlichkeit". Neue Medien sind von dort her zu beurteilen und einzuordnen, auch wenn sie auf anderen technologischen Bedingungen und kommunikativen Möglichkeiten – die über die bisherigen Möglichkeiten von Presse, Funk und Fernsehen hinausgehen – aufbauen.

Über Art. 5 GG hinaus stellt sich die Frage, ob nicht die bevorstehende totale Kommunikation über das Fernsehgerät in jedem Haus die Entmündigung des politischen Bürgers fördert. Inwieweit kann die Autonomie der Meinungsbildung unter diesen Bedingungen noch gewahrt werden? Gibt es genügend Rückkopplung, also noch Gehör für die eigene Meinungsäußerung? Dies alles betrifft das Verhältnis zwischen Massenmedien und politischem Bürger.

Ein weiteres Problem besteht im Verhältnis zwischen privatwirtschaftlicher Presse und öffentlich-rechtlichem Funk und Fernsehen. Die Entwicklung scheint darauf hinauszulaufen, daß das bisherige „publizistische Gleichgewicht" zwischen den beiden Bereichen nicht so bestehen bleibt. Das Nebeneinander der strukturell unterschiedlichen Massenmedien sicherte in einem für die Meinungsbeeinflussung wichtigen Bereich, dem Fernsehen (mit pluralistisch zusammengesetzten Funk- und Fernsehräten) sowie den von ihnen bestellten Verwaltungsräten, den Zugang unterschiedlicher Gruppen zu den Medien. Bei dieser Feststellung dürfen gewiß auch die negativen Seiten der öffentlich-rechtlichen Anstalten nicht übersehen werden. Die Grundsätze Überparteilichkeit, Pluralität und Neutralität können zu Farblosigkeit und Konfliktscheu führen. Ein Parteienproporz, der auch die beteiligten gesellschaftlichen Gruppen mit einbezieht, kann mit Hilfe der Personalpolitik die Funktion kritischer Öffentlichkeit beeinträchtigen. Andererseits ist die Personalpolitik der Schlüssel für den Erhalt der Meinungsvielfalt.

Innerhalb der Massenmedien ist die Beziehung zwischen Verleger und Journalisten immer wieder Gegenstand heftiger Auseinandersetzungen. Die Grundfrage lautet, ob aus dem Eigentum an einem Medium, also einer Zeitung, das uneingeschränkte Recht folgt, die politische Richtung der Zeitung nicht nur grundsätzlich festzulegen, sondern auch täglich zu bestimmen. Die „Innere Pressefreiheit" gehört zur freien Presse und ist sicher nicht nur ein Problem des privatwirtschaftlichen, sondern auch des öffentlich-rechtlichen Sektors. Die Verleger wehren sich gegen eine Beschränkung ihrer Rolle auf kaufmännische Funktionen. Die Journalisten-Verbände fordern Redaktionsstatute und -räte in allen Zeitungsbetrieben. Wenn die Pressekonzentration fortschreitet, wird schließlich auch das „Recht auf Kündigung" seitens des Journalisten beeinträchtigt. Verhandlungen zwischen Verleger- und Journalistenverbänden in den siebziger Jahren brachten kein abschließendes Ergebnis. Es zeichnete sich jedoch ab, daß der Verleger die „grundsätzliche Haltung der Zeitung" schriftlich festlegen und eine „Richtlinien-Kompetenz" haben solle. Verschiedene große Zeitungen haben heute Redaktionsstatute als „Betriebsvereinbarungen" abgeschlossen.

Außen-
steuerung

Zu einer gesetzlichen Regelung wie dem ursprünglich geplanten „Presserechts-Rahmengesetz" ist es nicht gekommen (s. S. 202). Der Deutsche Journalistenverband legte zuletzt im Mai 1981 den Bundestagsfraktionen einen Entwurf vor. Danach sollte der Verleger die Grundsätze für die allgemeine publizistische Haltung einer Zeitung usw. schriftlich festlegen. Diese Grundsätze sollten die maßgeblichen publizistischen Ziele sowie die allgemeine Einstellung des Verlegers zu politischen, wirtschaftlichen und gesellschaftlichen Fragen wiedergeben. Sie sollten Bestandteil der Arbeitsverträge mit den Redakteuren werden. Diese seien frei in der Gestaltung des Textteiles im Rahmen der Grundsätze. Wenn der Verleger die Grundsätze ändern wolle, müsse eine Redakteursvertretung zustimmen. Bei Nichteinigung solle ein paritätischer Ausschuß verbindlich entscheiden. Die ab 1982 wieder von der CDU/CSU geführte Bundesregierung will auf eine bundeseinheitliche Regelung verzichten. Die bestehenden Landesgesetze eröffneten genügend Gestaltungsmöglichkeiten.

Schließlich muß im Rahmen der privatwirtschaftlich betriebenen Massenmedien stets das Verhältnis zwischen Verleger bzw. Besitzer und werbender Wirtschaft beachtet werden. Die Zeitung lebt von ihren Anzeigen. Je höher die Auflage, um so stärker der Anzeigenteil und die Einnahmen aus Inseraten der Wirtschaft. Zeitschriften werden z. T. für bestimmte Bevölkerungsgruppen vor allem wegen der Werbemöglichkeiten „gemacht". Es ist auch durchaus üblich, daß die Redakteure zusätzliche Textseiten produzieren müssen, weil noch weitere Anzeigen unterzubringen sind. Hier liegen die Gefahren einer „Außensteuerung" durch wirtschaftliche Interessen und der Abhängigkeit ganzer Medien von der Wirtschaft auf der Hand. Auch wenn dabei nicht sogleich an eine Einflußnahme der werbenden Wirtschaft auf den redaktionellen Teil der Zeitungen oder Zeitschriften gedacht werden muß, so besteht doch zumindest die Gefahr einer vorbeugenden „Selbstzensur", um mächtige Auftraggeber und Inserenten nicht zu verärgern.

Das Prinzip „Öffentlichkeit" als Grundlage einer demokratischen politischen Ordnung ist stets gefährdet. Wichtig scheint vor allem, durch Offenlegung der Probleme ein möglichst hohes Maß an Informationsmöglichkeiten für alle diejenigen zu sichern, die sich kritische Distanz und Selbstbestimmung bewahren wollen. Außerdem gilt es, Machtmißbrauch zu verhindern oder einzudämmen. Die Medienpolitik hat ihren Teil dazu beizutragen, zu ordnen, zu sichern und zu gewährleisten.

4.4 Politische Repräsentation im demokratischen Staat

Für die staatlichen Institutionen der Bundesrepublik Deutschland gilt der Grundsatz der „Repräsentation Demokratie".

Begriff

„Repräsentation ist die rechtlich autorisierte Ausübung von Herrschaftsfunktionen durch verfassungsmäßig bestellte, im Namen des Volkes, jedoch ohne dessen bindenden Auftrag handelnde Organe eines Staates oder sonstigen Trägers öffentlicher Gewalt, die ihre Autorität mittelbar oder unmittelbar vom Volk ableiten und mit dem Anspruch legitimieren, dem Gesamtinteresse des Volkes zu dienen ..."

(E. FRAENKEL)

Verhältnis-wahl

In der Bundesrepublik Deutschland werden nur die Abgeordneten des Bundestages unmittelbar vom Volke gewählt. Die Träger der übrigen Bundesorgane werden durch den Bundestag (oder andere Einrichtungen wie die „Bundesversammlung") mittelbar bestellt. Dieses Prinzip, daß nur die Parlamentsabgeordneten unmittelbar gewählt werden, gilt auch für die Bundesländer; allerdings sehen einige Landesverfassungen noch die (unmittelbare) Volksabstimmung bzw. Volksbefragung oder Volksbegehren vor. Damit steht das Parlament im Mittelpunkt der staatlich-politischen Willensbildung. Es ist nach dem Verfassungsverständnis die zentrale Einrichtung der politischen Repräsentation des Volkes. Die förmliche Bestellung der Repräsentanten durch Wahl bedeutet eine besondere „Legitimation", für die Gesamtheit zu sprechen, die von keiner anderen gesellschaftlichen Gruppe, die am Prozeß politischer Willensbildung beteiligt ist, beansprucht werden kann.

Legitimation

Mehrheitswahl

4.4.1 Die Wahl der Abgeordneten

Die Abgeordneten des Deutschen Bundestages werden für vier Jahre gewählt; so lange dauert maximal die „Legislaturperiode". Wahlrecht, Kandidatenauslese und Wahlkampf sind die wichtigsten Probleme der Bestellung. Ihre Darstellung trifft im Prinzip auch die Vorgänge bei den Landtagswahlen.

4.4.1.1 Das Wahlrecht

Die grundlegenden Bestimmungen über die Wahl der Bundestagsabgeordneten enthält das Grundgesetz in Art. 38 selbst: „Die Abgeordneten des Deutschen Bundestages werden in allgemeiner, unmittelbarer, freier, gleicher und geheimer Wahl gewählt." Dies sind die klassischen Prinzipien einer demokratischen Wahl. Wer das 18. Lebensjahr vollendet hat, darf sowohl selbst wählen (aktives Wahlrecht), als auch für einen Sitz im Bundestag kandidieren („Wählbarkeit"; „passives Wahlrecht"; dies gilt auch in sieben Ländern für den Landtag). Alle Einzelheiten sind im Bundeswahlgesetz (und in den Landeswahlgesetzen) geregelt. Hinzu kommt für die Fülle der Wahldetails die Bundeswahlordnung.

Nach dem Bundeswahlgesetz beruht die Wahl auf einer „mit einer Personenwahl verbundenen Verhältniswahl" (§ 1). Die Verhältniswahl (zumeist „Listenwahl") bringt alle Stimmen zur Geltung, selbst kleine Parteien („Splitterparteien") kommen in das Parlament. Die Personenwahl beruht meist auf dem Mehrheitswahlrecht. In jedem Wahlkreis wird nur ein Abgeordneter gewählt („Einmann-Wahlkreise"). Gewählt ist, wer die meisten („relative Mehrheit") oder wer über 50% der abgegebenen Stimmen („absolute Mehrheit") auf sich vereinigt. Die Stimmen aller übrigen Kandidaten werden nicht gewertet.

Die Verhältniswahl ist also „demokratischer", aber sie kann durch Splitterparteien im Parlament die Regierungsbildung außerordentlich erschweren. Die Mehrheitswahl ist „ungerechter", weil u. U. die unterlegenen Kandidaten kaum weniger Stimmen als der Gewählte erhalten und dennoch nicht in das Parlament gelangen. Die Vorteile dieses Systems liegen aber darin, daß die Mehrheitsbildung im Parlament durch das Fehlen von Splittergruppen erleichtert wird. Durch eine Verbindung beider Systeme wird in der Bundesrepublik Deutschland eine optimale Kombination von „demokratisch" und „konstruktiv" angestrebt.

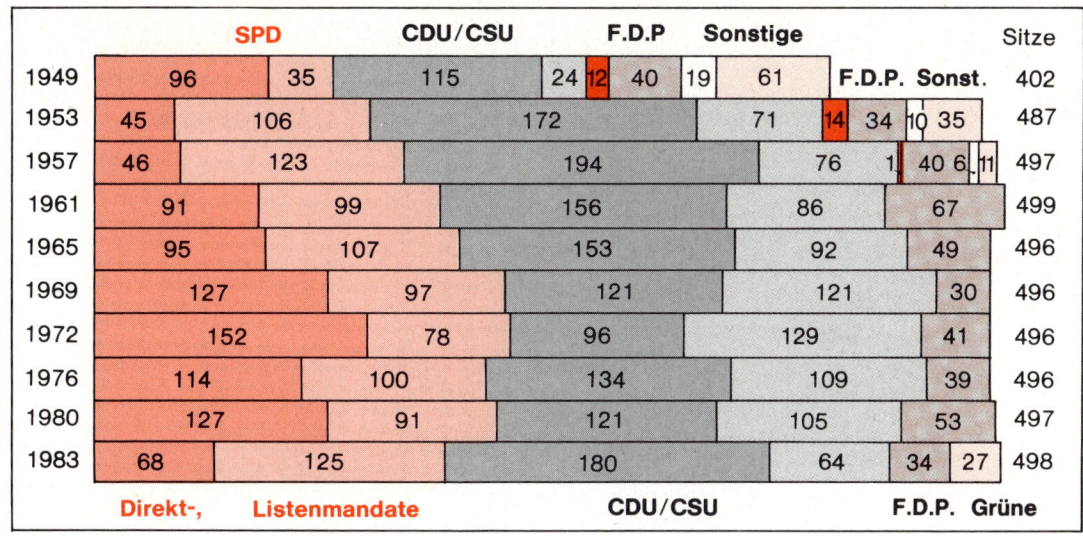

	SPD		CDU/CSU		F.D.P	Sonstige				Sitze
1949	96	35	115	24	12 40	19	61		F.D.P. Sonst.	402
1953	45	106	172			71	14	34	10 35	487
1957	46	123	194			76	1	40 6 11		497
1961	91	99	156			86	67			499
1965	95	107	153			92	49			496
1969	127	97	121			121	30			496
1972	152	78	96			129	41			496
1976	114	100	134			109	39			496
1980	127	91	121			105	53			497
1983	68	125	180			64	34	27		498

Direkt-, Listenmandate   CDU/CSU   F.D.P. Grüne

Abb. 92: Listen- und Direktmandate

Der Bundestag besteht nach dem Wahlgesetz aus 518 Abgeordneten (§ 1); in dieser Zahl sind 22 Abgeordnete Berlins enthalten, die wegen der alliierten Vorbehalte nicht durch die Berliner Wähler unmittelbar, sondern durch das Berliner Abgeordnetenhaus gewählt werden. Von den restlichen 496 Abgeordneten wird die Hälfte nach den Grundsätzen der Persönlichkeitswahl mit „relativer Mehrheit" gewählt. Hierfür ist das gesamte Bundesgebiet in 248 Wahlkreise eingeteilt. Die Parteien stellen jeweils nur einen Kandidaten je Wahlkreis auf.

Die andere Hälfte der Bundestagsabgeordneten wird nach dem Grundsatz der Verhältniswahl gewählt. Hierfür gibt es „Landeslisten" der Parteien, auf denen in einer festgelegten Reihenfolge – dies geschieht zuvor durch Wahlen (Landesparteitage) innerhalb der Parteien – Namen aufgeführt sind. *Erststimmen* Der Wähler hat also bei der Wahl sowohl seinen *Zweitstimmen* Wahlkreiskandidaten zu bestimmen („Erststimme") als auch eine Partei zu wählen („Zweitstimme").

Bei den Mehrheitswahlen in den Wahlkreisen haben regelmäßig nur die beiden großen Parteien eine Chance. 1972, 1976, 1980 und 1983 verteilten sich die direkt gewonnenen 248 Bundestagsmandate ausschließlich auf die CDU/CSU (96, 134, 121, 180) und die SPD (152, 114, 127, 68). Dies macht den Widerstand der kleineren Parteien, vor allem der FDP, gegen die Einführung eines Mehrheitswahlrechtes ohne den Ausgleich durch die Verhältniswahl verständlich. Die kombinierte Ausgestaltung des Wahlrechts wurde 1972 von den Wählern der sozial-liberalen Koalition, 1983 von den Anhängern einer CDU/FDP-*Stimmen-* Regierung genutzt, um durch „Stimmen-Split-*Splitting*

ting" ihre Erststimme der chancenreicheren SPD bzw. CDU und ihre Zweitstimme der FDP zu geben. Denn die Gesamtzahl der auf alle Landeslisten entfallenden Zweitstimmen einer Partei bestimmt letztlich die Zahl ihrer Bundestagssitze. Die über Wahlkreise direkt gewonnenen Mandate werden von dieser Gesamtzahl abgerechnet (§ 6 des Bundeswahlgesetzes). Danach werden die Sitze in der Reihenfolge der Liste besetzt, bis die Gesamtzahl der Abgeordneten erreicht ist (s. S. 211). Die auf der Landesliste verbliebenen Kandidaten können nachrücken, wenn während der Wahlperiode ein Sitz ihrer Partei frei wird.

4.4.1.2 Die Kandidaten

Die Wahl von 496 Abgeordneten durch 44 068 741 Wahlberechtigte (1983) bedarf selbstverständlich erheblicher organisatorischer Vorbereitungen und finanzieller Mittel. Die Auswahl der Kandidaten und die Organisation des Wahlkampfes liegen in den Händen der Parteien.

Auch „Parteilose" können kandidieren. Dies gilt allerdings nur für Wahlkreisvorschläge. Sie müssen von mindestens 200 Wahlberechtigten des Kreises persönlich und handschriftlich unterzeichnet sein. Seit 1953 sind keine parteilosen Kandidaten mehr in den Bundestag gewählt worden. Landeslisten dürfen nur Parteien aufstellen.

Das Parteiengesetz und das Wahlgesetz regeln die Aufstellung der Kandidaten in den Wahlkreisen und auf den Landeslisten. Sowohl für die Nominierung der Wahlkreisbewerber einer Partei als auch für die Aufstellung der Landesliste ist die geheime Wahl in der zuständigen Mitglieder-

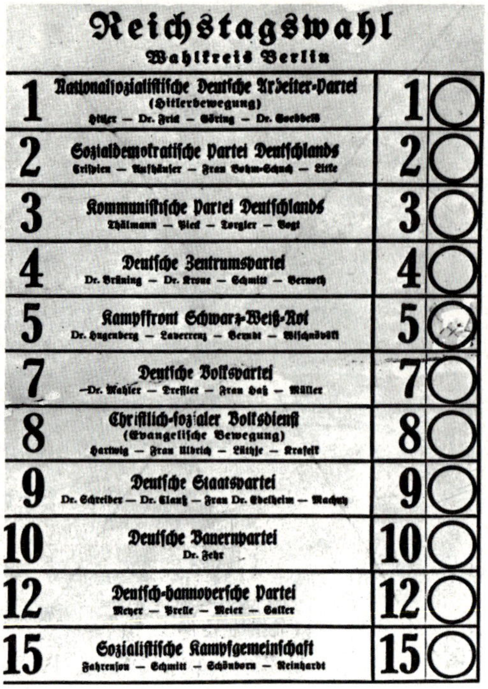

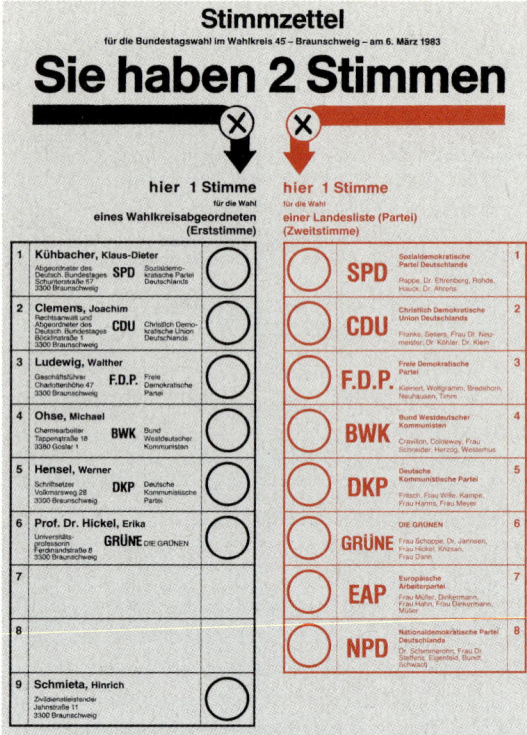

Abb. 93: Amtlicher Wahlschein zur Reichstags-
wahl am 5. 3. 1933 (die KPD-Stimmen wurden
nicht mehr berücksichtigt)

Abb. 94: Amtlicher Wahlschein zur Bundestagswahl am 6. 3. 1983. Die Reihenfolge der Kandidaten entspricht der Stärke im alten Bundestag

*Kandidaten-
aufstellung*

bzw. Vertreterversammlung vorgeschrieben. Die
Wahl beginnt also mit der Kandidatenaufstellung.
Wer aber wird aufgestellt? Diese Frage ist deshalb
so wichtig, weil der Wähler später ja nur noch
zwischen den einzelnen Kandidaten und Listen
der Parteien, nicht aber über den jeweiligen Kandidaten der gewünschten Partei entscheiden
kann. Das amerikanische Prinzip der öffentlichen
„Vorwahlen" („primaries"), an denen entweder
die Parteimitglieder oder alle Interessierten teilnehmen können, ist in der Bundesrepublik
Deutschland nicht eingeführt worden. Es wird
aber immer wieder im Zusammenhang mit weiteren Vorschlägen zu einer Reform des Wahlrechts diskutiert.
Am Kandidatenausleseprozeß nehmen in der
Bundesrepublik Deutschland nur die aktiven Parteimitglieder teil, indem sie entweder direkt wählen oder Delegierte für Vertreterversammlungen
bestimmen. Es gibt keine objektiven Auswahlkri-
terien. Die Bewerber haben sich durchweg schon
länger parteipolitisch profiliert. Eine sehr große
Rolle spielt auch die Wiederaufstellung eines
Bundestagsabgeordneten (nach Z Parl. 2/81). Seit
1961 lag der Anteil von Bundestagsneulingen nie
über 30%. 1976 waren es nur 22,6%, 1980

*Auswahl-
kriterien*

24,9%. Von den Neulingen der Wahl 1969 wurden 80,8% mindestens einmal wiedergewählt,
von den Neulingen 1972 83,4%, von den Neulingen 1976 84,6%. Von den Abgeordneten des 9.
Bundestages stammten 6,2% noch aus der 1.–4.
Wahlperiode, 8,9% aus der 5. Wahlperiode,
16,9% aus der 6., je 21,6% aus der 7. und 8.
Wahlperiode. Dies bedeutet, daß Anfang der
achtziger Jahre nur ein Viertel der Bundestagsabgeordneten neu aufgestellt worden war. Andererseits besagt dies auch, daß 85% aller Abgeordneten in der 9. Wahlperiode ausschließlich SPD
und FPD als Regierung und die CDU/CSU als
Opposition kannten.
Die Zahlen zeigen, daß es Neubewerber schwer
haben, sich innerparteilich mit Erfolg um einen
Bundestagswahlkreis oder einen sicheren Platz
auf der Landesliste zu bewerben. Die Landesliste
hat verschiedene Funktionen. Zu allererst soll sie
die Direktkandidaten absichern. Sodann soll sich
die innerparteiliche Situation widerspiegeln mit
ihren politischen Gruppierungen, Frauen, Konfessionen, Experten und Interessen. Die genaue
Reihenfolge auf der Landesliste wird in der Regel
vom Vorstand oder über den Vorstand vorgeschlagen. Sie ist dann noch auf der Vertreterversammlung (Landesparteitag) Gegenstand der par-

teipolitischen Auseinandersetzung. Dabei unterliegen in demokratischer Abstimmung auch bewährte Parlamentarier.

Die Eingriffsmöglichkeiten des Bundesvorstandes oder der Bundestagsfraktion einer Partei auf die Absicherung der ihnen wichtigen Parlamentarier sind begrenzt. Denn der jeweilige Landesparteitag stellt eine Landesliste auf, eine Bundesliste gibt es nicht. Diese Relativierung sollte jedoch nicht überbewertet werden. Kampfabstimmungen um Listenplätze durch Aufstellung von Gegenkandidaten gegen erneut kandidierende Bundestagsabgeordnete gehen eher zugunsten der amtierenden Parlamentarier aus. Es sei denn, sie hätten ihren Wahlkreis und ihre Parteibasis während der vergangenen Legislaturperiode vollständig vernachlässigt und sich allein um ihr Amt in Bonn gekümmert.

Umfragen

4.4.1.3 Der Wahlkampf

Ablaufpläne

Stammwähler

Den Wahlkämpfen liegen heute genau ausgearbeitete Ablaufpläne zugrunde. Mit erheblichen Mitteln und unter Heranziehung aller erreichbaren statistischen Unterlagen über die Wählerschaft und ihre soziale und regionale Struktur werden „Kampagnen" organisiert. Der Auswertung dienen auch Umfragen über ihr wahrscheinliches Verhalten und ihre Erwartungen, ihre Einschätzung der Spitzenpolitiker, ihre Reaktion auf Personen oder/und Sachthemen. Ausgefeilte psychologische und sozialwissenschaftliche Erkenntnisse und Techniken kommen dabei zur Anwendung.

Die wichtigsten Techniken sind bekannt: öffentliche Großkundgebungen, Fernseh- und Rundfunk-„Spots" bzw. Gesprächsrunden, Zeitungsanzeigen, Broschüren wie Wahlkampf-Illustrierte oder eine eigene „Zeitung am Sonntag" (ZAS), Autoaufkleber, Stände von Parteimitgliedern oder „Wählerinitiativen" auf Märkten und Plätzen, Flugblatt-Verteilungen, Stellwände und Litfaß-Säulen mit einer Flut zumeist bunter Plakate, Luftballons für die Kinder usw.

Rechtzeitig in Auftrag gegebene Umfragen sollen helfen, gezielt bestimmte Wählergruppen wie Frauen, Erstwähler, Facharbeiter, Aufsteiger, direkt oder indirekt durch Plakate oder Texte anzusprechen und für die Partei besonders zu interessieren. Die Taktik, sich überwiegend auf bestimmte Bevölkerungsgruppen und Regionen zu konzentrieren, um neue Wähler für die Partei zu gewinnen, da man sich seiner „Stammwähler" sicher war, mußte aufgegeben werden, seitdem besonders die großen Parteien abwechselnd Einbrüche in die Hochburgen der jeweils anderen Partei erzielen konnten.

Abb. 95: Kampf um den Wähler. Wird er damit erreicht?

209

Eine wesentliche Rolle spielt bei jeder Wahl die Frage, ob der Wahlkampf stärker auf Personen oder auf Sachthemen abgestellt werden sollte. Die herausragende Stellung des Bundeskanzlers bietet für die Regierungspartei in aller Regel zunächst einmal eine Verlockung, seine Person in den Vordergrund zu rücken. Sein Gegenkandidat wird damit der Kanzler-Kandidat. Plakative Formeln wie „Freiheit statt Sozialismus" sollen ohne weitere thematische Vertiefung den (negativen) Kern des parteipolitischen Gegners bloßlegen. Der argumentative Wahlkampf nimmt den Wähler ernster. Jedoch ist für die Parteien schwer festzustellen, ob der ganze, vor allem auch finanzielle Aufwand wirklich lohnt, d. h. die Wählermassen erreicht werden. Dies ist jedoch wieder eine Frage der Zielsetzung; sollen z. B. Wähler überzeugt oder Anhänger mobilisiert werden?

Fernsehen

Von grundlegender Bedeutung ist heute unbestritten das Fernsehen. Dabei geht es nicht allein um die parteieigenen Sendeminuten in den Wahlkämpfen. Es geht um Auftreten und Wirkungen der Spitzenpolitiker in diesem Medium. Seit der Bundestagswahl von 1976 ist darüber hinaus besonders kontrovers, ob sich die Fernsehjournalisten neutral genug verhalten, wenn sie in Wort und Bild über den Wahlkampf und die Politiker berichten. „Wahlentscheidung in der Fernsehdemokratie" (NOELLE-NEUMANN) war der Vorwurf in bezug auf 1976, der in den Wahlkämpfen 1980 und 1983 zu erheblichem Druck auf die Fernsehberichterstattung führte.

Wahlkampf-Abkommen

Vor allem wegen der hohen Wahlkampfkosten schlossen die vier Bundestagsparteien am 19. 3. 1980 ein 17 Paragraphen umfassendes „Wahlkampfabkommen für die Wahl zum 9. Deutschen Bundestag im Jahre 1980" ab. Auch 1965 und 1969 hatte es solche Abkommen gegeben. Hiermit verpflichteten sich die Parteien zur Führung eines fairen Wahlkampfes, zur zeitlichen Begrenzung der sogenannten „heißen" Phase sowie zur Begrenzung der Wahlkampfausgaben der CDU auf 36 Mill. DM, der CSU auf 9 Mill. DM, der FDP auf 8 Mill. DM und der SPD auf 40 Mill. DM. Zur Überprüfung der Einhaltung aller Abmachungen über einen fairen Wahlkampf wurde nach österreichischem Vorbild eine Schiedsstelle geschaffen. Unabhängiger Vorsitzender wurde ein evangelischer Bischof, jede Partei stellte einen Beisitzer. Hierzu wurden nach englischem Parlamentsbrauch „elder statesmen" ausgewählt, um der Schiedsstelle insgesamt die notwendige moralische Autorität zu geben. Die Frage, ob sich die Einrichtung angesichts des sehr hart und persönlich geführten Bundestagswahlkampfes bewährt

hat, ist unbeantwortet. Die Skepsis überwiegt. Die Schiedsstelle hatte weder Zeit noch Kompetenz für gerichtsähnliche Untersuchungen und wurde in der Hektik des Wahlkampfes immer wieder mit ihrer Hauptwaffe, der öffentlichen Mißbilligung von Verstößen, in die Auseinandersetzungen hineingezogen. So kam denn auch eine neue Abmachung für den Bundestagswahlkampf 1983 nicht zustande.

4.4.2 Das Parlament als repräsentatives Organ

Der Bundestag und die Landtage unterscheiden sich als gewählte Parlamente trotz deutlicher Annäherungen – sie scheint am stärksten in Bayern, am schwächsten bei den „Feierabend-Parlamentariern" Hamburgs zu sein – durch den hohen Grad an „Professionalisierung" der Mitglieder des Bundestages. Ein Kennzeichen hierfür war schon genannt worden: Erfahrungen über mehrere Legislaturperioden. Hinzu kommt die Diäten-Regelung, die den Abgeordneten von der Notwendigkeit befreit, einer anderen Berufstätigkeit nachzugehen. Er kann sich ausschließlich seinen Aufgaben als Parlamentarier widmen. Politik als Parlamentsarbeit ist somit zu einer „Profession" (Beruf) geworden. Alle Kritik daran sollte nicht übersehen, daß die Aufgabenstellungen des Abgeordneten vor allem in den Fachausschüssen und sein Zusammentreffen mit den beamteten Spezialisten in den Verwaltungen ein Engagement und eine sachliche Kompetenz voraussetzen, die im Nebenberuf kaum noch aufzubringen sind.

4.4.2.1 Wählerstimmen und Parlamentssitze

Die Auswirkungen von Wahlrecht und Wahlkampf können am konkreten Beispiel, der Bundestagswahl vom 6. März 1983, im einzelnen aufgezeigt werden.

Wahlberechtigt waren 44 068 741 Bürger. An der Wahl beteiligten sich 39 279 816 Wahlberechtigte, das bedeutete eine Wahlbeteiligung von 89,1 % (1976 90,7 %). Von diesen Wählern gaben 342 243 ungültige Stimmzettel ab. Sie kamen damit ebenso wenig zum Zuge wie die fast 5 Mill. Wahlberechtigten, die nicht zur Wahl gegangen waren.

Die endgültige Zusammensetzung des Bundestages ergibt sich daraus, daß die 496 Bundestagssitze entsprechend den gewonnenen Stimmen auf die Parteien verteilt werden. Dabei werden nur die Parteien berücksichtigt, die mindestens 5% der abgegebenen gültigen Stimmen erhielten („5%-Klausel") oder in mindestens drei Wahlkreisen ihre Kandidaten direkt in den Bundestag brachten.

Höchstzahl-verfahren

Die Abgeordnetensitze werden zunächst nach den Zweitstimmen gemäß dem „Höchstzahlverfahren" von D'HONDT (1882) verteilt. Dazu wird die Gesamtstimmenzahl jeder Partei nacheinander durch 2, 3, 4 usw. geteilt. Die Verteilung der Sitze auf die einzelnen Parteien erfolgt dann so lange nach der jeweiligen höchsten Zahl, bis alle Sitze vergeben sind.

Niemeyer/ Hare-Verfahren

Die durch das Höchstzahlverfahren ermittelten Sitze werden auf die Länder verteilt. Die Verteilung richtet sich nach dem Verhältnis der auf eine Partei in den einzelnen Ländern entfallenden Stimmen. Nachdem errechnet ist, wieviel Bundestagssitze jeder Partei für jedes Land zustehen, werden die Sitze angerechnet, die in den Wahlkreisen durch die Erststimmen direkt gewonnen wurden. Dies waren 1983 SPD 68, CDU 136, FDP 0, CSU 44. In der Regel liegt die Zahl der direkt gewonnenen Mandate unter der einer Partei für ein Land zustehenden Sitze. Diese werden dann nach der Landesliste in der feststehenden Reihenfolge aufgefüllt. Es kann aber auch vorkommen, daß die Zahl der direkt gewonnenen Mandate in einem Land die einer Partei dort insgesamt zustehenden übersteigt. Dann bleibt es dabei. 1961 z.B. gewann die CDU/CSU fünf solcher „Überhangmandate". 1983 erhielt die SPD je ein Überhangmandat in Hamburg und Bremen. Die Zahl der Bundestagssitze hat sich damit 1983 um zwei auf 498 erhöht (vgl. Tab. unten).

Überhang-mandate

Die 5%-Klausel trifft immer eine Anzahl kleinerer Parteien, auf die z.B. 1983 über 200 000 Stimmen entfallen waren. In einem solchen „Stimmenentzug" liegt natürlich ein Problem. Das Fernhalten der Splittergruppen vom Parlament wird mit einer Förderung der parteipolitischen

5%-Klausel

Im Mai 1982 hat die Bundesregierung einen Gesetzentwurf verabschiedet, der das d'Hondtsche Verfahren durch ein für kleinere Parteien „gerechteres" mathematisches Proportionsverfahren ersetzen soll. Die Mandate werden hier nach dem Verhältnis der Parteien zur Gesamtzahl der abgegebenen gültigen und zu berücksichtigenden Stimmen und nicht mehr – wie bisher – nach dem Verhältnis der Parteien zueinander vergeben. Das von den Mathematikern NIEMEYER (Marburg) und HARE (Großbritannien) entwickelte Berechnungsverfahren („Niemeyer/Hare-Verfahren") beruht darauf, daß die Gesamtzahl der Abgeordnetensitze mit der Stimmenzahl der einzelnen Parteien multipliziert und dieses Produkt durch die Gesamtzahl der Stimmen aller Parteien geteilt wird. Jede Partei erhält zunächst so viele Sitze, wie sich ganze Zahlen aus dieser Proportion ergeben. Verbleibende Restsitze werden in der Reihenfolge der höchsten Zahlenbruchteile an die Parteien vergeben.

Weil die kleineren Parteien nach D'HONDT für einen Parlamentssitz mehr Stimmen aufbringen müssen als die größeren, ehe sie mit ihren „Höchstzahlen" zum Zuge kommen, hatten schon in den letzten Jahren die Länder Niedersachsen, Hessen, Saarland und Nordrhein-Westfalen für ihre Landtags- und Kommunalwahlen das Niemeyer/Hare-Verfahren eingeführt.

Konzentration erkauft. Politische Minderheiten scheinen darauf angewiesen, in den großen Parteien eine politische Heimat zu finden. Die Erfahrungen in der Weimarer Republik, die Unfähigkeit, regierungsfähige Mehrheiten durch die Wahlen hervorzubringen, sollten jedoch bei einer Beurteilung nicht übersehen werden. Daß die 5% für neue Parteien nicht unüberwindlich sind, bewiesen die Erfolge der Grünen (Alternativen) bei den Landtagswahlen und der Bundestagswahl von 1983.

	Zweitstimmen absolut	1983 %	1980 %	Bundestagssitze 1983	1980	davon durch Erststimmen in den Wahlkreisen 1983	1980
SPD		38,2	42,9	193	228	68 (2 Überhangmandate)	127 (1 Überhangmandat)
CDU		38,2	34,2	191	185	136	81
CSU		10,6	10,3	53	52	44	40
FDP		7,0	10,6	34	54	—	—
Grüne		5,6	1,5	27	—	—	—
DKP		0,2	0,2	—	—	—	—
NPD		0,2	0,2	—	—	—	—
Sonstige		0,0	0,0	—	—	—	—

4.4.2.2 Die soziale Zusammensetzung des Parlaments

Die freie, in parteipolitischer Willensbildung erfolgende Kandidatenauswahl sowie die eigentliche Bundestagswahl führen dazu, daß das Parlament nicht die soziale Zusammensetzung der Gesamtbevölkerung bzw. der Wählerschaft widerspiegelt (vgl. S. 158).

Frauen Die Frauen sind stark unterrepräsentiert. Den höchsten Anteil an weiblichen Bundestagsabgeordneten gab es mit 9,2% in der 3. Wahlperiode, den niedrigsten mit 5,8% in der 7. Wahlperiode. Nach der Wahl von 1983 waren es wieder nur 9,8% weibliche Abgeordnete. Dabei waren mehr gültige Zweitstimmen von Frauen als von Männern abgegeben worden. Das Problem der Unterrepräsentation der Frauen liegt schon in der Kandidatenaufstellung und damit in der Parteiarbeit begründet. Lediglich die Grünen bilden eine bemerkenswerte Ausnahme. Dies führte z.B. bei den grünen Bundestagsabgeordneten zu einem Frauenanteil von 37%.

Akademiker Abiturienten und Akademiker sind stark überrepräsentiert, obwohl 1980 erstmals die Zahl der Abgeordneten mit höherer Schulbildung leicht zurückging (68% gegenüber 70,7% 1976 und 72,8% 1972). Demgegenüber lag der Anteil der Schulabgänger mit Hoch- und Fachschulreife (189 138) an der Gesamtzahl der Schulabgänger (546 047) 1979 bei 35%. Auch die „Akademisierung" des Deutschen Bundestages ist auf einem sehr hohen Niveau nicht gewachsen (1949 waren es nur 45,3%). 1972 gab es 67,6% Abgeordnete mit Hochschulbildung (Universität, Pädagogische Hochschule, Fachhochschule), 1976 und 1980 blieb der Anteil mit 70,3% gleich.

Das Durchschnittsalter der Bundestagsabgeordneten schwankte von 1949 bis 1980 zwischen 49 und 52 Jahren. Nach der Bundestagswahl von 1980 lag es bei 46,9 Jahren. (Zum Vergleich: Am 31. 12. 1979 waren 28,5% der Gesamtbevölkerung unter 21 Jahre, 24% waren zwischen 21 und 45, 18% 45 bis 60, 19,3% über 60 Jahre alt.)

Untersucht man die folgende Tabelle (neuere Untersuchungen bietet vor allem die Zeitschrift für Parlamentsfragen, Z Parl.) zunächst einmal unter dem Gesichtspunkt, welche Berufe gegenüber der Erwerbstätigen-Struktur überrepräsentiert, welche unterrepräsentiert sind, so fällt vor allem auf (vgl. dazu S. 158):

Die Selbständigen sind, was in der Zusammenfassung besonders deutlich wird, mit 22,0% gegenüber ihrem Anteil an allen Erwerbstätigen 1980 mit 8,6% (mithelfende Familienangehörige dazu mit 3,4%) stark überrepräsentiert. Überrepräsen-

Berufs-
schichtung Berufsgruppenschichtung des 9. Deutschen Bundestages (in % aller Abgeordneten bzw. aller Abgeordneten einer Partei. Nach Kaack, Z Parl. 2/1981, S. 185)

	CDU	CSU	FDP	SPD	insg.	Abw. 8. BT
1. Berufspolitiker (Parteibezogene Berufstätigkeiten)	28,6	23,1	20,4	26,3	26,2	+ 2,1
2. Gewerkschaftsfunktionäre/betriebl. Arbeitnehmervertreter	2,2	—	—	12,7	6,4	− 1,3
3. Sonstige Verbandsfunktionäre und Bedienstete gesellschaftlicher Organisationen	7,0	9,6	7,4	2,2	5,2	− 2,1
4. Journalisten, Verleger, sonstige Beschäftigte im Medienbereich	2,2	3,8	—	2,6	2,3	− 0,4
5. Lehrer, Professoren, Dozenten, Wiss. Mitarbeiter an Hochschulen u. sonst. wiss. Institutionen	8,6	3,8	9,3	19,3	12,9	+ 1,5
6. (Sonst.) Beamte u. Angestellte des öffentlichen Dienstes	13,0	23,1	11,1	21,1	17,3	− 1,2
7. Rechtsanwälte	5,9	11,5	5,6	3,9	5,6	− 0,2
8. Unternehmer/selbständiger Mittelstand/Leitender Angestellter	15,7	13,5	14,8	2,6	9,6	+ 0,7
9. Landwirte	7,6	5,8	9,3	0,9	4,6	+ 0,5
10. (Sonst.) Freiberufler	2,2	—	5,6	1,8	2,1	− 0,0
11. Angestellte in Industrie, Handel und Gewerbe	5,4	3,8	14,8	3,9	5,6	+ 0,4
12. Arbeiter und angestellte Handwerker	0,5	—	—	1,8	1,0	− 0,2
13. Hausfrauen	1,1	1,9	1,9	0,9	1,2	+ 0,2
insgesamt	100	100	100	100	100	
2 + 3 Verbandsangestellte	9,2	9,6	7,4	14,9	11,6	− 3,5[a]
5 + 6 Öffentlicher Dienst	21,6	26,9	20,4	40,4	30,3	+ 0,4[a]
7–10 Selbständige	31,4	30,8	35,2	9,2	22,0	+ 1,2[a]

Abw. = Abweichung des 9. vom 8. BT in Prozentpunkten
[a] Differenzen zu den Summen der obigen Teilbeträge ergeben sich aus der Auf- und Abrundung

*Öffentlicher
Dienst*

Berufspolitiker

*Repräsenta-
tionsdefizite*

*Professionali-
sierung*

tiert ist weiter der öffentliche Dienst, sind vor allem die Beamten in Wissenschaft und Bildung. Eindeutig unterrepräsentiert bzw. statistisch fast gar nicht vorhanden sind die Arbeiter, die 42% der erwerbstätigen Bevölkerung ausmachen. Die Unterrepräsentation gilt selbst noch für die Angestellten der privaten Wirtschaft. „Repräsentation" durch das Parlament bedeutet demnach nicht, daß sich die berufliche oder soziale Struktur der Bevölkerung in der Volksvertretung widerspiegelt. Eine möglichst getreue Widerspiegelung wäre allerdings auch das Ideal einer ständischen Gesellschaft. Eine demokratische Willensbildung in Parteien, Wahlen und Parlamente würde unmöglich, wenn Proporzsysteme bezüglich der Konfessionen, Geschlechter, Berufe und Alter vorgeschrieben wären. Dennoch sind die Abweichungen so stark, daß schon von einem Defizit in der Repräsentation gesprochen werden muß. Sicher kann ein Bundestagsabgeordneter „das ganze Volk" (Art. 38 GG) zum Maßstab seines Handelns machen. Er wird jedoch z. B. Schwierigkeiten haben, die konkrete Arbeits-, Wohn- und Freizeitsituation der Masse der Bevölkerung, die er selbst nicht kennt, in sein Handeln unmittelbar einfließen zu lassen, wenn er gesetzliche Regelungen für eben diese Bereiche trifft.

Einige Gründe für die Defizite des Repräsentativsystems wurden schon genannt: die parteipolitische Willensbildung mit den ihr eigenen politischen Voraussetzungen und Durchsetzungsbedingungen. Hinzu kommen Sozialisationsbedingungen insbesondere für Arbeiterkinder. Die so wichtige Artikulationsfähigkeit wird nicht frühzeitig entwickelt, Konfliktscheu und politische Apathie sind ebenfalls Eigenschaften, die den Zugang zur aktiven Politik erschweren. Der Weg eines Arbeiters in die Politik führt in der Regel über die Gewerkschaft und den 2. Bildungsweg in eine berufliche Tätigkeit, die statistisch nicht mehr unter die Rubrik „Arbeiter" fällt. Der Betreffende ist also, wenn er auch noch in den Bundestag gelangt, längst Angestellter in Partei oder Gewerkschaft und nicht mehr Arbeiter. Herkunft, Entwicklungsgang und Tätigkeitsmerkmale erschweren die Zuordnung und Wertung.

4.4.2.3 Politik als Beruf

Die Überschrift „Politik als Beruf" war Thema eines Vortrages, den MAX WEBER 1919 gehalten hat. Hier entwickelte WEBER sein Modell vom modernen Staat und seine Typologie des Berufspolitikers, indem er zwischen dem „Verantwortungsethiker" und dem „Gesinnungsethiker" unterschied und die notwendigen Eigenschaften eines Politikers mit sachlicher Leidenschaft, Verantwortungsgefühl und Augenmaß umschrieb. In einem noch weitergehenden Sinne ist heute der gewählte Parlamentarier „Berufspolitiker" geworden. Dies ist zunächst einmal eine Tatsache. Die „politiknahen Berufe" überwiegen. Dazu rechnet KAACK die mit Abstand größte Gruppe der eigentlichen „Berufspolitiker" (26,2%) sowie die Verbandsangestellten (11,6%). Zusammen ergeben die partei- und verbandsbezogenen Berufstätigkeiten also 37,8%. Auch der öffentliche Dienst und der Medienbereich könnten als „politiknahe Berufsbereiche" bezeichnet werden. Das sind zusammen schon 70,3%. Nach KAACK könnte man auch noch die Selbständigen „als im politischen Prozeß besonders Begünstigte" hinzurechnen. Dann ergebe sich, daß 92% aller Bundestagsabgeordneten einer Berufsgruppe angehörten, für die eine spezifische „Politiknähe" nachgewiesen werden könne.

> *„Lediglich 8% stellen dagegen die Vertretung einer großen Masse von Beschäftigten und der Hausfrauen dar. Damit ergibt sich insgesamt ein Bild, das nicht nur von der Wählerstruktur, sondern von der Parteimitgliederstruktur noch erheblich abweicht, und zwar im Sinne einer verstärkten Überrepräsentanz all derjenigen Gruppen, die im Vergleich zur Wählerschaft bereits in der Mitgliedschaft der Bundestagsparteien überrepräsentiert sind. Vergleicht man mit den Daten für den 8. Deutschen Bundestag und zieht man die bekannten Ergebnisse aus anderen Statistiken für frühere Bundestage auch noch heran, so ist eindeutig, daß die hier vorgefundene Struktur alles andere als ein Zufallsergebnis ist, sondern als ausgesprochen festgefügt angesehen werden muß."*
>
> (Z. Parl. 2/81, S 189).

Auch wenn nicht alle Zuordnungen von KAACK anerkannt werden können, bleibt doch der Tatbestand, daß Politik im Bundestag – und weitgehend auch in den Länderparlamenten – von Abgeordneten betrieben wird, die mehr oder weniger stark von der Politik leben. Der parlamentarische Prozeß ist professionalisiert. Mit aller Nüchternheit sollte in der Bewertung gefragt werden, ob dies denn heute eigentlich anders sein könne. Betrachtet man das Bedingungsfeld des verantwortlichen Politikers (Partei, Wahlbezirk, Verband, Öffentlichkeit), die notwendige geschäftsordnungsmäßige Rationalisierung der Parlamentsarbeit (s. unten) sowie die Kontrahenten der Parlamentarier in der Gesetzes- und Kontrollarbeit (hochqualifizierte Spezialisten aus Verwaltungen und Verbänden), so ist vermutlich sogar ein hoher Grad an „Professionalisierung" der Politik wünschenswert, weil sonst der Wählerauftrag gar nicht mehr erfüllt werden könnte. Es wird für die Zukunft nicht unwichtig sein, ob „Die Grünen" im 10. Deutschen Bundestag eine entgegengesetzte Entwicklung auslösen können.

4.4.3 Die Organisation des Deutschen Bundestages

4.4.3.1 Die Geschäftsordnung als politisches Instrument

Die Arbeit des Parlaments ist in hohem Maße und bis in Einzelheiten organisiert. Die Grundlage hierfür bildet die nach mehrjährigen Beratungen neugefaßte und am 1. 10. 1980 in Kraft getretene „Geschäftsordnung des Deutschen Bundestages". Eine solche Ordnung wird vom Bundestagsausschuß für Wahlprüfung, Immunität und Geschäftsordnung vorbereitet, vom Plenum des Bundestages förmlich beschlossen und im Bundesgesetzblatt verkündet. In ihren 128 Paragraphen und sechs Anlagen werden nicht nur die organisatorischen Strukturen und die Verfahren im Plenum und den Ausschüssen festgelegt, sondern auch politische Fragen wie die Rechte von Minderheiten, das Rederecht des einzelnen Abgeordneten, die Rolle der Fraktionen und die Vollmachten des Bundestagspräsidenten und seiner, die Plenarsitzungen leitenden Vertreter geregelt.

Fraktion –   Die souveräne Handhabung der Geschäftsord-
Partei   nung ist Teil des politischen Geschäfts. Die Neuregelung von 1980 versuchte z. B. auch, „Beraterverträge" von Bundestagsabgeordneten rechtlich zu regeln. Anlage 2 betrifft die Registrierung von Verbänden, Anlage 6 die Grundsätze in „Immunitätsangelegenheiten", d. h. die Fragen, die mit
Immunität   einer möglichen Aufhebung der „Immunität" eines Abgeordneten zusammenhängen (er kann als Abgeordneter strafrechtlich nicht zur Verantwortung gezogen werden, solange der Bundestag nicht förmlich, durch Aufhebung der Immunität, den Weg zur Strafverfolgung freigibt).
Imperatives   Die wichtigsten Einrichtungen des Bundestages
Mandat   werden detailliert umschrieben. Zu ihnen gehö-

ren: das Präsidium (Bundestagspräsident aus der stärksten Fraktion und vier Vizepräsidenten), der Ältestenrat (Präsidium und 23 Abgeordnete, darunter die Parlamentarischen Geschäftsführer der vier Fraktionen), die Fraktionen, die Bundestagsausschüsse, öffentliche Anhörungssitzungen, der Wehrbeauftragte des Bundestages.

Zu den Aufgaben der Geschäftsführung des Bundestages gehört auch die Beurkundung der Beschlüsse. Der Präsident ist Dienstherr von etwa (1981) 1600 Mitarbeitern der Bundestagsverwaltung, an deren Spitze der Direktor beim Deutschen Bundestag steht. Es gibt neben Protokoll und Pressezentrum zwei Hauptabteilungen (Wissenschaftliche Dienste und Verwaltung).

4.4.3.2 Die Fraktionen

Die Abgeordneten einer Partei im Bundestag bilden eine Fraktion. Fraktionen sind Vereinigungen von mindestens 5% der Mitglieder des Bundestages. Die Fraktionen wählen ihren Fraktionsvorsitzenden und Fraktionsvorstand sowie Parlamentarische Geschäftsführer (SPD und CDU/CSU 1980 je 5; FDP 2). Außerdem bilden die Fraktionen Arbeitskreise (SPD und FDP 1980 je 6) bzw. Arbeitsgruppen (CDU/CSU 1980 15). Deren Vorsitzende wirken zugleich als Sprecher der Fraktion in ihren Sachgebieten. Die Arbeitskreise/Arbeitsgruppen sind jeweils für bestimmte Ausschüsse des Bundestages (s. S. 217) zuständig. Die CDU und die CSU haben sich seit 1949 zu einer „Fraktionsgemeinschaft" zusammengeschlossen, obwohl sie als selbständige Parteien organisiert bleiben.

Durch die Fraktionen organisieren und bestimmen die Parteien die parlamentarische Arbeit. Umgekehrt wird die Parteiarbeit durch die Parlamentspolitik der Fraktion mitbestimmt. Das Verhältnis zwischen Fraktion und Partei ist nie spannungsfrei. So werden naturgemäß besonders diejenigen Fraktionen, die die Bundesregierung tragen, ein hohes Interesse daran haben, daß die Partei sich den Belangen der Parlaments- und Regierungsarbeit unterordnet. Diese Erfahrungen mußten sowohl die CDU/CSU unter ADENAUER, als auch die SPD in der sozialliberalen Koalition machen. Insbesondere in der SPD gab es stets Diskussionen darüber, ob und inwieweit die Fraktion (auch in den Landtagen) bedeutende Parteitagsbeschlüsse als bindend anerkennen muß. Ein „imperatives Mandat" schließt der Art. 38 GG aus. Abgeordnete sind an Aufträge und Weisungen nicht gebunden und nur ihrem Gewissen unterworfen. Wenn andererseits ein Bundestagsabgeordneter sein Bundestagsmandat nur über eine Partei erhält, stellt sich natürlich die Frage, ob und inwieweit er sich an grundlegende Beschlüsse der Partei – schon im Interesse seiner Wiederwahl – halten sollte. Eine Zuspitzung erfährt das Problem, wenn ein Abgeordneter aus Gewissensgründen Fraktion und Partei verläßt und sich einer anderen Fraktion anschließt. In den ersten drei Legislaturperioden des Bundestages, also vor der Verfestigung des Drei-Parteien-Systems, hatte diese Frage eine bedeutende Rolle gespielt. Zu einer Frage des Regierungssturzes wurde sie in der 6. Legislaturperiode, also nach der Bildung der sozialliberalen Koalition 1969. Hier war der „Wählerwille" berührt:

Gewissens-
freiheit

Nach der Bundestagswahl von 1969 hatte die erste sozialliberale Koalition BRANDT/SCHEEL eine knappe Mehrheit von 254 zu 242. Durch Fraktionswechsel unter Mitnahme des Bundestagsmandats sank die Zahl der Abgeordneten von SPD und FDP bis April 1972 auf 249, gleichzeitig wuchs die CDU/CSU-Fraktion auf 247 an. Dies geschah in der Zeit der Verabschiedung der Ostverträge. Im Mai 1972 war das „Patt" erreicht: 248 zu 248. Das dann folgende „Konstruktive Mißtrauensvotum" (s. S. 222) scheiterte jedoch. Im Herbst 1972 wurde der Bundestag auf Initiative der Bundesregierung vorzeitig aufgelöst. Die Neuwahlen brachten BRANDT und der Koalition einen großen Wahlsieg.

Fraktions-
wechsel

Fraktions-
disziplin

Die politischen Probleme liegen auf der Hand. Muß das über die Partei gewonnene Bundestagsmandat an die Partei zurückgegeben werden, wenn ein Abgeordneter glaubt, ein weiteres Verbleiben in der Fraktion (und der Partei) nicht mehr verantworten zu können? Darf das Mandat zu einer anderen Partei mitgenommen werden, ohne daß der Wähler befragt wird? Immerhin ist es ja möglich, das Mandat niederzulegen. Dann kommt ein Nachrücker aus der Liste derselben Partei in den Bundestag. Wird der Wählerwille verfälscht, wenn sich z. B. SPD und FDP im Wahlkampf auf eine Koalition festlegen, die Wahl auch gewinnen und dann die unter diesem Vorzeichen gewählten Abgeordneten die Regierungsfraktionen verlassen und ihr Mandat mitnehmen? Diese Frage stellte sich analog 1982 für die gesamte Bundestagsfraktion der FDP. Wie sehr die Meinungen in diesem Punkt auseinandergehen, läßt sich durch die Äußerungen zweier Verfassungsrechtler und Bundesverfassungsrichter belegen:

Wählerwille

„Austritt oder Ausschluß aus Partei oder Fraktion sowie der Übertritt in eine andere Partei oder Fraktion berühren das Mandat nicht … Eine Abberufung ist unzulässig." (K. Hesse). „Im modernen Parteienstaat fehlt dem Abgeordneten die Legitimität, eine von der Partei und Fraktion abweichende Linie in der Politik zu verfolgen." (G. Leibholz).

In der Praxis sind Fraktionswechsel unter Mitnahme des Mandats bisher juristisch nicht beanstandet worden. Ein Abberufungsrecht der Parteien gibt es rechtlich nicht.

Im Verhältnis zwischen dem einzelnen Bundestagsabgeordneten und seiner Fraktion stellen sich weitere Fragen. So kann das parteienstaatlich-parlamentarische System nicht gut funktionieren, wenn es keine Fraktionen gibt, die zum geschlossenen Einsatz ihrer Mitgliederstimmen fähig sind. Damit stellt sich die Frage nach der Fraktionsdisziplin, der sich der Abgeordnete zu fügen hat. Ein Fraktionszwang, also der Versuch, einen Abgeordneten zu einem bestimmten Abstimmungsverhalten zu zwingen, wäre nach Art. 38 GG verfassungswidrig. Ein solcher Zwang läge z. B. vor, wenn der Abgeordnete bei seiner Fraktionsführung eine unterschriebene aber undatierte Rücktrittserklärung hinterlegen müßte, die weitergeleitet wird, wenn er sich dem Willen der Fraktion nicht fügt (KPD in der Weimarer Republik).

Fraktionsdisziplin ist dagegen nicht einfach ein Wort, das den Zwang nur vornehmer umschreibt. E. FRAENKEL formulierte es so: Die „Fraktionsdisziplin unter dem Vorbehalt des Gewissens" sei die Konsequenz aus der Notwendigkeit kompakter Mehrheitsbildung durch die Fraktionen einerseits, der individuellen Gewissensfreiheit andererseits. In der Regel wird die Vereinigung beider Gesichtspunkte durch die praktische Arbeit der Fraktionen gewährleistet. Vor den eigentlichen Abstimmungen in der Fraktion über ihr Verhalten im Bundestagsplenum kommt es in den Arbeitskreisen/Arbeitsgruppen der Fraktionen, im Fraktionsvorstand und in verschiedenen weiteren informellen Gruppierungen innerhalb der Fraktion zu manchmal heftigen Auseinandersetzungen über die Haltung der Gesamtfraktion. Hier kann und soll jeder einzelne Abgeordnete alle seine Mittel einsetzen, um Zustimmung für seine Position zu gewinnen. Der Mehrheitsbeschluß der Gesamtfraktion am Ende dieses Prozesses, der natürlich noch die erneute Debatte über ihre Haltung im Bundestagsplenum einschließt, bindet dann die Mitglieder. Die Bindung vermag ge-

215

Abb. 96: Das Reichstagsgebäude in Berlin vor dem Brand 1933. Erbaut 1884–94 von P. Wallot

legentlich auch den einzelnen Abgeordneten von massivem Druck zu entlasten, der z. B. durch einen Interessenverband von außen auf ihn ausgeübt wird. Es bleiben natürlich Ausnahmen von der Regel möglich. So begannen die achtziger Jahre mit großen Auseinandersetzungen über Friedens- und Rüstungspolitik, verteilungspolitische Grundentscheidungen und über die Nutzung der Kernkraft. Immer wieder kündigten z. B. in der SPD-Fraktion bestimmte Mitglieder ein abweichendes Votum auch im Bundestagsplenum an. Derartige, offenbar grundsätzliche Auffassungsunterschiede zwischen der Mehrheit einer Fraktion und einzelnen Mitgliedern müssen zwangsläufig zu Konsequenzen führen. Ein Austritt aus der Fraktion (und der Partei) verbunden mit einem weiteren Verbleiben im Bundestag als „fraktionsloser" Abgeordneter bis zur nächsten Wahl ist natürlich möglich.

Plenar-
sitzungen

Wenn auch die freiwillige Unterordnung unter die Fraktionsdisziplin die Arbeitsfähigkeit des Parlaments sichert und wegen der internen Abklärungs- und Abstimmungsprozeduren in der Regel mit der Gewissensfreiheit des einzelnen Abgeordneten vereinbar ist, so darf freilich nicht übersehen werden, daß jede Fraktion unter bestimmten Macht- und Abhängigkeitsstrukturen arbeitet. Die „Oligarchisierung" innerhalb größerer Vereinigungen (s. S. 177) ist auch am Parlament und seinen Fraktionen nicht vorübergegangen. Sie gefährdet die Funktionsfähigkeit der parlamentarischen Arbeit vor allem dann, wenn nicht genügend Raum für einen klärenden Dis-

Oligarchi-
sierung

kussionsprozeß unter den Fraktionsangehörigen bleibt oder gelassen wird.

4.4.3.3 Plenum und Ausschüsse

Die entscheidenden Institutionen des Deutschen Bundestages sind das „Plenum", die Zusammenkunft des gesamten Parlaments, in dem förmlich alle endgültigen Beschlüsse gefaßt werden, und die „Ausschüsse".

Das Plenum ist der Ort der 1., 2. und 3. Lesung eines Gesetzes, der Ort großer außen- und innenpolitischer Debatten, die vom Fernsehen und Rundfunk übertragen werden. Hier wird der Bundeskanzler gewählt und vereidigt. Hier muß die Regierung öffentlich ihre Politik vertreten. Hier hat die Opposition öffentlich Gelegenheit, ihre Kritik und ihre Alternativen zur Regierungspolitik vorzutragen. Nicht zuletzt ist das Bundestagsplenum der Ort politischer Profilierung für höchste Staatsämter.

Die Betonung von „öffentlich" in allen Beispielen zeigt an, daß die Plenarsitzungen neben der förmlichen Beschlußfassung über Gesetze und Resolutionen in erster Linie die Funktion haben, die Öffentlichkeit zu informieren und zu beeinflussen, kaum aber die gegnerische Fraktion zu überzeugen. Hier werden ganz bewußt „Reden zum Fenster hinaus gehalten". Sinn ist die öffentliche Auseinandersetzung über die Grundlinien der Politik, weniger die „Beratung" über einzelne Ge-

216

Abb. 97: Das Regierungsviertel in Bonn. Links am Rhein das Bundeshaus mit dem Plenarsaal

setzgebungsvorhaben. Dies erklärt auch, weshalb an der abschließenden fachlichen Debatte über ein Gesetz relativ wenige Abgeordnete teilnehmen. Die Positionen der Fraktionen sind geklärt. Vielfältige andere Gesetzgebungsvorhaben werden gleichzeitig in den Ausschüssen und Arbeitskreisen sowie mit außerparlamentarischen Fachleuten durchgearbeitet, die Positionen dazu abgesteckt. Deshalb sind an der Plenardebatte nur die betroffenen Fachleute und direkt interessierten Abgeordnete beteiligt, während die übrigen auf anderen Gebieten Entscheidungen vorbereiten. *Expertenwissen* Zur Abstimmung selbst ist jedoch die Anwesenheit aller erforderlich.

Die entscheidenden Weichen für die Plenarabstimmungen werden in den Fraktionen und in *Ausschüsse* den „Ausschüssen" des Bundestages gestellt. Der 10. Deutsche Bundestag hat 20 Ausschüsse mit unterschiedlichen Mitgliederzahlen zwischen 13 und 33 Abgeordneten. Dies soll der unterschiedlichen Arbeitsbelastung gerecht werden. Die Zusammensetzung der Ausschüsse spiegelt die Stimmverhältnisse im Plenum wider. Über die Ausschußsitze entsprechend den Fraktionsstärken sowie über die Vorsitze einigen sich die Fraktionen im Ältestenrat des Bundestages. Im 10. Deutschen Bundestag stellen CDU/CSU 10, die SPD 8, FDP und Grüne je 1 Ausschußvorsitzenden. Neben diesen ständigen Fachausschüssen können „Besondere Ausschüsse" (z.B. „Strafrechtsreform") und „Untersuchungsausschüsse" (s.S. 232) eingesetzt werden. Schließlich gibt es *Enquetkom-* seit 1969 Enquetekommissionen.
missionen

Die Arbeit in den Ausschüssen, zur Gesetzgebung, Regierungs- und Verwaltungskontrolle ist für die Parlamentarier von zentraler Bedeutung. Mitgliedschaft oder gar Vorsitz in bedeutenden Ausschüssen (Auswärtiger Ausschuß, Innenausschuß, Finanzausschuß, Haushaltsausschuß) stärken das politische Gewicht des Abgeordneten in der Fraktion und geben die Möglichkeit zur Profilierung im Plenum und in der Öffentlichkeit „namens der Fraktion". Da in den Ausschüssen fachliche Arbeit geleistet werden muß, stellt sich die Frage nach der Qualifikation der Abgeordneten für bestimmte Fachfragen. Expertenwissen ist zweifellos schon deshalb nötig, weil sonst die Vertreter der beteiligten Fach-Ministerien ein noch stärkeres Gewicht erhalten würden als sie es aufgrund der Vorarbeit an den Gesetzentwürfen sowieso schon besitzen. Eine große Anerkennung als Experte für bestimmte Fachfragen bedeutet für den Bundestagsabgeordneten nicht gleichzeitig einen großen Einfluß auf die allgemeine Politik der Fraktion. So stellt sich immer wieder die Frage, ob der Abgeordnete wirklich in ähnlichem Sinne Experte sein sollte wie sein Gesprächspartner im Ministerium. Immerhin ist der parlamentarische Hilfsdienst in Gestalt von Fraktionsassistenten und Arbeitskreisassistenten ausgebaut worden. Seit 1969 kann auch jeder Abgeordnete einen persönlichen parlamentarischen Mitarbeiter einstellen. Das fachliche Wissen des einzelnen Abgeordneten ist für die parlamentarische Willensbildung wichtig, jedoch nicht das entscheidende Kriterium für eine weitere Karriere, z.B. als Minister.

4.5 Das Parlamentarische Regierungssystem

Der Prototyp eines „Parlamentarischen Regierungssystems" hat sich in England entwickelt. Zur parlamentarischen Demokratie wurde dieses System in einem zwei Jahrhunderte umfassenden Prozeß (s. S. 58 f.). In Deutschland wurde erst nach dem verlorenen I. Weltkrieg mit der Weimarer Reichsverfassung von 1919 ein demokratisches und parlamentarisches Regierungssystem begründet, das alle Merkmale dieses Typs (s. S. 39) aufwies. Das parlamentarische Regierungssystem der Weimarer Republik kannte schon die Richtlinienkompetenz des Reichskanzlers. Er und die Minister brauchten für ihre Amtsführung das Vertrauen des Parlaments (Reichstag). Die Reichsverfassung enthielt jedoch eine „dualistische" Konstruktion, denn der Reichspräsident wurde direkt vom Volke gewählt. Er ernannte den Reichskanzler. Er konnte den Reichstag auflösen. Er verfügte über den Notstandsartikel 48 RV (s. S. 53). Die Verbindung zur parlamentarischen Verantwortlichkeit sollte dadurch gesichert werden, daß der Reichspräsident für alle seine Maßnahmen und Anordnungen die „Gegenzeichnung" des parlamentarisch verantwortlichen Reichskanzlers benötigte.

Integration

Ab 1930, in der Wirtschafts- und Parlamentskrise, die durch die Unfähigkeit des Reichstages gekennzeichnet war, Regierungs-Mehrheiten zu bilden, setzte sich die in der Reichsverfassung angelegte „Präsidialhegemonie" voll durch. „Präsidialkabinette" (der vom Reichspräsidenten ernannte Kanzler übernahm die Gegenzeichnung, das Parlament wurde aufgelöst oder war zu irgendeiner Mehrheitsbildung nicht in der Lage) traten an die Stelle parlamentarisch abhängiger Reichsregierungen.

Präsidial-hegemonie

Das Grundgesetz hat demgegenüber ein „Parlamentarisches Regierungssystem" mit „Kanzlerhegemonie" geschaffen. Der Bundespräsident ist, ohne unmittelbar vom Volk gewählt zu sein, primär auf die Aufgaben eines Staatsoberhauptes festgelegt (s. S. 229). Neu ist dagegen die „föderalistische Komponente", die die Politik der Regierung de facto auch von der Zustimmung des Bundesrates abhängig macht (s. S. 227).

*Opposition
Kanzler-hegemonie*

Stärke

4.5.1 Regierung und Opposition

4.5.1.1 Die „neue Gewaltenteilung"

Die klassische Gewaltenteilung (s. S. 60) wird auch im Text des Grundgesetzes erkennbar. Art. 20 GG spricht von besonderen Organen der Gesetzgebung, der vollziehenden Gewalt und der Rechtsprechung. Art. 113 GG z. B. zeichnet ein möglicherweise streitiges Gegenüber von Bundesregierung und Bundestag für den Fall, daß der Bundestag Mehrausgaben beschließen will. Der Aufbau des Verfassungstextes läßt das Montesquieusche Grundmodell erkennen.

Diese staatsrechtliche Gewaltenteilung ist durch die Entwicklung der Verfassungswirklichkeit keineswegs aufgehoben worden. Sie wurde jedoch, wie auch im englischen Vorbild, dahingehend modifiziert, daß die politische Willensbildung von einer „neuen", funktionalen Gewaltenteilung geprägt wird, die dem Typus eines „Parlamentarischen Regierungssystems" eigen ist. Sie drückt sich in der „Integration von Bundesregierung und Bundestagsmehrheit" einerseits, der parlamentarischen Opposition (Bundestagsminderheit) andererseits aus. „Neu" ist hieran, daß „Regieren" eine Aufgabe der Bundesregierung und der sie tragenden Regierungsfraktionen (Bundestagsmehrheit) ist. Ihre „Integration" wird in der Praxis durch das Parteiensystem, die Wahl der Regierung aus den die Mehrheit im Parlament bildenden Fraktionen/Parteien heraus sowie dadurch bedingt, daß das Regieren nur auf der Grundlage gesicherter parlamentarischer Mehrheiten für die Gesetzgebung und die Gesamtpolitik möglich ist. Dieser politischen Gruppierung in Parlament und Regierung steht die Minderheit im Parlament, die Opposition, gegenüber. Logisch ist, daß sie vor allem das Recht des Parlaments wahrnimmt, die Regierung und ihre Mehrheit zu kritisieren und zu kontrollieren.

Da sich in einem „Parlamentarischen Regierungssystem" Bundesregierung und Bundestag nicht mehr in klarer Abgrenzung gegenüberstehen, ist auf die Frage, ob denn nun das Parlament in der Bundesrepublik Deutschland „stark" oder

„schwach" im Vergleich zu geschichtlichen und ausländischen Vorbildern sei, nicht eindeutig zu beantworten. Die politische Wirklichkeit zeigt, daß aus dem Parlament heraus regiert wird. Ohne parlamentarische Mehrheit könnte sich eine Regierung politisch kaum länger halten. Dies aber bedeutet, daß der Parlamentarismus eher gestärkt wurde. Betrachtet man dagegen das Verhältnis zwischen Bundestag und Bundesregierung aus dem Blickwinkel der klassischen Gewaltentei-

Schwäche

lung, dann wird eher eine Schwäche des Parlaments erkennbar, da die Initiativen allgemeinpolitischer und gesetzgeberischer Art wesentlich von der Regierung ausgehen. Selbst das vornehmste klassische Recht des Parlaments, die Haushaltsbewilligung, wird von fiskalischen Gesichtspunkten bestimmt, die für parlamentarischpolitische Gestaltungen nur noch wenig Raum lassen (s. S. 232).

Unabhängig von dieser theoretischen Frage steht fest, daß Regieren ohne Parlamentsmehrheit auf Dauer nicht möglich ist, und daß die parlamentarischen Aufgaben der Kritik, Kontrolle und Opposition in erster Linie der Minderheit im Parlament obliegen. Die Gewaltenteilung wurde nicht aufgehoben, sondern durch die parteipolitische Wirklichkeit zu neuen Strukturen geführt.

4.5.1.2 Regierung und Parlamentsmehrheit

Bundestags-wahl

Mit einer Bundestagswahl wird über Regierung oder Opposition entschieden. Das ist zwar die Regel, aber es ist nicht unabdingbar.

In der ersten Wahlperiode bildete KONRAD ADENAUER sofort ein „bürgerliches" Kabinett (s. S. 222) und hielt damit die SPD von der Regierung fern. In der fünften Wahlperiode bildeten CDU/CSU und SPD nach dem freiwilligen Ausscheiden der FDP aus der Regierung ERHARD die „große Koalition". In der neunten Wahlperiode bildete die FDP entsprechend ihrer Wahlkampfaussage von 1980 bis 1982 wieder eine Regierungskoalition mit der SPD. Nach dem Bruch der Koalition bildete sie sogleich ein Regierungsbündnis mit der CDU/CSU.

Angesichts der Parteienkonzentration trifft allerdings in der Regel der Wähler in der Bundestagswahl die Entscheidung darüber, welche Partei oder Parteien die Regierung, welche die Opposition bilden sollen. Die Parteien legen sich vor der Wahl fest oder deuten ihre Koalitionsabsichten zumindest an. Es können sich innerhalb einer Legislaturperiode aber auch neue parteipolitische Konstellationen ergeben. Neue Koalitionen werden dann möglichst in der Mitte der Legislatur-

Parteipolitische Konstellationen

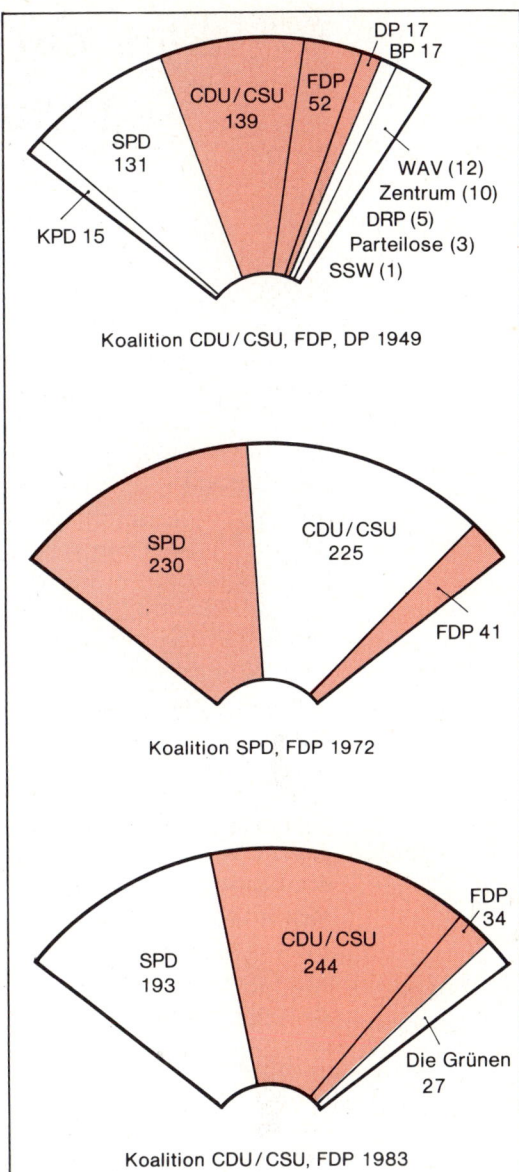

Abb. 98: Sitzeverteilung und Koalitionen

periode gebildet, damit genügend Zeit zur Vorbereitung auf die nächste Bundestagswahl bleibt. Diese Art des Wechsels gelang der FDP 1982 offensichtlich nicht. Durch die Aufkündigung des Regierungsbündnisses durch Bundeskanzler SCHMIDT (SPD) im September 1982 stürzte sie in eine schwere parteipolitische Krise und mußte vorgezogene Neuwahlen zum 6. 3. 1983 hinnehmen.

Nach der Verfassung wird nur der Bundeskanzler vom Bundestag gewählt und zwar auf Vorschlag des Bundespräsidenten und ohne Aussprache (Art. 63 Abs. 1 GG). Das Grundgesetz trifft auch noch Vorsorge für den Fall, daß ein Vorgeschla-

Abb. 99: Regierungserklärung von Reichskanzler Brüning 1930 im Reichstag

Kanzlerwahl

gener keine „absolute Mehrheit" (Mehrheit der gesetzlichen Mitgliederzahl) erreicht. Dann kann der Bundestag binnen 14 Tage ohne Vorschlag wählen. Wird auch dann die absolute Mehrheit nicht erreicht, so genügt im folgenden Wahlgang die „einfache Mehrheit" (die meisten Stimmen). In einem solchen Fall erhält der Bundespräsident eine entscheidende Rolle. Er kann den Gewähl-

Abb. 100: Plenarsitzung des Deutschen Bundestages

ten ernennen oder ohne Gegenzeichnung den Bundestag auflösen.

Derartige Sonderregelungen sind bislang noch nicht in Anspruch genommen worden. Dies ist eine Folge des jahrzehntelang stabilen Parteiensystems, obwohl es zeitweise so schien, als würde die Bundestagswahl von 1983 eine labile Parteienkonstellation hervorbringen. In der politischen Praxis gehen die beiden großen Parteien mit ihren Kandidaten, Kanzler bzw. „Kanzlerkandidat", in die Wahl. Die Personen stehen also fest, zumeist auch die Koalitionen. Damit ist das Vorschlagsrecht des Bundespräsidenten eine Formsache. Er wird denjenigen Kanzlerbewerber vorschlagen, der eine Bundestagsmehrheit hinter sich hat, also eine Koalition oder eine absolute Mehrheit seiner Partei. Hier wird die für das „parlamentarische Regierungssystem" enge Verbindung, ja „Integration" zwischen Regierung und Bundestagsmehrheit begründet.

Dies hat Folgen für die Verfassungsbestimmungen über die Abwahl eines Bundeskanzlers. Vorgesehen ist nach Art. 67 GG, daß ein Bundeskanzler nur dann abgewählt ist, wenn der Bundestag mit absoluter Mehrheit einen anderen Bundeskanzler wählt. Dieses „Konstruktive Miß-

Konstruktives Mißtrauensvotum

trauensvotum" ist vom Verfassungsgesetzgeber eingeführt worden, um häufige Regierungswechsel wie in der Weimarer Republik zu verhindern, die durch negative oder Zufalls-Mehrheiten hervorgerufen werden. Es ist immer eher denkbar, daß mehrere Parteien im Parlament sich in der Ablehnung einer Regierung einig sind, als daß sie ihrerseits eine Koalition mit einem Kanzler an der Spitze hervorbringen.

Solange jedoch das Parteiensystem mit relativ hoher Konzentration und kompakten Mehrheiten im Parlament funktioniert, ist die verfassungsrechtliche Sicherung durch ein „Konstruktives Mißtrauensvotum" gar nicht nötig. Die eigene Partei müßte ihren Kanzler stürzen oder die (beiden) die Regierungskoalition tragenden Parteien/Koalitionen müßten sich trennen, wie es im September/Oktober 1982 zwischen SPD und FDP

Koalitionsbruch

geschah. Hier zeigte sich auch, daß der Koalitionsbruch bzw. Koalitionswechsel erhebliche Risiken für die nächste Bundestagswahl in sich birgt. Immerhin haben normalerweise die Wähler mit Mehrheit einen bestimmten Kanzlerkandidaten und – bei entsprechenden Wahlaussagen – eine bestimmte Koalition gewählt. Der Bruch der Koalition oder der Sturz des gewählten Kanzlers kann die Wahlchancen bei der nächsten Wahl erheblich beeinträchtigen; bei der kleineren FDP schließt dies immer das Risiko ein, unter die 5%-

Abb. 101: 27. 4. 1972: Nach dem Scheitern des 1. Konstruktiven Mißtrauensvotums gratuliert der unterlegene Kanzlerkandidat Barzel (CDU/CSU) dem Bundeskanzler Willy Brandt (SPD)

Abb. 102: 1. 10. 1982: Nach dem erfolgreichen 2. Konstruktiven Mißtrauensvotum gratuliert der unterlegene Bundeskanzler Schmidt (SPD) dem neu gewählten Bundeskanzler Helmut Kohl (CDU/CSU)

Klausel zu fallen. 1983 wurde sie lediglich durch die Zweitstimmen von CDU-Wählern über diese Hürde gebracht. Dies läßt sich vor allem daran erkennen, daß die Partei gleichzeitig in den Landtagswahlen ohne derartige „Leihstimmen" nur noch 3–4% erreichte.

Die Geschichte der Bundesrepublik Deutschland liefert einige markante Beispiele für mögliche Varianten von Kanzlerwahl und -wechsel.

Die Wahl des ersten Bundeskanzlers ist ein Beispiel für ein Vielparteien-Spektrum bei knappem Wahlergebnis. Die CDU hatte zusammen mit der CSU am 14. 8. 1949 31%, die SPD 29,2% der Stimmen erhalten. KONRAD ADENAUER, der

Vorsitzende der rheinischen CDU und ehemalige Präsident des Parlamentarischen Rates, versammelte umgehend nach der Wahl, also informell, wichtige Mitglieder und Führer der kleineren bürgerlichen Parteien und besprach mit ihnen die Regierungsbildung. Man einigte sich auf eine Koalition unter einem Bundeskanzler ADENAUER. Der zu dieser Parteienkoalition gehörende Abgeordnete THEODOR HEUSS (FDP) wurde zum ersten Bundespräsidenten gewählt. Er schlug nach Anhörung aller Parteiführer ADENAUER vor, weil er wußte, daß dieser eine Mehrheit der Fraktionen des Bundestages und seiner Mitglieder auf sich vereinigen konnte. ADENAUER wurde auch mit einer Stimme Mehrheit gewählt. Vorbestimmt war also die Wahl durch informelle politische Absprachen zwischen den in den Bundestag gewählten Parteien. Sie hatten sich vorher personell (Ministerposten) und sachlich (Regierungsprogramm) auf ein Zusammengehen geeinigt. Damit waren zugleich die Weichen für eine enge Zusammenarbeit zwischen dieser Bundestagsmehrheit und der von ihr gewählten Regierung gestellt.

Informelle Absprachen

Die letzte Wahl ADENAUERS nach der Bundestagswahl von 1961 kann als ein Beispiel für die Kanzlerwahl unter den Bedingungen eines konsolidierten Drei-Partei-Systems (mit einer „kleinen" Partei) angesehen werden. Obwohl die FDP im Wahlkampf die Ablösung ADENAUERS und die Wahl seines populären Stellvertreters ERHARD mit großem Erfolg (sie erreichte mit 12,8% das beste Wahlergebnis ihrer Geschichte) verfochten hatte, konnte sie sich gegenüber dem bisherigen CDU-Kanzler nicht durchsetzen. Sie mußte sich mit einer erneuten Kanzlerschaft ADENAUERS in der CDU/CSU-FDP-Koalition abfinden und erreichte nur die Zusicherung, daß während der Legislaturperiode ein Wechsel erfolge (1963 wurde ERHARD Kanzler). Sie erwarb sich damit den Ruf einer „Umfaller-Partei".

Große Koalition

Umfaller-Partei

Der Sturz ERHARDS und der Bruch der Koalition mit der FDP im Herbst 1966 fanden ebenfalls im Zeichen des konsolidierten Parteiensystems statt, jedoch schienen finanzpolitische, wirtschaftliche und auch außenpolitische Probleme sowohl für die CDU als auch die FDP erhebliche Unsicherheiten über ihre künftigen Wahlchancen zu enthalten. Die CDU hatte die Landtagswahl in Nordrhein-Westfalen im Sommer 1966 deutlich verloren. Mit der FDP konnte sich ERHARD nicht auf die Sanierung der Staatsfinanzen einigen. Gründe hierfür lagen aber nicht nur in den Sachfragen, sondern in der Furcht der FDP, erneut als „Umfaller-Partei" dazustehen und in den

Vertrauens-frage

folgenden Landtagswahlen entscheidende Einbußen hinnehmen zu müssen. Die FDP trat aus der Regierungskoalition aus. ERHARD regierte mit einem Minderheits-Kabinett der CDU/CSU weiter. Dies ist ein Beispiel für das Funktionieren der einschränkenden Vorschriften über einen Kanzlersturz. Die damalige Oppositionspartei SPD hätte sich mit der FDP auf einen Kanzlerkandidaten einigen müssen. So hätte der amtierende Kanzler ERHARD gestürzt werden können. Die sachlichen und personellen Differenzen dieser beiden Parteien schlossen aber ein solches Vorgehen damals aus. Folglich blieb ERHARD nach der Verfassung im Amt.

Der Sturz ERHARDS im November 1966 ist wiederum ein Beispiel für die Bedeutung informeller, also nicht staatsrechtlich gültiger Absprachen in der Politik. Denn während ERHARD noch Kanzler war, gab es Diskussionen in der CDU/CSU über neue Kanzlerkandidaten und eine Verständigung von Partei- und Fraktionsführung auf den baden-württembergischen Ministerpräsidenten KIESINGER. Gleichzeitig mußte aber natürlich eine neue Mehrheit für eine neue Bundesregierung geschaffen werden. Verhandlungen mit der Partei- und Fraktionsführung der SPD brachten die Einigung auf eine „große Koalition". Kanzler ERHARD resignierte angesichts dieser Entwicklung und trat zurück. Ein Kanzlerwechsel war auch ohne Anwendung des konstruktiven Mißtrauensvotums erzwungen worden.

Eine weitere Variante in bezug auf den Kanzlersturz stellte die Anwendung des „Konstruktiven Mißtrauensvotums" gegen den Bundeskanzler BRANDT (SPD) im Mai 1972 dar. Durch Fraktionswechsler (s. S. 215) hatte die Regierungskoalition ihre Mehrheit verloren. In geheimer Wahl des Bundestages scheiterte aber der Antrag der CDU/CSU-Opposition, weil offenbar mindestens zwei ihrer Abgeordneten gegen den eigenen Kanzlerkandidaten und Fraktionsvorsitzenden BARZEL gestimmt hatten. Da BARZEL keine absolute Mehrheit erhielt, blieb BRANDT im Amt, bis seine Regierung im Herbst 1972 selbst die Initiative zur Auflösung des Bundestages und für Neuwahlen ergriff, um sich wieder die notwendige Mehrheit im Parlament zu verschaffen. Dazu benutzte die Regierung Art. 68 GG, indem sie den Sinn der Verfassungsbestimmung über ein Vertrauensvotum des Bundestages für die Regierung umkehrte. Sie stellte die „Vertrauensfrage", stimmte aber selbst nicht mit ab, so daß – entsprechend der Verfassungsbestimmung – die Vertrauensfrage keine Mehrheit fand. In einem solchen Fall sieht Art. 68 GG vor, daß der Bundes-

Konrad Adenauer (1876–1967). Präsident des Parlamentarischen Rates 1948/49. Erster Bundeskanzler (CDU) 1949–1963. Gab der Epoche seinen Namen: „Adenauerzeit"

Ludwig Erhard (1897–1977). Bundeskanzler 1963–1966. Direktor für Wirtschaft 1948, Bundeswirtschaftsminister bis 1963. Setzte die „Soziale Marktwirtschaft" durch

*Kurt Georg Kiesinger (*6. 4. 1904). Bundeskanzler der Großen Koalition 1966–1969. 1949–1958 Mitglied des Bundestages; bis 1966 Ministerpräsident von Baden-Württemberg*

*Willy Brandt (*18. 12. 1913). SPD-Bundeskanzler 1969–1974. Regierender Bürgermeister in Berlin (1957–1966), Außenminister (1966–1969). Setzte die „Neue Ostpolitik" durch*

*Helmut Schmidt (*23. 12. 1918). SPD-Bundeskanzler (1974–1982) in den Krisen der siebziger Jahre. Hamburger Innensenator. Finanz- und Verteidigungsminister 1969–1974*

*Helmut Kohl (*3. 4. 1930). Bundeskanzler (CDU) seit 1982. Ministerpräsident von Rheinland-Pfalz 1959–1976. Seit 1973 Vorsitzender der CDU. Oppositionsführer 1976–1982*

Abb. 103: Ein Zeichen politischer Stabilität: Sechs Bundeskanzler in 35 Jahren

präsident auf Vorschlag des Bundeskanzlers den Bundestag auflösen kann. Genau dies war die Absicht der Regierung. Die anschließende Wahl brachte der sozialliberalen Koalition dann eine große Mehrheit.

Ende der sozialliberalen Koalition

Das Ende der sozialliberalen Koalition von SPD und FDP im Jahre 1982 wurde ebenfalls von parteipolitischen Absprachen und verfassungsrechtlichen Vorschriften geprägt. Ganz im Sinne der Verfassungsbestimmung hatte Bundeskanzler SCHMIDT (SPD) Anfang 1982 die Vertrauensfrage gemäß Art. 68 GG mit Erfolg gestellt. Er zwang damit die Abgeordneten der Koalition zu einer

förmlichen Zustimmung. Sach- und personalpolitische Differenzen, die vor allem durch die zunehmende Arbeitslosigkeit und Haushaltskrise bedingt waren, zerrütteten die Koalition trotzdem immer mehr. Der Bundeskanzler kam der immer wieder diskutierten „Wende" seines Koalitionspartners FDP dadurch zuvor, daß er die weitere Zusammenarbeit aufkündigte. Die FDP-Minister traten aus der Regierung aus und stürzten am 1. 10. 1982 trotz schwerster Differenzen in der Bundestagsfraktion den SPD-(Minderheits-)Kanzler SCHMIDT, in dem sie – wie es Art. 67 GG vorschreibt – gleichzeitig den CDU-Vorsitzenden HELMUT KOHL zum neuen Bundeskanzler wählten. Die neue Bundesregierung aus CDU/CSU und FDP vereinbarte die vorzeitige Auflösung des Bundestages, um dem Wähler die Möglichkeit einer Entscheidung über diesen Regierungswechsel zu geben. Verfassungsrechtlich war dies nicht unumstritten. Denn es gab bis zu diesem Zeitpunkt kein Selbstauflösungsrecht des Deutschen Bundestages. Angesichts der häufigen Regierungswechsel in der Weimarer Republik (21 Regierungen in 14 Jahren) hatte der Parlamentarische Rat bewußt auf eine entsprechende Möglichkeit verzichtet. Die vom Bundestag eingesetzte „Enquete-Kommission Verfassungsreform" hatte allerdings schon 1976 aufgrund der Ereignisse von 1972 eine Grundgesetz-Ergänzung in diesem Sinne vorgeschlagen: „Vorzeitige Beendigung der Wahlperiode", statt „Parlamentsauflösung", und zwar „auf Antrag eines Viertels seiner Mitglieder mit einer Mehrheit von zwei Dritteln". Eine solche Verfassungsänderung schlug Bundestagspräsident STÜCKLEN (CSU) im Sommer 1982 erneut vor. Die neuen Regierungsparteien einigten sich jedoch auf das Verfahren von 1972, also die „manipulierte" Ablehnung der Vertrauensfrage nach Art. 68 GG. Da sie gerade eine überzeugende Regierungsmehrheit im Bundestag gebildet hatten blieb die Kritik an dem Verfahren und an der verabredeten Abstimmung im Dezember 1982 nicht aus. Bundespräsident CARSTENS entsprach dem Antrag des Bundeskanzlers KOHL, den Bundestag gemäß Art. 68 GG aufzulösen und am 6. März 1983 Neuwahlen auszuschreiben, nach rechtlicher Prüfung und mit der Gegenzeichnung des Bundeskanzlers. Das von einigen Bundestagsabgeordneten angerufene Bundesverfassungsgericht erklärte diese Entscheidung für verfassungsgemäß; sie liege im pflichtgemäßen Ermessen des Bundespräsidenten. Durch den überzeugenden Wahlsieg HELMUT KOHLS am 6. 3. 1983 wurden wieder stabile Regierungsverhältnisse geschaffen. Die Frage, ob nicht doch eine Verfassungsänderung sinnvoll und notwendig ist, die eine vorzeitige Beendigung der Legislaturperiode zuläßt, wenn dies mindestens ein Viertel der Bundestagsabgeordneten beantragt und wenn dann mindestens zwei Drittel zustimmen (Ergänzung zu Art. 39 GG) ist damit jedoch noch nicht beantwortet.

Die verschiedenen Beispiele aus der Geschichte der Bundesrepublik Deutschland zeigen, daß Politik auf der Grundlage der Verfassung, jedoch nicht durch die Verfassungsbestimmungen gemacht wird. Den – aus der Sicht des Verfassungsrechts – informellen Parteiabsprachen kommt ein entscheidendes Gewicht zu. Dies sichert auch das für das Parlamentarische Regierungssystem typische Arbeitsverhältnis zwischen der Bundesregierung und ihrer Mehrheit (Regierungsparteien). Die Mitglieder der Bundesregierung (Bundesminister) werden nach der Verfassung nicht vom Bundestag gewählt, sondern auf Vorschlag des allein gewählten Kanzlers vom Bundespräsidenten ernannt und entlassen (Art. 64 GG). In der parteipolitischen Wirklichkeit steht dahinter dennoch eine indirekte „Wahl", weil der Kanzler zur Verwirklichung seiner Politik auf die verschiedenen politischen Gruppierungen innerhalb seiner eigenen Partei (und der seines Koalitionspartners) angewiesen ist. Merkmale für die „Integration von Regierung und Parlamentsmehrheit" sind weiter: Kanzler und Minister haben in der Regel einen Sitz im Bundestag, sie stimmen also mit ab (auch über kritisierende Anträge der Opposition). Sie nehmen an den Fraktionssitzungen teil. „Parlamentarische Staatssekretäre" neben den beamteten Staatssekretären, die Leiter der Ministerialverwaltungen sind, haben die Aufgabe, aus der Regierung heraus und für ihre Minister eine möglichst reibungslose Zusammenarbeit, z. B. bei Gesetzgebungsvorhaben der Regierung, herzustellen. Zu den Kabinettssitzungen können die Vorsitzenden der Regierungsfraktionen herangezogen werden. Sie sind zusammen mit dem Kanzler und politisch einflußreichen Ministern die entscheidenden Machtfaktoren. Das berühmteste Beispiel hierfür ist der „Kreßborner Kreis" zur Zeit der großen Koalition, in dem aus der Regierung KIESINGER/BRANDT heraus und zusammen mit den damaligen Fraktionsvorsitzenden SCHMIDT (SPD) und BARZEL (CDU/CSU) die politischen Grundentscheidungen getroffen wurden. Die Fraktionsvorsitzenden seiner Koalition sind für den Bundeskanzler häufig entscheidender als es ein Minister des Kabinetts sein kann.

Aus allem ergibt sich, daß von einem Über- oder Unterordnungsverhältnis zwischen Bundesregierung und Bundestagsmehrheit politisch nicht gesprochen werden kann. Richtiger ist, vom Normalfall eines Arbeitsverhältnisses auszugehen, daß durch das gemeinsame Interesse getragen wird, die Regierungsverantwortung politisch auszugestalten und zu erhalten. Dabei kann es durchaus vorkommen, daß die Parlamentsfraktionen und ihre Mitglieder gelegentlich ihre verfassungsrechtliche Selbständigkeit gegenüber der Regierung erkennen lassen, so daß die Bundesregierung sich ihrer Bindung bei allem Vorrang, der der Regierungstätigkeit eingeräumt wird, bewußt bleiben muß.

Bundestags-auflösung

Neuwahlen

Grundgesetz-Ergänzung?

4.5.1.3 Die parlamentarische Opposition

Nach den Arbeitszusammenhängen des parlamentarischen Regierungssystems ist der logische Gegenspieler der Regierung und ihrer Parlamentsmehrheit die Parlamentsminderheit, die parlamentarische Opposition. Das deutsche parlamentarische Regierungssystem funktioniert auch in diesem Sinne. Dennoch entspricht es nicht dem „reinen" Typ des britischen Modells. Die traditionelle Sitzordnung macht die Grundstruktur optisch deutlich: Im britischen Parlament sitzen sich die Regierung mit ihrer Parlamentsmehrheit und die parlamentarische Opposition gegenüber. Im Bundestag sitzt das Gesamtparlament der Regierung gegenüber. Die Trennung zwischen den Regierungsfraktionen und der parlamentarischen Opposition ist auch tatsächlich nicht so vollständig. Das Parlament ist in der Bundesrepublik Deutschland als Ganzes mit den ihm eigenen Einrichtungen (s. S. 214 ff.) stets noch erkennbar.

Parlaments-
minderheit

Parlamentarische Opposition hieß in der deutschen Verfassungsgeschichte keineswegs immer, wie heute, „Minderheit im Parlament". Im wilhelminischen Obrigkeitsstaat war das Parlament von der Regierung offiziell ausgeschlossen. „Opposition" gegenüber der politisch handelnden Regierung wurde gerne mit „Obstruktion" gleichgesetzt. Die Parteien im Weimarer Reichstag hatten sich in den zehn Jahren bis zum Ausbruch der Weltwirtschaftskrise ebenfalls nicht in die Selbstverständlichkeiten und Notwendigkeiten des Rollenspiels von Regierung und Opposition hineingefunden. Dem Parlament blieb als Ganzem sein negativer Ruf als „Schwatzbude" erhalten.

Alternativen
oder
Anpassung?

„Opposition" im Deutschen Bundestag war 17 Jahre lang (1949–1966) gleichbedeutend mit SPD. Diese Partei hat dabei in den ersten drei Bundestagswahlen (1949, 1953, 1957) die Erfahrung machen müssen, daß sie mit dem konsequenten Festhalten an alternativen Programmen zu einer populären Regierungspolitik der Regierungsübernahme nicht näher kam, die ja notwendiges Ziel ist, um das alternative und nach eigener Überzeugung bessere Programm auch verwirklichen zu können. Erst das Godesberger Parteiprogramm von 1959 und das Einschwenken der Bundestagsfraktion auf die Außenpolitik der CDU/CSU ebnete den Weg in die Regierung. Hinzu kamen die parteiorganisatorischen Veränderungen auf diesem Weg, die allmähliche Unterordnung der Parteiarbeit unter die Ziele und Notwendigkeiten der parlamentarischen Opposition.

Die CDU/CSU hat 20 Jahre lang den Bundeskanzler gestellt und die Regierung geführt. Ihre Entwicklung danach zeigte ebenfalls, welche Schwierigkeiten mit der Oppositionsrolle verbunden sind. In der Legislaturperiode 1969–1972 hatte sie die Oppositionsrolle praktisch nicht angenommen. Erst das fehlgeschlagene „Konstruktive Mißtrauensvotum" gegen BRANDT und der überzeugende Wahlsieg BRANDTS und der sozialliberalen Koalition im November 1972 hat den Prozeß der Oppositionsbildung vorangebracht. Die Folge war eine entsprechende Organisation der Bundestagsfraktion, die sie politisch und fachlich zu einem echten Gegenspieler der Regierung machte. Des weiteren wurde die Partei zu einer Massenorganisation entwickelt, wie es sie unter ADENAUER nie gegeben hatte. In ihrer Politik näherte sich die CDU/CSU als Opposition nicht so deutlich, wie seinerzeit die SPD, an die Regierung an. Vor allem nahm sie keine echte Anpassung an die Ostpolitik der sozialliberalen Koalition – über die Anerkennung bestehender Verträge hinaus – vor. Während die SPD seinerzeit mit ihrer Schwenkung in der Außen- und Innenpolitik gleichsam regierungsfähig, weil koalitionsfähig, wurde, hat die CDU/CSU diesen Weg nicht konsequent verfolgt. Sie setzte vielmehr auf erfolgreiche Wahlen im Bund und in den Ländern sowie auf ihre stabile Mehrheit im Bundesrat.

Das Dilemma jeder parlamentarischen Opposition ist, daß sie Alternativen zur Regierungspolitik bieten muß und dennoch gezwungen ist, den anderen Parteien gegenüber koalitionsfähig zu bleiben. Sie kann natürlich auch versuchen, als Opposition die absolute Mehrheit durch Wahlen zu gewinnen. Das haben sowohl die SPD (ohne Erfolg) als auch (mit größerer Wirkung) die CDU/CSU versucht. Bisher ist es jedoch noch keiner Oppositionspartei gelungen, im Wahlkampf gegen eine Regierungskoalition die absolute Mehrheit der Bundestagssitze zu gewinnen.

Auch in diesem Punkt scheint die Geschichte der Bundesrepublik Deutschland einige grundsätzliche Anmerkungen zuzulassen. M. FRIEDRICH hat 1962 in einer Schrift „Opposition ohne Alternative" auf das Dilemma der damaligen Oppositionspartei SPD aufmerksam gemacht. Fast jede Alternative kostet Geld, in der Regel viel Geld. Den besten Überblick über die finanziellen Möglichkeiten der öffentlichen Hand aber hat stets die Regierung mit der fachlich kompetenten Ministerialverwaltung. Sie ist auch am ehesten in der Lage, die Erschließung neuer Finanzquellen oder die Möglichkeit bzw. Unmöglichkeit der Umverlagerung von finanziellen Mitteln im Staatshaushalt zu begründen. Sie kann sich auch einfach zugkräftige Vorschläge der Opposition zu eigen machen. Alle diese Überlegungen gelten auch für den Fall notwendiger Kürzungen in den staatlichen Leistungen. Die Regierung sitzt sozusagen am längeren Hebel, und sie kann ihr Handeln „amtlich" als Erklärung der Regierungsmaßnahmen dem Wähler nahebringen. In der Außenpolitik agieren überdies die Staatsmänner untereinander. In dieser Hierarchie hat auch der beste Oppositionsvertreter keinen eigenen fernsehwirksamen Platz. In dieser Wirklichkeit liegt sicher ein entscheidender Grund für das immer wieder angeprangerte Bedürfnis der Politiker und Parteien, möglichst nicht oder wenigstens nicht zu lange in die Opposition gedrängt zu werden.

Kanzler- *kandidat*

Parlamentarische Opposition bedeutet auch Vertretung von Minderheitspositionen. Deshalb dürfen die dem Gesamtparlament zur Kontrolle der Regierung und der Verwaltung verfassungsrechtlich zustehenden Kontrollbefugnisse als Instrumente der Opposition nicht überschätzt werden. So kann zwar durch die Minderheit die Einsetzung eines Untersuchungsausschusses erzwungen werden. Die Mehrheit in diesem Ausschuß bestimmt sich aber nach den Mehrheitsverhältnissen im Gesamtparlament, d. h. die Opposition ist auch im Ausschuß Minderheit. Öffentlichkeitswirksamer kann die Opposition im Parlament mit „kleinen" und „großen Anfragen" sowie in „aktuellen Stunden" auftreten. Regierungserklärungen geben ihr Anlaß zu profilierter Gegenrede. Deshalb ist es im Bundestag auch üblich, daß im Gegensatz zur Adenauerzeit auf die Regierungserklärung zunächst, unabhängig von der Stärke der Fraktion, der Oppositionsführer antwortet.

Kontroll- *befugnisse*

Während die Kontrollbefugnisse der Opposition nicht überschätzt, sollten die inhaltlichen Beiträge der Opposition nicht unterschätzt werden. Ihr inhaltlicher Beitrag zur Ausgestaltung der Gesetze und der Politik überhaupt ist jedoch in der Regel schwer bestimmbar. Dies liegt an der Nichtöffentlichkeit der Ausschußberatungen, an „interfraktionellen Absprachen" und daran, daß häufig die inhaltlich-programmatischen Vorstellungen auf beiden Seiten des Parlaments keine eindeutigen Unterscheidungen ermöglichen. Nicht Kontrolle, sondern eher konstruktive Mitwirkung, die dann später im Wahlkampf herausgestellt wird, sind hier das Kennzeichen des Oppositionsverhaltens.

Bundesrat

Die Frage, ob die parlamentarische Opposition nach britischem Vorbild ein „Schattenkabinett" bilden sollte, ist in der Bundesrepublik Deutsch-

Schatten- *kabinett*

land nicht eindeutig beantwortet worden. Üblich ist, daß die Opposition neben den Arbeitskreis- und Arbeitsgruppen-Vorsitzenden „Sprecher" für große politische Bereiche benennt, die als Kontrahenten der Minister auftreten. Umstritten ist auch, ob der „Oppositionsführer", das ist während der Legislaturperiode der Vorsitzende der Oppositionsfraktion im Bundestag, zugleich auch „Kanzlerkandidat" in der nächsten Bundestagswahl sein soll. Die CDU/CSU hat auf diese Frage unterschiedliche Antworten gegeben. Als Kanzlerkandidaten traten sowohl der Oppositionsführer KOHL als auch der CSU-Ministerpräsident von Bayern, STRAUSS, gegen den amtierenden Bundeskanzler an. Auch andere CDU-Ministerpräsidenten waren stets im Gespräch. Dies muß wohl als ein Zeichen dafür gewertet werden, daß die Kandidatur eines amtierenden Ministerpräsidenten gegen den amtierenden Bundeskanzler für aussichtsreicher angesehen wird als die Kandidatur eines „Oppositionsführers" gegen einen Kanzler. 1961 folgte die SPD mit der Kandidatur des damaligen Regierenden Bürgermeisters von Berlin, BRANDT, gegen Bundeskanzler ADENAUER offenbar ähnlichen Überlegungen. Eine andere Konstellation bestand im Bundestagswahlkampf 1983, als HANS-JOCHEN VOGEL als „Kanzlerkandidat" der SPD gegen Bundeskanzler KOHL antrat. Er war sowohl durch Regierungs- als auch durch Parteiämter bekannt.

Für die Opposition ist schließlich auch die bundesstaatliche Komponente des parlamentarischen Regierungssystems der Bundesrepublik Deutschland von Bedeutung. Seit der Parteienpolarisierung nach der Bildung der sozialliberalen Koalition sind die Mehrheitsverhältnisse im Bundesrat, der Vertretung der Länder(regierungen) auf der Bundesebene, eine bestimmende Größe im Kräfteverhältnis zwischen Regierung und Oppostion im Bund geworden. Theoretisch hätte dies schon in den fünfziger und sechziger Jahren der Fall sein können. Jedoch überwog in der politischen Orientierung der Landesregierungen seinerzeit noch die landeseigene Perspektive. Auch war der zusammenfassende Druck der Parteizentralen noch nicht so weit entwickelt, wie dies seit Mitte der siebziger Jahre der Fall zu sein scheint. Ob sich dies bei übereinstimmenden großen Mehrheiten im Bundestag und Bundesrat fortsetzt, muß sich allerdings noch erweisen. Solange die CDU/CSU im Bundestag die Opposition war, glich wegen ihrer Mehrheit im Bundesrat die „föderalistische Komponente" des parlamentarischen Regierungssystems in der Bundesrepublik Deutschland die grundsätzliche Schwäche der

Opposition als Minderheit im Bundestag mehr oder weniger stark aus. Der Regierung und Parlamentsmehrheit von SPD und FDP stand eine „Opposition" gegenüber, die mit der Mehrheit ihrer Partei im Bundesrat in wichtigen Fragen (z.B. Finanzen und Steuern) der „Regierung" die Waage halten konnte.

4.5.2 Die föderalistische Komponente: Der Bundesrat

Nach der Verfassung „wirken die Länder bei der Gesetzgebung und Verwaltung des Bundes (durch den Bundesrat) mit" (Art. 50 GG). Im Gegensatz zum Bundestag besteht der Bundesrat nicht aus gewählten Abgeordneten, vielmehr werden die Mitglieder von den Landesregierungen bestellt und abberufen. Sie sind an die Weisungen ihrer Regierungen gebunden (imperatives Mandat). Die Stimmen eines Landes können nur einheitlich abgegeben werden. Der Präsident des Bundesrates wird aus der Reihe der Ministerpräsidenten in der Reihenfolge der Größe der Bundesländer ungeachtet der jeweiligen Parteizugehörigkeit für ein Jahr gewählt (Art. 52 Abs. 1 GG). Er nimmt die Befugnisse des Bundespräsidenten wahr, wenn dieser verhindert ist oder vorzeitig ausscheidet (Art. 57 GG).

Imperatives Mandat

Länderbürokratie

Wegen der unterschiedlichen Wahltermine in den einzelnen Bundesländern kennt der Bundesrat keine Unterbrechung seiner Arbeit. Die Wahl zum Präsidenten des Bundesrates schließt den Berliner Regierenden Bürgermeister trotz des eingeschränkten Stimmrechts Berlins ein. Da er damit ein offizielles Amt der Bundesrepublik Deutschland bekleidet und zudem einer der höchsten Repräsentanten des Staates ist, folgt dieser Wahl regelmäßig ein Protest der Sowjet-

Einspruch

union und der DDR wegen Verletzung des „besonderen Status" von Berlin (West), das auch nach dem Berlin-Vertrag von 1972 kein Land der Bundesrepublik Deutschland sein kann.

Durch den Bundesrat wirken die Länder in alle Bereiche der Bundesrepublik Deutschland hinein. Dies kann auch für die Außenpolitik gelten, wenn z.B. ein Vertragswerk als Gesetz gebilligt werden muß, das Zuständigkeiten der Länder berührt (z.B. der „Polenvertrag"). Im „Gemeinsamen Ausschuß" (nach Art. 53a), der ständig über die Planungen für den Verteidigungsfall unterrichtet werden muß und im Verteidigungsfall u.U. an die Stelle von Bundestag und Bundesrat tritt (s.S. 148), stellt der Bundesrat ein Drittel der Mitglieder. Diese sind hier nicht an Weisungen ihrer Länder gebunden.

Der Bundesrat hat auch eine besondere Koordinationsaufgabe, da das Schwergewicht der Ausführung von Bundesgesetzen bei den Ländern liegt. Auf dieser Ebene gibt es enge Verzahnungen von Bundes- und Länderverwaltungen (s.S. 242f.). Bei der Mitwirkung an der Gesetzgebung ergänzt oft die Erfahrung der „Länderbürokratie" mit der Durchführung von Bundesgesetzen die Arbeit von Bundestag und Bundesregierung. „Mitwirkung an der Gesetzgebung des Bundes" heißt vor allem (s.S. 239f.):

- Der Bundesrat kann selbst Gesetzesvorlagen im Bundestag einbringen.
- Vorlagen der Bundesregierung erhält zunächst der Bundesrat, bevor sie dem Bundestag zugeleitet werden. Der Bundesrat kann also besonders frühzeitig zu Gesetzgebungsvorhaben der Bundesregierung Stellung nehmen.
- Der Bundesrat kann gegen jedes Gesetz des Bundestages Einspruch einlegen und durch seine eigene Abstimmung über diesen Einspruch den Bundestag zu einer neuen Abstim-

Der Bundesrat Januar 1984

	Zahl der Vertreter	nächste Landtagswahl	Regierungen Anfang 1984
Baden-Württemberg	5	1984	CDU
Bayern	5	1986	CSU
Bremen	3	1987	SPD
Hamburg	3	1986	SPD
Hessen	4	1987	SPD*
Niedersachsen	5	1986	CDU
Nordrhein-Westfalen	5	1985	SPD
Rheinland-Pfalz	4	1987	CDU
Saarland	3	1985	CDU/FDP
Schleswig-Holstein	4	1987	CDU
Berlin (ohne Stimmrecht)	4	1985	CDU/FDP

* Geschäftsführende Regierung

Abb. 104: Der Bundesrat – Die Mitwirkung der Länder im Bund

mung zwingen. Dabei muß der Bundestag mit absoluter Mehrheit für ein Gesetz stimmen, wenn der Bundesrat seinen Einspruch mit der Mehrheit der Bundesratsstimmen beschlossen hat. Beruhte der Einspruch auf einer Zwei-Drittel-Mehrheit, so muß der Bundestag ebenfalls diese Mehrheit aufbringen. Zuvor muß ein „Vermittlungsausschuß" aus Mitgliedern des Bundestages und des Bundesrates – hier sind die Bundesratsmitglieder nicht an Weisungen gebunden – mit der Angelegenheit befaßt werden.

Vermittlungs-ausschuß

- Bedarf ein vom Bundestag beschlossenes Gesetz nach der Verfassung der Zustimmung des Bundesrates (z. B. bei Steuergesetzen), so kann bei einem Streit der „Vermittlungsausschuß" von beiden Seiten angerufen werden. In diesem Fall kommen Bundesregierung und Bundestagsmehrheit nicht weiter, wenn es keine Einigung mit der Bundesratsmehrheit gibt.

Zustimmung

- Schließlich muß der Bundesrat – wie der Bundestag – Verfassungsänderungen mit Zwei-Drittel-Mehrheit zustimmen.
- Neben der Mitwirkung bei Gesetzgebung und Verwaltung des Bundes ist der Bundesrat in Notstandsfällen (Art. 35,3; 37; 87a; 91,2; 115a; 115b; 115c GG und beim Gesetzgebungsnotstand, Art. 81) das einzige Kontrollorgan der Bundesregierung bzw. ein gleichberechtigtes Organ neben dem Bundestag.

Dieser verfassungsrechtlichen und tatsächlichen Bedeutung entspricht der Art. 53 GG, der der Bundesregierung vorschreibt, den Bundesrat über die Führung der Geschäfte auf dem laufenden zu halten.

Die verfassungsrechtlichen Bestimmungen geben dem Bundesrat ein Instrumentarium in die Hand, das in kontroversen politischen Entscheidungssituationen von beträchtlichem, u. U. ausschlaggebendem Gewicht sein kann. Dies ist um so bedeutsamer, wenn sich die parteipolitischen Fronten des Bundestages im Bundesrat mit umgekehrtem Vorzeichen wiederfinden. Dann nämlich muß die zur Gesetzgebung primär legitimierte Bundestagsmehrheit zusammen mit ihrer Regierung im voraus überlegen, ob und inwieweit sie eine Ablehnung ihres Vorhabens durch die Mehrheit des Bundesrates, die mit der Opposition im Bundestag identisch ist, riskieren will und kann. Bei zustimmungspflichtigen Gesetzen wird sie deshalb in der Regel schon die Übereinstimmung mit der parlamentarischen Opposition im Bundestag suchen, um sich gegen eine Ablehnung im Bundesrat abzusichern. Das aber bedeutet, daß die parlamentarische Opposition im Bundestag in Wirklichkeit „mitregiert". Ist sie sich „ihrer" Mehrheit im Bundesrat sicher, dann führt bei zustimmungspflichtigen Gesetzen kein Weg an der Opposition vorbei. Bei allen anderen Gesetzen muß sich die Bundestagsmehrheit ihrer absoluten Mehrheit bei einem Gesetz sicher sein. Denn nur so kann sie den jederzeit möglichen Einspruch der Bundesratsmehrheit überstimmen.

Sind zwei Drittel der Stimmen im Bundesrat in den Händen einer Partei, die im Bundestag die Opposition stellt, dann können Bundesregierung und Bundestagsmehrheit überhaupt nicht mehr ohne die Opposition regieren. Denn eine Zwei-Drittel-Mehrheit zur Überwindung des Bundesrats-Einspruches ist in diesem Fall im Bundestag außerordentlich unwahrscheinlich.

Zweite Kammer

Die verfassungsrechtliche Konstruktion des Bundesrates sieht ein derartiges Gewicht an sich nicht vor. Auch das Bundesverfassungsgericht hat festgestellt, daß der Bundesrat keine „Zweite Kammer" sei, die gleichberechtigt neben dem Bundestag für alle Gesetze und politischen Entscheidungen des Bundes zuständig ist. Die Verfassung sieht ja auch ausdrücklich „zustimmungspflichtige" Gesetze vor, d.h. daß sie den Bundesrat nur an bestimmten Entscheidungen des Bundestages direkt beteiligen will. Auch hier aber wird die verfassungsrechtliche Ebene durch die parteipolitische modifiziert und damit gleichzeitig die Rolle der Opposition im Bundestag betroffen. Natürlich kann die Regierung auch zusammen mit ihrer Bundestagsmehrheit zugleich eine Mehrheit im Bundesrat besitzen, wie es seit dem Regierungswechsel im Oktober 1982 wieder der Fall ist. Dann sind natürlich die Chancen der parlamentarischen Opposition im Bundestag geringer. Ob daraus aber eine besondere Stärkung der Bundesregierung erwächst, ist nicht sicher, weil in einem solchen Fall erfahrungsgemäß die Eigeninteressen der Länder nach stärkerer Berücksichtigung drängen. Aus allem folgt, daß die Landtagswahlen nicht ganz zu Unrecht als „kleine Bundestagswahlen" gelten, in denen es häufig mehr um die Bundespolitik als um die Landespolitik geht.

Vetorechte

4.5.3 Die präsidiale Komponente: Der Bundespräsident

Entmachtung

Im Modell eines „Parlamentarischen Regierungssystems", dem britischen System, fungieren Königin oder König heute nur noch als Staatsoberhaupt. In der Weimarer Republik gab es eine „dualistische" Verfassungskonstruktion. Dem „normalen" parlamentarischen Regierungssystem mit parlamentarischer Abhängigkeit der Regierung stand der unabhängig davon gewählte Reichspräsident gegenüber. Ihm waren eigenständige Machtbefugnisse verliehen, die sich in den Krisenzeiten ab 1930 gegen den Parlamentarismus auswirkten (s. S. 133 f.). Aufgrund dieser Vorgänge schuf der Parlamentarische Rat ein Präsidentenamt, das kein echtes Gegengewicht mehr gegen das Parlament bilden kann. Das Amt des Bundespräsidenten ist in starkem Maße auf die Funktion eines Staatsoberhauptes beschränkt worden. Von der „Entmachtung" dieses Amtes profitierte in erster Linie der parlamentarisch verantwortliche Bundeskanzler.

Die Wahl des Bundespräsidenten ist die einzige Funktion der „Bundesversammlung" (Art. 54). Sie besteht aus den Mitgliedern des Bundestages und einer gleichen Anzahl von Mitgliedern, die von den Landesparlamenten nach dem Verhältniswahlrecht gewählt werden. Bisher haben in der Bundesrepublik Deutschland drei der vier Bundestagsparteien mindestens einmal einen Präsidenten aus ihren Reihen gestellt. Die Wahl des Sozialdemokraten GUSTAV HEINEMANN 1969 wurde seinerzeit als ein politisches Signal angesehen, mit dem die Freien Demokraten den Sozialdemokraten ihre Bereitschaft und Fähigkeit zu einem Zusammengehen bewiesen. Ein halbes Jahr später wurde nach der Bundestagswahl die sozialliberale Koalition begründet.

Die dem Bundespräsidenten im Bereich politischer Entscheidungen zugewiesenen Befugnisse sind fast immer „Vetorechte". Hat er zu handeln, so geht der Vorschlag dazu von der Regierung aus. Wie jedes Staatsoberhaupt ist er politisch, d.h. dem Parlament gegenüber, nicht verantwortlich. Seine rechtliche Verantwortung, die Möglichkeit einer Anklage wegen vorsätzlicher Verletzung des Grundgesetzes oder anderer Bundesgesetze beim Bundesverfassungsgericht, regelt Art. 61 GG. Die fehlende politische Verantwortlichkeit bedeutet, daß der Bundestag kein Mißtrauensvotum gegen den Bundespräsidenten beschließen kann. Dafür bedürfen seine Anordnungen, mit wenigen besonders festgelegten Ausnahmen, der Gegenzeichnung des Bundeskanzlers oder des zuständigen Bundesministers. Diese tragen die politische Verantwortung gegenüber dem Parlament.

Die Gegenzeichnung des Bundeskanzlers ist vor allem nötig bei der Ernennung und Entlassung der Bundesminister, bei der Feststellung des „Gesetzgebungsnotstandes" (Art. 81), bei der Auflösung des Bundestages, nachdem der Bundestag einem Vertrauensantrag des Bundeskanzlers nicht zugestimmt hat (Art. 68). Dies geschah z.B. im Herbst 1972 und im Januar 1983.

Immer liegt in diesen Fällen die Initiative beim Kanzler. Der Präsident kann sich aber weigern, eine Maßnahme vorzunehmen – z.B. dem Antrag des Kanzlers auf Auflösung des Bundestages nicht entsprechen, weil er die fehlgeschlagene Vertrauensabstimmung für manipuliert hält und damit unmittelbar gestaltend in die Politik eingreifen. Im übrigen werden alle Gesetze vom Bundespräsidenten „ausgefertigt", d.h. unterschrieben, nachdem der Kanzler und die zuständigen Minister unterzeichnet haben. Nach dieser

Theodor Heuss (1884–1963). Der erste Bundespräsident (FDP) von 1949–1959 war Politikwissenschaftler (Prof.). Bis 1933 Reichstagsabgeordneter der DDP

Heinrich Lübke (1894–1972). Bundespräsident 1959–69. Bis 1933 Zentrumspartei. Landwirtschaftsminister der CDU in Nordrhein-Westfalen und (ab 1953) im Bund

Gustav Heinemann (1899–1976). Bundespräsident 1969–1974 (SPD). Er gehörte bis 1945 zur Bekennenden Kirche. Als CDU-Bundesinnenminister 1950 zurückgetreten (1957 SPD)

Walter Scheel, *8. 7. 1919. Bundespräsident 1974–1979 (FDP). Unter Adenauer und Erhard Bundesminister. 1969–1974 Außenminister und Vizekanzler

Der Amtssitz des Bundespräsidenten in Bonn. Der Bundespräsident hat auch einen „Berliner Amtssitz", von dem aus jedoch keine Amtsgeschäfte ausgeübt werden

Karl Carstens (*14. 12. 1914). Bundespräsident 1979–1984 (CDU). Staatsrechtslehrer (Prof.). Staatssekretär bis 1969. Ab 1973 Vorsitzender der CDU/CSU-Fraktion

Abb. 105: Bundespräsidenten der Bundesrepublik Deutschland

Staatsoberhaupt

Ausfertigung veranlaßt das „Bundespräsidialamt" die Verkündung im Bundesgesetzblatt.

Die Funktion eines Staatsoberhauptes übt der Bundespräsident vor allem dann aus, wenn er die Bundesrepublik Deutschland „völkerrechtlich" vertritt. Schließt er Verträge in Namen der Bundesrepublik Deutschland ab, so geht auch hier die Initiative von der Bundesregierung aus. Der Präsident unterzeichnet Verträge, erst damit werden sie rechtskräftig. Der Empfang der ausländischen Botschafter und Staatsoberhäupter sowie offizielle Auslandsbesuche gehören ebenfalls zu seinen Pflichten. Die Vertretung des Bundespräsidenten obliegt dem Präsidenten des Bundesrates.

Eine politisch entscheidende Rolle kann der Bundespräsident unter bestimmten Umständen bei der Wahl des Bundeskanzlers spielen. Der Präsident steht vor einer allein zu verantwortenden Entscheidung, wenn ein Bundeskanzler erst nach mehreren Wahlgängen mit einfacher Mehrheit gewählt worden ist (Art. 63 Abs. 4, s. S. 220). Dann kann er den Bundestag auflösen und damit Neuwahlen erzwingen oder ein Minderheitskabinett zulassen, unter bewußter Hinnahme der möglichen Folgen. Ein ähnliches Gewicht könnte der Bundespräsident gewinnen, wenn der Bundeskanzler vergeblich die Vertrauensfrage im Bundestag gestellt hat und dann in einer offenen

Situation vorschlägt, daß der Präsident den Bundestag auflöst (Art. 68 GG). Bei den Bundestagsauflösungen 1972 und 1983, nachdem der Mißerfolg der Vertrauensfrage gemäß Art. 68 GG von den Bundestagsparteien bewußt herbeigeführt wurde, folgte der Präsident jeweils dem Antrag der Bundesregierung. 1983 führte der Widerspruch einzelner Bundestagsabgeordneter gegen diese Art der Auflösung durch den Bundespräsidenten zu einem Verfassungsgerichtsentscheid, nach dem der Auflösungsbeschluß im Rahmen der Handlungsfreiheit des Präsidenten gelegen hätte, also rechtens war. In solchen Fällen wird das Amt des Bundespräsidenten zu einem machtpolitischen Faktor. Im Prinzip aber liegt die Autorität des Präsidenten in seiner integrierenden Funktion.

4.5.4 Die Funktionen des Deutschen Bundestages

4.5.4.1 Parlamentsfunktionen im britischen Modell und im deutschen Verfassungsverständnis

Wahl- und Unterstützungsfunktion

In der klassischen Darstellung des parlamentarischen Regierungssystems von WALTER BAGEHOT (The english constitution, 1867) wird in der für das britische System typischen Rangordnung der Parlamentsfunktionen an erster Stelle „Wahl und Unterstützung der Regierung (elective function)" genannt (s. S. 59). Es ist bezeichnend, daß BAGEHOT nicht auch noch eine besondere Kontrollfunktion des Parlaments aufführte. Sie war gewissermaßen in der ersten Funktion des Parlaments enthalten (BAGEHOT läßt einen Minister sagen: „Parliament has maintained me and that was its greatest duty; Parliament has carried on what, in the language of traditional respect, we call the Queen's Government; it has maintained what wisely or unwisely it deemed the best Executive of the English nation").

Kontrollfunktion

In der deutschen Parlamentsgeschichte hat dagegen immer eher die Kontrollfunktion des Parlaments gegenüber der Regierung und dabei – neben den Untersuchungsausschüssen – insbesondere die Kontrolle durch die Haushaltspolitik (vgl. z. B. den Preußischen Verfassungskonflikt 1862–66) im Mittelpunkt des Interesses gestanden. Dies hängt damit zusammen, daß es im Deutschland/Preußen des 19. Jh. den Parlamenten nicht gelungen war, die Regierung selbst zu bestellen und damit das britische System durch-

zusetzen. Dies wirkt noch heute in der Beurteilung der „Funktionen" eines Parlaments nach. So gilt die Kontrollfunktion noch heute, unter den Bedingungen der „neuen Gewaltenteilung" zwischen Regierungsmehrheit und Opposition, als Aufgabe *des* Parlaments. In der Verfassungswirklichkeit jedoch ist die Kontrollfunktion natürlich das Instrument der parlamentarischen Opposition.

Allerdings sind noch einige grundsätzliche Anmerkungen zu den innerparlamentarischen Vorgängen in den beiden Kraftzentren Regierung und Parlamentsmehrheit einerseits, Opposition andererseits nötig. „Wahl und Unterstützung der Regierung" unterliegen durchaus den innerhalb der Regierungsfraktionen bestehenden Eigeninteressen und hierarchischen Strukturen. Bei aller politisch notwendigen Grundübereinstimmung und Kooperation darf nicht angenommen werden, daß das Verhältnis zwischen der Regierung und ihrer Mehrheit ein für allemal festliegt. Für wechselseitige Beeinflussung, ja auch immer wieder ein Gegeneinander sorgt schon die Tatsache, daß im Bundestag die Regierungsmehrheit in der Regel aus einer Koalition zweier Fraktionen besteht. In diesen Bundestagsfraktionen schlagen parteipolitische Unterschiede, unterschiedliche politische Strömungen und Interessenklientel im Hintergrund, immer wieder stärker durch als es sich die Koalitionsregierung eigentlich leisten kann. So besitzt *das* Parlament auch im Zeichen der „neuen Gewaltenteilung" und der parteipolitischen Konzentration einen meßbaren Grad an Autonomie gegenüber *der* Regierung. Dies war selbst – vielleicht gerade – dann der Fall, als Bundeskanzler ADENAUER in der 3. Legislaturperiode 1957–1961 mit einer absoluten Mehrheit seiner Regierungspartei CDU/CSU regieren konnte. Die aus dem Bundestag auf die Regierung einwirkenden politischen Strömungen und Interessen machten seinerzeit schon die Regierungsbildung zu einer der längsten, die es in der Geschichte der Bundesrepublik Deutschland gegeben hat. Ähnliche „Verselbständigungen" des Parlaments, d. h. hier der Regierungsmehrheit, gab es während der großen Koalition zwischen CDU/CSU und SPD. Die unter diesen Bedingungen schwache Opposition der FDP wurde seinerzeit ständig durch abweichende Meinungen und Abgeordnete in der mitgliederstarken Regierungskoalition verstärkt. Umgekehrt folgt aus diesen Vorgängen, daß bei knappen Mehrheitsverhältnissen und einer machtvollen Opposition der Druck auf die Parlamentsmehrheit, Geschlossenheit im Sinne der Regierungspolitik zu zeigen, Autonomietendenzen entweder zu unterdrücken oder nur intern zur Geltung zu bringen, am stärksten ist.

4.5.4.2 Die Kontrollfunktion des Bundestages

Haushaltsbe-
willigungsrecht

Eine „Kontrolle der Regierung" liegt bereits in der Art und Weise begründet, wie Regierung und Parlamentsmehrheit zusammenarbeiten. Indem aus der Koalition heraus Interessen gegenüber der Regierung durchgesetzt werden, politische Strömungen aus der Partei bei Abgeordnetengruppen Widerhall finden und diese sich - z.B. in der Frage des Exports von Rüstungsgütern - Geltung verschaffen können, wird die Regierung „kontrolliert". Sie ist nicht vollkommen selbständig in der Definition und Durchführung ihrer Politik. Sie bedarf der Mitarbeit ihrer Fraktionen, und darin liegt das Kontrollmoment.

Diese „Kontrolle" ist wegen der wechselseitigen Abhängigkeit wirkungsvoll. Die innerhalb der Regierungskoalition ablaufenden Kontroll- und Einflußprozesse zwischen Regierung und Fraktionen können gar nicht überschätzt werden. Sie sind stark, aber sie sind - wie in vielen anderen Bereichen der Politik - informeller Natur. Die Wahrnehmung der formellen Kontrollbefugnisse *des* Parlaments gegenüber der Regierung ist die Sache der parlamentarischen Opposition. Diese Kontrollrechte sind:

Untersuchungs-
ausschüsse

1. Untersuchungsausschüsse. Nach Art. 44 GG hat der Bundestag das Recht und auf Antrag eines Viertels seiner Mitglieder die Pflicht, einen Untersuchungsausschuß einzusetzen. Für dessen Beweiserhebungen gelten die Vorschriften des Strafprozesses. Es handelt sich aber dennoch nicht um einen Gerichts-Ersatz, sondern um politische Untersuchungen. Mit der Bestimmung, daß der Ausschuß auf Verlangen eines Viertels der Abgeordneten eingesetzt werden muß, wird er zum Instrument der Opposition/Minderheit gemacht. In der politischen Praxis unterliegt jedoch auch dieser Ausschuß den im Bundestag bestehenden Mehrheitsverhältnissen. Die Regierungsmehrheit bestimmt weitgehend Verfahren und Ergebnis, auch wenn der Vorsitz bei einem Vertreter der Opposition liegt. Untersuchungsausschüsse über Vorfälle im Bereich von Regierung und Verwaltung sind dennoch wegen der öffentlichen Resonanz bei ihrer Einsetzung, den Untersuchungen selbst und den abschließenden Feststellungen wirksame politische Instrumente. Zwar wird die Regierungsmehrheit im Untersu-

Finanz-
vorlagen

chungsausschuß in aller Regel eine eindeutige Verurteilung des beanstandeten Regierungs- und Verwaltungshandelns verhindern, jedoch bestehen auch auf dieser Seite des Parlaments Interessen, z.B. undurchsichtige Vorgänge und mögliche politische Kompetenzüberschreitungen im Bereich der Ministerialverwaltung aufzudecken und zu verhindern.

2. Das parlamentarische Haushaltsbewilligungsrecht. Dieses Recht galt in der deutschen Parlamentsgeschichte stets als das „vornehmste Recht des Parlaments". Solange der Einfluß auf die Bestellung der Regierung fehlte, konnte das Parlament über die Bewilligung oder Nichtbewilligung der von der Regierung geplanten Staatsausgaben einen wirksamen Einfluß auf die Regierungspolitik ausüben. Mit der „neuen Gewaltenteilung" im Parlamentarischen Regierungssystem hat sich auch das Gewicht der Haushaltsbewilligung vermindert. Der Haushalt als der „zahlenmäßige Niederschlag der Regierungspolitik" dokumentiert im Prinzip die Zusammenarbeit zwischen Regierung und Parlamentsmehrheit. Die Regierung legt den Etat vor. Das Parlament prüft ihn in seinen Ausschüssen und beschließt den Haushalt (Etat, Budget) jährlich als Gesetz. Im britischen Parlamentarismus hat die Parlamentsmehrheit „ihrer" Regierung das Budgetwesen fast uneingeschränkt überlassen. Im Bundestag, der nach der in Deutschland traditionellen Budgetkontrolle und -prüfung verfährt, gibt es demgegenüber nach wie vor eine parlamentarische Kontrolle über den Bundeshaushalt. Jedoch kann auch hierbei die Opposition nur dann Änderungen erzwingen, wenn sie sich mit der Parlamentsmehrheit darauf verständigt. Hinzu kommt heute aber noch etwas ganz Entscheidendes. Der Bundeshaushalt ist, wie auch die Haushalte der Bundesländer, zu 90–95% seines Ausgabenvolumens festgelegt. So sind schon aus der Sache heraus Abänderungen und freie politische Verfügbarkeiten kaum noch möglich. Der Grund hierfür ist, daß der Bundeshaushalt Ausgaben zusammenstellt, die überwiegend gesetzlich oder vertraglich festliegen (z.B. Personalausgaben, öffentliche Leistungen aller Art, militärische Beschaffungen).

Durch seine Geschäftsordnung hat sich der gesamte Deutsche Bundestag in Finanz- und Haushaltsangelegenheiten selbst weitere Beschränkungen parlamentarischer Rechte auferlegt. So enthält der § 96 die Bestimmung, daß „Finanzvorlagen", alle Vorlagen der Bundesregierung und des Bundesrates sowie Gesetzentwürfe und selbständige Anträge von Abgeordneten, vom Haushaltsausschuß daraufhin überprüft werden müssen, ob sie Auswirkungen auf den Bundeshaushalt haben, d.h. Geld kosten. Ist dies der Fall, so muß erst nach Deckungsmöglichkeiten gesucht werden, bevor über die Sache, d.h. den Gesetzentwurf, den Antrag usw., selbst entschieden werden darf. Im übrigen gilt gerade hier die „neue Gewaltenteilung". Ein solcher Antrag aus den Reihen der Regierungsfraktion wird in aller Regel mit der Regierung auf die Deckungsfähigkeit hin abgestimmt sein. Die Opposition hat als Minderheit und ohne den finanziellen Überblick der Regierung kaum Chancen mit derartigen Anträgen.

Nach wie vor ist die Verabschiedung des Bundeshaushaltes als Gesetz Anlaß zu großer öffentlicher Kritik an der Gesamtpolitik der Regierung und – wenn die Haushalte der einzelnen Ministerien zur Debatte stehen – an den Teilbereichen dieser Politik durch die parlamentarische Opposition.

Fragestunden 3. Fragestunden, große und kleine Anfragen. In den „Fragestunden" des Bundestages können kurze mündliche Anfragen an die Bundesregierung gerichtet werden. „Große" und „kleine" Anfragen an die Bundesregierung müssen schriftlich gestellt werden. Eine „große Anfrage" bedarf der Unterstützung durch mindestens 30 Abgeordnete, eine „kleine Anfrage" muß von 15 Abgeordneten (Mindeststärke einer Fraktion) gestellt werden. Im 8. Deutschen Bundestag (7.) wurden z. B. 47 (23) „große" und 434 (483) „kleine" Anfragen eingebracht, 23 467 (18 497) mündliche Fragen in Fragestunden gestellt und 9 (18) „aktuelle Stunden" veranstaltet (Stat. Jb. '82, S. 86).

Aktuelle Stunden 4. Die „aktuellen Stunden" sollen die Parlamentsarbeit jenseits der Gesetzgebung beleben und durch die Aufnahme aktueller Probleme eine größere Nähe der parlamentarischen Arbeit zu den Wählern bewirken und belegen.

Öffentlichkeit 5. „Öffentlichkeit" ist Grundprinzip und wichtigstes Instrument der Oppositionspolitik. Sie ist zugleich für die Regierung und ihre Mehrheit im Bundestag unerläßlich, um ihre Politik dem Wähler nahezubringen. Die möglichst weitgehende *Sachzwänge* Durchsichtigkeit („Transparenz") der Politik durch Offenlegung der Vorgänge im Parlament ist nicht nur ein wichtiger Kontrolleffekt, sondern zugleich eine Art „permanenter Wahlkampf".

6. Das „Konstruktive Mißtrauensvotum" (s. S. 221) bildet gleichsam die „ultima ratio" des Parlamentarischen Regierungssystems. Es sind aber auch weniger eindeutige Verhältnisse im Parlament denkbar, die seine Anwendung ausschließen. Denkbar ist z. B. eine Minderheitsregierung, sei es durch das Auseinanderbrechen einer Regierungskoalition (wie im Herbst 1966), sei es aufgrund von Wahlergebnissen, die infolge des Auftretens neuer kleiner Parteien klare Mehrheitsbildungen erschweren. In einem solchen Fall kann das Vertrauensvotum, der Antrag des Kanzlers, ihm das Vertrauen auszusprechen, ein entscheidendes Instrument parlamentarischer Kontrolle der Regierung und eines Systems von Macht und Gegenmacht („checks and balances") werden. Denn der Vertrauensantrag ist auch ein Mittel des Kanzlers, um schwankende Bundestagsmehrheiten, die sich nicht auf einen neuen Kanzler verständigen wollen oder können, gleichsam zu „disziplinieren".

4.5.4.3 Die Gesetzgebungsfunktion des Bundestages

Im Stellenwert der Gesetzgebungsfunktion unterscheidet sich das parlamentarische Regierungssystem der Bundesrepublik Deutschland besonders deutlich vom britischen Modell. Die Arbeit an Gesetzesvorhaben vor allem in den Arbeitskreisen, Fraktionen und Ausschüssen und auch im Plenum muß vermutlich sogar als Schwerpunkt der gesamten Parlamentsarbeit bezeichnet werden. Dies wird jedoch keineswegs immer als politisch sinnvoll angesehen. Denn die gesetzgeberische Kleinarbeit lastet die Parlamentarier in so starkem Maße aus, daß sie grundsätzliche Fragen und Entscheidungen nicht mehr ausreichend diskutieren können. Hinzu kommt, daß die Gesetze immer mehr Einzelheiten regeln, obwohl theoretisch ein Gesetz nur allgemeine und grundsätzliche Anordnungen treffen müßte, während die Details dem Verwaltungshandeln „im Rahmen des Gesetzes" obliegen.

Dies macht die Gesetzgebung immer schwerer durchschaubar und damit zu einem Feld der Spezialisten. Die politische Arbeit des Parlaments gerät zunehmend in die Gefahr der Abhängigkeit von „Sachzwängen", die das Expertentum begünstigen. Experten gibt es natürlich vor allem im Bereich der beamteten Ministerialverwaltung. Sie nimmt sachverständig an den Ausschußberatungen des Parlaments teil und bestimmt sehr häufig zusammen mit den Experten der Fraktion Grundsätze und Details der Gesetze. Was hilft, so lautet die Frage, ein solcher Schwerpunkt der Parlamentsarbeit, der den Bundestag immer mehr zu einem schwer arbeitenden Gremium macht, ihm jedoch zu wenig Zeit zu politischen Grundsatzdebatten und -entscheidungen läßt? Diese Frage ist Gegenstand zahlreicher Überlegungen zur Parlamentsreform.

Wahlperiode	1.	2.	3.	4.	5.	6.	7.	8.
Gesetzesvorlagen								
der Bundesregierung	445	431	394	368	415	351	461	322
des Bundestages	301	414	207	245	225	171	136	111
des Bundesrates	29	16	5	8	14	24	73	52
Insgesamt	775	861	606	621	654	546	670	485
Gesetzesbeschlüsse auf Initiative von:								
Bundesregierung	392	371	348	326	372	259	427	288
Bundestag	141	132	74	97	80	58	62	39
Bundesrat	12	8	2	3	9	13	17	15
Bundesregierung/Bundestag/Bundesrat	—	—	—	—	—	5	10	12
Insgesamt	545	511	424	426	461	335	516	354
Vermittlungsausschuß angerufen durch:								
Bundesregierung	3	3	3	3	4	2	7	7
Bundestag	2	3	—	2	1	—	1	1
Bundesrat	70	59	46	34	34	31	96	69
Insgesamt	75	65	49	39	39	33	104	77
dar. als Gesetz verkündet	63	56	47	35	29	30	89	57[1]
Grundgesetzänderungen[2]	3	24	5	2	61	11	3	0

[1] zu 71 Gesetzesbeschlüssen   [2] Quelle: Z Parl. 1/81, S. 13. Neuere Zahlen s. Stat. Jb. 1983

Initiativ-funktion

Die Gesetzgebungsstatistik zeigt nicht nur, welchen Umfang die „Produktion" von Gesetzen angenommen hat. Auffällig ist vor allem, daß die Bundesregierung (Ministerien) die weitaus meisten Gesetzesvorlagen einbringt und daß ihre Vorlagen auch meistens beschlossen werden. Das Verhältnis zwischen eingebrachten und beschlossenen Vorlagen ist bei Initiativen aus der Mitte des Bundestages und vom Bundesrat sehr viel ungünstiger.

Die Verfassung sieht vor: „Gesetzesvorlagen werden beim Bundestag durch die Bundesregierung, aus der Mitte des Bundestages oder durch den Bundesrat eingebracht" (Art. 76 Abs. 1 GG). Die Praxis der Parlamentsarbeit entspricht dem nicht. Die dominierende Rolle der Bundesregierung ist andererseits eine durchaus logische Folge der Zusammenarbeit zwischen Bundesregierung und Bundestagsmehrheit. Sie verfügt zudem über den sachverständigen „Apparat", die Ministerialverwaltung („Ministerialbürokratie").

Ministerial-bürokratie

So gesehen liegt in diesen Verhältnissen weniger ein Problem für den gesamten Bundestag, als mehr und vor allem für die parlamentarische Opposition, die auf einen derartigen Apparat nicht zurückgreifen kann. Die Opposition könnte allerdings – soweit ihre Partei Landesregierungen führt und damit im Bundesrat mitentscheidet – die Ministerialbürokratie von Bundesländern einschalten. Allerdings wird das Übergewicht der Regierungsvorlagen auch dadurch hervorgerufen, daß immer weniger die Abgeordneten und immer mehr die Ministerialverwaltung den Anstoß zur gesetzlichen

Regime der Experten

Regelung oder zur „Novellierung" einer gesetzlichen Regelung geben. Von einem Übermaß an derartigen Begehren sind dann auch die Abgeordneten der Regierungsmehrheit betroffen, die dadurch ebenfalls zu selbständiger Prüfung, Kontrolle und Abänderung veranlaßt werden. Das Bild des Gegenüber von Regierung und parlamentarischer Mehrheit einerseits, parlamentarischer Opposition andererseits bekommt unscharfe Konturen. *Der* Bundestag kontrolliert in solchen Fällen durchaus *die* Regierung in Gestalt ihrer rührigen und initiativreichen Ministerialbürokratie.

Die Bedeutung der Ministerialverwaltung für die Gesetzgebungsarbeit des Parlaments ist natürlich vorrangig ein Problem für die parlamentarische Opposition; die Regierungsfraktionen haben immer einen direkten Zugang über den Fachminister und seinen (parlamentarischen) Staatssekretär. Soll nun, um dem Übergewicht der sachverständigen Ministerialbürokratie zu begegnen, die Opposition im Parlament ebenfalls einen solchen sachverständigen Apparat zur Verfügung gestellt bekommen, um die Chancengleichheit der Parlamentarier zu erhöhen? Die Folge einer solchen Maßnahme könnte sein, daß sich dann in einem „Regime der Experten" die Sachverständigen von Regierung und Mehrheit und die Sachverständigen der Opposition gegenüberstünden. Eine „Expertokratie" könnte die politische Aufgabe des Parlaments erdrücken.

Wichtig sind noch die Fälle, in denen im Laufe der Gesetzgebung verschiedene Vorlagen von verschiedenen Seiten zusammengefaßt und dann verabschiedet wurden (vgl. Tab. S. 234). Hinter derartigen Vorgängen kann sich durchaus eine Einigung aller Fraktionen, unter Einschluß der Mehrheitsverhältnisse im Bundesrat, verbergen. Einflußlos, das geht auch aus dieser Spalte der Tabelle hervor, ist die Opposition unter den Bedingungen der 7. und 8. Legislaturperiode nicht gewesen. Fehlende Initiativen von seiten der Parlamentsmehrheit können darauf zurückgehen, daß trotz früherer Initiativen im Schoße der Fraktionen beschlossen wurde, eine Vorlage durch die Regierung ausarbeiten zu lassen. Auch der umgekehrte Vorgang ist denkbar: Die Regierung ist – u.a. weil sie nicht erst den (ersten) Umweg über den Bundesrat machen will – an einem beschleunigten Verfahren interessiert. So wird abgesprochen, daß eine Gesetzesvorlage von Mitgliedern der Regierungsfraktionen eingebracht wird (z.B. die Novellierung des Montanmitbestimmungsgesetzes 1981). Dies kann auch aus politisch-demonstrativen Gründen geschehen.

Verrecht-
lichung

Zur Gesetzgebung gehören auch Grundgesetzänderungen. Auffallend ist hier, daß in der 8. Legislaturperiode zum ersten Male keine Änderungen vorgenommen wurden.

Statistiken über die besonders aktiven Fachministerien der Bundesregierung zeigen, daß durchweg an der Spitze der eingebrachten und auch verabschiedeten Gesetzesvorlagen der Bundesregierung das Ressort „Finanzen" (einschl. wirtschaftlicher Besitz des Bundes) steht. Dann folgen mit erstaunlicher Regelmäßigkeit durch die letzten Legislaturperioden hindurch die Ressorts Justiz, Arbeit und Sozialordnung, etwa gleichauf Inneres, Post und Verkehr sowie Wirtschaft (einschl. wirtschaftliche Zusammenarbeit), dann Landwirtschaft, Auswärtiges, Familien- und Jugendfragen sowie Gesundheitswesen (Stat. Jb. 1982, S. 87).

Die Gesetzgebung des Deutschen Bundestages wird durch Rechtsverordnungen ergänzt. Die Gesamtzahl der Rechtsverordnungen betrug in der 6. Legislaturperiode 1343, in der 7. 1726 und in der 8. 1615. Rechtsverordnungen können nach Art. 80 GG von der Bundesregierung, einem Bundesminister oder von den Landesregierungen erlassen werden. Letztere sind in den Zahlen nicht enthalten. Sie dürfen nur aufgrund eines Gesetzes erlassen werden. Hier wird der hohe Grad an „Verrechtlichung" der gesellschaftlichen Vorgänge erkennbar. Die wichtigste Rolle spielt dabei die Verwaltung, jener staatliche Bereich also, der von der Bundesregierung über die Ministerialverwaltung in die unteren Ebenen der Verwaltung von Bund, Ländern und Gemeinden hineinreicht und das öffentliche Leben mindestens ebenso prägt wie die parlamentarisch-politische Willenbildung.

4.6 Regierung und Verwaltung im modernen Leistungsstaat

4.6.1 Regierung als politische Führung und vollziehende Gewalt

Bei der Bundesregierung liegt die Aufgabe der politischen Führung. Von ihr sollen die wesentlichen Impulse und Initiativen für die Gestaltung der inneren Verhältnisse und der auswärtigen Beziehungen der Bundesrepublik Deutschland ausgehen. Die Bundesregierung hat außerdem als Spitze der „vollziehenden Gewalt" auch die politische Verantwortung für die Ausführung der Gesetze, soweit der Bund zuständig ist (s. S. 239 f.).

4.6.1.1 Die Kanzlerdemokratie

Der Bundeskanzler nimmt innerhalb der Bundesregierung eine besondere Stellung ein. Nach der Verfassung ist er allein, nicht die Bundesregierung als Ganzes, für die Politik verantwortlich. Diese alleinige Verantwortlichkeit ergibt sich daraus, daß nur er vom Bundestag gewählt wird. Die starke staatsrechtliche Stellung wird weiter durch *Richtlinien der* sein Recht, die „Richtlinien der Politik" zu be-*Politik* stimmen, gefestigt. Wegen der herausragenden Stellung des Bundeskanzlers wird die Bundesrepublik Deutschland häufig auch als „Kanzlerde-*Bundes-* mokratie" bezeichnet. Dies besagt aber nicht, daß *kanzleramt* die politischen Entscheidungen innerhalb der Bundesregierung als „einsame" Entschlüsse des Kanzlers fallen. Im Verhältnis etwa zur Stellung BISMARCKs als Reichskanzler (1871–1890) oder zur Stellung des amerikanischen Präsidenten (de jure gibt es an seiner Seite nur „secretaries") sieht das Grundgesetz ein abgestuftes System von Kompetenzen und Verantwortlichkeiten vor (Art. 65 GG):

„Der Bundeskanzler bestimmt die Richtlinien der Politik und trägt dafür die Verantwortung." Er *Kanzler-* leitet die Geschäfte der Bundesregierung (Kanz-*prinzip* lerprinzip).
„Innerhalb dieser Richtlinien leitet jeder Bundesminister seinen Geschäftsbereich selbständig und unter eigener Verantwortung." (Ressortprin-*Ressortprinzip* zip).

„Über Meinungsverschiedenheiten zwischen den Bundesministern entscheidet die Bundesregierung." (Kollegialprinzip).
Diese Unterscheidungen sind rechtlicher Natur. Sie können durchaus von Bedeutung sein, wenn es z. B. Auseinandersetzungen über ein „Hineinregieren" in ein Ressort gibt. In der politischen Praxis werden die Entscheidungen der Bundesregierung aber vor allem bestimmt:
- durch das Interesse am Zusammenhalt der Regierungskoalition oder des Kabinetts,
- durch den politischen Rückhalt, den der Kanzler und die einzelnen Minister in ihrer Partei (der Kanzler als Parteivorsitzender oder stellvertretender Vorsitzender), in der Fraktion, bei Verbänden, in der Öffentlichkeit (auch des Auslandes) besitzen,
- durch das jeweilige sachliche Bedingungsfeld (Außen- und innenpolitische Erfordernisse, Finanzen und Soziales),
- durch die persönliche und fachliche Kompetenz des Kanzlers und der einzelnen Regierungsmitglieder.

Die „Geschäftsordnung der Bundesregierung" sorgt im übrigen für die Abstützung der Kompetenzen des Kanzlers. Ihm untersteht eine eigene Behörde, das „Bundeskanzleramt". Es hat wie ein Ministerium den Rang einer obersten Bundesbehörde und wird von einem beamteten Staatssekretär geleitet. Das Bundeskanzleramt ist kein Kanzlerbüro. Es hat eine eminent politische Bedeutung, da es die gesamte Regierungspolitik für den Kanzler koordiniert. Durch Abteilungen, die die Angelegenheiten einzelner oder mehrerer Ministerien bearbeiten und von hohen Ministerialbeamten geleitet werden, erscheint das Amt des Kanzlers noch einmal als Kabinett ohne Minister. So kann der Kanzler die Einhaltung der „Richtlinien" in den Ressorts kontrollieren und bei wichtigen Kabinettsberatungen über Spezialfragen den Ressortministern mit der nötigen Sachkenntnis entgegentreten. Im Bundeskanzleramt wird die Arbeit der Geheimdienste, Bundesnachrichtendienst (BND), Bundesamt für Verfassungsschutz und Militärischer Abschirmdienst (MAD), koordiniert.

Abb. 106: Das Bundeskanzleramt. Die „Schaltzentrale" der Regierungspolitik

*Bundespresse-
konferenz*

*Bundes-
presseamt*

Zum Bundeskanzleramt gehört auch das „Presse- und Informationsamt der Bundesregierung" (Bundespresseamt). Das Bundespresseamt hat im Zeitalter der Massendemokratie mit allumfassender Öffentlichkeit natürlich eine besondere Bedeutung für die Regierung. Es soll Bundeskanzler und Regierung über alle wesentlichen Vorgänge in der in- und ausländischen Presse informieren, und es soll Sprachrohr der Regierung sein. Der Chef des Bundeskanzleramtes ist einer der engsten Mitarbeiter des Kanzlers. Er nimmt an den Kabinettssitzungen teil und erläutert die Regierungsbeschlüsse auf der „Bundespressekonferenz". Dies ist eine selbständige Einrichtung der Presse in Bonn, keine staatliche.

Die verfassungsrechtliche Stellung des Bundeskanzlers geht über die klassischen Prinzipien des parlamentarischen Regierungssystems hinaus. Dieses Zentrum politischer Führung vereinigt die drei Hauptlinien der Politik, die staatlich-administrative, die parlamentarische und die partei- und koalitionspolitische.

Abb. 107: Die Bundespressekonferenz – eine selbständige Einrichtung der Presse

Abb. 108: Die Bundesregierung unter Bundeskanzler Kohl nach der Ernennung der Bundesminister

4.6.1.2 Das Bundeskabinett

Bundesfinanz-
minister

Die Bundesregierung („Bundeskabinett") besteht neben dem Bundeskanzler aus dem Vizekanzler, der bisher in der Regel gleichzeitig Außenminister war, sowie den Bundesministern. Das Ressortprinzip sichert ihnen die nötige Kompetenz zur Führung ihres Ministeriums. Es handelt sich dabei um eine politische Führung, d.h. Hineinwirken in die Ministerialverwaltung zur Verwirklichung der Regierungs- und Parteipolitik auf dem jeweiligen Gebiet einerseits, Vertretung des Ressorts innerhalb der Regierung, im Bundestag, in Partei und Öffentlichkeit andererseits. An der Spitze der eigentlichen Ministerialbehörden stehen beamtete Staatssekretäre. Während sie die oberste beamtete Fachhierarchie verkörpern, wirken die Parlamentarischen Staatssekretäre (s. S. 224) wie die Minister in den parlamentarisch-politischen Bereich hinein.

Vizekanzler

Der Vizekanzler kann als Stellvertreter des Bundeskanzlers nicht die politische Verantwortung des Kanzlers gegenüber dem Bundestag und die Bestimmung der „Richtlinien der Politik" von sich aus übernehmen. Jedoch muß gerade auch dieses Amt, das seine besondere Stärke dann ge-

winnt, wenn es der Führer des kleineren Koalitionspartners in der Regierung innehat, als politische Position bewertet werden. Dies bedeutet z.B., daß der Vizekanzler als Chef einer Koalitionspartei mit dem Bundeskanzler auch über dessen Richtlinien verhandelt, abgesehen von personalpolitischen Fragen wie die Besetzung von Ministerposten.

Unter den übrigen Bundesministern hat der Bundesfinanzminister von der Verfassung (z.B. Art. 112 GG) und von der Geschäftsordnung (z.B. § 26) her eine herausragende Stellung. Diese ergibt sich aber auch aus der Sache, der Aufstellung des Haushaltes, der Pflicht zur Koordination der finanziellen Anforderungen der übrigen Minister. Der Finanzminister kann in einer „Frage von finanzieller Bedeutung" nicht von einer Mehrheit der übrigen Minister überstimmt werden, wenn und solange der Kanzler auf seiner Seite steht.

Das gleiche Recht wie der Finanzminister bei Abstimmungen des Kabinetts besitzen der Justiz- und der Innenminister, wenn sie gegen den Entwurf eines Gesetzes oder einer Verordnung mit der Begründung Widerspruch erheben, die geplante Regelung sei mit dem geltenden Recht nicht vereinbar.

238

4.6.1.3 Die Schwerpunkte der „vollziehenden Gewalt" des Bundes

Dienstlei- stungsunter- nehmen

Das Grundgesetz weist dem Bund bestimmte Gesetzgebungsbefugnisse und Aufgabenbereiche zu (vgl. vor allem die Art. 73, 74 und 75 GG). Die Schwerpunkte der Verwaltung liegen bei den Ländern. Dennoch gehören zentrale Bereiche der „vollziehenden Gewalt" in die Zuständigkeit des Bundes und werden als bundeseigene Verwaltungen mit eigenem Verwaltungsunterbau geführt (Art. 87, 87a–d GG). Dieser Begriff des Art. 20 GG scheint die Vielfalt besser als der Begriff „Verwaltung" zu umgreifen.

Bundeswehr

An erster Stelle ist die Bundeswehr zu nennen. Sie wurde nach Einführung der Wehrverfassung (s. S. 148) aufgebaut. Die oberste Befehlsgewalt liegt in den Händen der verantwortlichen Politiker, in Friedenszeiten beim Bundesverteidigungsminister, im Verteidigungsfall beim Bundeskanzler. Mit fast 180 000 Beschäftigten ohne Wehrpflichtige ist der Aufgabenbereich Verteidigung der mit Abstand größte unter den Bundesressorts. Mit dem Aufgabenbereich Verteidigung erfüllt der Bund die klassische Funktion der Sicherung und Verteidigung des Staates und seiner Grundordnung (s. S. 246). Ausgehend vom II. Weltkrieg gehört Art. 4 Abs. 3 GG, nach dem niemand gegen sein Gewissen zum Kriegsdienst mit der Waffe gezwungen werden darf, dazu. Der „zivile Ersatzdienst" ist die Konsequenz von Wehrpflicht einerseits, dem Recht auf Verweigerung des Kriegsdienstes mit der Waffe andererseits. Auch der „Bundesgrenzschutz" zählt zu diesem Aufgabenbereich des Bundes. Er untersteht dem Bundesinnenminister.

Im Bereich der Bundeswehr ist die Verbindung von „vollziehender Gewalt" und parlamentarisch verantwortlicher politischer Führung besonders wichtig. Die Einordnung der Reichswehr in die parlamentarische Demokratie war in der Weimarer Republik gescheitert. Sie blieb trotz formal ziviler Leitung ein „Staat im Staat". In der Bundesrepublik Deutschland wurde ein Neuaufbau vollzogen, der diese politische Einordnung unumstößlich und unumstritten machte. Zum Selbstverständnis der Bundeswehr als Verteidigungsmacht gehört heute, daß die bewaffnete Verteidigungsbereitschaft und ziviles demokratisches Leben zusammengehören.

Geteilte Verwaltung

Der „Auswärtige Dienst" ist ein weiterer „Vollzugsbereich", der zu den eigenständigen Aufgabenbereichen des Bundes gehört und eine große Anzahl von Beamten beschäftigt.

An politischer Bedeutung im Range nachgeordnet, von der Beschäftigtenzahl (s. S. 241) an der Spitze stehen die Dienstleistungsunternehmen des Bundes, die Bundesbahn und die Bundespost. Daß ihnen nach wie vor auch eine besondere politische Bedeutung zugemessen wird, geht daraus hervor, daß beide Unternehmen von Ministern geleitet werden.

Die großen Sozialversicherungen (Rentenversicherung, Krankenversicherung, Unfallversicherung, Knappschaftsversicherung) sowie die Bundesanstalt für Arbeit in Nürnberg sind Bundeseinrichtungen mit rd. 225 000 Beschäftigten 1980, die jedoch zum „mittelbaren" öffentlichen Dienst gerechnet werden. Sie werden drittelparitätisch geführt (Arbeitgeber, Arbeitnehmer, Staat) und unterstehen der Aufsicht des Bundes, der durch seinen Haushalt erhebliche Zuschüsse zu leisten hat.

Weitere bundeseigene Verwaltungen mit eigenem Verwaltungsunterbau gibt es für die Bundesfinanzen, die Bundeswasserstraßen und den Luftverkehr.

4.6.2 Verwaltung im Bundesstaat („kooperativer Föderalismus")

4.6.2.1 Die verfassungsrechtliche Kompetenzverteilung

Während das Schwergewicht der Gesetzgebung beim Bund liegt, obliegt die staatliche Verwaltungstätigkeit hauptsächlich den Bundesländern. Die Bundesregierung ist dabei jedoch nicht oberste Verwaltungsbehörde für die Bundesländer. Sie ist lediglich in den gesondert genannten Aufgabenbereichen für die Durchführung von Gesetzen verantwortlich.

Die grundsätzliche Regelung trifft der Art. 30 des Grundgesetzes: „Die Ausübung der staatlichen Befugnis und die Erfüllung der staatlichen Aufgaben ist Sache der Länder, soweit dieses Grundgesetz keine andere Regelung trifft oder zuläßt."

Die „geteilte Verwaltung" ist ein Wesensmerkmal des Bundesstaates. Die Bundesgesetze werden

a) durch die Bundesländer als „eigene Angelegenheit" ausgeführt (Art. 83 GG). Die Bundesregierung hat dabei die Aufsicht über die Gesetzmäßigkeit der Ausführung. Dieser Grundsatz der „Landesexekutive" gilt stets, soweit das GG nichts anderes anordnet oder zuläßt;

b) durch die Länder „im Auftrage des Bundes" durchgeführt (Art. 85 GG). Die Landesbehörden unterstehen hierbei den Weisungen der obersten Bundesbehörden (Bundesministerien). Die Bundesaufsicht erstreckt sich auf die Gesetz- und Zweckmäßigkeit der Ausführung;

c) durch bundeseigene Verwaltungen oder durch „bundesunmittelbare" Körperschaften und Anstalten des öffentlichen Rechts (Art. 86–90 GG) ausgeführt. Neben den genannten Verwaltungen des Bundes sind eine ganze Reihe zentraler Verwaltungsstellen als Bundesoberbehörden (Ministerien sind dagegen oberste Bundesbehörden) errichtet worden, z. B. Bundeskriminalamt, Statistisches Bundesamt, Bundesanstalt für Arbeit, Bundeskartellamt, Kraftfahrt-Bundesamt, Deutsche Bundesbank, Bundesgesundheitsamt, Umwelt-Bundesamt usw.

*Bundesober-
behörden*

Das Grundgesetz teilt jedoch nicht nur die Gesetzgebungs- und Verwaltungskompetenzen zwischen Bund und Ländern, es sieht auch direkte Kooperationen vor, z. B. bei den 1969 geschaffenen „Gemeinschaftsaufgaben" (s. S. 242). Im übrigen hat sich auch im Verwaltungsbereich eine Praxis herausgebildet, die mit dem Begriff „Kooperativer Föderalismus" umschrieben wird. Neue Probleme sind entstanden, die sich durch eine enge „Politikverflechtung" ergeben. Damit ist die ständige Zusammenarbeit der jeweiligen Ressorts von Bund und Ländern, teilweise unter Einschluß der Gemeinden, gemeint (s. S. 243).

*Personal bei
Bund und
Ländern*

4.6.2.2 Der öffentliche Dienst

Die Zahlen über die Angehörigen der öffentlichen Verwaltungen („öffentlicher Dienst") sind nicht nur quantitativ interessant und wichtig. Wichtig ist der scheinbar unaufhaltsame Ausbau des öffentlichen Dienstes – eine Folge wachsenden der Staatsaufgaben und -tätigkeiten. Wichtig ist darüber hinaus die Verteilung auf Bund, Länder und Gemeinden. Ganz deutlich ist das Schwergewicht der Länder (und Stadtstaaten) gegenüber dem Bund, aber auch die Bedeutung der Gemeinden (mit „kommunaler Selbstverwaltung") im Rahmen der Staatsverwaltung (s. Tab. unten).

Über diese Zahlen hinaus verdienen weitere Einzelheiten die Aufmerksamkeit:

- Das Verhältnis zwischen Beamten, Angestellten und Arbeitern;
- der geringe Anteil weiblicher Angehöriger des öffentlichen Dienstes, vor allem in den Reihen der Beamten und Richter;
- die zahlenmäßige Verteilung innerhalb der Gruppe der Beamten und Angestellten (s. Tab. S. 241 oben).

Deutlich wird die Verteilung der einzelnen Aufgaben auf die Gebietskörperschaften besonders auch in den Personalzahlen nach ausgewählten Aufgabenbereichen.

Beim Bund (Stand: 30. 6. 1980) gab es die meisten Bediensteten im Bereich der Verteidigung (179 004), der politischen Führung, mit zentraler Verwaltung und auswärtigen Angelegenheiten (73 948), der Finanzverwaltung (43 086), öffentliche Sicherheit und Ordnung (29 426), Verkehrs- und Nachrichtenwesen (25 267).

Bei den Ländern liegen an der Spitze: Bildungswesen, Wissenschaft, Forschung, kulturelle Angelegenheiten (885 431), darunter Schulen allein (622 352); pol. Führung und zentrale Verwaltung (237 084); darunter Steuer- und Finanzverwaltung (128 139); Sicherheit und Ordnung (209 797), Rechtsschutz (136 484), Gesundheit,

Beschäftigte in der „Verwaltung" am 30. 6. 1981 – „unmittelbarer öffentlicher Dienst" (Bahn und Post s. S. 241)

	Bund	Länder	Gemeinden/Gemeindeverbände	Kommunale Zweckverbände	Insgesamt	Zum (bedingten) Vergleich 1966
Beamte und Richter	112 774	953 633	143 935	1 940	1 212 282	806 975
Angestellte	92 881	468 134	515 923	18 905	1 095 843	711 682
Arbeiter	112 160	158 417	277 489	9 937	558 003	402 908
Vollbeschäftigte insgesamt	317 815	1 580 184	937 347	30 782	2 866 128	1 921 565
Teilzeitbeschäftigte insgesamt	14 136	264 417	249 514	11 132	539 199	—

(nach Stat. Jb. 1982, S. 432 ff./Stat. Jb. 1971, S. 406; neuere Zahlen s. Stat. Jb. 1983 ff.)

Öffentlicher Dienst nach Laufbahngruppen (Vollbeschäftigte) am 30. 1. 1980 (Diese Erhebung wird nur alle drei Jahre durchgeführt).

Beamte und Richter des Bundes (der Länder)		Angestellte des Bundes (der Länder)	
Höherer Dienst	15 360 (315 744)	3 867 (46 391)	
Gehobener Dienst	33 791 (390 162)	13 181 (110 689)	
Mittlerer Dienst	58 409 (232 626)	72 008 (283 668)	
Einfacher Dienst	3 527 (8 853)	4 280 (24 979)	
insgesamt	111 087 (947 385)	93 336 (465 727)	
davon weiblich	4 898 (260 832)	42 463 (256 370)	
Arbeiter	111 806 (157 595)	In den Gemeinden überwiegen Angestellte (505 359) vor Arbeitern (275 455) und Beamten (139 430)	
davon weiblich	18 317 (37 917)		

(nach Stat. Jb. 1981, S. 430)

Personal bei Gemeinden

> *Sport, Erholung (26 518), soziale Sicherung (60 540).*
>
> *Bei den Gemeinden: Gesundheit, Sport, Erholung (75 678), Bau- und Wohnungswesen, Verkehr (140 007), Schulen (137 823), soziale Sicherung (125 352), öffentliche Einrichtungen, Wirtschaftsförderung (84 906), öffentliche Sicherheit und Ordnung (65 307), Finanzverwaltung (46 908), Wissenschaft und Kultur (39 056).*

unmittelbarer und mittelbarer Dienst

Außer den staatlichen und kommunalen Gebietskörperschaften gibt es noch eine ganze Reihe anderer Einrichtungen und Unternehmen, die zum öffentlichen Dienst in der Bundesrepublik Deutschland gehören. Dabei werden die Bundesbahn und Bundespost ebenfalls zum „unmittelbaren" öffentlichen Dienst gerechnet (s. Tab. unten).

Zum „mittelbaren" öffentlichen Dienst zählen z. B. die Sozialversicherungsträger (172 141) und die Bundesanstalt für Arbeit (57 692). Hinzu kommen „juristische Personen" wie Forschungs-

einrichtungen (Max-Planck-Institute, Großforschungseinrichtungen) mit 39 875 Beschäftigten. Schließlich „rechtlich selbständige öffentliche Wirtschaftsunternehmen" wie Versorgungs- und Verkehrsunternehmen, vor allem im kommunalen Bereich. Sie beschäftigten 1981 261 047 Personen.

Insgesamt gab es 1981 4 834 765 (1969 2 982 818) Beschäftigte im öffentlichen Dienst (mit Teilzeitbeschäftigten, einschl. juristischer Personen und rechtlich selbständiger Wirtschaftsunternehmen) bei einer Gesamtzahl der Erwerbspersonen von 27 992 000, darunter 1 045 000 Arbeitslosen. Das waren 17,3 %. Es sollte nicht übersehen werden, daß dazu noch insgesamt 1,27 Mill. Versorgungsempfänger des öffentlichen Dienstes kamen (Stat. Jb. 1982, S. 92, 106, 434).

Der hohe Anteil zeigt, welche Bedeutung die Erfüllung der Staatsaufgaben gewonnen hat und daß sich die „öffentlichen Angelegenheiten" keineswegs in der Frage nach der „politischen Willensbildung" erschöpfen. Ein beträchtlicher Teil der Bevölkerung ist heute beruflich mit der Erfüllung öffentlicher Aufgaben verbunden; diese sind, als Befriedigung gesellschaftlicher Bedürfnisse, in

Vollbeschäftigte bei Bundespost und Bundesbahn am 30. 6. 1981 (nach Stat. Jb. 1971, S. 406; Stat. Jb. 1982, S. 432; neuere Zahlen s. Stat. Jb. 1983 ff.)

	Beamte	Angestellte	Arbeiter	insgesamt	dagegen am 2. 10. 1966
Deutsche Bundesbahn	186 438	8 041	143 944	338 423	439 229
Deutsche Bundespost (einschl. Ministerium)	288 857	38 738	105 501	433 096	394 664
dazu Teilzeitbeschäftigte bei der Post	5 621	15 187	58 151	79 019	

immer stärkerem Maße notwendig geworden (s. S. 243 ff.).

Für Gesellschaft und Politik ist andererseits aber auch wichtig, daß die öffentliche Verwaltung nicht zum Selbstzweck, gleichsam zum heimlichen Herrscher und Verwalter angeblicher Sachgesetzlichkeiten wird. Das „Technokratie"-Problem ist hier angeschnitten, das sich in zunehmendem Maße bei der Aufrechterhaltung und dem weiteren Ausbau demokratischer Gestaltung der öffentlichen Angelegenheiten stellt. Das Verhältnis zwischen politischen Grundentscheidungen, politischer Führung und Kontrolle sowie der kontinuierlich gestaltenden Kraft der Verwaltung bei der Ausführung dieser Entscheidungen bildet ein Dauerproblem. Verwaltung ist mehr als Gesetzesausführung (heute auch „Implementation") im engeren Sinne, da sie nicht ohne einen gewissen Ermessensspielraum arbeiten kann. Dennoch und gerade deshalb bleiben die Notwendigkeit politischer Kontrolle durch demokratisch gewählte Instanzen und einer unverbrüchlichen Bindung an Gesetz und Recht.

Technokratie

Implementation

4.6.2.3 Kooperativer Föderalismus und Politikverflechtung

Das Verhältnis zwischen dem Bund und den Ländern hat seit den Verfassungsberatungen von 1948/49 in den meisten Verfassungsänderungen eine Rolle gespielt. Dies gilt nicht zuletzt für die „Finanzverfassung", die seit 1969 durch einen „Steuerverbund" gekennzeichnet ist. Die großen Steuern, wie die Lohn- und Einkommenssteuer, die Körperschaft- und Umsatzsteuer, werden heute nicht mehr nach der Steuerart dem Bund oder den Ländern zugeordnet, sondern nach bestimmten Anteilen am Gesamtsteueraufkommen verteilt. Im übrigen sorgt ein „Finanzausgleich" zwischen den Ländern („horizontaler" F.) für einen Ausgleich der unterschiedlichen Finanzkraft.

„Trennung" und „Verbund" können so als Merkmale der verfassungsrechtlichen Ausgestaltungen des Bund-Länder-Verhältnisses festgestellt werden. Die politische Wirklichkeit drängt eher nach „Verbund", „Kooperation" und „Verflechtung". Die Verfassung läßt dies zu. Im Zuge von Verfassungsänderungen wurden ursprünglich ganz eigenständige Bereiche der Länderzuständigkeit der „Rahmengesetzgebung" des Bundes unterworfen. Dies gilt vor allem für das Bildungswesen. Hinzu kommen aber auch vom Grundgesetz vorgesehene (z. B. die „Gemeinschaftsaufgaben") und nicht vorgesehene finanzielle Verflechtungen,

KMK

Finanzausgleich

Gemeinschaftsaufgaben

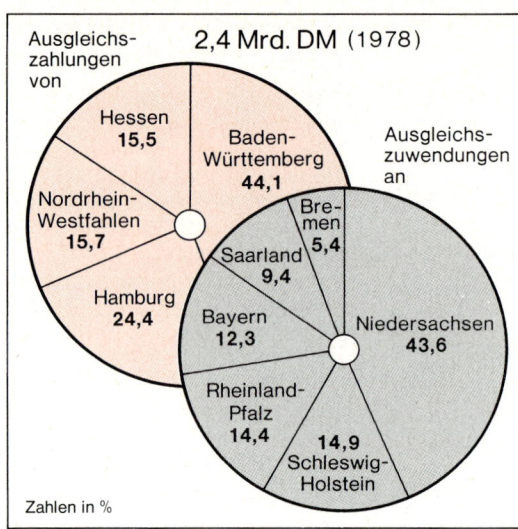

Abb. 109: *Der horizontale Finanzausgleich 1978*

hauptsächlich in Form der Mitfinanzierung von Länderangelegenheiten durch den Bund. Schließlich gibt es seit langem die organisatorischen Verflechtungen, die einer – staatsrechtlich bedenklichen – „dritten Ebene" zwischen dem Bund und den einzelnen Ländern gleichkommen. Verwaltungsabkommen, Staatsverträge, Vereinbarungen, Beschlüsse gemeinsamer Einrichtungen, jeweils zwischen den Ländern, befördern diesen Prozeß, der die eindeutige Struktur des Föderalismus verwischt.

Eine der bekanntesten und wichtigsten Ländereinrichtungen ist die „Kultusminister-Konferenz" (KMK) mit einem ständigen Sekretariat. Ihre Beschlüsse und Empfehlungen bestimmen in starkem Maße die Schul- und Kulturpolitik der Bundesländer. Auch die „Zentralstelle für die Vergabe von Studienplätzen" (ZVS) in Dortmund ist eine Einrichtung des „kooperativen Föderalismus". Den bislang wichtigsten Versuch einer verfassungsrechtlichen Lösung gesamtstaatlicher Planungsprobleme trotz Weiterbestehens der Länder mit ihren eigenen Regierungen und Parlamenten, stellt die Einführung der schon mehrmals genannten „Gemeinschaftsaufgaben" dar (Art. 91a und b GG). Der Begriff „Gemeinschaftsaufgabe" bezieht sich auf gemeinsame Aufgaben von Bund und Ländern, nicht auf die Planung gesamtgesellschaftlicher Aufgaben. Dabei enthält Art. 91a keine „Generalklausel", sondern zählt drei Gebiete konkret auf: regionale Wirtschaftsstruktur, Agrar- und Küstenschutz, Aus- und Neubau von wissenschaftlichen Hochschulen. Bundesgesetze regeln Planung und Durchführung der gemeinsamen Maßnahmen auf diesen Gebieten. Planungsausschüsse, die zur Hälfte aus Vertretern des Bundes, zur anderen Hälfte aus je einem Landesvertreter bestehen, erarbeiten mehrjährige Pläne und koordinieren die Finanzierung. Die einzelnen Parlamente müssen den Vereinbarungen dann noch zustimmen. Aber welches Land kann es sich leisten, nachträglich noch ein Steinchen aus der Gesamtplanung durch Verweigerung des Finanzbeitrages herauszubrechen? Nicht zuletzt deshalb ist dieses Verfassungsinstitut zunehmend umstritten. Es gefährdet die Rechte der Landesparlamente.

Rechte der Landesparlamente

Die Notwendigkeit gemeinsamer, koordinierter und geplanter Lösungen öffentlicher Aufgaben durch Bund und Länder ist jedoch unbestritten. Von den wachsenden Aufgaben her werden gewiß auch in Zukunft neue Kooperationsformen und -institutionen („Bund-Länder-Kommissionen"), wie für die Bildungsplanung und wissenschaftliche Forschung nach Art. 91b GG gefunden werden. Die Untersuchung der bisherigen Schritte zeigt jedoch, daß in der vertieften Zusammenarbeit der Fachministerien von Bund und Ländern (z.B. der Wissenschafts- und Bildungsministerien, der Innenministerien, der Arbeits- und Sozialministerien, der Verkehrsministerien) nicht unbedeutende Probleme liegen. Die Verflechtungen der Fachverwaltungen von Bund und Ländern (der wissenschaftliche Begriff dafür ist „Politikverflechtung", hier als „Ressort"-Verflechtung) bringt auf der einen Seite Vorteile in der Koordination des Verwaltungshandelns, sie bedeutet möglicherweise auch einen besser geplanten Einsatz stets knapper Finanzmittel in einem öffentlichen Aufgabengebiet. Es besteht aber auf der anderen Seite die Gefahr, daß die enge „vertikale" Verflechtung der jeweiligen Ressorts von Bund und Ländern Schwierigkeiten für die „horizontale" Integration der Regierungspolitik im Bund und in den einzelnen Bundesländern nach sich zieht. Die Politik der Bundesregierung oder einer Landesregierung wird möglicherweise „fragmentiert", d.h. dadurch aufgespalten, daß sich z.B. einzelne Ressorts bei der Umschichtung von Haushaltmitteln von einem Ressort in andere auf Verabredungen, Planungen usw. berufen, die sie mit den entsprechenden Fachministerien der Länder bzw. des Bundes getroffen hätten. Erschwert wird durch eine solche verwaltungsseitige „Politikfragmentierung" die Willensbildung auf der Ebene der Regierung. Sie aber ist, im Bund und in jedem Land, die richtige verfassungsmäßige Ebene. Die „verflochtenen" Verwaltungen sind Koordinationsinstrumente, jedoch keine demokratisierenden Einrichtungen.

Politikverflechtung

Politikfragmentierung

243

4.6.3 Der moderne Leistungsstaat

Einer der bekanntesten Finanz- und Staatswissenschaftlicher der Wilhelminischen Ära, A. WAGNER (1835–1917), hat um die Jahrhundertwende von einem „Gesetz der wachsenden Staatsaufgaben und Staatsausgaben" gesprochen. Seine Voraussage ist eingetroffen. Der moderne Staat hat als Staat vielfältigster Leistungen und Eingriffe in Gesellschaft und Wirtschaft die ursprüngliche Funktion der „Sicherung von Ruhe und Ordnung" weit hinter sich gelassen. Er wurde über das gesetzliche Sozialversicherungssystem hinaus zum umfassend tätigen „Sozialstaat". Auch dieser Begriff erfaßt kaum noch hinreichend die modernen Staatsfunktionen.

Das umfassende Thema des modernen Staates und seiner Aufgaben kann hier nur angeschnitten werden. Über eine Systematisierung der Aufgaben des heutigen Leistungsstaates wird viel gestritten. Eine sehr überzeugende Zusammenfassung dieser Literatur und ihre konstruktive Wendung zu einer gültigen Systematik stammt von H.-P. BULL (1977). Er schlägt – ausgehend von den „menschlichen" Werten, die auch im Grundgesetz voranstünden – folgende systematische Rangordnung der Aufgaben des modernen Leistungsstaates vor:

1. Existenzsicherung durch Erhaltung der unverzichtbaren natürlichen Grundlagen des menschlichen Lebens.
2. Beschaffung und Erhaltung eines Minimums an wirtschaftlicher Sicherheit durch Sozialleistungen und Wirtschaftssteuerung.
3. Auf den Minima aufbauend den Auf- und Ausbau der Entfaltungschancen, vor allem im Bereich der Bildung. Dies kann auch zu 2. hinzugerechnet werden.
4. Die Ordnung des Zusammenlebens durch Rechtsetzung und Rechtsgewährleistung nach innen und außen.

4.6.3.1 Erhaltung der natürlichen Grundlagen des menschlichen Lebens

Es scheint heute keine Frage mehr zu sein, daß diese erste staatliche Aufgabe auf Anhieb verstanden wird. In allen hochentwickelten Industriegesellschaften ist deutlich geworden, daß der früher undenkbare allgemein hohe Lebensstandard unter Bedingungen gesichert wird, die ihn am Ende selbst gefährden. Die in der klassischen Wirtschaftslehre als „freie Güter" betrachteten Medien Luft und Wasser z.B. sind in höchstem Maße gefährdet. Lärm und Nahrungsmittelkonservierungen gefährden die Gesundheit. Die Energieversorgung ist zu einer existentiellen Frage geworden. Damit wird die Sicherung einer menschenwürdigen Umwelt durch Politik angesprochen. Die Erfüllung der hier gegebenen staatlichen Aufgaben ist gewiß nicht durch ideologische Starrheit und durch die Flucht aus der Verantwortung gegenüber den anderen Aufgabenbereichen, z.B. der Sicherung ausreichender wirtschaftlicher Voraussetzungen, möglich, „Umweltschutz" scheint für die kommenden Jahre eine zu enge Definition für die umfassenden Aufgabenstellungen zu sein. Schon die Weiterentwicklung des „medienbezogenen" Umweltschutzes (Schutz der „Medien", Wasser, Luft, Boden) hin zu einer *Umwelt-* „ökologisch" orientierten Umweltgestaltung hat *gestaltung* sich als politisch außerordentlich schwierig erwiesen. Nur in dieser Richtung aber liegt die Gewähr für die erste Aufgabe, „Erhaltung der natürlichen Grundlagen des menschlichen Lebens" (s. S. 514 ff.).

4.6.3.2 Der Sozialstaat

Lohn- In der Zusammenfassung der Punkte 2. und 3. *fortzahlung* kommen jene vielfältigen Aufgaben zum Zuge, die die Entfaltung des Sozialstaats und den staatlichen Interventionismus in die private Wirtschaft hinein ausgelöst haben. Hierher gehört als erstes das System der sozialen Sicherung. Es beruht auf dem „Versicherungsprinzip", d. h. der *Versicherungs-* gesetzlichen Versicherungspflicht der in abhängi- *prinzip* ger Arbeit Beschäftigten mit einem entsprechen- *Ausbildungs-* den Pflichtbeitrag des Arbeitgebers. Die deutsche *förderung* Sozialversicherung begann mit der „Kaiserlichen Botschaft" vom 17. 11. 1881 und betraf zunächst nur die Arbeiter. Versichert wurden die „Lebensrisiken" Krankheit (1883), Unfall (1884), Invalidität und Alter (1889). Noch vor dem I. Weltkrieg (1911) wurden die Angestellten mit einbezogen. In der Weimarer Demokratie wurden die gesetz- *Gleichbehand-* lichen Sozialversicherungen auf alle in abhängiger *lung* Arbeit Beschäftigten ausgedehnt. Ab 1933 und vor allem dann in den fünfziger Jahren der Bundesrepublik Deutschland erfolgte die Einbeziehung der Selbständigen. Daneben gab es immer schon die öffentliche Fürsorge und die besondere Versorgung für die Staatsbeamten.
Die Entfaltung des Sozialstaats in der Bundesrepublik Deutschland kommt vor allem in grundlegenden Verbesserungen des Sozialleistungssystems zum Ausdruck:
Renten-Dyna- • 1957 erfolgte die „Dynamisierung" der Renten, *misierung* d.h. ihre Kopplung an die steigenden Brutto-Löhne der Erwerbstätigen.

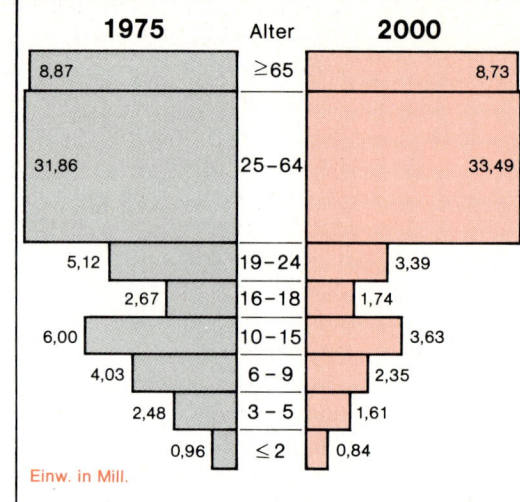

Abb. 110: Entwicklung und Alterstruktur der Bevölkerung sind Grunddaten der Sozialpolitik

• 1957 wurden die Landwirte in die Pflichtversicherung einbezogen; die übrigen Selbständigen erhielten 1972 die Möglichkeit des freiwilligen Eintritts.
• 1969 wurde nach langjährigen Auseinandersetzungen die volle Lohnfortzahlung im Krankheitsfall auch für Arbeiter eingeführt.
• 1970 erfolgte die Einführung der flexiblen Altersgrenze.
• Die Kindergeldzahlungen werden seit 1954, Ausbildungsförderungen seit 1969 geleistet.
• Das Bundessozialhilfegesetz von 1961 brachte die gesetzliche Gewährleistung von Rechtsansprüchen auf öffentliche Hilfe und Fürsorge.
• Die freiwillige Versicherung gegen die Lebensrisiken, z.B. in privaten Kranken- und Lebensversicherungen, wird steuerlich begünstigt.
• Begünstigt werden auch die betrieblichen Altersrenten.
• Durch ein Urteil des Bundesverfassungsgerichtes ist festgelegt, daß die Gleichbehandlung von Mann und Frau in der Hinterbliebenenversorgung bis 1984 geregelt werden muß.
Zum Sozialstaat der Bundesrepublik Deutschland gehört auch, daß – nach dem Bundessozialhilfegesetz – außerstaatliche und nicht von den Gemeinden betriebene Einrichtungen, wie Kindergärten und soziale Hilfeinrichtungen, mit Vorrang vor direktem staatlichen Tätigwerden gefördert werden. Die Förderung der privaten Aktivitäten durch den modernen Leistungsstaat gewinnt neuerdings zunehmende Bedeutung, vor allem auf der Ebene der Gemeinden. Eine derartige, begrüßenswerte Entwicklung kann jedoch den Staat nicht aus seiner Verantwortung entlas-

sen. So gehört die Bereitstellung von öffentlichen Gütern und Dienstleistungen, wie Krankenhäuser und Schulen, deren Lasten primär durch die Allgemeinheit, d.h. die Steuerzahler, getragen werden, zu den unaufgebbaren Aufgaben des Sozialstaats.

1982 gab es 27 Mill. Rentenversicherte. Die 1957 eingeführte „dynamische Rente" sichert ihnen die Anpassung der Renteneinkommen an die steigenden Löhne und Gehälter. Die allgemeine Bemessungsgrundlage ist nach der Grundsatzregelung von 1957 das jedes Jahr neu zu berechnende durchschnittliche Bruttoarbeitsentgelt der Arbeitnehmer in den vergangenen drei Jahren. Die so zu ermittelnde Steigerungsrate für die Renten wird Ende eines jeden Jahres durch ein „Rentenanpassungsgesetz" förmlich festgesetzt. Die „Brutto-Lohn" bezogene Rente hat den Rentnern z.T. Einkommenssteigerungen gebracht, die über die Lohnsteigerungen hinausgingen, denn die beschäftigten Arbeitnehmer müssen noch Steuern und Abgaben von ihrem Bruttolohn entrichten. Dies, neue Aufgaben wie die Reform der Hinterbliebenenversorgung und die absehbare Veränderung der Bevölkerungsstruktur (mehr Rentner und weniger Beschäftigte gegen Ende des 20. Jh.) lassen die Diskussion der Frage immer dringlicher werden, ob das bisherige Rentenberechnungssystem langfristig aufrechterhalten werden kann. Alles deutet darauf hin, daß noch in den achtziger Jahren zumindest die „Netto-Lohn" bezogene Rente eingeführt werden muß, d.h. die Berechnung der Rentensteigerungen nach der Steigerung der durchschnittlichen Nettoarbeitsentgelte. 1983 erfolgte zunächst die Kopplung an die jeweils aktuellen Erhöhungen der Arbeitseinkommen.

Die „Sozialleistungsquote" als Anteil aller zahlenmäßig zu erfassenden Vorgänge im Bereich von Sozialgesetzgebung und Sozialverwaltung am Bruttosozialprodukt liegt heute, in ungefährer Schätzung der Größenordnungen, bei 32%. Der Staat wird deshalb auch als „Umverteiler großen Stils" bezeichnet. Hinzu kommt die Umverteilung von Einkommen über die Steuergesetzgebung und über alle weiteren Subventionen außerhalb der Sozialleistungen. „Transfereinkommen", d.h. über den Staat oder öffentliche Einrichtungen vermittelte Einkommen, wie soziale Leistungen im Falle von Alter, Krankheit, Invalidität, Kindergeld, Ausbildungsbeihilfen, Mietbeihilfen usw., die zum „Primäreinkommen" aus Arbeit hinzukommen, oder an dessen Stelle treten, bestimmen heute die tatsächlichen Einkommen und die wirtschaftliche Lage der Bürger.

Eine ganz besondere Bedeutung besitzt neben der Sicherung gegen die Lebensrisiken Krankheit, Unfall, Invalidität und Alter das Risiko „Arbeitslosigkeit". Hier stellt sich für Demokratien mit Privateigentum und marktwirtschaftlichen Prozessen die Frage, wie der moderne Sozialstaat reagieren soll, da er ja nicht selbst in ausreichender Zahl über die Arbeitsplätze verfügt. Die Antwort des modernen Leistungsstaates liegt seit der Weimarer Republik in dem Versuch einer gesetzlichen Arbeitslosenversicherung (seit 1927). Gegen Massenarbeitslosigkeit versagt jedoch eine „Versicherung", wie die Weltwirtschaftskrise 1930–33 in Deutschland bewies. Sie vermag aber das Risiko abzumildern. In der Bundesrepublik Deutschland ist das System der Arbeitsmarktpolitik weiter ausgebaut worden, vor allem durch das Arbeitsförderungsgesetz von 1969. Die „Bundesanstalt für Arbeit" hat nicht nur die Aufgabe, Arbeitslosengelder und – wenn die Ansprüche darauf erloschen sind – Arbeitslosenhilfe zu zahlen (letztere wird aus Steuermitteln finanziert). Sie soll auch eine „vorbeugende" Arbeitsmarktpolitik betreiben. So finanziert die Bundesanstalt rechtzeitige Umschulungen, erhöht die Mobilität der Arbeitnehmer durch Zuschüsse zum Umzug, stützt möglicherweise sogar Unternehmen im Interesse der Arbeitsplätze.

Zum modernen Leistungsstaat muß auch gerechnet werden, daß in Deutschland seit 1918/19 die Gewerkschaften und die Arbeitgebervereinigungen durch gesetzliche Ermächtigung autonom, d.h. staatsfrei die Lohn- und Arbeitsbedingungen durch Tarifverträge festlegen (s.S. 258f.) und daß der Staat seit 1926 besondere Arbeitsgerichte eingerichtet hat, die Streitfälle aus diesen Tarifverträgen rechtsverbindlich entscheiden. Im übrigen gilt für das Bedingungsfeld „Arbeit", daß der Staat durch eine Politik der Wirtschaftssteuerung, Globalsteuerung, Beschäftigungspolitik usw. (s.S. 165ff.) eine individuelle und für die Demokratie unerträgliche, länger andauernde Arbeitslosigkeit verhindern und bekämpfen muß (s.S. 260).

Zu den neuen Wegen deutscher Sozialpolitik nach 1949 gehört der Versuch, die Vermögensbildung der Arbeitnehmer zu fördern. Erweiterung des privaten Freiheitsraumes durch Privatvermögen, eine bessere Vermögensstreuung, zusätzliche Einkommen aus Vermögenserträgen sind die wichtigsten Zielsetzungen dieses Konzepts. Zu den Instrumenten der „Vermögensbildung in Arbeitnehmerhand" zählen vor allem:

● Die Steuerbegünstigung vermögenswirksamer Anlagen (dies setzt allerdings höhere Einkommen voraus).

Arbeitslosenversicherung

Sozialleistungsquote

Transfereinkommen

Vermögensbildung

245

Investivlohn

- Weitaus verbreiteter und in verschiedenen Vermögensbildungsgesetzen verwirklicht sind staatliche Zuschüsse (Prämien) zu vermögenswirksamen Anlagen (z. B. Eigenheimbau).
- Der „Investivlohn", der 1965 zuerst in einem Tarifvertrag der Bauindustrie eingeführt wurde, bedeutet, daß der Arbeitnehmer einen Teil der Lohnerhöhung nicht ausgezahlt bekommt, sondern ihn für investive Zwecke im Unternehmen beläßt. Möglich wäre hier auch die Gründung einer Gesellschaft, die derartige investive Lohnerhöhungsbestandteile verwaltet und volkswirtschaftlich sinnvoll einsetzt. Dieser Punkt ist jedoch äußerst kontrovers, vor allem dann, wenn die Gewerkschaften derartige Fonds verwalten oder mitbestimmen wollen.
- Die Ertragsbeteiligung bedeutet, daß die Unternehmen einen Teil ihres Gewinns an ihre Arbeitnehmer abführen, den diese jedoch nicht für den Konsum verwenden, sondern wieder investieren müssen, um den Vermögensbildungseffekt zu erzielen.

Ob die Zielsetzungen der Vermögensbildung durch Arbeitnehmer realistisch und sinnvoll sind, ist umstritten. Selbst innerhalb des DGB gibt es keine Einigkeit darüber. Die IG Bau gehört zu den Wegbereitern des Konzepts, die IG Metall hat es stets abgelehnt.

Bildungs-chancen

Es kann schließlich als durchaus umstritten gelten, ob das „Recht auf Bildung" nicht auch zu den existentiellen Forderungen des Menschen gehört. Auf jeden Fall ist Art. 2 GG, die „freie Entfaltung der Persönlichkeit", gewiß untrennbar mit der „Gleichheit der Bildungschancen" verbunden.

Gewähr-leistung der Rechts-Ordnung

So gehört heute der gesamte Bereich von Bildung und Ausbildung zu den zentralen Aufgabenfeldern des modernen Leistungsstaates. Schulen und Hochschulen nehmen in den öffentlichen Ausgaben einen auffallenden Rang ein. Der staatliche Aufgabenbereich Bildung, Ausbildung und Wissenschaft unterliegt in besonderem Maße den Bedingungen der föderalistischen Staatsordnung der Bundesrepublik Deutschland. An sich eine zentrale Aufgabe der Bundesländer, sind diese Bereiche ohne eine bundesstaatliche Rahmengesetzgebung und finanzielle Leistungen des Bundes (z. B. Bundesausbildungsförderungsgesetz – „Bafög", Hochschulbau, Forschungsförderung) nicht mehr einheitlich und angemessen auszugestalten.

4.6.3.3 Öffentliche Ordnung und äußere Sicherung

„Sicherheit und Ordnung" sind die klassischen Merkmale des bürgerlichen Staates des 19. Jh. Vom frühen Liberalismus wurde der Staat mehr oder weniger ausschließlich auf diese Funktionen der öffentlichen Gewährleistung von Sicherheit und Ordnung beschränkt („Nachtwächterstaat").

„Ordnung" heißt keineswegs Aufbau eines obrigkeitlichen Systems. Ordnung heißt rechtliche Objektivierung der Lebensvorgänge und menschlichen Beziehungen untereinander und in ihrem Verhältnis zum Staat. Der Staat, vor allem Verwaltung und Polizei, sollten durch Rechtsregeln zu einem berechenbaren Verhalten gezwungen werden (Grundgedanken des „Rechtsstaates", s. S. 51 ff.). Eine Rechtsordnung ist unabdingbar. Die heutige demokratische Gesetzgebung ist aufgerufen, sie nicht nur formal zu sichern, sondern sie im Sinne von Gerechtigkeit auszugestalten. Sie muß auch den gesellschaftlichen Entwicklungen immer aufs neue angepaßt werden (Rechtsetzung im sozialen Wandel). Dies kann – wie es an einigen Stellen diskutiert wurde (s. S. 235) – zu einer totalen „Verrechtlichung" des gesellschaftlichen und wirtschaftlichen Lebens führen.

In dieser Tendenz des modernen Staates liegen Gefahren. Neue gesellschaftliche Problemlagen führen zu neuen staatlichen Aufgaben. Damit wächst das Bedürfnis nach Rechtsreglungen. Notwendigkeiten und Gefahren liegen also eng beieinander.

Die Rechtsordnung muß gewährleistet werden. Dies ist nur durch staatliche Organe möglich (M. WEBER: „Der Staat hat das Monopol der physischen Gewaltsamkeit"). Dies ist der Sinn des staatlichen Sanktionsapparates (Polizei, Gerichte, Gefängnisse). Auch die Sicherung nach außen liegt in den Aufgabenstellungen des Staates begründet. Denn dort treffen die unterschiedlichsten staatlichen Gestaltungen und Gewährleistungen aufeinander. Ohne eine äußere Sicherungspolitik und den Willen auch zur bewaffneten Verteidigung (Bundeswehr) ist das staatliche System nicht erhaltbar.

4.7 Rechtsstaatlichkeit

Habeas-Corpus-Regeln

Das gesamte Verfassungsleben in der Bundesrepublik Deutschland ist durch das Grundgesetz unter die Prämisse gestellt worden, daß Politik, gerade auch demokratisch legitimierte Politik, Rechtsgarantien für den einzelnen respektieren, die Rechtsförmigkeit von Verfahren gewährleisten und die rechtliche Kontrolle der politischen und gesellschaftlichen Vorgänge ertragen müsse. Die strenge Rechtsstaatlichkeit ist eine Antwort auf die nationalsozialistische Rechtsbeugung und beruht auf der spezifisch deutschen Rechtsstaatstradition (s. S. 51 f.).

Generalklausel

4.7.1 Rechtsstaatlichkeit und Rechtsgarantien im Grundgesetz

Richterliche Unabhängigkeit

Der Begriff „Rechtsstaat" ist in der kennzeichnenden Verbindung mit „republikanisch", „demokratisch" und „sozial" in Art. 28 des Grundgesetzes enthalten. Die dort angesprochenen „Grundsätze des republikanischen, demokratischen und sozialen Rechtsstaates im Sinne des Grundgesetzes" (diese Grundsätze gelten auch für die Bundesländer) entsprechen inhaltlich den „Verfassungsgrundsätzen" des Art. 20 GG, die nach Art. 79 Abs. 3, „unaufhebbar" sind (s. S. 142). Art. 20 Abs. 3 umschreibt die Rechtsstaatlichkeit: „Die Gesetzgebung ist an die verfassungsmäßige Ordnung, die vollziehende Gewalt und die Rechtsprechung sind an Gesetz und Recht gebunden." Eine andere wichtige rechtsstaatliche Bindung enthält Art. 1 Abs. 3 GG: „Die nachfolgenden Grundrechte binden Gesetzgebung, vollziehende Gewalt und Rechtsprechung als unmittelbar geltendes Recht."

Gerichtszweige

Weitere rechtsstaatliche Verfassungsgrundsätze sind:

- Die Freiheit der Person und das Recht auf freie Entfaltung der Persönlichkeit (Art. 2 GG);
- die Gleichheit vor dem Gesetz (Art. 3 GG);
- der Anspruch auf „rechtliches Gehör" vor Gericht (Art. 103 Abs. 1);

- das „Ex-post-facto-Verbot": die Strafbarkeit einer Handlung muß vor der Tat gesetzlich bestimmt sein, wenn sie bestraft werden soll (Art. 103 Abs. 2);
- der Grundsatz „Ne bis in idem": Niemand darf wegen derselben Tat mehrmals bestraft werden (Art. 103 Abs. 3);
- die „Habeas-corpus"-Regeln (s. S. 44) des Art. 104. Das sind Rechtsgarantien bei Freiheitsentziehung und der Grundsatz: „Über die Zulässigkeit und Fortdauer einer Freiheitsentziehung hat nur der Richter zu entscheiden."

Eine „Generalklausel" für richterlichen Schutz soll diesen so umfassend machen, daß eine Durchbrechung wie durch den „Maßnahmenstaat" der Nationalsozialisten (E. Traenkel) nicht mehr möglich ist: „Wird jemand durch die öffentliche Gewalt in seinen Rechten verletzt, so steht ihm der Rechtsweg offen. Soweit eine andere Zuständigkeit nicht begründet ist, ist der ordentliche Rechtsweg gegeben." (s. S. 54 und S. 143).

Die Rechtsgarantien der Verfassung sollen durch die Unabhängigkeit der richterlichen Gewalt gewährleistet werden. „Die Richter sind unabhängig und nur dem Gesetz unterworfen." (Art. 97 Abs. 1). Die persönliche und materielle Unabhängigkeit der Richter wird durch faktische Unabsetzbarkeit und Berufung in das Beamtenverhältnis auf Lebenszeit gesichert.

Die Organisation der Gerichtsbarkeit in der Bundesrepublik Deutschland kennt, abgesehen von besonderen Gerichten wie die Wehrstrafgerichte und das Bundespatentgericht, fünf Gerichtszweige:

1. Die Amtsgerichte, Landgerichte, Oberlandesgerichte und der Bundesgerichtshof in Karlsruhe (vierstufige Organisation). Diese „ordentliche" Gerichtsbarkeit ist für alle Zivil- und Strafsachen zuständig.

2. Die Verwaltungsgerichtsbarkeit, durch die die Mehrzahl der Klagen von Bürgern gegen Staat und Verwaltung entschieden wird. Hierzu gehören (dreistufig): Verwaltungsgerichte, Oberverwal-

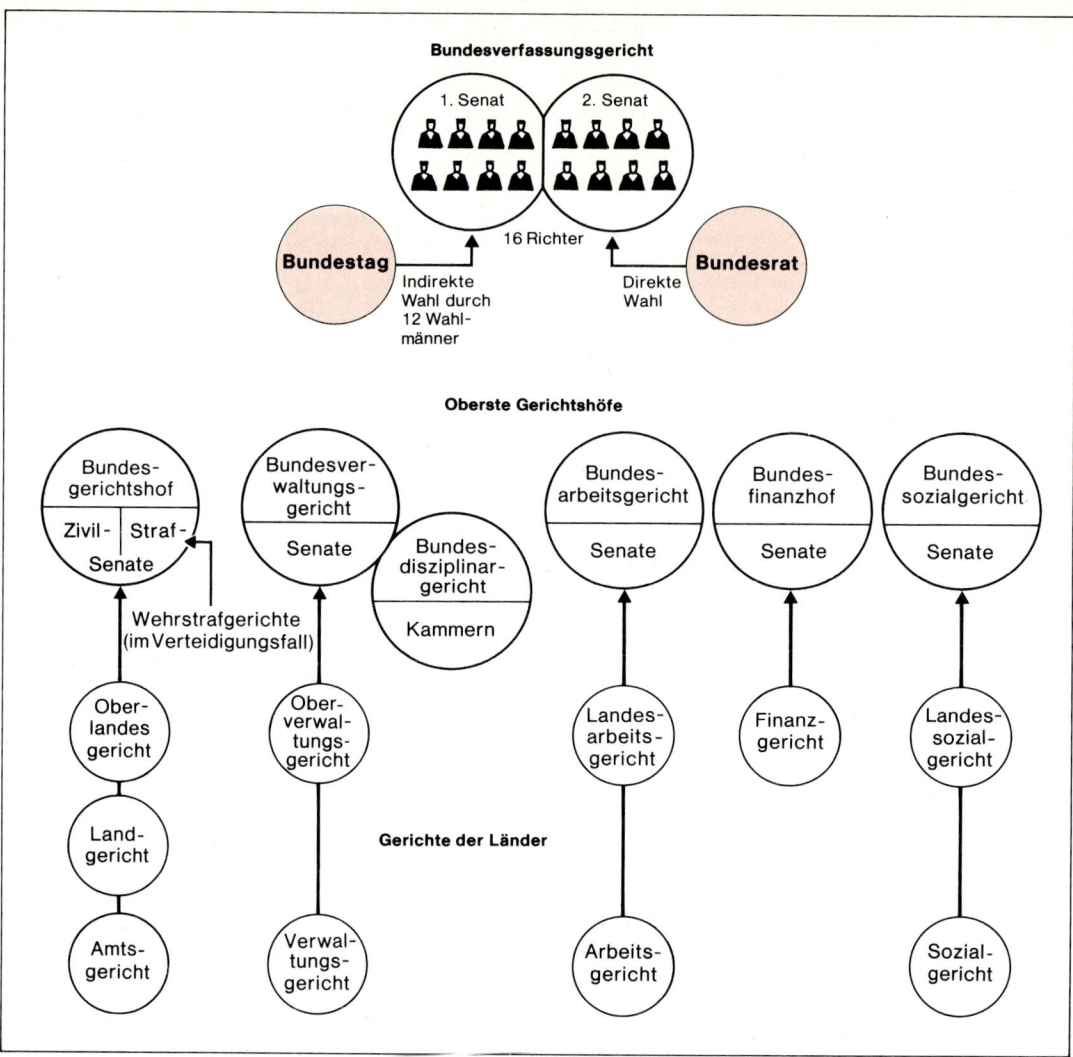

Bundesverfassungsgericht

1. Senat 2. Senat

16 Richter

Bundestag — Indirekte Wahl durch 12 Wahl-männer

Bundesrat — Direkte Wahl

Oberste Gerichtshöfe

Bundes-gerichtshof — Zivil- | Straf- Senate

Bundesverwaltungs-gericht — Senate

Bundes-disziplinar-gericht — Kammern

Bundes-arbeitsgericht — Senate

Bundes-finanzhof — Senate

Bundes-sozialgericht — Senate

Wehrstrafgerichte (im Verteidigungsfall)

Ober-landes-gericht

Ober-verwal-tungs-gericht

Landes-arbeits-gericht

Finanz-gericht

Landes-sozial-gericht

Land-gericht

Gerichte der Länder

Amts-gericht

Verwal-tungs-gericht

Arbeits-gericht

Sozial-gericht

Abb. 111: Die fünf Gerichtszweige in der Bundesrepublik Deutschland

tungsgerichte und das Bundesverwaltungsgericht in Berlin.

3. Die Finanzgerichtsbarkeit mit Finanzgerichten und dem Bundesfinanzhof in München.

4. Die Sozialgerichtsbarkeit mit den Sozialgerichten, den Landessozialgerichten und dem Bundessozialgericht in Kassel.

5. Die Arbeitsgerichtsbarkeit mit den Arbeitsgerichten, Landesarbeitsgerichten und dem Bundesarbeitsgericht in Kassel. Die Finanz- und die Sozialgerichtsbarkeit sind besondere Zweige der Verwaltungsgerichtsbarkeit. Arbeitsgerichte hingegen entscheiden privatrechtliche Streitigkeiten aus Arbeitsverträgen und Tarifverträgen. Die obersten Gerichtshöfe sind im Grundgesetz besonders erwähnt (Art. 95 GG).

4.7.2 Das Bundesverfassungs-gericht

Neben der grundsätzlichen Garantie rechtsstaatlicher Verhältnisse durch die fünf Gerichtszweige wurde in der Bundesrepublik Deutschland eine weitere Gerichtseinrichtung, aber nur auf der obersten Ebene, geschaffen, deren besondere Aufgabe die Wahrung und Sicherung des Verfassungsrechts ist: das Bundesverfassungsgericht in Karlsruhe. Die Bundesländer haben durch ihre Verfassungen Landesverfassungsgerichte eingeführt. In Berlin nimmt das Kammergericht diese Funktion wahr; besondere Rechtsprobleme ergeben sich durch die Bestimmung, daß Bundesorgane nicht direkt in Berlin tätig werden können. Deshalb enthält das Verfassungsgerichtsgesetz eine besondere Berlin-Klausel (§ 106), die ein besonderes Berliner Gesetz vorsieht.

4.7.2.1 Das Verfassungsorgan und seine Kompetenzen

Das Bundesverfassungsgericht ist ein „oberstes" Bundesorgan wie Bundestag und Bundesregierung. Es ist aber kein „politisches" Organ im Sinne der bisher besprochenen Staatsgewalten. Es gehört zu der rechtsprechenden Gewalt (Art. 92), die allein unabhängigen und nur dem Gesetz unterworfenen Richtern anvertraut ist (Art. 97). Das Bundesverfassungsgericht ist ein Verfassungsorgan und nicht die oberste Spitze aller Bundesgerichte. Es besteht aus zwei „Senaten" mit je acht *Senate* Richter. Sie werden je zur Hälfte vom Bundestag durch zwölf Wahlmänner und vom Bundesrat direkt mit Zweidrittelmehrheit gewählt. Der Wahlmodus ist darauf angelegt, daß die großen Parteien sich verständigen müssen.

Verfassungs- Das Grundgesetz selbst zählt im Art. 93 die wich-
beschwerden tigsten Zuständigkeiten auf. Alle weiteren Regelungen trifft das „Gesetz über das Bundesverfassungsgericht" in seinen 107 Paragraphen (s.a. die Geschäftsordnung des Bundesverfassungsgerichts).

Zuständig- Der umfangreiche Katalog der Zuständigkeiten
keiten läßt sich folgendermaßen bündeln:

- Das Bundesverfassungsgericht ist zuständig für die Auslegung des Grundgesetzes in bezug auf den Umfang der Rechte und Pflichten oberster Bundesorgane, in bezug auf die Vereinbarkeit von Bundes- und Landesrecht mit dem Grundgesetz und in bezug auf die Rechte und Pflichten von Bund und Ländern.

- Es verfügt über das Recht der „Normenkontrolle" (Art. 93 Abs. 2 und Art. 100 Abs. 1, s. S. 250);
- es entscheidet über die Verwirkung von Grundrechten (Art. 18),
- bei Anträgen auf Verbot einer Partei (Art. 21 Abs. 2),
- bei Anklagen gegen den Bundespräsidenten (Art. 61) und Richteranklagen gegen Bundesrichter und Landesrichter (Art. 98),
- bei Zweifeln über die unmittelbare Geltung einer Regel des Völkerrechts (Art. 100 Abs. 2),
- wenn ein Landesverfassungsgericht von der Verfassungsauslegung durch das Bundesverfassungsgericht oder durch das Verfassungsgericht eines anderen Landes abweichen will (Art. 100 Abs. 3);
- es entscheidet schließlich über „Verfassungsbeschwerden" einzelner Bürger, die sich in einem konkreten Fall durch die öffentliche Gewalt verletzt fühlen (§§ 90 ff. Gesetz über das Bundesverfassungsgericht).

Das Bundesverfassungsgericht wird nur auf Antrag tätig.

4.7.2.2 Die richterliche Überprüfung der Gesetzgebung

Da alle Staatsgewalt vom Volke abgeleitet wird und allein das Parlament seine Legitimation unmittelbar vom Volk durch Wahlen erhält, ist die in den Art. 93 und 100 verankerte „Normenkontrolle" durch das Bundesverfassungsgericht von

Abb. 112: Bundesverfassungsgericht 1983: Ist das Volkszählungsgesetz verfassungskonform?

besonderer politischer Bedeutung. Es wird zwischen der „abstrakten" und der „konkreten" Normenkontrolle unterschieden.

Abstrakte Normenkontrolle

Hält z.B. die Bundesregierung, eine Landesregierung oder ein Drittel der Bundestagsabgeordneten ein Gesetz für unvereinbar mit dem Grundgesetz, so können sie das Bundesverfassungsgericht anrufen und dieses entscheidet („Abstrakte Normenkontrolle").

Ist ein Gericht bei der Verhandlung eines konkreten Falles nicht sicher, ob das der Entscheidung zugrundezulegende Gesetz mit der Verfassung übereinstimmt, dann muß es das Verfahren aussetzen und die Entscheidung des Bundesverfassungsgerichts einholen (bei einem Landesgesetz die Entscheidung des Landesverfassungsgerichts). Erst nach dieser Entscheidung kann es das Verfahren fortsetzen und beenden („Konkrete Normenkontrolle").

Konkrete Normenkontrolle

Die Kontrolle der „Normen" (Gesetze) des Gesetzgebers erstreckt sich auf das verfassungsmäßige Zustandekommen und auf die inhaltliche Übereinstimmung mit dem Grundgesetz. Die Entscheidungen des Bundesverfassungsgerichts haben Gesetzeskraft. Sie werden im Bundesgesetzblatt veröffentlicht und binden alle Verfassungsorgane, Gerichte und Behörden. Das Bundesverfassungsgericht legt also die Verfassung aus, es „interpretiert" mit Gesetzeskraft. Eine solche Interpretation ist notwendig, weil die Verfassungsbestimmungen nur grundsätzliche Aussagen treffen. Deshalb sind sowohl die einzelnen Verfassungsbestimmungen, als auch ihr Zusammenhang auslegungsbedürftig, wenn es um Konkretisierung durch Gesetze und Verwaltungshandeln geht.

Auslegungsfragen zur Gewährleistung des Eigentums durch Art. 14 GG sind z.B.: Wie weit reicht der Eigentumsschutz z.B. beim Hauseigentum? Wie darf eine Einschränkung zugunsten eines sozialen Mietrechts aussehen? Wann verletzen die Bauplanung und die gesetzliche Regelung der Altbausanierung die Eigentümerrechte? Wie soll die Entschädigung bei Enteignungen bemessen werden? (s. hierzu aber auch S. 251).

Ersatzgesetzgeber

Über eine konkrete Normenkontrolle entschied das Bundesverfassungsgericht z.B. am 17. 1. 1957: Vor einem Finanzgericht hatte ein Ehepaar gegen den § 26 des Einkommensteuergesetzes geklagt, der die gemeinsame Veranlagung vorschrieb, wodurch sich eine steuerliche Mehrbelastung für Verheiratete ergab. Dies sei eine Benachteiligung der Familien, also vor allem ein Verstoß gegen Art. 6 GG. Das Gericht holte die Entscheidung des Bundesverfassungsgerichts ein.

Dissenting Vote

Der § 26 wurde in der bestehenden gesetzlichen Fassung für verfassungswidrig erklärt. Der Gesetzgeber mußte die Besteuerung neu regeln; ein Jahr später wurde das Splitting-Verfahren für Eheleute eingeführt.

Die bekanntesten Beispiele für die abstrakte Normenkontrolle sind die Entscheidung des Gerichts zur Novellierung des § 218 Strafgesetzbuch (Schwangerschaftsabbruch) und zum Grundlagenvertrag mit der DDR. Gegen die erst nach einem langwierigen Gesetzgebungsverfahren zustandegekommene „Fristenregelung" hatten 193 Abgeordnete der CDU/CSU-Bundestagsfraktion und fünf CDU-Landesregierungen ein abstraktes Normenkontrollverfahren angestrengt. Das Bundesverfassungsgericht erklärte diese Regelung am 25. 2. 1975 für unvereinbar mit dem Grundgesetz, vor allem mit Art. 2 GG. Es stellte dann seinerseits Grundsätze auf, die in einer verfassungsmäßigen Novellierung enthalten sein müßten. Daran hielt sich dann der Bundestag. Den „Grundlagenvertrag" erklärte das Gericht am 31. 7. 1973 für verfassungsmäßig, indem es den Vertrag im Sinne des Grundgesetzes selbst interpretierte („Verfassungskonforme Auslegung").

4.7.2.3 Recht und Politik in der Verfassungsgerichtsbarkeit

Diese drei eher spektakulären Beispiele wurden ausgewählt, um die eminent politische Bedeutung der Verfassungsgerichtsbarkeit aufzuzeigen. Das Bundesverfassungsgericht schützt die Bürger, indem es ihren Grundrechten auch gegenüber dem Gesetzgeber zur Geltung verhilft. Dabei stellt sich aber natürlich die Frage, wieweit es die Sache des Gerichts ist zu entscheiden, wieviel Schutz der Familie zukommen, wie hoch die Sozialbindung sein soll (vgl. hierzu die heutige Kritik am Ehegatten-Splitting).

Wenn das Gericht, wie bei der Entscheidung zu § 218 StGB, selbst Grundsätze für die Regelung des Problems aufstellt und gleichzeitig die Regelung des Gesetzgebers für verfassungswidrig erklärt, dann gerät es in den Verdacht, sich als „Ersatzgesetzgeber" zu betätigen und die Rechte der gewählten Abgeordneten zu beschneiden. So argumentierten auch zwei Verfassungsrichter in einem abweichenden Votum (Minderheits-Votum, „Dissenting Vote").

Wenn das Gericht über ein äußerst brisantes außenpolitisches Problem entscheiden soll, so ist es noch stärker als in den anderen Fällen auf die Interpretation angewiesen. Bedeutet das Bekenntnis zur Wiedervereinigung in der Präambel zum

Grundgesetz eine dauerhafte Bindung jeder Neu- und Andersgestaltung des Verhältnisses zur DDR? Im Falle des Grundlagenvertrages hat das Gericht – wohl auch die Folgen bedenkend – die Vereinbarkeit mit dem Grundgesetz festgestellt. Es hat aber mit seiner „verfassungskonformen Auslegung" des Grundlagenvertrages außenpolitische Kompetenzen wahrgenommen, die eigentlich der Regierung und dem Bundestag zustehen (s. hierzu auch S. 263).

Wie das berühmte Vorbild für die richterliche Prüfung von Gesetzen, der amerikanische „Supreme Court", der dieses Recht seit 1803 in Anspruch nimmt, hat das Bundesverfassungsgericht immer wieder den schmalen Pfad zwischen Rechtsinterpretation und politischer Wertung gesucht. „Judicial self-restraint" ist ein amerikanisches Wort aus diesem Problemkreis. Es besagt, daß die „richterliche Selbstbeschränkung" die einzige Möglichkeit ist, um der schwierigen Aufgabe dauerhaft so gerecht zu werden, daß es weder zu einer verfassungswidrigen Gesetzgebung noch zu einer „Herrschaft der Richter" kommt.

4.7.3 Die Bedeutung oberster Gerichtshöfe neben dem Bundesverfassungsgericht

Angesichts der großen politischen Auswirkungen verfassungsgerichtlicher Entscheidungen wird häufig die Bedeutung der übrigen Gerichtszweige vernachlässigt, obwohl sie und nicht das Verfassungsgericht den gesellschaftlichen und wirtschaftlichen Alltag prägen. Die Zahl der Fälle ist unübersehbar, die täglich von den ordentlichen Gerichten verhandelt und entschieden werden. Terroristen- und Hausbesetzerprozesse haben aber gezeigt, daß auch Strafrecht und Strafprozesse angesichts politischer Motivationen für Straftaten schwierige Rechtsfragen zu bewältigen haben. Jedoch ist der Hinweis auf diese Prozesse nicht erforderlich, um politische und gesellschaftliche Bezüge im Strafrecht und in Strafprozessen zu erkennen. Alle Bemühungen um Resozialisierung straffällig gewordener Jugendlicher z.B. beweisen dies ebenso wie die Bemühungen um einen humanen Strafvollzug und die Versuche in den Gerichtsverhandlungen, den Sozialisations-

schäden und Umweltbedingungen von Straftaten auf die Spur zu kommen.

Die Zivilgerichtsverfahren haben viel mit Verträgen zu tun. Der Kaufvertrag ist allen sehr vertraut. Der Schutz des Verbrauchers durch gesetzliche Vorschriften über das „Kleingedruckte" auf der Rückseite (Allgemeine Geschäftsbedingungen) ist mittlerweile als öffentliche Aufgabe anerkannt. Weniger bekannt ist, daß der Bundesgerichtshof als oberstes Bundesgericht in Enteignungsfällen sehr viel mehr über Eingriffe in das Eigentum, Enteignungen z.B. für Sanierungen, Straßenbau usw., entschieden hat als das Bundesverfassungsgericht.

Ein Beispiel aus der Finanzgerichtsbarkeit wurde schon erwähnt (s. S. 250). Die Sozialgerichtsbarkeit ist ebenso eine spezielle Verwaltungsgerichtsbarkeit, wenn sie über Klagen gegen die großen öffentlichen Versicherungsträger befindet. Auch die Verwaltungsgerichtsbarkeit ist, schon von einer der beteiligten Seiten her gesehen, mit öffentlichen, d.h. politischen, staatlichen und administrativen Fragen befaßt. So entschied z.B. das Bundesverwaltungsgericht in Berlin letztlich 1980 den Streit um das Schicksal des Norddeutschen Rundfunks.

Die Arbeitsgerichtsbarkeit befaßt sich zwar primär mit privatrechtlichen Streitigkeiten aus Arbeits- und Tarifverträgen. Ihre große gesellschaftspolitische Bedeutung ist aber damit noch nicht ausreichend umschrieben. Hier – wo es ebenso wie bei den Sozial- und Verwaltungsgerichten – ehrenamtliche Richter (Vertreter der Arbeitgeber und Gewerkschaften) neben den Berufsrichtern gibt, wird auch über die Rechtmäßigkeit und die Folgen großer Streiks und Aussperrungen entschieden. Die Besonderheit dieser Materie liegt darin, daß große gesellschaftliche Gruppen berechtigt und in der Lage sind, wirtschaftliche und soziale Auseinandersetzungen mit u.U. mehreren hunderttausend Betroffenen zu führen. Das Bundesarbeitsgericht in Kassel hat in wegweisenden Grundsatzurteilen (1957, 1971, 1980) Bewertungsmaßstäbe und „Kampfregeln" juristisch definiert. Es steht nicht zuletzt vor der Frage, wie es die notwendige juristische Ebene seiner Beurteilungen mit der gesellschaftlichen verbindet, in der es eine „Waffengleichheit" zwischen Arbeitnehmern und ihren Vereinigungen einerseits sowie den Arbeitgebervereinigungen andererseits nicht oder nur eingeschränkt gibt (Urteile vom Juni 1980).

4.8 Staat und Wirtschaft

Staatsquote

Die Wirtschaft der Bundesrepublik Deutschland folgt grundsätzlich privatwirtschaftlichen Prinzipien. Jedoch wird vom Staat ein erheblicher Teil des Sozialprodukts umverteilt; der Anteil der Staatsausgaben am Bruttosozialprodukt („Staatsquote") beträgt etwa 47%. Außerdem besitzen Staat und Kommunen größere Wirtschaftsunternehmen ganz oder anteilig. Der Staat ist damit gleichzeitig „Objekt" des privatwirtschaftlichen Geschehens und „Subjekt", indem er mit seiner Finanzmasse und mit seiner Gesetzgebung (z. B. das Stabilitäts- und Wachstumsgesetz, s. S. 165 f.) versucht, die privatwirtschaftlichen Vorgänge zu steuern. Dabei gibt es wichtige Autonomie-Bereiche, d. h. Bereiche, in denen der Staat als Regierung und Gesetzgeber keine oder nur eingeschränkte Lenkungsfunktionen ausübt. Dies ist die Geld- und Kreditpolitik der autonomen Deutschen Bundesbank, die Festlegung der Löhne durch die Arbeitgeberverbände und die Gewerkschaften sowie die Preisgestaltung durch die Unternehmen.

Gesamt-nachfrage

Gesamtangebot

4.8.1 Wirtschaftskonjunkturen und ihre Bedeutung für den Staat

4.8.1.1 Konjunkturen und Krisen

Die volkswirtschaftlichen Prozesse nehmen ihren Ausgang von recht einfachen wirtschaftlichen Vorgängen. Dabei gibt es im Prinzip zwei grundlegende „Sektoren": die privaten „Haushalte" und die „Unternehmen" in ihrer Gesamtheit. Die „Haushalte" beziehen Einkommen (Lohn, Gehalt, Gewinn) aufgrund von Arbeits- und Dienstleistungen im Sektor „Unternehmen". Sie verwenden ihr Einkommen, indem sie „verbrauchen" oder „sparen." Beides hat unterschiedliche Wirkungen für die Volkswirtschaft. Der „Verbrauch" („Konsum") bedeutet „Nachfrage" nach Gütern und Dienstleistungen im Sektor Unternehmen. Das „Sparen" bedeutet „Nicht-Nachfrage". Das gesparte Einkommen fließt in der Regel den Banken zu, die ihrerseits als private Unternehmen das Geld ausleihen, d. h. Kredite an Unternehmen

Verbrauch

Sparen

und Haushalte vergeben. Würden die „Haushalte" jeweils die Hälfte ihres Einkommens sparen, dann gäbe es möglicherweise billiges Geld (niedrige Zinsen), aber die „Unternehmen" könnten die von ihnen angebotenen Güter und Dienstleistungen (volkswirtschaftlich: „Gesamtangebot") nicht absetzen (vgl. Abb. 115: Wirtschaftskreislauf, S. 255).

Die „Unternehmen" zahlen Löhne, Gehälter, Gewinne und Zinsen für geleistete Arbeit bzw. für das zur Verfügung gestellte Kapital. Sie produzieren Güter und Dienstleistungen und erwarten, daß sie ihre Produktion auch absetzen. Sie fragen ihrerseits nach Maschinen, Bauleistungen u.ä. Wenn nun eine zu geringe private (Haushalte und Unternehmen) und staatliche „Nachfrage" nach Verbrauchs- und Investitionsgütern sowie Dienstleistungen herrscht („Gesamtnachfrage") und dementsprechend das „Gesamtangebot" der „Unternehmen" an Konsum- und Investitionsgütern (Maschinen) sowie Dienstleistungen nicht abgesetzt werden kann, dann erhöhen sich kurzfristig die Lagerbestände, mittelfristig aber werden diese Unternehmen in der folgenden Wirtschaftsperiode weniger produzieren. Dies bedeutet im Prinzip, daß sie weniger Arbeitskräfte benötigen. Es kommt zu Kurzarbeit oder zu Entlassungen. Die Entlassenen bekommen Arbeitslosengeld, jedoch entspricht dieses nicht ihrem bisherigen Einkommen. Kumuliert und als volkswirtschaftlicher Vorgang bedeutet dies, daß die „Gesamtnachfrage" noch mehr zurückgeht. Reagieren die Unternehmen in der dann folgenden Phase erneut in der gleichen Weise, dann werden weitere Arbeitskräfte freigesetzt, dem wird ein weiteres Absinken der Gesamtnachfrage folgen. So entsteht im Prinzip ein „kumulativer Prozeß der wirtschaftlichen Kontraktion". Die Konjunktur erleidet einen „Abschwung" (s. Abb. 113).

Während die Wirtschaftskonjunktur z. B. in der Weimarer Republik (s. S. 253) tatsächlich auch nach dem Aufschwung wieder an den Ausgangspunkt zurückkehrte, erlebte die Bundesrepublik Deutschland konjunkturelle Schwankungen, die sich ein Mehr oder Weniger in einem andauernden Aufschwung darstellten. Erst das Jahr 1967 brachte einen tatsächlichen Rückgang des

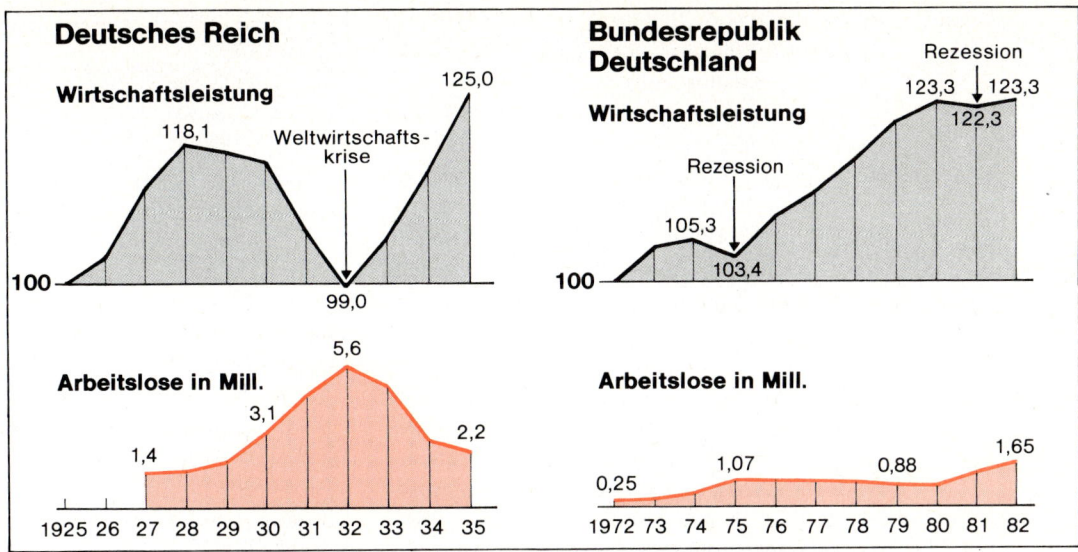

Abb. 113: Der Konjunkturverlauf wird zumeist anhand der jährlichen Zuwachsraten dargestellt

Sozialprodukts, später kamen dann die Einbrüche 1974/75 und ab 1981. In bezug auf die Arbeitslosigkeit wurde im Winter 1982/83 sogar wieder der hohe Stand von 1950 erreicht.

Kaufkraft Aufgefangen werden kann die zu geringe *Gesamtnachfrage* der privaten Haushalte, der Unternehmen und des Staates durch Erhöhung des Lagerbestandes bei den anbietenden Unternehmen, durch eine erhöhte Nachfrage des Auslands oder durch staatliche Einflußnahmen.

4.8.1.2 Inflation und Stagflation

Inflation Die modellhaft geschilderten Beziehungen zwischen den privaten Haushalten und den Unternehmen haben eine güterwirtschaftliche und eine geldwirtschaftliche Seite (s. Abb. 115). Mit „güterwirtschaftlich" sind die produzierten Waren, langlebige Konsumgüter (Waschmaschinen, Autos), Maschinen und Dienstleistungen gemeint. „Geldwirtschaftlich" heißt, daß jedes Gut und jede Dienstleistung einen in DM ausgedrückten Preis hat und Geldeinkommen zugleich die Entsprechung für geleistete Arbeit bzw. Dienstleistungen sind. „Gesamtnachfrage" heißt also die in Geld ausgedrückte Nachfrage nach Gütern und Dienstleistungen, die mit Geldpreisen bewertet sind. Wenn nun in dem vereinfachten Modell der Beziehungen zwischen den Sektoren „Haushalte" und „Unternehmen" die Haushalte überhaupt nicht sparen würden, sondern ihr gesamtes Einkommen in Nachfrage umsetzen würden, wenn darüber hinaus die Sektoren „Ausland" und „Staat" hinzutreten, dann ist denkbar, daß das güterwirtschaftliche Angebot nicht ausreicht. Da freie Preisbildung besteht, werden die Unternehmen die Preise für die nicht ausreichend angebotenen Güter und Dienstleistungen erhöhen. Dies bedeutet, daß ohne eine Erhöhung der realen Produktion mehr Geld aufgewendet werden muß. Die „innere Kaufkraft" der DM hat abgenommen. Verstärkt wird ein solcher Vorgang durch die Aufnahme von Konsumentenkrediten (Abzahlungsgeschäfte), denn dadurch erhöht sich ja die Möglichkeit der Haushalte, mehr Güter und Dienstleistungen „nachzufragen". Eine Tendenz zur Entwertung der Kaufkraft der DM liegt auch darin, daß große Unternehmen eine derartige Marktmacht besitzen, daß sie ihre Preise ohne Rücksicht auf die Nachfrage erhöhen oder auf einem überhöhten Niveau festhalten können.

„Inflation" bedeutet im Prinzip Entwertung der Kaufkraft, z. B. einer D-Mark. Hier ist aber Vorsicht geboten, denn Preissteigerungen sind auch Ausdruck einer wachsenden stabilen Wirtschaft. Wenn gleichzeitig die Produktivität der Wirtschaft steigt (Leistungen pro eingesetzter Arbeit und eingesetztem Kapital), höhere Löhne gezahlt werden, deren Steigerungen über dem Niveau der Preissteigerungen liegt, dann erhöht sich die Kaufkraft trotz steigender Preise. Die Entwertung einer Währung gegenüber einer ausländischen Währung bedeutet, daß für die Bezahlung von Einfuhrgütern aus dem entsprechenden Land mehr inländische Währung aufgewendet werden muß. Andererseits wird die Ausfuhr dadurch erleichtert, daß die mit entwerteter Währung ausgeführten Güter allein durch die Geldentwertung im Verhältnis zum Ausland billiger geworden sind.

253

Das Gegenteil von „Inflation" ist „Deflation". Sie bedeutet die Steigerung des Wertes einer Währung. Eine Deflation zeigt keineswegs eine positive Entwicklung an. Z. B. war die Wertsteigerung der Reichsmark im Deutschland von 1931/32 eine Folge der Wirtschaftskrise. Immer weniger Menschen verdienten genug von der stark gewordenen Reichsmark, weil sie arbeitslos geworden waren. „Deflation" war die geldwirtschaftliche Seite einer „schrumpfenden Wirtschaft".

„Stagflation" ist eine neuere Wortschöpfung. Der Begriff verbindet „Stagnation", also fehlendes wirtschaftliches Wachstum, und „Inflation", also Geldentwertung/steigende Preise ohne entsprechende Erhöhung des realwirtschaftlichen Angebots, und kennzeichnet eine besonders schwierige wirtschaftspolitische Situation. Denn der Stagnation wird am besten mit niedrigen Zinsen, billigen Krediten, Nachfragesteigerungen begegnet. Diese Instrumente der Belebung treiben aber zugleich die Inflation weiter. Die Konjunkturpolitik verliert immer mehr an Handlungsspielraum.

4.8.1.3 Der Steuerstaat im Wirtschaftskreislauf

Der moderne Staat wird auch als „Steuerstaat" bezeichnet, weil seit dem Durchbruch des Liberalismus die Steuern zur Haupteinnahmequelle geworden sind.

In der gesamtwirtschaftlichen Sicht heißt „Staat": die Haushalte von Bund, Ländern, Gemeinden und öffentlich-rechtlichen Einrichtungen. „Steuerstaat" bedeutet konjunkturpolitisch, daß der Staat in starkem Maße von der Wirtschaftskonjunktur abhängig ist. Zu den Haushaltseinnahmen kommen als kleinere Posten neben den Steuern nur noch Zölle, Monopole, Gebühren und Gewinne eigener Unternehmen sowie als u. U. größere Posten die Staatskredite. Infolge des „Steuerverbundes" („Gemeinschaftssteuern") sind die Einnahmen aller Gebietskörperschaften heute gleichermaßen von der Wirtschaftskonjunktur betroffen. Dies bedeutet konkret: Die Steuersätze der Umsatz-, Einkommen-, Lohn- und Körperschaftsteuer z. B. sind gesetzlich langfristig festgelegt. Welche Steuereinnahmen tatsächlich erzielt werden, ist eine Frage der Konjunktur. Bei wachsender Wirtschaft, steigenden Einkommen und Umsätzen steigen auch die Steuereinnahmen. Bei Abschwächung der Konjunktur oder in einer Depression gehen die Einnahmen zurück. In dieser Situation aber steigen die Ausgaben, vor allem für

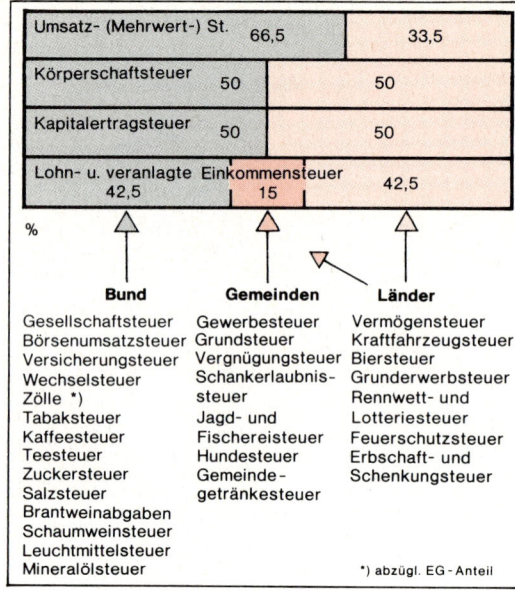

Abb. 114: Art. 106 GG legt fest, wie das Steueraufkommen im Bundesstaat aufgeteilt wird

die Arbeitslosen (Zuschüsse des Staates zur Bundesanstalt für Arbeit, Arbeitslosenhilfe) oder für zusätzliche Staatsaufträge zur Stützung der Nachfrage (s. S. 168). Auch bleiben die Personalausgaben und die langfristig festliegenden Sachausgaben gleich, unabhängig von den konjunkturbedingten Mindereinnahmen. Hier beweist sich die Feststellung (s. S. 252), daß der Staat in den Konjunkturabläufen immer zugleich Objekt und Subjekt des wirtschaftlichen Geschehens ist. Dies gilt nicht nur für seine Einnahmen und Ausgaben, sondern auch für die inflationären Probleme. Bei überhöhter Gesamtnachfrage mit inflationierenden Preisen wird auch der Staat Opfer der Inflation, wenn er überhöhte Preise für seine Nachfrage nach Gütern und Dienstleistungen zahlen muß (z. B. für Bauaufträge). Er fördert aber zugleich die inflationistische Entwicklung, weil er zu der ohnehin inflationierenden privaten Nachfrage als Nachfrager hinzu tritt. Aus diesem Grunde wird in einer solchen Situation regelmäßig gefordert, der Staat möge sich mit seiner Nachfrage, das sind die Staatsausgaben (investive und konsumtive), zurückhalten und „Konjunkturausgleichsrücklagen" (s. S. 168) bilden. Diese Forderung ist theoretisch berechtigt, praktisch aber scheitert ihre Verwirklichung daran, daß die Ausgaben des Staates mittel- und langfristig festliegen. Dies gilt natürlich besonders für die Personalausgaben (hier sind vor allem die Länderhaushalte betroffen). Aber auch die Gemeinden können ihre Investitionen (z. B. Schul- und Stra-

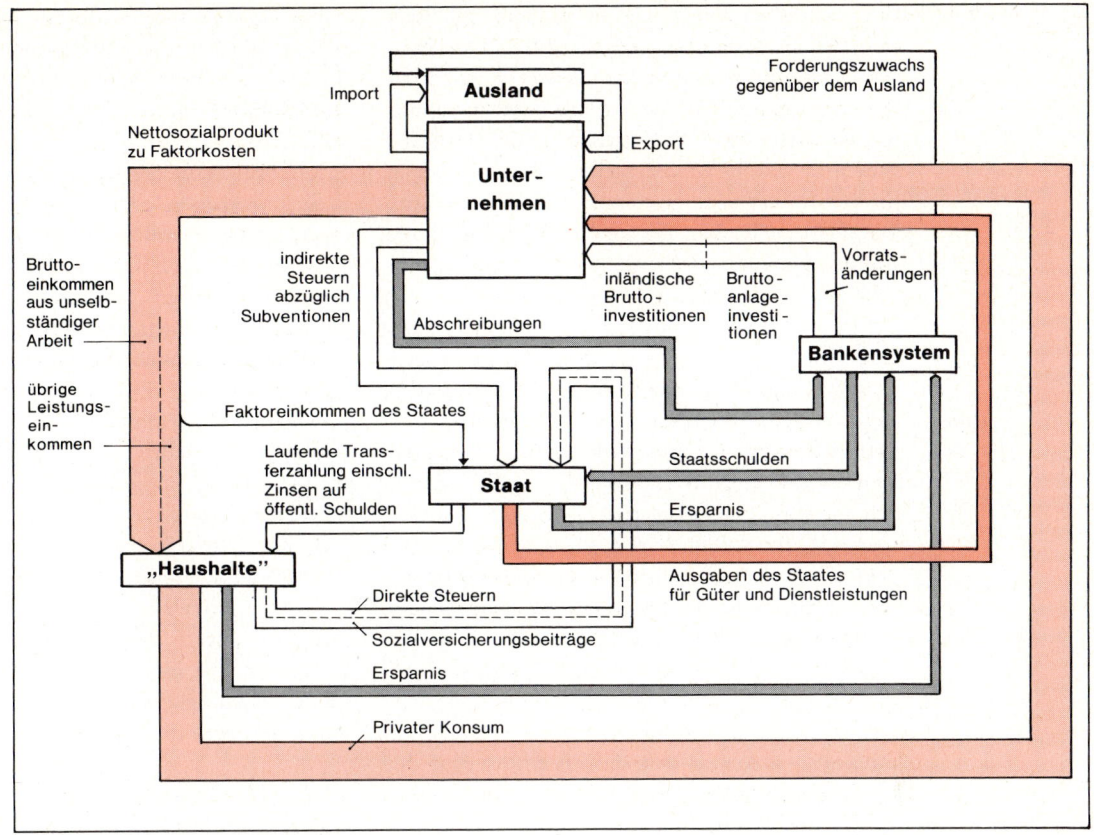

Abb. 115: Der Wirtschaftskreislauf

Diagrammbeschriftungen:

Import — Ausland — Forderungszuwachs gegenüber dem Ausland

Export

Nettosozialprodukt zu Faktorkosten — Unternehmen

Bruttoeinkommen aus unselbständiger Arbeit — indirekte Steuern abzüglich Subventionen — Abschreibungen — inländische Bruttoinvestitionen — Bruttoanlageinvestitionen — Vorratsänderungen — Bankensystem

übrige Leistungseinkommen — Faktoreinkommen des Staates

Laufende Transferzahlung einschl. Zinsen auf öffentl. Schulden — Staat — Staatsschulden — Ersparnis

„Haushalte" — Direkte Steuern — Sozialversicherungsbeiträge — Ausgaben des Staates für Güter und Dienstleistungen

Ersparnis

Privater Konsum

ßenbau) und der Bund kann die Sozialleistungen, Verteidigungsausgaben und Verkehrsinvestitionen nicht einfach drosseln. Welche Bedeutung dem Verhalten „des Staates" gesamtwirtschaftlich zukommt, verdeutlicht am besten das Schema des „Wirtschaftskreislaufs". Auch eine konjunkturpolitische Passivität des Staates hat gesamtwirtschaftliche Auswirkungen (Abb. 115).

Wirtschaftskreislauf

4.8.2 Staatliche Steuerung der privaten Wirtschaft

Nachfragelücke

Die Analyse der Situation des Staates in den Konjunkturverläufen, das „Stabilitäts- und Wachstumsgesetz", das seit 1967 die wirtschaftliche Vorausschau, Globalsteuerung, mittelfristige Finanzplanung, Konjunkturausgleichsrücklagen (s. S. 168) fordert, und auch die gesetzliche Nennung des wirtschaftspolitischen Zielquadrats (s. S. 165 f.) entscheiden noch nicht, welchen Konzepten in bestimmten wirtschaftlichen Situationen denn nun gefolgt werden soll. Immer stellt sich noch die Frage nach der jeweils „richtigen" Konjunkturpolitik.

Nachfrageorientiert

4.8.2.1 Fiskalische Konzepte

„Fiskalische Konjunkturpolitik" bedeutet, daß mit der staatlichen Finanzmasse (dazu gehören neben den Staatshaushalten auch die Haushalte der großen Anstalten der mittelbaren Staatsverwaltung: „parafiskalische" Einrichtungen) bewußt in die konjunkturellen Abläufe eingegriffen wird. Das Grundkonzept geht auf die makroökonomischen Analysen und Lehren von J. M. KEYNES zurück. Modellartig gefaßt besagen sie: Bei abflauender Konjunktur, d.h. nachlassender privater Nachfrage nach Gütern und Dienstleistungen, soll der Staat in die Lücke springen und mit seiner Nachfrage die entstandene „Nachfragelücke" schließen und somit die gegebene gesamtwirtschaftliche Beschäftigung, die ja das Angebot produziert hat, aufrechterhalten. Die zusätzlichen Staatsausgaben zur Konjunkturstabilisierung sollen, falls keine überschüssigen Einnahmen oder Rücklagen zur Verfügung stehen, durch Verschuldung, d.h. Kredite, finanziert werden. Hierfür gibt es grundsätzlich zwei Möglichkeiten:

1. Da bei rückläufiger Konjunktur in der Regel auch die Nachfrage nach Krediten durch die pri-

255

vaten Unternehmen zurückgeht, kann der Staat an deren Stelle treten, indem er auf dem Geld- und Kapitalmarkt kurzfristige Kredite und Anleihen aufnimmt. Finanziert er damit die konjunkturpolitisch notwendigen zusätzlichen Staatsausgaben, so tritt er an die Stelle der ausgefallenen privaten Nachfrager, auch auf dem Kapitalmarkt. Er erhöht auch nicht die zur Verfügung stehende Geldmenge.

Geldschöpfung

2. Der Staat soll aber auch, nach den auf KEYNES zurückgehenden fiskalischen Konzepten, notfalls Geld bei der Bundesbank leihen. Dann „induziert" er Geldschöpfung, denn diese Staatskredite werden nicht dem in der Volkswirtschaft vorhandenen Geldkapital entnommen, sondern zusätzlich in die Volkswirtschaft gepumpt. „Deficit spending" mit dieser Wirkung soll, selbst über einen inflationistischen Impuls, die zurückgehende Gesamtnachfrage stabilisieren und sogar wieder erhöhen, damit die privaten Unternehmen wieder mehr Güter und Dienstleistungen absetzen.

Neoklassisch

Der so gegebene Impuls soll die Unternehmen ihrerseits – in Erwartung einer Verbesserung der Konjunktur und der kaufkräftigen Nachfrage – wieder zu Investitionen anregen, also zur Einstellung zusätzlicher Arbeitskräfte, der Erhöhung der Produktion, zum Bau neuer Anlagen. Wenn dann die Wirtschaft auf diese Weise wieder „angekurbelt" ist, soll sich der Staat nach diesen Konzepten, für die es mehrere Ausprägungen gibt, wieder als Impulsgeber zurückziehen. Er soll die Kredite und Anleihen zurückzahlen und im Konjunkturaufschwung auch dadurch stabilisierend wirken, daß er zusätzlich eingenommene Steuereinnahmen nicht verausgabt, d. h. dem Wirtschaftskreislauf zuführt. Er soll sie bei der Notenbank deponieren, z. B. als „Konjunkturausgleichsrücklage". Damit sind Geldmittel dem Kreislauf entzogen, d. h. auch dem privaten Bankwesen, das ja aufgrund staatlicher Einlagen seinerseits Kredite an private Kreditnehmer vergeben würde. Das Geld ist bei der Bundesbank stillgelegt. Inflationstendenzen werden gemildert.

Konjunktur-ausgleichs-rücklage

Angebots-orientiert

Die fiskalischen Konjunktursteuerungskonzepte haben in den dreißiger Jahren vor allem in den USA, aber im Prinzip auch im NS-Staat, erheblich zur Überwindung von Krisen mit Arbeitslosigkeit und zurückgehender Produktion beigetragen. Die große Koalition von CDU/CSU und SPD betrieb von Januar bis Herbst 1967 geradezu modellgerecht eine Politik der antizyklischen Fiskalpolitik. Hier wurde ein kreditfinanzierter Sonderhaushalt in Milliardenhöhe zur Nachfragestüt-

Antizyklische Politik

zung eingesetzt. Ende der sechziger und in den siebziger Jahren erwies sich jedoch, daß das fiskalische Konzept zwar relativ gut bei Konjunkturabschwüngen funktioniert, daß es aber politisch außerordentlich schwer ist, bei beginnender Hochkonjunktur die zusätzlichen Staatsausgaben zurückzunehmen. Außerdem bedeuten anhaltende konjunkturelle Schwierigkeiten, vor allem in bezug auf die Beschäftigung, daß der Staat dauernd zum Mittel kreditfinanzierter Ausgaben greifen müßte. Dann aber besteht auch von dieser Seite her eine ständige Inflationsförderung, während gleichzeitig die Wirkung zurückgeht. Dies geschieht vor allem dann, wenn – wie mit Beginn der achtziger Jahre – die wirtschaftlichen Probleme weniger konjunktureller und mehr struktureller Art sind (s. S. 528 f.). Dann können fiskalische Konjunkturkonzepte u. U. nur „Mitnehmer-Effekte" auslösen. Dies besagt, daß Unternehmen, die sowieso investieren wollten, ihre Investitionen mit staatlicher Subventionierung finanzieren; ja, sie warten mit ihren Investitionen, bis der Staat neue Programme der Investitionsförderung auflegt. Hier setzt die „monetaristische" Kritik an.

4.8.2.2 Monetaristische Konzepte

Während fiskalische oder „fiskalistische" Konzepte von Unstabilitäten der privaten Wirtschaft ausgehen und die Mittel des Staates zur Steuerung direkt einsetzen wollen, knüpfen „monetaristische" Konzepte bei den neoklassischen Vorstellungen des Liberalismus an. Sie gehen von einer prinzipiellen Tendenz der privaten Wirtschaft zur Stabilität und zur Selbststeuerung aus und geben eher den staatlichen Eingriffen und nicht funktionierenden Steuerungsversuchen die Schuld an Krisen, Inflation und Dauerarbeitslosigkeit. Die Politik müsse daher bei der Angebotsseite und nicht bei der „Gesamtnachfrage" ansetzen („angebotsorientierte Wirtschaftspolitik"). Dies bedeutet, der Staat soll die Bedingungen des Produzierens verbessern und einen entscheidenden Beitrag zur Kostensenkung (z. B. durch Steuersenkungen) leisten. Die Löhne dürfen nur geringfügig steigen, die Soziallasten der Unternehmen müssen gesenkt werden. Durch eine verbesserte Ertragslage der Unternehmen würde wieder ein vernünftiges Wirtschaftswachstum ohne Inflation möglich werden. Auch für dieses Grundkonzept gibt es verschiedene Ausprägungen. Der „Sachverständigenrat" (s. S. 168), die deutsche Bundesbank und auch die CDU/CSU-FDP-Koalition seit 1982 orientieren sich daran.

Konzepte monetaristischer Prägung wollen sich im übrigen auf die Geldpolitik, also die „monetäre" Beeinflussung als die der privaten Wirtschaft angemessenen Form verlassen. Als Hauptvertreter dieser Lehre gilt der amerikanische Ökonom M. FRIEDMAN („Kapitalismus und Freiheit").

Währungs-
sicherung

Während die „Fiskalisten" als Ursache der Inflation in der Regel eine das Angebot weit übersteigende Nachfrage ansehen, erblicken die „Monetaristen" in der Inflation ein monetäres Phänomen, verursacht durch ein das Produktionswachstum übersteigendes Geldmengenwachstum. Ihre Folgerung ist, daß diese Geldmenge durch die Notenbank kontrolliert und auf antizyklische fiskalistische Eingriffe verzichtet werden müßte, weil sie zu einer verfehlten Geldpolitik führen.

Inflation

Angesichts offensichtlicher Unwirksamkeit und inflationierender Einflüsse der einst so anerkannten fiskalischen Konzepte fand das monetaristische Konzept Anfang der achtziger Jahre Verbreitung und zum Teil rigorose Anwendung in der Wirtschaftssteuerung, vor allem Großbritanniens („Thatcherismus") und der USA. In der Bundesrepublik Deutschland rückte – ohne daß sich die Ablehnung fiskalischer Konzepte ganz durchsetzte – die Geldpolitik der autonomen Deutschen Bundesbank in den Vordergrund der Konjunktursteuerung.

Thatcherismus

Giralgeld

4.8.2.3 Die Autonomie der Deutschen Bundesbank

Die heutige Deutsche Bundesbank wurde am 1. 3. 1948 in zunächst sehr dezentralisierter Form als „Bank Deutscher Länder", Sitz in Frankfurt/Main, gegründet. Jedes Bundesland hatte eine eigene „Landeszentralbank". Die Präsidenten dieser Landeseinrichtungen bildeten zusammen mit den „Direktoren" der „BDL" den „Zentralbankrat", der alle entscheidenden Beschlüsse zur Geld- und Kreditpolitik zu fassen hatte. Mit dem Gesetz über die Deutsche Bundesbank vom 26. 7. 1957 wurde die „Deutsche Bundesbank" in ihrer heutigen Gestalt geschaffen. Die Landeszentralbanken wurden zu Hauptverwaltungen der Zentrale in Frankfurt. Ihre Präsidenten, die über die Landesregierungen vom Bundesrat vorgeschlagen und vom Bundespräsidenten ernannt werden, bilden weiterhin zusammen mit den Direktoren, die von der Bundesregierung vorgeschlagen und vom Bundespräsidenten ernannt werden, den Zentralbankrat.

Autonomie

Die Deutsche Bundesbank hat allein das Recht, Banknoten als gesetzliche Zahlungsmittel herauszugeben (§ 14). Sie „regelt mit Hilfe der währungspolitischen Befugnisse, die ihr nach diesem (Bundesbank-)Gesetz zustehen, den Geldumlauf und die Kreditversorgung der Wirtschaft mit dem Ziel, die Währung zu sichern, und sorgt für die bankmäßige Abwicklung des Zahlungsverkehrs im In- und Ausland." (§ 3). Die Bundesbank ist die „Bank der Banken". Sie führt die Kassenguthaben der Gebietskörperschaften und der öffentlichen Sondervermögen. Ihre Tätigkeit ist nicht auf Gewinn gerichtet, sondern dient ausschließlich der Geld- und Kreditpolitik. Als „Notenbank" steht sie den „Geschäftsbanken" gegenüber. Diese können Kredite vergeben aufgrund der bei ihnen eingezahlten/überwiesenen Guthaben („Einlagen"). Die Grenze der Ausleihungen ergibt sich aus der Notwendigkeit, die „Liquidität" zu sichern (also die Fähigkeit, jederzeit Guthaben auszahlen zu können) und aus den Auflagen der Bundesbank, bestimmte „Mindestreserven" im Zentralbanksystem zu halten. Die bei der Bundesbank deponierten Summen sind dem regulären Geldkreislauf, bestehend aus Banknoten und den Einlagen bei den Banken, entzogen. Unter den Einlagen (es gibt noch „Spareinlagen" und „Termineinlagen") sind die „Sichteinlagen" (Guthaben der Kunden, die jederzeit in Anspruch genommen werden können, z.B. durch eine Scheckzahlung) als „Giralgeld" von zentraler Bedeutung. Die Giralgeldmenge in der Volkswirtschaft ist größer als die der Banknoten.

Nur die Bundesbank kann den Geldkreislauf ausdehnen oder ihn einengen. Sie folgt dabei allein geld- und kreditpolitischen Erwägungen, nicht – wie z.B. bis 1914 – einer starren Relation zu den bei ihr deponierten Reserven an Gold oder Devisen (s. S. 485 f.).

Die Bundesbank ist bei ihrer Tätigkeit, den Geldumlauf und die Kreditfähigkeit der Banken zu regulieren, von Weisungen der Bundesregierung unabhängig. Sie ist aber gesetzlich verpflichtet, „unter Wahrung ihrer Aufgabe die allgemeine Wirtschaftspolitik der Bundesregierung zu unterstützen" (§ 12). Die „Autonomie" der Deutschen Bundesbank ist damit sehr weitgehend; in Großbritannien und Frankreich gibt es z.B. eine solche Autonomie nicht. Spannungen mit der gesamtwirtschaftlich verantwortlichen Bundesregierung können nicht ausbleiben (s. S. 168). Mitglieder der Bundesregierung können an den Sitzungen des Zentralbankrates teilnehmen, sie haben aber notfalls nur ein „suspensives" (aufschiebendes) Veto gegen die Beschlüsse.

Das klassische Instrument der Bundesbankpolitik ist die „Diskontpolitik." Damit setzt sie fest, zu welchem Zinssatz sie die von den Geschäftsbanken bei ihr eingereichten Wechsel diskontiert (gegen Bereitstellung von Banknoten und Guthaben annimmt). Der „Lombard-Satz" umschreibt den gleichen Vorgang, nur handelt es sich dabei um Wertpapiere, die als Beleihungsgrundlage eingereicht werden. Ein niedriger Diskont- und Lombardsatz signalisiert den Geschäftsbanken, daß sie leichter ihr Kreditvolumen erhöhen können. Ein hoher Satz zeigt an, daß die Bundesbank die „Refinanzierungsmöglichkeiten" der Geschäftsbanken einschränken will. Die „Offenmarkt-Politik" der Bundesbank bedeutet, daß sie auf den Geld- und Kapitalmärkten entsprechend ihrer jeweiligen Zielsetzung Papiere aufkauft – das bedeutet dann Vermehrung des Geldumlaufs – oder verkauft, dieses bedeutet Verminderung. Hohe „Mindestreserven" der Geschäftsbanken bei der Bundesbank bedeuten, daß deren Geschäftsvolumen eingeschränkt wird.

Gegenüber dem Ausland versucht die Bundesbank, den Außenwert der DM („Kurs") von allzu großen Schwankungen freizuhalten. Sie kauft selbst DM auf, wenn z. B. Spekulanten kurzfristig DM verkaufen, um z. B. US-Dollar zu kaufen. Ein radikaler Kursverfall soll so verhindert werden. Die „Konvertibilität" der Währung, ihre freie Austauschbarkeit, stellt die Bank vor erhebliche Probleme. Regelrechte Wechselkursänderungen werden von der Bundesregierung festgesetzt. Seit den siebziger Jahren sind die Wechselkurse, die Relationen der Währungen im westlichen Bereich untereinander, freigegeben („flexible Wechselkurse"). Die Staaten der EG bilden jedoch eine Ausnahme, indem sie untereinander feste Kurse vereinbart haben („Europäisches Währungssystem", „Währungsschlange"). Gegenüber allen anderen Währungen überlassen sie die Kurse jedoch dem Marktgeschehen (s. S. 494).

Seit Dezember 1974 verfolgt die Bundesbank eine Politik monetaristischer Prägung. Sie gibt jeweils am Ende eines Jahres bekannt, welches Wachstum der „Zentralbankgeldmenge" sie stabilitätspolitisch für vertretbar hält. Sie hält sich allerdings nicht strikt an die Glaubenssätze der Monetaristen, sondern setzt die zusätzlichen Mittel der Geldpolitik ein. Die Bundsbank weitet mit ihrer Politik zwar auch die gesamte Geldmenge aus, sie gibt aber gewissermaßen den „Mantel" (Gesamtumfang) vor. Damit kann die Wirtschaft expandieren; die gesamte Geld- und Kreditmenge (umlaufendes Bargeld, Sichteinlagen, Termineinlagen, Spareinlagen) soll jedoch kontrolliert expandieren, indem die Bundesbank das Volumen des umlaufenden Geldes und die Höhe der bei ihr zu haltenden Mindesteinlagen

Offenmarkt-Politik

Mindest-reserven-Politik

Wechselkurse

Zentralbank-geldmenge

Koalitions-freiheit

der Geschäftsbanken gleichsam unabhängig vom kurzfristigen wirtschaftlichen Geschehen festsetzt.

Die staatliche Steuerung der privaten Wirtschaft in der Bundesrepublik Deutschland folgt damit sowohl dem monetaristischen Konzept der globalen Geldmengensteuerung als auch den traditionellen Instrumenten der Geld- und Kreditpolitik. Daneben gibt es die fiskalischen Steuerungen durch Staatshaushalte und staatliche Verschuldung sowie die Steuerpolitik.

4.8.3 Tarifautonomie und Beschäftigung

Der überwiegende Teil der Erwerbstätigen bezieht heute Lohn oder Gehalt als Entgelt für geleistete Arbeit in einem mehr oder weniger abhängigen Arbeitsverhältnis. Für diese Arbeitsverhältnisse gibt es Arbeits- oder Dienstverträge, in denen Aufgabenstellung, Arbeitspflichten und -bedingungen sowie die Bezahlung festgelegt sind. Die wichtigsten Bestimmungen dieser „Einzel-Arbeitsverträge" werden jedoch durch „kollektivrechtliche" Mindestregelungen festgelegt, die regelmäßig meistens für ein Jahr bei Löhnen/Gehältern, für mehrere Jahre bei den übrigen Bedingungen abgeschlossen werden. Das ist die Funktion der „Tarifverträge" zwischen den Einzelgewerkschaften (s. S. 193) und den Arbeitgeberverbänden bzw. Großfirmen.

Dies gilt auch für die Arbeiter und Angestellten des öffentlichen Dienstes. Nur die Beamtengehälter werden durch Gesetze geregelt. Ausnahmen bilden auch z. B. „Leitende Angestellte". Die Tarifverbände sind „autonom", d. h. der Staat hat keine Möglichkeit, Tarifverträge zwangsweise festzulegen. Damit werden der „Arbeitsmarkt" und die Beschäftigung zunächst einmal staatsfrei geordnet. Aus der Verpflichtung zu einer „Beschäftigungs- und Arbeitsmarktpolitik" ist der Staat dennoch nicht entlassen.

4.8.3.1 Festsetzung der Lohn- und Arbeitsbedingungen

Mit Art. 9 Abs. 3 GG setzte der Parlamentarische Rat die mit der „Verordnung über Tarifverträge, Arbeiter- und Angestelltenausschüsse und Schlichtung von Arbeitsstreitigkeiten vom 23. 12. 1918" begonnene und in der Weimarer Reichsverfassung (Art. 159) verankerte Tradition der besonderen Garantie der „Koalitionsfreiheit" fort. Sie schließt das Recht zum autonomen Abschluß von Tarifverträgen über die Lohn- und Arbeitsbedingungen ein. Nicht übernommen wurde Art. 165 Abs. 1 WRV, der darüber hinausging: „Die Arbeiter und Angestellten sind dazu berufen, gleichberechtigt in Gemeinschaft mit den Unternehmern an der Regelung der Lohn- und Arbeitsbedingungen sowie an der gesamten wirtschaftlichen Entwicklung der produktiven Kräfte mitzuwirken." Es folgten in Art. 165 Abs. 2–6 noch Bestimmungen über Arbeiter- und Wirtschaftsräte. Mit der Anerkennung der Koalitionen und ihrer Mittel, einschließlich des Rechts auf Arbeitskampf (Streikrecht), brach die Weimarer Republik mit der Praxis des wilhelminischen Obrigkeitsstaates, der mit der Reichsgewerbeordnung zwar die Koalitionsfreiheit für die gewerblichen Arbeiter gewährte (§ 152), aber gleichzeitig (§ 153) die Inanspruchnahme dieser Freiheit nachhaltig einschränkte. Im Dezember 1926 wurden staatliche Arbeitsgerichte eingeführt (s. S. 248).

Mit den Lohn- und Gehaltstarifverträgen bzw. „Manteltarifverträgen" (über die Arbeitsbedingungen) schließen die Tarifparteien Verträge miteinander ab. Beide Seiten verpflichten sich („Friedenspflicht"), während der „Laufzeit" des Vertrages die Abmachungen einzuhalten („obligatorischer" Teil des Tarifvertrages) und keine Kampfmaßnahmen zu ergreifen. Die Normen des Tarifvertrages („normativer Teil"), d. h. die Lohnhöhe, Akkordsätze, Zuschläge usw., sind „unabdingbar" und werden Bestandteil aller Einzelarbeitsverträge in den Betrieben der organisierten Arbeitgeber. „Schlichtungsabkommen" sollen in vielen Branchen dafür sorgen, daß nicht sogleich nach dem Abbruch einer Tarifverhandlung Arbeitskämpfe (Streik/Aussperrung) ausbrechen. Eine staatliche „Zwangsschlichtung" gibt es in der Bundesrepublik Deutschland nicht. In der Weimarer Republik konnte der Staat über staatliche Schlichtungsausschüsse, Schlichter und das Reichsarbeitsministerium unter bestimmten Umständen durch Schiedsspruch oder deren „Verbindlichkeitserklärung" die Tarifpolitik maßgeblich beeinflussen.

Die Urteile der Arbeitsgerichte und des Bundesarbeitsgerichts (s. S. 251) können zwar, wenn auch in stets umstrittener Weise, Regeln für Streik und Aussperrung verkünden, jedoch keinen lohnpolitischen Einfluß ausüben. Der Bundestag hat bislang die Autonomie der Tarifparteien voll respektiert. So gibt es keine gesetzlichen Regelungen des Arbeitskampfes, nur ein Tarifvertragsgesetz und verschiedene gesetzliche Regelungen über Mindestlöhne und -urlaub, Heimarbeiter, Jugendliche, Mütter usw.

Konzertierte Aktion

Lohnleitlinien

Tarifverträge

Schlichtung

Lohn-Preis-Spirale

Arbeitsgerichte

4.8.3.2 Löhne und Preise

Einen Versuch, ohne direkten Eingriff Einfluß auf die Festlegung der Löhne auszuüben, stellte die „Konzertierte Aktion" zwischen 1967 und 1978 dar. Hier wurde, unter Berufung auf das Stabilitätsgesetz, anhand von „Orientierungsdaten" des Bundeswirtschaftsministers über die künftige wirtschaftliche Entwicklung diskutiert. Der DGB und die wichtigsten Einzelgewerkschaften beteiligten sich bis 1975, wiesen aber ständig darauf hin, daß nicht allein über die Löhne, sondern auch über die von den Unternehmen autonom festgelegten Preise gesprochen werden müsse. Außerdem lehnten sie jeden Versuch, die Orientierungsdaten zu „Lohnleitlinien" weiterzuentwickeln, ab. Die Gewerkschaften schieden aus der Konzertierten Aktion aus, als die Arbeitgeber Klage beim Bundesverfassungsgericht gegen das vom Bundestag beschlossene Mitbestimmungsgesetz von 1976 erhoben hatten. Obwohl diese Klage abgewiesen wurde, kam es zu keiner Wiederbelebung der „Konzertierten Aktion".

Löhne und Preise sind zweifellos volkswirtschaftlich besonders wichtige Daten. Ihre „richtige" Höhe und Steigerung bilden zentrale Streitgegenstände in Wissenschaft und Politik. Dürfen die Löhne nur im Rahmen der verbesserten „Produktivität" (Verhältnis zwischen Ertrag und Aufwand) steigen, müssen sie nicht gerade umgekehrt stärker steigen, weil sie zugleich „Kaufkraft" darstellen und den Unternehmen den Absatz garantieren („produktivitätsorientierte" gegen „kaufkraftorientierte" Lohnpolitik)? Treiben überhöhte Lohnsteigerungen die Preise in die Höhe oder bedingen Preissteigerungen aufgrund der Marktsituation oder übermäßiger Konzentration der Unternehmen nicht ständig neue Lohnforderungen, um Kaufkraftverluste auszugleichen und den „Reallohn" zu sichern („Lohn-Preis-Spirale"; „Preis-Lohn-Spirale")?

Dies sind zentrale Streitpunkte, die wissenschaftlich nicht exakt geklärt werden können. Schon 1914 hatte der Nationalökonom BÖHM-BAWERK die Frage so formuliert: „Macht oder ökonomisches Gesetz"?

4.8.3.3 Beschäftigungspolitik

Ähnlich wie bei der Geld- und Kreditpolitik gilt für Arbeitsmarkt und Beschäftigung, daß der Staat bzw. die Regierung zwar die politische Verantwortung trägt, jedoch gleichzeitig die Autonomie der Tarifparteien respektieren muß. Das zentrale Problem ist die Arbeitslosigkeit.

Arbeitslosen-
versicherung

Nach unterschiedlichen Experimenten wurde in der Weimarer Republik 1927 die gesetzliche Arbeitslosenversicherung eingeführt. Sie wird seitdem (heute Bundesanstalt für Arbeit in Nürnberg, Landesarbeitsämter und Arbeitsämter) durch Beiträge der versicherungspflichtigen Arbeitnehmer und ihre Arbeitgeber finanziert. Erfüllt ein Arbeitnehmer die Voraussetzungen (z.B. Dauer der Beitragsleistung), dann erhielt er 1982 68% des Nettoverdienstes als Arbeitslosengeld für zwölf Monate und danach Arbeitslosenhilfe (58% des letzten Nettoverdienstes), die zwar von den Arbeitsämtern gezahlt, aber vom Staat direkt finanziert wird. Am Ende steht u.U. die Sozialhilfe.

Die geschichtlichen und heutigen Erfahrungen zeigen, daß eine Versicherung gegen Massen- und Dauerarbeitslosigkeit nicht möglich ist. Die Bundesanstalt erhielt deshalb 1969 durch das Arbeitsförderungsgesetz zusätzliche Aufgaben und Instrumente. Sie soll eine „vorbeugende" Arbeitsmarktpolitik betreiben, indem sie z.B. aufgrund von Branchenbeobachtungen und regionalen Wirtschaftsanalysen durch eine eigene Forschungsanstalt (IAB, „Institut für Arbeitsmarkt- und Berufsforschung") rechtzeitig Umschulungen und Fortbildungsmöglichkeiten für die betroffenen Arbeitnehmer anbietet und finanziert.

Bundesanstalt
für Arbeit

Die Krisen der Jahre 1974/75 und 1981/82 zeigten jedoch, daß Arbeitslosenversicherung und „vorbeugende Arbeitsmarktpolitik" zur „Sicherung eines hohen Beschäftigungsstandes" (Arbeitsförderungsgesetz) nicht ausreichen. Wenn jahresdurchschnittlich die Arbeitslosenzahlen zwischen 1 und 2½ Mill. liegen, dann muß überdies vom Bundeshaushalt ein Zuschuß zur Arbeitslosenversicherung in Milliardenhöhe gezahlt werden, um die Bundesanstalt für Arbeit nicht finanziell zusammenbrechen zu lassen (s. Abb. 79).

Arbeitsförde-
rungsgesetz

Die Massenarbeitslosigkeit der achtziger Jahre, die die Größenordnung von 1948–52 annahm, lenkt den Blick auf die Gründe. Gewiß kann auch eine zu massive Lohnsteigerung Arbeitslosigkeit hervorrufen, wenn nämlich die Lohnerhöhungen nicht auf die Preise und den Absatz „abgewälzt" werden können. Aber damit läßt sich die Krise nicht allein begründen.

Recht auf
Arbeit

Konjunkturelle und strukturelle Gründe sind mitentscheidend. Konjunkturelle Gründe für die Arbeitslosigkeit sind z.B. ein rückläufiger Absatz im In- und Ausland. Hier kann und muß die fiskalische und monetäre Konjunkturpolitik für Abhilfe sorgen. Damit wird auch die Arbeitslosenversicherung wieder entlastet. Wesentlich schwieriger ist das Problem der strukturellen Arbeitslosigkeit zu lösen. Strukturelle Arbeitslosigkeit entsteht

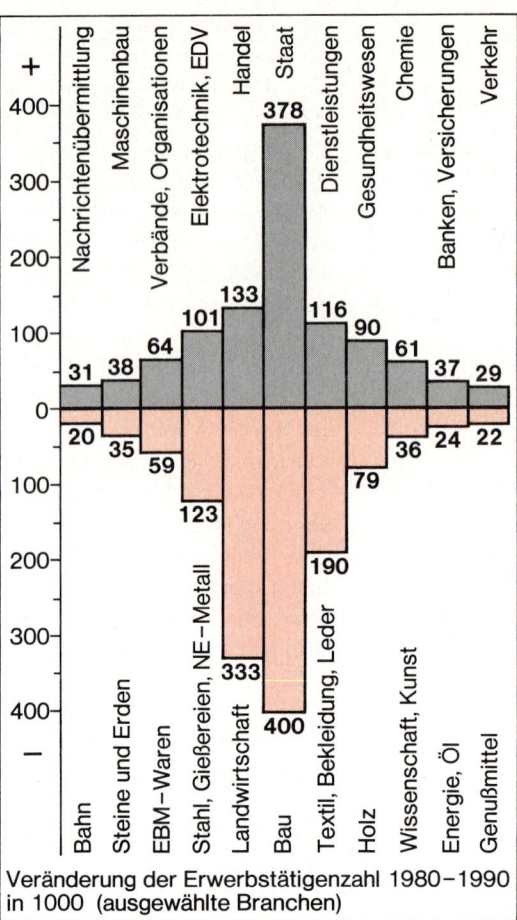

Abb. 116: Die Arbeitsmarktentwicklung (nach „Zahlenbilder")

durch technische (z.B. Ersatz von Arbeitsplätzen durch Mikroprozessorensteuerung) und wirtschaftliche (z.B. organisatorische Rationalisierungen) Veränderungen in Produktion und Dienstleistungen. Hier sind die staatlichen Eingriffsmöglichkeiten sehr beschränkt. Massive Umschulungshilfen, gezielte Betriebs- und Branchenförderungen durch Strukturpolitik können das Problem der Arbeitslosigkeit mildern helfen, es aber nicht selbst lösen. Die staatliche Beschäftigungspolitik hat in der grundsätzlich von privaten Unternehmen bestimmten Wirtschaft auch dann nur eine beschränkte Reichweite, wenn z.B. im Grundgesetz ein besonderes „Recht auf Arbeit" verankert würde. Auf der anderen Seite ist es die Pflicht des demokratischen Staates, die Massenarbeitslosigkeit mit allen Mitteln und aller Phantasie zu bekämpfen. Dies ergibt sich nicht nur aus dem Sozialstaatsgrundsatz und dem Gedanken der sozialen Gerechtigkeit. Dafür sorgen vor allem die Wähler, die ja selbst Betroffene sind oder es werden können.

4.9 Innere Bestimmungsgründe der auswärtigen Politik

Die Bundesrepublik Deutschland liegt geografisch im „Herzen Europas". Historisch-geografisch bedeutete diese Lage stets eine mehrfache kulturelle und politische Orientierung: vor allem nach „Westen", d. h. zum französisch-angelsächsischen Kulturkreis; nach „Osten", d. h. vor allem zum russisch-polnischen Kulturbereich. Hinzu kommen wichtige Süd- (Italien, Schweiz, Österreich) und Nordorientierungen (Skandinavien). Im Zeitalter des Massentourismus ist die Bundesrepublik Deutschland eine „Drehscheibe" mit ihren Autobahnen und einem der wichtigsten Luftverkehrsknotenpunkten Europas, Frankfurt am Main.

Sicherung und Gefährdung

Die Bundesrepublik Deutschland ist aber auch in vielerlei Hinsicht heute „Grenze". Das kommt vor allem in der Bedeutung ihrer Ostgrenzen (Bezeichnungen: „Zonengrenze"; „innerdeutsche Grenze") zum Ausdruck. Diese stellen heute mehr als eine „Demarkationslinie" innerhalb des früheren Gesamtdeutschland dar. Im Vergleich zu allen anderen Grenzen der Bundesrepublik Deutschland handelt es sich hier um die Nahtstelle zwischen Ost und West. Diese Grenze ist also mehr als eine nationale Grenze:

Grenzsituation

- Sie ist die Grenze zwischen der NATO und dem Warschauer Pakt – Ausdruck der weltpolitischen Interessen- und Einflußgebiete der Weltmächte USA und Sowjetunion.
- Sie ist die Grenze des westeuropäischen Zusammenschlusses, der primär ein wirtschaftlicher (EG), aber zugleich auch ein militärischer (Brüsseler Pakt) und ein politischer (Europäisches Parlament) ist.
- Sie ist die Grenze zwischen kapitalistisch-marktwirtschaftlichen und kommunistisch-sozialistischen Wirtschafts- und Gesellschaftsordnungen.
- Sie ist die Grenze freien Handels, frei austauschbarer Währungen und freien Reiseverkehrs.

Berlinproblem

Aus allem ergeben sich verschiedene und auch unterschiedliche Interessenlagen, die sich als innere Bestimmungsgründe der auswärtigen Politik darstellen.

4.9.1 Sicherheitsinteressen

Die Bundesrepublik Deutschland hat aufgrund ihrer geografischen Lage und ihrer Entstehung besondere Sicherheitsinteressen. Zu ihnen zählen vor allem:

- Die Bundesrepublik Deutschland war bei ihrem Entstehen nicht souverän und erlangte erst am 5. 5. 1955 die formelle Souveränität, indem sie auf wesentliche Souveränitätsrechte verzichtete (ELLWEIN 1973, S. 87).
- Die Stationierung der NATO-Streitkräfte und -Waffen auf ihrem Gebiet bedeutet Sicherung und Gefahr zugleich: Gefahr, weil die Bundesrepublik Deutschland das Schlachtfeld der Auseinandersetzung zwischen den Blöcken wäre. Die Sicherung könnte zur Vernichtung führen.
- Die Betroffenheit der Bewohner ist daher stärker als in anderen europäischen NATO-Staaten oder gar in den USA.
- Das Auftreten einer kommunistischen Partei (DKP) innerhalb der offenen demokratischen Willensbildung bedeutet in der Bundesrepublik Deutschland die Einmischung der Staatspartei der DDR. Sie hat damit stärker als in anderen Staaten eine außenpolitische Dimension.
- Berlin (West) gehört so eindeutig mit seinen fast 2 Mill. Einwohnern zur Bundesrepublik Deutschland, daß jeder politische Schritt der Bundesrepublik Deutschland die Rückwirkungen in bezug auf Berlin (West) beachten muß.

Im einzelnen sind hierbei besonders sensible Punkte:
- förmliche staatsrechtliche Demonstrationen der Zugehörigkeit zur Bundesrepublik Deutschland;
- die Sicherung der Zufahrtswege;
- Sicherung des innerdeutschen Handels und seine Modalitäten;
- Sicherung der Finanz- und Steuereinheit; vollständige wirtschaftliche Integration und damit der wirtschaftlichen Lebensfähigkeit der Stadt.

Im übrigen umfaßt der Begriff „Sicherheitsinteressen" eine Fülle von Faktoren, die für alle Staaten charakteristisch sind.

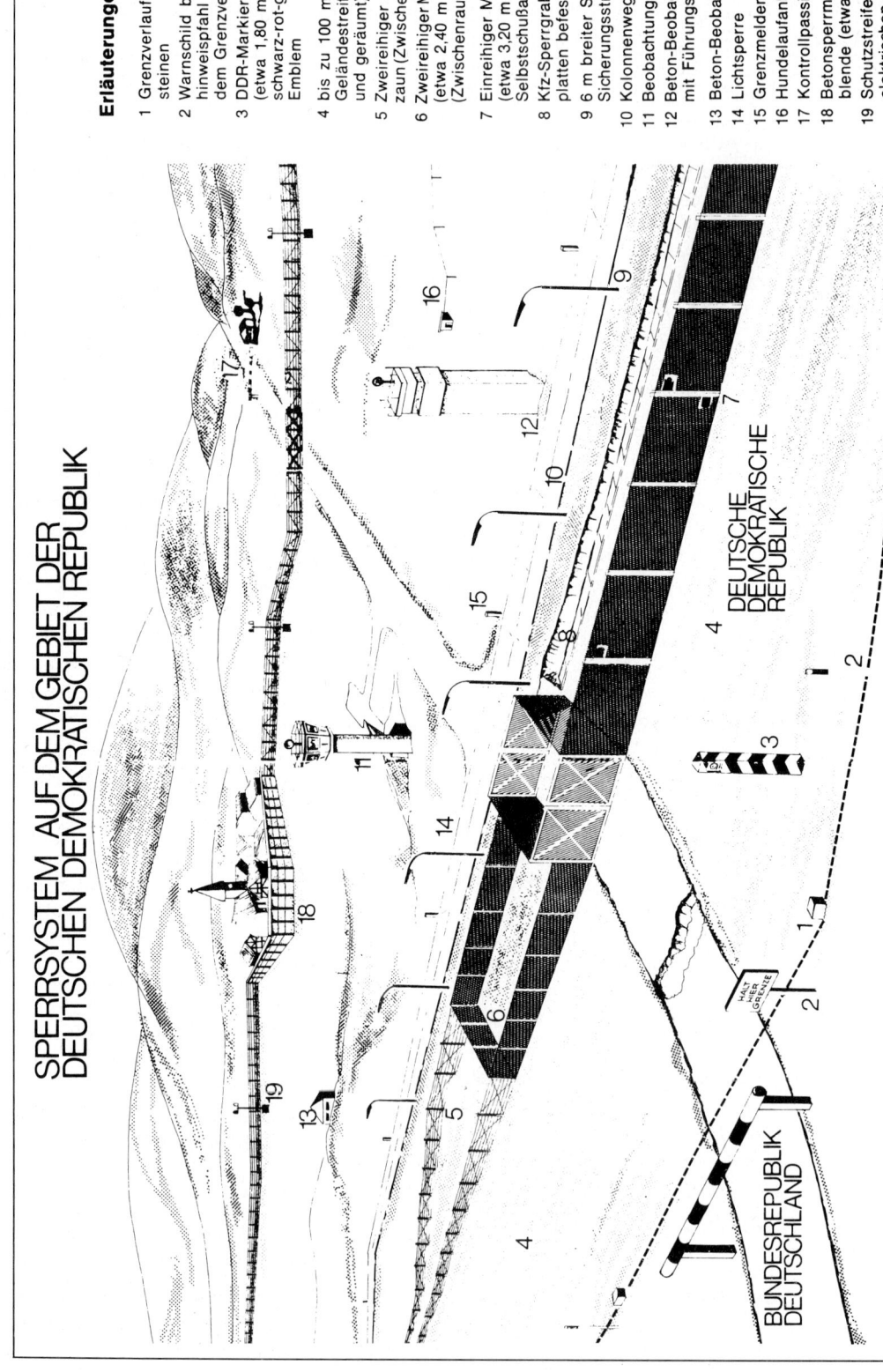

SPERRSYSTEM AUF DEM GEBIET DER DEUTSCHEN DEMOKRATISCHEN REPUBLIK

Erläuterungen

1 Grenzverlauf mit Grenzsteinen

2 Warnschild bzw. Grenzhinweispfahl unmittelbar vor dem Grenzverlauf

3 DDR-Markierungssäule (etwa 1,80 m hoch, schwarz-rot-gold mit DDR-Emblem

4 bis zu 100 m breiter Geländestreifen (abgeholzt und geräumt)

5 Zweireihiger Stacheldrahtzaun (Zwischenraum vermint)

6 Zweireihiger Metallgitterzaun (etwa 2,40 m hoch) (Zwischenraum vermint)

7 Einreihiger Metallgitterzaun (etwa 3,20 m hoch) mit Selbstschußanlagen

8 Kfz-Sperrgraben (mit Betonplatten befestigt)

9 6 m breiter Spuren-Sicherungsstreifen

10 Kolonnenweg

11 Beobachtungsturm

12 Beton-Beobachtungsturm mit Führungspunkt

13 Beton-Beobachtungsbunker

14 Lichtsperre

15 Grenzmeldenetz

16 Hundelaufanlage

17 Kontrollpassierpunkt

18 Betonsperrmauer/Sichtblende (etwa 3,30 m hoch)

19 Schutzstreifenzaun mit elektrischen und akustischen Signalanlagen

DEUTSCHE DEMOKRATISCHE REPUBLIK

BUNDESREPUBLIK DEUTSCHLAND

HALT HIER GRENZE

Abb. 117: Ein zentrales Problem zwischen den deutschen Staaten: Die Grenzsperren der DDR

4.9.2 Normative Positionen

Wieder-
vereinigung

Zu den nach wie vor entscheidenden „inneren Bestimmungsfaktoren" der auswärtigen Politik gehören die Grundprämisse der einheitlichen deutschen Nation und die Offenhaltung der „deutschen Frage" (Wiedervereinigung). Praktische Bedeutung erlangt diese Frage immer wieder, auch nach Abschluß der Berlinverträge, z. B. wegen der Staatsangehörigkeit der DDR-Bürger. Sie sind nach dem Grundgesetz Deutsche, d. h. sie können sich ohne weitere Formalitäten von der Bundesrepublik Deutschland vertreten lassen und alle Rechte als deren Bürger wahrnehmen.

Israel

Dieser Rechtszustand darf nach dem Urteil des Bundesverfassungsgerichts vom 31. 7. 1973 über den Grundlagen-Vertrag durch keine politische Maßnahme der Bundesrepublik Deutschland gemindert oder verkürzt werden.

Die Verfassungsorgane der Bundesrepublik Deutschland – so das Gericht – müssen das Ziel der Wiedervereinigung als Verfassungsgebot beachten. Sie können aber die Wege dorthin weitgehend nach eigenem Ermessen festlegen.

Wörtlich legte dann das Bundesverfassungsgericht folgende die Außenpolitik jeder Regierung der Bundesrepublik Deutschland bindende Rechtsposition fest:

Nation

> „Wir haben von der im Grundgesetz vorausgesetzten, in ihm ,verankerten' Existenz Gesamtdeutschlands mit einem deutschen (Gesamt-) Staatsvolk und einer (gesamt-)deutschen Staatsgewalt auszugehen. Wenn heute von der ,deutschen Nation' gesprochen wird, die eine Klammer für Gesamtdeutschland sei, so ist dagegen nichts einzuwenden, wenn darunter auch ein Synonym für das ,deutsche Staatsvolk' verstanden wird, an jener Rechtsposition also festgehalten wird und nur aus politischen Rücksichten eine andere Formel verwandt wird. Versteckte sich dagegen hinter dieser neuen Formel ,deutsche Nation' nur noch der Begriff einer im Bewußtsein der Bevölkerung vorhandenen Sprach- und Kultureinheit, dann wäre das rechtlich die Aufgabe einer unverzichtbaren Rechtsposition. Letzteres stünde im Widerspruch zum Gebot der Wiedervereinigung als Ziel, das von der Bundesregierung mit allen erlaubten Mitteln anzustreben ist."

Absatzmärkte

Diese „verfassungskonforme Auslegung" (s. S. 250) des Grundlagenvertrages bedeutet zweifellos eine starke juristische Festlegung der auswärtigen Politik. Hinzu kommt, daß sich das Bundesverfassungsgericht faktisch das Recht vorbehält, über das freie politische „Ermessen" einer Bundesregierung in ihrer Politik gegenüber der DDR mit zu entscheiden.

Auch gegenüber Israel bestimmt die geschichtliche „Vorbelastung" Deutschlands die auswärtige Politik bisher jeder Bundesregierung. Die Massenvernichtung der Juden im nationalsozialistischen Deutschland und der Versuch der Bundesrepublik Deutschland seit ihrem Bestehen, die Verbrechen wenigstens materiell wieder gutzumachen, hatten eine zentrale Bedeutung für besondere Beziehungen zum Staate Israel und indirekt auch zu den USA, in denen der jüdische Bevölkerungsteil politisch eine große Rolle spielt. Die Wiedergutmachungsleistungen an den Staat Israel bedeuteten zweifellos eine Stärkung dieses Staates, der sich seit seiner Gründung im Konflikt mit seinen arabischen Nachbarn befindet. Auch 30 und mehr Jahre nach der Gründung der Bundesrepublik Deutschland steht die Nahost-Politik jeder Bundesregierung vor diesem Problem. Es kompliziert die Wahrnehmung normaler Beziehungen zu den arabischen Staaten und macht selbst den Handel mit diesen, überwiegend zu den Ölstaaten gehörenden Staaten, schwierig. Damit sind sogar Sicherheitsinteressen der Bundesrepublik Deutschland, nämlich die Ölversorgung, berührt. Eine eindeutige Entscheidung in dem einen oder anderen Sinne erscheint jedoch nicht möglich.

Die nationalsozialistische Vergangenheit hat schließlich auch einen bedeutenden Einfluß auf die offizielle Politik der Bundesregierung, keine deutschen Soldaten außerhalb der NATO-Sphäre einzusetzen und Waffenexporte in Spannungsgebiete zu unterbinden.

4.9.3 Ökonomische Interessen

Deutschland war immer ein Staat mit besonderer außenwirtschaftlicher Aktivität. Der hohe Industrialisierungsgrad setzte es geradezu voraus, daß stets durch Ausfuhrüberschüsse genügend Devisen für die Bezahlung der lebenswichtigen Rohstoffe zur Verfügung standen. Die „Autarkie-Politik" der Nationalsozialisten war der Versuch, die Rohstoffabhängigkeit der deutschen Wirtschaft künstlich durch Ersatzstoffe zu mildern oder zu beseitigen. Auf der anderen Seite bietet eine Volkswirtschaft wie die der Bundesrepublik Deutschland heute keinen angemessenen Markt mehr für einen Absatz hochwertiger Industrieprodukte, der die Beschäftigung der Arbeitnehmer sichern könnte. Seitdem sich in den fünfziger Jahren in der von den westlichen Industriestaaten dominierten Weltwirtschaft Freihandel und Konvertibilität (s. S. 488 ff.) durchsetzten, stieg aber nicht nur der Export außerordentlich stark, sondern gleichfalls der Import an Fertigwaren und Enderzeugnissen. Der entscheidende Punkt bei den außenwirtschaftlichen Beziehungen ist demnach heute die Sicherung der Arbeitsplätze und die Beschaffung der Devisen zur Bezahlung lebensnotwendiger Einfuhren (z. B. Erdöl).

Abhängigkeit

Wenn fast 25 % des Bruttosozialprodukts exportiert werden, dann besteht damit eine erhebliche Abhängigkeit der Gesamtwirtschaft vom Ausland, die für die Politik von grundlegender Bedeutung ist. 1980 betrug das gesamte Welthandelsvolumen 1990 Mrd. $. Die fünf führenden Welthandelsländer (sowohl an der Einfuhr als auch an der Ausfuhr gemessen) sind die USA (Ausfuhr 1980 für 220,7 Mrd. $), die Bundesrepublik Deutschland (192,9), Japan (129,2), Frankreich (111,4) und Großbritannien (115,4). Die Sowjetunion exportierte z. B. nur für 76,4 Mrd. $. Gemessen an der Größe des Landes ist demnach die Bundesrepublik Deutschland zwar eine bedeutende Wirtschaftsmacht, aber auch in bedeutendem Maße von dem Florieren des Welthandels abhängig.

Wirtschaftsmacht

Nun sind allerdings die wichtigsten Handelspartner der Bundesrepublik Deutschland die EG-Staaten (49,1 % der Ausfuhr), die anderen westlichen Industriestaaten Europas und die USA. 1980 gingen 13,3 % des gesamten Exports nach Frankreich, 9,3 % in die Niederlande, 8,5 % nach Italien; an 6. Stelle lagen die USA mit 6,1 %, an 10. die Sowjetunion mit 2,3 % (alles ohne „innerdeutschen Handel").

EG

Der Handel mit den Ostblockstaaten (ohne DDR) erreichte 1980 in der Ausfuhr 19,4 Mrd. DM, Einfuhr 17,4 Mrd. DM. (Alle Zahlen nach Fischer-Weltalmanach 1982, 1983 und Stat. Jb. 1981.) Der Handel mit außereuropäischen Entwicklungsländern umfaßte 51,8 Mrd. DM Ausfuhren und 69,5 Mrd. DM Einfuhren. Hier sind allerdings die OPEC-Staaten mit einbezogen.

Osthandel

Das Volumen des innerdeutschen Handels, der nicht zum Außenhandel gerechnet wird, betrug bei der Ausfuhr in die DDR 1980 5,87 Mrd. DM, bei der Einfuhr 5,85 Mrd. DM.

Innerdeutscher Handel

Die Warenstruktur des Außenhandels wird in bezug auf die Einfuhren seit 1974 vor allem von den preisbedingten Erhöhungen des Anteils von Erdöl und Erdgas bestimmt. Ihr Anteil an den gesamten Einfuhren lag 1980 bei 15,8 %, Erzeugnisse der Land- und Forstwirtschaft, Fischwirtschaft bei 8,0 %, chemische Erzeugnisse 7,8 %, elektronische Erzeugnisse 6,1 %. Bei der Ausfuhr dominierten die Fertigerzeugnisse des Maschinen- (16,4 % der Ausfuhr) und Fahrzeugbaus (15,1 %), gefolgt von chemischen (13,2 %) und elektrotechnischen (9,8 %) Erzeugnissen.

Aus diesem Bedingungsfeld heraus ergeben sich politische Erfordernisse und Konzepte von mittel- und langfristiger Dauer. Zweifellos bleibt die Existenz der EG für die ökonomische Interessenlage der Bundesrepublik Deutschland von entscheidender Bedeutung. Dies gilt natürlich auch noch für die USA. Der Handel mit den Ostblockstaaten erscheint nach wie vor erweiterungsfähig; hier liegen die Probleme häufig weniger auf politischem als auf wirtschaftlichem Gebiet. Diese Staaten können oft nicht genug auf westdeutschen Märkten absetzbare Erzeugnisse liefern. Dann stellt sich die Frage einer Kreditierung der Abnahme deutscher Exporte. Die OPEC-Staaten, insbesondere Saudi-Arabien, spielen eine Sonderrolle. Die enormen Einnahmen dieser Staaten aus den Öleinfuhren der Bundesrepublik Deutschland könnten natürlich vor allem für den Kauf deutscher Industrieprodukte verwendet werden. Diesem Idealzustand eines „Recycling von Petro-Dollars" stehen jedoch häufig politische Erwägungen gegenüber, wenn etwa an Saudi-Arabien konkurrenzlose deutsche Waffensysteme geliefert werden sollen und die Bundesrepublik Deutschland aufgrund derartiger Möglichkeiten erstens zum Ausbau des militärisch-industriellen Sektors verleitet wird und zweitens aus den wirtschaftlichen Interessen heraus außenpolitische Festlegungen und Feindschaften erwachsen (hier Israel). Gerade auch die Struktur des bisherigen deutschen Exports sollte beachtet werden. Sie zeigt die Stärken und Leistungsfähigkeiten bestimmter Industriebranchen und weist auf mögliche Wachstumspotentiale hin, wenn andere Branchen Arbeitslose freisetzen.

Innen- und außenpolitische Interessen sind stark verwoben. Dabei sollte in der Bundesrepublik Deutschland nicht übersehen werden, daß die wirtschaftliche Expansion durch die deutschen Exporte seit 1950 primär auf der Produktion nichtmilitärischer Güter beruhte. Ob sich dies angesichts spezifischer Not- und Interessenlagen im Inland (Arbeitslosigkeit) und im Ausland (Käufer aus Spannungsgebieten) beibehalten läßt, muß letztlich die Politik entscheiden. Sie bewegt sich in einem eng gewordenen Geflecht von wechselseitigen wirtschaftlichen Abhängigkeiten und Interessen.

4.10 Zum Vergleich der Bundesrepublik Deutschland mit der DDR

4.10.1 Möglichkeiten und Grenzen des Systemvergleichs

Vergleichende Methode

Der Vergleich politischer Systeme ist die klassische Methode der Politikwissenschaft. Platon und Aristoteles haben ihre politischen Theorien aus dem Vergleich der Institutionen und Gesetze in den griechischen Stadtstaaten heraus entwickelt.

Institutionalismus

Der Vergleich dient dem Kennenlernen fremder Systeme und zugleich damit dem besseren Verständnis des eigenen.

4.10.1.1 Theoretische Probleme des Vergleichens

Methodische Fragen

Zwei Fragen vor allem stellen sich jedem Versuch des Vergleichs von Systemen:

1. Was soll verglichen werden?

2. Sind die Gegenstände des Vergleichs im Zusammenhang des jeweiligen Systems adäquat gelagert; dürfen z. B. die Parlamente verglichen werden, wenn in dem einen System das Parlament eine zentrale Stellung einnimmt, während es in dem anderen System nur eine untergeordnete Rolle spielt?

Funktionaler Vergleich

In der Entwicklung der „Vergleichenden Lehre der Herrschaftssysteme" oder auch „Vergleichenden Regierungslehre" der Politikwissenschaft nach 1945 standen am Anfang wertende Beschreibungen der jeweiligen Verfassungsinstitutionen und – wie ERNST FRAENKEL es nannte – des „Prozesses der politischen Willensbildung". Damit waren neben den staatsrechtlichen Einrichtungen auch die Parteien und die Interessenverbände in den Systemvergleich einbezogen. Angesichts der weltpolitischen Auseinandersetzungen zwischen demokratischen und kommunistischen Systemen spielte sodann der Vergleich dieser Systeme unter den wertenden Kriterien „pluralistisch-demokratisch" und „totalitär" eine große Rolle. Damit wurde primär der Unterschied zwischen der Bewahrung eines Freiheitsspielraumes des einzelnen einerseits, dem umfassenden (totalen) Herrschaftsanspruch von Staat und Politik andererseits gekennzeichnet. Ein weiterer Schwerpunkt der vergleichenden Methode ist der Versuch, durch einen Vergleich von Struktur und Funktionen sozialer und politischer Gebilde (statt der Institutionen) Gesetzmäßigkeiten des politischen Handelns von allgemeiner Geltung ausfindig zu machen (s. unten).

Neben der Schwierigkeit, die Gegenstände des Vergleichs so zu bestimmen, daß nicht ein platter Institutionalismus (formaler Vergleich von staatlichen Institutionen) oder ein reines Aneinanderreihen von Länderstudien das Ergebnis ist, steht die Schwierigkeit, den Vergleich auf Vergleichbares zu beziehen. Z. B. erscheint es wenig sinnvoll, die Verfassung der DDR mit dem Grundgesetz zu vergleichen, da sie ein Herrschaftsinstrument und allenfalls Zukunftsvision, das Grundgesetz dagegen fundamentale Ordnungsnorm ist. An diesem Beispiel wird besonders deutlich, daß die spezifischen Funktionen der verglichenen Institutionen im jeweiligen System berücksichtigt werden müssen, wenn der Vergleich mehr als eine formale Gegenüberstellung sein soll.

In die politikwissenschaftliche „Vergleichende Lehre der Regierungssysteme" wurden aus diesen Gründen soziologische Kriterien übernommen und – in Anlehnung an den amerikanischen Sozialwissenschaftler GABRIEL ALMOND – funktionale Vergleiche vorgenommen. Hier wird z. B. gefragt nach: der politischen Rekrutierung der Führungen, der Art und Weise politischer Sozialisation, den Wegen politischer Entscheidungsbildung, den Mitteln politischer Sanktionen, den Formen der Interessenvertretung und Artikulation, nach der politischen Kommunikation und den formellen wie informellen Instrumenten der politischen Herrschaft. Auch hierbei stellt sich jedoch das grundlegende Problem eines jeden Vergleichs: Woran soll man sich halten? An formale (gesetzliche) Festlegungen und öffentliche Rituale, an veröffentlichte Texte, an Statistiken? Auch bei dieser Methode des Vergleichens bleiben Ungewißheit und Ungenauigkeit im wissenschaftlichen Sinne. Ein Vergleich von „Systemen" wird daher immer mit Mängeln behaftet und stets nur der Versuch sein, sich den zu vergleichenden Wirklichkeiten anzunähern.

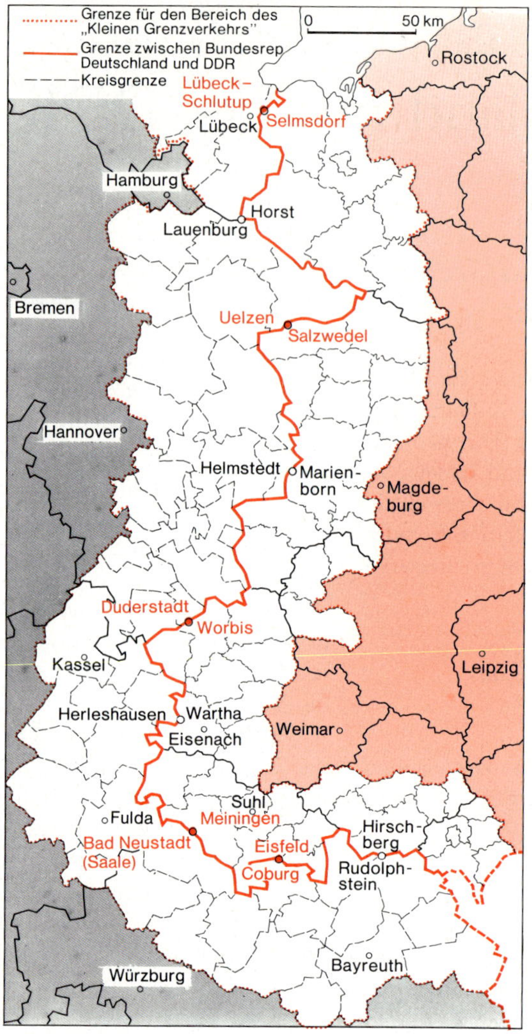

Legend on map:
```
............ Grenze für den Bereich des
            „Kleinen Grenzverkehrs"
——— Grenze zwischen Bundesrep.
     Deutschland und DDR
- - - Kreisgrenze
```
0   50 km

Abb. 118: Die Kreise des „kleinen Grenzverkehrs"
innerhalb Deutschlands

4.10.1.2 Kriterien des Vergleichs auf deutschem Boden

Für den Vergleich zwischen der Bundesrepublik Deutschland und der DDR gelten besondere Bedingungen, die die genannten Probleme teils erleichtern, teils verstärken. Erleichtert wird der Vergleich durch die gemeinsame Ausgangsbasis im Mai 1945. Hier handelt es sich nicht um fremde Nationen und ihre unterschiedliche politisch-staatliche Ordnung. Hier handelt es sich vielmehr um ein bis 1945 einheitliches und ungetrenntes Staatsgebiet, um ein Staatsvolk, das durch zahllose persönliche, familiäre und soziale Verflechtungen auf diesem Gebiet lebt und arbeitet. Wirtschaft, Verkehr, Kommunikation, um nur einige grundlegende Momente zu nennen, wurden ebenso wie die menschlichen und sozialen Verbindungen nach 1945 erst zunehmend

Neuordnung

Bruch

Gemeinsame
Ausgangsbasis

zerrissen, dann in zwei neuen „Systemen" wieder zusammengefügt. Hierbei hat sich die Bundesrepublik Deutschland stets zur deutschen Geschichte und zur Notwendigkeit ihrer gesellschaftlichen und staatlichen Fortentwicklung in der Kontinuität bekannt. Die neue parlamentarisch-rechtsstaatliche Demokratie soll Neuordnung in der Kontinuität sein. Demgegenüber hat die DDR Neuordnung stets als den Bruch mit den gesellschaftlichen und politischen Kontinuitäten der deutschen Geschichte verstanden, auch wenn sie heute zunehmend selbst ausgewählte „fortschrittliche Traditionen" der deutschen Geschichte für sich in Anspruch nimmt (sogar den Reformator Martin Luther). Der 1949 gegründete Staat sollte als ein sozialistischer die Grundlage für humanere, gerechtere, sozialere und friedlichere Verhältnisse und Entwicklungen bilden.

Der gemeinsame Ausgangspunkt und der jeweilige Anspruch, bessere politische und gesellschaftliche Verhältnisse im Vergleich zu früher zu schaffen, vor allem auch eine Entwicklung auszuschließen, die die gemeinsame deutsche Geschichte schon einmal in den moralischen und politischen Abgrund des menschenverachtenden SS-Staates (s. S. 117) geführt hatte, bilden die wichtigste Legitimation für wertende Vergleiche zwischen den heutigen beiden deutschen Staaten.

Aus dem gemeinsamen Wiederbeginn nach 1945 ergibt sich als die zentralste aller Fragen jene nach der Stellung der Menschenrechte und nach dem Respekt aller staatlichen Gewalt gegenüber der Autonomie der Einzelpersönlichkeit. Eine solche Frage kann noch nicht als ein spezifischer Blickwinkel des Grundgesetzes angesehen werden. Sie ergibt sich vielmehr zwingend aus der deutschen Geschichte bis 1945 und den Neuordnungsvorsätzen aller politisch Verantwortlichen der „ersten Stunde", die ja nicht nur einen wirtschaftlichen, sondern vor allem auch einen moralischen Neubeginn und Wiederaufbau schaffen mußten. Die drei wichtigsten Komponenten des Menschenrechts- und Persönlichkeitsschutzes waren:

- ein unabdingbares Recht der Einzelperson auf Schutz vor staatlichen Übergriffen und ihr Anspruch auf Nichtbeteiligung an der Politik (Abwehr eines totalen Anspruches von Staat und Gesellschaft an den einzelnen);
- das unabdingbare Recht auf politische Beteiligung einzelner und ihrer sozialen Gruppen;
- eine ausreichende Gewähr für die Einzelperson, daß sie vor unverschuldeter wirtschaftlicher und sozialer Not geschützt wird.

Diese Komponenten des Freiheitsgedankens hatten im Jahre 1945 als eine Art „historischer Auftrag" an jede staatliche und gesellschaftliche Neuordnung allgemeine Geltung.

Nun ist es zweifellos richtig, daß ein solcher „Auftrag" durchaus unterschiedlich interpretiert werden kann. Deshalb darf der Frage nicht ausgewichen werden, ob und wie sich die beiden 1948/49 auf deutschem Boden entstandenen Staaten diesem gemeinsamen Erbe stellen wollten. Sie haben dies seinerzeit zunächst mit ihren Verfassungen getan, die als Ausdruck ihrer Ziele und als Legitimationsgrundlage für politische Gestaltung angesehen werden müssen. Hier liegt der Grund für die Forderung, einen Vergleich mit einem Vergleich des Verfassungsrechts bzw. der jeweiligen Legitimationsgrundlage, mit der politischen Wirklichkeit in jedem einzelnen der beiden Systeme zu beginnen. Diese systemimmanente Methode wurde mit den beiden Kapiteln dieses Buches über die Bundesrepublik Deutschland und das „Regierungssystem der Deutschen Demokratischen Republik" weitgehend auch für Zwecke eines „Systemvergleichs" verfolgt. Die folgenden Beispiele stellen „systemimmanent" analysierte, wichtige Passagen aus der Darstellung des politischen Systems der Bundesrepublik Deutschland einerseits und der DDR andererseits gegenüber. Sie sind dabei aus ihrem Zusammenhang gerissen worden, um den Unterschied zunächst einmal möglichst knapp aufzuzeigen. Bei der Betrachtung und Diskussion der hier wiedergegebenen Textstellen sollte dieser jeweilige Gesamtzusammenhang wieder mit einbezogen werden. Die Beispiele beziehen sich auf Parlament, Mehrparteiensystem, Gesellschaftliche Vereinigungen, Informationspolitik und die Unabhängigkeit der Rechtsprechung. Weitere ähnliche Beispiele können aus den Kapiteln 4 und 5 ohne Schwierigkeiten selbst zusammengestellt werden. Stets sollten die Möglichkeiten und die Grenzen auch eines solchen Vergleichs mit erörtert werden.

Systemimmanente Methode

Das Parlament: Die freie Oppositionsbildung ist entscheidend

Die Volkskammer umfaßt nach der neuen Verfassung von 1968 500 Mitglieder, die entsprechend der Einheitsliste auf verschiedene Gruppen aufgeteilt sind. Die Berliner Abgeordneten wurden erstmals 1981 in die Direktwahl einbezogen. Seit 1974 gilt nach sowjetischem Vorbild eine Legislaturperiode von fünf Jahren.

Angesichts des Wahlsystems und des Blocksystems handelt es sich bei der Volkskammer um ein Scheinparlament. Jegliche Fraktionsbildung und die Entstehung von Koalitionsregierungen, die einige Parteien in die Opposition verweisen könnten, werden verhindert. Zudem wird die beherrschende Stellung der SED nicht allein aus den Direktmandaten deutlich. Auch die überwiegende Zahl der 165 Abgeordneten von Massenorganisationen gehört der SED an. Ein großer Teil der Abgeordneten sind Vollmitglieder oder Kandidaten des ZK der SED. Alle Politbüromitglieder befinden sich unter den Abgeordneten (S. 303).

Die staatsrechtliche Gewaltenteilung ist durch die Entwicklung der Verfassungswirklichkeit keineswegs aufgehoben worden. Sie wurde jedoch, wie auch im englischen Vorbild, dahingehend modifiziert, daß die politische Willensbildung von einer „neuen", funktionalen Gewaltenteilung bestimmt wird, die dem Typus eines „Parlamentarischen Regierungssystems" eigen ist. Sie drückt sich in der „Integration von Bundesregierung und Bundestagsmehrheit" einerseits, der parlamentarischen Opposition (Bundestagsminderheit) andererseits aus. „Neu" ist hieran, daß „Regieren" eine Aufgabe der Bundesregierung und der sie tragenden Regierungsfraktionen (Bundestagsmehrheit) ist. Ihre „Integration" wird in der Praxis durch das Parteisystem, die Wahl der Regierung aus den die Mehrheit im Parlament bildenden Fraktionen/Parteien heraus sowie dadurch bedingt, daß das Regieren nur auf der Grundlage gesicherter parlamentarischer Mehrheiten für die Gesetzgebung und die Gesamtpolitik möglich ist. Dieser politischen Gruppierung in Parlament und Regierung steht die Minderheit im Parlament, die Opposition, gegenüber. Logisch ist, daß sie vor allem das Recht des Parlaments wahrnimmt, die Regierung und ihre Mehrheit zu kritisieren und zu kontrollieren (S. 218).

„Blocksystem" einerseits

Die Unterwerfung und Gleichschaltung der „Parteien" erfolgt einerseits im Rahmen der „Nationalen Front" (s. S. 300) über das Blocksystem. Andererseits ergibt sich eine weitere Einengung der Selbständigkeit der „Parteien" aus der Übernahme des „Demokratischen Zentralismus" durch sie. Dieses Organisationsprinzip verhindert jegliche Opposition in den unteren Parteigremien, weil die Schlüsselpositionen systematisch mit Vertrauensleuten der SED durchsetzt wurden. Hinzu kommt die staatli-

Mehrparteiensystem andererseits

Die bevorzugten Institutionen politischer Partizipation, politischer Willensbildung auf allen Ebenen der Gesellschaft und des Staates und der Besetzung der Staats- und Regierungsämter sind die politischen Parteien. ...

Ihre zentrale Funktion bei der politischen Organisation einer pluralistischen Massengesellschaft, die ihre repräsentativen Einrichtungen durch Wahlen besetzen will, sowie die geschichtlichen Erfahrungen haben dazu geführt, daß den Parteien, im Geche Parteifinanzierung. So befinden sich die Parteien politisch (Nationale Front), organisatorisch, personell und finanziell in der Hand der SED, die jede selbständige Regung verhindert. Die Vorherrschaft der SED gegenüber anderen Parteien ist damit gesichert, so daß trotz der Existenz mehrerer Parteien de facto ein Einparteisystem mit einer Einparteidiktatur besteht. Diese „Parteien" können nicht als autonome Vertreter von Interessen und Meinungen begriffen werden, obwohl sie sozialistische Produktionsverhältnisse prinzipiell anerkennen. Mit dem fortschreitenden Aufbau einer „sozialistischen Gesellschaftsordnung" und dem Sozialisierungsprozeß in allen Wirtschaftsbereichen wird das Schicksal dieser Parteien aktuell. Allein ihre Existenz macht die vorgegebene politische Homogenität der sozialistischen Gesellschaft fragwürdig. Sie erscheinen ideologisch als Fremdkörper. Dennoch werden den Blockparteien heute wachsende Aufgaben beim Aufbau der entwickelten sozialistischen Gesellschaft zugewiesen (Götting, G. Rechenschaftsbericht 1982). Tatsächlich erfüllt diese Art „Mehrparteiensystem" eine nützliche Funktion in der Außenwirkung des politischen Systems, da es die Existenz von Organisationsfreiheit und Pluralismus der Meinungen vorgibt (S. 299).

gensatz zu den Vereinigungen, in der Verfassung ein eigener und ausführlicher Artikel gewidmet ist. Der Art. 21 GG nennt ihre Funktion untertreibend: „Die Parteien wirken bei der politischen Willensbildung des Volkes mit. Ihre Gründung ist frei." Heute bestimmen die Parteien die staatlich-politische Wirklichkeit, vor allem personalpolitisch durch die Besetzung der politisch verantwortlichen Staatsämter. Die Parteien werden durch die Verfassung – im Gegensatz zu allen Interessenverbänden – ausdrücklich auf eine „innerparteiliche Demokratie" verpflichtet (s. S. 144). Die „Parteienfinanzierung" muß veröffentlicht werden (s. S. 177 f.). Die Parteien werden durch das Grundgesetz auf die freiheitliche demokratische Grundordnung (s. S. 145 f.) verpflichtet. Sie können auf Antrag des Bundestages, Bundesrates oder der Bundesregierung verboten werden (s. S. 146), aber nur durch das Bundesverfassungsgericht (S. 175).

Die Verbände: „Transmissionsriemen" auf der einen, „Pressure Groups" auf der anderen Seite

Ein Charakteristikum des politischen Systems der DDR besteht in der Existenz von „Gesellschaftlichen Organisationen" oder Massenorganisationen. Bei ihnen handelt es sich um Organisationen, die bestimmte gesellschaftliche Gruppen erfassen und für diesen Bereich ein Organisationsmonopol besitzen. Die gesellschaftlichen Organisationen wurden nach dem Vorbild der UdSSR aufgebaut. Dort waren sie unter Lenin als „Transmissionshebel" konzipiert und entwickelt worden mit dem Ziel, der Partei einen Zugang zu den Massen zu verschaffen. So dienen heute die gesellschaftlichen Organisationen auch der SED als Hebel, als Foren für die Verwirklichung der Parteiziele, insbesondere ihrer Mobilisierungs- und Erziehungsziele, in der Gesellschaft. Von den einzelnen Bürgern wird die Mitgliedschaft in einer solchen Organisation als Mindestmaß „gesellschaftlicher" Engagements erwartet. Als „gesellschaftliche Organisationen" gelten in der DDR einmal berufsspezifische Fachverbände (z. B. Schriftstellerverband, Verband für Film- und Fernsehschaffende) sowie Groß- oder Massenorganisationen, die viele gesellschaftliche Gruppen oder Schichten umschließen (z. B. Frauen, Jugend usw.). Als Transmissionshebel für die Politik der SED wurden und werden auch sie entsprechend den jeweiligen Wünschen und Zielvorstellungen der SED nach dem Prinzip des „Demokratischen Zentralismus" organisiert. Während in ihren Satzungen und Programmen ausdrücklich der Führungsanspruch der SED gebilligt wird, sichert eine Reihe von Transmissionen die Durchsetzung des Parteiwillens in den Organisationen (S. 307 f.).

Wenn von den „Interessenverbänden" in der politischen Willensbildung gesprochen wird, dann sind vor allem diejenigen Vereinigungen gemeint, die als dauerhafte Organisationen regelmäßig im Sinne ihrer spezifischen Ziele auf die politischen Institutionen (Regierung, Verwaltung, Parlament, Parteien) einwirken. Typisch ist die Neigung der Verbände, ihr eigenes Interesse zum Interesse der Allgemeinheit zu erklären. Sie wählen dabei auch den Weg über die Massenmedien, um so einen öffentlichen Druck in Richtung auf politische Entscheidungen in ihrem Sinne zu erzeugen. Im übrigen reichen die Mittel der politischen Interessenwahrnehmung von der sachlichen Information (Gutachten) bis zum massiven Druck. Nach dem englischen Wort dafür („pressure") werden deshalb die Interessenverbände vielfach auch als „Pressure Groups" bezeichnet. Von politischen Parteien unterscheiden sich die großen Interessenverbände vor allem dadurch, daß sie sich zwar politischer Mittel bedienen, die Übernahme politischer Verantwortung aber nicht ihr Ziel ist. Die Interessen der Großverbände und Parteien treffen sich z. B. bei einer Wahl. Die Parteien brauchen Fachleute, „kompakte Wählermassen" und finanzielle Unterstützung. Dies alles besitzen die Verbände. Die Parteien eröffnen die Wege zur Gesetzgebung, zur Verwaltung und zur politischen Planung. Die personelle Verflechtung zwischen Parteien und Interessenverbänden ist eng (S. 194).

Information Abhängiger

Die Steuerung einer möglichst homogenen Sprachregelung obliegt der ZK-Abteilung für Agitation und Propaganda. Die Redaktionen zentraler, für die

Information Unabhängiger

Zum Bundeskanzleramt gehört auch das „Presse- und Informationsamt der Bundesregierung" (Bundespresseamt). Das Bundespresseamt hat im Zeital-

ideologische Ausrichtung der Partei besonders wichtiger Organe wie „Einheit" und „Neuer Weg" gehören als ZK-Abteilungen mit ihren Chefredakteuren als Abteilungsleiter zum Apparat des ZK. Für eine einheitliche, auch internationale Nachrichtensteuerung steht der „Allgemeine Deutsche Nachrichtendienst" (ADN) zur Verfügung, der als staatliche Institution dem Weisungsrecht des Ministerpräsidenten unterliegt. Der Chefredakteur von „Neues Deutschland" gehört z. B. als Kandidat dem Politbüro der SED an (S. 311).

ter der Massendemokratie mit allumfassender Öffentlichkeit natürlich eine besondere Bedeutung für die Regierung. Es soll Bundeskanzler und Regierung über alle wesentlichen Vorgänge in der in- und ausländischen Presse informieren, und es soll Sprachrohr der Regierung sein. Der Chef des Bundeskanzleramtes ist einer der engsten Mitarbeiter des Kanzlers. Er nimmt an den Kabinettssitzungen teil und erläutert die Regierungsbeschlüsse auf der „Bundespressekonferenz". Dies ist eine selbständige Einrichtung der Presse in Bonn, keine staatliche (S. 237).

Parteilichkeit und Unabhängigkeit der Rechtsprechung

Der Parteilichkeit der Rechtsprechung kommt insofern erhöhte Bedeutung gegenüber den Normen zu, als ihre Interpretation oft mit veränderten politischen Richtlinien in Übereinstimmung zu bringen ist. Die Richter müssen daher parteilich sein, d. h., sie sollen ihre Funktion gemäß „den Grundsätzen der Verfassung und der Gesetze ausüben, sich für den Sozialismus einsetzen und der Arbeiter- und Bauernmacht treu ergeben" sein. Bei ihrer Wahl durch die jeweiligen Volksvertretungen (Kreis-Bezirkstag, Volkskammer) entscheidet die Auffassung der Partei, so daß Vertrauensleute der SED zu Richtern bestellt werden. Andererseits gewährleistet der „Demokratische Zentralismus" der Gerichtsorganisation eine parteiliche Rechtsprechung. Das Oberste Gericht, dessen Aufgabe darin besteht, eine einheitliche und richtige Gesetzesanwendung durch alle Gerichte zu sichern, ist der Volkskammer, tatsächlich dem Staatsrat verantwortlich (Art. 74 und 93 der Verfassung). Er kann dem Obersten Gericht den Erlaß von Richtlinien und Beschlüssen empfehlen, die alle Gerichte binden. Das Oberste Gericht hat die Parteilichkeit der Rechtsprechung zu sichern (S. 309 f.).

Das Bundesverfassungsgericht ist ein „oberstes" Bundesorgan wie Bundestag und Bundesregierung. Es ist aber kein politisches Organ im Sinne der bisher besprochenen Staatsgewalten. Es gehört zu der rechtsprechenden Gewalt (Art. 92), die allein unabhängigen und nur dem Gesetz unterworfenen Richtern anvertraut ist (Art. 97). Das Bundesverfassungsgericht ist ein Verfassungsorgan und nicht die oberste Spitze aller Bundesgerichte. ...
Die Kontrolle der „Normen" (Gesetze) des Gesetzgebers erstreckt sich auf das verfassungsmäßige Zustandekommen und auf die inhaltliche Übereinstimmung mit dem Grundgesetz. Die Entscheidungen des Bundesverfassungsgerichts haben Gesetzeskraft. Sie werden im Bundesgesetzblatt veröffentlicht und binden alle Verfassungsorgane, Gerichte und Behörden. Das Bundesverfassungsgericht legt also die Verfassung aus, es „interpretiert" mit Gesetzeskraft. Eine solche Interpretation ist notwendig, weil die Verfassungsbestimmungen nur grundsätzliche Aussagen treffen. Deshalb sind sowohl die einzelnen Verfassungsbestimmungen, als auch ihr Zusammenhang auslegungsbedürftig, wenn es um Konkretisierung durch Gesetze und Verwaltungshandeln geht (S. 249 f.).

4.10.2 Vergleich „unter den Wertmaßstäben des Grundgesetzes"

Es wurde schon darauf hingewiesen, daß Vorteile des Systemvergleichs auf deutschem Boden darin liegen, daß es bis zur Kapitulation des Deutschen Reiches 1945 eine gemeinsame Geschichte gibt und daß beide Systeme sich unter dem Gesichtspunkt konstituierten, die Mißachtung der Menschenrechte und Grundfreiheiten in neuen politischen Ordnungen auszuschließen. Daraus folgt, daß es legitim ist, die heutigen Systeme auf deutschem Boden daraufhin zu vergleichen, inwieweit sie den Menschenrechten und dem Respekt aller staatlichen Gewalt gegenüber der Einzelpersönlichkeit, dem Recht auf politische Beteiligung ebenso wie dem Recht auf Nicht-Beteiligung sowie dem Grundsatz sozialer Sicherheit zur Bewahrung persönlicher Freiheit gerecht werden. Eine solche Wertung kann in der politischen Bildung eines Volkes nicht ausgeschlossen werden, das nach gemeinsamer Geschichte in zwei Staaten aufgeteilt wurde.

Die genannten Ideale haben beide politischen Systeme 1948/1949 zur Grundlage ihrer Verfassungsordnung gemacht. Das Grundgesetz wurde seitdem vielfach abgeändert (s. S. 147 f.), die DDR gab sich 1968 eine völlig neue Verfassung (s. S. 291 f.) Ungeachtet derartiger Veränderungen handelt es sich bei den genannten Kriterien um so fundamentale Normen, daß auch geprüft werden muß, inwieweit die abgeänderten bzw. neuen verfassungsrechtlichen Legitimationsgrundlagen der beiden deutschen Staaten den fundamentalen Fragen nach wie vor oder vielleicht sogar besser als 1949 Rechnung tragen. Denn angesichts der unterschiedlichen Funktionen der Verfassungen (s. S. 141 und S. 292) reicht es nicht allein, den Verfassungstext als Maßstab eines wertenden Systemvergleichs heranzuziehen.

Der fundamentalste allgemeine Unterschied zwischen den beiden Deutschen Staaten liegt unter

*Verfassungs-
funktionen*

den hier genannten Gesichtspunkten darin, daß die DDR die freiheitserneuernde Grundlage von 1948/1949 zugunsten einer „Endzielgesellschaft" offen aufgegeben hat. Das Ziel der kommunistischen Gesellschaft ohne Ausbeutung rechtfertigt nach der in der DDR herrschenden marxistisch-leninistischen Staats- und Gesellschaftsdoktrin die Reglementierung oder auch den Ausschluß personaler Freiheitselemente, die als „bürgerliche" Freiheitsvorstellungen offiziell diskreditiert werden (vgl. S. 89 und S. 292).

Vor allem die Zielformulierung der Verfassung von 1968 in der Fassung von 1974 und der bedingungslose Anspruch auf die „führende Rolle der Partei der Arbeiterklasse" charakterisieren die DDR als „Endzielgesellschaft", d.h. als eine Gesellschaft, die alle gegenwärtigen Maßnahmen als notwendig für die Erreichung eines Endziels ausgibt. Der Verfassungstext enthüllt zugleich ihren instrumentellen Charakter:

> *„In Fortsetzung der revolutionären Traditionen der deutschen Arbeiterklasse und gestützt auf die Befreiung vom Faschismus hat das Volk der DDR in Übereinstimmung mit den Prozessen der geschichtlichen Entwicklung unserer Epoche sein Recht auf sozialökonomische, staatliche und nationale Selbstbestimmung verwirklicht und gestaltet die entwickelte sozialistische Gesellschaft. Erfüllt von dem Willen, seine Geschicke frei zu bestimmen, unbeirrt auch weiter den Weg des Sozialismus und Kommunismus ... zu gehen ..."*
>
> (aus der Präambel der DDR-Verfassung)

Dieser Präambel folgt dann in Art. 1. Abs. 1 die Feststellung, daß die DDR ein sozialistischer Staat *„unter der Führung der Arbeiterklasse und ihrer marxistisch-leninistischen Partei"* sei und in Art. 3 die Feststellung, daß die Parteien und Massenorganisationen in der *„Nationalen Front"* alle Kräfte des Volkes zum gemeinsamen Handeln *„für die Entwicklung der sozialistischen Gesellschaft"* vereinigen. So nennt die Verfassung das Ziel und das Machtinstrument zu seiner Verfolgung und ordnet alle weiteren Bestimmungen diesen höheren Werten unter. Der Verfassungstext kann in diesem Fall herangezogen werden, weil er die konkrete und aktuelle Formulierung der herrschenden Ideologie darstellt.

Demgegenüber ist es nicht nur notwendig, auf den fundamental anderen Charakter des Grundgesetzes als einer unverbrüchlichen Festlegung einer rechtsstaatlichen und pluralistisch-demokratischen Ordnung hinzuweisen. Noch wichtiger erscheint in diesem Zusammenhang, über die ge-

nerelle Unterschiedlichkeit hinaus, daß unter den genannten ideologischen und tatsächlichen Prämissen der „Endzielgesellschaft" die obersten Prinzipien der „freieitlichen demokratischen Grundordnung" (s. S. 146) keinen Stellenwert im politischen System der DDR besitzen können. Insbesondere handelt es sich dabei um

- das Recht auf freie Entfaltung der Persönlichkeit
- die Gewaltenteilung
- die Verantwortlichkeit der Regierung
- die Gesetzmäßigkeit der Verwaltung
- die Unabhängigkeit der Gerichte
- die Chancengleichheit für alle politischen Parteien

mit dem Recht auf verfassungsmäßige Bildung und Ausübung einer Opposition.

Damit sind in der DDR zwei der fundamentalen Bestandteile der Neuordnung nach 1945 zugunsten eines „höheren Prinzips", das ständiger machtpolitischer Interpretation bedarf, aufgegeben worden: der unabdingbare Respekt der staatlichen Ordnung gegenüber der Autonomie der Einzelperson (Rechtsstaatsprinzip) und das uneingeschränkte Recht auf politische Beteiligung bzw. Nicht-Beteiligung. Diese Feststellung besagt noch nicht, daß in der Bundesrepublik Deutschland alle diese Grundsätze voll und jederzeit zur Geltung kommen. Sie besagt aber, daß die leitenden Prinzipien des politischen Systems der DDR weder mit den Zielsetzungen der unmittelbaren Nachkriegszeit noch mit den zentralen Wertmaßstäben des Grundgesetzes vergleichbar oder auch vereinbar im Sinne einer Übereinstimmung sind. Eine „Endzielordnung", wie sie das politische System der DDR proklamiert, entzieht sich einer Festlegung auf konkrete individuelle oder politische Werte und macht alle einschlägigen Rechte „abdingbar", denn sie stehen unter dem Vorbehalt der Endzielerreichung. Demgegenüber legt sich das politische System der Bundesrepublik Deutschland durch die gewaltenteilige Staatsorganisation, wechselseitige Kontrollen und Gegengewichte sowie die Unverbrüchlichkeit der Menschen- und Freiheitsrechte konkret fest. Niemand darf es sich erlauben, unter Hinweis auf eine unbestimmte Zukunft konkrete Rechte für abdingbar zu erklären.

Dieser fundamentale Unterschied in der Stellung der Einzelperson hat Auswirkungen auf den dritten für die Autonomie der Person zentralen Bereich neben Rechtsstaat und Demokratie: das Ausmaß der sozialen Sicherung zur Bewahrung oder auch Verwirklichung persönlicher Freiheit, nicht nur im politischen Raum.

4.10.3 Arbeit und soziale Sicherung des einzelnen im Vergleich

Sozialistisches Eigentum
Recht auf Arbeit

Das Zielsystem der DDR gibt der Einzelperson zwar keine unabdingbaren Rechte und uneingeschränkte politische Beteiligungsmöglichkeiten, es macht sie aber dennoch zum Objekt einer umfassenden gesellschaftlichen Umsorgung. Auch in dieser Hinsicht beschreibt die Verfassung das Selbstverständnis. Durch das sozialistische Eigentum an den Produktionsmitteln, sozialistische Produktionsverhältnisse, auf deren Grundlage sich die Volkswirtschaft „gemäß den ökonomischen Gesetzen des Sozialismus" planvoll entwickelt, sei die Ausbeutung des Menschen beseitigt (Art. 2), könne Gleichheit von Mann und Frau gewährleistet (Art. 20), das Recht auf Arbeit (Art. 24), auf Bildung (Art. 25), auf Freizeit und Erholung (Art. 34), Schutz von Gesundheit und Arbeitskraft (Art. 35), auf Fürsorge im Alter und bei Invalidität (Art. 36), auf Wohnraum (Art. 37), garantiert werden.

Demgegenüber kennt das Grundgesetz so gut wie keine „sozialen Grundrechte"; auf sie war ausdrücklich verzichtet worden (s. S. 143). Die Bundesrepublik Deutschland ist nach dem Grundgesetz ein Sozialstaat. Die Ausgestaltung dieses Sozialstaats oder „Sozialen Rechtsstaates" überläßt die Verfassung jedoch weitgehend (s. S. 244 f.) dem Gesetzgeber, der Verwaltung und der Rechtsprechung. Dies ist zweifellos eine Folge des rechtsstaatlichen Bekenntnisses zu den Rechten der Einzelperson und zu deren Schutz vor unbegrenzten wie auch immer motivierten, staatlichen Ansprüchen. Es gibt in der Verfassung primär diesen Rechtsschutz, der in wirtschaftlich relevanten Artikeln eine Sozialbindung enthält und mit dem Sozialstaatsgrundsatz alle staatliche Gewalt auf die Verwirklichung dieses Grundsatzes festlegt. Die Produktivität der sozialen Marktwirtschaft hat den Wohlstand und das soziale Sicherungssystem der Bundesrepublik Deutschland dennoch weitaus umfassender und größer werden lassen als es die DDR-Wirtschaft je vermochte (s. S. 316 ff.). Wie sicher aber ist die soziale Sicherung, sobald sie an ihre Grenzen stößt (s. S. 78 f.), durch Krisen gefährdet ist und keine Verfassungsgarantie dahinter steht? Mit anderen Worten, ist nicht die soziale Sicherung in der DDR größer, weil sie vom Gesamtsystem getragen wird, auch wenn sie nicht das Ausmaß der sozialen Sicherung und des individuellen Wohlstandes in der Bundesrepublik Deutschland angenommen hat?

Sozialer Rechtsstaat

Zur Untersuchung dieser Frage ist es sinnvoll, sich näher mit dem Art. 24 der DDR-Verfassung zu befassen, der zentrale Aussagen über das Arbeits- und Sozialsystem in seiner Verbindung mit dem Wirtschaftssystem enthält und zugleich in seinen Formulierungen als eine Herausforderung an das Grundgesetz verstanden werden kann.

> *„Jeder Bürger der Deutschen Demokratischen Republik hat das Recht auf Arbeit. Er hat das Recht auf seinen Arbeitsplatz und dessen freie Wahl entsprechend den gesellschaftlichen Erfordernissen und der persönlichen Qualifikation ... Gesellschaftlich nützliche Tätigkeit ist eine ehrenvolle Pflicht für jeden arbeitsfähigen Bürger. Das Recht auf Arbeit und die Pflicht zur Arbeit bilden eine Einheit.*
> *Das Recht auf Arbeit wird gewährleistet durch das sozialistische Eigentum an den Produktionsmitteln; durch die sozialistische Leitung und Planung des gesellschaftlichen Reproduktionsprozesses; durch das stetige und planmäßige Wachstum der sozialistischen Produktivkräfte und der Arbeitsproduktivität; durch die konsequente Durchführung der wissenschaftlich-technischen Revolution; durch ständige Bildung und Weiterbildung der Bürger und durch das einheitliche sozialistische Arbeitsrecht."*

Das auch in der Bundesrepublik Deutschland viel diskutierte, jedoch nicht in der Verfassung enthaltene Grundrecht auf Arbeit wird also in der DDR verfassungsrechtlich gewährleistet. Auch wenn die Verfassung nicht den Rechtsrang des Grundgesetzes besitzt, kann kaum bestritten werden, daß der Staat und die Partei in der Lage sind, aufgrund der in Absatz 3 aufgeführten Bedingungen - Partei und Staat verfügen über die Arbeitsplätze - ein solches Recht auch tatsächlich zu gewährleisten. Allerdings muß bei diesem Einverständnis schon der Vorbehalt gemacht werden, daß dem DDR-Bürger sicher nicht „sein" Arbeitsplatz garantiert werden kann. Denn damit würde sich das System der Planung und Lenkung alle Möglichkeiten sinnvoller wirtschaftlicher Umstrukturierungen, den Aufbau neuer produktiver und den Abbau unrentabler Arbeiten und Arbeitsplätze, selbst blockieren.

Es liegt in der Logik des „Endzielsystems" und seiner Führungsmacht, daß es ein „Recht" auf Arbeit nicht an sich geben kann, sondern daß dieses Recht an eine gesellschaftliche Verpflichtung im Sinne des Systems gebunden ist. Diese wird hier formuliert als „gesellschaftliche Bedürfnisse", die von der führenden Partei und ihren Durchführungsorganen definiert werden. Das Recht auf den Arbeitsplatz und die freie Arbeitsplatzwahl sind mithin von politisch definierten „Erfordernissen" abhängig. Hinzu kommt die „persönliche Qualifikation", und es ist gut, an dieser Stelle gleichzeitig zu bedenken, daß die „ständige Bildung und Weiterbildung" der Bürger eine weitere Rahmenbedingung ist, unter denen dieses Recht gewährleistet wird.

Für die Autonomie der Person ist schließlich von entscheidender Bedeutung, daß „Arbeit", die „gesellschaftlich nützlich" sein soll (Abs. 2) eine „ehrenvolle Pflicht" ist. „Das Recht auf Arbeit und die Pflicht zur Arbeit bilden eine Einheit" in der DDR.

Pflicht zur Arbeit

Soziales Netz

„Arbeit" besitzt zweifellos einen hohen Stellenwert im System der DDR. Im „Bericht zur Lage der Nation" von 1972 wird der Unterschied zur Anschauung in der Bundesrepublik Deutschland so umschrieben:

> *„Das Arbeitsrecht der Bundesrepublik kennt keine verbindliche oder auch nur herrschende Auffassung über die Stellung der menschlichen Arbeit im gesamtgesellschaftlichen System. Die individuelle Motivation zur Leistung ist nicht Gegenstand arbeitsrechtlicher Betrachtungen, weil sie dem Bereich individueller Überzeugung zugerechnet wird. Soweit im Arbeitsrecht der Bundesrepublik Überlegungen über die Bedeutung der Arbeit angestellt werden, betreffen sie regelmäßig die Bewertung der Arbeitsleistung sowie die Unterscheidung zwischen selbständiger und unselbständiger Tätigkeit. Das Fehlen einer verbindlichen Staats- und Gesellschaftsideologie führt dazu, die Frage nach dem Sinn der Arbeit nicht normativ zu beantworten, sondern offenzulassen.*
>
> *Das Arbeitsrecht der DDR hingegen geht in der Bewertung der Arbeit von der verbindlichen marxistischen Lehre aus, daß Arbeit die spezifisch menschliche Tätigkeit ist, dasjenige Merkmal, das den Menschen vom Tier unterscheidet. Nur der arbeitende Mensch hat bewußtes Sein und nur der mit Bewußtsein begabte Mensch arbeitet. Arbeit ist zugleich gesellschaftliche Tätigkeit. In der Arbeit tritt der Mensch der Natur als selbständige Macht gegenüber. In seinem Tun verwirklicht und verändert er sich als Gesamtpersönlichkeit.*
>
> *Nach dieser Lehre ist Arbeit unfrei, wenn die Produktionsmittel in Privateigentum stehen, weil der Arbeitende dann zwangsläufig ausgebeutet werde. Innerhalb eines Gesellschaftssystems aber, in dem mit dem Privateigentum an Produktionsmitteln die Ausbeutung beseitigt ist, soll Arbeit Selbstverwirklichung des Menschen sein."*

Sinn der Arbeit

Demokratische Lösungssuche

Ideologie, sozialistische Produktionsverhältnisse und die führende Rolle der Partei bei der Verwirklichung des Weges zum Sozialismus und Kommunismus sind also die Voraussetzung des Rechts auf Arbeit. Die DDR kann überdies tatsächliche Arbeitslosigkeit „verstecken", indem sie den Betrieben die Weiterbeschäftigung vorschreibt. Dies trägt dann wieder zu mangelnder Produktivität der Betriebe bei.

Aus dem Wertesystem des Grundgesetzes heraus sind derartige Rahmenbedingungen und Voraussetzungen unmöglich. Das Wertesystem des Grundgesetzes setzt auf die Autonomie der Person, ohne zu übersehen, daß sie aus sich heraus heute diese Autonomie nicht mehr voll wahren kann ohne öffentliche Sicherungen („ein soziales Netz"), die Schutz vor den Risiken der Arbeitslosigkeit, der Krankheit, Invalidität und des Alters – um die wichtigsten zu nennen – bieten. Dieses Wertesystem gibt dem Staat eine „Auffangfunktion" (Bull). Es folgt damit auch hier dem „Subsidiaritätsgedanken", der ja Eigenleistung und gestufte Hilfe von außen zu verbinden sucht.

Dieses Wertesystem verlöre seine Legitimität gegenüber den Menschen, würde die Politik die Einzelperson aus einer falsch verstandenen Autonomievorstellung heraus sich selbst überlassen. Ein frühliberales „Laissez-faire"-System wäre in der Bundesrepublik Deutschland nicht legitim.

Niemand kann mehr existieren ohne den gesellschaftlichen Bezug, der das Arbeiten-Können und das bei Krankheit und im Alter Gesichert-Sein einschließt. Im Vergleich mit der DDR hat der Bürger der Bundesrepublik Deutschland keine Rechtsgarantien, daß er immer einen Arbeitsplatz finden kann.

Dies ist jedoch sozusagen der Preis für eine stabile Rechtsordnung, die den Bürger als Person unabdingbar respektiert und alle, staatliche Einrichtungen, gesellschaftliche Organisationen, die Wirtschaft, aufruft, die notwendigen Sicherungssysteme auf demokratischem Wege zu schaffen und auszubauen.

Dieser grundsätzliche Systemvergleich, der hier in einen Vergleich der Beschäftigungssituation und der sozialen Sicherung des einzelnen einmündete, kann auch auf weitere wichtige gesellschaftliche Bereiche angewandt werden, z.B. auf die Stellung der Frauen in der Gesellschaft, die Bildungschancen für alle oder die Rolle der Familien in der Erziehung.

5 Das Regierungs-System der DDR

Hannelore Horn

Im Mittelpunkt der Analyse eines jeden Regierungssystems steht die Untersuchung von Formen, Methoden und dinglicher Substanz politischer Machtgewinnung, Machtausübung und Machterhaltung. Allen Regierungssystemen ist gemeinsam, daß sie Teil und Ausdruck ihres jeweiligen gesellschaftlichen Umfeldes sind. Dieses Umfeld wird inbesondere von der Sozialstruktur der Bevölkerung geprägt, von den geographischen und ökonomischen Bedingungen des Staates, von seinen historischen Voraussetzungen und Entwicklungen und nicht zuletzt von äußeren Bedingungen. Das Ziel aller Politik und allen Regierens ist darauf gerichtet, dieses Umfeld zu gestalten. Unabhängig vom Typ des Regierungssystems hält aber jedes Umfeld Kräfte und Bedingungen bereit, die geeignet sind, den jeweiligen Erfolgsgrad solch politischen Wirkens zu beeinflussen bzw. zu bestimmen. Ein – oftmals beklagter – politischer Pragmatismus der Regierenden besitzt hier seine Wurzeln, auch im Regierungssystem der DDR.

273

5.1 Grundlagen

5.1.1 Sozialstruktur der Bevölkerung

*Flucht-
bewegung*

Die Bevölkerungszahl der DDR ist seit ihrem Bestehen ständig gesunken, und zwar von 18,8 Mill. (1949) auf 16,73 Mill. (1981)[1]. Eine starke Fluchtbewegung in den vierziger und fünfziger Jahren war die Hauptursache für diese Abnahme. Sie vollzog sich bis zum Bau der Mauer in Berlin 1961 je nach den Graden politischer Repressionen wellenartig; insgesamt verließen ca. 3 Mill. Menschen das Gebiet der DDR (s. S. 290). Der überaus hohe Anteil junger Menschen unter den Flüchtlingen sowie besonders schwierige Lebensumstände in der DDR ließen zudem die Geburtenrate ständig sinken, so daß eine extrem ungünstige Altersstruktur der Bevölkerung entstand. So geriet die DDR seit 1969 in eine Situation, in welcher die Sterberate die Geburtenrate überflügelte. Erst seit 1977 gelang es durch eine großzügige Sozialpolitik zugunsten der Mutterschaft (z. B. Prämie von 1000 M bei der Geburt eines Kindes, lange Freistellungszeiten für die berufstätigen Frauen), dieser Entwicklung Einhalt zu gebieten, die sinkenden Geburtenraten zu stoppen und die Bevölkerungszahl annähernd zu stabilisieren.

Damit hat gegenwärtig die Bevölkerungsentwicklung der DDR erstmals eine Normalisierung erfahren, mit den entsprechenden Herausforderungen an staatliche Sozial- und Wirtschaftspolitik. Während z. B. der Rückgang der Bevölkerungszahl erheblich dazu beitrug, in der Vergangenheit der Wohnraumversorgung weniger Bedeutung beizumessen, muß ihr nun durch eine Intensivierung der Wohnungsbaupolitik mehr Aufmerksamkeit gewidmet werden. Der aus der Überalterung stammende Arbeitskräftemangel wandelt sich in einer sich verjüngenden und wachsenden Bevölkerung zu einem wachsenden Angebot an Arbeitskräften, da die Zahl der Bevölkerung im arbeitsfähigen Alter zunimmt (1970 57,9%, 1981 63,4%). Dies macht eine Umorientierung in der Arbeitsplatzpolitik und damit bei Investitionsentscheidungen erforderlich. Hinzu kommen zunehmende Konsumforderungen, denen in der Versorgungswirtschaft Rechnung getragen wer-

Arbeitskräfte

*Bevölkerungs-
struktur*

[1] Alle Angaben nach dem Statist. Jb. der DDR 1982; ausgenommen die Zahlen, die nur in älteren Jahrgängen erschienen.

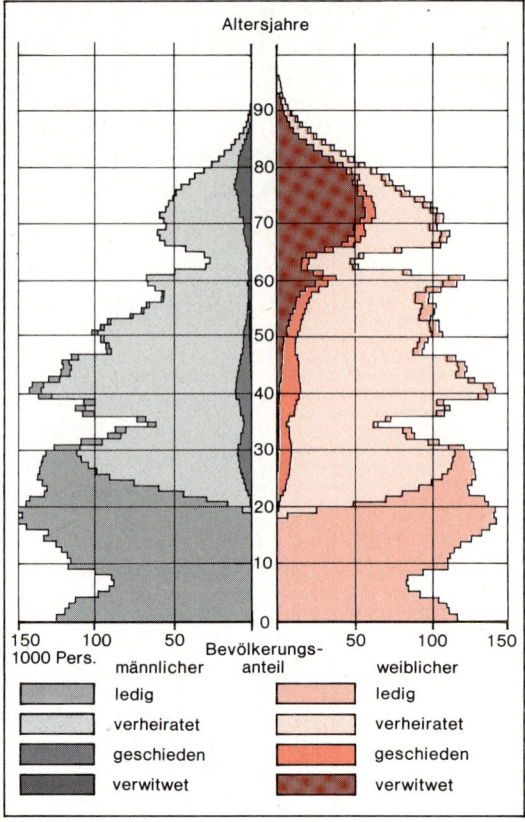

Aus: Stat. Jb. 1982

Abb. 119: Die Bevölkerungs„pyramide" der DDR spiegelt die Lebensverhältnisse und die Fluchtbewegungen wider (aus: Stat. Jb. der DDR 1982)

den muß. In politischen Bereichen hatte die Flucht aktiver und opponierender Bürger politischen Konformismus gefördert. Das Heranwachsen einer neuen und im Lande gebundenen Generation fordert zunehmend die Fähigkeit der Regierenden, Konflikte in der Gesellschaft zu erkennen, entsprechend ihren Systeminteressen zu kanalisieren und zu lösen.

Über die Hälfte der heutigen Bevölkerung wurde nach dem II. Weltkrieg geboren. Nationalitätenprobleme gibt es in der DDR nicht, da die Bevölkerung – bis auf eine sorbische Minderheit – ethnisch nahezu homogen ist. Die Bevölkerungsstruktur weist alle Merkmale einer entwickelten Industriegesellschaft auf. Die Hälfte der Bewohner lebt in städtischen Ballungsgebieten, d. h. in Städten mit über 20 000 Einwohnern, zu 65% in Städten mit über 5000 Einwohnern. Nur ca. 15% der Bewohner leben in Landgemeinden mit unter 1000 Einwohnern. Die Bevölkerungsdichte betrug 1981 154 E./km[2] (Bundesrepublik Deutschland 247). Am schwächsten ist der landwirtschaftlich geprägte Norden besiedelt, am stärksten der industrialisierte Süden. So leben im Bezirk Neu-

Anteil der Bevölkerung im arbeitsfähigen und nichtarbeitsfähigen Alter an der Wohnbevölkerung nach Bezirken

	Von 100 der Wohnbevölkerung waren				Auf 100 Personen im arbeitsfähigen Alter kamen … Personen im nichtarbeitsfähigen Alter		
	im arbeits-fähigen Alter	im nichtarbeitsfähigen Alter					
		Insges.	Kinder	im Ren-tenalter	Insges.	Kinder	im Ren-tenalter
1939	67,5	32,5	21,4	11,1	48,1	31,6	16,5
1946	63,1	36,9	23,9	13,0	58,6	38,0	20,6
1950	64,1	35,9	22,1	13,8	56,1	34,5	21,6
1960	61,3	38,7	21,0	17,6	63,0	34,3	28,7
1970	57,9	42,1	22,6	19,5	72,7	39,1	33,7
1975	59,7	40,3	20,6	19,6	67,4	34,5	32,9
1980	63,2	36,8	18,9	17,9	58,2	29,9	28,3
30. Juni 1981	63,4	36,6	18,8	17,7	57,7	29,7	28,0

Aus: Stat. Jhrb. d. DDR 1982, S. 346

Anteil der Wirtschaftsbereiche an den Berufstätigen

Wirtschaftsbereich	1950	1960	1970	1980	1981
	Prozent				
Industrie	29,2	36,0	36,8	38,0	38,1
Produzierendes Handwerk	8,3	5,4	5,2	3,2	3,1
Bauwirtschaft	6,5	6,1	6,9	7,1	7,0
Land- und Forstwirtschaft	27,9	17,0	12,8	10,7	10,7
Verkehr	6,3	7,2	5,8	5,8	5,8
Post- und Fernmeldewesen			1,7	1,6	1,6
Handel	9,4	11,6	11,0	10,3	10,2
Sonstige produzierende Zweige	12,5	1,2	2,3	3,2	3,2
Nichtproduzierende Bereiche		15,5	17,5	20,1	20,3
Zusammen	100	100	100	100	100

Aus: Stat. Jhrb. d. DDR 1982, S. 101

„Intelligenz"

brandenburg die wenigsten Menschen (57 E./km²), im Bezirk Karl-Marx-Stadt die meisten (320 E./km²). 10,7% aller Beschäftigten arbeiten – seit 1980 bei absolut steigenden Zahlen – in der Landwirtschaft, hingegen 48,2% (1982 4 Mill.) in der Industrie, der Bauwirtschaft und im Handwerk. Auf der anderen Seite nimmt der Dienstleistungssektor als Betätigungsfeld ständig zu (1960 35,5%, 1981 37,9%).

Jeder Industrialisierungsprozeß hat zur Folge, daß die Zahl der Arbeiter, d.h. der vorwiegend mit manueller Tätigkeit Beschäftigten, später abnimmt. Es ist daher kein Zufall, daß für eine Strukturierung der Bevölkerung nach Kriterien marxistischer Klasseneinteilung keine offiziellen Angaben vorliegen. Zwar wird vorgegeben, die *Arbeiterklasse* sei die stärkste Klasse in der DDR. Die veröffentlichten Daten fassen aber Arbeiterschaft und Angestellte, zu denen auch die „Schicht" der Intelligenz gezählt wird, zusammen und bleiben folglich für eine politikwissenschaftliche Analyse kaum aussagekräftig (s. S. 275).

Offizielle Angaben über die Zahl der „Intelligenz" liegen nicht vor. Ein großer Teil von ihnen gehört sicher zu den 534500 Beschäftigten im Bildungs- und Ausbildungsbereich sowie in Kultur und Kunst (82500); hinzu kommen 34626 Ärzte, Zahnärzte (10093) und Apotheker (4693). Von besonderer politischer Bedeutung dürften allerdings die unbekannte Zahl der im politischen Sektor, d.h. in Staat und gesellschaftlichen Organisationen beschäftigten „Intelligenz" sein sowie die 517600 „in der sozialistischen Wirtschaft" Beschäftigten mit Hochschulabschluß. In ihren Händen befinden sich im allgemeinen die entscheidenden Leitungsfunktionen, die in Partei, Staat, Gesellschaft und Wirtschaft zu vergeben sind und mit denen direkt oder indirekt politisches Gewicht, die Chance politischer Einflußnahme und Interessenwahrnehmung verbunden sind.

Über das Ausbildungsniveau der Gesamtbevölkerung liegen keine Angaben vor. Insgesamt ist aber von einer stetigen Verbesserung auszugehen.

275

Beschäftigtengruppe	Berufstätige						
	1955	1981	1955	1960	1970	1980	1981
	1 000		Prozent				
Berufstätige (einschließlich Lehrlinge)	8 188,0	8 763,1	100	100	100	100	100
Arbeiter und Angestellte (einschließlich Lehrlinge)	6 415,9	7 831,8	78,4	81,0	84,5	89,4	89,4
Mitglieder von Produktions- genossenschaften	192,8	752,2	2,4	13,8	12,3	8,5	8,6
Komplementäre und Kommissionshändler	—	26,0	—	0,5	0,5	0,3	0,3
Übrige Berufstätige	1 579,2	153,1	19,3	4,8	2,8	1,8	1,7
darunter:							
Einzelbauern und private Gärtner ..	1 028,9	6,1	12,6	0,4	0,1	0,1	0,1
Private Handwerker	320,0	111,4	3,9	2,8	1,7	1,3	1,8
Private Groß- und Einzelhändler ...	148,3	11,8	1,8	0,8	0,3	0,1	0,1
Freiberuflich Tätige	33,9	11,1	0,4	0,3	0,2	0,1	0,1

Aus: Stat. Jhrb. d. DDR 1982, S. 100

Bildungswesen

In der Volkswirtschaft sind folglich Arbeitsplätze mit entsprechenden Qualifikationsvoraussetzungen zu schaffen. Die Hochschulreife wird nach zwölf Schuljahren erworben. Unter den „Berufstätigen in der sozialistischen Wirtschaft" besaßen 1961 nur 2,18%, 1979 aber schon 6,5% und 1981 6,84% einen Hochschulabschluß. Nicht minder stark weitete sich der Anteil Berufstätiger mit Fachschulabschluß aus. Er stieg von 3,9% (1961) auf 12,39% (1981). 1,45 Mill. Berufstätige verfügten 1981 über einen Hoch- oder Fachschulabschluß. Die Aufwendungen für das gesamte Bildungswesen wurde seit 1950 nahezu verneunfacht (1,136 Mrd. Mark 1950 zu 10,605 Mrd. Mark 1981) und für kulturelle Belange mehr als versiebenfacht. Um einer Überversorgung der Volkswirtschaft an Berufstätigen mit Hochschulausbildung entgegenzuwirken, wurden seit den siebziger Jahren der Zugang zu den Hochschulen erheblich erschwert und die Zahl der Hochschüler reduziert, so daß seitdem die Zahl der Hochschulabschlüsse erheblich sinkt. Eine ähnliche Entwicklung vollzog sich auch bei den Fachschülern, so daß von einer Umorientierung der Ausbildungspolitik auf Kosten der Chance zu höherer Qualifikation entsprechend den Bedürfnissen der Volkswirtschaft ausgegangen werden muß. Ob und inwieweit sich daraus sozialer und politischer Sprengstoff entwickelt, muß die Zukunft erweisen.

Der Anteil Berufstätiger (einschließl. Lehrlingen) an der Gesamtbevölkerung ist mit 52,36% (1981) außerordentlich hoch (Bundesrepublik Deutschland 41,6%). Daran hat die Berufstätigkeit der

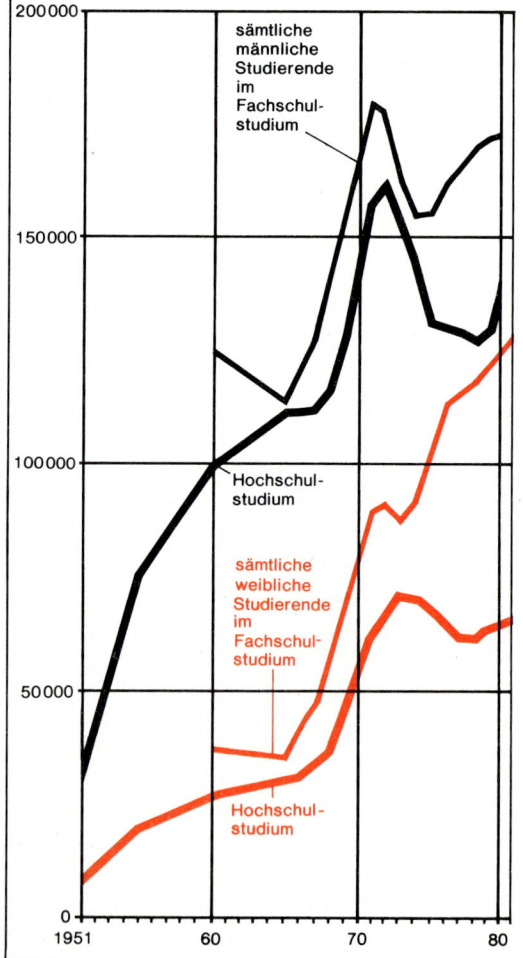

Nach: Stat. Jhrb. DDR 1982, S. 298f.

Abb. 120: Der Zugang zum Hochschulstudium wird geplant

Jahr	Weibliche Berufstätige bzw. weibliche Lehrlinge					
	Insgesamt	Eigentumsformen			Staatliche Beteiligung oder Kommissionsvertrag	Privat
		Sozialistisch				
	1000	Insgesamt	Volkseigen	Genossenschaftlich		
Berufstätige (ohne Lehrlinge)						
1955	3 395,6	1 890,1	1 637,7	252,4	—	1 505,5
1960	3 456,4	2 773,4	2 059,7	713,7	201,7	481,2
1965	3 580,8	2 953,7	2 206,7	747,0	247,9	379,2
1970	3 749,7	3 162,4	2 461,8	700,6	264,1	323,1
1975	3 945,6	3 701,1	3 110,4	590,7	35,9	208,6
1978	4 065,7	3 843,5	3 259,7	583,8	34,3	187,9
1979	4 101,9	3 882,6	3 298,9	583,8	33,7	185,6
1980	4 105,9	3 891,8	3 310,1	581,7	33,1	180,9
1981	4 127,3	3 914,1	3 332,7	581,4	33,0	180,2
Selbständig Erwerbstätige und mithelfende Familienangehörige						
1955	760,1	—	—	—	—	760,1
1960	157,5	—	—	—	18,3	139,2
1965	131,4	—	—	—	20,3	111,1
1970	101,5	—	—	—	18,9	82,6
1975	78,7	—	—	—	15,0	63,8
1978	71,0	—	—	—	14,7	56,3
1979	73,2	—	—	—	15,0	58,2
1980	70,7	—	—	—	14,6	56,1
1981	70,1	—	—	—	14,5	55,6
Lehrlinge						
1955	179,8	129,2	105,0	24,2	—	50,5
1960	120,6	100,3	79,1	21,2	2,8	17,4
1965	176,3	156,3			7,0	13,0
1970	200,5	185,6	161,0	24,6	6,4	8,6
1975	196,2	191,8	167,8	24,1	0,2	4,2
1978	216,7	212,4	184,5	27,8	0,3	4,1
1979	215,6	211,2	183,2	28,0	0,2	4,2
1980	212,0	207,5	179,0	28,5	0,2	4,3
1981	201,1	196,4	169,5	26,9	0,2	4,5

Aus: Stat. Jhrb. d. DDR 1982, S. 104

Frauen-Berufstätigkeit

Frauen einen besonderen Anteil. Als Folge des II. Weltkrieges und der Fluchtbewegung stellen die Frauen mit 53 % (1981) zwar einen stetig sinkenden, aber noch immer ungewöhnlich hohen Teil der Gesamtbevölkerung (52,2 % in der Bundesrepublik Deutschland). Nahezu die Hälfte aller Berufstätigen (1981 49,3 %) sind Frauen (in der Bundesrepublik Deutschland 37,2 %). Von den 5,25 Mill. Frauen im arbeitsfähigen Alter (15–60 Jahre) waren 1981 82,2 % (4,32 Mill.) berufstätig. Die Berufsausbildung erfolgte in der DDR ohne offene Benachteiligung von Frauen. Während sie 1960 nur ca. 25 % aller Hochschüler ausmachten, stellten sie 1981 nahezu die Hälfte (48,8 %). Weit überproportional sind Frauen heute im Fachschulstudium vertreten (72,7 %), nachdem sie 1960 daran nur mit 25 % beteiligt waren. Die traditionelle Berufstätigkeit der Frauen in nichtproduzierenden Bereichen (Handel, Volksbildung, Kultur, Gesundheit usw.) ging allmählich zurück. Von den in der Industrie Beschäftigten sind bereits 42,86 % Frauen.

Der hohen Integration von Frauen in das Berufsleben entspricht keine vergleichbare Integration in das politische Leben. Zwar sind Frauen in gesellschaftliche und staatliche Organe mit hohen repräsentativen Charakter einbezogen, in den eigentlichen politischen Entscheidungsgremien tauchen sie aber kaum auf. Die Doppelbelastung zwischen Haushalt und Beruf dürfte an dieser Situation nicht unerheblich beteiligt sein.

5.1.2 Geographische und wirtschaftliche Bedingungen

Die DDR ist mit 108 180 km² ein kleines Land, das alle Chancen für eine gute Überschaubarkeit wirtschaftlicher und gesellschaftlicher Entwicklungen bietet. Die insbesondere im Norden liegende landwirtschaftlich genutzte Fläche beträgt 59%; Wälder bedecken 27% des Landes.

Bodenschätze Bodenschätze (Braunkohle, Erdgas, Eisenerz, Buntmetalle) finden sich im wesentlichen im Süden, so daß sich auch die Industrie vornehmlich in dieser Region angesiedelt hat. Die Bodenschätze reichen aber bei weitem nicht aus, um den Bedarf des hochindustrialisierten Landes an Rohstoffen zu decken. Damit hängt die industri-

Importe elle Entwicklung in hohem Maße von Importen ab, während es die potentiellen natürlichen agrarischen Bedingungen erlauben, den Bedarf an Grundnahrungsmitteln aus der einheimischen Produktion zu decken und landwirtschaftliche Erzeugnisse zu exportieren.

Das in der DDR produzierte Nationaleinkommen (1981 195 800 Mrd. Mk.) hat sich seit 1949 mehr als versechsfacht. Diese Entwicklung ist im

Produktions- wesentlichen auf das Wachstum der Produktion
wachstum im industriellen Sektor zurückzuführen. Zusammen mit dem Handwerk erfuhr diese seitdem eine Steigerung um etwa das 7,5-fache. Demgegenüber hat sich die land- und forstwirtschaftliche Produktion nur knapp verdoppelt. Da gegenwärtig in der Landwirtschaft nur mehr ca. 10% der Beschäftigten tätig sind (USA 4,4%), kann weder die Industrie mit einem nennenswerten Zustrom von Arbeitskräften aus diesem Wirtschaftssektor rechnen, noch kann die Landwirtschaft durch den Einsatz von mehr menschlicher Arbeitskraft ihre Produktion wesentlich erhöhen. Industrie und Landwirtschaft befinden sich also in einer Entwicklungsphase, die beiden Sektoren Produktionssteigerungen nur durch hohen Kapitaleinsatz für Rationalisierung oder effizientere

Ratio- Produktionsverfahren ermöglicht.
nalisierung An der industriellen Bruttoproduktion ist zu etwa einem Viertel (1949 16%) der Maschinenbau beteiligt, der wichtigste traditionelle industrielle Sektor, der bereits bei der Gründung der DDR bestand und seitdem eine kontinuierliche Ausweitung erfuhr. Das gilt auch für die chemische Industrie (1949 12%, 1981 16%). Am stärksten, nahezu verdreifacht, konnte der Anteil der Produktion elektrischer oder elektrotechnischer Erzeugnisse werden, der heute 10% (1949 nur 4%) der industriellen Bruttoproduktion ausmacht. Demgegenüber sank der Anteil der Leichtindustrie (ohne Textilindustrie) von 16 auf 10% der Bruttoproduktion.

Diese strukturelle Entwicklung und Gewichtsverschiebung industrieller Sektoren innerhalb der Gesamtvolkswirtschaft deuten auf eine gewisse
Konsum Vernachlässigung konsumorientierter Bereiche

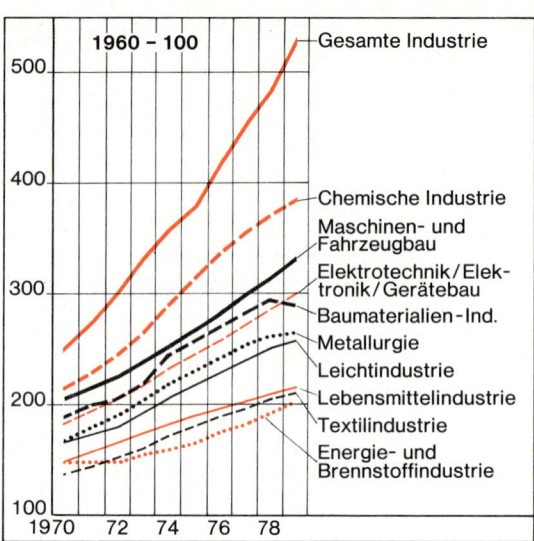

Abb. 121: Die strukturelle Entwicklung und Gewichtung industrieller Sektoren wird geplant

hin. Die offiziellen Angaben weisen zwar auch hier auf beachtliche Produktionssteigerungen in Einzelbereichen (z.B. 5,1-fache in der Textil-, 6,4-fache in der Lebensmittelindustrie) sowie auf eine Vervierfachung des Netto-Geldeinkommens der Bevölkerung seit 1950 hin. Die Sparguthaben der Bevölkerung steigen ständig, und die Preise von Grundnahrungsmitteln und Verkehrstarifen werden durch Subventionen in Höhe von 10% der Ausgaben des Staatshaushaltes niedrig gehalten (1981 20,3 Mrd. Mark). Das Alltagsleben in der DDR ist aber von Versorgungsschwierigkeiten und Mängeln geprägt, obwohl ein höherer Lebensstandard seit Jahren an erster Stelle der offiziellen Prioritätenliste der politischen Führung steht. Dieses Ziel wurde sogar in der Verfassung verankert.

> *„Die weitere Erhöhung des materiellen und kulturellen Lebensniveaus des Volkes auf der Grundlage eines hohen Entwicklungstempos der sozialistischen Produktion, der Erhöhung der Effektivität, des wissenschaftlich-technischen Fortschritts und des Wachstums der Arbeitsproduktivität ist die entscheidende Aufgabe der entwickelten sozialistischen Gesellschaft.“*
>
> (aus Art. 2 Abs. 1 der Verfassung der DDR von 1974)

Wie die Praxis zeigt, stehen seiner konsequenten und schnellen Verwirklichung aber eine Fülle von Hindernissen entgegen. Als eine Hypothek der Vergangenheit fällt sicher die Fluchtbewegung, insbesondere auch der Landbevölkerung ins Gewicht, weil sie zu einem jahrelangen extre-

Rentner

Wichtige Ausgabenposten im Staatshaushalt der DDR 1981 (insges. 167,2) in Mrd. Mark

Verteidigung	10,2
Öffentl. Sicherheit, Rechtspflege, Grenzsicherung	3,9
Stützung der Preise für Waren des Grundbedarfs und Tarife	20,3
Sozialversicherung	29,6
Bildung	10,0
Gesundheits- und Sozialwesen	10,0
Kosten für Wohnungswesen	8,3

(Neues Deutschland v. Juli 1982)

wohl auch ihre Anzahl beträchtlich erhöht worden ist. Die Rentner blieben trotz mehrerer Rentenerhöhungen unangemessen hinter der allgemeinen Einkommensentwicklung zurück. Unter diesen Umständen muß gefragt werden, welche Verantwortung dem Wirtschaftssystem und der Wirtschaftsordnung hierfür zukommt (s. S. 312–317).

5.1.3 Grundlegung einer neuen politischen Ordnung

Das Regierungssystem der DDR ist – in weit höherem Maße als das der Bundesrepublik Deutschland – auch ein Produkt der Besatzungsmacht. Hervorgegangen aus einer der vier Besatzungszonen, welche die gegen Deutschland kämpfenden Alliierten für die Nachkriegszeit vereinbart hatten, unterlag die gesamte Entwicklung der 1949 gegründeten DDR primär dem Gestaltungswillen der Sowjetunion.

Mit der sich abzeichnenden militärischen Niederlage des nationalsozialistischen Deutschland hatte sich für jede Siegermacht das Problem der Besatzungspraxis in der von ihr zu besetzenden Zone ergeben. Das Potsdamer Abkommen, das erst Anfang 1945 vereinbart wurde, legte dann zwar Richtlinien für die Besatzungspolitik fest. Diese bezogen sich aber in erster Linie auf die Liquidierung des militärischen Potentials und nationalsozialistischer Erscheinungsformen auf allen Ebenen, während die Ordnung des neu zu gestaltenden Deutschland gar nicht oder nur punktuell berührt wurde. Einigkeit bestand darin, daß das politische Leben auf „demokratischer Grundlage" aufgebaut werden sollte, mit Rede-, Presse- und Religionsfreiheit, ohne allerdings die Postulate inhaltlich genauer zu definieren.

Reparationen

men Mangel an qualifizierten Arbeitskräften führte. In gleicher Weise wirkten Reparationen in Höhe von ca. 60 Mrd. Mark. Sie entstanden, weil die Sowjetunion ihre Reparationsansprüche durch Demontage, Entnahmen aus der laufenden Produktion und durch Entzug von Arbeitskräften in ihrem Einflußbereich zu befriedigen suchte. Schwierigkeiten im Wirtschaftsleben der Gegenwart (z. B. relativ niedrige Arbeitsproduktivität, langsame Durchsetzung neuer Technologien, Verteilungsmängel) können aus diesen Belastungen aber immer weniger erklärt werden.

Sozialpolitik

Dies gilt auch für negative Erscheinungen im sozialen Bereich. Hier wurden entsprechend den offiziellen Angaben beachtliche Leistungen erbracht. So erhöhten sich die jährlichen Aufwendungen für das Gesundheits- und Sozialwesen seit 1950 von 1,39 Mrd. auf 3,320 Mrd. Mark 1981. Die Aufwendungen für die Sozialversicherung und für Renten waren 1981 siebenmal so groß wie 1950. Die jährlichen öffentlichen Ausgaben für Wohnungsbau und -verwaltung stiegen im letzten Jahrzehnt um das Dreifache. Dennoch gibt es z. B. Schwierigkeiten bei einer geregelten und schnellen ärztlichen Versorgung, erhebliche Wohnungsnot, außerordentliche Schwierigkeiten bei der Beschaffung von Ferienplätzen usw., ob-

Renten der Sozialversicherung der Arbeiter und Angestellten

Jahr	Altersrenten		Invalidenaltersrenten		Invalidenrenten	
	Anzahl der Renten	Durchschnittsbetrag je Rente	Anzahl der Renten	Durchschnittsbetrag je Rente	Anzahl der Renten	Durchschnittsbetrag je Rente
		Mark		Mark		Mark
1960	1 181 024	152,25	396 492	136,16	300 320	145,68
1965	1 397 033	172,92	420 791	141,41	265 364	163,06
1970	1 584 375	199,17	527 772	166,21	213 933	210,31
1975	1 911 938	258,28	505 307	226,28	215 603	264,42
1980	1 885 417	342,51	426 412	312,88	227 343	341,01
1981	1 880 358	342,56	409 583	313,50	231 492	342,85

Aus: Stat. Jb. der DDR 1982, S. 342

Besatzungs-
macht

Kommunisten:
Schlüsselrolle

„Gruppe
Ulbricht"

Aber selbst bei der Existenz detaillierter Verfahrensregeln wäre es aus der Natur der Sache erklärlich und verständlich, daß jede Besatzungsmacht ihr Verhalten an den eigenen Erfahrungen und Wertvorstellungen ausrichtete, die in der politischen und gesellschaftlichen Wirklichkeit ihres Heimatlandes wurzelten. Damit erübrigt sich zunächst die Frage, ob die sowjetische Besatzungsmacht von vornherein die Errichtung eines sozialistischen deutschen Teilstaates oder Gesamtstaates angestrebt hat. Als Tatsache kann vorausgesetzt werden, daß auch die sowjetische Regierung ihre Besatzungspolitik an ihren politischen Wertvorstellungen orientierte und nur Personen ihres Vertrauens mit Schlüsselpositionen betraute. Das konnten aber nach Lage der Dinge nur Kommunisten sein, so daß von daher eine kommunistische Entwicklung in der sowjetischen Besatzungszone angelegt war, die sich auch in der entsprechenden Interpretation des Potsdamer Abkommens ausdrückte.

Sehr schnell nach dem Ende des II. Weltkrieges in Europa wurden in der sowjetischen Besatzungszone die Grundzüge einer Besatzungspolitik erkennbar, die sich als Bausteine für den Aufbau einer neuen politischen Ordnung erweisen sollten.

5.1.3.1 Personalpolitische Weichenstellung

Die ersten, für die zukünftige Entwicklung entscheidenden Schritte waren personeller Art. Die sowjetische Besatzungsmacht bemühte sich einerseits, möglichst viele exekutive Funktionen in die Hand Deutscher zu legen, die als Gegner des nationalsozialistischen Regimes galten. Andererseits behielt sie den Kommunisten unter ihnen Schlüsselrollen vor. Bei diesen Kommunisten handelte es sich insbesondere um Personen, die vor oder während des Krieges in die Sowjetunion geflohen und dort für ihre Aufgabe in einem besiegten Deutschland vorbereitet worden waren. Noch vor dem offiziellen Kriegsende kehrte am 30. 4. 1945 die erste Gruppe von zehn Kommunisten nach Deutschland zurück. An der Spitze dieser wohl berühmtesten Kommunistengruppe „der ersten Stunde" in Deutschland stand Walter Ulbricht, ein ehemaliger kommunistischer Reichstagsabgeordneter. Diese „Gruppe Ulbricht" brachte detailliert vorbereitete, fest umrissene Aufgaben für die Politik im besiegten Deutschland mit. Weitere Gruppen folgten („Gruppe Ackermann", „Gruppe Pieck"). Diese Gruppen begannen, die deutsche Verwaltung neu zu organisieren. Dabei vergaben sie Schlüsselpositionen (Polizei, Personal, Bildung) an Kommunisten, während politisch weniger wichtige Funktionen auch „bürgerlichen Antifaschisten" übertragen wurden.

Die eindeutige personelle Weichenstellung zugunsten kommunistischer Funktionäre blieb zunächst die einzige erkennbare politische Option der sowjetischen Besatzungsmacht, die auf Absichten zur Verwirklichung marxistisch-leninistischer Ziele hindeutete.

Abb. 122: Walter Ulbricht (lks.) als Emigrant in der Sowjetunion während des 2. Weltkrieges

5.1.3.2 Errichtung einer „antifaschistisch-demokratischen Ordnung"

Die offiziell vertretene politische Konzeption über die neu aufzubauende politische Ordnung zielte zunächst auf die Errichtung einer „antifaschistisch-demokratischen Ordnung". Dabei wurde kein Zweifel gelassen, daß es sich um eine aus der aktuellen Situation ergebende Alternative handelte, die die fernere Zukunft offen ließ. Im Rückblick erwies sie sich aber als zielgerichtete Vorbereitung eines zentralistischen Einparteisystems nach sowjetischem Vorbild.

Unter bewußter Anknüpfung an die deutsche demokratische Tradition des Jahres 1848 sollte eine parlamentarisch-demokratische Republik angestrebt werden. Die dafür vorgesehene „antifaschistisch-demokratische Ordnung" bot allerdings eine Basis für eine kommunistische Machtergreifung und bildete gleichzeitig den Ausgangspunkt für den Aufbau einer kommunistischen Gesellschaftsordnung. Schon am 10. Juni 1945 erließ die Sowjetische Militäradministration (SMAD) den Befehl Nr. 2, der unter der Kontrolle der sowjetischen Besatzungsmacht die Tätigkeit aller „antifaschistischen" Parteien gestattete, die sich „die Festigung der demokratischen Grundlagen und bürgerlichen Freiheiten" zum Ziele setzten. Viel schneller als die westlichen Besatzungsmächte – so schien es – war die Sowjetunion bereit, einer demokratischen Entwicklung in Deutschland den Weg zu ebnen. Da die KPD-Funktionäre auf diesen Schritt der SMAD vorbereitet waren, konnten sie den Gründungsaufruf der KPD, den PIECK aus Moskau mitgebracht hatte, einen Tag später veröffentlichen. Es hieß dort:

Parteigründungen

Nationalkomitee

> „*Wir sind der Auffassung, daß der Weg, Deutschland das Sowjetsystem aufzuzwingen, falsch wäre, denn dieser Weg entspricht nicht den gegenwärtigen Entwicklungsbedingungen in Deutschland. Wir sind vielmehr der Auffassung, daß die entscheidenden Interessen des deutschen Volkes in der gegenwärtigen Lage für Deutschland einen anderen Weg vorschreiben, und zwar den Weg der Aufrichtung eines antifaschistischen, demokratischen Regimes, einer parlamentarisch-demokratischen Republik mit allen demokratischen Rechten und Freiheiten für das Volk.*"

Enteignungen

In der Wirtschaft wurde die „Enteignung des gesamten Vermögens der Nazibonzen und Kriegsverbrecher", des „Großgrundbesitzes" und der

Abb. 123: Füher der CDU: Ernst Lemmer und Jakob Kaiser

von ihren Besitzern verlassenen Betriebe gefordert.

Von den 16 KPD-Funktionären, die den Gründungsaufruf unterzeichnet hatten, gehörten elf zu dem in der Sowjetunion während des Krieges gegründeten „Nationalkomitee Freies Deutschland". Nur wenige KPD-Funktionäre, die 1933–1945 in Deutschland geblieben waren, hatten diese Zeit überlebt. Von den Emigranten war andererseits eine große Zahl den „Säuberungen" STALINS in den dreißiger Jahren zum Opfer gefallen.

Im Unterschied zu dem Programm der KPD war der Gründungsaufruf der Sozialdemokratischen Partei Deutschlands (SPD) vom 15. 6. 1945 kein taktisches Programm, sondern die Fortführung der bisherigen Politik einer Verschmelzung von Demokratie und Sozialismus: „Demokratie in Staat und Gemeinde, Sozialismus in Wirtschaft und Gesellschaft." Nachdrücklich begrüßte und unterstrich die SPD die von der KPD bekundete Auffassung, daß eine parlamentarisch-demokratische Republik „mit allen demokratischen Rechten, Freiheiten und Pflichten für das Volk" erforderlich sei.

Als erste bürgerliche Partei konstituierte sich am 26. Juni 1945 die Christlich-Demokratische Union Deutschlands (CDU). „Ordnung in demokratischer Freiheit unter Besinnung auf die Kräfte des Christentums", Privateigentum, straffe Planung und die Verstaatlichung der Bodenschätze waren einige Hauptforderungen des Gründungsaufrufs der CDU.

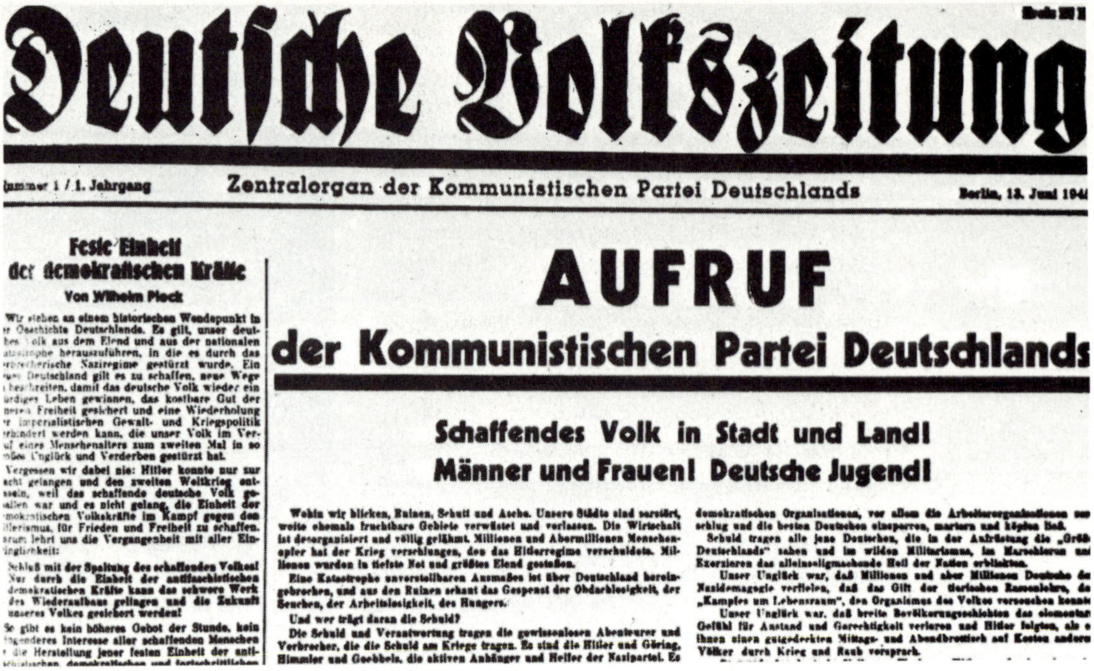

Deutsche Volkszeitung

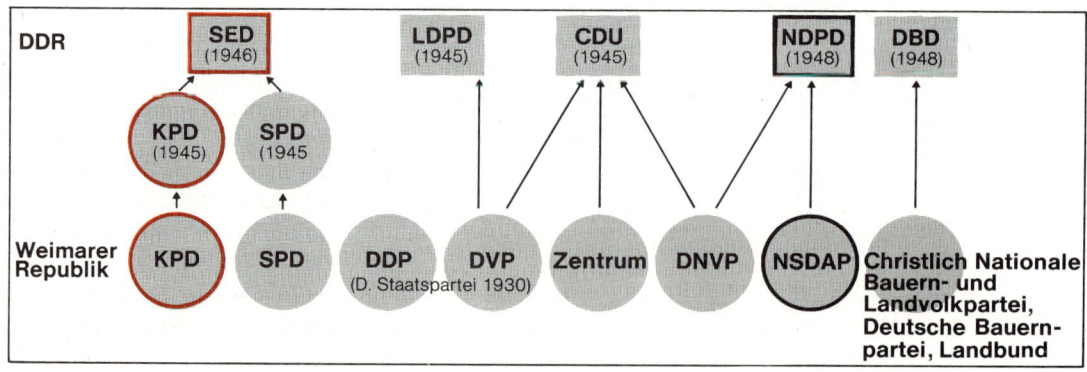

Abb. 124: *Von langer Hand vorbereitet: Gründungsaufruf der Kommunistischen Partei Deutschlands 1945*

Am 5. Juli 1945 wurde schließlich die Liberal-De-
mokratische Partei Deutschlands (LDPD) gegründet. Ihr Programm forderte: „Neugestaltung
auf wahrhaft demokratischer Grundlage", Privateigentum und freie Wirtschaft.

KPD-Grün-
dungsaufruf

Es ist insbesondere der Gründungsaufruf der
KPD gewesen, der bei vielen Deutschen große
Hoffnungen weckte. Angesichts des verlorenen
Krieges und der Besetzung, nach den Erfahrungen mit dem Nationalsozialismus, konnte es keinen politisch interessierten, um die Zukunft seines Landes besorgten Deutschen geben, der einen anderen Weg wollte. Die KPD war die erste
Partei, die dieses Ziel offiziell verkündete. Von
ihr hatte man das Gegenteil erwartet. Hierin lag

„Einheitsfront"

ihre Chance. So müssen bei der Entwicklung der
SBZ zur Volksdemokratie zwei Vorgänge gleich-

zeitig beobachtet werden: Der stete Ausbau der
kommunistischen Machtposition und die breite
Welle der politischen Aktivierung der Nichtkommunisten unter dem Vorzeichen des „Antifaschismus" und des demokratischen Neubaus.

Alle politisch aktiven Kräfte stimmten darin
überein, daß die Überreste des Nationalsozialismus zu beseitigen und ein demokratisch regiertes
Deutschland aufzubauen wäre. Es gab daher
keine grundsätzlichen Bedenken, sich auf dieser
Basis an einer engeren und kontinuierlichen Zusammenarbeit aller Parteien zu beteiligen und damit einer im Gründungsaufruf der KPD enthaltenen Forderung zu entsprechen.

Den äußeren Rahmen für diese Zusammenarbeit
bildete die „Einheitsfront der antifaschistisch-demokratischen Parteien". Ähnlich diesem zentra-

Abb. 125: *Auch in der Ostzone folgte die Neuordnung des Parteiensystems geschichtlichen Strukturen*

Abb. 126: Der Berliner Oberbürgermeister Dr. Werner mit Pieck und Grotewohl bei einer Veranstaltung im Lustgarten am 22. 9. 1946

Freie Wahlen

len Zusammenschluß wurden in den Ländern, Kreisen, Städten und Dörfern der SBZ „Blockausschüsse der antifaschistisch-demokratischen Parteien" geschaffen. Die Ziele der damit begründeten „antifaschistisch-demokratischen Ordnung" waren so formuliert, daß sie von allen Parteien bejaht werden konnten. Sie reichten von der „Rettung der Nation" durch gemeinsames Handeln bis hin zur „vollen Rechtssicherheit auf der Grundlage eines demokratischen Rechtsstaates".

Entscheidend für die weitere Entwicklung war, daß die neu geschaffenen gemeinsamen Ausschüsse paritätisch (je fünf Vertreter) besetzt wurde, daß aber alle Beschlüsse einstimmig gefaßt

Blocksystem

werden mußten. Dieses „Blocksystem" bildete den Ausgangspunkt für die Durchsetzung der kommunistischen Herrschaft hinter demokratischer Fassade.

Benachteiligungen der politischen Kräfte neben der KPD/SED begannen bereits 1945 bei der Zulassung z. B. der Ortsgruppen der bürgerlichen Parteien. Eine hervorragende Handhabe für die

Personalpolitik

kommunistische Personalpolitik bot stets der „Kampf gegen den Faschismus". Nicht selten kam es zu direkten Eingriffen, die mit der Flucht der Betroffenen endeten; Verhöre und Verhaftungen durch die sowjetische Geheimpolizei waren schließlich das stärkste Mittel gegen oppositionelle Politiker.

Bezeichnend ist das Schicksal der ersten CDU-Vorsitzenden: Am 19. 12. 1945 mußten die bei-

den Vorsitzenden HERMES und SCHREIBER aus dem CDU-Vorstand ausscheiden, weil sie sich gegen die entschädigungslose Enteignung des Großgrundbesitzes ausgesprochen hatten. Sie mußten sich einer Anordnung der SMAD fügen. Zwei Jahre später erzwang die SMAD die Absetzung der CDU-Vorsitzenden KAISER und LEMMER, weil sie eine Beteiligung der CDU an dem von der SED beherrschten „Deutschen Volkskongreß" ablehnten.

5.1.3.3 Erweiterung der kommunistischen Machtbasis durch die Gründung der SED

Ein wesentlicher Bestandteil der marxistisch-leninistischen Parteilehre ist die Forderung nach einer einheitlichen Vertretung der Arbeiterschaft. Die Interessenlage der Arbeiter lasse gar keine andere Möglichkeit zu. Als konsequent marxistische Partei könne aber nur die kommunistische Partei diese Interessen richtig vertreten. Im Gegensatz zu dieser Lehre wurden in der SBZ zunächst SPD und KPD zugelassen, weil die KPD eine gewisse Zeit brauchte, um eine Kerntruppe verläßlicher Funktionäre in Deutschland zu finden, zu überprüfen und zu schulen. Erst im Herbst 1945, nachdem bei relativ freien Wahlen in Ungarn und Österreich die kommunistischen Parteien vernichtende Niederlagen erlitten hatten, wurde die Verschmelzung von KPD und SPD im Hinblick auf die 1946 vorgesehenen Gemeinde- und Landtagswahlen forciert und schließlich am 21. April 1946 (Vereinigungsparteitag) erzwungen.

Eine Verschmelzung wurde von der westdeutschen SPD unter KURT SCHUMACHER strikt abgelehnt. Die unter starkem Druck der SMAD stehenden SPD-Funktionäre in der SBZ wollten die Entscheidung einer Reichstagung der SPD überlassen. Ursprünglich hatten viele SPD-Leute die Vereinigung der deutschen Arbeiterschaft in einer Partei gewünscht. Ein Beschluß des Zentralen Ausschusses (ZA) der SPD in der SBZ und Berlin gegen die verstärkten Vereinigungsbestrebungen unter Führung der KPD durfte auf Anordnung der SMAD nicht bekanntgegeben werden. Redeverbote, Verhaftungen und Abberufungen von SPD-Funktionären in der SBZ sollten auch die mündliche Verbreitung dieses Beschlusses verhindern.

Unter der massiven Nachhilfe der sowjetischen Besatzungsmacht beschloß der Zentralausschuß der SPD der sowjetisch besetzten Zone unter dem späteren Ministerpräsidenten OTTO GROTE-

Abb. 127: W. Pieck (KPD) und O. Grotewohl (SPD) auf dem Vereinigungsparteitag – Jubiläumsbriefmarke

WOHL, eine Parteikonferenz nur für die SBZ und Berlin zum 19./20. April 1946 zur Vorbereitung der Vereinigung einzuberufen.

Lediglich in den Berliner Westsektoren konnten folglich zwölf der zwanzig Berliner SPD-Bezirks-leitungen – die damals alle noch mit den Organisationen in der SBZ verbunden waren – am 31.

Urabstimmung März 1946 eine Urabstimmung über die Vereinigung mit der KPD durchführen. Für die Ostberliner SPD verbot die sowjetische Besatzungsmacht diese Abstimmung, obwohl sie zuvor am 1. März von einer Gesamtberliner Funktionärskonferenz mit Zweidrittelmehrheit beschlossen worden war.

Potsdamer Dort, wo eine Abstimmung möglich war, in den
Abkommen Westsektoren Berlins, stimmten 82,21% der wahlberechtigten SPD-Mitglieder gegen die Vereinigung. In der SBZ und in Ost-Berlin wurde ohne jede Abstimmung die Zwangsvereinigung von KPD und SPD zur „Sozialistischen Einheitspartei Deutschlands" (SED) vollzogen. Als Partei-
Bodenreform abzeichen dient seitdem der symbolische Hän-dedruck, den die beiden Parteiführer PIECK (KPD) und GROTEWOHL (SPD) am 21. April 1946 ausgetauscht hatten.

Obwohl die KPD in der Minderheit war, wurde
Parität die paritätische Besetzung aller Parteipositionen
SPD-KPD festgelegt. 1949 wurde dieser Beschluß wieder aufgehoben, weil er die Kommunisten am weite-ren Aufbau ihrer Machtpositionen hinderte. 1954 befanden sich im Zentralkomitee der SED nur noch 10% ehemalige Mitglieder der SPD.

5.1.3.4 Umgestaltung der Eigentumsordnung

Im Rahmen des Aufbaus der „antifaschistisch-de-mokratischen Ordnung" wurde über die Verände-rung der Eigentumsstruktur ein Grundstein für eine sozialistische Gesellschaftsordnung sowie für sozialistische Produktionsverhältnisse gelegt. Diese Umstrukturierung begann 1945 unter Be-rufung auf das Potsdamer Abkommen, das die Bestrafung der nationalsozialistischen Kriegsver-brecher und ihrer Helfer sowie die Vernichtung der deutschen Kriegswirtschaft und der übermä-ßigen Konzentration in der Wirtschaft vorsah. Die auf der Basis eines noch zur Hitler-Zeit von der KPD konzipierten Agrarprogramms vorge-nommene Bodenreform, durch die jeder Grund-besitz über 100 ha entschädigungslos enteignet wurde, brachte Landarbeiter, landarme Bauern und vor allem Heimatvertriebene in den Besitz von maximal 12 ha Land. 210 276 Neubauern-wirtschaften (Landarbeiter und Umsiedler) wur-den errichtet; über 100 000 Kleinbauern konnten ihren Landbesitz erweitern. 31,4% der gesamten landwirtschaftlichen Nutzfläche wurden 1951 von Betrieben dieser Größenordnung bewirtschaftet.

Mit dieser, auf dem sowjetischen Vorbild beruhenden Besitzveränderung blieb die „kapitalistische Produktionsweise in der Landwirtschaft" weitgehend erhalten. Offen wird heute zugegeben, daß von der Großproduktion Abstand genommen wurde aus Mangel an entsprechendem Bewußtsein der Bauern sowie an technischen Voraussetzungen und Fachpersonal. Gleichzeitig wurde mit der Gründung großer Staatsbetriebe, sogenannter „Volkseigener Güter" begonnen.

„Volkseigentum"

Die Umwälzung der Eigentumsordnung in der übrigen Wirtschaft begann mit der Beschlagnahme insbesondere des NS- und des Reichsvermögens durch die Sowjetische Militäradministration (SMAD). Hier wurde in Gestalt Volkseigener Betriebe „Volkseigentum" geschaffen, das 45% der Industriekapazität der SBZ umfaßte. In sowjetischem Staatseigentum befanden sich 1946–1953 als sowjetische Aktiengesellschaften (SAG) 25% der Industriekapazität. Heute ist die Sowjetunion nur an der gemischten deutsch-sowjetischen Wismut AG (Uranbergbau) beteiligt. Alle beschlagnahmten Industriebetriebe wurden entschädigungslos in „Volkseigentum" übergeführt.

Entnazifizierung

Nach der Enteignung und Schließung der Privatbanken und der privaten Versicherungsunternehmen folgte die Errichtung staatlicher zentraler und lokaler Kreditinstitute sowie einer öffentlichen Versicherungsanstalt.

Wahlen

Für den Großhandel wurde seit 1945 ein staatlicher Apparat aufgebaut. Im Einzelhandel bevorzugte man zunächst den Genossenschaftshandel. Ende 1948 entstand dann die staatliche Großorganisation HO (Staatl. Handels-Organisation).

5.1.3.5 „Demokratisierung" der Gesellschaft

Ein entscheidender Bestandteil der „antifaschistischen demokratischen Ordnung" war die Politik der „Demokratisierung der Gesellschaft". Während mit der Veränderung der Eigentumsstruktur insbesondere dem Großgrundbesitz und dem Großunternehmertum (den ehemals „Herrschenden") die ökonomische Basis, die Voraussetzung für ihre politische Macht, entzogen werden sollte, beabsichtigte die „Demokratisierung der Gesellschaft" in erster Linie unmittelbare entsprechende Konsequenzen. Alle Bereiche des kulturellen Lebens (Schulen, Hochschulen, Literatur, Presse), der Justiz und Verwaltung erlebten radi-

kale Veränderungen ihrer Personalstruktur. Auch hier diente als Rechtfertigungsgrundlage das Potsdamer Abkommen. Es sah vor, daß alle Mitglieder der NSDAP, die mehr als nominell an ihr teilgenommen hatten, und alle Personen, die den alliierten Zielen feindlich gegenüberstanden, aus ihren Ämtern zu entfernen waren.

In der Praxis zeigte sich, daß durch die Einbeziehung zusätzlicher Maßstäbe die personelle Umstrukturierung weit über die Intentionen des Potsdamer Abkommens hinausreichte. Es wurde nicht nur die Identität von „Demokratisierung" und Entwicklung einer sozialistischen Gesellschaftsordnung behauptet, sondern auch die Gegnerschaft zur sozialistischen Umstrukturierung der Gesellschaft als „Faschismus" interpretiert. So verloren neben den meisten nominellen Mitgliedern der NSDAP auch diejenigen ihre Positionen, die sich gegenüber den gesellschaftspolitischen Zielvorstellungen der Besatzungsmacht und ihrer deutschen kommunistischen Freunde ablehnend oder kritisch verhielten. Häufig stand neben dem Verlust der beruflichen Existenz die Verhaftung. Konzentrationslager für Nationalsozialisten und „Klassenfeinde" waren neben einer viel schärfer als in den Westzonen gehandhabten Entnazifizierung die Folge.

Schon im Juli 1945 hatte die SMAD die Bildung von Landes- und Provinzialverwaltungen verfügt, deren Präsidenten überwiegend Kommunisten waren. 1946 kam es zu ersten und letzten relativ freien Wahlen der Gemeindevertretungen und Stadtverordnetenversammlungen (1.–15. September) sowie der Kreis- und Landtage (20. Oktober 1946). Wahlbehinderungen und Terrorisierung der bürgerlichen Parteien durch die SMAD bei der Aufstellung von Kandidaten, Papierzuteilung usw. bei gleichzeitiger Bevorzugung der SED bestimmten allerdings auch schon diese Wahlen.

Die SED erhielt bei den Landtagswahlen vom 20. 10. 1946 in den einzelnen Ländern weniger als 50% der Stimmen (s. Tab. S. 286).

In vier Ländern wurden ehemalige KPD-Mitglieder Innenminister. Alle Kultusminister gehörten der SED an. So wurde der SED mit einer Ausnahme die Mehrheit der Ministerpositionen gesichert. Es gelang ihr damit, „den bürgerlichen Parlamentarismus schrittweise zu überwinden".

Entgegen den Dezentralisierungsbeschlüssen der Potsdamer Konferenz und dem äußeren Anschein der Wahl vollzog sich die Entwicklung in der SBZ nicht in Richtung auf eine Dezentralisierung der Verwaltung. Im Gegenteil, die SMAD errichtete durch den Befehl Nr. 17 vom 25. 7.

Mecklenburg	49,5%	5 von 8 Ministerposten
Brandenburg	43,5%	4 von 7 Ministerposten
Sachsen	49,1%	5 von 9 Ministerposten
Sachsen-Anhalt	45,8%	4 von 9 Ministerposten
Thüringen	49,3%	4 von 7 Ministerposten
insgesamt	47,5%	22 von 40 Ministerposten

(nach: Die Wahlen in der Sowjetzone. Dokumente und Materialien. Hrsg. vom Ministerium für gesamtdeutsche Fragen. Berlin 1963)

*Zentral-
verwaltungen*

1945, also noch während der Potsdamer Konferenz, 11, später 16 „Deutsche Zentralverwaltungen". Sie hatten die Direktiven der Besatzungsmacht einheitlich durchzusetzen und griffen sehr häufig in die Befugnisse der zunächst eingesetzten, später gewählten Verwaltungen der Länder, Kreise und Gemeinden ein.

Soweit es also zu einer Dezentralisierung gekommen war, wurde sie dadurch wieder rückgängig gemacht. Außerdem wurden damit die Rechte demokratisch gewählter Organe beschränkt. Im Selbstverständnis der DDR förderten diese Zentralverwaltungen die Herausbildung des „Demokratischen Zentralismus".

*Demokra-
tischer
Zentralismus*

In der heutigen Geschichtsschreibung der DDR wird die Periode 1945-1952 als die „antifaschistisch-demokratische Revolution" bezeichnet, deren „allseitige Festigung" 1948-1952 erfolgte. Sie gilt als Übergangsform „in der sich die bestimmenden Faktoren unserer Epoche immer stärker durchsetzten". Tatsächlich wurden in dieser Phase die entscheidenden Weichen zugunsten eines kommunistisch regierten Einparteistaates gestellt.

Als die Zielsetzungen dieser Politik bewußt wurden, regte sich auch Widerstand. Dieser war keineswegs auf die bürgerlichen politischen Parteien beschränkt. Auch die Arbeiterschaft sah sich Pressionen ausgesetzt. Die Zwangsvereinigung zur SED, die Einschränkung der Redefreiheit, die durch wiederholte Demontagewellen verursachten Arbeitsplatzverluste haben bei den Kritikern unter der Arbeiterschaft ebenso Zweifel hervorgerufen und dann Verhaftungen oder aber die Flucht zur Folge gehabt und eine tiefe Vertrauenskrise zwischen der Arbeiterschaft und den Exponenten dieser Politik bewirkt. Mit der in dieser Entwicklungsphase vor sich gehenden unmittelbaren Einbeziehung Deutschlands in den Ost-West-Konflikt wuchs die innere Auseinandersetzung. Verstärkte Repressalien, steigende Flüchtlingszahlen, die Spaltung Deutschlands und die Gründung zweier deutscher Staaten waren ihre Begleiter.

Volkskongreß

5.1.4 Gründung der Deutschen Demokratischen Republik (DDR)

Unter dem Einfluß des weltpolitischen Gegensatzes der ehemaligen Alliierten schwanden die Aussichten für eine gesamtdeutsche Lösung. Die Moskauer Konferenz (März 1947), Vorgänge um die Marshall-Plan-Hilfe, der Verlauf der Münchner Ministerpräsidentenkonferenz (Juni 1947), die Gründung des Kominform, die Grundlegung der „antifaschistisch-demokratischen Ordnung" in der SBZ zeigten die fortschreitende Teilung Deutschlands an. Aufgrund dieser Erfahrungen minderten sich bei den westlichen Alliierten, insbesondere den USA, die Vorbehalte gegen Deutschland. Angesichts der politischen Konfrontation sowie der Erfahrung mit einer problemreichen Handhabung einer längerfristigen Militärverwaltung schien es ihnen zweckmäßig, politische Verantwortung – in rechtliche Formen gekleidet – stärker in deutsche Hände übergehen zu lassen (s. Frankfurter Wirtschaftsrat). Die im November 1947 stattfindende Londoner Außenministerkonferenz erschien somit als letzter Versuch, mit der Sowjetunion in der Deutschlandfrage zu einem Übereinkommen zu gelangen. Ihr – allerdings erwartetes – Scheitern war daher mit einer eigenständigen rechtlich-politische Entwicklung in den Westzonen verbunden.

In dieser Phase versuchte die SED, sich zum Sprecher aller Deutschen „für Einheit und gerechten Frieden" im Sinne der sowjetischen Deutschlandpolitik zu machen. Am 26. November 1947 rief der Parteivorstand der SED alle Parteien, Gewerkschaften, sonstige Massenorganisationen, Betriebsorganisationen usw. in ganz Deutschland zur Bildung eines „Deutschen Volkskongresses für Einheit und gerechten Frieden" auf. Alle Patrioten sollten sich zusammenfinden, um die drohende Spaltung Deutschlands zu verhindern. Dieser 1. Volkskongreß tagte am 6. und 7. Dezember 1947 in Berlin. An ihm nah-

Abb. 128: FDJ-Kampagne gegen den Marshallplan, der Westeuropas Wiederaufbau stützte

men 2215 Personen, darunter 664 aus den Westzonen, teil.

Der 2. Volkskongreß wurde aus Gründen der nationalen Tradition zum 18. März 1948, dem Ge-
denktag der Revolution von 1848, einberufen.

Am 6. März 1949, während der Berliner Blockade, beschloß ein vom 2. Volkskongreß „gewählter

Volksrat Volksrat" die Wahl zu einem 3. Deutschen
Einheitslisten Volkskongreß. Dieser Wahl lag eine Einheitsliste
zugrunde, bei der der Sitzanteil der Parteien und
Massenorganisationen von vornherein festgelegt

Verfassungs- war: 25% für die SED, je 15% für die CDU und
Entwurf LDPD, je 7½% für NDPD und DBD, 10% für
den FDGB, je 5% für FDJ und Kulturbund, die
übrigen Sitze für weitere „Massenorganisationen".
Die SED hatte damit einschließlich der von ihr
beherrschten Massenorganisationen einen Anteil
von rund 70%.

Die Bevölkerung konnte am 15. und 16. Mai
1949 nur mit „ja" oder „nein" abstimmen oder
ungültige Stimmzettel abgeben. Der Stimmzettel
trug die Losung: „Für deutsche Einheit, gerechten Frieden." Trotz dieses „nationalen Appells"
konnten nur 61,8% in der Zone und 51,7% in
Ost-Berlin an „Ja"-Stimmen gezählt werden. Das
Wahlgeheimnis bestand noch weitgehend.

Die historische Bedeutung der „Volkskongreßbewegung" besteht nicht in der Wirksamkeit ihrer
propagandistisch aufgemachten Einheitsparolen,
sondern in dem Versuch, mit ihr die Gründung
der DDR vorzubereiten und gesamtdeutsch zu
legitimieren.

Schon der 2. Volkskongreß hatte einen aus 400
Mitgliedern (100 Westdeutsche) bestehenden
„Volksrat" gewählt, der an die Stelle des „Ständigen Ausschusses" des ersten Volkskongresses getreten war. Er verstand sich als einzig legitime
Vertretung des deutschen Volkes – eine andere
Gesamtvertretung gab es nicht. – Auf der Basis
eines schon 1946 vorgelegten Entwurfes einer
„Verfassung für die Deutsche Demokratische Republik" arbeitete er eine Verfassung aus, die später für die DDR in Kraft gesetzt wurde. Aus dem
dritten Volkskongreß, der diesen Verfassungsentwurf bestätigte, ging schließlich ein neuer „Volksrat" hervor, der sich am 7. Oktober 1949 als „Provisorische Volkskammer der DDR" konstituierte,
die Verfassung in Kraft setzte und eine „Provisorische Regierung" bildete. Die Gründung der
„Deutschen Demokratischen Republik" (DDR)
war damit vollzogen.

Da die DDR ohne Legitimation durch freie Wahl
errichtet wurde, und die Bevölkerung auch später
keine Möglichkeit einer freien Willensäußerung
erhielt, wird bis heute die Legitimität ihrer Staatlichkeit bezweifelt.

5.1.5 Aufbau des Sozialismus

Nach der Staatsgründung wurde in der DDR auch offiziell eine politische Entwicklung praktiziert, die sich den Aufbau eines Sozialismus nach dem Vorbild der Sowjetunion zum Ziele setzte.

Leitungs-
formen

Die im Selbstverständnis als sozialistisch begriffene Entwicklung begann mit der II. Parteikonferenz der SED im Juli 1952, die den „Aufbau des Sozialismus" in der DDR beschloß. Seitdem folgten für die theoretische Ortsbestimmung eine Reihe von Periodisierungen, die den jeweiligen Entwicklungsstand und das Fortschreiten des sozialistischen Aufbaus nachweisen wollten. Diese

Entwicklungs-
perioden

Periodisierung kann nur grob als das Ergebnis zielgerichteter Politik gewertet werden. Termine und Dauer wurden nachträglich mehr unter Aspekten politischer Zweckmäßigkeit ausgewählt, weichen z. T. voneinander ab und wurden auch korrigiert.

Heute befindet sich die DDR nach ihrem Selbstverständnis in der „Periode des umfassenden Aufbaus der entwickelten sozialistischen Gesellschaft". Sie hat folglich die sozialistische Phase noch nicht abgeschlossen und die angestrebte kommunistische noch nicht erreicht. Die an diese ideologische Standortbestimmung anschließende politische Praxis gilt als Nachweis für ein kontinuierliches Fortschreiten hin zum Kommunismus und ist in den letzten 30 Jahren vor allem durch drei Grundzüge gekennzeichnet:

Erstens wurde die in den vierziger Jahren begonnene Enteignung von Privateigentum an Produktionsmitteln fortgesetzt und faktisch abgeschlossen. Eine einschneidende Wandlung der Eigentumsstruktur war die Folge. Industriebetriebe in Privathand gibt es so gut wie nicht mehr, denn

Enteignungen

nur noch 2000 Berufstätige waren 1981 (1900 1979) nicht in volkseigenen Industriebetrieben tätig. Das gilt weitgehend auch für alle anderen Wirtschaftsbereiche. Nur im Handwerk führten

Erziehung

erhebliche Leistungsschwächen kollektivierter Betriebe (Produktionsgenossenschaften des Handwerks, PGH) dazu, daß in den siebziger Jahren eine Abkehr von der forcierten Kollektivierungspolitik vollzogen wurde und private Aktivitäten offizielle Förderung erfuhren. Nur in diesem Sektor überwiegen daher heute noch zahlenmäßig die in Privatbetrieben Tätigen die in Genossenschaften organisierten, und zwar um das Dreifache, wenn auch mit abnehmender Tendenz.

In der Landwirtschaft haben zwei große Enteignungswellen (1952/53 Großbauern, 1959/60 Mittel- und Kleinbauern) eine nahezu hundertprozentige Kollektivierung der Landwirtschaft herbeigeführt. Selbständige gibt es in diesem Wirtschaftszweig ebenfalls so gut wie nicht mehr. Es ist daher davon auszugehen, daß das nahezu gesamte Wirtschaftsleben dem direkten Einfluß des Staates unterliegt.

Ein zweiter Grundzug der Politik bestand in der Einführung neuer Organisations- und Leitungsformen in der Wirtschaft (z. B. Planungsperioden, Leitungsreform 1963), sowie in der umfassenden Neugestaltung des Rechtssystems für nahezu alle gesellschaftlichen Bereiche (z. B. Arbeitsgesetzbuch, Familiengesetzbuch, Zivilgesetzbuch, Strafgesetzbuch). Diese Entwicklung nahm ihren Ausgang erst in den sechziger Jahren. Sie war eine Folge der im wesentlichen abgeschlossenen Umgestaltung der Eigentumsstrukturen und der damit einhergehenden Umstrukturierung gesellschaftlicher, rechtlicher und kultureller Bedingungen. Das Problem der inneren Ausgestaltung der neuen Ordnung rückte damit stärker in den Vordergrund und forderte zu Antworten heraus.

Drittens waren die Jahre seit der Gründung der DDR nahezu kontinuierlich von einer Politik gekennzeichnet, die in den verschiedensten Formen und mit einer Fülle von Instrumenten auf das politische Bewußtsein der Bürger Einfluß nahm. Das Kernziel aller kommunistischer Ideologie ist die Herausbildung eines von kommunistischen Idealvorstellungen in Wort und Tat durchdrungenen Menschen. Die Erfahrungen in der Sowjetunion hatten erwiesen, daß die einstmals durchaus genährte Hoffnung, dieser Mensch würde sich quasi „automatisch" als Folge der Abschaffung des Privateigentums an Produktionsmitteln relativ schnell entwickeln, nicht erfüllte. Um Theorie und Praxis in Übereinstimmung zu bringen, erhielt daher die Erziehung einen immer gewichtigeren Platz auch in der DDR. Angestrebt wird eine Persönlichkeit, die anstelle von Egoismus und Individualismus eine „sozialistische Einstellung" zur Arbeit, zur Familie und Moral entwickelt. Im Kern beinhaltet diese Forderung die Erwartung, daß persönliche Interessen mehr und mehr hinter denen, von wem auch immer formulierten Interessen eines Kollektivs, der Gesellschaft usw. zurückgestellt werden und sich die Bürger mit den gesellschaftlichen und politischen Verhältnissen ihres Staates identifizieren. So stehen weitestgehend bis heute die Forcierung des „sozialistischen Wettbewerbs" der Aktivistenbewegung, der „sozialistischen Gemeinschaftsarbeit", der obligatorischen zehnklassigen polytechnischen Schulbildung, des obligatorischen gesellschaftswissenschaftlichen Studiums an den

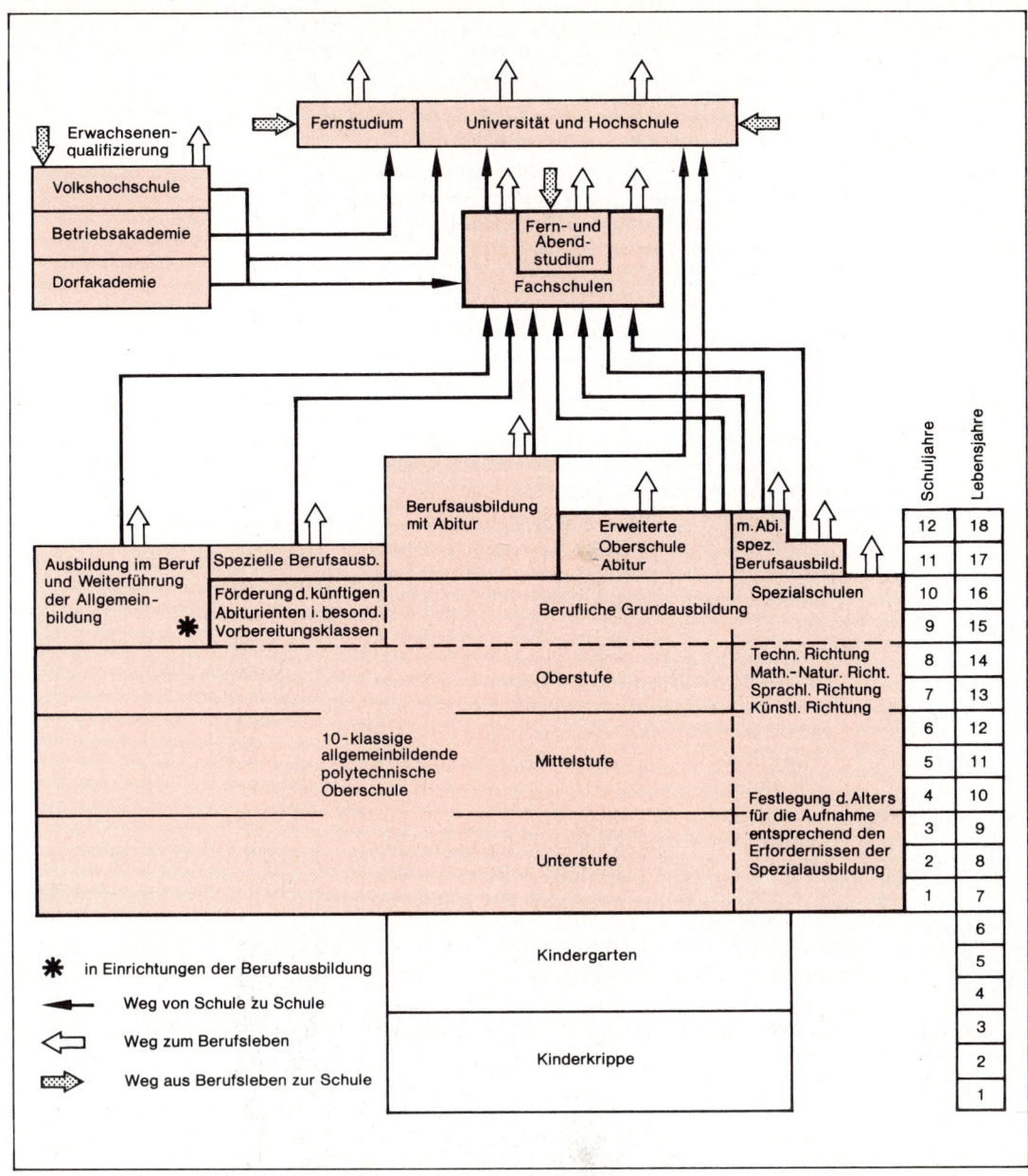

Abb. 129: Die Ausgestaltung des Bildungswesens in der DDR
(nach Zahlenspiegel, Bonn 1970)

Hochschulen, des „Sozialistischen Realismus" in der Literatur und Kunst ebenso wie der Kampf gegen die Kirche (Junge Gemeinde, Jugendweihe) im Dienste der Heranbildung eines idealtypischen sozialistischen Menschen.

Sozialistischer Mensch Alle Werktätigen sollen ein „ehrliches Verhalten zu ihrem Arbeiter- und Bauernstaat" gewinnen und von einem „hohen Bewußtsein, Arbeitsfreude und Ergebenheit gegenüber den Interessen der Gesellschaft" beseelt sein. Die enge Verbindung zwischen der möglichen Verwirklichung dieses Zieles und den Lebensbedingungen der Bevölkerung wurde erkannt, ihr soll daher besondere Aufmerksamkeit gewidmet werden. Wohnungsbau, Besserung der Arbeitsbedingungen, der Versorgung durch Handel und Dienstleistungen, Urlaub, Verminderung der Einkommensunterschiede zwischen höheren und niederen Einkommen, Verbesserung des Gesundheits- und Sozialwesens, weiterer Ausbau des Bildungswesens und der kulturellen Einrichtungen stehen dabei auf dem Programm. Der Kampf gegen den Kapitalismus nimmt in der Erziehung breiten Raum ein.

Flucht

Staatsbürger-
kunde-
Unterricht

Bericht über das methodisch-didaktische Verfahren im Staatsbürgerkundeunterricht einer 9. Klasse. In einer Stunde war die „Jagd der Kapitalisten nach Profit mit ihren Folgen" zu behandeln und das „Wolfsgesetz des Kapitalismus" mit dem Ziel einer negativen Beurteilung begreiflich zu machen. Von einigen Schülern waren Zweifel an der Ausbeutung der Arbeiter in der Bundesrepublik geäußert worden, weil „es den Arbeitern gut gehe", sowie auf die positiven Folgen des Konkurrenzkampfes für den technischen Fortschritt hingewiesen worden.

(Aus: Allgemeinbildung, Lehrplanwerk, Unterricht. Ausgearbeitet von einem Autorenkollektiv unter der Leitung von Gerhard Neuner, Akademie der Pädagogischen Wissenschaften der DDR, Volk und Wissen, Volkseigener Verlag Berlin 1972)

Widerstand

Erfolg bzw. Mißerfolg dieses Bemühens lassen sich nur schwer bestimmen. Offener Widerstand konnte mit Gewalt unterdrückt werden, wie die Vorgänge um den 17. Juni 1953, durch die der „Aufbau des Sozialismus" um einige Jahre hinausgeschoben wurde, sowie die Vielzahl von Verhaftungen zeigten. 2 359 909 Menschen verließen von 1951 bis zum 13. August 1961 durch Flucht

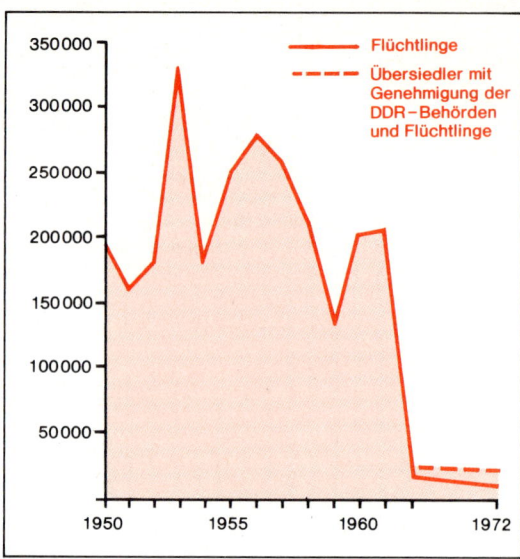

Abb. 130: *Flüchtlinge und Übersiedler aus der DDR. Nach dem Mauerbau am 13. August 1961 genehmigen die DDR-Behörden, häufig unter bürokratischen bis schikanösen Prozeduren auch „legale" Ausreisen. 1975 kamen 16 285 Antragsteller in die Bundesrepublik Deutschland, darunter 10 274 Übersiedler; 1980 waren es 12 763 bzw. 8 775, 1981 15 433 bzw. 11 093 und 1982 13 208 bzw. 9 113.*

die DDR. Seitdem ist durch den Bau der Mauer in Berlin und den Schießbefehl an der Westgrenze die Flucht mit hoher Lebensgefahr verbunden. Seit den siebziger Jahren entledigte sich die DDR-Führung vieler, insbesondere prominenter Kritiker, durch die Genehmigung der Ausreise und Aberkennung der Staatsbürgerschaft.

Die Frage, ob das bisher Erreichte – gemessen an den eigenen Zielvorstellungen – im einzelnen als Erfolg oder Mißerfolg zu werten ist, kann vor allem im Hinblick auf die Herausbildung eines „sozialistischen Bewußtseins" nicht eindeutig beantwortet werden. Unzweifelhaft ist aber als Ergebnis dieser über dreißigjährigen Politik die Entstehung einer neuen Gesellschaftsordnung und Gesellschaftsstruktur festzustellen. Es fehlt einerseits die Gruppe der selbständig Tätigen weitestgehend (1955 1,6 Mill., 1981 179 000). Andererseits bestimmt das Ausmaß der Industrialisierung auch diese Gesellschaftsstruktur. Damit stellt sich die Frage nach der behaupteten Übereinstimmung gesellschaftlicher und individueller Interessen als Folge der Abschaffung des Privateigentums an Produktionsmitteln und nach der Rolle der Staatsmacht in dieser Ordnung.

290

5.2 Bedingungsfaktoren und Strukturen des Regierungssystems der DDR

5.2.1 Übergangs-Verfassung

Die Analyse eines jeden Regierungssystems macht es erforderlich, einen Blick auf die Verfassung des Landes zu werfen. In ihr sind im allgemeinen diejenigen Regierungsprinzipien beschrieben, die zu befolgen eine jede Regierung verspricht. Solche Bindungsprinzipien können sehr eng, aber auch sehr weit interpretationsfähig formuliert sein. Für die Verfassung der DDR ist charakteristisch, daß sie einen weiten Interpretationsspielraum bietet.

Verfassungs-recht

Abstimmung

Diese heute gültige Verfassung stammt in ihren Grundlagen aus dem Jahre 1968. Mit ihr wurde die erste Verfassung von 1949 abgelöst, die schon bei ihrer Inkraftsetzung den politischen Realitäten in weiten Teilen (z.B. Boykotthetze, Wahlen, Rolle der SED) nicht entsprochen hatte und sich immer stärker von der Wirklichkeit entfernte. Die neue Verfassung (1968) wurde der Bevölkerung zur Abstimmung vorgelegt, mit 94,49% Ja-Stimmen gebilligt aber schon durch Gesetz am

1. 10. 1974 ergänzt und geändert. Diese Verfassung enthält in ihrer Präambel eine Verpflichtung auf Sozialismus und Kommunismus.

> *„Erfüllt von dem Willen, seine Geschichte frei zu bestimmen, unbeirrt auch weiter den Weg des Sozialismus und Kommunismus, des Friedens, der Demokratie und Völkerfreundschaft zu gehen, hat sich das Volk der Deutschen Demokratischen Republik diese sozialistische Verfassung gegeben.“*

Dies bedeutet, daß es keine unveränderbaren oder höherwertigen Verfassungsprinzipien geben kann, sondern die Entwicklung aller gesellschaftlichen Bereiche diesem höheren Ziel unterworfen ist.

Da sich infolgedessen nach der kommunistischen Staatslehre mit der Änderung der sozialen und ökonomischen Verhältnisse (Basis) auch das Recht wandelt, kommt dem Verfassungsrecht ebenfalls nur relative Bedeutung zu. Unabänderlichkeitsgarantien kann es daher in ihr nicht ge-

Abb. 131: Zum „Volksentscheid“ über eine neue DDR-Verfassung – Großdemonstration am 5. 4. 1968

ben; im Gegenteil, die Entwicklung macht eine ständige Neuinterpretation bzw. Revision bestehenden Rechts erforderlich. Insofern werden auch dem Verfassungsrecht entgegenstehende Gesetze von der DDR-Staatsrechtslehre als rechtmäßig erkannt, zumal sie – einstimmig beschlossen – größere Mehrheiten erhielten als für eine Verfassungsänderung erforderlich wäre.

Gesetzesrecht

Unter diesen Aspekten ist auch die Verfassung von 1968/1974 in erster Linie als die Bestandsaufnahme eines in einer bestimmten historischen Phase erreichten politisch-gesellschaftlichen (Durchgangs-)Stadiums zu verstehen. Das eigene Selbstverständnis der Beziehungen zwischen Bürger – Gesellschaft – Staat wird für die Gegenwart insbesondere zukunftsorientiert interpretiert. Unveräußerliche Rechte des einzelnen gegenüber dem Staat, die unabhängig von einem gesellschaftlichen Wandlungsprozeß fortdauern müßten, kann es daher nicht geben. Dennoch wurden Grundrechte (und -pflichten) der Bürger verankert (Meinungsfreiheit, Pressefreiheit u. a.), die jedoch nur im Rahmen der Verfassungsgrundsätze bzw. der kommunistischen Zielvorstellungen ihre Gültigkeit besitzen. Immer genießen die von der Partei interpretierten gesellschaftlichen Erfordernisse Priorität vor denen des einzelnen.

„Revolution von oben"

Grundrechte

Auch das in der Verfassung zum Ausdruck gebrachte Regierungssystem ist – insbesondere in seiner äußeren Form – einschneidenden Änderungen unterworfen gewesen und dürfte auch zukünftig Wandlungen erfahren. Dennoch wurden bereits in der „antifaschistisch-demokratischen" Frühphase nach sowjetischem Vorbild Herrschaftsprinzipien entwickelt, die bis zur Gegenwart gültig blieben, den Charakter des Regierungssystems bestimmen und nur zum Teil aus dem geltenden Verfassungsrecht zu erkennen sind. An ihrer Spitze steht die Führungsrolle einer Partei, und zwar in der DDR der Sozialistischen Einheitspartei Deutschlands (SED). In der Verfassung nicht nominell bezeichnet, aber als marxistisch-leninistische Partei erwähnt (Art. 2), bildet sie den Kern des Regierungssystems, das Zentrum der politischen Willensbildung und Entscheidung in der DDR.

Gründungs-ziele

Kern des Systems

Damit müssen weitere Normen, z. B. das Statut der SED und ihre Beschlüsse, bei der Interpretation des Regierungssystems herangezogen werden.

Das gegenwärtig gültige Statut und Programm der SED wurden auf dem IX. Parteitag der SED im Mai 1976 angenommen.

Klassenpartei

5.2.2 Zentralismus durch Einparteidiktatur der SED

5.2.2.1 Führungsanspruch der SED

Die SED nimmt für sich die führende Rolle in Staat und Gesellschaft in Anspruch. Tatsächlich ist sie in der DDR Trägerin der umfassenden sozio-ökonomischen Umstrukturierung der letzten Jahrzehnte, dieser „Revolution von oben" gewesen. Die SED versteht sich als Interessenvertreterin der Arbeiterklasse und – im Sozialismus – schließlich des ganzen Volkes, die sich an den insbesondere im Historischen Materialismus vorgezeichneten gesellschaftlichen Entwicklungsgesetzen und den von LENIN und STALIN entwickelten Formen der Machtausübung und Machtsicherung in der Sowjetunion orientiert. Jede Verhaltenslegitimation der SED ist daher bemüht, das theoretisch Vorgegebene mit den Realitäten in Einklang zu bringen. Da jedoch die Theorie nur einen Globalrahmen liefert (s. S. 87 ff.), an dessen Ende die Konzeption einer durch wenige Kriterien charakterisierten Gesellschaftsordnung steht, besitzt die Partei einen breiten politischen Entscheidungsspielraum, den sie bis zur „schöpferischen Anwendung" des Marxismus-Leninismus auszufüllen hat.

> *„Die ständige Erhöhung der führenden Rolle der Partei in allen Sphären der Gesellschaft ist eine objektive Notwendigkeit."*
> (Erich Honecker vor dem X. Parteitag der SED, in: Neues Deuschland, 12. 4. 1981, S. 12)

Diese Aspekte spielten in den programmatischen Äußerungen der SED in den ersten Jahren ihres Bestehens kaum eine Rolle. Die Partei begriff sich als „Partei des schaffenden Volkes" oder als „politische Organisation der deutschen Arbeiterklasse", die gleichwertig neben anderen Parteien stand. Als eines ihrer Gründungsziele, das auf die weitere Entwicklung hindeutete, wurde lediglich formuliert, „die Gegenwartsbestrebungen der Arbeiterklasse in die Richtung des Kampfes um den Sozialismus zu lenken". Auch die innerparteiliche Organisation und Willensbildung war noch weit von ihrer späteren Struktur entfernt. Unter der Parole der Entwicklung der SED zu einer „Partei neuen Typs" erfolgte seit 1947/48 ihr Aufbau nach den Prinzipien der KPdSU und damit auch die Abkehr von einem besonderen deutschen Weg zum Sozialismus (These Ackermann, 1946). Die SED begriff sich jetzt im Sinne des Marxismus-Leninismus als Klassenpartei, als „Vorhut

Arbeiterpartei

der Arbeiterklasse", die als „revolutionäre Kampfpartei" den historisch notwendigen Klassenkampf der Arbeiterklasse führt. Damit war auch die Legitimation für den Führungsanspruch der SED in Staat und Gesellschaft gegeben.

Im Zuge der „sozialistischen Umgestaltung der Gesellschaft", des „Sieges der sozialistischen Produktionsverhältnisse" und der „Beseitigung der Klassenantagonismen" mußte die SED seither ein neues Selbstverständnis entwickeln. Während dem Klassenkampf nach innen kaum mehr Bedeutung zugemessen wurde (es sei denn, gegenüber der Bundesrepublik Deutschland), trat die Verantwortung für die ökonomische Entwicklung und sozialistischen Moralvorstellungen als Mittel gesellschaftlicher Integration immer stärker in den Vordergrund. So versteht sich die SED heute *„Vortrupp"* als „bewußter und organisierter Vortrupp der deutschen Arbeiterklasse und des werktätigen Volkes", als Vertreterin der Interessen des ganzen Volkes. Ihre entscheidende Legitimation für Machtanspruch und -monopolisierung ist der Aufbau einer kommunistischen Gesellschaftsordnung entsprechend den im Parteiprogramm und Parteistatut niedergelegten Grundsätzen. Die sich aus diesem Anspruch ergebende Transformation „von oben" bedingt unausweichlich eine Zentralistische Steuerung von Staat und Gesellschaft. Dabei wird ein gesetzmäßiges Wachsen der Führungsrolle der SED auch für die Zukunft vorgegeben, angesichts der gewaltigen Umstrukturierungsaufgaben auf ökonomischem, technischem, wissenschaftlichem und erzieherischem Gebiet.

5.2.2.2 Sozialstruktur der SED als Führungsproblem

„Intelligenz"

Mindestens jeder achte Bürger, jeder fünfte Berufstätige der DDR, gehört der SED an (Juni 1982: 2 202 277 Mitglieder und Kandidaten). Etwa 30% von ihnen sind Frauen. 42,5%, also fast die Hälfte aller Mitglieder, waren Anfang 1981 jünger als 40 Jahre. 34,1% aller Mitglieder verfügten 1981 über einen Hoch- oder Fachschulabschluß.

Als „bewußter und organisierter Vortrupp der Arbeiterklasse und des werktätigen Volkes", nimmt die SED heute für sich in Anspruch, in erster Linie Arbeiterpartei zu sein. Trotz aller Bemühungen, durch gezielte Regelungen in ihren Aufnahmebedingungen diesem Anspruch gerecht zu werden, ist es ihr nicht gelungen, ihre Mitgliederstruktur entsprechend zu gestalten. Zudem geben die offiziellen Statistiken nur begrenzt Auskunft, weil sie keine Kriterien benennen, die der Einordnung einer Person in die Arbeiterklasse zugrunde gelegt wurden; offen z.B. bleibt, ob es sich um den erlernten oder ausgeübten Beruf als Ausgangsbasis handelt. Da aus ideologischen Gründen ein möglichst hoher Arbeiteranteil wünschenswert erscheint, darf davon ausgegangen werden, daß sich die Klassifizierung zumindest im Rahmen der Stipendienordnung für Universitäten, Hoch- und Fachschulen vom 17. 12. 1962 bewegt. Danach gilt als Arbeiter, wer mindestens seit 5 Jahren (ohne Lehrzeit) als Arbeiter tätig gewesen ist (Anrechnung der Dienstzeit in der NVA), bis zum 8. Mai 1945 Arbeiter gewesen ist und dann hauptamtlich Funktionen in Partei, Staat, Wirtschaft, Militär oder gesellschaftlichen Organisationen ausgeübt hat oder Angehöriger der bewaffneten Kräfte ist.

Durch bewußte Rekrutierungspolitik versucht die SED gegenwärtig, ihrem Anspruch als Arbeiterpartei gerecht zu werden. Nach offiziellen Angaben kamen 1982 57,7% aller Parteimitglieder ihrer sozialen Herkunft nach aus der „Arbeiterklasse", 37,5% galten als „Produktionsarbeiter".

Dennoch gelang es nicht, den prozentualen Anteil der Arbeiter in der Partei wesentlich zu steigern. Die auf dem X. Parteitag 1981 gemachten Angaben weisen zwar eine Angleichung an die Berufsstruktur der Bevölkerung auf. Es ergibt sich aber aus dem Anteil von 22% „Intelligenz" (1974 17,1%) eine Überrepräsentanz dieser Gruppe.

Damit weist die Sozialstruktur auf ein Dilemma, dem sich alle regierenden kommunistischen Parteien konfrontiert sehen. Einerseits stehen sie vor der Notwendigkeit, sach- und fachbezogene Spe-

Sozialstruktur der SED, prozentualer Anteil von Berufsgruppen an der Gesamtmitgliederzahl

Berufsgruppe	1966	1971	1974	1976	1981
Arbeiter	45,6	56,6	56,0	56,1	57,6
Genossenschaftsbauern	6,4	5,9	5,6	5,2	4,6
Intelligenz	12,3	17,1	18,6	20,0	22,0
Angestellte	16,1	–	–	–	–

Quelle: Protokolle der Verhandlungen d. 7., 8., 9. Parteitages d. SED; Dohlus in: Neues Deutschld. v. 23. 1. 1974, Mittag ebenda v. 12. 12. 1980, S. 7; Honecker, ebenda vom 12. 4. 1981, S. 12

zialisten an die Partei zu binden, um die Sach- und Leitungsaufgaben einer Industriegesellschaft mit Vertrauenskräften besetzen zu können. Andererseits existiert das Selbstverständnis als primäre Arbeiterpartei, hinter dem sich zumindest theoretisch das Vertrauen in eine dynamische, revolutionäre Potenz des Bewußtseins und Willens der Arbeiterklasse verbirgt. Verstärkt zeigt sich *Fach-* *orientierung* die Tendenz zur personellen Verfachlichung der Partei bei den politischen Mitarbeitern und Leitungskadern. Schon 1963 besaßen 30% aller politischen Mitarbeiter der SED eine Hoch- oder Fachschulausbildung. Das galt Ende 1980 für 64,5% aller Parteisekretäre und für alle 2578 *Inner-* *parteiliche* *Demokratie* Kreis-, Stadt- und Stadtbezirkssekretäre. 83,4% von ihnen haben eine Parteischule absolviert. Diese günstige Bildungsstruktur wiederholt sich bei den darüber gelagerten Parteisekretärsposten (Bezirksebene, Sekretariat der SED) nicht. Dabei kann es sich um eine historisch bedingte, durch Zeitablauf „automatisch" lösende Angelegenheit handeln. Bislang scheint es jedoch, daß sich in *Politische* *Orientierung* den Positionen, in denen primär politische Entscheidungen zu fällen sind, die stärker politisch *Demokra-* *tischer* *Zentralismus* geprägten, fachlich nur durch Erfahrung ausgewiesenen Parteigenossen besonders stark behaupten konnten oder aber aus grundsätzlichen ideologisch-machtpolitischen Erwägungen bevorzugt werden. Auf der untersten Organisationsebene haben 66,1% aller Mitglieder von Leitungsorganen eine mindestens dreimonatige Parteischulbildung genossen (1976 55,5%). 3376 haben 1976–1981 die Parteihochschule „Karl Marx" besucht.

Damit weisen der Wandel und die Besonderheiten der Sozialstruktur der SED zumindest auf zwei Fragenbereiche, die für die Zukunft der SED und damit auch der DDR von fundamentaler Bedeutung sind:

a) Werden die von der SED-Führung angestrebte steigende Qualifikation der Funktionäre, d. h. das Einströmen von Fachkräften in die Partei, und die Verjüngung notwendig die ideologische Orientierung der SED allmählich einschränken und damit auch in prinzipiellen Zielvorstellungen zugunsten pragmatischer Entscheidungen einen Wechsel herbeiführen? oder

b) werden die durch ihre Ausbildung gekennzeichneten Kräfte der Partei durch intensive ideologische Schulung, Parteikontrolle, Übertragung von Verantwortungs- und Entscheidungsbefugnissen auf Dauer in die Partei integriert und *Territorial-* *Produktions-* *prinzip* damit das bestehende politische System mit seinen Herrschaftsprinzipien auf Dauer akzeptieren und tragen?

5.2.2.3 Zentralistische innerparteiliche Willensbildung und Entscheidung

Politische Willensbildung und Entscheidung in der SED ist durch überwiegend zentralistische Züge geprägt. Sie gelangen im wesentlichen in normativen Regeln für die Parteiorganisation und den Prinzipien der „innerparteilichen Demokratie" zum Ausdruck, die in dem heute geltenden Statut der SED aus dem Jahre 1976 verankert sind. Bereits Ende 1949 war mit der Entwicklung der SED zu einer „Partei neuen Typs" nach dem Vorbild der Kommunistischen Partei der Sowjetunion begonnen worden. Damit wurden der „Demokratische Zentralismus" wie auch die „innerparteiliche Demokratie" als ausschlaggebende Organisations- und Entscheidungsprinzipien übernommen.

Trotz der in den Begriffen beider Prinzipien zum Ausdruck gebrachten demokratischen Dimensionen, sichern sie keine Dominanz der Willensbildung von unten nach oben, sondern stehen in der Praxis für eine ausgeprägte zentralistische Gestaltung von oben. Das Prinzip des „Demokratischen Zentralismus" fordert (Art. 23), daß alle Parteiorgane von unten *bis* oben demokratisch gewählt werden, nicht von unten *nach* oben.

Die gewählten Parteiorgane sind zu regelmäßiger Berichterstattung verpflichtet, haben die Beschlüsse übergeordneter Organe als verbindlich zu betrachten und eine strenge Parteidisziplin zu üben. Eine Minderheit oder ein einzelner hat sich den Beschlüssen der Mehrheit diszipliniert unterzuordnen. Fraktionsbildungen sind verboten. Dies bedeutet, daß einmal gefaßte Beschlüsse nicht weiter diskutiert werden dürfen, eine Minderheitenposition also auf diesem Wege nicht zur Mehrheit werden kann, und zwar auch dann nicht, wenn sich der Mehrheitsbeschluß als falsch oder unsachgemäß erwiesen hat. Das selbstverordnete Image jeder Kommunistischen Partei als einer mit dem richtigen Blick in die Zukunft ausgestatteten Führung und Organisation kann auf diesem Wege formal gesichert werden. Pragmatische Korrekturen von Fehlentwicklungen werden aber zum Schaden der Gesamtgesellschaft außerordentlich erschwert und dienen zudem der Stärkung zentralistischer Willensbildung und Entscheidungsstrukturen. Diese werden besonders angesichts der Organisation der SED und der besonderen Stellung ihres Apparates sichtbar.

Die SED ist – wie die KPdSU in der Sowjetunion – nach dem Territorial-Produktionsprinzip organisiert. Auf ihrer untersten Organisationsebene waren 1982 77608 Grund- und Abteilungsorga-

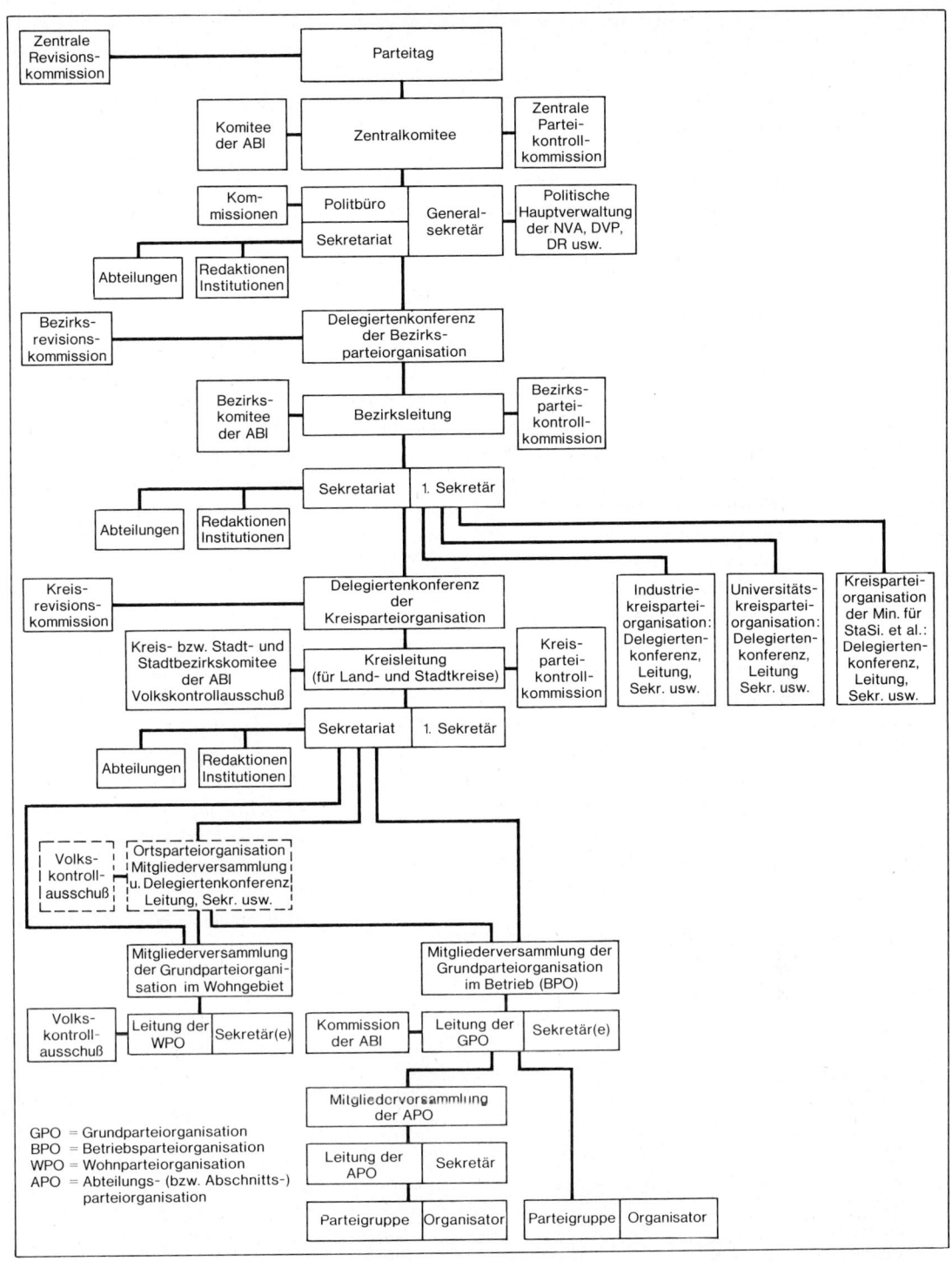

Abb. 132: Die formale Struktur der SED-Parteiorganisation.
(aus: DDR-Handbuch 1979, S. 949)

Aufgaben-
stellung

nisationen in Betrieben, Produktionsgenossenschaften, Verwaltungseinheiten, Lehranstalten usw. eingerichtet, die die Mitglieder vornehmlich an ihren Arbeitsplätzen erfassen. Entsprechend dem Verwaltungsaufbau des Landes sind die Grundorganisationen in Kreis-, Stadt- und Stadt-

bezirksorganisationen (261) und diese in Bezirksorganisationen (14 plus Ost-Berlin) zusammengefaßt.

Die Aufgabenstellung der Parteiorganisationen ist je nach Organisationsstufe ohne scharfe Trennung unterschiedlich. So liegt das Schwergewicht

Parteisekretäre

Leitungs- und Kontroll- funktionen

Kollektive Leitung

der Parteiarbeit auf der *untersten Ebene* in der Verwirklichung der Parteibeschlüsse durch den engen Kontakt mit den Parteimitgliedern und der Bevölkerung.

Die Aufgaben reichen z. B. von der Mitgliederbetreuung, -werbung, -schulung und -erziehung über die Abfassung von Berichten über den Bewußtseinsstand der Mitglieder bis zur stimulierenden und kontrollierenden Tätigkeit besonders bei der Erfüllung der Wirtschaftspläne in den Betrieben und der Kontrolle der Betriebsleitungen.

Bei den *Kreis- und Stadtorganisationen* liegen primär Leitungs- und Kontrollfunktionen, und zwar sowohl gegenüber der Arbeit der Grundorganisationen der Partei als auch gegenüber den Staatsorganen der gleichen und niederen Verwaltungsebene, der Massenorganisationen, des kulturellen und Bildungswesens einschließlich der örtlichen Presseorgane. Darüber hinaus spielt die Weitergabe von Informationen nach oben und unten, der Einsatz und die Auswahl der Kader, Bewußtseinsanalysen der Bevölkerung, die Erarbeitung von Vorschlägen zur Lösung kultureller und wirtschaftlicher Probleme sowie von Perspektivplänen für den Kreis eine wichtige Rolle. Die Aufgaben der *Bezirksorganisationen* entsprechen für den größeren Rahmen mit größerer politischer Entscheidungsfreiheit und weniger Detailproblemen denen der Stadt- und Kreisorganisationen. Auch sie haben langfristige Pläne für die Entwicklung der Parteiarbeit sowie der ökonomischen und sozialen Entwicklungsstruktur des Bezirkes zu erarbeiten.

Den an der Spitze der jeweiligen Parteiorganisationen stehenden Parteileitungen gehören ein oder mehrere Parteisekretäre an. 1968 gab es 66 295.

Die Sekretäre werden von den monatlich einmal tagenden Mitgliederversammlungen der Grundeinheiten bzw. den einmal in zwei Jahren tagenden Delegiertenkonferenzen für unterschiedliche Dauer bei unterschiedlichen Qualifikationsmerkmalen „gewählt". Oberhalb der Grundeinheiten erfolgen diese „Wahlen" der Sekretäre entsprechend den Instruktionen des ZK. Ihre Bestätigung durch die ihnen übergeordneten Parteiorganisationen ist erforderlich und muß mit der Nomenklatur (s. S. 306) in Einklang stehen.

Als die Hauptverantwortlichen für die Durchführung der Beschlüsse und Anweisungen der SED-Führung sowie der Gesetze spielen die Sekretäre eine Schlüsselrolle für das Funktionieren des politischen Systems der DDR. Die Parteiführung sieht sich daher genötigt, nur Personen ihres Vertrauens mit diesen Ämtern zu betrauen und setzt sie nicht dem Zufallsergebnis einer Wahl aus. Eine Vorzugsstellung genießt der jeweils erste Sekretär. Sie beruht vor allem auf seiner Verantwortung für die Auswahl und den Einsatz der Kader und anderer personeller Entscheidungen (z. B. Delegierte), eine erstrangige Funktion für die Sicherung des politischen Systems.

Im Parteistatut ist festgelegt, daß das höchste Prinzip der Arbeit der leitenden Parteiorgane die Kollektivität sei. Das heißt, alle Probleme, Aufgaben und Planungen sind im Kollektiv zu beraten und zu entscheiden, ohne jedoch die persönliche Verantwortung zu beseitigen. In welchem Ausmaß solche Kollektivität im Sinne sachgerechter Entscheidungen praktiziert wird, ist kaum festzustellen, zumal sich das Statut nur auf die leiten-

den Parteiorgane bezieht. Mit der Kollektivität ist sicher beabsichtigt, durch intensive Diskussionen möglicherweise durch Berücksichtigung von Fachurteilen zu möglichst sachgerechten Entscheidungen zu gelangen.

Das Ausmaß der inneren und äußeren Effizienz der Partei, speziell des Parteiapparates, hängt jedoch nicht allein von der Berücksichtigung des Urteils fachlich qualifizierter Mitarbeiter ab, sondern auch von deren Initiativ- und Entscheidungsspielraum und der Fähigkeit, der Partei immer neue, aktive und begabte Kräfte zuzuführen.

Delegation

Das entscheidende Problem liegt daher in der Handhabung des Leitungssystems, dem Ausmaß der Delegation von Entscheidungen an die unmittelbar kompetenten Gremien oder dem Ausmaß zentralistischer Reglementierungen und kleinlicher Bevormundungen. Beide Entwicklungen läßt das Prinzip des „Demokratischen Zentralismus" und auch der „Innerparteilichen De-

Parteitag

mokratie" formell zu, wenngleich die historische Entwicklung und gegenwärtige Praxis ein Übergewicht der zentralistischen und reglementierenden Elemente ausweist. Unverkennbar ist das Bemühen um einen Wandel in Richtung auf eine Delegation von Verantwortung nach unten.

Durch die „Innerparteiliche Demokratie" wird den Parteimitgliedern einerseits das Recht zugestanden, „frei und sachlich in den Parteiorganisationen zu allen Fragen der Politik der Partei Stellung zu nehmen". Andererseits gilt gerade die „Innerparteiliche Demokratie" als Grundlage für

Kritik und Selbstkritik

„Kritik und Selbstkritik" im Interesse einer immer wieder beschworenen, heute weitgehend mit Staatsdisziplin gleichgesetzten Parteidisziplin

Zentralkomitee

(Art. 2g des Parteistatuts), die keine freien Grund-

satzdiskussionen erlaubt. Dahinter steht die ständige Sorge der Parteispitze um offene Zweifel an der Richtigkeit der von der Parteiführung vertretenen Generallinie, der Entstehung von innerparteilicher Opposition (Fraktionsverbot), die in solcher Entwicklung vermutete Erschütterung des Selbstverständnisses und des Selbstvertrauens sowie eine Schwächung der Partei bis hin zum Verlust ihrer Führungsrolle.

Der „Demokratische Zentralismus" bietet das entscheidende Instrument, um solche Entwicklungen im Keime zu ersticken. Er weist zudem einer kleinen Gruppe von Parteiführern die Schlüsselrolle innerparteilicher Willensbildung und Entscheidung zu und nicht den im Parteistatut dafür vorgesehenen Organen.

5.2.2.4 Die Führungsspitze der SED

Das Statut der SED sieht als höchstes Organ der Partei den Parteitag vor. Er tritt heute einmal in fünf Jahren zusammen. Der im April 1981 tagende *Parteitag* war der 10. in der Geschichte der SED; er umfaßte 2560 stimmberechtigte Delegierte. Wegen der seltenen Tagungen und ihrer personellen Zusammensetzung können Parteitage nur als repräsentatives Forum für politische Demonstrationen oder als Legitimitätsorgan für parteiintern schon gefaßte Beschlüsse von Bedeutung sein. Beschlüsse über das Parteiprogramm und Statut sowie über die „Generallinie und Taktik der Partei" sind in der Satzung als seine Hauptaufgaben genannt.

Das vom Parteitag zu wählende *Zentralkomitee* (ZK) gilt zwischen den Parteitagen als höchstes Organ der Partei. Ihm gehören die Inhaber der

Abb. 133: Sitzung des 1967 vom ZK der SED gewählten Politbüros. Den Vorsitz führt der damalige Generalsekretär der SED, Walter Ulbricht.

wichtigsten herrschaftsrelevanten Positionen in Partei, Staat und Gesellschaft an.

Das vom X. Parteitag 1981 „gewählte" ZK umfaßt 156 Mitglieder und 57 Kandidaten. Dabei erhielt das ZK 20% neue Vollmitglieder. Die Hälfte von ihnen hatte bis dahin dem ZK auch nicht als Kandidaten angehört (KUPPE/KUPPERT, 1981, S. 714–737). 50% der Kandidaten wurden ausgewechselt. Die personelle Verquickung von Partei und Staat wird deutlich, wenn von 45 Mitgliedern des Ministerrates 28 als Vollmitglieder, 4 als Kandidaten dem ZK der SED angehören. 13 aktive hohe Militärs (darunter der Verteidigungsminister und sechs seiner acht Stellvertreter) sowie der Staatssicherheitsminister und zwei seiner vier Stellvertreter sitzen im ZK. Diesem weist das Statut u. a. die Aufgabe zu, die Beschlüsse des Parteitages auszuführen, die gesamte Tätigkeit der Partei zu leiten und die Partei im Verkehr mit anderen Parteien und Organisationen zu vertreten. Darüber hinaus soll es die ausschlaggebende Rolle in der Kaderpolitik und bei der Lenkung staatlicher und gesellschaftlicher Organe spielen.

Diesen Aufgaben kann das ZK als Plenum aber nicht genügen, weil:

- es im allgemeinen entsprechend dem Statut nur alle sechs Monate zu Plenartagungen zusammentritt,
- es dafür ein zu großes Gremium ist,
- die Mitglieder im allgemeinen durch die Wahrnehmung anderer Positionen in Partei, Staat und Gesellschaft ausgelastet sind.

Das ZK kann daher einerseits Diskussions- und Beratungsforum für bestimmte aktuelle Themen der Parteilinie sowie Informationsgremium für die führenden Funktionäre der DDR sein. Seit 1963 werden je nach Thematik des Plenums weitere Funktionäre mit besonderer Sachkenntnis hinzugezogen. Andererseits fungiert das ZK als Legitimationsorgan für die Beschlüsse und Entscheidungen des zentralen Parteiapparates, der die im Statut dem ZK zugeordneten Aufgaben in hauptamtlicher Arbeit tatsächlich wahrnimmt. Aufgrund der dem ZK normativ zugebilligten Funktion und seiner soziologischen Struktur ist es auch ein legales Forum, um Anliegen, Wünsche, Interessen von Gruppen und Einzelpersonen zu lancieren und zu kanalisieren.

Politbüro und Sekretariat, die personell eng miteinander verzahnt sind (s. S. 301), deren Mitglieder vom ZK gewählt, tatsächlich aber nur bestätigt werden, nachdem sie von den Gremien selbst kooptiert worden sind, können als die eigentlichen Führungsgremien der SED gelten. Obwohl

die Kompetenzabgrenzung zwischen beiden Gremien nicht eindeutig erkennbar ist, darf generell festgestellt werden, daß das Politbüro primär politische Richtlinien, die Generallinie der Partei festlegt und das Sekretariat stärker mit der laufenden Parteiarbeit befaßt ist. Beschlüsse beider Gremien gelten als Beschlüsse des ZK.

Dem *Sekretariat* obliegt satzungsmäßig die „Leitung der laufenden Arbeit hauptsächlich zur Durchführung und Kontrolle der Parteibeschlüsse und zur Auswahl der Kader" (Art. 43). Dahinter verbirgt sich die Verantwortung für die Leitung des mindestens 2000 hauptamtliche Mitarbeiter umfassenden Apparates des ZK mit seinen heute 42 Abteilungen, in dem die gesamte inner- und außerparteiliche Arbeit der SED-Zentrale geleistet bzw. vorbereitet wird. Mit Ausnahme des Generalsekretärs sind die Sekretäre für bestimmte Sachbereiche zuständig. Die durch die Verbindung mit dem Parteiapparat gegebene Sachkompetenz, ein hoher Informationsgrad sowie intensive Personalkenntnis verschaffen diesen Sekretären hohes politisches Gewicht und dem Generalsekretär eine beherrschende Stellung. Das *Politbüro* ist „zur politischen Leitung der Arbeit des ZK zwischen den Plenartagungen des ZK" eingesetzt. In mindestens wöchentlichen Sitzungen, bei denen der Generalsekretär des ZK, ERICH HONECKER, den Vorsitz führt, werden alle wichtigen Entscheidungen zur Innen- und Außenpolitik evtl. diskutiert und gefällt. Über Mehrheitsentscheidungen ist nichts bekannt.

Die Vorbereitung der Entscheidungen des Politbüros sowie seine Informationsgewinnung kann z. B. durch die ZK-Abteilungen über das Sekretariat, aus ad hoc geschaffen oder ständigen Kommissionen der leitenden Parteiorgane, aus dem Staatsapparat erfolgen, ergänzt durch Arbeitsgruppen zu bestimmten Problembereichen. Gerade die in jüngster Zeit immer stärker in den Vordergrund gerückte Problematik sozialer Auswirkungen der wissenschaftlich-technischen Revolution hat es erforderlich gemacht, auch außerhalb des Parteiapparates stehende Spezialisten heranzuziehen, um langfristige Prognosen entwickeln zu können. Das Ausmaß ihres Einflusses aufgrund ihrer Sachkompetenz ist schwer einzuschätzen. Das Politbüro, das höchste und damit entscheidende Parteigremium für alle die Partei und damit den Staat betreffenden Fragen, wird aufgrund seiner Zusammensetzung von Vertretern des Parteiapparates dominiert. Damit besitzt der Generalsekretär der SED, ERICH HONECKER, für alle Entscheidungen über die Innen- und Außenpolitik des Landes eine Schlüsselrolle.

Sekretariat

Partei-Staat

Politbüro

ZK

Generalsekretär

5.2.3 Einparteidiktatur im „Mehrparteiensystem"

Ein Charakteristikum „volksdemokratischer" Regierungssysteme ist die Existenz mehrerer „Parteien", die als Sammelbecken verschiedener gesellschaftlicher Gruppen, Interessen und vor allem Bewußtseinslagen gelten. Als Konzession an politische und historische Realitäten bestehen sie nicht nur fort, sondern lassen seit Mitte der siebziger Jahre eine gewisse Belebung ihrer Aktivitäten bei steigenden Mitgliederzahlen erkennen. Durch die Verfassung der DDR sind sie auf die Verwirklichung von Sozialismus und Kommunismus verpflichtet (Art. 29). In ihren Statuten erkennen sie die führende Rolle der SED an. Ihre Aufgabe ist es, bestimmte Bevölkerungsgruppen an die SED zu binden und in das politische System zu integrieren. Nach zum Teil jahrelangem Widerstand wurden sie schließlich (s. S. 283) auf die Ziele der SED festgelegt.

CDU
Demokratischer
Zentralismus

Die CDU geriet nach der Ausschaltung von Jakob Kaiser und Ernst Lemmer durch die SMAD im Jahre 1947 unter ihrem neuen Vorsitzenden Otto Nuschke in völlige Abhängigkeit von der SED. Sie tritt seitdem für einen *„christlichen Realismus"* ein. Danach müssen echte Christen Friedensfreunde sein und ebenso im „Friedenslager der Sowjetunion" stehen wie Christus einst im Lager des Fortschritts gestanden habe. Schließlich erklärte Nuschke auf dem 6. Parteitag der CDU im Jahre 1952: *„Wir sind eine einschränkungslos sozialistische Partei".*

„Christlicher Realismus"

Ihre Mitgliederzahl, die 1947 noch 218 000 betragen hatte, ging kontinuierlich zurück, stagnierte schließlich bis zum Jahre 1975 bei ca. 100 000 und stieg bis 1982 auf 125 000.

LDPD

Die LDPD verlor ihre politische Selbständigkeit vollends nach dem Tod ihres Vorsitzenden Dr. Külz im Jahre 1948. Auch sie erklärte ihre Bereitschaft zur Mitwirkung am Aufbau des Sozialismus. Sie erkannte die Planwirtschaft an und bezeichnete es als „ihre nationale Pflicht", den Angehörigen des Mittelstandes den Weg in die sozialistische Gesellschaftsordnung zu weisen. Die Zahl ihrer Mitglieder ist zunächst ebenfalls ständig gesunken und betrug im Jahre 1955 etwa 100 000, 1975 70 000, 1982 82 000. Die übrigen beiden Parteien – Demokratische Bauernpartei Deutschlands (DBD) und die Nationaldemokratische Partei Deutschlands (NDPD 1977 85 000, 1982 91 000 Mitgl.) – sind von vornherein als Satellitenparteien der SED 1948 gegründet worden. Sie sollten die politisch noch nicht erfaßten Be-

DBD

NDPD

völkerungskreise im Interesse der SED aktivieren.

Obwohl die DBD (1982 82 000 Mitgl.) sich ursprünglich für die Sicherung des Privateigentums der Klein- und Mittelbauern eingesetzt hatte, unterstützte sie schließlich bedingungslos die Kollektivierung der Landwirtschaft.

> *„Die Bürger der Deutschen Demokratischen Republik haben das Recht auf Vereinigung, um durch gemeinsames Handeln in politischen Parteien, gesellschaftlichen Organisationen, Vereinigungen und Kollektiven ihre Interessen in Übereinstimmung mit den Grundsätzen und Zielen der Verfassung zu verwirklichen."*
> (Art. 29 der Verfassung)

Die Unterwerfung und Gleichschaltung der „Parteien" erfolgt einerseits im Rahmen der „Nationalen Front" (s. S. 300) über das Blocksystem. Andererseits ergibt sich eine weitere Einengung der Selbständigkeit der „Parteien" aus der Übernahme des „Demokratischen Zentralismus" durch sie. Dieses Organisationsprinzip verhindert jegliche Opposition in den unteren Parteigremien, weil die Schlüsselpositionen systematisch mit Vertrauensleuten der SED durchsetzt wurden. Hinzu kommt die staatliche Parteifinanzierung. So befinden sich die Parteien politisch (Nationale Front), organisatorisch, personell und finanziell in der Hand der SED, die jede selbständige Regung verhindert. Die Vorherrschaft der SED gegenüber anderen Parteien ist damit gesichert, so daß trotz der Existenz mehrerer Parteien de facto ein Einparteisystem mit einer Einparteidiktatur besteht. Diese „Parteien" können nicht als autonome Vertreter von Interessen und Meinungen begriffen werden, obwohl sie sozialistische Produktionsverhältnisse prinzipiell anerkennen.

Mit dem fortschreitenden Aufbau einer „sozialistischen Gesellschaftsordnung" und dem Sozialisierungsprozeß in allen Wirtschaftsbereichen wird das Schicksal dieser Parteien aktuell. Allein ihre Existenz macht die vorgegebene politische Homogenität der sozialistischen Gesellschaft fragwürdig. Sie erscheinen ideologisch als Fremdkörper. Dennoch werden den Blockparteien heute wachsende Aufgaben beim Aufbau der entwickelten sozialistischen Gesellschaft zugewiesen (Götting, G., Rechenschaftsbericht 1982). Tatsächlich erfüllt diese Art „Mehrparteiensystem" eine nützliche Funktion in der Außenwirkung des politischen Systems, da es die Existenz von

Organisationsfreiheit und Pluralismus der Meinungen vorgibt. Anläßlich der Abstimmung über die Freigabe der Abtreibung 1971 haben sich einige Abgeordnete der CDU der Stimme enthalten, ein Akt, der einmalig in der Geschichte dieses Gremiums dasteht, mit dem aber formell eine politische Aufwertung des „Mehrparteiensystems" zum Ausdruck gebracht wurde. Unter dem Gesichtspunkt der Außenwirkung erklärt sich vielleicht auch die seit Mitte der siebziger Jahre wachsende Mitgliederzahl sowie das Engagement insbesondere der CDU im auswärtigen Bereich.

Mehrparteien-system

Kaderpolitik

Tatsächlich aber handelt es sich bei all den „Blockparteien" um Vereinigungen, die – wie auch alle anderen Massenorganisationen (s. S. 307 f.) und der Staatsapparat selbst – als politische Instrumente in der Hand der SED fungieren.

5.2.4 Staat und „Nationale Front" als Instrumente der SED

Auf Grund ihres Selbstverständnisses als eine kommunistische Partei (s. S. 292), die sich als Erbin allen Progressiven in der Geschichte des deutschen Volkes begreift (Programm der SED), beansprucht die SED nicht nur eine Führungsrolle gegenüber allen gesellschaftlichen Kräften, sondern vor allem gegenüber dem Staat und seinen Organen. Der Staatsapparat gilt als das Hauptinstrument der SED beim Aufbau von Sozialismus und Kommunismus, bei der Durchsetzung der Beschlüsse der Partei „zur bewußten und planmäßigen Gestaltung der Gesellschaft". Dieser Anspruch der SED auf die Führungsrolle im Staat hat in einer Reihe von Rechtsnormen, allen voran in der Verfassung, ihren Niederschlag gefunden und ist damit für jeden Bürger der DDR verbindlich.

SED-Führungsrolle

Blocksystem

Art. 1 der Verfassung:

> „Die Deutsche Demokratische Republik ist ein sozialistischer Staat deutscher Nation. Sie ist die politische Organisation der Werktätigen in Stadt und Land, die gemeinsam unter Führung der Arbeiterklasse und ihrer marxistisch-leninistischen Partei den Sozialismus verwirklichen."

In der politischen Realität bedeutet dies, daß die Inhaber von Parteiämtern im Parteiapparat in der Regel (Ausnahme die Führungsspitze) keine Staatsämter übernehmen. Die Partei beschränkt

sich auf anleitende und kontrollierende Funktionen, während die Staatsorgane als Exekutive für Parteientscheidungen handeln. Organisatorisch wird dies in einer Parallelität von Staats- und Parteiorganisationen auf allen Organisationsstufen sichtbar. Die SED hat auch hier ein System von Techniken entwickelt, die sowohl den leitenden Einfluß der SED auf staatliche Institutionen als auch durch Kooperation ihre Dienstbarmachung für die Ziele der SED sichern. Motive und Probleme gleichen denen in der Sowjetunion. So hat sich die Partei nicht zuletzt durch ihre Kaderpolitik im Staatsapparat durchgesetzt. Schwierigkeiten erwachsen weiterhin insbesondere aus unklaren Kompetenzabgrenzungen. Sie ergeben sich aus der gewollten Tatsache, daß z. B. einerseits ein Staatsorgan aufgrund seiner Aufgabenstellung für die Realisierung einer Gesetzesbestimmung verantwortlich ist, es andererseits aber zur Aufgabenstellung der zuständigen Parteiorganisation gehört, die staatlichen Organe anzuleiten, „sie bei der Durchführung der Beschlüsse und Direktiven von Partei und übergeordneten Staatsorganen zu unterstützen".

Die Tendenz, bestimmte Aufgaben staatlicher Organe an sich zu ziehen, um ihre Verwirklichung zu sichern, ist insbesondere auf wirtschaftlichem Gebiet fortlaufend gegeben. Die Mitgliedschaft der Vorsitzenden von Staatsorganen in den gleichgeordneten Parteileitungen und umgekehrt kann durch gegenseitige Information und Konsultation geeignet sein, solche Tendenzen abzuschwächen. Eine institutionalisierte Konfliktregelung ist für diese Fälle nicht bekannt.

Die formale Grundlage für die Konstituierung und Arbeit des Staatsapparates bildet die *„Nationale Front"* mit ihrem Kern, dem *Blocksystem*. Das Blocksystem, 1945 in die politische Praxis eingeführt (s. S. 283), wurde in der organisatorischen Praxis Grundlage für eine totale Dominanz der politischen Parteien durch die KPD/SED, weil:

- durch das Prinzip der Einstimmigkeit kein Beschluß gegen die KPD (später SED) angenommen werden konnte, also auch keine – der KPD/SED nicht genehme – Auslegung der Begriffe „Demokratie", „Rechtsstaat" usw. möglich war;
- durch den Druck der sowjetischen Besatzungsmacht einschließlich ihrer Geheimpolizei Widerstand gegen Vorschläge der KPD/SED in den Blockausschüssen erstickt werden konnte;
- jede parlamentarische Opposition, jede Fraktionsbildung, jede freie Koalitionsbildung zwischen einzelnen Parteien, unter Umständen

Verbindungen zwischen Partei- und Staatsapparat (Stand April 1982)

Name	Sekretariat des ZK	Mitglied des ZK	Politbüro	Staatsrat**	Präsidium des Ministerrates
Honecker, Erich*	Generalsekretär	×	×	Vorsitzender	
Axen, Hermann	Internationale Verbindungen	×	×		
Felfe, Werner	Landwirtschaft	×	×	×	
Hager, Kurt	Wissenschaft, Kultur	×	×	×	
Herrmann, Joachim	Agitation und Propaganda	×	×		
Hoffmann, Heinz		×	×		×
Krolikowski, Werner		×	×		1. Stellv. Vors.
Mielke, Erich		×	×		×
Mittag, Günter	Wirtschaft	×	×	×	
Mückenberger, Erich Vors. der Zentral. Parteikontrollkommission		×	×		
Naumann, Konrad 1. Sekr. der Bezirksleitung Berlin		×	×		×
Neumann, Alfred		×	×		1. Stellv. Vors.
Sindermann, Horst Volkskammerpräsident		×	×	Stellv. Vors.	
Stoph, Willi		×	×	Stellv. Vors.	Vors. des Ministerrates
Tisch, Harry Vors. des FDGB		×	×	×	
Verner, Paul*	Sicherheit	×	×	Stellv. Vors.	
Dohlus, Horst	Organisation, Kader	×	×		
Jarowinski, Werner	Handel, Versorgung	×	Kandidat		
Kleiber, Günther		×	Kandidat		×
Krenz, Egon Vors. der FDJ		×	Kandidat	×	
Lange, Inge	Frauen	×	Kandidat		
Müller, Margarete Leiterin einer Agrar- und Industrievereinigung		×	Kandidat	×	
Schabowski, Günther Chefredakteur „Neues Deutschland"		×	Kandidat		
Schürer, Gerhard		×	Kandidat	Stellv. Vors.	
Walde, Werner 1. Sekr. Bezirksleitung Cottbus		×	Kandidat		

* Honecker ist Vorsitzender, Verner Mitglied des Nationalen Verteidigungsrates.
** 15 der 26 Mitglieder des Staatsrates gehören dem ZK, 10 dem Politbüro der SED an.

„Block" als Partei

auch gegen die KPD/SED, von vornherein unmöglich gemacht wurde;
- mit diesem politischen „Instrument" auch die Gründung einer einheitlichen Gewerkschaft, nur einer Jugendorganisation, einheitlicher Frauen- und Kulturverbände und sonstiger Einheitsorganisationen legitimiert wurde.

Die KPD, später SED, setzte über das Blocksystem ihren Willen, in dem sich im allgemeinen

Direktiven der SMAD manifestierten, durch. Der „Block" erhielt allmählich die Funktion einer einzigen Partei. Dies änderte sich auch nicht, als 1948 die Nationaldemokratische Partei Deutschlands (NDPD) und die Demokratische Bauernpartei (DBD) gegründet und sogleich in den „Block" aufgenommen wurden. Gerade diese Parteien hatten die Aufgabe, die Machtposition der SED zu verstärken. Beide waren unter maßgeblicher Beteiligung von Mitgliedern und Anhängern der SED gegründet worden. Bis 1949 war die Funktion des „Blocks" weitgehend erfüllt, d.h. die führende Rolle der SED gesichert.

Nationale Front

Die „Nationale Front" wurde 1949 aus diesem Blocksystem und aus der Volkskongreßbewegung entwickelt. Neben den Parteien sind in ihr heute einige „Massenorganisationen" (s. S. 307 f.) gleichberechtigt und gleichwertig vertreten. Da diese von der SED gelenkt werden, schuf sie sich mit der Nationalen Front eine breitere Basis für ihre Führungsrolle. Hinzu kommt, daß die Aufgaben des „Demokratischen Blocks" mehr und mehr von der Nationalen Front wahrgenommen wurden. Auch ihr Programm, das als Ausdruck des Volkswillens allgemein verstanden werden soll, in Wahrheit jedoch die Ziele der SED-Politik darlegt, ist für alle Parteien und Massenorganisationen verbindlich.

Einheitsliste

Die Nationale Front (1982 350 000 ständige Mitglieder, darunter 156 700 SED, 75 000 Angehörige der „Blockparteien", 118 000 Parteilose) organisiert die Bevölkerung nach Häusern und Hausgemeinschaften. Dort wird regelmäßig unter der Leitung eines Agitators der Nationalen Front Aufklärungsarbeit geleistet. Zu diesem Zweck finden auch Besuche in den Familien statt, um die Maßnahmen der Regierung zu erklären. Auf allen Ebenen des Staatsaufbaus verfügt die Nationale Front über sogenannte Ausschüsse (1982 insgesamt 17 500) oder Aktivs. An ihrer Spitze steht der Nationalrat, der im wesentlichen aus SED-Funktionären zusammengesetzt und nach dem Vorbild ihres Parteiapparates untergliedert ist.

Nationalrat

In ihrer Zielsetzung knüpfte die „Nationale Front" an die ursprünglich vorgegebenen nationalen Ziele des Volkskongresses an und propagierte die „Sammlung aller aufrechten Deutschen zum Kampf um die Einheit Deutschlands und für den Abschluß eines Friedensvertrages". Diese Zielsetzung trat seit dem Jahre 1955 zugunsten innenpolitischer Aufgaben stärker in den Hintergrund.

Wahlen

Unter der Führung der SED fungiert die „Nationale Front" heute vor allem als Organisator von Wahlen, die eher den Charakter von Abstimmungen tragen. Dem Wähler wird eine Einheitsliste der Nationalen Front präsentiert, die ihm die Möglichkeit einer echten Auswahl nimmt. Die Einheitsliste kommt zustande durch Kandidatenvorschläge der „Parteien" und gesellschaftlichen Massenorganisationen. Anstelle der von Walter Ulbricht für die Kommunalwahlen 1965 in Aussicht gestellten Auswahlmöglichkeit zwischen je-

weils zwei Kandidaten auf der Einheitsliste wurde durch Beschluß des Staatsrates die Anzahl der Mehrkandidaten auf ein Fünftel beschränkt. Über die den einzelnen politischen Parteien und Massenorganisationen zuerkannte Abgeordnetenzahl wird im Rahmen der Blockpolitik entschieden.

So erhielten die SED und die von ihr gelenkten Organisationen im Jahre 1950 (wie schon 1949 bei der Wahl des 3. Volkskongresses) 70% aller Plätze auf der Einheitsliste, während der CDU und LDPD nur je 15% zuerkannt wurden (1958 waren es nur noch 11,25%, heute 10,4%).

Wie auch in der Sowjetunion werden die Kandidaten in „Wahlversammlungen" der Bevölkerung vorgestellt und dort unter der Regie der SED nominiert. Die Abstimmung über die Einheitsliste erfolgte seit 1949 im allgemeinen öffentlich. Wahlkabinen und Stimmzettelumschläge fehlten zum Teil. „Spontane" Volksbewegungen wurden für die offene Stimmabgabe inszeniert. Ganze Betriebe verpflichteten sich (Selbstverpflichtung), ohne Ausnahme und offen zu „wählen". Die „Wahlen" täuschen eine parlamentarisch-demokratische Ordnung vor und sind im allgemeinen der Anlaß für eine intensive Aktivierung der Bevölkerung zugunsten von Produktionsverpflichtungen, Sonderaufgeboten usw. Zudem soll durch das immer mit über 99% der Stimmen für die Einheitsliste erfolgreiche Wahlergebnis die Einheit des Willens von Herrschern und Beherrschten demonstriert werden.

5.2.5 Politische Funktionen der zentralen Staatsorgane

Der Anspruch der SED auf monopolistische politische Entscheidung im Staat beläßt den höchsten Staatsorganen keine Entscheidungsautonomie im Sinne klassischer Gewaltenteilung. Ihre politische Bedeutung im Regierungssystem der DDR ist daher in erster Linie durch eine jederzeit veränderbare Funktionsverteilung gekennzeichnet.

5.2.5.1 Die Volkskammer

Die „gewählte" Volkskammer gilt laut Verfassung (Art. 48) als das höchste Gesetzgebungsorgan der DDR. Als „oberstes staatliches Machtorgan" soll sie zu ihren Plenarsitzungen über „die Grundfragen der Staatspolitik" entscheiden. Sie bestimmt demnach laut Verfassung auch die Grundsätze der Tätigkeit der zentralen Staatsorgane, wie des Staatsrates, des Ministerrates, des Nationalen Ver-

Abb. 134: Der Volkskammer der DDR gehören 500 Abgeordnete an, die nach einer vorher zusammenge-stellten Einheitsliste ‚gewählt' werden. Auch die „Massenorganisationen" stellen Abgeordnete

Opposition

teidigungsrates, des Obersten Gerichts und des Generalstaatsanwalts (Art. 49).

Länder-kammer

Als Repräsentanz der Länder hatte ursprünglich eine Länderkammer bestanden. Sie wurde jedoch 1952 im Interesse einer Zentralisierung des Staatsapparates aufgelöst und eine Verwaltungs-neugliederung der DDR vorgenommen. Die Auf-gaben der Länderregierungen wurden auf die

Bezirksräte

Räte von 14 neu gebildeten Bezirken übertragen. Diese sind aber nicht – wie es die Länderregie-rungen waren – mit eigenen Regierungsfunktio-nen ausgestattete Körperschaften, sondern ledig-lich unmittelbare staatliche Verwaltungseinhei-ten. Diese Verwaltungsreform bildete den Ab-schluß in einem Prozeß der Zentralisierung der Staatsverwaltung, die letztlich der Vereinfachung der Parteiherrschaft diente.

Die Volkskammer umfaßt nach der neuen Verfas-sung von 1968 500 Mitglieder, die entsprechend der Einheitsliste auf verschiedene Gruppen auf-geteilt sind. Die Berliner Abgeordneten wurden

Berliner Abgeordnete

erstmals 1981 in die Direktwahl einbezogen. Seit 1974 gilt nach sowjetischem Vorbild eine Legisla-turperiode von fünf Jahren.

Angesichts des Wahlsystems und des Blocksy-stems handelt es sich bei der Volkskammer um ein Scheinparlament. Jegliche Fraktionsbildung

und die Entstehung von Koalitionsregierungen, die einige Parteien in die Opposition verweisen könnten, werden verhindert. Zudem wird die be-herrschende Stellung der SED nicht allein aus den Direktmandaten deutlich. Auch die überwie-gende Zahl der 165 Abgeordneten von Massenor-ganisationen gehört der SED an. Ein großer Teil der Abgeordneten sind Vollmitglieder oder Kan-didaten des ZK der SED. Alle Politbüromitglie-der befinden sich unter den Abgeordneten.

Die der Volkskammer von der Verfassung vorbe-haltenen hervorragenden politischen Rechte so-wie die Tatsache, daß auch für den Staatsaufbau das Prinzip des „Demokratischen Zentralismus" (Art. 47) gilt, lassen auf eine zentrale Rolle dieses höchsten Verfassungsorgans im Regierungssy-stem der DDR schließen. Angesichts ihrer selte-

Volkskammer nach der „Wahl" vom 14. 6. 1981

Parteien	Sitze	Massen-organisationen	Sitze
SED	127	FDGB	68
CDU	52	FDJ	40
LDPD	52	DFD	35
NDPD	52	KB	22
DBD	52		

nen Tagungen und der beherrschenden Rolle der SED kann die Volkskammer aber nichts anderes sein als Sanktionsorgan für schon getroffene Entscheidungen. Davon wird in gleicher Weise ihre Rolle als Wahlorgan für die höchsten Leistungsorgane der DDR (Art. 50) betroffen. Die Bedeutung der Abgeordneten mag in ihrer Aufgabe bestehen, Gesetze und Gesetzesvorlagen vor der Bevölkerung zu erläutern. Ihre Hauptaufgabe liegt jedoch in einer verbalen Harmonisierung von Führungsentscheidungen und Interessen der Bevölkerung. Eine begrenzte Aufwertung der politischen Rolle der Volkskammer mag sich aus der seit 1967 zu beobachtenden Vermehrung der Zahl der Ausschüsse sowie in einer Aktivierung ihrer Tätigkeit und der Erweiterung ihrer Kompetenzen (Gesetzesinitiativrecht) ergeben. Ihre Aufgaben, Rechte und Funktionen wurden weitgehend denen der Kommissionen des Obersten Sowjets angeglichen, wenngleich es dort einen „Ausschuß für Eingaben der Bürger" nicht gibt. Personelle Verbindungen zum ZK-Sekretariat sind auch hier gegeben.

5.2.5.2 Der Staatsrat

Im System der staatlichen Leitung hat der Staatsrat eine wechselhafte Geschichte erfahren. Nach seiner Gründung als „erstes staatliches Führungsorgan" durch seinen ersten Vorsitzenden WALTER ULBRICHT (1960) erhielt er eine Schlüsselrolle, die ihm schließlich auch die Verfassung von 1968 zuwies. Nach ULBRICHTS Tod (1973) wurden einschneidende Funktionsbeschränkungen im Rahmen der Verfassungsänderung von 1974 vorgenommen. Erhalten blieb die beherrschende Rolle der SED in diesem Staatsorgan.

An der Spitze des 26 Mitglieder zählenden Staatsrates steht heute ERICH HONECKER, der gleichzeitig Generalsekretär der SED ist. Neben ihm gehörten 1982 weitere 17 Staatsratsmitglieder der SED an, 15 von ihnen im Range von Kandidaten oder Mitgliedern des ZK der SED. Seit dem X. Parteitag sind im Staatsrat zehn Mitglieder des Politbüros vertreten. Dies macht darauf aufmerksam, daß diesem Gremium im Rahmen des Regierungssystems faktisch ein viel höheres politisches Gewicht zugedacht ist, als aus den Kompetenzzuweisungen der Verfassung allein ersichtlich. Dieses Gewicht ist im Zusammenhang mit militär- und sicherheitspolitischen Aufgaben zu sehen. Das Aufgabengebiet des Staatsrates umfaßt einerseits alle üblichen Pflichten eines Staatsoberhauptes, insbesondere Repräsentation. Ihm obliegt zudem die Ausschreibung von Wahlen (Art. 72). Er ist für die Konstituierung der Volkskammer zuständig, wird gegebenenfalls bei der Aufhebung der Immunität von Abgeordneten eingeschaltet und besitzt vor allem ein Gesetzesinitiativrecht. Darüber hinaus wacht

Abb. 135: Sitzung des DDR-Staatsrates unter seinem langjährigen Vorsitzenden Walter Ulbricht

er über die Einhaltung der Verfassung. Andererseits nimmt der Staatsrat gewichtige exekutive Funktionen wahr. Während er 1974 legislative Funktionen, die ihm eine ausgeprägte Vormacht gegenüber der Volkskammer gesichert hatten, und judikative Funktionen verlor, blieb ihm vor allem durch seine Schlüsselfunktion in der Landesverteidigung eine zentrale exekutive Aufgabe erhalten. In diesem Rahmen kann er allerdings auch zu legislativen Funktionen vorstoßen, denn er faßt grundsätzliche Beschlüsse zu Fragen der Verteidigung und Sicherheit des Landes (Art. 73). Dem Staatsrat obliegt zudem die Organisation der gesamten Landesverteidigung (Art. 73), die sich damit in der Hand der SED befindet. Dabei kann er sich des machtpolitisch zentralen „Nationalen Verteidigungsrates" bedienen, dessen Mitglieder von ihm berufen werden und der ihm für seine Tätigkeit verantwortlich ist. Durch ein neues Gesetz über die Landesverteidigung vom Oktober 1978 erhielt der Nationale Verteidigungsrat zusätzlich zu seinen umfassenden Sicherheitsaufgaben das Recht, die allgemeine Teilmobilisierung schon vor der Verkündigung des Verteidigungszustandes anzuordnen.

Staatsverträge Darüber hinaus sind Staatsverträge Angelegenheit des Staatsrates. Er entscheidet über ihren Abschluß, und sein Vorsitzender ratifiziert sie. Schließlich hat der Staatsrat ständig die Verfassungsmäßigkeit und Gesetzlichkeit der Tätigkeit des Obersten Gerichts und des Generalstaatsanwaltes zu beaufsichtigen.

Der rechtliche und daraus erkennbare politische Bedeutungswandel des Staatsrates weist darauf hin, in welch hohem Maße die Verfassung politischen Bedürfnissen angepaßt werden kann. Dieser Wandel macht aber auch auf das enorme Gewicht aufmerksam, das personellen Konstellationen und Intentionen bei diesen Veränderungen zukommt. Der Nachfolger WALTER ULBRICHTS im Vorsitz des Staatsrates, ERICH HONECKER, verfügt neben den Kompetenzen des Staatsrates *Kompetenzen* auch über Kompetenzen, die sich aus seinen Funktionen als Generalsekretär der SED, als führendes Mitglied des Politbüros sowie des Nationalen Verteidigungsrates ergeben.

5.2.5.3 Der Ministerrat

Der Ministerrat der DDR verkörpert formal die Regierung. Sie hat ihren Sitz in dem ehemaligen sowjet. Sektor Berlins (s. S. 441 f.).

Die Verfassung der DDR erklärt: „Die Hauptstadt der DDR ist Berlin."

Fast alle zentralen Regierungs- und Verwaltungsstellen, die Spitzen sonstiger staatlicher und gesellschaftlicher Organisationen haben im allgemeinen ihren Sitz in Berlin (Ost), das gleichzeitig als kulturelles Zentrum weiterentwickelt wurde.

Der Ministerrat leitet, koordiniert und kontrolliert laut Verfassung die Ministerien, andere zentrale Staatsorgane sowie die Räte der Bezirke (Art. 78) und steht damit an der Spitze der Verwaltung. Verantwortlich für die einheitliche Durchführung der Staatspolitik, sind seine Aufgaben einerseits breit gestreut und auf die Erfüllung ökonomischer, politischer, kultureller und sozialer (auch Verteidigungsaufgaben) Belange gerichtet. Ein deutliches Schwergewicht der Verantwortung für die ökonomische Entwicklung (Prognostik) und Gestaltung (Perspektivplanung) ist andererseits unverkennbar (Art. 76).

Auf der Grundlage des „Gesetzes über den Ministerrat der Deutschen Demokratischen Republik" vom 16. 10. 1972, das in seinen wesentlichen Grundzügen die Verfassungsänderung von 1974 vorwegnahm, arbeitet er auch die Grundsätze der staatlichen Innen- und Außenpolitik aus und leitet die einheitliche Durchführung der Staatspolitik. Als „Organ der Volkskammer" hat er seine Aufgaben auf der Grundlage der Gesetze und Beschlüsse der Volkskammer zu erfüllen, ist befugt, selbst rechtsverbindliche Verordnungen und Beschlüsse zu erlassen und gegebenenfalls Beschlüsse von Räten der Bezirke aufzuheben, die den Gesetzen und anderen Beschlüssen widersprechen (§ 8).

Hinzu kommt eine gesetzlich fixierte Bindung des Ministerrates an die Politik der SED. Neben engen personellen Verquickungen (von 44 Mitgliedern des Ministerrates im Jahre 1979 gehörten 40 der SED, davon 32 als Mitglieder oder Kandidaten dem ZK an), ist er auf die für die staatliche Tätigkeit relevanten Teile des Programms der SED sowie auf Beschlüsse des ZK der SED verpflichtet und arbeitet unter der Führung der Partei (Gesetz über den Ministerrat, 1972).

Entsprechend dem sowjetischen Vorbild wird aus der Mitte des großen Ministerrates ein Präsidium gebildet, dem mindestens der Vorsitzende, Willi Stoph, sein Erster Stellvertreter und die Stellvertreter des Vorsitzenden des Ministerrates angehören, die im allgemeinen mit der Koordination verschiedener Sachbereiche befaßt sind. Zwischen den Tagungen des Ministerrates nimmt es dessen Funktionen wahr, muß sich nun aber dabei auf der Grundlage der Beschlüsse des Ministerrates bewegen.

Nomenklatur

Die Tätigkeit des Ministerrates vollzieht sich in enger Zusammenarbeit mit dem Apparat des ZK, die häufige Interventionen aus den einzelnen Abteilungen einschließt. Das Problem der Kompetenz- und damit der Verantwortungsabgrenzung tritt hier besonders hervor. Diskussionen um das Verhältnis von Partei und Staat, die in den letzten Jahren geführt wurden, hat Walter Ulbricht im Sinne einer Konzentration der Parteiführung auf „Kernfragen der gesellschaftlichen Entwicklung" entschieden, ohne daß bislang Konsequenzen dieser Art sichtbar geworden wären. Unter voller Aufrechterhaltung der führenden Rolle der Partei scheint sich jedoch aufgrund von Sachzwängen eine Modernisierung des Regierungssystems im Sinne einer effektiveren Arbeitsteilung unter den verschiedenen Organen sowohl von Partei und Staat als auch vertikal von zentralen Führungsorganen und untergeordneten Instanzen anzubahnen.

Verantwortungsabgrenzung

Effektivität

5.2.6 Das Leitungssystem der SED in Staat und Gesellschaft

Angesichts des Führungsanspruchs der Partei in Staat und Gesellschaft stellt sich die Frage nach den Mitteln und Wegen, welcher sich die Partei bedient, um diesen Anspruch in der politischen Praxis durchzusetzen. Da der Staatsapparat ebenso gesondert neben dem des Parteiapparates existiert wie die Apparate „Gesellschaftlicher Organisationen", bietet sich formal das Bild eines pluralistischen, auf Gewaltenteilung basierenden Regierungssystems. Tatsächlich aber handelt es sich um ein monistisches, lediglich durch Funktionsaufteilung charakterisiertes System, in dem die Partei den von ihr beanspruchten Primat durch eine Reihe direkter und indirekter Leitungskanäle reguliert und sichert.

Parteilinie

5.2.6.1 Ämterbesetzung

Eines der wesentlichen Instrumente der SED zur Durchsetzung und Sicherung ihrer Führungsrolle besteht in ihrem Verfügungsmonopol für die Besetzung aller wichtigen Positionen in Partei, Staat und Gesellschaft (Kaderpolitik). Letztlich ist die Partei an allen personalpolitischen Fragen im Lande in irgendeiner Form beteiligt. Gegen ihren Willen geht nichts. In der Hand der SED liegt

Kaderpolitik

Weisungsrecht

dabei die Organisation des Rekrutierungsprozesses für den Nachwuchs. Auf der Grundlage der Nomenklatur werden trotz äußerlich demokratischer Fassade nicht nur Schlüsselpositionen von der Partei besetzt. Für verschiedene staatliche und gesellschaftliche Organisationsebenen und Funktionen gibt es Nomenklaturlisten, die spezifische, für bestimmte Aufgaben verfügbare und in Aussicht genommene Personen erfassen. Sie werden – im wesentlichen aufgrund von Empfehlungen – unter maßgeblicher Beteiligung von Parteisekretären durch die Partei erstellt und von ihr verwaltet. Als optimales Auswahlkriterium gilt politische Zuverlässigkeit in Verbindung mit hoher fachlicher Kompetenz. In der Praxis soll allerdings bei der Aufnahme in Nomenklaturlisten der Gesichtspunkt politischer Zuverlässigkeit Vorrang genießen, um dem systembedingten Bedürfnis nach politischer Homogenität der Leitungskader zu genügen.

Das Reservoir der realen oder potentiellen Nomenklaturpersonen bildet in erster Linie die Gruppe der Parteimitglieder, die über Hochschulbildung verfügt (1981 480970).

Diese Funktionäre aus den Staatsorganen, der Wirtschaft und Gesellschaft bilden neben den Parteifunktionären die wichtigste Stütze für die undemokratische Durchsetzung des Willens der relativ kleinen Führungsgruppe der SED. Aufgrund ihrer Sachkompetenz gehören aber auch diese Funktionäre potentiell zu den wichtigsten Trägern einer innerparteilichen Kritik. Allerdings folgt einem Abweichen von der „Parteilinie" im allgemeinen der Parteiausschluß. Da damit das Ende der beruflichen Karriere eingeleitet wäre, hält sich Kritik in Grenzen.

5.2.6.2 Leitungsinstrumente in Staatsorganen

Die SED besitzt ihre unterste Organisationseinheit (Produktionsprinzip) am Arbeitsplatz (z.B. Betrieb, Abteilung eines Ministeriums oder Militäreinheit), und zwar in Gestalt der „Grundorganisationen". Die Praktizierung des „demokratischen Zentralismus" ermöglicht es, daß diese Grundorganisationen für die Durchsetzung zentraler Parteientscheidungen sorgen. Daneben ermöglicht die organisatorische Parallelität von Partei- und Staatsorganen über die Zusammensetzung der jeweiligen Parteibüros (s. Tab. S. 307) und das Weisungsrecht der Parteileitungen gegenüber gleichgeordneten und untergeordneten Staats- und Verwaltungsorganen zwingende Einflüsse der SED. Jedes Mitglied der Partei ist der

Abb. 136: „Fröhlichsein" und „Lernen" sind im „realen" Sozialismus eine öffentliche Angelegenheit

Blocksystem

Parteidisziplin unterworfen und hat die Weisungen der Partei vorrangig vor allem anderen zu befolgen. Das Blocksystem im Rahmen der „Nationalen Front" ergänzt die Skala der Leitungskanäle der SED im staatlichen Bereich. Die Funktionsfähigkeit dieses Systems hängt im wesentlichen von der Geschlossenheit, der Einheitlichkeit der Leitungsverfügungen ab, d. h. von einer politisch höchst homogen auftretenden Führungsspitze.

*Transmissions-
hebel*

Zusammensetzung der Bezirksleitungen der SED:
Der 1. und 2. Sekretär;
je ein Sekretär für Wirtschaft, Landwirtschaft, Agitation/Propaganda;
je ein Sekretär für Wissenschaft, Volksbildung und Kunst;
die Vorsitzenden:
des Rates des Bezirkes
des Bezirkswirtschaftsrates
der Bezirksplankommission
des Rates für landwirtschaftliche Produktion und Nahrungsgüterwirtschaft
des FDGB-Bezirksvorstandes;
der 1. Sekretär der FDJ-Bezirksleitung;
der 1. Sekretär der SED-Leitung der Bezirksstadt

5.2.6.3 Leitungsinstrumente in „Gesellschaftlichen Organisationen"

Ein Charakteristikum des politischen Systems der DDR besteht in der Existenz von „Gesellschaftlichen Organisationen" oder Massenorganisation. Bei ihnen handelt es sich um Organisationen, die bestimmte gesellschaftliche Gruppen erfassen und für diesen Bereich ein Organisationsmonopol besitzen. Die „gesellschaftlichen Organisationen" wurden nach dem Vorbild der UdSSR aufgebaut. Dort waren sie unter Lenin als „Transmissionshebel" konzipiert und entwickelt worden mit dem Ziel, der Partei einen Zugang zu den Massen zu verschaffen. So dienen heute die gesellschaftlichen Organisationen auch der SED als Hebel, als Foren für die Verwirklichung der Parteiziele, insbesondere ihrer Mobilisierungs- und Erziehungsziele, in der Gesellschaft. Von den einzelnen Bürgern wird die Mitgliedschaft in einer solchen Organisation als Mindestmaß „gesellschaftlichen" Engagements erwartet. Als „gesellschaftliche Organisationen" gelten in der DDR einmal berufsspezifische Fachverbände (z. B. Schriftstellerverband, Verband für Film- und Fernsehschaffende) sowie Groß- oder Massenorganisationen, die viele gesellschaftliche Gruppen oder Schichten umschließen (z. B. Frauen, Jugend usw.). Als Transmissionshebel für die Politik der SED wurden und werden auch sie entsprechend den jeweiligen Wünschen und Zielvorstellungen der SED nach dem Prinzip des „Demokratischen Zentralismus" organisiert. Während in ihren Satzungen und Programmen ausdrücklich der Führungsanspruch der SED gebilligt wird, sichert eine Reihe von Transmissionen die Übertragung der Durchsetzung des Parteiwillens in den Organisationen durch:

Führungspositionen

- Besetzung ihrer Führungspositionen, insbesondere der Sekretariate, voll oder überwiegend mit SED-Mitgliedern.

So sind z. B. der Vorsitzende des FDGB (Mitglied des Politbüros), seine beiden Stellvertreter, der Leiter und sämtliche Sekretäre Mitglieder der SED. Das gleiche gilt für den Leitungsapparat der FDJ.

SED-Parteigruppen

- Parteigruppen der SED.

FDGB

Alle SED-Mitglieder, die einer gesellschaftlichen Organisation angehören, sind gehalten, sich in Parteigruppen zusammenzuschließen, um dort den Einfluß der Partei zu stärken, die Partei- und Staatsdisziplin zu festigen und die Befolgung der Partei- und Regierungsdirektiven zu kontrollieren. 1980 unterhielt die SED 89 000, 1982 91 990 solcher Parteigruppen. Sie werden von Parteigruppenleitern und deren Stellvertreter (1980 179 000) geleitet.

Sie arbeiten unter der Leitung der entsprechenden lokalen oder betrieblichen Parteileitungen, deren Beschlüsse sie zu befolgen haben (Art. 69 und 70 des Parteistatuts der SED).

Personalunion

- Personalunion zwischen Mitgliedern von Parteileitungen und Vorsitzenden gesellschaftlicher Organisationen auf den verschiedensten Organisationsstufen. So wird in der Regel z. B. der Vorsitzende einer städtischen Gewerkschaftsorganisation auch der städtischen Parteileitung angehören.

Einheitsgewerkschaft

Auf diesen Wegen kann die SED die gesellschaftlichen Organisationen lenken und als Übertragungsorgane für die Parteipolitik zur Kontrolle, Erziehung und Mobilisierung weiterer Gesellschaftsschichten durch die Partei einsetzen. Gleichzeitig können die „gesellschaftlichen Organisationen", deren Mitgliedschaft als Mindestmaß gesellschaftlicher Aktivität für den beruflichen

FDJ

Aufstieg im allgemeinen unerläßlich ist, Interessenvertretungen ihrer Mitglieder sein. Tatsächlich vollzieht sich die Berücksichtigung solcher Bedürfnisse oder Interessen unter der Aufsicht und im Rahmen der von der Partei gezogenen Grenzen. Inwieweit ein Eigengewicht der Organisationen insbesondere aufgrund des Sachverstandes der Mitgliedschaft sowie informelle Einflüsse wirksam werden, läßt sich kaum ermitteln.

Unter den weniger berufsorientierten Großorganisationen (z. B. Deutscher Turn- und Sportbund DTSB, 1982 3,20 Mill. Mitglieder; Gesellschaft für Deutsch-sowjetische Freundschaft 5,5 Mill. Mitglieder) genießen einige das Recht, Abgeordnete in Volksvertretungen zu entsenden, oder das Recht der Gesetzesinitiative. Sie stehen hier gleichwertig neben den „bürgerlichen Parteien" und bleiben – wie diese – im Rahmen der „Nationalen Front" Instrumente der SED. Zu ihnen gehört neben dem „Demokratischen Frauenbund Deutschlands" (DFD, 1,4 Mill. Mitglieder) der Kulturbund, die FDJ (s. unten) und der in der Verfassung verankerte Freie Deutsche Gewerkschaftsbund (FDGB).

Der FDGB versteht sich als „umfassende Klassenorganisation der Arbeiterklasse", der die Interessen der Arbeiter, Angestellten und Intelligenz wahrnimmt (Art. 44). Als „Schule des Sozialismus", verpflichtet auf den Marxismus-Leninismus, strebt er gleichzeitig optimale Produktionsergebnisse als Voraussetzung für eine kommunistische Gesellschaftsordnung an. Da alle Entscheidungen zur Verwirklichung dieses Zieles prinzipiell als im Interesse der Arbeiterschaft liegend interpretiert werden, kann es theoretisch keinen Konflikt (Streik) bei der Wahrnehmung beider Aufgaben nebeneinander geben. Im Gegenteil, als zentrale Aufgabe des FDGB wird die Mobilisierung der Massen für die Erfüllung der Planziele begriffen. In der Praxis genießen die ökonomischen Zielvorstellungen (z. B. Plangesetze) Priorität, so daß der Bewegungsspielraum des FDGB für eine autonome Interessenvertretung außerordentlich eingeengt ist, nichtsdestoweniger aber zunehmend erwartet wird.

Der FDGB ist eine Einheitsgewerkschaft, über dessen Mitgliedschaft nahezu jede berufliche Entwicklung führt. Ihm gehörten 1982 9,1 Mill. Menschen an. In seiner Hand liegt auch das gesamte Sozialversicherungs- und Versorgungssystem, die Vergabe von Ferienplätzen, berufliche Weiterbildung, Schulung sowie kulturelle Arbeit. *„Die Gewerkschaften haben ihre Aufgaben immer als treue Kampfgefährten der Partei erfüllt."* (Erich Honecker 1981).

Die Freie Deutsche Jugend (FDJ) ist aus den 1945 begründeten antifaschistischen Jugendausschüssen hervorgegangen. Auch ihre Schlüsselstellungen waren von Anfang an mit Kommunisten besetzt. Über das Blocksystem wurde die

Entstehung von anderen Parteien nahestehenden Jugendorganisationen verhindert, so daß sie heute die einzige politische Jugendorganisation der DDR ist. Sie steht unter der direkten Leitung der SED. Der erste Sekretär, EGON KRENZ, ist Kandidat des Politbüros und gehört dem ZK der SED sowie der Volkskammer an. Mit ihren 2,3 Mill. Mitgliedern (1982) erfaßt die FDJ ca. 75% aller Jugendlichen dieses Alters, insbesondere Schüler und Studenten, die nahezu hundertprozentig in der FDJ organisiert sind. Sie ist die wesentliche Rekrutierungsquelle für die SED. Ca. ¼ der über 18jährigen FDJ-Mitglieder sind in der SED. Die FDJ versteht sich als marxistische Massenorganisation, die verstärkt im „sozialistischen Wettbewerb" aktiv ist (1982 mit 40 000 Stoßtruppen der FDJ) und vor allem einen Erziehungsanspruch gegenüber der gesamten Jugend erhebt.

Junge Pioniere

Zu ihren Aufgaben zählt nicht nur die verantwortliche Leitung der Kinderorganisation „Pionierorganisation Ernst Thälmann" (1,59 Mill. 1979, 1,439 Mill. 1982), sondern auch die Versorgung der „Gesellschaft für Sport und Technik" mit neuen Mitgliedern und Kadern, einer Organisation, die der vormilitärischen Ausbildung dient. Die Basis ihrer Arbeit bilden Partei- und Regierungsbeschlüsse.

Kulturbund

Der Kulturbund (KB, bis 1972 Deutscher Kulturbund), der ebenso wie DFD, FDJ und FDGB in der Volkskammer vertreten ist, wurde auf Initiative der SMAD 1945 begründet und zählte 1981 235 007 Mitglieder. Er soll alle Angehörigen der „Intelligenzberufe" in einer überparteilichen, überzonalen Organisation vereinigen. Eine seiner wesentlichen Aufgaben besteht darin, vor allem die in- und ausländische Geisteswelt mit dem „Sozialistischen Realismus" bekannt zu machen.

Parteiliche Rechtsprechung

5.2.7 Parteilichkeit im Rechtswesen

In der DDR haben – wie in der Sowjetunion – das Recht und die Rechtsprechung parteilich zu sein. Das heißt, beide sind an den Beschlüssen der SED zu orientieren, haben in Übereinstimmung mit der gesellschaftlichen Entwicklung zu stehen und der Festigung der Arbeiter- und Bauernmacht zu dienen (Sozialistische Gesetzlichkeit). Die Parteilichkeit des Rechtswesens wird zweifach gesichert: durch parteiliche Rechtsnormen und eine parteiliche Justiz.

Oberstes Gericht

Parteiliche Rechtsnormen

Gesetzeswerke wie das Gesetzbuch der Arbeit (1. 7. 61), das Familiengesetzbuch (1. 4. 66), das Strafgesetzbuch (1. 7. 68), das Vertragsgesetzbuch (1. 5. 65) oder das „Gesetz über das einheitliche sozialistische Bildungssystem" (25. 2. 65) beruhen im allgemeinen auf vorangegangenen Beschlüssen von Parteigremien, auch wenn sie von der Volkskammer verabschiedet worden sind. Zum Beispiel werden die in Gesetzesform gekleideten Volkswirtschaftspläne zunächst vom ZK der SED verabschiedet und dann der Volkskammer zur Annahme „empfohlen".

Neben den Gesetzen (und Erlassen) der Volkskammer gibt es eine Reihe von Rechtsnormen, die die Verbindlichkeit von Gesetzen besitzen, aber nicht von der Volkskammer verabschiedet werden. Dabei handelt es sich z.B. um Erlasse und Beschlüsse des Staatsrates, Beschlüsse und Verordnungen des Ministerrates, Anordnungen, Richtlinien, Direktiven oder Anweisungen der Minister oder Ministerien bzw. der Staatssekretariate und Staatssekretäre. Hinter allen kann sich eine unveränderte Übernahme von Parteibeschlüssen verbergen; im allgemeinen enthalten all diese Rechtsnormen ausdrückliche Bezugnahme auf entsprechende Parteibeschlüsse.

Daneben treten auch Staat und Partei als gemeinsame „Gesetzgeber" auf, und zwar durch gemeinsame Beschlüsse des ZK bzw. des Politbüros und des Ministerrates bzw. des Staatsrates. Schließlich werden reine Parteibeschlüsse als Normen mit Rechtsverbindlichkeit nicht nur für die Parteimitglieder, sondern auch für alle Staatsorgane und Bürger in Kraft gesetzt.

Der Parteilichkeit der Rechtsprechung kommt insofern erhöhte Bedeutung gegenüber den Normen zu, als ihre Interpretation oft mit veränderten politischen Richtlinien in Übereinstimmung zu bringen ist. Die Richter müssen daher parteilich sein, d.h., sie sollen ihre Funktion gemäß „den Grundsätzen der Verfassung und der Gesetze ausüben, sich für den Sozialismus einsetzen und der Arbeiter- und Bauernmacht treu ergeben" sein. Bei ihrer Wahl durch die jeweiligen Volksvertretungen (Kreis-Bezirkstag, Volkskammer) entscheidet die Auffassung der Partei, so daß Vertrauensleute der SED zu Richtern bestellt werden. Andererseits gewährleistet der „Demokratische Zentralismus" in der Gerichtsorganisation eine parteiliche Rechtsprechung. Das Oberste Gericht, dessen Aufgabe darin besteht, eine einheitliche und richtige Gesetzesanwendung durch alle Gerichte zu sichern, ist der Volkskammer, tatsächlich dem Staatsrat verantwortlich (Art. 74 und 93 der Verfassung). Er kann dem Obersten Gericht den Erlaß von Richtlinien und Beschlüssen empfehlen, die alle Gerichte binden.

> *„Unter strikter Wahrung der Eigenverantwortung aller Organe haben sich die Gerichte vorrangig auf die Unterstützung der für das Territorium beschlossenen Maßnahme zur Durchsetzung von Ordnung, Disziplin und Sicherheit zu konzentrieren, insbesondere dort, wo es darum geht, einen hohen wirtschaftlichen Leistungsanstieg zu unterstützen und abzusichern."*
> (aus: Neue Justiz, Berlin (Ost) Nr. 7, 1981)

Gesellschaftliche Gerichte

SED-Pressekonzern

Das Oberste Gericht hat die Parteilichkeit der Rechtsprechung zu sichern. Abweichende Urteile sind bislang nicht bekanntgemacht worden. Neben den ordentlichen Gerichten (Kreis-, Bezirks-, Oberstes Gericht) werden Straftaten von Soldaten sowie gegen die militärische Sicherheit von Militärgerichten verfolgt. Mit Laien besetzte „Gesellschaftliche Gerichte" fungieren auf unterster Ebene als Konfliktkommissionen in Betrieben, staatlichen Einrichtungen und gesellschaftli-

chen Organisationen oder als Schiedskommissionen in Gemeinden und Produktionsgenossenschaften. Sie sind hauptsächlich für Arbeitsstreitigkeiten, kleinere Straftaten, Ordnungswidrigkeiten, arbeitsscheues Verhalten usw. zuständig. Eine Verfassungs- und Verwaltungsgerichtsbarkeit gibt es nicht.

5.2.8 Beeinflussung und Steuerung der Meinungsbildung

Ein unentbehrliches Glied des Regierungssystems der DDR besteht in der Verfügungsgewalt der SED über alle Massenkommunikationsmittel. Durch ein differenziertes System der Steuerung und Kontrolle aller Publikationsmittel nimmt die SED Einfluß auf das Leben der Bevölkerung. Neben dem SED-eigenen, riesigen Pressekonzern, der Zeitungen, Zeitschriften, Verlage und Druk-

Abb. 137: Nur an ihren Titeln waren die Neujahrsausgaben führender DDR-Zeitungen zu unterscheiden. Die Blätter erschienen in gleicher Aufmachung, mit derselben Schlagzeile und demselben Foto des DDR-Staatsratsvorsitzenden Honecker. Dieser Gleichklang ist natürlich kein Zufall, sondern ein Ergebnis zentraler Pressemanipulation durch die kommunistische Staatspartei, die bei besonderen Anlässen den Zeitungen bis in kleinste Einzelheiten vorschreibt, welche Meldung unter welcher Überschrift sie an welcher Stelle zu bringen haben.
Foto: Tsp

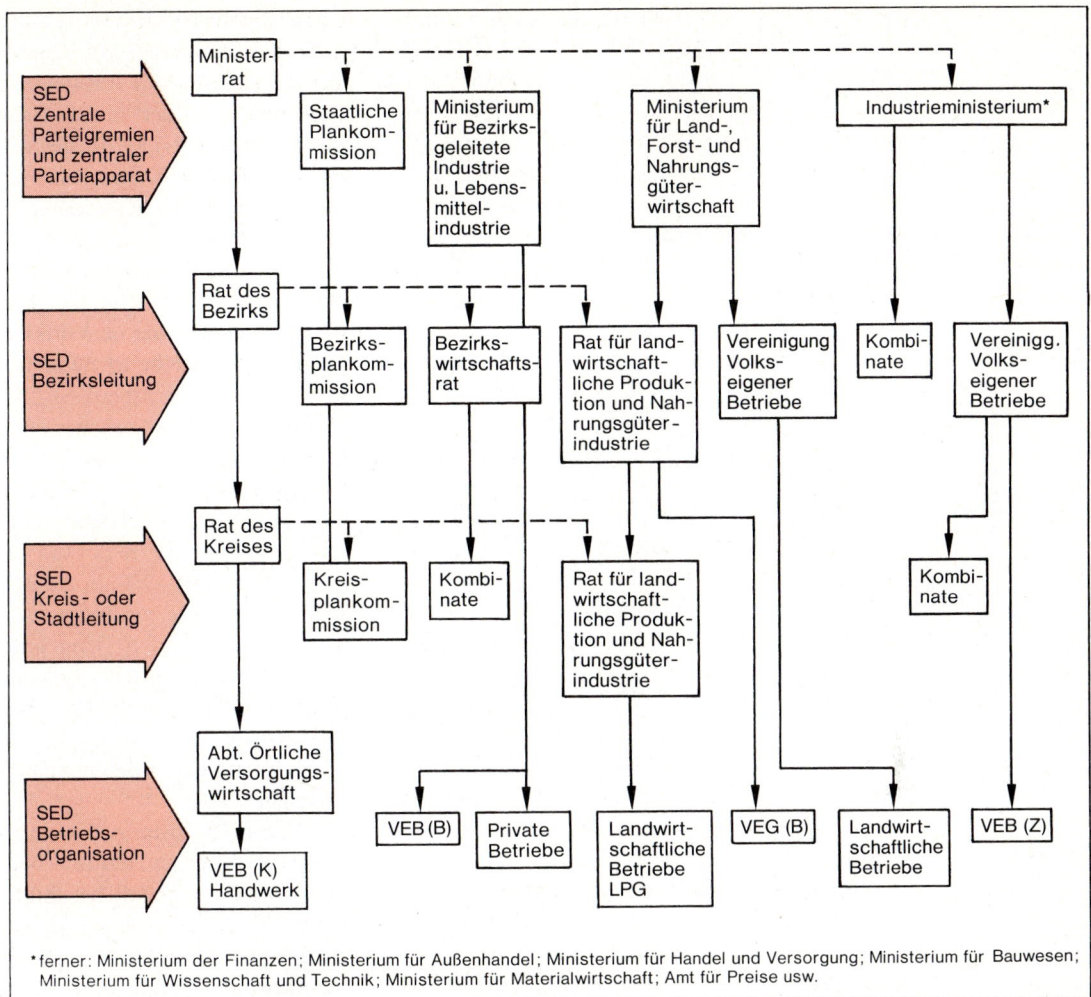

Abb. 138: Leitungsstruktur in der Wirtschaft (Stand 1978)
(aus: DDR-Handbuch, 2. Aufl. 1979, S. 1183)

Agitation und Propaganda

kereien umfaßt, stehen die Presseorgane der Massenorganisationen, Parteien und staatlichen Institutionen (insbes. Rundfunk, Fernsehen, Film, Verlage) für direkte oder indirekte Einflußnahme durch die SED zur Verfügung.

Täglich erscheinen 40 Tageszeitungen mit einer Gesamtauflage von 6,5 Mill. Exemplaren. 1981 kamen 6180 Bücher oder Broschüren als Neuerscheinungen heraus (150,0 Mill. Aufl.), und 519

ADN

Presseorgane der Parteien und Gesellschaftlichen Organisationen

Neues Deutschland (4,2 Mill.)	SED
Der Morgen	LDPD
Neue Zeit	CDU
National-Zeitung	NDPD
Bauern-Echo	DBD
Tribüne	FDGB
Junge Welt	FDJ
Sport-Echo	DZSB

Zeitschriften wurden verlegt (262 Mill. Aufl.). Die Steuerung einer möglichst homogenen Sprachregelung obliegt der ZK-Abteilung für Agitation und Propaganda. Die Redaktionen zentraler, für die ideologische Ausrichtung der Partei besonders wichtiger Organe wie „Einheit" und „Neuer Weg" gehören als ZK-Abteilungen mit ihren Chefredakteuren als Abteilungsleiter zum Apparat des ZK. Für eine einheitliche, auch internationale Nachrichtensteuerung steht der „Allgemeine Deutsche Nachrichtendienst" (ADN) zur Verfügung, der als staatliche Institution dem Weisungsrecht des Ministerpräsidenten unterliegt. Der Chefredakteur von „Neues Deutschland" gehört in der Regel als Kandidat dem Politbüro der SED an.

Die Meinungsbildung vollzieht sich im Sinne einer positiven Wertung der innen- und außenpolitischen Entwicklung der DDR. Kritik wird mit Selbstkritik verbunden, darf nicht „zersetzend" oder „negativ" sein und die als sozialistisch bezeichnete Entwicklung nicht in Frage stellen. Die Politik der Regierung ist positiv, als richtig zu charakterisieren, die Identität von Führungsentscheidung und Volksinteresse zu unterstreichen. Eine eintönige, von Propagandakampagnen geprägte Pressedarstellung mit weitläufigen Glorifizierungen „sozialistischer Taten" ist die Folge. Ansätze von Kritik zeigen sich nur im Kabarett und durch Satire.

Sozialistischer Sektor

Privatbetriebe

Das Ausmaß der Effizienz läßt sich schwer ermessen, zumal die SED in weit geringerem Maße als jedes andere kommunistisch regierte Land über ein Informationsmonopol verfügt. Die Teilung Deutschlands, der Kontakt zwischen den getrennten Familien, der Empfang westlicher Rundfunk- und Fernsehsendungen usw. geben weiten Bevölkerungskreisen Informationen, die weit über die offiziellen Parteidarstellungen hinausreichen oder ihnen widersprechen. So werden laufend Zweifel an der Objektivität der Darstellung eigener Presseorgane geweckt und insofern die meinungsbildende Wirkung der offiziellen Informationen gemindert. Bemühungen, unerwünschte Einflüsse auf die Bevölkerung auszuschalten, hatten hinsichtlich des Rundfunk- und Fernsehempfangs nur geringen Erfolg. Die Beschränkung von Besuchsreisen in den Westen nimmt jedoch weitgehend die Möglichkeit, einen persönlichen Eindruck von den Verhältnissen in Westeuropa zu gewinnen. Eine entschiedene Meinungsäußerung stellt die Fluchtbewegung dar.

West-Medien

VEB

5.2.9 Zentral gelenkte Verwaltungswirtschaft

5.2.9.1 Grundzüge der Wirtschaftsorganisation

Kombinat

Die Wirtschaft und aller Umgang mit Produkten sowie die Verteilung materieller Güter spielen in Staaten, die sich den Aufbau einer kommunistischen Ordnung zum Ziele gesetzt haben, eine Schlüsselrolle, denn mit ihr ist die Legitimation kommunistischer Herrschaft unauflösbar verknüpft. Es geht dabei um den Beweis des marxistischen Kernvorwurfs, daß der „Mehrwert" in allen anderen Wirtschaftsordnungen den Produzenten entäußert würde und daß er erst in einer sozialistischen bzw. kommunistischen Ordnung allein seinen Produzenten zufließen könne (s. S. 81 ff.). Nur diese Ordnungen seien in der Lage, die „Quellen des gesellschaftlichen Reichtums" in unbekanntem Ausmaß der Menschheit zugute kommen zu lassen und seien folglich allen ande-

Mehrwert

PGH

ren, insbesondere privatkapitalistisch orientierten Wirtschaftssystemen weit überlegen.

Die Beseitigung des Privateigentums an Produktionsmitteln bildet infolgedessen die entscheidende Voraussetzung für die Verwirklichung von Sozialismus und Kommunismus. In der DDR ist dieses Ziel weitgehend erreicht. 96,5% der gesamten Nettoproduktion des Landes wurden 1981 in „sozialistischen", nicht privaten Betrieben erwirtschaftet. Nur im Handwerk, im Gaststättenbereich sowie im Einzelhandel finden sich noch Privatbetriebe in nennenswertem Umfang. Private Handwerksbetriebe waren 1981 mit 58,9% (1979 59,7%) an der gesamten Bruttoproduktion des Handwerks beteiligt, private Handelsbetriebe mit 21,9% 1979 am Umsatz des gesamten Binnenhandels und 2112 private Gaststätten bestanden 1978 (24 132 „sozialistische", s. Stat. Jhrb. DDR 1980, S. 23, 32, 227). Prinzipiell sollen auch diese privatwirtschaftlichen Bereiche überwunden werden. Ungeachtet der wenigen halbstaatlichen Betriebe, an denen der Staat zur Hälfte finanziell beteiligt ist, muß heute in allen Zweigen davon ausgegangen werden, daß die DDR-Wirtschaft staatlichem Einfluß unmittelbar zugänglich ist.

Die Organisationsform der einst privatwirtschaftlich strukturierten Industriebetriebe zeigte zunächst ein uneinheitliches Bild. Die neuen, zunehmend als sozialistisch bezeichneten Eigentumsformen unterscheiden staatliches und genossenschaftliches Eigentum. Enteignete Industriebetriebe wurden weitestgehend in „Volkseigene Betriebe" (VEB), also faktisch in Staatseigentum umgewandelt. Diese und ihre teilweise Zusammenfassung in Vereinigungen Volkseigener Betriebe (VVB) gibt es gegenwärtig nicht mehr in nennenswertem Umfang. Heute bildet das Kombinat die beherrschende Organisationsform im Bereich von Industrie und Bauwesen. Es stellt die Zusammenfassung aller für eine Erzeugnisgruppe wichtigen Produktionseinheiten dar. Die Kombinatsbildung wurde seit der zweiten Hälfte der siebziger Jahre verstärkt betrieben, um die wirtschaftliche Effizienz insbesondere auch durch stärkere Zentralisierung der Leitungsstrukturen zu erhöhen. Die 1981 bestehenden 129 Kombinate erbrachten 90% des Produktionsvolumens der DDR (Erdmann/Melzer, 1981, S. 929 ff.). An ihrer Spitze stehen einheitliche Kombinatsleitungen.

Eine genossenschaftliche Form des Zusammenschlusses blieb im wesentlichen dem Handwerk in Gestalt der Produktionsgenossenschaften des Handwerks (PGH) vorbehalten und vor allem der

Betriebsform	1976	1978	1980
VEG (P)[1]	25	114	121
VEG (T)[2]	442	343	324
VEB KIM	30	31	33
Volkseigene Betriebe insgesamt	497 (450)	488 (487)	478
KAP/ZBE (P)	912 (1 024)	414 (379)	93
ZGE (T)/ZBE (T)	360	336	299
Kooperative Einrichtungen insgesamt	1 272	750	392
LPG (P)	200 (161)	721 (752)	1 017
LPG (G)	●	●	31
GPG	287 (241)	287 (217)	213
LPG (T)[3]	3 408 (3 421)	3 221 (3 015)	2 844
Genossenschaftliche Betriebe insgesamt	3 895	4 229	4 105
Landwirtschaftliche Betriebe insgesamt	5 664	5 467	4 975

[1] einschließlich VEG Obst-, Gemüse- und Zierpflanzenbau   [3] LPG (T) einschließlich LPG der Typen I–III
[2] VEG (T) und VEG mit herkömmlicher Produktionsstruktur
Quellen: ,,DDR-Landwirtschaft kurz beleuchtet", Berlin (Ost) 1977, S. 7. – ,,Die Volkswirtschaft der DDR", Berlin (Ost) 1979, S. 164. – Presse-Informationen, Nr. 64/80, S. 5f. In Klammern: Angaben des Statistischen Jahrbuchs der DDR 1979, S. 156
Hohmann, Karl, Entwicklung der DDR-Landwirtschaft, Deutschld.-Archiv 5/1981, S. 474

Kollektivierung

LPG

Landwirtschaft. Um extrem negative Folgen der Enteignungen zu vermeiden, konnte die Kollektivierung zunächst nur durch drei Typen Landwirtschaftlicher Produktionsgenossenschaften (LPG) erreicht werden. Sie ermöglichten es, besondere Interessen der Bauern in unterschiedlichen Graden zu berücksichtigen. Es war ihnen – je nach lokalen Gegebenheiten – möglich, nur Teile des Betriebes (Pflanzenproduktion und Geräte im Typ I, dazu Teile des Viehs und der Forstwirtschaft im Typ II) in die genossenschaftliche Produktion einzubringen. Die Vollkollektivierung der Landwirtschaft auf der Grundlage des Typs III war schon zu Beginn der Kollektivierung als alleinige Zukunftsorganisation ins Auge gefaßt worden. So führte eine kontinuierliche Umwandlung der Typen I und II schließlich in den siebziger Jahren zur Verwirklichung dieses Zieles. Damit war der Weg frei für eine auf die Industrialisierung der Landwirtschaft gerichtete Politik und damit auch für die allmähliche Beseitigung genossenschaftlichen Eigentums. LPGs des Typs III wurden nun zu Großkooperationen zusammengefaßt, um eine rationellere Verwendung des Maschinenparks zu ermöglichen und vor allem ausgeprägte Spezialisierungen in der Pflanzen- und Tierzucht durch Kooperation mit Verarbeitungs- und Vermarktungsbetrieben zu nutzen (Die DDR, 1977, S. 5 f. u. 15 f.).

Der Übergang zur Großorganisation in der Landwirtschaft hat eine Reihe neuer Probleme geschaffen bzw. vorhandene verstärkt (z. B. erhöhter Treibstoffverbrauch und Zeitverlust für Transporte von Maschinen und Arbeitskräften, unzureichende Bodenbearbeitung), die die Arbeitsproduktivität erheblich mindern (Lambrecht/Merkel, 1980). Mit der Einführung der Großproduktion in der Landwirtschaft, deren Kooperative mehrere Dörfer umfassen und auch die Kooperation mit rein staatlichen Industrie- oder Landwirtschaftsbetrieben einschließen, bewegt sich auch die Landwirtschaft vom Genossenschaftsgedanken weg hin zum Staatseigentum. Auch diese Form des Eigentums ist in der Landwirtschaft immer vorhanden gewesen; aber nur etwa 6–7% der landwirtschaftlich genutzten Fläche wurden 1960–1975 von „Volkseigenen Gütern" bearbeitet. Die Zahl dieser „Güter" nahm in diesem Zeitraum stetig ab (1960 669, 1971 500). Eine gewisse Unentschlossenheit über die Zukunft der „Volkseigenen Güter" drücken einschneidende Veränderungen der Anzahl und Bearbeitungsfläche dieser Staatsgüter 1973–77 aus. Die Zahl sank um 50 (1973 505, 1977 450), und die von ihnen genutzte Fläche verringerte sich 1976 auf nahezu ein Viertel des Jahres 1973. Seit 1977 vergrößerte sich die Flächenzahl der von volkseigenen Gütern bewirtschafteten Fläche wieder und übertraf 1981 schon den Stand von 1965. Von 1978 auf 1980 verringerte sich allerdings die Zahl der Staatsgüter von 487 auf 469, um bis 1981 wieder auf 479 zu steigen. So scheint über die zukünftige Organisationsform der DDR-Landwirtschaft noch nicht alles entschieden, wenngleich das Vorbild UdSSR auf den Weg der Ausweitung der Staatsgüter verweist.

Volkseigene Güter

Staatsgüter

5.2.9.2 Wirtschaftssystem zentralistischer Planung

Regulierungs-
verfahren

Wie immer die Organisationsformen in Zukunft aussehen mögen, sie ändern nichts an der Tatsache, daß anstelle des Privateigentums an Produktionsmitteln ein kollektives Eigentum getreten ist. Dies mußte notwendig zu neuen Formen der Verfügung über dieses Eigentum führen, denn parallel mit der Beseitigung des Privateigentums an Produktionsmitteln vollzog sich unausweichlich auch der Verlust überkommener Verfügungs-, Austausch- und Regulierungsverfahren. An die Stelle des Marktes mit seinen privat gestalteten und initiierten Produktionsentscheidungen, Warenströmen, Preisentwicklungen und Arbeitskräfteeinsätzen hatten daher neue Mechanismen zu treten, sollte der auf privatwirtschaftlicher Basis erzielte Produktions- und Leistungsausstoß erreicht bzw. – wie in Aussicht gestellt – weit übertroffen werden. Obwohl der Marxismus prinzipiell kein bestimmtes Wirtschaftssystem für eine Gesellschaft ohne Privateigentum an Produktionsmitteln vorsieht, gab es in der DDR bei der Einrichtung eines neuen Wirtschaftssystems so gut wie keine Wahlfreiheit. Die historischen

Vorbild
UdSSR

Umstände beschränkten sie auf das Vorbild der UdSSR. Diese hatte ein System zentral gelenkter Verwaltungswirtschaft auf der Basis zentraler Wirtschaftsplanung entwickelt. In ihm unterliegen alle Bereiche des Wirtschaftsablaufs staatlicher Politik bzw. Regulierung und damit auch dem beherrschenden Einfluß der kommunistischen Partei (s. Abb. 138, S. 311).

Mit dem Aufbau dieses Systems der zentral planenden Verwaltungswirtschaft unter den Bedingungen eines Einparteisystems und des „Demokratischen Zentralismus" wurde in der DDR bereits vor ihrer Gründung begonnen. Im März 1948 errichtete die sowjetische Besatzungsmacht für ihre Zone die „Deutsche Wirtschaftskommis-

DWK

sion" (DWK). Mit ihr war nicht nur die erste gesamtzonale deutsche Behörde erstanden, die schließlich den Kern der später geschaffenen Regierung bildete, sondern die DWK legte den ersten, allerdings inhaltlich (Grundstoffindustrie) und zeitlich (ein halbes Jahr) begrenzten zentralen Wirtschaftsplan vor. Damit war das Zeit-

Planwirtschaft

alter zentraler Planwirtschaft in einem Teil Deutschlands eingeläutet. Das Planprinzip wurde in den Verfassungen von 1949 sowie von 1968/74 verbindlich gemacht und – ebenfalls nach sowjetischem Vorbild – über die rein ökonomischen auch auf andere gesellschaftliche Bereiche ausgedehnt. So erfassen heute in der DDR Pläne auch

die soziale und kulturelle Entwicklung, Wissenschaft und Kunst, Sport und Erholung. Sie ergehen im allgemeinen als Gesetze mit der entsprechenden Verbindlichkeit. Neben den inhaltlichen Gegenständen, die der Regelung durch Plan unterliegen, sind aus der Wirtschaftsgeschichte und Wirtschaftspolitik der DDR auch unterschiedliche Planzeiträume bekannt.

Die Zwei-, Fünf- oder Siebenjahres-Planperioden der fünfziger bis siebziger Jahre weisen sowohl auf innere Bedürfnisse als auch auf die Orientierung am sowjetischen Vorbild hin. Heute ist zu unterscheiden zwischen der langfristigen Planung

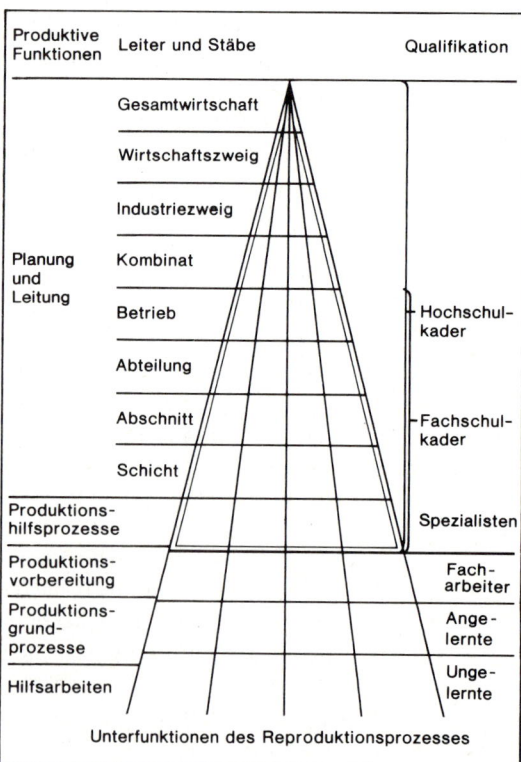

Abb. 139: Der „gesellschaftliche Gesamtarbeiter im arbeitsteiligen Produktions- und Leitungsprozeß" der DDR
(nach: Bahro, 1977, S. 195)

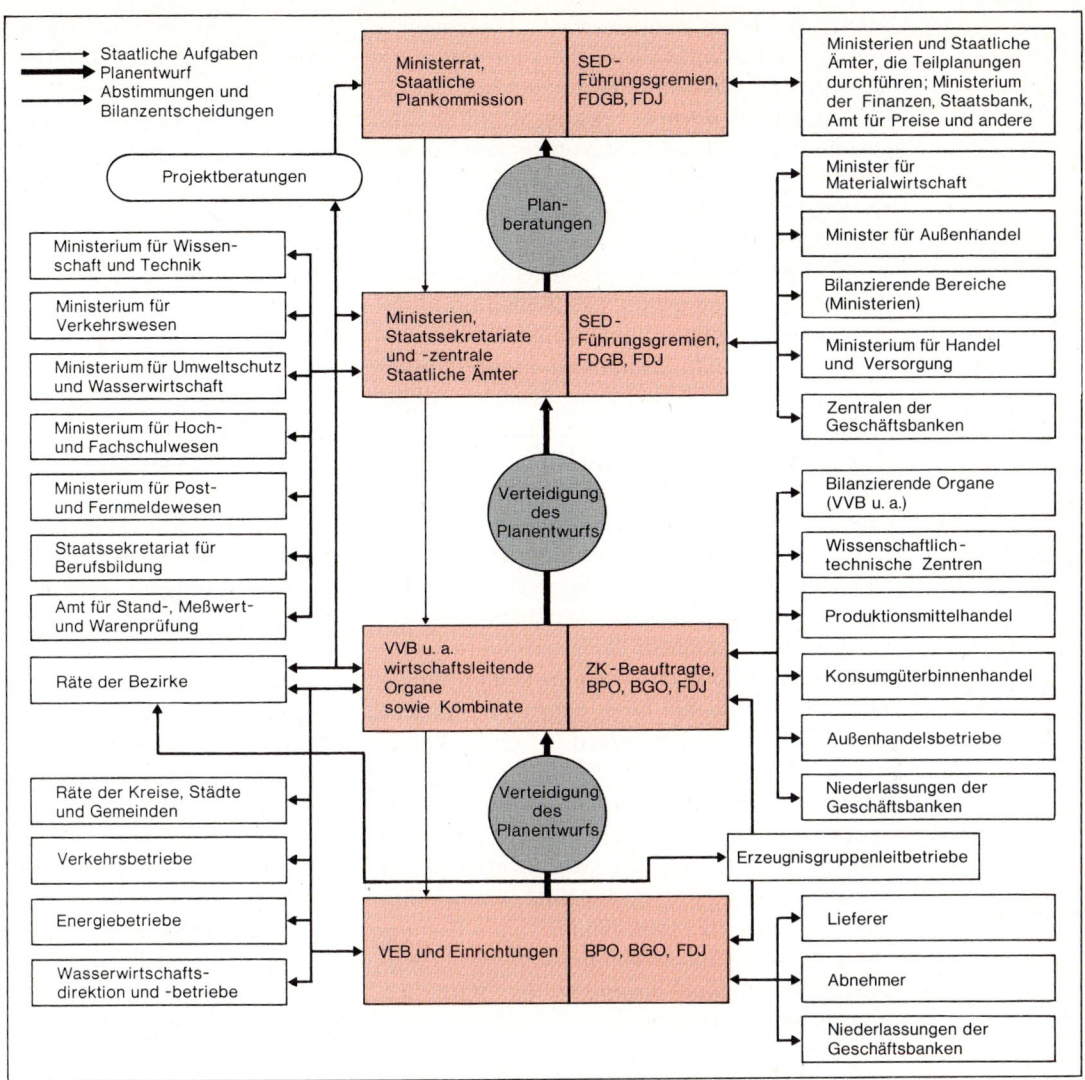

Abb. 140: *Die Planung der Volkswirtschaft verläuft in der DDR von oben (Staatliche Plankommission) nach unten und, in Form von „Gegenplänen", von unten nach oben. Dort wird beschlossen*
Quelle: DDR-Handbuch, 2. Aufl. 1979, S. 820

Staatliche Plankommission

eines sich von 1976 bis 1990 erstreckenden Perspektivplans, mit dem Grundtendenzen der wirtschaftlichen und sozialen Entwicklung quasi prognostiziert werden, sowie mittel- bis kurzfristigen Planungen.

Fünfjahresplan

Der gesamtstaatliche Fünfjahresplan (1981–86) legt Entwicklungsziele dieser Periode fest, einschließlich der Mittel und Wege zu ihrer Verwirklichung. In Jahresplänen werden seine Vorgaben präzisiert und gegebenenfalls notwendige Korrekturen am Fünfjahresplan vorgenommen. Auf dieser Basis erstellen daneben die Wirtschaftseinheiten für ihren Bereich Jahrespläne bzw. Quartalspläne.

Planungsverfahren

Im System einer zentral geplanten Verwaltungswirtschaft kommt der für die Planungen zuständigen zentralen Behörde eine Schlüsselrolle zu.

In der DDR ist es die „Staatliche Plankommission". Sie nimmt im Rahmen der Regierungsorganisationen einen besonderen Platz ein. Wie alle Ministerien arbeitet sie unter der Leitung des Ministerrates, an ihrer Spitze steht aber im allgemeinen einer der ersten Stellvertreter des Regierungschefs.

Das Planungsverfahren liegt im wesentlichen bei dieser Behörde. Sie erstellt zunächst einen mit globalen Werten ausgestatteten Planentwurf. Dieser wird den einzelnen Wirtschaftseinheiten bis hinunter zum Betrieb zur Stellungnahme zugeleitet. Durch „Gegenpläne", die im Betrieb diskutiert, durch den Betriebsdirektor erstellt und von den übergeordneten Instanzen der Wirtschaftsvereinigungen sowie dem zuständigen Ministerium geändert werden können, gelangen diese

Vorschläge wieder in die Staatliche Plankommission. Sie fertigt den endgültigen Planentwurf an. Ob und inwieweit dabei Gegenvorschläge berücksichtigt werden, ist nicht bekannt. In jedem Falle sind in dieser Phase die zuständigen Abteilungen des ZK der SED beteiligt, denn der Entwurf des Fünfjahresplanes bedarf der Sanktion des Parteitages, der Jahresplan des ZK der SED, bevor sie an die Gesetzgebungsorgane geleitet werden. Das Prinzip des „Demokratischen Zentralismus" sichert auch beim Planungsverfahren die Vorherrschaft der Zentrale, die prinzipiell alle Gegenplanvorschläge übergehen kann. Dennoch gilt die Plandiskussion an der Basis, die auch die örtlichen Volksvertretungen einschließt und im Betrieb insbesondere der Gewerkschaft einen hervorragenden Platz einräumt, als Ausdruck demokratischer Praxis und der Partizipation der Beschäftigten an der Leitung der Volkswirtschaft. Das Ausmaß des Gewichtes der Basis in diesem Prozeß gehört zu einem der umstrittensten Probleme einer politischen Praxis, die sich als sozialistisch begreift. In der DDR haben verschiedene Experimente bzw. Reformen („Neues ökonomisches System der Planung und Leitung der Volkswirtschaft", NÖS, 1963; „Ökonomisches System des Sozialismus", ÖSS, 1968) auch eine stärkere „Autonomie" der Wirtschaftseinheiten angestrebt. Die Wirtschaftspolitik kehrte aber wieder zu starker Zentralisierung bei der Planung und Leitung zurück, so daß heute von einer ausgeprägten zentralen Steuerung der Wirtschaft ausgegangen werden muß.

Demokra-tischer Zentralismus

Partizipation

NÖS ÖSS

Wirtschafts-wandel

5.2.9.3 Probleme des Wirtschaftssystems

Ein durch Plan zentral gesteuerter Wirtschaftsablauf umschließt konzeptionell zunächst die Vorstellung von einem rational steuerbaren, an den Interessen der Bürger orientierbaren Gang des gesamten Wirtschaftsablaufs mit optimalen und gerechten Ergebnissen. In der Praxis konnte dieses System aber bei weitem nicht die daran gerichteten und geweckten Erwartungen erfüllen. Dysfunktionalitäten und gravierende Leistungsschwächen gehören zu den ständigen Erscheinungen. Die erkennbaren vielfältigen Ursachen dafür weisen auf vor allem systemimmanente Faktoren:

Probleme der Planbarkeit
Das Problem zentraler Planbarkeit für den gesamtstaatlichen und gesamtgesellschaftlichen Bereich ist an erster Stelle zu nennen. Es beinhaltet die Frage und Zweifel, ob ein Plansystem dieser

Preisverände-rungen

Art überhaupt wirtschaftlich sinnvoll funktionieren kann. Auf der einen Seite konnten angesichts der Realität Zweifel nicht ausgeräumt werden, daß die Tausende von Einzelpositionen eines Planes alle für eine optimale Koordination erforderlichen Daten zu erfassen und auf umfassende Zielsetzungen hin zu integrieren sind. Hinzu kommt, daß sich in einer zunehmend stärker industrialisierten und technisierten Wirtschaft tendenziell die Komplexität sowie das Volumen der miteinander abzustimmenden Daten verstärken und ihre Ermittlung, Aufschlüsselung und Koordination schwieriger gestalten. Den Plänen sind daher Fehler immanent. In der Planausführung ergeben sich dadurch z.T. schwerwiegende Belastungen für die Volkswirtschaft, zumal selbst eine unmittelbare Korrektur falscher Planentscheidungen dem Planprinzip entgegensteht. So sind Mängel an bestimmten Produkten, Fehlleitungen von Waren, Produktion von Ladenhütern, mangelhafte Kapazitätsauslastung, Materialvergeudung usw. hinreichend aus dem Wirtschaftsalltag der DDR bekannt. Auf der anderen Seite ist die Planbarkeit dieses Umfanges in Frage zu stellen in Anbetracht des laufend eintretenden Wandels, durch den Daten von gestern „über Nacht" hinfällig werden können. Ein besonders gravierendes Beispiel für Wandel stellt z.B. die Phase rascher Erdölverteuerung und Verknappung (z.B. Kürzung der sowjet. Lieferungen um jährl. 10% u. 20% Verteuerung) dar. Zwar ist die Energieversorgung der DDR nur zu einem Drittel von Importen abhängig (Bethkenhagen 1981, S. 505 ff.).

---

*„In der Souvenirproduktion lagern bei den Herstellerbetrieben, im Großhandel und in den Geschäften Souvenirs im Wert von mehreren Millionen Mark, weil kaum ein Mensch die neckischen Spardosen, Bügeleisen, Kaffeemühlen und Grammophone aus Kunststoff zu kaufen bereit ist. Doch die Produktion läuft, weil „wir die Pläne erst einmal erfüllen und die Verträge mit den Großhändlern einhalten müssen", wie der Leiter eines auf die Herstellung von Souvenirkitsch spezialisierten Betriebes erklärte, auf vollen Touren weiter. Auf diese Weise werde „wertvolles Material als Ladenhüter verschwendet."
(aus: „Das Volk" vom 15. 8. 81 nach JWE-Berlin v. 20. 8. 81)*

Dennoch machen diese Preisveränderungen Umstrukturierungen, Einsparungen und eine hohe Flexibilität des Wirtschaftssystems erforderlich, die längerfristigen Planungen fundamental entgegenstehen. Unter diesen Umständen erweist sich der zentrale Plan lediglich als eine globale Skizze erwarteter Wirtschaftsabläufe, der laufend ungeplante Korrekturen durch die Realität erfährt. Am Ende von Planperioden werden folglich in erheblichem Umfang auch Nichterfüllungen oder Übererfüllungen von Planzielen bekannt, die prinzipiell im Widerspruch zur Planung stehen bzw. unüberwindliche Grenzen exakter zentraler Planung offenbaren. Nachträgliche Änderungen, Unter- oder Übererfüllung von Plänen machen es daher unerläßlich, den verpflichtenden Gesetzescharakter zu relativieren. Trotz dieser Erfahrung blieb ein ungebrochenes, dogmatisiertes Beharren auf dieser Art Planung erhalten. Dies weist auf politische Funktionen von Plänen hin, die weit über die Vorstellung von Instrumenten rationaler Wirtschafts- und Gesellschaftsgestaltung hinausreichen. Ihre Rolle als allgemeine Orientierungsrahmen für die Bürokratie, als Mittel der Konfliktregelung zwischen gesellschaftlichen Gruppen (Kompromißplattform), als Demonstrationsmittel für staatliche Erfolge unter der Führung der SED nach innen und außen sowie als Instrumente zur Massenmobilisierung und -kontrolle kennzeichnet sie als unerläßliches Herrschaftsinstrument in diesem politischen System.

Steuerung durch Preise

Herrschaftsinstrument

Probleme bürokratischer Planung

Die zentrale Planung fördert notwendig die Entstehung einer Planbürokratie, welche mit den immer komplexer und umfangreicher werdenden Aufgaben selbst ebenfalls quantitativ wächst. Die jeder Bürokratie innewohnende Tendenz zur Beharrlichkeit und Schwerfälligkeit zeigt in einem System, in dem nahezu der gesamte Wirtschaftsablauf der Reglementierung durch Verwaltungsbehörden unterliegt, schwerwiegende negative Folgen. Abgesehen von der jeder Bürokratie ebenfalls innewohnenden Tendenz, Fehler zu verschleiern und damit eine Transparenz der Probleme zu behindern, mangelt es ihr an Flexibilität, die im Wirtschaftsprozeß für die Bewältigung unvorhergesehener Situationen erforderlich ist. Darüber hinaus dürfte es ihr z.T. auch an der hinreichenden Sachkompetenz fehlen, die nur in unmittelbarer Nähe der Produktion zu erwerben ist. Die tendenzielle Schwerfälligkeit einer bürokratischen zentralen Wirtschaftsverwaltung wird noch durch die Bedingungen des Einparteisystems verstärkt. Die Notwendigkeit, sich jeweils mit den zuständigen Parteigremien abstimmen zu müssen, stärkt oder produziert nicht nur eine Rückversicherungsmentalität bei allen, die im Wirt-

Transparenz

Sachkompetenz

schaftsbereich Leitungsfunktionen ausüben, sondern bewirkt ebenfalls Verzögerungen und den vielbeklagten Bürokratismus. Mangelhafte Fachkompetenz der zuständigen Parteikader kann unter diesen Umständen ebenfalls zu schweren Belastungen für die Volkswirtschaft führen.

Probleme der Preisbildung

In der zentral verwalteten Wirtschaft ist es nicht gelungen, an die Stelle einer mehr oder weniger autonomen Preisbildung des Marktes ein in gleicher Weise leistungsfähiges Preisbildungssystem zu entwickeln. Preise werden weitgehend für die Steuerung zentral festgelegter Wirtschaftsziele, insbesondere für die Nachfragegestaltung, eingesetzt. Je nach Bedarf dienen sie der Zentrale als Hebel, um Güter erheblich unter den Gestehungskosten (Subvention) oder auch weit darüber liegend (Abschöpfungszuschläge) anzubieten (Melzer, Handbuch DDR, 1979, s. S. 850 ff.). So werden insbesondere die Preise von Grundnahrungsmitteln (z.B. Brot, Kartoffeln, Backwaren) und Dienstleistungen (z.B. Mieten, Verkehrstarife) subventioniert und niedrig gehalten, Autos, Fernsehgeräte, Kühlschränke, Waschmaschinen usw. hingegen mit hohen Abgaben belastet.

Ein besonderes, bis heute nicht gelöstes Problem bildet die Ermittlung und Bestimmung der realen Produktionswerte, in die alle wertbildenden Faktoren eingegangen sind. Erhebliche Disproportionen zwischen Warenangebot und vorhandener Kaufkraftmenge (Geld) zeigen zudem, daß ein wirtschaftlich sinnvoller Ausgleich durch planende Preisregulierung nicht erreicht wurde. Das DDR-Wirtschaftssystem vermochte es bisher nicht, empfindliche und anhaltend bestehende Lücken im Warenangebot zu schließen und die in Aussicht gestellte Verbesserung des Lebensstandards überzeugend zu verwirklichen. Zudem läßt es die Bürger in Ungewißheit über die künftige Versorgungslage. Unter diesen Umständen steigert noch der aus dem geringen Warenangebot stammende Kaufkraftüberhang den ohnehin bestehenden Mangel. Umfangreiche Vorratskäufe können und werden nicht nur für kurzfristig benötigte Güter getätigt, sondern auch für einen weit in der Zukunft liegenden Gebrauch.

Kompetenzüberschneidungen

Auch das Einparteisystem der DDR wurde im Interesse der Herrschaftssicherung mit einer Fülle von Kompetenzüberschneidungen versehen, welche eine eindeutige Ermittlung und Zuweisung klarer personeller Verantwortlichkeiten nahezu unmöglich macht. Das gilt auch für die

Wirtschaftsverwaltung. Daraus wiederum ergeben sich Produktionsmängel, Schlamperei usw., die jedem wirtschaftlichen Erfolg abträglich sind.

Unzulängliche Leistungsmotivation
Die Leistungsmotivation der am persönlichen materiellen Erfolg interessierten wirtschaftlich selbständig Tätigen, die in einer auf Privatinitiative abgestellten Wirtschaft wirken, konnte in der zentral verwalteten Planwirtschaft nicht ersetzt werden. Damit gehen dieser Volkswirtschaft die Impulse besonders aktiver, initiativer und organisatorisch begabter Menschen weitgehend verloren. Das Bemühen, durch Prämien, Vergünstigungen und Mobilisierungen verschiedener Art Leistungsanreize einzusetzen, brachte keine dauerhaft erkennbaren Erfolge.

Prämien

> „… *Leider gibt es auch Werktätige, die es mit der Einhaltung der Arbeitszeit nicht so genau nehmen oder gar tageweise die Arbeit bummeln. Das unentschuldigte Fernbleiben von der Arbeit, das unbegründet verspätete Erscheinen am Arbeitsplatz oder ein ungenehmigt vorzeitiges Verlassen sind grundsätzliche Verletzungen der sozialistischen Arbeitsdisziplin.*"
> (aus: Ostsee-Zeitung, Rostock Nr. 228 vom 26./27. 9. 1981)

Arbeits-produktivität

Leistungsprobleme drücken sich in einer allseits beklagten, relativ niedrigen Arbeitsproduktivität aus (z. B. E. Honecker, ND v. 1. 7. 82, Nr. 152). Sie dürfte einerseits durch versteckte Arbeitslosigkeit verursacht sein. Das politische System nimmt für sich in Anspruch, die ideologisch nicht vertretbare Arbeitslosigkeit endgültig beseitigt zu haben. Es gibt keine Arbeitslosen mit entsprechenden, institutionalisierten Unterstützungsleistungen, so daß den Bürger das Los der Arbeitslosigkeit mit allen negativen Begleiterscheinungen nicht treffen kann. Dieser positive Effekt wird aber u. U. begleitet von einem Überhang an Arbeitskräften in einzelnen Betrieben. Z. B. durch Rationalisierung entbehrlich gewordene Arbeitskräfte, deren Entlassung nicht möglich und deren Umsetzung in gleichwertige Positionen nicht gelungen ist, bilden ein Potential an versteckter Arbeitslosigkeit, welches das Niveau von Lohn und Arbeitsproduktivität drückt. Andererseits dürfte die Ursache für die relativ niedrige Arbeitsproduktivität auch darin zu suchen sein, daß ein – vielleicht immanentes – Grundübel „sozialistischen Wirtschaftens" seine ungebrochene Wirkung zeitigt: die Resignation der gern und

Arbeitslosigkeit

Zentrale Parteikontroll-kommission

zielgerichtet Arbeitenden sowie die Gleichbehandlung von Faulen und Fleißigen trotz gegenteiliger Beteuerungen und Bemühungen.

> „… *Bestleistungen müssen besser honoriert werden als Durchschnittsleistungen, und noch deutlicher muß der Unterschied zu jenen ausfallen, die noch zu wenig zu unserem notwendigen Leistungswachstum beitragen. Vielfach müssen dafür keine neuen Stimuli geschaffen werden. Eine offene und ehrliche Bewertung der Leistung des einzelnen, die Nutzung der Möglichkeiten, die die neuen Lohnformen bieten, die die Jahresendprämie enthält und die auch mit Auszeichnungen erreicht werden können, sind noch lange nicht ausgeschöpft. Hier geht es vor allem darum, Inkonsequenzen abzubauen und energisch gegen die mitunter noch übliche Gleichmacherei anzugehen.*"
> (aus: Junge Welt, Berlin (Ost) Nr. 17 v. 21. 1. 1982)

> „*Insbesondere durch direkte Angriffe auf das sozialistische Eigentum und die Volkswirtschaft, durch pflichtwidrigen, leichtfertigen, den wissenschaftlich-technischen Erfordernissen zuwiderlaufenden Umgang mit Maschinen und Anlagen, Geräten und Verfahren, durch mangelnde Arbeitsdisziplin und Vergeudung von Materialien, Energie, Arbeitszeit und Mißachtung wissenschaftlich-technischer Erkenntnisse werden sowohl wirtschaftliche Schäden als auch gesellschaftlich negative Wirkungen in der Bewußtseinsbildung jeweils bestimmter Bevölkerungsteile verursacht.*"
> (aus: Neue Justiz, Berlin (Ost) Nr. 2/1982)

5.2.10 Institutionalisierte Sicherung der Führungsrolle der Partei

Der Führungsanspruch der SED, den sie – mit Ausnahme der Personalunion in den Spitzengremien – bei staatlich-exekutiver Enthaltsamkeit im Nebeneinander von Staat und Partei praktiziert, bedingt ein umfassendes Kontrollsystem, mit dessen Hilfe die Ausführung direkter und indirekter Parteibeschlüsse überwacht und abgesichert wird. Dabei ist zu unterscheiden zwischen der Kontrolle der Partei durch die Parteiführung (Zentrale Parteikontrollkommission) sowie der Kontrolle staatlicher und gesellschaftlicher Funktionsträger.

5.2.10.1 Umfassendes Kontrollsystem

Partei-
gruppen

Indirekte oder direkte Kontrolle staatlicher und gesellschaftlicher Organe vollzieht sich einmal durch die Parteimitglieder und -gremien, insbesondere aber durch die Parteigruppen bzw. Grundorganisationen. Sie haben immer sowohl den Einfluß der Partei zu sichern als auch die Durchführung von Beschlüssen zu überwachen mit Ausnahme der Ministerien und einiger Staatsorgane, für deren Parteiorganisationen nur eine Überwachungs- und Mitteilungspflicht besteht. Ebenso üben gesellschaftliche Organisationen, die ihrerseits durch die Parteigruppen und durch personelle Verflechtungen von der SED kontrolliert werden, Kontrollfunktionen gegenüber staatlichen Organen aus. Unter ihnen nehmen die Gewerkschaftsorganisationen in den Wirtschaftsbetrieben (Produktionskomitees, Gesellschaftliche Räte usw.) sowie die FDJ (Kontrollposten) insbesondere in den Schulen und Hochschulen einen hervorragenden Platz ein.

Arbeiter- u.
Bauern-
inspektion

Eine Zusammenfassung von Kontrollinstitutionen erfolgte 1963, als durch einen gemeinsamen Beschluß des ZK und des Ministerrates nach sowjetischem Vorbild die *Arbeiter- und Bauerninspektion* geschaffen wurde. Eine umfassende, straffe Kontrolle der Durchführung von Beschlüssen und Direktiven höchster Partei- und Staatsorgane wurde ihr übertragen. Sie hat sich auf alle Ebenen staatlicher und wirtschaftlicher Organe zu erstrecken, nicht jedoch auf die Parteien und gesellschaftlichen Organisationen. Die Erfüllung der Wirtschaftspläne genießt dabei Vorrang. Sie stützt sich bei ihrer Arbeit auf 249 414 ehrenamtliche Mitarbeiter (1981), die in Kommissionen (18 694) und Volkskontrollausschüssen (6437) wirken. Umfassende Rechte bestimmen ihre Arbeit. Sie reichen von der Einsichtnahme in alle schriftlichen Vorgänge über Rechenschaftslegung, Vernehmung der Beteiligten bis zur Aussetzung schon gegebener Weisungen und zur Verhängung von Disziplinar- und Ordnungsstrafen.

Staatsanwalt-
schaft

Staatssicher-
heitsdienst

Kampfgruppen

Auch die *Staatsanwaltschaft* ist neben den üblichen Aufgaben als Kontrollinstitution konzipiert, die u. a. Verstöße gegen die „Sozialistische Gesetzlichkeit" zu unterbinden hat. *Der Staatssicherheitsdienst (SSD)*, die ca. 17 000 Mitglieder umfassende Politische Geheimpolizei der DDR (Ministerium für Staatssicherheit), wird in allen Lebensbereichen kontrollierend tätig. Im Vordergrund steht dabei innerhalb der DDR die Aufgabe, unerwünschte politische Regungen aufzuspü-

ren, zu überwachen und abzuwehren (Fricke, 1980, S. 371–382).

Kontrolliert wird darüber hinaus u. a. durch die Banken (im Rahmen der Kreditvergabe) die Verwendung der Mittel, durch die Finanzorgane, durch Ausschüsse der Volkskammer sowie durch die im Ministerium des Innern zusammengefaßte Volks- und Bereitschaftspolizei. Die damit hier keinesfalls vollständig erfaßten Kontrollinstanzen finden ihre Ergänzung durch institutionelle Kontrollmechanismen, wie sie sich besonders aus der Anwendung des Prinzips des „Demokratischen Zentralismus" ergeben.

Fragt man nach der Notwendigkeit eines so umfassenden Kontrollsystems nach nahezu 40 Jahren SED-Herrschaft, wird das Problem der Heranbildung eines allgemeinen sozialistischen Bewußtseins eines in sozialistischen Kategorien denkenden und handelnden Menschen sichtbar. Die jeweilige Intensität der Kontrolle dürfte ein wichtiger Gradmesser für das Ausmaß des Vertrauens sein, das die SED in ihre eigene Erziehungspolitik setzt und ihren Bürgern entgegenbringt. Auch ständige Hinweise auf gezielte negative Einwirkungen des kapitalistischen Auslands vermögen nicht darüber hinwegzutäuschen, daß das umfassende Kontrollsystem nach wie vor als Ausdruck eines tiefen Mißtrauens gegenüber den eigenen Erzielungserfolgen zu werten ist. Selbst die in den letzten Jahren vieldiskutierte und versprochene, im Interesse erhöhter Effizienz für notwendig erachtete Erweiterung des Entscheidungsspielraumes der Betriebe, Städte, Gemeinden soll durch eine erhöhte Kontrolle der verantwortlichen Parteiorganisationen kompensiert werden.

5.2.10.2 Bewaffnete Kräfte

Die bewaffneten Kräfte der DDR bilden neben der Sowjetarmee das entscheidende Sicherheitsinstrument für die SED-Führung. Während die Abwehr innerer Gefahren auf die Verteidigung der „sozialistischen Errungenschaften" zielt, wird die äußere Gefahr von der „kapitalistischen Umwelt", insbesondere der Bundesrepublik Deutschland, erwartet. Um den verschiedenen ins Auge gefaßten Gefahren abgestuft und differenziert begegnen zu können, wurden mehrere bewaffnete Organisationen geschaffen. Neben dem Staatssicherheitsdienst, der *Volks- und Bereitschaftspolizei* kommt den bewaffneten „*Kampfgruppen der SED*", die der ZK-Abteilung „Sicherheit" unterstehen, große innere Sicherungsbedeutung zu. Sie entstanden als Miliztruppen aus den Erfahrungen

319

Abb. 141: Die Nationale Volksarmee mit „sozialistischem Soldatenethos"

Volkspolizei

des 17. Juni 1953. Die Kampfgruppen wurden vor allem in Betrieben, landwirtschaftlichen Produktionsgenossenschaften, Behörden, Schulen usw. organisiert mit dem Ziel, im Innern des Landes die Herrschaft der SED zu sichern.

> „Ich bin bereit, als Kämpfer der Arbeiterklasse die Weisungen der Partei zu erfüllen, die DDR, ihre sozialistischen Errungenschaften jederzeit mit der Waffe in der Hand zu schützen und mein Leben für sie einzusetzen. Das gelobe ich."
> (Gelöbnis der Kampfgruppenmitglieder)

Grenzpolizei

> „Um eines hohen Zieles willen ist auch der Heldentod schön; denn er bejaht und rühmt das Leben angesichts des Todes. Ein Krieg zur Verteidigung des sozialistischen Vaterlandes ist schön!"
> (aus: „Die marxistisch-leninistische Ästhetik und die Erziehung der Soldaten", Berlin (Ost) 1979)

Neben einer sorgfältigen Politschulung findet wöchentlich vier Stunden lang die Ausbildung an Infanteriewaffen und im Gelände statt. An der Spitze der Einheiten steht als Politkommissar der Sekretär der zuständigen SED-Parteileitung. Die Ausbildung erfolgt durch Volkspolizeioffiziere, die Mitglieder der SED sein müssen.

NVA

Die *Nationale Volksarmee (NVA)* versteht sich als die eigentliche gesamtdeutsche Armee, als Armee der deutschen Arbeiterklasse. Obwohl das Potsdamer Abkommen eine völlige und dauernde Entwaffnung vorsah, wurden in der SBZ seit 1946 eine zentralistisch organisierte Volkspolizei sowie seit dem 1. 12. 1946 eine militärähnliche kasernierte Grenzpolizei aufgebaut. Beide wurden Vorläufer der im Juli 1947 geschaffenen „Kasernierten Volkspolizei" (KVP), die militärischen Einheiten gleichkam und bereits 1951 eine einsatzfähige Armee von 65 000 Mann darstellte. Mit der Errichtung von Seestreitkräften und einer Luftwaffe der KVP wurde 1950/51 begonnen. Daneben bestanden weiterhin die Grenzpolizei, eine Transportpolizei sowie „Wachverbände" des „Ministeriums für Staatssicherheit", die zusammen bereits 31 000 Mann darstellten.

Die Existenz militärischer Einheiten wurde bis 1951 offiziell geleugnet. Mit der Periode des „Aufbaus des Sozialismus" änderte sich diese Situation. „Nationale Streitkräfte" wurden jetzt als notwendig erachtet. Sie sollten die politischen Errungenschaften gegen den äußeren Feind verteidigen und als „Hauptinstrument bei der Schaffung der Grundlagen des Sozialismus" wirksam sein. Da sich die Streitkräfte aus Freiwilligen zusammensetzen sollten, nahm die FDJ in einer neuen Satzung folgenden Passus auf: „Der Dienst in der Deutschen Volksarmee ist für die Mitglieder der FDJ Ehrendienst." Unter nationalen Gesichtspunkten wurde auch die NDPD stark für den Aufbau der Streitkräfte engagiert. Die „Wer-

320

Streitkräfte
(Stand Mitte 1977, nach: DDR-Handbuch 1979)

Nationale Volksarmee	157 000
Grenztruppen	48 000
VP-Bereitschaften	18 000
Transportpolizei	8 000
Wachregiment des Ministers für Staatssicherheit	4 000
Kampfgruppen der SED	400 000
Gesellschaft für Sport und Technik	500 000
Reservisten (1968)	720 000
	1 855 000

Nationaler Verteidigungsrat

bung" ging im allgemeinen unter erheblichem Druck vonstatten. Zulassungen zum Studium oder zur Ausbildung wurde vielfach von dem vorherigen Dienst in der Volksarmee abhängig gemacht. Die Bereitwilligkeit zum Dienst bei den Streitkräften war gering. Wegen der Kampagne der SED gegen die Einführung der allgemeinen Wehrpflicht in der Bundesrepublik Deutschland konnte man die Wehrpflicht im eigenen Gebiet nicht ohne weiteres einführen. So kam es im September 1955 zu einer von der Volkskammer beschlossenen Verfassungsänderung (Art. 5), mit der „der Dienst zum Schutze des Vaterlandes und der Errungenschaften der Werktätigen" zu einer „ehrenvollen nationalen Pflicht der Bürger" der DDR erklärt wurde. Die Wehrpflicht war damit, wenn auch verklausuliert, eingeführt. Zu einem Gesetz über die allgemeine Wehrpflicht kam es jedoch erst im Januar 1962.

Wehrpflicht

Nach der Errichtung der Berliner Mauer wurden neue Truppenkontingente benötigt, die nicht mehr durch „Werbung" erstellt werden konnten.

Soldatenethos

Vormilitärische Ausbildung

Die *vormilitärische Ausbildung* und Vorbereitung für den Dienst in der Volkspolizei, Bereitschaftspolizei und NVA obliegt der *„Gesellschaft für Sport und Technik"*, einer Massenorganisation, die unter der Führung der SED arbeitet. Sie untersteht dem Ministerium für Nationale Verteidigung. Als ihre Hauptaufgabe versteht sie die Wehrerziehung und Wehrertüchtigung aller Berufstätigen, vor allem der Jugend (sozialistische Wehrerziehung). Bis 1968 freiwillig, wird die Mitgliedschaft seitdem als Vordienstpflicht verstanden. In den Grundorganisationen, z.B. Schulen, Hochschulen, Betrieben, Verwaltungen, obliegt die Ausbildung (z.B. Geländesport, Kartenlesen, Sanitätsunterweisung, Schußwaffen, Schießen usw.) insbesondere Reservisten der NVA. Seit

Vordienstpflicht

dem 1. 9. 81 ist in allen Spezialschulen und Oberschulen ab der 11. Klasse die vormilitärische Ausbildung obligatorisch (zwölftägig in den Ferien). Diese Entwicklung verstärkt die Tendenz zu einer umfassenden Militarisierung der Gesellschaft.

Die zuverlässige Bindung aller bewaffneten Kräfte an die Partei wird durch einen möglichst hohen Anteil von Parteimitgliedern, insbesondere im Offizierskorps (seit 1967/70 98%), organisatorisch sowie durch intensive ideologische Schulung erstrebt. Die NVA besitzt eine eigene Parteiorganisation, deren Spitze, die „Politische Hauptverwaltung der NVA", einer Bezirksparteiorganisation der SED gleichgestellt ist. Der „Nationale Verteidigungsrat" organisiert und leitet tatsächlich die Landesverteidigung. Die Leitung und Kontrolle der NVA durch die Partei wird in der Schulung in erster Linie durch die FDJ, bei der Kontrolle durch den SSD ergänzt.

Über den Einsatz der bewaffneten Kräfte beschließt der Staatsrat. Er erklärt den Verteidigungszustand. Neben äußeren Einwirkungen (Bündnisfall, Angriff auf die DDR) geschieht das „im Falle der Gefahr", die sich sowohl von innen als auch von außen stellen kann. Die nähere Interpretation der Gefahr liegt beim Staatsrat. Das Gesetz über die Landesverteidigung vom 19. 10. 1978 fordert die Verteidigung der „sozialistischen Errungenschaften".

> „Das sozialistische Soldatenethos", heißt es im „Militärlexikon", „ist das sittliche Leitbild eines sozialistischen militärischen Klassenkämpfers mit seinen moralischen Qualitäten. Das sind vor allem Ergebenheit gegenüber der Partei der Arbeiterklasse, Liebe zum sozialistischen Vaterland und zum werktätigen Volk, Treue zum sozialistischen Internationalismus und zur Waffenbrüderschaft, unerbittlicher Haß auf den Imperialismus und seine Söldner, unbeugsamer Kampf- und Siegeswille, Heldentum und Tapferkeit, die Bereitschaft, alle Härten des Soldatenlebens und des Krieges standhaft zu ertragen und den militärischen Auftrag unter Aufbietung aller Kräfte bis zum Einsatz des Lebens zu erfüllen. Das sozialistische Soldatenethos dient der Entwicklung des Moralbewußtseins der Armeeangehörigen."
>
> (aus: Volksarmee, Berlin (Ost), Nr. 35/1981)

5.3 Innere Bestimmungsfaktoren auswärtiger Politik

Wie jedes andere Land ist auch die auswärtige Politik der DDR Bestimmungsfaktoren unterworfen, die sowohl aus inneren natürlichen und gesellschaftspolitischen Bedingungen stammen als auch aus Einflüssen der internationalen Szenerie (s. S. 374 f.). Unter den inneren Bestimmungsfaktoren stehen drei Problembereiche im Vordergrund: Systembedingtes Verhalten, wirtschaftliche Beweggründe und die „nationale Frage" (s. S. 326). Letztere bestimmt ganz wesentlich vor allem ihre Deutschland- und Europapolitik (s. S. 355 ff.). Ungeachtet der Einzelheiten ihres Verlaufs ist auch diese Politik mit nationalen Attributen verknüpft, der sich ein als „deutsch" bezeichnender Staat nicht entrinnen kann. Dies bedeutet einerseits, daß sich auch die DDR in ihrem Außenauftreten Hypotheken deutscher Vergangenheit nicht ohne weiteres entledigen kann, so sehr sich ihre kommunistischen Regierungen auch bemühten, Verantwortlichkeiten ideologisch abzuwälzen. Mißtrauen und Ressentiments gegen Deutsche treffen auch die DDR und zwar sowohl unter den „brüderlichen Verbündeten" als auch außerhalb dieses Rahmens. Andererseits vermag auch die DDR von dem historisch erworbenen Ruf deutscher Leistungsfähigkeit zu zehren und zwar insbesondere auf wirtschaftlich-technischem, militärischem und kulturellem Gebiet. Daran geknüpfte Leistungserwartungen sind geeignet, auch nach außen dem politischen System Prestige zu verschaffen.

Vergangenheit als Hypothek

5.3.1 Systembedingtes Verhalten

Die *Außenpolitik* der DDR wird durch ihr ideologisch legitimiertes, auf Dauer angelegtes kommunistisches Einparteisystem in besonderer Weise geprägt. In erster Linie bedingt sein ideologischer Vorverstand Kooperation mit politisch Gleichgesinnten im internationalen System sowie Kampf gegen Andersdenkende. Ausgehend von gemeinsamen Interessen des „internationalen Kommunismus, des Antiimperialismus und des internationalen Klassenkampfes", wird die außenpolitische Orientierung der DDR somit zunächst auf enge, freundschaftliche Beziehungen zu kom-

Imperialismus

Bündnis mit der UdSSR

> „... *Die entwickelte sozialistische Gesellschaft in der DDR wird unter den Bedingungen verschärfter internationaler Klassenauseinandersetzungen zwischen Sozialismus und Imperialismus, komplizierter werdenden Weltwirtschaftsbedingungen sowie in unmittelbarer Abgrenzung an die BRD geschaffen. Es gibt kein wesentliches Staats- und Rechtsproblem, das hiervon nicht berührt wird. Das betrifft Wissenschaft und Praxis gleichermaßen. Auch wenn im Inneren unseres Landes die antagonistischen Klassengegensätze beseitigt sind und die Ausbeuterklasse aufgehört hat zu existieren, muß den Klassenkampfbedingungen Rechnung getragen werden, die durch den Einfluß und die Tätigkeit imperialistischer Kräfte verursacht werden ...*"*
> (aus: Neue Justiz, Berlin (Ost), Nr. 10, 1981, S. 8)

munistisch regierten Ländern verweisen. Aber auch den antiimperialistisch auftretenden jungen Nationalstaaten (Entwicklungsländer) hat ihre Sympathie zu gelten. Im Gegensatz dazu erwachsen aus den ideologischen Vorgehen Barrieren gegenüber Staaten mit pluralistischen politischen Bedingungen sowie privatkapitalistischer Wirtschaftsordnung. Dies bedeutet nicht, daß die Außenpolitik der DDR allein oder primär von ideologischen Aspekten bestimmt wird; insbesondere ökonomische Interessen verlangen Kontakte mit „kapitalistischen Staaten". Aber freundschaftliche und offene Beziehungen zu ihnen, wie sie sich z. B. zu sozialistischen Ländern anbieten, erfordern zumindest eine ideologische Rechtfertigung, weil prinzipiell der Klassenkampf das Verhältnis zueinander bestimmt.

Wichtige Aspekte dieser Grundposition erhielten in der DDR verfassungsrechtlichen Rang. Ihre letzte Verfassung legt die Regierungen dieses Landes auf eine Außenpolitik fest, die dem Sozialismus, dem Frieden, der Völkerverständigung und der Sicherheit zu dienen hat (Art. 6). Als Grundbedingung für eine so beschaffene Außenpolitik gilt laut Verfassung ein immerwährendes Bündnis mit der UdSSR, das enge Waffenbrüderschaft einschließt. Zudem begreift die Verfassung die DDR als „untrennbaren Bestandteil der sozialistischen Staatengemeinschaft". Auch dabei handelt es sich um eine Bestätigung bestehender vertraglicher Bindungen (s. S. 360). Unterstützung wird für diejenigen Staaten und Völker vorgesehen, die um „gesellschaftlichen Fortschritt" ringen.

Tourismus

> *„Die Deutsche Demokratische Republik unterstützt die Staaten und Völker, die gegen den Imperialismus und seine Kolonialregime, für nationale Freiheit und Unabhängigkeit kämpfen in ihrem Ringen um gesellschaftlichen Fortschritt".*
> Art. 6, 3 der Verfassung der DDR

In der politischen Praxis handelt es sich dabei heute im wesentlichen um die Förderung und Unterstützung kommunistisch kontrollierter Bewegungen oder Entwicklungen (z. B. Äthiopien). Die Verfassungsverpflichtung, niemals einen Eroberungskrieg zu führen oder die Streitkräfte der DDR gegen die Freiheit eines anderen Volkes einzusetzen (Art. 8) ist infolgedessen aus der kommunistischen Definition des Freiheitsbegriffes (s. S. 81 ff.) zu interpretieren.

Friedliche Koexistenz

Schließlich bekennt sich die Verfassung der DDR zur Verwirklichung von Prinzipien der „Friedlichen Koexistenz" (s. S. 405) für die Beziehungen zu Staaten mit unterschiedlichen Gesellschaftsordnungen. Damit wird u. a. das Fortbestehen von Klassenkampfpositionen betont und ideologische Koexistenz verneint.

Die Theorie der „Friedlichen Koexistenz" dient mannigfachen politischen Bedürfnissen. Dazu gehört auch die Aufgabe der Verschleierung einer Abgrenzungspolitik, die freie Informationsflüsse zu verhindern sucht.

Abgrenzung

Die Politik der Abgrenzung offenbart ausgeprägte Unsicherheit der Regierenden über das Ausmaß des behaupteten Konsens zwischen Führung und Volk der DDR, wenn nicht gar Sicherheit über die Ablehnung ihres politischen Systems durch eine große Mehrheit der Bevölkerung. Daraus resultiert ein Systeminteresse an Abschirmung der Bewohner gegenüber Einflüssen aus dem „kapitalistischen" Ausland und an beschränkten Reisemöglichkeiten für die Bewohner der DDR in das westliche Ausland. Die Verhinderung von Informationsgewinnung durch eigenes Erleben sowie Mißtrauen gegenüber der Rückkehrwilligkeit der Bürger dürften entschei-

Geheimhaltung

dende Motive für diese Beschränkung der Freizügigkeit darstellen. Reglementierungen dieser Art umschließen nicht nur das Eingeständnis nicht hinreichend vorhandener Systemzustimmung, sondern beweisen ein innenpolitisch bedingtes Bedürfnis an Abgrenzung nach außen.

Der Tourismus der DDR wird in osteuropäische Länder gelenkt (s. S. 367), der zudem aus außenhandelspolitischen Gründen (Passivität der Handelsbilanz) wünschenswert erscheint. Von den nur wenigen Spezialisten oder Beziehern höchster Einkommen vorbehaltenen Reisen in die vielfach nicht demokratisch verfaßten, autoritär regierten Entwicklungsländer sind kaum Vergleiche mit einem negativen Ergebnis für die DDR zu erwarten. Demgegenüber erlaubt das Verhalten der DDR-Regierung die Vermutung, daß von einer intensiven persönlichen Kommunikation, insbesondere durch Tourismus in das westliche Ausland, der Austausch von Presse- und Literaturerzeugnissen usw. – durch Devisenmangel ohnehin erschwert –, systemfeindliche Infiltrationen sowie unwillkommene Fragen und Vergleiche erwartet werden. Eine nicht geringe Rolle spielt dabei die behauptete Überlegenheit der sozialistischen Wirtschaftsweise. Während die DDR innerhalb der RGW-Länder nach der Sowjetunion die stärkste Wirtschaftskraft besitzt, und die Entwicklungsländer insofern weit hinter sich läßt, mögen persönliche Vergleiche mit diesen Ländern geeignet sein, das Selbstbewußtsein der DDR-Bürger zu stärken und diesen eine positive Beurteilung ihres politischen Systems zu ermöglichen. Ein Vergleich mit den wirtschaftlichen Leistungen privatkapitalistischer Systeme, insbesondere der Bundesrepublik Deutschland, würde demgegenüber zu Ungunsten der DDR ausfallen müssen. Als Mittel zur Stabilisierung und Legitimierung eigenen Handelns braucht daher die DDR-Regierung weiterhin eine Politik der Verketzerung des westlichen Auslandes.

Die Außenpolitik der DDR könnte aufgrund ihres politischen Systems besonders wirkungsvoll agieren, da es ihr ein hohes Maß an Geheimhaltung gewährleistet. Sie eröffnet die Chance, durch Überraschungen Erfolge zu erzielen. Hinzu kommt die hohe Kontinuität in Führungspositionen, die gegebenenfalls Vorsprünge durch höhere Sachkenntnis sichert. Gerade aber die Kontinuität der Personen kann sich auch als Belastung erweisen, weil sie möglicherweise die Anpassungsfähigkeit an veränderte internationale Konstellationen mindert.

5.3.2 Nationale Frage und politische Legitimierung

Die offizielle Politik der DDR kann auf eine wechselvolle Geschichte ihres nationalen Selbstverständnisses zurückblicken. Zwei Gründe sind dafür insbesondere maßgebend: Erstens wird seit nunmehr nahezu fünfzig Jahren alle Politik der DDR von der ungelösten „deutschen Frage" begleitet. Diese deutsche nationale Frage umfaßt Probleme der Entstehung und Entwicklung zweier deutscher Staaten aus dem größten Teil des ehemaligen deutschen Reiches. Zu ihr gehört damit aber auch und vor allem die Gestaltung der Beziehungen zwischen diesen beiden Staaten deutscher Nation bis hin zur Problematik einer neuerlichen nationalen staatlichen Einheit. Dies bedeutet, daß nationale Gesichtspunkte, nationale Identitätsfragen die politisch Verantwortlichen immer wieder über das normale Maß hinaus zu Antworten herausfordern.

Sozialistische deutsche Nation

Zweitens räumt die marxistisch-leninistische Ideologie nationalen Fragen im Sozialismus prinzipiell allenfalls eine marginale Bedeutung zu. Nationale Probleme gelten prinzipiell durch die Beseitigung antagonistischer Klassenverhältnisse als überwunden und damit auch als politisch irrelevant. Rückgriffe auf nationale Identitäten oder Wertvorstellungen fallen infolgedessen prinzipiell als Mittel politischer Legitimierung aus, sollen ideologisch brisante Situationen, ideologisch unglaubwürdige Positionen vermieden werden.

Deutschland-verträge

Die verantwortlichen Kommunisten in der SBZ/DDR haben nicht immer auf eine partielle nationale Legitimierung verzichten mögen. Dafür stehen zunächst die mit dem Namen Anton Ackermann verbundene Perspektive eines deutschen Weges zum Sozialismus (1946) oder die 1948 hergestellten Bezüge zur deutschen Geschichte (1848).

„Deutscher Weg"

Nationale Frage

Da die Gründung der DDR keine Legitimierung über freie Wahlen erhielt und die kommunistische Führung ebenfalls ohne demokratische Befragung des Volkes regiert, stellte sich ein ausgeprägtes Bedürfnis nach „Ersatzlegitimation" ein und zwar sowohl gegenüber dem Volk als auch nach außen. Während dieses anfangs noch in der Orientierung auf gesamtdeutsche, antifaschistische Ziele (z.B. Volkskongreßbewegung, S. 286 f.) zu befriedigen versucht wurde, traten zunehmend der Aufbau von Sozialismus und Kommunismus als entscheidende Legitimierungsgrößen hervor. Die Rolle gesamtdeutscher Attribute verlor gleichzeitig zunehmend an Gewicht und mündete am Ende der sechziger Jahre in eine Säuberungswelle besonderer Art: die Tilgung von Begriffen wie „deutsch" und „Deutschland" aus einer Reihe von Titeln, Namen von Organisationen usw. Die darin zum Ausdruck gelangte radikale Absage an nationale Attribute hatte jedoch keinen Bestand. Das nationale deutsche Element ging ideologisch nicht verloren. Es gilt allerdings fortan als überwunden und überlagert von sozialistischen Wertvorstellungen. Entstanden sei eine „sozialistische deutsche Nation", die in der DDR ihren „sozialistischen deutschen Nationalstaat" besitzt.

Die wechselvolle ideologische Bewältigung der nationalen Frage war begleitet bzw. hervorgerufen von einer Außenpolitik, die die DDR von einem Sprecher für die Interessen Gesamtdeutschlands zu dem Träger einer rigiden deutsch-deutschen Abgrenzungspolitik mit ausgeprägtem Feindbildcharakter machte. Das daraus gewonnene Maß an Systemstabilisierung oder politischer Legitimierung blieb allerdings gering. Hier gilt es zu berücksichtigen, daß die Bundesrepublik Deutschland nach wie vor im Urteil vieler Bürger der DDR als entscheidender Maßstab für wirtschaftlichen Erfolg und persönliche Freiheit gilt.

Im Interesse erfolgreicher Stabilisierung des eigenen Teilstaates ist daher der Politik der DDR-Führung ein ständiges Bemühen eigen, Leistungen der Bundesrepublik Deutschland herabzumindern und „sozialistische Errungenschaften" besonders stark – bis hin zur Lächerlichkeit – zu verherrlichen.

Die Deutschlandverträge (s. S. 446) und die damit ermöglichte breite internationale diplomatische Anerkennung verschafften der DDR ein Legitimierungspotential, das eine gelockertere Abgrenzungspolitik zu erlauben schien. Allerdings weisen die 1981 von der DDR verfügten Erschwernisse im deutsch-deutschen Reiseverkehr (s. S. 449) auf die Furcht der politischen Führung vor destabilisierenden Folgen vermehrter deutsch-deutscher privater Kontakte hin. Diese scheint sie in nationalen Motiven, in einer Stärkung nationaler Gemeinsamkeiten zu sehen. Unter diesen Umständen macht das praktische politische Verhalten darauf aufmerksam, daß die nationale Frage den Regierenden der DDR nicht in dem Umfange gelöst erscheint, wie sie ideologisch vorgeben. Diese Erfahrung sowie erkennbare Tendenzen nationaler Selbstbesinnung in anderen kommunistisch regierten Staaten mögen erklären, warum in der DDR seit Mitte der siebziger Jahre ausgeprägte Rückgriffe auf die deutsche Kultur und Geschichte zu beobachten

Export

Kontinuitäten

Osteuropa

Verschuldung

Swing

Energiebedarf

sind. Es geht dabei nicht nur um eine bislang nicht übliche positive Beurteilung bestimmter Erscheinungen deutscher Geschichte (Würdigung Friedrichs des Großen, Martin Luthers, Friedrich Schinkels usw.) sondern auch und gerade um das Aufzeigen von Kontinuitäten zwischen der DDR und der deutschen Geschichte. Dabei kommen speziell deutsche Wertvorstellungen, selbst preußische Tugenden zu Ehren, so daß das Bemühen deutlich wird, die Sozialisten in der DDR als die besseren Deutschen zu präsentieren. Es scheint so, daß dadurch dem Bürger eine größere Indentifizierungsbereitschaft gegenüber dem Staat und seiner Führung zugetraut wird als je die Ideologie zu mobilisieren vermag.

> *„In unserer Republik ist jeder Bürger aufgerufen, Ordnung zu halten, im persönlichen Bereich, im Beruf wie im Wohngebiet, weil das dem gemeinschaftlichen Wohlbefinden nutzt. Der alte Begriff steht weiterhin in hohen Ehren."*
> (aus: Uns dienende Ordnung, in: Neue Zeit, Berlin (Ost), Nr. 209 v. 4. 9. 81)

5.3.3 Wirtschaftliche Bedingungen

Wirtschaftliche Gegebenheiten der DDR sind von zentraler Bedeutung für ihr Außenverhalten. Die DDR-Wirtschaft muß sich auf einer sehr schmalen natürlichen Basis entwickeln. Sie kann ihren Energiebedarf zwar zu zwei Dritteln aus eigenen Kohle- und Gasvorkommen decken, aber mit zunehmender Industrialisierung und einem angestrebten steigenden Lebensstandard der Bevölkerung geht ein wachsender Energiebedarf einher. Dieser zusätzliche Bedarf wird in hohem Maße nur durch Importe zu decken sein. Daraus

folgt ein Zwang zum Export, um diesen Bedarf finanzieren zu können. Erhöhter Export bedeutet aber für die DDR erhöhte Importe von Rohstoffen. Die DDR ist ein an Rohstoffen armes Land, dessen weitere industrielle Entwicklung mit ihrer Fähigkeit zum Import von Rohstoffen eng verknüpft ist. Die auswärtige Politik muß daher auf die Schaffung bzw. Erhaltung von Beziehungen gerichtet sein, die entsprechenden Exporte und Importe zu ermöglichen.

Die Handelspolitik der DDR ist primär auf Osteuropa und speziell auf die Sowjetunion verwiesen. Heute bietet sich auch aus wirtschaftlichen Gründen dieser Wirtschaftsraum als primärer Handelsplatz für die DDR an, da ihre Fertigprodukte nur in begrenztem Umfang das am Weltmarkt übliche qualitative Niveau erreichen. Ein gewisses Dilemma ergibt sich, weil bestimmte Waren, insbesondere Investitionsgüter des technischen know-how, nicht in Osteuropa erworben werden können. Handelsbeziehungen müssen daher mit dem „kapitalistischen Weltmarkt" gepflogen werden. Sie haben durch diese besonderen Bedingungen zu einer Verschuldung der DDR im westlichen Ausland in Höhe von ca. 10 Mrd. $ geführt. Jährlich sind darum 3,83 Mrd. $ für Zinsen und Tilgungen aufzubringen, allein 25% aller Exporterlöse für den Zinsendienst. Eine besondere Rolle spielen in diesem Zusammenhang die Wirtschaftsbeziehungen zur Bundesrepublik Deutschland, die durch besondere Kreditierungsvorteile (z.B. „Swing", Freihalten der DDR von EG-Bedingungen) aus politischen Gründen deutsch-deutschen Handel fördern will und fördert. Die geschichtlichen Erfahrungen haben jedoch gezeigt, daß das Interesse der DDR an diesem günstigen Handelsaustausch kein besonderes Entgegenkommen der DDR bei der Entwicklung deutsch-deutscher Beziehungen bewirkt.

Struktur der Ausfuhr und Einfuhr der DDR

Erzeugnishauptgruppe	Ausfuhr			Einfuhr		
	1970	1975	1981	1970	1975	1981
	Prozent – Basis effektive Preise					
Maschinen, Ausrüstungen und Transportmittel	51,7	50,7	48,9	34,2	30,8	32,0
Brennstoffe, mineralische Rohstoffe, Metalle	10,1	12,1	16,8	27,6	30,5	36,8
Andere Rohstoffe und Halbfabrikate für Industriezwecke, Rohstoffe und Produkte der Nahrungsmittelindustrie	7,4	9,1	7,5	28,1	22,6	17,8
Industrielle Konsumgüter	20,2	15,6	14,1	4,5	5,6	4,9
Chemische Erzeugnisse, Düngemittel, Kautschuk, Baumaterialien und andere Waren	10,6	12,5	12,7	5,6	10,5	8,5

Aus: Stat. Jhrb. d. DDR 1982, S. 230

5.4 Probleme des politischen Systems

Das nach sowjetischem Vorbild aufgebaute Regierungssystem der DDR birgt eine Reihe funktionaler und struktureller Elemente, die in der Politik eines deutschen, zudem aus Teilung hervorgegangenen Staates, spezifische Probleme aufwerfen. Diese sind geeignet, sowohl systemstabilisierende als auch destabilisierende bzw. destruktive Wirkungen zu fördern.

5.4.1 Legitimierungsprobleme der SED

Effizienz

Das ideologische Gebäude des Marxismus-Leninismus und die damit angestrebte Legitimierung des Führungsanspruchs der SED in Staat und Gesellschaft setzt die Parteiführung unter den dauernden Zwang, Einmütigkeit und Geschlossenheit in Denken und Handeln von Parteiführung und Mitgliedschaft zu demonstrieren. Getroffene Entscheidungen werden als allein richtig, da sozialistisch, deklariert. Dagegen steht die Erfahrung, daß es für die Lösung eines jeden Problems mindestens zwei Möglichkeiten gibt, die zur Diskussion herausfordern, und daß immer und überall falsche politische Entscheidungen zustande kommen. Jede freie innerparteiliche Diskussion, jeder Zweifel an der Sinnhaftigkeit von Entscheidungen kann aber in diesem System

Ideologische Prinzipien

Prinzipien der Ideologie berühren und möglicherweise in Frage stellen. Aus dieser Situation ergibt sich eine tendenzielle Feindlichkeit gegenüber politischem Wandel selbst für kleinste Sachbereiche. Aus dieser Situation erklärt sich aber auch eine charakteristische Empfindlichkeit gegenüber Kritik und die Verschleierung einmal getroffener, aber korrigierter Entscheidungen als Ausdruck progressiver, allumfassender Weisheit der Partei. So werden Zweifel oder Kritik im allgemeinen als Angriff auf die Führungslegitimität der Partei aufgefaßt.

Eine Schwächung der Partei in ihrem Selbstverständnis und Selbstbewußtsein, ein Autoritätsverlust der Führung und nicht zuletzt ein Verlust der Hegemonie der SED drohen in der Tat durch

Kritik

Kritik, insbesondere dann, wenn sie aus den eigenen Reihen kommt. Die Erfahrungen einer kurzen Übergangsphase in der Tschechoslowakei und in Polen sind nicht geeignet, solche Befürchtungen zu zerstreuen. Aus diesem Grunde ging und geht die SED-Führung nicht nur besonders rigid gegen Kritiker aus ihren eigenen Reihen vor, von denen alternative Entwicklungen aufgezeigt wurden (z.B. Harich, Havemann, Bahro). Auch abweichende Entwicklungen innerhalb der „sozialistischen Staatengemeischaft" (s. S. 364f.) treffen auf schnelle offizielle Verdammung (z.B. Tschechoslowakei 1968, Polen 1980/81).

So steht das Beharren auf der herkömmlichen Praktizierung des „Demokratischen Zentralismus" zugunsten zentralistisch gesteuerter Homogenität in einem dauernden Spannungsverhältnis zu denjenigen Kräften in der Partei, die im Interesse größerer Effizienz des Systems aufgrund von Sachzwängen einen breiteren Entscheidungsspielraum auf den unteren und mittleren Ebenen des Partei- und Staatsapparates bzw. eine Neuorientierung im Bereich der Herrschaftsformen und Prinzipien erstreben (z.B. jugoslawischer Weg). Wenn es der Führung gelänge, diesen permanenten Konflikt über erste Ansätze hinaus (z.B. Neues Ökonomisches System, Rückzug der Partei auf Kernfragen) zu kanalisieren und damit die innere Homogenität der Partei zu stärken, wäre der Stabilisierung des politischen Systems entscheidend gedient. Die Auswirkungen für den Staats- und Wirtschaftsapparat im Sinne einer Bevorzugung pragmatischer Gesichtspunkte und wissenschaftlicher Erkenntnisse gegenüber ideologischen Ansprüchen würden in die gleiche Richtung wirken, allerdings das Regierungssystem verändern müssen und neue Legitimierungsprobleme aufwerfen.

5.4.2 Das Nachfolgeproblem der Führungsspitze

Ein Faktor der Instabilität des Regierungssystems ist die normativ nicht geregelte Nachfolgefrage. Historische Erfahrung sowie die innerparteiliche Struktur in Verbindung mit der ideologischen Führungslegitimation der SED bedingen die Zuständigkeit von Mitgliedern der höchsten Organe der Partei in allen personellen und sachlichen

1912 SPD. Mitgründer der KPD. 1924 KPD-ZK. 1928 KPD-Reichstagsabgeordneter. Exil in Moskau. 1945 „Gruppe Ulbricht". 1950 Generalsekretär des ZK der SED

Abb. 142: Walter Ulbricht 1893–1973

Vor 1933 Kommunistischer Jugendverband Saar. Ab 1935 Zuchthaus. 1946–1955 Vorsitzender der FDJ. Ab 1958 Politbüro und ZK-Sekretär. 1971 1. Sekretär des ZK der SED

Abb. 143: Erich Honecker, *25. 8. 1912

Generalsekretär

Entscheidungen. Eine Primus-inter-pares-Stellung des Generalsekretärs des ZK ist immanent. Sie dient mit der ihr beigegebenen Autorität der politischen Homogenität der Partei. Als höchste und letzte Parteiinstanz bildet der Generalsekretär ein unerläßliches Element innerparteilicher Konfliktlösung. Dieser stabilisierenden Funktion steht die Gefahr gegenüber, daß die herausgehobene Position des Generalsekretärs in Personenkult abgleitet und mit dem Prinzip der „Kollektivität der Leitung" in Konflikt gerät (Neugebauer, 1978, S. 62 f.). Eine außerordentliche Glorifizierung Erich Honeckers aus Anlaß seines 60. Geburtstages zeigte z. B. solche Entwicklungsmöglichkeiten auf. Die Tendenzen wurden jedoch schnell zurückgenommen und zu seinem 70. Geburtstag nicht wiederholt, zumal Verherrlichungen dieser Art Lächerlichkeit bewirkt, die geeignet ist, destabilisierend zu wirken. Hinzu kommt, daß die im Interesse innerparteilicher Geschlossenheit notwendig herausgehobene Autorität des Generalsekretärs tendenziell seine Ablösung und damit einen möglicherweise notwendigen politischen Kurswechsel erschwert. Dieses Problem stellt sich im politischen System der DDR besonders dringlich, weil hier die Nachfolgeregelung in wohl entscheidendem Maße von der Führung der UdSSR und vom politischen Kurs in der UdSSR bestimmt wird. Nachfolgeentwicklungen gestalten sich dadurch nicht nur noch unüberschaubarer als in der UdSSR selbst, sondern auch weniger orientiert an den inneren Bedürfnissen der DDR.

Sowjet-Botschafter

Kollektive Leitung

Sowjetische Truppen

Vorbild

5.4.3 Sowjetischer Einfluß

Der sowjetische Einfluß wirkt stabilisierend und destruktiv zugleich. Durch die Institution der sowjetischen Berater bei der NVA, die häufige Anwesenheit des sowjetischen Botschafters bei Sitzungen des Politbüros der SED sowie sonstige intensive Kontakte vor allem zwischen den Parteiführungen beider Staaten können sowjetische Erfahrungen für die Weiterentwicklung des Regierungssystems nutzbar gemacht werden nach dem viel zitierten Motto: „Von der Sowjetunion lernen heißt siegen lernen." Da sich unter diesen Umständen auch die Nachfolgeregelung in der Führungsspitze weitgehend außerhalb innerparteilich rivalisierender Eliten vollziehen kann, werden die ihr sonst innewohnenden destabilisierenden Elemente durch den sowjetischen Einfluß kompensiert. Die Anwesenheit sowjetischer Truppen hat sich darüber hinaus als ein letzter Sicherungsfaktor für das Regierungssystem ausgewiesen, wie die Vorgänge um den 17. Juni 1953, in Ungarn (1956) und in der Tschechoslowakei (1968) gezeigt haben. Gleichzeitig gehen aber von einer zu engen Nachahmung des sowjetischen Vorbildes, der Unterlassung von Reformvorhaben aufgrund sowjetischer Einwirkungen oder der vorrangigen Berücksichtigung sowjetischer Interessen destruktive Wirkungen für das gesamte politische System aus. Eine unter diesen Umständen gegebene Beeinträchtigung von Interessen der DDR, die sich aus den andersartigen ökonomischen, sozialen, kulturellen und historischen Bedingungen ergeben, ist geeignet, eine Stabilisierung des Regierungssystems zu erschweren und die Bevölkerung zu hindern, dieses Regierungssystem zu akzeptieren.

Versorgungs-mängel

Das gilt auch für die Anwesenheit sowjetischer Truppen, die es keiner politischen Führung ermöglicht, sich von dem Odium, auf sowjetischen Bajonetten zu regieren, zu befreien. Die verbreitete Vermutung, daß Außenhandelsbeziehungen primär zugunsten der Sowjetunion auf Kosten der DDR bestünden, belasten nicht nur ihre Wirtschaft, sondern auch die politische Führung und die Konsolidierung des Regierungssystems nicht minder.

5.4.4 Loyalität der Bevölkerung

Gesellschaftli-che Betätigung

Eine Stabilisierung des Regierungssystems bzw. des gesamten politischen Systems kann erst dann eintreten, wenn sie von einer großen Mehrheit der Bevölkerung anerkannt wird. Voraussetzung dafür ist, ob und wieweit es der Parteiführung als Sachwalterin der von ihr formulierten gesellschaftlichen Interessen gelingt, diese mit den individuellen Interessen zu harmonisieren. Die Verfassung des Jahres 1968 sah in „der Übereinstimmung der politischen, materiellen und kulturellen Interessen der Werktätigen und ihrer Kollektive mit den gesellschaftlichen Erfordernissen" die „wichtigste Triebkraft der sozialistischen Gesellschaft" (Art. 2, Abs. 4). Damit wurde zwar keine Priorität gesetzt. Da aber Erfordernis und Interesse gegenübergestellt wurden, blieb ein deutlich höherer Rang des zwingenden „Erfordernisses" unverkennbar. Im Rahmen der Verfassungsänderungen des Jahres 1974 wurde Abs. 4 in Art. 2 der Verfassung stillschweigend ersatzlos gestrichen. Es scheint so, daß sich die Erfüllung dieses Verfassungspostulates so weit von der Wirklichkeit entfernt befand, daß er mehr unbequeme Fragen hervorrief als politisch erwünscht.

Individuelle Interessen

Sozialistisches Bewußtsein

Sicher scheinen in dieser sozialistischen Entwicklungsperiode Konfrontationen nicht nur überflüssig, sondern auch nicht wünschenswert, um zumindest Loyalität der Bevölkerung vorzugeben. In Wirklichkeit wird die Harmonisierung gesellschaftlicher und individueller Interessen nach wie vor durch ein größeres Entgegenkommen gegenüber den materiellen Bedürfnissen der Bevölkerung sowie durch ideologische Erziehung und

Materielle Bedürfnisse

Ideologische Erziehung

durch Aktivierung möglichst großer Bevölkerungsgruppen für gesellschaftliche und staatliche Aufgaben erstrebt. Die unvermindert erhobenen Forderungen nach ideologischer Schulung sowie die chronischen Versorgungsmängel lassen auf geringe Erfolge schließen. Die ausgeprägten Versorgungsschwierigkeiten seit 1982 stellen daher das politische System auf eine harte Probe.

Daß der einzelne in seiner gesamten Existenz von dem durch die SED beherrschten Staat abhängt, bestimmt auch heute noch in erster Linie das Leben der Bürger. Der Staat ist nicht nur Gesetzgeber, sondern auch Arbeitgeber. Schul- und Universitätsausbildung, höhere Bezahlung, beruflicher Aufstieg werden an Zustimmung und Mitarbeit gebunden. Die Zustimmung beginnt mit Unterschriften und Resolutionen, verlangt als Mindestmaß die „gesellschaftliche Betätigung", die Mitgliedschaft in der FDJ, FDGB usw. Häufig ist sogar die Mitgliedschaft in der SED Voraussetzung beruflicher Chancen, ja beruflicher Existenz.

Fachidiot

Scherzhafte Bezeichnung für einen Hochschulabsolventen, der auch nach dem Studium seinem Fachgebiet treu bleibt, obwohl er woanders mehr verdienen könnte.

(aus: Eulenspiegel, Berlin (Ost) Nr. 7, 1982)

Ein Ausweg aus diesem Dilemma scheint auch in der DDR durch eine Versachlichung der Erziehungsinhalte angestrebt zu werden. Im Rahmen der postulierten „Einheit von fachlicher und politischer Bildung" gewinnt die von der technisch wissenschaftlichen Revolution erzwungene fachliche Bildung und Weiterbildung ein größeres Gewicht. Es bleibt jedoch die Frage, in welchem Ausmaß es einer regierenden kommunistischen Partei erlaubt ist, persönliche hohe fachliche Leistung, gerichtet auf höchste ökonomische Erfolge, mit einem „sozialistischen Bewußtsein" zu identifizieren und daraus eine Reduzierung von Konflikten zu erwarten.

Hinzu kommt, daß auch der Ausbildungsbereich durch gravierende Fehlplanungen belastet wird. Es ist nicht gelungen, allen ausgebildeten Fachkräften adäquate Arbeitsplätze zur Verfügung zu stellen oder hinreichend Anreize für eine ausbildungsgerechte Tätigkeit zu schaffen. 1981 wurden noch 12% aller Hochschulkader und bis 22% aller Meister nicht ihrer Qualifikation entsprechend eingesetzt. 18% aller Facharbeiter waren als An- oder Ungelernte tätig (E. Honecker, ND 25. 6. 1982). Diese Umstände scheinen nicht geeignet, Loyalität und Zustimmung der Bürger zur politischen Führung zu stärken.

6 Europa

Hans-Hermann Hartwich

Hannelore Horn

„Europa ist nicht nur ein geographischer Begriff. Das Europa-Bild ist wesentlich geprägt durch das gemeinsame historische Erbe und eine gemeinsame kulturelle Tradition. Der europäische Einigungsprozeß nach dem Zweiten Weltkrieg blieb bisher auf Teile Europas beschränkt. Wenn im folgenden von „Europa" die Rede ist, so sind zunächst und vor allem die im Rahmen des Europarates und der Europäischen Gemeinschaft zusammengeschlossenen Staaten gemeint.

Die Verflechtungen mit den übrigen Ländern Europas und die Notwendigkeit der friedlichen Zusammenarbeit bleiben dabei im Blickfeld. Alle europäischen Staaten haben zusammen mit den USA und Kanada in der Schlußakte der Konferenz für Sicherheit und Zusammenarbeit in Europa vom 1. August 1975 Grundsätze für eine Verbesserung des friedlichen Zusammenlebens in Europa vereinbart."

(KMK-Beschluß vom 8. 5. 1978)

6.1 Entstehung und Struktur der westeuropäischen „Gemeinschaften"

6.1.1 Prägende geschichtliche Kräfte in Europa

Die westeuropäische Einigung ist erst nach dem Ende des II. Weltkrieges in ein konkretes Stadium eingetreten. 40 Jahre westeuropäischer Kooperation und Integration reichen gewiß nicht, um Jahrhunderte nationalstaatlicher Vereinzelung zu überwinden. An diesen Zeitspannen aber sollte die europäische Einigung gemessen werden.

Unterschiede

Gemeinsamkeiten

Die Gemeinsamkeiten liegen vor allem in der Entwicklung der europäischen Staatenwelt aus der griechisch-römisch-christlichen („abendländischen") Tradition heraus, den darauf beruhenden kulturellen Verbindungen des Mittelalters und der Neuzeit (z. B. Baukunst, Philosophie, Musik, Religion, Literatur und Erfindungen) und in der, wenn auch phasenverschobenen, jedoch sehr ähnlich verlaufenden Industrialisierung mit ihren gesellschaftlichen Folgen der Herausbildung von Bürgertum und Proletariat. Merkantilismus, Liberalismus, staatlicher Interventionismus, Imperialismus und schließlich auch die großen Wirtschaftskrisen sind Gemeinsamkeiten der europäischen Entwicklung, die im Prozeß der Gemeinschaftsbildung europäische Tradition darstellen.

Nationalstaaten

Die Moderne beginnt jedoch auch mit dem Hervortreten der Territorialstaaten, die sich spätestens im Gefolge der Französischen Revolution zu Nationalstaaten entwickeln. England und Frankreich waren mehr als 200 Jahre lang nicht nur europäische Großmächte, sondern die Zentren von Weltreichen. Zwei Weltkriege im 20. Jh. schließlich sind im Kern Kriege europäischer Großmächte gegeneinander gewesen. Das nationalsozialistische System vertiefte mit seiner völkerverachtenden und menschenvernichtenden Politik die Gräben innerhalb Europas in kaum noch wieder gutzumachender Weise. Der Beginn konkreter Einigungsbestrebungen in Westeuropa unmittelbar nach 1945 mit den Deutschen mutet unter diesen Umständen schon fast wie ein Wunder an und wäre ohne den äußeren Druck der stalinistischen Politik kaum denkbar gewesen.

Für eine politische und staatliche Einheit westeuropäischer Staaten sind noch weitere Merkmale der Entwicklung bedeutsam. Trotz gemeinsamer Einrichtungen, z. B. von Parlamenten in allen westeuropäischen Verfassungsstaaten, trotz ähnlicher Funktionen wie der Gesetzgebung, des Regierens und des Verwaltens, gibt es vor allem zwischen der angelsächsisch-britischen und der kontinentaleuropäisch-französischen Verfassungstradition fundamentale Unterschiede.

Großbritannien ist das Mutterland einer spezifischen Form von Parlamentarismus und Politik. Die Ausbildung des absolutistischen Staates wurde frühzeitig verhindert (Ende des 17. Jh.). Dies hatte eine grundsätzliche Bedeutung für Entwicklung und Verständnis von „Staat", Bürokratie und öffentlichem Dienst, Selbstverwaltung, Recht sowie für die Herausbildung einer besonderen sozialen Mentalität des „common sense", des „fair play" und ziviler Grundorientierung der Bürger. „Politik" ist primär das Aushandeln von Interessen mit dem Kompromiß als Ziel und nicht – wie im kontinentaleuropäischen System – primär die Ausübung legitimer Herrschaftsgewalt des Staates.

Frankreich ist ein besonders markanter Typus der kontinentaleuropäischen Entwicklung, die im Gegensatz zu England zunächst durch das Zeitalter des Absolutismus bestimmt war. Dies bedeutete, daß vor der Herausbildung parlamentarischer und schließlich demokratischer Organisations- und Willenbildungsformen der Gesellschaft die Herausbildung von Institutionen steht, die die deutsche Staatsrechtslehre immer als die eigentlichen Elemente von „Staatlichkeit" erkannt hat: eine souveräne oberste Gewalt, eine hierarchisch organisierte und effiziente Bürokratie und eine gut organisierte Armee und Polizeigewalt. Kennzeichend wird das Nebeneinander von bürgerlicher Gesellschaft und Staat, der – in Deutschland später als in Frankreich – erst langsam die demokratische Legitimation aller Staatsgewalt und das Recht auf pluralistische Vielfalt im Staat anerkennt. Frankreich ist auch heute trotz neuer Dezentralisierungsbestrebungen ein zentralistisch regierter und verwalteter Einheitsstaat und damit das Gegenteil des deutschen Föderalismus, in dem Regierungen und Verwaltungen miteinander kooperieren müssen und die Verteilung von Kompetenzen und Finanzen immer strittig ist.

Wiedervereinigung

Während Frankreich im übrigen die nationale Komponente selbstbewußt in die europäische Zusammenarbeit einbringt, bedeutet die nationale Komponente für die Bundesrepublik Deutschland eine Orientierung an der Wiedervereinigung mit einem Staat, der diesem Europa nicht angehört. Die Bundesrepublik Deutschland würde bei ähnlicher Betonung der Nationalstaatlichkeit eine destabilisierende Komponente in die westeuropäische Gemeinschaft einbringen. Schließlich darf nicht übersehen werden, daß Frankreich und Großbritannien Nuklearmächte sind, wobei Frankreich seine Militärstrategie selbständig neben der NATO definiert.

Die Geschichte und Problematik der westeuropäischen Gemeinschaftsbildung ist seit dem Ende des I. Weltkrieges noch von zwei weiteren wichtigen Spannungsfeldern bestimmt. Dies sind erstens die Frage, ob eine europäische Einigung über die Regierungen und Staaten oder auch durch die Völker und gemeinschaftsbildende Organisationen vorangetrieben werden solle, und zweitens Art und Ausmaß integrierender oder desintegrierender außereuropäischer Einflußnahmen auf den Prozeß europäischer Gemeinschaftsbildung.

Rolle der Völker

Schon nach dem I. Weltkrieg gab es nennenswerte Anstöße in Richtung auf ein stärkeres Zusammenrücken der europäischen Staaten. Sie bezogen sich noch auf das ganze Mitteleuropa und schlossen die östlichen Nachbarn Deutschlands selbstverständlich ein. Die USA spielten hierbei infolge des neuen Isolationismus nach der Wilsonschen Gründung des Völkerbundes und Rußland wegen des Aufbaus der Sowjetunion keine Rolle. Trotz des Nationalismus und der desintegrierenden Auswirkungen der Kriegsfolgen und der Bestimmungen des Versailler Vertrages entstanden europäische Programme und Bewegungen. Während sich auf der staatlichen Ebene trotz des Locarno-Vertrages von 1925 und eines Vorstoßes des französischen Außenministers BRIAND 1929/30 in Richtung auf eine Europäische Föderation nichts bewegte, verstummten in Wissenschaft und Literatur die schon während des I. Weltkrieges erhobenen Forderungen nach den „Vereinigten Staaten von Europa" nicht. Die Motive waren

Rolle der Regierungen

Vereinigte Staaten von Europa

- innereuropäische Friedenssicherung,
- Erneuerung des Bewußtseins europäischer Kulturkreis-Einheit,
- die Notwendigkeit einer europäischen Wirtschaftsunion.

ALFRED WEBER (Die Krise des modernen Staatsgedankens in Europa, 1925), J. ORTEGA Y GASSET (Der Aufstand der Massen, XIV. Kapitel) und der österreichische Graf COUDENHOVE-KALERGI (Paneuropa, 1923) waren besonders bekannte Verfechter einer europäischen Föderation.

Unter den privaten Organisationen mit erkennbarer Wirkung auf die öffentliche Meinung gewann die von COUDENHOVE-KALERGI Ende 1923 als „überparteiliche Massenbewegung zur Einigung Europas" gegründete „Paneuropa-Union" besondere Bedeutung. Der französische Außenminister BRIAND wurde Ehrenpräsident dieser Union. Erwähnenswert ist auch der „Europäische Zollverein" unter den Präsidenten STERN-RUBARTH, CHARLES GIDE und ELMER HANTOS. Eine wirkliche europäische Breitenbewegung ist jedoch bis 1930 nicht entstanden. Dann erdrückte die Weltwirtschaftskrise alle weiteren Aktivitäten. Von den Nationalsozialisten wurden die Verbände für eine europäische Einigung schon 1933 als „Pazifismus" verboten.

In der „Resistance" gegen „HITLERS Europa" spielte der Gedanke einer europäischen Föderation, nicht zuletzt zur Verhinderung weiterer nationalstaatlicher Kriege der Europäer gegeneinander, eine Rolle. Das „deutsche Problem" sollte durch eine volle Zugehörigkeit Deutschlands zur europäischen Föderation gelöst werden.

Die Situation nach dem II. Weltkrieg unterschied sich grundlegend von der nach dem I. Weltkrieg vor allem dadurch, daß nun die Interessen der beiden kriegsentscheidenden Mächte, der USA und der UdSSR, ein ausschlaggebendes Gewicht erhielten. Der zweite Unterschied war, daß die europäische Gemeinschaftsbildung nunmehr zur Sache der Regierungen wurde, obwohl europäische „Bewegungen" ebenfalls wirksamer als zuvor werden konnten. Triebkräfte und Motivationen in Richtung auf die Förderung der europäischen Einigung waren nach 1945:

- militärpolitische im Zeichen des Ost-West-Konflikts,
- wirtschaftspolitische, zunächst auch eher von den USA ausgehend,
- deutschlandpolitische, d.h. Deutschlands Eingliederung in die europäische Entwicklung und seine Kontrolle dadurch,
- spezifisch europapolitische im Sinne der bereits genannten traditionellen Triebkräfte.

Die „Westunion" oder auch „Brüsseler Pakt" wurde am 17. 3. 1948 auf Initiative Großbritanniens in Erweiterung des britisch-französischen

Vertrages von Dünkirchen (4. 3. 1947) abgeschlossen und diente neben der Zusammenarbeit mit den nun beteiligten Benelux-Staaten der gegenseitigen militärischen Hilfe. Diese „Union" war gleichzeitig eine konkrete westeuropäische Initiative und eine regionale Kooperation im Zeichen des weltweiten Ost-West-Konflikts. Kennzeichnend für die Verquickung von amerikanischen und westeuropäischen Interessen sowie natürlich militärpolitisch von zentraler Bedeutung war die Gründung der NATO (s. S. 409 ff.). Zu den fünf Mitgliedsstaaten des Brüsseler Pakts kamen bei der Unterzeichnung dieses Pakts am 4. 4. 1949 fünf weitere westeuropäische Staaten sowie die USA und Kanada. Von größter europa- und militärpolitischer Bedeutung hätte dann 1954 die Verwirklichung der „Europäischen Verteidigungsgemeinschaft" (EVG) werden können. Sie scheiterte am 30. 8. 1954 in der französischen Nationalversammlung. Daraufhin erfolgte umgehend die Aufnahme der Bundesrepublik Deutschland und Italiens in den zur „Westeuropäischen Union" umgewandelten Brüsseler Pakt (1954) und die Einbeziehung der Bundesrepublik Deutschland in die NATO.

Die erste wirtschaftspolitische Kooperation westeuropäischer Staaten ging auf Initiativen der USA und der Vereinten Nationen zurück. Am 28. 3. 1947 beschloß der UN-Wirtschafts- und Sozialrat die Gründung einer Wirtschaftskommission für Europa. Am 5. 6. 1947 kündigte der amerikanische Außenminister MARSHALL seinen Plan für eine umfassende amerikanische Hilfe für den europäischen Wiederaufbau an. Daraus entwickelten sich das „European Recovery Program" (ERP) und die „Organization for European Economic Cooperation" (OEEC), deren Schlußakte am 16. 4. 1948 unterzeichnet wurde (Beitritt der Bundesrepublik Deutschland am 31. 10. 1949).

Als eine weitergehende wirtschaftliche Integration kann die am 1. 1. 1948 in Kraft getretene BENELUX-Zollunion angesehen werden, die schon am 5. 9. 1944 von den Exilregierungen der drei Länder in London unterzeichnet worden war.

Die Gründung der Europäischen Gemeinschaft für Kohle und Stahl („Montanunion") durch Vertrag zwischen Frankreich, Italien, Belgien, Niederlande, Luxemburg und der Bundesrepublik Deutschland vom 18. 4. 1951 war der erste deutsche Beitrag zur europäischen Einigung, zugleich der erste Fall einer echten Integration. In diesem Vertrag verbanden sich europapolitische Initiativen („Schuman-Plan", Monnet) mit sicherheitspolitischen Erwägungen in bezug auf Deutschland (Einbindung der deutschen Montanindustrie des Ruhrgebiets in die westeuropäische Staatengemeinschaft).

Zu einem erheblichen Teil geht schließlich der 1949 gegründete „Europarat" auf beharrliches Drängen europäischer Bewegungen (s. S. 345 f.) zurück. Die Gründung erfolgte aber durch die Mitgliedsstaaten des Brüsseler Pakts am 28. 1. 1949 (Beitritt der Bundesrepublik Deutschland am 13. 7. 1950). Der Europarat war die erste westeuropäische Einrichtung mit einer allgemeinen „Beratenden europäischen Versammlung" und einem Ministerrat.

Mit der Konferenz von Messina (1./2. 6. 1954) erfolgte dann ein erster konkreter Schritt in Richtung auf eine europäische Wirtschaftsgemeinschaft; auch eine europäische Atomenergiebehörde wurde geplant. Am 25. 3. 1957 wurden schließlich in Rom („Römische Verträge") die Verträge über die Gründung einer „Europäischen Wirtschafts-Gemeinschaft" (EWG) und einer „Europäischen Atomgemeinschaft" (EURATOM) von den sechs Staaten Frankreich, Bundesrepublik Deutschland, Italien, Belgien, Niederlande und Luxemburg unterzeichnet. Die wichtigsten westeuropäischen Institutionen der Nachkriegszeit waren gegründet.

6.1.2 Die „Europäische Gemeinschaft" (EG) – Institutionen und Funktionen

Die *„Europäische Gemeinschaft"* (auch der Plural ist gebräuchlich) ist die Sammelbezeichnung für die ursprünglich unabhängig voneinander gegründeten und mit Wirkung vom 1. 7. 1967 fusionierten drei europäischen Gemeinschaften:

- Europäische Gemeinschaft für Kohle und Stahl (EGKS), auch *„Montanunion"* genannt, der der *„Schuman-Plan"* zugrundelag, gegründet am 18. 4. 1951, in Kraft getreten am 23. 7. 1952;
- *Europäische Wirtschaftsgemeinschaft* (EWG), gegründet von Frankreich, Bundesrepublik Deutschland, Italien, Belgien, Niederlande, Luxemburg am 25. 3. 1957, in Kraft getreten am 1. 1. 1958;
- *Europäische Atomgemeinschaft* (EAG oder EURATOM), gegründet von denselben sechs Staaten am 25. 7. 1957, in Kraft getreten am 1. 1. 1958.

Westunion

NATO

EVG

ERP-Programm

Schuman-Plan

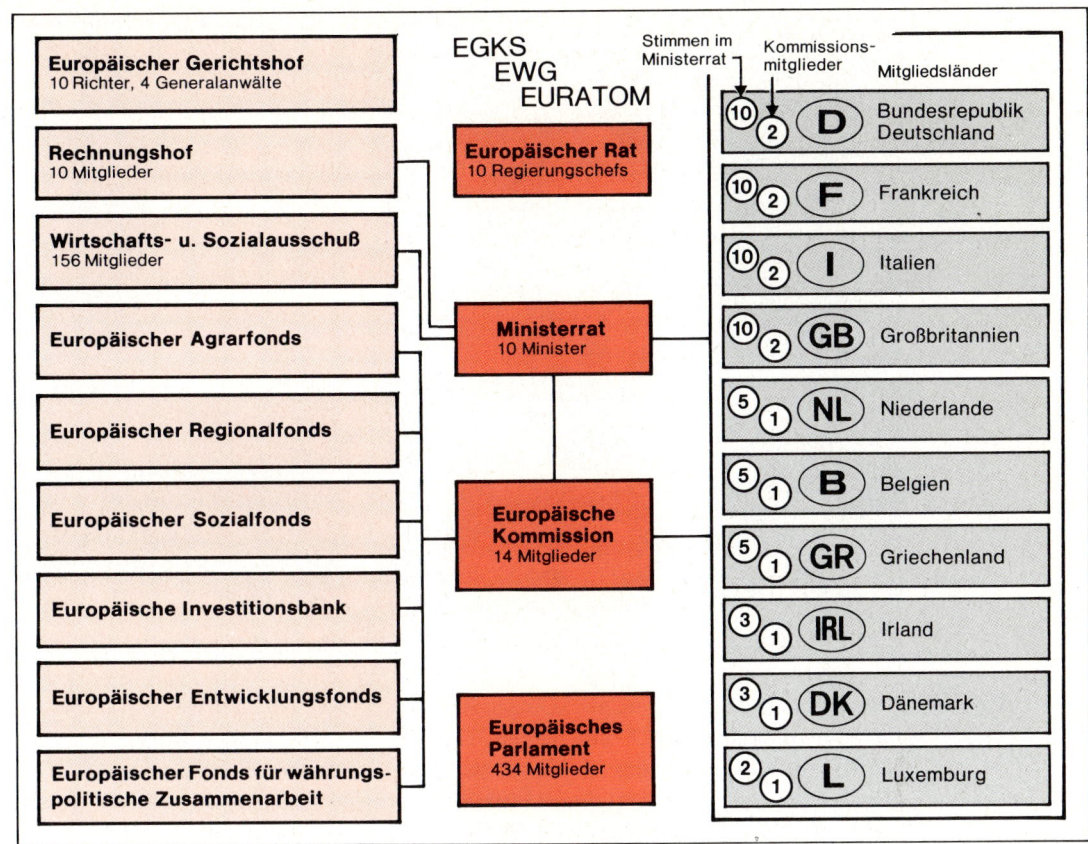

Abb. 144: *Einrichtungen und politische Gewichtsverteilung in der Europäischen Gemeinschaft*

Fusion

Seit der Fusion sind der Ministerrat und die Kommission für alle drei Gemeinschaften zuständig. Das Europäische Parlament und der Europäische Gerichtshof waren schon seit 1958 als gemeinsame Organe der Gemeinschaften tätig. Die EG hatte ab 1972 neun Mitglieder (Dänemark, Eire, United Kingdom), ab 1981 zehn (Griechenland); die Verhandlungen mit Spanien und Portugal dauern an.

Der *Europäische Rat* wurde 1974 zur Verbesserung der politischen Koordination geschaffen. Er besteht aus den Staats- und Regierungschefs der *Stimmen-* Mitgliedsländer, die sich mehrmals im Jahr treffen, um Grundsatzfragen zu besprechen. Der Europäische Rat ist aber kein Organ der EG im engeren Sinne (s. S. 354).

Ministerrat

Der *Ministerrat* ist das eigentlich entscheidende Organ. Man kann ihn auch als die „Legislative" der EG bezeichnen; darin kommt der politisch immer noch höchst unvollkommene Zustand der Gemeinschaft zum Ausdruck. Der Ministerrat *Mehrheits-* setzt sich zusammen aus je einem (weisungsge-*abstimmungen* bundenen, d.h. von den Beschlüssen seiner jeweiligen Regierung abhängigen) Mitglied der Regierungen der Mitgliedstaaten. Er wird je nach den anliegenden Entscheidungen durch die verschiedenen Ressortminister gebildet (also die Außenminister, Agrar-, Wirtschafts-, Finanz-, Verkehrs-, Arbeits- und Sozial-, Forschungs- und Technologieminister). Der EG-Ministerrat tagt dadurch fast ständig, allerdings in unterschiedlicher Besetzung. Der Vorsitz wechselt halbjährig. Vorbereitet werden die Ministerratssitzungen von einem „Rat der ständigen Vertreter". Dabei handelt es sich um Beamte im Botschafterrang. Hinzu kommen zahlreiche Expertengruppen.

Um qualifizierte Mehrheiten feststellen zu können, haben die Mitgliedstaaten ein unterschiedliches Stimmengewicht. Die Zahl der Stimmen im Ministerrat ist hierbei so ausbalanciert, daß sowohl der unterschiedlichen Größe der Staaten als auch der Eigenstaatlichkeit, insbesondere der Kleineren, Rechnung getragen wird. Auch wenn die Großen sich zusammentun, können sie die Kleineren nicht überstimmen. Umgekehrt ist dies aber auch den Kleineren nicht möglich. Nun war diese Frage seit 1966 praktisch nicht relevant, obwohl die Römischen Verträge an sich Abstimmungen mit qualifizierter Mehrheit vorsehen. Frankreich hatte erklärt, es sei unmöglich, daß ein Land in einer Frage überstimmt werden könne, bei der sein vitales Interesse berührt sei. Der sei-

335

Abb. 145: Brüssel (EG-Kommission, lks.) und Luxemburg (Montanunion) – Sitze der Europa-Bürokratie

Désaccord

nerzeit zustande gekommene „Désaccord" von Luxemburg bedeutet bis heute, daß ein Land im Ministerrat erklärt, hier liege ein Punkt seines nationalen vitalen Interesses; man bitte darüber nicht mehrheitlich abzustimmen. 1982 ist von diesem Gewohnheitsrecht erstmals abgegangen und Großbritannien in der Agrarpreisfestsetzung überstimmt worden. Die Bedeutung dieses Vorgangs ist noch nicht abzuschätzen.

EG-Kommission

Der Ministerrat handelt in der Regel auf Vorschlag der *EG-Kommission.* Sie ist das eigentliche überstaatliche Gemeinschaftsorgan, dessen wichtigste Funktionen die Initiative und die Exekutive sind. So hat die Kommission faktisch das Monopol der Initiative in der Gemeinschaft, denn der Ministerrat berät über Vorschläge der Kom-

Mißtrauens-antrag

mission. Sie ist zugleich das ausführende Organ für alle Beschlüsse des Ministerrats. Die (1982) 14 Mitglieder der Kommission werden von den Regierungen in gegenseitigem Einvernehmen für eine Amtszeit von vier Jahren ernannt. Sie sind in ihrer Amtsführung aber unabhängig von Weisungen ihrer Regierungen. Die Kommission wird häufig auch als der „Motor" der EG auf allen Gebieten bezeichnet, die zur Zuständigkeit der Gemeinschaft gehören. Zur Verwirklichung dieser Funktion verfügt die Kommission über einen gewaltigen „Apparat" mit weit über 5000 Beamten aus allen Ländern der Gemeinschaft, die in den

Europäisches Parlament

EG-Bürokratie

Eigene Mittel

„Kabinetten" (Sekretariaten) der EG-Kommissare, den „Generaldirektionen" und Dienststellen oder für die verschiedenen Fonds und sonstigen Einrichtungen arbeiten. Nicht übersehen werden

darf z. B., daß die EG-Kommission über eine besonders große Übersetzungs- und Dolmetscherbürokratie verfügen muß, da alle Sprachen der Mitgliedstaaten offizielle Amtssprachen der Gemeinschaft sind. Jedes Dokument muß demnach in allen Sprachen vorliegen. Ein Drittel der EG-Beamten ist im Übersetzungsdienst tätig.

An sich besitzt die Kommission eine besondere politische Autorität dadurch, daß ihre Mitglieder sich nur gegenüber dem Europäischen Parlament und nicht gegenüber dem Ministerrat rechtfertigen müssen. Das Parlament kann wegen der Tätigkeit der Kommission über ein Mißtrauensvotum abstimmen (Art. 144 EWG-, Art. 114 EURATOM-Vertrag; Art. 24 EGKS-Vertrag).

> *„Wird der Mißtrauensantrag mit der Mehrheit von zwei Dritteln der abgegebenen Stimmen und mit der Mehrheit der Mitglieder der Versammlung angenommen, so müssen die Mitglieder der Kommission geschlossen ihr Amt niederlegen."*

Das Europäische Parlament ist im Gegensatz zu den nationalen Parlamenten keine Legislative. Es hat „beratende" Funktionen, besitzt aber mit begrenzten Mitsprache- und Kontrollbefugnissen in haushalts- und finanzpolitischen Fragen einen Hebel, der offensichtlich in ähnlicher Weise angewendet wird wie dies in der Geschichte fast aller nationalen Parlamente einmal gegenüber den Regierungen geschehen ist. Mit der Einführung „eigener Mittel" für die EG (April 1970) aus eige-

Abb. 146: Der Plenarsaal des Europäischen Parlaments in Straßburg

EG-Gerichtshof

nen Zöllen und Abgaben wurde die parlamentarische Kontrolle schrittweise verbessert. 1978 wurde auch ein Rechnungshof errichtet (Art. 206 ff.). Nach einem Vertrag vom 22. 7. 1975 bilden Parlament und Ministerrat gemeinsam die (kontrollierende) Haushaltsbehörde (Art. 206 b EWG-, 180 b EURATOM-Vertrag). Das Parlament hat auch das Recht, an Kommission und Rat Fragen zu stellen, die schriftlich oder mündlich beantwortet werden müssen. Derartige Erweiterungen der parlamentarischen Autorität in der Gemeinschaft haben ein besonderes Gewicht, seitdem 410 „Europa-Parlamentarier" im Juni 1979 aus Direktwahlen in den damals neun Mitgliedsländern (für fünf Jahre) hervorgingen. Nach dem Beitritt Griechenlands kamen 24 vom griechischen Parlament gewählte Abgeordnete dazu. Die Abgeordneten des Europäischen Parlaments stehen in besonderen Beziehungen zu dem jeweiligen nationalen Parlament. Für die deutschen EG-Parlamentarier gibt es seit dem 6. 4. 1979 ein besonderes „Europaabgeordnetengesetz", das die Leistungen des Deutschen Bundestages, einschließlich Entschädigungen, Krankheitsbeihilfen und Versorgung, für sie regelt. Die Bundestagsfraktionen bilden Koordinierungsbüros und gewähren ihren Parteimitgliedern im Europäischen Parlament Rederecht in den Fraktionssitzungen.

Wirtschafts- und Sozialausschuß

Direktwahl

Mit der Direktwahl kam es zu einer stärkeren parteipolitischen Verankerung der EG. Die 182 Mill. wahlberechtigten Bürger der Europäischen Gemeinschaft hatten bei einer Wahlbeteiligung von 61% die parteipolitische Zusammensetzung des Europäischen Parlaments gewählt (Abb. 147). Ein weiteres Gemeinschaftsorgan ist der Europäische Gerichtshof. Er interpretiert die Verträge, schlichtet und urteilt bei Klagen. Seine Urteile haben Rechtskraft und sind für alle Parteien verbindlich. Er kann von den Organen der Gemeinschaft, den Mitgliedstaaten und von Einzelpersonen, Firmen usw. angerufen werden. Urteile werden vom Gerichtshof z.B. gefällt, wenn Unternehmen gegen die Kartellbestimmungen der EG verstoßen haben.

Der Wirtschafts- und Sozialausschuß (Art. 193 EWG-Vertrag) ist eine Art beratendes „Parlament" der großen Interessengruppen mit mehr als 150 Mitgliedern. Eine vergleichbare Einrichtung, ein „Bundeswirtschafts- und Sozialrat", wird gelegentlich in der Bundesrepublik Deutschland diskutiert. Seine wichtigsten Gruppen sind die Arbeitgeber, die Arbeitnehmer, die Landwirte, Verkehrsunternehmer, gewerblicher und selbständiger Mittelstand. Gemäß dem EWG-Vertrag muß vor allem je eine „Fachgruppe" für die Landwirtschaft und für den Verkehr bestehen. Der Wirtschafts- und Sozialausschuß soll die Kommission und den Rat in Fragen der Wirtschafts- und Sozialpolitik beraten. Der Vertrag sieht auch Fälle vor, in denen das Gutachten des Wirtschafts- und Sozialausschusses eingeholt werden muß (Art. 198). 1980 wurden z.B. 125 teils obligatorische Stellungnahmen an den Rat gerichtet. Somit gibt es auch im Bereich der gesellschaftlichen Großgruppen eine über die Einzelstaaten hinausreichende offizielle Bündelung von Inter-

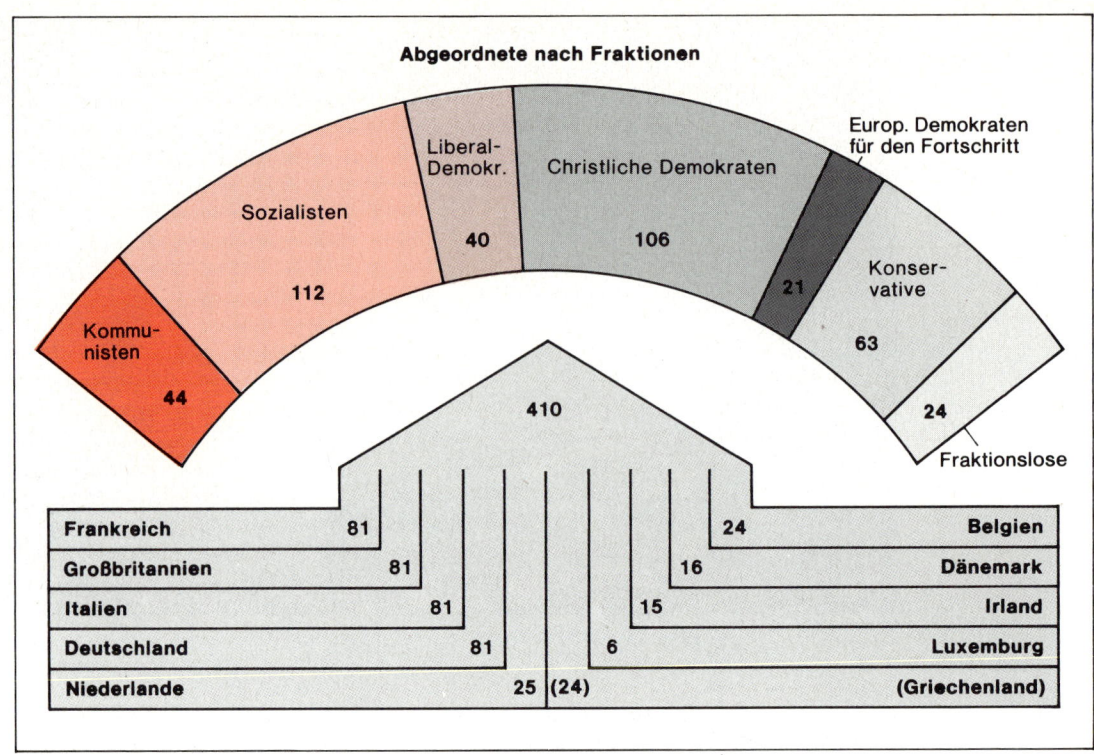

Abgeordnete nach Fraktionen

Kommunisten **44**	Sozialisten **112**	Liberal-Demokr. **40**

Christliche Demokraten **106**

Europ. Demokraten für den Fortschritt **21**

Konservative **63**

24

Fraktionslose

410

Frankreich	81	24	**Belgien**
Großbritannien	81	16	**Dänemark**
Italien	81	15	**Irland**
Deutschland	81	6	**Luxemburg**
Niederlande	25	(24)	**(Griechenland)**

Abb. 147: Die Zusammensetzung des Europa-Parlaments 1979–1984 nach Staaten und Fraktionen

essen mit entsprechenden Impulsen in Richtung auf europäische Aktivitäten.

Agrarfonds Der Europäische Ausrichtungs- und Garantiefonds für die Landwirtschaft (Art. 40) und die übrigen „Fonds" dokumentieren die Aktivitäten der EG. Dabei besitzt der Agrarfonds ein erdrückendes Gewicht, denn die Agrarausgaben, z.B. für Preisgarantien und Preisstützungen, für Lagerung und Absatz, haben einen Anteil von etwa 75 % am gesamten EG-Haushalt. Dementsprechend niedrig liegt der Anteil der Sozial- und Regionalfonds.

Sozialfonds Der Sozialfonds (Art. 123 ff.) ist seit 1972 de facto ein Instrument der Arbeitsmarktpolitik. Aus ihm werden Zuschüsse und Darlehen bei Umstellung, Einschränkung oder Stillegung von Betrieben sowie Beiträge für Umschulungen und Umsiedlungen gezahlt.

Entwicklungs-fonds

Regionalfonds Der Regionalfonds dient seit 1975 dem Ausgleich der unterschiedlichen regionalen Entwicklung innerhalb der Gemeinschaft. Probleme bestehen vor allem in Süditalien, Irland, Teilen Frankreichs bezüglich der Infrastruktur, in Teilen Großbritanniens, Frankreichs und Belgiens infolge überalterter industrieller Strukturen. Die Regionalpolitik der EG darf nicht mit dem „Regionalismus" (Autonomismus, Separatismus) in Westeuropa verwechselt werden. Dieser Begriff

zielt auf eine stärkere Beachtung der Regionen im Gegensatz zu den Nationalstaaten und wird gelegentlich als ein „Integrationsmodell für morgen" angesehen („Europa der Regionen").

Die Europäische Investitionsbank (Art. 129/130) ist eine selbständige Einrichtung und de facto den vier EG-Organen gleichgestellt. Ihr oberstes Organ ist der Rat der Gouverneure, der aus den Finanzministern besteht. Die Bank stellt Kapital für Investitionen in schwach entwickelten Regionen und auch in den assoziierten Staaten zur Verfügung.

Der Europäische Entwicklungsfonds arbeitet bereits seit 1958 als Entwicklungshilfefonds. Er wurde zur Finanzierung von Entwicklungshilfevorhaben zunächst von den sechs EWG-Staaten für die damals 17 „assoziierten" Staaten in Afrika und Madagaskar (ehemalige Kolonien) eingerichtet. Diesem Beginn folgten zwei Abkommen von Yaoundé (Kamerun) (1964–69 und 1971–75) für die damals 18 Staaten, zu denen noch 1973 Mauritius kam. Nach der Erweiterung der EG auf neun Mitgliedsstaaten bemühten sich auch 21 Commonwealth-Entwicklungsländer um engere Kooperation mit der EG. Anfang 1975 unterzeichneten dann die EG-Staaten in Lomé (Togo) einen Assoziierungsvertrag mit insgesamt 46 Staaten aus *A*frika (37), dem *K*aribischen (6) und

AKP-Staaten

dem *P*azifischen Raum (3). Diese der EG assoziierten Staaten werden als „AKP-Staaten" bezeichnet. Am 1. 1. 1981 trat dann eine zweite Lomé-Konvention in Kraft (Lomé II-Abkommen), die die nunmehr zehn EG-Staaten mit 61 AKP-Staaten (43 aus Afrika, 10 aus der Karibik, 8 aus dem Südpazifik) verband. Diese Abkommen sind sowohl entwicklungspolitisch als auch für die Versorgungsinteressen der EG-Staaten von großer Bedeutung (s. S. 494).

Die währungspolitische Zusammenarbeit der EG-Staaten ist eine Folge des Zusammenbruchs des Weltwährungssystems, wie es bis Ende der sechziger Jahre praktiziert worden war (s. S. 490). Dann traten an die Stelle fester Relationen flexible Wechselkurse. Hiervon und von den geldpolitischen Zielsetzungen der einzelnen Mitgliedsstaaten gingen desintegrierende Wirkungen aus, die zunächst zu mehreren Beschlüssen über die Schaffung einer „Wirtschafts- und Währungsunion" führten (1969, 1971, 1972), die im EWG-Vertrag nicht vorgesehen war. Anstelle dieser notwendigen Erweiterung der Funktionen der EG kam es jedoch im April 1972 lediglich zu einem Abkommen der nationalen Zentralbanken über einen europäischen „Währungsverbund".

EWS

Der Europäische Fonds für währungspolitische Zusammenarbeit („Europäischer Währungsfonds") wurde durch Verordnung vom 3. 4. 1973 errichtet. Dieser Fonds sollte den Beginn eines gemeinschaftlichen Zentralbanksystems bedeuten. In seinem Rahmen sollte also das komplizierte politische Problem der Vergemeinschaftung der Währungsreserven der Mitgliedstaaten gelöst werden. Durch eine Entschließung des Eu

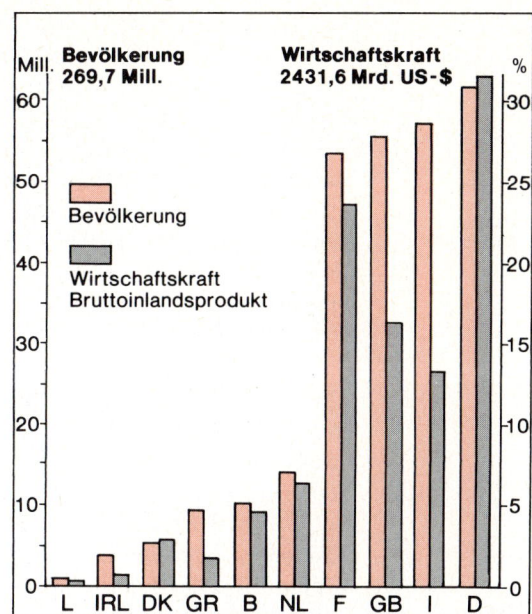

Abb. 148: Die EG, ein bestimmender Faktor der Weltwirtschaft (1980) (nach Zahlenbilder 1983)

ropäischen Rates vom 5. 12. 1978 und ein Abkommen der nationalen Zentralbanken vom 13. 3. 1979 wurde zusätzlich das „Europäische Währungssystem" (EWS) anstelle des Währungsverbundes von 1972 errichtet. Großbritannien trat dem neuen Wechselkurs- und Interventionsmechanismus des EWS nicht bei. Die (als Währungskorb konstruierte) Europäische Rechnungseinheit (ERE) hieß nun ECU (s. S. 493). Wie bei vielen anderen Einrichtungen ist die weitere Entwicklung des gemeinschaftlichen Währungssystems offen.

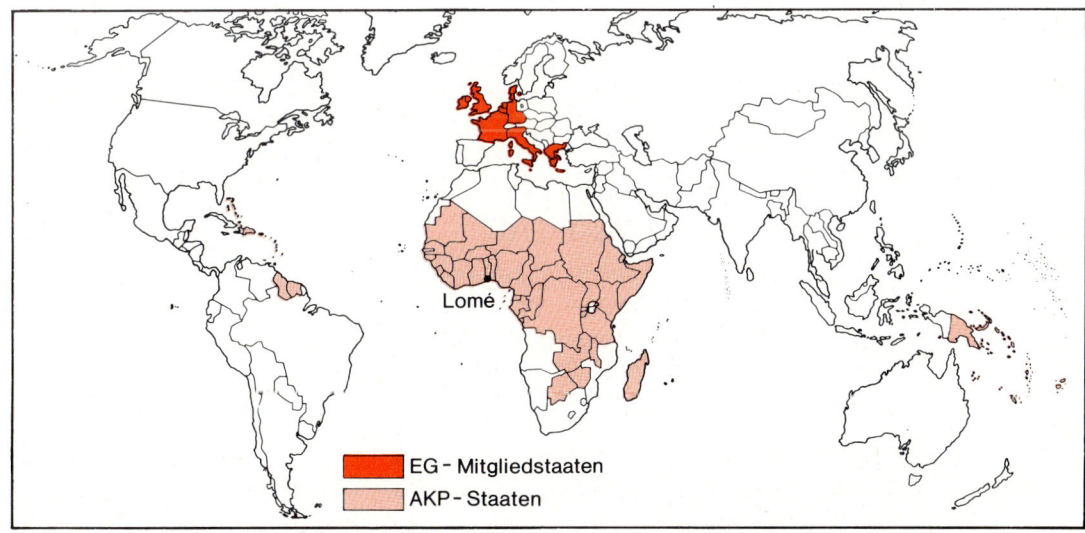

Abb. 149: Die „AKP-Staaten" sind mit der EG durch Assoziierungsverträge verbunden

Die zahlreichen weiteren EG-Einrichtungen lassen sich nicht vollständig aufzählen. Im Bereich von Wissenschaft und Forschung gibt es z. B. die Sondereinrichtung JET (Joint European Torus), ein Gemeinschaftsprojekt der Kernfusion; CEN, das Europäische Komitee für Normung (seit 1961); CERN, das Europäische Kernforschungszentrum, das ebenso wie EUROCONTROL, Europäische Luftfahrt-Sicherungs-Organisation, den engeren Bereich der EG-Mitgliedstaaten überschreitet.

Außenbeziehungen

Die EG bildet mit ihren zahlreichen Aufgaben und Einrichtungen zweifellos eine Realität „Europa". Dies kommt nicht zuletzt in den Außenbeziehungen der Gemeinschaft zum Ausdruck. Bei der EG in Brüssel sind über 100 diplomatische Missionen akkreditiert, darunter auch die VR China. Die EG ist Mitglied in den wirtschaftlichen Sonderorganisationen der UN und hat einen offiziellen Beobachter bei den Vereinten Nationen. Ein Freihandelsabkommen verbindet die EG mit der EFTA (Europäische Freihandelszone, s. S. 352). Weitere Handelsabkommen bestehen mit zwölf Mittelmeeranrainern, mit Australien, China und Indien. 1980 wurde ein erstes Kooperationsabkommen mit einer anderen Staatengemeinschaft, den ASEAN-Staaten, in Kuala Lumpur (Malaysia) unterzeichnet. Mit Rumänien und Jugoslawien gibt es bilaterale Abkommen. Nur mit dem COMECON (s. S. 361 f.) führten die Verhandlungen über die Frage, ob ein Handelsabkommen abgeschlossen oder Arbeitskontakte zwischen den Organisationen hergestellt werden sollten, bisher zu keinem Ergebnis.

Protektionismus

Freihandelsabkommen

Der gegenseitige Handel hat auch nur einen bescheidenen Umfang (4% der Einfuhren in die EG, weniger als 4% der EG-Ausfuhren).

6.1.3 Die westeuropäische Gemeinschafts-Politik

EG-Binnenmarkt

In der historischen Perspektive stellt die Europäische Gemeinschaft der achtziger Jahre einen gewaltigen und kaum mehr aufhebbaren Fortschritt in der europäischen Gemeinschaftsbildung dar.

Auch wenn diese mit vielen Problemen behaftet ist, zwingen doch schon allein die Eigengesetzlichkeiten zu fortschreitendem gemeinschaftlichem politischem Handeln.

6.1.3.1 Zollunion und Wirtschaftspolitik – die Realität des „Gemeinsamen Marktes"

Die große wirtschaftliche Bedeutung der EG darf nicht darüber hinwegtäuschen, daß einer echten Gemeinschaftspolitik vertragliche und nationalstaatliche Grenzen gesetzt sind. Die EG ist nach den Verträgen eine Wirtschaftsgemeinschaft im Sinne einer Zollunion, d. h. ein Binnenmarkt ohne Binnenzölle für gewerbliche Waren und fast alle Agrarerzeugnisse. Die nationalen Zollsätze gegenüber Drittländern wurden an die Sätze des gemeinsamen EG-Zolltarifs nach außen angeglichen. Mit dem Abbau aller Handelshemmnisse und der Freizügigkeit der Produktionsfaktoren entspricht die EG zugleich den Zielen des GATT (s. S. 487 ff.). Wegen des gemeinsamen Zolltarifs nach außen wird der EG jedoch häufig, insbesondere von Seiten der USA, Protektionismus vorgeworfen. Über die Berechtigung dieses Vorwurfs entscheidet jedoch nicht die Tatsache des gemeinsamen Außenzolls, sondern die gemeinsame Handelspolitik der EG. So schloß die EG z. B. nach dem Beitritt Großbritanniens und weiterer ehemaliger Mitglieder der EFTA (s. S. 352) mit den Rest-EFTA-Staaten ein Freihandelsabkommen. Gewerbliche Güter können danach frei von den EFTA-Staaten in die EG und umgekehrt exportiert werden. Da die EFTA jedoch nicht wie die EG einen gemeinsamen Außenzolltarif gegenüber Drittländern kennt, sind im gegenseitigen Handelsverkehr Ursprungsnachweise erforderlich. Ähnliches gilt auch für das Handelsabkommen mit den Mittelmeerländern, denen die EG einseitig Zollfreiheit für den industriellen Bereich gewährt hat („Präferenzabkommen"). Der Warenaustausch in der EG ist aufgrund dieser Gemeinschaftsentwicklung ganz erheblich ausgeweitet worden. Nicht zuletzt die Bundesrepublik Deutschland profitiert davon erheblich; der Anteil der EG-Länder am Außenhandelsumsatz betrug 1980 47,1%.

Die Entwicklung des großen Binnenmarktes der EG hat Konsequenzen, die teils in den Verträgen vorbedacht, z. T. jedoch nicht angesprochen waren. Die Dynamik des Gemeinsamen Marktes verlangt die „Harmonisierung" (Anpassung) zahlloser Bestandteile des Marktgeschehens. Zu den besonders wichtigen Faktoren notwendiger Gemeinschaftspolitik im Gefolge des bislang verwirklichten Gemeinsamen Marktes gehören die Steuerpolitik und die gemeinsame Wirtschafts- und Währungspolitik.

Abb. 150: Wahlplakate zur Europawahl von 1979. 1984–1989 folgt erst die 2. Legislaturperiode.

*EG-
Wirtschafts-
politik*

*Mehrwert-
steuersystem*

Die Harmonisierung des Steuerrechts wird im EWG-Vertrag direkt angesprochen. Wichtig ist vor allem die Umsatzsteuer, da ihre Berechnungsart für die Zoll- und Handelspolitik grundlegende Bedeutung besitzt. Im Zuge der Vereinheitlichung mußte auch die Bundesrepublik Deutschland 1968 die traditionelle Brutto-Umsatzsteuer auf das einheitliche Mehrwertsteuer-System der EG umstellen. Dieser Harmonisierungsprozeß ist formal abgeschlossen. Heute wird 1 % des jeweiligen Mehrwertsteueraufkommens zur Finanzierung des EG-Haushalts verwendet. Nach wie vor bestehen besonders hinsichtlich der Steuersätze beträchtliche Unterschiede zwischen den Mitgliedstaaten, die auf die unterschiedlichen Steuersysteme zurückgehen.

Die Wirtschafts- und Konjunkturpolitik hatte der EWG-Vertrag primär in der Zuständigkeit der Mitgliedstaaten belassen. Rechtlich wie praktisch ist jedoch die Gemeinschaft auch in die Probleme der Wirtschafts-, Währungs- und Konjunkturpolitik eingeschlossen. Die Ziele der Gemeinschaft sollen durch den Gemeinsamen Markt und durch die schrittweise Annäherung der Wirtschaftspolitik der Mitgliedstaaten verwirklicht werden (Art. 2). Art. 105 (EWG-Vertrag) sieht deshalb die Koordinierung der Wirtschaftspolitik vor. Art. 103 verpflichtet darüber hinaus die Mitgliedstaaten darauf, ihre Wirtschaftspolitik so einzurichten, daß ein hoher Beschäftigungsstand, innen- und außenwirtschaftliches Gleichgewicht und das Vertrauen in die Währung gewahrt bleiben (vgl. die Ähnlichkeiten mit dem Stabilitätsgesetz in der Bundesrepublik Deutschland S. 252). Die Gemeinschaft hat sogar gewisse beschränkte Kontrollrechte über die Wirtschaftssubventionen der Mitgliedstaaten erhalten (Art. 92 ff.); auch dies ergibt sich aus den Bedürfnissen eines freien Binnenmarktes. Damit sind schließlich praktische Auswirkungen auf die Gestaltung der nationalen inneren und äußeren Währungspolitiken verbunden. Denn in Art. 103 werden Angelegenheiten gemeinsamen Interesses definiert, die die Mitgliedstaaten zur „Gemeinschaftstreue" in ihrer Wirtschaftspolitik verpflichten. Die Einführung eines Europäischen Währungssystems gehört zweifellos in diesen Zusammenhang (s. S. 339). Sie signalisiert, wie weit die wirtschaftspolitischen Notwendigkeiten der Gemeinschaft fortgeschritten sind und nach neuen rechtlichen Gemeinschaftsbestimmungen oder nach extensiverer Ausdeutung der gegebenen Vertragsbestimmungen drängen.

Gemeinschafts-
treue

Agrarpreise

Nach den Römischen Verträgen von 1957 ist die EWG mehr als eine klassische Zollunion, da die Gemeinschaftsorgane rechtliche Befugnisse zur Verwirklichung des Gemeinsamen Marktes besitzen. Dazu gehören insbesondere: Freier Warenverkehr (Art. 9/10), freie Niederlassung (Art. 52 ff.), freier Dienstleistungsverkehr (Art. 59 ff.), Freizügigkeit der Arbeit (Art. 48 ff.) und freier Kapitalverkehr (Art. 67 ff.). Wegen des Fehlens ausreichender Kompetenzen im Bereich der Wirtschaftspolitik kann die EG rechtlich nicht als eine „Wirtschaftsunion" gekennzeichnet werden. Sie ist also auch noch kein *partieller (Bundes-) Staat auf dem Gebiet der Wirtschaft"* (M. SEIDEL 1981, S. 68). Eine Übertragung wirksamer Hoheitsgewalt und Kompetenzen im Bereich der Wirtschafts- und Gesellschaftspolitik setzt den institutionellen Ausbau der EG im Sinne eines echten Bundesstaates voraus. Diese – nicht ganz unumstrittene Meinung – sieht deshalb z. B. auch die Probleme einer Währungsunion der EG-Staaten darin, daß es am notwendigen „supranationalen Hintergrund" fehle.

Einen solchen rechtlichen Hintergrund gibt es für weitere Bereiche (Funktionen) neben der bereits behandelten Außenhandelspolitik. Es sind dies vor allem die Landwirtschaft (Gemeinsamer Agrarmarkt), Kohle und Stahl (Montanunion) und die gemeinsame Verkehrspolitik (Art. 74 ff. EWG-Vertrag).

Überschuß-
produktionen

6.1.3.2 Agrarmarkt und Landwirtschaftspolitik

Der gemeinsame Agrarmarkt der EG-Staaten wird von staatlichen Interventionen bestimmt. Die europäischen Marktordnungen der EG sind eigentlich nur an die Stelle der bis dahin national üblichen getreten. Entwickelt hat sich ein überaus kompliziertes System bürokratischer und interessengeleiteter Detailregelungen, das mehr und mehr aus finanziellen Gründen zur Destabi-

lisierung der Gemeinschaft beiträgt. Im Prinzip geht es um Marktordnungen, Preisgarantien und Interventionspreise sowie „Abschöpfungen" für jeweils einzelne landwirtschaftliche Produkte.

Im Rahmen der EWG wurden für fast alle landwirtschaftlichen Produkte Marktordnungen verabschiedet, die unterschiedliche Schutzmaßnahmen und Interventionskriterien beinhalten. Die wichtigsten Interventionsmittel sind die Agrarpreise, Abschöpfungen, Ankaufgarantien, Qualitätsnormen, Produktionsbeihilfen. Die von der EG nach jeweils z. T. heftigen politischen Auseinandersetzungen jährlich festgesetzten Preise haben die Aufgabe, die landwirtschaftlichen Einkommen zu garantieren und die Märkte zu regulieren.

So wird z. B. ein Ankaufspreis festgesetzt, das ist ein Preis, der es ermöglicht, im Falle eines Überangebots die Produkte von staatlichen Stellen ankaufen zu lassen, um einen Preisverfall zu verhindern. Ein „Orientierungspreis" ist ein festgelegter Durchschnittspreis für ein landwirtschaftliches Produkt. Sinkt der tatsächliche Preis um einen bestimmten Prozentsatz darunter, so kommt der „Interventionspreis" zur Anwendung, der Preis, zu dem Produkte von der Gemeinschaft aufgekauft werden.

„Einschleusungspreise" sind Mindestpreise, zu denen Agrarprodukte an der EG-Grenze angeboten werden müssen. „Schwellenpreise" dienen zur Berechnung der Abschöpfung auf Agrarimporte. Diese „Abschöpfungen" sind Abgaben, die bei der Einfuhr landwirtschaftlicher Erzeugnisse in den EG-Markt erhoben werden. Es gibt verschiedene Abschöpfungssysteme. Die Mitgliedstaaten zahlen häufig noch Ausgleichsbeträge.

Der EG-Agrarmarkt brachte der westeuropäischen Landwirtschaft kontinuierlich steigende Einkommen, hat aber auch zu einem über den Weltmarktpreisen liegenden Erzeugerpreisniveau geführt sowie zu Überschußproduktionen, die eingelagert und abgesetzt werden müssen, u. U. auch vernichtet werden. Außerdem betragen die Ausgaben der Gemeinschaft für den Agrarmarkt mittlerweile etwa 75 % und drohen alle weiteren Aktivitäten zu erdrücken. Reformversuche scheiterten immer wieder an den unterschiedlichen Interessen der Mitgliedstaaten. Frankreich hat aufgrund der innenpolitischen Bedeutung seiner Landwirtschaft ein starkes Interesse am bestehenden System. Die Bundesrepublik Deutschland und – bis 1980 – Großbritannien waren diejenigen Mitgliedstaaten, die wesentlich mehr einzahlten als sie erhielten. Nachdem Großbritannien 1980 einen finanziellen Ausgleich für sich er-

Abb. 151: Der „Butterberg" der EG in natura. Erfolg und Mißerfolg der EG-Agrarpolitik zugleich

Nettozahler

reicht hatte, ist die Bundesrepublik Deutschland der einzige Nettozahler der Gemeinschaft geworden. Sie zahlt wesentlich mehr ein als sie zurückerhält. Das bekannte Gegenargument lautet: Die Bundesrepublik Deutschland profitiere am stärksten vom freien Binnenmarkt für industrielle Erzeugnisse, sie müsse deshalb die Opfer infolge der Agrarmarktregulierungen ertragen. Zum Problem ist jedoch nicht allein das jeweilige nationale Interesse, sondern ebensosehr die Finanzierbarkeit geworden. Es besteht die Gefahr, daß von dieser Seite her jede Fortentwicklung der Gemeinschaft blockiert wird. Hier liegt ein weiterer Hauptgrund für die Forderungen nach einer „politischen" Weiterführung der Gemeinschaft und einer supranationalen Erfassung aller wirtschaftspolitischen Funktionen und Aufgaben.

Stahlindustrie

6.1.3.3 Begrenzungen und Perspektiven der Gemeinschafts-Politik

Daß mit einem höheren Grad an Integration keineswegs alle Probleme gelöst sind, zeigt die am weitesten supranational gestaltete Montanunion, die allerdings Wirtschaftszweige umfaßt, „Kohle und Stahl", die ihre frühere besondere Bedeutung verloren haben. Gemeinschaftsinteresse und nationale Egoismen in Gestalt massiver oder ver-

Subventions-kodex

steckter nationalstaatlicher Subventionierungen der eigenen Stahlunternehmen stehen sich fast unvereinbar gegenüber, wenn es um die weltwirtschaftlich notwendige Umstrukturierung, d. h. um die Schaffung einer wettbewerbsfähigen europäischen Stahlindustrie geht. Dazu müssen Kapazitäten abgebaut und veraltete Produktionsanlagen stillgelegt werden. Aber in welchem der Mitgliedsländer mit ihren unterschiedlichen Methoden der Subventionspolitik? Die einen subventionieren im Interesse der Arbeitsplätze und z. T. ganzer Regionen auch noch die Erhaltung veralteter Anlagen; andere, im Prinzip die Bundesrepublik Deutschland, lehnen Subventionen ab und lassen die Unternehmen privatwirtschaftlich (mit Montanbestimmung und Sozialplänen) gesundschrumpfen. Nachdem jahrelang von der Gemeinschaft versucht worden war, freiwillige Beschränkungen der Industrie zu erreichen (Kartell „Eurofer I"; „Eurofer" ist der Verband der zwölf größten Stahlkonzerne der EG), führte die EG-Kommission am 1. 10. 1980 ein befristetes Quotensystem ein, das natürlich jene Unternehmen besonders traf, die durch eigene Rationalisierungen ihre Wettbewerbsfähigkeit gesichert hatten. Neben der Einführung des Quotensystems nach Art. 58 des EGKS-Vertrages wurde ein Subventionskodex bis 1985 beschlossen, nach dem na-

Energiepolitik

Re-Nationalisie-
rungen

Wettbewerb

tionale Staatshilfen nur gewährt werden dürfen, wenn sie von der Kommission bewilligt werden und der Restrukturierung dienen. Belgien, Frankreich und Italien unterstützten dennoch bestimmte nationale Stahlunternehmen, 1982 auch die Bundesrepublik Deutschland (Arbed-Saar). Obwohl zunächst EG-Verfahren gegen diese Länder eingeleitet wurden, deckte die Kommission schließlich das eigenmächtige Vorgehen. Auf diese Weise werden de facto Re-Nationalisierungen von Industriesektoren vorgenommen, die längst der Gemeinschaftshoheit unterliegen, wenn dies im nationalen Interesse liegt. Die umfassenden Bestimmungen des Vertrages scheinen hier nichts zu nützen (vgl. z.B. Art. 4, 14 und 88, „Verfahren bei Pflichtverletzung eines Staates").

Vertraglich geregelt ist auch der Versuch, gemeinsame Regeln für den wirtschaftlichen Wettbewerb festzulegen (Art. 85 EWGV). Ähnlich der ursprünglichen Fassung des deutschen Kartellgesetzes von 1957 (s.S. 255) werden wettbewerbsmindernde Vereinbarungen und Beschlüsse, die Ausnutzung einer marktbeherrschenden Stellung und Dumping-Praktiken verboten. Dies gilt auch für wettbewerbsverzerrende nationalstaatliche Beihilfen an Unternehmen und Produktionszweige. Es gibt aber auch eine Aufzählung von Beihilfen, die mit dem Gemeinsamen Markt vereinbar sind (Art. 92). Der EG-Gerichtshof und die Kommission, auf deren Vorschlag der Rat entsprechende Richtlinien und Verordnungen erläßt, sind mit den wettbewerbsrechtlichen Bestimmungen besonders angesprochen.

Die Sozialpolitik (vgl. Sozialfonds S. 343) gehört zu jenen Bereichen, in denen sich die Mitgliedstaaten nach dem Vertrag „abstimmen sollen" (Art. 117). Dies schließt nicht zuletzt die Notwendigkeit ein, die Rechts- und Verwaltungsvorschriften aus den Sozialordnungen der Mitgliedstaaten anzugleichen. Die Kommission soll darüber hinaus eine enge Zusammenarbeit auf allen Gebieten der Sozial- und Arbeitspolitik herbeiführen.

Infolge ihrer Zuständigkeit für die Kernenergie und die Kernforschung (Euratom-Vertrag) sowie für Kohle ist die EG in alle Probleme der Energiepolitik und der Sicherung ausreichender Energie verwickelt. Auch hier drängt, wie im währungs- und wirtschaftspolitischen Bereich, die Komplexität der Frage (Kohle, Kernkraft, Erdgas, Öl) nach umfassenden Programmen und Konzepten, die nicht zuletzt im Interesse der Energiesicherung auch vor der Außenpolitik nicht haltmachen können.

Den vertraglich an sich notwendigen, politisch jedoch schwer durchsetzbaren Elementen der Gemeinschaftspolitik steht mit der ausgedehnten Entwicklungshilfepolitik (s.S. 339) ein Politikbereich gegenüber, der vertraglich keineswegs extensiv formuliert worden war. Dies gilt auch für die währungspolitischen Aktivitäten der Gemeinschaft (s.S. 340), obwohl sie bei weitem nicht so erfolgreich sind. Es gilt schließlich für neuere Bereiche wie die Umweltpolitik. Insgesamt kann das Urteil über die Politik der Gemeinschaft (s.S. 343) etwa folgendermaßen ausfallen:

> *„Die Dominanz der EG im Bereich der vertraglich gewährleisteten Kompetenzen hat nicht zugenommen, wie es den Verträgen entsprochen hätte und von vielen erhofft wurde, sondern eher abgenommen. Dies kommt u.a. darin zum Ausdruck, daß den zahlreichen Fach- und Sachausschüssen aus Vertretern der Mitgliedstaaten und der Kommission viel Einfluß zugewachsen ist und das Einstimmigkeitsprinzip stärkere Geltung behalten hat, als es der Vertrag vorsah. Dagegen haben die Tätigkeiten der EG auf Gebieten, für die in den Verträgen ein Handeln nicht ausdrücklich gefordert wird, stark zugenommen (z.B. Regionalpolitik, Umweltpolitik, Sozialpolitik), wobei allerdings der Einfluß der EG selbst entsprechend der ersten Tendenz relativ gering blieb."*
>
> (H. v. d. GROEBEN/H. MÖLLER 1980)

6.2 Wege und Probleme der Gemeinschaftsbildung in Westeuropa

Europäische Verfassung

Die „Europäische Gemeinschaft" ist nicht das ganze Europa, nicht einmal das ganze Westeuropa. Sie ist aber die am weitesten fortgeschrittene Form der Gemeinschaftsbildung. Geschichtliche Vorbelastungen der Politik europäischer Staaten, die besonderen Bedingungen der europäischen Nachkriegszeit, vor allem der Ost-West-Konflikt, und die zu unterschiedlichen Interessen der Staaten haben umfassendere und völkerrechtlich weitergehende Integrationen verhindert. Sie haben aber ein dichtes Netz europäischer Zusammenarbeit nicht ausschließen können. Im Rahmen der Europäischen Gemeinschaft und unter den Bedingungen dieser Zusammenarbeit konnten überdies die westeuropäischen Völker einander näherkommen und eine gesellschaftliche Integration schaffen, die sich als europäische Realität auch selbständig weiterentwickelt.

6.2.1 Nicht verwirklichte Einigungskonzepte nach 1945

Europäische Versammlung

Der Streit über die zum großen Teil bürokratischen Detailfragen der EG läßt leicht in Vergessenheit geraten, was über eine solche „Gemeinschaft" hinaus einmal als europäische Einigung gefordert wurde, was seit der Gründung der EWG (1957) in den Hintergrund getreten ist. Eine Rückbesinnung mag helfen, die Perspektiven und Kriterien einer weiterführenden europäischen Integration wieder bewußt zu machen.

Die ersten zehn Jahre nach dem II. Weltkrieg waren von ungewöhnlich zahlreichen und vielseitigen Initiativen in Richtung auf eine Einigung Europas bestimmt. Das zentrale Thema war die „Po-

Politische Union

litische Union", noch konkreter waren die „Vereinigten Staaten von Europa". Dies forderte 1946 der ehemalige britische Premierminister WINSTON CHURCHILL. Im Zentrum sollte das Zusammengehen von Frankreich und Deutschland stehen. Dies forderten auch die Kongresse (1947/1948) der „Europäischen Parlamentarier-Union". Es sollte eine verfassunggebende Versammlung („Europäische Konstituante") einberufen und mit der Ausarbeitung einer europäischen Bundesver-

fassung begonnen werden. Zum selben Zeitpunkt forderte die „Union Europäischer Föderalisten" die „Europäische Föderation". Teile der nationalen Souveränität sollten auf eine Föderationsbehörde übertragen werden. Die „Union" legte dazu den Vorentwurf für eine europäische Verfassung vor.

Vier europäische Bewegungen bildeten im Dezember 1947 ein Internationales Komitee der Bewegung für die Einheit Europas. Ihr 1. Europa-Kongreß fand im Mai 1948 in Den Haag statt. Er forderte eine von den nationalen Parlamenten gewählte Europäische Versammlung sowie eine Union oder Föderation für alle Völker Europas. CHURCHILL wurde zum Ehrenpräsidenten gewählt. Der britische Premier ATTLEE schrieb ihm allerdings dazu im Juli 1948: Er teile die Grundidee des Kongresses, jedoch müsse eine so wichtige Angelegenheit von den Regierungen und nicht durch Organisationen und Parlamente behandelt werden. Im September 1948 wandte sich der britische Außenminister BEVIN dann gegen den Plan, daß eine Europäische Versammlung einen Verfassungsentwurf für eine Europäische Union ausarbeiten sollte. Vielmehr sollten die Regierungen Abkommen und Verträge abschließen. Zugleich wies er auf Großbritanniens Verpflichtungen als Zentrum des Commonwealth hin.

Grundsätzliche Unterschiede zwischen britischen und anderen Vorschlägen wurden auch in der Folgezeit deutlich. Denn die meisten Vorschläge forderten eine Europäische Versammlung aus Parlamentariern und wollten keine Regierungsdelegierten. Am 5. 5. 1949 unterzeichneten dann zehn Staaten (die fünf der Westunion, drei skandinavische Staaten, Italien und Irland) das Statut des „Europarates", dem weitere Staaten später beitraten. Handelndes Organ wurde das Ministerkomitee, in dem jedes Land eine Stimme besitzt. Die „Beratende Versammlung" wurde grundsätzlich aus Mitgliedern gebildet, die von den nationalen Parlamenten gewählt werden, jedoch können die Regierungen ergänzende Ernennungen vornehmen (s. S. 352). Mit ihrer 1. Session im September 1949 begann die Beratende Versammlung ihr hartnäckiges Drängen nach einer „Europäischen Politischen Behörde" „mit beschränkten Funktionen, aber realen Machtbefugnissen". Die Beratende Versammlung des Europarates wurde für die nächsten Jahre Zentrum des Ringens um eine Politische Union westeuropäischer Staaten.

So formulierte die Union Europäischer Föderalisten im Oktober 1949 allgemeine Grundsätze eines Europäischen Bundespaktes und übermittelte sie dem Europarat. Eine solche Forderung beschloß im Juli 1950 auch der Deutsche Bundestag.

Die Europäische Bewegung überreichte dem Europarat im Januar 1950 ein Memorandum über die Schaffung einer Europäischen Politischen Behörde. Dies war eine Weiterführung der Resolution des Haager Europa-Kongresses. Auf die Politische Behörde müßten Souveränitätsrechte übertragen, unter ihrer Leitung sollten „funktionelle Institutionen" geschaffen werden (für alle Bereiche der Wirtschaft, kulturelle und soziale Fragen sowie Verteidigung).

Union
Frankreich–
Deutschland

Föderalisten

Funk-
tionalisten

Bundeskanzler ADENAUER schlug im März 1950 eine vollständige Union zwischen Frankreich und Deutschland mit einem einzigen Parlament vor. Begonnen werden sollte mit einem Wirtschaftsparlament. Die französische Regierung erklärte dazu, daß eine Normalisierung der französisch-deutschen Beziehungen durch die kollektive Organisation Europas (Europarat) vollzogen werden müsse; von ihr ging dennoch im Mai 1950 der Plan (Schuman-Plan) eines Pools der deutschen und französischen Kohle- und Stahlproduktion (später Montanunion) aus.

Die Beratende Versammlung des Europarates machte 1950 weitere Vorschläge zur politischen Zusammenführung der westeuropäischen Staaten. Dazu gehörte der Gedanke einer europäischen Armee, der von der französischen Regierung aufgegriffen wurde (Pleven-Plan), jedoch an der französischen Nationalversammlung scheiterte. Dazu zählte neben der Forderung nach Einsetzung einer Europäischen Politischen Behörde die Bildung spezialisierter Fachbehörden für politische, wirtschaftliche, soziale und kulturelle Angelegenheiten im Rahmen des Europarates. Schließlich gehörte dazu die Forderung nach einer Revision des Europarats-Statuts (23. 11. 1950): Die „Europäische Behörde" sollte aus einem Parlament bestehen, das aus zwei Häusern gebildet wird, dem Ministerkomitee und der Versammlung. Es sollte zugleich eine Priorität der Regierungen, eine parlamentarische Autorität und eine Exekutive des Europarats geben.

Großbritannien lehnte im November 1950 wiederum ein echtes Europäisches Parlament und übernationale Behörden ab. Es verwies wie früher auf seine Rolle im Commonwealth und bezüglich der Europäischen Armee auf die NATO, die ja schon die Streitkräfte europäischer Staaten einschließe. Die französische Nationalversammlung stimmte dagegen der Bildung europäischer Behörden zu.

Die Beratende Versammlung des Europarats ließ sich jedoch durch die Schwierigkeiten nicht von weiteren Planungen für die Vereinigten Staaten von Europa abhalten. Im Mai 1951 wurde von einem „Konstituierenden Komitee" aus Mitgliedern des Europarates ein Vorentwurf für eine Europäische Bundesverfassung ausgearbeitet. Ein Bundesparlament sollte aus einem Abgeordnetenhaus und einem Senat bestehen. Exekutivorgan sollte ein vom Parlament gewählter Bundesrat sein. Vorgesehen war auch ein Bundesgerichtshof. Die nationalen Souveränitätsrechte sollten weiterhin ausgeübt werden, soweit sie nicht auf gemeinsame Organe durch die Verfassung übertragen wurden.

Grundlegende Differenzen bestanden jedoch auch in der Beratenden Versammlung des Europarats. Die „Föderalisten" (auch „Konstitutionalisten") wollten unmittelbar eine Europäische Föderation herbeiführen. Die „Funktionalisten" wollten dagegen die supranationale Zusammenarbeit auf bestimmte Funktionen beschränken. Diese europapolitische Konstellation besteht noch heute im Europa-Parlament, wenn über die Reform der EG-Verträge in Richtung auf die Verwirklichung der „Europäischen Union" gestritten wird (s. S. 354). Die sozialistischen Parteien gehörten eher zu den Funktionalisten. Im übrigen waren die Briten und die Skandinavier überhaupt gegen supranationale Einrichtungen. Frankreichs Außenminister ROBERT SCHUMAN erklärte dann im Oktober 1951, daß man nach den Initiativen für die Montanunion und die Europäische Armee nunmehr auch die Schaffung einer übernationalen Europäischen Politischen Behörde ins Auge fassen könne. Im Dezember 1951 empfahl die Beratende Versammlung den Abschluß eines Abkommens zur Konstituierung einer solchen Behörde. Sie empfahl auch – nach einer voraufgegangenen Initiative des französischen Agrarministers – die Schaffung eines Europäischen Agrarmarktes.

1952 wurde vor allem die Möglichkeit einer Änderung des Statuts des Europarates in Richtung auf eine föderale Institution, mit legislativen und exekutiven Vollmachten, diskutiert. Großbritan-

Konrad Adenauer 1876–1967, KölnsOberbürgermeister1917–1933, dann aus dem Amt entfernt. 1949–1963 Bundeskanzler

Robert Schuman 1886–1963, Französischer Ministerpräsident und Außenminister. Sein „Schuman-Plan" führt zur Montanunion

Alcide de Gasperi 1881–1954, Gründer der Democrazia Christiana (DC) nach 1945. Italienischer Ministerpräsident

Abb. 152: Adenauer, Schuman und de Gasperi – drei europäische Staatsmänner der Nachkriegszeit

nien war dagegen und legte einen eigenen Plan in verschiedenen Varianten vor (Eden-Plan). Die Differenz bestand vor allem in der Frage, ob auf der Basis der sechs Mächte, die die Montanunion gebildet hatten, oder auf der Basis der 15 dem Europarat angehörenden Staaten weiter verfahren werden sollte. Heraus kam eine „engere Verbindung" zwischen dem Europarat und den Europäischen Gemeinschaften (Montanunion und EVG), um eine weitere Spaltung Westeuropas zu vermeiden.

In dieser Situation konkretisierte der französische Außenminister SCHUMAN seine Initiative zur Bildung einer europäischen politischen Autorität auf der Grundlage der Sechser-Gemeinschaft. Die neu geschaffene Versammlung der Montanunion und die sechs Außenminister sprachen sich für die Ausarbeitung eines Vertragsentwurfs über die Gründung einer Europäischen Politischen Ge-

Eden-Plan

Europäische Politische Gemeinschaft

meinschaft aus. Diesem Konzept stand bei der September-Tagung 1952 der Beratenden Versammlung der modifizierte „Eden-Plan" Großbritanniens gegenüber. Er ging von der „Atlantischen Gemeinschaft" der 14 Staaten aus und sah drei „Säulen" vor: USA und Kanada wirken als Beobachter mit; Großbritannien hat eine freie Sonderstellung wegen des Commonwealth; die übrigen Staaten bilden den Europarat mit den bisherigen Kompetenzen und Organen. Es sollte aber möglich sein, in diesem Rahmen engere übernationale Gemeinschaften wie die Montan-

union usw. zu bilden. Der Beitritt oder die Assoziierung sollte allen offen stehen.

Die Beratende Versammlung billigte dann im Januar 1953 mit überzeugender Mehrheit die Grundlinien eines Satzungsentwurfs für eine Europäische Politische Gemeinschaft. Im Februar machte die holländische Regierung den Vorschlag einer wirtschaftlichen Integration des Europas der Sechs mit dem Ziel, einen Gemeinsamen Markt und eine Zollunion zu schaffen. Die sechs Außenminister akzeptierten dies noch im selben Monat. Währenddessen liefen die Auseinandersetzungen in Frankreich über die Europäische Verteidigungsgemeinschaft weiter. General DE GAULLE machte hierbei wiederholt den Vorschlag, darauf zu verzichten und eine Konföderation aller westeuropäischen Staaten und einen Zusammenschluß ihrer Armeen ohne Preisgabe ihres nationalen Charakters anzustreben.

Im März 1953 wurde der revidierte Satzungsentwurf für eine „Europäische Politische Gemeinschaft" vorgelegt. Dies war eine vollständige Verfassung für eine Europäische Gemeinschaft übernationalen Charakters. In den beiden folgenden Monaten wurde deutlich, daß die Besorgnisse wegen einer Auseinanderentwicklung zwischen der engeren Gemeinschaft und den Staaten des Europarats stiegen. So wurde immer wieder der enge Konnex zwischen beiden beschworen. Von Mai 1953 bis März 1954 wurde die Frage der Europäischen Politischen Gemeinschaft mehrmals auf der Ebene der sechs Außenminister verhandelt. Während zunächst noch die konkrete Zustimmung zum Satzungsentwurf überwog, wurde Ende 1953 immer deutlicher, daß dieses Thema trotz verbaler Bekenntnisse dazu an Dringlichkeit verloren hatte. Das dann für den März 1954 geplante Außenministertreffen über diese Frage wurde auf Wunsch Frankreichs verschoben. Dort waren offenbar die Indochina-Krise, die Saarfrage und die innenpolitischen Auseinandersetzungen über die Europäische Verteidigungsgemeinschaft vordringlichere Themen. Bundeskanzler ADENAUER hob deswegen offenbar vorsorglich noch im April 1954 den Aspekt einer „Teilintegration" besonders hervor.

Teilintegration

Am 30. 8. 1954 scheiterte das EVG-Projekt in der Nationalversammlung. Es folgten „atlantische" Lösungen mit der Aufnahme der Bundesrepublik Deutschland in die NATO. Im Juni 1955 beschlossen die Außenminister der Sechs in Messina eine „neue Phase der Integration Europas", nämlich die wirtschaftliche Integration, die zur „Europäischen Wirtschafts-Gemeinschaft" (EWG) und zur „Europäischen Atomenergie-Organisation" führte.

Atlantische Lösung

Die Folge der „Sechsergemeinschaft" und ihrer Zollunion war die wirtschaftliche Spaltung der Staaten des Europarates. Neben der EWG wurde die „EFTA" (European Free Trade Association) am 4. 1. 1960 von sieben Staaten gegründet (Großbritannien, Dänemark, Norwegen, Schweden, Österreich, Schweiz und Portugal).

EFTA

Ein Beitrittsgesuch Großbritanniens an die EWG lehnte der französische Präsident DE GAULLE am 14. 1. 1963 mit folgender Begründung ab: England sei ein Inselstaat mit entsprechend offenem Handel. Es sei ein Industrie- und Handelsstaat, der nur wenig Landwirtschaft betreibe. Gewohnheiten und Traditionen unterschieden sich stark von den kontinentalen. Außerdem stelle Großbritannien noch seine eigenen Bedingungen für den Beitritt. Um dies zu akzeptieren, wäre eine völlige Änderung der Ausgangsbedingungen nötig.

Großbritanniens Beitritt

> *„Es müßte dann ein ganz anderer Gemeinsamer Markt in Erwägung gezogen werden. Aber dieser Markt zu Elf, dann zu Dreizehn und vielleicht auch zu Achtzehn würde sicherlich in keiner Weise dem gleichen, den die Sechs aufgebaut haben. Übrigens würde eine derart vergrößerte Gemeinschaft sich vor all die Probleme ihrer wirtschaftlichen Beziehungen zu vielen anderen Ländern und zunächst zu den Vereinigten Staaten gestellt sehen. Es ist vorauszusehen, daß der Zusammenhalt all dieser sehr zahlrei-*

> *chen und verschiedenartigen Mitglieder jenen Problemen nicht lange gewachsen wäre, und schließlich würde es dann zu einer riesengroßen atlantischen Gemeinschaft in amerikanischer Abhängigkeit und unter amerikanischer Führung kommen, die die Europa-Gemeinschaft aufsaugen würde. Das ist eine Hypothese, die in den Augen gewisser Leute durchaus richtig sein mag, aber es ist nicht das, was Frankreich gewollt hat und will, nämlich eine ausgesprochen europäische Konstruktion."*
> (SIEGLER, Dokumentation Bd. 2, 1964, S. 238)

DE GAULLES Nachfolger, GEORGES POMPIDOU, sah die Probleme nicht in dieser Schärfe und ermöglichte 1972 die Erweiterung der EWG um Großbritannien, Dänemark und Irland. In allen diesen Ländern gab und gibt es eine heftige Opposition gegen diese Mitgliedschaft; Grönland entschied sich als selbständiger Teil Dänemarks 1982 für den Austritt aus der EG. In Norwegen hatte sich die Bevölkerung in einer Volksabstimmung gegen den Beitritt entschieden.

Die Ergebnisse dieser Entwicklung zur heutigen „Europäischen Gemeinschaft" hin lassen einige grundsätzliche Schlüsse zu. Die entscheidende Frage der Politischen Union wurde nicht gelöst. Für die ersten zehn Jahre nach 1945 mit ihren offensichtlich intensivsten Impulsen für eine europäische Einheit erwiesen sich die unterschiedlichen nationalen Interessen, die wiederum in die allgemeine politische Weltlage eingebettet waren, als entscheidendes Hindernis. Es war nicht allein die Verpflichtung gegenüber dem Commonwealth, die Großbritanniens Position bestimmte. Dahinter stand das allgemeinere politische Problem, wie sich im Ost-West-Konflikt und angesichts der amerikanischen Interessen in Westeuropa eine engere Gemeinschaft aufbauen lassen würde, die alle westeuropäischen Staaten, also auch die Neutralen, umfaßte. Bedeutete dies nicht auch den Ausschluß der USA? Die „atlantische" Orientierung erschwerte also die Möglichkeit der politischen Vereinigung im Sinne einer Politischen Union mit supranationalen Organen.

Von grundsätzlicher Bedeutung ist auch der Streit zwischen „Funktionalisten" und „Föderalisten" („Konstitutionalisten") bis heute geblieben. Die Europäisierung bestimmter „Funktionen" ohne eine Politische Union kann pragmatisch, sie kann aber auch hinhaltend gemeint sein. Jedenfalls hat sich bis heute gezeigt, daß auch die immer weiter getriebene wirtschaftliche Integration keineswegs mehr oder weniger automatisch zu einer politischen „Europäischen Union" führt.

Während für die Bundesrepublik Deutschland die westeuropäische Gemeinschaft ein so entscheidender Schritt der Integration in die freie Völkergemeinschaft war, daß darüber auch der Tatbestand einer nicht realisierbaren Wiedervereinigung hingenommen werden konnte, spiegelt sich in der Entwicklung der französischen Position die gesamte Problematik des Aufgebens historisch gewachsener Nationalstaatlichkeit wider, und es bleibt die Frage, ob nicht die Position DE GAULLES im Prinzip, nicht im Detail, jede französische Präsidentschaft, also auch eine sozialistische, leiten wird. Dies wäre keine Ablehnung von Europa, wohl aber der Vorbehalt, daß in einem *Europa der* „Europa der Vaterländer" stets die nationale *Vaterländer* Identität gewahrt bleiben müsse.

6.2.2 Gesellschaftliche Bedingungen der Gemeinschaftsbildung

Multi- Die Entwicklung der westlichen Industriegesell-
nationale schaften hat generell zu einer Annäherung der
Konzerne Lebensbedingungen geführt, z.B. im Arbeiten, Wohnen und Verbrauchen, im Waren- und Dienstleistungsangebot, in den Verkehrsbedingungen. Für den Kernbereich der sechs EG-Gründerstaaten gilt dies, mit der deutlichen Ausnahme Süditaliens, in besonderem Maße. Jedoch bestehen in dieser Beziehung kaum Unterschiede zu den neutralen Staaten Schweden, Österreich und der Schweiz. Eine Integrationswirkung haben gewiß auch die Gastarbeiterströme, die ja weitere europäische Staaten wie Spanien und Portugal und die außereuropäische Türkei ein-
Industrie schließen. Schließlich muß die Integrationswirkung des Reise- und Güterverkehrs genannt werden. Er wird erheblich durch die vor allem im Rahmen der EG vorgenommenen zahlreichen Erleichterungen des Zahlungs- und Verrechnungswesens gefördert, obwohl die volle Freizü-
Bauern gigkeit des Personen-, Waren- und Geldverkehrs offiziell immer noch nicht hergestellt ist.

Das Sprachenproblem hemmt die Integration. Es ist offensichtlich auch das größte Hindernis für den Schüler-, Studenten- und Jugendaustausch. Die gegenseitige Anerkennung von Examen ist fortgeschritten. Die Fortschritte beziehen sich vor allem auf Frankreich und die Bundesrepublik
Deutsch- Deutschland, die seit dem 22. 1. 1963 durch ei-
französischer nen besonderen Vertrag „zur Förderung der Soli-
Vertrag darität und der Zusammenarbeit", mit entspre-

chenden Folgevereinbarungen, verbunden sind. In diesem Rahmen wurde auch das Deutsch-Französische Jugendwerk gegründet.

Die „Gemeinschaftsbildung" in Westeuropa scheint vom einzelnen her gesehen weniger bewußt empfunden als praktisch genutzt zu werden. Gelegentliche Großvorhaben des Europa-Parlaments oder der EG-Kommission, z.B. einen einheitlichen Paß in den Staaten der EG einzuführen oder einheitliche europäische Briefmarken herauszugeben, verdeutlichen dann schlaglichtartig den tatsächlichen Grad der Gemeinschaftsbildung.

6.2.2.1 Interessenverbände in Europa

Mit den wirtschaftlichen und politischen Verflechtungen wuchs die Verflechtung gesellschaftlicher Großorganisationen, die nun nicht mehr wie früher die Förderung des Europagedankens auf ihre Fahnen geschrieben haben, sondern die konkrete Interessenvertretung auf der Ebene der westeuropäischen Gemeinschaft. Eine wirtschaftlich bedeutende, supranationale westeuropäische Realität sind auch die multinationalen Konzerne (s. S. 494 ff.). Der große gemeinsame Markt mit relativer Freizügigkeit auf fast allen Wirtschaftsgebieten bietet für multinationale Kooperationen, Fusionen und Strategien ein hervorragendes Betätigungsfeld. Auch sind natürlich im Raum der EG die Kooperationen der Konzerne, Handels- und Verkehrsunternehmen selbst ohne Fusionen begünstigt.

Zu Beginn der achtziger Jahre waren allein im industriellen Bereich der EG 170 Fachorganisationen mit einem nationalen Unterbau von über 1000 Verbänden tätig. Der wichtigste und einflußreichste Verband ist die „Union des Industries de la Communauté Européenne" (UNICE). Ihr gehören die Spitzenverbände der Industrie aus den EG-Staaten an, aus der Bundesrepublik Deutschland der BDI und die BDA (s. S. 190 ff.). Die Spitzenorganisation der europäischen Landwirtschaft, das Komitee der landwirtschaftlichen Berufsorganisationen (COPA) - hierzu gehört der Deutsche Bauernverband –, ist sogar bei ihrer Gründung von der EG-Kommission ausdrücklich gefördert worden, weil diese an einer einzigen Organisation interessiert war. Eine europäische Spitze haben auch die Handelsverbände der EG-Staaten (COCCEE), aus der Bundesrepublik Deutschland gehören dazu die Hauptgemeinschaft des Deutschen Einzelhandels und der Gesamtverband des Deutschen Groß- und Außenhandels und die Handwerksverbände (UACEE). Die Berufsorganisationen der freien Berufe sind ebenfalls auf der EG-Ebene organisiert. Bedeutsam für diese Verbandsbildungen ist natürlich immer, wie weit der Grad der „Gemeinschaftsbildung" vertraglich und tatsächlich im jeweiligen Politikbereich fortgeschritten ist.

Gewerkschaften

Die Gewerkschaften fanden sich erst 1973 zu einer europäischen Spitzenorganisation zusammen, dem Europäischen Gewerkschaftsbund (EGB). Er umfaßt auch die Spitzenverbände der freien Gewerkschaften (im Gegensatz zum kommunistischen Weltgewerkschaftsbund) in den Staaten der EFTA. Er hat etwa 40 Mill. Mitglieder in 18 Ländern und 32 Gewerkschaften. Vorsitzender war zu Beginn der achtziger Jahre der damalige DGB-Vorsitzende VETTER. Im EGB arbeiten die kommunistischen Gewerkschaften mit Ausnahme der französischen CGT (Conféderation Générale du Travail) mit. Hier sind auch die europäischen Gewerkschaftsausschüsse der Branchengewerkschaften (z.B. Metallindustrie) gleichberechtigt vertreten. Diese europäische Gewerkschaftsentwicklung bedeutete angesichts der weltanschaulichen, organisatorischen und arbeitsmarktpolitischen Unterschiede im Selbstverständnis der einzelnen nationalen Organisationen einen fast historisch zu nennenden Durchbruch. Allerdings hatten auch die Spitzenverbände der Industrie nicht unerhebliche Differenzen zu überwinden.

Europa-Union

Vor allem betrafen sie die traditionelle Teilung der Aufgaben, wie in der Bundesrepublik Deutschland zwischen BDI und BDA, sowie die Branchenkonkurrenzen und Gegensätzlichkeiten zwischen nationaler und supranationaler Interessenwahrnehmung.

Einfluß-adressaten

In bezug auf die Adressaten der Interesseneinwirkung im EG-Rahmen sind im Laufe der Jahre Wandlungen eingetreten. So ist das EG-Parlament durch die Direktwahl zweifellos als Institution der Interessenvertretung, natürlich auch in der Form des direkten Mandats von Interessenvertretern, aufgewertet worden.

Typisch für die Interessenvertretung auf der EG-Ebene ist die Mehrstufigkeit der Willensbildungs- und Entscheidungsebenen, die ja immer auch in die einzelnen Mitgliedstaaten, ihre Regierungen, Parteien und Parlamente hineinreichen. Die europäischen Behörden sind offensichtlich an der

Sozialdemokraten

Mitwirkung kompetenter Fachverbände interessiert. Dies ergibt sich nicht nur aus den im Vertrag vorgesehenen Ausschüssen, sondern vor allem daraus, daß die europäischen Behörden keinen fachkompetenten Unterbau haben und deshalb gerne auf Verbände zurückgreifen. Der Wirtschafts- und Sozialausschuß konnte – wie andere historische Modelle dieser Art, z.B. der Vor-

läufige Reichswirtschaftsrat der Weimarer Republik, – nicht die ihm zugedachte zentrale Bedeutung gewinnen. Er ist offensichtlich, neben seinen offiziellen Beratungsfunktionen, eher „Stätte der Begegnung". Der Ministerrat der EG gilt als weitgehend „abgeschottet" gegenüber direkter Einwirkung auf der Gemeinschaftsebene. Hier wirken die nationalen Verflechtungen und Einflußnahmen. Sie erwiesen sich häufig, vor allem auf dem EG-Agrarmarkt, als ein Gemeinschaftshemmnis ersten Ranges.

6.2.2.2 Westeuropäische Parteiföderationen

Die europäischen Zusammenschlüsse der bekannten parteipolitischen Richtungen: Sozialdemokraten/Sozialisten, Liberale, Christliche Demokraten/Konservative, erfolgten erst in der zweiten Hälfte der siebziger Jahre, also im Vorfeld der ersten Europawahl. Eine frühe Parteigründung auf europäischer Ebene oder auch politische Vereinigung mit europapolitischer Zielsetzung war z.B. die am 17. 12. 1946 gegründete „Union Europäischer Föderalisten", zunächst Dachverband europäischer föderalistischer Organisationen, dann Mitgliederverband. Ihr deutscher Zweig ist die „Europa-Union Deutschland". Die hier vereinigten Organisationen haben sich in der Frühzeit nach 1945 große Verdienste um die europäische Vereinigung erworben. Um sie ist es stiller geworden, seitdem die etablierten Parteieinrichtungen im Gefolge der Parlamentswahlen hervorgetreten sind. Bedeutsamer und neu erscheint die europäische Parteipolitik seit dem Bestehen eines gewählten europäischen Parlaments. Angesichts der Bedeutung der Parteien für die nationale politische Willensbildung könnte an sich erwartet werden, daß von den europäischen Zusammenschlüssen wesentliche Impulse hinsichtlich der politischen Gemeinschaftsbildung ausgehen. Im Europa-Parlament zählen nationale Delegationen gegenüber den supranationalen Fraktionen schon aus Gründen der Mehrheitsbildung nicht mehr. Hinter den neuen Fraktionsbildungen (s. S. 338) stehen folgende drei „Europa-Parteien":

Der „Bund der Sozialdemokratischen Parteien der Europäischen Gemeinschaft" wurde im April 1974 durch Umwandlung des seit 1957 bestehenden Verbindungsbüros der ‚Sozialistischen Internationale' (sozialdemokratische und sozialistische Parteien) geschaffen. Ihm gehören die sozialdemokratischen, sozialistischen und Arbeiter-Parteien der EG-Länder an. Angesichts gravierender Unterschiede zwischen diesen Parteien, z.B. in der Frage der Zusammenarbeit mit Kommunisten, aber vor allem in der Bewertung der europäischen Integration durch die EG, hatte der „Bund" schon bei der Erarbeitung eines gemeinsamen Wahlprogramms zur Europawahl von 1979 große Schwierigkeiten, die schließlich durch eine „Politische Erklärung der Parteivorsitzenden" und einen Wahlprogramm-Kompromiß überbrückt wurden. Besonderheiten des Programms waren die Betonung von Wirtschaftsdemokratie, wirtschaftlicher Rahmenplanung und langfristigen Strukturreformen. Das europapolitische Konzept war zurückhaltend. Jede Weiterführung der Gemeinschaftsbildung durch Übertragung zusätzlicher Befugnisse auf die Gemeinschaftseinrichtungen dürfe nur aufgrund eindeutiger Zustimmung der nationalen Regierungen und Parlamente erfolgen. Hingewiesen wurde auch darauf, daß die EG sich nicht vom übrigen Europa abkapseln dürfe.

Christdemokraten (EVP)

Die „Europäische Volkspartei" (EVP) ist aus der schon am 1. 6. 1947 als Dachverband gegründeten „Europäischen Union Christlicher Demokraten" (EUCD) hervorgegangen. Die im April 1976 gegründete EVP ist wie der „Bund" zunächst nur eine Parteiföderation. Ihre politische Programmatik ist jedoch sehr deutlich auf eine Weiterführung des Gemeinschaftsprozesses in der EG ausgerichtet. Eine wirklich supranationale europäische Partei wird angestrebt. Die EG soll zu einer Europäischen Union und zu einer echten Wirtschafts- und Währungsunion weiterentwickelt werden. Das Ziel ist ein europäischer Bundesstaat. Die Politik des Franzosen ROBERT SCHUMAN, des Italieners DE GASPERI und des Deutschen KONRAD ADENAUER gilt als Vorbild. Statt eines Parteivorstandes hat die EVP ein politisches Büro, das jedoch nur in Fragen der europäischen Zusammenarbeit agieren darf.

Liberale

Die „Föderation der Liberalen und Demokratischen Parteien" der EG wurde im März 1976 gegründet. Zuvor hatte sich schon die „Liberale Internationale" um europäische Fragen bemüht. Wie bei der EVP umfaßt die „Föderation" mehr Parteien als es Mitgliedstaaten gibt. Programmatische Aussagen zeigen an, daß auch die europäischen Liberalen weitere Kompetenzen für die EG-Kommission und das EG-Parlament fordern, zu Lasten des Ministerrats. Im übrigen dominieren in den Aussagen die liberalen Ziele der Wirtschaftspolitik, der Schutz des einzelnen und der Minderheitenschutz.

Europäische Menschenrechts-Konvention

Offen bleibt ungeachtet der Zusammenschlüsse der großen Parteirichtungen auf der europäischen Ebene, inwieweit dies wiederum in das Verhalten der nationalen Parteigruppierungen hineinwirkt. Bisher scheint der Rückhalt der Europaparlamentarier in ihren nationalen Parteien eher gering zu sein. Die nationale Anbindung der Europapolitiker auf den verschiedenen Parteiebenen (z. B. auch durch parteipolitische „Europatage") und an die Führungsspitzen der nationalen Parteien ist aber unerläßlich für jede europapolitische Mobilität. Mit der Gründung europäischer Parteiföderationen allein ist noch keine stärkere gemeinschaftsbildende Kraft geschaffen.

6.2.3 Europa als politische Einheit: Probleme und Chancen

6.2.3.1 Europäische Kooperationen

Neben der westeuropäischen „Gemeinschaft" gibt es ein weitgespanntes Netz europäischer Zusammenarbeit, das auch noch osteuropäische Staaten und die Neutralen einschließt.

Der *Europarat,* der bis zur Gründung der EWG 1957 das zentrale westeuropäische Diskussionsforum für eine weitergehende politische Union war (s. S. 346 f.), besitzt als eine die westeuropäischen Staaten und ihre supranationalen Gemeinschaften übergreifende Einrichtung auch in den achtziger Jahren eine große Bedeutung. Dem am 5. 5. 1949 von zehn Staaten gegründeten Europarat gehören heute 21 Mitgliedstaaten an. Das „Ministerkomitee" tagt zweimal jährlich auf der Ebene der Außenminister und monatlich auf der Ebene von Botschaftern. Die aus Parlamentariern bestehende „Beratende Versammlung" tritt in der Regel zu drei Sitzungsperioden im Jahr zusammen. Zur Koordinierung zwischen den beiden Organen wurde ein gemischter Ausschuß aus 21 Außenministern und 21 Parlamentariern geschaffen. Hinzu kommt das Generalsekretariat. Der Europarat vereint umfassender als alle anderen europäischen Organisationen einen Großteil der Staaten Europas. Die Bedeutung dieser großen Organisation wird am besten daran deutlich, daß der Europarat am 4. 11. 1950 die „Europäische Konvention zum Schutze der Menschenrechte und Grundfreiheiten" verabschiedete und ab 21. 1. 1959 den „Europäischen Gerichtshof für Menschenrechte" konstituierte. Von ihm stammt auch die „Europäische Sozialcharta", die am 26. 3. 1965 in Kraft trat.

Eine wesentlich kleinere Gemeinschaft ist der „Nordische Rat", der 1951 von Dänemark, Island,

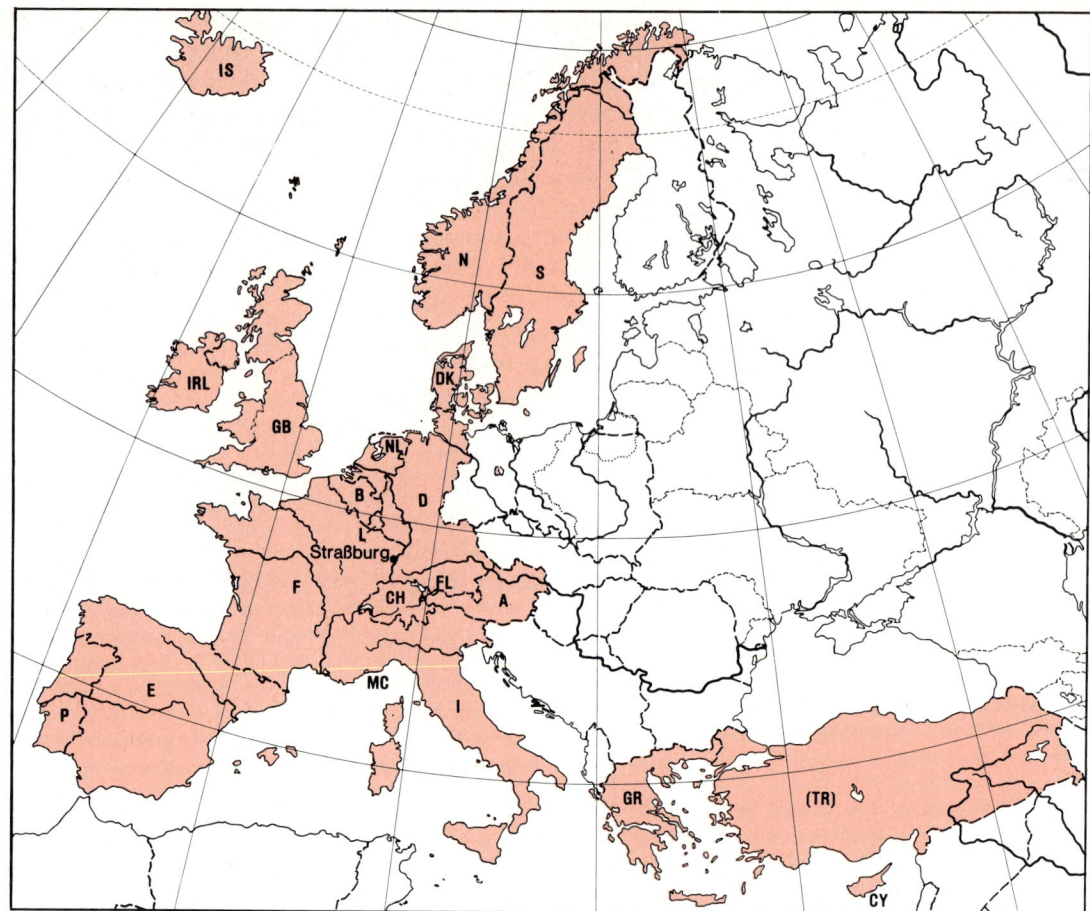

Abb. 153: Europa – geographisch eine Einheit, politisch und wirtschaftlich gespalten

Norwegen und Schweden gegründet wurde und dem 1955 Finnland beitrat. Mit einer Zollunion, Paßunion und Freizügigkeit sind auch hier nationale Schranken politisch überwunden worden.

EFTA Die „Europäische Freihandelszone" (EFTA) wurde am 20. 11. 1959 als Reaktion auf die EWG (Zollunion) von Großbritannien, Dänemark, Norwegen, Österreich, Portugal, Schweden und der Schweiz gegründet. 1970 kam Island hinzu. Finnland wurde 1961 assoziiert („EFTA-Finnland Association" – FINEFTA). Nach dem Eintritt Großbritanniens, Dänemarks und Irlands in die EWG (1. 1. 1973) schloß die Rest-EFTA ein Freihandelsabkommen mit der EG. Heute gibt es zwischen EG und EFTA weitgehende Zollfreiheit. Die Länder der EFTA haben jedoch keinen gemeinsamen Außenzolltarif wie die EG-Staaten.

OECD Die OECD (vormals OEEC, s. S. 487 f.), „Organization for Economic Cooperation and Development", hatte 1980 24 Voll-Mitglieder und ist – im *Deutsche Frage* Gegensatz zur früheren OEEC – de facto die Kooperationsspitze aller westlichen Industriestaaten. Neben dem Ministerrat und dem Generalsekretariat gibt es einen besonderen Ausschuß für Ent-

wicklungshilfe sowie weitere wirtschaftlich und währungspolitisch bedeutsame Ausschüsse.

Militärisch überschneiden sich die Mitgliedschaften europäischer Staaten in der Westeuropäischen Union und in der NATO als dem übergreifenden Bündnis, aus dessen direkten Befehlsstrukturen Frankreich jedoch ausgeschieden ist (s. S. 409 f.). „Europäische Sicherheitspolitik" wird heute jedoch nicht nur militärpolitisch verstanden. Probleme wie die Sicherung der Menschenrechte und der Freizügigkeit in Europa, Vertrauensbildung zwischen den Mitgliedern unterschiedlicher Militärblöcke, die Sorge um Frieden und Entspannung, führten zur „Konferenz für Sicherheit und Zusammenarbeit in Europa" (KSZE) und ihren „Folgekonferenzen" (s. S. 406). Deutschland ist als Nation durch zwei Staaten im gespaltenen Europa vertreten. Die „Deutsche Frage" ist damit zugleich eine europäische. Das Verhältnis der beiden deutschen Staaten zueinander unterliegt den Bedingungen der weltpolitischen Blockbildung. Dieser Umstand hat bislang jedoch besondere wirtschaftliche Beziehungen unter europäischem Vorzeichen nicht unmöglich gemacht. Bei der Unterzeichnung der EWG-Verträge beschlossen die Vertragsparteien ein besonderes „Protokoll über den innerdeutschen Handel und die damit zusammenhängenden Fragen" (25. 3. 1957), das ausdrücklich auf die „zur Zeit infolge der Teilung Deutschlands gegebenen Verhältnisse" verweist und den innerdeutschen Handel deshalb zum Bestandteil des EWG-Systems macht. Außerdem verpflichten sich die Mitgliedstaaten, die anderen Mitglieder und die EG-Kommission stets über handelspolitisch relevante Abkommen zu unterrichten. Die deutsche Frage ist somit auch in einem konkreteren Sinne eine europäische Angelegenheit, ihre Entwicklung oder gar Lösung gehört aber ganz generell zu den Problemen der internationalen Politik (s. S. 493).

6.2.3.2 Die Stabilität der westeuropäischen Gemeinschaft – Rechtsqualität und innerer Zusammenhalt –

Keine der europäischen „Kooperationen" verfolgt noch das Ziel einer weitergeführten „Gemeinschaftsbildung". Es geht allein um eine bessere Zusammenarbeit. Unter diesen Umständen liegt die Chance einer Weiterführung der westeuropäischen Integration letztlich doch nur bei der Europäischen Gemeinschaft. Die Frage, ob die EG derartigen Hoffnungen gerecht werden kann, beginnt bei der Frage nach ihrer eigenen inneren Stabilität.

Der Vertrag über die Montanunion gilt für 50 Jahre, die Verträge über die EWG und Euratom gelten „auf unbegrenzte Zeit". Vertragsänderungen können von jeder Mitgliedsregierung oder der Kommission zur Beschlußfassung vorgelegt werden. Über die Rechtsnatur der drei Gemeinschaften gibt es unterschiedliche Meinungen. Allgemein werden sie als supranationale autonome Völkerrechtssubjekte anerkannt. Umstritten ist die Frage, ob „die Gemeinschaft" (oder die einzelnen Gemeinschaften) eine Souveränität gegenüber den Mitgliedsstaaten besitzt oder ob ihr als einem autonomen Organ nur bestimmte Befugnisse zustehen. Das Bundesverfassungsgericht hat in einem Beschluß vom 18. 10. 1967 festgestellt, daß die Gemeinschaften keinen Staat und auch keinen Bundesstaat darstellen, sondern eine im Prozeß fortschreitender Integration stehende Gemeinschaft eigener Art. Sie seien eine zwischenstaatliche Einrichtung im Sinne von Art. 24 Abs. 1 GG, auf die bestimmte Hoheitsrechte übertragen wurden, so daß eine neue, gegenüber der nationalen Staatsgewalt selbständige öffentliche Gewalt entstanden sei.

Die Frage nach der Rechtsqualität beantwortet jedoch nicht die Frage, inwieweit die EG innere Stabilität gewonnen hat; mit anderen Worten: Was hält die EG zusammen? Ganz sicher sind es nach mehr als 25 Jahren der Gemeinschaft die gemeinsamen wirtschaftlichen Vorteile. Gelegentlich scheint die Politik der EG-Mitgliedstaaten allein von diesem Gesichtspunkt bestimmt zu sein, die wirtschaftlichen Vorteile aus der Gemeinschaft möglichst noch weiter zu „maximieren". Diese Europapolitik schädigt das Ansehen der Gemeinschaft bei ihren Bürgern, bestärkt Vorurteile gegen einen engeren Zusammenschluß; sie überfordert auch die Gemeinschaftsorgane, ihre Finanzen und Willensbildung. Sie blockiert die weitere Gemeinschaftsbildung.

Im Verlaufe der Entwicklung hat sich vor allem ein Faktor als Klammer erwiesen, der selber zu Recht umstritten ist: die Europa-Bürokratie. Das Schlagwort vom „Europa der Bürokraten" überzeichnet eine zweifellos vorhandene Tendenz. Sie ergibt sich nicht zuletzt aus der spezifischen Über-Kompetenz der EG-Behörden in speziellen Politikbereichen (vor allem in der Landwirtschaft) und ihre Inkompetenz in bezug auf die größeren zusammenhängenden politischen Grundsatzfragen der Gemeinschaft. Unter diesem Aspekt hatte die Entscheidung über die direkte Wahl der Abgeordneten für das Europa-Parlament und hat jede Entscheidung über die Erweiterung der Kompetenzen dieses Parlaments eine gar nicht zu überschätzende Bedeutung. Das Europa-Parlament kann sich als die entscheidende demokratische Verklammerung der Staaten und ihrer Bürger und als der zukunftsträchtigste Faktor der Gemeinschaftsbildung erweisen.

Hier stellt sich nun die Frage, ob und inwieweit eine ständige Erweiterung der EG politisch sinnvoll und wirtschaftlich vertretbar ist. Die „Süderweiterung" zeigt widersprüchliche Probleme und Problemlösungen deutlich auf. Wegen der Wirtschaftsstruktur (Bedeutung der Agrarprodukte) und des wirtschaftlichen Entwicklungsstandes von Griechenland, Spanien und Portugal sind wirtschaftliche und soziale Integrationsprobleme absehbar, die die ohnehin bestehenden Schwierigkeiten der Gemeinschaft möglicherweise unerträglich verschärfen. Andererseits wird mit dem Beitritt dieser Staaten die Erwartung verbunden, daß damit die demokratischen Strukturen in ihnen grundlegend verstärkt werden, das demokratische Europa also ausgebaut und gefestigt wird. Diese demokratieorientierte Zielsetzung der Erweiterung entspricht den ursprünglichen Zielsetzungen der EG-Gründung überhaupt und ist

Europa-Bürokratie

Europa-Parlament

EG-Erweiterung

„Souveränität" der EG

auch ein Stück europäischer Sicherheitspolitik. Die Frage ist nur, ob damit nicht gleichzeitig wieder die bis heute erreichte Integration gefährdet wird (vgl. die Argumentation DE GAULLES, S. 348).

6.2.3.3 Notwendigkeiten und Hemmnisse der Europäischen Politischen Union

Nachdem in den vierziger und fünfziger Jahren die föderalistischen Versuche zur Schaffung der „Vereinigten Staaten von Europa" gescheitert waren (s. S. 345 f.), stellte die Gründung von EWG und EURATOM eine Art Sieg der „Funktionalisten" dar, indem sie der seinerzeit von diesen geforderten Methode folgte, ein politisches Gesamtsystem als Funktion und Folge partieller wirtschaftlicher Integration (Agrarmarkt, Verkehr, Handel) zu erreichen. Es gab zwar supranationale Institutionen (Konzept der Föderalisten), aber ihre Handlungskompetenzen waren auf bestimmte Politikbereiche begrenzt („Political authority with limited functions but real powers", Die Vorstellung jedoch („form follows function"), durch die Integration dieser Teilbereiche den qualitativen Sprung von der wirtschaftlichen zur politischen Integration zu schaffen („spillover-Effekt"), erwies sich als nicht realisierbar. Der Streit um die Verwirklichung dieser Teilpolitiken birgt eher die Gefahr eines „spill-back-Effektes" in sich (H. VORLÄNDER, B 29–30/1981). Die Fortführung der Gemeinschaftsbildung ist seit längerem offensichtlich nur noch über zukunftsweisende politische Konzepte möglich. Dafür hat es immer wieder Anläufe gegeben.

Die Staats- und Regierungschefs der EG beschlossen auf einer Gipfelkonferenz in Den Haag am 2. 12. 1969, die politische Zusammenarbeit zu verbessern und beauftragten die Außenminister, zu untersuchen, wie am besten Fortschritte auf dem Gebiet der politischen Einigung erzielt werden könnten. Diese schlugen dann im Oktober 1970 vor (Davignon-Bericht), daß die Regierungen regelmäßig und vor allem in der Außenpolitik zusammenarbeiten sollten. Die hiermit begründete „Europäische Politische Zusammenarbeit" (EPZ) war jedoch nur ein Zeichen dafür, daß man sich nicht über die Zielsetzungen einer politischen Integration hatte einigen können. Denn zunächst wurde die EPZ, vor allem auf Wunsch Frankreichs, vollkommen von der EG getrennt. Erst 1974 kam es mit der Einrichtung des „Europäischen Rats" zu einer Zusammenführung. Die EPZ wurde danach auch mit einem administrativen Unterbau versehen, der von den EG-Instanzen getrennt ist. Das „Politische Komitee" („CoPo") als Lenkungskomitee der EPZ setzt sich aus Spitzenbeamten der Außenministerien zusammen. – Die EPZ hat eine erhebliche Bedeutung gewonnen. Am besten funktionierte die gemeinsame Außenpolitik anläßlich der KSZE-Verhandlungen und 1982 in der Falkland-Krise. In anderen Fragen gab es nur mühsame Kompromisse. Fragen wie Afghanistan und Polen (1981/82) brachten erhebliche Belastungen. Die Selbstverständlichkeit der EPZ-Außenpolitik wuchs jedoch, ebenso wie die Verklammerung der EPZ mit den Institutionen (Kommission und Parlament) und Instrumenten der EG.

Die EPZ hat an sich einen rein zwischenstaatlichen Charakter. Sie verfügt in der gemeinsamen oder koordinierten Außenpolitik weder über Streitkräfte noch über ein Budget. Von daher gesehen ergeben sich natürliche Verknüpfungen mit der EG, die zum Unterbau der EPZ, de facto also der gemeinsamen Außenpolitik der EG-Staaten wird. Wenn außenpolitische Fragen mit außenwirtschaftlichen Maßnahmen verbunden sind, so ist der Übergang von der Konferenz der Außenminister der „EPZ" zur Tagung des „Rats" der EG-Außenminister fließend. Die begleitenden Beamten gehören bei der einen zu den Außenministerien, bei der anderen zu den EG-Behörden. Die EPZ tagt am Sitz des jeweiligen Vorsitzenden, der Rat der EG-Außenminister in Brüssel. Diese politische Zusammenarbeit der westeuropäischen Staaten ist einerseits zur Selbstverständlichkeit geworden, sie stößt andererseits an praktische Grenzen, an denen wieder die Frage nach Weiterführung und Institutionalisierung aufgeworfen ist. Im November 1981 legten der deutsche und der italienische Außenminister den Entwurf einer „Europäischen Akte" vor, in der z. B. eine institutionelle Verklammerung von EPZ und EG sowie eine gemeinsame Sicherheitspolitik vorgesehen waren. Am 6. 7. 1982 verabschiedete das Europäische Parlament mit 257 Stimmen gegen 37 bei 21 Enthaltungen „Leitlinien für die Reform der Verträge und die Verwirklichung der Europäischen Union".

Wann und inwieweit derartigen Initiativen einmal Erfolg beschieden sein wird, ist nicht abzusehen. Die Politik hat es aber immer mit der „normativen Kraft des Faktischen" zu tun. Die westeuropäische Gemeinschaftsbildung unterliegt ganz offensichtlich dieser Kraft. Sie ist aber auch nötig, um – so SIMONE VEIL, die erste Präsidentin des direkt gewählten Europäischen Parlaments - jahrhundertealte Gewohnheiten zu ändern und die Nationalstaaten in die Europäische Union einzubringen.

Partielle Integration

„Spillover-Effekt"

EPZ

Europäischer Rat

6.3 Osteuropäische Zusammenarbeit und Integrationsbemühungen

Ideologische Integration

Östlich der durch Europa verlaufenden Teilungsgrenze wird heute ebenfalls eine ausgeprägte und differenzierte zwischenstaatliche Zusammenarbeit praktiziert, für die seit Ende der sechziger Jahre der Integrationsbegriff in Anspruch genommen wird.

Dieses Integrationskonzept knüpft nicht an Gedanken von europäischer Gemeinsamkeit auf dem Hintergrund der Erfahrung mit großen, zerstörerischen Kriegen zwischen europäischen Staaten an. Hier geht es um etwas völlig anderes, und zwar um die Gemeinsamkeit sozialistisch bzw. kommunistisch orientierter Staaten, die für sich in Anspruch nehmen, allein schon aufgrund ihrer kommunistischen und damit auch internationalistischen Orientierung nicht als Friedensstörer wirken zu können. Dem westeuropäischen Integrationsbemühen, das regional und historisch-politisch orientierten Vorstellungen entsprang, steht in Osteuropa ein ideologisch-politisch begründetes Integrationskonzept gegenüber, das geographisch grundsätzlich global orientiert ist. Es greift folglich in der Wirklichkeit schon heute über Osteuropa hinaus (Cuba, Vietnam, Mong. Volksrepublik).

Zu diesen Staaten zählt das territorial größte Land der Erde, die gleichermaßen europäische und asiatische UdSSR. Hinzu kommen Polen, die Tschechoslowakei, Ungarn, Rumänien, Bulgarien und die DDR. 377 Mill. Menschen, d.h. 8,5% der Weltbevölkerung lebten 1980 in diesen Ländern. Ihr Territorium umfaßt 15,7% der Erde.

Die Wirtschaft dieser Länder ist unterschiedlich entwickelt. Die hochindustrialisierte Tschechoslowakei und Deutsche Demokratische Republik stehen in ihrem Industrialisierungs- und Technisierungsgrad an der Spitze. Sie werden gefolgt von der Sowjetunion, Polen und Ungarn als einer Mittelgruppe, während Rumänien und Bulgarien trotz eindrucksvoller Industrialisierungserfolge noch relativ wenig entwickelt sind.

Auch die Zusammenarbeit zwischen diesen osteuropäischen Staaten unterscheidet sich in Form und Inhalt erheblich von den westeuropäischen Integrationsbemühungen. Im Selbstverständnis gilt die Zusammenarbeit unter osteuropäischen Staaten als Ausdruck spezifischer „sozialistischer Integration" zwischen Nationen, die den Sozialismus aufbauen bzw. bereits aufgebaut haben, wie die UdSSR. So reichen auch die Wurzeln dieser spezifischen ;sozialistischen Integration" bis zu der durch den Ausgang des II. Weltkrieges entstandenen internationalen Mächtekonstellation, die Ost- und Südost- sowie Teile Mitteleuropas dem machtpolitischen Einfluß der UdSSR unterwarf.

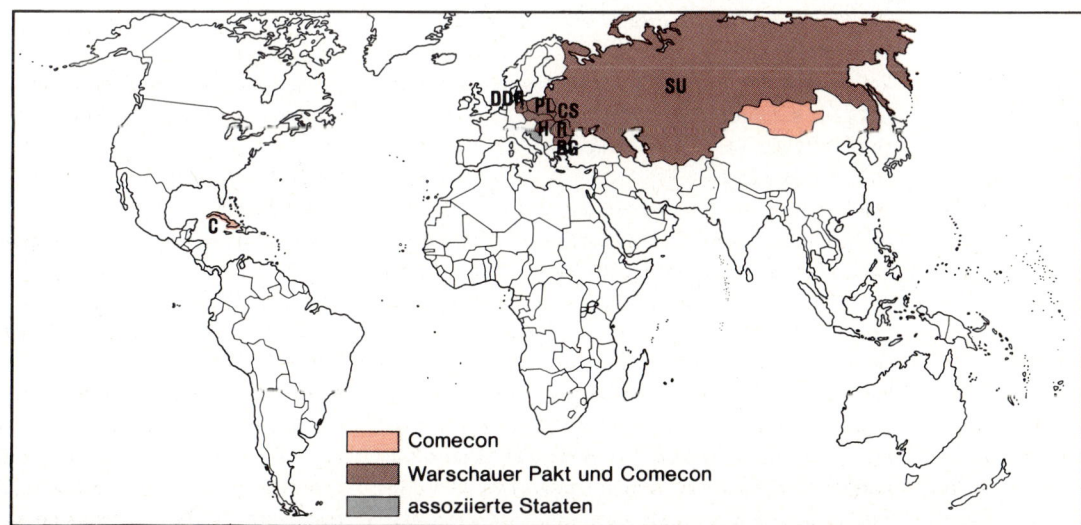

Abb. 154: „Sozialistische Integration" – die Staaten des Comecon und des Warschauer Paktes

Land	Bevölkerung (in 1000)		Arbeiter und Angestellte und ihr prozentualer Anteil an der Gesamtbevölkerung				in der Land- und Forst- wirtschaft Beschäftigte (in %)		BSP pro Kopf in US-$	Inter- nat. Rang	Anteil der Industrie am Brutto- Inlandpro- dukt in %
	1950	1978	1950	(%)	1978	(%)	1950	1979	1979		1979
DDR	18 360	16 756	5 273	(29)	7 652	(46)	27	10	6 430	24.	69
ČSSR	12 596	15 138	3 464	(28)	6 673	(44)	39	11	5 290	28.	74
UdSSR	178 500	261 256	40 420	(23)	108 616	(42)	48	21	4 110	34.	62
Polen	24 977	35 010	5 066	(20)	12 514	(36)	54	31	3 830	36.	64
Ungarn	9 313	10 685	1 835	(20)	4 121	(39)	51	16	3 850	37.	59
Bulgarien	7 235	8 814	806	(11)	3 896	(44)	80	38	3 690	39.	63
Rumänien	16 094	21 855	2 123	(13)	6 956	(32)	74	33	1 900	56.	

Quellen: UdSSR in Zahlen für 1980, Moskau 1981; Stat. Jb. der DDR 1980; Iwanow, N., in: Presse der Sowjetunion, Juni 1974; Fischer Welt-almanach 1981 und 1982.

6.3.1 Die Angleichung der politisch-gesellschaftlichen Systeme

Kommunisti-sche Macht-übernahme

Als durch und nach dem II. Weltkrieg die heute an der „sozialistischen Integration" beteiligten Staaten unter den bestimmenden Einfluß der Sowjetunion gerieten, lagen für eine auf gleichberechtigter Partnerschaft beruhenden umfassende Zusammenarbeit zwischen ihnen die denkbar ungünstigsten Voraussetzungen vor. Die meisten dieser Staaten hatten erst durch die Ergebnisse des I. Weltkrieges ihre nationale Eigenständigkeit erlangt und waren mit ihrer inneren Konsolidierung befaßt, als sie in den II. Weltkrieg gerieten.

Westeuropa-Orientierung

Dabei war ihre politische und ökonomische Grundorientierung nicht auf die Sowjetunion gerichtet gewesen, sondern auf Westeuropa. Nur die DDR kann als Teil des ehemaligen Deutschen Reiches auf intensivere wirtschaftliche und politische Beziehungen zur Sowjetunion zurückblicken.

Nationalitä-tenproblem

Mit Nationalitätenproblemen befrachtete Territorialkonflikte standen nicht nur zwischen Polen und der UdSSR oder Rumänien und der UdSSR, sondern auch zwischen Rumänien/Ungarn, Polen/Tschechoslowakei, Ungarn/Tschechoslowakei usw.

Nach dem II. Weltkrieg sah die neue osteuropäische Ordnungsmacht Sowjetunion die Chance, Territorialprobleme einer ihr genehmen Lösung zuzuführen. Unter maßgebender Beteiligung bzw. unter der bestimmenden Einwirkung der Sowjetunion wurden schließlich in den Pariser Friedensverträgen von 1947 (W. CORNIDES/E. MENZEL, 1948) und in bilateralen Vereinbarungen zwischen osteuropäischen Staaten (B. MEISSNER, 1955) Grenzlinien vertraglich festgelegt. Seitdem

Kominform 1947

gelten diese Grenzen als endgültig und werden in keinem dieser Staaten mehr von offizieller Regie-rungsseite öffentlich diskutiert. Dennoch schwelen nationale Probleme weiter (z. B. Siebenbürgernpolitik Rumäniens oder bulgarischer Nationalismus in Makedonien). – Die Regierungen dieser Staaten begreifen sich heute als kommunistisch, da sie eine kommunistische Gesellschaft schaffen wollen. Die politischen Systeme dieser Staaten wurden nach dem Vorbild der Sowjetunion in prinzipiellen Fragen harmonisiert.

Am Anfang dieser Harmonisierung stand ein sich über einige Jahre erstreckender Prozeß der Machtübernahme durch Kommunisten. Diese, im Selbstverständnis als „volksdemokratische Revolution" begriffene Umgestaltung, wurde weitestgehend von der sowjetischen Besatzungsmacht gesteuert („brüderliche Hilfe"). Noch während des II. Weltkrieges und Jahre danach hatte es in einigen dieser Länder echte Koalitionsregierungen gegeben (Rumänien, Bulgarien, Ungarn, Tschechoslowakei). Diesen gehörten in jedem Falle Kommunisten an, aber auch Sozialisten und die jeweilige Bauernpartei (Ungarn, Rumänien, Bulgarien). Allerdings blieben den Kommunisten im allgemeinen die Schlüsselpositionen vorbehalten, vor allem das Innenministerium, dem die Polizei unterstand. Diese Phase demokratischer, weitgehend auf freien Wahlen basierender Koalitionsregierungen wurde durch die Einführung des Blocksystems (s. S. 283) abgelöst, mit dem in Polen und in der sowjetisch besetzten Zone Deutschlands die politische Nachkriegsgeschichte bereits begonnen hatte. Die Durchsetzung des Blocksystems war überall von Verfolgungen oppositioneller Politiker sowie drastischen Beschneidungen der Rede- und Pressefreiheit begleitet. Nach der Gründung einer neuen Zentralorganisation zur Koordinierung kommunistischer Politik (Kommunistisches Informationsbüro, Kominform) im Herbst 1947 setzte überall der Ausbau der jeweiligen kommunistischen Partei zur führenden Macht im Staate ein. Nichtkommunisten wurden ausgeschaltet. Seit Ende 1948 waren alle Regierungen allein kommunistisch und die Staaten als „Volksdemokratien" benannt. Nach dem offenen Ausbruch des Konflikts zwischen der Sowjetunion und Jugoslawien (1948), das sich gegen die sowjetische Bevormundung gewehrt hatte, kam es zu „Titoistenprozessen". Sie hatten das Ziel, alle die Kommunisten zu beseitigen, die zwar kommunistisch regieren wollten, sich aber gegen die sowjetische politische Bevormundung und wirtschaftliche Ausbeutung zur Wehr zu setzen bereit schienen. Jegliche Opposition gegen die Sowjetunion wurde erstickt und der Satellitenstatus dieser Staaten vollendet.

Titoisten

Nach STALINS Tod (März 1953) lockerte sich dieses Verhältnis. Die innersowjetische Entwicklung (z. B. Entstalinisierung, Abschaffung des blutigen Terrors) bewirkte zusammen mit der Gärung in den Satellitenstaaten 1953 und 1956 eine erhebliche Auflockerung des Satellitenverhältnisses, das Ende der Kominform. Die direkte wirtschaftliche Ausbeutung durch die Sowjetunion wurde gemildert. Neue Parteiführer lösten die Stalinisten in den jeweiligen kommunistischen Parteien ab (Ausnahmen DDR und Albanien). Die Tätigkeit der sowjetischen Geheimpolizei in diesen Staaten wurde eingestellt und schließlich die direkte sowjetische Bevormundung auf den Gebieten der Innenpolitik weitgehend abgeschafft. Überall wurde die Überführung von Privateigentum in Staats- bzw. Kollektiveigentum vollendet. Nur in Polen bestimmen heute kleinbäuerliche Betriebe das Bild der Landwirtschaftsstruktur. Da zudem in all diesen Staaten kommunistische Einparteidiktaturen nach dem Vorbild der UdSSR bestanden, war es an der Zeit, die auf mehr oder weniger unmittelbarer Machtausübung beruhenden Einflüsse der UdSSR abzulösen und durch andere Bindungsformen zu ersetzen. Diese „Beziehungen neuen Typs" wurden in Prinzipien des „sozialistischen Internationalismus" ausgedrückt. Sie sollten nun für Solidarität, brüderliche gegenseitige Hilfe, gleichberechtigte Zusammenarbeit auf allen Gebieten bei voller Achtung der Souveränität stehen. Mit der formalen Harmonisierung der politischen Systeme waren im Selbstverständnis auch die Voraussetzungen für den Aufbau einer sozialistischen, danach einer kommunistischen Gesellschaftsordnung (s. S. 87/88) in all diesen Staaten geschaffen. In der Praxis verliefen allerdings Tempo, Form und Inhalt gesellschaftlicher Umgestaltung in den einzelnen Staaten

Entstalinisierung

Sozialistischer Internationalismus

Akzeptanz

höchst unterschiedlich (z. B. Wirtschaftspolitik Ungarns, Landwirtschaftspolitik Polens, Außenpolitik Rumäniens). Während nur die UdSSR für sich in Anspruch nimmt, bereits den Sozialismus aufgebaut zu haben, wähnen sich z. B. die Deutsche Demokratische Republik und die Tschechoslowakei in einer Phase des „entwickelten Sozialismus", während Polen und Rumänien erst den Sozialismus aufbauen. Als Grundlage der Zusammenarbeit zwischen diesen Ländern wurden nunmehr regelmäßige Beratungen zwischen den regierenden kommunistischen Parteiführungen und deren Beschlüsse vorgesehen.

> „Das sozialistische Lager ist die soziale wirtschaftliche und politische Gemeinschaft freier, souveräner Völker, die durch enge Bande der internationalen sozialistischen Solidarität, durch die Einheit der gemeinsamen Interessen und Ziele geeint sind und den Weg zum Sozialismus und Kommunismus gehen. Ein unverbrüchliches Gesetz der Wechselbeziehungen zwischen den sozialistischen Ländern ist die strikte Einhaltung der Grundsätze des Marxismus-Leninismus, des sozialistischen Internationalismus. Im sozialistischen Lager ist die wahre Gleichberechtigung und Selbständigkeit eines jeden ihm angehörenden Landes gesichert. Die sozialistischen Staaten, die sich von den Prinzipien der völligen Gleichberechtigung, des gegenseitigen Vorteils und der kameradschaftlichen Hilfe leiten lassen, vervollkommnen allseitig die wirtschaftliche, politische und kulturelle Zusammenarbeit, was sowohl den Interessen eines jeden sozialistischen Landes als auch des gesamten sozialistischen Lagers entspricht."
> („Erklärung der Beratung von Vertretern der kommunistischen und Arbeiterparteien", Moskau 1960)

Der unterschiedliche Verlauf gesellschaftlicher Umgestaltung in den einzelnen Staaten des Ostblocks hängt nicht zuletzt aufs engste mit dem Grad der Bereitschaft dieser Völker zusammen, das von der Sowjetunion oktroyierte politische System zu akzeptieren. In allen Staaten wurden nach dem Vorbild der UdSSR faktisch kommunistische Einparteidiktaturen errichtet. Sie bedienen sich dabei Prinzipien eines „demokratischen Zentralismus" in seiner leninistischen Interpretation sowie einer weitgehenden (Ausnahme Ungarn) zentralistischen Planung, die nahezu alle Lebensbereiche der Gesellschaft erfaßt. Dieses Herrschaftssystem wurde jedoch trotz erlaubter Modifikationen bei Einzelentscheidungen nicht überall akzeptiert, so daß es dagegen immer wieder Aufbegehren in der Bevölkerung, in politi-

Abb. 155: „Standfestigkeit" oder: Das Problem der Herrschaftsicherung

Solidarnocz

schen Eliten gegeben hat und gibt. Das jüngste Beispiel in dieser Kette bieten nicht allein die umfassenden Streiks sowie die Forderungen der polnischen Arbeiter (1980/82), die eine parteiunabhängige, freie Gewerkschaft (Solidarnocz) gründeten, um die Interessen der Arbeiter vertreten zu können. Von historischer Bedeutung ist vor allem auch der in dieser Situation in Erscheinung getretene Zerfallsprozeß der Kommunistischen Partei Polens selbst. Er dokumentierte unwiderlegbar die unzureichende Unterstützung, die eine nach den Prinzipien des „demokratischen Zentralismus" installierte kommunistische Parteiführung und Regierung unter ihren eigenen Mitgliedern genießt.

Sowjetische Intervention

Die Sowjetunion hat sich mehrmals gezwungen gesehen, massiv in innenpolitische Vorgänge

1953
Mai–Juni, Unruhen und Streiks in der Tschechoslowakei.
17. Juni, Generalstreik und Volkserhebung in der DDR.

1956
Juni – Posener Aufstand.
Oktober – Volksbewegung Polen.
Oktober – Aufstand in Ungarn.
Unruhen in Rumänien und in Bulgarien.

(1961 – Bau der Berliner Mauer).
1968 – Einmarsch durch die Warschauer Pakt-Staaten in die Tschechoslowakei.
1970
1976 } Arbeiterunruhen und Streiks in Polen,
1980/81 } Zerfall der Kommunistischen Partei.

osteuropäischer Staaten bis hin zu militärischer Gewaltanwendung einzugreifen, um die prinzipielle Homogenität der politischen Systeme und damit auch den Zusammenhalt des Ostblocks zu sichern.

Seit den Vorgängen in Ungarn und Polen 1956 waren zwölf „friedliche" Jahre ins Land gegangen, als die Rebellion der tschechoslowakischen kommunistischen Partei 1968 die Zuverlässigkeit der bis dahin gehandhabten Harmonisierungspraktiken in Frage stellte. Es sollte sich erweisen, daß das Instrumentarium vertraglicher Vereinbarungen, Beratungen bzw. intensiver Kontakte nicht hinreichten, um dauerhafte Bindungen ohne Gewaltanwendung unter diesen kommunistisch regierten Staaten sowie prinzipielle Gleichförmigkeit im politischen Verhalten zu sichern. So ist es kein Zufall, daß im Zusammenhang mit den Vorgängen in der Tschechoslowakei und insbesondere nach dem militärischen Eingriff eine Politik eingeleitet wurde, die auf intensivere Bindungen zwischen den osteuropäischen Staaten zielte. Unter der Bezeichnung „sozialistische ökonomische Integration" bzw. „sozialistische Integration" steht diese Politik am vorläufigen Ende eines Beziehungsverhältnisses zwischen der UdSSR auf der einen, den übrigen Staaten auf der anderen Seite. Damit wurden die Phasen reiner Über- bzw. Unterordnung und begrenzter Zusammenarbeit zwar durchlaufen, einzelne ihrer Bestimmungsfaktoren wirken aber noch weiter und bilden eine dauernde Hypothek für Integrationsbemühungen.

358

6.3.2 Zusammenarbeit und „sozialistische Integration"

6.3.2.1 Integrationsziele

Proletarischer Internationalismus

> „Bei der sozialistischen ökonomischen Integration werden Prinzipien wie die Respektierung der staatlichen Souveränität, der Unabhängigkeit und der nationalen Interessen, wie Nichteinmischung in die inneren Angelegenheiten, vollständige Gleichberechtigung und Freiwilligkeit, gemeinsamer Nutzen und kameradschaftliche gegenseitige Hilfe nicht nur proklamiert, sondern auch strikt verwirklicht."
> (P. Jurow, *Die sozialistische ökonomische Integration,* in: Sowjetunion heute, 3/72, S. 20)

Begriff

Der Begriff „Integration" ist im offiziellen Sprachgebrauch der kommunistisch regierten Staaten bis 1968 nicht für die Zusammenarbeit zwischen ihnen gebraucht worden. Im Gegenteil, er spielte eine zentrale Rolle im propagandistischen Kampf gegen die sich entwickelnde EWG. Während diese letztendlich eine schrittweise Aufgabe von Souveränitätsrechten (s. S. 345 ff.) beabsichtigte, wollte sich die Zusammenarbeit in Osteuropa vorgeblich von Souveränitätsverlusten frei wissen. So erfolgte die Wende zur Übernahme des Integrationsbegriffes in Osteuropa unter ausdrücklicher Betonung der Bewahrung von

Souveränität

Souveränitätsrechten.

Die Hinwendung zur „sozialistischen Integration" als Ziel für das Zusammenleben zwischen diesen Staaten wurde mit dem politisch-gesellschaftlichen Entwicklungsstand und dem erreichten Grad politischer und militärischer Zusammenarbeit erklärt. Demnach ist die Zielkonzeption „sozialistische Integration" auf der Basis des damals erreichten Niveaus der politisch-ideologi-

> „Mit der Integration auf ökonomischem Gebiet werden wesentliche Voraussetzungen für eine allseitige Vereinigung der politischen, geistigen, militärischen und kulturellen Potenzen der Länder der sozialistischen Staatengemeinschaft geschaffen, die im Verlauf einer langen historischen Periode zu der von Lenin vorausgesagten Vereinigung und völligen Verschmelzung der „Arbeiter und Bauern aller Nationen der Welt zu einer einheitlichen Welt-Sowjetrepublik' führen wird."
> (Heiland/Schumann, *Die sozialistische Integration,* in: Deutsche Außenpolitik, 5/1970, S. 728)

schen Einheit, der gefestigten Aktionseinheit und des militärischen Zusammenschlusses der sich als sozialistisch begreifenden Länder erwachsen. Die „sozialistische Integration" soll sich entsprechend der herrschenden Meinung im „sozialistischen" Lager nach den „Gesetzen des proletarischen Internationalismus" vollziehen. Sie erfaßt nicht allein die ökonomische Ebene. Auch politische, kulturelle, militärische Bereiche schließt der Integrationsprozeß ein. Fernes Zukunftsziel ist die Verschmelzung zu einem einzigen Gemeinwesen als Ausgangspunkt und Basis einer kommunistischen Weltgesellschaft.

Wie in Westeuropa beinhaltet folglich auch in Osteuropa der Integrationsgedanke eine spezifische politische Strategie. Sie will einen so intensiven Prozeß der Verbindung und Angleichung verschiedener Nationalstaaten in Gang setzen, daß daraus ein neues, faktisch irreversibles Gemeinwesen hervorgeht. Nationalstaatliche Souveränität könnte es auch hier folglich nicht mehr geben. Obwohl alle Bereiche des gesellschaftlichen Lebens von diesem Verschmelzungsprozeß erfaßt werden sollen, spielen heute in der Praxis das ökonomische, militärische und politische Zusammenwirken eine bestimmende Rolle.

6.3.2.2 Militärische Zusammenarbeit

Die militärische Zusammenarbeit bildet die machtpolitisch wohl wichtigste Säule osteuropäischer Zusammenarbeit. Mit ihr wird letztendlich der physische Zusammenhalt dieser Staaten legitimiert und garantiert. Äußeres Zeichen dieser militärischen Zusammenarbeit ist der im Mai 1955 abgeschlossene Warschauer Pakt, mit dem eine kollektive Verteidigungsorganisation zum Schutz der Gemeinschaft nach innen und außen ins Leben gerufen wurde. Ein gemeinsames Oberkommando mit integrierten Befehlsstrukturen, eine kollektive Beratungspflicht sowie regelmäßige gemeinsame Manöver zeichnen ein äußeres Bild gleichberechtigter Zusammenarbeit. Tatsächlich wird diese Organisation voll von der UdSSR gesteuert, die den Oberkommandierenden stellt, in militärischen Schlüsselstellungen dominiert und als entscheidender Waffenproduzent über die quantitative und qualitative Ausrüstung der nationalen Truppenverbände mit Waffen entscheidet. Hinzu kommt eine spezifische politische Ideologie, mit der diese Situation bis heute legitimiert wird.

Die insbesondere vom ehemaligen sowjetischen Parteichef Breshnew immer wieder vertretene These von einer de facto begrenzten Souveränität

359

der sozialistischen Staaten (Breshnew-Doktrin) geht von der Einheit der nationalen und internationalen Interessen sozialistischer Staaten aus. Demnach ist es sozialistischen Staaten nicht erlaubt, nationale politische, ideologische und ökonomische Interessen anzuerkennen, die den internationalen Interessen des Sozialismus schaden könnten. An diesem klassenpolitischen Inhalt fände die Souveränität der einzelnen sozialistischen Staaten, insbesondere denen des Warschauer Paktes, ihre Grenzen.

> *„Die KPdSU ist stets dafür eingetreten, daß jedes sozialistische Land die konkreten Formen seiner Entwicklung auf dem Wege des Sozialismus unter Berücksichtigung der Spezifik seiner nationalen Bedingungen bestimmt. Bekanntlich bestehen aber auch allgemeine Gesetzmäßigkeiten des sozialistischen Aufbaus. Eine Abkehr von ihnen könnte zu einer Abkehr vom Sozialismus führen.*
> *Und wenn die inneren und äußeren, dem Sozialismus feindlichen Kräfte die Entwicklung irgendeines sozialistischen Landes auf die Restauration der kapitalistischen Ordnung zu wenden versuchen, wenn eine Gefahr für den Sozialismus in diesem Land, eine Gefahr für die Sicherheit der gesamten sozialistischen Staatengemeinschaft entsteht, ist das nicht nur ein Problem des betreffenden Landes, sondern ein allgemeines Problem, um das sich alle sozialistischen Staaten kümmern müssen."*
> (BRESHNEW vor dem 5. Parteitag der polnischen Kommunisten, nach Prawda v. 13. 11. 1968)

Diese Prinzipien fanden weitestgehend in einer „zweiten Generation" von Freundschafts- und Beistandsverträgen, die die Verträge der vierziger Jahre ablösten, ihren Niederschlag. Sie wurden in den sechziger und siebziger Jahren zwischen der UdSSR und den anderen Staaten sowie zwischen diesen abgeschlossen.

Die neuen Verträge erhielten einen starken Akzent der Verpflichtung zum Aufbau von Sozialismus und Kommunismus sowie zum Schutze der „sozialistischen Errungenschaften der Brüdervölker".

Da die Sowjetunion für die Formulierung und Durchsetzung dieser Interessen der „sozialistischen Gemeinschaft" entscheidend ist, weist die Doktrin auf den Kern und die Problematik der heute praktizierten Beziehungen zwischen sozialistischen Staaten: die sowjetische Hegemonie und die Notwendigkeit solidarischen Verhaltens der kommunistischen Parteiführungen. Der behaupteten Interessengleichheit sozialistischer

Staaten in allen Fragen des Sozialismus steht die Auffassung gegenüber, daß heute wie eh und je die ehemaligen Satelliten untereinander mit der Sowjetunion eine existentiell begründete Loyalität der kommunistischen Parteien und vor allem ihrer Führer bindet.

Alle kommunistischen Regierungen behalten ihre Führungsposition nur, weil sie ihren Völkern keine freie Willensentscheidung gestatten. Das Selbsterhaltungsinteresse dieser Regierungen bringt folglich eine Selbsterhaltungssolidarität hervor, die eine starke Anlehnung an die Sowjetunion sucht. Der Bestand der Regierungen wird letztlich von der militärischen Macht der Sowjetunion garantiert, ein Tatbestand, der in jeder Konfliktsituation mit der sowjetischen Regierung seine Wirkung zeigt. Darin liegt ein starker Motor zugunsten des Zusammenhaltes des Ostblocks. Die Entfaltung militärischer Machtpolitik steht zudem als letzte Möglichkeit nicht nur im Hintergrund, wie die Manöver im Zusammenhang mit der Entwicklung in Polen 1981 zeigten.

6.3.2.3 Politische Zusammenarbeit

Für die Begründung der Integrationspolitik gilt neben der militärischen auch das erreichte Ausmaß der politischen Zusammenarbeit als eine wichtige Voraussetzung. Diese politische Zusammenarbeit äußert sich in mannigfachen Formen und Erscheinungen. Primäres Ziel der politischen Zusammenarbeit ist es, ein weitgehend homogenes Verhalten aller Staaten nach innen und nicht zuletzt nach außen herbeizuführen. Der Frage der Abstimmung der Politik kommt daher erstrangige Bedeutung zu. Im Bereich der politischen Ideologie wurden zu diesem Zweck Ideologie-Konferenzen als Harmonisierungsinstrumente eingeführt. Sie bringen in mehr oder weniger regelmäßigen Abständen die zuständigen ZK-Sekretäre zusammen, die sich um eine gemeinsame Ideologie-Interpretation und harmonisierte Sprachregelung angesichts sich verändernder Gegebenheiten bemühen. – Besondere Bedeutung kommt aber dem abgestimmten außenpolitischen Verhalten zu, von dem eine „Festigung der Aktionseinheit sozialistischer Länder" erwartet wird. Forum für die Koordinierung der außenpolitischen Tätigkeit ist in erster Linie der „Beratende politische Ausschuß" der Warschauer-Pakt-Organisation. Ihr dienen auch regelmäßige Treffen der ZK-Beauftragten bzw. der Außenminister.

Das Ergebnis dieser Koordinationsbemühungen zeigt sich auf der einen Seite in einem relativ geschlossenen Außenauftreten bei der Beurteilung außenpolitischer Fragen. Allerdings hat es immer wieder Abweichungen gegeben, z. B. auf der Helsinki-Konferenz oder durch die Sonderrolle Rumäniens in vielen Situationen. Auf der anderen Seite wurde eine deutliche Rollenverteilung bei außenpolitischen Aktionen und Aktivitäten sichtbar. Beispielsweise dient die Tschechoslowakei als Waffenlieferant in die „Dritte Welt" oder die Deutsche Demokratische Republik als Sicherheitsberater bei der Festigung eines kommunistischen Regimes in Äthiopien, so daß die UdSSR nicht direkt in Erscheinung zu treten braucht. Auch Vorreiterfunktionen bei der Eingabe von z. B. Maximalforderungen auf internationalen Konferenzen gehören in dieses abgestimmte Verhalten. Eine Arbeitsteilung insbesondere auf dem Gebiet der prognostischen Analyse von Entwicklungen in „kapitalistischen Ländern" wird ergänzend vorgenommen.

Neben diesen gesteuerten Harmonisierungstendenzen haben sich zunehmend interdependente politische Einflüsse herausgebildet. Während noch in den vierziger und fünfziger Jahren Anstöße zu politischen Entwicklungen durch Veränderungen in der Sowjetunion verursacht wurden, wirken seit den sechziger Jahren Entwicklungen in den übrigen Staaten auch auf diese ein bzw.

strahlen auf sie aus (z. B. Ausweitung von Partizipationsrechten für die sowjetischen Einheitsgewerkschaften nach den Arbeiterunruhen in Polen 1970).

6.3.2.4 Wirtschaftliche Integrationsbemühungen

Die Wirtschaftsbeziehungen der kommunistischen Staaten untereinander haben seit dem Ende des II. Weltkrieges verschiedene Phasen durchlaufen. Sie führten von einer ausgeprägten Unterwerfung unter die Wirtschaftsinteressen der UdSSR über die Umlenkung des traditionellen Westhandels nach Osten und sich entwickelnden Autarkiebestrebungen bis zur Erlangung einer heute weitgehend gleichberechtigten Berücksichtigung der Interessen aller Beteiligten. Bis zum Ende der sechziger Jahre bestanden die Wirtschaftsbeziehungen im wesentlichen im Handelsaustausch, der sich kontinuierlich ausweitete und die UdSSR zum Haupthandelspartner aller kommunistischen Staaten machte. Allerdings setzte am Ende der sechziger Jahre eine starke, weitgehend mit Krediten finanzierte Ausweitung des Westhandels bei fast allen Staaten ein, der die Zuwachsraten und Volumen des RGW-Binnenhandels schrumpfen ließ.

Schon frühzeitig wurden die Wirtschaftsbeziehungen nicht als inhaltsleere Kooperation begriffen. Gedanken einer gemeinsamen Förderung des wirtschaftlichen und technischen Fortschritts spielten schon bald eine Rolle.

Träger und Förderer einer solchermaßen gezielteren Wirtschaftskooperation sollte eine gemeinsame zwischenstaatliche Wirtschaftsorganisation sein. Der im Januar 1949 gegründete „Rat für Gegenseitige Wirtschaftshilfe" (RGW) führte ein Jahrzehnt lang ein stiefmütterliches Dasein. Erst 1959 erhielt er sein erstes Statut und begann, eine seinen Zielsetzungen entsprechende Tätigkeit mit unterschiedlichem Erfolg zu entfalten.

Dem RGW - auch Council for Economic Aid (Comecon) genannt - gehören neben den Gründerstaaten (Sowjetunion, Bulgarien, Ungarn, Polen, Rumänien, Tschechoslowakei) die DDR (1950), die Mongolei, Kuba (1972) und Vietnam

Regionale Gliederung des Außenhandels der RGW-Länder 1979 (Mill. Rubel bzw. %)

		sozialist. Länder[1]	%	kapitalist. Länder[2]	%	Entwicklungsländer[3]	%
RGW insgesamt[4]	189 613	113 264	59,7	60 111,8	31,7	16 237	8,6
darunter:							
Bulgarien	11 562	8 972	77,6	1 729	15,0	861	7,4
DDR	23 307	16 037	68,8	6 056	26,0	1 214	5,2
Kuba	—	—	—	—	—	—	—
Mongolei	551	544	98,8	6,8	1,2	—	—
Polen	23 514	13 515	57,5	8 146	34,6	1 853	7,9
Rumänien	13 832	5 880	42,5	7 952	57,5	—	—
Sowjetunion	80 290	45 055	56,1	25 754	32,1	9 481	11,8
Tschechoslowakei	18 240	13 066	71,6	4 025	22,1	1 149	6,3
Ungarn	18 317	10 195	55,7	6 443	35,2	1 679	9,1

[1] Außer den 10 RGW-Ländern zählen dazu: Albanien, VR China, Nord-Korea, Vietnam, Jugoslawien; [2] Rumänien: Umsätze mit kapitalistischen Ländern und Entwicklungsländern zusammen; [3] Ohne Rumänien; [4] Ohne Kuba und Vietnam. – Quelle: SEV Sekretariat: Statističeskij ežegodnik stran-členov SEW 1980. Moskva 1980, S. 313 und 335.

(Aus: Knirsch, P., Rat für Gegenseitige Wirtschaftshilfe (RGW); in: Börsen- und Wirtschaftshandbuch, Frankfurt/M. 1981, S. 224–226)

Land	1950	1960	1970	1978	1980
Außenhandelsumsatz in Preisen des jeweiligen Jahres[1]) – Mrd. Rubel					
Bulgarien	0,3	1,1	3,5	10,3	13,2
DDR	0,8	4,0	8,5	20,7	25,7
Kuba	1,1	1,1	2,1	6,3	...
Mongolei	0,1	0,2	0,2	0,5	0,6
Polen	1,2	2,5	6,4	21,5	24,8
Rumänien	0,4	1,2	3,4	11,6	16,9
Tschechoslowakei	1,3	3,4	6,7	16,5	20,2
UdSSR	2,9	10,1	22,1	70,2	94,1
Ungarn	0,6	1,6	4,3	16,2	20,8
RGW-Länder	7,5	23,9	55,1	173,8	...
darunter Umsatz mit den RGW-Ländern – Mrd. Rubel					
Bulgarien	0,2	0,9	2,6	8,1	9,6
DDR	0,6	2,7	5,7	14,3	16,1
Kuba	–	0,2	1,4	5,0	5,4
Mongolei	–	0,1	0,2	0,5	0,6
Polen	0,7	1,4	4,1	11,8	13,2
Rumänien	0,3	0,8	1,7	4,6	5,8
Tschechoslowakei	0,7	2,2	4,3	11,3	13,3
UdSSR	1,7	5,3	12,3	39,1	45,8
Ungarn	0,4	1,0	2,7	8,4	10,3
RGW-Länder	4,6	14,3	33,6	103,1	120,1

[1]) Einschließlich Reexporte und Lohnveredlungen.

Aus: Stat. Jhrb. d. DDR 1982

Marshallplan

(1978) an. Albanien nimmt infolge des Konflikts mit der Sowjetunion gegenwärtig nicht mehr an den Ratstagungen teil. In unterschiedlichen Formen und Ausmaßen arbeiten im RGW mit: Jugoslawien (1964), Finnland (1973), Irak, Mexiko (1976). Beobachter entsenden Äthiopien, Angola, VR Yemen, Laos, Nordkorea, Moçambique, Kambodscha, Afghanistan.

Das Hauptmotiv für die Gründung des RGW 1949 war die neue amerikanische Europapolitik, die ihren sichtbarsten Ausdruck im Marshallplan fand. Der RGW war daher als politisches und organisatorisches Gegengewicht gegen den Träger der Marshallplanhilfe, die OEEC, gedacht.
Unter STALIN hat der RGW keine Intensivierung der wirtschaftlichen Zusammenarbeit und techni-

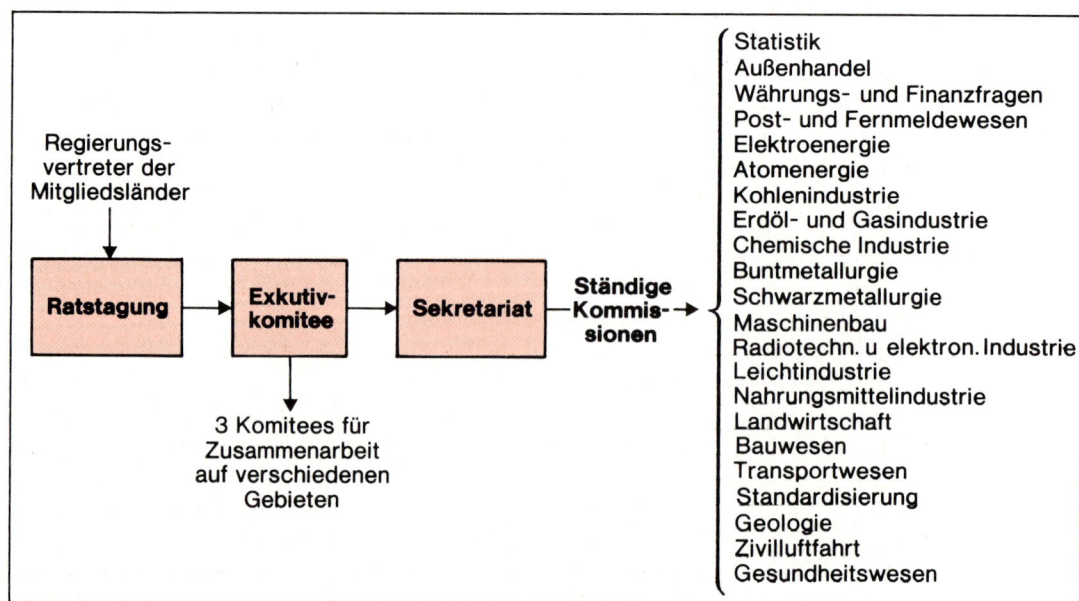

Abb. 156: Die Organisation des Rates für Gegenseitige Wirtschaftshilfe (RGW/Comecon)

„Die Konferenz hat weiter festgestellt, daß die Regierungen der Vereinigten Staaten und Großbritanniens sowie die Regierungen verschiedener anderer westeuropäischer Staaten dem Sachverhalt nach einen wirtschaftlichen Boykott gegen die volksdemokratischen Länder und gegen die UdSSR verhängt haben, weil es diese Länder nicht für möglich erachten, sich dem Diktat des Marshall-Plans zu unterwerfen, da dieser Plan die Souveränitätsrechte der Länder sowie die Interessen ihrer nationalen Wirtschaft verletzt. Unter Berücksichtigung dieser Sachlage hat die Konferenz über die Frage der möglichen Organisation einer weitergehenden wirtschaftlichen Zusammenarbeit zwischen den volksdemokratischen Ländern und der UdSSR beraten.

Zum Zwecke der Verwirklichung dieser weitergehenden wirtschaftlichen Zusammenarbeit zwischen den volksdemokratischen Ländern und der UdSSR hat die Konferenz die Errichtung eines Rates für gegenseitige Wirtschaftshilfe als notwendig erachtet. Dieser Rat wird sich aus gleichberechtigten Vertretern aller an der Konferenz beteiligten Länder zusammensetzen. Seine Aufgaben werden im Austausch von wirtschaftlichen Erfahrungen, Gewährung gegenseitiger technischer Hilfe und gegenseitigen Beistands beim Austausch von Rohstoffen, Nahrungsmitteln, Maschinen und Ausrüstungsgegenständen bestehen."

(aus: Gründungskommunique, BETHKENHAGEN/MACHONSKI, 1975, S. 7 f.)

sche Hilfe gebracht, weil die sowjetische Politik primär auf die Ausbeutung der nationalen Volkswirtschaften gerichtet war und aus machtpolitischen Erwägungen an einer engeren wirtschaftlichen Zusammenarbeit der Satellitenstaaten untereinander kein besonderes Interesse zeigte. Als sich diese Klammer nach dem Tode STALINS lockerte und sich eine Art politischer Partnerschaft für die Beziehungen der Ostblockstaaten untereinander entwickelte, wurden neue Formen im Interesse des Zusammenhalts des Imperiums notwendig. Die wirtschaftliche Zusammenarbeit sollte nun mit dem Ziel der Förderung des Aufbaus von Sozialismus und Kommunismus in diesen Staaten einhergehen (Präambel des Statuts). Eine planmäßige Entwicklung der Volkswirtschaften und Arbeitsteilung sollten u. a. der Erhöhung der Arbeitsproduktivität dienen.

Der Versuch CHRUSCHTSCHOWS (1961), mit Hilfe einer internationalen Behörde eine zentralisierte übernationale Wirtschaftsplanung mit konsequenter Arbeitsteilung zu erreichen, scheiterte am Widerstand Rumäniens, das befürchtete,

Agrarland bleiben zu müssen. In diesem Zusammenhang zeigte sich bereits, daß die machtpolitische Dominanz der UdSSR in Osteuropa nicht unerheblich geschrumpft war. Dennoch konnten Absprachen auf dem Gebiet der Produktionsspezialisierung durchgesetzt werden (z. B. Elektro- und Motorkarren in Bulgarien, Autobusbau in Ungarn, Schiffbau und Textilmaschinenbau in der DDR, Straßenbau- und Baumaschinen in Polen, Lokomotiven in Rumänien; Bröll, 1975, S. 84 ff.). Sie beließen allerdings die UdSSR autark, zumal all ihre Partner zu klein sind, um für ein Sortiment den Bedarf der Sowjetunion voll zu decken.

Der Übergang von wirtschaftlicher Kooperation zu Integration schlug sich in einem umfassenden Konzept nieder, das 1971 als „Komplexprogramm für die weitere Vertiefung und Vervollkommnung der Zusammenarbeit und Entwicklung der sozialistischen ökonomischen Integration der Mitglieder des RGW" auf einer RGW-Tagung angenommen wurde. Es sah einen systemadäquaten Integrationsprozeß vor, mit dem neben einer allgemeinen Erhöhung der wirtschaftlichen Leistungsfähigkeit zum Nutzen des Lebensstandards und der Verteidigungskraft eine Angleichung der unterschiedlichen Wirtschaftsniveaus der nationalen Volkswirtschaften erreicht werden sollte. Der Weg sollte neben einer Intensivierung des gemeinsamen Handelsaustausches insbesondere über drei Integrationsstufen führen, die seitdem mit unterschiedlichem Erfolg beschritten werden:

Die unterste Stufe der Integration bilden koordinierte Wirtschaftspläne, insbesondere Fünfjahrespläne. So werden bilaterale oder multilaterale Vereinbarungen getroffen (Protokolle, z. B. über Spezialisierungen, internationale Arbeitsteilung, Produktionskooperation, einheitliche Erzeugungssysteme, die Koordinierung von Investitionsvorhaben, Lieferung von Waren und Dienstleistungen). Dies muß noch vor der Annahme der Fünfjahrespläne durch die zuständigen nationalen Verfassungsorgane geschehen, so daß sie in den Plänen berücksichtigt werden können. Diese, mit einem langwierigen bürokratischen Aufwand im wesentlichen bilateral praktizierte Plankoordination erfaßt heute nur einen verschwindend geringen Teil der Gesamtproduktion. Mit ihr soll es allerdings gelungen sein, den Anteil der durch Produktionsabsprachen spezialisierten Produktion von Maschinen und Ausrüstungen ständig zu erhöhen, so daß 32,7% ihrer Inner-RGW-Exporte 1979 (22% 1975) davon erfaßt wurden (P.

Wichtige Comecon-Wirtschaftsindikatoren
(Durchschnittliche jährliche Wachstumsrate in %)

	1976–1980	1979	1980	1981 Plan	1981 Ist	1982 Plan	1981–1985 Plan
Osteuropa (ohne UdSSR)							
Nationalprodukt[1]	3,8	2,3	1,0[2]	4,6[3]	−2,0[2]	3,4[3]	3,1–3,8
Brutto-Industrieproduktion	5,5	4,4	2,7[5]	4,8[3]	−1,1[5]	4,4[3]	3,5–4,2
UdSSR							
Nationalprodukt[1]	4,2	2,2	3,5	3,4[4]	3,1	3,0[4]	3,4
Brutto-Industrieproduktion	4,4	3,4	3,5	4,1	3,4	4,7	4,7
Comecon							
Nationalprodukt[1]	4,1	2,2	2,7[2]	3,7[3]	1,6[2]	3,1[3]	3,3–3,5
Brutto-Industrieproduktion	4,7	3,7	3,3[5]	4,3[3]	2,1[5]	4,6[3]	4,3–4,6

[1] Netto-Materialprodukt. [2] Nach Ausklammerung Polens 1980: Osteuropa = 3,0 %, Comecon = 3,4 %; 1981: Osteuropa = 2,8 %, Comecon = 3,0 %. [3] Ohne Polen. [4] Verwendetes Nationalprodukt. [5] Nach Ausklammerung Polens 1980: Osteuropa = 3,9 %, Comecon = 3,6 %; 1981: Osteuropa = 3,5 %, Comecon = 3,4 %

Aus: Neue Zürcher Zeitung v. 22. 4. 1982, S. 15

KNIRSCH 1981, S. 226). Insgesamt sollen im RGW-Bereich 120 multilaterale und mehr als 1000 bilaterale Abkommen über Spezialisierung und Kooperation abgeschlossen worden sein, die mehr als 10 000 Erzeugnisse betreffen.

Bilaterale Kooperation

Eine höhere Form sozialistischer Wirtschaftsorganisation wird in den ca. 30 (1979) internationalen Organisationen technisch-wirtschaftlicher Natur gesehen. Ihre Aufgabe ist es, durch gemeinsame Planungen bzw. Steuerungen einzelne Wirtschaftszweige oder Produktionsarten durch zentrale Lenkung zu integrieren.

Gemeinsame Betriebe

Als intensivste Form sozialistischer Integration gelten gemeinsame Betriebe, die durch die Beteiligung von zwei oder mehr Mitgliedsstaaten zustandekommen. Auf diesem Sektor ist der Erfolg noch sehr gering. Im europäischen Bereich gibt es nur ein gemeinsames polnisch-ungarisches Bergbauunternehmen (Haldex 1959) sowie eine deutsch-polnische Baumwollspinnerei (1972). Be-

Transferrubel

teiligungen einzelner RGW-Länder an der Errichtung nationaler Produktionsstätten oder an der Rohstoffgewinnung der Sowjetunion (z. B. die Erdgasleitung „Freundschaft", an der sich die Tschechoslowakei und die DDR beteiligen) werden oft in diesen Kreis aufgenommen, obwohl es sich dabei nicht um gemeinsam getragene Unternehmungen handelt.

Die erfolgreiche Verwirklichung der wirtschaftlichen Integrationsziele setzt eine Fülle rechtlicher und ökonomischer Veränderungen voraus. Daher wird eine gemeinsame Rechtsordnung, Standardisierungen, Angleichung der statistischen Methoden, Abstimmung von Forschungsvorhaben und der Ausbildungskapazitäten von Wissenschaftlern, Austausch von wissenschaftlichen und technischen Informationen (Gründung eines „In-

ternationalen Zentrums für wiss. und techn. Information") erstrebt. Erstmals seit 1971 haben die Mitgliedstaaten auch eine Ausweitung des Handels mit nichtkontingentierten Waren außerhalb von Handelsverträgen sowie eine neue Währungspolitik in Aussicht genommen. Um die von dem praktizierten Bilateralismus ausgehenden Hemmnisse zu überwinden, wurde vorgesehen, „ökonomisch begründete und gegenseitig abgestimmte Kurse bzw. Koeffizienten der nationalen Währungen der RGW-Mitglieder zur kollektiven Währung (transferabler Rubel) untereinander festzulegen und die Einführung der Konvertierbarkeit der kollektiven Währung zu prüfen". Die „Internationale Bank für wirtschaftliche Zusammenarbeit" sowie die neugeschaffene, mit 1 Mrd. Rubel ausgestattete „Internationale Investitionsbank" sollen die Finanzierungsaufgaben (z. B. Kreditgewährung, langfristige Kreditbeziehungen) des Überganges zur multilateralen Verrechnung gemeinsamer Investitionsvorhaben erfüllen. 1971–1979 wurden Investitionskredite in Höhe von 3,2 Mrd. Transferrubel für 71 Objekte (Gesamtwert 8 Mrd. TRbl.) vergeben. Der Ausbau sowjetischer Rohstoff- und Energiebasen steht dabei im Mittelpunkt.

6.3.3 Probleme kommunistischer Zusammenarbeit und Integration

Zusammenarbeit und Integrationsbemühungen haben – gemessen an den selbst gesetzten Zielen – Erfolge und Mißerfolge zu verzeichnen. Während im militärischen Bereich bislang ein äußerlich hohes Maß an Zusammenhalt problemlose Kooperation vermuten lassen könnte, traten auf der politischen und ökonomischen Ebene Störungen und Abweichungen in Erscheinung, die etwa vier Problembereiche betreffen.

Erstens besteht das zentrale Problem der Integrationsbemühungen in Osteuropa in der militärischen, ökonomischen und machtpolitischen Dominanz der Großmacht Sowjetunion. Aus dieser Dominanz ergibt sich zwar auf der einen Seite die Fähigkeit dieses Staates, den Zusammenhalt des „sozialistischen Lagers" in besonderem Maße zu fördern und zu garantieren. Auf der anderen Seite aber liegen bereits im Rollenverständnis dieser Großmacht („Befreier vom Faschismus", Bereitschaft zur Durchsetzung des eigenen Willens usw.) sowie in der allseitigen extremen Abhängigkeit der anderen Staaten schwerwiegende Hemmnisse. Der Verdacht der Übervorteilung durch die Sowjetunion sowohl beim Warenaustausch (z. B. Informationen aus Polen) als auch bei der Erschließung und dem Bezug von Rohstoffen tritt immer wieder angesichts der extremen Abhängigkeit der kleineren Staaten auf (Preisgestaltung). Hier sind es nicht zuletzt Bedingungen des Weltmarktes, die diesen Tendenzen Nahrung geben. Das gilt sowohl für Zeiten sinkender bzw. niedriger Weltmarktpreise als auch für steigende bzw. hohe Weltmarktpreise insbesondere für Rohstoffe. Beispielsweise kann die Sowjetunion heute für ihre Erdölexporte am Weltmarkt höhere Preise erzielen als durch die auf Transferrubel basierenden billigeren Lieferungen an RGW-Staaten. Angewiesen auf die für ihren Importbedarf (z. B. Getreide) dringend notwendigen Devisen sah sie sich daher in Verbindung mit steigenden Produktionskosten und wachsendem Eigenbedarf

UdSSR-Dominanz

Übervorteilung

technische Integration

1982 veranlaßt, ihre Preise für Erdöl zu erhöhen und ihre Liefermengen an die RGW-Staaten zu kürzen (ca. 10%). Eine zunehmende Verschuldung der RGW-Staaten bei der Sowjetunion als Folge der Ölverteuerung dürfte diese grundsätzlich desintegrative Entwicklung gefördert haben, durch die längerfristige Plan- und Lieferabstimmungen kaum mehr möglich werden. Die Integrationskonzeption beläßt zudem der UdSSR ihren autarken Zustand. Sie kann auch außerhalb der Arbeitsteilung existieren und blieb damit unabhängig vom Erfolg oder Mißerfolg der Integration. Sie profitiert von der Arbeitsteilung, da sie mehr als die Hälfte der Maschinenproduktion des RGW importiert.

Zweitens wirken systemimmanente Hemmnisse. Entsprechend dem politisch-ökonomischen System sind für den Integrationsprozeß keine spontanen Entwicklungen außerhalb staatlicher Organisation vorgesehen. Es handelt sich um eine „technische" Integration, die die Bevölkerung weitgehend ausklammert. Die Verwendung systemadäquater Instrumentarien überläßt folglich alle Integrationsschritte der zentralistischen Steuerung und damit der Handhabung durch staatliche Bürokratien. Alle bekannten systemimmanenten negativen Probleme, die daraus für die Wirtschaftsentwicklung bereits im nationalen Rahmen entstehen (s. S. 316 ff.), erscheinen damit auch auf der internationalen Ebene.

Drittens gibt es eine den Wirtschaftsstrukturen aller nationalen Wirtschaften immanente Tendenz, sich nicht nur im RGW-Bereich, sondern auch am Weltmarkt zu beteiligen. Da in allen Mitgliedstaaten der Technisierungs- und Industrialisierungsstand nach technischem „know how" verlangt, dieses Bedürfnis aber kaum inner-

Brennstoffimporte der Europäischen RGW-Länder und der Anteil der Sowjetunion an diesen Importen

	1970	1975	1978
Erdöl[a]			
gesamte Importe[d] (Mill. t)	45,6	77,3	99,4
Importe aus der Sowjetunion (Mill. t)	40,2	63,3	73,2[b]
% der gesamten Importe	88,2	81,9	73,7[c]
Erdgas			
gesamte Importe[d] (Mrd. m³)	2,73	11,57	16,05[b]
Importe aus der Sowjetunion (Mrd. m³)	2,18	10,50	15,94
% der gesamten Importe	80	91	94
Steinkohle[c]			
gesamte Importe[d] (Mill. t)	28,5	28,2	24,0
Importe aus der Sowjetunion (Mill. t)	16,0	18,0	–
% der gesamten Importe	56,1	63,9	–

[a] Erdöl und Erdölprodukte.
[b] Schätzungen.
[c] Einschließlich Koks.
[d] Die Summe der Importe der einzelnen Länder

Entnommen aus: Böhn, E., Die Rolle der Sowjetunion in der Brennstoffwirtschaft des RGW; HHWA-Report Nr. 57, Hamburg 1980

Weltmarkt

halb des RGW-Raumes befriedigt werden kann (die DDR als potentieller Lieferer liefert primär an die SU), sind sie auf den Weltmarkt angewiesen. Diese Situation wirkte bislang desintegrierend und führte nicht allein zu einer Reduzierung des Intra-Block-Handelsvolumens nahezu aller RGW-Länder. Auch die seit den siebziger Jahren einsetzende Tendenz der kleinen RGW-Staaten, sich außerhalb ihres Raumes Kredite zu verschaffen oder mit westlichen Wirtschaftspartnern gemeinsame Industrieunternehmungen („joint ventures") zu errichten (Rumänien und Ungarn), wirken dem Kern des Integrationskonzeptes entgegen.

Gesamt-verschuldung

Diese Entwicklung führte bis Ende 1981 bei einer Gesamtverschuldung der europäischen RGW-Staaten von 80 Mrd. $ auch zur Zahlungsunfähigkeit einiger Mitglieder (Polen, Rumänien). Abgesehen von den sich daraus ergebenden wirtschaftlichen Belastungen für die nationalen Volkswirtschaften, die z. T. über 50% ihrer Exporterlöse für den Schuldendienst (DDR, Polen, Rumänien) bei westlichen Kreditgebern aufbringen müssen, war die Kreditaufnahme auch mit einer hohen Abhängigkeit insbesondere zur Befriedigung des Bedarfs an Produkten des Maschinenbaus (z. B. 50% des Bedarfs an Bauelementen,

Mangel-situation

hydraulischen Erzeugnissen, Industrierobotern) verbunden. So konnte es nicht ausbleiben, daß sich auf RGW-Tagungen 1981 und 1982 Tendenzen weitgehend durchsetzten, die auf ein Abkoppeln von dem bisherigen Ausmaß an Kooperation mit dem Westen zielten. Wenn es gelänge, die Verschuldung zu stoppen und Ausfälle durch die nun wieder stärker angestrebte Kooperation und Spezialisierung der Produktion innerhalb des RGW-Raumes zu ersetzen, könnte allerdings die gewaltige Westverschuldung zu einem Motor für neue Integrationsimpulse werden.

Viertens ergibt sich aus dem anhaltenden, in den einzelnen Staaten allerdings unterschiedlich stark ausgeprägten Mangel an Gütern aller Art ein starkes Integrationshemmnis. Das im RGW-Statut verankerte Freiwilligkeitsprinzip fördert den Zusammenhalt, da es den Mitgliedern erlaubt, sich je nach nationaler Interessenlage und -einschätzung an Integrationsvorhaben zu beteiligen bzw. zurückzuhalten. Es weist aber auch damit auf Probleme hin, die aus dem unterschiedlichen Lebens- und Wirtschaftsniveau in diesen Staaten erwachsen. Die als Integrationsziel gesetzte Angleichung dieses Niveaus läßt sich nur erreichen, wenn die entwickelteren Länder ausgleichende materielle Unterstützung gewähren und damit bereit sind, ihr eigenes Entwicklungstempo zugunsten der angestrebten Nivellierung zu drosseln. Gravierende Mängel und Entwicklungsrückstände in der landwirtschaftlichen und industriellen Produktion bzw. Planung führten aber überall zu Versorgungsschwierigkeiten. Sie lassen den Regierungen kaum Spielraum für Hilfen dieser Art, zumal eine dadurch drohende Minderung des eigenen Wirtschaftswachstums mit stagnierendem Lebensstandard innenpolitische Legitimierungsschwierigkeiten heraufbeschwört.

Die anhaltende Mangelsituation zeigt jedoch nicht nur stagnierende Wirkungen auf das Integrationsvorhaben, sondern setzt auch gegenläufige Entwicklungen in Gang. Seit 1979, als Rumänien von RGW-Touristen für Benzin Zahlung in westlichen Währungen forderte, haben alle kommunistisch regierten Staaten Osteuropas Beschränkungen beim touristischen Güteraustausch vorgenommen. Die Listen für Waren, die durch In- und Ausländer nicht ausgeführt werden dürfen, insbesondere für Lebensmittel und Konsumgüter, wurden immer länger, um die Versorgung im eigenen Staat nicht zu gefährden und partiel-

---

RGW-Nettoverschuldung

Land	1971 (Mrd. $)	1980	1981	Zunahme seit 1971 in %
Bulgarien	0,7	3,2	2,3	229
CSSR	0,2	3,5	3,6	1700
DDR	1,2	9,9	11,4	850
Polen	0,8	22,1	23,0	2775
Rumänien	1,2	9,6	10,0	773
UdSSR	1,1	17,5	23,7	2055
Ungarn	0,8	7,4	7,4	825
Insgesamt	6,0	73,2	81,4	1257

(aus: FAZ vom 22. 4. 1982; Berechnung der Schweizerischen Kreditanstalt)

Wirtschaftswachstum und Nettoverschuldung

	Wachstumsrate			Netto-verschuldung	
	Plan 1981	Ist 1981	Plan 1982	Ende 1980	Ende 1981
	(Zunahme in %)			(in Mrd. $)	
Bulgarien	5,1	4–5	3,6	3,2	2,3
CSSR	2,8	0,2	0,5	3,5	3,6
DDR	5,0	5,0	4,8	9,6	11,3
Ungarn	2–2,5	1,8	1–1,5	7,4	7,8
Polen	−3,7	−13,7	−1,6	22,1	22,4
Rumänien	7,0	2,1	5,5	9,1	9,6
UdSSR	3,4	3,2	3,0	13,5	19,5

(aus: NZZ vom 19. 3. 1982; Schätzungen des ECE-Sekretariats)

len „Ausverkauf" zu vermeiden. Von Mangel geprägte unterschiedliche Versorgungssituationen mit abweichender Wirtschafts-, Preis- und Subventionspolitik in den einzelnen Staaten sind daher starke Integrationshemmnisse. Eine auch nur vorsichtige Liberalisierungspolitik im Tourismus ist unter diesen Bedingungen kaum geeignet, bei der ohnehin für den Integrationsprozeß kaum aktivierten Bevölkerung Integrationsneigung zu fördern. Im Gegenteil, Abneigungen, Vorurteile und Konflikte werden damit eher geweckt bzw. gestärkt.

6.3.4 Aspekte gesamteuropäischer Gemeinsamkeit

Teilung

Die Existenz zweier, in ihrem Selbstverständnis und ihren Zielsetzungen so unterschiedlicher Integrationsmodelle in Europa lassen in Verbindung mit prinzipiellen Systemgegensätzen auf den ersten Blick die politische Teilung Europas als eine sich verfestigende, auf Dauer angelegte alleinige Zukunftsperspektive erscheinen. Gestützt von den machtpolitischen Gegebenheiten der zweiten Hälfte dieses Jahrhunderts, deren markantestes sichtbares Zeichen nach wie vor in einer politischen Schnittlinie mitten durch Europa besteht (s. S. 332), erscheint dieser Eindruck auf den ersten Blick realistisch und damit einstige historische Gemeinsamkeiten unwiederbringlich verloren. Diese Sichtweise vernachlässigt allerdings eine Reihe historischer, geographischer und politischer Faktoren, aus denen gegenläufige Tendenzen erwachsen, welche auf Kooperationen und Zusammenarbeit zwischen allen europäischen Staaten in viel höherem Maße drängen als auf Abgrenzung oder gar Konflikte: Vor dem geschichtlichen Hintergrund des Erdteils Europa ist die Geschichte jedes seiner Staaten aufs engste auch in diejenige zumindest seiner unmittelbaren Nachbarn eingebunden. Aus dieser gemeinsamen Geschichte und geographischen Nähe sind Gegensätze und Feindschaften, aber auch gemeinsame Wertvorstellungen, Wertschätzungen und Bindungen verschiedenster Art hervorgegangen.

Zusammenarbeit

Insbesondere bleibt festzuhalten, daß – eingeschränkt Rußland/Sowjetunion – alle Völker Europas von dem Gedankengut der Aufklärung erreicht und mehr oder weniger stark durchdrungen wurden (s. S. 66). Zu ihrer politischen Kultur gehören daher u. a. auch weitgehend identische Vorstellungen z. B. von Menschenwürde, Gerechtigkeit, persönlicher Freiheit und Unab-

Politische Kultur

hängigkeit. Als politische Handlungsmaximen oder als Beurteilungsmaßstab für politisches Handeln können diese Wertvorstellungen unter den Völkern Europas verbindend wirken. Wie das Aufbegehren in osteuropäischen Staaten (s. S. 358) nachweist, ist es bis zur Gegenwart nicht gelungen, dieses Gedankengut aus den Köpfen der Menschen zu vertreiben. Es hat zwar durch die Verbindung mit der marxistischen Klassenideologie (s. S. 95) eine normative Erweiterung erfahren, die ebenfalls gesamteuropäische Verbreitung fand. Ihre Neu- bzw. Uminterpretation durch leninistisch geprägte Normen konnte aber weder in West- noch in Osteuropa in der realen politischen Kultur der Völker so verankert werden, daß die auf ursprünglichen Werten basierende europäische Identität vernichtet wurde.

Im Gegenteil, nach dem II. Weltkrieg schöpften Millionen Menschen Europas aus den humanen Werten der Aufklärung neue Hoffnungen auf ein friedlicheres und toleranteres Neben- und Mit-

Auslandreisen der RGW-Bürger 1980

	Ausreisende in Mill. Personen			Änderungen gegenüber dem Vorjahr in vH		
	insgesamt	in sozialist. Länder	in westl. Länder	insgesamt	in sozialist. Länder	in westl. Länder
Bulgarien	0,8	0,6	0,2	16,3	14,7	21,8
ČSSR	10,3	9,8	0,5	0,7	− 0,4	26,1
DDR[1]	11,5	8,2	3,3	− 7,4	−10,6	1,9
Polen	6,8	6,1	0,7	−33,5	−36,5	15,6
Rumänien[1]	0,7	0,5	0,2	20,7	13,9	40,0
UdSSR[1]	4,1	2,6	1,5	17,1	18,2	15,4
Ungarn	5,2	4,7	0,5	2,2	1,1	15,5
RGW, insgesamt	39,4	32,5	6,9	− 7,8	−10,8	9,9

[1] Geschätzt anhand von Partnerlandangaben und Presseberichten.
Quellen: Statistische Jahrbücher der betreffenden Länder (aus Lodahl 1982, S. 621 und 624).

Ausländische Besucher[1] der RGW-Länder 1980

Einreiseländer	Besucher in Mill. Personen		Veränderung gegenüber dem Vorjahr in vH	
	insgesamt	aus sozialistischen Ländern	insgesamt	aus sozialistischen Ländern
Bulgarien	5,5	2,4	7,2	− 8,0
ČSSR	18,5	17,4	0,8	0,8
DDR	14,5	7,6	− 9,2	−11,8
Polen	7,1	6,4	−22,5	−21,2
Rumänien	6,7	5,9	11,7	14,1
UdSSR[2]	6,0	3,6	15,4	16,0
Ungarn	14,0	12,0	− 7,5	− 7,5
RGW insgesamt	72,3	55,3	− 3,5	− 4,4

[1] Einschließlich Ausflügler und Transitreisende. DDR ohne Transitreisende. − [2] Geschätzt.
Bemerkung: Durch Runden der Zahlen ergeben sich Abweichungen gegenüber der folgenden Tabelle.
Quellen: WTO, World Travel Statistics, Vol. 33/1979 und 34/1980.
Aus: Lodahl, M., Reiseverkehr im RGW; in: Deutschland Archiv, 15. Jg., H. 6, 1982, S. 621 und 624

einander. Da der konfliktträchtige Nationalismus weitgehend überwunden schien, schien die Verwirklichung dieser Werte politisch möglich und als Grundlage für friedliche, weil kontrollierte Politik sowie für die Entfaltung offener und freier Gesellschaften geeignet.

Abkapselung Zusammenarbeit

Die für Osteuropa gängige Abkapselung von Menschen eines Staates von denen eines anderen und die Beschränkung der persönlichen Freizügigkeit steht diesen Vorstellungen fundamental entgegen. Diese Trennung von in unmittelbarer staatlicher Nachbarschaft lebenden Menschen kann nur mehr durch den Einsatz rigider Machtmittel aufrechterhalten werden, und zwar gegen die Interessen und den Willen dieser Menschen. Abgrenzungspolitik dieser Art ist Ausdruck undemokratischer Machtausübung. Erst sie kann dem Bürger das Freiheitsrecht der Freizügigkeit auch über die Landesgrenzen hinaus vorenthalten. Im Europa der Aufklärung wird diese politische Praxis als Anachronismus begriffen. Sie läßt sich zudem gegenüber einer immer besser ausgebildeten, gebildeten und an den Geschehnissen außerhalb des eigenen Staates interessierten Bevölkerung zunehmend schwerer vertreten und durchsetzen. Abgrenzungspolitik in Europa ist folglich nicht nur ein Anachronismus, sondern eine Quelle für gesellschaftliche Konflikte. Sie birgt zudem einen Widerspruch in sich. Prinzipiell haben heute beide in Europa vorherrschenden politischen Systeme ein ausgesprochenes Interesse an möglichst weitgehender Selbstdarstellung nach außen, da sie ihre Wertsysteme für attraktiver und überlegen halten und die Bürger des anderen Systems davon überzeugen möchten. Die Politik kommunistischer Regierungen Europas geraten unter diesen Umständen in ein politisches Dilemma. Während sie auf der einen Seite die Bevölkerungen ihrer Staaten von Außeneinflüssen weitgehend frei zu halten suchen, wollen sie auf der anderen Seite gleichzeitig aktiven Einfluß auf das internationale Geschehen nehmen.

Kontakte

Dies erfolgt durch staatliche und gesellschaftliche Kontakte, die aber personell nur begrenzt entsprechend den politischen Wünschen gesteuert und kontrolliert werden können. Außerhalb des eigenen Staates gewonnene Eindrücke und Erfahrungen fließen unweigerlich in gewissen Graden als Informations- bzw. Werteströme in die Gesellschaften zurück. Werden sie in der europäischen Region gewonnen, kommt sie europäischen Gemeinsamkeiten zugute.

Die Geschichte osteuropäischer Zusammenarbeit und „sozialistischer Integration" hat bewiesen, daß ein einseitiges „Abkoppeln" aus dem Weltmarkt und aus der Weltgesellschaft, also auch eine perfekte Abgrenzung in Europa, aus sozialen, ökonomischen und politischen Gründen auf Dauer keinen Bestand haben kann und auf der Grundlage von Freiwilligkeit nicht erreichbar ist. Eine friedliche und weitgehend spannungsfreie Entwicklung in Europa ist folglich nur auf der Grundlage von Zusammenarbeit und demokratischer Machtgewinnung und -ausübung erreichbar. Aus der geographischen Nähe, ja Enge Europas ergeben sich besonders günstige Voraussetzungen für einen intensiven Handelsaustausch. Kurze Transportwege bedingen nicht nur günstige Transportkosten, sondern ermöglichen vor allem den ost-, mittel- und südosteuropäischen Staaten, schnell verderbliche Waren wie Obst und Frischgemüse in industrielle Ballungsgebiete bzw. Großstädte Westeuropas zu verbringen. Ein Interesse aller, in hohem Maße auf landwirtschaftliche Erzeugnisse orientierter Staaten an diesen Absatzmärkten drängt sich auf. Umgekehrt besteht ein Interesse der Erzeuger von industriellen Fertigprodukten an Handel mit diesen Staaten, da diese als sich industrialisierende Staaten potentiell besonders aufnahmebereit für solche Produkte sind. Trotz der Schwierigkeiten, die sich aus dem Außenhandelsmonopol dieser Staatshandelsländer ergeben, konnte im letzten Jahrzehnt selbst die Errichtung gemeinsamer Betriebe (joint ventures) in Angriff genommen werden (Ungarn, Rumänien). Der Austausch von Produkten (Handel) gilt allerdings als eine besonders enge Klammer für Gesamteuropa.

Die geographische Nähe bedingt für Europa auch ein zunehmendes, gemeinsames Interesse bei der Abwehr von Umweltschäden. Da Luft- oder Gewässerverschmutzungen selten auf das Gebiet eines Staates begrenzt werden können, sind auch das wachsende Umweltbewußtsein und die Fähigkeit, Umweltschäden zu erkennen und zu erfassen, eine Quelle für notwendiges, koordiniertes gemeinsames Handeln in Europa, auch und gerade zwischen den Staaten mit unterschiedlichen Systemen.

Schließlich bedingt die geographische Nähe und Enge ein gemeinsames existentielles Interesse an der Verhinderung eines Krieges in Europa, zumal er in einen Atomkrieg münden kann. Da sich die Folgen der Detonation einer Atombombe nicht auf einen spezifischen, d.h. staatlichen Raum begrenzen lassen, müßte ein originäres Sicherheitsinteresse als Orientierungsgröße der Politik zumindest die Regierungen der europäischen Staaten zueinander führen, über alle Systemgrenzen hinweg.

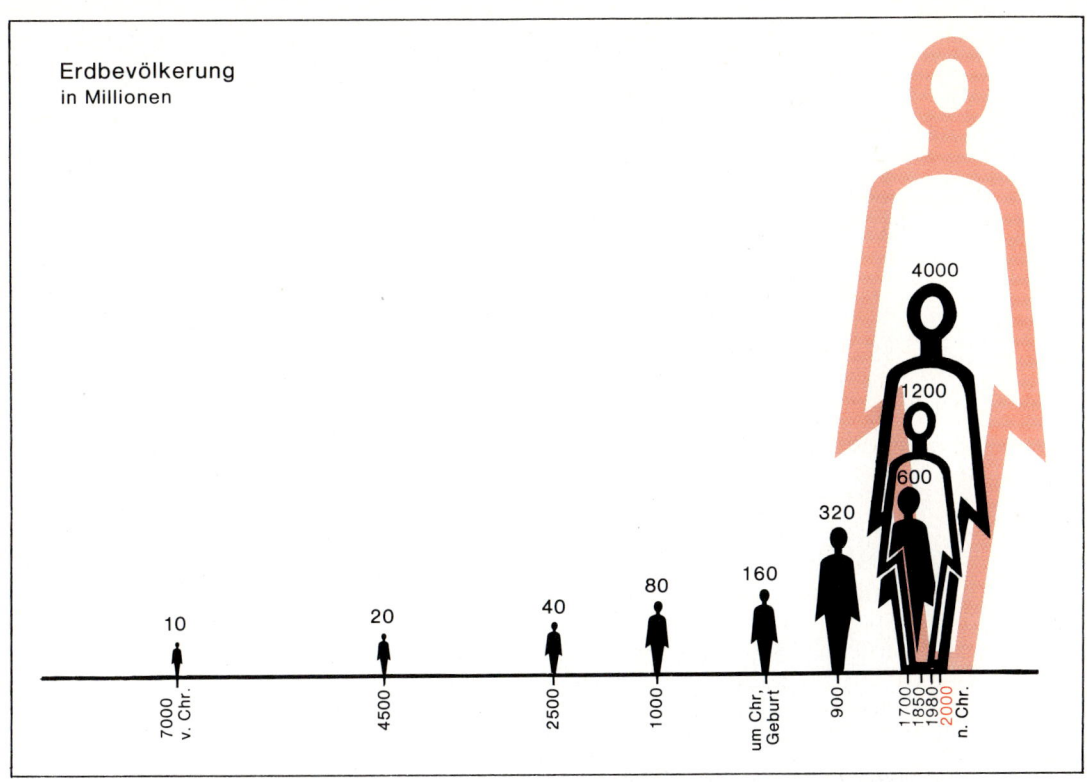

Erdbevölkerung
in Millionen

10 — 7000 v. Chr.
20 — 4500
40 — 2500
80 — 1000
160 — um Chr, Geburt
320 — 900
600 1200 4000 — 1700 1850 1980 2000 n. Chr.

Abb. 157: Ein grundlegendes Problem der internationalen Politik: Die Bevölkerungsexplosion

Neben hochindustrialisierten Staaten, deren überwiegende Bevölkerungsmehrheit in der Industrie, dem Handel und dem Gewerbe beschäftigt ist, finden sich Länder mit hauptsächlich landwirtschaftlicher Nutzung, der häufig Monokultur zugrunde liegt. In vielen Staaten gibt es einen hohen Prozentsatz *Analphabeten*, in anderen ist dieses Problem schon vergessen. An *Bodenschätzen* arme und reiche Staaten bestehen ebenso nebeneinander wie große und kleine, landwirtschaftlich fruchtbare und vegetationsarme, übervölkerte und menschenarme. Untersuchungen über das wirtschaftliche Wachstum einzelner Länder der Welt machen zudem deutlich, daß der Unterschied zwischen armen und reichen Staaten wächst und sich damit *Trennungsfaktoren* verstärken (s. Kap. 8.2.1.2).

Die Gefahren einer gewaltsamen Konfrontation zwischen reichen und armen, satten und hungernden Nationen erhalten damit einen immer höheren Wirklichkeitsbezug. Eine durch Technik ermöglichte, immer intensiver werdende internationale Nachrichten-Kommunikation sorgt für immer breitere Informationen, die diese Unterschiede bewußt machen.

Im Weltmaßstab betrachtet weist die Versorgungsproblematik auch auf die Frage nach den quantitativen und zeitlichen *Grenzen des Wachstums* der Lei-

stungsfähigkeit der Erde bei der Nutzung ihrer Ressourcen hin, z. B. Landverknappung, Trinkwassermangel (s. Kap. 10). Gegensätze zwischen armen und reichen Nationen sowie Spannungen innerhalb der Staaten zwischen den sozialen Schichten werden sich vertiefen, wenn nicht umwälzende Erfindungen (z. B. Laser-Technik) Erleichterungen bringen oder die Verteilungspro-

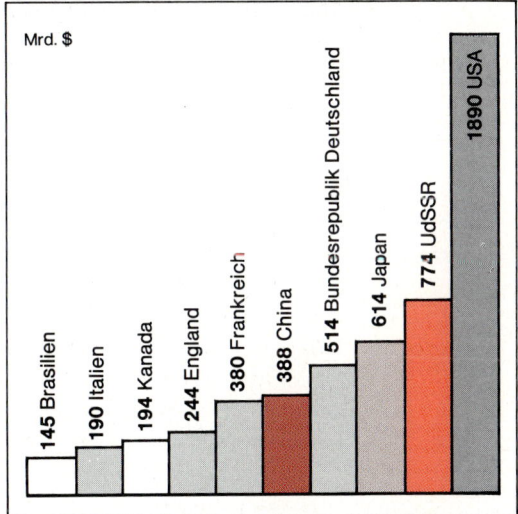

Mrd. $

145 Brasilien
190 Italien
194 Kanada
244 England
380 Frankreich
388 China
514 Bundesrepublik Deutschland
614 Japan
774 UdSSR
1890 USA

Abb. 158: Die wirtschaftlich stärksten Staaten der Erde; gemessen am Brutto-Inlandsprodukt (BIP) 1978

Analphabeten Bodenschätze

Trennungs-faktoren

Grenzen des Wachstums

Abb. 159: *Gegensätze in einem Land: Caracas die Hauptstadt des Erdöllandes Venezuela*

Abb. 160: *... und Pfahlbauten am Maracaibo-See*

Wirtschafts-
wachstum

Geburtenrate

bleme im internationalen und nationalen Maßstab neue Lösungen erfahren (s. Kap. 9).

Angesichts der bis zum Jahre 2000 zu erwartenden, für die Existenz der Menschheit katastrophalen Verdoppelung der Weltbevölkerung richtet sich das Hauptaugenmerk auf eine Senkung der Geburtenrate, während die Gefahr einer Erhöhung der Sterberate als Folge von Kriegen, Epidemien, Hunger, Umweltzerstörung usw. insgesamt nur vermindert droht. Für die Senkung der Geburtenrate stehen einerseits medizinische Mittel zur Verfügung, deren Anwendung jedoch aus vielen Gründen Grenzen gesetzt sind. Andererseits zeigt das Beispiel der Industriestaaten, daß sich mit höherem Lebensstandard (Bildung und

materielle Versorgung) die Geburtenrate selbstregulierend senkt. Insofern könnte ein bewußt gebremstes Wachstum im Lebensstandard der Industriestaaten zugunsten einer schnelleren Wirtschaftsentwicklung in Entwicklungsländern den Interessen und der Zukunft aller Menschen dienen. Allerdings wäre sie auch mit neuen Umweltverschmutzungen verbunden, die nicht nur die Produktion von Gütern sondern vor allem die dafür erforderliche Energieerzeugung verursacht (s. Kap. 10.2.3).

Alternativen für eine allseits tragbare Problemlösung reichen von intensiveren Geburtenkontrollen über ein mit Konsumverzicht verbundenes Bremsen des Wirtschaftswachstums in den

Industrieländern, der Änderung ökonomischer Austauschverhältnisse und -systeme (s. S. 312 ff.), der Herstellung wesentlich langlebigerer Produkte und Produktionsmittel bis zu weltweiten Planungen für den Verbrauch und die Gewinnung von Energie (s. Kap. 10.2.3). Solche Maßnahmen setzen aber nicht nur eine breite Neuorientierung in den Wertvorstellungen vieler Menschen voraus, sondern bedeuten auch tiefgreifende Einschnitte in soziale Gewohnheiten. Ein grundlegendes Umdenken und Umorientieren wäre erforderlich, soll das Erreichte bewahrt, das Überleben gesichert werden.

Wertvorstellungen

Ähnlich wie die Bevölkerungsexplosion geht das Problem der Umweltzerstörung in den Regionen wegen seiner globalen Auswirkungen alle Nationen an. Auch diese Probleme fordern zunehmend zu gemeinsamen friedlichen Anstrengungen heraus, sollen die gefährlichen Auswirkungen auf die Überlebenschance der Menschen abgewendet werden.

In der politischen Wirklichkeit sind trotz weitreichender Einsicht in die Problematik gemeinsamem Handeln Grenzen gesetzt. Aus den unterschiedlichen ethnischen, sprachlichen, religiösen, wirtschaftlichen, nationalen Bedingungen bis hin zu historischen Erfahrungen und natürlichen Gegebenheiten des Klimas ergeben sich voneinander abweichende Wertvorstellungen und politische Aktionsmuster. So weichen die Menschen nicht nur in ihrer Lebensweise, Lebensauffassung oder im Lebensstandard stark voneinander ab, sondern sie verfügen notwendig auch über unterschiedliche Vorstellungen von den Formen des politischen Zusammenlebens, von der Gestaltung ihrer nationalen politisch-gesellschaftlichen Ordnungen sowie von den Formen und Inhalten internationaler Beziehungen, von den Grenzen und Möglichkeiten internationaler Zusammenarbeit. Unüberwindlich erscheinende Gegensätze drohen sich zu Kriegen auszuweiten und wecken das Bedürfnis nach Sicherheit.

Aktionsmuster

Eine Fülle von politischen Systemen und Regierungsformen mit mannigfaltig verflochtenen wie auch interdependenten innen- und außenpolitischen Interessen, Problemstellungen oder Zielsetzungen kennzeichnen daher das traditionelle Feld, auf dem sich Außenpolitik und internationale Politik bewegen. Unter *Außenpolitik* oder *auswärtiger Politik* soll hier die Politik nationaler Regierungen oder ihrer Beauftragten im internationalen Bereich begriffen werden, während *internationale Politik* und *internationale Beziehungen* die Gesamtheit der Entwicklungstendenzen und Handlungsmuster im internationalen Bezie-

Außenpolitik

Internationale Politik

Zahlen in %	Westliche Industrieländer	Ostblock	Entwicklungsländer
Zinn	4	17	79
Erdöl	10	16	74
Erdgas	22	38	40
Eisen	35	36	29
Bauxit	38	6	56
Phosphat	39	18	43
Kupfer	41	14	45
Nickel	44	15	41
Kohle	49	48	3
Mangan	52	29	19
Zink	69	16	15
Blei	70	17	13

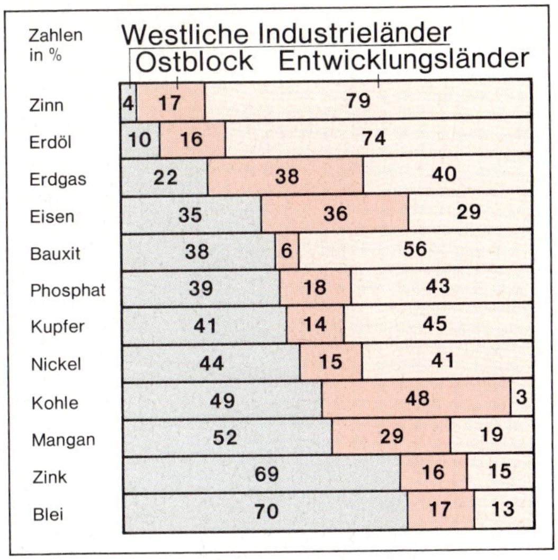

Abb. 161: Ein Grundproblem der internationalen Politik: Die Verteilung der Rohstoffreserven

hungsgeflecht erfaßt, nicht nur die Beziehungen zwischen Regierungen. Aufgabe politikwissenschaftlicher Analyse dieses internationalen Systems ist es, den Versuch zu unternehmen, dieses scheinbar undurchschaubare und unüberschaubare internationale Organisations- und Handlungsgeflecht zu strukturieren sowie nach grundsätzlichen Entwicklungsbedingungen und Handlungsmotiven zu befragen.

7.1.2 Akteure im internationalen Beziehungsgeflecht

Kräfte und Akteure, die heute im Geflecht internationaler Beziehungen bzw. auf internationaler Ebene als Handlungs-, Einfluß- und Entscheidungsträger auftreten, lassen sich etwa in vier Kategorien zusammenfassen, deren Grenzen zueinander allerdings oft fließend verlaufen: Regierungen der Nationalstaaten, von Regierungen ins Leben gerufene und getragene internationale Organisationen, transnationale Kräfte, d.h. international organisierte nationale Gruppen und Personen sowie internationale, in nationalen gesellschaftlichen und staatlichen Einheiten kaum verwurzelte oder nicht an sie gebundene internationale Organisationen, Institutionen, oder Einzelpersonen.

7.1.2.1 Regierungen von Nationalstaaten

Regierungen von Nationalstaaten oder ihre Vertreter stehen bis heute im Vordergrund internationaler Aktivitäten und auch des Interesses einer nationalen bzw. internationalen Öffentlichkeit.

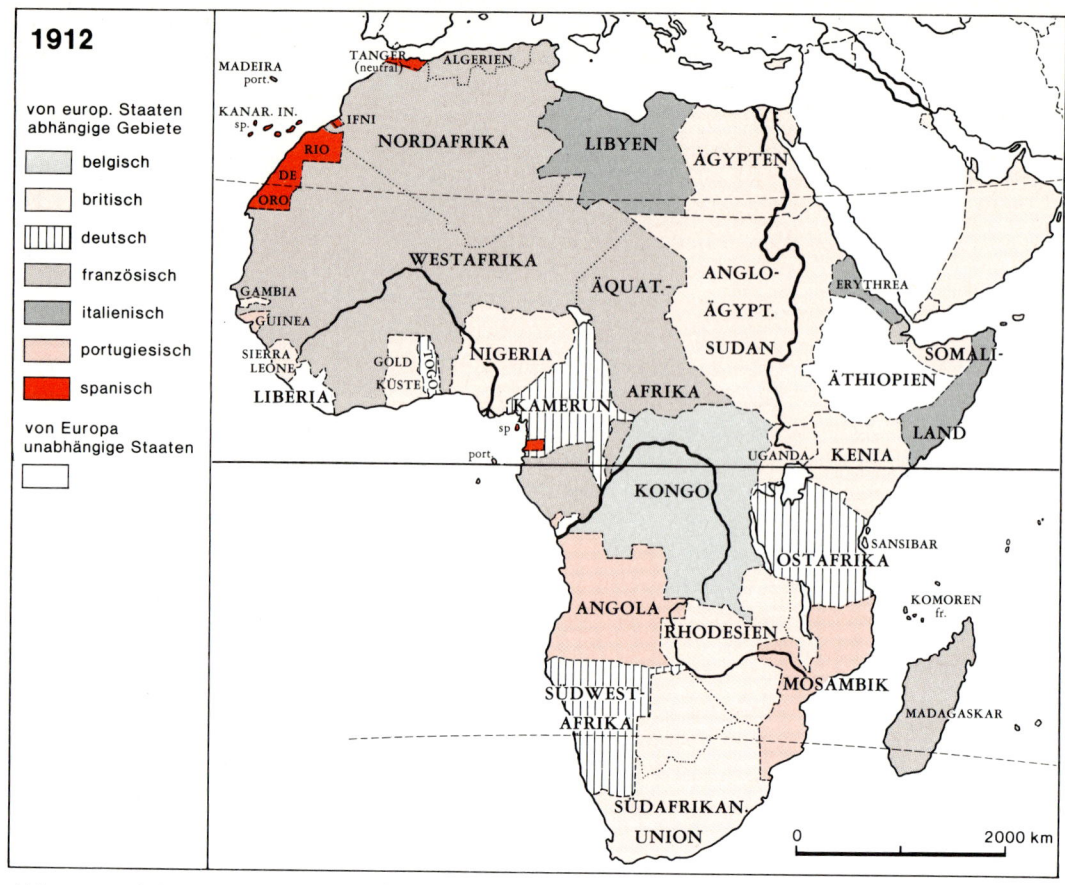

1912

von europ. Staaten
abhängige Gebiete

- belgisch
- britisch
- deutsch
- französisch
- italienisch
- portugiesisch
- spanisch

von Europa
unabhängige Staaten

MADEIRA
port.

TANGER
(neutral)

ALGERIEN

KANAR. IN.
sp.

IFNI

RIO
DE
ORO

NORDAFRIKA

LIBYEN

ÄGYPTEN

WESTAFRIKA

ÄQUAT.-

ANGLO-
ÄGYPT.

SUDAN

ERYTHREA

GAMBIA
GUINEA

SIERRA
LEONE

GOLD
KÜSTE

NIGERIA

AFRIKA

SOMALI-

LIBERIA

KAMERUN
sp.
port.

ÄTHIOPIEN

UGANDA

KENIA

LAND

KONGO

OSTAFRIKA

SANSIBAR

KOMOREN
fr.

ANGOLA

RHODESIEN

MOSAMBIK

SÜDWEST
AFRIKA

MADAGASKAR

SÜDAFRIKAN.
UNION

0   2000 km

Abb. 162: Afrika als kolonialisierter Erdteil

**National-
staaten**

Heute bestehen 178 Nationalstaaten. Etwa 30 Gebiete befinden sich als Ergebnis des Kolonialismus noch in besonderen Abhängigkeitsverhältnissen als Protektorat, Dominion, Kolonie, als Treuhandgebiet der Vereinten Nationen usw. Wegen ihrer geringen Bevölkerungszahl fallen sie im internationalen Staatensystem politisch kaum ins Gewicht, es sei denn, ein Konflikt entbrennt um sie (Falkland-Krieg 1981).

Noch vor siebzig Jahren trug die politische Karte der Welt ein ganz anderes Aussehen. Im 19. Jh. hatte ein Prozeß der Nationalstaatsbildung eingesetzt, der bis in unsere Tage anhält. Seine Hauptantriebe bezog er einerseits aus dem in der französischen Revolution als politische Kraft aufblühenden Nationalismus, der jedem Volk seinen Nationalstaat zuerkannte, andererseits aus der wachsenden Forderung nach demokratischer Herrschaftsausübung, d.h. nach einer vom Volk kontrollierten Regierung. Auf dem Hintergrund der damit ausgelösten Umsturz- und Loslösungstendenzen entstand im 19. und 20. Jh. eine Fülle neuer Staaten. Diese Entwicklung wurde begünstigt durch die Ergebnisse zweier Weltkriege. Insbesondere führte nach dem II. Weltkrieg die Auf-

Souveränität

**Selbst-
bestimmung**

lösung der Kolonialreiche zur Entstehung zahlreicher neuer selbständiger Staaten in Afrika und Asien im Zeichen von Nationalismus und Antikolonialismus.

Nachdem heute die Kolonialreiche weitgehend aufgelöst sind, hat der Nationalismus eine entscheidende Triebkraft für Selbständigkeitstendenzen und -bestrebungen verloren. Beispiele wie die Kurden, Basken und Armenier zeigen aber nach wie vor seine internationale Brisanz. Man kann heute sogar von einer Renaissance des Nationalismus in aller Welt sprechen.

Allen Nationalstaaten ist gemeinsam, daß sie mit ihrer staatlichen Konstituierung staatliche Souveränität erlangten. Im völkerrechtlichen Sinne bedeutet dies, daß souveräne Länder über ihre inneren und äußeren Angelegenheiten prinzipiell selbst zu bestimmen vermögen und somit keinen Weisungen anderer Staaten oder Organisationen unterworfen sind. Das Streben nach nationaler Souveränität ist daher aufs engste mit dem Streben nach nationaler Selbstbestimmung verknüpft. Es soll die Fähigkeit erworben werden, die Belange der jeweils in einem Staatsverband erfaßten Gesellschaft unabhängig zu formulieren und nach

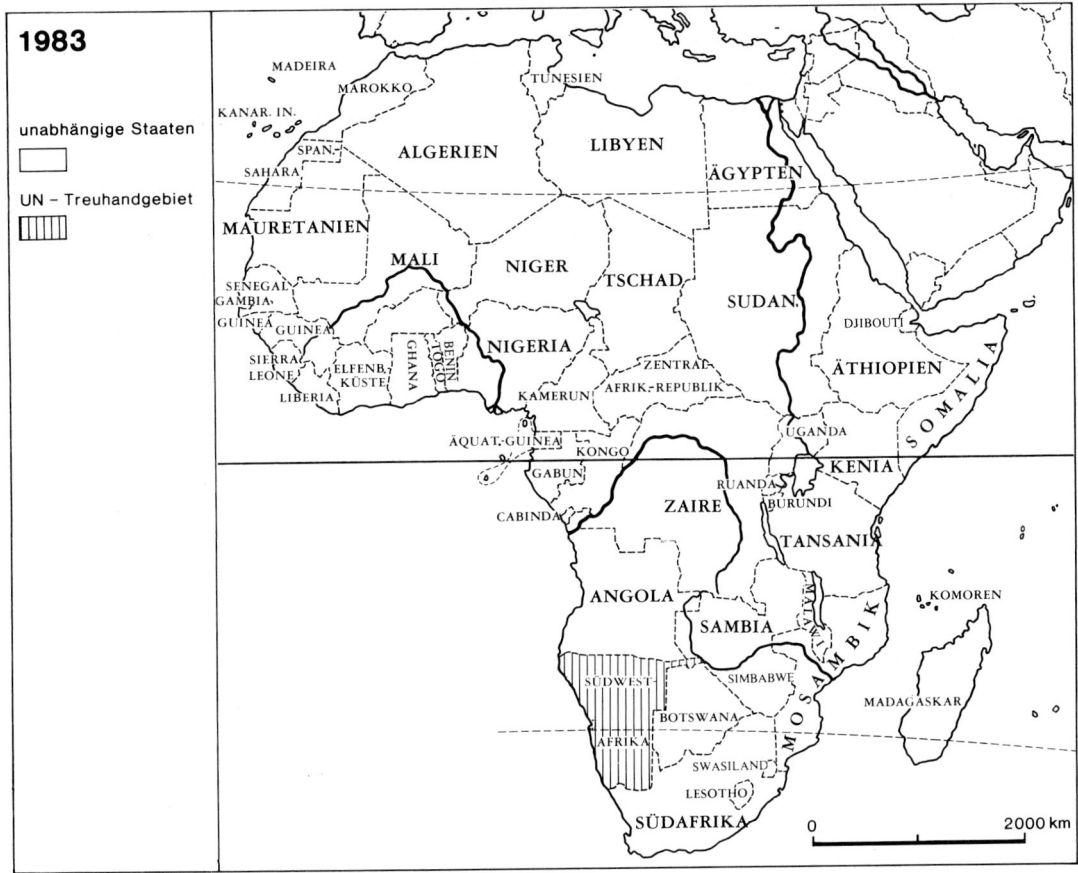

Abb. 163: Afrika nach der Entkolonialisierung

außen zu vertreten (s. KALTENBRUNNER 1979). Die politische Realität setzt der Verwirklichung dieses Anspruchs allerdings vielfältige Grenzen.

Einbindung

Da jeder Nationalstaat in das Beziehungsgeflecht des internationalen Systems eingebunden ist und damit z.B. bestimmten machtpolitischen oder ökonomischen Konstellationen unterliegt, kann

Gründungs-
motive

die tatsächliche Ausschöpfung völkerrechtlicher Souveränität nur in unterschiedlichen Graden durch die Regierungen der einzelnen National-staaten erfolgen. Selbst einer Großmacht sind Grenzen gezogen. Es kommt allerdings in hohem Maße auf das politische Geschick an, das natio-nale Regierungen zu entfalten vermögen, wenn es um die Wahrnehmung souveräner Rechte geht.

7.1.2.2 Von Nationalstaaten getragene internationale Organisationen

Im 20. Jh. liegt nicht die Geburtsstunde der von Nationalstaaten getragenen, regional oder welt-weit ausgerichteten Organisationen, aber doch ihre explosionsartige Zunahme. Sie gingen aus der Kooperation nationalistischer Akteure her-

vor. Mit ihnen wurden institutionelle Voraussetzungen geschaffen für geregelte, kontinuierliche Willensbildungs- und Entscheidungsverfahren im internationalen Rahmen. Zu ihren Aufgaben gehört es in erster Linie, im Interesse aller Beteiligten sinnvolle Lösungen zu finden. Darum liegen die Motive, die zu ihrer Gründung führten, recht unterschiedlich. Sie reichen von einem gemeinsamen Interesse an rationaler Bedürfnisbefriedigung breitesten Zuschnitts (z.B. Weltpostverein 1876, Rotes Kreuz 1864/1906) bis zu macht- und herrschaftspolitischen Absichten. Die Vereinten Nationen (s. S. 417 ff.) mit der Fülle ihrer Einzelinstitutionen gehören ebenso dazu wie die Integrationsorganisationen in und außerhalb Europas (s. S. 345 ff. und S. 355 ff.), institutionell verankertes Gemeinschaftshandeln im militärischen (z.B. NATO s. S. 409 f., Warschauer Pakt s. S. 409) oder wissenschaftlichen (z.B. europäische Weltraumrakete) Bereich. Dort, wo jede gemeinsame Problemlösung nicht mehr der Sanktion durch nationale Regierungen bedarf – und dies ist überwiegend der Fall –, entwickeln diese Organisationen insbesondere auf Grund ihrer Sachkompetenz oder durch besondere Aktivitäten ihrer Vertreter ein Eigengewicht. Sie vermögen die Entscheidung nationaler Akteure vorzubestimmen oder lassen kaum Spielraum mehr für solche autonomen Entscheidungen.

7.1.2.3 Transnationale Kräfte mit nationalstaatlicher Verankerung

Neben den Regierungen oder Regierungsvertretern treten als Akteure im internationalen Beziehungsgeflecht zunehmend politische oder gesellschaftliche Gruppen oder Einzelpersonen auf. Sie sind innerhalb eines Staates organisiert und damit in der Kultur und dem Interessengeflecht seiner Gesellschaft verwurzelt. Ihr Ziel ist es im allgemeinen, durch Kooperation mit Gleichgesinnten bzw. Interessierten eigene Wertvorstellungen und Interessen in das internationale System einzubringen, um die Chance ihrer Verwirklichung für den nationalen wie auch für den internationalen Rahmen zu erhöhen. Für diese Zwecke bestehen regionale oder weltweit organisierte internationale Zusammenschlüsse, die als dauerhafte Dachverbände oder lockere Zusammenschlüsse bis hin zu mehr oder weniger regelmäßigen Konferenzen, Tagungen, Kontakten in Erscheinung treten. So fanden sich politische Parteirichtungen und Interessenverbände zusammen, denen auch die entsprechenden deutschen Organisationen angehören.

Auch auf gewerkschaftlicher Ebene sind die meisten nationalen Verbände in internationalen Organisationen zusammengeschlossen, die eine gewisse dreifache Fächerung aufweisen, je nach politischer Grundoption. Wissenschaft und Technik, Wirtschaft und Handel (z.B. internationale Kartelle), Kultur und Sport kennen ebenfalls solche internationalen Vereinigungen. Diese Vereinigungen erhöhen für nationale Gruppen und Personen die Möglichkeit, die Politik ihrer eigenen nationalen Regierung außerhalb des Staates zu unterstützen oder aber auch zu bekämpfen bzw. zu unterlaufen. Die zweite Chance eröffnet sich allerdings allen Gruppen in demokratisch-pluralistischen Gesellschaften. Demgegenüber treten Organisationen aus kommunistisch regierten Staaten immer als Exponenten bzw. Interpreten der jeweiligen eigenen nationalen Regierungspolitik auf. Wie immer aber im einzelnen die Kooperationsform inhaltlich und organisatorisch sein mag, sie verbindet unumgänglich die Elemente des internationalen Gedankenaustauschs, der Informationsvermittlung oder der Kooperation mit der nationalen Gesellschaft und umgekehrt.

*Religionsge-
meinschaften*

Parteien

*Gewerk-
schaften*
*Multinatio-
nale Konzerne*

Sport

*Medien-
austausch*

7.1.2.4 Transnationale Kräfte ohne nationalstaatliche Bindung

Während die international organisierten nationalen Gesellschaftsgruppen mit dem Gewicht ihrer nationalen Organisation auf der internationalen Ebene auftreten, mangelt es den national weitgehend ungebundenen Akteuren an dieser Art Rückhalt. Ihr Einfluß muß daher nicht minder stark sein, im Gegenteil, die Stärke ihres Einflusses erwächst geradezu oft aus der nationalstaatlichen Ungebundenheit. In diesem Zusammenhang ist zunächst an Zentren bzw. Organisationen von Religionsgemeinschaften zu denken, z.B. an den Vatikan in Rom mit dem Papst, an das religiöse Oberhaupt der Sikhs, an den Einfluß muslimischer Geistlichkeit oder der Mönche bestimmter buddhistischer Klöster über die nationalen Grenzen hinweg. Das wachsende Sektenwesen mit fest organisierten Strukturen oder Einzelpredigern hat hier ebenfalls seinen politischen Stellenwert. Ein Beispiel bietet auch die Organisation der zerstreuten Palästinenser, PLO. An die Ausstrahlungskraft wissenschaftlicher Vereinigungen wie des „Club of Rome" (s. Kap. 10.1) oder der „Pugwash-Konferenzen" ist in diesem Zusammenhang ebenfalls zu denken, wie auch an internationale Konferenzen und Begegnungen im politischen, wirtschaftlichen, wissenschaftlichen und kulturellen Bereich.

Eine besonders brisante Gruppierung dieser Art stellen die „Multinationalen Konzerne" dar (s. Kap. 9.2.3.3). Außerordentlich schwierig zu durchschauen und erfaßbar ist die Fülle von Aktivitäten von Einzelpersonen oder kleinsten Gruppen mit direktem oder indirektem politischen Gewicht im internationalen Feld. Hier ist z.B. zu denken an wissenschaftliche Berater oder Finanzmakler, aber auch an Bereiche des internationalen illegalen Waffenhandels sowie an Rauschgiftschmuggel. Aktivitäten dieser Kategorien von Akteuren, d.h. gesellschaftlicher Gruppen oder Einzelpersonen, werden auch als „transnationale Beziehungen" gekennzeichnet, um sie von nationalstaatlicher Politik abzuheben (W. LINK 1978, S. 5). Diese Akteure sind sicher nicht die einzigen Vermittler und Empfänger von Ideen, Interessen, Einflüssen (Werten) unterschiedlichster Natur im internationalen System. Auch der Medienaustausch (z.B. Empfang von Fernsehsendungen über die Grenzen hinweg, Presseartikel, Bücher) und der internationale Tourismus sowie der Welthandel (s. Kap. 9.3.3) dienen als Träger solch internationaler Werte, vermögen Entwicklungseinrichtungen zu fördern oder zu hemmen.

Ihre Verbreitung und damit das Ausmaß „autonomer" qualitativer und quantitativer Einwirkung auf die Bürger dieser Welt ist aufs engste verknüpft mit deren Bildungsniveau sowie mit dem Grad an Offenheit, den gesellschaftliche und politische Systeme erlauben. Wenngleich eine vollständige Abkapselung nicht realisierbar erscheint, dürften doch grundlegende Unterschiede zwischen Haiti oder der UdSSR auf der einen, der Bundesrepublik Deutschland oder Kanada auf der anderen Seite bestehen.

Sicher können sich die Akteure internationaler Politik aller vier Kategorien prinzipiell im gleichen formalen Ausmaß mit internationalen Informations- oder Argumentationsmustern, mit Interessenstrukturen oder Motivationszusammenhängen vertraut machen und bei der Gestaltung nationaler außenpolitischer Entscheidung zur Geltung bringen. Das Ausmaß der Rückkoppelung in die Gesellschaften dürfte aber höchst unterschiedlich ausfallen. Von einer alle nationalen Gesellschaften in gleicher Weise erfassenden Durchdringung international verfügbarer Werte kann daher kaum die Rede sein.

7.1.3 Probleme der Analyse außenpolitischer Entscheidungen von Nationalstaaten

Welt-
gesellschaft

Die vielfältigen Aktivitätsinhalte und Aktivitätsebenen dieser vier Kategorien von Akteuren verdeutlichen die Fülle gegenläufiger bis paralleler politischer Tendenzen oder ausgeprägter Interessenverflechtungen. Orientiert an den einzelnen Akteuren kann eine politikwissenschaftliche Analyse daher wohl Teilaspekte zusammenziehen,

Keine Theorie

aber eine Theorie der internationalen Politik, die diesen Facettenreichtum des internationalen Beziehungsgeflechtes einheitlich zusammenzufassen vermag, gibt es nicht. Allerdings besteht ein weitgehender Konsens darüber, dieses Beziehungsgeflecht als „internationales System" zu bezeichnen sowie über die Existenz einer Hierarchie einzelner Bestimmungsfaktoren, von denen sich die Akteure leiten lassen. Für E. O. CZEM-

Begriff
Souveränität

PIEL stehen z. B. dabei Bereiche von Sicherheit, Wirtschaft und Herrschaft im Zentrum (siehe oberen Kasten).

W. ABENDROTH unterstreicht die Notwendigkeit, einzelne Aspekte oder Problemkreise der internationalen Beziehungen in ihrem sozial-historischen Zusammenhang zu sehen.

> „Als internationale Politik haben demzufolge zu gelten die Summe der sich über die Zeit durchhaltenden, aber veränderlichen Muster, die auf den Sachbereichen Sicherheit, Wirtschaft und Herrschaft die Handlungszusammenhänge bilden, die zwischen den politischen Systemen, zwischen den gesellschaftlichen Umfeldern, zwischen politischen Systemen und gesellschaftlichen Umfeldern und vice versa verlaufen, sowie diejenigen spezifisch auf diese Handlungszusammenhänge gerichteten Anforderungs-Umwandlungsbeziehungen zwischen politischen Systemen und ihren jeweiligen gesellschaftlichen Umfeldern."
> CZEMPIEL, 1981, S. 134

> „Diese Vorüberlegungen verdeutlichen, daß jeder Versuch, einzelne Aspekte oder Problemkreise der internationalen Beziehungen von ihrem Bezug auf diesen sozial-historischen Gesamtzusammenhang zu isolieren (oder die Außenpolitik einzelner Staaten außerhalb dieses Moments der Totalität der internationalen, wenn auch widerspruchsvoll organisierten, gesellschaftlichen Einheit und ihrer geschichtlichen Voraussetzungen und Entwicklungstendenzen zu beurteilen), an der Erfassung der Realität vorbeigeht, wenn er nicht mindestens auf die Problematik bewußt wieder zurückbezogen wird."
> W. ABENDROTH, 1974, S. 19

Die vielfach verflochtene und sich wechselseitig durchdringende Weltgesellschaft ist keine Entwicklung unseres Jahrhunderts, sondern betrifft die gesamte Menschheitsgeschichte. Diese Einsicht veranlaßte den deutschen Historiker O. HINTZE (1897, S. 67) zu der Formulierung, daß die Weltgeschichte ein großer einheitlicher Prozeß, eine große Verflechtung und Durchkreuzung nationaler und universaler Entwicklung sei.

In dieser Sicht verliert der Begriff des Nationalstaates an Aussagekraft und reduziert sich nahezu auf die Existenz ausschließlich national geprägter Institutionen und seiner Träger (F. MEINECKE 1962, S. 19). So betrachtet muß auch der Begriff der Souveränität eine Relativierung erfahren, die seinen hohen rechtlichen Anspruch erheblich zu mindern geeignet ist. Dies warf in der Wissenschaft die Frage auf, ob es überhaupt gerechtfertigt sei, von Außenpolitik zu sprechen, wenn es um die Handlungen eines Staates gegenüber anderen geht, um die Verwirklichung bestimmter Interessen eines Staates. Während auf der einen Seite diese Frage nur bejaht wird, wenn die internationalen und nationalen Gesamtzusammenhänge im Blick behalten werden erscheint auf der anderen Seite der Begriff Außenpolitik den tatsächlichen Entwicklungsverläufen immer weniger adäquat.

Primat der
Innenpolitik

> „Es war der Zweck dieser Ausführungen, einen allgemeinen operativen Grundriß der Analyse von Außenpolitik zu entwickeln. Es stellte sich heraus, daß unter den Bedingungen des 20. Jahrhunderts ein solches Unternehmen derart komplex ist, daß seine Durchführung größte Schwierigkeiten bietet. Sie liegen nicht zuletzt in der Erkenntnis, daß sich die klassische Trennung von Innen- und Außenpolitik nicht mehr aufrechterhalten läßt, sondern daß es vielmehr eines neuen Zuganges bedarf, der in der Umwertung des Staates von einem mehr oder minder monolithen Akteur in einen Agenten zur Erhaltung eines spezifischen gesellschaftlichen Systems nach innen und außen gefunden wurde. Eine solche methodische Trennung des eigentlich Zusammengehörenden in Aktionsbereiche ermöglicht dann die relativ isolierte Behandlung von Außenpolitik und macht sie zur sinnvollen Aufgabe für die Politikwissenschaft, ohne daß sie aus dem Auge verlieren darf, daß nur das Ganze die Wahrheit ist.“*
> KRIPPENDORF 1973, S. 213

Begriff
Außenpolitik

> „Der Begriff Außenpolitik gehört zu einer untergehenden Epoche der Weltgeschichte. Er ist gebunden an die Existenz souveräner Nationalstaaten, die es heute faktisch nicht mehr gibt.“*
> KIERSCH 1980, S. 18

Gesellschaft-
liche Interessen

Diese Vorstellung ist sehr stark von dem Vertrauen in eine unweigerlich fortschreitende Verflechtung durch Integration und Internationalisierung der Produktion getragen, die in eine „transnationale Weltgesellschaft“ mündet. Selbst unter Berücksichtigung dieser Tendenzen kann jedoch nicht übersehen werden, daß erstens der Wille und der Grad der Verflechtung bei den einzelnen Staaten unterschiedlich ausgeprägt ist und unterschiedlich verläuft. Zweitens haben sich die Regierungen von Nationalstaaten – wie immer die Einfluß- und Abhängigkeitsmuster aussehen mögen – weitestgehend die letzte Entscheidung vorbehalten.

> „Denn trotz der rapiden Entwicklung der internationalen Gesellschaft in den letzten Jahrzehnten bleibt die Entscheidungsgewalt den Einzelstaaten vorbehalten.“*
> (J. FRANKEL 1965, S. 9)

Dies macht auf zwei von jeher bestehende grundlegende Eigenheiten von Außen- und internationaler Politik aufmerksam: die Interdependenz von politisch-gesellschaftlichem System und Außenpolitik sowie das damit zusammenhängende Problem der Verwirklichung bzw. Wahrung nationaler Interessen.

7.1.3.1 Politisch-gesellschaftliches System und Außenpolitik

Es ist ein Verdienst der wissenschaftlichen Beschäftigung mit Außenpolitik, Entscheidungen und Haltungen von nationalen Regierungen im außenpolitischen Feld – also Außenpolitik – auch als Instrument für Systemstabilisierung und damit als Ausdruck der Bedürfnisse und Interessen herrschender gesellschaftlicher Gruppen zu begreifen (E. KEHR in: E. KRIPPENDORFF 1973, S. 122–143). Ein Primat des innerpolitischen Bedürfnisses gegenüber außenpolitischen Erfordernissen kann aus dieser Sichtweise geradezu hergeleitet werden. Unter diesen Umständen wäre jedem politischen System das Streben immanent, nicht nur eigene Wertvorstellung in das internationale Beziehungsgeflecht einzugeben, sondern alles zu tun, um spezifische innere Herrschaftsverhältnisse auch mit Hilfe der Außenpolitik abzusichern. Darum muß besondere Aufmerksamkeit jenen Gruppen und Personen gelten, die die außenpolitische Linie eines Landes bestimmen oder formulieren, dabei gesellschaftliche Kräfte vertreten und deren Interessen in die Außenpolitik einfließen lassen.

Es ist somit bei der Analyse von nationaler Außenpolitik immer der Frage nachzugehen, ob und inwieweit die Darstellung außenpolitischer Sachverhalte oder Entscheidungen dem Interesse vorherrschender gesellschaftlicher Kräfte entspricht. Scheinbare oder tatsächliche außenpolitische Gefahren können zur Legitimierung von Druck nach innen genutzt werden (Einschränkung von Freiheitsrechten oder bei der Versorgung), oder innenpolitisch gefährdete Regierungen können durch eine erfolgreiche Außenpolitik Stabilisierung erhoffen und erfahren.

Dies kann in ausgeprägtem Maße dadurch geschehen, daß Regierungen nach außen als Sprecher und Interpreten des nationalen Interesses (s. S. 379) auftreten und auftreten müssen, weil eine verbindliche Kommunikation mit politischen Adressaten (Partnern, Gegnern usw.) im internationalen Raum die Voraussetzung für auch nur ein Minimum an Stabilität und Sicherheit des Miteinanders darstellt. Der Grad an gesellschaftlichem Konsens, den Regierungen dabei finden, kommt in demokratisch-pluralistisch organisierten Staaten in der Regel in einer mehr oder weniger großen Bevölkerungsmehrheit zum Ausdruck, die diese Regierung gewählt hat. Dies führt zu der normalen, aber scheinbar widersprüchlichen Situation, daß Regierungen dazu neigen, nach außen für die Gesamtheit der Staatsbürger zu sprechen, während sie tatsächlich aber nur von einer Mehrheit unterstützt werden. Nicht demokratisch legitimierte Regierungen, denen im allgemeinen wahrscheinlich nicht einmal Mehrheiten zur Verfügung stehen, können die öffentliche Meinung manipulieren und mit dem Image einer umfassenden Unterstützung durch die Bevölkerung im außenpolitischen Feld auftreten. So können und werden in allen politischen Systemen außenpolitische Haltungen zur Systemstabilisierung genutzt. Dennoch bestehen nicht unerhebliche Unterschiede für „manipulative" Möglichkeiten zwischen dem außenpolitischen Entscheidungsprozeß und den Entscheidungsinhalten autoritärer und diktatorisch herrschenden Regierungen und denen von demokratisch-pluralistischen Gesellschaften:

- Eine demokratische Regierung wird für das außenpolitische Feld auf die öffentliche Meinung ihres Landes Rücksicht nehmen müssen. Andernfalls verliert sie an Prestige und Wählerstimmen. Dort, wo die Presse von der Regierung beherrscht wird oder diese über ein Informationsmonopol verfügt, kann die Regierung Wahrheit unterdrücken, Tatsachen verfälscht darstellen und Kritik an ihr verhindern. Diese Regierungen besitzen daher einen größeren Spielraum bei der Wahl ihrer Mittel und in der Verfolgung außenpolitischer Ziele.

- Demokratisch legitimierte Regierungen sind schwerfälliger in ihrer außenpolitischen Aktionsfähigkeit. Sie sind aus rechtlichen oder politischen Gründen im allgemeinen gehalten, sich vor außenpolitischen Entscheidungen mit den wichtigsten gesellschaftlichen Kräften ihres Landes (Parteien, Verbänden, Parlament usw.) abzustimmen. Dieser Vorgang kostet Zeit und die Probleme geraten auch dann an die Öffentlichkeit, wenn taktische Erwägungen dagegenstehen. Können hingegen außenpolitische Entscheidungen nur hinter verschlossenen Türen und unter Beteiligung eines kleinen Personenkreises gefällt werden, lassen sich schnelles und auch überraschendes Handeln oder ein hoher Grad an Geheimhaltung besser gewährleisten.

- Demokratisch legitimierte Regierungen pluralistischer Staaten werden sich grundsätzlich – um in Einklang mit den Wertvorstellungen ihres Systems zu handeln – auch im Außenumgang aggressiver bzw. militärischer Interventionen enthalten, weil sie sie ihrer Bevölkerung vermitteln müßten. Autoritär regierte Staaten eröffnen ihren Regierungen ein wesentlich höheres Maß an Chancen für gewaltsame Expansion, weil sie sich nicht öffentlicher Kritik auszusetzen haben, ihre tatsächlichen Motive nicht zu vermitteln brauchen, sondern wertkonforme über das Informationsmonopol kanalisieren können. Diese Systeme sind daher allgemein gefährlicher für internationale Sicherheit und Frieden als offene, demokratisch-pluralistische.

7.1.3.2 Das nationale Interesse

Politische Akteure und wissenschaftliche Untersuchungen verwenden bei der Darstellung oder Analyse von Bestimmungsfaktoren auswärtiger Politik Begriffe wie „Staatsinteresse" oder „nationales Interesse". Dieser Ansatz geht davon aus, daß es für jeden Nationalstaat bzw. seine Gesellschaft unbestreitbare, mehr oder weniger langfristig wirkende Faktoren gebe, die jede Regierung zu berücksichtigen habe, unabhängig von ihrer aktuellen politischen Orientierung.

In der Wissenschaft ist es insbesondere die „realistische Schule" in den USA gewesen, die mit ihrem Vertreter H. MORGENTHAU die Idee vom nationalen Interesse neu belebte und ihre ausgeprägte Anwendung bei der Handhabung praktischer amerikanischer Außenpolitik forderte. Als nationales Interesse oder Staatsinteresse gelten die Sicherheit und Existenz des Staates und seiner Gesellschaft (bisweilen einschließlich seiner Regierung) sowie das Wohlergehen der in ihm lebenden Bürger. Es umfaßt also Faktoren, die innerhalb wie auch außerhalb eines Staates liegen und zudem als konstante und variable Größen auftreten. Natürliche Ressourcen eines Staates und seine geographische Lage bilden z. B. zwei für seine Außenbeziehungen fundamentale Konstanten, da von ihnen das nationalstaatliche und geographische Umfeld ebenso vorgegeben ist wie Wirtschafts- und Handelspotenzen. Länger oder kurzfristig variabel können hingegen Interessen begriffen werden, die z. B. wirtschaftlichen Bedingungen oder sozialen, ethnischen, moralischen, religiösen Wertvorstellungen entstammen.

In unterschiedlichen historischen Phasen besaßen diese Größen daher ein unterschiedliches politisches Gewicht bei der Interpretation und Bestimmung nationalstaatlicher Außenpolitik. Variabel und konstant können auch die Faktoren sein, die aus dem äußeren Umfeld auf politische Entscheidungen nationaler Regierungen einwirken. So können sich unter Berücksichtigung gesellschaftlicher und internationaler Bedingungen für nationale Regierungen politische Optionen ergeben, die das nationale Interesse z. B. mit einer Politik des Gleichgewichts (Balance of Power Policy Englands), des „Isolationismus" (USA bis zum II. Weltkrieg), der „Blockfreiheit" (Gruppe der Blockfreien S. 395) oder aber auch der Annexion, des Imperialismus oder eines militärischen Prä-

Sicherheit ventivschlages verbinden. Sicherheit, die physische Existenz und Integrität von Staaten und ihrer Gesellschaften steht allerdings bis heute an der Spitze der Werteskala des nationalen Interesses aller Staaten. Solange der Krieg als ein Mittel

Krieg zwischenstaatlicher Konfliktlösung akzeptiert war und z. T. noch ist, wurde und wird staatlicher Sicherheit und Unversehrtheit einschließlich nationaler Selbstbestimmung ein Primat vor allen anderen innergesellschaftlichen Belangen einge-

Primat der räumt. Damit erlangt auch die Außenpolitik ein
Außenpolitik ausgeprägtes Primat vor der Innenpolitik, wird die Selbstbehauptung nach außen zur prägenden Kraft für innergesellschaftliche Entwicklungen. Die Formulierung und Handhabung von Sicherheitspolitik liegen aber immer bei einer relativ kleinen Elite eines Landes. Sie kann daher – wie Geschichte und Gegenwart zeigen – immer als Instrument der Herrschaftssicherung eingesetzt werden. Der Grad solcher Instrumentalisierung hängt nicht zuletzt von dem Ausmaß demokratischer Legitimation und Kontrolle der Regierenden ab.

Das Wohlergehen der Bürger als ein weiterer primärer Faktor von Staatsinteresse zielt insbesondere auf wirtschaftliche Aspekte. Es wird je nach dem wirtschaftlichen Entwicklungsniveau, nach dem Besitz von Rohstoffen, den Handelsinteressen usw. unterschiedlich interpretiert werden. Staaten mit demokratisch legitimierten Regierungen messen zudem der Sicherung des Wohlergehens der Bürger ein höheres Gewicht bei, zumal dieser Bereich zentraler Bestandteil von Wahlkämpfen ist.

Außenpolitik kann somit im 20. Jh. zunehmend als Ausdruck der Verwirklichung innergesellschaftlicher Ziele und Bedürfnisse begriffen werden, insbesondere dort, wo der Krieg nicht mehr als legitimes Mittel gilt und die politischen Systeme demokratische Herrschaft sichern.

Bis heute aber wirkt die Interdependenz zwischen äußerer Sicherheit und gesellschaftlichem Wohlergehen. Werden äußere Entwicklungen als existentielle Bedrohung erkannt und begriffen, pflegen gesellschaftliche Tendenzen, die eine Stärkung der äußeren Sicherheit auch auf Kosten des Wohlergehens breiter gesellschaftlicher Schichten durchsetzen, zu wachsen. Das Primat der äußeren Sicherheit wird dann tendenziell zum Kern aller nationalstaatlichen Politik, nicht nur der Außenpolitik.

7.1.4 Instrumente der Bewahrung und Veränderung des internationalen Systems

Einflüsse unterschiedlichster staatlicher und gesellschaftlicher Kräfte auf den Gang der internationalen Beziehungen bewirken einen nahezu ständigen Wandel der Struktur des internationalen Systems. Niemals begrüßen alle Kräfte und Akteure der „Weltgesellschaft" diese Entwicklung, da ihre Interessenlage (s. S. 379) unterschiedlich ist. In der breiten Skala der Möglichkeiten zur Gestaltung des internationalen Systems, die von dem Bemühen um Bewahrung über graduelle Veränderungen bis zu radikalem Wandel reichen, stehen viele Instrumente zur Verfügung. Unter ihnen ragen drei besonders hervor: Machtpolitik, Völkerrecht und Diplomatie.

7.1.4.1 Machtpolitik

Machtpolitik als Instrument staatlichen aber zunehmend auch gesellschaftlichen Einflusses auf die internationalen Beziehungen gehört zu dem ältesten Mittel auswärtiger und internationaler Politik.

Macht bedeutet die Fähigkeit, bestimmte Ziele und Vorstellungen mit politischen, wirtschaftlichen, psychologischen, militärischen oder persönlichen Mitteln durchzusetzen. Innerhalb und zunehmend auch außerhalb eines Staates können Parteien, Behörden, Interessenverbände, Einzelpersonen usw. Macht besitzen und ausüben. In den internationalen Beziehungen sind bis heute in erster Linie die Regierungen von Staaten Träger der Macht. Ihre Macht gründet sich auf verschiedene Elemente, z. B. die Größe und Bevölkerungszahl des Landes, seine geographische Lage, seine militärische Stärke, den Stand seiner wirtschaftlichen und technischen Entwicklung, seine

Abb. 164: Die Kuba-Krise im November 1962 ist gelöst: Der sowjetische Frachter „Anosow" mit acht Raketen auf dem Oberdeck auf der Rückfahrt

Gerechter Krieg

Machtpolitik

Bodenschätze, die Potenz seiner Verbündeten, die strategische Bedeutung usw. Eine große Anzahl dieser Faktoren muß zusammentreffen, um einen Staat als Macht oder gar als Großmacht charakterisieren zu können.

Machtpolitik liegt in der Außenpolitik dann vor, wenn ein Staat bereit ist, seine Interessen und seinen Willen gegenüber anderen Staaten unter Verwendung aller ihm zu Gebote stehenden und opportun erscheinenden Mittel durchzusetzen. Ob die Außenpolitik eines Staates den Charakter von Machtpolitik trägt, hängt nicht allein von den Machtmöglichkeiten dieses Staates ab, sondern von dem Willen seiner politischen Führung.

Machtpolitik muß nicht notwendig mit militärischer Gewaltpolitik identisch sein. Sie kann sich neben der militärischen auch moralischer, wirtschaftlicher, persönlicher Mittel bedienen. Immer wird mit ihr das Ziel verfolgt, einem oder mehreren Staaten einen bestimmten Willen aufzuzwingen, andere zu einer bestimmten Verhaltensweise zu veranlassen.

Drohungen

Die Entfesselung eines Krieges zur Durchsetzung bestimmter Ziele ist der brutalste Ausdruck von Machtpolitik. Sie gilt aber auch heute nicht überall als verbrecherisch. Kriege wurden bis in das 20. Jh. hinein als legitimes Mittel der Politik betrachtet. Erst die Erfahrungen des I. Weltkrieges, insbesondere das durch die technische Entwicklung wachsende Ausmaß möglicher Vernichtung, lösten einen Schock aus und leiteten eine grundlegende Wende in der Beurteilung von Kriegen

ein. Dennoch werden Kriege nicht überall als verbrecherisch verurteilt. Unter Berücksichtigung von Klassenkampfgesichtspunkten unterscheidet die UdSSR zwischen gerechten und ungerechten Kriegen, und in vielen Ländern der Dritten Welt gilt der Angriffskrieg weiterhin als vertretbare ultima ratio der Politik. Nahezu ein Viertel aller Staaten der Welt (45) führte 1983 Kriege oder trug innere bewaffnete Konflikte aus. Dort, wo heute der militärischen Gewaltpolitik durch die atomare und raketentechnische Entwicklung Grenzen gesetzt sind, lassen sich zunehmend Rückgriffe auf spezifische machtpolitische Mittel beobachten. Es handelt sich um solche, die zwar einen Krieg vermeiden, aber durch verschiedene Formen von Druck Ziele durchzusetzen suchen. Dazu gehören Blockaden und Embargos, gewaltsame direkte oder indirekte Eingriffe in die innere Ordnung von Staaten, Drohungen verschiedenster Form, insbesondere die Androhung von Sanktionen oder militärischen Eingriffen.

Am wirksamsten können Drohungen mit militärischen Maßnahmen sein. Diese Drohungen können unterstrichen werden durch Truppenkonzentrationen an der Grenze, Teilmobilmachung oder Anordnung erhöhter Alarmbereitschaft der Streitkräfte, Abschreckungsaktionen wie Manöver an den Grenzen, Propagandaaktionen, Abbruch diplomatischer Beziehungen usw. Die Furcht vor einem Krieg, die Sorge, daß durch ihn die Situation in jeder Beziehung verschlimmert würde, soll die Regierung des bedrohten Staates

Gewaltverzicht zum Nachgeben zwingen. Neben der Ablehnung von Gewaltanwendung gilt daher der Verzicht auf die gegenseitige Drohung mit Gewaltanwendung z. B. in der sowjetisch-amerikanischen Grundsatzerklärung vom Mai 1972 sowie in den Verträgen der Bundesrepublik Deutschland mit der Sowjetunion und Polen als fundamentale Voraussetzung für die Entwicklung friedlicher Beziehungen untereinander. Auch die Schlußakte (1. 8. 1975) der Konferenz für Sicherheit und Zusammenarbeit in Europa (KSZE) bekannte sich zu diesen Prinzipien.

Machtpolitik ist keinesfalls in allen Fällen sittlich zu verurteilen. Sie kann durch Erhaltung eines status quo den Frieden sichern. Sie kann auf die Herbeiführung eines bestimmten Gleichgewichtszustandes, auf den Schutz kleiner Staaten vor mutmaßlichen Aggressoren, auf den Schutz des Rechtes usw. gerichtet sein.

> *„Da es nicht möglich ist, daß das Recht stark ist, hat man gesagt, daß das Starke recht ist; so daß das Richtige sich mit dem Starken verbinden könne und Frieden sei, der das höchste Gut ist."*
> (MONTESQUIEU)

Für große Mächte besteht mithin eine besondere sittliche Verpflichtung, ihr Gewicht im Interesse des Friedens einzusetzen (s. Vereinte Nationen) und ihre Bereitschaft dazu nicht in Zweifel ziehen zu lassen.

Wie auch immer der einzelne die Machtpolitik der Staaten beurteilt, er muß hinnehmen, daß sie in den außenpolitischen Entscheidungen eine wichtige Rolle spielt und nicht auszuschalten sein wird. Für die friedliche Gestaltung der internationalen Beziehungen der Völker kann es lediglich darum gehen, wie sich die brutalen Auswirkungen der Machtpolitik unterbinden lassen.

Gegenmacht Die Beschränkung der Macht durch andere Macht erwies sich bisher als die sicherste und zuverlässige Gewähr gegen Gewaltpolitik in den internationalen Beziehungen. Eine sinnvolle Rüstung der Staaten schafft solche Gegenkräfte gegen fremdes Machtstreben. Sie enthält allerdings auch die Gefahr eines Rüstungswettlaufs. Eine Abrüstung stößt daher stets auf große Schwierigkeiten.

Jus Puplicum Trotz vieler Anläufe ist es bis heute nicht ge-
Europaeum lungen, grundlegende Rüstungsbeschränkungen durchzusetzen, im Gegenteil, die Welt steht vor inflationsartig steigenden Rüstungen (s. S. 403).

Eine zunehmende Begrenzung von Machtpolitik wird aus der wachsenden ökonomischen Verflechtung und den daraus erwachsenen wechselseitigen Abhängigkeiten erwartet. Neben diesen, im internationalen Staatensystem geradezu immanent enthaltenen Machtbeschränkungen, bestehen institutionalisierte Schranken gegen Machtpolitik. Dazu gehört vor allem das Völkerrecht.

7.1.4.2 Internationale Rechtsvereinbarungen/Völkerrecht

Die Furcht vor dem Elend eines Krieges und die Einsicht, daß wirtschaftlicher Wohlstand aufs engste mit dem Ausbleiben von Kriegen verknüpft ist, haben den Anstoß dafür gegeben, nach Formen zu suchen, die ein friedlich geregeltes Zusammenleben der Völker ermöglichen sollen. Eines der wichtigsten äußeren Zeichen dafür sind rechtliche Vereinbarungen zwischen Akteuren des internationalen Systems.

Die Unterschiedlichkeit der Interessen und Faktoren, die das Verhältnis der Staaten zueinander beeinflussen, machte allgemein anerkannte Regeln des Zusammenlebens notwendig. Ebenso wie der einzelne Mensch seine persönlichen Interessen, Wünsche, Vorstellungen nicht hemmungslos ohne Beachtung seiner Mitmenschen durchsetzen darf und seine persönliche Freiheit eine Grenze in der Freiheit seiner Mitmenschen findet, besitzt auch die Außenpolitik der Staaten ihre Grenzen in der Existenz und den Interessen der anderen. Die völkerrechtliche Souveränität findet hier ihre Grenzen.

Rücksichtslose, das Staats- und Lebensinteresse anderer Völker mißachtende Außenpolitik führt zum Krieg. Er blieb jedoch die ultima ratio bei der Gestaltung der Beziehungen zwischen den Staaten.

Wie innerhalb eines Volkes das durch Gesetze geregelte Leben seiner Bürger den Normalfall darstellt und Diebstahl oder Mord die Ausnahme bilden, so unterbricht der Krieg das normale friedliche Zusammenleben der Völker durch einen Gewaltakt. Um auch in Kriegszeiten das Zusammenleben der Völker einer bestimmten Regelung zu unterwerfen, wurde das Völkerrecht entwickelt. Das heutige System völkerrechtlicher Regeln ist in Europa entstanden (im 18. Jh. wurde es als „Jus Puplicum Europaeum" bezeichnet) und mit der „Europäisierung der Erde" auf die gesamte Staatenwelt ausgedehnt worden.

Das Völkerrecht besteht aus einer Fülle von gewohnheitsrechtlich und vertraglich zustande ge-

Abb. 165: Internationale Schiedsgerichtsbarkeit: Anhörung der Parteien vor dem Internationalen Gerichtshof in Den Haag im Fischerei-Konflikt zwischen Island und Großbritannien

kommenen Prinzipien, Regeln und Normen, an die sich Akteure im internationalen Verkehr mit anderen mehr oder weniger gebunden fühlen. Seine Wirkung ist allerdings dort am geringsten, wo lebenswichtige Interessen und machtpolitische Ziele der Staaten berührt werden.

Verträge   Internationale Verträge bilden die Hauptquelle des Völkerrechts. Der Abschluß von Verträgen ist eines der ältesten Mittel zur friedlichen Regelung der Beziehungen zwischen zwei (bilateral) oder mehreren Staaten (multilateral). Der Völkerbundpakt von 1919 und in wesentlich stärkerem Maße die Satzung der Vereinten Nationen stellen eine Art universaler Verträge dar, d.h., sie wollen möglichst alle Staaten einschließen.

Einer der ältesten und elementarsten Grundsätze des Völkerrechts besagt, daß Verträge einzuhalten

pacta sunt   sind (pacta sunt servanda). Dem liegt die Erfah-
servanda   rung zugrunde, daß eine gedeihliche Entwicklung der internationalen Beziehungen, ein Mindestmaß an Vertrauen nur möglich ist, wenn mit der Erfüllung geschlossener Verträge gerechnet werden kann. Dieser Grundsatz schließt nicht aus, daß bei grundlegender Änderung der Situation, unter der bestimmte Verträge zustande gekom-

peaceful   men sind, im Einvernehmen mit dem Partner
change   Verträge abgeändert werden können (peaceful change).

Völker-   Die verschiedensten Fragen werden durch Ver-
rechtsbrüche   träge geregelt. Ohne sie wäre ein internationaler Verkehr zwischen Staaten oder deren Bürger nicht möglich. Dazu gehören z.B. Verträge über

die Auslieferung, Schadenersatzpflicht, das Urheberrecht, die Rechtshilfe (Interpol), das Verkehrs- und Nachrichtenwesen, Handel und Kultur, das Postwesen usw. Durch sie werden die Rechte der Bürger nicht nur im eigenen Lande, sondern auch im Ausland gewahrt. Jeder Bürger, der sich im Ausland aufhält oder mit Ausländern zu tun hat, steht unter dem Schutz dieser internationalen Verträge und damit des Völkerrechts. Sie ermöglichen es erst, daß ein Staat seine Bürger auch im Ausland und im Verkehr mit Ausländern schützen kann. Weil sie nur bestimmte, relativ beschränkte Interessen der Staaten regeln, gibt es im allgemeinen keine Schwierigkeit mit ihrer Einhaltung. Demgegenüber sind ausgesprochene politische Verträge (z.B. Bündnis-, Garantie-, Friedens-, Grenzverträge, Regionalpakte, Atomversuchsstoppabkommen) weit stärker der Gefahr der Verletzung ausgesetzt. Sie betreffen im allgemeinen lebenswichtige Interessen der Staaten, bei deren Regelung die Machtpolitik eine entscheidende Rolle spielt.

Das entscheidende Problem aller internationalen Rechtsregeln und Absprachen stellt die Frage ihrer Einhaltung durch alle beteiligten Akteure dar. Die historische Erfahrung zeigt, daß mehr internationale Verträge eingehalten als gebrochen werden. Da aber Völkerrechtsbrüche von erheblich größerem publizistischem Aufwand begleitet werden als Vertragserfüllungen, geriet das Völkerrecht in Gefahr, nur mehr als Fiktion betrachtet zu werden.

In der Tat ist das Völkerrecht verschiedenen Belastungsproben ausgesetzt, die ein innerstaatliches Recht in diesem Ausmaße nicht kennt. Veränderungen in der internationalen politischen Konstellation, im internationalen System, gefährden ständig rechtliche und vertragliche Bindungen, da sie immer in einer konkreten historischen Situation und damit unter bestimmten Machtverhältnissen zustande gekommen waren.

Sanktionen Während ein Staat mit Hilfe von Polizei und Justiz die Einhaltung der Rechtsregeln (Gesetze) erzwingen kann, gibt es eine solche internationale Institution nicht. Hinzu kommt, daß viele internationale Streitigkeiten nicht „justiziabel", d.h. nicht durch eine klare Rechtsauslegung zu entscheiden sind, weil es dazu gar kein geschriebenes Recht gibt oder Fragen des Lebensinteresses der Staaten zur Diskussion stehen.

Schiedsgerichtsbarkeit Es gibt eine *internationale Schiedsgerichtsbarkeit* für zwischenstaatliche Streitigkeiten. Ihre Wirksamkeit hängt aber davon ab, daß die Parteien sich dem Spruch eines Schiedsgerichts unterwerfen. Auf der ersten Haager Friedenskonferenz von 1899 wurde ein Ständiger Schiedshof in Den Haag eingesetzt. Seiner Befugnis waren allerdings fast alle wesentlichen Streitfragen entzogen. Ein „Weltschiedsvertrag" scheiterte 1907 an der Haltung der damaligen Großmächte, insbesondere des Deutschen Reiches. Durch den Völkerbund wurden 1920 der Ständige Internationale Gerichtshof, durch die Vereinten Nationen nach dem II. Weltkrieg der Internationale Gerichtshof errichtet. Damit gibt es seit 1920 die Möglichkeit einer verbindlichen internationalen Gerichtsbarkeit. Diese setzt allerdings eine besondere vertragliche Verpflichtung der Staaten voraus, die nicht von allen übernommen worden ist (z.B. nicht von der Sowjetunion und Frankreich, das sich wegen des Streites um seine Atomversuche *Anerkennung* 1974 aus ihr zurückzog; der Iran weigerte sich 1979/80 trotz der Entscheidung des Haager Gerichtshofes, die als Geiseln genommenen Botschaftsangehörigen der USA freizugeben).

Um dem internationalen Recht Respekt zu verschaffen, hat die UNO (s. S. 417) verschiedene Aktionen unternommen, die offiziell als „Polizei-*Polizei-aktionen* aktionen" bezeichnet wurden (z.B. Korea, Suez, Kongo, Nahost).

Trotz aller Bemühungen beruht das Verhältnis der Staaten zueinander noch heute letztlich auf dem Prinzip von Treu und Glauben (bona fides), auf der Hoffnung, daß die Normen und Verträge freiwillig eingehalten und gegebenenfalls nur durch gegenseitigen Konsens verändert werden. Die Entstehung eines „sozialistischen Völkerrechts" und die von kommunistischen Regierungen vertretene These von gerechten und ungerechten Kriegen sind geeignet, diese Hoffnung erheblich zu schwächen.

Da es keine internationale Instanz gibt, die die Einhaltung des Völkerrechts in jedem Fall erzwingen kann, muß auf internationaler Ebene unter Umständen das Recht der Macht weichen. Das Völkerrecht kann daher, trotz der unzähligen Fälle, in denen es eingehalten wird, nicht alle Hoffnungen der Menschen erfüllen. Dennoch findet es als entscheidendes Instrument zur friedlichen Bewahrung und Veränderung des internationalen Systems keine Alternative.

7.1.4.3 Diplomatie

Diplomatie bezeichnet im weiteren Sinne die Fähigkeit, durch geschicktes und flexibles Verhandeln bzw. Verhalten Interessen durchzusetzen und Konflikte zu lösen, ohne sich brutaler Gewaltanwendung oder mannigfacher Formen von Erpressung zu bedienen. In diesem Sinne ist Diplomatie unerläßlich für die Aufrechterhaltung eines friedlichen Zusammenlebens der Menschen im nationalen wie auch internationalen Rahmen. Alle Akteure im internationalen System bedürfen daher auch diplomatischen Geschicks, um ihren Vorstellungen und Interessen wirksam Geltung zu verschaffen.

Diplomatie im engeren Sinne umfaßt die mit Außenbeziehungen befaßten, insbesondere in staatlichen Apparaten Tätigen. Diplomatische Beziehungen zu anderen Staaten bilden die wesentliche Voraussetzung für eine geordnete Gestaltung des Zusammenlebens der Völker. Sie beruhen im allgemeinen auf der Anerkennung eines Staates und der Errichtung von diplomatischen Missionen.

Die Anerkennung eines Staates durch einen anderen ist ausschließlich eine Frage des Völkerrechts. Sie besagt im allgemeinen, daß ein Staat bereit ist, die Rechtsverhältnisse mit dem anderen Staat zu regeln und diplomatische Beziehungen aufzunehmen. Zu einer solchen Anerkennung von Staaten kann kein Staat gezwungen werden. Auch ohne solche Anerkennung können Rechtsbeziehungen verschiedener nationaler gesellschaftlicher Akteure bestehen.

Die Auffassungen darüber, wann ein Staat oder eine Regierung anerkannt werden sollte, gehen auseinander. Auf der einen Seite wird die Meinung vertreten, daß jede Regierung, die die effektive Kontrolle des Landes auf Dauer besitzt und in der Lage erscheint, internationale Verpflich-

Abb. 166: Neujahrsempfang von Bundespräsident Prof. Dr. Karl Carstens. Das Diplomatische Korps wird nach alter Tradition vom Päpstlichen Nuntius (Botschafter) angeführt. Er ist der „Doyen"

Kommunika-
tionstechnik

tungen zu erfüllen, anerkannt werden sollte, unabhängig von ihrer Entstehung und ihrem politischen Charakter. Nach diesem Prinzip wurde in der Geschichte – insbesondere im 19. Jh. – im allgemeinen verfahren. Dann bildete sich aber die Praxis heraus, die Anerkennung als politisches Mittel gegen unliebsame Regierungen zu benutzen. Auf dieser Seite stehen auch diejenigen, die nur solche Staaten anerkennen wollen, deren Regierungen auf demokratische Weise, durch freie Wahlen, die Staatsmacht übernommen haben.

Mit der Anerkennung eines Staates durch einen anderen beginnen im allgemeinen diplomatische Beziehungen. Ihr sichtbarer Ausdruck ist die Errichtung diplomatischer Missionen.

Botschafter

An ihrer Spitze steht als offizieller Vertreter seines Landes ein Botschafter bzw. Gesandter. Der Vertreter des Heiligen Stuhles heißt *Nuntius,* die Vertretung Nuntiatur. Die Aufgabe des Botschafters besteht heute im wesentlichen in der Durchführung von politischen Aufträgen seiner Regierung sowie in der Berichterstattung über die Verhältnisse des Gastlandes. Der Botschafter und die Mitglieder seiner Mission pflegen Kontakte mit führenden Persönlichkeiten aus Wirtschaft, Gesellschaft, Politik und Kultur des Gastlandes.

Propaganda

Im Zuge der wachsenden internationalen Verflechtung und Integrationsbemühungen sowie

der Entwicklung der Kommunikationstechnik sank die politische Bedeutung der diplomatischen Vertreter, nicht allerdings die der Diplomatie. Es gibt zwar eine wachsende Fülle nationalstaatlicher Kontakte, die zunehmend von Politikern, Fachministern bzw. Fachbeamten gepflegen werden. Nun aber bedürfen auch diese eines ausgeprägten diplomatischen Geschicks, um nationalstaatliche Außenbeziehungen optimal zu entwickeln.

Die Mittel der Diplomatie sind im Rahmen der persönlichen Kontakte: Staatsbesuche, Treffen von Ministern und Regierungschefs, Unterredungen der Diplomaten bei den jeweiligen Regierungen des Gastlandes, Konferenzen, Kongresse mit geheimen und öffentlichen Verhandlungen usw. Sie werden ergänzt durch die Übermittlung von Noten, den Austausch von Briefen zwischen den Staatsoberhäuptern, Regierungschefs oder den zuständigen Ministern. Zu den Mitteln einer Diplomatie im weiteren Sinne gehört auch die Propaganda, die im wesentlichen der Täuschung des Gegners dient. Entscheidend für die Stellung eines Landes in der internationalen Politik ist nämlich nicht, wie stark ein Land wirklich ist, sondern für wie stark es gehalten wird. Je intensiver die direkten Kontake der Regierungen sind, desto geringer wird das Gewicht der ständigen diplomatischen Vertreter bei der Wahrnehmung der politischen Beziehungen. Auch die Entwicklung der Telegrafie, des Telefons und der modernen Verkehrsmittel haben die Bedeutung und Selbständigkeit der Botschafter eingeengt.

Geheimdiplomatie Problematisch ist die Frage der „Offendiplomatie" und der „Geheimdiplomatie". Bis zum I. Weltkrieg dominierte die „Geheimdiplomatie", so daß über die Tragweite mannigfacher Bündnisabsprachen beim Ausbruch des I. Weltkriegs Unklarheit bestand. Der amerikanische Präsident WILSON wandte sich scharf gegen diese Praxis, weil er meinte, die „Geheimdiplomatie" leiste aggressiven Absichten Vorschub. Der Übergang zur „Offendiplomatie" bahnte sich damals an.

Ob durch uneingeschränkte Teilnahme der Weltöffentlichkeit an den internationalen Absprachen und Beziehungen wirklich der Friede besser gesichert wird, muß dahingestellt bleiben. Es kommt letztlich doch auf den Willen der politischen Führungen und ihr Verhältnis zu Recht und Gerechtigkeit an. Wie immer im einzelnen die Mittel und Formen der Diplomatie aussehen mögen, immer kommt ihr die Aufgabe zu, einen Kompromiß zwischen Macht, Recht und mannigfachen Interessen zu finden.

7.2 Konstellationen und Tendenzen im internationalen System heute

In den achtziger Jahren unseres Jahrhunderts sieht sich die Weltgesellschaft zunehmend mit der Sorge belastet, vor einem III. Weltkrieg, nunmehr mit atomaren Waffen ausgetragen, zu stehen. Die Gründe für diese Sorge sind vielfältiger Natur. Sie stammen aber im wesentlichen aus der quantitativen und qualitativen Entwicklung der Rüstungen (s. S. 403 ff.), den geringen Erfolgen der Abrüstungsbemühungen sowie auf den damit z. T. eng verknüpften internationalen Kräfte- und Mächtekonstellationen.

Das internationale Staatensystem ist gekennzeichnet durch eine Fülle von Abhängigkeiten, Verflechtungen und Bindungen mannigfacher Art, die den Charakter der Beziehungen sowohl innerhalb militärisch, ökonomisch, politisch bedingter Staatengruppierungen (s. S. 389 und S. 408 ff.) als auch außerhalb in regionalen Bezugssystemen bestimmen.

Obwohl es keine allgemeine Theorie der internationalen Politik gibt, die dieses Beziehungsgeflecht in seiner Gesamtheit ordnend zu erklären vermag, liegt eine Reihe von Versuchen vor, die alle zu Erkenntnissen beigetragen haben (HAFTENDORN S. 333–344). Sie weisen auf unterschiedlichste Strukturierungsmöglichkeiten hin. Dazu gehört im allgemeinen die Erkenntnis, daß zwischen den Staaten bzw. Staatengruppierungen *Dominanzstrukturen* maßgebend Entwicklungsprozesse im internationalen System beeinflussen, die wiederum andere lokale oder regionale Konflikte oder Konfliktherde in der Weltpolitik, nationale Interessen und politische Bindungen verschiedener Art überlagern. Zu den Dominanzstrukturen gehören sowohl der Ost-West-Gegensatz als auch der Nord-Süd-Gegensatz (s. Kap. 9.3.2), der schließlich mit der internationalen Orientierung der Bewegung der Blockfreien eng verknüpft ist (s. S. 395). Alle weltpolitischen Entwicklungen und Veränderungen geraten in irgendeiner Weise in ihren Sog und werden von dieser Dominanzstruktur mehr oder weniger erfaßt, zumal sie einen zentralen Stellenwert für Krieg und Frieden behaupten. Tendenzen, durch einen neuen „Staatenpluralismus" mit mehreren zusätzlichen bzw. neuen politischen Zentren („Multipolarität", „Pentarchie", „Triangel") diese

Dominanz-
strukturen

Staaten-
pluralismus

Dominanzstrukturen zu durchbrechen, sind allerdings vorhanden und auch begrenzt wirksam. Es ist auch nicht erkennbar, daß sich z. B. Europa als eine einheitliche, weitgehend „autonome" politische Kraft zwischen den Blöcken etablieren kann oder das politische Gewicht der Volksrepublik China oder Japans diese Dominanzstrukturen zu durchbrechen vermögen.

Wenn es um die Frage eines III. Weltkrieges geht, um die Probleme von Sicherheit und Frieden, der als Abwesenheit von Krieg begriffen wird, besitzen diese Dominanzkonstellationen einen zentralen Stellenwert.

7.2.1 Der Ost-West-Gegensatz

Diskussionen um die Friedenssicherung sind untrennbar mit einer internationalen Konstellation verknüpft, die als Ost-West-Gegensatz oder -Konflikt in die Geschichte Eingang gefunden hat. Da heute an der Spitze der Prioritätenliste jeglicher Friedenssicherung die Verhinderung eines weltweiten Atomkrieges steht, kommt dieser politischen Konstellation ein zentraler Stellenwert zu. Vier der fünf Atommächte sind trotz aller notwendigen politischen Differenzierungen in diesen Gegensatz eingebunden, während der fünfte Staat, die Volksrepublik China, sich begrenzt abseits zu halten trachtet.

Dieser Ost-West-Gegensatz war – von seinem Ausgangspunkt her betrachtet – primär eine auf Europa bezogene Angelegenheit, entwickelte sich aber insbesondere unter dem Einfluß kommunistischer, speziell von der UdSSR getragener bzw. unterstützter offensiver Aktivitäten zu einem weltweiten Phänomen. Die internationale politische Bedeutung des Ost-West-Gegensatzes liegt in erster Linie in seiner gesellschaftspolitischen und machtpolitischen Dimension. Es handelt sich nicht allein darum, daß zwei große Staatengruppierungen entstanden (s. S. 389 ff.). Die diesen Gruppierungen jeweils angehörenden Staaten weisen grundlegende Unterschiede vor allem in ihren politischen, wirtschaftlichen und sozialen Systemen auf. Ihre Auffassungen von einer demokratischen, gerechten politischen Ordnung

387

weichen ebenso grundsätzlich voneinander ab wie die Wahrnehmung ihres politischen Geltungsanspruchs im Verhältnis zu anderen Staaten.

Das zweite Charakteristikum des Ost-West-Gegensatzes drückt sich in militärischen Potenzen aus. Jede dieser beiden Gruppierungen allein verfügt auf der Erde über ausreichende Mittel zur mehrfachen Vernichtung der Menschheit (Bipolarität).

7.2.1.1 Entwicklungstendenzen

*Entspannungs-
politik*

1917

Fragen nach den Ursachen und der Entstehung des Ost-West-Konfliktes gehören zu den umstrittenen Problemen politikwissenschaftlicher und historischer Forschung. Im Kern geht es dabei immer wieder um die Verteilung der Verantwortung für diese Entwicklung, d.h. primär um die Frage, ob die USA oder die UdSSR diesen Konflikt verschuldet haben. Ungeachtet der einzelnen Forschungspositionen (BONWETSCH 1980) darf festgehalten werden, daß Wurzeln dieses Konfliktes in den II. Weltkrieg hineinreichen, wenn nicht gar auf das Jahr 1917 zurückgehen. Schon während des Krieges kam es zu Konflikten zwischen den gegen Deutschland kämpfenden Alliierten über eine gemeinsame politische Neuordnung Osteuropas. Nach dem Kriege vertieften Konflikte über die Ausgestaltung und den Verlauf dieser Ordnungspolitik die Gegensätze der Sieger. Nun geriet auch die Gestaltung Deutschlands, in dem beide Positionen unmittelbar aufeinandertrafen, in den Konflikt hinein.

Ausweitung

Drei Aussagen fassen den Zustand unseres Kontinentes während dieser entscheidenden Jahre zusammen.

GEORGE MARSHALL erklärt im April 1947 über Europa, woher er eben zurückkommt: *„Der Patient liegt in der Agonie, während die Aerzte diskutieren."* Hier haben wir den Sinn des Marshallplans.

Bei einer abendlichen Unterhaltung sagte ROBERT SCHUMAN 1949: *„Man hat Deutschland alles verweigert, als man ihm etwas hätte geben sollen. Man hat ihm alles gegeben, als man alles hätte verweigern sollen. Ich möchte das ändern."* Das ist der Geist des Schumanplans.

Als sich STALIN mit einem amerikanischen Experten in Potsdam unterhielt, machte er die folgende Bemerkung: *„Jede frei gewählte Regierung wäre antisowjetisch, und das können wir nicht akzeptieren."*

Die Frage ist erlaubt, ob diese Aussagen heute ihren Sinn verloren haben.

(J. LALOY in NZZ 17. 2. 1981)

Deutschland wurde im Verlauf der Entwicklung zum Objekt und Schauplatz einer konfliktreichen und gefahrvollen machtpolitischen Eskalation (Blockade von Berlin 1948/49). Diese konfliktreiche Polarisierung zweier Machtblöcke (Bipolarität), die als „Kalter Krieg" ihre historische Zuordnung erfuhr, erreichte mit dem Chruschtschow-Ultimatum (1959) zur Lösung der Berlin-Frage sowie mit dem Bau der Mauer durch Berlin (1961) neue Höhepunkte. Erst die Kuba-Krise (1962), die als wohl gefährlichste Konfrontation der Nachkriegszeit die Menschheit unmittelbar an den Rand eines neuen Weltkrieges führte, wurde auch zum Ausgangspunkt für einen allmählichen Abbau der Gegensätze. Diese Entwicklung mündete in den siebziger Jahren in eine langsame Beendigung des „Kalten Krieges" und der Konfliktkonfrontation und in den Versuch einer Entspannungspolitik (s. S. 406 ff.). Als deren Erfolgsgipfel können die Ergebnisse der Konferenz für Sicherheit und Zusammenarbeit in Europa (KSZE Helsinki 1975) betrachtet werden. Weltweite Aktivitäten sowjetischer Politik (s. S. 392 ff. und S. 409), die im Widerspruch zum Entspannungsgedanken stehen oder begriffen werden, bilden den Ausgangspunkt für eine weltweite Ernüchterung über die Ziele von Koexistenz (s. S. 405 ff.) und die Grenzen von Entspannungspolitik unter den Bedingungen der weiterhin bestehenden gegensätzlichen Wertsysteme. Wachsende Polarisierungstendenzen zwischen kommunistischen und nichtkommunistisch orientierten gesellschaftlichen Kräften kamen in Gang und weiteten den ursprünglich vor allem auf Europa bezogenen Ost-West-Gegensatz weltweit aus. Zwar hatte der „Kalte Krieg" seit dem Sieg der Kommunisten in China (1949) auch Asien und Lateinamerika begrenzt in seinen Sog gezogen (Deklaration der „Organisation Amerikanischer Staaten v. 30. 4. 1948; Kuba 1959). Danach hoben aber kommunistische Erfolge der siebziger Jahre in Afrika und Lateinamerika sowie die zu beobachtenden weltweit wachsenden kommunistischen Guerillaaktivitäten in Verbindung mit Gegenwehraktionen den Ost-West-Gegensatz auf eine breitere internationale Ebene. Damit läßt er sich heute nicht allein aus den Gruppierungen des Nordatlantik-Paktes und des Warschauer Paktes (s. S. 409) beurteilen. Grundsätzliche Optionen von Regierungen zugunsten bzw. gegen politische und wirtschaftliche Ordnungsvorstellungen, die auf marxistisch-leninistischen oder demokratisch-pluralistisch-rechtsstaatlichen Vorstellungen basieren, sind in die Analyse einzubeziehen. Angesichts der internationalen Entwicklung ist heute von einem – zumindest vorläufigen – Ende der Entspannungspolitik auszugehen. Die neue Situation läßt sich weder als „Kalter Krieg" noch als „Entspannungsfriede" charakterisieren. Ihr fehlen so wesentliche Attribute des Kalten Krieges wie weitgehende Gesprächslosigkeit sowie bi- und multilaterale, über die normalen diplomatischen Beziehungen hinausgehende Kontakte auf politischem und wirtschaftlichem Gebiet. Sie dauern in weit größerem Umfange (z.B. Nachfolgekonferenz der KSZE in Madrid 1981/1983) zwischen den beiden Gruppierungen fort als zur Zeit des Kalten Krieges. Rückfalltendenzen sind allerdings auf beiden Seiten erkennbar. Sie dürften wegen der anderen Qualität des Rüstungsstandes (s. Kap. 7.3) ungleich mehr Gefahren für den Weltfrieden in sich bergen als die Situation 1945.

Werte-
austausch

Zusammenhalt

7.2.1.2 Strukturprobleme der westlichen und östlichen Staatengruppierungen

Das hervorstechendste Merkmal der den Ost-West-Gegensatz prägenden Staatengruppierung besteht in der Tatsache, daß die beiden Weltmächte jeweils den entscheidenden Kristallisationspunkt in ihrer Gruppierung ausmachen.
Die Weltmacht Sowjetunion bildet den Kern des „sozialistischen Lagers", das heute alle nach dem II. Weltkrieg unter den sowjetischen Einfluß geratenen ost-, süd- und mitteleuropäischen Staaten ohne Jugoslawien umfaßt. Alle diese Staaten besitzen mit ihren faktischen Einparteisystemen sowjetischer Prägung kommunistische Diktaturen, die die Wirtschaft der von ihnen regierten Länder weitestgehend auf der Grundlage staatlichen oder kollektiven Eigentums bei zentralistischer Planung organisieren.
Die Vereinigten Staaten von Amerika wurden die Führungsmacht der westlichen, demokratischen Allianz. Zu ihr gehören die wichtigsten westeuropäischen Industrieländer, deren politische Systeme nach demokratisch-pluralistisch-rechtsstaatlichen Grundsätzen organisiert sind und deren Wirtschaftsverfassungen auf primär privatkapitalistischer Basis beruhen.
Hinsichtlich ihres Wirtschaftsniveaus besteht zwischen beiden Gruppierungen ein erhebliches Gefälle. Während die westliche Allianz Spitzenleistungen technologischen und technischen Wissens in sehr hohem Maße bei sich erbringt und die Wirtschaft für ein Überangebot an Konsumgütern sorgt, ist die relativ geringere Leistungsfähigkeit der östlichen Systeme nach wie vor durch ausgeprägten Mangel und niedrige Ar-

Handlungs-
fähigkeit

Wirtschafts-
niveau

beitsproduktivität gekennzeichnet, die sie wirtschaftlich zu einem Nachtrabverhalten zwingen.
Der Werteaustausch zwischen den Gesellschaften Osteuropas erfolgt im wesentlichen nur über eine zentralistische Steuerung; Grenzüberschreitungen sind schwierig, nicht nur innerhalb des „sozialistischen Lagers", sondern vor allem darüber hinaus (s.S. 367). Demgegenüber zeigt sich die westliche Allianz offen und fördert private wie gesellschaftliche Begegnungen ohne sonderliche Schwierigkeiten beim Grenzübertritt.
Der Zusammenhalt ist hingegen in beiden Gruppierungen nicht sonderlich stark ausgeprägt und hat in der Geschichte immer wieder zu Autonomietendenzen geführt. In Westeuropa offenbarte das seinerzeit von DE GAULLE geführte Frankreich das Unbehagen, in einen Block eingezwängt zu sein. Ähnlich läßt sich auch das immer wiederkehrende Bemühen beurteilen, Westeuropa zu einer eigenständigen politischen Kraft zwischen den USA und dem Ostblock zu entwickeln. In Osteuropa wurden Autonomietendenzen schon seit den fünfziger Jahren freigesetzt (s.S. 358).
Die Ursachen für diese weitgehend gleichartigen Tendenzen sind im wesentlichen auf zwei Faktoren zurückzuführen: erstens auf die besondere Einengung nationaler Interessen durch bipolar orientierte Allianzen sowie zweitens auf die Dominanz der jeweiligen Weltmacht. Während sich traditionell in der Vergangenheit souveräne Staaten auf eigene Verteidigungsmöglichkeiten verließen oder wechselnde Bündnisse zur Gewährleistung ihrer Sicherheit suchten, hat sie die Situation der Bipolarität dieser Handlungsfähigkeit weitgehend beraubt. Sobald ein Nachlassen dieses äußeren Druckes eintrat, z.B. in der Phase nach STALINS Tod, in der beginnenden und sich entfaltenden Entspannungsphase, erhöhten sich die Chancen für eine Rückgewinnung von Bewegungsspielraum, d.h. von mehr tatsächlicher Souveränität.
Die Dominanz der Weltmächte in ihren Allianzen unterliegt unterschiedlichen Bedingungen und wird – entsprechend den politischen Systemstrukturen – unterschiedlich gehandhabt. Ungeachtet der politischen Erwartungen, die an beide Weltmächte herangetragen werden (Führungsfunktion), gilt auch für sie die historische Erfahrung, daß großen Mächten ein expansives machtorientiertes Denken eigen ist, verbunden mit Vorstellungen von Ordnungspflichten im internationalen System.
Es liegt in der Natur der Sache, daß dabei die Politik dieser Weltmächte ständig der Versuchung

unterliegt, eigene Interessen zu überschätzen und diese rücksichtslos im politischen Umfeld durchzusetzen.

Demokratie-Verbreitung

> *„Sie besteht in einer Art „Parkinsonschem Gesetz" der nationalen Sicherheit, wonach das Unsicherheitsgefühl einer Nation ihrer Macht proportional ist. Je größer und stärker eine Nation, desto höher schrauben ihre Führer, ihre Eliten und oft auch ihre Bevölkerung ihre außenpolitischen Aspirationen. Das heißt, daß sie sich mit wachsender nationaler Macht immer mehr dazu berufen oder verpflichtet fühlen, die Welt in Ordnung zu bringen oder zumindest eine ihnen richtig erscheinende Ordnung darin zu erhalten."*
> (K. DEUTSCH 1968, S. 129)

Es bedarf daher einer Betrachtung grundlegender Faktoren, die auf das Außenverhalten der Regierungen dieser beiden Zentren im Ost-West-Gegensatz heute einwirken und es bestimmen.

7.2.1.3 Bestimmungsfaktoren der Außenpolitik der USA

Die Vereinigten Staaten von Amerika (USA) sind eine amerikanische Macht, die geographisch an den amerikanischen Kontinent gebunden ist. Ihre Grenzen bilden zwei Weltmeere, Tore nach Europa und Asien, die bei der Außenorientierung auf doppelte, wenn nicht gar gleichrangige Interessenwahrnehmung verweisen sowie auf maritime Entfaltung. Diese Konstanten sowie die Tatsache, daß Beziehungen zu dem einzigen Nachbarn im Norden über die Jahrhunderte hinweg weitgehend problemlos und friedlich verlaufen sind und im Süden die relativ kurze Grenze überwiegend durch Wüste verläuft, beeinflussen das Sicherheitsinteresse dieses Landes. Krieg hat es in diesem, zudem riesigen Lande (17,3 Mill. km²) seit über 100 Jahren nicht mehr gegeben. Unter diesen Umständen kann ein auf auswärtige Faktoren bezogenes Sicherheitsbedürfnis in der Bevölkerung kaum aus unmittelbarem Erleben erwachsen, sondern ist allgemein rational zu erfassen bzw. zu vermitteln. Erst der Versuch der Sowjetunion, auf Kuba Raketen zu stationieren (1962) sowie die Entwicklung von Interkontinentalraketen durch die Sowjetunion, die zu einer unmittelbaren potentiellen Verwundbarkeit des Landes führten, haben durch ihre Bedrohung zu einer neuen Qualität von Sicherheitsbedürfnis geführt. Dennoch treten Tendenzen zum „Isolationismus" oder verwandter Ideen immer wieder in Er-

*Doppelte
Außen-
orientierung*

Kuba

Isolationismus

scheinung, wenn es um die aktive Wahrnehmung der Rolle als Weltmacht geht. Es waren daher in der Geschichte nicht zuletzt politische Wertvorstellungen, die sich als Mobilisierungsfaktoren bei einem außeramerikanischen Engagement durchsetzen („Make the world save for democracy"). Das Vertrauen in die Überlegenheit demokratischer Systeme bei der Gestaltung einer gerechten inneren Ordnung und dem Aufbau einer friedlich miteinander kommunizierenden Weltgesellschaft ist durch den Vietnam-Krieg und den Watergate-Skandal wohl empfindlich geschwächt worden, besteht aber nach wie vor als zentrales Motiv der US-Außenpolitik.

> *„Nicht Isolationismus im traditionellen Sinne, sondern eine wachsende Neigung zu unilateralistischen Konzepten wird sichtbar."*
> (NZZ v. 30. 1. 1982)

Mit ihrerer wirtschaftlichen und wissenschaftlich-technischen Entwicklung stehen die USA in weiten Bereichen an der Spitze aller Industrienationen der Welt. Nur noch 2% der Beschäftigten sind in der Landwirtschaft tätig. Sie erarbeiten 3% des Sozialproduktes (Industrie 34% bei 32% Beschäftigten). Die USA erwirtschaften das größte Sozialprodukt unter den Staaten der Welt (1981 ca. 3035 Mrd. $). Mit ihrem Pro-Kopf-Brutto-Sozialprodukt (1981 12 647) werden sie nur von einigen kleinen europäischen Ländern übertroffen. Da der eigene Markt für Güter aller Art groß und aufnahmefähig ist und ein hoher Selbstversorgungsgrad bei Rohstoffen besteht, umfaßt der Außenhandel traditionell nur ca. 8–10% des Bruttosozialproduktes. Aber selbst dieser vergleichsweise geringe Anteil (Bundesrepublik Deutschland 33%) macht die USA zur ersten Handelsnation der Welt. Ein Fünftel der Exporte

Abhängigkeit der USA vom Import von Mineralien

	insgesamt %	aus Südafrika %
Chrom	92	48
Platin	91	82
Mangan	98	87
Gold	54	67
Vanadium	27	73

(nach: Bericht des Unterkomitees für Bergwerke und Bergbau des Kongresses der USA; Washington, Juli 1980)

Potentielle Hauptalternative für die Lieferung von Chrom, Platin, Vanadium und Gold ist die UdSSR.

Anteil der Mineralien aus Südafrika am Gesamtimport dieser Güter nach Staaten (in % 1978)

	Chrom	Mangan	Mangan-Metall	Vanadium	Platin	Fluß-spat	Gold	Diamanten	Aluminium-silicat
Japan	52	35		90	28	27		7	7
USA	48	4	31	87	55	23		52	90
Großbritannien	79	76	74		52		66		65
Bundesrepublik Deutschland	66	73	52	6	9	12	5	26	15
Frankreich	24	41	54	20	7		16	3	
Italien	23	53	73		52		59	7	32
Europ. Gemeinschaft	50	45	78	25	28	7	56		

(Aus: Vital role of South africa's Minerals, hrsg. v. Jacques de Villiers. Zusammengestellt von der Presse-Abteilung des Ministeriums für auswärtige Angelegenheiten und Information der Republik Südafrika, Kapstadt 1982)

Allianz für den Fortschritt

(ein Fünftel auch nach Kanada) geht in die EG-Länder, ein Sechstel der Importe kommt von ihnen. Unter den Einfuhrgütern nimmt Erdöl einen zentralen Stellenwert ein, wodurch sich u. a. das US-Interesse am arabischen Raum (Persien, Saudi Arabien) erklärt. Aber auch Rohstofflieferungen aus Südafrika (Chrom, Kobalt, Mangan, Vanadium u. a.) besitzen als Importgüter insbesondere für die Rüstung ein hohes Gewicht (s. Tab). Bei zwanzig Rohstoffen sind die USA zu mehr als 50% von Importen abhängig (Neue Züricher Zeitung, Fernausgabe v. 8. 4. 1982, S. 10). Weitere Rohprodukte (insbesondere Zinn, Blei, Kupfer, Silber, Salpeter) werden vorzugsweise aus lateinamerikanischen Staaten importiert. Das US-Interesse an diesen Produkten hat in der Vergangenheit in großem Umfange zur Ausbeutung lateinamerikanischer Naturschätze unter der Regie von US-, aber in dem jeweiligen Lande tätiger Firmen geführt. Während die US-Regierung diese Aktivitäten schützte (Dollardiplomatie), gerieten die einzelnen Nationalstaaten in extreme wirtschaftliche und politische Abhängigkeit von den USA. Der nach dem II. Weltkrieg begonnene Rückzug der USA aus diesem unmittelbaren Engagement und die Umgestaltung von Beziehungen auf der Basis der Gleichberechtigung und Nichteinmischung in die inneren Angelegenheiten ist zwar weitgehend abgeschlossen. Emotionale Rückstände und der Vorwurf an die USA, mit einer imperialistischen Politik die industrielle Entwicklung der Länder in hohem Maße be- und verhindert zu haben, belasten heute die Entwicklung eines partnerschaftlichen Verhältnisses zu einer Reihe lateinamerikanischer Staaten. Daneben sorgt die weiterhin bestehende Abhängigkeit der USA von den Rohprodukten vieler dieser Länder für ihr ungebrochenes Interesse an stabilen wirtschaftlichen und politischen Verhältnissen in dieser Region. Die von den amerikanischen Präsidenten Kennedy („Allianz für den Fortschritt") und Reagan (1982) initiierten Hilfsprogramme im Rahmen der „Organisation amerikanischer Staaten" (OAS) entspringen diesem Interesse.

Die Bestimmungsfaktoren der US-Außenpolitik sind somit in einem weltweiten Zusammenhang zu sehen, die aus sicherheitspolitischen, wirtschaftlichen und ordnungspolitischen Bedingungen ein grundlegendes Desinteresse an jeder Ausweitung kommunistischer Tendenzen begründen.

7.2.1.4 Bestimmungsfaktoren der Außenpolitik der UdSSR

Die UdSSR, der größte Staat der Erde (22,3 Mill. km²), ist gleichzeitig eine europäische und eine asiatische Macht. Ihr europäischer Teil umfaßt zwar nur ein Viertel der Gesamtfläche (5,57 Mill. km²), aber hier leben drei Viertel der Gesamtbevölkerung. Für den asiatischen Teil verhält es sich gerade umgekehrt, wenngleich sich hier der höchste Bevölkerungszuwachs des Landes vollzieht. Als Konstante sowjetischer Außenpolitik ergibt sich folglich aus dieser unmittelbaren Berührung ein grundlegendes Interesse an allen Vorgängen in Europa sowie in Mittel- und Ostasien. Politische Beziehungen zu der ungewöhnlich hohen Anzahl von 12 Nachbarstaaten mit den unterschiedlichsten politischen und geistigen Kulturen sind zudem durch vielfältige historische Belastungen und traditionelle Optionen geprägt. Nicht alle heute bestehenden Grenzen des Staatsgebietes werden von der Sowjetunion selbst oder von den Nachbarn als endgültige akzeptiert. Kriege und Konflikte um den äußeren Bestand des Reiches haben in nahezu allen Himmelsrichtungen stattgefunden und gehören zum Erfahrungswert dieses Jahrhunderts und dieser Genera-

Dollar-diplomatie

12 Nachbar-staaten

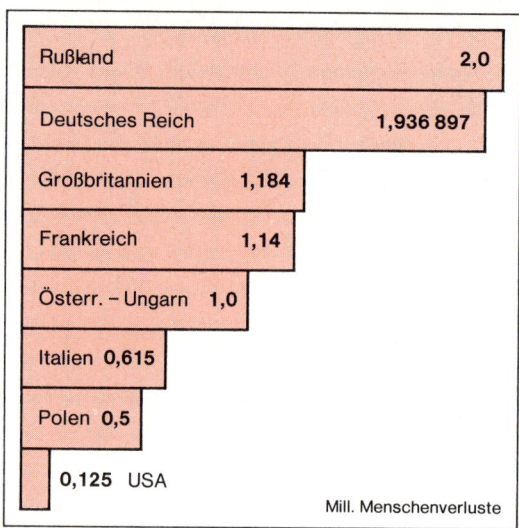

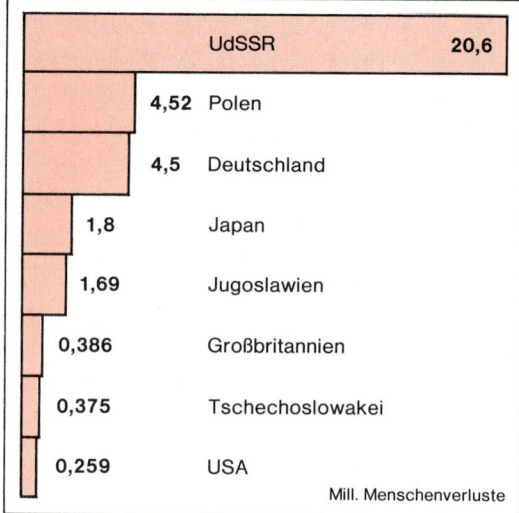

Abb. 167: Die Toten des I. Weltkrieges 1914–1918 konnten Rufe nach Revanche nicht verhindern (nach Chronik des 20. Jh.)

Abb. 168: Der II. Weltkrieg kostete viel mehr Menschenleben. Kriegsvermeidung wurde zum Gebot (nach Chronik des 20. Jh.)

Sicherheits-
denken

tion. Das Sicherheitsdenken konnte sich unter diesen Umständen besonders stark ausprägen.

Dieses Riesenreich ist das Ergebnis einer seit dem 15. Jh. andauernden Expansion. Sie kam erst am Ende des 19. Jh. in ihren wesentlichen Zügen zum Stillstand und erbrachte einen Vielvölkerstaat mit extrem heterogenen Strukturen. Deshalb absorbiert der Aufwand für die Sicherung des Zusammenhalts nach innen und außen noch immer ein so ungewöhnlich hohes Maß an kontinuierlicher Aufmerksamkeit, daß er unausgesprochen zum Bestandteil aller auswärtigen Politik gehört. Diese Tendenz wurde durch Gebietserweiterungen nach dem II. Weltkrieg eher verstärkt. Sicherheitspolitik der UdSSR ist folglich in besonders hohem Maße mit Bestandssicherung im Sinne des Zusammenhalts verknüpft. Ein direkter Zugang zu den Weltmeeren steht nur im Fernen Osten zum Pazifik zur Verfügung (Wladiwostok) und im Norden durch das nördliche Eismeer (Murmansk). Die Zugänge zu Ostsee und Mittelmeer sind mit Anrainerstaaten zu teilen. So ist das zaristische Rußland und in seiner Nachfolge die Sowjetunion immer primär eine Kontinentalmacht gewesen. Ein traditionelles Interesse war aber auch immer auf einen eisfreien Hafen gerichtet. Erst in den siebziger Jahren des 20. Jh. leitete die Regierung der UdSSR eine Flottenpolitik ein, die sie zu einer Seemacht werden ließ. Das Interesse an einer solchen Seemacht kann aus dem Bedürfnis einer Großmacht am Schutz ihres Handels, aber auch mit politischen Motiven erklärt werden, die Systemziele beinhalten. Wertvorstellungen des politischen Systems prä-

Legitimation

Kontinental-
macht

> *„Für die Sowjetunion, die in ihrer Politik als Hauptziel den Aufbau des Kommunismus und eine ständige Erhöhung des Lebensstandards seiner Erbauer anstrebt, ist die Seemacht einer der wichtigsten Faktoren zur Stärkung ihrer Wirtschaft, zur Beschleunigung der wissenschaftlichen und technischen Entwicklung und zur Festigung der wirtschaftlichen, politischen, kulturellen und wissenschaftlichen Beziehungen des sowjetischen Volkes zu befreundeten Völkern und Ländern.“*
> (S. G. GORSCHKOW 1978, S. 10)

gen die sowjetische Außenpolitik in besonderer Weise. Die Regierung der Sowjetunion erhält ihre politische Legitimation nicht aus freien Wahlen, sondern durch eine Ideologie und damit

> *„Sie wollen daher keineswegs die Existenz ihres Machtbereiches in einem Entscheidungskrieg um die Weltherrschaft aufs Spiel setzen, aber sie haben sich wieder und wieder entschlossen gezeigt, diesen Machtbereich gewaltsam auszudehnen, wenn immer und wo immer die Kräfteverhältnisse eine solche Ausdehnung ohne existentielles Risiko erlaubten oder zu erlauben schienen. Diese Haltung schließt nicht die jeweilige Bereinigung von Teilkonflikten und die Kontrolle der Formen des Konflikts durch Verhandlungen aus. Wohl aber verhindert sie, solange sie anhält, eine dauerhafte Überwindung des Grundkonflikts der Systeme und ist daher eine Quelle immer neuer bewaffneter Teilkonflikte.“*
> (R. LÖWENTHAL in: FAZ v. 30. 1. 82 zur Außenpolitik sowjet. Regierungen.)

aus Erfolgen bei der Verwirklichung dieser ideologischen Ziele. Die Ideologie geht von der Existenz eines Klassenkampfes (s. Kap. 2.2.2.1) auch auf internationaler Ebene aus, den zu fördern zur höchsten Pflicht aller Kommunisten bis zum weltweiten Sieg des „Sozialismus" über den „Kapitalismus" gehört. Der UdSSR und allen kommunistisch regierten Staaten kommt dabei die Aufgabe zu, in besonderem Maße diesen Prozeß aktiv zu fördern.

Es ist nicht davon auszugehen, daß die politische Führung der UdSSR immer und überall ihre Außenpolitik an den Interessen des Klassenkampfes in größtmöglichem Umfang orientiert. Doch bleibt festzuhalten, daß die Unterstützung kommunistischer Bewegungen bis hin zur gewaltsamen Errichtung kommunistischer Systeme von ihrer Politik erwartet wird, daß sie in der Tat Unterstützungen in großem Umfange gewährt und sie sich deren Erfolge rühmt. Die Rechenschaftsberichte des ZK vor den Parteitagen der KPdSU sprechen dafür eine überzeugende Sprache. Die sowjetische Außenpolitik ist daher prinzipiell dynamisch und auf Veränderung ausgerichtet. Als Mittel zum Zweck gelten nicht nur Gewaltanwendung in unterschiedlichster Form als legitim, sondern auch einseitige Aufkündigungen von Völkerrechtsvereinbarungen zwischen „sozialistischen" und „kapitalistischen" Staaten. Nicht als prinzipiell dauerhaft, sondern unter dem Vorbehalt der „clausula rebus sic stantibus" begriffen, wird ein Recht zu einseitiger Aufkündigung durch den „sozialistischen Staat" in Anspruch genommen. Die Koexistenzformel enthält ähnliche Vorbehalte im Interesse des Klassenkampfes (s. S. 405).

Größe und Rüstungsniveau des Landes machen heute die Weltmachtposition der Sowjetunion aus. Ihr Wirtschaftsniveau entspricht hingegen eher dem eines mittleren Industrielandes wie Irland oder Spanien, deren Bruttosozialprodukt pro Kopf dem in der Sowjetunion gleicht (1979 4110 $). Noch 24% der Beschäftigten arbeiten in der Landwirtschaft, die noch 16% zum Bruttoinlandsprodukt (die Industrie 62%) beiträgt.

Dennoch ist die Gesamtheit des Bruttosozialproduktes (1979 1082 Mrd. $) das zweitgrößte, das in der Welt in einem Nationalstaat erwirtschaftet wird (die kleine Bundesrepublik Deutschland 717,6 Mrd. $). Mit einer größeren Bevölkerungszahl (262,5 Mill. 1980) erbringt die Sowjetunion knapp die Hälfte des Bruttosozialproduktes der USA. Dieses Volumen ermöglicht ihr aber, ein Rüstungsniveau zu entfalten, das zur Wahrnehmung von Weltmachtfunktionen hinreicht. Ohne

diese Rüstung, allein auf ihre Wirtschaftskraft gestützt, bliebe die Sowjetunion im Weltmaßstab mithin weitgehend einflußlos. Der Charakter des politischen Systems erlaubt es, 10–14% des Sozialproduktes (USA ca. 3,1%) für die Rüstung auf Kosten des Lebensniveaus der Bevölkerung abzuzweigen. Durch den damit verbundenen Entzug von Investitionen für die Entwicklung der Landwirtschaft sowie durch Systemmängel blieb das Leistungsniveau der Landwirtschaft relativ gering. Dies führte zur Abhängigkeit der UdSSR von Getreideimporten, will sie ihr ohnehin niedriges Versorgungsniveau erhalten. Es erhebt sich somit die Frage, wie lange noch die sowjetische Regierung die hohen Rüstungsausgaben auf Kosten innerwirtschaftlicher Entfaltung beibehalten und damit ihre Weltmachtrolle auf Dauer wahrnehmen kann? Prinzipiell gilt die Sowjetunion als ein wirtschaftlich weitgehend autarkes Land. Sie besitzt nahezu alle Rohstoffe selbst; bei besserer Bodennutzung könnte sich das Land mehr als selbst ernähren. Die Sowjetunion verfügt auch über einen riesigen, aufnahmefähigen Binnenmarkt. Ihre Außenhandelsverflechtungen blieben folglich, gemessen am Sozialprodukt (5–6%), gering. Hauptimportgüter sind heute im wesentlichen Maschinen (DDR) und Waren von hohem technischen Wert, die – ebenso wie Lebensmittel (Getreide) – aus dem „kapitalistischen" Ausland bezogen werden müssen. Ihre Bezahlung erfolgt im wesentlichen aus dem Erlös von Goldverkäufen und dem Export von Rohstoffen, insbesondere Öl.

Wirtschaftliche Entwicklungsschwächen und Importbedürfnisse steigern u. a. tendenziell das Interesse der jeweiligen kommunistischen Regierungen an einer sich antikapitalistisch gebärdenden auswärtigen Politik, da sie weltweit die Rolle der UDSSR als verläßliche Vorkämpferin für den Sieg des Kommunismus glaubhaft zu vertreten hat.

7.2.1.5 Kommunistische Parteien im Ost-West-Konflikt

Das gegenwärtige internationale System ist in besonderer Weise durch eine expansive Entwicklung kommunistischer Strömungen gekennzeichnet, die vielfältige politische Ausformungen aufweist (s. Kap. 2.2.3.3) und sich in einer wachsenden Zahl kommunistischer Parteien und deren Mitgliederzahl niederschlägt. Sie wirken als transnationale Kräfte in mehr oder weniger starkem Maße auf die internationale Entwicklung, insbesondere auf den Verlauf des Ost-West-Konfliktes ein.

Das internationale kommunistische Parteiensystem (1978–1981)

Gesamtmitglieder (1978–81)

15 regierende Parteien	70 000 000
79 nichtregierende Parteien	5 000 000
zusammen 94 Parteien	75 000 000

Regierende kommunistische Parteien (sowjet. Zuordnung)

VR China	38 000 000	1981
UdSSR	17 480 000	1981
Rumänien	3 044 336	1981
Polen	2 870 000	1981
DDR	2 172 110	1981
Jugoslawien	2 000 000	1981
Nordkorea	2 000 000	1980
ČSSR	1 538 179	1981
Vietnam	1 000 000	1979
Bulgarien	825 876	1981
Ungarn	803 000	1979
Kuba	434 143	1980
Albanien	101 500	1976
Mongol. VR	74 800	1981
Laos	15 000	1975

Nichtregierende kommunistische Parteien

Westeuropa	3 100 000*	1980
Asien und Ozeanien	1 200 000*	1978
Afrika	60 000*	1978
Amerika insgesamt	770 000*	1980
Lateinamerika (mit Kuba)	750 000	1980
Nordamerika (USA und Kanada)	20 000*	1980
Italien	1 752 153	1980
Frankreich	709 000	1981
Portugal	187 000	1981
Spanien	130 000	1980
Finnland	50 000	1981
Bundesrepublik Deutschland	58 000	1981
Griechenland	29 300*	1980
Niederlande	27 500	1978
Österreich	25 000*	1980
Großbritannien	20 599*	1980
Schweden	16 000	1978
Zypern	14 000	1978
Dänemark	11 000	1980
Belgien	10 000*	1980
Schweiz	5 000*	1980
Island	3 000*	1980
Norwegen	2 000*	1980
Türkei	2 000*	1980
San Marino	1 040	1980
Luxemburg	600*	1980

Einige lateinamerikanische und asiatische kommunistische Parteien

Argentinien	150 000	1978
Uruguay	50 000	1978
Kolumbien	25 000	1980
Mexiko	15 000	1981
Indien	550 000	1978
Japan	440 000	1980

(nach: Sowjetunion 1980/81; 1981, S. 332)   * Schätzung

Komintern 1919 Kominform 1947

Abb. 169: Der Genesungsprozeß kann beginnen ...

Prinzipiell kann davon ausgegangen werden, daß sich alle kommunistisch orientierten Strömungen und Parteien gegen kapitalistische Wirtschaftssysteme und damit gegen alle sich zu diesem System bekennenden Regierungen stellen. Die historische Erfahrung zeigt allerdings, daß mit dieser Grundorientierung keineswegs von vornherein eine Option zugunsten der Politik der UdSSR bzw. der kommunistisch regierten Länder verbunden ist. Das Spektrum des internationalen Kommunismus erwies sich insofern als höchst komplex.

Dennoch besitzen die kommunistisch regierten Länder, insbesondere die Sowjetunion, eine starke Stütze in vielen kommunistischen Parteien. Das betrifft insbesondere diejenigen Entwicklungsländer, die für ihre politische Entfaltung beratende, materielle oder schützende Hilfe durch die kommunistische Partei der Sowjetunion in Anspruch nehmen. Wenngleich damit heute die Erwartung abgeschwächt ist, sich am Vorbild der Sowjetunion zu orientieren und sich mit ihrer Politik bedingungslos zu identifizieren, so bleibt sie doch prinzipiell bestehen. Die wechselvolle Geschichte des internationalen Kommunismus führte von einer durch die KPdSU gesteuerten zentralistischen Organisation (Komintern 1919) über einen gelockerten Zusammenschluß (Kominform 1947) zu unregelmäßigen Treffen von Vertretern kommunistischer Parteien. Die Anzahl der auf diesen von der KPdSU organisierten Treffen vertretenen kommunistischen Parteien und Gruppen lassen auf das Ausmaß von politischer Kooperation mit der UdSSR schließen. Ähnliches gilt für die Entsendung von Delegationen zu den Parteitagen der KPdSU. In Prag 1967 waren 67 Parteien und Gruppen vertreten, in Berlin (Ost) 1980 116. Dabei gilt es zu beachten, daß

Abb. 170: Die „Eurokommunisten" S. Carillo (KPS) und E. Berlingüer (KPI) wollen eigene Wege gehen

Keine Einheitsfront

die UdSSR nach wie vor das mächtigste und einflußreichste Zentrum des Weltkommunismus darstellt. Liegt eine politische Orientierung zu ihren Gunsten vor, kommt hinzu, daß sich die sowjetische Außenpolitik bei der Durchsetzung von Interessen nach außen nicht nur politisch gleichgeschalteter gesellschaftlicher Kräfte (z.B. Gewerkschaften, Jugendorganisationen usw.) des eigenen Landes bedienen kann, sondern auch derjenigen anderer, kommunistisch beeinflußter Kräfte anderer Länder.

Exekutivbüro

7.2.2 Die „Dritte Welt" als Bewegung der Blockfreien in der internationalen Politik

Eine Staatengruppierung des internationalen Systems, die sich seit nunmehr nahezu 30 Jahren als politische Kraft nicht nur behauptet, sondern ihr Einflußgewicht auf den Verlauf internationaler Prozesse auszuweiten wußte, ist die der „Dritten Welt", die sich u.a. in der Gruppierung der „Blockfreien" zusammenfand. Auch die Bewegung der „Blockfreien" ist in hohem Maße ein Produkt des Kalten Krieges und wird bis heute in ihrer Entwicklung maßgebend durch den Ost-West-Gegensatz bestimmt.

Bandung-Konferenz

Der Ursprung dieser Gruppierung reicht in die Mitte der fünfziger Jahre, als in Bandung (1955) Vertreter aus 29 Ländern Asiens und Afrikas zusammenkamen, die gerade ihre nationale Selbständigkeit erlangt hatten, sei es im Zuge der „Entkolonialisierung" (Indien), sei es durch nationale Unabhängigkeitsbewegungen. Als Grundlage für die Beziehungen zwischen den Völkern formulierten sie zehn Prinzipien friedlicher Koexi-

stenz, zu denen die Beseitigung des Kolonialismus „in jeder Form" gehörte (s. Kap. 8.2.3.4).

Aus grundsätzlichen oder politisch-taktischen Erwägungen waren Nationalchina, Südkorea, Israel, Südafrika, die Äußere Mongolei und Nordkorea nicht eingeladen worden. Im allgemeinen sollte jedoch die politische Grundorientierung kein Hinderungsgrund für Zusammenwirken unter diesen Staaten sein. So ergab das politische Spektrum in Bandung eine Gruppe kommunistischer Länder (China, Nordkorea), die eine Bevölkerung von 700 Mill. umfaßte.

Die neutralistischen Länder, zu denen Indien zählte, vertraten 500 Mill. Menschen und die 18 antikommunistisch und prowestlich orientierten Länder (z.B. Pakistan) ca. 200 Mill. Obwohl ein antiwestlicher, antikolonialer und antiamerikanischer Ton auf dieser Konferenz vorherrschte, kam es nicht zu einer Einheitsfront der asiatisch-afrikanischen Staaten; jetzt nicht und auch später nicht.

Aus den Bandung-Staaten ging die Blockfreienbewegung hervor, die sich nie als eine feste Organisation begriffen hat. Diese Staaten versuchten im wesentlichen auf mit vielem propagandistischen Aufwand im Dreijahresturnus stattfindenden Gipfelkonferenzen, das Ansehen und den Einfluß ihrer Regierungschefs (z.B. Nehru, Nasser, Sukarno, Bourgiba, Nkrumah, Tito, Fidel Castro) bei der Lösung internationaler Probleme in die Waagschale zu werfen. Heute besitzen zwar 36 blockfreie (und Bandung-)Staaten ein Exekutivbüro als Koordinierungsausschuß und jährlich stattfindende Außenministerkonferenzen, aber eine festere Organisation ist nicht entstanden. So schwankt auch die Mitgliederzahl, die sich heute (1983) auf 103 erhöht hat und damit nahezu alle Entwicklungsländer erfaßt. Hinzu kommen nationale Befreiungsbewegungen, darunter die PLO und die SWAPO.

Die diesem lockeren Verbund anhaftende scheinbare Schwäche erweist sich in der praktischen Politik als ein Element der Stärke. Grundlegende Gegensätze über anstehende politische Entscheidungen lassen sich durch Nichtteilnahme von vornherein entschärfen. Die Teilnahme an den

Gipfelkonferenzen der Blockfreien

1. September 1961	Belgrad
2. Oktober 1964	Kairo
3. September 1970	Lusaka
4. September 1973	Algier
5. August 1976	Colombo
6. September 1979	Havanna
7. März 1983	Delhi

gemeinsamen Konferenzen ist daher sehr unterschiedlich ausgefallen, und nur ein Land (Birma) ist bisher offiziell ausgetreten.

Der Gedanke der Blockfreiheit enthält im wesentlichen zwei Ziele. Das erste, schon auf die Konferenz von Bandung zurückgehende, ist darauf gerichtet, die Länder der Dritten Welt aus dem Ost-West-Konflikt herauszuhalten. Furcht, in einen Krieg hineingezogen zu werden, war zunächst ein entscheidendes Motiv. Später kam der Gesichtspunkt erweiterter wirtschaftlicher Kooperation im Interesse des inneren Aufbaus und innerer Konsolidierung mit umfassender Außenunterstützung hinzu.

Wirtschaftliche Kooperation

Das zweite Ziel der Blockfreiheit geht im wesentlichen auf die erste Gipfelkonferenz (1961) der Blockfreien zurück. Sie enthielt den Versuch, diese durch Koordinierung ihrer politischen, wirtschaftlichen und militärischen Interessen zu einem „Block der Blockfreien" zusammenzufassen, um sie neben den beiden Blöcken des Ost-West-Gegensatzes als eine geschlossene „dritte Kraft" der internationalen Politik zu etablieren. Das 27-Punkte-Programm der Belgrader Konferenz enthält alle wesentlichen Ziele, die bis heute die Politik der Blockfreien bestimmen (z. B. fünf Prinzipien der friedlichen Koexistenz, gegen Rassendiskriminierung, kriegerische Aggression, Kolonialismus sowie für Abrüstung und Rechte der Palästinenser). Die damals angestrebte bessere Vertretung dieser Länder in Organen der Vereinten Nationen sowie bei allen internationalen Entscheidungen ist heute weitgehend verwirklicht. Auch das erste Ziel der wirtschaftlichen Kooperation konnte weitgehend verwirklicht werden. Demgegenüber wurde das Prinzip der Blockungebundenheit durch einige Mitglieder verletzt, indem sie politische Koalitionen mit der Sowjetunion eingingen (z. B. indisch-sowjetischer und ägyptisch-sowjetischer – heute aufgehobener – Beistands- und Freundschaftsvertrag, Bindung Kubas an die Sowjetunion) und somit den Kern der Blockfreiheit ins Zwielicht brachten, ohne auf entsprechende Kritik aus den Reihen der „Blockfreien" zu stoßen. Dies erklärt u. a., daß das zweite Ziel nie erreicht wurde. Die Ursachen dafür sind vielfältiger Natur und sicher aus grundlegenden Interessenunterschieden der Länder wegen ihrer politischen Systeme (Einparteidiktaturen bis parlamentarische Demokratien), ihrer wirtschaftlichen Bedingungen (arme und wohlhabendere), ihrer geographischen Lage und ihrem Sicherheitsbedürfnis zu erklären. Selbst zum Krieg zwischen „Blockfreien" ist es gekommen (z. B. Iran-Irak).

Anti-Kolonialismus

Dritte Kraft

Kuba

China

Eine nicht zu unterschätzende Ursache liegt auch darin, daß sich der Ost-West-Gegensatz als Rivalität um die Gunst oder Orientierung der Länder der Dritten Welt niederschlägt und insbesondere von der Sowjetunion als Chance erkannt wurde. Auf der einen Seite überwog von Anfang an bei der Politik der Blockfreiheit notwendig eine mehr oder weniger ausgeprägte Distanz zur westlichen Allianz. Sie ergab sich aus historischen Erfahrungen mit den ehemaligen Kolonialmächten. Da diese zum großen Teil in der antikommunistischen Allianz verbunden sind, richten sich antikoloniale Gefühle auch gegen diese und lassen sich mobilisieren. Mit Ausnahme von Ansätzen auf der Bandung-Konferenz wird das letzte Kolonialreich, die UdSSR, nicht als solches zur Kenntnis genommen.

Auf der anderen Seite ist der „Kampf gegen Kolonialismus und Imperialismus" ein Bestandteil der sowjetischen außenpolitischen Theorie und Propaganda. Die Bevölkerung abhängiger oder entkolonialisierter Länder betrachtet daher oft die Sowjetunion und die mit ihr verbundenen Länder des Ostblocks als Vorkämpfer und Verbündete bei ihrem Kampf um die staatliche Unabhängigkeit. Die darin begründete Sympathie für die kommunistische Allianz wird ergänzt durch die weitverbreitete Bewunderung für Leistungen des sowjetischen Wirtschaftssystems (vgl. aber die Entwicklungshilfe Kap. 8.2.3).

Obwohl die ungeheuren Menschenopfer, die die forcierte Industrialisierung erforderte, und die chronische Krise der Landwirtschaft sowie die geringe Leistungsfähigkeit ihrer Industrie nicht nachahmenswürdig erscheinen, wird das Prinzip der staatlichen Planwirtschaft unter weitgehender Ausschaltung privater Unternehmerschaft vielfach gutgeheißen. Das System der freien Marktwirtschaft findet z. T. deswegen weniger Anhänger, weil die wirtschaftliche Entwicklung in diesen Ländern einen längeren Zeitraum in Anspruch nahm und in den neuen Staaten eine breite Mittelschicht als Träger dieses Wirtschaftssystems fehlt. – Die Versuche und Hoffnungen der Sowjetunion, diese unterentwickelten Länder insbesondere Asiens und Afrikas in einer großen „Friedensfront" gegen den „westlichen Imperialismus" zu vereinigen, um sie auf diese Weise an die Sowjetunion zu binden und von ihr lenken zu lassen, ließen sich nicht verwirklichen. Die Ereignisse in Osteuropa seit den fünfziger Jahren (s. S. 357 ff.) wirkten ebenso hemmend wie die Haltung des kommunistischen China in Asien.

Hinzu kommt, daß seit der Auflösung des letzten Kolonialreiches eines westlichen Staates (Portugal) dieser Entkolonialisierungsprozeß im wesentlichen seinen Abschluß fand. Ein für die Blockfreien bedeutsames Ergebnis dieser Entwicklung besteht darin, daß der Kern kommunistischer Ziele nun immer schärfere Konturen erhält.

Befreiungs-bewegungen

Politisch heterogene nationale Befreiungsbewegungen konnten zur Beseitigung von Kolonialismus der Unterstützung aller Blockfreien sicher sein. Die Realisierung der eigentlichen Klassenkampfziele, die gewaltsame Ausschaltung aller nichtkommunistischen Kräfte und Schaffung einer kommunistischen Regierung (z. B. Angola) oder umgekehrt (Afghanistan) fand nicht mehr die ungeteilte Billigung auch neutralistisch orientierter Gruppen in diesen Ländern. Die Intervention der Sowjetunion in Afghanistan hat zudem

Afghanistan

katalysierend gewirkt und zu einem Außenministerbeschluß einer Reihe von Blockfreien geführt, der den Rückzug aller fremden Truppen aus Afghanistan und Kambodscha verlangt. So werden sich auch alle nichtkommunistischen Regierungen blockfreier Staaten zunehmend in einen aktiven Klassenkampf mehr oder weniger stark verwickelt sehen.

Trotz extrem mangelnder Homogenität der Blockfreien haben sie sich zu der wohl wichtigsten Bewegung der Dritten Welt entwickelt. Da ihre Mitglieder aus allen Regionen der Welt kommen, reicht sie organisatorisch auch in alle regionalen politischen (s. unten), wirtschaftlichen (s. Kap. 8.2.3.4) und militärischen kollektiven Organisationen der Dritten Welt hinein. Es besteht für sie die Möglichkeit, nahezu überall auf der Welt die von ihren Konferenzen formulierte politische Linie zur Geltung zu bringen. So sind z. B. Vertreter der Blockfreien in deren Namen auf der Madrider KSZE-Konferenz tätig geworden, haben im iranisch-irakischen Krieg zu vermitteln versucht (Sonderkommission), einen SWAPO-Hilfsplan für die (militärisch-finanzielle) Förde-

Politische Zusammenschlüsse von Staaten

Islamische Konferenz (ICO)	1974
Interparlamentarische Union (IPU)	1920
Organisation Erdölexportierender Länder (OPEC)	1960
Organisation für die Einheit Afrikas (OAU)	1963
Gemeinsame Afrikanisch-Mauretanische Organisation (OCAM)	1972
Organisation der Sahara-Anrainerstaaten	1977
Organisation Amerikanischer Staaten (OAS)	1948
Arabische Liga	1945
Golfrat	1981
Verband Südostasiatischer Nationen (ASEAN)	1967
Liga Islamischer Völker („Sadat-Liga")	1980

Palästina

rung der Unabhängigkeit Namibias vereinbart. Die Präsentation von Blockfreien-Politik gilt nicht minder für alle internationalen Organisationen (UN) und Konferenzen insbesondere auf dem Wirtschafts- und Handelssektor (s. Kap. 8.2.3.2). Ihre Erfolge ergeben sich nicht zuletzt aus der spezifischen Ost-West-Konstellation, da das Ringen um ihre Gunst Kooperationstendenzen in beiden politischen Lagern fördert.

7.2.3 Regionale Konflikte im Schatten des Ost-West-Gegensatzes

In der zweiten Hälfte des 20. Jh. verlaufen Konflikte im internationalen System zunehmend unter dem Einfluß der Frontenbildung des Ost-West-Gegensatzes sowie der Rivalität um die Staaten der „Dritten Welt". Eine besondere weltpolitische Rolle fällt darin den kommunistischen Parteien in Entwicklungsländern zu, da sie nicht zuletzt als Träger nationaler Befreiungsbewegungen gegen diktatorische Regime im nichtkommunistischen Teil der Welt auftreten. Sie sind auf diese Weise bei nahezu allen regionalen Konfliktherden beteiligt bzw. beteiligt gewesen, die die zweite Hälfte des 20. Jh. gekannt hat und kennt. Diese alle waren und sind damit in ihrer Entwicklung und ihrem Ergebnis Bedingungen und Einflüssen des Ost-West-Gegensatzes unterworfen. Das gilt sowohl für Konflikte/Kriege in Korea, im Kongo, in Vietnam, in Kuba oder anderen Staaten Asiens, Afrikas oder Lateinamerikas. Aus der gegenwärtigen Konfliktfülle haben sich mehrere als besonders dauerhaft und wirksam erwiesen: darunter die Nahost-Frage, der chinesisch-sowjetische Konflikt sowie die Region Südafrika.

7.2.3.1 Die Nahost-Frage

Der erste Konflikt dieser Art außerhalb Europas ist der jahrzehntealte komplexe Nahost-Konflikt (HOLLSTEIN, 1977 und REINARTZ, 1975) mit seinen Kriegen und langen Phasen eines Zustandes des „weder Krieg noch Frieden". Während noch die mit Billigung der Vereinten Nationen erfolgte Teilung Palästinas von der Sowjetunion mitgetragen und von ihr ein moralisches und politisches Recht der Juden auf einen eigenen Staat offen unterstützt wurde, vollzog sie im Laufe der Entwicklung des Ost-West-Konflikts eine Wende. Als sich Israel zum Westen hin orientierte, stellte

Abb. 171: Der ägyptische Staatspräsident Sadat (Mitte) leitete den Friedensschluß mit Israel ein (Der damalige israelische Ministerpräsident Begin, lks.)

sie sich nahezu bedingungslos an die Seite arabischer Staaten und der Palästinenser. Seit sie 1953 ihre diplomatische Anerkennung des Staates Israel zurückzog, und bis hin zu dem 1982 im Libanon gegen die PLO geführten Krieg, gab es lediglich Schwankungen in den Beziehungen zu einzelnen arabischen Staaten. An ihrer Grundposition änderte sich jedoch nichts. Dabei bejaht die **Israel** Sowjetunion ein Existenzrecht des *Staates* Israel mit seinen ca. 3,08 Mill. Juden (0,57 Mill. Araber), wie sie auch den ca. 3,3 Mill. Palästinensern ein Recht auf einen eigenen Staat zubilligt. Während der Einfluß der UdSSR auf den nahöstlichen Raum im letzten Jahrzehnt (politischer Wandel in Persien, Ägypten, Libanon) faktisch zurückging, bemüht sie sich seit 1983 ihr Gewicht in diesem Raum wieder zu verstärken (militärische Präsenz in Syrien, Irak). Demgegenüber füllten die USA zunehmend stärker die politische Lücke aus, die die einstigen Kolonialmächte des Nahen Ostens, Großbritannien und Frankreich, dort hinterließen. Obwohl die Geschichte der US-Nahost-Politik je nach politischer Option der jeweiligen Regierungen auch Schwankungen unterworfen war, und sie durch gute Beziehungen sowohl zu arabischen Staaten als auch zu Israel eine mehr oder weniger starke neutrale Position im Nahost-Konflikt suchten, blieb ein Primat zugunsten Israels unverkennbar. Es ergibt sich aus der Rücksicht auf den einflußreichen jüdischen Bevölkerungsteil in den USA, aus grundsätzlichen Gemeinsamkeiten demokratischer Systeme sowie ihrer Haltung im Ost-West-Konflikt. Heute halten die USA die Position des entscheidenden Vermittlers im Nahost-Konflikt, wenngleich Friede ohne Zustimmung der UdSSR auch dort nie zu erzielen sein wird. Ein wachsendes wirtschaftliches Interesse beider Weltmächte in diesem Raum (Erdöl) erschwert zunehmend Kompromisse.

Die Tatsache, daß das Nahostproblem über Jahrzehnte ungelöst geblieben ist, hing nicht zuletzt auch mit der mangelnden Fähigkeit aller Nahoststaaten außerhalb Israels zusammen, eine gemeinsame Position mit realistischen Lösungsmöglichkeiten zu entwickeln. Dabei geht es im Kern einerseits um die Anerkennung eines Existenzrechtes für den Staat Israel durch alle seine Widersacher, andererseits um ein solches Recht für die Palästinenser durch Israel selbst. Sowohl innerhalb der Arabischen Liga als auch auf Zusammenkünften der Blockfreien konnte sich weitgehend die insbesondere von der Palästinensischen Befreiungsfront (PLO) vertretene Haltung durchsetzen. Da es sich auch bei dieser Organisation weder hinsichtlich ihrer politischen Grundposi-

Abb. 172: Seit dem Frühherbst 1983 erlebte der Libanon nach dem Teilrückzug der Israelis wieder einen Bürgerkrieg

Erdölförderung nach Weltregionen 1980 in %

Region	%	Region	%
Naher Osten	30,2	Afrika	9,5
UdSSR und		Mittlerer und	
Osteuropa	20,4	Ferner Osten	4,4
Nordamerika	18,5	Westeuropa	3,8
Lateinamerika	9,7	V.R. China	3,5

(nach Fischer Weltalmanach 1982)

tionen noch ihrer Israel-Politik um eine homogene Kraft handelt, erlangten Extrempositionen nach außen die Oberhand. Erst nach der Niederlage der PLO im Libanon und ihrer Vertreibung aus diesem Lande gewannen auf der Konferenz von Fez gemäßigtere Ansichten Einfluß. Die Anerkennung eines Existenzrechtes für Israel durch die meisten arabischen Staaten einschließlich der PLO scheint seitdem näher gerückt.

7.2.3.2 Konfliktherd Südafrika

In ähnlicher Weise wie der Nahost-Konflikt ist die mit Hypotheken der Kolonialzeit belastete konflikträchtige Region Südafrika mit dem Ost-West-Gegensatz verwoben. Die Probleme sind aus dem Zusammenwirken politischer, wirtschaftlicher sowie militärischer Faktoren zu begreifen, die sowohl die Weltmächte als auch die Bewegung der „Blockfreien erfaßt. Hier geht es zunächst um die Gewährung der Menschenrechte, insbesondere um die Durchsetzung des Gleichheitsprinzips für alle in der Republik Südafrika lebende Bürger. Die von einer weißen Minderheit ausgeübte Regierung des Landes, die allein durch demokratische Wahlen des weißen Bevölkerungsteils legitimiert ist, enthält bis heute allen anderen Bevölkerungsgruppen demokratische politische Rechte vor und betreibt eine Politik der Rassentrennung (Apartheid).

Rohstoffe

Apartheid

Sie verstößt damit gegen Prinzipien freiheitlich-demokratischer Systeme und erschwert auf diese Weise eine intensive Zusammenarbeit, die sich auf Grund wirtschaftlicher Interessen und Gemeinsamkeiten der Wirtschaftssysteme entfalten könnte.

Die Republik Südafrika ist ein sich schnell entwickelnder, im fortgeschrittenen Industrialisierungsprozeß befindlicher Staat. Mit einem Bruttosozialprodukt von ca. 1720 $ (1978) pro Einwohner (einschl. Transkei, Venda, Bophuthatswana) verfügt sie über ein zwar noch niedriges, aber für Verhältnisse Afrikas vergleichsweise hohes Wirtschaftsniveau (z.B. Ägypten 460 $, Tansania 268 $, Algerien 1580 $, Tunesien 1120 $, Angola 440 $, Mosambik 254 $), welches Arbeitskräfte aus den Nachbarstaaten anzieht und für diese zu einer festen Deviseneinnahme geworden ist (z.B. Mosambik). Die Regierung Südafrikas sieht sich in einem Abwehrkampf gegen kommunistische Unterwanderung von außen (insbesondere Mosambik, Angola, Problem der SWAPO). Dabei erschwert sie durch ihre Rassenpolitik Kooperation mit Gleichgesinnten im internationalen System. Letztendlich liegt aber hier bei den europäischen Demokratien und den USA im allgemeinen eine politische Grundoption zugunsten der südafrikanischen Regierung vor, da sich die gemeinsame Abwehr gegen kommunistisches Vordringen mit wirtschaftlichen Interessen verbindet. Südafrika, einer der rohstoffreichsten Staaten dieser Erde, ist

Exporte der Republik Südafrika

Exportgut	Weltrang	Rang im Westen
Platin-Metalle	1.	1.
Vanadium	1.	1.
Gold	1.	1.
Mangan (Metall)	1.	1.
Aluminiumsilikate	?	1.
Chromerz	1.	1.
Mangan (Erz)	1.	1.
Diamanten	3.	2.
Flußspat	2.	2.

Bevölkerung der Republik Südafrika 1980 (ohne Homelands, Transkei, Bophuthatswana, Venda)

insgesamt	Mill. 23772970	Gesprochene Sprache Africaans	Englisch	Bantu-Dialekte
Weiße	4453373	57%	37%	
Mischlinge	2554039	78%	10%	
Asiaten (insbes. Inder)	794639	0,7%		
Schwarze, insbes. Bantu	15970019	ca. 50% oder beides	ca. 50%	ca. 100%

darunter (1979):

Zulu	5391000		Shangaan	787000
Xhosa	3125000		Swasi	628000
Nord-Sotho	2084000		Venda	163000
Süd-Sotho	1733000		andere	595000
Tswana	1402000		Ausländer	412000

(aus: Fischer Almanach 1982, S. 456)

Abb. 173: Auflehnung gegen rassistische Unterdrückung in Südafrika

in verschiedenen Sektoren ausschlaggebender Lieferant für Europa und Amerika, unabhängig von Gold und Diamanten (s. Tab. S. 391).

Strategische Lage

Hinzu kommt die strategische Lage Südafrikas, die angesichts des in den siebziger Jahren erfolgten Ausbaus der sowjetischen Kriegsflotte wachsende Bedeutung gewann und den Westen auf Zusammenarbeit mit der Republik Südafrika verweist.

Kooperation mit der Republik Südafrika wird aber durch die weltweite Dimension der Apartheid erschwert. Die Regierung der Südafrikanischen Republik befindet sich deswegen nicht nur in einem Grundkonflikt mit allen anderen afrikanischen Staaten, zu denen sie keine diplomatischen, aber in unterschiedlichem Grade doch wirtschaftliche Beziehungen unterhält, sondern mit der Bewegung der heute „blockfreien Staaten". Diese hat sich seit ihrer Gründung den „Kampf gegen Rassismus" zu eigen gemacht und durch ihr Gewicht z. B. in der Vollversammlung der Vereinten Nationen Verurteilungen Südafrikas und wirtschaftliche Boykottbeschlüsse durchgesetzt. Die Sowjetunion stellte sich von vornherein auf die Seite der Blockfreien und verurteilte die Rassenpolitik der weißen Südafrikaner. Ko-

operationen westlicher Regierungen oder transnationaler Kräfte prangert sie an. Auf diese Weise besitzt sie im Ringen um die Gunst junger Nationalstaaten hier einen Trumpf.

7.2.3.3 Aspekte des chinesisch-sowjetischen Konfliktes

> *„Die Auseinandersetzung über die Havanna-Konferenz liefert eine Menge Beweise dafür, daß die hegemonistische Politik der chinesischen Führer jetzt die größte Gefahr für die blockfreien Länder und für die Bewegung der Blockfreien als Ganzes darstellt … Wie bekannt, strebte Peking in der Vergangenheit, während es die Bewegung der Blockfreien verbal unterstützte, in Wirklichkeit danach, in Opposition zu dieser Bewegung eine Gruppe von Entwicklungsländern zu bilden, die unter Chinas Einfluß stehen sollten …*
>
> Quelle: Das Moskauer Magazin INTERNATIONALE ANGELEGENHEITEN, verbreitet von TASS, 3. 8. 1979 (in der Übersetzung von Monitor, Deutsche Welle).
> (Entnommen aus: BAUMANN, 1982, S. 309)

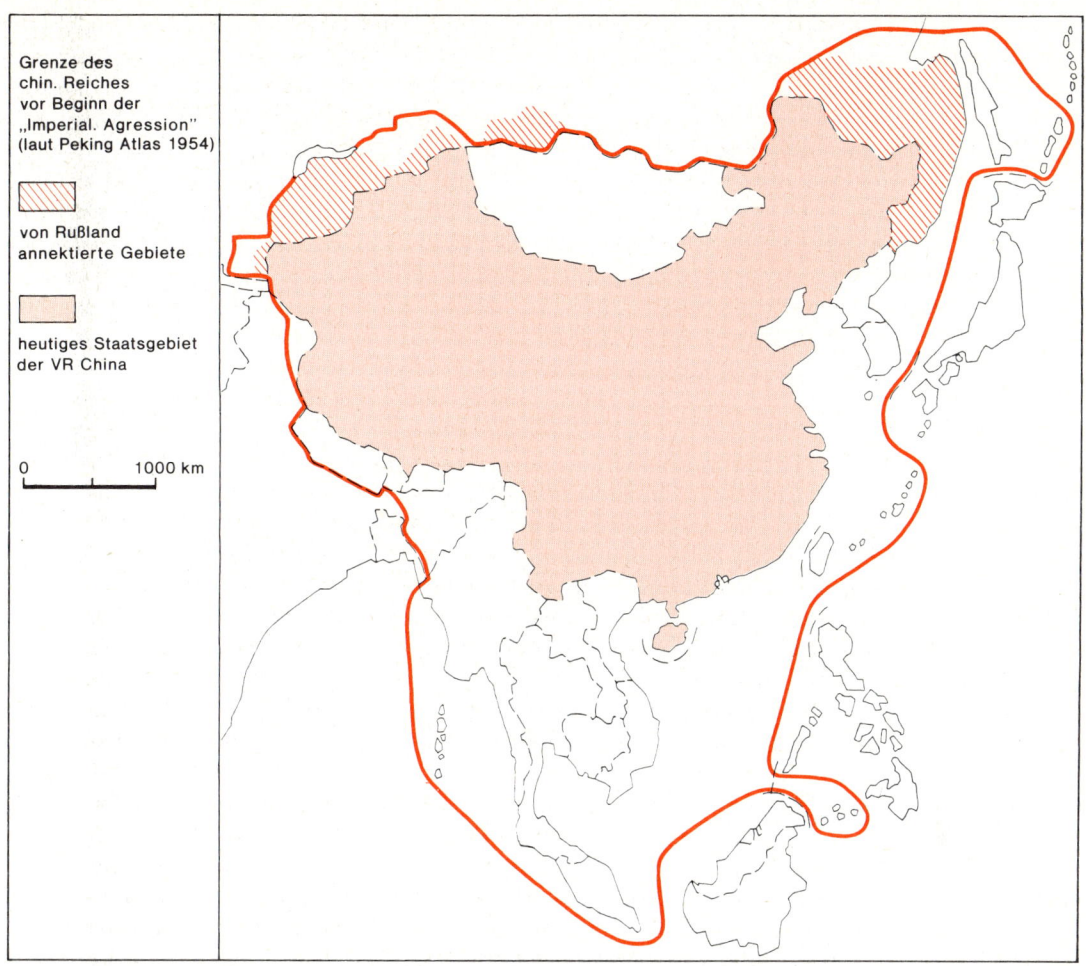

Abb. 174: *Gebietsansprüche Chinas. Die Karte im Peking Atlas 1954 zeigte, welche Gebiete einst nach chinesischer Auffassung von Rußland durch imperialistische Aggression annektiert wurden*

Legende:

Grenze des
chin. Reiches
vor Beginn der
"Imperial. Agression"
(laut Peking Atlas 1954)

von Rußland
annektierte Gebiete

heutiges Staatsgebiet
der VR China

0   1000 km

Die Völker haben in jüngster Zeit großes Interesse an der Entwicklung der Bewegung der Blockfreien gezeigt; wegen der Sabotage der Supermächte, vor allem des sowjetischen Sozialimperialismus, ist die Bewegung der Blockfreien jetzt mit einem ernsthaften Kampf konfrontiert – ob sie auf der Orientierung der Bekämpfung von Imperialismus, Kolonialismus und Hegemonismus beharren oder sie ändern wird, und ob sie die Einheit erhalten oder die Spaltung dulden wird. Ihr Ergebnis wird für die Bewegung entscheidende Bedeutung dafür haben, ob sie auf der Welt weiterhin eine positive Rolle als eine neutrale politische Kraft spielen wird ...

Quelle: JEN MIN JIH PAO, 12. 7. 1978 (In der Übersetzung von Monitor, Deutsche Welle). (Entnommen aus BAUMANN 1982, S. 301)

Grenzkämpfe

Die Entwicklung zur Komplexität im Weltkommunismus ist auch aufs engste mit dem sowje-

tisch-chinesischen Konflikt verknüpft. Der nunmehr seit über einem Vierteljahrhundert sichtbare chinesisch-sowjetische Konflikt ist aufgrund seiner Dauer eine prägende Kraft für das Bewußtsein einer ganzen Generation beider Länder geworden. Obgleich in diesem Konflikt auf beiden Seiten nur die jeweilige „herrschende Clique" und ihre Politik mit großem, allerdings auch schwankendem publizistischem Aufwand verteufelt wird, die der Praktizierung von Völkerfreundschaft entgegenstünde, erscheint es heute schwer vorstellbar, diesen Konflikt schnell im Falle günstiger Regierungswechsel zu beenden. Abgesehen von den Narben, die die abrupte Einstellung der sowjetischen Wirtschafts- und Entwicklungshilfe am Ende der fünfziger Jahre sowie die Grenzkämpfe am Ussuri in China hinterließen, stehen drei grundsätzliche Probleme zwischen den beiden Staaten, die eine angenommene Freundschaft aufgrund gemeinsamer kommunistischer Identität überlagern:

401

Ideologische Differenzen traten im wesentlichen als erste, nach außen sichtbare und bis zur Gegenwart anhaltende Konfliktebene hervor.

Bereits die ohne wesentliche Hilfe der Sowjetunion erfolgte bewaffnete Machteroberung durch die chinesischen Kommunisten stellte für sich eine vom sowjetischen Vorbild abweichende Strategie der Machteroberung dar, die zum Vorbild für andere kommunistische Parteien in Entwicklungsländern wurde. Hinzu kam, daß die chinesischen Kommunisten unter MAO in den fünfziger Jahren auch von sowjetischen Methoden der Machtausübung und des Aufbaus von Kommunismus abzuweichen (z. B. Volkskommunenbewegung, später Kulturrevolution) begannen und damit insbesondere für Entwicklungsländer eine Alternative zum sowjetischen Modell praktizierten. Rivalitäten um den Einfluß im Weltkommunismus und damit in der „Dritten Welt" bis hin zur Bewegung der „Blockfreien" (s. S. 400) bilden seitdem eine Konstante im sowjetisch-chinesischen Konflikt.

Kultur-revolution

Rolle der Ideologie

Eine zweite Konstante besteht in der chinesischen Kritik am Verlauf der gemeinsamen Grenzziehung und der damit aufs engste verknüpfte Nationalitätenproblematik. Die im 19. Jh. einem schwachen China von der zaristischen Regierung aufgezwungenen Grenzen (Verträge von Aigun 1858 und Peking 1860) werden von China als das Ergebnis „ungleicher Verträge" betrachtet, Charakter und Ausmaß eines Revisionsbegehrens aber im allgemeinen öffentlich unklar belassen. Sehr konkrete Konflikte ergaben sich um die Nationalitätenfrage.

Nationalitäten-problematik

In beiden Staaten dient der Konflikt im Innern als Mobilisierungs- und Disziplinierungsinstrument, insbesondere im Hinblick auf ihre Minderheiten und Nationalitäten. Diese sind in beiden Staaten in gleicher Weise einer starken ethnischen Überfremdung durch den Zuzug von Russen bzw. Chinesen ausgesetzt.

Eine dritte Ebene des Konfliktes stellt das sowjetische Engagement in Südostasien dar (z. B. Mongolische Volksrepublik Vietnam, Kambodscha, Afghanistan). Es mag dahingestellt bleiben, ob die chinesische Regierung in dieser von ihr als „Hegemonismus" charakterisierten Politik eine Bedrohung erblickt, wie offiziell dargetan, oder einen Rivalen fürchtet. Die sowjetische Regierung dürfte nicht zuletzt aufgrund der chinesischen

Hegemonismus

Bevölkerungsentwicklung (1 Mrd. 1982) dieses Engagement auch als Präventivmaßnahmen zum Schutze vor einem so menschenreichen China begreifen. Obwohl China zu den ärmsten Entwicklungsländern gehört, keineswegs über eine moderne Armee (8 Mill. Soldaten, Männer und Frauen) verfügt – allerdings Atomwaffen besitzt – und aus der Sicht historischer Erfahrung nicht als Macht von potentieller expansionistischer und aggressiver Art einzuordnen ist, hält die UdSSR an starken Militärkonzentrationen an der sowjetisch-chinesischen Grenze fest.

Militärbudget der V.R. China

Jahr	Mrd. Yuan	Jahr	Mrd. Yuan
1977	14,9	1980	19,4
1978	16,8	1981	16,9
1979	20,2		

(nach SIPRI Yearbook 1982)

Die weltpolitische Bedeutung dieser ungelösten und schwer lösbaren Probleme zwischen zwei von kommunistischen Parteien regierten Staaten besteht nicht nur darin, daß sie die ideologische Grundannahme von einem prinzipiell konfliktfreien und friedlichen Nebeneinander kommunistisch regierter Staaten widerlegen, sondern daß sie damit das Kräfteverhältnis im weltweiten Ost-West-Konflikt zuungunsten der kommunistischen Orientierungen verschieben. Der sowjetische Vorwurf an ein mit den USA, Japan oder Westeuropa politisch kooperierendes China, mit den Imperialisten/Kapitalisten gemeinsame Sache zu machen und damit den Weltkommunismus zu schwächen, verfehlt seine Wirkung nicht. Internationale Bemühungen, dies grundlegend zu ändern, sind daher auf kommunistischer Seite bis hin zu Aussöhnungsangeboten der Sowjetunion selbst erkennbar wie auch auf der anderen Seite das Bemühen, diese Situation zu erhalten. Die Tendenz, potentielle und reale Konfliktherde mit der Volksrepublik China zu beseitigen bzw. friedlich zu lösen (Formosa, Hongkong), ist infolgedessen Bestandteil z. B. der Politik der USA und Großbritanniens. Auf der anderen Seite kamen seit 1982 wirtschaftliche und politische Kontakte zustande, die eine Wende der Beziehungen zwischen China und der UdSSR andeuten.

7.3 Das Problem der Friedenssicherung im Atomzeitalter

7.3.1 Weltweit eskalierende Rüstung

Entwicklungsländer

Rüstungsausgaben

Waffenexport

Unruhe und Sorge um die Erhaltung des Friedens sind in erster Linie von einer Rüstungsentwicklung geprägt, die in quantitativer und qualitativer Hinsicht in immer beunruhigendere Dimensionen vorstößt. Eine genaue vergleichende empirische Erfassung der mengenmäßigen Größenordnung von Rüstungsausgaben gestaltet sich insbesondere im Hinblick auf unterschiedliche nationale Produktionskostenfaktoren und Wechselkursberechnungen schwierig. So ist es kein Wunder, daß Angaben von Forschungsinstituten wie des Londoner „Internationalen Instituts für Strategische Studien" (IISS) und des „Stockholmer Internationalen Friedensforschungsinstituts" (SIPRI) oder Analysen der Vereinten Nationen und anderer Institutionen voneinander abweichen und immer auf ihre Berechnungsgrundlagen hin zu befragen sind.

Unter Berücksichtigung dieses Umstandes können wir davon ausgehen, daß 1980 weltweit mehr als 400 Mrd. $ für Rüstungsgüter ausgegeben worden sind (SIPRI, 1981, S. XIX.). 1970 waren es erst ca. 200 Mrd. $. Daran waren die Warschauer Paktstaaten und die NATO mit ca. 70% beteiligt. Eine besonders sprunghafte Ausgabensteigerung für Rüstung zeichnete sich in den siebziger Jahren bei den Ländern der „Dritten Welt" ab. Sie waren mit 14% an den Rüstungsausgaben der Welt beteiligt, womit sie ihre Rüstungsausgaben in den siebziger Jahren nahezu verdoppelten. Dies bedeutet zudem, daß die Entwicklungsländer dreimal mehr für Rüstung ausgeben als sie an Entwicklungshilfe erhalten. Diese beängstigende Anhäufung von Waffen begleitet ein wachsender Waffenexport, der in Richtung Entwicklungsländer in den letzten fünf Jahren jährlich um ca. 25% zunahm. Berechnet auf Dollarbasis gelten die USA (1977–80) als größter Waffenexporteur (43,3%), gefolgt von der Sowjetunion (27,4%), Frankreich (10,8%), Italien (4%) und Großbritannien (3,7%). Die Tschechoslowakei, Israel, Südafrika, Brasilien, Argentinien und Indien treten zunehmend als Verkäufer am internationalen Waffenmarkt auf. Etwa 70% der Waffen gehen in die Dritte Welt, zum größten Teil in den arabischen Raum. 1978 waren der Irak, Iran, Israel, Südkorea, Saudi-Arabien, Indien und Libyen die größten Waffenimporteure. Zunehmend

Abb. 175: Das zerstörte Hiroschima. Zwei Atombomben beendeten den II. Weltkrieg.

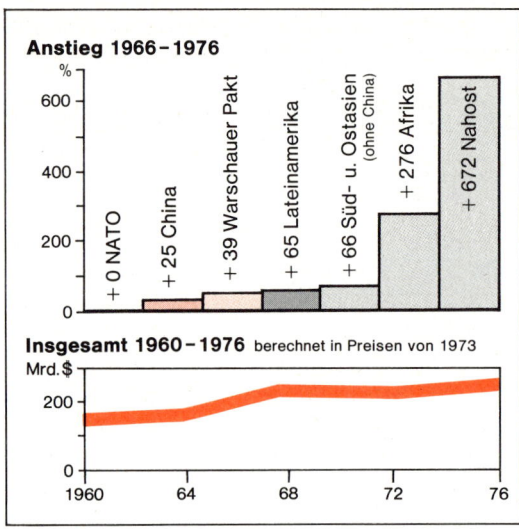

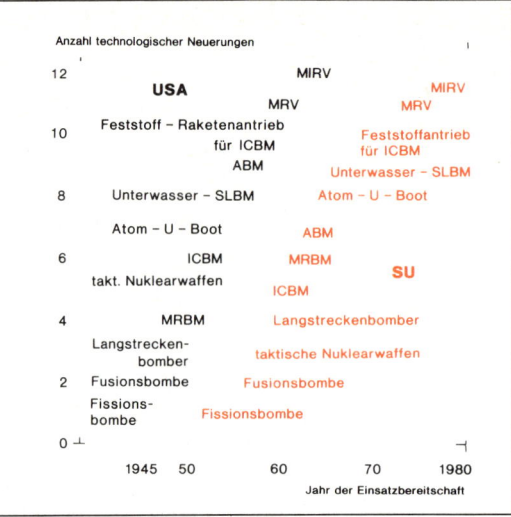

Abb. 176: Die Rüstungsausgaben in der Welt – auch ein „Wachstum"! (1980 450 Mrd. $)

Abb. 177: Die Eigendynamik der Rüstung. Wer hat die Nase vorn?

werden aber in der Dritten Welt selbst Waffen produziert und exportiert (SIPRI 1981, S. XXI). Diese beängstigende quantitative Ausweitung auf dem Rüstungssektor erfährt ihre wachsende und besonders friedensgefährdende Dimension durch die parallel verlaufende Perfektionierung von Waffen und Waffensystemen. Veränderte technologische Bedingungen und Neuerungen ermöglichen umfassende qualitative Verbesserungen an bestehenden Waffensystemen, die mit besserer

Welthandel mit Großwaffen 1979–1981

Atomwaffen

Export aus	%	Import nach	%
UdSSR	36,5	Industriestaaten	37,8
USA	33,6	Mittlerer Osten	27,3
Frankreich	9,7	Nordafrika	9,2
Italien	4,3	Ferner Osten	8,3
Großbritannien	3,6	Südamerika	6,2
Bundesrepublik		Südasien	4,9
Deutschland	3,0	Schwarzafrika	4,8
Dritte Welt	2,4	Mittelamerika	1,5
Übrige	6,9		

(nach SIPRI 1982)

Militärausgaben in % der Welt

Staat/Block	1971	1980
NATO	49	43
USA	32	24
Warschauer Pakt	27	26
UdSSR	25	24
V.R. China	10	9
Dritte Welt	9	16
Sonst. Industriestaaten	5	6

(nach SIPRI 1982)

Treffsicherheit, leichterer Handhabung (Automatik), intensiverer Ausnutzung ihres Zerstörungspotentials ausgestattet werden. 20% aller Ingenieure der Welt waren 1980 mit der Waffenproduktion befaßt, so daß es nicht verwundert, wenn es laufend zu Neuentwicklungen kommt.

Als Waffen mit dem größten Zerstörungspotential gelten heute alle Kategorien von Atomwaffen (allein 50000 Bomben). Die USA und die Sowjetunion, Großbritannien, Frankreich und die VR China besitzen Atomwaffen. Anderen Staaten wird bisweilen der Besitz nachgesagt (z.B. Israel, Südafrika, Pakistan, Indien). Immerhin produzierten 1978 bereits 22 Staaten Plutonium, das zur Herstellung von Atomwaffen benutzt werden kann. Durch die Perfektionierung der Raketentechnik können heute Atombomben über Tausende von Kilometern mit hoher Treffsicherheit in ein Ziel gelenkt werden. Dies hatte zur Folge, daß Abschußrampen auf dem Lande zunehmend gefährdet sind, so daß mobile Raketenabschußrampen erstellt und mit Atomraketen bestückte U-Boote bevorzugte Atomträger wurden. 1960 gab es erst ein U-Boot dieser Art, 1980 schon 108 (Die UNO-Studie, 1982, S. 236). Kernwaffenversuche werden in großer Zahl, überwiegend unterirdisch (Ausnahme China) vorgenommen (1321 von 1945 bis 1981, Schätzungen u. Zählungen von SIPRI 1982, S. 440).

Neben der nukleartechnischen Entwicklung scheint auch die Laser-Strahl-Technik als Vernichtungsinstrument in raschem Fortschritt begriffen zu sein. Die Herstellung chemischer Waffen wurde jüngst vom Präsidenten der USA wieder in Aussicht genommen mit der Begründung,

Kernwaffenexplosionen

Staat	bisher explodierte Bomben	Gesamtstärke in Mill. t TNT bzw. Megatonnen
USA	616	97,2
UdSSR	175	223,5
Frankreich	62	7,1
Großbritannien	28	18,4
VR China	23	19,8

(aus: Bild der Wissenschaft, Oktober 1979)

Chemische Kampfstoffe

die UdSSR habe in Kambodscha und Afghanistan chemische Waffen eingesetzt und damit das 1978 vereinbarte Herstellungsverbot der Vereinten Nationen gebrochen. Schätzungen der Bundesregierung gehen davon aus, daß der Bestand an chemischen Kampfstoffen in der Welt heute bei ca. 100 000 t liegt. Die USA besitzen davon 42 000 t, der Ostblock 50 000 t (nach amerikanischen Schätzungen 350 000 t). Während die USA 1968 die Produktion dieser Stoffe einstellten, würde die Zahl der mit chemischen Waffen befaßten Spezialisten im Ostblock 70 000–100 000 (nach amerikanischen Schätzungen 50 000, in den USA 5000) betragen. (Neue Zürcher Zeitung, Fernausgabe v. 7./8. 3. 1983, Tagesspiegel 26. 9. 1982)

Wegen der Wirkungsweise von Atombomben kann ein mit Atomwaffen geführter Krieg kaum mehr Angelegenheit zweier kriegführender Staaten bleiben. Abgesehen von Großstaaten würde radioaktiver Ausfall immer zumindest eine geographische Region und damit mehrere Nationalstaaten treffen. Die daraus resultierende Internationalisierung des Problems wird seit Ende der sechziger Jahre noch übertroffen von Rüstungsanstrengungen im Weltraum. In Verbindung mit Atom-, Raketen- und Lasertechnik weitete sich somit Rüstung zu einem Problem von weltweiten globalen Dimensionen aus, das insbesondere die Vereinten Nationen zum Handeln herausfordert.

Friedliche Koexistenz

Weltraum

1980 gestartete Satelliten

Typ	USA	UdSSR
Fotogr. Aufklärung	2	35
Elektron. Aufklärung	1	2
Meeresüberwachung	4	4
Frühwarnung	—	5
Navigation	2	6
Kommunikation	3	28
Meteorologie	2	6
Abfangen/Vernichtung	—	3
gesamt (103)	14	89

(nach SIPRI 1982)

Aus diesem quantitativen und qualitativen Zuwachs an Rüstungsgütern und Waffen erwächst zunehmend die Furcht, die Waffenentwicklung könnte oder müßte in einen großen Krieg münden, der die menschliche Zivilisation zerstört. Obwohl die Einsicht in solche potentiellen Gefahren seit der Existenz von Atombomben zunimmt, ist die Neigung bei vielen Politikern gering, solche langfristigen globalen Perspektiven den eigenen kurzfristigen nationalen Interessen überzuordnen. Die Motive dafür dürften vom Vertrauen in einen besseren Schutz nationaler Sicherheit durch Bündnisse, Rüstung bis zur beabsichtigten oder praktizierten Macht- und Gewaltpolitik reichen und auch die Beschäftigungslage mancher Produktionszweige berücksichtigen.

7.3.2 Friedenssicherung durch Koexistenzpolitik?

Heute verfügen beide Weltmächte über militärische Machtmittel (Atombomben, Raketen, Antiraketen-Raketen), die es ermöglichen, jeden Gegner mehrfach zu vernichten. Große Entfernungen bieten keinen Schutz mehr, so daß auch keine der beiden Weltmächte dem Sicherheitsbedürfnis der ihr jeweils verbundenen Völker voll genügen kann. Aus dieser Problematik entstanden Sicherheitsbedürfnisse, die u. a. in zwei politischen Strategien ihren Niederschlag fanden: in der Koexistenz- und in der Entspannungspolitik.

Auf dem Höhepunkt des „Kalten Krieges" wurde die Idee von der „friedlichen Koexistenz" als Prinzip für die Beziehungen zwischen Staaten neu belebt und mit neuem Gehalt gefüllt. Den Gedanken griffen Länder auf, die, gerade aus kolonialer Abhängigkeit entlassen, für ihre innere Aufbauarbeit Hilfe von kommunistisch und nichtkommunistisch regierten Staaten wünschten und sich darin durch die Ost-West-Konfrontation gehindert wenn nicht gar gefährdet sahen.

> *Die fünf Prinzipien der friedlichen Koexistenz „Pantjasilia" im chinesisch-indischen Abkommen über Tibet vom 29. 4. 1954.*
> - *Achtung der territorialen Integrität und Souveränität des anderen Staates*
> - *gegenseitiger Nichtangriff*
> - *Nichteinmischung in die inneren Angelegenheiten des anderen Staates*
> - *Gleichheit und gegenseitiger Vorteil im Handel*
> - *friedliche Koexistenz*

Abb. 178: Vorsicht, zerbrechlich!

Expansion

Tibet-Abkommen 1954

Antagonismus

Konvergenz

Die in dem chinesisch-indischen Abkommen über Tibet (1954) formulierten fünf Prinzipien der friedlichen Koexistenz wurden zur Grundlage einer Reihe von Verträgen zwischen den Regierungen kommunistischer und neutraler Staaten Asiens. Die erste asiatisch-afrikanische Konferenz (Bandung 1955) erweiterte sie zwar auf zehn Punkte, aber als die Sowjetunion „friedliche Koexistenz" zu einem Prinzip ihrer Außenpolitik erhob, griff sie nur diese fünf Prinzipien auf. Sie interpretierte sie im Einklang mit ihren außenpolitischen Interessen und stellte mit großem propagandistischem Aufwand ein Konzept vor zur Verhinderung eines Atomkrieges sowie zum Abbau von Konfrontationen zwischen Staaten mit verschiedenen politisch-gesellschaftlichen Ordnungen. Es besagt, daß trotz einer bestehenden, aber auf friedlichem Wege nicht zu beseitigenden Feindschaft (Antagonismus) zwischen beiden Systemen durchaus gegenseitige Absprachen, Konzessionen und Kompromisse, d.h. zwischen sozialistischen und nichtsozialistischen Staaten, geschlossen werden können und müssen. Damit wird eine schon unter LENIN und STALIN verfolgte Politik beschrieben, die sich damals wegen der ausgebliebenen Weltrevolution anbot. Friedliche Koexistenz bedeutet nicht, daß beide Systeme sich auf die Dauer in ihren Anschauungen angleichen („Konvergenz"), daß es zu ideologischen Kompromissen kommen soll, um die Gegensätze abzubauen. Im Gegenteil, ideologische Koexistenz wird abgelehnt.

Unter CHRUSCHTSCHOW erfuhr die Koexistenztheorie einen Bedeutungswandel. Ursprünglich diente sie unmittelbar nach dem Tode STALINS der inneren und äußeren Entspannung, als Atempause für die Festigung der Macht seinen Nachfolger. Seit 1957 trat dagegen immer stärker das Bestreben in den Vordergrund, die „friedliche

Koexistenz" als Mittel zur kommunistischen Expansion, Stärkung kommunistischer Länder (Handel) und Bewegungen zu betrachten. „Friedliche Koexistenz" soll der Vermeidung eines atomaren Weltkrieges dienen, gleichzeitig aber kommunistische Expansionen ermöglichen. Darum verbindet die Sowjetunion mit ihrer Koexistenzvorstellung zwar einen intensivierten Handelsaustausch, aber keine intensiveren Begegnungen zwischen den Völkern, keinen freien Austausch von Büchern, Zeitungen, Zeitschriften in großem Maßstab. Die eigene Ideologie soll rein erhalten bleiben und auch nicht einer breiten Auseinandersetzung ausgesetzt werden. Die Gefahr einer Verminderung des Klassenkampfes ist zu vermeiden.

Nach 30 Jahren historischer Erfahrung mit Koexistenzpolitik hat sie sich weniger als ein Instrument zur Friedenssicherung, sondern tatsächlich als ein Mittel zur Förderung des internationalen Klassenkampfes erwiesen. Alles, was unterhalb der Schwelle eines Atomkrieges an Expansion möglich war, wurde praktiziert. Die Kuba-Krise zeigte, daß die Sowjetunion bereit ist, im Zeichen von Koexistenzpolitik bis nahe an die Schwelle eines Atomkrieges zu treten.

7.3.3 Friedenssicherung durch Entspannungspolitik?

Während die kommunistischen Staaten als Bestandteil ihrer Ideologie in dem Weltrevolutionsgedanken eine fest umrissene und formulierte Vorstellung von dem Ziel ihrer Außenpolitik besitzen, fehlt demokratischen Ländern eine vergleichbare Ideologie. Unter ihnen, insbesondere in den USA, wurde die Entspannungspolitik entwickelt. Ihre Wurzeln reichen bis in die frühen sechziger Jahre.

Die Grundeinstellung zur persönlichen Freiheit des Menschen beeinflußte letztlich auch die Haltung vieler westlicher Demokratien zu der Koexistenzthese, der sie grundsätzlich nicht ablehnend gegenüberstehen. Sie wollen keinerlei Krieg; die Einsicht, daß das Zeitalter des Kolonialismus zu Ende ist, hat sich weitgehend durchgesetzt. Mit ihrer Entspannungspolitik treten sie für einen friedlichen wirtschaftlichen, kulturellen und ideologischen Wettbewerb ein, um *dauerhafte* freundschaftliche Beziehungen zu erreichen. Damit wird die Problematik einer Verständigung ausschließlich auf der Basis sowjetischer Koexistenzvorstellungen für westeuropäische Demokratien deutlich. Die Gespräche vor und während der

KSZE in Helsinki bildeten ein lebendiges Zeugnis dafür.

Seit der Mitte der sechziger Jahre und insbesondere in den siebziger Jahren kam es zu einem umfangreichen Abbau der Konfrontation zwischen Ost und West durch eine begrenzte Bereinigung von Konfliktpunkten (z.B. Berlin- und Deutschlandfrage). *Annäherung* Die Annäherung ging so weit, daß die USA und die Sowjetunion „Grundlagen der Beziehungen zwischen der UdSSR und den USA" vereinbarten, die den fünf Prinzipien der friedlichen Koexistenz eine fundamentale Bedeutung für die Beziehungen beider Nationen im Atomzeitalter zuwiesen. Einen Höhepunkt erlebte die Entspannungspolitik durch das Zustandekommen und die Ergebnisse der Konferenz für Sicherheit und Zusammenarbeit in Europa (KSZE) 1975. Mit ihrer Initiierung durch die UdSSR bzw. die Staatengruppe des Warschauer Paktes verband sich zwar aufs engste die Hoffnung auf Befriedigung handfester Interessen (z.B. Erlangung westlichen Know-hows, Finanzhilfe, Anerkennung aller nach dem II. Weltkrieg entstandenen Grenzen in Europa, Anerkennung des *Vertrauens-* „sozialistischen Lagers" einschließlich sowjeti- *bildende* scher Vormachtstellung). Diese Ziele schienen *Maßnahmen* zudem nur in einer Atmosphäre minimalen Vertrauens erreichbar und waren infolgedessen nicht

Abb. 179: Die Phase der Entspannungspolitik: US-Präsident Nixon in Moskau, Mai 1972

ohne Beteiligung der USA – wie ursprünglich in Osteuropa angestrebt – zu verwirklichen. Nach einer Reihe von Vorgesprächen und langwierigen Verhandlungen seit 1972 vereinbarten die Delegationen für ihre Länder neben „vertrauensbildenden Maßnahmen" im militärischen Bereich zehn Prinzipien des zwischenstaatlichen Zusammenlebens. An ihre Einhaltung knüpften die Unterzeichner die Erwartung, daß Frieden und Si-

Abb. 180: KSZE-Konferenz in Helsinki. Beide deutsche Staaten vertreten

cherheit in Europa damit gewährleistet und eine Atmosphäre dauerhafter Entspannung gesichert werden könnten. Damit griffen diese Entspannungsvereinbarungen über den Gehalt des Koexistenzbegriffes hinaus.

Ein besonderes politisches Gewicht kommt in diesem Zusammenhang dem Bekenntnis zum Gewaltverzicht auch in Form der Androhung von Gewalt zu. Gewalt, von der Konferenz im wesentlichen als Zwangsmaßnahme militärischer, politischer, wirtschaftlicher Natur begriffen, geht damit weit über direkte physische Gewaltanwendung hinaus. In Verbindung mit dem Gebot der Nichteinmischung in innere Angelegenheiten eines Staates sowie der Anerkennung des Unabhängigkeitsprinzips ergab sich eine ausgeprägt friedenssichernde Perspektive.

Hoffnungen, die sich auf ein vertrauensvolles Zusammenwirken der Unterzeichnerstaaten von Helsinki als Folge der dort getroffenen Vereinbarungen richteten, haben sich nur sehr begrenzt erfüllt. Die Ursachen dafür sind sicher vielfältiger Natur. Sie lassen sich aber vor allem aus Wechselwirkungen erklären, die durch direkte wie indirekte Versuche der Sowjetunion ausgelöst wurden, das weltpolitische Gleichgewicht, die Grundlage der Entspannungsvereinbarungen zugunsten kommunistischer Kräfte zu verändern und den Einfluß der UdSSR weltweit auszuweiten. Trotz der beginnenden Entspannung vermehrte sie ihr Militärpotential rasch durch den Aufbau einer Seestreitmacht sowie durch einseitige Erneuerung und Vermehrung ihres auf Europa gerichteten Raketenpotentials (SS 20-Raketen). Die als bedrohlich und im Hinblick auf die Entspannungspolitik als unangemessen empfundene Politik der Sowjetunion büßte weiterhin an Glaubwürdigkeit ein durch ihre Intervention in Afghanistan (1979) sowie durch Drohungen gegenüber Polen seit 1981, mit denen Prinzipien von Helsinki verletzt wurden.

Schließlich gehören in diesen Beziehungskatalog die Errichtung kommunistischer Regierungen in Angola (1976), Mosambique (1975), Äthiopien (1980), die Unterstützung kommunistischer Guerillakämpfer in aller Welt, insbesondere in Lateinamerika, oft durch den „Stellvertreter" Kuba. Vor allem aus diesen Aktivitäten stammen verstärkte Tendenzen zu einer weltweiten Polarisierung zwischen kommunistischen und nichtkommunistisch orientierten gesellschaftlichen Kräften.

Solange z. B. die Sowjetunion politische Befreiungsorganisationen unterstützt, die sich trotz politisch heterogener Positionen im Kampf gegen Kolonialismus für Selbstbestimmung und staatli-che Unabhängigkeit zusammengefunden hatten, konnte sie dabei der Sympathien breiter gesellschaftlicher Schichten in allen Teilen der Erde sicher sein. Als jedoch diese Form des Kolonialismus mit dem Zerfall des portugiesischen Kolonialreiches (1974/75) zu Ende ging, trat das Fernziel aller Unterstützungsleistungen immer schärfer hervor: die Errichtung rein kommunistischer Regierungen und die Ausschaltung aller anderen Kräfte. Hinzu kommt die Unterdrückung von Menschenrechtsbewegungen Osteuropas.

Eine schwere Krise der Entspannungsphase wurde nun offensichtlich. Sie führte zur Stagnation der KSZE-Folgekonferenz in Madrid, die aber doch 1983 abgeschlossen werden konnte. Diese Entwicklung zeigte einmal mehr, daß diplomatisches Geschick und völkerrechtliche Vereinbarungen zwar Grundsätze friedlichen Verhaltens entwickeln können, aber keine Friedenssicherung zu garantieren vermögen.

7.3.4 Friedenssicherung und Sicherheit durch kollektive Verteidigungsbündnisse

Bemühungen um eine friedliche Gestaltung ihres Zusammenlebens liegen im Eigeninteresse aller Völker. Überall herrscht Furcht vor Gewaltanwendung. Das Bestreben, entweder Kriegen überhaupt auszuweichen oder aber sich so stark zu machen, daß niemand einen Angriff wagt, kommt in verschiedensten Formen zum Ausdruck. Isolationismus oder Neutralitätspolitik sind nur in wenigen Staaten möglich. Isolationismus kann sich heute selbst eine Weltmacht kaum noch leisten. Neutralitätspolitik, d.h. die grundsätzliche Erklärung eines Landes, sich in jedem militärischen Konflikt neutral zu verhalten und keine dem entgegenstehenden Bindungen einzugehen, blieb eine Angelegenheit kleinerer Länder (Schweiz, Schweden, Österreich). Sie ist nur aufgrund der besonderen europäischen Machtverhältnisse möglich.

Die häufigste Form nationaler Sicherung ist der Sicherheitspakt zwischen Staaten, die sich gleichermaßen bedroht fühlen. Durch die verschiedensten Formen des Zusammenwirkens werden so Kräftegleichgewichte und Gegengewichte geschaffen.

In der Welt bestehen daher heute eine Fülle von bilateralen und kollektiven Sicherheitsvereinbarungen. Soweit sie ausschließlich Verteidigungszwecken dienen, sind sie durch die Satzung der

Gewaltverzicht

KSZE-Folge-konferenz

Weltpolitisches Gleichgewicht

SS 20-Raketen

Neutralitäts-politik

Sicherheitspakt

Vereinten Nationen legitimiert (Art. 51). Viele der heutigen kollektiven Sicherheitspakte müssen als Ergebnis des „Kalten Krieges" betrachtet werden.

> „Der Begriff der Sicherheit umfaßt beides: Sicherheit des Friedens und unserer freiheitlichen Ordnung. Zur Erhaltung von Frieden und Sicherheit und damit der Freiheit der eigenen Entscheidung ist die Fähigkeit nötig, Angriffe abzuwehren, aber auch Konflikte durch Verhandlungen zu lösen oder wenigstens zu entschärfen." (R. LÖWENTHAL in FAZ v. 30. 1. 1982)

Supranationale Organe

Das militärisch bedingte internationale Kräfteverhältnis wird seit etwa 30 Jahren durch zwei militärische Allianzen maßgeblich bestimmt, die als direkte Folge des Kalten Krieges entstanden: die Nordatlantische Verteidigungsgemeinschaft (NATO) sowie der Warschauer Pakt. Bei beiden handelt es sich um kollektive Sicherheitsvereinbarungen, von denen mittels einer Konzentration der Kräfte bzw. von Staaten erhöhter Schutz für alle Beteiligten der jeweiligen Gruppierung erwartet wird.

Kollektive Sicherheitsvereinbarungen

Truppenverträge

7.3.4.1 Der Warschauer Pakt

Entwicklung und Zusammenhalt dieser von kommunistischen Regierungen Osteuropas getragenen Allianz wird entscheidend durch die Vorherrschaft der Sowjetunion als (auch) einer europäischen Großmacht geprägt (s. S. 359 f.). Mit Ausnahme der DDR und Bulgariens sind alle Mitgliedsländer unmittelbare Nachbarn der UdSSR. Sie sehen sich zudem der Möglichkeit ausgesetzt, in Konflikte der Sowjetunion verwickelt zu werden, die ihr als (auch) asiatischer Macht erwachsen. Die Sowjetunion hat nach dem II. Weltkrieg zunächst versucht, Sicherheit durch bilaterale Freundschafts- und Beistandsverträge mit den Regierungen der osteuropäischen Staaten zu stärken. So baute sie ein umfassendes, im allgemeinen auf eine Dauer von 20 Jahren vorgesehenes bilaterales Vertragssystem auf („Ostpaktsystem"), das nach dem Ablauf dieser Frist systematisch erneuert und aktuellen politischen Bedürfnissen angepaßt worden ist. Dieses Ostpaktsystem wurde 1955 durch den Warschauer Vertrag ergänzt. Er ist als Reaktion auf Verträge von 1954 entstanden, mit denen die WEU begründet (s. S. 411) und die Bundesrepublik Deutschland Mitglied der NATO wurde.
Dem Warschauer Pakt gehören offiziell acht Staaten an, Albanien nimmt jedoch nicht mehr

Ostpaktsystem

an der Arbeit seiner Gremien teil. Dieser Vertrag über „Freundschaft, Zusammenarbeit und gegenseitigen Beistand" begreift sich als kollektives Verteidigungsbündnis. Bei einem Überfall auf einen oder mehrere Partner sind alle Vertragsmitglieder zum Beistand verpflichtet, ohne sie auf militärische Hilfe zu verpflichten. So bliebe es auch hier – wie im Falle der NATO – den einzelnen Ländern überlassen, welcher Art ihr Beistand ist. Demgegenüber konkretisieren die einzelnen Beistandspakte (Ostpaktsystem) den Beistandsfall. Auch die Warschauer-Pakt-Organisation besitzt supranationale militärische Organe (z. B. Politischer Beratender Ausschuß, Generalsekretär, Vereinigtes Oberkommando), deren wichtigste Positionen von Vertretern der Sowjetunion besetzt sind. Über das wirkliche Ausmaß der militärischen Koordination und gemeinsamen Verteidigungsplanung ist kaum etwas bekannt. Wichtig ist, daß im Rahmen des Warschauer Vertrages zwischen der Sowjetunion einerseits, Polen, Ungarn, Rumänien, der DDR und der Tschechoslowakei andererseits Truppenverträge abgeschlossen wurden, die der Sowjetunion die Stationierung von sowjetischen Truppen in diesen Ländern gestatten, wie dies bis auf Rumänien auch geschah. Anfangs der siebziger Jahre standen auch unter diesen Partnerstaaten Probleme des Abbaus der dominierenden Stellung der Sowjetunion sowie eine stärkere Beteiligung der anderen Mitglieder an der Befehlsgewalt und Planung zur Diskussion. De facto dient jedoch die „Breshnew-Doctrine" einer Stärkung der sowjetischen Vormachtstellung. Die VR China gehört diesem Vertrag nicht an. Nach den Erfahrungen mit der Tschechoslowakei, an deren Besetzung sich neben Sowjettruppen auch Verbände der DDR, Polens und Ungarns (Aug. 1968) beteiligten, wurden unabhängig von seinem Vertragstext durch Vereinbarungen mit einzelnen Regierungen integrierte Truppenverbände des Warschauer Paktes geschaffen. Die Sowjetunion und die VR China waren 30 Jahre lang durch einen besonderen Beistandspakt militärisch verbunden. Trotz des Konfliktes hat sich die Sowjetunion wiederholt zu ihm bekannt. China kündigte ihn zum Ablauf der Kündigungsfrist 1980.

7.3.4.2 Die Nordatlantische Verteidigungsgemeinschaft (NATO)

Die Nordatlantische Verteidigungsgemeinschaft erhält seit ihrer Gründung ihr besonderes Gepräge durch das Bündnis europäischer Staaten mit einer amerikanischen Weltmacht. Die Not-

Abb. 181: Spaniens Beitritt zur NATO auf der Gipfelkonferenz am 10. 6. 1982 im Deutschen Bundestag

wendigkeit, ständig europäische Interessen mit amerikanischen und zudem denen einer Weltmacht in Einklang bringen zu müssen, bestand von Anfang an. Selbst Probleme des Zusammenhalts gehören dazu. Sie treten immer dann hervor, wenn Anlaß besteht, die Notwendigkeit kollektiven Schutzes in Zweifel zu ziehen. In der Entstehungsphase dieser Allianz sahen sich die europäischen Staaten insbesondere durch die übergroße Machtentfaltung der europäischen und damit räumlich sehr nahen Sowjetunion bedroht (s. S. 356 ff.). Die USA erkannten in dieser Expansion des kommunistischen Systems ebenfalls eine Gefährdung für die Entfaltung eigener Ordnungsvorstellungen. Damals wurde die Eindämmungspolitik („Containment") entwickelt und zu praktizieren versucht. Entscheidende Impulse zur militärischen Allianzbildung gingen jedoch von zwei Ereignissen aus: das siegreiche Vordringen von Kommunisten in Asien, das zur Gründung von Volksrepubliken in traditionellen Interessengebieten der USA (Nordkorea, Februar 1948, China, Oktober 1949) führte, sowie die Explosion der ersten sowjetischen Atombombe (1949). Ein gemeinsames, gegen kommunistische Expansion gerichtetes Interesse wurde so zum Eckpfeiler einer europäisch-amerikanischen Allianz, in der die USA die Führungsrolle übernahmen.

Brüsseler Vertrag

Containment

Die Funktionsmechanismen der NATO sind allerdings nur voll zu verstehen, wenn sie in Verbindung mit einer rein europäischen Verteidigungsorganisation gesehen werden. Der 1948 geschlossene „Brüsseler Vertrag" sieht einen automatischen Beistand für die Partner vor, den der NATO-Pakt nicht kennt.

Die NATO ist aus der Koalition von fünf westeuropäischen Staaten (Großbritannien, Frankreich, Belgien, Niederlande und Luxemburg) hervorgegangen, die im März 1948, eine Woche nach dem kommunistischen Umsturz in der Tschechoslowakei, entstand. Dieser Brüsseler Vertrag ist auf 50 Jahre geschlossen worden. Die durch ihn begründete Koalition sieht Zusammenarbeit in militärischen, politischen, sozialen und kulturellen Fragen vor. Streitigkeiten untereinander wollen die Vertragspartner nur mit friedlichen Mitteln beilegen.

4. 3. 1947	2 Mächte (Frankreich, Großbritannien) Beistandspakt von Dünkirchen
17. 3. 1948	Brüsseler Vertrag (5 Mächte)
4. 4. 1949	Atlantikpakt (16 Staaten 1982)
23. 10. 1954	Westeuropäische Union

410

So kam es zu Verhandlungen zwischen den Brüsseler-Pakt-Staaten und den USA. Dabei galt deren Vertrag als Verhandlungsgrundlage. Am 4. 4. 1949 erfolgte die Unterzeichnung des auf 20 Jahre abgeschlossenen Vertrages, mit dem die North Atlantic Treaty Organization (NATO) geschaffen wurde. Neben den Vertragspartnern des Brüsseler Vertrages und den USA gehörten dem Bündnis an: die skandinavischen Länder Norwegen, Dänemark und Island, die südeuropäischen Staaten Portugal und Italien und schließlich auch Kanada. Griechenland, die Türkei und die Bundesrepublik Deutschland sind dem Vertrag später beigetreten. Verträge insbesondere der USA mit Teilnehmer- und Nichtteilnehmerstaaten ergänzen dieses Verteidigungssystem (Stützpunktabkommen).

Atomwaffeneinsatz

Der Charakter der NATO als Verteidigungsorganisation wird durch zwei wichtige politische Bestimmungen festgelegt:

1. Die Vertragspartner verpflichten sich, einzeln und gemeinsam durch ständige wirksame Selbsthilfe und gegenseitige Unterstützung die eigene und die gemeinsame Widerstandskraft gegen bewaffnete Angriffe zu erhalten und fortzuentwickeln (Art. 3).

Aus dieser Vereinbarung ergibt sich die gemeinsame Verteidigungsplanung der NATO-Partner, die Errichtung von NATO-Führungsinstitutionen (z. B. Nordatlantikrat, Generalsekretär, Militärausschuß, Oberste Kommandobehörden usw.) sowie die Unterstellung von nationalen Truppenverbänden unter die Befehlsgewalt der NATO. Das gemeinsame militärische Oberkommando in Friedenszeiten bildet ein Novum in der Geschichte der internationalen Beziehungen. Frankreich hat 1966 seine Truppen der Befehlsgewalt der NATO entzogen und seine Mitwirkung in den Führungsgremien der Allianz eingestellt.

NATO-Führungs-institutionen

flexible response

2. Ein bewaffneter Angriff gegen einen oder mehrere Mitgliedstaaten in Europa oder Nordamerika wird als Angriff gegen alle betrachtet. In diesem Falle ergreifen die Mitglieder diejenigen Maßnahmen, die sie „für notwendig erachten" (Art. 5). Die einzelnen Mitglieder sind also nicht zu einem „automatischen" militärischen Beistand des Angegriffenen verpflichtet. Die gemeinsame Verteidigungsplanung macht jedoch diesen Schritt geradezu unausweichlich, zumal in einem gemeinsamen Gegenschlag das entscheidende Abschreckungspotential der Allianz besteht.

West-europäische Union

Die Westeuropäische Union (1954) füllt die Lücke, die die fehlende militärische Beistandsauto-

matik der NATO hinterläßt. Sie beruht auf dem Sicherheitspakt von Brüssel von 1948. Infolge der weiteren Entwicklung des Ost-West-Konfliktes wurden die Bundesrepublik und Italien in das westeuropäische und atlantische Verteidigungssystem einbezogen. Die „Pariser Verträge" vom Oktober 1954 bilden die rechtliche Grundlage. Sie regeln auch die Frage der Souveränität der Bundesrepublik. Die Londoner Schlußakte vom 3. Okt. 1954 enthielt entsprechende Beschlüsse.

Die über dreißigjährige Geschichte der NATO ist von einer Reihe von Krisen gekennzeichnet. Sie ergaben sich letztlich alle aus europäisch-amerikanischen Interessenunterschieden, aus Formen der Interessenwahrnehmung durch eine Weltmacht und weil die Entscheidung über einen Atomwaffeneinsatz bei den USA liegt. Die Geschlossenheit der NATO entwickelte sich vielfach entsprechend dem sowjetischen Druck. Ein Nachlassen dieses Druckes nach der Kuba-Krise, die Ausweitung des sowjetisch-chinesischen Konfliktes (s. S. 400), Schwierigkeiten der UdSSR, den Zusammenhalt ihres Einflußbereiches in Osteuropa zu gewährleisten und Erfolge der Entspannungspolitik brachten der Allianz in den siebziger Jahren Belastungsproben. Die besonders starken Rüstungen der Sowjetunion während der Entspannungsphase (s. S. 408) enthielten zwar ein Stabilisierungspotential. Tatsächlich aber wurden sie zum Ausgangspunkt eines lang anhaltenden Konfliktes über die Frage angemessener Reaktionen.

Die gemeinsame Rüstungs- und Verteidigungsplanung in Verbindung mit wirksamer Abschreckung machen ohnehin laufend Überprüfungen und Entscheidungen zur Frage der Bewaffnung sowie über Grundsätze ihrer Anwendung notwendig. In den sechziger und siebziger Jahren standen z. B. Probleme des Atomwaffeneinsatzes unter Berücksichtigung des „flexible response", der Konsultation aller Verbündeten vor dem Einsatz von Nuklearwaffen, die Truppenstärke und das Ausmaß der amerikanischen Truppenpräsenz in Verbindung mit einem amerikanischen Disengagement in Europa im Vordergrund.

Daneben stärkten Entspannungserfolge eine Tendenz, die ursprüngliche militärische Zweckbestimmung der NATO zugunsten eines politischen Konsultations- und Koordinationsorgans für die auswärtige Politik der Partner auszuweiten. Diese Funktion hat die NATO aber nur begrenzt ausgefüllt, so daß aus Italien der Vorschlag kam (Februar 1982), sie durch ein Freundschaftsabkommen als Grundlage für regelmäßige politische Konsultationen der Partner zu ergänzen.

Immerhin sind von der NATO im Laufe ihrer Entwicklung zusätzliche Aufgaben übernommen worden, insbesondere die Bewältigung von Umweltproblemen, die sie als „Dritte Dimension" in ihre Aufgabenstellung einbezog (Pilot-Studien, Verbot des Ablassens von Öl aus Hochseeschiffen, Techniken zur Abwässerreinigung). Die Nutzung des NATO-Verbindungsnetzes für die Koordinierung von Hilfen bei Naturkatastrophen wurde vereinbart.

In den achtziger Jahren ist durch die sowjetische Rüstungspolitik und Enttäuschungen über den Verlauf der Entspannungspolitik die erste Dimension der NATO, die der Verteidigung wieder in den Vordergrund gerückt. Auslösender Faktor war die Rüstungs- und Expansionspolitik der UdSSR.

Erstens begann die Sowjetunion, ihre Armee mit mobilen SS 20-Raketen auszurüsten, die über drei unabhängig zielbare Atomsprengköpfe verfügen und mit denen vor allem (Reichweite bis zu 4000 km) die Abwehreinrichtungen der NATO in Westeuropa schnell zerstört werden können. Die Installation dieses Waffensystems wirkte um so desillusionierender, als von den Vereinigten Staaten auf den Bau von Neutronenwaffen verzichtet worden war. Um das *„Kontinuum der Abschreckung"* zu erhalten, beschloß die NATO im Dezember 1979 eine Nachrüstung mit Pershing II-Raketen (Reichweite 1600–2000 km), die in Europa ab 1983 stationiert werden sollen, sofern es bis dahin nicht zu befriedigenden Ergebnissen einzuleitender Abrüstungsverhandlungen mit der UdSSR kommen würde (NATO-Doppelbeschluß).

Zweitens hat die militärische Intervention der Sowjetunion in Afghanistan nicht nur die Vorzüge der amerikanischen Präsenz in Europa wieder stärker in den Vordergrund gerückt, sondern sie hat auch die Zweifel an ein als militärische „dritte Kraft" fungierendes Europa gestärkt. Somit begannen insbesondere zwei von der Sowjetunion ausgelöste Ereignisse als Katalysatoren für eine Stabilisierung der NATO und damit auch für die militärische Präsenz der USA in Europa zu wirken. Die mit der Gründung der NATO untrennbar verbundene Politik der Eindämmung erfuhr ebenfalls in gewissen Graden eine Wiederbelebung.

Diese Entwicklung führte zu einer wachsenden öffentlichen Kritik an der Nachrüstungsabsicht, die auch die Frage nach der weiteren Rolle der USA als Führungsmacht einschloß. In Europa und in den USA reicht die Bandbreite vorgeschlagener Alternativen von der Lösung europäisch-amerikanischer Bindungen bis zu ihrer Stärkung, wobei sich konservative Positionen in den USA (I. KRISTOL) und extrem linke in der Bundesrepublik treffen.

> *„Europa kann nicht mehr länger damit rechnen, daß die Vereinigten Staaten zu seiner Verteidigung die eigene nukleare Vernichtung riskieren, und es ist deshalb begreiflich, daß es sich gegen die Stationierung von Mittelstreckenwaffen wehrt, die im Falle eines auch rein konventionellen sowjetischen Angriffs einen (auf Europa) begrenzten nuklearen Schlagabtausch möglich macht."*
>
> (I. KRISTOL, in: Wall Street Journal, nach NZZ vom 30. 1. 1982)

Von seiten der USA werden zudem zunehmend Zweifel an der europäischen Bereitschaft zur Zusammenarbeit und an dem Verteidigungswillen einiger Bündnispartner geäußert.

> *„Henry Kissinger beklagt die außenpolitische Uneinigkeit der Partner, die sich in jedem Krisengebiet wieder neu bestätigte, und interpretierte die europäische Abneigung gegen eine Stationierung von neuen Mittelstreckenraketen als einen totalen intellektuellen Kollaps der atlantischen Strategie. Die amerikanische Offerte habe eine tiefe historische Bedeutung. Amerika könne seine Sicherheit auch mit anderen Strategien erreichen, für Europa sei sie aber eine Garantie, für die keine sicheren Alternativen vorhanden sind."*
>
> (aus: NZZ vom 30. 1. 1982)

> *„Wer die Bundesrepublik angreift, muß auch gegen amerikanische Divisionen kämpfen, damit gegen Amerika, und das heißt im Zweifelsfall gegen alle Waffen und Streitkräfte, die es hat, auch die atomaren. Die Sowjets wissen und beachten dies. Das ist die Basis der Existenz unseres Staates."*
>
> (K. FELDMEYER in: FAZ vom 2. 2. 1982)

Gegen die USA erhebt sich demgegenüber europäischer Verdacht, sie würden ihre Militärstrategie darauf ausrichten, nur Europa als potentielles atomares Kampffeld vorzusehen.

7.3.5 „Gleichgewicht des Schreckens" als Instrument der Friedenssicherung?

Gleichgewicht konventioneller Waffen

Angesichts einer weltweit zu beobachtenden Ernüchterung über die geringe politische Reichweite praktischer Entspannung und der unverändert anhaltenden Rüstung auf immer höherem technologischen Niveau gediehen die Fragen nach den Chancen der Friedenssicherung international zu einem Hauptthema der achtziger Jahre. Um sie zu beantworten, bedarf es zunächst eines Rückblicks auf die Jahrzehnte nach dem II. Weltkrieg und auf die Faktoren, die trotz enormer politischer Spannungen, trotz wachsender Rüstung den Ausbruch eines III. Weltkrieges verhindert und Europa eine krieglose Periode von nahezu 40 Jahren gebracht haben. Wissenschaft und Politik sind sich heute weitgehend einig, daß es ein „Gleichgewicht des Schreckens" war, die Tatsache, daß bei einem atomaren Krieg keine der beiden Seiten die Hoffnung haben kann, ohne schweren eigenen Schaden einen solchen Konflikt zu überstehen (Abschreckung), die diesen Frieden letztlich gewährleistete. Dieses „Gleichgewicht des Schreckens" hat allerdings nicht durchgehend bestanden. Erst seit die Sowjetunion über einsatzbereite Interkontinentalraketen verfügt (ca. seit Mitte der sechziger Jahre), von denen die USA erreicht werden können, gelten die USA als in etwa gleichwertig verwundbar. Die USA besaßen in den vierziger Jahren eine absolute Überlegenheit als alleinige Atommacht und schließlich eine begrenzte bis zur Mitte der sechziger Jahre. Diese wurde von ihnen nicht genutzt, um Konflikte des „Kalten Krieges" zu lösen.

roll back

Weder die „containment policy" noch die anschließend formulierte des „roll back" haben die USA veranlaßt, den Konflikt mit Waffengewalt, geschweige denn mit Atomwaffen zu beenden.

Gleichgewicht im strategischen Bereich

Die USA-Außenpolitik hat sich seit 1945 als eine grundsätzlich defensive, auf Friedenserhalt ausgerichtete Kraft erwiesen. Selbst in Vietnam ging es um den Erhalt des status quo, um Eindämmung durch Verteidigung. Demgegenüber hat sich die sowjetische Außenpolitik als expansiv und auf politischen weltweiten Systemwandel orientiert erwiesen (s. S. 391 ff.) und den der Entspannungspolitik zugrundeliegenden status quo zerstört.

Wenn heute in allen politischen Lagern eine verbreitete Kriegsfurcht besteht, dürfte sie vor allem mit einer veränderten Konstellation im „Gleichgewicht des Schreckens" zusammenhängen.

Auf die militärische Situation der beiden Verteidigungsorganisationen übertragen, lassen sich

Vergleich der Zahl der Kampfpanzer

NATO	Warschauer Pakt	davon UdSSR
Nord- und Mitteleuropa		
7000	19500	12500
Südeuropa		
4000	6700	2500

(nach IISS 1980/81)

zwei Arten von Gleichgewicht unterscheiden: Gleichgewicht im Bereich konventioneller Waffen sowie Gleichgewicht bei strategischen, d.h. atomaren Raketenwaffen.

Im ersten Bereich besitzt der Warschauer Pakt in Europa Überlegenheit durch Truppenstärke und vor allem bei Panzern. Die konventionellen Truppen der NATO wären kaum in der Lage, einem Angriff dauerhaft standzuhalten. Wenn es nicht gelänge, solange standzuhalten (Vorneverteidigung), bis weitere europäische und vor allem amerikanische Kräfte aus Übersee herangeführt sind, könnte nur durch Atomwaffeneinsatz seitens der NATO ein Krieg zu ihren Gunsten entschieden werden. Der Versuch der USA, durch Neutronenwaffen in Europa den konventionellen Vorsprung der Warschauer Allianz auszugleichen und damit die Schwelle für den Atomwaffeneinsatz zu erhöhen, ist nicht verwirklicht worden. Es waren insbesondere Sicherheitsbedenken, die zur Ablehnung führten, da nur Europa als Einsatzgebiet in Frage kommt.

1981 haben allerdings die USA ihren Baustopp für Neutronenwaffen aufgehoben. Gleichheit im konventionellen Bereich wäre also nur durch Abrüstung auf der einen oder durch Aufrüstung auf der anderen Seite theoretisch denkbar, jedoch praktisch kaum zu verwirklichen.

Gleichheit im strategischen Bereich muß zwischen Europa und den USA unterscheiden. Heute ist damit für Europa ein Problem gemeint, das durch die Stationierung neuer mobiler, auf Westeuropa gerichteter Mittelstreckenraketen der Sowjetunion ausgelöst wurde. Der „Nachrüstungsbeschluß" der NATO ist darauf gerichtet, die zu ihren Ungunsten entstandene Kräfteverschiebung durch Stationierung neuer Raketen in Westeuropa begrenzt auszugleichen (Aufrechterhaltung des „Kontinuums der Abschreckung"). Aus unterschiedlichen Gründen bzw. mit unterschiedlichen Argumenten wird dieser Beschluß bekämpft, sei es, daß überhaupt die Spirale des „Wettrüstens" angehalten werden soll (Aufhebung des Beschlusses), sei es, daß modifizierte Verhandlungsziele gefordert werden, sei es, daß eine für Europa gefährliche Kräfteverschiebung

413

durch die sowjetische Rüstung bestritten oder eine weniger sicherheitsgefährdende Alternative in einer Raketenbestückung von U-Booten gesehen wird (s. STRATMANN 1981). Im Zuge dieser Auseinandersetzungen ist das Postulat eines Gleichgewichts der Kräfte immer wieder erhoben worden. Die UdSSR erkennt ein Gleichgewicht nur gegenüber den USA an. Regional besteht sie auf Überlegenheit im Interesse ihrer Sicherheit.

Atomwaffen-freie Zonen

Zweitschlag-Fähigkeit

Gleichgewicht auf strategischem Gebiet bedeutet in den Beziehungen zwischen den beiden Weltmächten die Fähigkeit zu überzeugender gegenseitiger Abschreckung. Sie wiederum wird durch die Fähigkeit bestimmt, trotz eines erlittenen großen atomaren Angriffs noch durch einen zweiten Schlag den Gegner lebensgefährlich verletzen zu können. Sollte dieser noch die Fähigkeit zu einem dritten Schlag besitzen, wie für die Sowjetunion in den achtziger Jahren angenommen wird, erweist sich der Angreifer im Vorteil und der Sinn eines zweiten Schlages als problematisch.

Gleichgewicht der Verwund-barkeit

Da nach dem jetzigen qualitativen Stand der Rüstung die Sowjetunion in der Lage wäre, die landgestützten amerikanischen strategischen Waffen zu zerstören, wird für die Sowjetunion eine Überlegenheit angenommen. So vertreten auch die USA die Auffassung, daß die UdSSR bereits ein Übergewicht erreicht hätte und es nun gelte, ein Gleichgewicht wiederherzustellen.

> „Insofern erscheint die amerikanische Zweitschlagfähigkeit also als ungefährdet. Das Problem liegt aber darin, daß die Sowjetunion nach Hinnahme dieses katastrophalen Schlages immer noch genug weitreichende Waffen, vor allem U-Boot-Lenkwaffen – heute sind es im Einklang mit Salt I 950 –, in der Hand hätte, um den USA in einem dritten Schlag ebenso katastrophale Verluste zuzufügen. Die Frage lautet unter diesen Umständen, ob die Aussicht darauf die amerikanischen Verantwortlichen nicht vor der Ausführung des zweiten Schlages, also der Vergeltung für den Angriff auf die eigenen Lenkwaffen und Bomber am Boden sowie auf andere primär militärische Ziele, zurückschrecken ließe, weil man ja der weitgehenden Vernichtung infolge der Möglichkeit des Gegners, den geschilderten dritten Schlag zu führen, doch nicht entrinnen würde."
> (D. BRUNNER in: NZZ, 18 / 19. 11. 1982)

Totale Abrüstung

Selbst für einen Fachmann dürfte es heute trotz komplizierter Berücksichtigung aller Komponenten nicht möglich sein, rechnerisch durch eine Gegenüberstellung von Waffenmengen und Truppenstärken ein eindeutiges Urteil über die Kräfteverteilung zu fällen. Es kommt daher of-

fenbar weiterhin darauf an, ein „Gleichgewicht des Schreckens" zu gewährleisten, und zwar im Interesse der Friedenssicherung. Dabei gehen die Eskalation der Rüstung und Rüstungsforschungen unvermindert weiter, ebenso die Entwicklung neuer Strategien, die nach Auffassung des SIPRI-Institutes in Stockholm auf beiden Seiten nun darauf gerichtet zu sein scheinen, so viel Überlegenheit zu erlangen, daß ein erster Schlag vom Gegner nicht mehr beantwortet werden kann. Diese Tendenzen erklären auch das Schicksal von Bemühungen, die auf die Schaffung atomwaffenfreier Regionen, Abrüstung oder Rüstungsbegrenzung gerichtet sind, um Gefahren abzuwenden und den Frieden sicherer zu machen. Eine Alternative zur Strategie der Friedensicherung durch Vergeltungsandrohung entwickelte auch der amerikanische Präsident Reagen. Er stellte ein Verteidigungssystem in Aussicht, das gegen Atomraketen Schutz bietet (Laser).

> „Nukleare Abschreckung erfordert ein Gleichgewicht nicht der Zahlen, sondern der Verwundbarkeit. Keine Seite darf stark genug sein, um nach einem vernichtenden Erstschlag keinen unerträglichen Gegenschlag mehr fürchten zu müssen. Das Gleichgewicht wird nicht instabil, sobald eine Seite in dieser oder jener Waffe stärker ist, sondern sobald die Gefahr der vernichtenden Erstschlagkapazität für eine Seite besteht. Auch ohne den tatsächlichen Ausbruch eines Krieges ist diese Gefahr für politische Erpressungsversuche ausnutzbar."
> (R. LÖWENTHAL in FAZ v. 30. 1. 82)

7.3.6 Abrüstung und Rüstungskontrolle als Chancen für Friedenssicherung?

Die Geschichte der Bemühungen um Abrüstung reicht bis in den Anfang des 20. Jh. zurück. Wie die Rüstungsentwicklung zeigt, haben sie in keinem Falle mit durchgreifenden Erfolgen aufwarten können.

Abrüstung ist heute im wesentlichen mit zwei Zielen verknüpft:

- Eine *totale Abrüstung* aller Staaten, die letztlich auf die Beseitigung aller Kriegsgüter gerichtet ist und damit die Abschaffung von Kriegen zu erreichen hofft. Unabhängig von politischen, wirtschaftlichen, sozialen Hindernissen, die der Verwirklichung in allen Ländern der Erde entgegenstehen, bestehen Zweifel, ob auf diesem Wege das Sicherheitsbedürfnis aller Völker befriedigt werden kann. (NEHRU: „Dann blieben immer noch Pfeil und Bogen.") Da im Falle der Verwirklichung von allen Nationen für die Aufrechterhaltung der inneren Sicherheit und Ordnung Polizeikräfte beansprucht würden, blieben „Gewaltpotentiale" unterschiedlicher Größe erhalten mit einem deutlichen Übergewicht großer Nationen.

Rüstungsbegrenzung

- Eine *Reduzierung oder Begrenzung der Rüstung* auf ein genau festgelegtes Niveau. Dieses Konzept verneint zwar nicht die vollständige oder begrenzte Abrüstung, begnügt sich aber mit kleineren Schritten, die einmal dorthin führen könnten. Als Rüstungskontrolle oder kooperative Rüstungssteuerung hat diese in den USA entwickelte Konzeption seit den sechziger Jahren wieder Eingang in die Friedenssicherungspolitik gefunden.

Rüstungskontrolle

Nonproliferation

> „Unter kooperativer Rüstungssteuerung ist eine politisch-militärische Strategie zu verstehen, mit der Staaten oder Bündnisse trotz aller bestehenden Konflikte und Antagonismen als ,Partner' ihre Militärpotentiale, deren Strategien, Umfang, Strukturen, Dislozierung und sogar deren taktischen Einsatz im Interesse ihrer beiderseitigen Sicherheit aufeinander abstimmen."
> (W. GRAF BAUDISSIN / D. S. LUTZ (Hrsg.) 1981, S. 13)

SALT-Abkommen

Als Beispiele für gelungene Rüstungskontrolle wären die beiden Salt-Abkommen (1972 und 1979) zu nennen. Diese, zwischen den USA und der Sowjetunion vereinbarten Abkommen, haben bei voller Aufrechterhaltung der bestehenden Abschreckung für unterschiedliche Kategorien von Raketensystemen Größenordnungen begrenzt und festgeschrieben. Wegen vermeintlicher Nachteile für die Sicherheit der USA konnte das zweite Salt-Abkommen in diesem Lande nicht die parlamentarischen Hürden nehmen. Daraus wuchsen Enttäuschungen, die auch zu grundsätzlichen Zweifeln an der Praktikabilität von Rüstungsbegrenzungen führten, wenngleich sich beide Regierungen an die Vereinbarungen hielten. Im Herbst 1981 begann in Genf ein neuer Anlauf zu weiteren Rüstungskontrollvereinbarungen zwischen den USA und der Sowjetunion.

Das entscheidende Problem bei allen Rüstungsbegrenzungsvereinbarungen besteht in ihrer Einhaltung durch die Beteiligten. Da Vertrauen allein nicht genügt, kommt wirksamer Kontrolle eine unabdingbare Bedeutung zu, um Sicherheit zu gewährleisten. Die Errichtung von Kontroll-

NATO-Doppelbeschluß

Abb. 182: (aus FAZ vom 23. 1. 82)

posten in den Ländern wurde in der Vergangenheit von der Sowjetunion mit Spionagevermutung zurückgewiesen. Heute nehmen Aufklärungssatelliten eine wirksame Kontrollfunktion wahr, ohne jedoch alle Rüstungsbereiche erfassen zu können. Eine indirekte Wirkung auf die Rüstungsbegrenzung wurde auch von dem Abkommen über die Begrenzung von Atomversuchen (1963) sowie über die Nichtweitergabe von Atomwaffen (Nonproliferation) erwartet, das die USA und die Sowjetunion 1968 vereinbarten. Dennoch wurden seitdem 833 Atombomben zu Versuchszwecken gezündet (vgl. S. 404).

Trotz aller Fehlschläge der Abrüstungs- und Rüstungsbegrenzungsbemühungen erscheinen sie nach wie vor als der einzige, den heutigen Machtverhältnissen angemessene Weg, um der Rüstungseskalation zu begegnen.

7.3.7 Internationale „Friedensbewegung" und die Kriegsächtung

Anfang der achtziger Jahre entstand in Europa eine politisch-gesellschaftliche Strömung, die durch umfangreiche Diskussionen und Demonstrationen sowohl die Öffentlichkeit gegen Rüstungsgefahren zu sensibilisieren und zu mobilisieren versucht als auch bemüht ist, damit die politisch Verantwortlichen von weiteren Rüstungen abzuhalten. Diese zielgerichtete Mobilisierung hat unter dem Namen „Friedensbewegung" internationale politische Bedeutung gewonnen.

Die Friedensbewegung war in Europa mit der Zielsetzung angetreten, die Ausführung des Doppelbeschlusses der NATO über Nachrüstung im Raketenbereich Europas zu verhindern (s. S. 413). Dieser NATO-Doppelbeschluß stellt eine Antwort auf die insbesondere in der zweiten Hälfte der siebziger Jahre sichtbar gewordene ausgeprägte Vermehrung der auf Europa gerichteten sowjetischen Raketen dar. Dieser Zusammenhang sowie die Tatsache, daß zunächst von der Friedensbewegung Rüstung nicht schlechthin angeprangert wurde, sondern nur die der Nato, nicht aber die des Warschauer Paktes, verlieh der Friedensbewegung anfangs den Charakter eines von der Sowjetunion initiierten und gesteuerten Instrumentes (s. G. WETTIG 19, S. 15–18). Inzwischen stießen grundsätzlich pazifistische Menschen aus sehr unterschiedlichen Motiven zur Friedensbewegung. Diese reichen von der Hoffnung, Europa aus globalen Konflikten heraushalten zu können, bis zu religiösen Motiven. Ihre heute weltweit erfolgte Formierung vermittelt somit ein politisch heterogenes Bild. In Osteuropa konnten sich bisher solche Friedensbewegungen kaum bemerkbar machen. In der DDR aufbrechende, von christlichem Gedankengut geprägte (Dresden, Februar 1982) Tendenzen ließen sich bislang weitgehend unterdrücken.

Pazifisten

Wie immer im einzelnen Ursprung und Verlauf der Friedensbewegung aussehen mögen, sie hat den Fragen von Krieg und Frieden breiten Eingang in öffentliche Diskussionen verschafft. Die in ihr vertretenen Positionen verlaufen von der Anerkennung präventiver Gewaltmittel bis zu einem universalen Friedenspostulat, das neben der Waffenlosigkeit z.B. auch eine Überschaubarkeit der Lebensbedingungen, Mitbestimmung, Bildung, Freizeit, Abwesenheit von Ungerechtigkeit usw. einschließen.

Besonders herausgefordert sehen sich die christlichen Kirchen, die in einem Friedenszustand mehr sehen wollen als militärische Ruhe, und zwar gelebte Friedfertigkeit und Gerechtigkeit. Dabei erhebt sich aber die Frage, ob bereits durch einseitige Beseitigung von Waffen Friede zu gewinnen ist. Dem Prinzip der „Wehrlosigkeit um jeden Preis" entspricht „Unterwerfung um jeden Preis". Der Slogan der Friedensbewegung „Frieden schaffen ohne Waffen" steckt folglich voller Widersprüche. Das gleiche gilt aber auch für den von der FDJ in der DDR entwickelten Gegenslogan „Frieden muß verteidigt werden, Friede muß bewaffnet sein", weil er die Notwendigkeit der Bewaffnung um jeden Preis suggeriert und damit kaum Raum für Abrüstung läßt.

Kriegsächtung

Frieden schaffen ohne Waffen

Die christlichen Kirchen respektieren daher sowohl das Recht auf Notwehr mittels Waffen, d.h. präventive Verteidigungsvorbereitung, als auch einen konsequenten Verzicht auf jede Gewaltanwendung. Grundsätzlich läuft die Friedensdiskus-

Friedensdiskussion

Abb. 183: Aus dem alten Testament (Micha 4) stammt die Losung der DDR-Friedensbewegung

sion auf die Frage nach gerechten und ungerechten Kriegen hinaus. Da Kommunisten prinzipiell Kriege für gerecht halten, die der Verwirklichung ihrer ideologischen Ziele dienen, werden von ihnen Rüstung in kommunistisch regierten Staaten und Bewaffnung von Kräften, die diesen Zielen dienen, grundsätzlich akzeptiert und für notwendig erachtet. Es handelt sich dabei nicht um eine prinzipielle Ablehnung von Gewaltanwendung und auch nicht um eine Unterscheidung zwischen Angriffs- und Verteidigungskrieg. Gesellschaftliche Kräfte, die sich öffentlich pazifistisch artikulieren, gibt es daher im wesentlichen nur in pluralistisch-demokratischen Staaten. Hier gelten – auch als Folge der Kriegsächtungspolitik seit den zwanziger Jahren – Angriffskriege grundsätzlich als verbrecherisch.

Der Völkerbund von 1919 faßte noch die Möglichkeit von Kriegen ins Auge, sah aber Sanktionen gegen den Angreifer vor. Daran schloß sich eine allgemeine Verdammung des Krieges. Mit der Unterzeichnung des Kellogg-Paktes 1928 verpflichteten sich 15 Staaten, auf den Krieg zu verzichten. Gemeint war ein Angriffskrieg, das Recht auf Selbstverteidigung wurde nicht in Frage gestellt. Die Charta des Internationalen Tribunals für die Nürnberger Kriegsverbrecherprozesse (1946) erklärte eine „Verschwörung mit dem Ziel eines Angriffskrieges" zum Verbrechen, das mit dem Tode bestraft werden kann.

Diese Grundposition ist noch nicht in das Wertesystem vieler Länder der Dritten Welt eingegangen, wo auch der Angriffskrieg als „ultima ratio" der Politik gilt.

7.4 Die Vereinten Nationen als Forum zur Lösung internationaler Probleme

7.4.1 Entstehung einer weltweiten Staatenorganisation

Die Erfahrungen zweier schrecklicher Weltkriege sowie das Versagen des alten Völkerbundes waren die wichtigsten Triebkräfte bei der Suche nach der bestmöglichen Lösung für die künftige Sicherung des Weltfriedens.

Völkerbund Der Völkerbund, der durch die Initiative des US-Präsidenten WILSON entstand, war keine eigentliche Weltorganisation. Die USA gehörten ihm nie an, die UdSSR nur wenige Jahre; Japan und Deutschland schieden aus. Er scheiterte aber nicht nur daran, sondern auch, weil die Mitglieder *Mitglieder-struktur* ihre Souveränität wie ein Dogma hüteten. Den Anordnungen des Völkerbundes kamen sie nur unvollkommen nach. Seine Unfähigkeit, wirksam für die Aufrechterhaltung des Weltfriedens aufzutreten, zeigte sich anläßlich der Besetzung der Mandschurei durch Japan (1932), des Krieges Italiens gegen Äthiopien (1936) sowie bei der Besetzung Österreichs und der Tschechoslowakei durch das nationalsozialistische Deutschland. Beim Beginn des II. Weltkrieges war von ihm gar nicht die Rede.

Noch während des II. Weltkrieges ist es wiederum ein US-Präsident gewesen, der den Gedanken einer neuen Ordnung für eine Weltorganisation aufgriff und sich auch diesmal mit seiner ganzen Autorität für seine Realisierung einsetzte. *Roosevelt* ROOSEVELT glaubte, die Erfahrung des II. Weltkrieges habe die Völker einsichtig gemacht für die Notwendigkeit der Sicherung des Weltfriedens und daß es daher möglich sein müsse, mit den Mitteln des Rechtes eine friedliche Ordnung zu garantieren. Er gab sich der Illusion hin, daß nach der Vernichtung der Störenfriede (insbesondere des nationalsozialistischen Deutschland, ferner des faschistischen Italien und Japans) nunmehr Staaten mit gutem Willen blieben, die sich im Interesse der Friedenssicherung den Entscheidungen einer internationalen Institution, einer Art Weltschiedsgericht, unterwerfen würden.

Atlantik-Charta 26 Staaten, die mit dem Deutschen Reich im Krieg standen, beschlossen in einer gemeinsamen Erklärung am 26. 1. 1942 die Errichtung der Vereinten Nationen. Sie nahmen dabei auf die *Atlan-tik-Charta* ROOSEVELTS und CHURCHILLS vom 14. 8. 1941 Bezug. In der Zeit vom 2. 8. bis 7. 10. 1944 fand in Dumbarton Oaks eine Sachverständigenkonferenz der USA, Großbritanniens, der Sowjetunion und Chinas statt. Auf ihre Empfehlungen hin trat im April 1945, also noch während des Krieges, eine Konferenz zusammen, die am 26. 6. 1945 die Gründung der Organisation beschloß. Nach der Ratifizierung durch die Großmächte trat die Charta am 24. 10. 1945 (Tag der Vereinten Nationen) in Kraft. 51 Länder zählen zu den Gründernationen der United Nations Organization (UNO).

In ihrer nun fast vierzigjährigen Geschichte hat sich ihre Mitgliederzahl nicht nur verdreifacht (23. 9. 1983 158), sondern auch die Mitgliederstruktur fundamental gewandelt, und zwar von einer europäisch-amerikanischen Prägung zu einer asiatisch-afrikanischen. Dies bedeutet, daß sich nicht mehr die politischen Positionen des Ost-West-Konfliktes in dieser Organisation niederschlagen, sondern daß zwei Drittel aller Mitglie-

Abb. 184: Roosevelt und Churchill anläßlich der Unterzeichnung der Atlantik-Charta

417

der zu den Entwicklungsländern zählen, die auch mit ihren Interessen und Wertungen politische Tendenzen und Entscheidungen der UNO zunehmend beeinflussen. Sie alle erkennen mit ihrem Beitritt zwar diese Ziele und Prinzipien an, lehnen das UNO-System aber z.T. auch als Unrechtssystem ab und bemühen sich, es grundlegend zu verändern.

Da die UNO kein Machtinstrument für die Durchsetzung ihrer Ziele besitzt, ist sie darauf angewiesen, daß ihre Mitglieder die Grundsätze der Charta „in guten Treuen" beachten. Geschieht dies nicht und bleiben Verletzungen ungesühnt, gerät die gesamte Organisation in Mißkredit. Ein Abweichen vom „Pfad der Tugend" kommt bereits darin zum Ausdruck, daß sich auf der einen Seite der Universalismus bei der Aufnahme neuer Mitglieder entgegen ursprünglichen Absichten durchsetzte. Dies bedeutet, daß auch jeder Zwergstaat, der gar nicht in der Lage ist, alle mit der Mitgliedschaft verbundenen Pflichten zu erfüllen, Mitglied werden kann. Auf der anderen Seite wurden Mitglieder ausgeschlossen (Nationalchina) und andere mit Ausschluß bedroht (Israel).

7.4.2 Frieden und Sicherheit als Ziele und Verhaltensgrundsätze

Entsprechend den Motiven, die zur Gründung der UN führten, ist an erster Stelle ihrer Charta (Art. 1/1) ihr wichtigstes Ziel genannt: *die Erhaltung von Frieden und Sicherheit unter den Nationen.*

In diesem Sinne wollen die UNO eine weltweite Abrüstung erreichen und freundschaftliche Beziehungen unter den Völkern pflegen, bei voller Wahrung der Gleichberechtigung und Selbstbestimmung. Das internationale Zusammenwirken soll vor allem durch die gemeinsame Lösung wirtschaftlicher, sozialer, kultureller und humanitärer Aufgaben gefördert werden. Hinsichtlich der Aufrechterhaltung von Frieden und Sicherheit erstreckt sich ihr Anspruch auch auf Staaten, die ihnen nicht angehören (Art. 2/6).

Die Grundsätze der UNO wirken in zwei Richtungen. Auf der einen Seite bestimmen und begrenzen sie die Tätigkeit der Organisation und ihrer Organe. Auf der anderen verpflichten sie die Mitglieder zu einem bestimmten Verhalten.

Als wichtigste Aufgabe ist der UNO und ihren Mitgliedern eine tätige Friedenssicherung gestellt.

Im Falle einer Bedrohung oder Verletzung des Friedens sollen sie wirksame gemeinschaftliche Maßnahmen ergreifen, sowohl um der Bedrohung zuvorzukommen und sie zu beseitigen, als auch um Angriffe oder Friedensbrüche zu unterdrükken. Dabei sind in erster Linie friedliche Mittel zu wählen, z.B. Verhandlungen, Untersuchungen, Vermittlungen, Schiedssprüche (Art. 35/1), die Aufforderung zum Abbruch diplomatischer Beziehungen, Wirtschaftssanktionen sowie die Stationierung von Truppen unter dem Kommando der UNO (z.B. Grenzgebiet Israel zu Ägypten, Libanon). Im Falle der Bedrohung des Friedens kann auch militärische Gewalt angewendet werden. Da jedoch die UNO über keine eigenen Streitkräfte verfügt, sind sie darauf angewiesen, daß Mitgliedsländer Streitkräfte zur Verfügung stellen.

Die UNO ist allerdings nicht berechtigt, in Angelegenheiten einzugreifen, die ihrem Wesen nach zu den innerstaatlichen Hoheitsaufgaben eines Staates gehören.

Diese Bestimmung verurteilt die UNO zur Untätigkeit, insbesondere bei der Verletzung der Menschenrechte. Die UNO, die die Menschen- und Freiheitsrechte fördern will und in einer „Allgemeinen Erklärung der Menschenrechte" (10. 12. 1948) ihre Vorstellung von diesen Grundrechten dargelegt hat, ist nicht in der Lage, ihre Gewährleistung zu sichern, es sei denn, die Verletzung der Menschenrechte führte zur Bedrohung des äußeren Friedens. So kann die UNO die Menschenrechte einzelner Bürger nicht gegen ihre Regierungen, die diese Rechte ständig mißachten, verteidigen. Durch die Anwesenheit dieser Staaten in der Organisation wird die Ernsthaftigkeit der Zielsetzung der UNO hinsichtlich der Menschenrechte fragwürdig, ihre Vertrauenswürdigkeit beeinträchtigt. Das Dilemma der UNO, das sich aus der Diskrepanz zwischen ihrem moralischen Anspruch und der politischen Wirklichkeit ergibt, wird hier besonders deutlich. Es beruht im wesentlichen darauf, daß sie eine Institution wechselnder Regierungen ist und nicht (mehr) danach fragt, ob deren nationale, innerstaatliche Legitimationsbasis mit den Grundsätzen der UNO übereinstimmt.

7.4.3 Die Generalversammlung als Weltparlament

Die Generalversammlung der UNO ist im weitesten Sinne des Wortes ein Weltparlament. In ihm sind alle Mitglieder vertreten. Bei Abstimmungen verfügt jedes Land, ob klein oder groß, über eine

Abb. 185: Die UN-Vollversammlung (Plenarsaal) – ein „Welt-Parlament" der Staaten-Vertreter

Stimme. Die Souveränität jedes Staates wird dadurch berücksichtigt, daß die Beschlüsse der Vollversammlung nur dann für ein Land verbindlich sind, wenn es selbst zugestimmt hat.

Die Generalversammlung tritt zu regelmäßigen jährlichen Tagungen zusammen und kann Empfehlungen aussprechen, es sei denn, der Sicherheitsrat befaßt sich gerade mit den gleichen Fragen (Art. 12, 1). Diese Einschränkung der Zuständigkeit der Vollversammlung wurde im Zusammenhang mit dem Ausbruch des Korea-Krieges etwas gemildert. Am 3. Nov. 1950 erklärte sich die Vollversammlung für zuständig, falls der Sicherheitsrat bei einer Friedensbedrohung, einem Friedensbruch und einer Aggression versagt („Uniting for peace"-Resolution). Grundsätzlich ist jedoch die Vollversammlung nicht befugt, eine Aktion der UNO zu beschließen. Diese Regelung stößt zunehmend auf Kritik, insbesondere aus der „Dritten Welt". Heute stellt die Generalversammlung das entscheidende Forum dar, auf dem um die Weltmeinung gerungen wird. Hier prallen die unterschiedlichsten Positionen aufeinander, werden die unterschiedlichsten Interessen von armen bis reichen, starken bis schwachen, politisch abhängigen bis ausgeprägt selbständigen Nationen zum Ausdruck gebracht. Heute erscheint die Generalversammlung oftmals als Anklagebank gegen reiche westliche Industriestaaten.

Reale Macht-
verhältnisse

Uniting for
peace-
Resolution

Sicherheitsrat

7.4.4 Die Vormachtstellung der Großmächte

Bei den Vorberatungen zur Gründung der Weltorganisation wurde eine starke Zentralgewalt gewünscht, um den Weltfrieden wirksam schützen zu können. Auf der anderen Seite sollte die Organisation lebensfähig sein. Sie mußte also so angelegt werden, daß gerade den Großmächten die Mitarbeit ermöglicht wurde. Eine sinnvolle Einschätzung der realen Machtverhältnisse und der nicht wegzuleugnenden Machtpolitik führte zu einer Einrichtung, die beide Aspekte berücksichtigt, den Sicherheitsrat. Den Großmächten wurde als ständigen Mitgliedern dieses Sicherheitsrates nicht nur eine erhöhte Verantwortung für die Aufrechterhaltung des Weltfriedens übertragen, sondern sie genießen auch eine Vorzugsstellung durch das ihnen zugebilligte Veto-Recht.

Dem Sicherheitsrat ist in erster Linie die Verantwortung für die Aufrechterhaltung des internationalen Friedens übertragen. Ferner bringt er die Vormachtstellung der Großmächte gegenüber der Fülle der kleinen und mittleren Nationen zum Ausdruck. So entscheidet er auch, ob eine Friedensbedrohung oder eine Aggression vorliegt, und beschließt die jeweils einzuleitenden verbindlichen Maßnahmen, wobei er im Namen aller Mitglieder handelt.

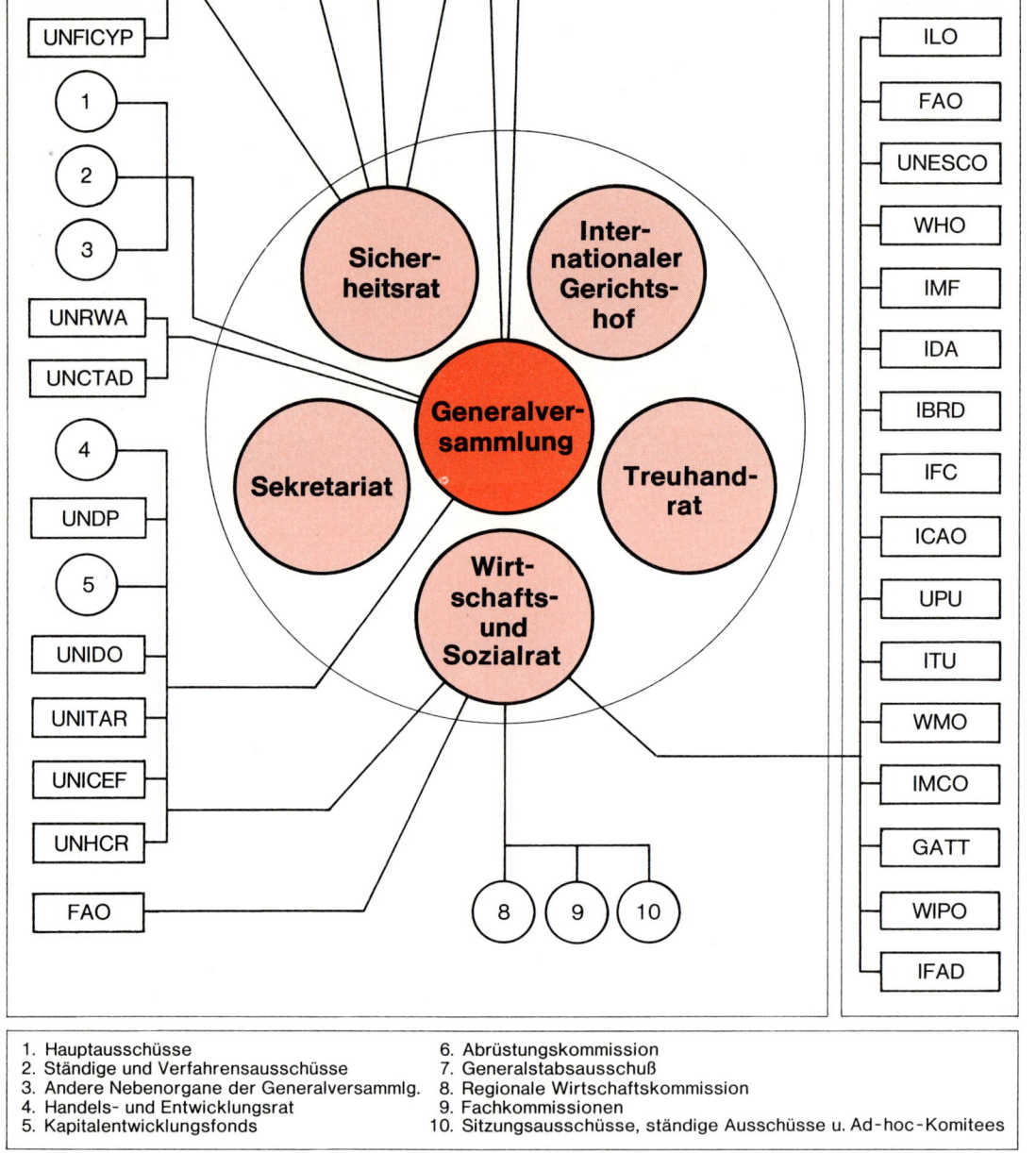

Die Vereinten Nationen

Die Sonderorganisationen und IAEA

UNTSO
UNMOGIP
UNFICYP

6 7

IAEA
ILO
FAO
UNESCO
WHO
IMF
IDA
IBRD
IFC
ICAO
UPU
ITU
WMO
IMCO
GATT
WIPO
IFAD

1
2
3

UNRWA
UNCTAD

Sicher-
heitsrat

Inter-
nationaler
Gerichts-
hof

4

UNDP

5

UNIDO
UNITAR
UNICEF
UNHCR
FAO

Sekretariat

Generalver-
sammlung

Treuhand-
rat

Wirt-
schafts-
und
Sozialrat

8 9 10

1. Hauptausschüsse
2. Ständige und Verfahrensausschüsse
3. Andere Nebenorgane der Generalversammlg.
4. Handels- und Entwicklungsrat
5. Kapitalentwicklungsfonds

6. Abrüstungskommission
7. Generalstabsausschuß
8. Regionale Wirtschaftskommission
9. Fachkommissionen
10. Sitzungsausschüsse, ständige Ausschüsse u. Ad-hoc-Komitees

Abb. 186: Die Vereinten Nationen: Ihre Einrichtungen und Sonderorganisationen

Der Sicherheitsrat kann seine Tätigkeit ständig ausüben, da jedes seiner Mitglieder ständig Vertreter am Sitz der Organisation unterhält.

Vetorecht Die Großmächte werden durch ihr Veto-Recht u.a. in die Lage versetzt, z.B. Zwangsmaßnahmen, die sich gegen die Interessen des eigenen oder eines befreundeten Landes richten, zu ver-

hindern. Das bedeutet auf der anderen Seite, daß diese Mächte nicht durch die UNO zur Räson gebracht werden können. Diese an sich bedauerliche Einrichtung ist eine Konzession an die tatsächlichen Machtverhältnisse. Sie hat zur Folge, daß die verantwortlichen Großmächte in der Organisation – wenn auch so begrenzt – mitarbei-

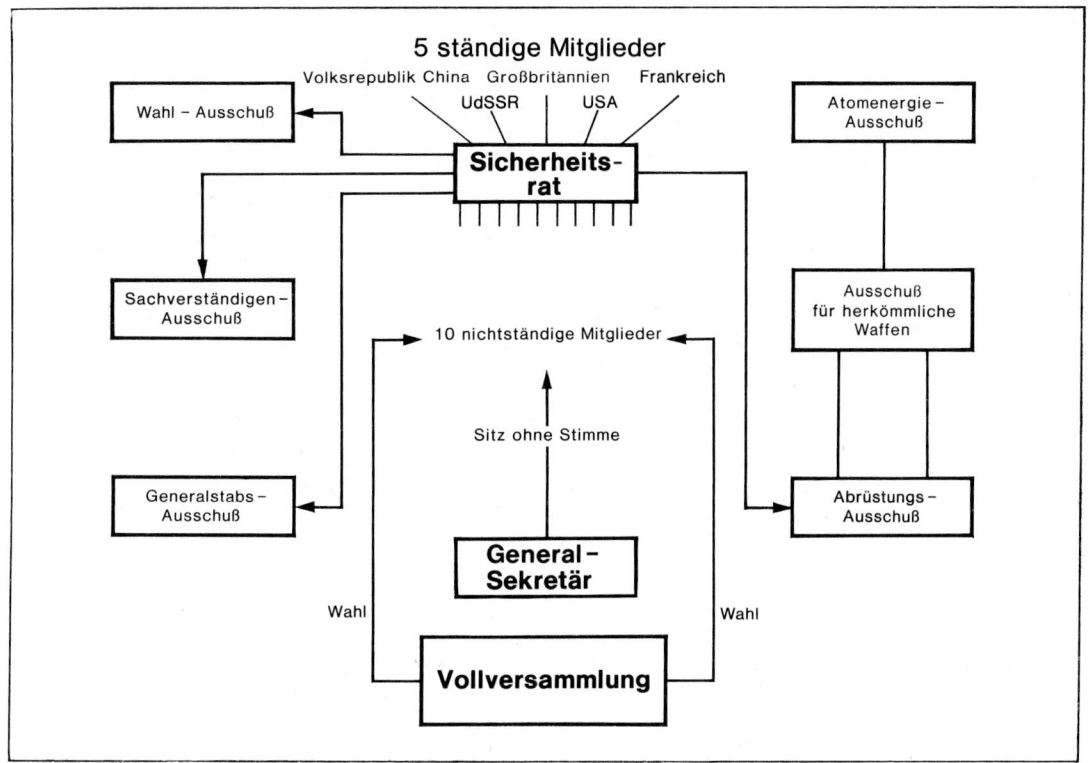

5 ständige Mitglieder

Volksrepublik China   Großbritannien   Frankreich
UdSSR   USA

Wahl – Ausschuß

Sicherheits-rat

Atomenergie – Ausschuß

Sachverständigen – Ausschuß

10 nichtständige Mitglieder

Ausschuß für herkömmliche Waffen

Sitz ohne Stimme

Generalstabs – Ausschuß

General – Sekretär

Abrüstungs – Ausschuß

Wahl

Wahl

Vollversammlung

Abb. 187: Der Sicherheitsrat stellt im UNO-System nach wie vor das Zentrum für Entscheidungen dar

ten. Könnten sie überstimmt werden, wäre mit Sicherheit einmal ein Boykott zu erwarten, womit niemandem gedient wäre. Es muß berücksichtigt werden, daß die Sowjetunion bereits weit über 100 Vetos einlegte, während die übrigen Großmächte damit wesentlich zurückhaltender waren.

7.4.5 Der Generalsekretär und die Exekutive

Auf Empfehlung des Sicherheitsrates wählt die Vollversammlung für fünf Jahre einen Generalsekretär. Er steht an der Spitze des Sekretariats, das alle Verwaltungsangelegenheiten der UNO wahrnimmt und sich aus Beamten verschiedener Länder zusammensetzt. Der Generalsekretär ist der höchste Beamte der Welt. Er und seine Mitarbeiter dürfen weder Weisungen einer Regierung entgegennehmen noch um sie ersuchen (Art. 100). Er steht an der Spitze der UNO-Exekutive, die heute einen Apparat von ca. 10 000 Beamten unterhält.

Der Generalsekretär handelt nach den Richtlinien der Generalversammlung und auf Weisung des Sicherheitsrates. Seine Einstellung zur Sache ist bei UNO-Aktionen von großer Bedeutung. Da er nicht für alle Maßnahmen vom Sicherheitsrat

Weisungsunge-bundenheit

Wirtschafts-und Sozialrat

detailliert angewiesen werden kann, kommt es entscheidend darauf an, ob er seine Aufträge weit oder zurückhaltend auslegt, ob er sich initiativ oder passiv verhält.

Der erste Generalsekretär der UNO war der Norweger TRYGVE LIE; ihm folgten der 1960 tödlich verunglückte Schwede DAG HAMMARSKJÖLD, 1965 der Burmese U. THANT und 1970 der Österreicher KURT WALDHEIM. Seit Januar 1982 übt der Peruaner JAVIER PEREZ DE CUELLAR das Amt aus. Die Generalsekretäre stammen also alle aus kleineren, meist neutralen Staaten, mit einer Tendenz zur Dritten Welt.

PEREZ DE CUELLAR hat sich vornehmlich zum Ziel gesetzt, vier große Krisenherde der Weltpolitik zu beseitigen: Afghanistan, der Nahe Osten, der iranisch-irakische Krieg und Namibia.

Die Sorge für eine soziale, wirtschaftliche und kulturelle Zusammenarbeit liegt bei der Generalversammlung. Die dafür erforderliche laufende Arbeit leistet der von ihr gewählte Wirtschafts- und Sozialrat mit seinen Fachkommissionen sowie den ihm verantwortlichen und angegliederten Sonderinstituten. Durch sie wird laufend viel Nützliches im Geiste der UNO-Charta für die internationale Zusammenarbeit und für die Lösung interner nationalstaatlicher Probleme geleistet. Zu diesen Institutionen gehören z.B. das „Amt

Trygve Lie 1896–1968. Der 1. Generalsekretär (bis 1952) kam aus Norwegen

Dag Hammarskjöld 1905–1961. Generalsekretär aus Schweden (bis 1961) Friedensnobelpreis

Sithu U Thant 1909–1974 aus Burma, also 3. Welt (bis 1971).

*Kurt Waldheim *1918, Österreich. Seine Wahl – ein Ausdruck der Entspannungsphase? Bis 1981*

Peres de Cuellar (Peru) wurde im Dezember 1981 für fünf Jahre gewählt

Abb. 188: Während der Sicherheitsrat dem realen Gewicht der Großmächte Rechnung trägt, wurde das Amt des Generalsekretärs bislang stets mit einem „Neutralen" besetzt.

Obwohl die bisherigen Generalsekretäre immer als Kompromißkandidaten nach schwierigem Interessenausgleich gewählt wurden, haben sie durch ihr Amt und ihre Persönlichkeit eine wichtige Rolle als Vermittler im Hintergrund, gelegentlich auch im Auftrage von Sicherheitsrat und Vollversammlung einnehmen können. Ende 1983 erfolgte der Abzug von PLO-Kämpfern aus dem Libanon „unter dem persönlichen Schutz" des Generalsekretärs.

für technische Hilfe", das Amt des UNO-Hochkommissars für Flüchtlinge, das Welt-Kinderhilfswerk, die Weltbank, die internationale Arbeitsorganisation, die UNESCO, die Organisation für Ernährung und Landwirtschaft, die Weltgesundheitsorganisation, die internationale Fernmeldeunion, der Weltpostverein, das allgemeine Zoll- und Handelsabkommen (GATT) usw. (vgl. auch Kap. 9.2.2.1). Insgesamt arbeitet der Rat mit 120 nichtstaatlichen Organisationen zusammen. Dem *Treuhandschaftsrat* obliegt die Kon-

Treuhandschaftsrat

trolle der Verwaltung aller dem Treuhandsystem der UNO unterstellten Gebiete. Solche treuhänderischen Verwaltungen bestehen z.T. schon vom Völkerbund her (z.B. Namibia).

7.4.6 Bewährung der UNO?

Ein Gesamturteil über das Wirken der Vereinten Nationen wird unterschiedlich ausfallen.
Die ursprünglich gestellte Hauptaufgabe, den Frieden zu sichern, Kriege zu vermeiden oder zu

Abb. 189: Krieg in Ost-Pakistan (Bangladesh) 1971 – die UNO durfte nicht eingreifen

Abb. 190: Nach dem Abzug der UN-Truppen aus dem Gazastreifen 1967 begann der Sechstagekrieg

*Keine supra-
nationale
Behörde*

Machtlosigkeit

beenden, wurde nur in wenigen Fällen und z.T. nur vorübergehend erreicht (Palästina, Korea, Kongo, Suez). Der Krieg in Vietnam, zwischen Israel und den arabischen Staaten, der sowjetische Einmarsch in die Tschechoslowakei und in Afghanistan sowie der Krieg zwischen Irak und Iran setzten nur eine Kette von Beispielen fort, die die Machtlosigkeit der UNO angesichts staatlicher Interessen – insbesondere der Weltmächte – aufzeigen. Selbst Beschlüsse über die Verurteilung eindeutiger Völkerrechtsverletzungen bzw.

der Grundsätze der UNO kamen nur selten zustande. Die daraus resultierende Enttäuschung ist den zu hoch geschraubten Erwartungen und der Entwicklung der internationalen Machtverhältnisse zuzuschreiben. Die UNO ist keine supranationale Behörde. Sie entstanden aus der Vorstellung, daß fünf Großmächte aufgrund ihrer Macht für den Frieden verantwortlich sein sollten. Das setzt ihre Einigkeit voraus. Diese aber ist auch nach der Reduzierung des Ost-West-Konfliktes in vielen Fragen nicht gegeben, z.B. nicht in der einmütigen Ablehnung von Kriegen. So konnten sie vor allem eines ihrer wichtigsten Ziele – die Abrüstung – nicht verwirklichen.

Vermittlung

Diese Mißerfolge sollten jedoch nicht die Rolle verdecken, die die UNO durch eine lautlose Vermittlertätigkeit bei allen Arten von Konflikten insbesondere als Schutz für kleine Nationen außerhalb kriegerischer Stadien spielen kann und spielt. Diese regulierende Funktion, die sich allein aus dem Bestehen einer neutralen Beschwerdeinstanz mit einem auf Vermittlertätigkeit verpflichteten Generalsekretär ergibt, läßt sich schwer in Erfolgsziffern ausdrücken und dringt weniger in das Bewußtsein der Menschen. Hinzu kommen die vom Wirtschafts- und Sozialrat ausgehenden Impulse zu internationaler Zusammen-

Zusammen-arbeit

arbeit auf allen Gebieten gesellschaftlichen Lebens, die sich als außerordentlich erfolgreich und fruchtbar erwiesen haben. Ferner bleibt die UNO das wichtigste Forum für eine rechtliche Beschränkung der Machtpolitik.

In jüngster Zeit hat die UNO die Nationen zum Umweltschutz aufgerufen und Grundsätze entwickelt, die die gegenwärtig erkennbaren Probleme aufgreifen. Eine zunehmend aktive Rolle spielt die UNO bei dem Bemühen um eine Minderung der Gegensätze zwischen armen und reichen Ländern (s. Kap. 8.2.1.2). Zu diesem Positivkatalog gehört auch die 1974 abgeschlossene Formulierung einer Charta der wirtschaftlichen Rechte und Pflichten von Staaten (s. Kap. 8.2.3.2).

7.5 Deutschland in der internationalen Politik

Ostgebiete

Deutschlands Stellung in der internationalen Politik wird bis zur Gegenwart von den Folgen der verlorenen Weltkriege und seiner besonderen Rolle im Ost-West-Konflikt bestimmt. Die Politik eines jeden Landes unterliegt den Ergebnissen seiner historischen Entwicklung. In Deutschland spielen solche historisch bedingten Triebkräfte eine dominierende Rolle. Einerseits sind die psy-

Existenz zweier Staaten

chologischen Auswirkungen des von Deutschland ausgelösten und verlorenen Krieges sowie die Massenvernichtung von Juden noch immer in Rechnung zu stellen. Andererseits hat die Intensität des historischen Wandels nach dem II. Welt-

Groß-Berlin

krieg in Deutschland radikal veränderte politische Realitäten hervorgebracht, die noch der politischen, rechtlichen und ideologischen Bewältigung durch das deutsche Volk bedürfen.

Diese Realitäten bestehen insbesondere in der Auflösung des Deutschen Reiches in seinen Grenzen von 1937, die jedoch in keinem Friedensvertrag fixiert ist, weil sich die Sieger nicht darüber einigen konnten. Unter Berücksichtigung des historisch-politischen Wandels muß daher

heute von folgenden Gegebenheiten ausgegangen werden:

a) Der vollen politischen Integration des östlichen Teils von Ostpreußen um Königsberg/Kaliningrad in den Staatsverband der UdSSR, der übrigen, östlich der Oder und Neiße (Görlitzer) sowie der um Allenstein gelegenen Gebiete in die Volksrepublik Polen.

b) Der Existenz zweier deutscher Staaten: der Bundesrepublik Deutschland, der Deutschen Demokratischen Republik.

c) Der besonderen Situation Groß-Berlins.

Diese historisch neue, fast 40 Jahre alte politische Konstellation ist ein Produkt des Zusammentreffens spezifischer internationaler Umstände, deren machtpolitische Aspekte bis zur Gegenwart wirksam sind und folglich die Rolle der beiden deutschen Staaten im internationalen System primär bestimmen. Möglichkeiten und Grenzen aktiver Teilhabe an der Entwicklung des internationalen Systems sind für die Regierungen der Bundesrepublik Deutschland und der Deutschen Demokratischen Republik wie auch

Abb. 191: Adenauer in Moskau 1955: Aufnahme diplomatischer Beziehungen; Rückführung deutscher Kriegsgefangener

425

Abb. 192: Paris 1973: Der 10. Jahrestag des deutsch-französischen Vertrages über enge Zusammenarbeit (Brandt und Pompidou)

bei anderen Ländern von interdependenten inneren wie äußeren Faktoren beeinflußt. Eine Dominanz äußerer Einwirkungen ist jedoch aufgrund dieser historischen Ausgangspositionen unübersehbar.

7.5.1 Die Bundesrepublik Deutschland im internationalen System

7.5.1.1 Historisch-politische Bedingungsfaktoren

Souveränität

Die Nachkriegskonstellation des internationalen Systems ließ für die von den drei Westalliierten besetzten Zonen Deutschlands keine Möglichkeit, sich außerhalb des innen- wie außenpolitischen Spektrums dieser Mächte zu entwickeln. Da dieses Beziehungssystem von einer Aktivierung der Systemgegensätze zunehmend geprägt auf den „Kalten Krieg" zulief, lag als Folge die Spaltung Deutschlands nahe.

Kalter Krieg

Die Alternative eines neutralen und mit eigenen militärischen Einheiten versehenen Deutschland (z. B. Note der UdSSR vom 10. 3. 52), das zwischen den beiden Blöcken seine innere und äußere Selbständigkeit behauptete, wurde nicht gewollt und war aus politischen Gründen nicht realisierbar. So setzte sich eine auch von der großen Mehrheit der Bevölkerung unterstützte grundsätzliche „Westorientierung" der Bundesrepublik

UdSSR-Note von 1952

West-orientierung

Deutschland durch. Sie war verknüpft mit der Wiederbewaffnung im Verbund und damit unter Kontrolle der westlichen Siegermächte. Nach dem Scheitern der „Europäischen Verteidigungsgemeinschaft" (EVG) trat die Bundesrepublik Deutschland der WEU und der NATO bei. Sie verpflichtete sich, bestimmte Waffenarten, z. B. Atombomben, nicht herzustellen.

Im Gegensatz zu nahezu allen Staaten dieser Welt, selbst den Zwergstaaten, wird seitdem die Politik der Bundesrepublik Deutschland nicht nur durch übliche Abgängigkeitsmuster in ihrer faktischen Souveränität beschränkt, sondern auch rechtlich.

Die Souveränitätsrechte der Bundesrepublik Deutschland sind durch den Deutschlandvertrag von 1955 eingeschränkt, und zwar hinsichtlich gesamtdeutscher Fragen, eines noch immer nicht zustande gekommenen Friedensvertrages sowie des Status von Berlin. Mit diesen Souveränitätsbeschränkungen beabsichtigen die westlichen Siegermächte, ihre aus dem II. Weltkrieg und dessen Ende abgeleitete Mitverantwortung für Gesamtdeutschland rechtlich zu sichern. Für die praktische Politik jeder Bundesregierung ergibt sich daraus eine unverhüllte Konsultationspflicht mit einem in der politischen Realität viel breiterem Spektrum.

Es erweist sich nämlich z. B. der „enge" Rahmen dieser drei, der Souveränitätsbeschränkung unterliegenden Bereiche als intensivst verbunden mit allen äußeren und z. T. auch inneren Sicherheits-

426

fragen, mit allen Aspekten der Beziehungen zur Sowjetunion und der DDR sowie deren Partner. Die jeweilige Intensität solcher Interdependenzen wird nicht zuletzt von der aktuellen innenpolitischen Situation der Bundesrepublik Deutschland bestimmt. So war z. B. die neue Berlin-Regelung (s. S. 438 ff.) geeignet, den Handlungsspielraum der Bundesregierung gegenüber den westlichen Verbündeten zu erweitern. Eine breite, auf Wiedervereinigung gerichtete Strömung in der Bundesrepublik Deutschland würde hingegen Handlungsspielräume einschränken, da eine Lösung nur im Zusammenwirken aller Siegermächte gelingen könnte. Eingebunden in den Ost-West-Gegensatz und den „Kalten Krieg" blieb der außenpolitische Spielraum aller Bundesregierungen in den ersten beiden Jahrzehnten der Existenz dieses Staates relativ schmal. Am Ende der sechziger Jahre zeichnete sich jedoch eine deutliche Verschiebung dieser Konstellation ab. Während die osteuropäischen Länder durch die Breschnew-Doktrin trotz sichtbarer Autonomietendenzen in unvermindert Stärke dem Einfluß der UdSSR unterlagen, setzte ein Rückgang des amerikanischen Engagements in Europa (Nixon-Doktrin) ein. Nach dem enttäuschenden Verlauf des Entspannungsprozesses (s. S. 406 f.) vollzog sich allerdings seit den achtziger Jahren im Rahmen einer militärischen Strategiediskussion eine rückläufige Tendenz.

Handlungs-spielraum (margin)

Vormacht USA (margin)

7.5.1.2 Aspekte der Beziehungen zu den westlichen Alliierten (Westorientierung)

Das Verhältnis der Bundesrepublik Deutschland zu den westlichen Siegermächten wird heute neben den historisch bedingten politischen Beschränkungen im wesentlichen durch militärisch-sicherheitspolitische wie durch wirtschaftliche (s. S. 429) Faktoren bestimmt.

Sicherheits-interesse (margin)

Das Sicherheitsinteresse ist sowohl als Bedürfnis nach äußerer Unversehrtheit als auch als Werte- und Systemschutz zu begreifen. Nur dann, wenn ein fundamentaler Systemwandel als Alternative akzeptiert würde, und der Preis des Krieges für eine Systemerhaltung zu hoch erschiene („Lieber rot als tot"), könnten veränderte Sicherheitsinteressen auch zu einem Ausscheiden aus dem westlichen Bündnis verleiten. Um den Inhalt dessen, was Sicherheit im einzelnen ausmacht, gibt es daher unterschiedliche Auffassungen.

Deutsch-französischer Vertrag (margin)

Die Bundesrepublik Deutschland ist eines der wichtigsten Länder der NATO aufgrund ihres Anteils an Streitkräften, ihres waffentechnischen

Potentials und ihrer geographischen Lage. Im Falle eines Angriffskrieges von seiten der Warschauer Pakt-Staaten mit konventionellen Waffen, aber auch mit Atomwaffen, wäre die Bundesrepublik Deutschland unmittelbares Kampfgebiet. Für Frankreich und Großbritannien besteht ein Interesse, einen Krieg möglichst auf dieses Vorfeld zu beschränken. Das Interesse der Bundesregierung muß nicht nur darauf gerichtet sein, den Krieg zu vermeiden, sondern auf militärisch-strategische Planungen der NATO, insbesondere auf die Vorstellungen der Vormacht USA, Einfluß zu nehmen. Nur das Bündnis gewährleistet die Wahrnehmung dieses Interesses. Ein intensives Zusammenwirken mit der Vormacht USA ist daher unerläßlich oder gar lebensnotwendig. Es hängt in entscheidendem Maße von dem militärischen Engagement der USA in Europa und speziell in Deutschland ab, wie hoch der potentielle Gegner die Abschreckungskraft der NATO für den konventionellen Verteidigungsfall einschätzt. Das Ausmaß amerikanischer Truppenpräsenz in Deutschland sowie des Eingriffs von Reserven entscheidet daher unter Umständen über die Schwelle von Krieg und Frieden oder über die eines konventionellen oder atomaren Krieges. So wurde in Verbindung mit der NATO für 1983–1987 eine Verdoppelung amerikanischer Streitkräfte in der Bundesrepublik Deutschland bei einem gemeinsam festzustellenden Krisen- oder Kriegsfall vorgesehen („Wartime Host Nation Support"-Abkommen im März 1982). Innerhalb von zehn Tagen soll danach die US-Truppenpräsenz von vier auf zehn Divisionen erweitert werden, wobei die Bundesrepublik Deutschland für den Aufbau und Unterhalt erforderlicher Unterstützungseinrichtungen aufkommt. Dazu gehört auch der Aufbau eines „Unterstützungskorps" der Bundeswehr.

Das bereits allein aus der Verteidigungskonzeption der NATO sich ergebende enge Zusammenwirken der USA mit der Bundesrepublik Deutschland ist vielfach auf Mißtrauen bei französischen Regierungen gestoßen, die sich aus einer engen Zusammenarbeit zwischen Frankreich und der Bundesrepublik Deutschland gerade auch auf militärischem Gebiet die Entwicklung einer wirksamen selbständigen Kraft zwischen den beiden Großmächten erhofften. Wenn auch dafür die weltpolitischen Voraussetzungen fehlen, so ist doch ein nahes deutsch-französisches Beziehungsverhältnis entstanden. Der 20 Jahre alte Vertrag über Zusammenarbeit (1963) begründete nicht nur eine gegenseitige Konsultationspflicht in allen wichtigen Fragen der Außenpolitik vor

Abschluß des jeweiligen Entscheidungsprozesses, sondern wurde auch zum Ausgangspunkt für militärische, kulturelle, wirtschaftliche Kooperationen. Regelmäßige Treffen (2-Jahres-Turnus) der Regierungschefs, die sogar häufiger stattfinden, sowie die Arbeit in „Interministeriellen Kommissionen" haben trotz z.T. gegenseitiger und auch unüberbrückbarer Auffassungen einen regelmäßigen Gedankenaustausch, eine vertrauensvolle Annäherung und eine weitgehende Abstimmung der Politik beider Länder bewirkt.

Gemeinsamkeiten mit dem Westen

So bestehen zwischen einem Teil Deutschlands und den westlichen Siegermächten Bindungen, die durch grundsätzliche Gemeinsamkeiten der politischen und wirtschaftlichen Strukturen und Wertsysteme, durch kulturelle und informative Nähe untermauert werden und eine langfristige Westorientierung erwarten lassen. Diese Faktoren werden noch ergänzt durch weit über Europa hinausreichende Kooperationsmöglichkeiten. Seit ihrer Aufnahme in die Vereinten Nationen ist die Bundesrepublik Deutschland Mitglied in allen politisch wichtigen, weltweit und auf Europa orientierten internationalen Organisationen und unterhält Beziehungen zu fast allen Ländern dieser Erde (vgl. z.B. S. 420). In verschiedenen Regionen außerhalb Europas wird sie bei der Entfaltung solcher Aktivitäten ebenfalls von historischen Bedingungen und Konstellationen des Ost-West-Gegensatzes eingeholt.

Ostverträge

Im arabischen Raum bedarf es die Politik aller Bundesregierungen z.B. der Rücksicht auf Israel, in Lateinamerika auf die USA, in China auf die UdSSR. Im Falle Japans wirkt die traditionelle deutsch-japanische Freundschaft.

7.5.1.3 Aspekte der Beziehungen zur UdSSR

1955 diplomatische Beziehungen

Die Beziehungen der Bundesrepublik Deutschland zu Osteuropa und speziell zur Sowjetunion werden von Bedingungen des verlorenen Krieges, dem Ost-West-Gegensatz und der Existenz eines eng mit der Sowjetunion verbundenen zweiten deutschen Staates bestimmt. Nachdem bereits 1955 diplomatische Beziehungen mit der Sowjetunion aufgenommen und damit die Staatlichkeit der Bundesrepublik Deutschland durch die Sowjetunion anerkannt worden war, ist es angesichts des Ost-West-Konfliktes nicht zu einem Friedensvertrag gekommen, der zum Ausgangspunkt für engere völkerrechtlich geregelte Beziehungen hätte werden können. Erst im Zuge der Entspannungspolitik gelang es, ein wesentliches Hindernis für ihre Entfaltung durch Verträge mit der Sowjetunion (Moskauer Vertrag, Aug. 1970) und Polen (Dez. 1970) zu beseitigen, mit denen die Bundesrepublik Deutschland nun auch gegenüber Osteuropa Bindungen eingegangen ist.

Die Verträge begründen einen Verzicht auf Gewaltanwendung und der Drohung mit Gewaltanwendung sowohl gegeneinander als auch in allen Fragen, die die Sicherheit in Europa und die internationale Sicherheit berühren. Die Bundesrepublik Deutschland verpflichtet sich (auf der Basis der Gegenseitigkeit) die territoriale Integrität Polens (Vertrag mit Polen) sowie aller Staaten in Europa (Vertrag mit der SU), d.h. auch der DDR, zu achten. Die Vertragspartner erklären, keine Gebietsansprüche gegen irgend jemanden zu haben und in Zukunft auch nicht zu erheben. Die zur Zeit des Vertragsabschlusses bestehenden Grenzen aller Staaten in Europa sind als unverletzlich in Gegenwart und Zukunft zu betrachten. Die Oder-Neiße-Grenze sowie diejenige zwischen der Bundesrepublik Deutschland und der DDR werden ausdrücklich einbezogen. Alle von den beteiligten Staaten früher geschlossenen bilateralen und multilateralen internationalen Vereinbarungen werden von diesen Abmachungen nicht berührt.

Mit der „Hinwendung nach Osten" begann auch eine traditionelle, aus der europäischen Mittellage Deutschlands erwachsende Perspektive deutscher Außenpolitik in die der Bundesrepublik Deutschland einzugehen. In Anbetracht des vereinbarten Gewaltverzichts können somit die „Ostverträge" geeignet sein, dem Sicherheitsinteresse der Bundesrepublik Deutschland langfristig zu dienen, wenn auch die vorgesehene weitere Entspannung erst durch eine Erweiterung der Zusammenarbeit auf wirtschaftlichem, technischem und kulturellem Gebiet erfolgen soll.

In der Entspannungsphase konnten sich insbesondere Wirtschaftsbeziehungen größeren Ausmaßes zwischen beiden Ländern entwickeln und eine annähernde Normalisierung dieses deutsch-sowjetischen Verhältnisses entfalten. Die sowjetische Aufrüstungspolitik, die die Entspannung empfindlich verletzte, trifft daher die Bundesrepublik Deutschland in besonders starkem Umfang. Eine Politik, die auf die Minderung negativer Folgen der deutschen Teilung gerichtet ist, wird jede Bundesregierung herausfordern, sich gegenüber Ansprüchen der sowjetischen Politik besonders entgegenkommend zu verhalten. Die Rückkehr zu einer ausgeprägten Konfliktsituation wäre mit neuer Instabilität (Verhältnis zur DDR und Berlin) und mit Begrenzungen des äußeren Handlungsspielraums verbunden.

7.5.1.4 Die Wirtschaftsbeziehungen als Dimension der auswärtigen Politik

Handelsstaat

Die Bundesrepublik Deutschland, die nach ihrer Fläche an 67., nach ihrer Bevölkerung an 11. Stelle unter den Staaten der Welt steht, ist heute ein Industrie- und Handelsstaat von allererstem Rang. Ihr Bruttosozialprodukt (1981 = 1552 Mrd. DM) entspricht etwa dem des japanischen Hundertmillionenvolkes. Gemessen am pro Kopfeinkommen standen dabei die Bürger der Bundesrepublik Deutschland an dritter Stelle in der Welt. Als zweitgrößter Handelsstaat der Welt war sie 1981 mit 8,9% am gesamten Weltexport (die USA mit 11,8%, die Sowjetunion mit 4%) beteiligt. Die wichtigste Voraussetzung für diese Wirtschaftsstärke, die mit einem hohen Lebensstandard verbunden ist, bilden Spitzenergebnisse der Arbeitsproduktivität. Sie wiederum werden in erster Linie durch eine hochgradige Technisierung ermöglicht. Diese ist im Zeitalter der technischen Revolution immer stärker auf technologische Kooperation mit anderen Industrieländern angewiesen und damit in der Außenpolitik zu berücksichtigen.

Export

In noch stärkerer Weise wird heute die internationale Situation der Bundesrepublik Deutschland von einem vermeintlichen, im Interesse des hohen Lebensstandards notwendigen „Zwange" zu ausgedehnten Exporten und Importen bestimmt. Mehr als ein Viertel des gesamten Sozialproduktes der Bundesrepublik (ca. 7–8% in den USA) wird gegenwärtig exportiert. Daraus ergibt sich eine hohe Abhängigkeit des inneren Wohlstandes (Beschäftigung) von Exportmöglichkeiten und damit von den Risiken des Weltmarktes.

Die intensivsten Handelsbeziehungen bestehen zu den EG-Partnern, die 1981 47% der Einfuhr und 47% der Ausfuhr der Bundesrepublik Deutschland stellten. Es folgten die Vereinigten Staaten und Kanada, die zusammen mit 8,6% beim Import und mit 7,2% am Export beteiligt waren. Die Wirtschaftsbeziehungen zwischen den USA und der Bundesrepublik Deutschland, durch gewaltige Exportsteigerungen erstmals seit 1968 von einem Handelsüberschuß der Bundesrepublik Deutschland begleitet, werden besonders durch die hohen Investitionen amerikanischer Firmen charakterisiert. Sie umfaßten innerhalb von 18 Jahren (1. 9. 1961 bis 31. 12. 1978) 37% aller Auslandsinvestitionen (19,9 Mrd. DM von 53,3 Mrd. DM).

Import

Das ausgedehnte Interesse an dem Import von Nahrungs- und Genußmitteln sowie Rohstoffen und Halbfertigwaren ermöglicht enge Handelsbe-

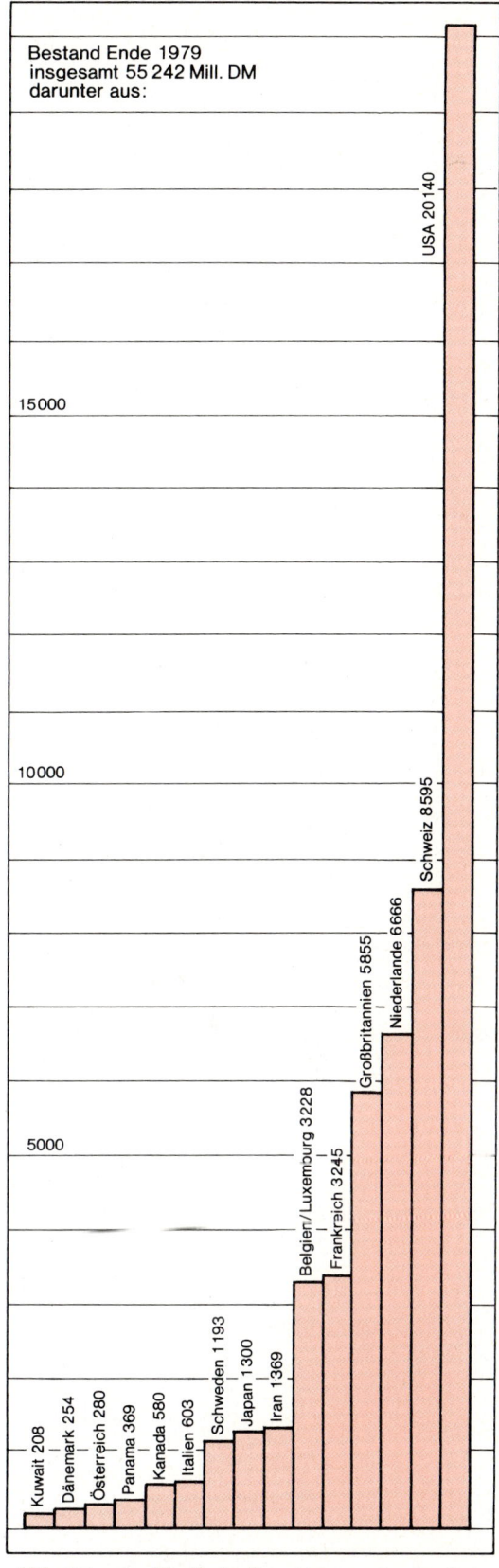

Bestand Ende 1979 insgesamt 55 242 Mill. DM darunter aus:

USA 20 140
Schweiz 8595
Niederlande 6666
Großbritannien 5855
Frankreich 3245
Belgien/Luxemburg 3228
Iran 1369
Japan 1300
Schweden 1193
Italien 603
Kanada 580
Panama 369
Österreich 280
Dänemark 254
Kuwait 208

Abb. 193: Ausländische Investitionen in der Bundesrepublik Deutschland

ziehungen zu den agrarisch bestimmten und mit Rohstoffen ausgestatteten Entwicklungsländern. Vergleichsweise gering fällt der Handelsaustausch mit den von kommunistischen Parteien regierten Ländern aus, die 1981 mit 5,2% bei der Einfuhr und mit 4,9% bei der Ausfuhr beteiligt waren.

Angesichts der hervorragenden Handels- und Wirtschaftsposition ergibt sich die Frage, ob aus ihr eine entsprechende außenpolitische Machtstellung erwachsen ist? Die Realität zeigt eine auffällige Diskrepanz zwischen beiden. Der Handel, und nicht zuletzt die stabile Währung, durch die die Bundesrepublik Deutschland zu einem wichtigen *Gläubigerland* geworden ist, haben im internationalen Handel, internationalen Organisationen (z.B. Weltbank, Weltwährungsfond) zu Einfluß verholfen. Während der Praktizierung der Hallstein-Doktrin erwies sich auch ihr wirtschaftliches Gewicht als stark genug, Entwicklungsländer von der Anerkennung der DDR abzuhalten (s. S. 444). Wenn dieser Wirtschaftsmacht dennoch kein entsprechendes außenpolitisches Gewicht folgte, so mögen dafür eine Reihe von Faktoren verantwortlich sein:

Die Zollpolitik als Mittel der Durchsetzung politischer Interessen gegenüber potentiellen Handelspartnern gibt es durch die Bindung an die Außenzolltarife der EG nicht mehr. Ähnliches gilt für mengenmäßige nationalstaatliche Importabsprachen, da der Handel mit den nichtkommunistischen, im GATT zusammengeschlossenen Ländern, insofern nahezu völlig liberalisiert ist.

Nur durch die nationale Wirtschaftspolitik (z.B. Heizölkartell, Subventionierung der Kohle, Steuern) sowie durch von der Regierung angeregte oder gebilligte Quotenabsprachen zwischen Importeuren vermag noch der freie Handel beeinträchtigt zu werden. Die internationalen Handelsverflechtungen sind zudem nicht nur von einem intensiven ausländischen Wirtschaftsengagement in der Bundesrepublik Deutschland begleitet (1952–1982 = 66 Mrd. DM).

Da auch Unternehmen der Bundesrepublik in Auslandsunternehmen investieren (1952–1982 = 94 Mrd. DM), entsteht eine Fülle ökonomischer Interdependenzen, Abhängigkeiten und Zwänge, die auch den Handlungsspielraum der Bundesregierung begrenzen. Hinzu kommt, daß innerhalb der auf ausgewogene Partnerschaft angelegten EG die Bundesrepublik Deutschland entsprechend ihrer wirtschaftlichen Kraft unterrepräsentiert ist. Sie erwirtschaftet zwar das höchste Sozialprodukt und stellt den höchsten Export und Importanteil der EG, verfügt aber in den Entscheidungsgremien nicht über ein entsprechendes Stimmengewicht.

Durch die zunehmende Auslandsverschuldung der Bundesrepublik Deutschland, die 15% der Gesamtschulden ausmacht und sich inzwischen auf 55 Mrd. DM (1983) beläuft, wurde eine neue Dimension der Verflechtung insbesondere mit ölexportierenden arabischen Staaten geschaffen.

Ein wichtiger Faktor, der die Bundesregierungen hindert, ihre Wirtschaftsmacht politisch voll auszuschöpfen, dürfte noch immer in der Sorge vor aufbrechenden Ressentiments gegen den ehemaligen Kriegsgegner, den wohlhabenden Kriegsverlierer und Konkurrenten zu suchen sein. Unter diesen Umständen ist jede Bundesregierung notwendig gehalten, außenwirtschaftliche Aktivitäten in enger Verbindung mit ihren Partnern in den EG und der NATO zu gestalten oder aber in Vorhaben internationaler Organisationen einzuordnen, sollen nicht außenpolitische Spannungen und Komplikationen heraufbeschworen werden. Investitionsvorhaben deutscher Firmen im Ausland haben ebenfalls diesen Tatsachen Rechnung zu tragen.

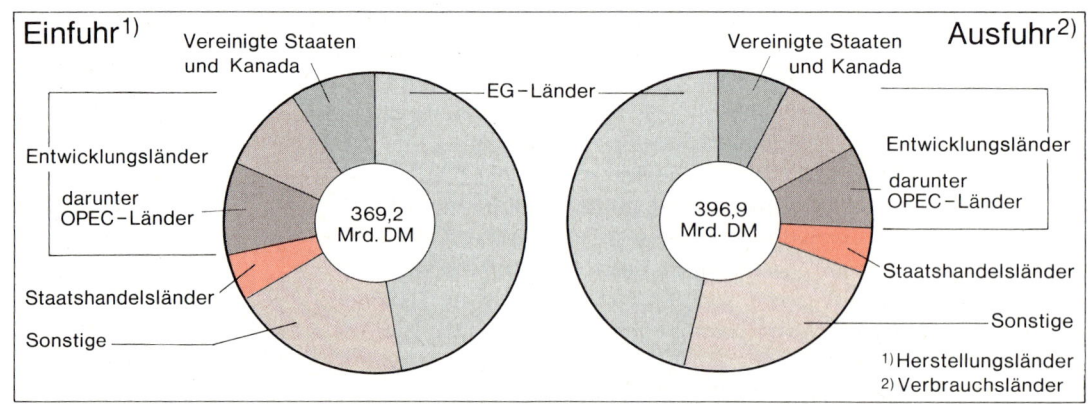

Abb. 194: Anteile der Ein- und Ausfuhr der Bundesrepublik Deutschland 1981 nach Ländergruppen
(aus Stat. Jahrbuch der Bundesrepublik Deutschland 1982)

7.5.1.5 Das Problem der staatlichen Einheit

Das Problem der Aufteilung des Deutschen Reiches infolge des Krieges beeinflußt in unterschiedlichem Ausmaß die gegenwärtige Politik der Bundesrepublik Deutschland. Während die Einverleibung des östlichen Ostpreußen in die Sowjetunion kein gewichtiger Faktor in der Außenpolitik der Bundesrepublik Deutschland gewesen ist, stand die Anerkennung der *Oder-Neiße-Grenze*, deren endgültige Regelung nach dem Willen der Alliierten auf der *Potsdamer Konferenz* einem Friedensvertrag vorbehalten bleiben soll, einer Normalisierung der Beziehungen zur Volksrepublik Polen lange entgegen. Heute ist davon auszugehen, daß mit der vertraglichen Anerkennung der Oder-Neiße-Grenze als polnischer Westgrenze durch die Bundesrepublik Deutschland die Abtrennung der östlich von ihr gelegenen Gebiete akzeptiert wurde. Damit hat diese Frage für die Dauer der Existenz der Bundesrepublik Deutschland aufgehört, ein Problem ihrer Politik zu sein, wenngleich sie die Folgewirkungen (z. B. Ausreiseproblem) weiterhin beschäftigt. Nicht minder kontrovers sind die Standpunkte, wenn es um die Spaltung Deutschlands, seiner im Grundgesetz postulierten nationalen und staatlichen Einheit und damit um die Beziehungen zu der von der Sowjetunion etablierten und machtpolitisch weiterhin getragenen politischen Realität DDR geht. Völkerrechtliche Anerkennung der DDR und damit rechtliche Sanktionierung dieses machtpolitischen Zustandes oder aber direkte Wiedervereinigungspolitik auf der Basis des Selbstbestimmungsrechts und alliierter Beschlüsse unter Meidung direkter Kontakte zur Regierung der DDR markieren hier lang bestehende extreme Positionen (s. dazu Bundesverfassungsgerichtsurteil).

Die USA, Großbritannien und Frankreich haben sich im Deutschlandvertrag verpflichtet, die Bundesrepublik Deutschland in ihrer Forderung nach Wiedervereinigung zu unterstützen. Die Unterzeichnerstaaten versprachen sich, bis zum Abschluß eines Friedensvertrages zusammenzuwirken und ihr gemeinsames Ziel zu verwirklichen: *„Ein wiedervereintes Deutschland, das eine freiheitlich-demokratische Verfassung, ähnlich der der Bundesrepublik Deutschland, besitzt und das in die europäische Gemeinschaft integriert ist."* Auch unter Berücksichtigung dieser an eine Wiedervereinigung Deutschlands geknüpften Bedingungen erscheint der reale politische Wert dieses Versprechens problematisch. Die Erfahrungen, die insbesondere Großbritannien und Frankreich

Oder-Neiße-Grenze

Staatsgrenze

Grundgesetz

Brief zur deutschen Einheit

Selbstbestimmungsrecht

Deutschlandvertrag

mit dem Deutschen Reich in zwei Weltkriegen gesammelt haben, lassen auf begreifliche entgegengesetzte Interessen und Verhaltensweisen schließen. Ihre Unterstützung für den Anspruch der Bundesrepublik Deutschland, der einzig rechtmäßige deutsche Staat zu sein, erklärte sich vor allem aus dem Ost-West-Konflikt.

> *„... erklären, daß sie die Regierung der Bundesrepublik Deutschland als die einzige deutsche Regierung betrachten, die frei und rechtmäßig gebildet wurde und daher berechtigt ist, für Deutschland als Vertreter des deutschen Volkes in internationalen Angelegenheiten zu sprechen."*
> (Londoner Schlußakte, Abschn. V, Erklärung der drei Westmächte vom 3. 10. 1954)

Abgesehen von der gegenwärtig einer Wiedervereinigung entgegenstehenden internationalen Machtkonstellation, weist sie auf eine Reihe von Problemen und Fragen, die in die Außenpolitik der Bundesrepublik Deutschland hineinwirken. Mit den im Moskauer Vertrag getroffenen Vereinbarungen, insbesondere die der Anerkennung der Staatlichkeit der DDR und ihrer Westgrenze als Staatsgrenze, ergibt sich die Frage, ob nicht durch sie eine Wiedervereinigung durch Selbstbestimmung erschwert oder gar ausgeschlossen worden ist. In einem von der Bundesregierung übergebenen „Brief zur Deutschen Einheit", der im Rahmen des Ratifizierungsverfahrens auch dem Obersten Sowjet zur Kenntnis gegeben worden ist, wird die Wiedervereinigung als ein Ziel der deutschen Politik bekräftigt und als nicht im Widerspruch zum Moskauer Vertrag befindlich interpretiert (s. S. 428). Unabhängig von der Tatsache, daß das Problem der staatlichen Einheit Deutschlands nur im Einvernehmen mit den vier Mächten erfolgen kann, und die internationale Macht- und Interessenkonstellation einer Vereinigung entgegensteht, kann damit das Problem als nicht gelöst gelten, zumal auch das Streben nach Wiedervereinigung den Rang eines Verfassungsgebotes erhielt. Die Widervereinigung wird daher als Faktor in der Politik der Bundesrepublik Deutschland weiterbestehen, als zu lösendes Problem begriffen und entsprechend den Intentionen der jeweiligen Regierungsparteien mehr oder weniger die Position der Bundesrepublik Deutschland im internationalen System beeinflussen.

> *„Kein Verfassungsorgan der BRD darf die Wiederherstellung der staatlichen Einheit als*

Legitimation
(Urteil des Bundesverfassungsgerichts über die Verfassungsmäßigkeit des Grundlagenvertrages vom 19. 6. 1973, in: NJW 1973, Heft 35, S. 1539)

7.5.1.6 Außenpolitische Determinanten des politischen Systems

Für die Außenpolitik der Bundesrepublik Deutschland sind die pluralistischen Elemente ihres politischen Systems sowie die „Herrschaft auf Zeit" jeder Regierung besonders prägend.
Ein sehr hoher Lebensstandard für fast alle Bevölkerungsschichten, weitgehende soziale Sicherheit, wenige zutage tretende soziale Spannungen haben heute neben einem hohen Maß an Rechtssicherheit, politischer und persönlicher Freiheit einen breiten Konsens über die Grundrechtsprinzipien bewirkt. Abgesehen von extrem linken und rechten Positionen vollziehen sich somit Auseinandersetzungen um die Außenpolitik bei aller Gegensätzlichkeit der Standpunkte in diesem Rahmen. Dieser bei aller Kritik im einzelnen vorhandene Konsens – auch über das politische System der Bundesrepublik Deutschland – enthebt jede Bundesregierung der Sorge um unerwünschte äußere Einflüsse. Sie sieht sich nicht gezwungen, Abwehrmechanismen nach außen aufzubauen. Alle Arten von Kommunikation mit anderen Ländern – auf dem Gebiet des Tourismus durch den Massenwohlstand in hohem Maße ermöglicht – erscheinen als unerläßliche Elemente der Friedenspolitik jeder Bundesregierung, als höchst wünschenswert. Von intensiven Kontakten wird ein unerläßliches Element für den Abbau von Vorurteilen und Spannungen unter den Völkern (z.B. deutsch-französische Aussöhnung) sowie auch fruchtbare Anregung für die Lösung eigener Probleme bzw. der Verhinderung von Fehlentwicklungen erwartet.

Prinzipiell nur an die Grundrechtsprinzipien und eigene Parteiprogramme gebunden, sind Bundesregierungen in der Lage, pragmatisch die außenpolitischen Interessen des Landes entsprechend den inneren und äußeren Gegebenheiten abzuwägen. Die Ergebnisse und Argumente öffentlicher Diskussionen außenpolitischer Probleme dienen dabei als unverzichtbare Elemente für Kontrolle und optimale Entscheidungen. An diese „*Freiheit*" der Bundesregierung für außenpolitische Entscheidungen sind jedoch sogleich *Bindungen* gekoppelt.

Der systembedingte „Zwang" zu *ständiger öffentlicher Rechtfertigung* kann einerseits bei der Erkundung neuer außenpolitischer Wege (z.B. Beziehungen zur Sowjetunion) erschwerend wirken oder die Wirkung bestimmter Maßnahmen von vornherein beeinträchtigen (z.B. Änderung der Währungsparitäten). Andererseits hindert er jede Regierung, stichhaltige Gegenargumente auf Dauer zu ignorieren, will sie sich nicht der Gefahr der Abwahl aussetzen. Meinungsumfragen über außenpolitische Probleme bilden heute neben den Analysen der Presse sowie der Parlamentsdiskussionen ein unerläßliches Mittel zur Erforschung der Meinung der Bevölkerung.

Durch ihr Eingreifen in die Diskussionen kann darüber hinaus die Regierung selbst meinungsbildend und damit integrierend wirken, um auf diese Weise um Verständnis und letztlich Mehrheiten für ihre Außenpolitik zu werben.

Ein für die Außenpolitik der Bundesrepublik Deutschland erschwerend wirkendes politisches Element kann sich schließlich aus der turnusmäßigen, durch die Verfassung vorgegebenen Neuwahl der Bundesregierung ergeben. Sie ist dazu geeignet, langfristig kalkulierten Erpressungen von seiten anderer Staaten Vorschub zu leisten. Durch gezielte Stellungnahmen, der Herbeiführung sonstiger außenpolitischer Schwierigkeiten oder Aktionen besteht die Möglichkeit der Einflußnahme auf das Wahlergebnis. So erlaubt zwar das freiheitlich-pluralistische System durch seine Toleranz gegenüber Kritik und sonstigen Außeneinwirkungen, die auswärtige Politik seiner Regierungen wirksam zu destabilisieren. Es vermittelt diesen aber auch unvergleichliche politische Unverletzbarkeit, weil sie die Mehrheit der Bevölkerung hinter sich wissen.

7.5.2 Die Deutsche Demokratische Republik im internationalen System

Staatlichkeit

7.5.2.1 Historisch-politische Bedingungsfaktoren

Grundsätzlich wird die außenpolitische Situation der DDR – wie die der Bundesrepublik Deutschland – in erster Linie durch die historischen Wandlungen seit 1945, die Besonderheiten ihrer Staatsgründung und den Ost-West-Gegensatz bestimmt. So tragen ihre Probleme und Triebkräfte vielfach vergleichbare Züge. Auch die DDR ist formal souverän mit Einschränkungen. Ähnlich wie die Hoheitsrechte der Bundesregierung hinsichtlich Berlins rechtlichen und tatsächlichen Beschränkungen durch die westlichen Alliierten unterworfen sind, kann die Regierung der DDR rechtlich und tatsächlich nur im Zusammenwirken mit der Sowjetunion über das Territorium der Zufahrtswege von und nach Berlin sowie über Teile ihres Luftraumes (Luftkorridore) verfügen.

In dem *Viermächteabkommen* über Berlin vom 3. 9. 1971 (s. S. 438) wurde diese Situation de facto auch für den zivilen Straßenverkehr bekräftigt.

Darüber hinaus hat die Regierung der DDR im Rahmen der Vereinbarungen des „Grundvertrages" (s. S. 446) die Viermächteverantwortung in Deutschland anerkannt.

In einer Erklärung vom 25. März 1954 wurde der DDR von der Sowjetunion formal das Recht zugesprochen, ihre äußeren und inneren Angelegenheiten selbst zu bestimmen. Die Sowjetunion behielt sich jedoch vor, in ihr weiterhin die Aufgaben zu erfüllen, die mit der Gewährleistung der Sicherheit ihrer Truppen und ihren Verpflichtungen aus dem Viermächteabkommen im Zusammenhang stehen. Ein Vertrag vom 16. 9. 1955 zwischen beiden Ländern bestätigte die Souveränität der DDR. Die Besetzung wurde als zeitweilig betrachtet und versprochen, daß sich die sowjetischen Truppen nicht in ihre inneren Angelegenheiten einmischen würden.

In einer „Vereinbarung über die Bewachung und Grenzkontrolle zwischen der DDR und der UdSSR" wird der DDR die Bewachung der als Demarkationslinie bezeichneten Grenze zur Bundesrepublik Deutschland, des Außenringes von Berlin und der Verbindungswege zwischen West-Berlin und der Bundesrepublik Deutschland zugesprochen. Die Sowjetunion behielt sich die Kontrolle des Personals und der Güter der in

Berlin (West) stationierten alliierten Garnisonen vor.

Abgesehen von der lange Zeit umstrittenen *Staatlichkeit* der DDR (Effektivitäts- und Legitimitätstheorie), wurde der DDR die Souveränität frühzeitig von der Sowjetunion zugebilligt. Die anderen für Deutschland verantwortlichen Siegermächte des II. Weltkrieges vollzogen diesen Schritt erst de facto mit den Viermächtevereinbarungen über Berlin vom September 1971. Demgegenüber hat die Sowjetunion aufgrund der von ihr vertretenen „Zweistaatentheorie" die Bundesrepublik Deutschland bereits 1955 anerkannt.

So haben die historischen Umstände auch die DDR von vornherein einer politischen Gruppierung zugeordnet. Ihre internationale Politik kann sich infolgedessen nur in diesem Verbund entfalten.

7.5.2.2 Aspekte der Beziehungen zur UdSSR (Ostorientierung)

Die durch historische Umstände vorgegebene Orientierung der DDR auf Osteuropa und speziell auf die Sowjetunion beinhaltet eine umfassende Zusammenarbeit mit allen sich als sozialistisch begreifenden Staaten (s. S. 355 ff.). Sie wurde zum Verfassungsgrundsatz der DDR erhoben.

> „Die Deutsche Demokratische Republik pflegt und entwickelt entsprechend den Prinzipien des sozialistischen Internationalismus die allseitige Zusammenarbeit und Freundschaft mit der Union der Sozialistischen Sowjetrepubliken und den anderen sozialistischen Staaten."
> (Art. 6 Abs. 2)

Diese verfassungs- und völkerrechtlich abgesicherte „Ostorientierung" der DDR erwuchs zwangsläufig aus dem historischen Entwicklungsprozeß vor und nach ihrer Staatsgründung. Sie beruht heute in erster Linie unverändert auf dem Interesse der Regierung der SED an der Aufrechterhaltung des kommunistischen Systems, das durch den Charakter der DDR als deutscher Teilstaat zusätzlichen und besonderen Belastungen ausgesetzt ist.

Die ideologisch begründete, gleichzeitig aber auch machtpolitische Komponente dieser Orientierung bezieht sich daher sowohl auf eine innere als auch auf eine äußere Bedrohung ihrer Existenz.

Eine verminderte *äußere* Bedrohung, z. B. durch den Abzug von Truppen der USA aus Europa

Zweistaaten-theorie

Souveränität

Grundvertrag

oder selbst die Auflösung der NATO, muß daher nicht notwendig das zwingende Interesse der DDR-Führung an der „Ostorientierung" einschränken. Ihr im Vergleich zu anderen osteuropäischen Staaten starkes Interesse an einer weiteren osteuropäischen Verflechtung und Integration beruht auch auf der eigenen Einschätzung des Ausmaßes ihrer *Herrschaftskonsolidierung*.

Diese primär auf Zusammenarbeit mit sozialistischen Staaten gerichtete Orientierung ist folglich von Systemaffinitäten bestimmt, auf denen wirtschaftliche und militärisch-sicherheitspolitische Interessen gründen.

Der militärisch-sicherheitspolitische Faktor besitzt auch für die Politik der DDR wegen ihrer exponierten geographischen Lage ein besonderes strategisches Gewicht. Zudem gilt der Zustand ihrer Truppenverbände als erstrangig im Vergleich mit denen der anderen Partner des Warschauer Paktes.

> *„Die hohen vertragschließenden Seiten werden in allen wichtigen internationalen Fragen einander informieren, sich konsultieren und ausgehend von der gemeinsamen Position, die entsprechend den Interessen beider Staaten abgestimmt wurde, handeln."*
> (Art. 9 des Vertrages über Freundschaft, Zusammenarbeit und gegenseitigen Beistand zwischen der DDR und der UdSSR vom 8. 10. 75)

Als Gründungsmitglied des Warschauer Paktes sind die Truppen der DDR seinem *Vereinigten Oberkommando* unterstellt. Ihr Truppenvertrag mit der Sowjetunion dokumentiert aber eine ausgeprägte Abhängigkeit von der UdSSR im Gegensatz zu der relativen Selbständigkeit, die die Truppenverträge der UdSSR mit anderen Ostblockländern diesen zugestehen (z. B. kein Mitspracherecht bei Truppenbewegungen, Interventionsrecht). Die Beistandsklausel des Warschauer Paktes macht gegenüber der DDR eine Ausnahme. Während im allgemeinen die Art des Beistandes den Teilnehmerstaaten überlassen bleibt (Ausnahme: die Tschechoslowakei seit 1972), erfolgt er im Falle der DDR in Vereinbarung mit den anderen Teilnehmerstaaten. Durch die Bindung der Beistandsklausel der Freundschafts- und Beistandspakte von 1964 und 1975 an die des Warschauer Paktes entscheidet letztlich die Sowjetunion über die Art und Weise der Beistandsleistung der DDR.

Auf wirtschaftlichem Gebiet ist sie eines der wichtigsten Mitglieder im Rahmen des RGW, in

den sie im September 1950 aufgenommen worden ist.

Eine besondere Variante der „Ostorientierung" der DDR besteht in ihrer überaus engen Bindung an die Sowjetunion. Sie ist zunächst aus der Abhängigkeit des Besiegten von dem im Lande anwesenden Sieger zu erklären. Heute schließt sie gegenseitige Information, Konsultation und abgestimmtes Handeln ein. Die Teilnahme des sowjetischen Botschafters in Ost-Berlin an Sitzungen des Ministerrates oder des Politbüros sowie das Wirken sowjetischer militärischer Berater bei der Nationalen Volksarmee sind Anzeichen für die sowjetische Einwirkung. Darüber hinaus wird jede kommunistische Regierung dieses Staates unausweichlich an die Seite der Sowjetunion gedrängt, da nur diese letztlich ihre Existenz zu sichern vermag, nur die Sowjetunion über die dafür erforderlichen Machtmittel verfügt. Die daraus erwachsene, scheinbar grenzenlose Abhängigkeit von der Sowjetunion sollte jedoch nicht darüber hinwegtäuschen, daß auch die Sowjetunion die Führung der DDR und die DDR selbst benötigt. Die sichere Gefolgschaft ihrer Führung bei der Durchsetzung der in Moskau entwickelten politischen Linie gegenüber osteuropäischen kommunistischen Regierungen sowie für ihre Deutschland- und Europapolitik, ihre strategische Lage und ihre wirtschaftliche und technische Potenz, ihre Beteiligung an Investitionsvorhaben in der UdSSR stellen Gewichte dar, die der DDR außenpolitischen Einfluß ermöglichen. Eine Chance zur Minderung der besonders starken sowjetischen Dominanz ergäbe sich schließlich durch ein enges Zusammenwirken mit anderen kommunistischen Regierungen, dem aber aus historischen Gründen Hemmnisse entgegenstehen. Der trotz allem nur schmale Spielraum für selbständiges außenpolitisches Handeln im europäischen Bereich trug sicher zu der Aktivität bei, die die DDR gegenüber Ländern der „Dritten Welt" entfaltet. Hier wird sie auch als Stellvertreter sowjetischer Politik tätig bzw. als ernsthafter Verfechter der Ziele eines „proletarischen Internationalismus" (s. Kap. 2.2.1.3), wie z. B. ihr Engagement in Äthiopien oder Mosambik zeigt.

Mit dem Abschluß der vertraglichen Bereinigung vieler deutsch-deutscher Probleme am Anfang der siebziger Jahre war auch für die DDR der Weg in die Vereinten Nationen frei. Er führte zur Mitgliedschaft in vielen internationalen Organisationen und zu politischer Kooperation mit politisch gleich orientierten Staaten und Bewegungen im internationalen System. Mit dem kapitalistischen Ausland bestanden bis zum Abschluß des

Grundvertrages Handelsbeziehungen außerhalb von Regierungsvereinbarungen. Danach wurde die DDR diplomatisch anerkannt. Seitdem weitete sie ihre Handelsbeziehungen mit ihnen erheblich aus. Sie war allerdings mit einer Verschuldung in Höhe von 20 Mrd. DM erkauft.

Sozialistische Weltwirtschaft

7.5.2.3 Die Wirtschaftsbeziehungen als Dimension der auswärtigen Politik

Die DDR nimmt nach der Fläche die 94., nach der Bevölkerung die 32. Stelle unter den Ländern der Welt ein. Auch sie ist ein Industrieland von hohem Rang, das mit seiner Industrieproduktion unter die zehn größten Staaten der Welt gehört. Die wichtigsten Handelspartner sind die RGW-Länder, allen voran die Sowjetunion.

Sozialistische Brüderlichkeit

Etwa zwei Drittel (1981 63,4%) ihres gesamten Im- und Exportes setzt sie mit diesen Ländern um. Von zentraler Bedeutung sind für alle sozialistischen Staaten die Maschinenbauerzeugnisse der DDR. Fast 90% ihres Exportes auf diesem Sektor nehmen sie auf, die UdSSR gut die Hälfte. Damit deckt sie mehr als 25% ihres gesamten, für die Versorgung der sowjetischen Industrie unerläßlichen Maschinen- und Ausrüstungsimportes. Bei speziellen Erzeugnissen nahm die UdSSR 1981 42% des DDR-Exportes auf.

Von der UdSSR gedeckter Importbedarf der DDR 1981

Produkt	%	Produkt	%
Erdgas	100	Steinkohlekoks	52
Erdöl	84	Steinkohle	49
Eisenerz		Schnittholz	99
(Roherz)	80	Baumwolle	90

Als Ergebnis eines intensiven Handelsaustausches, einer 1957 eingeleiteten Arbeitsteilung und wirtschaftlicher Kooperation war die UdSSR 1981 mit 37,5% (1969 41,1%) am Außenhandel der DDR beteiligt. Diese wiederum stand mit einem Anteil von 20% am gesamten Außenhandelsumsatz der UdSSR an der Spitze aller mit der UdSSR Handel treibenden Länder.

Die Regierung der DDR begreift als eine entscheidende Aufgabe ihrer Außenpolitik, ihre nationale Wirtschaft in die „sozialistische Weltwirtschaft" einzubeziehen, um damit ihre politische Position ökonomisch zu untermauern und insbesondere durch Bindung an die sozialistische Führungsmacht, die Sowjetunion, auch immer stärker abzusichern. In welchem Ausmaß sich das ökonomische Gewicht der DDR in politischen Einfluß umzusetzen vermag, kann nur vermutet werden. Sicher hat die DDR auf historische Belastungen, auf Mißtrauen und auch Mißgunst gegenüber diesem wirtschaftlich potenten deutschen Teilstaat, trotz ideologischer Beteuerungen „sozialistischer Brüderlichkeit" insbesondere bei osteuropäischen Staaten, Rücksicht zu nehmen. Angesichts ihrer politischen und wirtschaftlichen Abhängigkeit von der Sowjetunion erscheint ihr wirtschaftliches Gewicht jedoch kaum ausreichend für erhöhten politischen Einfluß auf die sozialistische Führungsmacht, deren Markt und technologische Forschungsergebnisse unerläßliche Voraussetzungen für ihr weiteres Wirtschaftswachstum bilden.

„Wir sind mit dem Potential der sowjetischen Großindustrie und dem Potential der sowjetischen Wissenschaft verbunden, wir sind mit dem Produktions- und Forschungspotential der anderen sozialistischen Staaten verbunden, und dies bedeutet, daß unsere Wissenschaft gewaltige Perspektiven besitzt. Unsere Partei war immer unter den ersten, die auf eine internationale wissenschaftliche Kooperation zwischen den sozialistischen Staaten gedrängt haben. Nach dem imperialistischen Vorstoß gegen die CSSR wird eine unserer wichtigsten Aktionen gerade darin bestehen, eine neue Qualität der wissenschaftlichen Kooperation mit der Sowjetunion und an-

Außenhandelsumsatz der DDR nach Ländergruppen (in Mrd. Valuta-Mark)

	1960 Wert %		1970 Wert %		1981 Wert %	
Insgesamt	18,5 = 100		39,6 = 100		132,9 = 100	
Kommunistisch regierte Länder insgesamt	13,8 = 75,0		28,3 = 71,5		88,5 = 66,6	
RGW-Länder	12,5 = 67,6		26,7 = 67,4		84,3 = 63,4	
UdSSR	7,9 = 42,7		15,5 = 39,1		49,9 = 37,5	
Entwicklungsländer	0,8 = 4,0		1,6 = 4,0		6,5 = 4,9	
Westliche Industrieländer	3,9 = 21,1		9,7 = 24,5		37,8 = 28,4	

(nach Stat. Jahrb. DDR 1982. S. 230)

Spielraum

Größer dürfte dagegen ihr Spielraum gegenüber anderen sozialistischen Ländern – auch RGW-Mitgliedern – sein. Hier verfügt sie über das Mittel von Handelsverträgen, aus denen ihr insbesondere durch die Preisgestaltung gegenüber Entwicklungs- und Industrieländern politischer Einfluß erwächst. Das *Außenhandelsmonopol* erlaubt ihr eine zielgerichtete, den politischen Interessen entsprechende Steuerung des Außenhandels. Der Handel mit den westlichen Industrieländern wächst zwar kontinuierlich, ist aber mit 28% 1981 verhältnismäßig gering. Hier dominiert die Bundesrepublik Deutschland, auf die ca. 10% des Außenhandels der DDR entfällt (s. S. 448).

7.5.2.4 Das Problem der staatlichen Einheit

In der Außen- und Innenpolitik der DDR stellt die staatliche Einheit Deutschlands insofern kein Problem dar, als ihre Regierung dazu klare Entscheidungen getroffen hat und keine freie öffentliche Diskussion darüber gestattet.

Noch bevor die Regierung der DDR ihre rechtliche Souveränität erhalten hatte, wurde von ihr aufgrund eines Grenzvertrages mit der polnischen Regierung (6. 7. 1950) die *Oder-Neiße-Linie als Staatsgrenze,* als „Friedens- und Freundschaftsgrenze" anerkannt. In der Frage der Einheit des restlichen Gebietes war die Außenpolitik der DDR durch Schwankungen und auch Unklarheiten gekennzeichnet. Sie hatte sich aber im *Programm der SED* (1963) sowie in ihrer *Verfassung* (1968) zur *Verwirklichung der nationalen Einheit* bekannt. In ihrer praktischen Politik ging sie seitdem aber kompromißlos von der staatlichen Existenz zweier deutscher Staaten mit allen völkerrechtlichen Konsequenzen aus. Eine künftige Vereinigung beider deutscher Staaten wird nicht abgelehnt, sondern zumindest verbal durch die Übertragung der in der DDR praktizierten Form des Sozialismus auf die Bundesrepublik Deutschland angestrebt. In der neuen Verfassung entfiel das Wiedervereinigungsbekenntnis, es wurde aber später wiederholt.

Einerseits demonstrierte damit die Regierung der DDR insbesondere ihren Verbündeten ihre besondere Bedeutung als „Vorposten des Sozialis-

Oder-Neiße-Linie

Nationale Einheit

Potsdamer Abkommen

mus in Europa". Andererseits gibt sie sich als „Vaterland der deutschen Werktätigen". Eine aktive Verfolgung dieses Fernzieles würde eine ständige Konfrontation mit einer vom Privateigentum an Produktionsmitteln gekennzeichneten Bundesrepublik Deutschland heraufbeschwören. In offiziellen Stellungnahmen hat die Sowjetunion diese Politik der Übertragung der „sozialistischen Errungenschaften" auf die Bundesrepublik Deutschland als *Voraussetzung* für eine Wiedervereinigung unterstützt und in dem *Freundschafts- und Beistandspakt* vom 12. Juni 1964 darüber hinaus der DDR zugesichert, in den Gesamtdeutschland betreffenden Fragen keine Entscheidungen ohne deren Wissen und Einverständnis zu treffen.

In der Präambel des Vertrages bekräftigten beide Partner den Wunsch, mit ihm den Abschluß eines Friedensvertrages zu erleichtern und die Verwirklichung der Einheit Deutschlands „auf friedlicher und demokratischer Grundlage zu fördern". Die Verpflichtungen der vier Mächte aus dem *Potsdamer Abkommen,* also auch hinsichtlich Gesamtdeutschlands, wurden anerkannt. Beide bekräftigten, daß die Schaffung eines friedliebenden, demokratischen, einheitlichen deutschen Staates nur durch gleichberechtigte Verhandlungen und eine Verständigung zwischen beiden souveränen deutschen Staaten erreicht werden könne. Der auf 20 Jahre abgeschlossene Vertrag könne nur bei Schaffung eines einheitlichen deutschen Staates oder eines deutschen Friedensvertrages überprüft werden. Elf Jahre später (7. 10. 75) kam es dennoch zu einem neuen „Vertrag über Freundschaft, Zusammenarbeit und gegenseitige Beistand"? der sich aber zur „deutschen Frage" nicht mehr äußerte mit Ausnahme eines Hinweises auf Beziehungen zu „Westberlin". Dieser Vertrag wird geprägt von Bekenntnissen zu dauerhafter Kooperation zwischen beiden Staaten und zwar auf allen Gebieten des gesellschaftlichen, wirtschaftlichen und politischen Lebens. Diese Entwicklung macht es fragwürdig, ob die Sowjetunion an der Errichtung eines potenten kommunistischen Gesamtdeutschland interessiert sein kann. Angesichts ihrer historischen Erfahrungen wird die Teilung Deutschlands auch für die übrigen kommunistischen Verbündeten der DDR als Sicherheitsfaktor gelten. Es erscheint daher fraglich, ob die Unterstützung eines starken kommunistischen Gesamtdeutschlands als im Interesse osteuropäischer Länder liegend begriffen wird. Endet nicht das gemeinsame Interesse der DDR und ihrer osteuropäischen Verbündeten vorerst bei der Etablierung der DDR?

Feindbild

Normalisierung

Sicherheitsfaktor: Teilung

7.5.2.5 Determinanten des politischen Systems

Die *Außenpolitik* der DDR wird durch ihr ideologisch legitimiertes, auf Dauer postuliertes Einparteiensystem in besonderer Weise geprägt. Ausgehend von gemeinsamen Interessen des „internationalen Kommunismus, des Antiimperialismus und des internationalen Klassenkampfes", wird die außenpolitische Orientierung unverkennbar auf enge, freundschaftliche Beziehungen zu kommunistisch regierten Ländern und auch zu den antiimperialistisch geprägten, jungen Nationalstaaten (Entwicklungsländer) verwiesen. Gegenüber Staaten mit einer privatkapitalistischen Wirtschaftsordnung erwachsen daraus hingegen Barrieren. Dies bedeutet nicht, daß die Außenpolitik der DDR allein oder primär von kommunistischer Ideologie bestimmt wird; insbesondere ökonomische Interessen verlangen Kontakte mit „kapitalistischen Staaten". Aber freundschaftliche Beziehungen, ähnlich denen zu sozialistischen Ländern, erfordern zumindest eine ideologische

Westliches Ausland

Ideologie

Rechtfertigung. Sie sind darüber hinaus wegen der besonderen Interessenlage der kommunistischen Regierung der DDR nur sehr begrenzt erwünscht. Dem Systembedürfnis nach einer Feindbildpolitik (Kapitalismus, Imperialismus) wird durch eine zentralistisch gesteuerte Informations- und Meinungsbildungspolitik entsprochen. Persönliche Erfahrungen der Bürger im Ausland beeinträchtigen ihre Wirksamkeit und werden daher immer wieder behindert.

Die mit dem *Zusatzabkommen zur Berlin-Regelung* (s. S. 446), dem *Verkehrs- und Grundvertrag* verbundenen Reiseerleichterungen, insbesondere von Bürgern der Bundesrepublik Deutschland in die DDR, sowie die mit dem Grundvertrag angestrebte *Normalisierung der Beziehungen* zwischen beiden deutschen Staaten (souveräne Gleichheit, keine gegenseitige Einmischung in die inneren Angelegenheiten, gutnachbarliches Verhältnis als Zielvorstellung), kennzeichneten eine Wende in der Politik der Abkapselung gegenüber der Bundesrepublik Deutschland. Sie enthielt einen Verzicht auf das Feindbild. Die seitherige Entwicklung zeigt aber, daß es die innerpolitische Situation der DDR nur erlaubt, diese Politik begrenzt zu praktizieren.

Der Tourismus der DDR wird in osteuropäische Länder gelenkt, der zudem aus außenhandelspolitischen Gründen (Passivität der Handelsbilanz) wünschenswert erscheint. Von den nur wenigen Spezialisten oder Beziehern höchster Einkommen vorbehaltenen Reisen in die vielfach nicht demokratisch verfaßten Entwicklungsländer sind kaum Vergleiche mit einem negativen Ergebnis für die DDR zu erwarten. Demgegenüber erlaubt das Verhalten der DDR-Regierung die Vermutung, daß von einer intensiven persönlichen Kommunikation, insbesondere durch Tourismus in das westliche Ausland, der Austausch von Presse- und Literaturerzeugnissen usw. – durch Devisenmangel ohnehin erschwert –, *systemfeindliche Infiltrationen* sowie unwillkommene Fragen und Vergleiche erwartet werden. Eine nicht geringe Rolle spielt dabei die behauptete Überlegenheit der sozialistischen Wirtschaftsweise. Während die DDR innerhalb der RGW-Länder nach der Sowjetunion die stärkste Wirtschaftsmacht ist und die Entwicklungsländer insofern weit hinter sich läßt, mögen persönliche Vergleiche mit diesen Ländern geeignet sein, das Selbstbewußtsein der DDR-Bürger zu stärken und diesen eine positive Beurteilung ihres politischen Systems zu ermöglichen. Ein Vergleich mit den wirtschaftlichen und persönlichen Lebensverhältnissen in demokratisch-pluralistischen Systemen, insbesondere mit denen in der Bundesrepublik Deutschland, müßte zuungunsten der DDR ausfallen. Als Mittel zur Stabilisierung und Legitimation eigenen Handelns wird daher von der DDR-Regierung neben einer Abkapselung gegenüber ausgedehnten persönlichen Begegnungen mit dem westlichen Ausland weiterhin dessen allgemeine Verketzerung betrieben. Die Möglichkeit des Empfanges von auswärtigen Rundfunk- und Fernsehsendungen, insbesondere aus der Bundesrepublik Deutschland, beeinträchtigen den Erfolg dieser Politik allerdings erheblich.

Einen Vorteil kann die Außenpolitik der DDR durch die aufgrund ihres politischen Systems mögliche größere Geheimhaltung erreichen. Sie eröffnet die Chance, durch politische Überraschungen Erfolge zu erzielen. Hinzu kommt hohe Kontinuität in Führungspositionen, die gegebenenfalls Vorsprünge durch höhere Sachkenntnis sichert. Gerade aber die Kontinuität der Personen kann sich auch als Belastung erweisen, weil sie möglicherweise die Wandlungsfähigkeit, die Anpassung an veränderte internationale Konstellationen, mindert.

Viermächte-verantwortung

Alliierte Kommandantur

Mauerbau

7.5.3 Das Berlin-Problem als Faktor in der internationalen Politik

Berlin ist eine zentrale deutsch-deutsche Angelegenheit und gleichzeitig ein internationaler Faktor. Dieser scheinbare Widerspruch ergibt sich nicht in erster Linie aus der Existenz zweier deutscher Staaten, sondern aus historischen Bedingungen, die den vier Siegermächten Verantwortung für Berlin übertrug und bis heute beließ.

Im März 1970 traten in Berlin die Botschafter der ehemaligen vier Kriegsalliierten gegen Deutschland zusammen, um über die Zukunft der geteilten Stadt zu verhandeln. Sie knüpften damit an die 25 Jahre früher begonnene *Viermächteverantwortung für Berlin* an, die sich als wenig funktionsfähig erwiesen hatte. In der zurückliegenden Zeit war kaum ein Jahr vergangen, in dem nicht Spannungen um Berlin die internationale und deutsche Politik beschäftigt hatten. Wohl selten ist der Konflikt zwischen Macht und Recht so deutlich zutage getreten wie im Falle Berlins.

Das einstige Groß-Berlin ist 1945 von sowjetischen Truppen eingenommen worden. Die Einteilung der Stadt in drei, später vier Besatzungssektoren war schon während des Krieges *(Londoner Vereinbarungen vom September und November 1944)* beschlossen worden. Eine *alliierte Kommandantur,* der Vertreter der vier Besatzungsmächte angehörten, sollte gemeinsam die Verwaltung der Stadt leiten *(Viermächtestatut).*

Als Auswirkung des Ost-West-Konfliktes und des „kalten Krieges" begann und vollzog sich die Spaltung der Stadt. *Zwei Gesellschaftssysteme stoßen in einer Stadt zusammen.* Mit der Errichtung der Mauer am 13. August 1961 erlebten die Stadt und Deutschland den Höhepunkt ihrer Teilung.

Während die Spaltung der Stadt einerseits durch die Berlin-Vereinbarungen (1971) rechtliche Absicherungen erhielt, konnte andererseits mit ihnen der Tiefpunkt der Trennung der Bevölkerung überwunden werden. Die den Bürgern des Westens der Stadt zeitweilig eingeräumte Möglichkeit, ihre Angehörigen in Ost-Berlin zu besuchen *(Passierscheinabkommen vom 17. 12. 1963, 24. 9. 1964, 25. 11. 1965 und 7. 3. 1966),* waren bereits geeignet, die Auswirkungen der Trennung zeit-

Abb. 195/196: Behinderungen auf den Zufahrtswegen nach West-Berlin. Vor den Berlin-Vereinbarungen ein vertrautes Bild und Quelle ständiger Konflikte

Abb. 197: Berlin, Sonnenallee – Ein Grenzübergang mitten in der Stadt, der „Sektorenübergang"

Abb. 198: Massenandrang: Passierscheinabkommen ermöglichten ab 1963 den Besuch Ost-Berlins

weilig zu mildern. Mit der im Juni 1972 in Kraft getretenen *Viermächtevereinbarung über Berlin* sowie der darauf basierenden Vereinbarung zwischen „dem Senat und der Regierung der Deutschen Demokratischen Republik über Erleichterungen und Verbesserungen des Reise- und Besuchsverkehrs" (10. Dezember 1971) wurden geregelte Besuche und Reisen von Bewohnern Berlins (West) in den anderen Teil der Stadt oder in die DDR ermöglicht und rechtlich gesichert.

Westalliierte

Trotz einer Reihe von Problemen vollzog sich seither eine politische Beruhigung, die Stadt war weniger aktueller Konfliktherd zwischen den Siegermächten. Was blieb, ist eine gespaltene Stadt, durch die eine Mauer verläuft und die auf jeder Seite ein von nationalen und internationalen Faktoren beeinflußtes Eigenleben führt.

Nur für Berlin (West)?

7.5.3.1 Berlin (West)

Ein Bundesland

Der westliche Teil der Stadt besitzt heute faktisch weitgehend den Charakter eines Bundeslandes der Bundesrepublik Deutschland (s. Kap. 4.1.4). Das Ausmaß dieser Bindungen machte in der Vergangenheit einen wesentlichen Teil des Konfliktes um Berlin aus.

Transitabkommen

Mit der neuen Viermächtevereinbarung über Berlin, die mit ihren Zusatzabkommen (z. B. *Transitabkommen* zwischen der Bundesrepublik Deutschland und der DDR) im Juni 1972 in Kraft treten konnte, wurde der Versuch unternommen, vor allem für Problembereiche des Berlin-Status, die sich in der Vergangenheit als äußerst konfliktträchtig erwiesen hatten, einen gemeinsamen Standpunkt zu finden und zwar insbesondere über:
die Gültigkeit des Viermächtestatus, das Verhältnis der drei Westsektoren zur Bundesrepublik

Deutschland, die Verbindungswege zwischen der Bundesrepublik Deutschland und Berlin (West) sowie den Verkehr und die Beziehungen zwischen den beiden Teilen der Stadt.

Durch die Teilung der Stadt und den „Kalten Krieg" hatte sich trotz der formalen Existenz einer Viermächteverantwortung (*Viermächtestatus*) für ganz Berlin faktisch eine weitgehende Alleinverantwortung der Westalliierten für den westlichen Teil und eine der Sowjetunion für den östlichen Teil der Stadt entwickelt. Es liegt nahe, daß unter diesen Umständen auch der Viermächtestatus für die Stadt in den nachfolgenden konfliktträchtigen Jahren nicht unangefochten blieb. Es war die Sowjetunion, die nicht nur die „Drei-Staaten-Theorie" vertrat, sondern auch den Viermächtestatus für Ostberlin in Frage stellte und zudem einen nur für Berlin (West) geltenden Viermächtestatus durchzusetzen suchte. Aus Gründen der Sicherheit Berlins (West) standen die Westalliierten und die Regierung der Bundesrepublik Deutschland dieser Position ablehnend gegenüber. Mit dem Viermächteabkommen (vierseitiges Abkommen) bekannten nun alle vier Mächte, daß sie auf der Grundlage der Viermächterechte und -verantwortlichkeiten mit den entsprechenden Vereinbarungen und Beschlüssen aus der Kriegs- und Nachkriegszeit handelten. Ungeachtet also ihrer Rechtspositionen wollten sie „diese ihre unverändert bleibenden Rechte und Verantwortlichkeiten" berücksichtigen. Eine einseitige Veränderung wurde nun expressis verbis nicht für den Viermächtestatus gewollt, wohl aber für das neue Viermächteabkommen einschließlich der Zusatzvereinbarungen ausgeschlossen. Diese Vereinbarung schreibt somit das grundsätzliche Fortbestehen der Viermächteverantwortung für Berlin fest. Durch ihr gemeinsames Bekenntnis gegen Gewaltanwendung oder

Bindungen	Gewaltandrohung in diesem Gebiet erhält die Viermächteverantwortung ihr eigentliches, konfliktminderndes politisches Gewicht. Sie hat sich in einer von Entspannungsrückschlägen gekennzeichneten Zeit bewährt und bislang keine neuen Konflikte um Berlin gebracht.

Das Viermächteabkommen wollte vorrangig von der Berücksichtigung der bestehenden realen politischen Lage in diesem Gebiet ausgehen, dennoch wich es davon ab. So wurde im Viermächtevertrag die Errichtung eines bei den drei Westmächten für Berlin (West) akkreditierten *Generalkonsulates der UdSSR* (die Vertretung der USA in Berlin (West) wurde 1971 in ein Generalkonsulat umgewandelt) vereinbart. Darin drückt sich die Tendenz zu einem Viermächtestatus nur für Berlin (West) aus, zumal entsprechende Institute der USA, Frankreichs oder Großbritanniens für Ost-Berlin nicht vorgesehen wurden.

Generalkonsulat

Eine über zehnjährige Erfahrung ist nicht von einer derartigen Entwicklung gekennzeichnet. Das politische Leben Berlins vollzieht sich unter einer nationalen „Regierung" bei internationaler (Dreimächte-)Suprematie.

Ständige Vertretung in der DDR

Der Prozeß *permanenter Verklammerung und Verschmelzung* Berlins (West) mit der Bundesrepublik Deutschland erfolgte in der Vergangenheit mit voller Billigung der drei für die Westsektoren zuständigen Alliierten. Unter Berufung auf den Viermächtestatus von Groß-Berlin hatten sie dennoch die Souveränität der Bundesrepublik Deutschland in Berlin (West) Beschränkungen unterworfen, die bis zur Gegenwart unangetastet blieben (s. Kap. 4.1.4.1).

juristisch

Die Tatsache, daß „Berlin (West)" *juristisch* von den drei Alliierten immer als ein von der Bundesrepublik Deutschland nicht zu regierendes Bundesland betrachtet wurde, *faktisch* sich aber die Integration der Westsektoren in die Bundesrepublik Deutschland mit ihrer Billigung vollzog, ist auf die komplizierte, insbesondere aus der geographischen Lage erwachsenden politischen Situation der von der NATO garantierten Stadt zurückzuführen. Das Festhalten an dem Viermächtestatus legitimiert die Anwesenheit der Alliierten in Berlin (West), erlaubt ihnen, insbesondere im Hinblick auf die Sowjetunion, zu erwartende oder tatsächliche Konflikte in eigener Verantwortung zu lösen bzw. zu kanalisieren und bietet immer eine letzte, wenn auch oft als brüchig ausgewiesen Brücke zu der letztlich entscheidenden Sowjetunion. Neben der Billigung durch die drei Alliierten ist die Präsenz des Bundes in Berlin (West) durch deutsches Staatsrecht legitimiert.

faktisch

Zufahrtswege

Mit der neuen Viermächtevereinbarung wurde von allen Beteiligten akzeptiert, daß die „Bindungen zwischen den Westsektoren und der Bundesrepublik Deutschland aufrechterhalten und entwickelt werden". Das Übernahmeverfahren für Gesetze der Bundesrepublik Deutschland bleibt unverändert erhalten. Die Verantwortung für die Außenvertretung der Interessen Berlins (West) einschließlich der Angelegenheiten von Sicherheit und dem Status der Stadt behalten sich die drei Regierungen vor. Die konsularische Betreuung der Bevölkerung, die Vertretung Berlins (West) in internationalen Organisationen und auf internationalen Konferenzen kann hingegen die Bundesrepublik Deutschland wahrnehmen, sofern nicht Angelegenheiten der Sicherheit und des Status berührt werden. Das gilt auch für völkerrechtliche „Vereinbarungen und Abmachungen" der Bundesrepublik Deutschland, in die Berlin (West) einbezogen werden kann, sofern solche Ausdehnungen ausdrücklich erwähnt werden. Im Rahmen des Grundvertrages wurde diese Regelung von beiden Vertragspartnern akzeptiert und zudem vereinbart, daß die Interessen Berlins (West) in der DDR von der „*Ständigen Vertretung*" der Bundesrepublik Deutschland in der DDR wahrgenommen werden.

Trotz der Anerkennung der engen Bindungen Berlins (West) an die Bundesrepublik Deutschland darf dieser Teil der Stadt „auch weiterhin nicht" von der Bundesregierung „regiert werden" (II, B des Viermächteabkommens), d.h., „Akte in Ausübung unmittelbarer Staatsgewalt über die Westsektoren Berlins" dürfen dort nicht durch Bundesorgane vollzogen werden (Brief der drei Botschafter an den Bundeskanzler). Die dieser Auffassung entgegenstehenden Bestimmungen des Grundgesetzes und der Berliner Verfassung von Berlin (West) sind als suspendiert zu betrachten und „auch weiterhin nicht in Kraft" (Mitteilung der Regierungen Frankreichs, der USA und Großbritanniens an die UdSSR). Die sich daraus ergebenden Einschränkungen bisheriger politischer Aktivitäten des Bundes in Berlin (West) (z.B. Bundesversammlung, Bundestagssitzungen usw.) bestimmen auch die künftige Tätigkeit der akzeptierten Verbindungsbehörde der Bundesregierung in den Westsektoren Berlins, mit der diese „bei den Behörden der drei Regierungen und beim Senat" vertreten ist (Anl. II, 3). Die Kompetenz dieser Institution ist damit auf Verbindungsfunktionen beschränkt.

Die Regelung der *Zufahrtswege* nach Berlin (West) vollzieht sich ebenfalls unter nationaler und internationaler Verantwortung. Diese Wege führen durch das Gebiet der heutigen DDR und berühren deren Interessen, die der Bundesrepublik Deutschland, Berlins (West) und damit auch alliierte Verantwortung.

Durch die exponierte geographische Lage der Stadt ist die politische Geschichte Berlins (West) untrennbar mit dem Schicksal ihrer Zufahrtswege verknüpft. Über die Zufahrtswege wurden unter den Kriegsalliierten keine festen Vereinbarungen getroffen. Bei der Beendigung der Blockade verpflichteten sich jedoch die Partner, den Zustand von vor der Blockade wiederherzustellen. Die insbesondere von den USA getragene *Luftbrücke* hatte zwar die Blockade der Stadt durch die Sowjetunion (1948/49) durchbrochen. Sie hatte aber auch gezeigt, daß auf diesem Wege nur ein Minimum physischer Existenz der Bevölkerung, keineswegs aber fruchtbare Wirtschaftsentwicklung zu sichern ist.

Luftbrücke (margin)

> *„Alle Einschränkungen, die seit dem 1. 3. 1948 von der sowjetischen Regierung über Handel, Transport und Verkehr zwischen Berlin und den westlichen Besatzungszonen Deutschlands sowie zwischen der Ostzone und den westlichen Besatzungszonen verhängt wurden, werden am 12. Mai 1949 aufgehoben werden."*
> New Yorker Abkommen vom 4. 5. 1949, Punkt 1.

Offene Verbindungswege zur Bundesrepublik Deutschland bilden also den entscheidenden, sehr verwundbaren Lebensnerv Berlins (West).

Die vier Alliierten trugen der Gesamtsituation Rechnung, indem sie die beiden deutschen Regierungen beauftragten, eine gemeinsame Regelung für die Verkehrswege zwischen der Bundesrepublik Deutschland und Berlin (West) zu finden. Das Ergebnis dieser deutsch-deutschen Verhandlungen bestand in einem *„Abkommen zwischen der Regierung der Bundesrepublik und der Deutschen Demokratischen Republik für den Transitverkehr von zivilen Personen und Gütern zwischen der Bundesrepublik Deutschland und Berlin (West)"*. Die gefundene Regelung umfaßt nicht den Luftraum, sondern nur den Straßen-, Schienen- und Wasserverkehr. Als Orientierungsgröße für die Abwicklung des Transitverkehrs vereinbarten die Vertragspartner „internationale Praxis". Damit unterliegen im visapflichtigen Personenreiseverkehr die Reisenden, ihre Transportmittel und ihr persönliches Gepäck im allgemeinen nicht mehr der Durchsuchung oder der Festnahme. Reisende können grundsätzlich auch nicht mehr willkürlich von der Benutzung der

Verkehrswege-Abkommen (margin)

Hauptstadt der DDR (margin)

Transitwege ausgeschlossen werden. Ausnahmen von dieser Regel sollen sich nur auf die Verletzung des Transitabkommens beziehen, das mit einer Mißbrauchsklausel versehen wurde.

Diese Mißbrauchsklausel betrifft neben dem privaten Personenverkehr auch den für Berlin (West) lebenswichtigen Güterverkehr. Die vom Zoll vorzunehmende Identitätsprüfung von Gütern und Papieren wurde weitgehend internationaler Praxis angeglichen, bei Verplombungen auf die Kontrolle von Verschlüssen und Begleitdokumenten beschränkt, so daß eine Beschleunigung und Vereinfachung der Abfertigung zu einer erheblichen Erleichterung im Güterverkehr führte. Die Aufhebung einer Reihe von Transportbeschränkungen, die Vereinbarung international üblicher Transportverfahren, Regelungen für Sonderfälle und Hilfeleistungen wirken in dieselbe Richtung.

Während es im Güterverkehr keine einschneidenden Probleme gegeben hat, wurden Mißbrauchsvorwürfe an private Reisende mehrfach Anlaß zu Reibungen kurzfristiger Natur. 19,8 Mill. Reisende nutzten 1980 die Transitwege, davon 3,06 Mill. per Bahn. Die Bundesregierung zahlte 1980 für die Aufrechterhaltung aller vorgesehenen Verkehrswege nach Berlin (West) 1,1 Mrd. DM an die DDR. Während die Kontrolle des deutsch-deutschen Reiseverkehrs nunmehr faktisch mit Billigung durch die westlichen Alliierten in der Hand von Behörden der DDR liegt, erfolgt die Passage der Westalliierten unter Beteiligung durch die UdSSR.

7.5.3.2 Berlin (Ost)

Der Ostteil des ehemaligen Groß-Berlin war der Sowjetunion als Besatzungsgebiet zugefallen, er unterlag aber – in gleicher Weise wie die Westsektoren – dem Viermächtestatus. Nach einer allmählichen Verwaltungsangleichung an die Bezirke der DDR ging aus dem Ostsektor deren Hauptstadt hervor.

Die Verfassung der DDR erklärt: „Die Hauptstadt der DDR ist Berlin." Mit dieser Formulierung wird zwar heute Berlin (Ost) erfaßt, sie läßt aber auch die Interpretation eines Anspruches auf ganz Berlin zu.

Aufgrund seiner günstigen Lage zur DDR, der Unterstützung durch die Sowjetunion und dem Hauptstadtcharakter kennt Berlin (Ost) keine mit denen Berlins (West) vergleichbaren Probleme. Im Gegenteil, die Probleme der DDR sind nicht einmal immer die Berlins (Ost), dem im allgemeinen als exponiertes Schaufenster zum Westen

Abb. 199: Spaltung Berlins: Kommunisten stürmen 1948 das Neue Stadthaus

Kulturelles Zentrum

eine bevorzugte Versorgung mit Konsumgütern vorbehalten bleibt. Die Verschmelzung Berlins (Ost) mit der DDR wird nirgends ernsthaft behindert.

Ein zentrales Problem Berlins (Ost) war lange die aus unmittelbarer Nähe erfolgende Ausstrahlungskraft des mit unvergleichbar besserer Versorgung, einem höheren Lebensstandard und politischen Freiheiten ausgestatteten Berlin (West). Seit dem Bau der Mauer (1961) stellt sich dieses Problem für Berlin (Ost) nicht anders als für die DDR insgesamt.

Berlin (Ost) ist mit seinen 1,2 Mill. Einwohnern heute de facto voll in die DDR integriert. Mit einem hohen Investitionsaufwand, der jährlich etwa 10% der gesamten Investitionen der DDR ausmacht, konnte ein großes Wiederaufbau- und Industrialisierungsprogramm in Angriff genommen und weitgehend realisiert werden. Ein modernes Stadtzentrum sowie ein Anteil von 1981 5,4% (1968 = 5,7%) an der industriellen Brutto-Produktion der DDR sind vorerst das Ergebnis. Darüber hinaus erhält Berlin (Ost) heute sein Gepräge durch die Hauptstadtfunktion. Fast alle zentralen Regierungs- und Verwaltungsstellen, die Spitzen sonstiger staatlicher und gesellschaftlicher Organisationen haben im allgemeinen ihren Sitz in Berlin (Ost). Dies bedeutet, daß 11,4% aller Berufstätigen aus nicht produzierenden Bereichen der DDR in diesem Stadtteil arbeiten.

Integration in DDR

Gleichzeitig verfügt er als kulturelles Zentrum über große Anziehungskraft. Mit dem Grundvertrag und der in seiner Folge vollzogenen Errichtung diplomatischer Missionen wurde die Bedeutung der Stadt noch ausgeweitet.

Die Integration des Ostteils Berlins in die DDR ist von der Sowjetunion unterstützt und sanktioniert worden. Infolgedessen verneint sie hier das Fortbestehen eines Viermächtestatus und hat die völlige Gleichstellung dieses Stadtteils mit den an ihn grenzenden Gebieten akzeptiert. Während die völlige Gleichstellung Berlins (West) Beschränkungen unterliegt, fielen die letzten Vorbehalte ähnlicher Art für Berlin (Ost), als ein neues Wahlgesetz die Ostberliner Abgeordneten mit denen der Bezirke gleichstellte (1979). Seitdem ist die völlige Integration dieses Stadtteils in die DDR erfolgt.

Diese schrittweise Integration hat seit Ende des II. Weltkrieges viele Proteste der westlichen Alliierten bei der Sowjetunion hervorgerufen, sofern sie darin Verletzungen des Viermächtestatus sahen. Eine Verminderung der Verschmelzung wurde aber offenbar nie ernsthaft erwogen. Daneben funktionieren in der politischen Wirklichkeit Berlins nur noch wenige Bereiche der Viermächteverwaltung. Militärs westlicher Alliierten passieren ohne Kontrolle durch Behörden der DDR die Grenzen nach Berlin (Ost) und führen dort – ähnlich wie sowjetische Militärs in Berlin (West)

– „Kontrollfahrten" durch. Die Aufrechterhaltung einer wichtigen Lebensader Berlin (West), des Flugverkehrs, vollzieht sich unter der unverzichtbaren Mitarbeit der Sowjetunion in der Alliierten Luftsicherheitszentrale in Berlin (West). Täglich tauscht die Sowjetunion ihre wachhabenden Soldaten vor ihrem Denkmal in Berlin (West)-Tiergarten aus.

7.5.4 Deutsch-deutsche Beziehungen

Eine Untersuchung der gegenwärtigen Beziehungen zwischen der Bundesrepublik Deutschland und der DDR hat die Situation des internationalen Staatensystems sowie die innenpolitische Entwicklung beider Staaten in den ersten 30 Jahren ihrer Existenz einzubeziehen, da sich aus den historischen Prämissen grundsätzliche Verhaltensmuster ergaben.

7.5.4.1 Historische Bedingungsfaktoren

Beide Staaten entstanden im Rahmen oder gar infolge des sich bereits in den letzten Kriegsjahren abzeichnenden *Ost-West-Konfliktes*. In ihrer Entstehung manifestierte sich ein Höhepunkt dieses Konfliktes, dessen *Freund-Feind-Kategorien* sich auch in dem Verhältnis beider Staaten zueinander niederschlugen, wenngleich der Ost-West-Konflikt sich nicht an der deutschen Frage entzündet hatte. Beide Staaten haben sich auf Territorien entwickelt, die als temporäre Besatzungszonen konzipiert worden waren *(Londoner Vereinbarungen vom Semptember und Oktober 1944, Beschlüsse der Konferenz von Jalta)*. Sie entbehren somit natürlicher geographischer Voraussetzungen oder historisch gewachsener wirtschaftlicher Bedingungen. Dies verursachte notwendig Spannungen und Konflikte zwischen beiden Staaten.

Beide Staatsgründungen vollzogen sich in enger Verbundenheit und Abhängigkeit von den für ihr Territorium verantwortlichen Besatzungsmächten, die ihre gesellschaftspolitischen Systeme mit den ihnen vertrauten Methoden in ihrem jeweiligen Einflußbereich durchzusetzen suchten. Die West- bzw. Ost-Orientierung beider Staaten war ihnen damit in die Wiege gelegt. Die Beziehungen der Siegermächte zueinander, insbesondere diejenigen der Weltmächte USA und Sowjetunion, präjudizierten damit den Spielraum für Beziehungen zwischen der Bundesrepublik Deutschland und der DDR.

In beiden Staaten wurden gesellschaftspolitische Alternativen entwickelt, die miteinander in Konkurrenz oder Konfrontation traten: die Bundesrepublik Deutschland als Prototyp einer freiheitlichen pluralistisch verfaßten Demokratie, die das Privateigentum an Produktionsmitteln bejaht; die DDR als Prototyp einer von der „Diktatur des Proletariats" (s. Kap. 2.2.1.3) geprägten „Sozialistischen Demokratie", die auf der Abschaffung des Privateigentums an Produktionsmitteln beruht. Die innere Konsolidierung beider Neugründungen sowie ihre Beziehungen zueinander unterliegen daher in ausgeprägter Weise diesem Konkurrenz- bzw. Konfrontationsverhältnis und werden damit von ihren Erfolgen und ihrer Leistungsfähigkeit zugunsten des einzelnen Bürgers beeinflußt. Im Hinblick auf die persönlichen und politischen Freiheiten sowie auf die materielle Versorgung erwies sich das gesellschaftspolitische System der Bundesrepublik Deutschland als überlegen, ein Tatbestand, der sich in ca. 3 Mill. Flüchtlingen von der DDR in die Bundesrepublik Deutschland niederschlug.

Da auch die negativen Erfahrungen und Urteile der Flüchtlinge in die politische Kultur der Bundesrepublik Deutschland Eingang gefunden haben, trug die Flüchtlingsbewegung zur Legitimierung und Verschärfung der Konfrontation zur DDR sowie zur Ablehnung des Aufbaus einer kommunistischen Gesellschaftsordnung bei.

In der DDR wurde die Fluchtbewegung ein Motiv für einen in der Geschichte der Menschheit einzigartigen Grenzausbau, der durch die Errichtung eines Todesstreifens an der Grenzlinie zwischen der Bundesrepublik Deutschland und der DDR (Verminung, Stacheldraht, Wachtürme, Schießbefehl) sowie dem Bau einer Mauer durch Berlin (1961) seinen Höhepunkt erreichte. Dennoch flüchteten seither etwa 188 000 Menschen; 180 fanden dabei den Tod.

Der damit 1961 erreichte Kulminationspunkt einer radikalen räumlichen und politischen Trennung des deutschen Volkes markiert auch den Ausgangspunkt für eine Wende in den Beziehungen der Regierungen beider deutscher Staaten.

Da das vorrangige Interesse der DDR-Regierung der internationalen Anerkennung ihrer Staatlichkeit galt, sie also in ihrer Politik als Nahziel von einer historischen Endgültigkeit zweier Staaten auf Gebieten des ehemaligen Deutschen Reiches ausging, kamen auch von ihr die ersten Vorschläge für ein geregeltes Nebeneinander zweier

Abb. 200: Deutsch-deutsche Gespräche: Brandt und Stoph in Erfurt, März 1970

*Wieder-
vereinigung*

*Abgrenzungs-
maßnahmen*

Mauer

deutscher Staaten, deren Beziehungen sie auf völkerrechtliche Ebene heben wollte.

Demgegenüber verharrte die Politik der Bundesregierung auf einem *unmittelbaren Wiedervereinigungsbegehren.* Sie war infolgedessen darauf gerichtet, jede Vertiefung der Trennung zu verhindern (Hallstein-Doktrin, Anerkennungsverweigerung) und alle auf die Konsolidierung der Staatlichkeit gerichteten, gleichzeitig die Spaltung vertiefenden Maßnahmen der DDR-Regierung anzuprangern. Hoffnungen auf eine Wiederherstellung der staatlichen Einheit Deutschlands in absehbarer Zeit wurden unterstützt und genährt. Projekte, die von einem friedlichen Nebeneinander zweier deutscher Staaten ausgingen, konnten aus dieser Sicht zu dieser Zeit in der Politik der Bundesregierung keinen Raum gewinnen.

Der Bau der Mauer machte einer breiten Öffentlichkeit deutlich, daß der Status quo in Deutschland – die Existenz zweier deutscher Staaten – langfristig bestehenbleiben würde.

Die Sowjetunion hatte damit ihren Willen demonstriert, die Lebensfähigkeit der DDR als selbständigen Staat mit allen Mitteln zu verteidigen und zu sichern. Die Westmächte, insbesondere die USA, hatten sich als nicht bereit erwiesen, wegen der Teilung Deutschlands eine militärische Konfrontation mit der Sowjetunion zu wagen, sofern ihre Rechte in Berlin (West) unangetastet und die Zufahrtswege der Stadt offen blie-

ben. Gleichzeitig enthielt der Mauerbau wegen der Priorität, die die DDR damit dem Stopp der Flüchtlingsbewegung geben mußte, de facto vorerst auch die Aufgabe von Ansprüchen auf Berlin (West). Dem Vorwurf wirksamer, von der Stadt ausgehender Infiltration, Sabotage, Diversion gegen die DDR war damit auch formal weitgehend der Boden entzogen. Begehren nach Beseitigung dieses „Krebsgeschwürs" entbehrten nun einsichtiger Legitimation.

Der Mauerbau und die folgende Berlin-Politik der Sowjetunion 1962 sowie die Abgrenzungsmaßnahmen der DDR mit ihren emotionalisierenden Wirkungen verschärften zunächst die Konfrontation zwischen den beiden deutschen Regierungen, zumal die DDR die exponierte geographische Lage der Stadt nutzte, um durch Störungen, Schikanen usw. auf den Zufahrtswegen die Bundesregierung die Verwundbarkeit zu lassen. Andererseits wurde der Mauerbau zum Ausgangspunkt für eine öffentliche Diskussion in der Bundesrepublik Deutschland über die Frage, wie angesichts der politischen Machtverhältnisse zwischen den Großmächten – trotz der Existenz zweier deutscher Staaten – die menschlichen Folgen der Trennung gemildert und längerfristig Gemeinsamkeiten der deutschen Nation, Gemeinsamkeiten der Deutschen gesichert werden könnten. Trotz nachträglicher amerikanischer Treue-Demonstrationen (Panzer nach Berlin, Johnson-

444

Abb. 201: Unterzeichnung des „Grundvertrages" durch Bahr und Kohl am 21. 12. 1972 in Ostberlin

Entspannungs-
politik

Besuch) ist der Mauerbau zu seiner Zeit als Niederlage der USA in den Ost-West-Auseinandersetzungen begriffen worden. Nach der Niederlage der Sowjetunion in der Kuba-Krise im Oktober 1962 und ersten Ergebnissen in der Entspannungspolitik zwischen den beiden Großmächten (s. S. 406) kamen erste deutsch-deutsche Kontakte zwischen Beauftragten beider Regierungen oder mit deren Billigung zustande *(z. B. Wiederaufbau der Autobahnbrücke in Hirschberg 14. 8. 1964, Protokoll über grenzüberschreitenden Eisenbahngüterverkehr 9. 9. 1964).*
Unter dem Einfluß außenpolitischer (Entspannungsentwicklung, sowjetischer Deutschlandpolitik, Vorgänge in Osteuropa, Tschechoslowakei) und innenpolitischer Faktoren (Große Koalition und Sozialliberale Koalition oder später der Rückzug ULBRICHTS aus der Politik), die die Entwicklung keineswegs geradlinig verlaufen ließen (Redneraustausch), sondern auch Unterbrechungen zeitigten, konnten weitere Kontakte geknüpft werden. Eine entscheidende Wende in der Frage der Aufnahme direkter Kontakte zwischen beiden Regierungen wird in der Bundesrepublik Deutschland durch den Brief des damaligen Bundeskanzlers KIESINGER (Große Koalition) vom 13. 6. 1967 an den „Ministerpräsidenten WILLI STOPH" markiert. Der Besuch von Bundeskanzler BRANDT (19. 3. 1970) in Erfurt sowie des Ministerpräsidenten STOPH in Kassel (21. 5. 1970)

Redner-
austausch

Erfurt 1970

kennzeichnen weitere wichtige Etappen auf diesem Wege.
Nachdem in den fünfziger Jahren bis weit in die sechziger Jahre hinein die entscheidende Aktivität für gesamtdeutsche Vorschläge und Lösungen von der DDR ausgegangen war, vollzog sich ein Wandel in dem Maße, als in der Bundesrepublik Deutschland die Bereitschaft zur Überwindung politischer und psychologischer Vorbehalte wuchs. Schließlich lagen die Initiativen für gesamtdeutsche Kontakte eindeutig bei der Bundesrepublik Deutschland. Alle Überlegungen kreisten um eine Reihe von Problemen und Fragen, die sich auf die Gestaltung der Zukunft des

Abb. 202: Bundeskanzler Schmidt und Staatsratsvorsitzender Honecker 1981

445

Zusammenlebens der Menschen in diesen beiden Staaten bezogen. Im wesentlichen bewegten sie sich aber um zwei politische Positionen: der Forderung nach Wiederherstellung eines einheitlichen deutschen Staates, insbesondere auf der Basis des Selbstbestimmungsrechtes oder der Anerkennung zweier deutscher Staaten de facto oder im Sinne des Völkerrechts als Voraussetzung für eine Harmonisierung der Beziehungen.

Am Ende dieser an Kontroversen reichen Entwicklung standen eine Reihe von internationalen Verträgen. Sie stellen den Versuch dar, geregelte und friedliche Beziehungen zwischen der Bundesrepublik Deutschland und der Deutschen Demokratischen Republik, trotz vieler Gegensätze, herzustellen.

7.5.4.2 Vertragliche Regelungen des Nebeneinanders zweier deutscher Staaten

Jede Normalisierung der Beziehungen zwischen der Bundesrepublik Deutschland und der DDR ist mit drei Problemen verknüpft, die alle anderen überlagern und deren Lösung eine unerläßliche Voraussetzung für die Entwicklung eines friedlichen, ungestörten Nebeneinanders bildet:

- Das Problem der Zugehörigkeit Berlins (West) zur Bundesrepublik Deutschland;
- das Problem der Anerkennung zweier deutscher Staaten;
- das Problem der Trennung der Deutschen.

Konsultationen

Versuche zur Lösung haben sich in einer Reihe von Verträgen niedergeschlagen, die aufeinander abgestimmt wurden und in ihrem historischen Zusammenhang begriffen werden müssen.

Zu ihnen gehören zunächst die „*Ostverträge*" mit der Sowjetunion und Polen (s. S. 428). Darüber hinaus handelt es sich um das *Viermächteabkommen von Berlin* mit seinen Zusatzabkommen, die am 3. Juni 1972 in Kraft treten konnten und mit ihren Folgevereinbarungen den Boden für erste vertragliche Abmachungen zwischen der Bundesrepublik Deutschland und der Deutschen Demokratischen Republik bereiteten. Der erste Vertrag, den beide Regierungen aus eigener Machtvollkommenheit abschlossen, war der *Verkehrsvertrag,* der sich auf die Regelung insbesondere des Güterverkehrs (Straßen, Schienen, Wasserwege) „beider Vertragsstaaten in und durch ihr Hoheitsgebiet" bezieht. Nachdem er am 26. 5. 1972 unterzeichnet worden war, konnte er am 17. 10. 1972 in Kraft treten. Schließlich folgte ein „*Vertrag über die Grundlagen der Beziehungen zwischen der Bundesrepublik Deutschland und der Deutschen Demokratischen Republik"* (*Grundlagenvertrag* am 21. 12. 1972).

Verkehrsvertrag

Grundlagenvertrag

In mehr oder weniger starkem Ausmaß sind alle Verträge von einem Konglomerat von Protokollen, Protokollergänzungen, Briefen, Erklärungen usw. begleitet, in denen Standpunkte oder Absichtserklärungen wiedergegeben werden und die völkerrechtlich unterschiedliche oder irrelevante Verbindlichkeitsgrade ausdrücken.

Die Verträge eröffneten eine Chance für ein geregeltes und friedliches Nebeneinander zweier deutscher Staaten. Im Grundvertrag bekunden beide Vertragspartner, normale gutnachbarliche Beziehungen auf der Grundlage der Gleichberechtigung entwickeln und dabei die Ziele und Prinzipien der Vereinten Nationen beachten zu wollen. Streitfragen wollen sie nur mit friedlichen Mitteln lösen und sich jeder Drohung mit oder Anwendung von Gewalt enthalten (Art. 3). Als gemeinsame Ziele wurde die Verminderung der Streitkräfte und Rüstung in Europa formuliert. Sie wollen generell für die Abrüstung und Rüstungsbeschränkungen eintreten, um schließlich zur vollständigen Abrüstung zu gelangen. Darüber hinaus haben beide Regierungen bei der Unterzeichnung des Grundvertrages mit seinen Zusatzvereinbarungen erklärt, daß sie einander künftig über Fragen von beiderseitigem Interesse, insbesondere solche, die für die Sicherung des Friedens in Europa von Bedeutung sind, konsultieren wollen. Die Chance für eine *deutschdeutsche* Vorklärung von Problemen, die geeignet wäre, internationale Lösungen nicht mehr an den Deutschen scheitern zu lassen, wurde damit eröffnet. Damit sind Voraussetzungen für eine Normalisierung der Beziehungen gegeben, die jedoch nicht über die Fülle weiterbestehender Probleme hinwegtäuschen sollten, die sich aus den Verträgen selbst ergeben können, aus den Besonderheiten der deutschen Situation, aus dem Nebeneinander zweier unterschiedlicher politischer Systeme oder aus internationalen Bedingungen. Für die Lösung von Konflikten stehen aber erstmals seit der deutschen Nachkriegsgeschichte offizielle Institutionen zu Verfügung, innerhalb derer Probleme erörtert und einer Lösung zugeführt werden können.

7.5.4.3 Offene Probleme und Besonderheiten

Nicht alle durch die Teilung Deutschlands entstandenen Probleme waren durch Vertragsvereinbarungen einer Lösung zuzuführen. Kompromisse bzw. ungelöste Probleme geben infolgedessen nach wie vor den deutsch-deutschen Beziehungen einen besonderen Charakter mit besonderen Problemen und Belastungen. Ein weniger konfliktträchtiges aber lösungsbedürftiges Problem gelten ungelösten Vermögensfragen (z.B. Erbschaftsprobleme, Entschädigung für Enteignungen). Schwerer wiegt die Staatsangehörigkeitsfrage. Während die DDR mit ihren Staatsangehörigkeitsgesetzen vom 20. 2. 67 und 16. 10. 72 Voraussetzungen für ihre Lösung des Problems schuf, enthält das Grundgesetz (Art. 116) nahezu unüberwindbare Hürden. Eine Staatsbürgerschaft der Bundesrepublik Deutschland gibt es nicht, so daß in ihr auch die Bewohner der DDR als normale Staatsbürger gelten. Rigide Grenzsperren der DDR sollen dieses ansonsten unkomplizierte Überwechseln vom östlichen in den westlichen Teil des Landes verhindern und geben immer neuen Anlaß zu Konflikten.

Grenzsicherungsanlagen der DDR zur 1393 km langen Grenze mit der Bundesrepublik Deutschland

Alarmanlagen	1133 km
Minenfelder	201 km
Selbstschußanlagen mit 54 000 Selbstschußgeräten	420 km
Hundelaufanlagen	78 km
Verurteilungen von DDR-Gerichten im Zusammenhang mit Fluchtdelikten	55 000
Davon Freikauf durch die Bundesregierung	17 000

Angaben der Arbeitsgemeinschaft 13. August nach Tagesspiegel v. 12. 8. 1982, S. 2

Diese Problematik ist aufs engste mit der völkerrechtlich unvollkommenen Teilung der Landes verknüpft. Diese geht auf die Weigerung der Bundesrepublik zurück, sich auf eine innenpolitisch sehr umstrittene völkerrechtliche Anerkennung der DDR verpflichten zu lassen. Völkerrechtliche Anerkennung wurde auch als Anerkennung eines nicht aus demokratischen Wahlen hervorgegangenen politischen Regimes begriffen sowie als endgültige Anerkennung der Spaltung des Deutschen Reiches. Problematisch war zudem die rechtliche Legitimation für einen solchen Anerkennungsakt wegen der Viermächteverantwortung für alle Deutschland als Ganzes betreffenden Fragen und einer fehlenden friedensvertraglichen Regelung. Infolgedessen sieht der Grundvertrag expressis verbis keine gegenseitige völkerrechtliche Anerkennung, keine Aufnahme diplomatischer und konsularischer Beziehungen zwischen beiden Staaten, entsprechend internationalen diplomatischen Gepflogenheiten,

vor. Der Austausch von „ständigen Vertretungen" anstelle von Botschaftern unterstreicht die Besonderheit der Beziehungen. Gleichzeitig aber gehen beide Vertragspartner von der Selbständigkeit und rechtlichen Gleichheit zweier deutscher Staaten aus, die in eigener Verantwortung ihre inneren und äußeren Angelegenheiten regeln. Sie sicherten einander für Gegenwart und Zukunft die Unverletzlichkeit ihrer Grenzen zu und verpflichten sich zur uneingeschränkten Achtung ihrer territorialen Integrität. Keiner der beiden Staaten soll den anderen international vertreten oder in seinem Namen handeln können.

Das reale politische Nebeneinander zwischen der DDR und der Bundesrepublik Deutschland hat sich folglich nach den Usancen zwischenstaatlicher Beziehungen zu bewegen trotz rechtlicher Andersartigkeit. Im letzten Jahrzehnt hat das Berlin-Problem die deutsch-deutschen Beziehungen kaum durch Konflikte belastet. Die rechtliche Regelung minderte Ansatzpunkte für Konflikte zwischen beiden deutschen Staaten erheblich. Eine Chance zur zweiseitigen Konfliktaustragung über alle Berlin (West) betreffenden Probleme eröffnete zudem eine Regelung die der Bundesrepublik Deutschland die Vertretung der Interessen Berlins (West) in der DDR übertragen hat.

Unter den ungeklärten und offenen Problemen um Berlin (West) befindet sich vor allem die Drei-Staaten-Theorie. Sie hat zwar durch die der Bundesrepublik Deutschland in Berlin (West) mit Zustimmung der Sowjetunion rechtlich gesicherten Kompetenzen tatsächlich an Wert verloren, wurde aber rechtlich erhärtet durch die Formulierung des Viermächteabkommens, daß die drei Westsektoren weiterhin „kein konstitutiver Teil der Bundesrepublik sind und auch weiterhin nicht von ihr regiert werden".

Potentiell enthält diese Regelung somit Zündstoff für neue Konflikte. Hier wie auch in anderen Bereichen der Berlin-Vereinbarungen wird es von Fortschritten auf dem Gebiete der internationalen Entspannung abhängen, in welchem Ausmaß sich solche Konflikte zu gefährlichen internationalen Krisen ausweiten und die Beziehungen zwischen beiden deutschen Staaten belasten. Dabei gilt es zu berücksichtigen, daß für die DDR ein funktionierender Berlin-Verkehr beachtliche finanzielle Vorteile bereithält. 1971–1981 zahlte die Bundesregierung ca. 3,7 Mrd. DM als Transitpauschale an die DDR sowie ca. 1,8 Mrd. für den Ausbau der Transitwege. Hinzu kommen Visa-Gebühren von 15–20 Mill. DM, die der Senat von Berlin jährlich für Reisen westberliner Bürger in die DDR an diese zahlt sowie jährlich 50 Mill. für Straßenbenutzungsgebühren, die die Bundesregierung übernommen hat.

Besuchsverkehr

Eine weitere Besonderheit besteht im Bereich deutsch-deutsche Handelsbeziehungen. Die politische Spaltung hatte nicht zum Abbruch aller Wirtschaftsbrücken geführt. Dem einstmals einheitlichen Wirtschaftsgebiet blieben aber wenige besondere Verbindungsfäden. In Fortsetzung des Interzonenhandels wird die DDR bis heute im Handel mit der Bundesrepublik Deutschland nicht wie andere ausländische Staaten behandelt.

Innerdeutscher Handel

So ist es im wesentlichen dem auf politische Annäherung gerichteten Bemühen der Bundesrepublik Deutschland zu danken, wenn heute der Güteraustausch zwischen beiden Staaten trotz der EG-Zollbestimmungen zollfrei verläuft (Protokoll v. 25. 3. 1957). Hinzu kommt ein System von Finanzierungserleichterungen (z. B. Swing, Firmenkredite, Finanzhilfen der Gefi), welches der DDR diesen Handel ermöglichen und schmackhaft machen soll. Damit konnte zwar ein schrumpfender Handelsaustausch aufgehalten und diese Entwicklung sogar wieder umgekehrt werden, aber dies vollzog sich um den Preis einer hohen Verschuldung der DDR (1982 = 3,7 Mrd. Verrechnungseinheiten). Trotz solcher Hilfen war die DDR 1981 mit weniger als 2% am Außenhandel der Bundesrepublik Deutschland beteiligt, diese allerdings mit 8% an dem der DDR. Wegen seiner günstigen geographischen Lage ist Berlin (West) daran mit ca. 40% beteiligt. Aber selbst dieses kümmerliche Ergebnis ist im wesentlichen das Resultat intensiver, auf politische Annäherung gerichteter Bemühungen von seiten der Bundesrepublik Deutschland. Dieser Handelsaustausch (1981 = 12,5, 1982 = 14,1 Mrd. Verrechnungseinheiten) hat sich nicht als wirksame Klammer für deutsch-deutsche politische Kooperation erwiesen. Unverkennbar bleibt hingegen der Nutzen spezifischer Güter der Bundesrepublik Deutschland für die Wirtschaft der DDR und nicht zuletzt auch über den DDR-Export für die der UdSSR.

Kleiner Grenzverkehr

7.5.4.4 Das Problem der Trennung der Deutschen

„Menschliche Bilanz"

Die mit der Spaltung Deutschlands einhergehende Trennung des deutschen Volkes, der Familien und Freunde, gehört zu den schwersten Bürden der deutschen Teilung. Ein geregeltes Nebeneinander zwischen zwei deutschen Staaten, das die Eigenschaft der Normalität beansprucht, verlangt daher ungehinderte Begegnungen zwischen den Menschen. Reale politische Gegebenheiten standen einer Verwirklichung dieses Zustandes zur Zeit der Vertragsabschlüsse entgegen. Dennoch wurde eine Reihe von Erleichterungen im Besuchs- und Reiseverkehr bis hin zur Regelung weiterer Verkehrsbeziehungen vereinbart, die geeignet sind, den Menschen die Trennung erträglicher zu machen. Bereits durch eine Zusatzvereinbarung zum Berlin-Vertrag zwischen dem *Senat von Berlin* und der *Regierung der DDR* wurden für die Bürger West-Berlins Einreisemöglichkeiten in die DDR von maximal 30 Tagen im Jahr eröffnet. Im Rahmen der Verkehrsabsprachen wurden ähnliche, wenn auch nicht so weitgehende (Einreise mit dem PkW) Reisemöglichkeiten für die Bewohner der Bundesrepublik Deutschland in die DDR geschaffen. Auf Antrag von DDR-Bewohnern sind mehrmalige Verwandten- oder Bekanntenbesuche in der DDR möglich sowie Einreisen aus kommerziellen, religiösen, sportlichen, kulturellen Gründen und Touristenreisen. Im größeren Umfange *als bisher* wurden Einreisen mit dem PkW gestattet.

Durch einen „kleinen Grenzverkehr" in West-Ost-Richtung erhielten ca. 6,5 Mill. Bewohner aus grenznahen Kreisen der Bundesrepublik Deutschland die Möglichkeit, durch Tagesaufenthalte bis zu 30 Tagen im Jahr grenznahe Gebiete der DDR zu besuchen. Vier zusätzliche Grenzübergänge stehen dafür zur Verfügung.

Erstmals erhielten auch Bürger der DDR, die das Rentenalter noch nicht erreicht haben, die Möglichkeit bei dringenden Familienangelegenheiten in die Bundesrepublik Deutschland zu reisen. Sie wird bei Berufstätigen von der Zustimmung der Arbeitsstelle abhängig gemacht. Erleichterungen bei der Familienzusammenführung (Eltern, Ehegatten und in Ausnahmefällen Eheschließungen) ermöglichten weitere legale Ausreisen und halfen, menschliche Härte zu überwinden.

Weitere, in der Geschichte aufgelaufene Beschränkungen und Erschwernisse für die Beziehungen der Menschen in den beiden Staaten untereinander wurden gemildert. Ziel ist es, eine international übliche Normalität zu erreichen, die auch den nicht kommerziellen Reiseverkehr betreffen.

Nach nun zehnjähriger Erfahrung mit diesen Vereinbarungen sieht die „menschliche Bilanz" trotz notwendiger Einschränkungen insgesamt positiv aus.

Ca. 3,5 Mill. Menschen aus der Bundesrepublik Deutschland kamen 1980 in die DDR, aus der wiederum 1,55 Mill. Rentner und 40 450 Personen in Fällen von dringenden Familienangelegenheiten in die Bundesrepublik Deutschland reisten. Die Bilanz der Besuche in die DDR sähe günstiger aus, wenn nicht ihre Regierung im Oktober 1980 nahezu eine Verdoppelung der Mindestumtauschsätze verfügt hätte, die bei Einreise zu entrichten sind. Gerade dieser Versuch, deutsch-deutsche private Kontakte auf diesem Wege drastisch zu reduzieren, macht auf Sorgen und Furcht aufmerksam, die die kommunistische Regierung hegt, wenn es um eine Ausweitung von Kontakten geht.

Mindestum-tauschsätze

Diese Tendenz wurde auch sichtbar angesichts einer Reihe von vertragswidrigen Beschränkungen für die Tätigkeit von Journalisten. Als Rückschlag der Beziehungen muß auch gewertet werden, daß keine der weiterhin vorgesehenen Vereinbarungen im Interesse menschlicher Annäherung zustande kam. So muß noch auf eine Reihe von in Aussicht genommenen Abkommen bis heute gewartet werden, z. B. ein Luftverkehrsabkommen, Vereinbarungen über die Normalisierung der Beziehungen im wirtschaftlichen Bereich, auf dem Gebiete der Technik, des wissenschaftlichen Verkehrs, des Post- und Fernmeldewesens, im Bereich von Gesundheit (Austausch von Medikamenten, Besuch von Spezialkliniken, Kuraufenthalten), Kultur (gegenseitiger Bezug von Büchern, Zeitschriften, Rundfunk- und Fernsehproduktionen), Sport sowie der Weiterentwicklung des Rechtsverkehrs (vor allem des Zivil- und Strafrechts).

Geplante Abkommen

7.5.4.5 Probleme der deutschen Einheit

Im Grundvertrag haben beide Vertragspartner festgestellt, daß zwischen ihnen unterschiedliche Auffassungen bestehen, darunter zur nationalen Frage. Anläßlich der Unterzeichnung des Grundvertrages überreichte die Bundesregierung der DDR einen Brief, in dem sie ihre Ziele zur nationalen Frage darlegte. Sie ging von der Wiederherstellung der Einheit des deutschen Volkes auf der Basis des Selbstbestimmungsrechtes aus. Jede Diskussion um die „Deutsche Frage" bewegt sich daher immer zwischen zwei Polen, die von der Endgültigkeit der deutschen Teilung bis zur Wiedererlangung der nationalen Einheit reichen. Die historische Verwirklichung der einen oder anderen Form ist aufs engste verknüpft mit:

Brief zur deutschen Einheit

Recht auf Selbst-bestimmung

- der Existenz zweier deutscher Staaten mit unterschiedlichen politischen Systemen;
- dem Willen der vier für gesamtdeutsche Fragen verantwortlichen Mächte;
- dem Willen des deutschen Volkes.

Jede Debatte, die von dem Postulat nach Wiedervereinigung ausgeht, muß zunächst die Frage nach der politisch-gesellschaftlichen Struktur dieses Staates stellen. Die beiden extremen Positionen, nämlich die Ausdehnung des jeweiligen politisch-gesellschaftlichen Systems der DDR bzw. der Bundesrepublik Deutschland auf diesen Gesamtstaat, weisen auf die Frage nach der Wünschbarkeit einer solchen Entwicklung im Interesse der Menschen beider Teile Deutschlands hin. Die in beiden Systemen mehr oder weniger verankerten, der Persönlichkeitsentfaltung des einzelnen dienenden oder hemmenden Elemente gilt es zu erhalten bzw. zu überwinden. Eine Realisierung jeder der Extrempositionen erscheint angesichts der gegenwärtigen internationalen Mächtekonstellation ebenso undenkbar wie die Chance einer durch eine allmähliche Annäherung der Systeme (Konvergenz) zu entwickelnden „Mischform". Im Gegenteil, der weitere Ausbau unterschiedlicher politischer Systeme fördert die auf Endgültigkeit der Teilung gerichteten Tendenzen. Die Frage der Teilung bzw. der staatlichen Wiedervereinigung ragt weit in die Weltpolitik hinein.

Jede wie auch immer geartete Entwicklung in Deutschland, die die nationale Gestalt betrifft, vollzieht sich unter Mitwirkung der vier ehemaligen Siegermächte. Die Interessen der vier Mächte, die Wünsche europäischer Staaten, werden daher über die Viermächteverantwortung zum Ausdruck gelangen und jede gesamtdeutsche Dynamik beeinflussen.

Die von der Existenz zweier deutscher Staaten ausgehenden Vertragsvereinbarungen der Jahre 1971/72 beruhen auf der Einsicht, daß die staatliche Einheit Deutschlands aus machtpolitischen Gründen derzeit nicht erreichbar und den meisten Völkern Europas auch nicht wünschenswert erscheint. Der Wunsch des deutschen Volkes bleibt demgegenüber irrelevant.

So steht heute letztlich dem Anspruch europäischer Völker auf Freiheit und Furcht vor einer Bedrohung durch Deutschland das Recht des deutschen Volkes auf Selbstbestimmung gegenüber, zu dem sich die DDR und die Bundesrepublik Deutschland im Grundvertrag bekannt haben. Während militärische Macht auf der einen Seite neben vielen anderen Interessen den Anspruch schützt, verhindert sie auf der anderen Seite die Verwirklichung des Selbstbestimmungsrechts. Nur die Überwindung des machtpolitischen Status quo und der Abbau der Spannungen könnten eine Chance für Gesamtdeutschland eröffnen. Heute steht hinter allen Erörterungen über eine Wiedervereinigung Deutschlands die

449

Abb. 203: Ein Bild vom 17. Juni 1953 mit großer Symbolkraft. Was bedeutet es heute?

*Europäische
Friedens-
ordnung*

Frage: Ist die Wiedervereinigung Deutschlands mit seinen ökonomischen, technischen, militärischen Potenzen eine unerläßliche Voraussetzung für eine dauerhafte europäische Friedensordnung oder aber eine Gefahr für sie?

*Deutsche Ge-
meinsamkeiten*

Für jede Legitimierung des Wiedervereinigungsverlangens oder der Anerkennung zweier deutscher Staaten spielt die Interpretation des Willens des gesamten deutschen Volkes eine zentrale Rolle. Dabei handelt es sich vorrangig um die Frage, ob sich das deutsche Volk nach einer über bald vierzigjährigen Trennung, über die Gemeinsamkeiten der Sprache und Kultur hinweg, den Willen und das Bewußtsein für ein Zusammenleben in einem einzigen deutschen Staat erhalten hat, d. h. sich als deutsche Nation begreift? Ergebnisse empirischer Sozialforschung zeigen, daß sich z. B. in den letzten zehn Jahren mehr als 70% der Bundesbürger relativ konstant für die Beibehaltung der Wiedervereinigungsaufforderung des Grundgesetzes aussprechen.

*Wiedervereini-
gung und
Grundgesetz*

Nachdem in den letzten Jahrzehnten die Frage der deutschen Einheit im wesentlichen von rechten politischen Gruppierungen gefordert worden ist, haben sich nun auch ein Teil der marxistischen Linken sowie der Friedensbewegung in der Bundesrepublik Deutschland dieser Frage angenommen. Sie fordern eine Wiedervereinigung auf sozialistischer Grundlage und sehen in der Spaltung Deutschlands eine Quelle für Konflikte in Europa.

Hinsichtlich der DDR scheint es gerechtfertigt, Reaktionen der Bevölkerung anläßlich des 1966 geplanten, dann von der SED verhinderten Redneraustausches, die Begrüßung des Bundeskanzlers BRANDT durch die Bevölkerung in Erfurt und nicht zuletzt das Bemühen der DDR-Regierung um Abgrenzung (z. B. Absperrungen anläßlich des Besuches von Bundeskanzler SCHMIDT in Güstrow im Dez. 1981) als Ausdruck eines weiterbestehenden Nationalempfindens in der Bevölkerung der DDR zu interpretieren. Demgegenüber sind die in einer über dreißigjährigen Geschichte gemeinsam ertragenen Belastungen geeignet, ein eigenes Selbstverständnis zu entwickeln bis hin zur Bejahung des eigenen Staates.

So bleibt angesichts der Zweistaatlichkeit in Deutschland eine Reihe von Fragen. Gelangt mehr als eine gewohnheitsmäßige Lokalbestimmung zum Ausdruck, wenn heute in Deutschland die Formulierungen „Wir in der DDR" oder „Wir in der Bundesrepublik" gebraucht werden? Ist das immer wieder zu beobachtende Zusammengehörigkeitsgefühl deutscher Menschen noch als politische Kraft wirksam und als solche aktivierbar, oder haben sich die Menschen beiderseits der Grenzen mit der Teilung abgefunden? Wollen sie einen deutschen Nationalstaat? Läßt sich diese Problematik ausschließlich mit Kategorien des „internationalen Klassenkampfes" erfassen und lösen? Inwieweit wirken die Gemeinsamkeiten der Sprache, Geschichte und Kultur sowie enge verwandtschaftliche Bindungen einer Trennung entgegen? Hat die Entwicklung seit 1945 die Menschen im Osten und Westen Deutschlands unterschiedlich geprägt und verändert? Wie werden sich nach einem längeren Zeitraum strenger Unterbindung persönliche Kontakte die nun wieder ermöglichten, engeren Beziehungen zwischen den Menschen in beiden Teilen Deutschlands auswirken? Kann in der zweiten Hälfte des 20. Jh. vom Nationalgefühl noch eine wirksame Kraft ausgehen oder wird es bei den Menschen durch rationale Einsicht in Machtverhältnisse oder historische Notwendigkeiten kompensiert? Ist die Bundesregierung mit den Vertragswerken von 1971/72 die Wette eingegangen („Le Combat" v. 8. 11. 1972), daß die Gesetze der Natur, der Sprache und der Geschichte eines Tages jene Wiedervereinigung herbeiführen werden, welche gegenwärtig von den Ländern des Ostens lauthals und von einer Reihe westlicher Länder im stillen abgelehnt wird?

Wird sich die auf der Teheraner Konferenz geäußerte Sorge STALINS bestätigen, daß – wie immer man das Land teile – bei den Deutschen immer eine starke Neigung bestehen würde, sich zu vereinigen, und daß im Interesse des Friedens dieser gefährlichen Tendenz durch wirtschaftliche und andere Maßnahmen – notfalls mit Gewalt – begegnet werden müsse?

8 Entwicklungspolitik

Von der Industriellen Revolution (des 19. Jh.) zur Dritten Welt (des 20. Jh.)

Hans-Hermann Hartwich

8.1 Industrialisierung und Unterentwicklung

Die wirtschaftliche Entwicklung einer Gesellschaft ist ein vielschichtiger Vorgang. Das beweisen sowohl der europäische Industrialisierungsprozeß als auch die zum Teil nur sehr begrenzten Erfolge einer forcierten Entwicklungshilfe für die unterentwickelten Staaten der Gegenwart.

Industrielle Revolution

Die „Industrielle Revolution" in Europa (und Nordamerika) gilt als ein typisches Beispiel für die industriewirtschaftliche Entfaltung von Gesellschaften, die zuvor jahrhundertelang von traditionellen, „statischen" Ordnungen geprägt waren. Unabhängig von der Frage, ob und inwieweit

Vorbild-funktion?

ihr Verlauf eine Vorbildfunktion für die heutigen Entwicklungsländer hat oder haben kann, zeigte die Industrialisierung der europäischen Staaten, wie stark außerwirtschaftliche Bereiche in den Prozeß der wirtschaftlichen Entwicklung eingeschlossen sind und wie revolutionierend er für die gesellschaftlichen Verhältnisse ist. Zwei Texte aus wirtschaftsgeschichtlichen Werken skizzieren dies. Sie wurden ausgewählt, weil sie die generellen Merkmale der industriewirtschaftlichen Entwicklung so hervortreten lassen, daß heutige Theorien und Vorgänge leichter verständlich werden. Die „Industrielle Revolution" in Europa führte

Kolonialismus

auch zu „Kolonialismus" und „Imperialismus". Sie sind gleichsam die weltwirtschaftliche Dimension der europäischen Industrialisierung, die darin bestand, andere Länder, Menschen und Naturschätze der eigenen Entwicklung nutzbar zu machen. Für die Betroffenen bedeutete dies partielle wirtschaftliche Entwicklung („Monokulturen") oder das Verbleiben im Status der Unterentwicklung. Wie ein solcher Zustand aufgebrochen werden kann, ist theoretisch umstritten.

8.1.1 Zur „Industriellen Revolution" in Europa

8.1.1.1 Der revolutionäre Charakter der Industrialisierung

Umwälzung

> „Zwischen 1780 und 1850, in weniger als drei Generationen, wandelte eine weitreichende Revolution, die in der Geschichte der Menschheit nicht ihresgleichen hat, das Gesicht Englands.

> Von da an war die Welt nicht mehr die gleiche. Die Historiker haben das Wort Revolution oft gebraucht und mißbraucht, um eine radikale Veränderung zum Ausdruck zu bringen, aber keine Revolution war je so dramatisch revolutionär wie die „Industrielle Revolution" – ausgenommen vielleicht die neolithische.
> Beide änderten sie sozusagen den Lauf der Geschichte, denn jede bewirkte einen Bruch im geschichtlichen Ablauf. Die neolithische Revolution formte die Menschheit von einem zersplitterten Haufen wilder Jägertrupps, garstig, viehisch und gedrungen (Hobbes), in mehr oder weniger gegenseitig von einander abhängige landwirtschaftliche Gesellschaften um. Die Industrielle Revolution verwandelte die Menschen von Bauern und Schafhirten in Betätiger von Maschinen, welche mit lebloser Energie angetrieben wurden."
> „Die soziale und kulturelle Veränderung, die eine industrielle Revolution erfordert und bewirkt, zeigt sich in ihrem ganzen Umfang und mit aller Deutlichkeit bei den sogenannten unterentwickelten, d. h. vorindustriellen Ländern, die mit den Problemen der Industrialisierung konfrontiert sind. Daß die Industrielle Revolution in England begann, resultiert u. a. aus dem Umstand, daß sich in diesem Land im 16. und 17. Jh. soziale und politische Strukturen, geistige Einstellungen und Wertmaßstäbe entwickelt hatten, die die Industrialisierung begünstigten. Die Industrielle Revolution fand in Europa und Nordamerika leicht Eingang, weil die Gesellschaften dieser Länder viele soziale und kulturelle Modelle mit der englischen Gesellschaft gemeinsam hatten. Wenn es darum geht, außerhalb Europas oder Nordamerikas eine solche Revolution herbeizuführen, stellt man fest, daß die Einführung neuer Maschinen und neuer Produktionstechniken ein Teil und nur ein kleiner Teil der gewünschten Modernisierung ist, und daß Maschinen und fortschrittliche technische Verfahren nur im Kontext einer neuen sozialen und kulturellen Atmosphäre funktionieren können. Was einem oberflächlichen Betrachter lediglich als ein wirtschaftliches und technologisches Problem erscheint, erweist sich in Wirklichkeit als ein entscheidendes und sehr viel komplexeres Problem politischer, sozialer und kultureller Umwälzung."

(aus Carlo M. Cipolla Bd. 3, 1976, S. 1–10)

8.1.1.2 Die Industrialisierung in Deutschland

"Die Zeit vom Ende des 18. bis zum Beginn des 20. Jh. läßt sich für Deutschland unter wirtschafts- und sozialgeschichtlichen Aspekten in drei Abschnitte gliedern:

Aufbruch

1. Der Aufbruch aus der traditionellen Gesellschaft und Wirtschaft (1780/1800 bis ca. 1835):

Traditionell heißt hier
(nach Rostow, s. S. 457):
- *Relativ statisch, d.h. geringfügige Entwicklungsvorgänge.*
- *Überwiegend agrarisch orientiert.*
- *Geringer Produktivitätsgrad (Produktion je Arbeitskraft, je Kapitaleinheit und je Flächeneinheit).*

Dieser Aufbruch, insbesondere die Änderung der Wirtschaftsverfassung, fand in den einzelnen Ländern auf unterschiedliche Weise statt:
- *Im Wege der Revolution, d.h. in einem Akt oder wenigstens innerhalb eines kurzen Zeitraumes (z.B. Frankreich nach 1789, wobei die Anfänge aber auch hier früher lagen: Einführung der Gewerbe- und der Handelsfreiheit durch Turgot ab 1776).*
- *Im Wege der Evolution, d.h. durch über mehrere Jahrzehnte andauernde Reformen (Deutschland). Preußen wird hier von den Marxisten als Beispiel der langsamen, "qualvollen" Entwicklung angesehen. Lenin spricht sogar vom "preußischen Weg".*

Ausbau der Industrie

Der Aufbruch enthielt im wesentlichen folgende Änderungen:
- *In der Landwirtschaft die sog. Bauernbefreiung.*
- *Im Gewerbe die Einführung der Gewerbefreiheit.*
- *Im Bereich des Güteraustausches die Beseitigung oder Verminderung der innerterritorialen Abgaben (Akzise usw.) und teilweise auch der interterritorialen Abgaben (Zölle).*
- *Im sozialen Bereich die freie Berufswahl und die Freizügigkeit (freie Wohnortwahl), die Lösung von herrschaftlichen und Gruppenbindungen (Zunft, Gilden, Erbuntertänigkeit usw.).*

1. Industrialisierungsphase

2. Die erste Industrialisierungsphase (ca. 1835 bis 1873), d.h. die Verdrängung oder wenigstens die Erleichterung eines großen Teiles der Handarbeit in der gewerblichen Produktion durch:

- *den verstärkten Einsatz von Arbeits- und Betriebsmitteln (Erhöhung der Menge an Kapitalgütern) und durch die*

- *verstärkte Anwendung des technischen Fortschritts (Verbesserung der Produktionsverfahren = Prozeßinnovationen).*

Dies führte in den einzelnen Sektoren der Wirtschaft zu folgenden Änderungen:
- *Im Gewerbe ging man zur sog. industriellen Produktionsweise über.*
- *Im Bereich des Güteraustausches wurden neue Transportmittel eingesetzt: Eisenbahn, Eisen- und Dampfschiff.*
- *In der Landwirtschaft wurde die Produktionsmenge durch eine vollständigere Ausnutzung der natürlichen innerlandwirtschaftlichen Kräfte erhöht. Eine "Industrialisierung" der Landwirtschaft, d.h. eine verstärkte Anwendung von Kapital und technischem Fortschritt und damit verbunden eine Einschränkung der Handarbeit, setzte zunächst nicht ein.*

Insgesamt war in allen Sektoren der Wirtschaft eine Zunahme der je Arbeitskraft produzierten Gütermenge, d.h. der Arbeitsproduktivität eingetreten. Begleitet wurde diese Entwicklung von einem nunmehr erst möglichen relativen, nicht absoluten Rückgang der in der Landwirtschaft Beschäftigten – gemessen an der Gesamtzahl der Beschäftigten – und einer allgemein schnelleren Entwicklung der Wirtschaft durch eine beschleunigte Wandlung der Produktionsverhältnisse.

3. Der Ausbau der Industrie (ca. 1873 bis 1914):

Die industrielle Produktion und die industrielle Wertschöpfung erreichten in der dritten Periode wertmäßig die landwirtschaftliche. Der gesamte sekundäre Sektor der Wirtschaft beschäftigte schließlich eine ebenso große Zahl von Menschen wie die Landwirtschaft. Es ist die Entwicklung vom Agrar- zum Industriestaat:
- *Die Industrie bestimmte nunmehr das Bild der Wirtschaft, insbesondere auch der wirtschaftlichen Schwankungen (Konjunkturen).*
- *Die industrielle Arbeiterschaft prägte mit ihrem im Verhältnis zum Bedarf geringen Einkommen das soziale Bild (negativ).*
- *Die Konzentration des Bevölkerungszuwachses in den industriellen Produktionszentren führte zu unzulänglichen Wohn- und Lebensverhältnissen.*
- *Der Außenhandel und damit die Beziehungen zu den außereuropäischen und zu den europäischen Handelspartnern wurden durch den Bedarf der Industrie (an Rohstoffen) und durch den Absatz industrieller Produkte bestimmt."*

(aus F.-W. HENNING Bd. 2, 1973, S. 15–17)

Wandlungen in den Wirtschaftssektoren Deutschlands

(Entwicklung der Beschäftigtenzahl in den einzelnen Wirtschaftssektoren in % aller Beschäftigten, nach Henning 1973, Bd. 2, S. 20)

Jahr	Sektoren in % aller Beschäftigten			Beschäftigte insgesamt in Mill.
	primärer	sekundärer	tertiärer	
1780	65	19	16	10,0
1800	62	21	17	10,5
1825	59	22	19	12,6
1850	55	24	21	15,8
1875	49	30	21	18,6
1900	38	37	25	25,5
1914	34	38	28	31,3
1935	30	38	32	29,9

(Zu der Einteilung in Wirtschaftssektoren und zur Entwicklung in der Bundesrepublik Deutschland mit einem Beschäftigtenanteil von 5,9% in der Landwirtschaft 1980 vgl. S. 169 f.)

die sozialen und politischen Strukturen, die Ideologien und die Kultur Englands, der Vereinigten Staaten, Frankreichs, der Schweiz und Belgiens der Vollendung der ersten Stufe der Industriellen Revolution angemessen. Doch der technologische Fortschritt und die Bevölkerungsentwicklung zwingen nun unerbittlich die zweite Stufe der Industrialisierung auf. Sobald man sich einmal auf den Weg der Industrialisierung begeben hat, ist keine Umkehr und kein Halt mehr möglich. Maschinen diktieren das Tempo unserer Entwicklung. Und paradoxerweise beginnt dieser Prozeß, der in der Vergangenheit die schlimmsten Probleme gelöst hat, andere Probleme aufzuwerfen, auf die wir weder eingestellt noch vorbereitet sind.“
(Cipolla Bd. 3, 1976, S. 8/9)

8.1.1.3 Die Eigendynamik der „Industriellen Revolution"

„Der Begriff ,Industrielle Revolution' ist ein Etikett. Die Gültigkeit irgendeiner Definition kann nicht mit absoluten Maßstäben beurteilt werden; es kommt darauf an, wie sie benützt wird, um die untersuchten Phänomene zu deuten oder eine gegebene These zu beweisen. Ich bin sicher, daß wir uns ein befriedigendes Verständnis der Probleme, welche die Menschheit heute bewegen, versagen, wenn wir uns für eine Definition der „Industriellen Revolution" entscheiden, die den Begriff auf jene sozialen, wirtschaftlichen und kulturellen Entwicklungen beschränkt, die sich in Westeuropa zwischen 1750 und 1900 vollzogen. Es erscheint mir vernünftiger, dieses Problem von einem weniger eng gefaßten Standpunkt aus zu betrachten und zu sagen, daß in den industriell weiter fortgeschrittenen Ländern ... die Industrielle Revolution noch nicht beendet ist; lediglich die erste Phase ist abgeschlossen. Diese Tatsache springt so klar ins Auge, daß die Anhänger einer engen Definition der „Industriellen Revolution" dann von einer „Zweiten Industriellen Revolution" sprechen

müssen. Wenn es nur eine Frage der Definition wäre, käme der Angelegenheit weiter keine Bedeutung zu. Doch es ist nicht nur eine Frage der Definition. Wenn die Industrielle Revolution noch nicht beendet ist, sondern andauert und erst jetzt in ihr zweites Stadium tritt, so bedeutet das, daß sogar die fortgeschritteneren Industriegesellschaften sich mit Problemen sozialer Umschichtung und kultureller und politischer Erneuerung auseinandersetzen müssen, die nicht weniger einschneidend sind als diejenigen, die den sogenannten unterentwickelten Ländern zu schaffen machen. In der Mitte des 19. Jh. waren

Die wirtschaftlichen und sozialen Probleme der „Zweiten" oder „Dritten" Industriellen Revolution bestimmen die achtziger Jahre des 20. Jh. in den hochindustrialisierten Staaten der Welt. Wichtige wirtschaftliche Probleme sind z.B. die sinnvolle Steuerung industriewirtschaftlicher Wachstumsprozesse und die Vermeidung tiefgreifender struktureller Wirtschaftskrisen (s. S. 528 ff.). Große soziale Probleme bilden z.B. Massenarbeitslosigkeit und die „Dequalifizierung", d.h. daß infolge technischer Entwicklungen an den Arbeitsplätzen früher erworbene berufliche Qualifikationen entwertet werden. Zu ihnen kommen Ressourcenverknappungen, z.B. die Erschöpfung der fossilen Energiereserven der Erde. Schließlich werden jene Schäden des industriewirtschaftlichen Prozesses immer deutlicher, die die Umwelt des Menschen selbst betreffen. Dies alles macht die Frage nach den Grenzen der „Industriellen Revolution" angesichts einer nach wie vor scheinbar unbegrenzten technischen Kapazität der Menschen immer dringlicher (s. S. 512 ff.). So ist das ausgehende 20. Jh. gleichzeitig von den Problemen der Unterentwicklung und von den Problemen eines möglicherweise sinnleer werdenden industriewirtschaftlichen Wachstums geprägt.

8.1.2 Die weltwirtschaftliche Dimension der europäischen Industrialisierung

Kolonien

Die Industrialisierung und ihre Vorgeschichte hatten eine weltwirtschaftliche Dimension, denn sie waren untrennbar verknüpft mit der Erschließung der Erde von Europa aus, mit der Inbesitznahme rohstoffreicher Gebiete, die dann z.T. jahrhundertelang Kolonien und abhängige Gebiete der Industriegesellschaften Europas und Nordamerikas blieben. Ohne Kenntnis dieser Zusammenhänge sind selbst heute, im Zeitalter von 154 selbständigen Staaten in der UNO (Stand 1982), die Probleme der Unterentwicklung und der wirtschaftlichen Entwicklung in den Ländern der Dritten Welt nicht zu verstehen. Europäisierung und Kolonialisierung haben dabei keineswegs nur völlig einseitige Ergebnisse zugunsten der Industrieländer erbracht. Sie hinterließen jedoch tiefe Spuren in Wirtschaft und Gesellschaft der ehemals abhängigen Gebiete.

8.1.2.1 Zum „Zeitalter der Entdeckungen"

Merkantilismus

Das „Zeitalter der Entdeckungen" brachte die Ausbreitung der Europäer über die ganze Erde und die Abhängigkeit der „überseeischen Gebiete". Die meisten Gebiete wurden Handelskolonien zur wirtschaftlichen Ausbeutung, einige – vor allem klimatisch günstige – Räume zur Heimat europäischer Auswanderer und bewahrten oder erkämpften ihre Selbständigkeit. Hierzu sind vor allem Nordamerika (USA und Kanada), Australien und Südafrika zu rechnen. Lateinamerika wurde ab 1810 selbständig. Es geriet jedoch im 19. und 20. Jh. als nordamerikanisches Interessengebiet („Monroe-Doctrine", 1823) und mittels kapitalmäßiger Durchdringung („Penetration") in eine besonders geartete Abhängigkeit (s. S. 461).

Interessengebiete

Die Entdeckungen begannen Ende des 15. Jh., nachdem die orientalischen Handelsverbindungen vom Mittelmeerraum aus durch die Osmanen unterbunden worden waren. Dadurch verringerte sich die wirtschaftliche Bedeutung der oberitalienischen Städte zugunsten der westeuropäischen Länder; der atlantische Handel wurde dominant. Nach Spanien und Portugal erfolgte der Aufstieg der Niederlande, z.B. mit der Gründung eigener Kolonialgebiete durch „Kompanien" (Niederländisch-Ostindische und Niederländisch-Westindische Kompanie zu Beginn des 17. Jh.). Sie hatten mit den englischen Kolonialisierungen zu konkurrieren (1600 Gründung der East India Company), die ebenfalls von königlich privilegierten Einzelpersonen oder Gesellschaften getragen waren; England setzte sich in drei Kriegen ebenso wie zuvor gegen Spanien durch. Seehandel, Seemacht sowie die Ausbeutung überseeischer Gebiete waren bei den Ursprungsländern der Industriellen Revolution, zu denen neben England auch die kapitalstarken und im 17. Jh. handelspolitisch bedeutenden Niederlande zu rechnen sind, untrennbare Grundlagen, Triebkräfte und Begleiterscheinungen.

8.1.2.2 Zum „Zeitalter des Imperialismus"

Es kann hier nicht die Erschließung der Erde durch die industrialisierten europäischen Mächte im einzelnen nachgezeichnet werden. Es muß jedoch das Augenmerk darauf gelenkt werden, daß der industriewirtschaftliche Aufschwung mit Kolonialisierungen verbunden war und Folgen sowohl für die „Entwicklungsgesellschaften" (positiv) als auch für die „überseeischen Gebiete" (negativ) hatte.

Der europäische Staat des 17./18. Jh. hatte schon früh Kolonialisierungen betrieben oder gefördert. Vor allem ist in diesem Zusammenhang der „Merkantilismus" im kontinentalen Europa zu erwähnen mit einer staatlichen Außenhandelspolitik, die allein auf den Nutzen des eigenen Staatsgebietes oder Territoriums abgestellt war. Zu dieser Politik gehörte, vor allem in Frankreich, auch die Kolonialpolitik.

Als „Zeitalter des Imperialismus" im historischen Sinne gilt die Zeit von etwa 1870 bis zum Ausbruch des I. Weltkrieges. Hauptakteure waren die Regierungen der Nationalstaaten, obwohl es nicht nur um staatliche Eroberungen und wirtschaftliche Durchdringungen fremder Staaten ging. Vorrangige Methode waren Kolonisation im engeren Sinne, also die Ansiedlung eigener Bürger in den Kolonien, und die wirtschaftliche Ausbeutung. Rohstoffsicherung und Kapitalexport, also ertragreiche Investitionen in den Kolonien und abhängigen Gebieten, waren die vorherrschenden Ziele. Am Ende des 19. Jh. kam es zu einem Wettlauf der europäischen Staaten um die letzten noch nicht abhängigen Gebiete in Afrika und Asien und um die Aufteilung der alten Kolonialreiche der Spanier (z.B. in Mittelamerika) und Portugiesen (in Afrika). Die China-Politik der Großmächte verdient an dieser Stelle eine besondere Erwähnung.

Anfangs galt der koloniale Imperialismus als eine Art bürgerlicher Fortschrittsbewegung zugunsten der ganzen Welt. Dann definierte der englische

Linksliberale J. A. HOBSON (1902) den Imperialismus als rein wirtschaftlich motivierte Expansionstendenz der nunmehr hochentwickelten Industrieländer, um eigene wirtschaftliche Probleme wie Überproduktion und Unterkomsumtion zu überwinden, neue Absatzmärkte zu gewinnen und das bei den Banken konzentrierte Finanzkapital zum Kapitalexport anzuregen. Außerdem handele es sich um „Sozialimperialismus", d.h. eine Art Sicherheitsventil gegen innenpolitische Schwierigkeiten. LENIN definierte dann 1916, der Imperialismus sei das „höchste Stadium des Kapitalismus":

*Sozial-
imperialismus*

> „Einzig und allein der Kolonialbesitz bietet volle Gewähr für den Erfolg der Monopole gegenüber allen Zufälligkeiten im Kampfe mit den Konkurrenten .... Je höher entwickelt der Kapitalismus, je stärker fühlbar der Rohstoffmangel, je schärfer ausgeprägt die Konkurrenz und die Jagd nach Rohstoffquellen in der ganzen Welt sind, desto erbitterter ist der Kampf um den Erwerb von Kolonien."
> Historisch gesehen ist dies „zwar eine Wahrheit, aber nicht die ganze Wahrheit über das Zeitalter des Imperialismus".
> (ANSPRENGER 1966, S. 13)

Für die Gegenwart wichtig ist diese kolonial-imperialistische Entwicklung, weil sie Abhängigkeiten vertiefte und einseitige Wirtschaftsstrukturen förderte. Willkürliche Grenzziehungen erfolgten, und es wurden Methoden der wirtschaftlich-kapitalmäßigen Durchdringung („Penetration") entwickelt, die durch die Entkolonialisierungen nach 1945 und die Bildung selbständiger Staaten nicht unwirksam und unbedeutend geworden sind. Deshalb ist auch der Begriff „Imperialismus" aus der wissenschaftlichen Literatur nicht verschwunden.

Penetration

*Begriff Impe-
rialismus*

> „Der kleinste gemeinsame Nenner des Begriffs Imperialismus bezeichnet in den Diskussionen der neueren Sozialwissenschaften sowohl die direkte formelle, in der Regel gewaltsame koloniale Gebietsherrschaft (Kolonialismus) als auch in einem weiteren Sinne die indirekte, vermittelte, informelle Herrschaft der entwickelten Industriestaaten über die technologisch, wirtschaftlich und rüstungstechnisch weniger entwickelten Regionen der Erde."
> (Handwörterbuch Internationale Politik, 1977, S. 131)

8.1.2.3 „Monokultur" – ein Beispiel

> „Mit der Kolonialwirtschaft hielt die Monokultur ihren Einzug, die wir heute als eine der schlimmsten Geißeln der Dritten Welt erkennen. Gleichgültig, ob die Pflanzungen der neuen Cash crops (für den Export bestimmte Ernte) im Besitz einheimischer Bauern blieben oder ob weiße Farmer sich das Land aneigneten, das die Kolonialregierungen in Unkenntnis heimischen Bodenrechts als „herrenlos" ausgaben: mit Zuckerbrot und Peitsche wurde für den Anbau der kommerziell reizvollen Produkte gesorgt. Das ging natürlich auf Kosten der Erzeugung von Nahrungsmitteln für die Eingeborenen. Ihre Hauswirtschaft wurde vernachlässigt oder zumindest nicht in dem Maße ausgebaut und modernisiert, wie es der allmählich wachsenden Bevölkerungszahl entsprochen hätte. Tropische Agrarländer, z. T. bis heute menschenarm, sind auf Einfuhr von Grundnahrungsmitteln angewiesen. Natürlich importieren auch die Industrienationen Nahrungsmittel; aber die Kolonien wurden eben nicht industrialisiert, sondern blieben Rohstoffproduzenten. Sie wurden den schwankenden Preisen des Weltmarktes für ihr einziges Ausfuhrgut oder einige wenige Ausfuhrgüter unterworfen. England begann diese Wirtschaftspolitik der Monokultur nach dem amerikanischen Sezessionskrieg in Ägypten, das zum Baumwoll-Land wurde, Reis sollte die gleiche Rolle für Burma und Indochina spielen, Kautschuk und Zinn für Malaya, Kakao für die Goldküste, Erdnüsse für Senegal. Das sind nur Beispiele. Heute stehen die neuen Staaten immer noch unter der harten Herrschaft der Monokultur. Im Grunde hätte Europa wissen können, wohin diese Politik führt. Denn in den westindischen Altkolonien hatte man die Zucker-Monokultur seit Jahrhunderten erprobt; 'in the West Indies you have a government of sugar for sugar by sugar', rief George Padmore 1945 vor dem V. Panafrikanischen Kongreß in Manchester aus."

Der Autor dieses Textes, FRANZ ANSPRENGER, schließt seine Darstellung der „wirtschaftlichen Bedeutung der Kolonien" mit den Sätzen ab:

> „Solange Europa im Verkehr mit der tropischen, der farbigen Welt den Ton angab – und das tat es noch während seines Rückzuges aus der politischen Verantwortung in den Jahren seit 1945 –, hatte es zwar die Wirtschaft seiner Kolonien rationalisiert, hat es neue Naturschätze und Märkte erschlossen, Seuchen bekämpft, die Produktivität und bei Bedarf auch die Produktion gesteigert, soziales Unrecht eingedämmt, sozialer

Reform einen gewissen Raum gegeben. Die wirtschaftliche Kolonisation war nicht prinzipiell unmenschlich, sie war nur prinzipiell Kolonisation. Das heißt: die rationalisierte, reformierte und moderne Kolonialwirtschaft blieb bis zuletzt – ob in Bombay, Abidjan oder Katanga – eine Wirtschaft, die Impulsen von auswärts gehorchte und auswärtigen Interessen diente."
(F. ANSPRENGER 1966, S. 23–27)

Die hier angedeuteten wirtschaftlichen Prägungen der Welt durch die industrialisierten Staaten Europas sind Bestandteil der Entwicklungsfrage und der Entwicklungspolitik. Sie verdeutlichen die Grundprobleme, die auch heute noch bei der Überwindung von Unterentwicklung bestehen.

8.1.3 Theorien über wirtschaftliche Entwicklung und Unterentwicklung

Die Erscheinungsformen der Industriellen Revolution in Europa haben die Theorienbildung über (notwendige) „Stufen" der wirtschaftlichen Entwicklung angeregt und zur theoretischen Konstruktion von „Idealtypen" (theoretische Konstrukte, die charakteristische Erscheinungsformen betonen und zusammenfassen, jedoch nicht den Anspruch erheben, die Wirklichkeit exakt wiederzugeben) geführt. Die Industrialisierungsvorgänge waren auch von charakteristischen Merkmalen der Bevölkerungsentwicklung begleitet. Dies hat ebenfalls zur Theoriebildung und zu teils skeptischen, teils optimistischen Prognosen beigetragen. Das Nebeneinander von hochentwickelten und unterentwickelten Staaten in der Gegenwart stellt den entscheidenden Unterschied zur historischen Industriellen Revolution dar. Dafür sind adäquate Theorien erforderlich.

8.1.3.1 „Stufen" wirtschaftlicher Entwicklung

Die industriewirtschaftliche Entwicklung ist nicht allein eine Frage von Wirtschaft und Technik, sondern immer ebenso sehr eine Frage der geistig-seelischen Verfaßtheit der Menschen sowie der Aufgeklärtheit und rationalen Ordnung zwischenmenschlicher Beziehungen und der Gesellschaft schlechthin. Entwicklungstheorien berücksichtigen dies in unterschiedlichem Maße.

FRIEDRICH LIST (1789–1846) ist ein Vertreter der Lehre von den „Wirtschaftsstufen" in der frühen Nationalökonomie. LIST unterscheidet die Stufen

- der Sammler und Jäger,
- der wandernden Hirten,
- der seßhaften Ackerbauern,
- der Bauern und Handwerker und – in fortschreitender Arbeitsteilung – die Stufe der
- Bauern, Handwerker und Händler, die in Europa das ganze Mittelalter umfaßt.

Danach folgen die technischen Erfindungen (Spinnmaschine, mechanischer Webstuhl und Dampfmaschine) und damit die Industrielle Revolution, die – wie auch CIPOLLA sagt – weltgeschichtlich eine Zäsur darstellt.

KARL MARX machte die Theorie ökonomisch bestimmter Entwicklungsstufen geradezu zu einer Verheißung, indem er fünf typische Gesellschaftsordnungen unterschied, in denen jeweils bestimmte Produktionsverhältnisse vorherrschen (s. S. 83) und die jeweils als Stufen höherer Entwicklung und Entfaltung menschlicher Beziehungen erscheinen. Grundlage und Motor sind für ihn ökonomische Grundgesetze und Entwicklungsprozesse, die sich unabhängig vom Willen der Menschen vollziehen.

Eine nichtmarxistische Entwicklungstheorie stammt von dem amerikanischen Gelehrten W. W. ROSTOW (1960). Er erkannte als Regelmäßigkeiten in der Entwicklung der am weitesten fortgeschrittenen Industriegesellschaften die Abfolge:

1. das „take off", das Anlaufen der Industrialisierung aus der traditionellen Gesellschaft und Wirtschaft;
2. die „Periode des industriellen Aufstiegs";
3. den „drive towards maturity", das Stadium der industriellen Reifung;
4. die „reife Industriegesellschaft mit ständig wachsender Produktivität" und
5. das „Zeitalter des Massenkonsums".

Da er eine solche Entwicklung als typisch für alle modernen Industriegesellschaften ansah, stellte sich logisch die Frage, ob denn auch alle Entwicklungsländer diese Stadien durchlaufen müßten, um von der relativ statischen, überwiegend agrarischen „traditionellen" Gesellschaft mit geringer Produktivität zur „modernen" Industriegesellschaft zu gelangen. Oder ist ihnen – in Kenntnis der produktiven Industriegesellschaften und mit deren (Entwicklungs-)Hilfe – sozusagen der „Sprung ins 20. Jh." möglich? Diese Alternative spielte in der Diskussion über die Entwicklungsländer eine große Rolle. Heute ist diese Diskussion jedoch differenzierter geworden. Negative Erfahrungen mit der Entwicklungshilfe, das Größerwerden der meßbaren Kluft zwischen reichen Industriegesellschaften und armen Entwicklungsgesellschaften, das wachsende Bewußtsein von der Ganzheit des Entwicklungsprozesses, wie ihn CIPOLLA beschreibt, führten zu vielfältigen Entwicklungskonzepten und -theorien. In ihnen treten die anhaltende Abhängigkeit von den Industriegesellschaften, die Beständigkeit traditioneller Machtstrukturen und schließlich auch das bewußte Festhalten an nicht-wirtschaftlichen Zielen in den Vordergrund.

8.1.3.2 Bevölkerungswachstum und Industrialisierung

Die europäische Industrialisierung war von einem Bevölkerungswachstum begleitet, das charakteristische Merkmale aufwies. Auch hier können Phasen unterschieden werden, die sogar als „Gesetzmäßigkeiten" des Bevölkerungswachstums während der Industrialisierung gelten (z. B. F. BAADE 1969, S. 117).

Phase 1 entspricht etwa der traditionellen Gesellschaft im europäischen Mittelalter mit hoher Geburten- und Sterberate und damit einem sehr geringen Bevölkerungswachstum. In der Phase 2 bleibt die Geburtenrate etwa auf der gleichen Höhe (35‰), die Sterberate sinkt jedoch infolge besserer Hygiene und medizinischer Versorgung deutlich. Daraus folgt eine starke Bevölkerungszunahme (in Deutschland zwischen 1800 und 1875 von 23 Mill. Menschen auf 43 Mill.; 1900 waren es dann 56 Mill.). In Phase 3 ändert sich das Verhalten der Menschen in der Industriegesellschaft. Die Geburtenrate sinkt relativ stark, während die Sterberate kaum noch abnimmt. In Phase 4 schließlich treffen sich Geburten- und

Generatives Verhalten

Malthus

Geburtenrate

Prognosen

Sterberate auf niedrigem Niveau. Einer niedrigen und gleichbleibenden Sterberate entspricht eine niedrige, aber durchaus veränderliche Geburtenrate (vgl. die Entwicklung in der Bundesrepublik Deutschland 1955–1965 und seither). Das „generative Verhalten" in westlichen Industriegesellschaften unterscheidet sich auch noch nach gesellschaftlichen Schichten.

Der britische Gelehrte THOMAS ROBERT MALTHUS (1803) entwarf angesichts der raschen Bevölkerungsvermehrung im England der 2. Phase (ab 1750) eine viel diskutierte pessimistische Bevölkerungstheorie, der er eine bildhaft gemeinte mathematische Fassung gab: Die Menschen hätten die Tendenz, sich in geometrischer Progression zu vermehren (nach der Zahlenreihe 1, 2, 4, 8, 16, 32, 64 usw.). Die Nahrungsmittelproduktion könnte jedoch nur in arithmetischer Progression gesteigert werden (1, 2, 3, 4, 5, 6, 7 usw.). Nach MALTHUS waren angesichts dieser Entwicklung „Hemmnisse" wie Kriege, Seuchen, hohe Kindersterblichkeit sowie sexuelle Enthaltsamkeit notwendig, um das Gleichgewicht zwischen Bevölkerungszahl und Nahrungsmitteln zu erhalten. Seine pessimistischen Prognosen erwiesen sich als falsch. Der Lebensstandard und die Versorgung in den Industriegesellschaften stiegen in ungeahnter Weise an (Massenkonsum).

Dennoch bleibt das Bevölkerungswachstum ein Problem auch noch am Ende des 20. Jh., wenn man die Entwicklung der Erdbevölkerung betrachtet. Um Christi Geburt gab es etwa 200 Mill. Menschen. Bis 1600 hatte sich die Erdbevölkerung verdoppelt. Für 1700 wird ihre Zahl auf 600 Mill. geschätzt; 150 Jahre später waren es schon 1,1 Mrd. Weitere 100 Jahre später (Mitte des 20. Jh.) gab es 2,5 Mrd. Menschen. 30 Jahre (1980) später wurde ihre Zahl auf 4,5 Mrd. geschätzt. Die Prognosen erwarten für 1990 5,2 Mrd. und für das Jahr 2000 etwa 6,4 Mrd. Menschen. Im Wachstum der Bevölkerung liegen die Staaten Asiens weit an der Spitze, gefolgt von denen Lateinamerikas und Afrikas. Es handelt sich also nicht um die „reifen" und reichen Industrieländer, die heute eine rasch wachsende Bevölkerung zu ernähren haben. Das Problem des Verhältnisses zwischen Bevölkerung und Bevölkerungswachstum einerseits, der Nahrungsmittelproduktion und der Steigerung des Sozialprodukts *pro* Kopf einer Bevölkerung andererseits besteht mithin auch gegen Ende des 20. Jh. in noch dramatischerer Form, als es um 1800 von MALTHUS gesehen wurde. Die gilt auch dann, wenn theoretisch die Nahrungsmittelerzeugung in der Welt für noch mehr Menschen ausreichen würde.

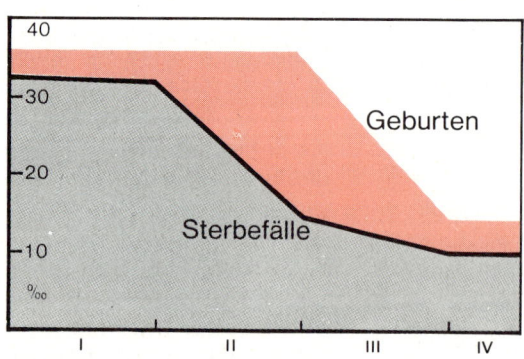

Abb. 204: Phasen der Bevölkerungsentwicklung während der Industrialisierung. Der medizinische Fortschritt spielt dabei ebenso eine Rolle wie das „generative Verhalten" im Wohlstand

8.1.3.3 Theorien über Unterentwicklung, Modernisierung und Abhängigkeit

Eine naheliegende Frage ist, ob alle Länder einen Industrialisierungsprozeß durchlaufen müssen, um ihrer Bevölkerung ähnliche Lebensverhältnisse wie in den reichen Industriestaaten gewährleisten zu können. Andererseits drängt die Geschichte seit 1945 zumindest die Vermutung auf, die Dynamik der Industriestaaten sowie der Ost-West-Konflikt seien eher geeignet, die Entwicklungsprozesse in der Dritten Welt zu hemmen. Damit ist die Frage nach den „endogenen (inneren) und den „exogenen" (von außen kommenden) Faktoren von wirtschaftlicher Entwicklung aufgeworfen.

Kriterien für „Unterentwicklung"

Rückständigkeit?

Als globales Problem gewann die wirtschaftliche Entwicklung bzw. Unterentwicklung eines Staates nach dem II. Weltkrieg zunehmend an Bedeutung. Aus „kolonialen oder rückständigen Gebieten" wurden schon 1944/45 in der UNO-Terminologie „unterentwickelte Länder". Der Begriff ist umstritten, zumal er primär auf wirtschaftliche Fakten abgestellt wird und bedeutende kulturelle Traditionen, wie sie etwa Mexiko und Indien aufweisen, außer acht läßt.

Pro-Kopf-Einkommen

Grundkriterium für „Unterentwicklung" ist ein bestimmtes Pro-Kopf-Einkommen; es ist relativ einfach zu berechnen, wenn die Höhe des Sozialprodukts und die Größe der Gesamtbevölkerung bekannt sind. Das Pro-Kopf-Einkommen kennzeichnet ein bestimmtes Entwicklungsstadium und die Lebensbedingungen. Nicht berücksichtigt werden dabei allerdings Differenzierungen wie regionale Unterschiede, Unterschiede zwischen städtischen und ländlichen Gebieten, familiale und vorkapitalistische Produktionsergebnisse sowie die Verteilung auf die verschiedenen Schichten. So ergibt sich die Notwendigkeit, weitere Kriterien für „Unterentwicklung" heranzuziehen. Die UNO mißt denn auch die am wenigsten entwickelten Länder an ihrem Bruttoinlandsprodukt (BIP), dem Anteil der industriellen Produktion am BIP und der Alphabetisierungsquote bei der über fünfzehnjährigen Bevölkerung (s. S. 464).

Kennzeichnend für die Situation in einem „unterentwickelten" Land sind weiter:

Endogene Faktoren

- ein Dualismus zwischen dem traditionellen „Wirtschaftssektor Landwirtschaft", von dem nach wie vor viele Menschen leben, und unabhängig davon expandierenden einzelnen Wirtschaftszweigen;
- ein Dualismus zwischen reichen städtischen Zonen und armen ländlichen Gebieten;
- ein Dualismus in gesellschaftlicher Hinsicht (Reichtum einer Oberschicht, Verelendung breiter Unterschichten);
- Monokulturen aus der Kolonialzeit, die eine starke Abhängigkeit von der internationalen Preis- und Absatzsituation bedingen und deshalb ein Element der Instabilität darstellen;
- eine hohe Verschuldung gegenüber dem Ausland;
- ein starkes Bevölkerungswachstum, das häufig jeden tatsächlichen Wachstumserfolg zunichte macht, weil das Pro-Kopf-Einkommen eher vermindert wird;
- Kapitalmangel;
- eine geringe Spar- und Investitionsrate;
- das Fehlen einer „offenen" Gesellschaft; autoritäre bis diktatorische Regierungsverhältnisse, in denen nicht selten gerade jene Gesellschaftsschichten die Macht ausüben, die an den überkommenen wirtschaftlichen und sozialen Verhältnissen festhalten.

Modernisierungs-Strategien

Die Strategien zum Abbau von „Unterentwicklung" sind theoretisch umstritten. So folgt aus der Entwicklungstheorie ROSTOWS (s. S. 457), daß auch die heutigen Entwicklungsländer jene Stufen durchlaufen müssen, die bislang den Weg aller entwickelten Volkswirtschaften bis in das „Zeitalter des Massenkonsums" bestimmten.

> *„Ein Sprung von der traditionsgelenkten Agrarwirtschaft über die Stadien des industriellen Anlaufs und Aufstiegs hinweg in das Reifestadium oder gar in das Zeitalter des Massenkonsums hinein ist jedenfalls – einerlei wieviel Entwicklungshilfe dem betreffenden Land gewährt wird – nicht möglich. Förderungsmaßnahmen, die nachhaltigen Nutzen bringen sollen, haben nämlich einen Wandel im gesellschaftlichen Selbstverständnis der Bevölkerung zur Voraussetzung; selbst wenn es nichts zu lernen gälte als Pflichtbewußtsein und Pünktlichkeit, schon diese beiden sozialethischen Tugenden – unabdingbare Voraussetzungen der industriellen Organisation – lassen sich nicht in einer Generation lernen. Der Abbau der alten und der Aufbau neuer Verhaltensweisen erfordern eben eine längere Zeit als die Errichtung selbst des größten Stahlwerks."*
> (F.-F. WURM 1972, S. 61)

In dieser Strategie wird den endogenen Faktoren einer nicht weiter problematisierten industriewirtschaftlichen Entwicklung die Hauptbedeutung zugemessen. Exogene Faktoren finden demgegenüber zu wenig Beachtung. Dazu können gezählt werden:

Exogene Faktoren

- Das Vorbild der Industrieländer: Die Ziele der Entwicklung sind bekannt; das Erreichbare steht vor Augen.

- Der hohe technische Entwicklungsstand der Industrieländer, der eine organische Selbstentwicklung primitiver Techniken überflüssig zu machen scheint, der aber u. U. auch verhindert, daß grundlegende Erfahrungen gesammelt werden („Sprung ins 20. Jh.").

- Die Übervölkerung bei Beginn der industriewirtschaftlichen Entwicklung. Vor allem in asiatischen Staaten gibt es einen anhaltend hohen Geburtenüberschuß. In den europäischen Staaten hatte das Bevölkerungswachstum erst im Verlauf der industriellen Entwicklung begonnen.

- Der politische Druck in Richtung auf eine nachhaltige Verbesserung der Lebensbedingungen, der die Regierungen zu verstärkter Industrialisierung veranlaßt oder aber – in einer wachsenden Zahl von Fällen – Regime hervorbringt, die ihrerseits unterdrücken, sei es, um die Entwicklung planvoll zu steuern oder sei es, um wirksame soziale Veränderungen zu verhindern.

- Der politische Druck zur Industrialisierung. Während bei der europäischen Industrialisierung die nachhaltige Erhöhung des Lebensstandards der Massen am Ende stand („abgeleiteter Wohlstand", MYRDAL), ist sie in den Entwicklungsländern zu einem politischen Programmpunkt geworden. Dieses Motiv für wirtschaftliche Entwicklung ist neu; denn die Entwicklung der westlichen Industriestaaten wurde vom individuellen Gewinnstreben getragen.

Abgeleiteter Wohlstand

Trotz dieser modernen exogenen Komponente industriewirtschaftlicher Entwicklung darf aber jener Punkt nicht übersehen werden, der den Kern der „Industriellen Revolution" in Europa darstellte: die Überwindung der Statik der traditionellen Gesellschaft mit ihren Kasten, Stämmen, Großfamilien. Muß aber der notwendige soziale Wandel, die „Modernisierung", unbedingt in die Richtung der europäischen Industriegesellschaften verlaufen?

Ein Plädoyer gegen die Modernisierungstheorien

„Die Erfahrung der letzten 20 Jahre hat gezeigt, daß keine der eingeschlagenen „Aufholstrategien" als ein überzeugendes allgemeingültiges Modell für alle Entwicklungsländer angesehen werden kann. Zu offensichtlich ist die Tatsache, daß es nur wenigen Staaten gelungen ist – trotz eines teilweise sehr hohen Wirtschaftswachstums –, die Unterentwicklung zu beseitigen. Global gesehen ist die Schere zwischen industrialisierten Ländern und Entwicklungsländern größer geworden. Darüber hinaus ist es nicht zu übersehen, daß von der Modernisierung nach westlichem Muster vor allem die Reicheren und besser Ausgebildeten profitiert haben. Die – rund 40% der Bevölkerung ausmachenden – marginalen Gruppen innerhalb der Entwicklungsländer partizipieren in der Regel nicht an der wirtschaftlichen Entwicklung, sondern sie leben weiter in stagnierender oder zunehmender „absoluter Armut" (s. S. 464).
(aus H. NIESMANN, Handbuch (hrsg. v. Woyke), 1977, S. 101)

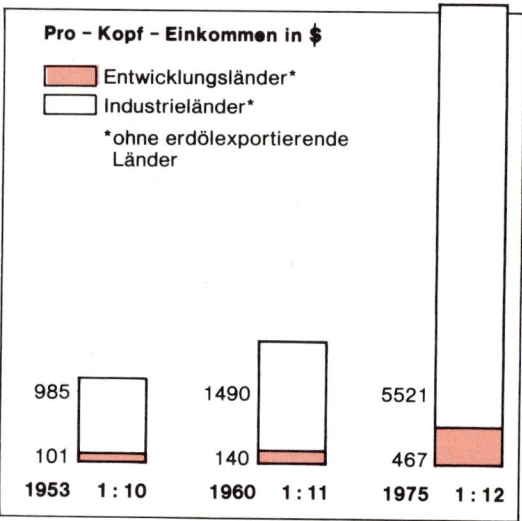

Abb. 205: Die „Reichtum-Armut-Schere"
(Quelle: BMZ 1978)

Das „Zentrum-Peripherie-Modell" und der „dependencia"-Ansatz

Eine eher radikale Gegenposition und eine entgegengesetzte Interpretation der heutigen Entwicklungs- und Unterentwicklungsfragen bilden vor allem aus der lateinamerikanischen Wirtschafts- und Sozialwissenschaft stammende Theorien zur Unterentwicklung. Im „Zentrum-Peripherie-Modell" wird das internationale System der Gegenwart als ein „asymmetrisches" System (s. S. 505) herrschender und beherrschter Gesellschaften dargestellt. Wesentlich sei der „ungleiche Austausch" zwischen den „Zentren", d.h. den Industrieländern (auch: „Metropolen"), und der „Peripherie", den Entwicklungsländern. Deshalb könne keine Rede davon sein, daß sich in den Entwicklungsländern der europäische Industrialisierungsprozeß nur wiederhole oder wiederholen könne. Hier setzen moderne neoimperialistische Theorien (s. S. 456) an. So versucht die „Dependenztheorie" („dependencia"-Theorie) herauszuarbeiten, daß die gesellschaftliche Situation innerhalb der Entwicklungsländer strukturell abhängig sei von den Entwicklungsprozessen in den „Industriemetropolen". Das Machtgefälle zwischen den Ländern wird durch das „Zentrum-Peripherie-Modell" dargestellt, daß von doppelten Abhängigkeitsbeziehungen bestimmt wird: durch die Zentrum-Peripherie-Verhältnisse zwischen Industrie- und Entwicklungsländern sowie vom Verhältnis der „Zentren in Industrieländern" zu den von ihnen abhängigen Zentren in Entwicklungsländern.

der verbunden. So sei zwischen den Zentren in den Monopolen und den reichen Wachstumszentren in den Peripherien eine bedeutende Interessenharmonie entstanden, die ein Grund dafür sei, daß eine kollektive Konfrontation zwischen Dritter Welt und Metropolen bislang ausgeblieben sei. Die so verlaufende „strukturelle Abhängigkeit" reproduziere Armut, gesellschaftliche Unausgeglichenheit in den Entwicklungsländern, Unterentwicklung des Gesamtlandes und verhindere eine strukturell ausgeglichene Entwicklung. Als Konzept zur Beseitigung der strukturellen Abhängigkeit wird vorgeschlagen: „Dissoziation", d.h. politische und ökonomische Trennung (s. S. 504 f.), Abkopplung der Peripherien vom Weltmarkt, Aufbau von sozioökonomischen Infrastrukturen mit struktureller Kohärenz (Zentren-Peripherie-Modell von FRANK/GALTUNG/BOEKE, Handbuch hrsg. v. Woyke), 1977, S. 98 ff.).

Der Wunsch nach eigenständiger Entwicklung und kollektiver Selbsthilfe war ein wesentlicher Gesichtspunkt für die Forderungen nach einer Neuordnung der Weltwirtschaft (s. S. 506 ff.).

Argumente gegen den dependencia-Ansatz (nach F. R. PFETSCH, Forschungsberichte Bd. 15, 1981, S. 189):

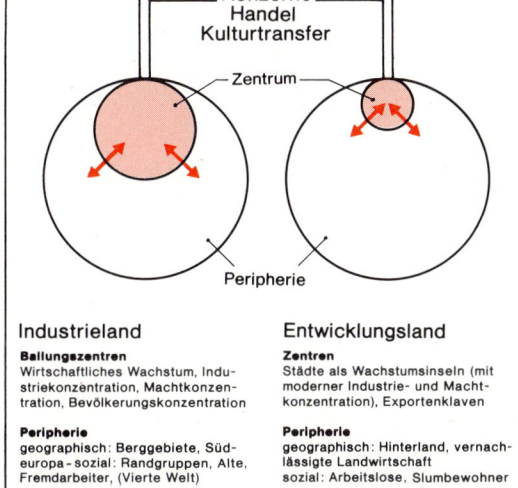

Industrieland

Ballungszentren
Wirtschaftliches Wachstum, Industriekonzentration, Machtkonzentration, Bevölkerungskonzentration

Peripherie
geographisch: Berggebiete, Südeuropa - sozial: Randgruppen, Alte, Fremdarbeiter, (Vierte Welt)

Entwicklungsland

Zentren
Städte als Wachstumsinseln (mit moderner Industrie- und Machtkonzentration), Exportenklaven

Peripherie
geographisch: Hinterland, vernachlässigte Landwirtschaft
sozial: Arbeitslose, Slumbewohner

Abb. 206: Das „Zentrum-Peripherie-Modell" differenziert nicht nur nach „Industrie-Entwicklungsländer" (nach Strahm, 1975)

Die Zentren wachsen jeweils auf Kosten der Peripherie. Zwischen den Zentren werden die Beziehungen immer enger, wobei die Zentren in den Entwicklungsländern als abhängige „Subzentren" der Zentren in den Industrieländern angesehen werden. Sie seien in der Kolonialzeit entstanden, als westliches Kapital und westliche Kultur eindrangen, und seien heute vor allem durch Handel, multinationale Konzerne, Kommunikationssysteme usw. mit den Zentren der Industrielän-

- „*einseitige Betonung exogener Faktoren;*
- *nicht-kolonialisierte Länder (Thailand, Nord-Jemen, Liberia) können nicht durch Außenbeziehungen an ihrer Entwicklung gehindert worden sein;*
- *der dependencia-Ansatz führt allzu einfach und vorschnell zur Verschwörungstheorie, wonach das internationale Kapital an allem schuld sei, und zur Agententhese, die nationalen Eliten oder „Komaradoren" seien nur Marionetten und Werkzeuge. Dem steht entgegen, daß der Handlungsspielraum vieler Entwicklungsländer durch den Ost-West-Gegensatz gestiegen und durch die Rohstoffressourcen größer geworden ist. Jedes Land hat heute einen breiten Spielraum, eigene politische Prioritäten zu setzen;*
- *die politische Funktionalisierung der Theorie bietet einen bequemen Vorwand für den Vorwurf „Neokolonialismus" und lenkt von politischer Unwilligkeit und Unfähigkeit ab, eine gesamtgesellschaftliche Entwicklung zu betreiben;*
- *eine Abkopplungsstrategie würde Ländern ohne bedeutende eigene Ressourcen oder Ländern mit Monokulturen die Chance nehmen, durch Hilfe von außen oder durch Handel mit einem oder wenigen Produkten Vorteil*

Vergleich:
Modernisie-
rungsansatz
Dependencia-
Ansatz

aus Interdependenz-Beziehungen zu ziehen. Für diese Länder, die etwa die Hälfte der heutigen Entwicklungsländer ausmachen (rd. 50 Entwicklungsländer – ohne OPEC-Staaten – bestreiten mit nur drei Rohstoffen über 70 % der Exporterlöse), wäre eine Dissoziationsstrategie Selbstmord;
- *geschlossene Binnenkreisläufe und autozentrische Entwicklung lassen das Bild einer selbstgenügsamen Entwicklungsgesellschaft entstehen ohne aggressive Absichten nach außen. Die Beispiele, die für eine erfolgreiche Anwendung der Abkopplungsstrategie genannt werden (Japan, Deutschland, Nord-Korea) können diesem Bild nicht entsprechen."*

Die theoretische Diskussion über Integration (in die Weltwirtschaft) oder Dissoziation (Abkopplung von der Weltwirtschaft) spielt eine bedeutende Rolle im politischen Streit über eine „Neue Weltwirtschaftsordnung" (s. S. 504).

Zusammenfassende Gegenüberstellung

Modernisierungsansatz	dependencia-Ansatz
Unterentwicklung ist „noch unentwickelt"	Unterentwicklung ist verhinderte Entwicklung
Unterentwicklung hat interne, inländische Ursachen	Unterentwicklung hat externe, äußere Ursachen
Leitbilder sind westliche Industriegesellschaften	Leitbilder sind eigene Traditionen
Quantitativer Entwicklungsbegriff (Wachstumsraten des BSP, der Industrieproduktion etc.)	Qualitativer Entwicklungsbegriff; auch auf allgemeine Bedürfnisse ausgerichtet
Entwicklungsstrategie ist eher integrationistisch	Entwicklungsstrategie ist eher dissoziativ

(nach PFETSCH 1981, S. 188)

8.2 Entwicklungsländer und Entwicklungspolitik

8.2.1 Entwicklungsländer und Dritte Welt

8.2.1.1 Entwicklungsländer: Das Ergebnis der weltwirtschaftlichen Verteilung

Zweiteilung

Da es keine allgemeingültige Definition eines „Entwicklungslandes" gibt, scheint es sinnvoll zu sein, zunächst einmal von einer wichtigen Grundtatsache auszugehen, die die Welt heute in zwei Gruppen einteilt.

„Entwicklungsländer" sind nach Abb. 208 Staaten des „Südens". Häufig wird dieser Begriff auch gleichgesetzt mit dem der „Dritten Welt". Hierbei handelt es sich um einem Ausdruck, der in der Zeit des „Kalten Krieges" entstand, als sich entkolonialisierte und unabhängige Staaten erstmals 1955 auf der Konferenz in Bandung zusammenfanden, um im Konflikt zwischen den westlichen Industriestaaten Europas und Nordamerikas, der 1. Welt, und dem von der UdSSR geführten sozialistischen Staatensystem, der 2. Welt, eigene Kraft und Blockfreiheit zu demonstrieren (s. S. 395 f.).

Vierteilung

Die Gleichsetzung von „Entwicklungsländern" und „Dritter Welt" ist insofern nicht richtig, als es im europäischen Raum durchaus noch „Entwicklungsländer" (z. B. Süditalien, Griechenland, Spanien, Portugal, Türkei) gibt und in der „Dritten Welt" mittlerweile Staaten (z. B. erdölexportierende) bestehen, die nach westeuropäischen Einkommenskriterien kaum noch „Entwicklungs"-Länder sind. Deshalb wird auch eine Vierteilung der Länder vorgenommen, was die Verteilungskonflikte auf der Erde noch deutlicher widerspiegelt (s. Abb. 207).

Einwohner der Industrieländer
etwa 540 Mill.
UdSSR, USA, Kanada,
Republik Südafrika,
Australien, Norwegen u. a.
etwa 576 Mill.
Japan, Bundesrepublik
Deutschland, Großbritannien,
Frankreich, Spanien u. a.
rohstoffreich
rohstoffarm
etwa 1425 Mill.
China, Indonesien,
Brasilien, Nigeria
Mexiko u. a.
etwa 1394 Mill.
Indien, Bangladesh,
Pakistan, Philippinen,
Türkei u. a.
Einwohner der Entwicklungsländer

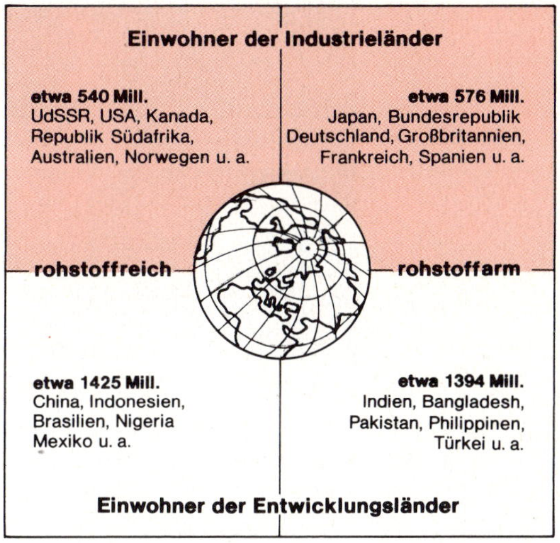

Abb. 207: Bevölkerungsreichtum und Rohstoffarmut sind Kennzeichen der ärmsten Länder (LLDC)

Auch ein so entscheidendes Merkmal wie die Ernährungslage führt von Erdteil zu Erdteil zu erkennbaren Unterschieden. Von der FAO (s. S.

Welt-Einkommen
Norden
5000
Mrd. $
Nordamerika,
Europa,
UdSSR,
Japan
Welt-Bevölkerung
Norden
1100 Mill. E.
Süden
1250 Mrd. $
Lateinamerika,
Afrika,
Ozeanien,
Asien (ohne Japan)
ca. 1980
Süden
3000 Mill. E.

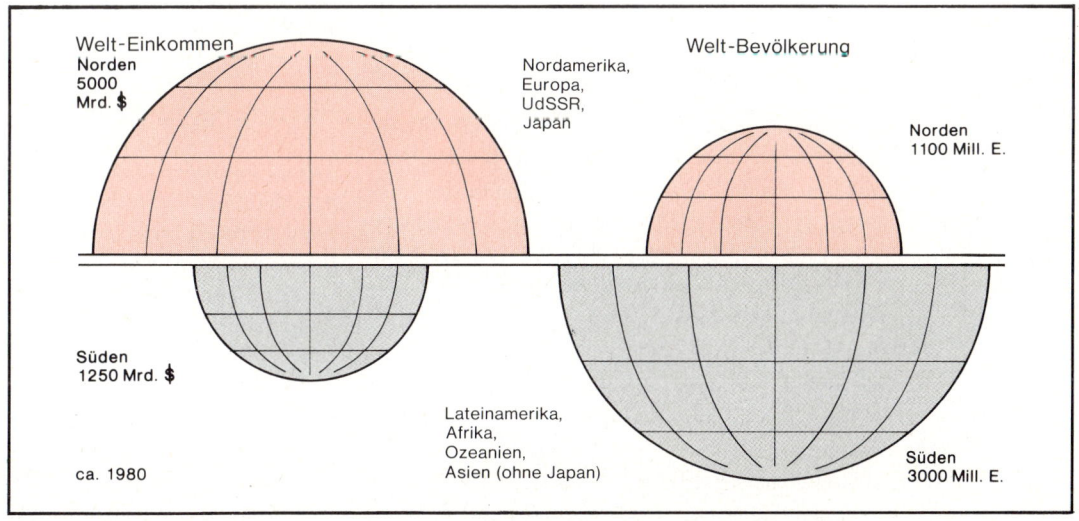

Abb. 208: Der Nord-Süd-Gegensatz ist durch große Unterschiede im Pro-Kopf-Einkommen gekennzeichnet

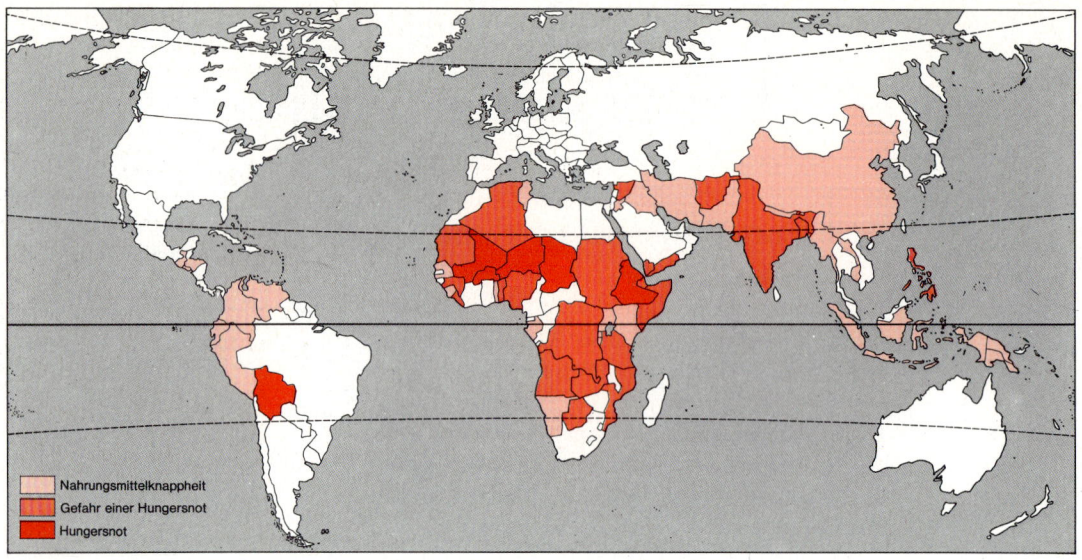

Abb. 209: Die Geographie des Hungers auf der Erde (nach FAO)

Legende:
- Nahrungsmittelknappheit
- Gefahr einer Hungersnot
- Hungersnot

420, 470) sind 2017 Kalorien pro Person und Tag als minimale Nahrung zum physischen Überleben angenommen worden. Es gibt nach diesem Kriterium nicht nur deutliche Unterschiede von Erdteil zu Erdteil, sondern auch zwischen den Staaten eines Erdteils. Dennoch bleibt das grundlegende Problem unübersehbar, daß nämlich die „soziale Frage des 20. Jh." die südliche Erdhälfte betrifft.

MSAC

Der Begriff „Entwicklungsländer", „Dritte Welt", „Vierte Welt", „Süden", sind nicht inhaltsgleich. Sie alle spiegeln aber wider, was als das Kernproblem angesehen werden muß: die ungleiche Verteilung der Lebenslagen unter den Staaten der Erde, die dennoch im politischen Forum der UNO heute „gleichberechtigt" versammelt sind.

8.2.1.2 Entwicklungsländer: Zwischen „Least developed countries" und „Schwellenländern"

Die Notwendigkeit einer Differenzierung innerhalb jener Gruppe von Staaten, die heute „Entwicklungsländer" genannt werden, hatte die Vereinten Nationen 1971 veranlaßt, die Gruppe der „Least developed countries (LLDC)", das sind die am wenigsten entwickelten Länder, zu bilden (das Doppel-L steht für die Steigerung von „less").

LLDC

Die Auswahl der LLDC, zu denen 1981 36 Länder zählten, erfolgte nach den Kriterien
- Pro-Kopf-Einkommen von 200 US-$ oder weniger,
- Anteil der Verarbeitenden Industrie am Bruttoinlandsprodukt (BIP) von 10% oder weniger,

- Alphabetisierungsquote in der Altersgruppe über 15 Jahren von 20% oder weniger.

Aufgrund der weltweiten Wirtschaftskrise von 1973/74 kam es über die UN 1974 zu einem Sonderprogramm für die davon am stärksten betroffenen Länder, die „most seriously affected countries" (MSAC). Die Merkmale für die Länder dieser Gruppe, die 1980 66 Entwicklungsländer umfaßte, sind:
- niedriges Pro-Kopf-Einkommen,
- drastischer Preisanstieg bei lebenswichtigen Importen im Vergleich zu den Exporten,
- hoher Schuldendienst,
- geringe Währungsreserven,
- gestiegene Transport- und Transitkosten,
- relativ große Bedeutung des Außenhandels für den Entwicklungsprozeß,
- Schwierigkeiten, ausreichende Exporterlöse zu erzielen.

Als eine weitere besondere Gruppe gelten die Länder ohne einen Zugang zum Meer, die „land locked countries" (LLC), die weitgehend mit jenen der LLDC identisch sind.

Die Bezeichnung „less developed countries" (LDC) gilt gegenüber den weitergehenden Differenzierungen für alle Entwicklungsländer.

Es ist nicht zu übersehen, daß die Staaten Afrikas fast vollständig, die Lateinamerikas dagegen nur durch Haiti in der Liste der „Ärmsten" vertreten sind. Dies kann – mit Ausnahmen (z. B. Äthiopien) – durchaus ein Indiz für die negativen Auswirkungen des ehemaligen Kolonialstatus sein. In das differenzierte Bild der Entwicklungsländer gehört schließlich die Gruppe der „Schwellenlän-

Gruppierungen von Entwicklungsländern (1978)

Erdteil/Land	LLDC	MSAC	LLC
Afrika			
Ägypten		×	
Äthiopien	×	×	
Benin	×	×	
Botswana	×		×
Burundi	×	×	×
Elfenbeinküste		×	
Gambia	×	×	
Ghana		×	
Guinea	×	×	
Guinea-Bissau		×	
Kamerun		×	
Kapverdische Rep.	×	×	
Kenya		×	
Komoren	×		
Lesotho	×	×	×
Madagaskar		×	
Malawi	×		×
Mali	×	×	×
Mauretanien		×	
Mosambik		×	
Niger	×	×	×
Obervolta	×	×	×
Ruanda	×	×	×
Zambia			×
Senegal		×	
Sierra Leone		×	
Somalia	×	×	
Sudan	×	×	
Swasiland			×
Tanzania	×	×	
Tschad/Chad	×	×	×
Uganda	×	×	×
Zentralafrikanische Rep.	×	×	×
Lateinamerika			
Bolivien			×
El Salvador		×	
Guatemala		×	
Guyana		×	
Haiti	×	×	
Honduras		×	
Paraguay			×
Asien			
Afghanistan	×	×	×
Bangladesch	×	×	
Bhutan	×		×
Birma		×	
Indien		×	
Jemen, Arab. Rep.	×	×	
Jemen, Dem. VR	×	×	
Kambodscha		×	
Laos	×	×	×
Malediven	×		
Nepal	×	×	×
Pakistan		×	
Samoa	×	×	
Sikkim			×
Sri Lanka		×	

(nach 4. Bericht zur Entwicklungspolitik, Bonn 1980, in: Ochel, 1982, S. 38)

Schwellen-länder

der" („Newly Industrialising Countries", NIC). Hierfür gibt es jedoch keine einheitlichen Kriterien. Je nachdem, ob z.B. ein Anteil des industriellen Sektors am Bruttoinlandsprodukt von 15 oder 30% vorausgesetzt wird, läßt sich die Gruppe der „Schwellenländer" erweitern oder verkleinern. Generell werden folgende Merkmale gemessen, um die Zugehörigkeit eines Entwicklungslandes zu dieser Gruppe zu bestimmen:

- rascher Anstieg des Pro-Kopf-Einkommens (z.B. 1976 ≥ 630 US-$ jährlich);
- relativ hoher Warenexport mit entsprechenden laufend hohen Deviseneinnahmen (z.B. auch durch Ölausfuhr);
- relativ hoher Industrieanteil am BIP (z.B. $\geq 30\%$);
- relativ hoher Energieverbrauch je Einwohner (z.B. ≥ 800 kg Kohle-Äquivalent);
- niedrige Analphabetenquote (z.B. $< 30\%$);
- nennenswerter Anteil von Fertigwaren am Export (z.B. $\geq 15\%$).

Das Bundesministerium für wirtschaftliche Zusammenarbeit rechnete 1978 folgende Staaten außerhalb Europas zu den „Schwellenländern": Argentinien, Brasilien, Chile, Costa Rica, Dominikanische Rep., Ecuador, Jamaika, Mexiko, Nicaragua, Panama, Trinidad, Uruguay, Venezuela, Algerien, Tunesien, Korea, Libanon, Malaysia, Singapur, Syrien, Taiwan, Türkei, Israel.
Diese Liste enthält Grenzfälle und vernachlässigt – da sie Staaten mit relativ hohem Industrieanteil am BIP erfaßt – weitere wirtschaftlich bedeutende Staaten wie die arabischen Ölstaaten. Anhand der Kriterien können eigene Untersuchungen vorgenommen werden. Soweit die Differenzierung unter den Entwicklungsländern als Bestandteil der Dritte-Welt-Problematik und des Nord-Süd-Konflikts (s.S. 499 ff.) behandelt wird, müssen einige südeuropäische Länder gesondert aufgeführt werden, die nach den Kriterien ebenfalls als „Schwellenländer" anzusehen sind. Dazu gehören Spanien, Portugal, Griechenland sowie Jugoslawien, das sich aber von Anfang an zu den Staaten der Dritten Welt rechnete.

8.2.1.3 Die Dritte Welt: Ein Faktor der internationalen Politik

Für das Thema und seine weltpolitische Behandlung ist charakteristisch, daß ein ausgeprägtes Nord-Süd-Gefälle schon bei der Gründung der UNO bestand, es aber nicht in den Rang eines weltpolitischen Problems erster Ordnung aufstieg. Erst als im Zuge der Entkolonialisierung der Anteil der UN-Mitglieder aus den Entwicklungsländern stieg und gewichtig wurde, kam es (ab 1960) zu einer Schwerpunktverlagerung innerhalb der Vereinten Nationen. Zwischen 1959 und 1969 erhöhte sich die Zahl der UN-Mitgliedstaaten von 83 auf 126, allein 1960 kamen 16 afrikanische Staaten hinzu. Nach außen hin wurde die neue Entwicklung daran erkennbar, daß 1961 eine Entschließung der Vollversammlung die sechziger Jahre zum 1. Entwicklungsjahrzehnt der Vereinten Nationen erklärte. Die achtziger Jahre sind schon das 3. Entwicklungsjahrzehnt. Heute bestimmen die Entwicklungsländer aufgrund ihrer Zahl das entwicklungspolitische Geschehen in der UN. 1982 hatte die UNO 156 Mitgliedstaaten, von denen neben 23 westlichen Industriestaaten und 12 Staatshandelsländern die weitaus meisten als „Entwicklungsländer" gelten konnten. Ob sie damit auch eine *Macht-verschiebungen* zu ihren Gunsten erreicht haben, wird weniger deutlich. Dies ist nicht zuletzt eine Frage der internationalen Wirtschaftsstruktur (s. Nord-Süd-Konflikt S. 499 ff.).

Macht-verschiebungen

Die große Zahl der UN-Einrichtungen und -Sonderorganisationen bedeutet nicht, daß Hilfsmaßnahmen zugunsten der Entwicklungsländer hauptsächlich über die UN erfolgen. Vielmehr werden – wie seit Beginn der Hilfsmaßnahmen im Zeichen des Ost-West-Konflikts – auch heute noch 80% der westlichen und ein noch größerer Teil der viel geringeren östlichen Entwicklungshilfe direkt zwischen Geber- und Nehmerländern vereinbart (s. S. 472).

Gruppe der 77

Ihren universalen Charakter hat die entwicklungspolitische Diskussion durch die Mitgliedschaft der Entwicklungsländer in der UNO erhalten. Die zahlreichen Einrichtungen sind das Ergebnis ihres Drängens, nicht ihrer Effektivität.

Ein Beispiel:

> *„Auf der 21. Generalversammlung 1966 erzwangen die Entwicklungsländer mit 76 gegen 19 Stimmen der westlichen Industrieländer und bei 14 Enthaltungen, vor allem der sozialistischen Industrieländer, die Gründung eines Kapitalentwicklungsfonds der Vereinten Nationen (UNCDF), dessen Verwaltungskosten – ebenfalls gegen den Willen der westlichen Industrieländer – aus den anteilsmäßig festgelegten Beiträgen zum ordentlichen Haushalt der Vereinten Nationen getragen werden sollten. Die eigentlichen Hilfsmaßnahmen im Bereich der multilateralen Kapitalhilfe sollten durch freiwillige Beitragszahlungen der Mitgliedstaaten des UNO-Systems erfolgen, die auf jährlichen*

> *Beitragszusagekonferenzen für ein oder mehrere Jahre anzukündigen waren. Zu diesen Konferenzen erschienen jedoch weder die westlichen noch die sozialistischen Industrieländer, so daß die Ergebnisse entsprechend niedrig ausfielen. Am Beispiel des UNCDF haben die Entwicklungsländer erkennen müssen, daß*
> - *ihre „institutionell-politische Macht" trotz ihrer Stimmenmehrheit in der Generalversammlung begrenzt ist,*
> - *die wirtschaftliche Macht der (westlichen) Industrieländer als „faktisches Veto" eingesetzt wird, wann immer die Industrieländer nicht bereit sind, sich Mehrheitsentscheidungen der Generalversammlung zu beugen,*
> - *die sozialistischen Länder propagandistisch-verbal auf der Seite der Dritten Welt, handels- und finanzpolitisch jedoch auf der Seite der reichen Industriestaaten zu finden sind."*
>
> (aus HÜFNER/NAUMANN 1980, S. 45)

Einen anderen Weg, das Gewicht und die Interessen der Entwicklungsländer in der internationalen Wirtschaft und Politik zur Geltung zu bringen, stellt die Bildung der *„Gruppe der 77"* 1964 auf der ersten UN-Welthandels- und Entwicklungskonferenz (UNCTAD I) in Genf dar. Hier sollte ein Gegengewicht gegen die Diskussionen im Rahmen des GATT (s. S. 488 f.) geschaffen werden, weil diese von Anfang an zu ausschließlich auf die Handelsprobleme der Industrieländer bezogen waren. Diese Gruppe der 77, die auch als „Gewerkschaft der Dritten Welt" bezeichnet wird, hat den politischen Druck auf die Industrieländer verstärkt. Sie formulierte ihr Selbstverständnis am 15. 6. 1964 auf der UNCTAD-I-Konferenz:

> *„Die Entwicklungsländer betrachten ihre eigene Einheit ... als das hervorstehende Merkmal dieser Konferenz. Diese Einheit ist aus dem Umstand erwachsen, daß sie angesichts der grundlegenden Entwicklungsprobleme ein gemeinsames Interesse an einer Neugestaltung der Welthandels- und -entwicklungspolitik haben ... Die Entwicklungsländer sind voll und ganz davon überzeugt, daß es in den kommenden Jahren unbedingt darauf ankommen wird, diese Einheit zu erhalten und weiter zu stärken. Sie ist ein unabdingbares Mittel, um sicherzustellen, daß auf dem Gebiet der Weltwirtschaft neue Haltungen und Einstellungen Annahme finden. Diese Einheit dient auch als Mittel, den Bereich gemeinsamer Bemühung auf die internationale Ebene auszuweiten und sicherzustel-*

Die hier beschworene Einheit hält den Verhandlungen über eine neue Weltwirtschaftsordnung kaum stand; zu unterschiedlich sind die internen Verhältnisse und damit auch die Interessen (s. S. 500). Die Gruppe der 77, die am 1. 12. 1981 125 Staaten umfaßte, ist jedoch die wichtigste „Pressure group" der Entwicklungsländer in den achtziger Jahren geblieben.

OPEC

Bilateral

Eine sehr mächtige Position gewann in den siebziger Jahren die 1960 gegründete OPEC (Organization of Petroleum Exporting Countries). Zu ihr gehören z. Z. 13 Staaten, die allerdings eher als „Schwellenländer" denn als „Entwicklungsländer" bezeichnet werden müssen, denn einige von ihnen liegen im Pro-Kopf-Einkommen mittlerweile vor den Industrieländern. Außerdem bringen sie selbst erhebliche entwicklungspolitische Leistungen auf. OPEC-Mitglieder sind Algerien, Ecuador, Gabun, Indonesien, Irak, Iran, Katar, Kuwait, Bahrain, Libyen, Nigeria, Saudi-Arabien, Venezuela, Vereinigte Arabische Emirate. Die arabischen Ölexportierenden Länder haben 1968 noch die OAPEC gegründet, zu der Ägypten, Algerien, Bahrain, Irak, Katar, Kuwait, Libyen, Saudi-Arabien, Syrien, Vereinigte Arabische Emirate gehören.

Multilateral

Definition

Mit den zahlreichen internationalen Institutionen und Organisationen sind für die Wirtschaftsinteressen außerhalb der Industrieländer Foren und Instrumente geschaffen worden, die sie im weltweiten Verteilungskampf keineswegs mehr chancenlos erscheinen lassen.

8.2.2 Entwicklungspolitik

8.2.2.1 Entwicklungspolitik und Entwicklungshilfe als Teil der Außenpolitik

Zuschuß-element

Der Begriff „Entwicklungspolitik" umfaßt alle Maßnahmen zur Förderung der wirtschaftlichen Entwicklung bzw. zur Überwindung von Unterentwicklung. Die Schwierigkeiten einer genauen Definition von „Entwicklung" und „Unterentwicklung" (s. S. 459) betreffen auch den Versuch einer genaueren Definition entwicklungspoliti-

scher Maßnahmen. Entwicklungspolitik wird von den betroffenen Ländern selbst, von internationalen Institutionen und von den Industrieländern betrieben. Dabei geht es in aller Regel auch um das Erreichen anderer politischer Ziele. Entwicklungspolitik kann deshalb nicht rein wirtschaftlich betrachtet werden. Ein besonderes Problem stellen im Verhältnis zwischen Industrie- und Entwicklungsländern die Multinationalen Konzerne dar (s. S. 494 ff.).

„Entwicklungshilfe" – und zwar die internationale und (aus deutscher Sicht z. B.) die nationale – wird offiziell enger als „Entwicklungspolitik" definiert. Sie ist sozusagen Entwicklungspolitik im engeren Sinne, indem sie vor allem finanzielle und technische Hilfeleistungen umfaßt. Entwicklungspolitik im weiteren Sinne umgreift auch z. B. die Handels-, Währungs- und Rohstoffpolitik.

Dabei wird zwischen „bilateraler" und „multilateraler" Entwicklungshilfe und -politik unterschieden. Dies ist von erheblicher Bedeutung, wenn man die unterschiedlichen Interessen beachtet. So liegt in der Regel die bilaterale Entwicklungshilfe eher im Interesse des Geberlandes, weil es damit deutlicher in Erscheinung tritt und seine eigenen Interessen besser zur Geltung bringen kann. Die multilaterale Entwicklungshilfe liegt in der Regel eher im Interesse eines Entwicklungslandes, weil es damit u. U. besser dem unmittelbaren Interessendruck eines Geberlandes ausweichen kann.

Die OECD (Organization for Economic Cooperation and Development, s. S. 352) hat durch ihren Entwicklungshilfeausschuß (DAC, Development Assistance Committee), dem 17 Industrieländer und die EG-Kommission angehören, eine amtliche Definition von „Entwicklungshilfe" („Official Development Assistance", ODA) vorgenommen. Danach müssen die finanziellen Leistungen an die Entwicklungsländer von der öffentlichen Hand stammen. Sie müssen die Förderung der wirtschaftlichen Entwicklung und die Verbesserung der Lebensbedingungen in den Entwicklungsländern zum Ziel haben, und sie müssen im Vergleich zu kommerziellen Transaktionen einen Zuschuß („grant element") von mindestens 25 % enthalten. Das „Zuschußelement" bedeutet den Verzicht auf Gegenleistungen. In dieser engen Definition werden also private Leistungen zu kommerziellen Bedingungen, z. B. private Exportkredite, internationale Bankkredite und Direktinvestitionen, nicht als „Entwicklungshilfe" anerkannt. Dies gilt auch für öffentliche Exportkredite und Leistungen, die nicht zu vergünstigten

467

Bedingungen vergeben werden (z. B. öffentliche Kredite an die Weltbank).

Bilanz

Ungeachtet dieser Bemühungen des DAC um eine „ehrliche" Bilanz der Entwicklungshilfe, enthalten heute einschlägige Statistiken auch die im Durchschnitt dreimal so umfangreichen privaten Kredite zu kommerziellen Bedingungen. Statistiken über Entwicklungshilfe können eigentlich auch nur dann als Netto-Kapitaltransfer angesehen werden, wenn die zurückfließenden Zinszahlungen abgezogen sind. Schließlich muß bei der Suche nach den realen Leistungen auch noch Beachtung finden, daß Zahlen über Leistungen „zu jeweiligen Preisen" mehr oder weniger starke Preisinflationierungen enthalten. Ein in den Statistiken nicht erkennbarer Faktor, der den realen Wert der Entwicklungshilfe mindern kann, sind Lieferbindungen. Der Kreditnehmer ist dadurch u. U. gehindert, auf dem Weltmarkt zu den günstigsten Bedingungen zu kaufen.

Hallstein-Doktrin

Außenpolitik

Die Entwicklungspolitik der Staaten ist immer zugleich Außenpolitik. Sie ist es allerdings in unterschiedlicher Intensität. Besonders intensiv war die Verknüpfung in den fünfziger und sechziger Jahren auf dem Höhepunkt des Ost-West-Konflikts. Die USA und später auch ihre Verbündeten versuchten, durch bilaterale Abkommen über Entwicklungshilfe den kommunistischen Einfluß auf die zumeist gerade selbständig gewordenen Entwicklungsländer zu verhindern oder zu schwächen. Es ging auch darum, mit der Entwicklungshilfe die neuen Staaten zur Übernahme der jeweils eigenen Wirtschafts- und Gesellschaftspolitik (also z. B. zur Anwendung marktwirtschaftlicher Prinzipien) zu drängen. Derartige Orientierungen waren und sind in noch stärkerem Maße ein Merkmal der Entwicklungshilfe der Sowjetunion und ihrer Verbündeten. Sie unterstützen die „Befreiungsbewegungen" und bieten stets dort Entwicklungshilfe an, wo sich politisch eine antiwestliche oder antikapitalistisch-sozialistische Haltung erkennen oder fördern läßt. Wenn auch der Ost-West-Konflikt stärker in den fünfziger und sechziger Jahren die Entwicklungspolitik der beiden Blöcke beeinflußte, so kann doch nicht ausgeschlossen werden, daß eine Wiederbelebung des Konflikts stets auch Konsequenzen für die Entwicklungspolitik der beiden Blöcke haben wird.

UNO-„Entwicklungsjahrzehnte"

Weitere Gründe für eine engere Verknüpfung von Entwicklungspolitik und Außenpolitik können sein:

- die strategische Bedeutung, die ein Entwicklungsland für ein (großes) Geberland besitzt;
- der Versuch, im Rahmen von Entwicklungshilfeleistungen die Wahrung der Menschenrechte durchzusetzen;
- Versuche ehemaliger Kolonialmächte, durch Entwicklungshilfeleistungen ihre unabhängig gewordenen Kolonien nach wie vor an sich zu binden;
- die Bedeutung eines Entwicklungslandes als Rohstoff- und Energielieferant;
- die Bedeutung eines Entwicklungslandes als bevorzugtes Gebiet für Direktinvestitionen und als Absatzgebiet.

In diese Reihe gehört auch der Versuch der Bundesrepublik Deutschland, Entwicklungshilfeleistungen an die Nicht-Anerkennung der DDR zu binden („Hallstein-Doktrin" s. S. 444).

Die allzu enge Verknüpfung von außenpolitischen Interessen mit Entwicklungspolitik hat stets nur begrenzte Erfolge gebracht. Die Versuche, die Regierungen der Entwicklungsländer zu Wohlverhalten und einseitiger Interessenorientierung zu bewegen, werden mittelfristig scheitern, wenn die Entwicklungsprobleme einschließlich der sozialen Folgen in den Entwicklungsländern nicht angepackt und gelöst werden. Das Wohlverhalten der Regierung eines Entwicklungslandes ohne genügende Berücksichtigung seiner inneren Probleme erzwingt entweder Diktaturen oder es ebnet den Weg für revolutionäre Ideen und Gruppierungen, die dann wiederum finanzielle Mittel und Waffen „von der anderen Seite" erhalten. Insofern zwingt im Grunde nicht nur die Emanzipation der Staaten der Dritten Welt, sondern die Unterentwicklung selbst zur Orientierung an den wirklichen Problemen. Diese Erkenntnis dürfte jedoch immer neue Versuche der Industriestaaten, die Entwicklungspolitik zum Instrument ihrer Außenpolitik zu machen, nicht ausschließen.

8.2.2.2 Globale Entwicklungspolitik

In den achtziger Jahren ist die Entwicklungspolitik stärker als je zuvor in den Vordergrund getreten. Zu ihr gehören die Ziele des 3. „Entwicklungsjahrzehnts" der UNO ebenso wie alle Konferenzen und Vereinbarungen über den internationalen Handelsaustausch und die Bemühungen um eine „neue Weltwirtschaftsordnung" (s. S. 505).

Das von der UNO ausgerufene 1. Entwicklungsjahrzehnt 1960–1970 folgte noch allein dem Wachstumskonzept: Industrialisierung, Import-Substitution, Erhöhung des Volkseinkommens.

Am Ende der sechziger Jahre zeigte sich, daß das Sozialprodukt der Entwicklungsländer zwar gewachsen war, jedoch vergrößerte sich die Einkommenslücke zwischen Industrie- und Entwicklungsländern noch stärker als in den fünfziger Jahren, da wegen der unterschiedlichen wirtschaftlichen Ausgangslage selbst identische Wachstumsraten zu immer stärkeren absoluten Einkommensunterschieden führten. Von der Entwicklung des Welthandels konnten die Entwicklungsländer nicht angemessen profitieren, weil sich die „Terms of Trade" (s. S. 484) für sie verschlechterten, Importbeschränkungen der Industrieländer wurden nicht genügend abgebaut („Kennedy-Runde" im Rahmen des GATT s. S. 488), die Kapitalzufuhr hielt nicht mit dem Kapitalabfluß (s. S. 509) durch Zinsen und Gewinne Schritt und der Anteil der öffentlichen Entwicklungshilfe ging zurück (OECD-Staaten von 0,52 % am BSP 1960 auf 0,34 % 1970).

Die 2. Entwicklungsdekade der UN 1970–1980 erweiterte die wachstumspolitische Zielsetzung in Richtung auf eine „Weltsozialpolitik" und ließ den Nord-Süd-Konflikt stärker hervortreten.

> *„Wenn ungerechtfertigte Privilegien, übermäßiger Reichtum und schwere soziale Ungerechtigkeiten weiterhin bestehen", so hieß es in der Resolution der UN-Generalversammlung vom Oktober 1970, „dann ist die Entwicklungspolitik in ihren wesentlichen Zielsetzungen gescheitert. Daraus ergibt sich die Notwendigkeit einer globalen Entwicklungsstrategie auf der Grundlage abgestimmter Aktionen der Industrienationen und der Entwicklungsländer auf allen Gebieten des wirtschaftlichen und sozialen Lebens: Industrie und Landwirtschaft, Handel und Finanzwesen, Beschäftigung und Erziehung, Gesundheitsfürsorge und Wohnungsbau. Wissenschaft und Technik".*

Damit wurden nun weitergehende Ziele auf internationaler Ebene angestrebt, wie die Senkung von Zöllen und die Beseitigung von Einfuhrhemmnissen ohne Gegenseitigkeit sowie die generelle Erhöhung der öffentlichen Entwicklungshilfe auf 0,7 und schließlich 1 % des Bruttosozialprodukts der Industrieländer. Auch sollten die Modalitäten der Entwicklungshilfeleistungen zugunsten der Entwicklungsländer verbessert werden.

In diesem 2. Entwicklungsjahrzehnt blieb aber erneut das Ziel unerreicht, die Entwicklungshilfe der Industriestaaten auf 0,7 % des BSP zu erhöhen. Die siebziger Jahre waren jedoch durch ein massives Drängen der Entwicklungsländer in Richtung auf eine Veränderung der weltwirtschaftlichen Bedingungen gekennzeichnet. Die „Ölkrise", d. h. die drastische Erhöhung der Ölpreise durch die OPEC-Staaten im Herbst 1973, zeigte die Macht der Dritten Welt. Dies brachte 1974 eine Wende, indem sich nun auch die Industrieländer auf der UNO-Ebene genötigt sahen, der Ausarbeitung einer neuen Weltwirtschaftsordnung zuzustimmen (s. Kap. 9). Im Dezember 1974 verabschiedete die Generalversammlung der UNO die „Charta der wirtschaftlichen Rechte und Pflichten der Staaten" gegen die Stimmen der westlichen Industriestaaten (s. S. 497). Die Diskussion wurde von nun an immer mehr von den weltwirtschaftlichen Zusammenhängen und entsprechend weniger von Diskussionen um die „Entwicklungshilfe" im engeren Sinne bestimmt. Zu den grundlegenden Problemen der 2. Entwicklungsdekade gehörte auch, daß ein weiteres Wachstum in den Industrieländern ausblieb. Hinzu kamen der rasche Anstieg der Energie- und Rohstoffpreise, inflationistische Entwicklungen in zahlreichen Entwicklungs- aber auch in den Industrieländern und der Zusammenbruch des bisherigen Weltwährungssystems (s. S. 490 ff.). Die von der 35. UNO-Generalversammlung am 5. 12. 1980 verabschiedete Globalstrategie für die 3. Entwicklungsdekade verbreiterte die Zielpalette noch stärker. Am deutlichsten kam dies in der Verpflichtung zum Ausdruck, eine neue Weltwirtschaftsordnung zu schaffen. Außerdem wurden fast alle Problembereiche ausdrücklich angesprochen, auch Abrüstung, Umweltschutz und Partizipation der Bevölkerung. Den Unterschieden zwischen den Entwicklungsländern wurde durch eine Sonderstellung der ärmsten Rechnung getragen. Die angestrebten jährlichen Wachstumsraten wurden sehr hoch (7 % für das Brutto-Inlandsprodukt der Entwicklungsländer, dabei 9 % für die Industrie- und 4 % für die Agrarproduktion) veranschlagt. Die Entwicklungshilfe der Industrieländer soll bis 1985 0,7 % des BSP erreichen und dann auf 1 % steigen.

8.2.2.3 Von der Kapitalhilfe zum Technologietransfer

„Entwicklungshilfe" ist nur ein Teil der Gesamtproblematik. Sie wurde vor allem in den siebziger Jahren immer stärker durch die allgemeinen Aufgabenstellungen der Entwicklungspolitik überlagert, ohne deshalb jedoch bedeutungslos zu werden. Nach wie vor sind vier Formen der Entwicklungshilfe im engeren Sinne wichtig:

Ölkrise

Charta der wirtschaftlichen Rechte

Weltsozialpolitik

0,7 % des BSP

- Kapitalhilfe (finanzielle Zusammenarbeit),
- Technische Hilfe (technische Zusammenarbeit),
- Nahrungsmittelhilfe und
- Bildungshilfe.

Es kann auch die „Handelshilfe", also z. B. Einfuhrerleichterungen für Exporte aus den Entwicklungsländern, dazugerechnet werden. Dies empfiehlt sich jedoch heute nicht mehr, da derartige Maßnahmen Teil des Ringens um eine neue Weltwirtschaftsordnung sind.

Nahrungs-
mittelhilfe

Die finanzielle und die technische Zusammenarbeit bilden den Kern der Entwicklungshilfe. Die „Nahrungsmittelhilfe" hat eher einen zeitlich begrenzten und ergänzenden Charakter, da das Interesse der Entwicklungsländer dauerhaft nur in der Erhöhung der eigenen Nahrungsmittelproduktion liegen kann. Sie wird vor allem bei Notständen wie Mißernten, Überschwemmungen usw. gewährt. Nahrungsmittel werden gegen Kredit, Bezahlung in inländischer Währung oder unentgeltlich zur Verfügung gestellt. Die wichtigsten Geberländer und -agenturen sind die USA, Kanada, die EG und das „World Food Programme". Die multilaterale Nahrungsmittelhilfe wird seit 1968 durch die im Rahmen des Weltweizenabkommens abgeschlossene „Food Aid Convention" geregelt und finanziert. Vorteile und Interessen liegen auf seiten der Geberländer in der Möglichkeit, landwirtschaftliche Überschüsse abzubauen. Nachteile für die Entwicklungsländer können dadurch entstehen, daß die Hilfslieferungen das innere Preisgefüge und die eigene Nahrungsmittelproduktion negativ beeinflussen.

Bildungshilfe

Die „Bildungshilfe" kann auch als Teil der technischen Zusammenarbeit (Sozialstrukturhilfe) angesehen werden. Bildung und Ausbildung umgreifen als Entwicklungsprobleme sowohl die Beseitigung des Analphabetentums als auch die Ausbildung von technischen und akademischen Spezialisten. Auf der UN-Ebene sind derartige Fragen bei der UNESCO (s. S. 420) konzentriert. Zu den Problemen der Ausbildung von Spezialisten in den Industrieländern zählt neuerdings die Rückkehrunwilligkeit der Ausgebildeten (z. B. der Ärzte), vor allem, wenn im Heimatland z. B. unsichere politische Verhältnisse herrschen. Zweifellos werden die kulturellen Verbindungen zwischen Industrie- und Entwicklungsländern durch alle Maßnahmen der Bildungshilfe bilateral vertieft.

Liefer-
bindungen

Kapitalhilfe

Die Kapitalhilfe wird grundsätzlich in Form von Krediten vergeben, mit niedrigen Zinssätzen und langer Laufzeit. Nicht-rückzahlbare Kapitalhilfe ist bei besonders armen Entwicklungsländern je-

doch ebenfalls üblich. Kapitalhilfe kann geleistet werden für

- einzelne Investitionsprojekte (Projekthilfe) und
- umfassendere Entwicklungsprogramme regionaler oder sektoraler Art (Programmhilfe).

In beiden Fällen werden in der Regel die Investitionskosten (auch der Import von Investitionsgütern) subventioniert oder finanziert, während die (laufenden) Unterhaltskosten dann vom Empfängerland getragen werden müssen. Dies kann natürlich bedeuten, daß die Entwicklungshilfe kein optimales Ergebnis erreicht. Die Frage, ob Projekt- oder Programmhilfe gewährt wird, hat eine politische Dimension. So ist z. B. der Einfluß des Geberlandes bei der Projekthilfe stärker. Gleichzeitig wird aber auch seine Identifikation mit dem Projekt stärker sein und damit die Bereitschaft, weitere zusätzliche Mittel aufzubringen.

Die Kapitalhilfe in Form der Programmbindung läßt den Empfängerländern mehr eigenen Spielraum, z. B. auch in der Art und Weise der Kombination von kleinen und großen Projekten zu einem Gesamtprogramm.

Weitere Formen der Kapitalhilfe sind:
- Kapitalhilfe in Form der Warenhilfe finanziert die Einfuhr von Gütern und Leistungen für die Produktion, für Lizenz- und Patentgebühren, für die Ausrüstung z. B. medizinischer Einrichtungen in einem Entwicklungsland.
- Kapitalhilfe wird auch gewährt, um Entwicklungsbanken zu finanzieren, die ihrerseits Kredite an mittlere und kleine Unternehmen der Landwirtschaft und der Industrie vergeben.
- Dem Ausgleich der Zahlungsbilanz eines Entwicklungslandes kann die Kapitalhilfe ebenso dienen wie der Finanzierung von Haushaltsausgaben, der Umschuldung (Minderung oder Streckung von Zins- und Tilgungsverpflichtungen) und dem Schuldenerlaß (durch Streichung der Zins- und Tilgungszahlungen). So wird aus der Kapitalhilfe ein Zuschuß.

Ein erhebliches Problem der finanziellen und technischen „Zusammenarbeit" stellen Lieferbindungen dar, d. h. daß ein Geberland seine Hilfe ganz oder teilweise mit der Verpflichtung für das Empfängerland verbindet, nur im Geberland zu kaufen. Dies kann direkt durch den Hilfevertrag geschehen (formelle Lieferbindung). Informelle Formen der Lieferbindung sind z. B. die Bevorzugung von Projekten, die im Geberland günstig zu kaufen sind, eine geschickte Verbindung von Kapitalhilfe und (beratender) technischer Hilfe oder eine vorweggenommene Ausschreibung (wenn das Entwicklungsland einem Unternehmen des

Geberlandes den Zuschlag erteilt hat). Auch politischer Druck kann nicht ausgeschlossen werden. Der Export des Geberlandes wird somit erkennbar durch die Entwicklungshilfe gesteigert. Unter solchen Umständen kann es für ein Entwicklungsland günstiger sein, Kredite auf dem freien Kapitalmarkt aufzunehmen.

Die technische Hilfe zielt auf die Vermittlung von Fähigkeiten zur Bewältigung der Entwicklungsaufgaben. Hier stehen Menschen im Mittelpunkt, die Entwicklungshilfe vor Ort leisten (Techniker, Wissenschaftler, Ärzte, Wirtschaftsberater, Agronomen). Bekannt sind auch freiwillige Entwicklungsdienste (wie der Deutsche Entwicklungsdienst DED), die vor allem auch in sozialen (und handwerklichen) Bereichen tätig sind. Das Hauptziel ist die Förderung und Qualifizierung der Menschen. Insofern unterscheidet sich die technische Hilfe noch von dem, was „Transfer von Technologien" genannt wird.

Es ist offenkundig, daß die Industrieländer ihren Aufschwung und Ausbau der immer höher entwickelten Technologie verdanken. Dies bedarf keiner weiteren Erläuterung. Die Motive und die sozialen Folgen müssen jedoch für die Entwicklungsländer näher betrachtet werden. Ein zentraler Motor des technischen Fortschritts in den Industrieländern war und ist die Substitution (Ersetzung) des Menschen durch die rentabler arbeitende Maschine. Sind aber derartige technische Fortschritte sinnvolle und „richtige" Technologien für Entwicklungsländer? Diese Frage muß in der Regel eher verneint werden. In einem Entwicklungsland stehen meistens genügend Arbeitskräfte zur Verfügung, dafür besteht aber Kapitalknappheit. Hinzu kommt der niedrige Ausbildungsstand der Arbeitskräfte. Teuere und technisch hochwertige Arbeitsplätze würden also dem Kapitalbedarf nicht gerecht und selbst bei einer Verbesserung der Qualifikationen nur die Beschäftigung von wenigen Spezialisten bedeuten. Aus diesen Erfahrungen und Erwägungen heraus wurden die Konzepte „angepaßter" Technologien entwickelt. Sie trafen zunächst auf den starken Widerstand der Entwicklungsländer, weil diese fürchteten, damit dauerhaft zu technischer Rückständigkeit verurteilt zu sein. Demgegenüber argumentiert ein Experte aus Indien:

> „Bei der Auswahl der Technologie stößt man auf eine Reihe von Technologie-Quellen. Wir haben es mit einheimischen und mit externen Quellen zu tun. Zu den einheimischen Quellen gehören die

> traditionellen Technologien der Bevölkerung, die sich über Jahrhunderte entwickelt haben; die sogenannten
> transformierten traditionellen Technologien, also traditionelle Technologien, die mittels wissenschaftlicher Erkenntnisse verbessert wurden; alternative Technologien, die entwickelt wurden unter Berücksichtigung des Kriteriums der Angepaßtheit sowie schließlich
> naturalisierte Technologien, die auf dem Import, der Imitation und der Adaption von westlichen Technologien basieren.
> Bei den externen Quellen haben wir die unveränderten
> westlichen Technologien sowie das, was ich „unscharfe Xerox-Kopien" westlicher Technologien aus anderen Entwicklungsländern nennen möchte, sowie
> Technologien, die extern speziell entwickelt wurden unter dem Aspekt der Angepaßtheit (externe Angepaßte Technologie) ...
> Jetzt ist es notwendig, aus allen diesen Quellen auszuwählen. Es scheint für mich klar, daß das Konzept der Angepaßten Technologie eine Mischung sein muß, in der einige westliche Technologien, einige transformierte traditionelle Technologien und andere Technologietypen enthalten sind. Sodann muß es eine dynamische Mischung sein, da sich die Entwicklungsländer im Wandel befinden ..."
> (A. K. N. REDDY in BAUMER/STADLER/ KNOBLAUCH 1979, S. 21 f.)

Diese Frage ist Bestandteil des Nord-Süd-Dialogs. UN-Weltkonferenzen haben sich damit befaßt (UNIDO 1975; UNCTAD IV 1976; ILO Welt-Beschäftigungskongreß 1976), denn technologischer Rückstand bedeutet immer auch technologische Abhängigkeit. Deshalb sollen neben den Technologie-Entwicklungen innerhalb der Entwicklungsländer diskriminierende Patent- und Lizenzregelungen abgebaut, die auf die Bedürfnisse der Entwicklungsländer ausgerichtete Technologieforschung intensiviert und der Technologie-Transfer partnerschaftlich organisiert werden. Da der Differenzierungsprozeß unter den Entwicklungsländern mittlerweile weiter fortgeschritten ist, kann die Technologiefrage letztlich nicht allgemeingültig beantwortet werden. So kann man unterscheiden:

- Entwicklungsländer mit ausreichenden Arbeitskräften und Kapitalknappheit (ein Großteil von Südost-Asien),
- Entwicklungsländer mit Knappheit an ausgebildeten, aber ausreichenden ungelernten Ar-

Sozialistische Länder

beitskräften sowie genügend Devisen (z. B. die OPEC-Länder),

- Entwicklungsländer, die halbindustrialisiert sind und genügend ausgebildete Arbeitskräfte besitzen (z. B. einige lateinamerikanische Länder).

China

Für die erste Gruppe gilt eine gewisse Priorität der Entwicklung von einheimischen Technologien zur Verbesserung der Lebensbedingungen in den ländlichen und städtischen Sektoren. Die zweite Gruppe hat eine ähnliche Kapital-Arbeitskräfte-Situation wie die Industrieländer (allerdings nicht in bezug auf die Qualifikationen).

OPEC-Länder

Deshalb wären hier hochentwickelte und sehr kapitalintensive Technologien durchaus „angepaßt". Wegen der fehlenden Qualifikationen sollten jedoch moderne Technologien, die noch Lerneffekte ermöglichen, eingesetzt werden.

Die vorwiegend lateinamerikanischen Staaten der dritten Gruppe (z. B. Argentinien, Brasilien, Mexiko) verfügen heute schon über eine breite technologische Basis, d. h. auch über die entsprechend ausgebildeten Arbeitskräfte, mit denen sie importierte höchstentwickelte Technologien assimilieren, jedoch noch nicht selbst entwickeln können (A. S. BHALLA in BAUMER u. a. 1979, S. 42 f.).

8.2.3 Entwicklungshilfe und kollektive „Self-Reliance"

8.2.3.1 Überblick über die Welt-Entwicklungshilfe

Der Gesamtumfang der Entwicklungshilfe erreichte 1980 37,5 (1982 36,3) Mrd. $ (Fischer Weltalmanach '82, S. 114; '84, S. 127). Davon entfielen 26,7 Mrd. $ (71,2%) auf die westlichen Industrieländer, 9 Mrd. $ (24%) auf die Ölförderländer und nur 1,8 Mrd. $ (4,8%) auf die „RGW-Staatshandelsländer" (neuere Zahlen s. neuesten Weltalmanach).

Die Tabelle S. 473 zeigt, daß die Hauptgeberländer 1978 den von den UN aufgestellten Richtsatz von 0,7% Anteil öffentlicher Entwicklungshilfe am Bruttosozialprodukt nicht erreichten. Gegenüber 1960 (0,51%) ging er sogar zurück (1982 0,39%). Das globale Zuschußelement der den Entwicklungsländern (direkt) und multilateralen Stellen zugesagten öffentlichen Entwicklungshilfe erreichte fast 90%. Die Entwicklungshilfe

DAC-Länder

der DAC-Länder hatte sich in den siebziger Jahren stärker zur multilateralen Hilfe hin verlagert; 1965/66 waren nur 6% der öffentlichen Entwicklungshilfe multilateral vergeben worden, 1978 immerhin schon 34%.

Gegenüber den westlichen Industriestaaten sind die Nettoauszahlungen der „sozialistischen Industrieländer" niedrig. Nach DAC-Schätzungen kamen sie 1978 auf 0,7 Mrd. $, d. h. 3% der Weltentwicklungshilfe. Der Anteil der Nettoauszahlungen am Bruttosozialprodukt betrug 1978 etwa 0,04%. Der Anteil an multilateraler Entwicklungshilfe blieb äußerst gering. Empfängerländer der bilateralen Hilfe waren vor allem Kuba und Vietnam sowie Algerien, Afghanistan, Irak, Syrien und die Türkei.

China wird, obwohl selbst eigentlich ein Entwicklungsland, in internationalen Statistiken als Geberland geführt. Der Anteil seiner Nettoauszahlungen am Bruttosozialprodukt wurde für 1978 aber auch nur auf 0,06% geschätzt.

Bei den OPEC-Ländern belief sich 1978 der Anteil der öffentlichen Entwicklungshilfe am Bruttosozialprodukt auf 1,1%. Die Hauptgeberländer Saudi-Arabien, Kuwait und die Vereinigten Emirate kamen sogar auf 2,3, 4,5 und 5,4% ihres Bruttosozialprodukts. Auch hier wird wie bei den Staatshandelsländern Entwicklungshilfe hauptsächlich bilateral vergeben. Für die multilaterale Hilfe wurden eigene Finanzierungseinrichtungen geschaffen. Sie konzentrieren sich auf den arabischen Raum und auf Projekte. Lieferbindungen sind selten, die Kreditbedingungen sind jedoch härter als bei den DAC-Ländern (Zahlen nach OCHEL 1982, S. 216 ff.).

Die Entwicklung ab 1981 wurde erheblich von der weltwirtschaftlichen Rezession bestimmt. Die Leistungen stagnierten bzw. gingen sogar zurück. Hinzu kamen Versuche, die Mittel aus Effizienzgründen, aber auch aufgrund politischer Erwägungen, gezielter einzusetzen. Als generelle Tendenz wurde erkennbar, die öffentliche und multilaterale „geschenkte Hilfe" vermehrt den LLDC, die rückzahlbare Hilfe den Ländern mit mittlerem Einkommen und die Leistungen der Wirtschaft den Schwellenländern zukommen zu lassen.

8.2.3.2 Multilaterale Entwicklungshilfe des UNO-Systems und der EG

Multilaterale Entwicklungshilfe wird über internationale Institutionen geleistet, die die Mittel von Geberländern erhalten (in Ausnahmefällen wie bei der Weltbank werden auch Eigenmittel eingesetzt) und diese an Empfängerländer weiterleiten. Die multilaterale Kapitalhilfe wird über die Weltbankgruppe, regionale Entwicklungsbanken, die Europäische Investitionsbank und die Europäische Gemeinschaft abgewickelt. Die Träger der multilateralen Technischen Hilfe sind vor allem Sonderorganisationen der UN.

Die öffentliche Entwicklungshilfe der DAC-Länder an die Entwicklungsländer und an multilaterale Stellen, 1978

Länder	Nettoauszahlungen		Anteil multilateraler Leistungen in %	Zuschußelement der Zusagen an öffentl. Entwicklungshilfe in %
	Mill. US-$	in % des BSP		
Australien	588	0,54	28,6	100,0
Österreich	166	0,29	32,0	65,8
Belgien	536	0,55	42,1	98,6
Kanada	1 060	0,52	38,8	96,0
Dänemark	388	0,75	43,9	94,5
Finnland	55	0,17	58,2	99,0
Frankreich	2 705	0,57	13,1	92,4
Bundesrepublik Deutschland	2 418	0,38	35,5	87,4
Italien	175	0,07	87,3	99,8
Japan	2 215	0,23	30,9	75,3
Niederlande	1 074	0,82	26,5	92,4
Neuseeland	55	0,34	18,2	100,0
Norwegen	355	0,90	45,8	100,0
Schweden	783	0,90	39,6	99,9
Schweiz	173	0,20	41,8	93,1
Großbritannien	1 472	0,48	42,1	92,9
USA	5 664	0,27	38,7	89,5
DAC-Staaten insg.	19 882	0,35	34,0	89,6

(4. Bericht zur Entwicklungspolitik, Bonn 1980, in: Ochel, 1982, S. 218)

Planung, Koordinierung und Förderung sind im UN-System vor allem angesiedelt bei
- dem Wirtschafts- und Sozialrat (ECOSOC, Economic and Social Concil) mit Regionalausschüssen, für Europa: ECE;
- den Ausschuß für Entwicklungsplanung (CDP, Committee on Development Planning);
- *UNIDO* der Organisation für industrielle Entwicklung (UNIDO, United Nations Industrial Development Organization), die vor allem mit den Problemen kleinerer und mittlerer Industrien befaßt ist;
- der Konferenz für Handel und Entwicklung (UNCTAD, s. S. 489).

Im Rahmen der multilateralen Technischen Hilfe arbeiten vor allem:
- *UNDP* UNDP (United Nations Development Programme) als die zentrale Beratungs-, Planungs-, Koordinierungs- und Finanzierungsorganisation für die Technische Hilfe der UN. Sie erhält freiwillige Zuwendungen und Sonderbeiträge der Mitgliedstaaten. Mit ihren Länderbüros unterstützt sie zusammen mit den UN-Fachorganisationen die Empfängerländer bei *Weltbank* der Erstellung mittelfristiger Länderhilfsprogramme, die dann die Grundlage für die Gewährung der Technischen Hilfe bilden.
- *ILO* ILO (International Labour Organization). Das „Internationale Arbeitsamt" in Genf besteht zwar schon seit den zwanziger Jahren. Es ist heute aber auch vordringlich mit der Arbeits- und Lebenssituation in den Entwicklungsländern befaßt. So behandelte z. B. der Welt-Beschäftigungskongreß 1976 in Genf das Thema „Angepaßte Technologien" (s. S. 471). Die Tätigkeit der ILO umgreift auch generell Fragen der Technischen Hilfe.

Für die multilaterale Entwicklungshilfe im engeren Sinne, vor allem für alle Aspekte der „Kapitalhilfe", besitzt die „Weltbankgruppe" zentrale Bedeutung. Zu ihr gehören
- die „Weltbank", Internationale Bank für Wiederaufbau und Entwicklung (IBRD, International Bank for Reconstruction and Development), 1945 gegründet;
- die Internationale Entwicklungsgesellschaft (IDA, International Development Association), 1960 gegründet;
- die Internationale Finanzierungsgesellschaft (IFC, International Finance Corporation), 1956 gegründet.

Die IBRD gewährt langfristige Kredite zu Marktzinsen und finanziert sich durch die Kapitaleinlagen ihrer Mitglieder und eigene Mittelaufnahmen an den internationalen Kapitalmärkten. Ihre Kreditbedingungen qualifizieren sie eher als Bank für wirtschaftlich fortgeschrittene Entwicklungsländer. Sie spielte unmittelbar nach dem II. Weltkrieg beim Wiederaufbau zerstörter Gebiete und

EG-Entwick-lungspolitik

Volkswirtschaften eine große Rolle. So vergab die Weltbank 1946–1961 z. B. Darlehen an 46 Staaten in Höhe von insgesamt 5,79 Mrd. $. Davon entfielen auf elf europäische und drei damals schon relativ weit industrialisierte Staaten (Japan, Australien, Südafrika) 47 % aller Mittel, während für 32 Entwicklungsländer nur die restlichen 53 % des Weltbankkreditvolumens zur Verfügung standen (R. TETZLAFF 1980, S. 353). In dieser ersten Phase standen Westeuropa, Lateinamerika, Indien und Jugoslawien im Vordergrund.

IDA

Mit der Gründung der IDA, eines Tochterinstituts, das langfristige (50 Jahre) zinslose Entwicklungskredite (Verwaltungsgebühr jährlich 0,75 %) zu erleichterten Rückzahlungsbedingungen vergibt (eigene Finanzierung durch Haushaltsmittel ihrer Mitglieder und Gewinne der Weltbank), verlagerte sich das Schwergewicht auf Asien, ab 1973 dann auf Afrika und sektorale Investitionsschwerpunkte wie Landwirtschaft, Industrie, Bildung usw.

IFC

Die schon 1956 gegründete IFC fördert den privatwirtschaftlichen Sektor in den Entwicklungsländern, z. B. durch Mobilisierung von Inlands- und Auslandskapital.

Auch die multilaterale Entwicklungshilfe unterliegt somit Interesseneinflüssen, die als charakteristisch für die bilaterale Hilfe angesehen werden.

Stabex-System

> „Die Franzosen drängen uns ständig, IDA-Mittel nach Französisch-Afrika zu schieben. In ähnlicher Weise überreden uns die Japaner, deren Interessen in Südostasien liegen, mehr Unterstützung dieser Region zu gewähren. Und die Vereinigten Staaten, was ich kaum hinzufügen muß, erzählen uns ständig, daß wir mehr Geld nach Lateinamerika dirigieren sollten. Anstatt uns zu bitten, die Mängel des bestehenden Verteilungsmusters auszugleichen, setzen uns die Geberstaaten unter Druck, die schon großzügigen Summen aufzufüllen, die einigen Ländern gegeben werden, die zufälligerweise in ihren politischen Einfluß- und Interessengebieten liegen."
>
> (so der ehem. Senior-Vizepräsident der Weltbank; nach TETZLAFF, S. 367)

Regionale Entwicklungsbanken ergänzen die globalen Aktivitäten der Weltbankgruppe:
- die Interamerikanische Entwicklungsbank,
- die Afrikanische Entwicklungsbank,
- die Asiatische Entwicklungsbank.

Hinzu kommen noch multilaterale Finanzierungsinstitutionen, die die OPEC-Länder ab Mitte der siebziger Jahre gründeten.

Seit 1976 gibt es schließlich den „International Fund for Agricultural Development (IFAD)", eine Gemeinschaftseinrichtung von Industrie- und OPEC-Ländern.

Die Zusammenarbeit mit den assoziierten „AKP-Staaten" (s. S. 338 f.) bildet den Kern der EG-Entwicklungspolitik. Sie wird ergänzt durch die weltweite finanzielle und technische Zusammenarbeit der EG mit den Entwicklungsländern, vor allem in Form der Nahrungsmittelhilfe, Zollpolitik und Kapitalhilfe. Unter den Formen der Entwicklungspolitik gegenüber den AKP-Staaten ist besonders die handelspolitische Kooperation zu nennen, die den Entwicklungsländern den freien Zugang zum EG-Markt gewährt. Die AKP-Länder besitzen damit eine Präferenz gegenüber den übrigen Entwicklungsländern. Das auf das Lomé II-Abkommen zurückgehende „System zur Stabilisierung der Exporterlöse für Agrarerzeugnisse (STABEX)" soll Exporterlösschwankungen der assoziierten Entwicklungsländer ausgleichen (s. S. 505). Sinken die Einnahmen aus dem Export von 44 agrarischen Rohstoffprodukten um mehr als 6,5 % unter das Niveau der letzten vier Jahre, leistet der „Stabex-Fonds" der EG Ausgleichszahlungen. Die EG-Ausgleichsleistungen beziehen sich auch auf Eisenerz. Den Ausgleichszahlungen liegen komplizierte Berechnungen zugrunde. Eine Rückzahlungsverpflichtung entsteht erst bei einer berechenbaren Verbesserung der Exporterlöse. Der Zeitraum beträgt sieben Jahre. Das Stabex-System zielt auf den Ausgleich kurzfristiger Exporterlösschwankungen der Entwicklungsländer. Es stabilisiert aber nur ausgewählte Produkte, nicht den gesamten Export. Dadurch wird letztlich die Beibehaltung der bestehenden Produktionsstrukturen unterstützt. Schließlich wird die Ausrichtung des AKP-Handels auf die EG-Länder gefördert, aber andererseits deren Markt für die EG-Exporte geöffnet (sie stiegen von 5,5 % 1973 auf 8 % 1982). 1982 hatte die EG Schwierigkeiten, die vorliegenden Ausgleichsanträge von 58 AKP-Staaten in Höhe von rd. 1 Mrd. DM zu finanzieren.

Im Verhältnis der EG zu den AKP-Staaten gibt es als weitere entwicklungspolitische Einrichtungen
- das Zuckerabkommen mit einer Abnahmeverpflichtung der EG zu einem festgelegten Interventionspreis;
- den Mineralienfonds wegen der Abhängigkeit einiger AKP-Staaten vom Export mineralischer Rohstoffe und wegen der Interessen der EG-Staaten an einer gesicherten Versorgung

mit Kupfer, Kobalt, Phosphat, Mangan, Bauxit, Aluminiumoxid, Zinn, Eisenerz. Das Ziel des Fonds ist die Aufrechterhaltung einer rentablen Bergbauproduktion in den AKP-Staaten durch projektgebundene Kredite zu günstigen Bedingungen.

Europäischer Entwicklungsfonds

Die Finanzierung dieser Maßnahmen und der gesamten finanziellen und technischen Zusammenarbeit erfolgt durch den „Europäischen Entwicklungsfonds" (EEF) und die „Europäische Investitionsbank" (EIB). Die Mittel des Fonds werden zu 28% von der Bundesrepublik Deutschland aufgebracht.

Die Zusammenarbeit zwischen der EG und den AKP-Staaten, die weitgehend auf dem Lomé-II-Abkommen beruht, enthält auch industriepolitische Zielsetzungen. Private Investitionen zur Industrialisierung werden geschützt. Ein besonderer Industrialisierungsfonds, der den Aufbau einer Fertigwarenindustrie fördert, wurde von den EG-Staaten aber abgelehnt.

Wenn die EG auch an der weltweiten Entwicklungspolitik beteiligt ist, so ist doch unübersehbar, daß sie ihre entwicklungspolitischen Energien und Ressourcen hauptsächlich auf die AKP-Staaten richtet.

8.2.3.3 Entwicklungspolitik und Entwicklungshilfe der Bundesrepublik Deutschland

Die Entwicklungspolitik der Bundesrepublik Deutschland zeigt in mehrfacher Hinsicht beispielhaft die politischen und wirtschaftlichen Zusammenhänge dieser Frage, also

Solidarität

Eigeninteressen

- die Einbettung der Entwicklungshilfe in die Außenpolitik und die in ihr wirkenden Interessen;
- den Weg von der Entwicklungshilfe zur Entwicklungspolitik in den Industrieländern;
- das Zusammentreffen von humanitären Zielen und wirtschaftlichen Interessen;
- die wirtschaftliche Bedeutung der Entwicklungshilfe für das Geberland;
- die Bedeutung der Privatwirtschaft für die Entwicklungspolitik neben den öffentlichen Leistungen.

Die Bundesrepublik Deutschland hatte zunächst selbst von einem großen Entwicklungsprogramm mit klarer außenpolitischer Zielsetzung profitiert, dem „Marshallplan". Nachdem sie wirtschaftlich erstarkt war, gehörte die Beteiligung an entwicklungspolitischen Aktivitäten zu den ersten Schrit-

ten einer eigenen Außenpolitik. 1952 stellte die Bundesregierung erstmals 500 000 DM aus Gegenwertmitteln des Marshallplanes für die Technische Hilfe der UN zur Verfügung. 1961 wurde ein besonderes „Bundesministerium für wirtschaftliche Zusammenarbeit" (BMZ) gegründet, nachdem zuvor die Zuständigkeiten beim Auswärtigen Amt und beim Bundeswirtschaftsministerium gelegen hatten. Letzteres blieb aber noch bis 1964 für die Technische Hilfe und bis 1973 für die Kapitalhilfe zuständig.

Anfangs überwogen die außenpolitischen Interessen. Insbesondere sollte eine Anerkennung der DDR durch die neu entstandenen Staaten der Dritten Welt verhindert werden. Nach der wirtschaftlichen Rezession von 1966/67 und der Bildung der großen Koalition von CDU/CSU und SPD traten die deutschlandpolitischen Ziele hinter wirtschaftlichen, humanitären und weltpolitischen (Beziehungen zu den Staaten der Dritten Welt) zurück.

Mit der entwicklungspolitischen Konzeption der sozialliberalen Koalition von 1971 erfolgte eine deutlichere Orientierung an den Problemen der Entwicklungsländer. Die Entwicklungshilfe sollte Strukturverbesserungen in ländlichen Gebieten, in den gewerblichen Sektoren und im Bildungswesen bewirken sowie die Lebensbedingungen verbessern helfen.

Die Ölkrise von 1973/74 und steigende Arbeitslosigkeit ließen jedoch wirtschaftliche Eigeninteressen wieder wachsen. Als sich zeigte, daß die OPEC-Staaten drastische Ölpreiserhöhungen durchsetzen konnten, wurden die eher partnerschaftlichen, von der Solidarität mit der Dritten Welt geprägten Beziehungen erneut stärker an den Eigeninteressen orientiert, ohne den internationalen Zusammenhang völlig zu vernachlässigen. Diese entwicklungspolitische Linie verfolgte die Bundesregierung 1975 mit einer Erweiterung der Entwicklungshilfepolitik in Richtung auf die internationale Handels-, Struktur- und Rohstoffpolitik, aber auch (ab 1976) durch die stärkere Betonung von Lieferbindungen bei der bilateralen Kapitalhilfe, durch regionale Konzentration der Hilfeleistungen und Kooperationen auf den nordafrikanischen Raum und den Nahen Osten sowie die besondere Förderung der Energie- und Rohstoffsektoren in Entwicklungsländern. Die Handelspolitik blieb primär Sache der EG.

Die „Entwicklungspolitischen Grundlinien" der Bundesregierung von 1980 folgten noch stärker den Trends in der internationalen Entwicklungspolitik. Es wurde nun deutlich zwischen den „Schwellenländern" und den besonders armen

Staaten unterschieden. Die Entwicklungshilfe sollte sich stärker auf die „Grundbedürfnisse" (Kleidung, Nahrung, Wohnung) und die Bekämpfung der absoluten Armut konzentrieren. Förderung der Selbsthilfefähigkeit, der privatwirtschaftlichen Zusammenarbeit, sektoraler Einsatz der Kapitalhilfe und Technischen Hilfe, Entwicklung des ländlichen Raumes, Ressourcenausbau und -schutz, Erschließung des Energiepotentials waren weitere tragende Momente des Konzepts. Die

Forderung nach einem Anteil der Entwicklungshilfe von 0,7% am BSP wurde erneut anerkannt, eine Frist zur Erreichung des Ziels aber abgelehnt.

Einigkeit herrschte zwischen SPD/FDP und CDU/CSU darin, daß entwicklungspolitische Zusammenarbeit möglichst unabhängig von den politischen Verhältnissen erfolgen solle, jedoch sollten arme Länder bevorzugt werden, die auf den Aufbau und die Sicherung demokratischer Strukturen und die Verwirklichung der Menschen-

rechte achteten. Seit 1982 wird das zuständige Bundesministerium durch den der CSU angehörenden Minister Warnke geführt. Er will – bei Anerkennung des Selbstbestimmungsrechts – die Entwicklungspolitik wieder stärker in den Dienst nationaler Interessen stellen.

Kontrovers ist in der Bundesrepublik Deutschland die wichtige Frage, ob nicht die eigenen wirtschaftlichen Interessen (z.B. beschäftigungspolitische) einen höheren Stellenwert in der Entwicklungspolitik erhalten sollten. Während z.B. große Industriestaaten wie Frankreich (45,5%), Großbritannien (43,1%) und die USA (50%) er-

hebliche Teile ihrer Entwicklungshilfe liefergebunden vergeben (1979), waren es in der Bundesrepublik Deutschland 1979 nur 15,9% (nach Fischer Weltalmanach '82, S. 115). Demgegenüber argumentieren Entwicklungspolitiker, daß die Industrie aufgrund ihrer eigenen Leistungen in bezug auf Qualität, Preis und Produktivität in großem Umfang Aufträge aus den verschiedenen internationalen Entwicklungshilfeprojekten über den Weltmarkt hereinhole (z.B. Lieferanteil an den von der Weltbank finanzierten Leistungen 1979/80 15%) und daß fast zwei Drittel der bilateralen Entwicklungshilfe auch ohne Lieferbindung in Form von Aufträgen zurückfließe. Die Steigerung und Beibehaltung der Wirtschaftskraft sei mittel- und langfristig günstiger als eine Lieferbindung.

Träger der Entwicklungspolitik sind in der Bundesrepublik Deutschland neben dem „Bundesministerium für wirtschaftliche Zusammenarbeit" weitere halbstaatliche und private Einrichtungen.

Die „Kreditanstalt für Wiederaufbau", einst im Zusammenhang mit dem Marshallplan gegründet, ist eine Körperschaft des öffentlichen Rechts. Sie hat in bezug auf die Entwicklungshilfe die Aufgabe, die von den Entwicklungsländern beantragten Projekte zu prüfen (wirtschaftliche, technische und entwicklungspolitische Förderungswürdigkeit) und die Kapitalhilfe bankmäßig abzuwickeln. Die 1975 gegründete „Deutsche Gesellschaft für Technische Zusammenarbeit GmbH (GTZ)" ist eine private Gesellschaft, die aufgrund eines Generalvertrages für die Bundesregierung Projekte der Technischen Hilfe abwickelt. Neben der Projekt- und Programmbetreuung obliegen ihr auch die Auswahl, Vorbereitung und Betreuung von Fachkräften während des Einsatzes in Entwicklungsländern (1980 1311 Fachkräfte). Weitere öffentliche Einrichtungen, die sich zumeist mit Technischer Hilfe im weitesten Sinne befassen, sind:

- Der „Deutsche Entwicklungsdienst" (DED). Er entsendet freiwillige Helfer in die Entwicklungsländer und betreut sie dort. 1980 waren für den DED und ähnliche Einrichtungen, die nach dem Entwicklungshelfergesetz anerkannt sind, 1298 Entwicklungshelfer tätig.
- Das „Deutsche Institut für Entwicklungspolitik" (DIE) bildet Nachwuchskräfte für Entwicklungspolitik aus und übernimmt auch Forschungsaufgaben.
- Die „Carl-Duisberg-Gesellschaft" (CDG), eine Zusammenarbeit von Staat und Wirtschaft, führt praxisnahe Fortbildungskurse für Stipendiaten aus den Entwicklungsländern durch und bildet deutsche Unternehmensangehörige aus.
- Die Deutsche Stiftung für Internationale Entwicklung (DSE) ist mit der Aus- und Fortbildung von Fach- und Führungskräften aus den Entwicklungsländern sowie mit der Vorbereitung deutscher Experten für die Entwicklungsländer befaßt. Außerdem organisiert sie auf höherer Ebene Tagungen und Expertenkonferenzen für führende Persönlichkeiten aus den Entwicklungsländern.

Mit entwicklungspolitischen Aufgaben befassen sich auch die Stiftungen der großen politischen Parteien, die Friedrich-Ebert-Stiftung (SPD), Konrad-Adenauer-Stiftung (CDU), Friedrich-Naumann-Stiftung (FDP), Hans-Seidel-Stiftung (CSU). Auf dieser politischen Ebene ist es z.B. möglich, Kontakte auch mit oppositionellen Gruppen in den Entwicklungsländern zu knüpfen. Die christlichen Kirchen unterhalten „Zentralstellen für Entwicklungshilfe". Bekannt sind vor allem Einrichtungen wie „Misereor" und „Brot für die Welt".

Investitions-schutz

Die Verbindungen der privaten Wirtschaft zu den Unternehmen und Staaten in der Dritten Welt besitzen für ein weltwirtschaftlich offenes Land wie die Bundesrepublik Deutschland eine ganz besondere Bedeutung. Daran zeigt natürlich die staatliche Entwicklungspolitik ein starkes Interesse, nicht zuletzt wegen der wirtschaftlichen Stabilität im eigenen Land. So werden vor allem auch private Direktinvestitionen in Entwicklungsländer (vgl. in diesem Zusammenhang die Rolle Multinationaler Konzerne, S. 497) als wesentliche Elemente der Entwicklungspolitik durch Finanzierungshilfen, steuerliche Maßnahmen, Investitionsschutz und Beratung öffentlich gefördert.

Direkt-investitionen

● Bei der Gewährung von Finanzierungshilfen übernimmt die bundeseigene „Deutsche Gesellschaft für wirtschaftliche Zusammenarbeit" (Entwicklungsgesellschaft) zeitlich befristete Beteiligungen an Unternehmen in Entwicklungsländern oder gewährt beteiligungsähnliche Darlehen („Joint ventures" heißen Unternehmen mit einheimischen und ausländischen Kapitalgebern). Kleineren und mittleren Unternehmen, die sich in Entwicklungsländern niederlassen wollen, kann auch ein Niederlassungskredit gewährt werden. Deutsche Partner der DEG-Beteiligungen sollen mittlere und kleinere Unternehmen sein, in den Entwicklungsländern private oder staatliche Unternehmen auf lokaler Ebene. Ziel ist die eigenständige Weiterführung des Investitionsprojekts durch den Partner.

„joint ventures"

Steuerliche Förderung

● Steuerliche Erleichterungen von Direktinvestitionen in Entwicklungsländern enthalten verschiedene Bundesgesetze:

das Auslandsinvestitionsgesetz von 1969,

das Entwicklungsländer-Steuergesetz (1979 novelliert),

das Außensteuergesetz von 1972,

die Doppelbesteuerungsabkommen, die die Bundesregierung mit 26 Entwicklungsländern (bis 1982) abgeschlossen hat.

Die steuerlichen Erleichterungen sind nach Art der Entwicklungsländer gestaffelt; am stärksten sind sie bei Investitionen in den LLDC-Ländern (s. S. 464). Bestimmte Sektoren (Rohstoff- und Energiebereich) und beschäftigungswirksame Investitionen werden bevorzugt, dagegen sind z. B. Investitionen im Fremdenverkehr ausgenommen. Im Prinzip können nach dem Entwicklungsländer-Steuergesetz

die investierenden deutschen Unternehmen in der Bundesrepublik Deutschland zu Lasten ihres Gewinns Rücklagen bilden (bei LLDC auf 100 % des investierten Betrages), die nach sechs Jahren wieder aufzulösen sind.

● „Investitionsschutz" heißt, daß der Staat durch Investitionsförderungsverträge mit Entwicklungsländern und durch Bundesgarantien die Risiken der privaten Direktinvestitionen abzusichern versucht. Zu diesen Risiken gehören entschädigungslose Enteignung, Diskriminierung, Krieg, Transferprobleme, Moratoriumsforderungen, Konvertierungsprobleme. Die Bundesgarantien setzen geringfügige Entgelte und Selbstbeteiligungen voraus und führen ggfs. zu Entschädigungsleistungen des Staates bis zu 95 %. Die Bundesgarantien werden durch die „Hermes-Kreditversicherungs-AG" und die „Treuarbeit AG" bearbeitet.

Die öffentlichen Aufwendungen für private Investitionen in Entwicklungsländer sind nicht unumstritten, denn die Investitionsentscheidungen der privaten Unternehmen folgen eigenen Gesetzen und enthalten keine Schenkungen. Die Frage ist also, ob und inwieweit sich privatwirtschaftliches Kalkül und entwicklungspolitische Notwendigkeiten und Ziele decken. Z. B. können private Investitionen in den „Schwellenländern" oder in den „Zentren" der Entwicklungsländer am ertragreichsten sein. Dann wird die „Zentrum-Peripherie-Problematik" (s. S. 461) noch zusätzlich durch die öffentliche Entwicklungspolitik verschärft, während u. U. Mittel für private Investitionen in armen, aber weniger ertragreichen Regionen fehlen. Nicht umstritten ist, daß die politischen Risiken privater Investitionen in Entwicklungsländern vom Staat verringert werden sollten.

Zwischen bilateraler und multilateraler Hilfe bestand 1980 die Relation 64,6 zu 35,4 % (1976/78 noch 76 zu 24 %), 1982 wieder 71,6 zu 28,4 %.

Von den bilateralen öffentlichen Mitteln entfielen 1980 32,7 % auf „ländliche Entwicklung", 26,2 % auf „grundbedürfnisorientierte Vorhaben" und 16,9 % auf „Energieprogramme". Von der Finanzhilfe kamen 24 %, von der Technischen Hilfe 36 % den ärmsten Ländern zugute. Regional gesehen erhielten die afrikanischen Staaten südlich der Sahara von der gesamten Finanzhilfe 30 % und Staaten Südasiens 19 %. Es folgten Indien, Ägypten und Sudan. Auch bei der Technischen Hilfe lagen die ärmsten Staaten Schwarzafrikas (41 %) und Südasiens (12 %) an der Spitze. Vorbildlich, gemessen an den anderen Industrieländern und den Normen des DAC, war die Bundes-

Gesamtleistungen (netto) der Bundesrepublik Deutschland an Entwicklungsländer und multilaterale Stellen 1979/80 (vorläufig, in Mill. DM)

	1979	1980
Öffentliche Zusammenarbeit	6 140,7	6 378,6
davon bilateral	3 960,9	4 119,4
davon multilateral	2 179,8	2 259,2
sonst. öffentliche Leistungen	204,6	1 144,0
private Entwicklungshilfe	713,8	764,0
darunter kath. Kirche 313,5 Mill. und ev. Kirche 263,5 Mill.		
Leistungen der Wirtschaft	6 300,8	10 556,4
davon bilateral	4 599,8	8 094,4
davon multilateral	1 701,0	2 462,0
gesamte Leistungen	13 359,9	18 943,0
Anteil am BSP in %		
Öffentliche Zusammenarbeit	0,44	0,43
Gesamtleistungen	0,96	1,28

(nach Fischer-Weltalmanach '82, S. 11; neuere Zahlen s. die folgenden Jahresausgaben)

Zuschuß-element

republik Deutschland bis Ende der siebziger Jahre mit ihrem „Zuschußelement" (s. S. 467) geworden. Das „globale Zuschußelement" erreichte 1978 87% (DAC-Norm 84%). Seither erhielten die LLDC nur noch nichtrückzahlbare Zuwendungen. Der Anteil der öffentlichen Entwicklungshilfeleistungen am BSP schwankt; er steigt z. B. bei Null-Wachstum des BSP und gleichbleibenden öffentlichen Leistungen, er sinkt bei stärkerem Wirtschaftswachstum und gleichbleibenden Leistungen. In einer Diskussion dieser Frage ist stets zu bedenken, daß die Leistungsströme in beide Richtungen fließen: als Hilfe in die Entwicklungsländer und – zu einem erheblichen Teil – als bezahlte Aufträge an die Wirtschaft der Bundesrepublik Deutschland.

8.2.3.4 Kollektive „Self-Reliance" der Entwicklungsländer

Symmetrische Beziehungen

„Self-Reliance" heißt „Selbsthilfe", womit allerdings der tiefere Sinn dieser „alternativen, originären Entwicklungsstrategie der unterentwickelten Länder" (MATTHIES 1978) nicht voll erfaßt wird. Das Konzept der „Kollektiven Self-Reliance" wurde auf der 3. Gipfelkonferenz der Blockfreien 1970 in Lusaka erstmals eingebracht und später weiter ausgearbeitet. 1976 nannte die „Gruppe der 77" in Mexico City als Grundprämisse

Arusha-Erklärung

> „die Entschlossenheit der Entwicklungsländer, ihre Volkswirtschaft in Übereinstimmung mit

> den eigenen Bedürfnissen und Problemstellungen und auf der Grundlage ihrer nationalen Zielvorstellungen und Erfahrungen zu entwickeln." „Die kollektive Selbsthilfe ist kein Aufruf, auf überholte Vorstellungen oder eine selbstzerstörerische Konfrontation der Nationen zurückzugreifen. Andererseits ist die Erwartung unrealistisch, daß die Zusammenarbeit zwischen Parteien, deren wirtschaftliche Möglichkeiten und Macht ungleich sind, zu gerechten und billigen Beziehungen führen kann. Der internationalen Zusammenarbeit für die Entwicklung im Zusammenhang globaler Interdependenz muß daher die kollektive Selbsthilfe der Entwicklungsländer vorausgehen."
> (MATTHIES 1978, S. 21)

Diese Erklärung zielt darauf ab, den „asymmetrischen" Beziehungen zwischen unterschiedlich entwickelten Staaten (Industrie- und Entwicklungsländer) „symmetrische" Austauschbeziehungen zwischen gleich oder ähnlich entwickelten Staaten entgegenzusetzen. Eine andere, das individuelle oder nationalstaatliche Moment stärker betonende Interpretation des Begriffs stammt aus Tanzania. Dort hatte schon 1967 die Einheitspartei TANU (Tanganyika African National Union) unter Führung von JULIUS K. NYERERE in der „Erklärung von Arusha" („Arusha Declaration") auf die Bedeutung des Sozialismus und des „Vertrauens in die eigene Kraft" (Self-Reliance) hingewiesen. NYERERE forderte in der Arusha-Erklärung eine „Umstellung in der Geisteshaltung" bei der Bevölkerung der Entwicklungsländer.

> „*Von den vielen Aspekten der Self-Reliance ist der wichtigste wohl der Mut, auf den eigenen Beinen zu stehen und zu gehen. Echte Self-Reliance fordert die Menschen auf, die Probleme ihrer Umwelt und Gesellschaft selber zu deuten und zu verstehen. Eine Entwicklung auf der Grundlage der Self-Reliance holt nicht blindlings und sofort den Experten und Spezialisten aus dem Ausland. Im Gegenteil: wer dem Prinzip verpflichtet ist, weiß letztlich, daß ein solcher Experte gar keiner sein kann, denn dieser kennt weder die lokalen Ressourcen, noch das Volk, weder die Weisheit der Vergangenheit, noch die Volkswünsche der Zukunft.*"
> (AL IMFELD in BAUMER u.a. 1979, S. 205 f.)
> (vgl. „Angepaßte Technologien" S. 471)

Die afrikanisch-nationalistische und sozialistische Idee eines NYERERE scheint jedoch ungeachtet ihres Glanzes einen (noch) nicht erfolgreich beendeten Sonderweg darzustellen. „Kollektive" Self-Reliance, wie sie von der Gruppe 77 verstanden wird, geht von der Annahme zwischenstaatlicher Solidarität aus. Es muß die Frage gestellt werden, ob und inwieweit der Differenzierungsprozeß zwischen den Entwicklungsländern eine solche Annahme noch erlaubt. Vor allem zwischen den „Schwellenländern" und den LLDC haben sich fundamentale Unterschiede nicht nur der Wirtschaftsstruktur und ihrer Entwicklung, sondern ganz allgemein der jeweiligen Entwicklungsbedürfnisse herausgebildet (K. M. KHAN 1981).

„Kollektive Self-Reliance" bedeutet praktisch Entwicklungskooperation, gemeinsame Nutzung der natürlichen Ressourcen, intensive Handels-, Währungs- und Finanzbeziehungen, industrielle Arbeitsteilung und regionale Integration „unter Gleichen". Es gibt jedoch in der Dritten Welt heute nicht nur die Unterschiede in Wirtschaftsstruktur und Entwicklungsbedürfnissen, sondern auch Tendenzen zur Herausbildung von regionalen Vormächten („Submetropolen"). Analog zu den industrialisierten Metropolen können auch innerhalb der Dritten Welt (Beispiele sind Brasilien, Mexiko, Nigeria, Saudi-Arabien, Indien) neue Abhängigkeitsverhältnisse entstehen (MATTHIES). Die „asymmetrische" Kooperation Ungleicher würde nicht aufgehoben, sondern in die Staatengruppe der Dritten Welt hinein verlagert. Neben diesem grundsätzlichen Problem einer „Kollektiven Self-Reliance" gibt es noch eine Fülle weiterer Interessenkonflikte, die das gemeinsame Ziel der heute aus 125 Entwicklungsländern bestehenden „Gruppe der 77" beeinträchtigen. Ungeachtet dessen zählen jedoch die Dimensionen der „Self-Reliance" häufig auch im Rahmen der Auseinandersetzungen über eine neue Weltwirtschaftsordnung zu den „alternativen" Strategien einer Dissoziation (s. S. 504). Die Zusammenarbeit von Staaten gleicher Entwicklungsstufe soll damit als Grundlage eines vorübergehenden, mehr oder weniger konsequenten Ausscheidens aus der internationalen Wirtschaft dienen. Mit dem Ringen um die „Neue Weltwirtschaftsordnung" hat die Entwicklungspolitik der achtziger Jahre jene Eingrenzungen, die mit dem Begriff „Entwicklungshilfe" verbunden sind, weit überschritten.

9 Weltwirtschaft

Internationale Wirtschaftsbeziehungen und Neue Weltwirtschaftsordnung

Hans-Hermann Hartwich

Schwerpunkte der internationalen Wirtschaftsbeziehungen sind der Handel, d.h. der Austausch von Wirtschaftsgütern zwischen Staaten und ihren Volkswirtschaften, der Verkehr als die technische Bewältigung des Austausches der Güter und als internationaler Personenreiseverkehr sowie der Währungsaustausch und der Kapitalverkehr. Hierzu gehören auch jene Großunternehmen, die als „Multinationale Konzerne" in mehreren Staaten investieren und produzieren und damit internationale Wirtschaftsvorgänge zu konzerninternen Transaktionen machen.

Strukturfragen der internationalen Wirtschaftsbeziehungen sind die unterschiedliche Entwicklung der Volkswirtschaften und die damit verbundenen Probleme des Handelsaustausches zwischen Ungleichen sowie das Nebeneinander von hochentwickelten Industriestaaten und Entwicklungsländern mit einseitigen Wirtschaftsstrukturen. Daraus ergeben sich die Forderungen nach einer Neugestaltung der weltwirtschaftlichen Beziehungen („Neue Weltwirtschaftsordnung"). Diese Neugestaltung bedeutet jedoch, Strukturen aufzubrechen, die im Prozeß der europäischen Industrialisierung gewachsen sind und nach der Entkolonialisierung nicht gegenstandslos wurden. Der Wunsch nach Veränderung berührt grundlegende wirtschaftliche Interessen und politische Macht. Internationale Politik und internationale Wirtschaftsbeziehungen stehen offensichtlich zueinander in einem Verhältnis gegenseitiger Durchdringung und wechselseitiger Beeinflussung.

9.1 Internationale Wirtschaftsbeziehungen vor 1945. Grundlagen – Begriffe

9.1.1 Überblick

Welthandel

Der Welthandel ist älter als die Industrielle Revolution in Europa. Es entstand im Verlauf der Industrialisierung aber eine intensive Wechselwirkung. Technische Verbesserungen im Verkehrswesen (größere und schnellere Schiffe, Kanalbauten wie 1869 (Suez) und 1914 (Panama), Kühlsysteme in Schiffen, Eisenbahnen für Massengüter und Personen, Entwicklung der Nachrichtentechnik) ermöglichten einen Güterhandel in großen Mengen und daher mit fallenden Preisen. Dies wiederum hatte positive Auswirkungen auf Produktion und Absatz industrieller Güter.

Die Handelsströme hatten langfristige Auswirkungen auf die Strukturen der beteiligten Volkswirtschaften: Die „überseeischen Gebiete" erhielten einseitige Wirtschaftsstrukturen, indem sie erfolgreich bestimmte koloniale Rohprodukte in die sich industrialisierenden europäischen Länder lieferten. In den Industrieländern wurden bestimmte Produktionszweige bewußt eingeschränkt (z. B. Landwirtschaft in Großbritannien) oder staatlich geschützt (z. B. deutsche Getreideerzeuger durch die Schutzzollpolitik ab 1878).

Industrialisierung

Die in der Industrialisierung befindlichen Staaten exportierten industrielle Fertigwaren in die überseeischen Gebiete und suchten immer neue koloniale Absatzmärkte („Wettlauf um Kolonien"). Der Handel zwischen den industrialisierten Staaten wurde trotz zunächst noch ungleicher Entwicklung immer stärker.

Eine durch internationale Abkommen geschaffene „Weltwirtschaftsordnung" gab es weder vor 1914 noch in der Zwischenkriegszeit 1919–1939.

Freihandel

Ein „System" internationaler Wirtschaftsbeziehungen ergab sich vielmehr aus den zahlreichen bilateralen Handelsverträgen, die durch die „Meistbegünstigungsklausel" (s. S. 484) mit einander verbunden waren. Vor 1914 verknüpfte außerdem die Bindung der Währungen an das Gold „automatisch" die Volkswirtschaften („Goldautomatismus" S. 485). Von grundlegender Bedeutung war schließlich, daß mit Großbritannien die

Autarkie

Weltwirtschaft vor 1914 ein stabilisierendes Zentrum besaß.

Nach dem I. Weltkrieg stiegen die USA zur führenden Wirtschaftsmacht auf. Sie wurden weltwirtschaftliches Zentrum neben Großbritannien, ohne diese Rolle – wie später nach 1945 – bewußt anzunehmen. Mehr oder weniger stark vom Krieg und durch die Reparationsfrage zerrüttete Volkswirtschaften in Europa sowie nur punktuelle internationale Interventionen der USA bestimmten die Zeit zwischen 1918 und dem Beginn der Weltwirtschaftskrise von 1929/30 (z. B. währungspolitische Aktionen wie der Dawes-Plan von 1924 und der Young-Plan von 1929). Die Bindung der Währungen an das Gold – nun zumeist in der Form der „Gold-Kern-Währung" (s. S. 486) – wurde spätestens 1931 durch die Abkehr Großbritanniens vom Goldstandard beseitigt. Die Weltwirtschaftskrise ging von den USA aus und zerstörte die gewachsenen Verbindungen zwischen den Volkswirtschaften der Industriestaaten. Abkapselungen in Form von Handelsbeschränkungen und Devisenbewirtschaftungen waren die Folge; in Deutschland kamen nach 1933 weitgehende Autarkiebestrebungen hinzu. Die Zwischenkriegszeit stellte eine Phase in den internationalen Wirtschaftsbeziehungen dar, in der weder die „Automatismen" der Zeit vor 1914 funktionierten, noch umfassende internationale Abmachungen an deren Stelle traten.

9.1.2 Theorien und Entwicklung des internationalen Handels- und Warenverkehrs

Der Begriff „Freihandel" dient der Kennzeichnung eines von staatlichen Eingriffen oder Steuerungen freien internationalen Handels- und Warenverkehrs. Eine Einschränkung des Handels ist bis zur völligen Abkapselung eines Staates von anderen Volkswirtschaften denkbar. Ein solcher Staat müßte jedoch völlig „autark" sein, d. h. über alle notwendigen Rohstoffe und Nahrungsmittel sowie über ausreichende Absatzmärkte selbst verfügen („Autarkie"). Dies ist nicht einmal in einem auch an Naturschätzen reichen Staat wie den

USA der Fall. Autarkie-Konzepte sind daher wenig chancenreich. Erkennbar ist aber, daß auch entwickelte Volkswirtschaften nicht gänzlich auf den Versuch verzichten, auf möglichst vielen Gebieten ein Minimum an Eigenversorgung zu sichern (z. B. werden Landwirtschaft und Stahlerzeugung auch dann erhalten, wenn sie nur durch Subventionen existieren können). Nicht Autarkie, sondern „Protektionismus" ist der tatsächliche Gegenpol zum „Freihandel". Protektionismus bedeutet „Schutz" der heimischen Wirtschaft vor der Auslandskonkurrenz. Das Ziel der sehr unterschiedlichen protektionistischen Maßnahmen (s. S. 485) ist nicht der Abbruch, sondern die Beeinflussung und Steuerung der außenwirtschaftlichen Beziehungen aus nationalwirtschaftlichen oder auch staatlichen Interessen heraus.

Protektionismus

Der „Staatshandel", wie er von den Ostblockstaaten („Staatshandelsländer") betrieben wird, bedeutet die völlige Reglementierung des Außenhandels durch den Staat, der vor allem den Zielsetzungen seiner Planwirtschaft zu folgen versucht.

Staatshandel

Die Geschichte der internationalen Handelsbeziehungen kennt schließlich unterschiedliche Erscheinungsformen von „Handelskriegen". Den Handelskrieg hat es als „Kontinentalsperre" (NAPOLEON gegen Großbritannien) und als „Blockade" (Alliierte gegen Deutschland im I. Weltkrieg) gegeben. Eine modernere Form ist das „Embargo". Ein Embargo bedeutet, daß die Wirtschaftsbeziehungen gezielt unterbunden werden, indem eine Regierung oder eine Staatengruppe (NATO) die Lieferung bestimmter Güter in ein anderes Land verbieten (z. B. militärisch oder technologisch bedeutende Anlagen oder strategisch wichtige Rohstoffe). Beim Embargo zeigt sich auch, wie wirtschaftliche Maßnahmen in den Dienst der Außenpolitik gestellt werden (z. B. die lizenzrechtlichen Maßnahmen der USA gegen Privatfirmen wegen des europäisch-sowjetischen Erdgas-Röhrengeschäftes, 1982).

Komparative Kostenvorteile

Embargo

Unter den außenwirtschaftlichen Konzepten spielt das „merkantilistische" (im Merkantilismus des 17./18. Jh. steuerte der absolutistische Staat Gewerbe und Handel) auch heute noch eine Rolle. Das merkantilistische Dogma für die Außenwirtschaft lautete, daß nur die Ausfuhr (Export) einen Staat „reich" mache, Geld (Gold) und Wohlstand ins Land bringe. Realer Hintergrund dieses Denkens war, daß für Einfuhren (Importe) Gold und Silber, die der Bezahlung dienten, als „Reichtum des Landes" verloren gingen.
Dieser Konzeption stellte ADAM SMITH (1723–1790) in seinem epochemachenden Werk über

Merkantilismus

„Natur und Ursachen" des „Wohlstandes der Nationen" (1776) die These gegenüber, daß ein freier internationaler Handel mit einem unbeschränkten Leistungswettbewerb zwischen den Volkswirtschaften den Wohlstand aller beteiligten Nationen fördere. Der Freihandel bewirke also Wohlstand nicht auf Kosten anderer Volkswirtschaften, sondern in Gemeinschaft mit ihnen.
Nun darf bei diesem Konzept freilich nicht außer acht gelassen werden, was auch für die Gegenwart von Belang ist. Großbritannien hatte zu Beginn des 19. Jh., als es zum Hauptvertreter dieser Lehre wurde (wie die heutigen Industriestaaten), einen enormen Entwicklungsvorsprung.
Der Grundgedanke eines freien internationalen Handels ist also die Arbeitsteilung zwischen den Nationen. Es soll nicht jedes Land möglichst alle Güter selbst herstellen, sondern sie dort kaufen, wo sie am billigsten hergestellt werden. Dieses nützliche Verfahren ist jedoch dann schwer zu verwirklichen, wenn ein Land alles billiger herstellen kann als ein anderes. Dann müßte der Freihandel zu absolut unausgeglichenem Warenaustausch führen. Hier setzte die Außenhandelstheorie der „komparativen Kostenvorteile" von DAVID RICARDO (1772–1823) an. Unter der Annahme eines völlig freien Außenhandels und absoluter Mobilität der Produktionsfaktoren zeigte er am Beispiel England–Portugal, welchen Nutzen der Freihandel bei totaler Anpassung an die jeweils geringsten Kosten für beide Partner erbringen könne (s. Tab. S. 484).
Theoretisch könnte heute also Frankreich, das kostengünstiger Weizen produziert, die Versorgung der Bundesrepublik Deutschland mit Weizen und umgekehrt die Bundesrepublik Deutschland, die günstiger Stahl produziert, die Versorgung Frankreichs mit Stahl übernehmen. Die so eingesparten Arbeitskapazitäten könnten für die Produktion anderer Güter verwendet werden. Die Beschränkung einer Volkswirtschaft auf Güter, für die im Vergleich zum Ausland Kostenvorteile bestehen, Ausweitung dieser Produktionen und Export einerseits, der Verzicht auf die Produktion solcher Güter, die in anderen Volkswirtschaften kostengünstiger hergestellt werden können, Einfuhr dieser Güter andererseits, haben struktur- und entwicklungspolitische Folgen:
Freihandel schafft Abhängigkeiten ressourcenarmer und entwicklungsmäßig unterlegener Volkswirtschaften gegenüber entwickelten und ressourcenreichen. Dies hatte schon im 19. Jh. FRIEDRICH LIST (s. S. 457) erkannt. Er bestritt nicht die formale Richtigkeit der Theorie komparativer Vorteile. Für ungleich entwickelte Volkswirt-

Das klassische Modell für das Theorem der „komparativen Kostenvorteile"

| | Vor der Spezialisierung | | | Nach der Spezialisierung | | | Ein-sparungen bei gleichem Produktions-volumen |
| | Eingesetzte Arbeitsstunden zur Herstellung von | | | Eingesetzte Arbeitsstunden zur Herstellung von | | | |
	1 Ballen Tuch	1 Faß Wein	zu-sammen	2 Ballen Tuch	2 Faß Wein	zu-sammen	
Großbritannien	100	120	220	200	—	200	20
Portugal	90	80	170	—	160	160	10
Summe der ein-gesetzten Arbeits-stunden	190	200	390	200	160	360	30

(aus: Engelhard 1981, S. 29)

Meistbegünsti-gungsklausel

schaften könne sie aber nicht gelten. Denn im wirtschaftlich unterlegenen Land würde langfristig der Entwicklungsrückstand festgeschrieben oder sogar verschärft. Aufgrund seiner Analysen forderte LIST nationale Schutzmaßnahmen (Schutzzölle) auf Zeit und eine Förderung unterentwickelter Produktionszweige, um im Auslandswettbewerb bestehen zu können. In seinen Überlegungen stand das wirtschaftlich noch unterentwickelte Deutschland des Zollvereins von 1833 im Vordergrund.

Das Grundtheorem (Lehrsatz) des komparativen Vorteils, bis heute in modifizierter Form die Grundidee der rein güterwirtschaftlichen Außenwirtschaftstheorie, vernachlässigte im Ricardo-Modell die Veränderungen der Produktionskostenunterschiede ebenso wie die Veränderungen in den Preisrelationen des Güteraustausches. Die (theoretisch erst nach Ricardo entwickelten) „Terms of Trade" drücken die tatsächlichen Austauschrelationen zwischen den ausgeführten und den eingeführten Gütern aus, die mit Hilfe von Preisindices gemessen werden. Das Verhältnis zwischen Einfuhrpreis-Index und Ausfuhrpreis-Index zeigt an, ob sich Vorteile oder Nachteile für den Außenhandel eines Landes ergeben. Die „Terms of Trade" haben sich positiv entwickelt, wenn sinkende Einfuhrpreise und steigende Ausfuhrpreise festgestellt werden können. Diese Frage ist z.B. für Rohstofflieferanten besonders wichtig: Es sinken – vielleicht infolge eines Überangebots – die Ausfuhrpreise, die Preise für eingeführte Maschinen aber bleiben gleich oder steigen sogar; die „Terms of Trade" haben sich damit zuungunsten des rohstoffexportierenden Landes entwickelt.

Der Liberalismus im Außenhandel wurde im 19. Jh. durch Handelsverträge der Staaten verwirklicht. Als klassischer Vertrag im Sinne des Handelsliberalismus gilt der „Cobden-Vertrag"

Terms of Trade

Zölle

zwischen Großbritannien und Frankreich aus dem Jahr 1860. Er enthielt die „Meistbegünstigungsklausel", die bis heute ein Instrument der Handelsliberalisierung blieb. Mit der vertraglichen Vereinbarung einer Meistbegünstigungsklausel verpflichten sich die Handelspartner, alle günstigen Bedingungen, die sie selbst dritten Ländern einräumen, automatisch auch für den Vertragspartner gelten zu lassen. Damit war ein Instrument zur Verbreiterung freier Handelsbeziehungen gefunden.

Die Außenhandelspolitik des Deutschen Reiches ab 1879 ist demgegenüber ein Beispiel für einen protektionistischen Weg, der innenpolitisch mit BISMARCKS Abwendung von den Nationalliberalen verbunden war.

Das Reich führte „Schutzzölle" ein, um die Getreideproduktion vor allem der ostelbischen Landwirtschaft vor billigem Weizen aus Übersee (USA, Kanada usw.) zu schützen und um die Eisen- und Stahlerzeugung des Ruhrgebiets gegen die billigere britische Konkurrenz abzusichern. Gleichzeitig erhielt das Deutsche Reich damit eigene (Zoll-)Einnahmen. Mit dieser „Wende zum Schutzzoll" beendete BISMARCK Jahrzehnte einer eher liberalen, allerdings „von oben" geförderten industriewirtschaftlichen Entwicklungspolitik und folgte den Interessen der nun verbündeten Schwerindustriellen und Großagrarier.

Zölle sind steuerähnliche Abgaben, die an den Grenzen von den Zollverwaltungen auf die Einfuhr und Durchfuhr, gelegentlich auch auf die Ausfuhr erhoben werden. „Schutzzölle" dienen dem Schutz inländischer Produktionen oder Wirtschaftsgüter; sie unterliegen deshalb immer einem besonderen Interessentendruck. „Finanzzölle" erhebt der Staat, um Einnahmen zu erzielen.

Neben den Importverteuerungen gibt es auch die Praxis der Ausfuhrverbilligung, indem im grenzüberschreitenden Verkehr die Umsatzsteuer bei

Exportgütern zurückerstattet wird („Umsatzsteuererrückerstattung").

„Protektionismus" umschließt neben den Zöllen und den Exportsubventionierungen auch noch „nichttarifäre Handelshemmnisse" (d. h. nicht wie ein Zoll„tarif" ausgestaltet). Die Abkapselung der Industriestaaten im Gefolge der Weltwirtschaftskrise führte zu einer ganzen Palette von Handelshemmnissen. Hierzu gehören „Kontingente". Dabei werden Umfang oder Wert der möglichen Einfuhr (und Ausfuhr) genau festgelegt und kontrolliert. Wesentlich schwerer erfaßbar, aber durchaus wirksam sind darüber hinaus besondere Genehmigungs- und Verwaltungsvorschriften, komplizierte Sicherheits- und Umweltschutzvorschriften sowie schikanöse Zollabfertigungspraktiken.

Handelshemmnisse

9.1.3 Theorien und Entwicklung des internationalen Währungswesens

Die Goldwährung bestimmte das internationale Währungsgeschehen bis 1914. Sie war auch bis zur Weltwirtschaftskrise noch zentraler Bezugspunkt der monetären Seite internationaler wirtschaftlicher Beziehungen und zwischenstaatlicher finanzieller Transaktionen.

Der „Goldstandard" stellte sozusagen das währungspolitische Korrelat zum Freihandel dar. Das industriell und kapitalmäßig am weitesten fortgeschrittene Großbritannien führte schon 1823 ohne internationale Abmachungen die Goldwährung ein und war als Welthandels- und Weltfinanzzentrum in der Lage, den Goldstandard auch allgemein in der Weltwirtschaft bis 1914 durchzusetzen.

Goldstandard

„Goldstandard" heißt, daß die nationalen Währungen in Gold ausgedrückt werden. Sie bestehen entweder aus Gold oder sie sind selbst von Privatleuten jederzeit in Gold einlösbar. Die Währungen sind damit „konvertibel", d. h. allseitig und jederzeit austauschbar. Damit funktionierten die internationalen Wirtschaftsbeziehungen nach einem Automatismus, der von den Regierungen der europäischen Industriestaaten, die alle im Laufe des 19. Jh. Zentralbanken einrichteten, garantiert wurde. Internationale Verträge gab es darüber nicht. Endgültig funktionsfähig war dieses erste internationale Währungssystem letztlich nach dem Deutsch-Französischen Krieg von 1870/71, als die letzten Industriemächte zur Goldwährung übergingen. „Idealtypisch" funktionierte der *Gold„automatismus"* folgendermaßen:

Goldautomatismus

„Voraussetzung ist, daß die nationalen Währungen im Gold fixiert sind, die Zentralbanken entsprechend dieser Beziehung frei Gold an- und verkaufen und auch der Goldim- und -export nicht behindert wird. Wegen dieser Voraussetzungen können die Austauschverhältnisse zwischen den nationalen Währungen, die Wechselkurse, auch nur geringfügig zwischen den sogenannten Goldpunkten schwanken. Die im internationalen Wirtschaftsverkehr eines Staates sich ergebenden und ihren Niederschlag in der Zahlungsbilanz findenden Defizite bzw. Überschüsse werden durch Gold abgedeckt. Die Zentralbank eines Staates ist nun gemäß den sogenannten Spielregeln gehalten, bei Goldzufluß mit Hilfe der ihr zur Verfügung stehenden Instrumente, vor allem des Diskontsatzes, den inländischen Geldumlauf auszuweiten, damit das inländische Preisniveau anzuheben und den Zahlungsbilanzüberschuß tendenziell zu beseitigen, während die goldverlierende Zentralbank den Diskontsatz zu erhöhen hat, um die Situation in umgekehrter Richtung zu beeinflussen. Erwartet wird dem Modell nach also eine schnelle Beseitigung von Zahlungsbilanzungleichgewichten, verstärkt noch durch den Diskontsatzänderungen folgende, ausgleichende internationale Kapitalbewegungen.

Bedingung für das Funktionieren des internationalen Goldstandards ist eine, wenn auch freiwillige und nicht durch internationalen Vertrag anerkannte Beschränkung der nationalen Handlungsfreiheit, die Einhaltung der „Spielregeln" durch die Zentralbanken. Diese „Spielregeln" lösen einmal das im magischen „Vieleck" angesprochene Problem der Konkurrenz verschiedener wirtschaftspolitischer Ziele, indem sie dem außenwirtschaftlichen Gleichgewicht eindeutig Priorität einräumen, eine eminent politische Entscheidung. Zum anderen gestehen sie der Zentralbank eine nur reagierende, und zwar in festgelegter Weise reagierende Rolle zu, so daß der Goldstandard auch als quasi-automatisch bezeichnet worden ist. Gerade dieser quasi-automatische Charakter, verstanden besonders als Gegensatz zu von politischen Kriterien mitbestimmten Ad-hoc-Entscheidungen, ist von Befürwortern des Goldstandards als Positivum hervorgehoben worden."

(aus: ANDERSEN 1977, S. 21)

Das Modell funktionierte natürlich nicht so automatisch, wie es im Idealtypus dargestellt ist. Die Bank von England wirkte bis 1914 als eine Art „Weltzentralbank" (WILLIAMS). Sie war in der Lage, durch Veränderungen ihrer „Bankrate" (Leitzins) Kapitalströme in andere Länder zu lenken, aber ebenso, einen Goldabfluß aus London zu verhindern.

Nach dem I. Weltkrieg war es nicht gelungen, dieses internationale Währungssystem wieder herzustellen. Großbritannien hatte seine überragende Rolle verloren. London und New York konkurrierten jetzt um die Rolle des Weltfinanzzentrums (ANDERSEN). Der Goldstandard wurde zwar Mitte der zwanziger Jahre wieder eingeführt. Jedoch gab es nicht mehr die Goldeinlösungspflicht der Staaten gegenüber Privatpersonen. Auch traten das britische Pfund und der US-Dollar als „Reservewährungen" neben das Gold, d.h. daß diese beiden Währungen jederzeit in Gold eingelöst werden konnten. An die Stelle des Goldstandards war damit der „Gold-Devisen-Standard" getreten. Ähnlich funktionierte die „Gold-Kern-Währung" für das Deutsche Reich nach der Inflation von 1923 und der Stabilisierung der Reichsmark 1924. „Gold-Kern-Währung" bedeutete, daß die Deutsche Reichsbank nicht mehr verpflichtet war, ihre Reichsmarkvolumen dem Goldbestand entsprechend auszuweiten oder einzuschränken. Vielmehr war sie nur noch verpflichtet, einen bestimmten Teil der Banknoten und des Giralgeldes durch Gold „zu decken". Diese Golddeckungsvorschrift besaß durchaus noch ihre Bedeutung. Sie führte – neben anderen Faktoren, wie der Furcht vor einer neuen Inflation – dazu, daß in der Weltwirtschaftskrise keine antizyklische, d.h. geldvermehrende Konjunkturpolitik betrieben wurde.

BIZ

Gold-Kern-Währung

Devisenbewirtschaftung

Da auch Großbritanniens Wirtschaftskraft nicht mehr ausreichte, um seine Funktion als Land der „Reservewährung", d.h. mit jederzeitiger Goldeinlösungspflicht, durchzuhalten, kam es im Zusammenhang mit den deutschen Reparationszahlungen (Young-Plan) 1929 zur Gründung der „Bank für Internationalen Zahlungsausgleich (BIZ)" in Basel. Diese erste internationale Bank war eine Art „Clearingstelle" der Zentralbanken. Bei der BIZ errichteten die nationalen Zentralbanken Golddepots und hielten Guthaben, die BIZ ihrerseits vergab Kredite an Zentralbanken. Ungeachtet dieses Ansatzes zu einer neuen internationalen Währungsordnung zerschlugen die Weltwirtschaftskrise (1929–1933), der NS-Staat und der bald ausbrechende II. Weltkrieg die Ansätze einer funktionierenden internationalen Kooperation. Das Deutsche Reich führte im Juli 1931 im Gefolge der Bankenkrise und Devisenabflüsse die „Devisenbewirtschaftung" ein, d.h. daß der Staat von nun an, bis 1945, die durch Exporte erwirtschafteten ausländischen Noten und Guthaben (Devisen) bewirtschaftete und die für Importe notwendigen Zahlungsmittel „zuteilte". Es gab keinen freien Geld- und Kapitalverkehr mehr. Großbritannien gab im September 1931 den Goldstandard auf. Diesem Beispiel folgten die Staaten des „Sterlingblocks". Im Juni/Juli 1933 scheiterte eine internationale Währungskonferenz mit dem Versuch, ein umfassendes Währungsabkommen abzuschließen. Eine neue Währungsordnung kam bis zum Ende des II. Weltkrieges nicht mehr zustande.

9.2 Das internationale Wirtschaftssystem 1945–1980

Die internationalen Wirtschaftsbeziehungen nach dem II. Weltkrieg wurden wieder von der Dominanz einer Wirtschaftsmacht geprägt: Die USA lösten Großbritannien endgültig ab und gestalteten ihre Führungsrolle konstruktiv aus. Außerdem wurde nach dem Wiederaufbau der westeuropäischen Industriewirtschaften mit dem Ausbau eines freien Welthandels und eines Systems konvertibler Währungen im Prinzip jene Weltmarktstruktur wieder geschaffen, welche die entwickelten Volkswirtschaften bevorzugt. Dies gilt auch für eine Wirtschafts- und Zollunion wie die Europäische Gemeinschaft.

Weltmarkt-Spaltung
Neu ist die Spaltung des Weltmarktes in zwei sehr unterschiedliche „Märkte", den westlichen „kapitalistischen" und den „sozialistischen" Weltmarkt unter der Führung der Sowjetunion. Außerdem ist die Dritte Welt seit dem politisch gezielten Einsatz ihrer Verfügungsgewalt über das für die Industriestaaten lebenswichtige Erdöl in Verbindung mit ihrem Stimmengewicht im UN-System (s. S. 466) zu einem weiteren Machtfaktor geworden, auch wenn die Verfügungsgewalt über andere Rohstoffe noch nicht gleichermaßen eingesetzt werden konnte. Schließlich ist nicht zu übersehen, daß innerhalb des weiter dominierenden „kapitalistischen" Weltmarkts, der die meisten Länder der Dritten Welt einschließt, mit den „Multinationalen Konzernen" eine privatwirtschaftliche Macht entstanden ist, die in beachtlichem Umfang internationale Wirtschaftsbeziehungen zu konzerninternen Vorgängen umgestaltet.

Staatshandels-länder

9.2.1 Die internationalen Handelsbeziehungen

Regionale Zollunionen

Atlantik-Charta
Die Initiativen für die Neuordnung der internationalen Wirtschaftsbeziehungen nach dem II. Weltkrieg sind von den USA ausgegangen und z. T. schon während des Krieges vorbereitet worden. Die Atlantik-Charta vom 14. 8. 1941 (s. S. 417) proklamierte das Recht auf Selbstbestimmung und Selbstregierung sowie das Recht auf gleichen Zugang zum Welthandel und zu den Weltrohstoffen; sie forderte die wirtschaftliche Zusammenarbeit aller Nationen. 1942 schon lagen Vorschläge für ein Weltwährungssystem ausgearbeitet bereit (s. S. 490 f.). Im Dezember 1945 ergriffen die USA die Initiative für eine „Welthandelsordnung". Sie führte 1946 zur „UNO-Charta für eine Welthandelskonvention" und 1947 zum „General Agreement on Tariffs and Trade (GATT)" (s. S. 488). Die USA waren entschlossen, die Weltwirtschaft aus den Schwierigkeiten und Konflikten der Zwischenkriegszeit herauszuführen, und sie waren als stärkste Macht der Welt dazu auch in der Lage. Sie wurden zum Finanzier des Wiederaufbaus in Form des „Marshall-Plans" (s. S. 334) und in Gestalt des weltweiten „Point-Four"-Programms des Präsidenten TRUMAN (12. 3. 1947). Ihrer Starthilfe verdanken vor allem die Industriestaaten Westeuropas den wirtschaftlichen Wiederaufstieg. Die mit den Weichenstellungen im Kriege und unmittelbar danach eingeleiteten Liberalisierungen des Handels, die Anerkennung liberaler Spielregeln und die Integrationskraft der USA schufen eine sehr viel engere wirtschaftliche Verflechtung, als sie es je zuvor gegeben hatte. Auf der anderen Seite umfaßte der Liberalisierungstrend nicht mehr die ganze Welt. Der „Ost-West-Konflikt" (s. S. 387 ff.) bedeutete spätestens ab 1948 die handelspolitische Teilung. 1949 schied auch China aus diesem Weltmarkt aus. Damit waren die Handelsbeziehungen zu den „Staatshandelsländern" nicht abgebrochen, sie unterlagen aber im Rahmen des „Kalten Krieges" und auch danach politischen Beschränkungen (Embargo, Lieferverbote für strategische Güter usw.). Sie müssen grundsätzlich durch formelle staatliche Handelsverträge auf Gegenseitigkeit (also eine Art Kontingentierung) mit „Verrechnungs-Valuta" (Verrechnungseinheiten) statt frei austauschbarer Währungen vollzogen werden. Der „kapitalistische Welthandel" ist der mit Abstand größte geblieben.

Die regionalen Zollunionen und Wirtschaftsgemeinschaften, wie vor allem die EG (s. S. 334 ff.), die EFTA (s. S. 352), die OAS (Organisation der Amerikanischen Staaten) mit ihren wirtschaftlichen Einrichtungen, die OAU (Organisation für Afrikanische Einheit), wirtschaftliche Kooperationen und Unionen in allen Erdteilen, bedeuteten

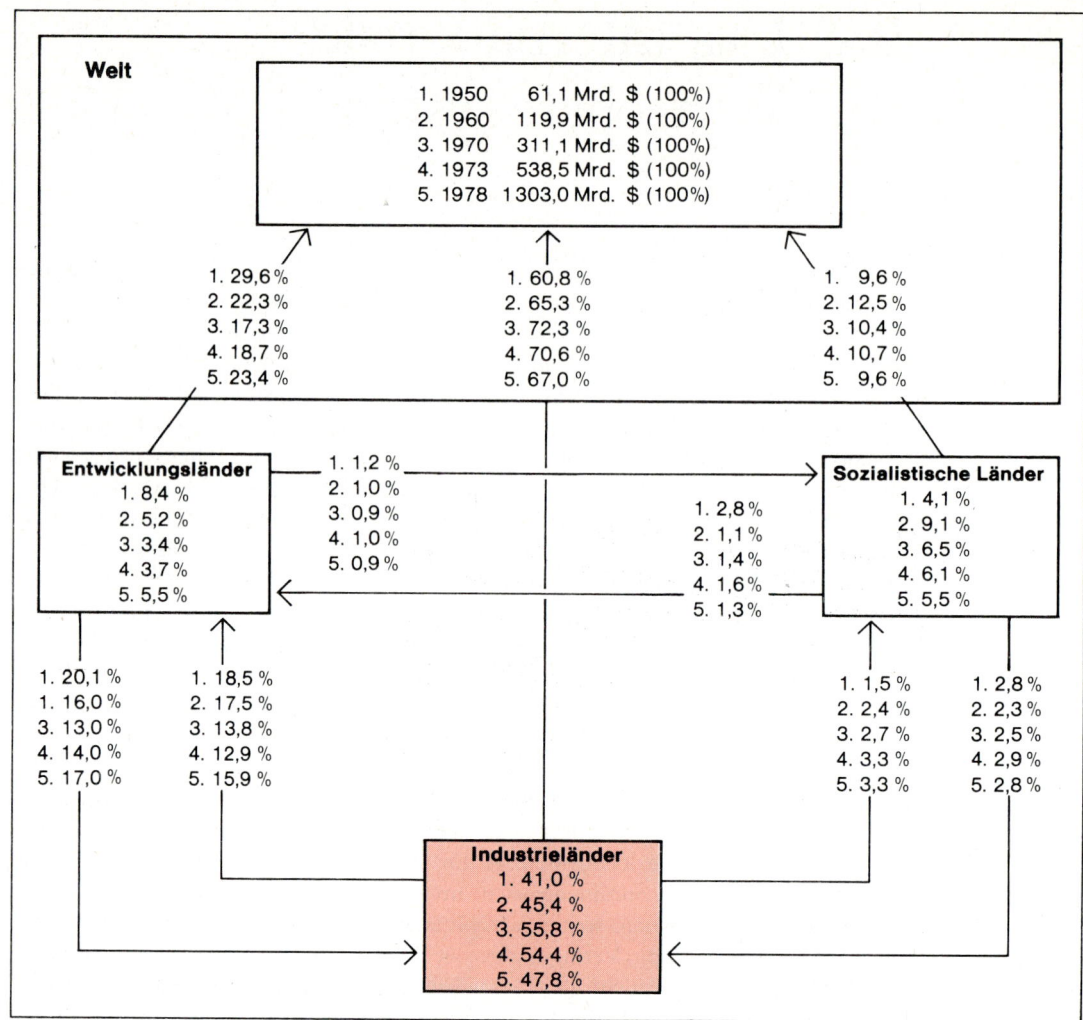

Welt

1.	1950	61,1 Mrd. $	(100%)
2.	1960	119,9 Mrd. $	(100%)
3.	1970	311,1 Mrd. $	(100%)
4.	1973	538,5 Mrd. $	(100%)
5.	1978	1 303,0 Mrd. $	(100%)

1. 29,6 %	1. 60,8 %	1. 9,6 %
2. 22,3 %	2. 65,3 %	2. 12,5 %
3. 17,3 %	3. 72,3 %	3. 10,4 %
4. 18,7 %	4. 70,6 %	4. 10,7 %
5. 23,4 %	5. 67,0 %	5. 9,6 %

Entwicklungsländer

1. 8,4 %
2. 5,2 %
3. 3,4 %
4. 3,7 %
5. 5,5 %

1. 1,2 %	1. 2,8 %	**Sozialistische Länder**
2. 1,0 %	2. 1,1 %	1. 4,1 %
3. 0,9 %	3. 1,4 %	2. 9,1 %
4. 1,0 %	4. 1,6 %	3. 6,5 %
5. 0,9 %	5. 1,3 %	4. 6,1 %
		5. 5,5 %

1. 20,1 %	1. 18,5 %	1. 1,5 %	1. 2,8 %
1. 16,0 %	2. 17,5 %	2. 2,4 %	2. 2,3 %
3. 13,0 %	3. 13,8 %	3. 2,7 %	3. 2,5 %
4. 14,0 %	4. 12,9 %	4. 3,3 %	4. 2,9 %
5. 17,0 %	5. 15,9 %	5. 3,3 %	5. 2,8 %

Industrieländer
1. 41,0 %
2. 45,4 %
3. 55,8 %
4. 54,4 %
5. 47,8 %

Grobstruktur des Welthandels (Regionalstruktur in % des Welthandels 1950–1978, aus: v. Bredow/Brocke, S. 177; dortiger Quellennachweis)

prinzipiell keine Zerreißung der internationalen Wirtschaftsbeziehungen. Allerdings komplizierten sie die Bemühungen um weitergehende Liberalisierung des Handels.

GATT GATT, das „Allgemeine Zoll- und Handelsabkommen", wurde am 31. 10. 1947 in Genf von zunächst 27 Staaten unterzeichnet. Es sollte eine Zwischenlösung für weiterreichende Abmachungen sein, die gleichzeitig auf der „Havanna-Konferenz" („International Conference on Trade and Employment") der UN – die schon 1946 die Internationale Handelsorganisation (ITO) gegründet hatte – mit dem Ziel eines weltweiten Abbaus von Zöllen und Kontingenten diskutiert wurden.

Havanna- Die „Havanna-Charta" vom 24. 3. 1948 mit ent-
Charta sprechend weitgehenden Grundsätzen für den internationalen Handelsverkehr wurde vom amerikanischen Kongreß nicht ratifiziert. So blieb es bei dem „Provisorium" GATT, das bis heute das

Zollrunden

wichtigste Instrument zur Liberalisierung des internationalen Handels darstellt. Der Verwirklichung des Ziels, einen möglichst freien Welthandel zu schaffen, dienten verschiedene „Zollrunden". Bei der Unterzeichnung des GATT war eine 10%ige Zollsenkung vereinbart worden.

Dann folgten die

1. Zollrunde: Annecy 1949, mit einer Zollsenkung von 2%,
2. Zollrunde: Torquay 1950–51 mit 3%,
3. Zollrunde: Genf 1955–56 mit 2%,
4. Zollrunde: Genf 1961–62 mit 7% („Dillonrunde"),
5. Zollrunde: Genf 1964–67 mit 35% („Kennedyrunde"),
6. Zollrunde: Genf 1974–79 mit 33% („Tokyorunde").

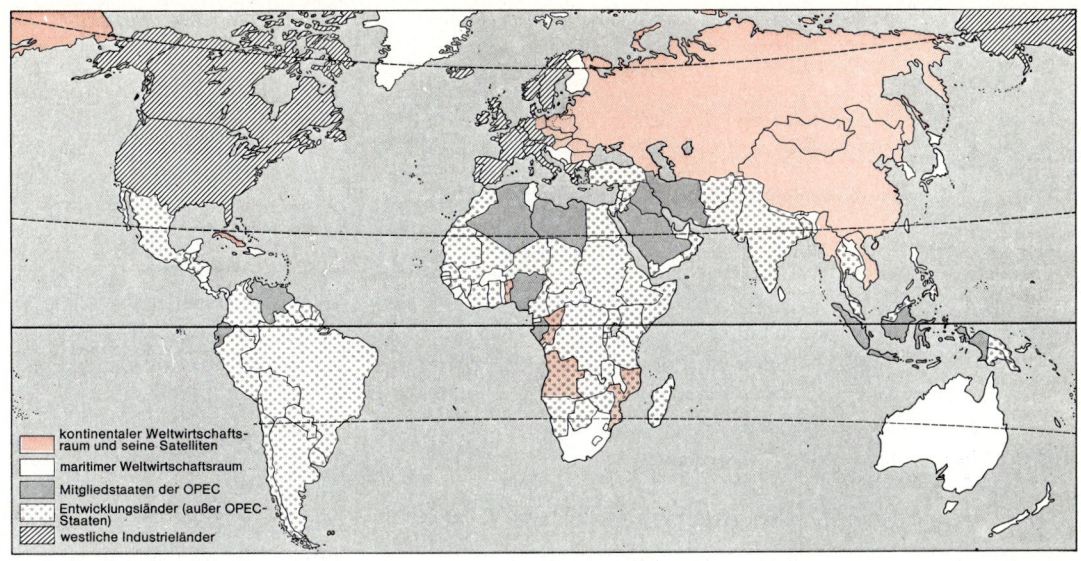

Abb. 210: Die Gliederung der Wirtschaftsräume (nach Otremba, Handel und Verkehr im Wirtschafts-raum, Stuttgart, S. 277)

Legend in figure:
- kontinentaler Weltwirtschafts-raum und seine Satelliten
- maritimer Weltwirtschaftsraum
- Mitgliedstaaten der OPEC
- Entwicklungsländer (außer OPEC-Staaten)
- westliche Industrieländer

Meistbegünsti-gung

Neben dem Abbau der Zölle durch multilaterale Zollverhandlungen wird im Rahmen des GATT versucht, allgemein der Meistbegünstigung (s. S. 484) zum Durchbruch zu verhelfen, in die auch andere Aus- und Einfuhrbelastungen einbezogen werden. Im Rahmen des GATT sollen schließlich alle mengenmäßigen Beschränkungen und Diskriminierungen sonstiger Art beseitigt werden. Die GATT-Bestimmungen lassen aber auch diverse Ausnahmen zu, deren wichtigste die Bildung von Zollunionen und Freihandelszonen sind. Ferner dürfen Ausgleichs- und Antidumping-Zölle erhoben, staatliche Subventionen zur Förderung der wirtschaftlichen Entwicklung gewährt und mengenmäßige Beschränkungen, z. B. zum Schutz der Zahlungsbilanz, eingeführt werden. Die Probleme des GATT liegen im Dreieck der Wirtschaftsmächte USA–EG–Japan und im Verhältnis zwischen Industrie- und Entwicklungsländern. Die gemeinsame Zollpolitik der EG und die Interessen der US-Wirtschaft führen immer wieder zu Konflikten und sind eminent politische Auseinandersetzungen über Protektionismus und Handelsliberalismus. Der EG-Agrarmarkt ist nie liberalisiert worden; der Vorwurf lautet sogar häufig, die EG betreibe mit ihren Agrarüberschüssen eine Dumping-Politik auf dem Weltmarkt. Aber auch darüber hinaus müssen die Handelsbeziehungen wegen der unterschiedlichen Interessenlagen und Subventionspraktiken, z. B. bei der Stahlproduktion in Großbritannien und Frankreich, als labil angesehen werden. Es kommt immer wieder zu Handels-

UNCTAD

Gatt-Probleme

hemmnissen vor allem der USA in Form von Sonderzöllen und nichttarifären Einfuhrhemmungen durch besondere Sicherheitsvorschriften für Autos, umweltpolitische Auflagen usw. Dennoch ist diese Ebene der internationalen Handelsbeziehungen wesentlich weniger problematisch als der „Nord-Süd"-Konflikt.

1964/1965 haben die Entwicklungsländer in der UNO die Bildung einer neuen Sonderorganisation handelspolitischer Art, die „United Nations Conference on Trade and Development (UNCTAD)" durchgesetzt. Damit sollte die entwicklungspolitische Orientierung des Welthandels verstärkt werden. Dies soll durch die Mehrheiten unter den (1983) 163 Mitgliedsländern, die in vier Kategorien eingeteilt sind (A. afroasiatische Entwicklungsländer; B. westliche Industrieländer; C. lateinamerikanische Entwicklungsländer; D. sozialistische Länder), gesichert werden. Zwischen 1964 und 1983 haben sechs UNCTAD-Konferenzen stattgefunden, von denen wohl UNCTAD IV in Nairobi die bekannteste wurde. Hier ging es erstmals um die Schaffung eines „integrierten Rohstoffprogramms" (s. S. 508).

Den handelspolitischen Wendepunkt brachten aber weniger die Verhandlungen im Rahmen von GATT und UNCTAD als vielmehr die anläßlich der Nahost-Krise von 1973 gelungene OPEC-Aktion, die innerhalb von drei Monaten die Rohölpreise um fast 400 % anhob und weitere drastische Energieverteuerungen für die Industrieländer nach sich zog. In Zusammenhang mit anderen Rohstoff-Verteuerungen waren damit jenseits

	1970	1971	1972	1973	1974	1975	1976	1977
Industriewaren	100	105	113	133	162	182	183	193
Rohstoffe	100	110	127	182	309	302	311	338

(nach: Wenger, 1978, S. 107; aus v. Bredow/Brocke, S. 212)

aller Diskussionen über Handelsliberalisierungen sehr viel weitergehende Probleme aufgeworfen, die unter dem Thema „Neue Weltwirtschaftsordnung" zusammengefaßt werden. Die Betroffenheit der Industriestaaten beleuchtet die obenstehende Tabelle.

Devisenbewirtschaftung

9.2.2 Die internationalen Währungssysteme

> „Ein internationales Währungssystem ist kein Selbstzweck. Das gilt zwar auch für den Welthandel, aber im Verhältnis von internationalem Währungssystem und Welthandelssystem hat ersteres eine dienende Funktion. Es soll einen möglichst starken, wachsenden Welthandel fördern, um die Ausnutzung der durch internationale Arbeitsteilung gebotenen Vorteile zu ermöglichen. Gleichzeitig bildet es die Basis für einen „erwünschten" internationalen Kapitalverkehr, der der Finanzierung von Handel und Investitionen dient. Dieser positiven Funktion, Förderung des Welthandels und eines „erwünschten" Kapitalverkehrs, gesellt sich aber noch eine negative zu, nämlich die, ein Land gegenüber negativen Einflüssen seiner weltwirtschaftlichen Verflechtung, z.B. in Form von importierter Deflation oder Abfluß von Spekulationsgeldern, abzuschirmen."
>
> *Liquidität*
>
> (ANDERSEN 1977, S. 34f.)

Beide Zielsetzungen lassen sich jedoch nicht in einem Währungssystem vereinigen.

Drei Möglichkeiten der Ausgestaltung des internationalen Währungssystems sind aus dem geschichtlichen Ablauf vertraut:

Goldstandard

1. Der Goldstandard. Er sorgt automatisch oder „quasiautomatisch" für den Ausgleich der Zahlungsbilanz (s. S. 485 und 167) und läßt weitere, z. B. konjunkturpolitische Einflußnahmen nicht zu.

Zahlungsbilanzausgleich

2. Der durch die Währungspolitik herbeigeführte Zahlungsbilanzausgleich. Bei fixen Wechselkursen (festgelegten oder eingehaltenen Relationen zwischen den Währungen) wird eine feste Relation zwischen den Währungsreserven (Gold oder Devisen) und der umlaufenden Geldmenge ein-

gehalten, indem z.B. bei Abflüssen von Gold oder Devisen die Zinssätze erhöht werden. Eine freie Konvertibilität der Währungen ist möglich, nicht dagegen eine autonome, allein nach binnenwirtschaftlichen Notwendigkeiten gesteuerte Konjunkturpolitik.

3. Die Devisenbewirtschaftung. Der Ausgleich der Zahlungsbilanz und die Verfolgung binnenwirtschaftlicher Ziele werden durch die Zuteilung von Devisen („Devisenzwangswirtschaft") gesteuert. Es gibt keine freie Konvertierbarkeit der Währungen.

Anknüpfend an die geschichtlichen Erfahrungen suchten schon vor Kriegsende Experten aus den USA und Großbritannien nach einer währungspolitischen Lösung, die bei festen Wechselkursen die nationalen Volkswirtschaften nicht ausschließlich zum Zahlungsbilanzausgleich und zum Verzicht auf nationale kredit- und konjunkturpolitische Maßnahmen zwang. Um eine nicht ausgeglichene Zahlungsbilanz durchhalten zu können, war jedoch internationale Hilfe nötig, entweder Kredite von Währungsüberschußländern oder von internationalen Einrichtungen, die eigens für die Überbrückung solcher Defizite geschaffen waren. Es ging um eine Art „Welt-Zentralbank", die für internationale Liquidität sorgte, d.h. stets „anerkannte" Devisen (Gold, Dollar, Devisen der „Leitwährungen", s.u.) zur Finanzierung vorübergehender Zahlungsbilanzdefizite zur Verfügung stellte.

9.2.2.1 Das System von Bretton Woods

Politisch verwirklicht wurde gemäß diesen Zielsetzungen das „Währungssystem von Bretton Woods" mit dem „Internationalen Währungsfonds" (IWF) bzw. „International Monetary Funds" (IMF) in Washington. Nach einem vorbereitenden Experten-Statement vom April 1944 fand im Juli 1944 die „United Nations Monetary and Financial Conference" in Bretton Woods (USA) statt. An ihr nahmen 45 Länder teil. Es traten von den Beteiligten schließlich (bis 31. 12. 1946) nicht bei: die Sowjetunion, Australien, Neuseeland, Liberia. Unterzeichner waren aber

Keynes- contra
White-Plan

Keynes-Plan	White-Plan
Multilaterales System	Multilaterales System
Feste Wechselkurse	Feste Wechselkurse
Weltbank mit großen Kompetenzen	Internationaler Währungsfonds
Synthetisches Weltgeld (Bancor)	Weltgeld (Gold plus nationale Währung)
Clearing-Union	Kreditvergabe mit Zahlungsbilanzauflage
(Anpassungsmechanismus)	(Empfehlung)
Keine Einlagenlimitierung	Einlagenlimitierung durch Quoten
(Internationale Liquidität orientiert sich an	(gemessen am BSP)
Bedürfnissen des Welthandels)	
Liquiditätsumfang 25 Mrd. $	Liquiditätsumfang zunächst 5 Mrd. $
Verschuldungsmöglichkeit orientiert an den Im- und Exportquoten der letzten drei Vorkriegsjahre	Verschuldungsmöglichkeit beim IWF bis zu 200% der zugeteilten Quote

(nach GROSCHE/FINSTER, 1977, S. 36; bei V. BREDOW/BROCKE, S. 157)

die späteren Ostblockstaaten Polen, Tschechoslowakei und Jugoslawien.

Historisch interessant ist der Umstand, daß die Pläne zweier internationaler Fachleute zur Diskussion standen (s. o.): JOHN M. KEYNES (Großbritannien) und HARRY D. WHITE (USA), hinter denen jeweils die Interessen und die Macht ihrer Staaten stand. Die amerikanischen Vorstellungen setzten sich weitgehend durch.

IWF

Die Ergebnisse von Bretton Woods waren:

Feste Wechsel-
kurse

- Die Mitgliedsstaaten verpflichteten sich zur Aufrechterhaltung fester Wechselkurse.
- Die Paritäten der verschiedenen Währungen wurden nicht in einem „Weltgeld" definiert, auch nicht ausschließlich in Gold. Vielmehr wurden Gold und der US-Dollar, „of the weight and fineness in effect on Juli 1, 1944", als Maßstab gewählt. Abweichungen hiervon wurden nur in minimalem Umfang zugelassen („Schwankungsbreite" der Währungen).
- Der Außenwert des US-Dollar war nur durch seine Relation zum Gold fixiert.
- Um die Stabilität der Wechselkurse zu sichern, mußten die Zentralbanken notfalls auf den Devisenmärkten intervenieren. Waren größere Wechselkursänderungen nicht zu vermeiden, so mußte die Unabwendbarkeit vom Währungsfonds bestätigt werden.

Gold-
einlösungs-
verpflichtung

- Das Schatzamt der USA verpflichtete sich, jederzeit US-Dollar gegen Gold zu einem festen Preis von 35 $ je Feinunze an ausländische Währungsinstitutionen umzutauschen.

Quoten

Das Kapital des IWF wurde gemäß einem komplizierten Schlüssel durch die Mitgliedsstaaten nach „Quoten" aufgebracht. Diese Quoten entsprachen weitgehend (Abrechnung eines Sockelbetrages) dem Stimmrecht im IWF. Die Höhe

der Kredite für die Mitgliedsländer orientierte sich an der Höhe der Quoten.

Die Bundesrepublik Deutschland und Japan traten dem IWF 1952 bei. Von den Ostblockstaaten ist (seit 1972) allein Rumänien Mitglied. Polen und Ungarn haben 1981 Beitrittsanträge gestellt. 1982 hatte der IWF 143 Mitgliedsstaaten. Die stimmstärksten Mitglieder waren USA, Großbritannien, Bundesrepublik Deutschland, Frankreich, Japan und Saudi-Arabien.

Schon 1944 hatte Indien, das als Commonwealth-Land zu den Gründungsmitgliedern des IWF gehörte, gefordert, die internationale Währungsorganisation solle auch den Problemen der unterentwickelten Länder besondere Aufmerksamkeit schenken. In Bretton Woods wurde aber eine spezielle Bezugnahme auf die Entwicklungsländer vermieden. Denn gleichzeitig mit dem IWF wurde die Weltbank geschaffen (s. S. 473), die langfristige Kapitalhilfe leistet. Das IWF stellte damit de facto eine Einrichtung der Industrieländer dar. Bedeutsam war der partielle Verzicht auf nationale Souveränität infolge der Kontrolle des IWF über Wechselkursänderungen.

Fast zwanzig Jahre lang funktionierte der mit dem IWF-System geschaffene finanzielle Rückhalt der Weltwirtschaft nach 1945. Sein Funktionieren blieb angesichts der Bindung der nationalen Währungen an die feste Relation „US-Dollar-Gold" besonders von der Währungs- und Zahlungsbilanzpolitik der USA abhängig. Außerdem wirkte der Vorteil des Systems, nämlich Ausgleichsmechanismen bei Zahlungsbilanzproblemen zu bieten, langfristig negativ. Ständige Überschußländer (wie die Bundesrepublik Deutschland) wurden nicht zur Aufwertung ihrer Währungen angehalten, und Staaten mit chronischen Zahlungsbilanzdefiziten konnten eine Abwertung ihrer Währungen lange hinauszögern.

491

Das entscheidende Problem war aber der Dollar in seiner Eigenschaft als Reservewährung und seine Bindung an eine bestimmte Goldäquivalenz. Um diese Goldäquivalenz des Dollars zu halten und damit zu sichern, daß der Dollar jederzeit in Gold umgetauscht werden kann, hätte die Dollarmenge knapp bleiben müssen. Dies war jedoch nur am Anfang der Fall. Infolge der großangelegten amerikanischen Auslandshilfen, Militärhilfen und Auslandsinvestitionen, kam es jedoch zu einer „Dollarschwemme". Der Dollar war Anfang der sechziger Jahre erkennbar überbewertet bzw. die Währungen wichtiger Industrieländer, vor allem die DM, waren unterbewertet. Damit aber konnte der Dollar seine Funktion als Welt-Reservewährung nicht mehr erfüllen. Es gab zuviel Liquidität für die internationalen Wirtschaftsbeziehungen, die destabilisierend wirkte.

Konvertibilität

Die Konvertibilität der wichtigsten Währungen wurde Ende der fünfziger Jahre hergestellt; die der DM 1958. Damit war ein wesentliches Ziel erreicht. Denn nun konnte der IWF auch andere Währungen als den US-Dollar bei Krediten einsetzen. Die Devisenkontrollen wurden aufgegeben. Dies war ein wesentlicher Fortschritt im Welthandel, jedoch auch ein Schritt, der Währungsspekulanten einen großen Spielraum gab. Die Interdependenz der Währungen nahm erheblich zu. Minimale Zins- und Kursdifferenzen konnten von nun an Währungstransaktionen auslösen, eine „Flucht aus dem Dollar in die DM" oder umgekehrt.

Flexible Wechselkurse

Zehnerklub

Währungsspekulationen machten erstmals 1962 eine größere internationale Stützungsaktion für den US-Dollar nötig. Dies geschah nicht durch alle Mitglieder des IWF, sondern nur durch die zehn wichtigsten, zu denen nun die wiedererstarkten westeuropäischen Staaten gehörten. Der „Zehnerklub" (USA, Bundesrepublik Deutschland, Großbritannien, Frankreich, Italien, Japan, Kanada, Niederlande, Belgien, Schweden) und das assoziierte Mitglied Schweiz schlossen 1962 das Abkommen „General Arrangements to Borrow" (GAB) mit dem IWF. Dies war einer von verschiedenen Versuchen, Zahlungsbilanzschwierigkeiten infolge von Kapitalbewegungen „gegen den US-Dollar" zu begegnen. Der IWF erhielt zusätzlich einen Krisen-Sonderfonds von 6 Mrd. $ für die gegenseitige Währungshilfe der zehn Staaten (die USA zahlten 33 %, die Bundesrepublik Deutschland und Großbritannien schon je 17 % ein). Zu den weiteren Maßnahmen gegen spekulative Störungen des internationalen Wäh-

rungssystems und zur Verteidigung des US-Dollars als Reservewährung nach dem Bretton-Woods-System gehörten bilaterale „Gegenseitige Devisenabkommen" zwischen der Notenbank der USA, dem Federal Reserve System, und fast allen bedeutenden europäischen Notenbanken, der BIZ und der Bank von Kanada über „Swap-Kredite" (kurzfristige Bereitschaftskredite). Die Deutsche Bundesbank bezeichnete dies in ihrem Geschäftsbericht 1962 als ein „Netz von vorsorglichen Standby-Abkommen" zum „Vorfeld-Schutz". Dem Schutz der amerikanischen Zahlungsbilanz dienten auch die „Devisenausgleichsabkommen" für die in der Bundesrepublik Deutschland stationierten amerikanischen Truppen.

Die Jahre zwischen 1965 und 1975 waren von ständigen, vor allem spekulativ begründeten Währungskrisen bestimmt. Der Vertrauensverlust des US-Dollar und die damit zusammenhängenden Goldverluste der USA machten das Währungssystem von Bretton Woods immer unhaltbarer.

9.2.2.2 Sonderziehungsrechte

In der zweiten Hälfte der sechziger Jahre begannen Verhandlungen über eine „Fundamentalreform" des Währungssystems von Bretton Woods. Die 1. Verfassungsreform von 1969 brachte die Einführung der „Sonderziehungsrechte" (SZR) eine Art Giralgeld des IWF (s. u.). 1971 hob Präsident NIXON die Goldeinlösepflicht für den Dollar auf. 1973 brach das Bretton-Woods-System endgültig auseinander; flexible Wechselkurse setzten sich durch. 1978 trat eine 2. Verfassungsreform des IWF in Kraft, mit der versucht wurde, eine Anpassung an die flexiblen Wechselkurse vorzunehmen. Die achtziger Jahre sind durch Auseinandersetzungen mit den Entwicklungsländern („Gruppe der 24") bestimmt, die einen größeren Einfluß (Stimmrecht) im IWF und „weichere" Kreditkonditionen sowie z. B. eine Kopplung von SZR-Ausgabe und Entwicklungshilfe („Link", s. S. 510) fordern.

„Sonderziehungsrechte" wurden 1967 vereinbart und 1969 eingeführt. Eine maßgebliche Rolle spielte dabei der „Zehnerklub", vor allem die EG-Staaten und der IWF. Sonderziehungsrechte sind zusätzliches „Buchgeld" auf einem Sonderkonto des IWF. Es handelt sich um Ansprüche von IWF-Mitgliedern an alle anderen IWF-Mitglieder auf konvertible Währungen, die vom Sonderkonto abgebucht („gezogen") werden können.

Hiermit wurde eine neue zusätzliche Welt-Währungsreserve (die „Universalität" beschränkt sich auf die Mitgliedstaaten) geschaffen, ohne daß Goldreserven und die Zahlungsbilanz eines Reservewährungslandes wie die USA betroffen sind. Seit 1974 werden die SZR an einem „Währungskorb" gemessen, in dem die Währungen von 16 Mitgliedstaaten mit einem Weltexportanteil von über 1% in festen Relationen vertreten sind. Hierbei handelt es sich wiederum vor allem um die Staaten des Zehnerklubs. Der Anteil der Währungen im „Korb" ist, mit Ausnahme der USA (33%), an den Exportanteilen orientiert.

Euro-Dollar-markt

Die Sonderziehungsrechte stellen ein zentrales Reservemedium im internationalen Währungssystem dar. Sie haben aber den IWF nicht ersetzt. Er ist – ohne die Rolle einer vollgütigen internationalen Zentralbank/Weltbank ausfüllen zu können – nach wie vor die wichtigste internationale Währungsorganisation. Dies zeigte sich 1982 besonders deutlich, als die Verschuldung der Entwicklungsländer, vor allem die internationale Zahlungsunfähigkeit Mexikos und anderer „Schwellenländer" (s. S. 465), die die privaten Großbanken westlicher Industrieländer mit zu gefährden drohte, neue internationale Lösungen über den IWF erzwang. Ende 1982 wurden deshalb die SZR von 61 Mrd. (1978) auf 90–100 Mrd. erhöht und der Krisensonderfonds nach dem GAB von 1962 (s. S. 492) auf bis zu 22 Mrd. $ aufgestockt sowie allen 146 IWF-Mitgliedsländern zugänglich gemacht.

Wechselkurs-Steuerung

9.2.2.3 Flexible Wechselkurse und „Floating"

Die Aufhebung der Goldeinlösungsverpflichtung im August 1971 durch US-Präsident Nixon beseitigte die wichtigste formelle Grundlage für die Stellung des US-Dollar als Reservewährung. Währungskorrekturen gegenüber dem Dollar (Abwertung des Dollar) und vorübergehendes „Blockfloating" der EG-Währungen waren die Folgen. „Floating" bezeichnet die Freigabe der Währung und das Gewährenlassen von Kursschwankungen. „Block"-Floating heißt, daß die europäischen Staaten einen regionalen Währungsverbund mit festen Wechselkursen untereinander und einem gemeinsamen „Floaten" gegenüber anderen Währungen bildeten (s. S. 494). Die Außenbewegungen bei innerem Verbund werden gelegentlich mit den Bewegungen einer Schlange verglichen, daher der Ausdruck „Währungsschlange".

Floating

Währungs-schlange

Der Übergang zu flexiblen Kursen erfolgte ungeplant. Dieser Ersatz für die Konstruktion von Bretton Woods ist im Gegensatz zu ihr Ergebnis des Krisenmanagements. Ein solches Management erforderte vor allem die im Bretton-Woods-System erzeugte internationale Liquidität, die z.B. im ungesteuerten „Eurodollarmarkt", einem außerordentlichen großen Geldmarkt für Anleihen, zum Ausdruck kommt und immer wieder beträchtliche Kapitalbewegungen kurzfristig erzeugt. Mangels einer Welt-Zentralbank – denn das ist der IWF nicht – müssen dann die nationalen Zentralbanken einzeln oder koordiniert den Folgen z.T. rein spekulativer Kapitalbewegungen mit Währungsan- und -verkäufen begegnen.

Die Einführung frei konvertibler Währungen hat den Waren-, Dienstleistungs-, Kapital- und Reiseverkehr zweifellos in einem Maße gefördert, wie dies vor 1945 nicht möglich war. Die Notenbanken aber müssen die negativen Folgen dieser Freiheit aufzufangen versuchen. Denn kurzfristige Kursschwankungen beeinträchtigen die internationalen Wirtschaftsbeziehungen. Sie müssen u.a. den Wechselkurs einer Währung durch eigene An- und Verkäufe so gestalten, daß genügend Devisenreserven erhalten bleiben und nicht – z.B. über DM-Verkäufe – die binnenwirtschaftliche Liquidität inflationierend ansteigt. Dies ist die im Stabilitätsgesetz der Bundesrepublik Deutschland angesprochene außenwirtschaftliche „Flanke". Die Sicherung des „außenwirtschaftlichen Gleichgewichts" (s.S. 167) ist unter den Bedingungen des internationalen Währungssystems nach dem Scheitern des Währungssystems von Bretton Woods außerordentlich schwierig geworden.

Die westeuropäischen Industriestaaten spielen innerhalb des internationalen Währungssystems nicht nur über den „Zehnerklub" eine bedeutende Rolle. 1950 wurde als regionale Sonderinstitution des Währungssystems die „Europäische Zahlungsunion" (EZU) unter maßgeblicher Mitwirkung der ECA (Economic Cooperation Administration), die die Marshallplan-Mittel verwaltete, gegründet. Sie war keine unabhängige Institution, sondern in die OEEC (s.S. 352) eingebettet. Sie hatte 15 Mitgliedstaaten und bestand acht Jahre. Für die währungspolitische Absicherung der westeuropäischen Wirtschaftskooperation besaß die EZU eine zentrale Bedeutung. Sie diente als Schrittmacher der 1958 erreichten Konvertibilität in Westeuropa.

493

9.2.2.4 Das Europäische Währungssystem

Das vor allem von deutscher Seite favorisierte europäische „Blockfloaten" in den siebziger Jahren (s. S. 494) erhielt 1979 durch die Schaffung des „Europäischen Währungssystems" (EWS) eine neue und, vom Teilnehmerkreis her gesehen, engere Grundlage (s. S. 339). Damit wurde eine stabile Währungszone in Westeuropa angestrebt.

EWS Die Mitgliedsstaaten des EWS haben untereinander feste Leitkurse mit einem „oberen" und „unteren" Interventionspunkt vereinbart. An diesen Punkten müssen entweder Kurskorrekturen gemeinsam vorgenommen oder wechselseitige Währungshilfen geleistet werden. „Nach außen" floaten die EWS-Währungen gemeinsam. Das EWS soll aber mehr als eine „Währungsschlange" (s. S. 493) sein. Zum System gehört eine europäi-

ECU sche Währungseinheit, der ECU. Der Wert des ECU bestimmt sich nach einem „Währungskorb", der täglich neu festgestellt wird (1980 1 ECU = 2,75 DM). Der Stützung der Währungen der Mitgliedsstaaten dient der „Europäische Währungsfonds", der 20% der nationalen Währungsreserven (Gold und Dollar) enthält.

Das EWS soll Leitkursbestimmung, Rechengröße (ECU), Interventionssystem, Modus zur Verrechnung von Zahlungsbilanzschulden usw. sein. Kursschwankungen sollen begrenzt und Inflationen als Auslösungsfaktoren unter Kontrolle bleiben. Hier wird – im Gegensatz zum internationalen Währungssystem – eine gemeinsame Wirtschafts- und Finanzpolitik vorausgesetzt, die natürlich das Währungssystem stabilisieren würde. Diese gemeinsame Finanz- und Wirtschaftspolitik ist aber noch nicht erreicht. Nationale Alleingänge wie die Devisenzuteilung an die Bürger in Frankreich (1983) haben bislang das EWS beeinträchtigt, jedoch nicht aufgekündigt.

Reform Die Reform des internationalen Währungssystems gestaltet sich wegen der ungleichen Entwicklung der beteiligten Staaten noch ungleich schwieriger als die Lösung der europäischen Probleme. Sie dürfte in den achtziger Jahren nur noch mit den Staaten der Dritten Welt möglich sein. Wenn sich in der Vergangenheit auch zeigte, daß die Zahl der Beteiligten nicht allein entscheidet – zu den maßgebenden Akteuren gehörte nicht nur der „Zehnerklub", sondern 1973 auch noch ein besonderer „Fünferklub" (USA, Japan, Bundesrepublik Deutschland, Frankreich, Großbritannien) –, so scheint doch die Zeit endgültig vorbei zu sein, in der das internationale Währungsgeschehen allein von den Industriestaaten bestimmt werden kann.

9.2.3 Die Multinationalen Konzerne als Faktor der internationalen Wirtschaftsbeziehungen

9.2.3.1 Begriff und Entstehung

„Multinationale Unternehmen" oder „Multinationale Konzerne" („Multis", MNK) gibt es nicht erst seit 1945. Sie erlangten aber in der Nachkriegszeit eine Bedeutung, die sie zu einem eigenständigen Faktor privater Wirtschaftsmacht in der Weltwirtschaft erhebt. Der Begriff „Multinationaler Konzern" („multinational cooperation" (MNC) oder „firm"; auch „transnationaler" Konzern oder Gesellschaft) wurde erst 1960 von DAVID LILIENTHAL in die wissenschaftliche Literatur eingeführt. Heute beschäftigt er die UN-Organisationen.

> *„Ein Konzern ist die Zusammenfassung rechtlich selbständiger Unternehmen unter der einheitlichen Leitung eines herrschenden Unternehmens, dessen Einflußnahme aus Eigentumsrechten am abhängigen Unternehmen folgt. Sind die Konzernunternehmen auf verschiedene Nationalstaaten verteilt, liegt ein multinationaler Konzern (MNK) vor."*
>
> (D. STANDOP 1977, S. 226 f.)

> *„Was den Besitz des Aktienkapitals und die Zusammensetzung des Top-Managements angeht, trifft in der Regel die Bezeichnung multinational nicht zu. Gerechtfertigt erscheint der Begriff „MNC" für die Konzerne, die zahlreiche Produktionsstätten – und nicht lediglich Verkaufs- oder Serviceniederlassungen – in mehreren Ländern besitzen – und zwar zum Zweck der Gewinnmaximierung nicht für die einzelnen Einheiten auf nationaler Ebene, sondern für den Konzern als Ganzes – und die über eine zentrale Verwaltung verfügen. Alle Konzerntöchter müssen „im Rahmen einer umfassenden, in der Zentrale festgelegten Konzernplanung arbeiten, ... ihre Tätigkeitsbereiche sind eng aufeinander abgestimmt" und die Tochtergesellschaften von MNCs haben in der Regel ihre eigenen Interessen denen der Zentrale unterzuordnen (Tugendhat, 1972). Diese zentrale Steuerung durch die Muttergesellschaft, die erst durch die Verbesserung der Kommunikationsstrukturen in den letzten Jahrzehnten möglich wurde, unterscheidet die heutigen MNCs ganz wesentlich von denen im letzten Drittel des vorigen Jahrhunderts."* (S. MIELKE 1974, S. 51)

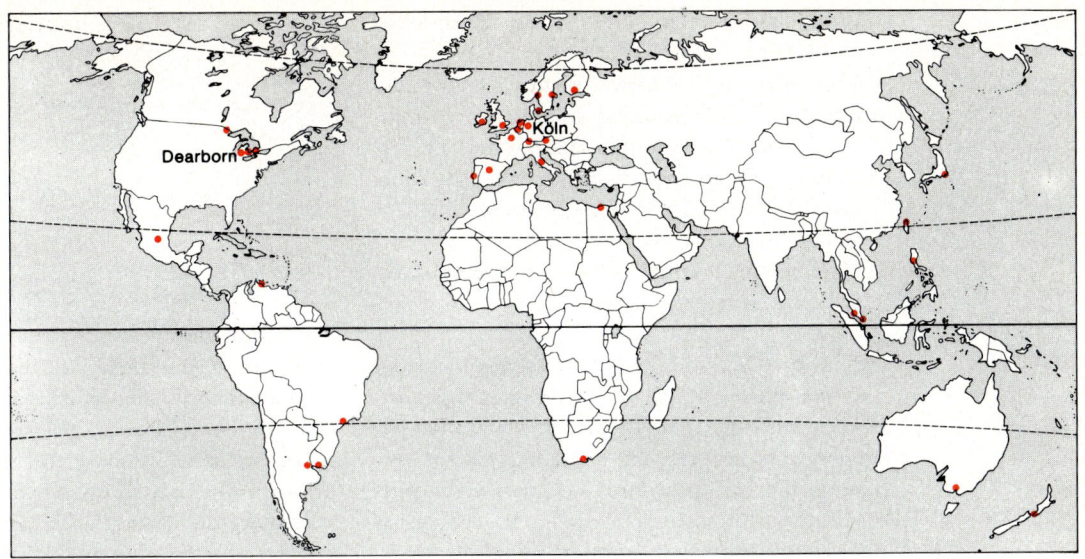

Abb. 211: Produktionsstandorte der Ford Automobilwerke
(nach: Current Affairs Atlas, 1979, S. 20/21)

Entstehungs-
gründe

Über die Gründe für die Entstehung und Ausbreitung multinationaler Konzerne gibt es verschiedene Theorien. Marxistische Theoretiker sehen darin die Tendenz zur „Internationalisierung
des Kapitals" wegen sinkender Profitraten im nationalen Rahmen, wie es schon im kommunistischen Manifest von 1848 angekündigt worden
war. Im übrigen aber wird der Ausbreitung des
Schutzzollsystems im letzten Drittel des 19. Jh.
besondere Bedeutung beigemessen: Exportorien-
tierte und kapitalstarke größere Unternehmen errichteten deswegen Produktionsstätten im Aus-

Direkt-
investitionen

land. Dies gilt nicht zuletzt für die zahlreichen
Direktinvestitionen amerikanischer Firmen im
EG-Bereich nach 1945. Zu den außerökonomi-
schen Motiven für die Ausbreitung der MNC
zählten Slogans wie „buy national" (Kaufe die im
„eigenen" Land hergestellten Waren). In den Entwicklungsländern dient als Motiv auch der Aufbau von Produktionsstätten zur industriellen Entwicklung des Landes.

So lassen sich bei näherer Betrachtung gewichtige
Argumente für die Existenz und Ausbreitung der
MNC finden. Sie sind wegen ihrer Größe und Erfahrungen in der Lage, Produktionen („Direktinvestitionen"), Management und Vertrieb in alle
Teile der Welt direkt zu verlegen. Andererseits
bilden der freie Güter-, Kapital- und Währungsaustausch sowie das moderne Kommunikations-
system entscheidende Voraussetzungen ihrer
Wirksamkeit.

9.2.3.2 Internationale und nationale Wirtschaft als konzerninterner Vorgang

Für die internationalen Wirtschaftsbeziehungen
bedeutet die Ausbreitung der multinationalen
Konzerne, daß ein wachsender Teil des Welthandels und der finanziellen Transaktionen nicht
mehr zwischen selbständigen Unternehmen und
Staaten, sondern „konzernintern" zwischen den
Auslandsniederlassungen multinationaler Konzerne abgewickelt wird. Das kann im einzelnen
bedeuten:

- Um Gewinne langfristig zu sichern, wird prinzipiell versucht, die Produktion in Staaten mit
niedrigen Kosten und hoher Produktivität und
den Absatz in Staaten mit hohen Preisen zu
verlegen. MNC in arbeitsintensiven Branchen
mit hohen Lohnkosten verlagern ihre Produktion (zu Lasten der Arbeitsplätze in den Industriestaaten) in Niedriglohnländer; die dort ko-
stengünstig produzierten Güter kehren dann
zurück in die Industrieländer und den Weltmarkt.
- Produktionsstätten können verlagert werden,
um Arbeitskämpfen aus dem Wege zu gehen
oder Umweltschutzauflagen zu vermeiden.
- MNC können unmittelbar und kurzfristig auf
nationale Währungen in Form der Kassenbe-
stände bei den Tochtergesellschaften oder Auslandsniederlassungen zurückgreifen.
- MNC können Finanzmittel der Konzernteile
von Niedrigzinsländern in jeweilige Hochzins-

495

länder transferieren, um höchste Zinserträge zu sichern.

- MNC können ihre Gewinne durch konzerninterne Verrechnungspreise und Dienstleistungskosten manipulieren und dadurch bewußt Verluste bei Tochtergesellschaften (oder auch bei der „Mutter"), je nach Konzerninteresse, erzeugen.
- MNC können konzernintern Gewinne verlagern, um Steuern zu sparen.

Umsätze

Gewiß bestehen die genannten Möglichkeiten nicht nur für die MNC. Aufgrund ihrer Konzernstruktur und -größe steht ihnen jedoch eine besonders breite Palette von Möglichkeiten zur Verfügung, um im (gewinnorientierten) einzelwirtschaftlichen Interesse die Vorzüge freier internationaler Beziehungen auszunutzen und die Nachteile zu vermeiden. Damit sind sie auch in der Lage, z.B. die nationale Konjunktur- und Strukturpolitik zu unterlaufen, ja in schwächer entwik-

Wertung

kelten Volkswirtschaften die wirtschaftliche Stabilität zu gefährden und in politisch instabilen

Macht

Staaten Macht auszuüben. Das ergibt sich auch aus ihrer Bedeutung für bestimmte Branchen.

> „Im Jahre 1973 gab es etwa 10 000 Multinationale Konzerne auf der Welt. Hiervon verfügten 45% über Niederlassungen in nur einem anderen Industrie- bzw. Entwicklungsland, während weniger als 4% der Konzerne Niederlassungen in mehr als 20 Ländern hatten. Bei den Konzernen mit weit gestreuten Aktivitäten handelt es sich um Großunternehmen, denen innerhalb der Gruppe der Multinationalen Konzerne eine überragende Bedeutung zukommt. Einen Umsatz von jeweils mehr als 1 Mrd. US-$ erzielten im Jahre 1976 422 (fast ausschließlich multinational tätige) Industrieunternehmen. 17 Unternehmen konnten sogar mehr als 10 Mrd. US-$ umsetzen. Auch im Dienstleistungenbereich (Banken, Handel, Versicherungen) sind Großunternehmen vorherrschend. Für die großen Multinationalen Konzerne hat die Auslandstätigkeit eine erhebliche Bedeutung erlangt. Von 381 der 422 größten Industrieunternehmen tätigten 153 mehr als 25% ihres Umsatzes über ihre ausländischen Filialen (ohne Intraunternehmenshandel). Die 17 größten Industrieunternehmen der Welt setzten im Jahre 1976 zwischen 24 und 72% ihrer Produktion im Ausland ab, verdienten dort zwischen 22 und 64% ihrer Gewinne und beschäftigten dort zwischen 13 und 78% ihrer Arbeitnehmer. Die Multinationalen Konzerne haben ihren Sitz fast ausschließlich in den Industrieländern.

> Von den 422 größten Industrieunternehmen stammen nur 10 aus Entwicklungsländern. Unter den 50 größten Banken der Welt hat nur die Banco do Brasil ihren Sitz in einem Entwicklungsland."
> (United Nations 1978, nach OCHEL 1982, S. 126)

Die Umsätze multinationaler Konzerne sind z.T. größer als das Bruttosozialprodukt der Entwicklungsländer, in denen sie sich betätigen. Untersuchungen der UN ergänzen das Bild: Anfang der siebziger Jahre vereinigten MNC in Brasilien 37%, in Mexiko 32% der industriellen Wertschöpfung auf sich. Ihr Anteil am Umsatz der verarbeitenden Industrie erreichte in Ghana 50%, in Peru 46%, in Argentinien 31%, in Indien 13% (OCHEL 1982, S. 59).

Eine abschließende Wertung der MNC ist nicht so einfach, wie es auf den ersten Blick erscheint. Gewiß läßt sich die Macht der multinationalen Konzerne nicht übersehen. Ihre Präsenz in den Entwicklungsländern bildet dort geradezu ein „Strukturelement", denn Devisenmangel, fehlender Zugang zu ausländischen Absatzmärkten, fehlendes technisches Know-how, Kapitalmangel usw. machen die MNC für Entwicklungsländer unentbehrlich. Ihr Interesse an billigen Arbeitskräften, Zugang zu Rohstoffvorkommen, an Absatzmärkten und Kapitalanlagen deckt sich mit den Interessen und Bedürfnissen der unterentwickelten Staaten. Interessengegensätze ergeben sich häufig aber innerhalb der Entwicklungsländer, wenn die MNC an für sie ertragreichen, die Entwicklungsländer aber an für sie entwicklungsplanerisch bedeutsamen Direktinvestitionen interessiert sind. Die für die Entwicklungsländer wichtigen MNC neigen dazu, in den „Zentren" zu investieren und sich mit wirtschaftlich wichtigen bzw. herrschenden Schichten zu verbinden. Sie folgen ihrem wirtschaftlichen Eigeninteresse, nicht entwicklungspolitischen Gesichtspunkten.

Aufgrund ihrer Bedeutung sind die MNC auch zum Gegenstand der internationalen Politik geworden. Sie profitieren von bilateralen und internationalen Abkommen über Schutz des industriellen Eigentums, Schutz von Patentrechten und Markenzeichen, durch Niederlassungsfreiheit, Investitionsschutz, Besteuerungsabkommen usw. Ihre Kontrolle ist schwierig.

9.2.3.3 Kontrolle der MNC

Mit Fragen einer internationalen Kontrolle der MNC befassen sich seit dem Ende der sechziger Jahre verschiedene internationale Institutionen (OECD, ILO, Internationale Handelskammer, Gruppe der 77). Außerdem gibt es eine UN-Kommission (36 Mitglieder) und ein UNO-Zentrum für transnationale Unternehmen, vor allem zur Erarbeitung eines „Verhaltenskodex" für „Multis". Kontrollkonzepte sehen z.B. ein „GATT for Investments" vor, ein „General Agreement" für Auslandsinvestitionen. Ein „Verhaltenskodex für den Technologietransfer" soll restriktive Geschäftspraktiken der MNC verhindern und die Position der Entwicklungsländer stärken. Die am 12. 12. 1974 von der 29. Generalversammlung der UN verabschiedete „Charta der wirtschaftlichen Rechte und Pflichten der Staaten" (s.a. S. 469), der die Bundesrepublik Deutschland zusammen mit den USA, Großbritannien, Dänemark, Belgien und Luxemburg nicht zustimmte, formulierte „Grundlagen der internationalen Wirtschaftsbeziehungen" (Kapitel I) und bestätigte im Kapitel II („Wirtschaftliche Rechte und Pflichten der Staaten") die Souveränität jedes Staates über seine Reichtümer, Naturschätze und wirtschaftlichen Betätigungen.

Verhaltens-
kodex

Rechte der
Staaten

Gegenmacht

> Art. 2 Abs. 2: *„Jeder Staat hat das Recht,*
> *a) ausländische Investitionen in seinem nationalen Hoheitsbereich nach Maßgabe seiner Rechts- und sonstigen Vorschriften und entsprechend seinen nationalen Zielen und Prioritäten zu regeln und staatliche Gewalt über sie auszuüben. Ein Staat darf nicht gezwungen werden, für ausländische Investitionen Vorzugsbehandlung zu gewähren;*
> *b) die Tätigkeit transnationaler Gesellschaften in seinem nationalen Hoheitsbereich zu regeln und zu überwachen und Maßnahmen zu treffen, um sicherzustellen, daß diese Tätigkeiten seinen Rechts- und sonstigen Vorschriften entsprechen und mit seinen wirtschaftlichen und sozialen Zielsetzungen in Einklang stehen. Transnationale Gesellschaften dürfen nicht in die inneren Angelegenheiten eines Gaststaates eingreifen. Jeder Staat soll unter voller Berücksichtigung seiner souveränen Rechte mit anderen Staaten bei der Ausübung des unter diesem Buchstaben festgesetzten Rechts zusammenarbeiten;*
> *c) ausländisches Vermögen zu verstaatlichen, zu enteignen oder das Eigentum daran zu übertragen ..."*
> (aus V. HIPPEL 1980, S. 122)

Die Bundesrepublik Deutschland hat – wie andere Industriestaaten – der Charta nicht zugestimmt, weil bestimmte Artikel abgelehnt wurden. Dazu gehörte ausdrücklich auch Kapitel II, Art. 2.

> *„Unter Berücksichtigung der weitreichenden Bedeutung dieser Artikel war (die deutsche Delegation) nicht in der Lage, der Charta als Ganzes ihre Unterstützung zu geben."*
>
> (V. HIPPEL S. 134)

Der Wert derartiger UN-Beschlüsse und auch darauf aufbauender Bemühungen z.B. des Wirtschafts- und Sozialrats der UN, einen internationellen Verhaltenskodex für Multinationale Konzerne auszuarbeiten, ist umstritten. Vor allem erscheint es kaum möglich, die internen Vorgänge in den MNC transparent zu machen und zu kontrollieren. Da rechtsverbindliche Regelungen kaum wirksam sein dürften, wird auch auf eine freiwillige Unterwerfung der MNC unter einen solchen Verhaltenskodex gedrängt. Diese Frage gehört mit zu den zentralen Diskussionspunkten über eine neue Weltwirtschaftsordnung. Weitere politisch brisante Punkte sind die Einbeziehung der transnationalen Aktivitäten staatseigener Konzerne aus den Ostblockstaaten, die Aktivitäten der MNC im Apartheid-Staat Südafrika und die Verlagerung umweltgefährdender Produktionen in Entwicklungsländer.

Prinzipiell ist die Notwendigkeit kontrollierender Regelungen für die MNC bei fortschreitender Integration der Weltwirtschaft nicht umstritten. Umstritten sind die Kontrollkonzepte.

> *„Die erste Strategie zielt auf eine Domestizierung der MNK durch Beteiligungen einheimischer Unternehmen. Die zweite Strategie versucht den Aufbau einer Gegenmacht zu den MNK, sei es durch eine Multinationalisierung von Arbeitnehmerorganisationen oder durch Übertragung größerer Kompetenzen auf bestehende oder neu zu schaffende internationale Organisationen. Durch erfolgreiche Integration von Nationalstaaten zu größeren Einheiten entfallen z.T. jene Probleme, die aus der Multinationalisierung erwachsen. Sie werden zur Frage der nationalen Politik."*
>
> (STANDOP 1977, S. 230)

9.3 Der Nord-Süd-Konflikt als Ringen um eine neue Weltwirtschaftsordnung

9.3.1 Ein exemplarischer Fall: UN-Seerechtskonferenzen

Die „Freiheit der Meere" und die freie Nutzung der Meere bedeuten die Freiheit desjenigen, der diese Freiheiten auch tatsächlich nutzen kann. Das ist die eigentliche Bedeutung des „klassischen Seerechts" seit dem 17. Jh. Einem staatlichen Souveränitätsanspruch und einem nationalstaatlichen Wirtschaftsmonopol, das im wesentlichen ein Fischereimonopol war, unterlagen damals die Küstenmeere von 3, allerhöchstens 12 sm Breite. Hierbei handelte es sich um Gewohnheitsrecht. Die 1. und die 2. Seerechtskonferenz der UN (1958 und 1960) versuchten, das klassische Gewohnheitsrecht in vertragliches Völkerrecht umzusetzen. Wichtiger für das Nord-Süd-Verhältnis wurde aber die 3. UN-Seerechtskonferenz, die seit 1973 tagte und am 30. 4. 1982 mit 130 Ja-Stimmen, 4 Nein-Stimmen (darunter die USA) und 14 Enthaltungen (darunter die Bundesrepublik Deutschland und die Sowjetunion) ein umfassendes Dokument der Seerechte formell verabschiedete. Seine 320 Artikel betreffen die Schiffahrt, die Fischerei, die „Offshore"-Meerestechnik und den Tiefseebergbau, d.h. die Ausbeutung der Meeres-Bodenschätze wie Nickel, Mangan und Kobalt. Statt einer Internationalisierung der „Hohen See" als einem „Gemeinsamen Erbe der Menschheit" (UN-Feststellung 1967) ist es zunächst vor allem zu einer Nationalisierung gekommen:

Gewohnheitsrecht

Vertragsrecht

Interessenkonflikte

Nationalisierung

- Erweiterung der Hoheits(Territorial-)gewässer auf 12 sm (1 sm = 1,852 km);
- Einführung von 200-sm-Wirtschaftszonen der Küstenstaaten; Binnenstaaten und fremde Staaten erhalten nur noch beschränkten Zugang zu den dortigen Ressourcen;
- Erweiterung des Monopols der Küstenstaaten auf Ausbeutung des Festlandssockels bis auf 350 sm von der Küstenlinie entfernt (Exklusivrechte für Fischerei, Tiefseebergbau, Ölbohrungen, Gasgewinnung). Für die Ausbeutung von Vorkommen jenseits der 200-sm-Zone sollen Abgaben an eine internationale Meeresbehörde erfolgen. Die verbleibende „Offene (Hohe) See" kann entweder frei genutzt oder ihre Nutzung durch eine internationale Meeresboden-Behörde geregelt werden. Meeresbodenschätze sind nur begrenzt zu fördern, um die Stabilität der Mineralienpreise zu garantieren.

Die Interessenkonflikte liegen auf der Hand, z. B.:

- Es gibt Küsten- und Binnenstaaten. Auch sind die Küsten unterschiedlich lang. Die Bundesrepublik Deutschland z. B. verfügt nur über kleine Wirtschaftszonen in Nord- und Ostsee und ist überdies ein rohstoffarmer Staat.
- Unternehmen in hochentwickelten Industriestaaten verfügen über die technischen und finanziellen Voraussetzungen für den Tiefsee-Bergbau. Sie sollen neue Technologien einem

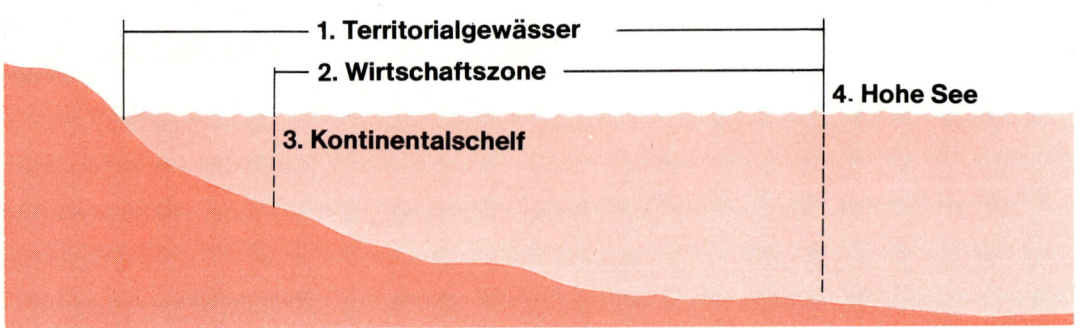

Abb. 212: Die Ergebnisse der 3. UN-Seerechtskonferenz von 1982: Hoheitsgewässer, Wirtschaftszonen, Festlandssockel, Offene See – Für und wider die traditionelle „Freiheit der Meere"

internationalen Wirtschaftsunternehmen, der Meeresbodenbehörde, zugänglich machen.

- Erschließen sie ein Manganknollenfeld, dann müssen sie ein zweites, ebenso großes, der Meeresbodenbehörde zur Verfügung stellen.

Revisions-konferenz

- Der privatwirtschaftliche Tiefseebergbau kann nach 15 Jahren durch eine Revisionskonferenz der UN mit einer Dreiviertel-Mehrheit beendet werden; eine solche Mehrheit gegen die wichtigsten Industriestaaten ist möglich.

- Diese Staaten sollen wie bisher für die UN hauptsächlich die Kosten tragen. Bei einem Ausscheren der USA wird der deutsche Anteil an den Gesamtkosten auf 11,8 % geschätzt.

- Rohstoffreiche Staaten fürchten auf der anderen Seite eine zusätzliche Konkurrenz, die ihre Preise drückt.

Meeresboden-behörde

- Die Staaten der Dritten Welt fordern eine starke Meeresbodenbehörde, die Lizenzen an Staaten und Unternehmen vergibt und damit Umfang und Preis der geförderten Rohstoffe beeinflussen oder später bestimmen kann. Ihre Gewinne sollen für Entwicklungszwecke zur Verfügung stehen.

Norden = OECD-Staaten

Die Bundesrepublik Deutschland, die bei Vertragsabschluß mit Enthaltung stimmte, ist als hochentwickelter Industriestaat an einer möglichst freien Nutzung der Meere und an dem freien Zugang zu den Bodenschätzen der Tiefsee interessiert. Dies gilt ebenso für die USA, die gegen den Vertrag stimmten, wie für Frankreich, das für den Vertrag votierte. Vor allem die USA wehren sich gegen die beabsichtigte Reglementierung des Zugangs zu den Meeresbodenschätzen und dagegen, daß US-Unternehmen ihr auf diesem Gebiet weit fortgeschrittenes Know-how offenlegen und „zu fairen und zumutbaren Bedingungen" an die Meeresbodenbehörde verkaufen sollen. Ungeachtet der ablehnenden Haltung nahm der Präsident der USA im März 1983 die 200 sm „Wirtschaftszone" in Anspruch.

Trotz grundlegender Interessengegensätze sind die Staaten aufeinander angewiesen. Ohne die USA scheint die Finanzierung des Unternehmens gefährdet. Auch auf die Bundesrepublik Deutschland kämen erhöhte Kosten zu. Unterzeichnet sie die Konvention bis Ende 1984 nicht (bei der Schlußsitzung der 3. UN-Seerechtskonferenz im Dezember 1982 hatten 119 Staaten sogleich unterschrieben), gefährdet sie den Beschluß, den künftigen UN-Seerechts-Gerichtshof in Hamburg anzusiedeln. Nicht zustimmende Industriestaaten müßten offen vertragswidrig in den 350-sm-Zo-

UN-Seerechts-Gerichtshof

nen anderer Staaten operieren und Entscheidungen internationaler Gerichtshöfe ignorieren. Strittig könnte auch die Meerengen-Durchfahrt werden. Der Vertrag tritt nach seiner Ratifizierung durch 60 Staaten in Kraft. Ob er dann wirksam werden kann, ist eine andere Frage.

Das neue Seerecht gilt zu Recht als ein „Lehrbuch-Beispiel für den Nord-Süd-Konflikt". Es legt mit bestechender Klarheit die widersprüchlichen Interessen offen, die sich in diesem Konflikt für alle Beteiligten ergeben.

9.3.2 Begriffe und Interessenstrukturen

Der Begriff „Nord-Süd-Konflikt" kennzeichnet ungenau den Gegensatz zwischen den „reichen" Industriestaaten und den „armen" Entwicklungsländern. Gleichwohl bestätigt die Verteilung von Welteinkommen und Weltbevölkerung (s. S. 463) die weltweite Struktur des Gegensatzes.

Mit dem Begriff „Norden" sind in der Regel nur die OECD-Staaten gemeint, also die EG-Staaten, USA, Kanada, Japan und die EFTA-Gruppe (s. S. 352). Sie sind der Hauptangriffspunkt des „Südens". Ausgeklammert bleiben die Staatshandelsländer unter der Führung der Sowjetunion. Sie zählen in den Statistiken in der Regel zu den Industriestaaten. Politisch versuchen sie jedoch, vor allem auf der Ebene der internationalen Institutionen, die westlichen Industriestaaten unter Berufung auf die eigene vorgeblich antikolonialistische Vergangenheit und antiimperialistische Einstellung alleinverantwortlich für den weltweiten Gegensatz zwischen arm und reich zu machen. Ihre Entwicklungshilfeleistungen sind gering (s. S. 472), ihre Rolle in der Weltwirtschaft ist begrenzt (s. S. 488), da sie hauptsächlich bilaterale Beziehungen mit Rohstoffländern suchen, Kompensationsgeschäfte („Ware gegen Ware") bevorzugen und im übrigen vor allem ihre Wirtschaftsbeziehungen untereinander ausbauen.

Eine solche Differenzierung unter den Industriestaaten des „Nordens" erscheint vor allem dann ungerecht, wenn die multilaterale und bilaterale Entwicklungshilfe der westlichen Industriestaaten betrachtet wird (s. S. 473). Sie wird verständlich, wenn die geschichtlichen Zusammenhänge mitbedacht werden, in die der Nord-Süd-Konflikt eingebettet ist.

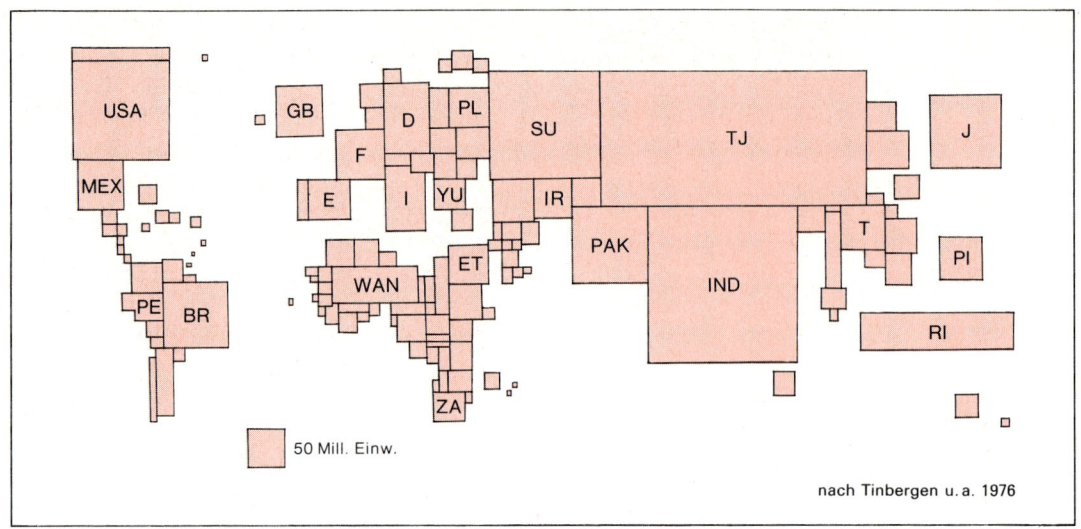

Abb. 213: Die Staaten der Erde in der Größe entsprechend ihrer Einwohnerzahl

„Man unterschätzt oft, daß die Erinnerung an die koloniale Vergangenheit ihren Einfluß auf psychologischer Ebene ausübt und sich dies auf den verschiedenen Verhandlungsebenen niederschlägt."
(KHUSHI M. KHAN 1981, S. 3)

Es gibt aber auch einen rationalen Kern.

OPEC-Aktion

"Die rationale Grundlage dieser Feindseligkeit des Südens findet sich im ökonomischen Bereich, da es die Waren-, Kapital- und Technologiemärkte des Nordens sind, zu denen der Süden Zugang erlangen möchte. Auch sind es die vom Norden verwalteten internationalen Institutionen, in denen der Süden an der Entscheidungsbildung beteiligt zu werden verlangt. In der Realität der gegenwärtigen internationalen Wirtschaftsbeziehungen spielt der Osten daher bei den zur Diskussion stehenden Nord-Süd-Fragen eine untergeordnete Rolle. Drei Viertel der südlichen Exporte (ohne OPEC) gehen zum Norden, während der auf den Osten entfallende Anteil sich auf bloße 5 % beläuft. Ähnlich verhält es sich mit den Industriegütern des Südens, von denen zwei Drittel an den Norden gehen, in den Osten jedoch nur 5 %." (KAHN S. 3)

Differenzierter "Süden"

Der Begriff „Süden" faßt häufig pauschal alle Entwicklungsländer zusammen. Dies ist jedoch nicht mehr zulässig; der „Süden" befindet sich in einem Differenzierungsprozeß (s. S. 464 f.), der auch die Interessen verändert. Die OPEC-Staaten, die Schwellenländer, die armen (LDC) und die ärmsten (LLDC) Staaten befinden sich in unterschiedlichen Entwicklungsstadien und -prozessen, die auch ihren Standpunkt im „Nord-Süd-Konflikt" modifizieren.

Als Wendepunkt im Nord-Süd-Gegensatz gilt heute die erfolgreiche Ölpreispolitik der OPEC-Staaten in den siebziger Jahren. Sie stellte den Beweis dar, daß sich die Kräfteverhältnisse zuungunsten des „Nordens" verschoben hatten. Wenn es aber richtig ist, daß sich Neuorientierungen nur dann vollziehen, wenn – wie in diesem Fall – Macht und starke Interessen dahinter stehen, dann muß für die Zukunft angenommen werden, daß weniger die Interessen der Armen und Ärmsten und mehr die Interessen der rohstoffreichen und Schwellen-Länder zum Zuge kommen. Der „Süden" ist nicht so homogen in seinen Interessen wie es in der Politik der Dritten Welt häufig erscheint.

Wie sehr die OPEC-Aktion im Herbst 1973 wirkte, wird daran deutlich, daß die UN-Vollversammlung schon im April und Mai 1974 eine Sondersitzung abhielt, die sich ausschließlich mit weltwirtschaftlichen Fragen befaßte und mit einer Erklärung zur Errichtung einer neuen Weltwirtschaftsordnung abschloß. Die Industriestaaten stimmten der Erklärung und dem Aktionsprogramm zu, wenn auch mit Vorbehalten. Sie erkannten damit erstmals an, daß die bestehende Ordnung geändert werden müsse, um den Interessen und Bedürfnissen der Dritten Welt stärker Rechnung zu tragen. Im Dezember 1974 nahm die Generalversammlung dann mit der Mehrheit von 117 Stimmen gegen die Stimmen der USA, der Bundesrepublik Deutschland, Großbritanniens, Belgiens, Luxemburgs und Dänemarks, bei zehn weiteren Stimmenthaltungen aus dem westlichen Lager, die „Charta der wirtschaftlichen Rechte und Pflichten der Staaten" an (s. S. 497). Weitere Konferenzen und Sondersitzungen

500

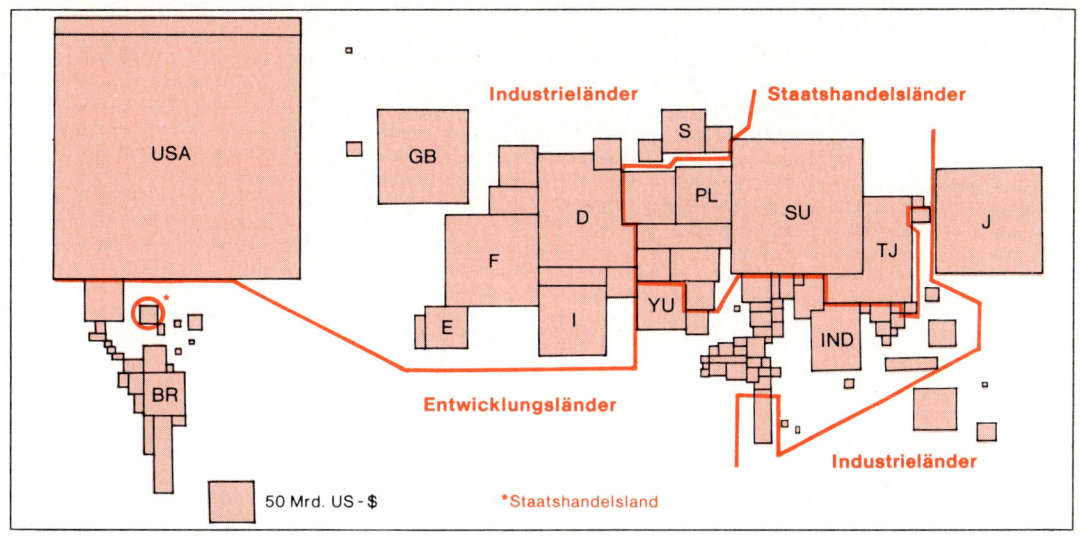

Abb. 214: Die Staaten der Erde in der Größe entsprechend ihrem Bruttosozialprodukt (BSP) (nach Tinbergen u. a. 1976)

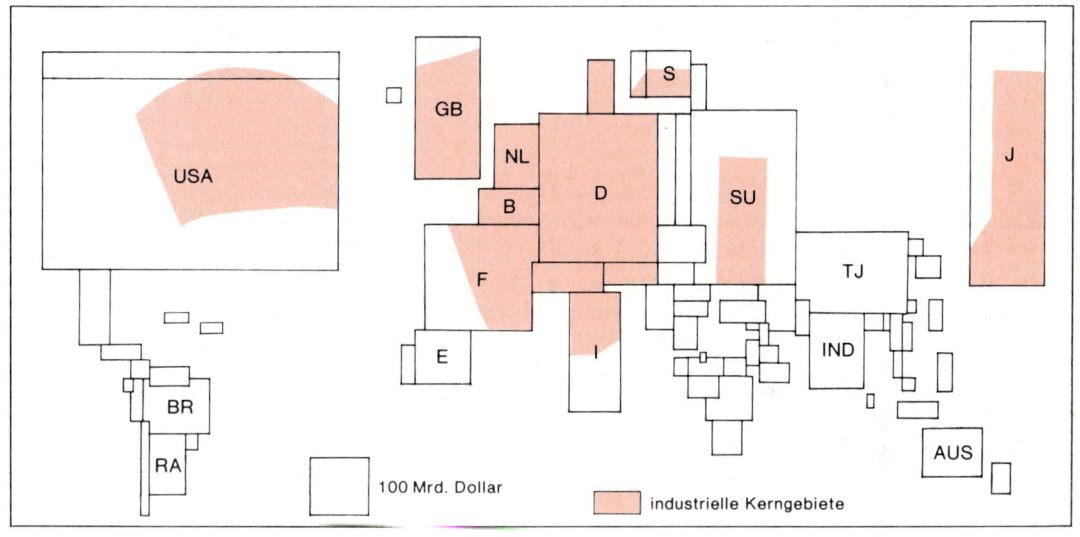

Abb. 215: Die Staaten der Erde in der Größe entsprechend dem Anteil ihrer Industrie am BSP (nach Tinbergen u. a. 1976)

brachten aber keine wirkliche Bewegung mehr. Der „Süden" blieb zwar solidarisch und besaß gute Argumente, jedoch keine Mittel zur Durchsetzung eines Wandels in seinem Sinne.

Seit der Havanna-Konferenz der Blockfreien 1980 zeichnet sich ein weiterer Gegensatz deutlicher ab. Der „Süden" forderte ein integriertes Verfahren zur Umstrukturierung des bestehenden Systems internationaler Wirtschaftsbeziehungen, also die gleichzeitige Verhandlung von Rohstoff-, Energie-, Handels-, Entwicklungs-, Währungs- und Finanzfragen. Demgegenüber trat der „Norden" für Verhandlungen in den UN-Sondereinrichtungen wie IWF, GATT usw. über die je-

Integrierte Reformen

UN-Sondereinrichtungen

weils speziellen Probleme ein. Der interessenpolitische Hintergrund besteht darin, daß der „Süden" die zentralen UN-Organisationen mit seiner Mehrheit beherrscht, während der „Norden" die Sondereinrichtungen über das Management und die Finanzen kontrolliert. Diese Sondereinrichtungen sind aber die eigentlichen Steuerungsorgane der bestehenden Weltwirtschaftsordnung. Der Norden widerstand auch auf der 11. Sondersitzung der Generalversammlung 1980 allen Versuchen, sein Übergewicht in den Sondereinrichtungen zugunsten des Südens aufzugeben. Hier zeigte sich überdies, daß die „Gruppe der 77" einerseits stark ist, indem sie den Norden be-

501

Abb. 216: Der „Weltwirtschafts-Gipfel" in Cancún (Mexiko) 1981

Weltwirt-schaftsgipfel

harrlich zur Grundsatz-Diskussion und Rechtfertigung zwingt, daß sie andererseits aber auch gefährdet ist, weil die LLDC-Staaten in ihren Reihen ein dringendes Interesse an Sofortmaßnahmen zur Milderung der akuten Not haben.

Der „Nord-Süd-Dialog" wird auf wechselnden Ebenen, UN-Vollversammlungen, aber auch „Weltwirtschaftsgipfeln" wie 1981 in Cancún (Mexiko), fortgesetzt. Der „Norden" hat dem Programm des „Südens", das seit der 6. Sonder-Generalversammlung der UN vom 1. 5. 1974 vorliegt (s. S. 505 ff.), keine ebenso umfassende Alternative entgegengesetzt. Seine wirtschaftliche Bedeutung erlaubte es ihm bislang, den Dialog immer wieder auf Teile des Gesamtprogramms einer Neuen Weltwirtschaftsordnung zu begrenzen. Die anhaltende Wirtschaftskrise der westlichen Industrieländer ab 1981/82 verdeutlichte überdies, wie abhängig der „Süden" vom Bedarf, also der Nachfrage des „Nordens" ist.

Aber der „Norden" kann auch seine Abhängigkeit vom „Süden" als Rohstoff- und Energielieferant sowie als Absatzmarkt nicht übersehen. Dies gilt vor allem für Westeuropa und Japan. Das Interesse an Lösungen besteht also sowohl im „Norden" als auch im „Süden".

Ressourcenzuflüsse und Ressourcenabflüsse in Entwicklungsländern als Folge von Direktinvestitionen, 1971–1977, in Mill. US-$

Empfängerregionen von ausländischen Direktinvestitionen	Jahr	Direktin-vestitionen (Zufluß)	Gewinne, Dividenden (Abfluß)
Ölexportierende Entwicklungsländer	1971	454	5 286
	1973	368	6 243
	1975	2 862	6 143
	1977	2 132	7 535
Nichtölexportierende Entwicklungsländer	1971	2 106	2 013
	1973	3 903	2 873
	1975	4 625	3 350
	1977	4 518	3 922
darunter:			
Afrika	1971	282	340
	1973	405	416
	1975	526	568
	1977	419	614
Lateinamerika	1971	1 408	1 347
	1973	2 435	1 934
	1975	2 869	2 096
	1977	2 883	2 576
Naher und Mittlerer Osten	1971	68	50
	1973	173	64
	1975	86	69
	1977	222	77
Restliches Asien	1971	348	276
	1973	890	459
	1975	1 144	617
	1977	994	655
Entwicklungsländer insgesamt	1971	2 560	7 299
	1973	4 271	9 116
	1975	7 487	9 493
	1977	6 650	11 457

Quelle: International Monetary Fund, Balance of Payments Yearbook 29, December 1978

9.3.3 Internationale Berichte und wissenschaftliche Studien zur Reform der Weltwirtschaftsordnung

Nord-Süd-Kommission

Die Forderungen der Entwicklungsländer und die UN-Beschlüsse über die Reform der Weltwirtschaftsordnung werden von internationalen Kommissionen und der Wissenschaft unterstützt. Es gibt aber keine Einigkeit über den richtigen Weg.

RIO-Bericht

Der „RIO-Bericht" („Reshaping the international Order") vom Oktober 1976 ging auf eine Initiative des „Club of Rome" (s. S. 512) zurück. Unter der Leitung des Nobelpreisträgers JAN TINBERGEN sollte über die Reformkonzepte der 6. und 7. Sonderkonferenz der UN (s. S. 505 ff.) geurteilt werden. Der Bericht beklagte vor allem, daß die westlichen Industrieländer, insbesondere die beiden größten Industriemächte, USA und die Bundesrepublik Deutschland, eine kurzsichtige Politik betrieben, indem sie die Ziele der Entwicklungshilfe, wie sie für die 2. UN-Entwicklungsdekade vorgesehen waren, nicht erfüllten und eine protektionistische Handelspolitik betrieben. Sie machten damit die von ihnen selbst gewünschte optimale internationale Arbeitsteilung unmöglich und schädigten auf längere Sicht ihre eigenen Interessen ebenso wie die der Dritten Welt. Sie redeten ständig von den Vorteilen des Marktmechanismus in der Weltwirtschaft und blockierten sein Funktionieren für Industriegüter. Allerdings wurden auch die Entwicklungsländer wegen der Vernachlässigung von Entwicklungschancen kritisiert.

Leontief-Studie

Die „Leontief-Studie" über „Die Zukunft der Weltwirtschaft" ist nach ihrem Leiter, dem Nobelpreisträger WASSILY LEONTIEF, benannt und im Auftrag der Vereinten Nationen erstellt worden. Die Ende 1976 vorgelegte Studie untersuchte den Zusammenhang zwischen Wirtschaftswachstum und Zukunftsproblemen, wie Verfügbarkeit von Rohstoffen und Umweltgefährdung. Sie stellte fest, daß selbst bei Verwirklichung der Ziele der 2. Entwicklungsdekade der Abstand zwischen Industrie- und Entwicklungsländern nicht verringert würde. Der Abstand ließe sich nur dann verringern, wenn sich das Wirtschaftswachstum über eine wesentlich stärkere Industrialisierung und höhere Agrarproduktion in den Entwicklungsländern steigern ließe. Massive Konsumbeschneidungen durch die Steuer- und Kreditpolitik sowie - neben der Entwicklungshilfe aus den Industriestaaten - eine steigende internationale Verschuldung müßten die Industrialisierung finanzieren. Bei einer solchen Entwicklung müßten auch die Industriestaaten nicht mit absoluten Rückgängen von Produktion und Pro-Kopf-Einkommen rechnen.

Reformvorschläge

Die „Nord-Süd-Kommission" unter der Leitung des Friedensnobelpreisträgers WILLY BRANDT wurde 1977 auf Initiative der Weltbank gebildet und legte im Februar 1980 dem UN-Generalsekretär ihren Bericht vor. Die Mitglieder dieser Kommission waren zumeist bekannte Politiker aus den Industriestaaten, den Ölländern und den armen Entwicklungsländern, ohne Politiker aus kommunistischen Staaten. Vorgeschlagen wurde ein Sofortprogramm und langfristige Reformmaßnahmen. Dieser Kommissionsbericht ist mit seinen drei „Leitmotiven" politischer als die älteren Vorschläge:

- die tatsächlich vorhandenen gemeinsamen Interessen des Wirtschaftsaustausches, der Sicherheit und der Verminderung von Belastungen durch Rüstungsausgaben müßten endlich anerkannt werden;
- die in der Nachkriegszeit gegründeten Institutionen müßten stärker den Veränderungen der Staatenwelt Rechnung tragen;
- die Finanzierung von Entwicklung sei nicht automatisch gesichert.

Die vier Hauptpunkte des Sofortprogramms konzentrieren sich auf eine Steigerung der Entwicklungshilfe, auf Energiesicherung einschließlich der überschaubaren Energiepreisgestaltung, auf ein weltweites Nahrungsmittelprogramm sowie auf größere Reformen des internationalen Wirtschaftssystems, wobei vor allem Währungsfragen und Entwicklungsfinanzierung im Vordergrund stehen. Ein weiteres Sofortprogramm der Brandt-Kommission von 1983 („Hilfe in der Weltkrise") stellte die Verschuldungsprobleme und die Versorgung der Dritten Welt mit Energie- und Nahrungsmitteln in den Vordergrund. Die Mittel und Kredite für die Entwicklungsfinanzierung müßten massiv erhöht, den ärmsten Staaten der Schuldendienst für Entwicklungskredite ganz erlassen werden.

Die langfristigen Reformvorschläge der „Nord-Süd-Kommission" umfaßten 60 Programmpunkte zu vier Problembereichen:

- öffentliche Entwicklungshilfe;
- bessere internationale Handelsbedingungen für die Entwicklungsländer, insbesondere Rohstoff-Preissicherungen;

Abb. 217: Der Vorsitzende Willy Brandt berichtet für die „Nord-Süd-Kommission" 1981 in Berlin (West)

Integratio-
nisten

● institutionelle Reformen, die den Ländern der Dritten Welt einen stärkeren Einfluß auf die Sonderorganisationen wie die Weltbank und den internationalen Währungsfonds sichern;

● die Schaffung eines „Weltentwicklungsfonds" als neuer Institution, in dem Darlehensgeber und -nehmer gleichberechtigt an Entscheidungsprozessen teilhaben.

Auf den Vorschlag dieser „Brandt-Kommission" ging die weltwirtschaftliche „Gipfelkonferenz" in Mexiko (Cancún) im Oktober 1981 zurück. Dort zeigte sich erneut ein Grundsatzstreit, der auch die wissenschaftliche Diskussion über die neue Weltwirtschaftsordnung bestimmt. Die Forderungen der Entwicklungsländer, insbesondere im Rohstoffbereich, werden als planwirtschaftlicher Angriff auf die bestehende marktwirtschaftliche Ordnung angesehen. Die realistischere Lösung der Probleme liege – so die Kritiker – in einer verstärkten „Integration der Entwicklungsländer" in die Weltwirtschaft. Das radikalste Gegenmodell vertreten die „Dissoziationisten". Sie sehen sowohl in den Forderungen der Entwicklungsländer als auch im Bestreben der „Integrationisten" eine Verlängerung überkommener Abhängigkeiten und eine Verfestigung von Unterentwicklung und fordern deshalb eine befristete Ausgliederung („Dissoziation") aus den weltwirtschaftlichen Verflechtungen.

Die Verfechter der „Integration" vertreten die „herrschende Lehre" in der Entwicklungsforschung. Für sie kann eine Dynamisierung des industriellen Wachstums in der Dritten Welt nur über eine verstärkte Teilnahme der Entwicklungsländer am Welthandel, vor allem mit verarbeiteten Waren bewirkt werden.

> *„Die Integrationisten erkennen zwar als positiv an, daß sich die Länder der Dritten Welt mit ihrer Forderung nach einer NWWO grundsätzlich stärker als bisher in die Weltwirtschaft integrieren wollen, doch kritisieren sie andererseits die mit dem Konzept einer liberalen, marktwirtschaftlichen Weltwirtschaftsordnung unvereinbaren „dirigistischen" Komponenten der EL-Vorstellungen (z. B. im Rohstoffbereich). Im Gegensatz zu den Repräsentanten der EL meinen die Integrationisten, daß es nicht ZU VIEL Marktwirtschaft (zum Nachteil der EL), sondern ganz im Gegenteil eher ZU WENIG Marktwirtschaft (zum Nachteil der EL) in den internationalen Wirtschaftsbeziehungen gäbe."*
>
> (MATTHIES 1980, S. 39)

Die weltwirtschaftliche Eingliederung der Entwicklungsländer soll – entsprechend dem Theorem der komparativen Kostenvorteile (s. S. 483) – z. B. dadurch erfolgen, daß sie das produzieren, was sie mit reichlich vorhandenen und relativ billigen Produktionsfaktoren erzeugen können (z. B. Rohstoffe, Arbeitskräfte). Aus der „komplementären" Arbeitsteilung (Rohstoffe gegen Industriewaren) soll eine „substitutive" Arbeitsteilung werden (auch die Entwicklungsländer liefern vielfältige Industriewaren). Mehr Export von Waren würde dann auch die Mittel für Entwicklungsprojekte und Infrastrukturmaßnahmen liefern. Von den Industrieländern wird die Abkehr von jedem Protektionismus und die Öffnung der Märkte für Industrieprodukte aus Entwicklungsländern gefordert. Unrentable Arbeitsplätze und Industrien sollen in die Entwicklungsländer exportiert, kapital- und forschungsintensive Branchen gefördert werden.

Exporterlöse

Die Kritiker des integrationistischen Konzepts heben die Ungleichheit der Ausgangssituation (Asymmetrie) der Handelspartner hervor. Die substitutive Arbeitsteilung hebe die bisherigen Abhängigkeiten nur auf ein höheres Niveau, eine Breitenwirkung der Industrialisierung bleibe aus.

Dissoziationisten

Die „Dissoziationisten" gehen vom Metropolen-Peripherie-Modell aus (s. S. 461 f.) und folgen drei entwicklungspolitischen Imperativen (nach MATTHIES 1980, S. 47 ff.): „Dissoziation", „Autozentrische Entwicklung" und „Kollektive Self-Reliance" (s. S. 478 f.).

Zu den entscheidenden Schwächen dieser Position gehört, daß sich keine sozialen Träger und politischen Durchsetzungsmöglichkeiten nennen lassen. Auch gibt es Kritik in den eigenen Reihen, daß hiermit die Forderungen der Entwicklungsländer nach der Neuen Weltwirtschaftsordnung mehr oder weniger pauschal zurückgewiesen würden. Bei der Ausgliederungsstrategie besteht deshalb ein „gravierendes Theorie-Praxis-Dilemma" (MATTHIES).

9.3.4 Die Konturen einer Neuen Weltwirtschaftsordnung

9.3.4.1 Gesamtüberblick

Einen Gesamtüberblick über die Forderungen nach einer „Neuen Weltwirtschaftsordnung" gibt das Schaubild (s. S. 506). Es ist nach der Entschließung der 6. UN-Sonder-Vollversammlung 1974 zusammengestellt. Als Schwerpunkte können die folgenden Bereiche herausgehoben werden:

Schwerpunkte

- die Diskussion über Rohstoffe im weitesten Sinne;

- Handelsfragen, einschließlich des Absatzes von Industrieprodukten der Entwicklungsländer;
- der Ressourcentransfer, einschließlich der Währungs- und Schuldenfragen;
- die Reform der internationalen Institutionen zugunsten der Entwicklungsländer.

Fragen der öffentlichen Entwicklungshilfe (official development assistance, ODA, s. S. 472 f.), der Multinationalen Konzerne (MNK, s. S. 494 ff.) sowie die Grundfragen der internationalen Währungs- (s. S. 490 ff.) und Handelspolitik (s. S. 487 ff.) wurden bereits an anderer Stelle ausführlich erörtert.

9.3.4.2 Internationale Rohstoffpolitik

Der Rohstoffsektor besitzt eine überragende Bedeutung für die Exporterlöse fast aller Entwicklungsländer (durchschnittlich 66%, einschließlich des Öls in Einzelfällen sogar 80%). Gerade die Rohstoffpreise unterliegen aber starken Schwankungen.

Die Verschlechterung der „Terms of Trade" beeinträchtigt die Erlöse der Rohstoffexporteure und damit das wirtschaftliche Wachstum bzw. die Beschaffung von Devisen für Entwicklungsvorhaben. Dies gilt um so mehr, je stärker ein Entwicklungsland auf den Export eines oder weniger Rohstoffe angewiesen ist. Eine Verbesserung dieser Verhältnisse erwarten die Entwicklungsländer nun dadurch, daß sie selbst die Verfügungsgewalt über die heimischen Rohstoffe erhalten oder daß sie in die Lage versetzt werden, die Rohstoffe produzierenden, vermarktenden und verarbeitenden MNC besser zu kontrollieren bzw. sich an deren Aktivitäten zu beteiligen. Das schwierigste Problem ist aber, wie ein rohstoffexportierendes Entwicklungsland vor den Preisschwankungen auf dem Weltmarkt geschützt werden kann. Ob es nicht sogar möglich ist, ein System kontinuierlich steigender Rohstoffpreise, als eine Art von „automatischem" Ressourcentransfer, zu finden.

Die EG hat mit ihrem „STABEX-System" (s. S. 474) schon ein Stabilisierungssystem für die Exportpreise der assoziierten AKP-Staaten eingeführt. Auf der UN-Ebene waren für diese Fragen vor allem die 4. und 5. „UN-Konferenz für Handel und Entwicklung" (UNCTAD IV und V) in Nairobi und Manila wichtig. 1976 wurde in Nairobi gegen erhebliche Vorbehalte westlicher Industriestaaten, wie USA, Bundesrepublik Deutschland und Großbritannien, ein „Integriertes Rohstoffprogramm" verabschiedet. Dieses sieht vor:

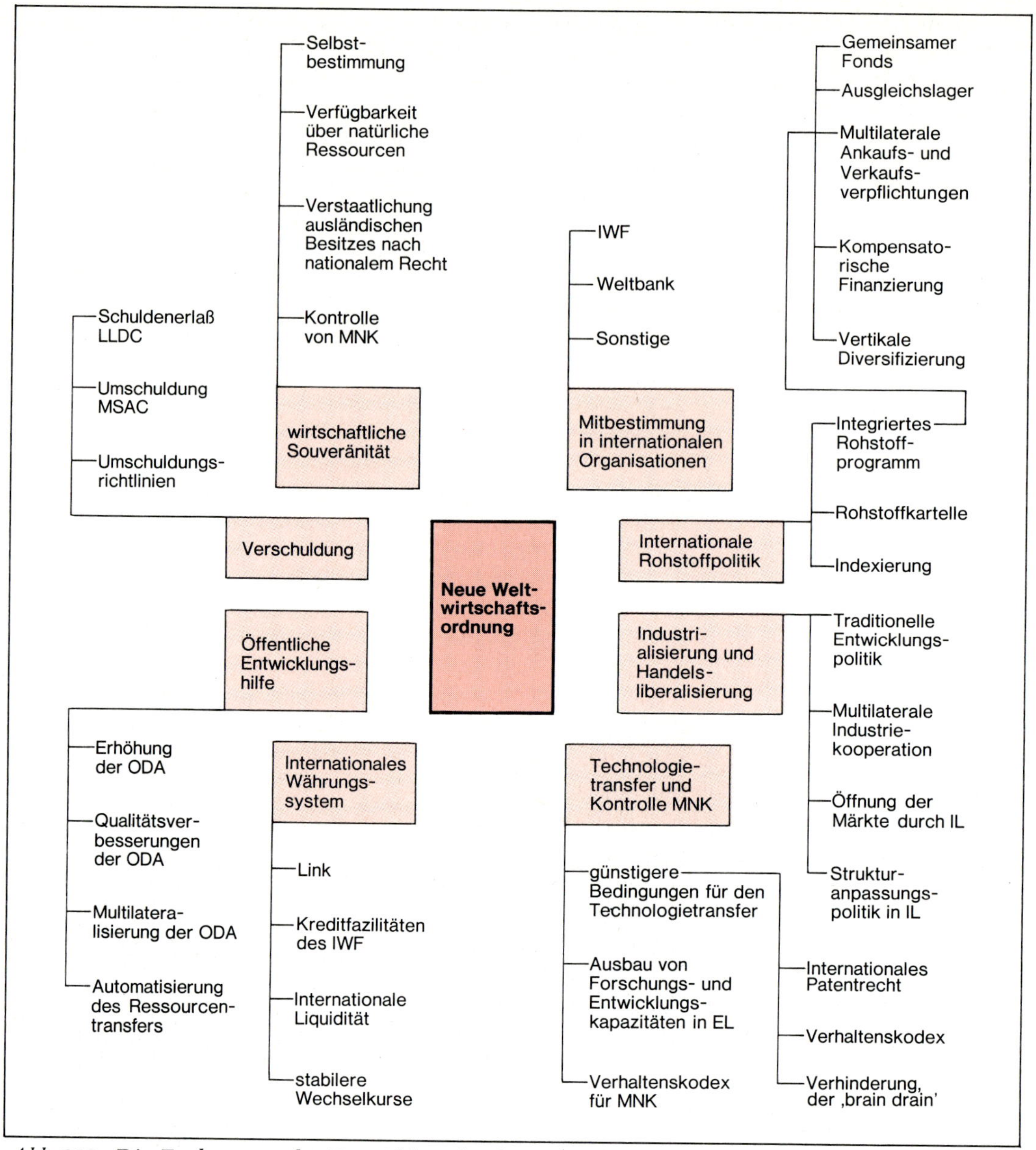

Neue Weltwirtschaftsordnung
Verschuldung
Schuldenerlaß LLDC
Umschuldung MSAC
Umschuldungsrichtlinien
wirtschaftliche Souveränität
Selbstbestimmung
Verfügbarkeit über natürliche Ressourcen
Verstaatlichung ausländischen Besitzes nach nationalem Recht
Kontrolle von MNK
Mitbestimmung in internationalen Organisationen
IWF
Weltbank
Sonstige
Internationale Rohstoffpolitik
Integriertes Rohstoffprogramm
Gemeinsamer Fonds
Ausgleichslager
Multilaterale Ankaufs- und Verkaufsverpflichtungen
Kompensatorische Finanzierung
Vertikale Diversifizierung
Rohstoffkartelle
Indexierung
Öffentliche Entwicklungshilfe
Erhöhung der ODA
Qualitätsverbesserungen der ODA
Multilateralisierung der ODA
Automatisierung des Ressourcentransfers
Internationales Währungssystem
Link
Kreditfazilitäten des IWF
Internationale Liquidität
stabilere Wechselkurse
Industrialisierung und Handelsliberalisierung
Traditionelle Entwicklungspolitik
Multilaterale Industriekooperation
Öffnung der Märkte durch IL
Strukturanpassungspolitik in IL
Technologietransfer und Kontrolle MNK
günstigere Bedingungen für den Technologietransfer
Internationales Patentrecht
Verhaltenskodex
Verhinderung der ‚brain drain'
Ausbau von Forschungs- und Entwicklungskapazitäten in EL
Verhaltenskodex für MNK

Abb. 218: Die Forderungen der Entwicklungsländer nach einer Neuen Weltwirtschaftsordnung (nach: Ochel, 1982, S. 258)

Fabrikationspreise (Industrieländer)
Rohstoffpreise (Entwicklungsländer)
200
100
1955
1960
1965
1970
1975

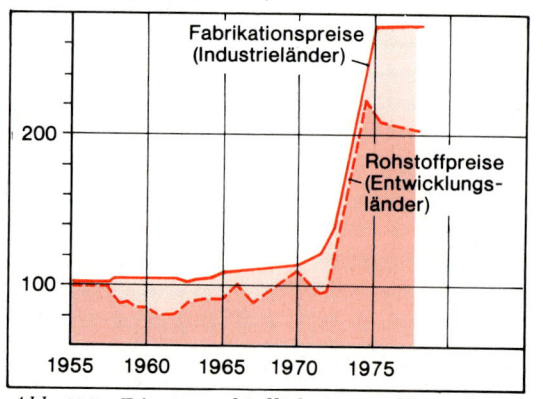

Abb. 219: Die unterschiedliche Entwicklung der jeweiligen Ausfuhrpreise (nach Strahm, 1975)

Für eine Uhr aus der Schweiz mußte Tansania
1961–64
7,5 kg
1971–74
14,2 kg
Kaffee exportieren

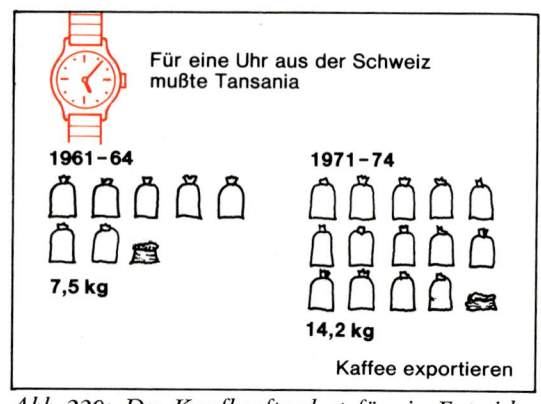

Abb. 220: Der Kaufkraftverlust für ein Entwicklungsland (nach Strahm, 1975)

Integriertes Rohstoffprogramm

- Errichtung von internationalen Rohstoffausgleichslagern (Buffer-Stocks) für insgesamt 18 lagerfähige Rohstoffe in den wichtigsten Ein- und Ausfuhrhäfen der Konsumenten- und Produzentenländer mit paritätischer Verwaltung. Damit sollen Produktions-, Angebots- und Nachfrageschwankungen ausgeglichen werden. „Kernrohstoffe" sind: Kakao, Kaffee, Tee, Zucker, Baumwolle, Jute, Hartfasern, Kautschuk, Kupfer, Zinn. Hinzu kommen: Bauxit, Bananen, Eisenerz, Fleisch, Phosphate, Tropische Hölzer, Mangan, Pflanzenöle;
- Bildung eines „Gemeinsamen Fonds" zur Finanzierung der Ausgleichslager für die 18 Rohstoffe und zur Förderung der Rohstoff-Verarbeitung in Entwicklungsländern;
- Multilaterale Ankaufs- und Verkaufsverpflichtungen für Rohstoffe ohne Ausgleichslager zu vereinbarten Preisen;
- Ausgleichsfinanzierungen bei Exporterlösschwankungen nicht lagerfähiger Rohstoffe;
- Förderung der Weiterverarbeitung von Rohstoffen in Entwicklungsländern.

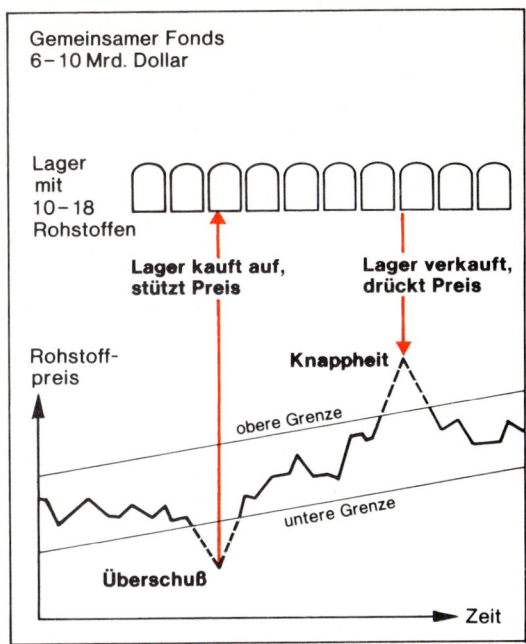

Abb. 221: Der „Gemeinsame Fonds" zur Stabilisierung der Rohstoffpreise (nach Strahm, 1975)

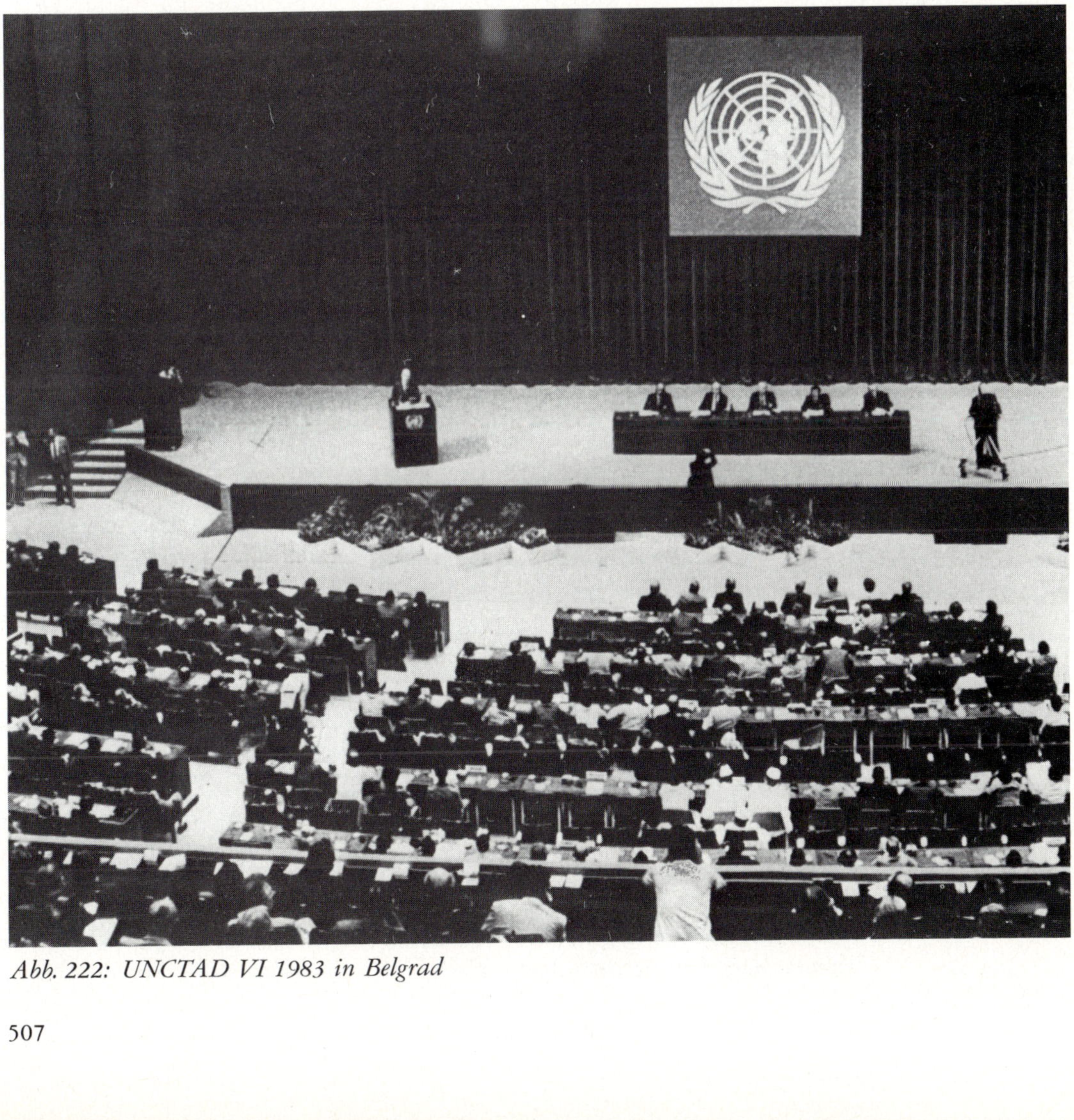

Abb. 222: UNCTAD VI 1983 in Belgrad

Wenn der Fonds überschüssige Ware vom Weltmarkt kauft, verknappt er das betreffende Rohstoffangebot und stützt dessen Preis. Steigt der Rohstoffpreis über eine bestimmte Grenze, erhöht der Fonds das Angebot, indem er vom Lager verkauft. Durch das größere Angebot wird ein Preisdruck erzeugt. Damit dieses System funktioniert, müssen die Lager groß genug sein (es wird eine Verbrauchsmenge von 3–6 Monaten als notwendig angesehen), und die Stabilisierung des Preises darf nicht dazu führen, daß ständig ein Überschuß erzielt wird, denn dann wäre das Lager nicht mehr finanzierbar. Dies ist z. B. das Problem des STABEX-Systems der EG.

Pro und Contra Rohstoffregulierung

Mit dem Beschluß über das Integrierte Rohstoffprogramm waren aber die Probleme nicht gelöst. Bis 1979 – vor UNCTAD V in Manila – gelang ein Kompromiß zwischen Nord und Süd über die grundlegenden Elemente des „Gemeinsamen Fonds". Wirksam werden kann der Fonds aber erst, wenn einzelne Rohstoffabkommen in Kraft treten können. Hier liegt einer der wichtigsten Konfliktpunkte. Der Süden besteht auf dem „integrierten Ansatz" des Rohstoffprogramms als Rahmen für einzelne Rohstoffabkommen. Das integrierte Programm sei mit seinen sich gegenseitig ergänzenden Einzelvorschlägen (z. B. zur vertikalen Diversifizierung der Produktion im Rohstoffbereich, d. h. Weiterverarbeitung im rohstoffproduzierenden Land, um den Gefahren der Monokultur zu entgehen; zum Export weiterverarbeiteter Produkte; zu Fragen der Forschung) geeigneter für eine Lösung der Probleme als die bisherige Form der getrennten Verhandlung über jeden einzelnen Rohstoff. UNCTAD VI 1983 in Belgrad schloß mit der Aufforderung an alle Staaten, den Vertrag über Fonds rasch zu ratifizieren. 53 Staaten hatten dies bis dahin getan. 90 müssen es sein, und außerdem müssen drei Viertel seiner Finanzierung gesichert sein, damit er formel in Kraft treten kann.

Rohstoffabkommen

Indexierung

Argumente für und gegen das umfassende System der Rohstoffregulierung (nach MATTHIES 1980, S. 31 f.)

Planwirtschaft?

- *Contra:* Rohstoffausgleichslager bedeuten eine weltwirtschaftliche Planwirtschaft, Dirigismus; Ressourcenfehlleitungen sind die Folge. Die administrative Preisfestsetzung löst das Problem der „richtigen" (Markt-)Preise nicht. Es könnte wie bei der EG zu Überproduktionen kommen.

Produzentenkartelle

- *Pro:* Es gibt keine uneingeschränkte Abnahmegarantie und nur begrenzte Lager. Es hat nie

„richtige" Rohstoffpreise gegeben, das verhindern die Spekulation, Börsen, MNK. Dauerhafte Preissteigerungen gegen den Markttrend sind nicht durchzuhalten.

- *Contra:* Der „Gemeinsame Fonds" könnte zu teuer werden. Erst müssen die Einzelabkommen geschlossen werden, weil sich nur über sie konkrete Zielpreise erarbeiten lassen. Entwicklungsländer dürfen nicht dominieren.
- *Pro:* Der Fonds wird nicht mehr als ca. 6 Mrd. $ kosten. Er muß vor den Einzelabkommen in Kraft treten, weil er mehr als nur Finanzierungsinstanz für die Lager sein soll. Die Entwicklungsländer müssen ein entscheidendes Gewicht erhalten, damit die Ziele wirklich erreicht werden können.
- *Contra:* Da neben den Entwicklungsländern auch reiche Industrieländer rohstoffreich sind (USA, Kanada, Australien, Südafrika), würden sie zu den Hauptnutznießern der Ausgleichslager zählen.
- *Pro:* Der Rohstoffbereich hat für die Außenwirtschaft der Industrieländer bei weitem nicht die Bedeutung wie für die Entwicklungsländer. Außerdem sind rohstoffpolitische Diversifizierungsmaßnahmen vorgesehen. Insgesamt ist der Nutzen größer als es die Vorteile für einige Industrieländer sind.

Über das „Integrierte Rohstoffprogramm" hinaus fordern die Entwicklungsländer die Bildung von Rohstoffkartellen und die „Indexierung", d. h. Kopplung ihrer Ausfuhrpreise an ihre Einfuhrpreise. Auch diese Verkoppelungen von Rohstoffpreis und Industriegüterpreisen (direkte Indexierung) bzw. die Sicherung von Importkapazitäten (indirekte Indexierung) sind stark umstritten und gelten bei den Kritikern als wenig sinnvoll.

9.3.4.3 Handelsliberalisierung

Die handelspolitischen Forderungen der Entwicklungsländer im Nord-Süd-Dialog zielen vor allem darauf ab, den Export über den Rohstoffbereich hinaus in die Industrieländer hinein auszudehnen, aber auch den „Süd-Süd-Handel", also den Handel untereinander, zu verstärken. Auch hier sind die Elemente der Planung und Lenkung unübersehbar, wenn etwa Produzentenkartelle mit gemeinsamer Produktmengenplanung und Preispolitik gegenüber den Industrieländern ein hohes Preisniveau halten und keine nicht vermarktbaren Mengen produzieren sollen. Daneben steht nach wie vor die Forderung nach einem konsequenten Abbau aller Handelshemmnisse. Im Verhältnis zu den Industrieländern fordern die Entwicklungsländer z.B. einen einseitigen *Reziprozität* Abbau der Importschranken (fehlende „Reziprozität") sowie die Verwirklichung bestehender allgemeiner Zollpräferenzen und den Abbau von Handelshemmnissen auch im Agrarbereich. Der Handel der Entwicklungsländer untereinander setzt ebenfalls – schwer zu verwirklichende – weitergehende Handelsliberalisierungen voraus, z.B. zwischen regional begrenzten Gemeinschaften.

Der Handel mit den „Staatshandelsländern" bedeutet dagegen de facto den Schritt zurück in enge bilaterale Austauschverhältnisse. Diese Staaten operieren in Form bilateraler Kompensationsgeschäfte, d.h. Lieferungen mit internen Verrechnungspreisen und nach dem Prinzip „Ware gegen Ware". Damit werden die notwendigen Alternativen eingeengt, Anpassungsvorgänge blockiert und auch Fehlplanungen provoziert. Des weiteren erhalten die Entwicklungsländer in diesem Handel in der Regel keine konvertiblen Währungen.

Deshalb bleibt der Hauptadressat handelspolitischer Forderungen der Westen. Jedoch praktizieren auch die westlichen Industrieländer bilaterale Abkommen, die nicht selten selektive Schutz-
Verschuldung maßnahmen gegenüber Exporten des Südens enthalten. Handelspolitische Zugeständnisse wie auf der UNCTAD VI-Konferenz 1983 unterliegen in der praktischen Handhabung des Handelsaustausches meist mehreren zu kontrollierenden Einschränkungen. Dies hängt nicht zuletzt mit Wirtschaftskrisen und Arbeitslosigkeit in den Industriestaaten selbst zusammen. Gerade die Probleme der Arbeitslosigkeit, die ja in zunehmendem Maße strukturell bedingt, d.h. mit technisch-wirtschaftlichen Umwälzungen verbunden
Weltstruktur- sind, machen eine „Weltstrukturpolitik", also ge-
politik zielte Produktionsverlagerungen in den Süden, immer schwieriger und unwahrscheinlicher. Diese inneren Probleme der Industriestaaten erscheinen auf absehbare Zeit bedeutsamer als der ordnungspolitische Streit um die Notwendigkeit wirtschaftlicher Planung und Reglementierung zugunsten der Entwicklungsländer.

9.3.4.4 Ressourcentransfer

Der „Ressourcentransfer" von Nord nach Süd umfaßt im Prinzip die Entwicklungshilfe (die auf den konstanten Anteil von 0,7% des BSP gebracht werden soll, s.S. 469), den Technologietransfer (s.S. 471), den Transfer von „Humankapi-

tal" und Direktinvestitionen (s. aber Tab. S. 502). Gefordert wird vor allem eine Erhöhung der öffentlichen Leistungen. Der Anteil der öffentlichen Entwicklungshilfe ist aber im letzten Jahrzehnt eher gesunken (s. S. 472), obwohl auf der UNCTAD VI-Konferenz 1983 von den Industriestaaten versprochen wurde, ab 1985 0,7% der BSP aufzubringen. Dadurch waren die Entwicklungsländer stärker von privaten internationalen Kapitalmärkten abhängig. Immer stärker ist das Verschuldungsproblem in den Vordergrund getreten. Bei einigen Ländern des Südens verschlingt der Schuldendienst 50–60% ihrer Exporterlöse (KHAN S. 21). Auf der UNCTAD VI-Konferenz wurden eine Verschuldung der Entwicklungsländer von 800 Mrd. $ und ein jährlicher Zinsendienst von 200 Mrd. $ festgestellt. Die westlichen Industriestaaten wenden sich gegen globale Umschuldungen oder Stundungen. Sie wollen das Problem von Land zu Land lösen. Den ärmsten Ländern wurden aber die noch ausstehenden öffentlichen Schulden in Höhe von 5 Mrd. $ erlassen. Dem Süden ist nicht nur an einer Steigerung der finanziellen Leistungen des Nordens und an günstigeren Bedingungen gelegen, sondern auch an einer größeren Konstanz und Vorhersehbarkeit. Neben der Automatisierung des Ressourcentransfers wird daher die Einrichtung eines Sonderfonds für die Schuldenablösung, der aus den Zins- und Tilgungsleistungen der zahlungskräftigeren Schuldner gespeist werden könnte, gefordert. Jedoch bleibt immer der finanzielle Ressourcentransfer mit der Frage verbunden, in welcher Form, für wen und für was ausländisches Kapital in einem Entwicklungsland verwendet wird. Es darf nicht unbeachtet bleiben, daß die Träger des Konzepts der NWWO in den Ländern des „Südens" Exponenten bestimmter Sozial- und Machtstrukturen sind. Der Erfolg aller Maßnahmen ist an ihre Bereitschaft gebunden, notwendige Strukturveränderungen und auch sozialstrukturellen Wandel mitzutragen.

9.3.4.5 Wirtschaftliche Mitbestimmung des Südens

Die Forderungen nach einer Reform der internationalen Sondereinrichtungen wie der Weltbank verfolgen das gleiche Ziel wie alle Maßnahmen im Rohstoffbereich: Sie sollen das Gewicht des Südens erhöhen und möglichst ähnliche Mehrheiten wie in den UN-Institutionen herbeiführen. Die Ergänzung des GATT durch UNCTAD war bezeichnend für das Vorgehen des „Südens", um die Interessen der Dritten Welt in wichtigen Einrichtungen zur Steuerung der internationalen Wirtschaftsbeziehungen stärker in den Vordergrund zu bringen. UNCTAD VI 1983 brachte erneut eine Stärkung des Gewichts der hier agierenden 125 Entwicklungsländer der „Gruppe der 77".

Im Finanzierungs- und Währungsbereich wirken die Probleme jedoch noch komplizierter. Denn während im handelspolitischen Bereich die Forderung nach mehr Liberalisierung und Marktöffnung den Vorstellungen westlicher Industriestaaten grundsätzlich entspricht, ist der finanz- und währungspolitische Bereich prinzipiell von dem marktwirtschaftlichen Grundsatz bestimmt, daß der Kapitalgeber auch ein größeres Gewicht bei der Kontrolle über die von ihm vergebenen Finanzmittel haben müsse. Ein solcher Grundsatz aber steht in einem deutlichen Gegensatz zur Forderung nach gleichgewichtiger Beteiligung des Südens an Einrichtungen wie dem Internationalen Währungsfonds oder der Weltbank. Weil aber der Süden in diesen Einrichtungen nicht ausreichendes Gewicht besitzt, wird versucht, wichtige Finanzfragen an anderen Stellen aufzugreifen. Z.B. entstand die IDA („International Development Association"), die Zweigorganisation der Weltbank, weil die UNO einen UN-Development Fund eingerichtet hatte. Auch wurde die Forderung nach einer Kopplung („Link") zwischen Sonderziehungsrechten (s. S. 492) und Ent-

wicklungsfinanzierung im IWF zuerst in der UNCTAD diskutiert. So gehört ein reformiertes Weltwährungssystem, vor allem als Reform der Schlüsselinstitutionen des bisherigen Systems, zu den notwendigen Bestandteilen der Neuen Weltwirtschaftsordnung. Die Kontrolle bei der Schaffung und Verteilung der internationalen Liquidität, über die Kreditbedingungen des IWF, – dies alles sind Forderungen, denen sich die Industrieländer im Rahmen des Nord-Süd-Dialogs konfrontiert sehen.

Die Schaffung einer Neuen Weltwirtschaftsordnung ist zweifellos geboten, weil der gegenseitigen Abhängigkeit der Staaten, Volkswirtschaften und Gesellschaften stärker als in den vergangenen Jahrzehnten und Jahrhunderten Rechnung getragen werden muß. Die Grundfragen des Dialogs und die exemplarisch benannten Details zeigen aber, daß der „Nord-Süd-Konflikt" nicht als eine nur ideologische Auseinandersetzung angesehen werden darf. Gewiß müssen die Armut in der Welt und alle Erscheinungsformen von Unterentwicklung als die zentralen humanitären Fragen am Ende des 20. Jh. bezeichnet werden. Die Lösung der Probleme erweist sich aber als ein Balanceakt, der eine einvernehmliche Lösung und nicht die Ersetzung einer einseitigen Machtstruktur durch eine neue erfordert. Dies könnte erreichten Wohlstand gefährden ohne bestehende Not zu beseitigen.

10 Ökologie und Technik

als Herausforderung der Politik am Ende des 20. Jahrhunderts

Hans-Hermann Hartwich

10.1 Die Zukunft in „Weltmodellen"

Club of Rome

Angesichts der globalen Entwicklungs- und Industrialisierungsprobleme, der wachsenden Weltbevölkerung und der unübersehbaren regionalen wie globalen Umweltgefährdungen versuchen verschiedene internationale Studien, die Weltentwicklung bis zum Jahre 2000 und darüber hinaus abzuschätzen. Am bekanntesten wurden Studien des 1968 in Rom gegründeten „Club of Rome", einer internationalen Vereinigung von Wissenschaftlern und Politikern aus mehr als 25 Staaten. Vor allem die 1972 von D. MEADOWS u. a. vorgelegte Studie „Die Grenzen des Wachstums. Bericht des Club of Rome zur Lage der Menschheit" machte eine breite Öffentlichkeit darauf aufmerksam, daß ein exponentielles Wachstum angesichts

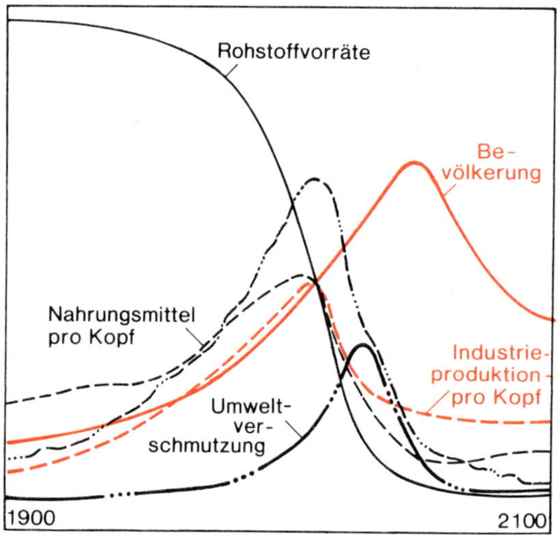

endlicher Vorräte und endlicher Belastbarkeit der Erde nicht möglich sei. Ihre Prognosen konzentrierte die Studie auf das unaufhaltsame Bevölkerungswachstum, die wachsende, aber nicht endlos steigerbare Nahrungsmittelproduktion, die ebenfalls nicht endlos zu steigernde Industrieproduktion, den unaufhaltsamen Verbrauch nicht regenerierbarer Rohstoffe und die zunehmende Umweltverschmutzung. Das Ergebnis zeigt die Abb. 223, den „Standardlauf".

Diese Studie wurde mit großer Betroffenheit aber auch starker Kritik, vor allem wegen der zu globalen Behandlung der sehr inhomogenen Regionen der Erde, aufgenommen. 1974 versuchte eine zweite Studie „Menschheit am Wendepunkt" (von M. MESAROVIC und E. PESTEL) mit einem „World Integrated Model" (WIM) eine differenziertere Vorausschau. Dabei wurde die Welt in drei Bereiche (entwickelte, sozialistische und nicht-industrialisierte Welt) sowie in 10 Regionen eingeteilt. Auch diese Studie prognostizierte, daß bei unveränderten Verhältnissen und Gewohnheiten eine Obergrenze der Erd-Belastung erreicht werde, jedoch nicht gleichzeitig. „Anstelle eines allgemeinen Weltkollapses werden sich in den verschiedenen Regionen zu verschiedenen Zeiten, teils lange vor der Mitte des nächsten Jahrhunderts, Zusammenbrüche unterschiedlicher Natur und aus unterschiedlichen Gründen einstellen" (S. 56). Unter der Kritik an dieser Studie wog der Vorwurf besonders schwer, daß ein unberechtigter Optimismus in bezug auf die sozialen und politischen Probleme (Kriege, wachsende Konflikte zwischen Nord und Süd usw.) neben einem unberechtigten Pessimismus in bezug auf die Möglichkeiten des technischen Fortschritts stehe. In diesen Zusammenhang gehört eine 1982 vorgelegte Studie des Club of Rome „For Better or for Worse" (deutsche Ausgabe: „Auf Gedeih und Verderb. Mikroelektronik und Gesellschaft. Bericht an den Club of Rome", hrsg. von G. FRIEDRICHS und A. SCHAFF), die der Dynamik des technischen Fortschritts gewidmet ist (s. 10.3).

Neben weiteren ähnlichen Studien der Weltbank und anderer internationaler Einrichtungen fand der im Juli 1980 veröffentlichte „Bericht an den

Abb. 223: Der Standardlauf des Weltmodells aus Meadows, 1972, S. 113

Der Standardlauf des Weltmodells zeigt die Ergebnisse der Computer-Simulation unter der Voraussetzung, daß keine größeren Veränderungen physikalischer, wirtschaftlicher und sozialer Zustände eintreten, also die Entwicklung in gleichen Tendenzen verläuft, wie sie sich jetzt abzeichnet. Alle eingespeisten variablen Größen sind die der historischen Entwicklung von 1900 bis 1970. Nahrungsmittelerzeugung, Industrieproduktion und Bevölkerungszahl steigen weiter exponentiell, bis die rasch schwindenden Rohstoffvorräte zum Zusammenbruch des industriellen Wachstums führen. Da aber zeitliche Verzögerungsfaktoren wirken, steigen Bevölkerungszahl und Umweltverschmutzung auch danach noch einige Zeit weiter. Fallende Nahrungsmittelversorgung und der Ausfall medizinischer Fürsorge führen zu einer steigenden Sterberate und zu einem Stopp des Bevölkerungswachstums

Präsidenten" mit dem Titel „Global 2000" auch in der Bundesrepublik Deutschland besondere Beachtung. Hierbei handelte es sich um eine umfassende Ausarbeitung des US-Außenministeriums und verschiedener Behörden der US-Administration im Auftrage des Präsidenten CARTER. Dieser hatte im Mai 1977 als Grundlage für eine längerfristige politische Planung eine „Untersuchung über die voraussichtlichen Veränderungen der Bevölkerung, der natürlichen Ressourcen und der Umwelt auf der Erde bis zum Ende dieses Jahrhunderts" angefordert. Der Bericht „Global 2000" benannte Probleme in umfassender Weise, auch in Auseinandersetzung mit anderen „Weltmodellen" (Teil III). Er versuchte jedoch nicht, Lösungen zu finden. Der Präsident forderte daraufhin auch noch Vorschläge für Lösungsstrategien.

Der dann im Januar 1981 vorgelegte Zusatzband „Global Future. Time to Act" („Zeit zum Handeln", Zusatzband zu Global 2000, 1981) blieb jedoch enttäuschend. Lösungsvorschläge erstickten wieder in der Fülle der Details und wurden der Komplexität der Probleme nicht genügend gerecht. Der Präsident selbst verlor im November 1981 sein Amt an RONALD REAGAN, der andere weltpolitische Interessen verfolgte.

Dieses Ergebnis ist gewiß typisch für die Unzulänglichkeit von Prognosen und ihre Umsetzung in politische Strategien. Ohne derartige Zukunftsstudien bestünde jedoch nicht einmal die Chance zur Entwicklung politischer Alternativen und notwendiger Visionen. Der Zusatzband zu Global 2000 zeigt überdies, daß in der Politik sy-

stematische Ansätze für globale Handlungsstrategien unter Berücksichtigung nationaler Interessen formulierbar sind, auch wenn sie in der Sache nicht befriedigen können. Diese Strategien bezogen sich in „Global 2000" auf das Bevölkerungswachstum, die Nahrungsmittelproduktion und die Landwirtschaft, Energieeinsparungen und das Problem der Energieressourcen, das Verschwin-

den der tropischen Wälder, die Zerstörung der biologischen Vielfalt durch die beschleunigte Zerstörung und Verschmutzung des Lebensraumes von Wildtieren und -pflanzen, die Bedrohung der Ökosysteme der Küsten und Meere sowie der Meeresressourcen, die Sicherung der Wasserversorgung, die globale Umweltverschmutzung infolge der Verseuchung durch gefährliche Stoffe und atomare Abfälle, Säureniederschläge, Klimaveränderungen aufgrund der Steigerung des CO_2-Gehalts der Atmosphäre sowie die Schädigung der stratosphärischen Ozonschicht.

Global 2000 sieht die Ursachen für viele dieser Probleme nicht nur in den urban-industriellen Ökosystemen (s. S. 517). Wenn in großen Teilen der Welt extreme Armut herrschen, seien insbesondere die Böden gefährdet, da sie zumeist die einzige Möglichkeit zur Erhaltung der menschlichen Existenz in unterentwickelten Gebieten böten.

Die Aufgaben der Politik zum Ende des 20. Jh. sind, das wird an diesen Hinweisen (die durch eigene Lektüre der Berichte ergänzt werden sollten) deutlich, schlechthin unbegrenzt gewachsen. Auch in diesem Punkt unterscheidet sich die Politik im 20. Jh. grundlegend von der des 19. Aus den zahlreichen schwerwiegenden Problemen des ausgehenden 20. Jh. sollen im folgenden zwei herausgegriffen werden, weil sie stärker als andere gerade auch die Zukunft der Bevölkerung in der Bundesrepublik Deutschland berühren. Es sind dies die politischen Gestaltungsprobleme einer Erweiterung der Ökonomie um die Dimension „Ökologie" und es sind die Folgen des technischen Fortschritts. Eine exemplarische Konzentration auf diese beiden Grundprobleme der achtziger Jahre darf nicht übersehen, daß die Lösung eines dritten die Voraussetzung ist und bleibt, die Erhaltung des Friedens (s. Kap. 7).

10.2 Ökologie und Ressourcen als globale und nationale Probleme der Politik

10.2.1 Wirtschaftskreislauf und Umwelt – Die Erde als „Raumschiff"

Es hat lange gedauert, bis sich die Lehre von der Wirtschaft und ihrem Wachstum dafür interessierte, daß die Beschaffung der benötigten Rohstoffe nicht nur eine Frage des Preises, sondern auch der begrenzten Welt-Reserven ist, daß an sich „freie" Güter wie Wasser und Luft nicht unbegrenzt belastbar sind und daß jeder Verbrauch (Konsum) auch Abfälle produziert, die ihrerseits Platz benötigen und für Menschen und Natur gefährlich sein können.

Freie Güter

Geschlossener Kreislauf

Der Schweizer Ökonom Bruno S. FREY hat die wechselseitigen Abhängigkeiten des ökonomisch-ökologischen Gesamtsystems bei aller Wissenschaftlichkeit der Aussage besonders plastisch herausgearbeitet, indem er – zurückgehend auf den amerikanischen Wirtschaftswissenschaftler KENNETH BOULDING – die Erde als ein „Raumschiff" ansieht. Er ging von der berechtigten Frage aus, an welcher Stelle denn eigentlich der Wirtschaftskreislauf (s. S. 255) die Umwelt berücksichtige. In der Tat nimmt die Kreislauf-Darstellung davon keine Notiz. Hier entspricht der Wirtschaftsprozeß „einer Maschine, in die Naturschätze hineingegeben, mit Hilfe von Arbeit umgewandelt und schließlich als Endprodukte (Konsum- und Investitionsgüter) und Abfälle wieder ausgestoßen werden." (Frey, S. 15).

Die der Abb. 224 zugrundeliegende Vorstellung ist jedoch falsch, denn die Erde ist tatsächlich ein „Raumschiff", das außer der Sonne keine Einflüsse von außen erfährt. Der Ökonomie-Ökologie-Prozeß ist demnach nicht offen, sondern entspricht einem geschlossenen Kreislauf (s. Abb. 225).

Hieran wird deutlich, was „Endlichkeit" der Welt heißt. Die Umwelt ist keine „Mülltonne" für die Wirtschaft. Dies wird spätestens in dem Augenblick spürbar, in dem die Produktion selbst dadurch gehemmt wird, daß die „freien" Güter Wasser, Luft und Landschaft nicht mehr in ausreichender Qualität und auch Quantität zur Verfügung stehen. Der Grund dafür ist, daß die Aufnahme- und Absorptionsfähigkeit dieser „Medien"

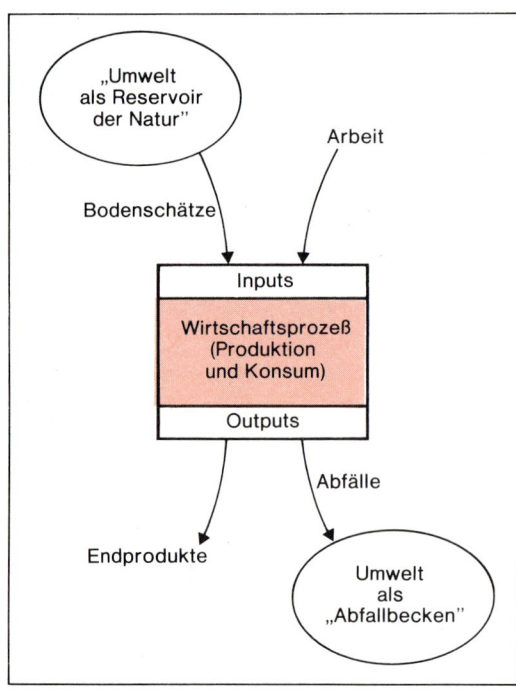

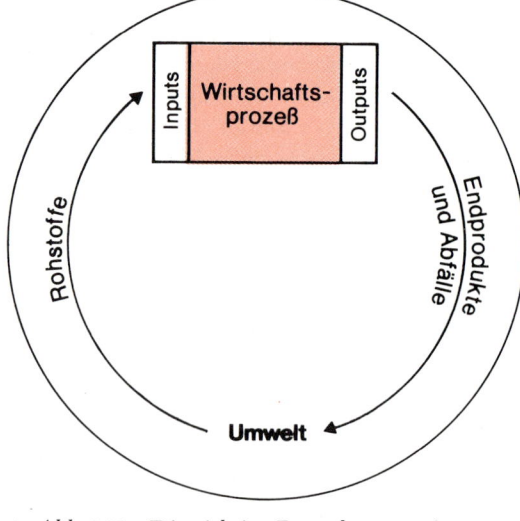

▲ *Abb. 225: Die richtige Betrachtungsweise: Der Ökonomie-Ökologie-Prozeß ist geschlossen (Frey, S. 16)*

◄ *Abb. 224: Die bisherige, aber falsche Betrachtungsweise des Wirtschaftsprozesses (Frey, 1972, S. 15)*

für die anfallenden Schadstoffe erschöpft ist. Wenn – national wie global – nicht auf mittlere Sicht, und das heißt in den achtziger und neunziger Jahren dieses Jahrhunderts, dafür gesorgt wird, daß

- die natürliche Regeneration der Umwelt gefördert wird,

Recycling • Abfälle wiederaufbereitet und verwendet (Recycling) werden,

- weniger und keine dauerhaft zerstörerischen Abfälle anfallen,

sind Grenzen des industriellen Wachstums erreicht, ganz abgesehen von der fehlenden Qualität der Umweltbedingungen des Menschen.

Die „Endlichkeit" unserer industriellen Welt ist somit nicht nur durch Erschöpfung der natürlichen Rohstoffreserven – Voraussetzung der Produktion –, sondern auch durch die Abfälle der Produktion gegeben. Für die Politik stellt sich hierbei die Frage, ob sie mit ihren Mitteln (Gesetzen, Verordnungen, Verwaltungsaufsicht) nur die Umweltmedien Wasser, Boden, Luft schützen kann oder ob es nicht auch möglich ist, mit einer ökologisch orientierten Umweltpolitik den Ge-

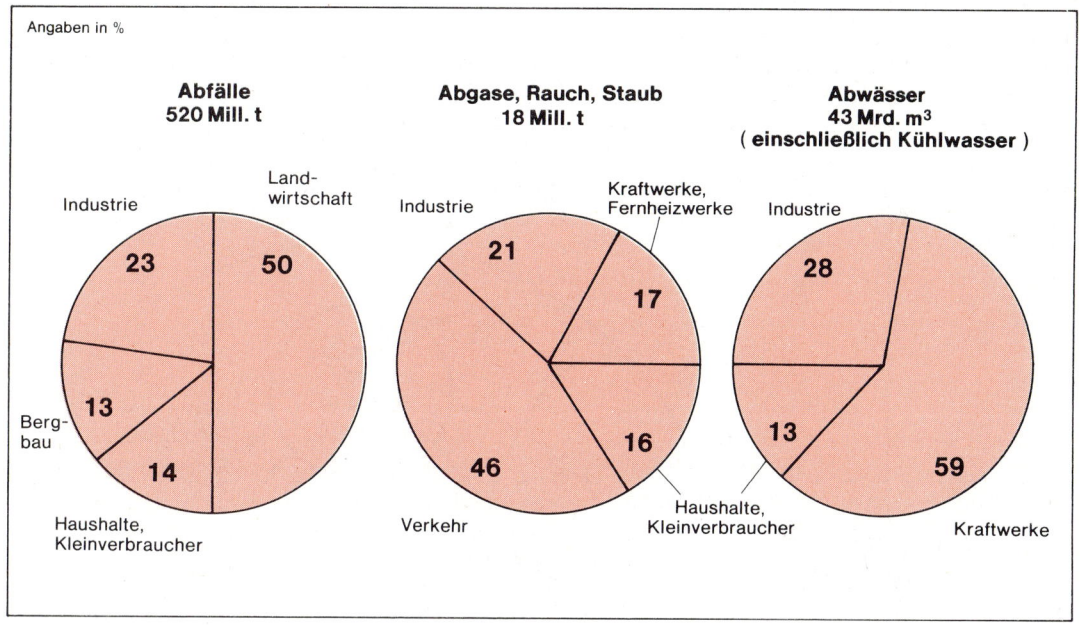

Abb. 226: Die Umwelt wird keineswegs nur durch die Industrie belastet (nach Globus-Bild 4715)

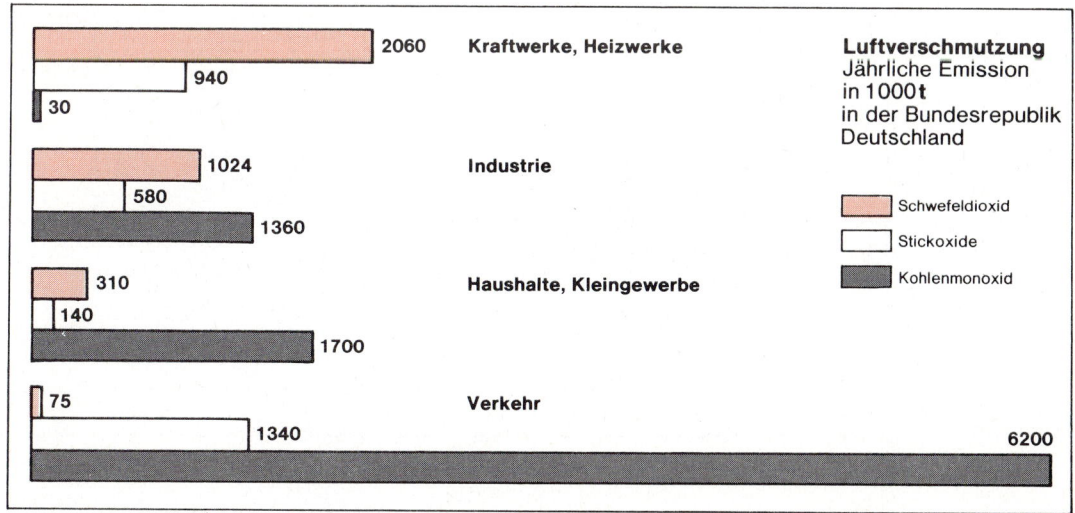

Abb. 227: Giftige Gase. Die Verbindung von SO$_2$ mit Luft und Wasser ergibt Schwefelsäure und „Sauren Regen" (nach Süddeutsche Zeitung vom 5. 6. 83)

samtzusammenhang von Ökonomie und Umwelt
zu erfassen. Die ökologisch orientierte Umweltpolitik müßte sich dann logisch auch mit den Bedingungen der Ökonomie befassen. Das soll
nicht heißen: weniger produzieren, sondern um-
weltgerecht produzieren.

10.2.2 Ökologie und Politik

„*Die Ökologie ist auf dem besten Wege, die
maßgebliche Dimension des Umweltschutzes zu
werden, ‚es ist Zeit für die ökologische Wende'.
Folgerichtig muß das bisherige medial ausgerichtete Umweltinstrumentarium überführt
werden in ein alle Medien und sonstigen
Schutzobjekte (nämlich Mensch, Tier, Pflanze,
Landschaft usw.) umfassendes Umwelt-Gestal-
tungsinstrumentarium. Dies ist die Herausforderung der achtziger Jahre auf dem Umwelt-
sektor.*" (Staatssekretär G. HARTKOPF 1979)

„Medial" orientiert ist der Umweltschutz, wenn
seine Instrumente, wie Gesetze und Verwaltungs-
anordnungen, nur auf bestimmte „Medien" bezogen sind, wie z. B. das Bundes-Immissionsschutz-
gesetz mit den „Technischen Anleitungen" (TA)
Luft und Lärm, das Benzin-Blei-Gesetz, das Ab-
fallbeseitigungsgesetz, das Abwasserabgabege-
setz. Diese Gesetze, die in der Bundesrepublik
Deutschland seit den siebziger Jahren für einen
umfassenderen und intensiveren Schutz der Umwelt sorgen sollen, sind wichtig, aber sie berücksichtigen kaum die ökologischen Gesamtzusammenhänge. Diese sind in Abb. 228 skizziert. Sie
folgen dem „Verursacherprinzip", d. h. der einzelne Verursacher von Schäden wird belangt.
„Ökosysteme" sind funktionelle Einheiten aus
Organismen („Lebensgemeinschaft" aus Pflanzen
und Tieren, Biozönose) und unbelebter Umwelt
(„Lebensraum", Biotop).

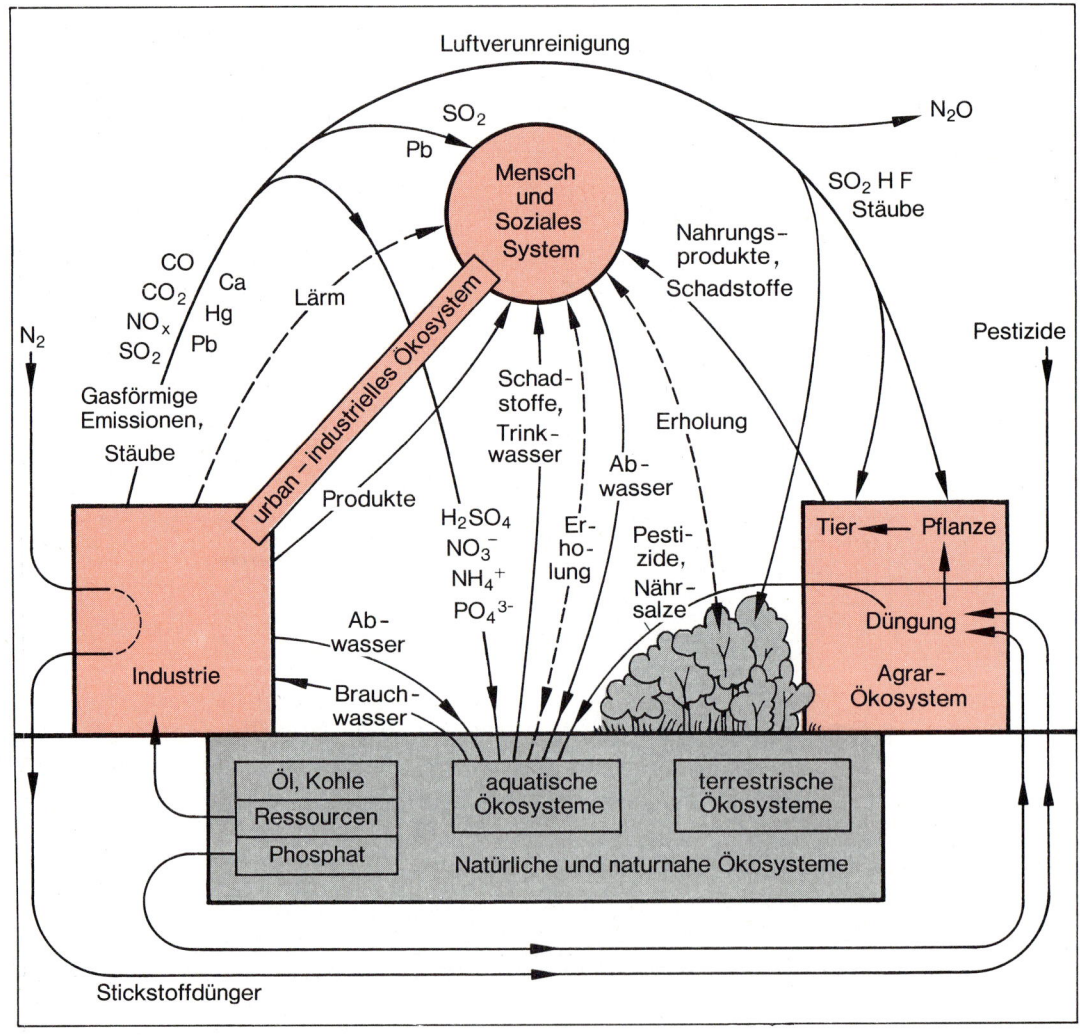

*Abb. 228: Das urban-industrielle Ökosystem ist von entscheidender Bedeutung (siehe Text S. 517)
(Quelle: Umweltgutachten 1978, S. 20)*

> *„Der Mensch ist nach seiner biologischen Natur, aber auch nach seinem ganzen Handeln, ein Glied dieses globalen Ökosystems („Ökosphäre" d. V.) und greift mit seinem Wirken mehr oder weniger intensiv in nahezu alle Einzelökosysteme ein."*
> (Umweltgutachten 1978, Drucksache 8/1938, Deutscher Bundestag, S. 20.)

Das Schema unterscheidet die Ökosysteme nach dem Grad menschlicher Einflußnahme.

Ökologisches Gleichgewicht

Das urban-industrielle Ökosystem ist die schwerwiegendste Schadstoffquelle und zwar sowohl für den Menschen, der in seinem Mittelpunkt steht (infolge der Schadstoffemissionen in der Luft und im Wasser, wegen des Lärms und schadstoffangereicherter, „kontaminierter", Lebensmittel), als auch für die anderen beiden Ökosysteme. Diese wirken jedoch ihrerseits auf das urban-industrielle Ökosystem, wenn z. B. Pflanzenschutzmittel und Pestizide nicht nur das Agrar-Ökosystem schädigen, sondern auch über die „Nahrungsmittelkette" den Menschen bedrohen und durch Düngemittel und Gifte die natürlichen und naturnahen Ökosysteme beeinträchtigen. „Beeinträchtigen" heißt hier vor allem, daß die Regenerationsfähigkeit herabgesetzt oder beseitigt wird. Schädigungen in natürlichen und naturnahen Ökosystemen sind z. B. Grundwasserverlust und Trinkwasserbeeinträchtigung, Vernichtung von Wäldern (Abholzung und die Fernwirkungen, „saurer Regen", industrieller Ballungsgebiete) und Verkarstung von Böden, Fischsterben, biologisch „tote" Gewässer, z. B. aufgrund von Chemikalieneinleitungen in Flüsse und Giftmüllversenkungen in Meeren sowie die Beseitigung der Artenvielfalt bei Pflanzen und Tieren, die für die Erhaltung eines funktionellen Gleichgewichts nötig sind, d. h. den Stoffkreislauf und den Energiefluß sichern.

Nahrungsmittelkette

Naturschutz

> *„Der wesentliche Grund für den Schutz von Ökosystemen vor Schadstoffen liegt in der Tatsache begründet, daß „stabile" funktionsfähige Ökosysteme für den Schutz der Ressourcen Boden, Luft und Wasser die unbedingten Voraussetzungen sind. Da Boden, Luft und Wasser als unbelebte Umwelt der Organismen integrierter Teil des ökologischen Systems sind, ist Belastung oder Schädigung der Stabilität des Systems zwangsläufig mit einer Belastung der genannten Ressourcen verbunden."*
> (Umweltgutachten 1978, S. 21.)

Unter „Stabilität" wird die Fähigkeit eines Ökosystems verstanden, nach einer Störung zu einem ökologischen Gleichgewicht vor allem im Bereich des Stoffhaushaltes und des Energieumsatzes sowie des Artenbestandes zurückzufinden. Die Frage ist, inwieweit die Ökosysteme dazu noch durch Selbstregulation in der Lage sind. Die Fähigkeit hierzu hat selbst in den natürlichen und naturnahen Ökosystemen abgenommen. In solchen Fällen sind menschliche Eingriffe nötig, die ihrerseits jedoch unbeabsichtigte negative Wirkungen haben können. Jedenfalls liegt hier der Ansatzpunkt zu einer Ökologiepolitik, die den Gesamtzusammenhängen Rechnung trägt.

> *„Da ein ökologisches Gleichgewicht auch nach starken Veränderungen eines Ökosystems noch bestehen kann, ist es nicht sinnvoll, pauschal die Erhaltung des ökologischen Gleichgewichts zu fordern. Richtig wäre das Verlangen nach Berücksichtigung der Stabilität eines Ökosystems, wenn es um die Festlegung von Belastungshöhen oder Schutzmaßnahmen geht."*
> (Umweltgutachten 1978, S. 22)

Eine solche ökologisch orientierte Umweltpolitik stellt Gesetzgebung und Verwaltung vor noch nicht absehbare neue Aufgaben. Denn wenn auch über die Notwendigkeit einer solchen Politik ein weitgehender Konsens vorliegt, so sind doch die ökologischen Zusammenhänge, die Belastungsgrenzen, die Veränderungen durch Schadstoffe, die Wirkung von Abhilfemaßnahmen, die synergetischen Effekte, d. h. die Frage, wie verschiedene Schadstoffe zusammen auf ein Ökosystem oder noch deutlicher, auf den menschlichen Organismus, wirken, wissenschaftlich kaum erschlossen.

Die Ökologie hat als Wissenschaft gerade in Deutschland eigentlich eine lange Tradition. Nur war sie bis vor kurzem kaum auf die „urban-industrielle" Welt konzentriert. Die „Ökologie der Technosphäre" (NICHOLSON, 1972) war nicht nur ein Randgebiet in der Biologie sondern auch innerhalb der Ökologie seit ERNST HAECKEL (1866/1869: Ökologie als Lehre vom Haushalt der Natur). Naturschutz und Landschaftspflege fanden schon seit dem frühen 19. Jh. wesentlich stärkere Beachtung als Umweltproblembereiche. Der Naturschutz hatte auch in Gestalt von „Bewegungen" auf nationaler und internationaler Ebene eine Interessenvertretung. Es gibt eine Europäische Naturschutz-Deklaration. In der Bundesrepublik Deutschland wurde die Integration von Naturschutz und Umweltschutz auf ökologischer Grundlage 1961 mit der „Grünen Charta von Mainau" eingeleitet (KÜPPERS u.a. 1978, S. 28).

Umweltschutz

Der Umweltschutz im engeren Sinne begann im Bereich von Land- und Forstwirtschaft, durch die Schaffung von Nationalparks und fand einen ersten Höhepunkt in der weltweiten Reaktion auf den Einsatz chemischer Mittel zur Schädlingsbekämpfung („Kampf gegen DDT") und anläßlich massenweiser Fischvergiftung durch Quecksilber in Japan.

Ökonomie und Ökologie

Es können zahllose Beispiele dafür genannt werden, daß die Probleme der Umweltgefährdung seit langem bekannt sind und daß es auch weltweit zahlreiche Aktivitäten zum Schutz der Umwelt gegeben hat. Noch nie allerdings hat die Gefährdung derartig dramatische Ausmaße angenommen wie zum Ende des 20. Jh. Die Ökosysteme im einzelnen und die Ökosphäre als ihrem Gesamt sind zum Gegenstand öffentlichen Schutzes und öffentlicher Vorsorge geworden, und zwar auf nationaler wie internationaler Ebene. Das Problem ist, ob und inwieweit politische Lösungen ökologischer Probleme möglich sind. Natürlich treffen Umweltschutzmaßnahmen immer auf den zum Teil erbitterten Widerstand derjenigen, deren wirtschaftliche Interessen berührt sind. Das ist es aber nicht allein. Politik kann – wiederum national wie international – nicht als das einzige Mittel angesehen werden. Um die Probleme der Ökologie wirksamer lösen zu können, ist auch ein „Wertewandel" nötig. Nicht allein wirtschaftliches Wachstum und wirtschaftlicher Ertrag dürfen als Maxime gesellschaftlichen Handelns gelten. Die Erde muß mit ihren Lebewesen und Ressourcen als gleichwertiges Gut in die Werteskala der Industriegesellschaften aufrücken. Insofern ist es absurd, die Umweltschädigung allein als Folge des Kapitalismus und seiner gewinnorientierten Verhaltensweisen anzusehen. Schon eine produktive Landwirtschaft bringt Gefahren für das ökologische Gleichgewicht, gerade wenn sie in der Lage ist, die Menschen besser zu ernähren. Wirtschaftliche Not führt zum Abholzen tropischer Urwälder. Unrentable Produktionsverfahren, wie sie in den sozialistischen Zentralverwaltungswirtschaften üblich sind, schädigen Ressourcen und Umwelt möglicherweise stärker als modernste Technologien mit Recycling-Verfahren und technischen Neuerungen zur Verminderung des Schadstoff-Ausstoßes (Emission).

Wertewandel

Primärenergie-einsatz

Abnehmender Grenzertrag

Nicht in der Beseitigung der industriellen Welt, die immerhin für eine wachsende Zahl von Menschen Arbeitslast genommen und Wohlstand gebracht hat, liegt die effektivste Form der Ökologie-Politik. Sie liegt ganz gewiß eher in der geplanten Reduktion der Schadstofferzeugung und darin, daß der technische Fortschritt noch sehr viel plan- und wirkungsvoller dafür eingesetzt wird, daß die Quellen der Schadstofferzeugung verschwinden, ohne daß die Quellen des wirtschaftlichen Wohlstandes beseitigt werden. Ökonomie und Ökologie sind mittel- und langfristig gewiß zu vereinen. Unter diesen Voraussetzungen sind auch Konzepte oder Utopien alternativer Lebensformen sehr ernst zu nehmen. Dies alles bedarf politischer Gestaltung. Erforderlich ist auch, daß die Industrieländer nicht nur bei sich wirksame Umweltschutzmaßnahmen treffen, sondern helfen, die Not in der Dritten Welt abzubauen. Nur so kann verhindert werden, daß aus der Not heraus nicht wieder gutzumachende Schädigungen der globalen Ökologie vorgenommen werden (s. hierzu Global 2000).

10.2.3 Ressourcen und Energiepolitik

Wenn wirtschaftliche Entwicklung immer auch Industrialisierung heißt, so stellt sich vor allem die Energiefrage als ein globales Problem, nicht nur als ein Problem der gegenwärtigen Industriestaaten in ihrem Kampf um Öl und Kernenergie dar. Es ist aber auch im letzten Jahrzehnt klar geworden, daß die „Faustregel", 1% Wachstum des realen Sozialprodukts fordere etwa 1% Wachstum des Primärenergieeinsatzes, nicht mehr gelten darf. Sozialproduktswachstum und Wachstum des Energie- und Rohstoffverbrauchs müssen „entkoppelt" werden.

Die Industrialisierung hat zu einer Ausbeutung der nichtregenerierbaren Rohstoffreserven geführt, die sich immer mehr beschleunigt. Die regenerierbaren Ressourcen der Erde Luft, Wasser, Tiere und Pflanzen, Humusschicht mit ihren Nährstoffen, unterliegen dem Gesetz vom abnehmenden Grenzertrag, d.h. daß ein Mehraufwand an Arbeit, z.B. in der Landwirtschaft, zuerst zu einem zunehmenden und dann zu einem abnehmenden „Grenzertrag" (Ertrag der zusätzlichen Arbeitseinheit) führt. Diese Regelmäßigkeit kann durch den Einsatz von Düngemitteln und Maschinen verlängert, aber nicht aufgehoben werden. So ist hier die Produktionssteigerung im

518

Sinne der Ertragssteigerung pro Einheit zwar begrenzt, unbegrenzt ist aber bei pfleglicher Behandlung die Wiederholung der Produktion.

Kernenergie

Auf die Frage, wie lange die nicht regenerierbaren Rohstoffvorräte der Erde reichen, gibt es keine wissenschaftlich gesicherten Antworten. Zunächst einmal liegt ja der Begriff „Vorrat" nicht ein für allemal fest. Es wird zwischen vermuteten Vorräten, den Ressourcen, und den festgestellten Vorräten, den Reserven, unterschieden. Die Frage, wieviel Ressourcen es gibt, richtet sich letztlich nicht nur nach der absoluten Größe, sondern danach, wie lange noch eine Ausbeutung wirtschaftlich und technisch möglich ist. Politisch ist die Frage zudem nicht uninteressant, wo sich die Lagerstätten befinden. Denn „Vorräte" stehen nicht der Weltwirtschaft unbegrenzt allgemein zur Verfügung, wie dies jetzt durch die Meeresbodenbehörde (s.S. 498 f.) angestrebt wird.

Schneller Brüter

Unter allen Rohstoff-Ressourcen der Erde sind die Energie-Ressourcen von ganz besonderer Bedeutung. Es muß davon ausgegangen werden, daß die Weltvorräte an fossilen Energieträgern begrenzt sind. Auch stellt sich letztlich die Frage,

wann die Gewinnung eines Stoffes mehr Energie erfordert, als er später selbst erbringt. (Vgl. Die Erschließung der Erdöllager in Alaska.)

Die Rolle der Kernenergie als Ersatz für die fossilen Energieträger ist nicht nur wegen der damit verbundenen Gefahren heftig umstritten. Sie ist auch begrenzt, berücksichtigt man, daß zur Zeit vor allem Uran 235 benötigt wird und dieses Isotop nur rund 0,7 % der gesamten Uranvorräte ausmacht. Die weitaus größten Reserven bestehen aus dem noch nicht spaltbaren U 238. Ob in den neunziger Jahren des 20. Jahrhunderts mit einer Verknappung des Kernbrennstoffs zu rechnen ist, wenn der vorherrschende Reaktortyp, der U 235 benötigt, der Leichtwasserreaktor nicht durch eine neue Technologie ersetzt wird, ist neuerlich wieder umstritten. Damit – so galt längere Zeit als gesichert – würde allerdings die Ressourcengrenze nennenswert hinausgeschoben. Als eine solche technologische Lösung gilt der sogenannte „Schnelle Brüter", der nicht spaltbares U 238 in spaltbares Plutonium 239 umwandelt, womit das vorhandene Spaltmaterial wesentlich besser ausgenutzt werden könnte (NAWU-Report 1978,

Übersicht über die Weltvorräte an fossilen Energieträgern in Milliarden Tonnen Erdöl-Äquivalent

	sichere Reserven	mögliche Ressourcen	Total	Weltverbrauch 1974	Lebensdauer der Vorräte (Jahre)			
					statischer Index Reserven	Gesamtvorrat	Zuwachs/Jahr 4%	
							Reserven	Gesamtvorrat
Kohle	380	6 600	7 000	2,0	190	3 500	30	183
Erdöl	97,3	170	270	2,6	35	95	20	41
Ölschiefer	30	750	800		25	300	15	90
Teersand	40	225	265					
Erdgas	61	200	260	1,2	54	220	28	56
Total fossile Energieträger ohne Kohle	230	1 350	1 580	3,8	60	420	30	(70)
Total mit Kohle	600	8 000	8 600	5,8	105	1 480	40	100

Quelle: NAWU-Report 1978, S. 62 mit weiteren Hinweisen

Die Uranvorräte der nichtkommunistischen Welt (1975) in 1 000 t

Produktionskostenklasse	Sichere Vorkommen	Wahrscheinliche Vorkommen	Total	Energiegehalt in 10^6 Tcal
Produktionskosten bis 32 $/kg	1 080	1 000	2 100	1 260
Produktionskosten von 32–65 $/kg	740	680	1 400	840
Total bis 65 $/kg	1 820	1 680	3 500	2 100

Quelle: »AEA« Uranium, Resources, Production and Demand, Dec. 1975

S. 64). Mit dieser Technologie würde – so die Ansicht der Befürworter – das Energiereservenproblem auf längere Sicht gelöst sein. Jedoch ist dieser Kernreaktor-Typ ein besonderes Technik- und Sicherheitsproblem. Denn Plutonium muß aufgrund seiner radioaktiven und chemischen Eigenschaften als besonders gefährliches Element eingestuft werden.

Umweltbelastungen

Nun ist es keineswegs so, daß die Kernenergie (Atomenergie) unzweifelhaft und allein als das größte Umweltproblem angesehen werden kann. „Die umweltpolitische Bewertung des Einsatzes von Kernenergie muß zwischen Belastungen durch den Normalbetrieb, Belastungen bei Störfällen oder Unfällen und Belastungen durch Wiederaufarbeitung sowie Endlagerung unterscheiden." (Energie-Gutachten des Umweltbeirates, 1981 (Ziffer 607)). Richtig ist vielmehr, daß vor allem vom Energieumsatz schlechthin besondere Belastungen der Umwelt ausgehen. Es können unterschieden werden (NAWU-Report 1978, S. 68 f.)

Alternativen

- Emissionen von Schadstoffen fester, flüssiger und gasförmiger Art bei Gewinnung, Transport und Verbrennung der fossilen Energieträger Kohle, Erdöl und Erdgas.

- Radioaktive Belastungen durch die Kernenergiewirtschaft in allen Phasen des Brennstoffkreislaufs bis hin zur Lagerung der radioaktiven Abfälle. Geringe Mengen radioaktiver Stoffe werden auch beim Kohle-Verbrennungsprozeß freigesetzt.

- Thermische Belastungen, da jede Form von Energie am Ende des Verbrauchszyklus in Form von Wärme an die Luft oder ins Wasser abgegeben wird.

- Optische und akustische Belastungen Vgl. Abb. 229.

„*Die Frage, die an dieser Stelle in erster Linie interessiert, lautet, ob und bei welchen Energieumsätzen durch diese Belastungen dem weltweiten, aber auch nationalen Energieverbrauch Grenzen erwachsen. Angesichts der prekären Lage, in der sich praktisch alle industrialisierten Länder bezüglich Luft- und Wasserverschmutzung befinden, vor allem in den Verdichtungsgebieten und Agglomerationen, ist man geneigt, die Existenz von Grenzen zu bejahen. Man kann sich nicht vorstellen, wie eine Verdoppelung oder Verdreifachung des Verkehrs, der Raumheizung und des industriellen Ausstoßes und der damit verbundenen Verdoppelung und Verdreifachung der Luft-, Wasser- und Lärmbelastung noch ertragen werden könnte.*"
(NAWU-Report, S. 69)

Die Alternativen lauteten unter diesen Gesichtspunkten nicht: Kohlekraftwerke statt Atomkraftwerke (AKW) oder Kohle statt Kernenergie, die ja neben dem weniger umstrittenen Slogan „Weg vom Öl" in der Bundesrepublik Deutschland die Diskussion beherrschen.
Der Sachverständigenrat für Umweltfragen hat in seinem Energiegutachten 1981 in sehr differen-

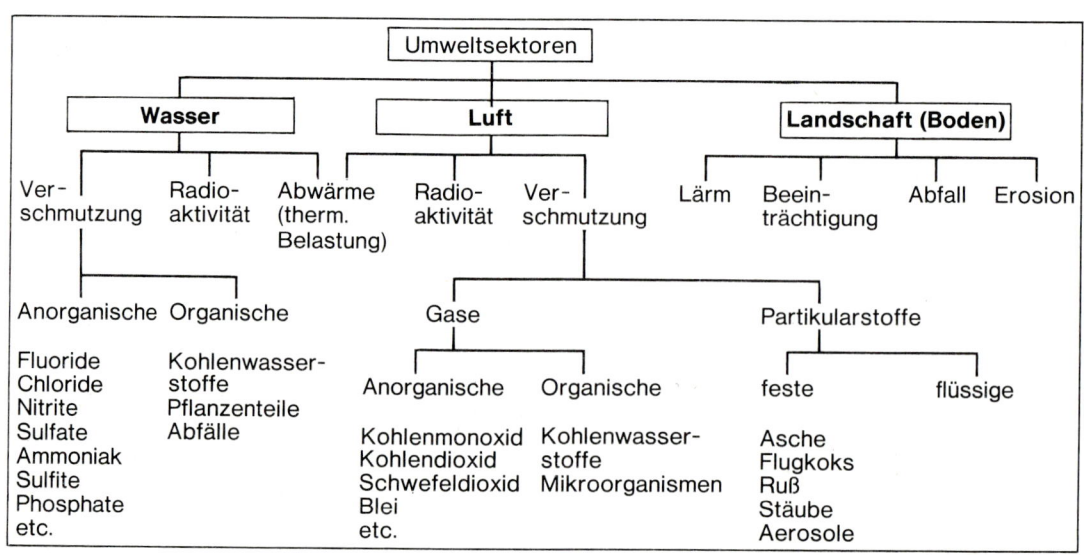

Abb. 229: *Umweltbelastungen durch Energieträger, nach Sektoren und Belastungsarten (Umweltgutachten 1974, S. 354)*

520

zierter Form auf die Schadstoffemissionen bei Kohle und Öl-Kraftwerken sowie auf die weitgehend noch unerforschten toxischen Wirkungen hingewiesen.

> *„Die Risiken aus Kohleverbrennungsprodukten sind insgesamt nur unvollständig bekannt, die bekannten sind bei erbgutschädigenden und krebserzeugenden Wirkprinzipien nicht verläßlich quantifizierbar, die Meßbarkeit solcher Schadstoffe ist nicht sehr weit entwickelt.“*
>
> (Ziffer 604)

Auf der anderen Seite hat er dem Normalbetrieb eines Kernreaktors keine besondere umweltbelastende Bedeutung zugewiesen, wohl aber dem Unfall.

Energie-einsparung

> *„Bei einem Leichtwasserreaktor wäre ein Unfall schwerster Art für Mensch und Umwelt eine extreme Belastung.“*
>
> (Ziff. 609)

Wenn auch die Wahrscheinlichkeit hierfür gering sei, so stelle doch die grundsätzliche Möglichkeit einen eigenständigen Faktor dar. Dies gelte auch für den „Schnellen Brüter“. Die zentralen Probleme der Wiederaufarbeitung von Kernbrennstäben sowie der Zwischen- und Endlagerung finden in dieser überaus abstrakten Wertung und Argumentation keine angemessene Berücksichtigung, die ihrer Bedeutung für den Bau weiterer Kernkraftwerke gerecht würde.

Im unmittelbaren Vergleich formulierte der Sachverständigenrat:

> *„In ihrer Bewertung noch weitgehend ungeklärten Schädigungspotentialen aus Emissionen von Feuerungsanlagen stehen Emissionen aus Kernkraftwerken im Normalbetrieb gegenüber, deren Konsequenzen deutlich besser überschaubar sind und von denen nur äußerst geringe Belastungen ausgehen. Hinsichtlich außergewöhnlicher Vorkommnisse verhält es sich genau umgekehrt. Zum großen Unfall der Kernkraftwerke gibt es bei der Kohle keine Parallele. Auch die Wiederaufarbeitung und sichere Endlagerung sind spezielle Probleme der Kernkraftwerke, deren großtechnische Lösung noch aussteht.“*
>
> (Ziff. 613)

Das Fazit des Sachverständigenrates für Umweltfragen lautete:

> *„Unter umweltpolitischen Gesichtspunkten kann weder der Nutzung der Kohle noch der Kernenergie eine eindeutige Präferenz eingeräumt werden. Da jede der beiden Energiequellen Umweltbelastungen oder -gefährdungen mit sich bringen kann, eignet sich keine von ihnen zur massiven Ausdehnung des Energieangebots. Auch die regenerativen Energiequellen sind nach dem derzeitigen Stand des Wissens ohne große Umweltbelastungen nicht in der Lage, Träger einer expansiven Angebotsstrategie zu werden.“*
>
> (Ziff. 615)

Lösungsstrategien seien die umfassende und intensive Förderung aller möglichen Einsparungen von Energie, durch rationellere Nutzung und weniger Verbrauch, durch die Wärme-Kraft-Kopplung in siedlungsnahen kleineren Kraftwerken, Veränderungen im Kfz-Bau und in der Kfz-Besteuerung und allenfalls der leistungsbegrenzte Hochtemperaturreaktor (HTR). Hinzuzufügen wären andere und ganz neue technische Lösungen zur Energiefrage, vor allem die Nutzung von Sonne und Wind, die Kernfusion sowie technische Weiterentwicklungen im Bereich des Recyclings, der Wiederverwertung. Dies alles wären gleichzeitig Maßnahmen des Umweltschutzes und der Ressourcenschonung.

Allein die Auseinandersetzungen in der Bundesrepublik Deutschland, die ja zumeist weit über Fragen des Umweltschutzes und der Rohstoffschonung hinausgehen und als Auseinandersetzungen um Überlebensfragen empfunden werden, zeigen, daß national wie global die Politik hier vor einer ihrer schwersten Aufgaben zum Ende des 20. Jahrhunderts steht. Denn daß hier eine Aufgabe der Politik vorliegt, ist nicht bestreitbar. So ist auch der Umweltbeirat dezidiert der Auffassung, „daß der künftige Energieverbrauch nicht eine gewissermaßen ‚natürliche‘ und deshalb vorhersehbare Entwicklung ist, sondern daß Angebot und Nachfrage bei der Energie durch Maßnahmen, Entscheidungen und Verhaltensweisen von Staat, Unternehmen und Haushalten wesentlich beeinflußt werden können.“ (Ziff. 667)

Dazu gehören auch alternative Verbrauchsformen, Werte und Lebensweisen. Global gesehen sind die Probleme der Ökologie und der Ressourcen Überlebensfragen der Einen Welt ebenso wie die der Unterentwicklung und des Friedens.

10.3. Politische Probleme des technischen Fortschritts

10.3.1 Industrialisierung als technischer Innovationsprozeß

Schumpeter

Der technische Fortschritt ist eine Voraussetzung wirtschaftlicher Entwicklung, abnehmender Arbeitsbelastung und wachsenden Wohlstands. Technische „Revolutionen" wie die Erfindung der Dampfmaschine, des Elektromotors und des Transistors haben die Produktionsbedingungen und -prozesse sowie die beruflichen Qualifikationen und die Arbeitsbedingungen der arbeitenden Menschen radikal verändert. Sozialwissenschaftler und Ökonomen blicken in der Regel mit Respekt auf technische Entwicklungen, ohne sie noch zu verstehen. Sie wissen aber, daß ohne Erfindungen und ihre Entwicklung hin zu grundlegend neuen Produktionsverfahren und Produktionen („Basisinnovationen") die Wirtschaft stagnieren würde und damit krisenhafte gesellschaftliche Entwicklungen unumgänglich sind. Daher hat sich auch der Staat schon früher, in der Gegenwart aber mit besonderer Intensität um den technischen Fortschritt durch die Förderung der Grundlagenforschung und von „Pilot-Vorhaben" gekümmert.

Basisinnovationen

Wissenstransfer

Wie die Technikgeschichte zeigt, verläuft die technische Entwicklung nicht gleichförmig. Vielmehr gibt es Entwicklungssprünge, Diskontinuitäten, die sich hinter den „langen Wellen" der Konjunktur (benannt nach dem Wirtschaftswissenschaftler KONDRATIEFF) verbergen. Die folgende Datierung stammt vom amerikanischen Nobelpreisträger SIMON KUZNETS. Die „Kondratieff-Zyklen" umfassen etwa 50 Jahre.

Kondratieff-Zyklen

Erfindungen und ihre Entwicklung zur Produktionsreife haben immer neue Wachstumsschübe und Folgeproduktionen hervorgebracht, die alte Verfahren, Produkte und Arbeitnehmer-Qualifikationen hinfällig machten. Der bekannte Ökonom JOSEPH A. SCHUMPETER hat dies den „Prozeß der schöpferischen Zerstörung" genannt, der dem industriewirtschaftlichen Prozeß immanent sei („Kapitalismus, Sozialismus, Demokratie", 1942/1950). Ein anderer weltbekannter Nationalökonom nannte den Innovationsprozeß von der Erfindung bis zur Produktionsreife den „Tiger des technischen Fortschritts" (PAUL A. SAMUELSON).

Der „Innovationsprozeß" ist die konkrete Form dessen, was „technischer Fortschritt" genannt wird. GERHARD MENSCH entwickelt in seinem Buch „Das technologische Patt. Innovationen überwinden die Depression" (1975/77, das folgende Stufenschema des „Wissenstransfers", bis hin zur „Basisinnovation":

1. Entdeckung oder Ausarbeitung einer neuen Theorie (Erkenntnis)
2. Wahrnehmung einer praktischen Nutzungsmöglichkeit (Erfindung, Basisinvention)
3. Nachweis der technischen Durchführbarkeit der Idee (Feasibilität)
4. Beginn der marktorientierten Experimente mit dem Konzept (Entwicklung)
5. Entschluß zur Durchführung der technologischen Neuerung (Entscheidung)
6. Produktionsbeginn mit dem neuen Verfahren oder Markteinführung der neuen Produktart (Basisinnovation).

---

1. Kondratieff–Zyklus nach der Industriellen Revolution (Textil-, Eisenindustrie, Dampfkraft)

Prosperität	Rezession	Depression	Erholung
1787 – 1800	1801 – 1813	1814 – 1827	1828 – 1842

2. Kondratieff – Zyklus („Bourgeois – Kondratieff") (Eisenbahn)

Prosperität	Rezession	Depression	Erholung
1843 – 1857	1858 – 1869	1870 – 84/85	1886 – 1897

3. Kondratieff – Zyklus („Neo – Merkantilistischer Kondratieff") (Elektrizität, Chemie, Automobil)

Prosperität	Rezession	Depression	Erholung
1898 – 1911	1912 – 24/25	(1926 – 1939)	(1940 – 1951)

Quelle: G. Mensch 1977, S. 48

Abb. 230: Die Kondratieff-Zyklen nach dem Kuznets-Schema

Entwicklung des synthetischen Gummis

Jahr	Stufe	Ereignis
1906	2	Julius A. Nieuwland beobachtete die Azetylen-Reaktion im Alkali-Bad und arbeitete über ein Jahrzehnt lang an dem Problem der Ergiebigkeit der Reaktion weiter
1921	3	Nieuwland erbringt den Beweis, daß sein Stoff „Divinylazetylen" ist, ein Polymer, das im Zug von katalytischen Reaktionen herstellbar ist
1925	4	Dr. E. K. Bolton von den du Pont-Laboratorien hört das Referat von Nieuwland bei der American Chemical Society; du Pont übernimmt die Weiterentwicklung der Erfindung der gummiartigen Substanz
1932	6	E. I. du Pont de Nemours & Company führte den künstlichen Gummistoff, das Neopren, als kommerzielles Produkt in den Markt ein

Quelle: Jewkes, Sawets, and Stillerman, The Sources of Invention, 2. Aufl., London 1969, S. 274/275

MENSCH bringt als Beispiel die Entwicklung des synthetischen Gummis, das unter dem Namen „Neopren" bekannt wurde (S. 236).

An diese „vertikale" Technologieentwicklung schließt sich die „horizontale" Phase der Verbreitung von Produkten, Verfahren und Methoden in einem Anwendungsgebiet an („Diffusionsphase").

Diffusion Hierdurch vor allem kann die Wirtschaftskonjunktur entscheidende Impulse erhalten.

In der praktischen industriellen Forschung wird die „Innovation" höher als die Erfindung eingestuft: „Der Begriff' ‚Innovation' wird sowohl für neue Produkte („Der Transistor ist eine Innovation") und Funktionen („Textverarbeitung ist eine Innovation") als auch für den Innovationsprozeß benutzt („Innovation ist die Handlungskette in einem Unternehmen, die zu erfolgreichen neuen Produkten oder Verfahren führt").

Die Innovationsphase beginnt mit der Bereitstellung von Kapital durch den Unternehmer (Innovationsentscheidung) zur Finanzierung der erforderlichen Tätigkeiten auf der Basis eines vorläufigen Planes (Innovationskonzept). Der Unternehmer trifft seine Entscheidung aufgrund z. B. eines vorgelegten Labormodells, das es erlaubt, technische und kommerzielle Risiken abzuschätzen (Option). Den Zeitraum bis zur Erstellung einer technischen Option nennen wir die ‚explorative Phase'. Sie umfaßt das Hervorbringen neuer Ideen, Experimente, Tests, Bewertungen, Studium von Modifikationen, Optimierung von Produkt- oder Verfahrensgrößen usw. auf der Grundlage der Natur- und Ingenieurwissenschaf-

Soziale Dimension ten." (K. I. SCHMIDT-TIEDEMANN, 1983).

Innovations-prozeß Ein Innovationsprozeß kann sehr komplex verlaufen. Dies wird von BRANDENBURG u. a. (Die Innovationsentscheidung, 1975) am Beispiel der Einführung des heute dominierenden Container-

Contai-nerverkehr Verkehrs im Seefrachtverkehr aufgezeigt. Diesem Innovationsprozeß ging die Überlegung voraus,

daß die Inhomogenität der Stückgutfracht zu hohe Kosten für den kombinierten Land- und Schiffsverkehr verursache. Die angestrebte Homogenisierung durch einheitliche Großbehälter (Container) war gleichzeitig nicht nur eine technische, sondern ebenso eine organisatorische und soziale Aufgabe:

- „Entwicklung eines international genormten Containers,
- Neubau von Container-gerechten Schiffen, die im Hinblick auf Innenabmessungen, gesicherte Staumöglichkeiten, Zugänglichkeit für Laden und Löschen sowie Geschwindigkeit, zum Containertransport geeignet sein müßten,
- Entwicklung und Neubau von technischen Einrichtungen zum Laden, Löschen und für den sonstigen Umschlag im Hafen (sog. „Container-Terminals"),
- Einführung spezieller Fahrgestelle für den Straßentransport,
- Aufbau einer rechnergestützten Organisation unter Verwendung der Datenfernübertragung für die Zustandserfassung, -überwachung und Einsatzplanung der Container,
- Ausbildung qualifizierter Arbeitskräfte in allen betroffenen Bereichen,
- internationale Kooperation verschiedener Transportträger etwa für die Normung oder einzelner Reedereien etwa für die Einführung neuer Liniendienste." (S. 20)

Hier hat wirtschaftliches Rentabilitätsdenken zur Innovation und schließlich zur Veränderung ganzer Hafenlandschaften und des Fernstraßenverkehrs geführt. Technische Entwicklungen sind immer auch soziale Vorgänge. Dies beginnt im Grundlagenbereich der Forschung. Sie wird heute in der Regel von Teams, nicht mehr von Einzelpersonen geleistet. Auch dominiert heute die wissenschaftliche Grundlegung in der Regel vor der reinen Empirie. Innovationen werden, wie oben aufgezeigt, „geplant". Hierbei spielen die Großunternehmen eine zentrale Rolle. Der moderne Staat fördert zunehmend besonders die *Grundlagenforschung*. Er ist aber heute auf nahezu allen Stufen technologischer Entwicklung präsent. Wesentliche technische Impulse brachten die Forderungen der Militärs nach immer neuen Waffensystemen, z. B. nach Lenksystemen für Interkontinentalraketen. Die Weltraumforschung und die Weltraumflüge sind ebenfalls von grundlegender Bedeutung. Außerdem ist vor allem noch der gesamte Informations- und Kommunikationssektor zu nennen, von der Satellitenübertragung bis hin zur Speicherung von „Daten" für die Forschung selbst, für Unternehmensentscheidungen und auch für staatliche Bereiche wie die Kriminalpolizei.

Grundlagenforschung

Seit langem gibt es staatliche patent- und urheberrechtliche Regelungen, die allerdings nicht immer nur „den Erfinder" schützen, sondern auch zur Blockade einer schnellen wirtschaftlichen Umsetzung verwendet werden können. Eine solche monopolistische Firmenpraxis läge z. B. vor, wenn in einem Unternehmen eine wichtige und grundlegende Erfindung gelungen ist und sie dennoch zunächst „auf Eis" gelegt wird, weil vielleicht alte Produktionsanlagen noch große Gewinne abwerfen oder, umgekehrt, ihre Kosten noch nicht in wirtschaftlich vertretbarer Weise eingebracht haben. Es stellt sich auch die Frage, ob ein einzelnes Unternehmen sozusagen ein dauerhaftes Monopol auf eine grundlegende Erfindung haben sollte.

Patentrecht

Technologischer Durchbruch

In den USA wurde z. B. in den Bell Telephone Laboratories der Fernmeldegesellschaft „American Telephone and Telegraph" – eine staatlich beaufsichtigte Monopolgesellschaft mit über 100 Mill. Fernsprechteilnehmern – der Transistor entwickelt (1948). „Die revolutionierende Position dieser neuen Erfindung und die mögliche monopolistische Patent-Dominanz der Firma der Erfinder wurde schnell erkannt und führte zu rechtlichen Eingriffen der Regierung. American Telephone mußte auf eine Alleinverwertung der Transistorpatente verzichten und wurde vom Staat veranlaßt, die technische Kenntnis dieser neuen Entdeckung im ganzen Land systematisch auszustreuen. Die Politik reagierte also sehr früh, sehr hart und konsequent im Sinne einer ‚antitrust'-Haltung. Die Folgen waren beachtlich: in den fünfziger Jahren entstanden neue, anfangs noch winzige Spezialfirmen in Texas und Kalifornien, die heute wesentlich das technische Geschehen und den Markt beherrschen." (H.-J.

Monopolistische Patent-Dominanz

QUEISSER, in: Mikroelektronik und Dezentralisierung, 1982, S. 29).

Die Frage, ob die schöpferische Kraft der Technologie der entscheidende Faktor zur Durchbrechung der Wachstumsprobleme infolge der Umweltgefährdungen und der Ressourcenbegrenztheit sein könnte, wird unterschiedlich beantwortet. So orientierte sich z. B. der „Ridker Report" der US „Commission on Population Growth and the American Future" (1972) allein an den technischen Möglichkeiten in den USA und kam zum Ergebnis, daß der Zustand von Wasser und Luft gehalten und verbessert werden könnte, wenn nur bis zu 2 Prozent des Sozialprodukts im Jahre 2000 für technische Umweltschutzmaßnahmen ausgegeben würden. Die Wachstumspolitik sollte konsequent fortgesetzt und die auftretenden Schäden durch technische Maßnahmen reduziert werden (NAWU-Report, S. 47). Der Tenor ähnlicher Prognosen ist: Die Bedrohung durch Umweltschäden wachse. Aber die Technikgeschichte zeige auch, daß mit einer Bedrohung immer zugleich die Bereitschaft gewachsen sei, technologische Durchbrüche vorzubereiten und neue Erfindungen auszuwerten. Der Glaube an die Möglichkeiten der Zukunftsbewältigung durch die Technologie liegt auch den energiepolitischen Strategien wie Brütertechnologie, Hochtemperaturreaktor (HTR)-Entwicklung, Kernfusion, Sonnen- und Windnutzung zugrunde. Dies ist keine grundsätzliche falsche Erwartung, sie ist aber in ihrer Ausschließlichkeit voller Probleme. Der NAWU-Report formulierte diese so: „Die Kehrseite der Medaille aber wird als materieller Raubbau an der Natur einerseits, als seelische Belastung des Menschen andererseits wahrgenommen: Umweltverschmutzung, Entfremdung, Zerstörung der Kommunikationsfähigkeit, politische Unrast und wirtschaftspolitische Störungen signalisieren eine gefährliche Grenzzone, der sich die menschliche Gesellschaft immer schneller nähert. Sollten wir mit erhöhter Produktivität auf diesen Eisberg zusteuern, von dem wir nur die Spitze erkennen?" (S. 52). Skeptisch gegenüber der Rolle des technischen Fortschritts äußerte sich auch die erste Studie des Club of Rome: „In unserem Weltmodell gibt es keine variable Größe für Technik oder Technologie. Wir sahen keine Möglichkeit, die dynamischen Wirkungen technologischer Entwicklungen generell zu formulieren und festzulegen." (S. 117). Die wissenschaftliche Technologiefolgenabschätzung (Technology Assessment/TA-Forschung) hat erst in den achtziger Jahren in der Bundesrepublik Deutschland deutliche Konturen gewonnen.

10.3.2 Mikroelektronik – Schlüsseltechnologie der achtziger Jahre

Entwicklungs-geschichte

Mit dem Beginn der achtziger Jahre ist auch in der Bundesrepublik Deutschland eine technische Revolutionierung auf breiter Basis zum Durchbruch gelangt, die die Bedeutung der Technik für Wirtschaft, Gesellschaft und Staat besonders konkret und augenfällig werden läßt. Die Mikroelektronik hat sich zu einer „Schlüsseltechnologie" entwickelt. Auch im Falle dieser Technologie hat es einen längeren Weg von der Grundlagenforschung bis zur Basisinnovation und zur Diffusion gegeben.

Festkörper-physik

- Die Festkörperphysik, die im Schatten der Atomphysik als dem entscheidenden physikalischen Thema des ersten Viertels des 20. Jh. stand, schuf ab 1911 die wissenschaftlichen Grundlagen für die Entwicklung der Halbleitertechnik (In diesem Zusammenhang gehört der Nobelpreis für MAX VON LAUE im Jahr 1914).

Halbleiter

- Die Entdeckung und Nutzung der Eigenschaften der „Halbleiter" - Materialien in der Mitte zwischen Metallen und Isolatoren - gelang in den dreißiger Jahren (z. B. WALTER SCHOTTKY in den Siemens-Laboratorien in Berlin).

Transistor

- Mit der Entwicklung des ersten Transistors in den USA nach dem II. Weltkrieg (z. B. Nobelpreisträger WILLIAM SHOCKLEY) erfolgte nicht nur eine Weiterentwicklung zur heutigen Mikroelektronik hin, sondern auch der gleichzeitige Einstieg in einen bestehenden Markt:

Integrierte Schaltkreise

> „In der Einführungsphase dieser neuen Technologie hat der Transistor als erste Komponente der Mikroelektronik zunächst die Funktion der Radioröhre ersetzt und konnte damit als Einzelbauelement in einen vorhandenen Markt eindringen. Sehr schnell jedoch entwickelte sich aus dem Substitut eine völlig neue und individuelle Technik."
> (QUEISSER, 1982, S. 28).

Silizium-technik

- Durch die Entwicklung der Siliziumtechnik ab Ende der fünfziger Jahre entstanden in Texas und Kalifornien völlig neue Industrien, (z. B. „Silicon Valley" bei San Francisco).

Die komplizierten technischen und wirtschaftlichen Details hierzu beschreibt ausgezeichnet, an-

schaulich und für den Laien noch verständlich: K. M. MEYER-ABICH/U. STEGER (Hrsg), Mikroelektronik und Dezentralisierung, Berlin 1982. Im Bericht an den Club of Rome, 1982 (s. S. 512) wird die Entwicklungsgeschichte der Mikroelektronik zusammengefaßt so beschrieben: „Noch vor etwa dreißig Jahren waren elektronische Geräte, einschließlich der ersten Computer, auf Vakuumröhren angewiesen, verhältnismäßig große und energiefressende Komponenten. Dann kam als Produkt der Festkörperphysik der Transistor, ein Gerät, das sich die Eigenschaften der Halbleiter zunutze machte. Die Transistoren bestehen heute aus Silizium, einem nichtmetallischen Element, das in Form von Kieselerde oder Quarz in der Erde vorkommt und dem in bestimmten Abschnitten winzige Mengen von ‚Unreinheiten' wie Bor oder Phosphor beigefügt werden, was seine elektrischen Eigenschaften verändert. Die Halbleiter fungieren als winzige elektronische Schalter, die den Fluß der Elektronen sperren oder durchlassen. Der Transistor, der wesentlich kleiner ist als die Vakuumröhre, ersetzte diese bald in allen elektronischen Geräten, mit dem Ergebnis, daß die neue Generation elektronischer Geräte, wie Computer, Fernseh- und Rundfunkgeräte, immer kompakter wurden. Außerdem bescherte er uns die zweifelhaften Segnungen des Transistorradios. Allerdings mußten Transistoren und andere Komponenten immer noch verdrahtet werden, und da ein einziges Gerät Tausende solcher Komponenten aufweisen konnte, die miteinander verbunden werden mußten, blieb die Erzeugung elektronischer Geräte immer noch eine komplizierte und kostspielige Sache, und die Produkte waren immer noch recht unhandlich. Die weitere Miniaturisierung der Schaltkreise ergab sich aus den technischen Erfordernissen in der Rüstung der Vereinigten Staaten, denn bestimmte Entwicklungen machten eine Verringerung von Gewicht und Umfang erforderlich. Militärische Forschungsaufträge an die Forschungslaboratorien der Industrie führten 1959 mit der Entwicklung des integrierten Schaltkreises zum Durchbruch. Bis dahin hatte man die Transistoren in Schichten von dünnen Siliziumplättchen hergestellt, die in separate Einheiten zerschnitten und später mit anderen Komponenten verdrahtet wurden. Beim integrierten Schaltkreis wurden die Transistoren noch im Siliziumplättchen miteinander verbunden, wozu man anfangs noch Drähte verwendete, bald aber eine neue Methode anwandte, bei der die Drähte durch winzige Aluminiumleiter ersetzt wurden, die direkt auf dem Silizium angebracht wurden. Dies waren die ersten integrierten Schaltkreise; sie waren anfangs noch verhältnismäßig einfach, wurden aber mit der Weiterentwicklung der Technik bald kleiner und viel komplexer. Heute gibt es extrem kleine in-

Japan

tegrierte Schaltkreise, die nicht nur Transistoren, sondern auch andere Komponenten wie Wider-stände und Dioden umfassen und fast 100 000

Chip

Elemente auf einem Chip von fünf Millimeter Durchmesser enthalten, wobei die Aluminium-verbindungen etwa dreißigmal dünner sind als das Haar eines Menschen. Im Worldwatch Paper, 1980, heißt es: ‚Innerhalb von drei Jahrzehnten wurde ein ganzes Zimmer voller Elektronenröh-ren und anderen Komponenten auf die Größe ei-ner Maisflocke reduziert.‘ Dabei ist der Miniaturi-sierungsprozeß noch keineswegs abgeschlossen; man ist sich ziemlich sicher, daß es gegen Ende dieses Jahrzehnts Chips mit mindestens einer Million Elemente geben wird.

Eine weitere Folge dieser erstaunlichen Entwick-lung ist die Kostensenkung durch die Massenfer-tigung. Während 1960 ein einzelner Transistor noch etwa zehn Dollar kostete, zahlt man heute für einen Transistor in einem integrierten Schalt-kreis den Bruchteil eines Cents.

Weitere Entwicklungen ermöglichten die Her-stellung spezieller Schaltkreise, bei denen die zentrale Recheneinheit eines Computers (CPU-central processing unit) auf *einem* Siliziumchip untergebracht ist und für komplexe Funktionen programmiert werden kann. Es handelt sich dabei

Mikroprozessor

um den Mikroprozessor, im wesentlichen ein winziges, aus Siliziumchips bestehendes Gerät zur Verarbeitung eingespeister Daten.

Das wichtigste Element der mikroelektronischen Revolution, wenn es sich um eine Revolution handelt, ist also der winzige Siliziumchip-Mikro-prozessor. Das bedeutet faktisch, daß jedes vom Menschen entwickelte Gerät mit einem winzigen Rechner und einem ebenso winzigen Speicher ausgerüstet werden kann, und zwar zu einem be-scheidenen Preis." (ALEXANDER KING, in: Be-richt an den Club of Rome, 1982, S. 13/14; auch dieser Bericht vermittelt dem Nicht-Techniker ei-nen anschaulichen Einblick in die Begriffe und Zusammenhänge der Mikroelektronik.)

Eine „Schlüsseltechnologie" wird die Mikroelek-tronik genannt, weil sie in allen Wirtschaftsberei-chen und darüber hinaus für persönliche (Rech-ner), gesellschaftliche (Kommunikationssysteme über ein einziges „Fernsehgerät" neuen Typs im Hause) und staatliche (Datenspeicherung) Funk-tionen anwendbar ist. Technik, Wirtschaft und Gesellschaft können nicht mehr auf die Mikro-elektronik verzichten. So kommt es z. B. auch zu

einer engen Verkopplung von Mechanik und Elektronik, was enorme Anforderungen an das technische Verständnis der Unternehmensleitung stellt.

Japan ist ein Beispiel dafür, was die frühzeitige und konsequente Anwendung der Mikroelektro-nik im internationalen Wettbewerb bedeutet; kein anderes Industrieland wird sich dem seither entziehen können. Es zeigt aber noch ein weite-res: „Man erkannte (in Japan) die Chance für ein rohstoffarmes Land, mit wenig Material eine hohe Wertschöpfung zu erzielen und mit einer gut ausgebildeten Bevölkerung intelligente und anspruchsvolle Arbeitsplätze zu schaffen." (QUEISSER S. 36) Das qualitativ Neue an der Mi-kroelektronik ist die „intelligenzverstärkende Re-chen- und Speicherkapazität in kleiner Dimen-sion und großer Verfügbarkeit" (QUEISSER). Au-ßerdem liefert sie zwei unbegrenzte Ressourcen: Erstens die mikroelektronische Funktion und zweitens die der Übertragungskapazität (LORENZ, in: Meyer-Abich/Steger, S. 51). Die wirtschaftli-chen Folgen sind (ebda. S. 13):

- *„Rationalisierungsprozesse: im Büro- und Dienstleistungsgewerbe (etwa durch Schreib-automaten), im Fabrikationsbereich (etwa durch Roboter) und im Entwicklungsbereich (etwa durch computergestütztes Design);*
- *Substitutionsprozesse: überall da, wo es z. B. mechanische Ablaufsteuerung, Regelung oder Messung in Produktionsprozessen gab, wird ihr Ersatz durch Elektronik rasch voran-schreiten – ein Prozeß, der bei Rechenmaschi-nen z. B. schon längst abgeschlossen ist. Auf dieser Linie liegt auch der Ersatz von Papier durch Bildschirme und von Kupferkabeln durch Glasfaserkabel;*
- *Innovationsprozesse: viele neue Produkte z. B. in den Bereichen Medizin oder Sicherheit (einschl. Rüstung, Energie usw.) wären ohne Anwendung der Mikroelektronik gar nicht denkbar. Etwa 25 000 neue Produkte – so schätzen die technischen Optimisten – könn-ten in den nächsten Jahren auf den Markt kommen (andere werden allerdings skeptisch fragen, wofür wir diese neuen Produkte benö-tigen)."*

„Der Mikroprozessor könnte tatsächlich der Schlüssel zu Utopia werden!" (KING, in: Bericht an den Club of Rome, 1982, S. 37). Der Bericht an den Club of Rome „Auf Gedeih und Verderb", 1982, nennt als heute, in der „Frühphase" er-kennbare Anwendungsgebiete (S. 15):

- Die elektronische Uhr und den elektronischen Rechner;
- den Mikrocomputer für den Privatgebrauch;
- Verbesserung des Verbrennungsmotors;
- verbesserte Brennstoffausnutzung;
- Haushaltsgeräte verschiedenster Art, wie programmierte Waschmaschinen und Geschirrspüler, Nähmaschinen und womöglich einmal der Heimroboter;
- Auswahl und Wiederauffinden von Information;
- automatische Übersetzung und Interpretation;
- neuartige Verkehrskontrollsysteme;
- neue öffentliche Verkehrssysteme;
- computerisierte Konstruktions- und Designverfahren;
- computergesteuerte Mehrzweck-Werkzeugmaschinen;
- Zentralsteuerung von großen Industrieanlagen (Ölraffinerien, chem. Anlagen und Stahlwerken)
- die automatisierte Fabrik;
- das automatisierte Büro;
- neue Systeme in den Bereichen Bankwesen, Geldüberweisung, Versicherung usw.;
- Überwachung der Umwelt;
- Optimierung der landwirtschaftlichen Erträge durch computerisierte Analyse der das Wachstum beeinflussenden Faktoren;
- elektronische Post;
- neue Informations- und Kommunikationssysteme;
- Stimmidentifikation und -synthese;
- Tele-Video-Konferenzen;
- medizinische Diagnose und Prothesen;
- computerisierte Unterrichtssysteme.

Techniken wie z.B. die Nutzung von Satelliten, die Holographie und die Glasfiberoptik lassen sich gut mit der Mikroelektronik verbinden.

10.3.3 Technikfolgen und ihre politische Bewältigung

Ist der Mikroprozessor „der Schlüssel zu Utopia"? Wenn dies so wäre, dann ist Utopia nicht mehr weit entfernt. Denn die für die achtziger Jahre geschätzten Wachstumsraten sind enorm (LORENZ 1982, S. 46):

1980		1985
Elektronik-Weltproduktion		
370 Mrd. DM	Wachstum 60%	600 Mrd. DM
Welt-Bauelemente		
65 Mrd. DM	Wachstum 50%	100 Mrd. DM
Weltmarkt für integrierte Schaltungen		
14 Mrd. DM	Wachstum 100%	28 Mrd. DM

Hierbei dominieren die drei großen Märkte USA, Westeuropa und Japan, alle übrigen Märkte einschließlich der Staatshandelsländer sind immer noch relativ bedeutungslos.

1981 wurden auf den Anwendungsgebieten der Elektronik z.T. erstaunliche Wachstumsraten trotz allgemein stagnierender Wirtschaft erzielt, z.B. 30% bei Textverarbeitungsgeräten, 25% bei Bürokopiergeräten, 24% im Übertragungsbereich Fernmeldewesen, 22% bei Autos, 18% bei industriellen Steuerungsanlagen und 28% in der Rüstung (CURNOW/CURRAN, in: Club of Rome 1982, S. 125 f.).

Das folgende Bild (LORENZ, in: MEYER-ABICH/ STEGER, S. 47) gibt einen Überblick über die geschätzte Entwicklung nach Technik-Bereichen. Hierbei verdient die „übrige Welt" besondere Beachtung, weil sie kaum Chancen zu haben scheint, bei diesem Wachstum mitzuhalten. Die Frage ist, was unter diesen Umständen die noch immer umstrittene „neue Weltwirtschaftsordnung" (s. S. 505 ff.) wirklich für die Länder der Dritten Welt bringen kann.

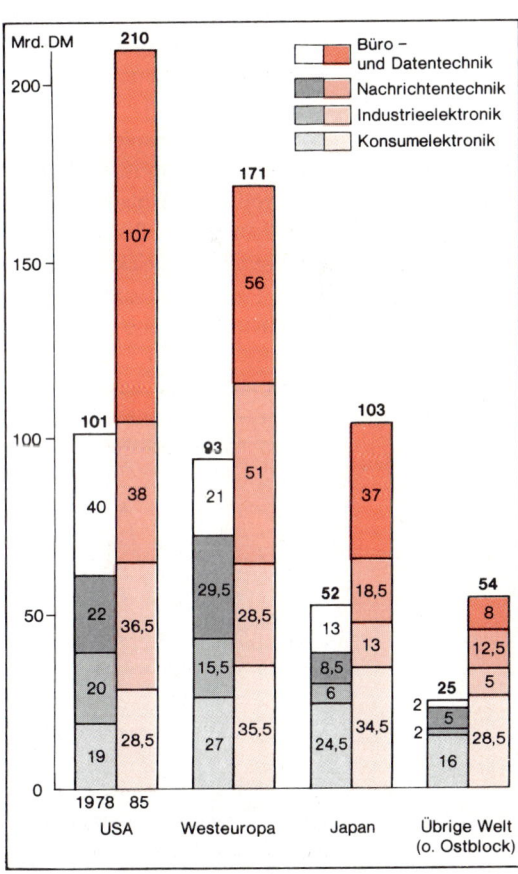

Abb. 231: *Wachstumsraten der Elektronik-Produktion auf der Welt 1978 und (geschätzt) 1985 nach Anwendungsbereichen und industriellen Schwerpunkten*

Die Technologiepolitik in der Bundesrepublik Deutschland muß die deutsche Position im Kreis der übrigen hochentwickelten Industriestaaten beachten. Denn betroffen sind von der Entwicklung direkt die Elektronik, der Maschinenbau, die Kraftfahrzeugindustrie, die Feinmechanik, die Optik und die Büro- und Datentechnik. Diese Wirtschaftszweige repräsentierten (nach LORENZ, S. 48) 1979 33 % der deutschen Industrieproduktion und erwirtschafteten einen Exportüberschuß von 86 Mrd. DM. Ihr Anteil am Export betrug 50 %. Auf diese Hauptverbraucher von Mikroelektronik – so LORENZ – komme es in Zukunft an. Er definiert die volkswirtschaftliche Innovationskraft als „prozentualer Anteil, den die Mikroelektronik am gesamten Bauelementeverbrauch in einer bestimmten Volkswirtschaft hat". Diese Definition hält er für gerechtfertigt, weil die verstärkte Anwendung der Mikroelektronik Innovationsprodukte erzeugen werde. Der prozentuale Anteil der Mikroelektronik werde 1985 in den USA 33 %, in Japan 31 % und in Westeuropa nur 23 % betragen. Mit 27 % liege die Bundesrepublik Deutschland zwar gut im Rennen, jedoch hinter Japan zurück. Ihre internationale Wettbewerbsfähigkeit könnte abnehmen.

Als weiteres Beispiel für die Folgen der Mikroelektronik kann ein Schaubild über den Wandel im Produktionsablauf eines Unternehmens gelten. Sämtliche Bereiche sind betroffen: Forschung und Entwicklung, Marketing und Verwaltung, Produktauswahl und Personalpolitik (LAMBORGHINI, in: Club of Rome, 1982, S. 140):

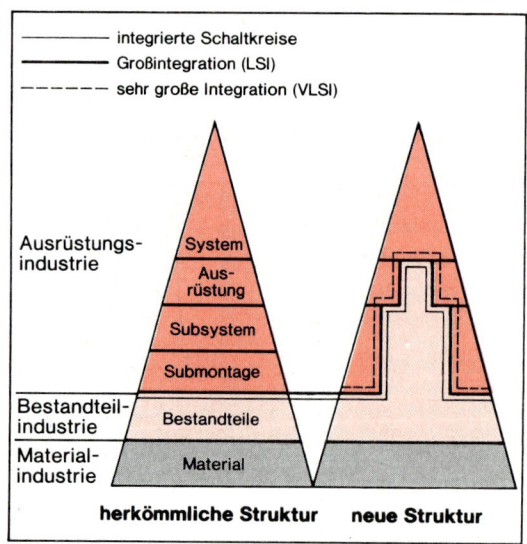

Abb. 232: Auswirkungen der Mikroelektronik auf den Produktionsablauf eines Unternehmens

Die Veränderungen in der Zusammensetzung der Belegschaft werden im Bericht an den Club of Rome 1982, S. 182 folgendermaßen dargestellt:

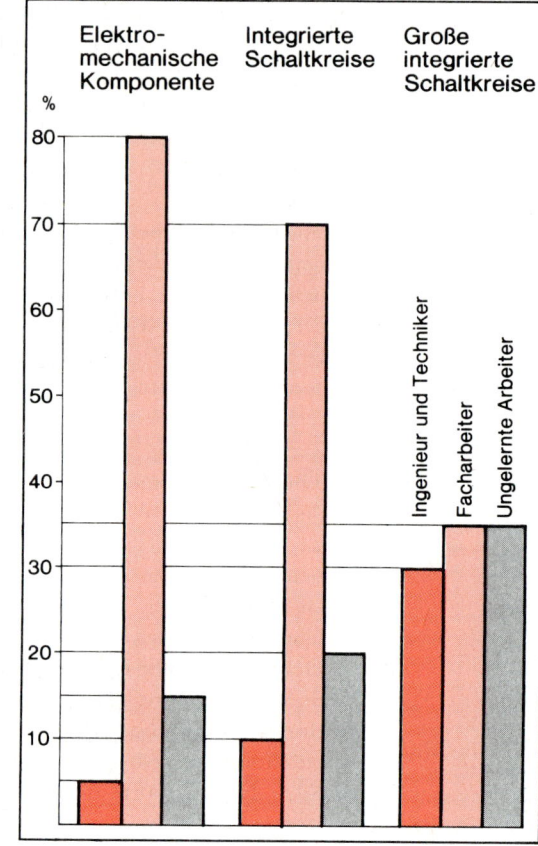

Abb. 233: Die Veränderungen in der Zusammensetzung der Belegschaft durch die Elektronik bringen vor allem einen Rückgang des Facharbeiteranteils

Zentrale Probleme sind natürlich Beschäftigung und Qualifikation der Arbeitnehmer. Das folgende Bild – Abb. 234, S. 529 – schätzt den Einfluß der Mikroelektronik auf die 25,9 Mill. Erwerbstätige in der Bundesrepublik Deutschland (LORENZ, in: MEYER-ABICH/STEGER, 1982, S. 49).

Der Drucker- und Setzerstreik (-Aussperrung) von 1978 war eine Reaktion „kurzfristig und erheblich Betroffener" auf die technischen Revolutionierungen in den Druckereien und Zeitungsverlagen. Die daneben genannten Schweißer sind durch Schweißautomaten und Roboter, die Zeichner durch das Computer Aided Design gefährdet.

Für die Gruppe der kurz- bis mittelfristig Betroffenen wird der Computer zum wichtigsten Konkurrenzinstrument. Numerisch gesteuerte Werkzeugmaschinen und Handhabungsautomaten gefährden die Metallberufe.

Kommunika-
tionstechniken

Für die Arbeitsplätze und Qualifikationen der großen Gruppe der mittelfristig Betroffenen hat die Entwicklung der Kommunikationstechniken eine entscheidende Bedeutung für Arbeitsplatz und Qualifikation.

Die Hälfte aller Arbeitsplätze wird bis 1995/2000 in irgendeiner Form beeinflußt. Zumindest werden sich die Arbeitsinhalte und die Qualifikationsanforderungen ändern. Unmittelbar in der Produktion werden sehr viel weniger, in Laboratorien, Verkauf und Verwaltungen sehr viel mehr Menschen beschäftigt sein.

Folgende Voraussage (LORENZ, in Meyer-Abich/Steger, 1982, S. 50) scheint nicht überzogen zu sein: Es kommt in Zukunft nicht nur auf die Qualifikation des einzelnen, sondern in zunehmendem Maße auf die persönliche Flexibilität an. Die Elektronikproduktion von 600 Mrd. DM 1985 (geschätzt, s. S. 527) wird zur Hälfte aus Produkten bestehen, die heute noch nicht produziert werden, sondern als Ideen vorhanden sind, oder sich in Forschung und Entwicklung befinden.

Persönliche
Flexibilität

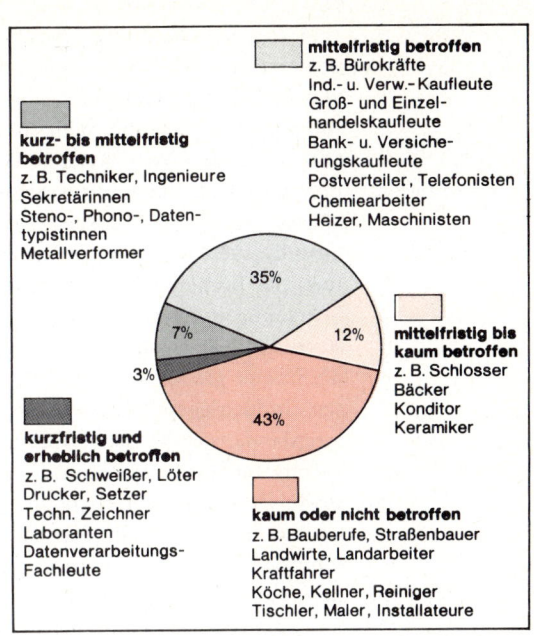

Abb. 234: Betroffene Berufsgruppen: Welche persönlichen und sozialen Folgen hat die „Betroffenheit"?

Arbeitsbedin-
gungen

„Diese Innovationsrate von 50 % kann nicht ohne Einfluß auf das dreißig- bis vierzigjährige Arbeitsleben sein, sie bedeutet den Zwang oder besser die Möglichkeit, drei- bis viermal im Leben umzulernen und neuzulernen. Die Ausbildung, die Umbildung und die Weiterbildung innerhalb des Berufslebens ist eine ganz entscheidende Aufgabe für unser Bildungssystem. Der Betroffene muß aber den Willen haben umzulernen. Daß dieser Prozeß von mehr Bildung und Ausbildung notwendig ist, unterstreicht die Prognose, daß schon in fünf Jahren 50 % aller Arbeitsplätze, das sind fast 13 Mill., informationsbezogen sein werden."

Strukturelle
Arbeitslosigkeit

Wird es aber genügend Arbeitsplätze geben? Im Bericht für den Club of Rome 1982 wird die Sorge ausgedrückt, daß die achtziger und vielleicht auch die neunziger Jahre von einer anhaltenden umfangreichen strukturellen Arbeitslosigkeit oder besser Mangel an Arbeitsplätzen bestimmt sein werden. Die Hoffnung, daß der Dienstleistungssektor den Ausfall an Arbeitsplätzen im Sekundären (Industrie-)Sektor ausgleichen würde, könnte trügen. Denn gerade der Tertiäre Sektor steht vor der Revolutionierung seiner Funktionen durch die Mikroelektronik. Für die Bundesrepublik Deutschland wird das Fehlen von Arbeitsplätzen in den neunziger Jahren mit einer rückläufigen Zahl an vor allem jüngeren Beschäftigten zusammenfallen. Diese Erkenntnis ist je-

Internationale
Wettbewerbs-
fähigkeit

doch weder für die Arbeitsuchenden bis 1992, noch für Gesellschaft und Politik erträglich. Somit werden tiefgreifende Veränderungen des Arbeitsmarktes unausweichlich. Vor allem Arbeitszeit und Ausbildung müssen neu gestaltet werden. Gravierend betroffen sind aber auch die Arbeitsbedingungen. Schon heute gibt es Untersuchungen über Auswirkungen der gesteigerten Arbeitsintensität am Computer und in der Datenverarbeitung. Die Maschine macht die menschliche Arbeit ungleich produktiver, sie „treibt" ihn aber zugleich und kontrolliert ihn. Beklagt wird die Isolierung infolge der ausschließlichen Kombination von Mensch und Maschine ohne die Notwendigkeit weiterer sozialer Kontakte im Arbeitsablauf. Die Arbeit an Bildschirmgeräten ist nicht nur interessant und neuartig; sie führt auch zu erheblichen Belastungen der Augen. Dies sind nur einige Beispiele für die Auswirkungen der Mikroelektronik auf die Arbeitsplätze.

Die Mikroelektronik ist nicht der Schlüssel zu Utopia. Sie ist zwiespältig für die Menschen und Systeme, aber sie ist unvermeidlich, weil der technisch-wirtschaftliche Prozeß eine Eigengesetzlichkeit entwickelt, deren bewußter Stopp wiederum unübersehbare negative Folgen haben kann, wie z. B. Arbeitsplatzverluste infolge fehlender internationaler Wettbewerbsfähigkeit (s. auch das Beispiel S. 528). Der Prozeß ist zwiespältig, weil die Beseitigung physischer Arbeitsbelastung und die Eliminierung schmutziger und gefährlicher Arbeiten z. B. durch psychische Gefährdungen ersetzt wird. Weitere bedenkliche Perspektiven sind: Die Anfälligkeit bei technischer Selbststeuerung, z. B. Stromausfälle in Großstädten, Unfälle oder Sabotage in Kraftwerken, Kommunikationszentralen und Datenbanken, die Gefahr der allgegenwärtigen Überwachung („Big Brother"; Orwells „1984") oder auch permanenter Durchleuchtung der Bürger mit Hilfe von Datenbanken, die Scheidung in Wissende und Unwissende („Priesterkaste" der Technologen und Technokraten), die immer größer werdende Kluft zwischen diesen Industriegesellschaften und den Entwicklungsländern im globalen Maßstab, drohende Isolierung und Selbstentfremdung im individuellen sowie Zerreißung menschlicher Gemeinsamkeit im familialen Bereich, der vom zentralen Bildschirmgerät für alle Lebensvorgänge (auch für den Kontostand), geprägt sein könnte. Es ist nicht sinnvoll, die künftigen Probleme, die durch die Technik aufgeworfen werden, ignorieren zu wollen. Dies ist eine bislang unbekannte Herausforderung an die Menschen und ihre Systeme.

Die Staaten und ihre Regierungen sind zutiefst in die technischen Revolutionierungen eingeschlossen; in allen Industriestaaten ist die Verknüpfung von Politik, Wirtschaft und Technik äußerst eng geworden. Es wird dennoch ihre Aufgabe sein, sich mit den Technikfolgen rechtzeitig und wirkungsvoll zu befassen. Die gesellschaftlichen Organisationen in den freien Ländern müssen, aus der Betroffenheit ihrer Mitglieder heraus, entsprechenden Druck ausüben. Die Wissenschaft muß die positiven Perspektiven erschließen helfen.

„Mikroelektronik und Dezentralisierung" heißt eines der grundlegenden und hier herangezogenen Bücher. „Dezentralisierung" ist in der Tat mehr als eine Organisationsfrage. Die Mikroelektronik enthält gerade auch z. B. die Chance, wieder kleinere „soziale Netze" zu schaffen zu Lebensgestaltung, sozialer Sicherung, Kooperation. Denn die „Informationsgesellschaft" ist als Folge der Mikroelektronik nicht mehr auf Zentralisierungen angewiesen. Hier liegt ein Element individueller Freiheitsbewahrung.

Technikfolgen

Dezentralisierung

10.4 Grenzen der Politik?

Dieses Buch wirft schon auf seinen ersten Seiten die Frage auf, „ob die Politik mit der gegenwärtigen Aufgabenfülle nicht hoffnungslos überfordert ist" (s. S. 18). Es wird aber auch kein Zweifel daran gelassen, „daß eine wesentliche Minderung der Aufgabenfülle ebensowenig möglich sein dürfte wie eine Abnahme des Problemdrucks und des hohen Schwierigkeitsgrades sachgemäßer politischer Entscheidungen". Die in diesem Buch neben den politischen Systemen analysierten *Menschenbild* komplexen politischen Aufgabenfelder, insbesondere die Themenbereiche Friedenssicherung, Wirtschaftswachstum und Beschäftigung, Beseitigung von Unterentwicklung, Ökologie und Technik, belegen die Frage und das „Dennoch" gleichermaßen. Sie belegen auch, daß in der Tat jeder Vergleich mit der Politik in vorindustriellen Gesellschaften fragwürdig geworden ist. Ja, es muß darüber hinaus betont werden, daß der Vergleich mit der Politik zu Beginn des 20. Jh. voller Probleme steckt. Fragwürdig ist er, weil sich Ziele und Wertvorstellungen in der Politik entschieden gewandelt haben. Gerechtigkeit und sozialer Ausgleich haben national wie global eine Verbindlichkeit erlangt, der sich keine Regierung dauerhaft entziehen kann, weder gegenüber ihrer eigenen Bevölkerung, noch gegenüber anderen Staaten und Regionen. Aber die Beispiele der Ökologie und der Technik zeigen noch mehr. Eine „politische Bedeutung" muß bestimmten Sachverhalten nicht von vornherein eigen sein, gehört nicht zum Wesen bestimmter Handlungen oder bestimmter Erscheinungen. „Sie wird ihnen durch die Vorstellung beigemessen, die die Menschen sich von der Art und Weise machen, durch die bestimmte ihrer Forderungen und Bestrebungen am besten befriedigt werden können." (G. BURDEAU 1964, S. 86). Die Politik hat sich im Verlaufe des 20. Jahrhunderts überall Eingang verschafft. Am Ende dieses Jahrhunderts steht gleichsam eine „Total-Politisierung" aller Lebensverhältnisse. Dies ist kein theoretischer, sondern *Total-Politisierung* ein empirischer Befund.

Bedenklich erscheint diese Entwicklung vor allem aus zwei Gründen: 1. Ist damit nicht die Selbstbestimmung des Menschen im Verlaufe dieses Jahrhunderts verlorengegangen? 2. Ist Po-

litik nicht schlechthin überfordert, wenn die Erwartungen an ihre Problemlösungskapazität in dieser Weise gesteigert wurden?

Auf beide Fragen gibt es keine endgültigen Antworten, sondern nur Argumentationen, die ein möglichst hohes Maß an Rationalität enthalten sollten, weil nur so auch Politik selbst bewältigt und ertragen werden kann.

1. „Grenzen der Politik" muß es geben, wenn durch Politik ein verbindliches Menschenbild vorgeschrieben und die Selbstbestimmung (-identifikation) ausgeschlossen werden soll. Dies ist das Problem der Staaten und Diktaturen mit totalen Ansprüchen an ihre Bürger. Es hat eine Gültigkeit auch – wenngleich in einem anderen Sinne – für die Bürger der Bundesrepublik Deutschland:

> *„Der soziale Staat und die menschenwürdige Gesellschaft sind ein Vorletztes; ihnen kann nicht gerecht werden, wer sich übernimmt, einzig im Namen des Letzten zu leben, und dadurch das uns anvertraute Diesseits mißachtet. Wer so verfährt, verfällt der Gefahr, nicht aus der Wahrheit, die er sich so offenbart glaubt, tätig zu werden, sondern mit dem politisch zu wirken, was sich an Brauchbarkeit mit dieser Wahrheit anfangen läßt, indem sie für ihn nicht mehr unverfügbare Wahrheit, sondern etwas Fungibles und Funktionierendes wird, kurz: eine Ideologie, d. h. ein Instrumentarium der Außensteuerung, … Ich bitte, es als das Herzstück meines Versuchs, als den beschwörenden Zuruf meiner Ausführungen aufzufassen, wenn ich jetzt sage: Die Unmenschlichkeit bricht aus, sobald im Vorletzten, wie es jeder demokratischen Partei als Ort gebührt, eine letzte Wahrheit vom Menschen zum Maßstab für mitmenschliche Gemeinschaft erhoben wird."* (A. ARNDT 1976, S. 273)

CHRISTIAN GRAF VON KROCKOW, der diese Worte interpretiert und sich zu eigen macht – insbesondere gegenüber bestimmten Ausschließlichkeitsansprüchen ökologisch argumentierender Minderheiten – folgert für sich:

> *„Die Einsicht in die Grenzen freiheitlicher Politik könnte dazu helfen, daß wir zugleich die Grenzen erkennen und anerkennen, die Gott und die Natur uns setzen. Vielleicht müßten wir dann nicht länger verdrängen, was Schicksal bedeutet; vielleicht könnte es wieder gelingen, in Unglück und Glück unser Leben mit einem Sinn zu sättigen, der bis ans Ende trägt."*
> („Grenzen der Politik" 1982, S. 14)

*Selbst-
bestimmung*

Dieser bedenkenswerten Haltung, die ja in großen Weltreligionen auch des 20. Jh. zuhause ist, steht jedoch für die Westeuropäer seit der Aufklärung zur Seite, nicht entgegen, daß es die Bestimmung des Menschen sei, sich aus Unterworfenheit zu befreien. Selbstbestimmung ist dabei kein isolierter Individualismus, sondern eine Handlungsweise im Miteinander, die auch fähig sein muß, bewußt *nicht* politisch zu handeln. Diese Grenzen muß Politik respektieren.

Macht

2. Wenn die Probleme der Friedenssicherung, der Arbeitsbeschaffung, des globalen Ausgleichs in der Welt, der Ökologie und der Technik ohne Pause gebieterisch nach „politischen" Lösungen drängen, dann ist Politik überfordert, wenn sie allein als eine planvolle Gestaltung der öffentlich gewordenen Angelegenheiten definiert wird. „Grenzen der Politik" werden also als Grenzen der Erwartungen an die Politik und ihre Fähigkeit zur Gestaltung und Problemlösung verstanden. Schon innere Probleme der Bundesrepublik Deutschland geben Anlaß, zu einem solch vorsichtigen Gebrauch politischer Aufgabenstellungen zu raten. Die „Unregierbarkeit der Städte" ist seit Jahren ein Schlagwort, das auf komplexe Pro-

Ethos

blemlagen infolge der Zersiedlung, der Verkehrsdichte, der Umweltverschmutzung, auf unvereinbare Interessenlagen und Machtstrukturen sowie auf unlösbare Wertekonkurrenzen verweist.

Die Problemlagen, Interessen- und Machtverhältnisse sowie Wertekonkurrenzen sind national und vor allem global noch ungleich schwieriger. Darüber sollte die „Politik im 20. Jh." Zeugnis geben. Diese Politik hat es zweifellos mit mächtigsten Militärpotentialen und Vernichtungslogiken gegenüber Menschen, Systemen und der Natur zu tun. Sie ist unter diesen Umständen selbst dann schon erfolgreich zu nennen, wenn sie die scheinbaren Unabänderlichkeiten verhindert und die Logik von Vernichtungen durchbricht. Rationale Politikbetrachtung darf sich nicht mit dem Gedanken befreunden, auch wo nur noch politische Lösungen helfen könnten, sei „nichts mehr zu machen". Erwartungen an die Politik werden schon dann nicht enttäuscht, politische Verantwortlichkeiten werden erfüllt, wenn sie, die Politik, sich auch einmal den scheinbaren Unabänderlichkeiten entgegenstellt. Politik ist gerade in der globalen Perspektive nicht stets ein Instrument der Macht oder mit Macht verbunden, um noch zu wirken. Dafür gibt es zahlreiche Beispiele, ebenso wie es Beispiele dafür gibt, daß Machtlosigkeit politische Unterdrückung bedeutet. Macht ist gewiß vor allem militärische und wirtschaftliche Macht, aber sie ist es nicht allein. Ohne Ethos, die Rechtfertigung durch Gerechtigkeit einerseits, Zustimmung andererseits, ist sie nicht von Dauer. Und hier liegen, geschichtlich betrachtet, die Chancen der vielen Machtlosen in der Politik.

Ausgewählte Literatur

Die aufgeführten Publikationen sind unter dem Gesichtspunkt ausgewählt worden, daß der Leser einzelne Kapitel oder Teile vertiefen will. Ihre Reihenfolge soll, soweit dies sinnvoll schien, die Orientierung erleichtern. Die folgende Auswahl erhebt keinen Anspruch auf Vollständigkeit und ersetzt nicht die Notwendigkeit, die jeweils neuesten Werke und Auflagen (n. A.) heranzuziehen.

Periodika – Statistik

Statistisches Jahrbuch für die Bundesrepublik Deutschland. Stat. Bundesamt. Kohlhammer Stuttgart
Der Fischer-Weltalmanach. Fischer TB Verlag, Frankfurt a.M.
Diercke Weltstatistik. DTV/Westermann, München, Braunschweig
Statistisches Jahrbuch der Deutschen Demokratischen Republik. Staatsverlag der DDR, Berlin
Eurostat. Statistische Grundzahlen der Gemeinschaft. Stat. Amt der EG Luxemburg
The Statesman's Yearbook. Edited by John Paxton, Walter de Gruyter, Berlin
Yearbook of United Nations. New York, 1946 ff.

Zeitschriften

Politische Vierteljahresschrift (PVS), Westd. Verlag Opladen
Zeitschrift für Parlamentsfragen (ZParl) Westd. Verlag Opladen
Gegenwartskunde, Leske Verlag & Budrich, Opladen
Der Arbeitgeber, Hrsg. von der BDA
Gewerkschaftliche Monatshefte, Hrsg. vom DGB
Rundfunk und Fernsehen, Hrsg. vom Bredow-Institut an der Universität Hamburg
Integration, Hrsg. H. Schneider f. d. Institut f. Europäische Politik, Europa Union Verlag Bonn
Deutschland-Archiv vgl. Wiss. u. Politik, Köln
Aus Politik und Zeitgeschichte. Beilagen zur Wochenzeitung Das Parlament, Hrsg. v. d. Bundeszentrale f. politische Bildung Bonn
Osteuropa. Hrsg. v. Dt. Gesellsch. f. osteur. Kunde, Stuttgart

1. Kapitel

ALEMANN U. V./E. FORNDRAN, Methodik der Politikwissenschaft. Eine Einführung in Arbeitstechnik und Forschungspraxis, Stuttgart 1974 ff.
EYNERN, G. V./C. BÖHRET (Hrsg.), Wörterbuch zur politischen Ökonomie, Opladen (n. A.)
FRIEDRICHS, J., Methoden empirischer Sozialforschung, Reinbek 1973
HARTFIEL, G. (Hrsg.), Wörterbuch der Soziologie, Stuttgart 1976 ff.
SONTHEIMER, K./H. H. RÖHRING (Hrsg.), Handbuch des politischen Systems der Bundesrepublik Deutschland, München 1977 ff.
BEYME, K. V., Die politischen Theorien der Gegenwart, München 1974
BURDEAU, G., Einführung in die politische Wissenschaft, Neuwied 1964
EASTON, D., A Systems Analysis of Political Life, 1965
FETSCHER, I., Karl Marx und der Marxismus, 1967
SCHNEIDER, H., Aufgabe und Selbstverständnis der politischen Wissenschaft, Darmstadt 1967
SHILS, E., Political Development in the New States, 1962
DAHRENDORF, R., Gesellschaft und Demokratie in Deutschland, München (n. A.)
FRAENKEL, E., Deutschland und die westlichen Demokratien, Stuttgart (n. A.)
HOHORST, G., Sozialgeschichtliches Arbeitsbuch, 1975
ALBERT, H., Traktat über kritische Vernunft, 3. Aufl. 1975
HABERMAS, J./LUHMANN, N., Theorie der Gesellschaft oder Sozialtechnologie. Was leistet die Systemforschung?, Frankfurt a.M. 1971
HENNIS, W., Politik und praktische Philosophie, Neuwied 1963
NEUMANN, F., Demokratischer und autoritärer Staat. Studien zur politischen Theorie, Frankfurt a.M. 1967
POPPER, K. R., Die offene Gesellschaft und ihre Feinde, 2 Bde. 1973
HABERMAS, J., Strukturwandel der Öffentlichkeit, Neuwied 1971
HENNIS, W., Demokratisierung, Opladen 1972
KEYNES, J. M., The General Theory of Employment, Interest and Money, 1961
ALEMANN, U. V./E. FORNDRAN (Hrsg.), Interessenvermittlung und Politik, Interesse als Grundbegriff sozialwissenschaftlicher Lehre und Analyse, Opladen 1983
MASSING, P./P. REICHEL (Hrsg.), Interesse und Gesellschaft. Definitionen - Kontroversen - Perspektiven, München 1977

2. Kapitel

BAGEHOT, W., The english constitution, London (1867)
MAIER, H. u.a. (Hrsg.), Klassiker des politischen Denkens von Plato bis Max Weber, 2 Bd. München 1968
HOFMANN, W., Ideengeschichte der sozialen Bewegung des 19. und 20. Jh., 6. Aufl. 1979
RÖHRICH, W., Sozialgeschichte politischer Ideen. Die bürgerliche Gesellschaft, Reinbek 1979
SABINE, G. H., A History of Political Theory, 1963
FETSCHER, I., Von Marx zur Sowjetideologie, 1969
LEONHARD, W., Die Dreispaltung des Marxismus, 1970
FRAENKEL, E., Reformismus und Pluralismus, Hamburg 1973
KREMENDAHL, H., Pluralismustheorie in Deutschland. Entstehung, Kritik, Perspektiven, Leverkusen 1977
NUSCHELER, F./W. STEFFANI (Hrsg.), Pluralismus. Konzeptionen und Kontroversen, München 1972
OBERREUTER, H. (Hrsg.), Pluralismus, München 1979
STEFFANI, W., Pluralistische Demokratie, Opladen 1980
KLUXEN, K., Parlamentarismus, Köln 1969 f.
KEMPEN, O. E. (Hrsg.), Sozialstaatsprinzip und Wirtschaftsordnung, Frankfurt a.M. 1976
KOSLOWSKI, P./PH. KREUZER/R. LÖW (Hrsg.), Chancen und Grenzen des Sozialstaats, Tübingen 1983
STRASSER, J., Grenzen des Sozialstaats?, Köln 1979
BENDA, E./W. MAIHOFER/H.-J. VOGEL (Hrsg.), Handbuch des Verfassungsrechts, Berlin 1983
SATTLER, M. J. (Hrsg.), Staat und Recht. Die deutsche Staatslehre im 19. und 20. Jahrhundert, München 1972
SCHNEIDER, F., Die politische Komponente der Rechtsstaatsidee in Deutschland, in: PVS H. 3/1968

3. Kapitel

BRACHER, K. D./M. FUNKE/H.-A. JACOBSEN (Hrsg.), Nationalsozialistische Diktatur 1933-1945. Eine Bilanz, Bonn 1983 (Bundeszentrale f. pol. Bildung)
BROSZAT, M., Der Staat Hitlers. dtv Weltgeschichte des 20. Jahrhunderts, Bd. 9, München 1969
CARSTENS, F. L., Der Aufstieg des Faschismus in Europa, Frankfurt a.M. 1968
FEST, J. C., Hitler, Frankfurt a.M., Berlin, Wien 1973
FRAENKEL, E., Der Doppelstaat, Frankfurt a.M. 1974
FISCHER, W., Deutsche Wirtschaftspolitik 1918-1945, Opladen 1968
MITSCHERLICH, A. und M., Die Unfähigkeit zu trauern, München 1967
NOLTE, E., Der Faschismus in seiner Epoche, München 1967
NOLTE, E., Theorien über den Faschismus, Köln, Berlin 1967
RITTBERGER, V. (Hrsg.), 1933. Wie die Republik der Diktatur erlag, Stuttgart 1983
SCHEFFLER, W., Judenverfolgung im Dritten Reich. Berlin 1979
SCHOENBAUM, D., Die braune Revolution, Köln, Berlin 1968
SONTHEIMER, K., Antidemokratisches Denken in der Weimarer Republik, München 1963

4. Kapitel

LEIBHOLZ, G., Das Wesen der Repräsentation und der Gestaltwandel der Demokratie im 20. Jh., Berlin 1966
BRACHER, K. D., Die Auflösung der Weimarer Republik, 2. Aufl., Stuttgart 1957
BECKER, J./STAMMEN/WALDMANN (Hrsg.), Vorgeschichte der Bundesrepublik Deutschland, München 1979
RÖHRICH, W., Die verspätete Demokratie. Zur politischen Kultur der Bundesrepublik Deutschland, Köln 1983
AMBROSIUS, G., Die Durchsetzung der sozialen Marktwirtschaft in Westdeutschland 1945-1949, Stuttgart 1977
BRAUN, G., Politische Ökonomie für den Sozialkundeunterricht, Hamburg 1976
GAHLEN, B./HARDES/ROHMEYER/SCHMID, Volkswirtschaftslehre. Eine problemorientierte Einführung, Band 1, München 1971 ff.

SIMMERT, D. B. (Hrsg.), Wirtschaftspolitik kontrovers, Bundeszentrale f. pol. Bildung, Bonn 1979

HAMEL, H. (Hrsg.), BRD – DDR. Die Wirtschaftssysteme, 2. Auflage, München 1978

BÄCKER, G./BISPINCK/HOFEMANN/NAEGELE, Sozialpolitik. Eine problemorientierte Einführung, Köln 1980

Kommission für wirtschaftlichen und sozialen Wandel, Gutachten „Wirtschaftlicher und sozialer Wandel in der Bundesrepublik Deutschland", Göttingen 1977

Monopolkommission, Hauptgutachten III 1978/79 und IV 1980/81, Nomos Verlagsges. Baden-Baden 1980/1982

SCHÄFERS, B., Sozialstruktur und Wandel der Bundesrepublik Deutschland. Ein Studienbuch, Stuttgart 1976 ff.

BENDA/MAIHOFER/VOGEL (Hrsg.), Handbuch des Verfassungsrechts, Berlin 1983

BULL, H.-P., Die Staatsaufgaben nach dem Grundgesetz, Kronberg/Ts. 1977 ff.

HARTWICH, H.-H., Sozialstaatspostulat und gesellschaftlicher Status quo, 3. Auflage, Opladen 1978

HESSE, K., Grundzüge des Verfassungsrechts der Bundesrepublik Deutschland, 13. Aufl. 1982

KAACK, H./R. ROTH, Handbuch des deutschen Parteiensystems, 2 Bd., Opladen 1980 ff.

KAACK, H., Geschichte und Struktur des deutschen Parteiensystems, Opladen 1971

HAUNGS, P., Parteiendemokratie in der Bundesrepublik Deutschland, Berlin 1980

STARITZ, D. (Hrsg.), Das Parteiensystem der Bundesrepublik, Opladen 1976

GUGGENBERGER, B., Bürgerinitiativen in der Parteiendemokratie, Stuttgart 1980

v. ALEMANN, U./E. FORNDRAN (Hrsg.), Interessenvermittlung und Politik, Opladen 1983

BEYME, K. v., Interessengruppen in der Demokratie, 5. Auflage 1980

WEBER, J., Die Interessengruppen im politischen System der Bundesrepublik Deutschland, Stuttgart 1977

LANGGUTH, G., Die Protestbewegung in der Bundesrepublik Deutschland 1968–76, Köln 1976 (1983)

THAYSEN, U., Bürger-, Staats- und Verwaltungsinitiativen, Heidelberg 1982

GUGGENBERGER/KEMPF (Hrsg.), Bürgerinitiativen und repräsentatives System, Opladen 1978

KLEINSTEUBER, H. J., Rundfunkpolitik. Der Kampf um die Macht über Rundfunk und Fernsehen, Opladen 1982

BEYME, K. v., Das politische System der Bundesrepublik Deutschland. Eine Einführung, 2. Auflage, München 1980

ELLWEIN, T., Das Regierungssystem der Bundesrepublik Deutschland, 5. Auflage, Opladen 1980

RUDZIO, W., Das politische System der Bundesrepublik Deutschland, Opladen 1983

THAYSEN, U., Parlamentarisches Regierungssystem in der Bundesrepublik Deutschland, Opladen n. A.

KRAUSHAAR, W. (Hrsg.), Was sollen die Grünen im Parlament?, Frankfurt a. M. 1983

SCHINDLER, P., Datenhandbuch zur Geschichte des Deutschen Bundestages 1949–1982, hrsg. vom Deutschen Bundestag, Bonn 1983

Kürschners Volkshandbuch, Dt. Bundestag ... Wahlperioden, Darmstadt n. A.

BLISCHKE/SCHOLZ, So arbeitet der Deutsche Bundestag. Organisation und Arbeitsweise. Gesetzgebung. Geschäftsordnung, 1981

BÖHRET, C./JANN/INNKOS/KRONENWETT, Innenpolitik und politische Theorie. Ein Studienbuch, Opladen 1979 ff.

MAYNTZ, R., Soziologie der öffentlichen Verwaltung, Heidelberg 1978

SÄCKER, H., Das Bundesverfassungsgericht. Status – Funktion – Rechtsprechungsbeispiele, München 1975

RÜTHERS, B., Arbeitsrecht und politisches System, Frankfurt a. M. 1973

5. Kapitel

BAHRO, R., Die Alternative. Zur Kritik des real existierenden Sozialismus, Köln 1977

BELWE, K., Mitwirkung im Industriebetrieb der DDR. Planung – Einzelleitung – Beteiligung der Werktätigen ..., Opladen 1979

DDR Handbuch. Hrsg. P. Ch. Ludz u. M. V. J. Kuppe, 2. Aufl. Köln 1979

BRUNNER, G., Einführung in das Recht der DDR, 2. neubearbeitete Auflage, München 1979

DDR. Das politische, wirtschaftliche und soziale System, hrsg. von Heinz Rausch und Theo Stammen, 3 Aufl. 1978

FRICKE, K. W., Die DDR-Staatssicherheit. Entwicklung, Strukturen, Aktionsfelder, Köln 1982

Geschichte der Deutschen Demokratischen Republik, hrsg. v. Wissenschaftlichen Beirat für Geschichte beim Ministerium für Hoch- und Fachschulwesen, Berlin (Ost) 1981

HARTWIG, J./A. WIMMEL, Wehrerziehung und vormilitärische Ausbildung der Kinder und Jugendlichen in der DDR, Stuttgart 1979

HOLZWEIßIG, G., Diplomatie im Trainingsanzug. Sport als politisches Instrument der DDR ..., 1981

JACOBSEN, H.-A. u.a. (Hrsg.), Drei Jahrzehnte Außenpolitik der DDR, München 1979

NEUGEBAUER, G., Partei u. Staatsapparat in der DDR. Aspekte einer Instrumentalisierung d. Staatsapparates durch die SED, Opladen 1978

KREGEL, B., Außenpolitik und Systemstabilisierung in der DDR, Opladen 1979

KRUPPA, A., Wirtschafts- und Bildungsplanung in der DDR. Theorie und Praxis der Plankoordination, Hamburg 1976

LEPTIN, G. (Hrsg.), Die Rolle der DDR in Osteuropa, Berlin 1974

FISCHER, P., Kirche u. Christen i. d. DDR, Wiesbaden 1979

MAMPEL, S./K. C. THALHEIM (Hrsg.), Die DDR. Partner oder Satellit der Sowjetunion, München 1981

Die Massenmedien in der DDR im Dienste der SED, hrsg. v. d. Friedrich-Ebert-Stiftung, Bonn 1979

NAWROCKI, J., Bewaffnete Organe in der DDR. „Nationale Volksarmee" und andere militärische sowie paramilitärische Verbände. Aufbau, Bewaffnung, Aufgaben, Berlin 1979

SCHWARZENBACH, R., Die Kaderpolitik der SED in der Staatsverwaltung. 1945–1975, Köln 1976

SONTHEIMER, K./W. BLEEK, Die Deutsche Demokratische Republik. Politik, Gesellschaft, Wirtschaft, 5. Aufl. 1979

Die Staatsordnung der DDR, eingel. und bearb. von Herwig Roggemann, 2. ern. u. erw. Auflage 1979

ERBE, G. u.a., Politik, Wirtschaft u. Gesellschaft i. d. DDR, Opladen 1979

WEBER, H., DDR. Grundriß der Geschichte 1945–1981, Hannover 1982

FÖRTSCH, E., Die SED, Stuttgart 1969

WINDMÖLLER, E./T. HÖPKER, Leben in der DDR, Hamburg 1977

6. Kapitel

Jahrbuch der Europäischen Integration 1980 ff., hrsg. v. W. Weidenfeld und W. Wessels, Europa Union Verlag, Bonn

LIPGENS, W., Die Anfänge der europäischen Einigungspolitik 1945–1952, 2 Bde., Stuttgart 1977 ff.

SIEGLER, H., Dokumentation der europäischen Integration. 1946–1961, Bonn 1961 und 1961–1963 (Band 2), Bonn 1964

NICOLAYSEN, G./H.-J. RABE (Hrsg.), Europäische Gemeinschaft – Verfassung nach drei Jahrzehnten, Baden-Baden 1981

WESSELS, W., Der Europäische Rat – Stabilisierung statt Integration?, Bonn 1980

GROEBEN, H. v. D./H. MÖLLER (Hrsg.), Möglichkeiten und Grenzen einer europäischen Union, Band 1, Baden-Baden 1980

ZELLENTHIN, G. (u. Mitarb. v. B. Kohler), Europa 1985. Gesellschaftliche und politische Entwicklungen in Gesamteuropa, 1973

JANSSEN, B. (Hrsg.), Europäische Integration, Bonn 1979

GRABITZ, E./TH. LÄUFER, Das europäische Parlament, Bundeszentrale f. pol. Bildung, Bonn 1980

Integration Heft 1/1984 – Sonderheft zum Vertragsentwurf des Europäischen Parlaments

WOYKE, W., Europäische Gemeinschaft – Europäisches Parlament – Europawahl. Bilanz und Perspektiven, Opladen 1984

NIEDERMAYER, O., Europäische Parteien? Zur grenzüberschreitenden Interaktion politischer Parteien im Rahmen der Europäischen Gemeinschaft, Frankfurt a. M. 1983

WENDE, F. (Hrsg.), Lexikon zur Geschichte der Parteien in Europa, Stuttgart 1981

RASCHKE, J. (Hrsg.), Die politischen Parteien in Westeuropa. Ein Handbuch, Reinbeck 1978

SCHARRER, H.-E./W. WESSELS (Hrsg.), Das Europäische Währungssystem. Bilanz und Perspektiven eines Experiments, Bonn 1983

PUHL, D., Die Mittelmeerpolitik der EG, Kehl und Straßburg, 1983

RUMMEL, R., Zusammengesetzte Außenpolitik. Westeuropa als internationaler Akteur, Kehl und Straßburg 1982

GERDES, D. (Hrsg.), Aufstand der Provinz. Regionalismus in Westeuropa, Frankfurt a. M. 1980

MAY, B., Kosten und Nutzen der deutschen EG-Mitgliedschaft, Bonn 1982

SCHULZ, E., Die deutsche Nation in Europa, Bonn 1982

Europa als Lernziel. Voraussetzungen, Aspekte und Probleme der Zusammenarbeit der europäischen Völker. Hrsgg. v. d. Landeszentrale f. pol. Bildung des Landes Nordrhein-Westfalen, Köln 1978

BETHKENHAGEN, J./H. MACHOWSKI, Integration im Rat für Gegenseitige Wirtschaftshilfe, Berlin 1976

BRÖLL, W., Comecon – Der Integrationsversuch sozialistischer Planwirtschaft, München 1973

DAMUS, R., RGW – Wirtschaftliche Zusammenarbeit in Osteuropa, Opladen 1979

DDR und Osteuropa, Wirtschaftssystem – Wirtschaftspolitik – Lebensstandard, Opladen 1981

FADDEJEW, N. W., Der Rat für Gegenseitige Wirtschaftshilfe, Frankfurt a. M. 1979

HARTMANN, J., Politik und Gesellschaft in Osteuropa. Eine Einführung, Frankfurt a. M. 1983

HOENSCH, J., Sowjet. Osteuropa-Politik 1945–1975, Kronberg 1977

JACOBSEN, H.-D., Die wirtschaftlichen Beziehungen zwischen West und Ost, Berlin 1975

FEJTÖ, F., Geschichte der Volksdemokratien, 2 Bde., Graz 1972

534

7. Kapitel

BUHL, W. L., Transnationale Politik. Internationale Beziehungen zwischen Hegemonie und Interdependenz, Stuttgart 1978

CZEMPIEL, E.-O., Internationale Politik. Ein Konfliktmodell, Paderborn, München, Wien, Zürich 1981

DEUTSCH, K., Analyse internationaler Beziehungen, Frankfurt a. M. 1980

FRANKEL, J., Die außenpolitische Entscheidung, Köln 1969

FREI, D. (Hrsg.), Theorien der internationalen Beziehungen, München 1973

FREI, D., Machtpolitik in der heutigen Welt, Zürich 1979

KRIPPENDORF, E. (Hrsg.), Internationale Beziehungen, Köln 1973

MAHNCKE, D./H.-P. SCHWARZ (Hrsg.), Seemacht und Außenpolitik, Frankfurt a. M. 1974

MORGENTHAU, H. J., Macht und Frieden, Gütersloh 1963

VON WEIZÄCKER, C. F., Der bedrohte Frieden, München 1981

WOYKE, W. (Hrsg.), Handwörterbuch Internationale Politik, 2. Aufl., Opladen 1980

WOLFRUM, R. (Hrsg.), Handbuch Vereinten Nationen, München 1977

UNSER, G., Die UNO, Aufgaben und Struktur der Vereinten Nationen, München, Wien 1973

KEWENIG, W. (Hrsg.), Die Vereinten Nationen im Wandel, München 1975

BAUMANN, G., Die Blockfreien-Bewegung, Konzept – Analyse – Ausblick, Melle 1982

REINARTZ, I. (Hrsg.), Nahost-Konflikt, Dokumente, Materialien und Abkommen ..., Opladen 1975

HOLLSTEIN, W., Kein Friede um Israel – Zur Sozialgeschichte des Palästinakonflikts, neue erw. Aufl., Bonn 1977

Die UNO-Studie, Kernwaffen. Vollständiger Bericht des Generalsekretärs der Vereinten Nationen, München 1982

IISS (International Institut für Strategic Studies), The military balance 1970–1979, London 1981

World Armaments and Disarmament. SIPRI-Yearbook, hrsgg. v. Stockholm International Peace Research Institute (jährlich)

RADNITZKI, G. (Hrsg.), Die I-Waffen, München, Berlin 1982

BAUDISSIN, W. GRAF V./D. S. LUTZ (Hrsg.), Kooperative Rüstungssteuerung, Baden-Baden 1981

FONDRAN, E., Abrüstung und Rüstungskontrolle, Berlin 1981

HOFFMANN, H., Atomkrieg - Atomfrieden: Technik, Strategie, Abrüstung, München 1980

KRELL, G./D. LUTZ, Nuklearrüstung im Ost-West-Konflikt, Baden-Baden 1980

WETTIG, G., Umstrittene Sicherheit. Friedenswahrung und Rüstungsbegrenzung in Europa, Berlin 1982

MUTZ, R. (Hrsg.), Die Wiener Verhandlungen über Truppenreduzierungen in Mitteleuropa (MBFR) 1973–1982, Baden-Baden 1983

WETTIG, G., Das Abschreckungskonzept als Theorie der Friedenssicherung. Heft 8 (BIOISt), Köln 1979

GÖRTEMAKER, M., Die unheilige Allianz. Die Geschichte der Entspannungspolitik 1943–1979, München 1979

SCHWARZ, H.-P./B. MEISSNER (Hrsg.), Entspannungspolitik in Ost und West, Köln 1979

SCHWARZ, K.-D. (Hrsg.), Sicherheitspolitik – Analysen zur politischen und militärischen Sicherheit, 3. Aufl., Bad Honnef 1978

SCHRAMM/RIGGERT/FRIEDEL (Hrsg.), Sicherheitskonferenz in Europa. Dokumentation 1954–1972, Frankfurt a. M. 1972

Sicherheit und Zusammenarbeit in Europa. KSZE-Dokumentation, hrsg. vom Presse- und Informationsamt der Bundesregierung, Bonn 1975

NERLICH, U. (Hrsg.), unter Mitwirkung von F. Bornsdorf, Sowjetische Macht und westliche Verhandlungspolitik im Wandel militärischer Kräfteverhältnisse, Baden-Baden 1982

STRATMANN, K.-P., Nato-Strategie in der Krise? Baden-Baden 1981

SCHMID, G., Sicherheitspolitik und Friedensbewegung. Der Konflikt um die „Nachrüstung", 3. Aufl., München 1983

WETTIG, G., Die Friedensbewegung der beginnenden 80er Jahre, BIOISt, Heft 9, Köln 1982

ROYEN, CH., Die sowjetische Koexistenzpolitik gegenüber Westeuropa. Voraussetzungen, Ziele, Dilemmata, Baden-Baden 1978

Osteuropa-Handbuch, Sowjetunion, Außenpolitik 1917–1955 (Bd. I) u. 1955–1973 (Bd. 2) hrsg. von D. Geyer, Wien 1972 und 1976

VOGEL, H. (Hrsg.), Die sowjetische Intervention in Afghanistan, Baden-Baden 1980

GLAUBITZ, J., China und die Sowjetunion: Aufbau und Zerfall einer Allianz, Hannover 1973

CZEMPIEL, E.-O., Amerikanische Außenpolitik, Gesellschaftliche Anforderungen und politische Entscheidung, Stuttgart 1979

Ders. (Hrsg.), Amerikanische Außenpolitik im Wandel. Von der Entspannungspolitik Nixons zur Konfrontation unter Reagan, Stuttgart 1982

NOLTE, E., Deutschland u. d. Kalte Krieg, München 1974

HENNIG, O., Die Bundespräsenz in West-Berlin. Entwicklung und Rechtscharakter, Köln 1976

WETTIG, G., Die Statusprobleme Ost-Berlins 1949–1980 (BIOISt, H. 44), Köln 1980

MALLINCKRODT, A. M., Die Selbstdarstellung der beiden deutschen Staaten im Ausland, Köln 1983

SCHNEIDER, E., Der Nationsbegriff der DDR und seine deutschlandpolitische Bedeutung (Heft 33, BIOISt), Bonn 1981

BRUHNS, W., Deutsch-deutsche Beziehungen, Opladen 1982

FINN, G./L. JULIUS (Hrsg.), Von Deutschland nach Deutschland. Zur Erfahrung der inneren Übersiedlung, Köln 1983

THURICH, E., Die Teilung Deutschlands. Dokumente zur deutschen Frage, Frankfurt a. M., Berlin, München 1982

END, H., Zweimal deutsche Außenpolitik. Internationale Dimensionen des innerdeutschen Konflikts 1949–1972, Köln 1973

8. Kapitel

CIPOLLA, C. M., Europäische Wirtschaftsgeschichte in 4 Bde., Bd. 3: Die industrielle Revolution in der Weltgeschichte, Stuttgart 1976

HENNING, F.-W., Die Industrialisierung in Deutschland 1800 bis 1914, (Wirtschafts- und Sozialgeschichte Bd. 2), Paderborn 1973

KEBSCHULL, D./K. FASBENDER/A. NAINI, Entwicklungspolitik. Eine Einführung, Düsseldorf 1975

OCHEL, W., Die Entwicklungsländer in der Weltwirtschaft, Köln 1982

PFETSCH, F. R./M. KAISER, Wirtschafts- und gesellschaftspolitisches Aktionsprogramm der Entwicklungsländer. Analyse und Bewertung. Forschungsberichte der BMZ Bd. 15, Köln 1981

BAUMER, J.-M./M. STADLER/R. KNOBLAUCH (Hrsg.), Angepaßte Technik für Entwicklungsländer, Diessenhofen 1979

SCHLOZ, R., Deutsche Entwicklungspolitik. Eine Bilanz nach 25 Jahren, München 1979

TETZLAFF, R., Die Weltbank: Machtinstrument der USA oder Hilfe für die Entwicklungsländer?, München 1980

WOYKE, W., Handwörterbuch Internat. Politik, Opladen 1977 ff.

MATTHIES, V., Neue Weltwirtschaftsordnung, Hintergründe – Positionen – Argumente, Opladen 1980

9. Kapitel

ANDERSEN, U., Das internationale Währungssystem zwischen nationaler Souveränität und supranationaler Integration, Berlin 1977

BREDOW, W. v./R. H. BROCKE, Einführung in die internationalen Wirtschaftsbeziehungen, Stuttgart 1981

HILLEBRAND, W. u.a., Nord-Süd-Dialog: Eine Zwischenbilanz. (Deutsches Institut f. Entwicklungspolitik), Berlin 1979

HIPPEL, E. v., Grundfragen der Weltwirtschaftsordnung, München 1980

KEBSCHULL, D./W. MICHALSKI/H. E. SCHARRER, Die neue Weltwirtschaftsordnung, Hamburg 1977

KHAN, K. M., Nord-Süd-Dialog und die Solidarisierung innerhalb der Dritten Welt, (Deutsches Übersee-Inst.), Hamburg 1981

LANGHAMER, R. J./B. STECHER, Der Nord-Süd-Konflikt. Die Spielregeln der Weltwirtschaft im Brennpunkt, Würzburg 1980

LEONTIEF, W. u.a., Die Zukunft der Weltwirtschaft. Bericht der Vereinten Nationen, Stuttgart 1977

Der RiO-Bericht an den Club of Rome: Wir haben nur eine Zukunft (Leitung: Jan Tinbergen), Opladen 1977

Der Brandt-Report: Das Überleben sichern. Bericht der Nord-Süd-Kommission (Leitung: Willy Brandt), Frankfurt a. M. 1981

STRAHM, R. H., Überentwicklung - Unterentwicklung. 5. Auflage, Gelnhausen 1981

RÖHRICH, W. (u. M. v. K. G. Zinn), Politik und Ökonomie der Weltgesellschaft. Das internationale System, Opladen 1983

10. Kapitel

MEADOWS, D., Die Grenzen des Wachstums. Bericht des Club of Rome zur Lage der Menschheit, Stuttgart 1972

Global 2000, Der Bericht an den Präsidenten, Frankfurt a. M. 1980, Zusatzband: Zeit zum Handeln, 1981

BINSWANGER, H. C./W. GEISSBERGER/TH. GINSBURG (Hrsg.), Der NAWU-Report: Wege aus der Wohlstandsfalle. Strategien gegen Arbeitslosigkeit und Umweltkrise, Frankfurt a. M. 1978

FREY, B. S., Umweltökonomie, Göttingen 1972

Umweltgutachten 1974 und 1978 des Rates von Sachverständigen für Umweltfragen. Hauptgutachten. Bundestagsdrucksachen 7/2802 und 8/1938, auch: Stuttgart 1974/1978

MENSCH, G., Das technologische Patt. Innovationen überwinden die Depression, Frankfurt a. M. 1975

MEYER-ABICH, K. M./U. STEGER (Hrsg.), Mikroelektronik und Dezentralisierung, Berlin 1982

FRIEDRICHS, G./A. SCHAFF (Hrsg.), Auf Gedeih und Verderb. Mikroelektronik und Gesellschaft. Bericht an den Club of Rome, Wien 1982

KRUEDENER, J. v./K. v. SCHUBERT (Hrsg.), Technikfolgen und sozialer Wandel, Köln 1981

BENSELER, F./R. G. HEINZE/A. KLÖNNE (Hrsg.), Zukunft der Arbeit, Hamburg 1982

KROCKOW, CH. GRAF V., Grenzen der Politik, Beilage zu Parlament B 32–33/82

Quellenhinweise (weitere Literatur)

4. Kapitel

BAESECKE/MAIER, Finanzbeziehungen Berlin – Bund, Landeszentrale f. pol. Bildungsarbeit, Berlin 1981

EUCKEN, W., Grundsätze der Wirtschaftspolitik, 1952

FLECHTHEIM, O. K., Die Parteien der Bundesrepublik Deutschland, Hamburg 1973

HOFFMANN/KLEINSTEUBER, Ökonomische Aspekte der Neuen Medien, in: Rundfunk und Fernsehen, H. 2–3/1979

KAACK, H., Die personelle Struktur des 9. Deutschen Bundestages – ein Beitrag zur Abgeordnetensoziologie, in: ZParl. H. 2/1979

REXIN, M./MOLTMANN/LILGE, Die Jahre 1945–1949, Hannover 1962

WALLICH, H. C., Triebkräfte des deutschen Wiederaufstiegs, Frankfurt a. M. 1955

5. Kapitel

BEYER, A. u. a., Aktuelle Probleme des Preissystems in der DDR, Erlangen 1977

Handbuch der DDR-Wirtschaft. Eine Bestandsaufnahme, hrsg. vom Deutschen Institut für Wirtschaftsforschung, bearb. v. Peter Mitzscherling, Manfred Melzer u. a. (rororo 6217), Reinbek 1977

LAPP, P. J., Die Volkskammer der DDR, Opladen 1975

KUPPE, J./KUPPER, S., Parteitag der Kontinuität, in: Deutschland-Archiv 7/1981, S. 714–737

ERDMANN, K./MELZER, M., Die Kombinatsverordnung in der DDR, in: Deutschland-Archiv 9/1981, S. 929–942; 10/1981, S. 1046–1062

SCHMITT, K., Politische Erziehung in der DDR, Paderborn 1980

SCHNEIDER, E., Die Volksvertretungen in der DDR, in: Zeitschrift für Politik, 22. Jg. (1975), Heft 2, S. 183–201

6. Kapitel

SEIDEL, M., Institutionelle und rechtliche Probleme des Europäischen Währungssystems (EWS) in: Integration H. 2/81

VORLÄNDER, H., Die Dauerkrise der Europäischen Gemeinschaft, Beilage zu PARLAMENT B 29–30/1981

Gründungskommuniqué (1949) und Statut des Rates für gegenseitige Wirtschaftshilfe vom 14. Dez. 1959 in der Fassung vom 21. 6. 1974, in: Bethkenhagen/Machowski, 1976

Komplexprogramm für die weitere Vertiefung und Vervollkommnung der Zusammenarbeit und Entwicklung der sozialistischen ökonomischen Integration der Mitgliedsländer des RGW, in: Neues Deutschland v. 7. 8. 1971

MEISSNER, B., Die Breshnew-Doktrin. Dokumentation, Köln 1970

BRUNNER/MEISSNER (Hrsg.): Verfassungen der kommunistischen Staaten, NTB Schöning Paderborn 1979

7. Kapitel

ABENDROTH, W., International Relations Völkerrecht und Außenpolitik als Teildisziplinen der politischen Wissenschaft – ein Disput mit E. O. Czempiel, in: E. Krippendorf 1973, S. 19

Außenpolitik der DDR, Sozialistische deutsche Friedenspolitik. Hrsg. vom Inst. f. Intern. Beziehungen, Berlin (Ost) 1982

BONWETSCH, B., Kalter Krieg als Innenpolitik. Überlegungen zu innenpolitischen Bedingungen des Ost-West-Konflikts nach 1945, in: F. Quarthal/W. Setzler (Hrsg.) Stadtverfassung – Verfassungsstaat – Pressepolitik, Sigmaringen 1980

BRUNS, W., Außenpolitik oder Außenpolitik der DDR?, in: Aus Politik und Zeitgeschehen. B 19/77

CZEMPIEL, E. O., Amerika – Deutschland – ein besonderes Verhältnis. Hrsg. von der hessischen Landeszentrale f. Polit. Bildung, Wiesbaden 1980

CZEMPIEL, E.-O., Neue Kleider, aber keine Kaiser, in: Politische Vierteljahresschrift, H. 2/1981, S. 134

GORSCHKOW, S. G., Seemacht Sowjetunion, Hamburg 1978

HAFTENDORN, H., Theorie der Internationalen Beziehungen, in: Woyke, W. (Hrsg.) Handwörterbuch der Internationalen Politik, 2. Aufl., Opladen 1980, S. 333–344

HINTZE, O., Über individualistische und kollektivistische Geschichtsauffassung in: Historische Zeitschrift, 78, München Leipzig 1897, S. 60 f.

HUBASCHEK/FARWICK, Entscheidung in Deutschland. Warschauer Pakt contra Nato, Berg am See 1978

KEHR, E., Englandhaß und Weltpolitik, in: Krippendorf, E. (Hrsg.), Internationale Beziehungen, 1973, S. 122–143

KIERSCH, G., Außenpolitik, in: Woyke (Hrsg.) Handwörterbuch Internationale Politik, 2. Aufl. 1980, S. 18

KRIPPENDORF, E., in: Krippendorf, Internationale Beziehungen, Ist Außenpolitik Außenpolitik?, S. 208–215

LINK, W., Deutsche und amerikanische Gewerkschaften und Geschäftsleute 1945–1975, Düsseldorf 1978

HOFFMANN, H., Sozialistische Landesverteidigung, Berlin (Ost) 1974

8. Kapitel

ANSPRENGER, F., Auflösung der Kolonialreiche, München 1966

BAADE, F., Dynamische Weltwirtschaft, München 1970

BHALLA, A. S., Überlegungen aus der Sicht der Entwicklungsl. und des ILO-Programms. in: Baumer u. a., Angepaßte Technik, 1979

HÜFNER, K./J. NEUMANN, Neue Weltwirtschaftsordnung? Der Nord-Süd-Konflikt im UNO-System, 2. Auflage, Berlin 1980 (Landeszentrale f. pol. Bildungsarbeit)

IMFELD, A., Erst eine Politik der self-reliance macht Technologie angepaßt. in: Baumer u. a., Angepaßte Technik, 1979

NIESMANN, H., Entwicklungspolitik, in: Woyke, Handwörterbuch, S. 95 ff.

REDDY, A. K. N., Der Standpunkt der Entwicklungsländer und Aktionen in Indien, in: Baumer u. a., Angepaßte Technik, 1979

WURM, F. F., Wirtschaft und Gesellschaft heute. Fakten und Tendenzen, 2. Aufl., Opladen 1974

9. Kapitel

ENGELHARD, K., Weltverkehr, Braunschweig 1981

GRUHLER, W., Die Kontroverse um die multinationalen Unternehmen. Kritik der Vorwürfe und Forderungen (Hrsg. vom Institut der deutschen Wirtschaft), Köln 1974

MIELKE, S., Multinationale Konzerne – Anmerkungen zur Definition, Entstehung und Entwicklung, Gegenwartskunde Heft 1/1974

STANDOP, D., Multinationale Konzerne (MNK), in: Woyke Handwörterbuch, 1977

10. Kapitel

ARNDT, A., Politische Reden und Schriften, Hrsg. v. H. Ehmke und C. Schmid, Berlin, Bonn 1976

BRANDENBURG, A. G./P. BRÖDNER/H.-W. HETZLER/G. SCHIENSTOCK, Die Innovationsentscheidung, Göttingen 1975

Energiegutachten des Rates von Sachverständigen für Umweltfragen. Sondergutachten, Abdruck in: Frankfurter Rundschau Nr. 186 v. 14. 8. 1981

HARTKOPF, G., Für mich geht Gesundheit vor Gewinn. Möglichkeiten und Grenzen einer ökologisch orientierten Umweltpolitik in den achtziger Jahren, Abdruck in: Frankfurter Rundschau Nr. 76 v. 30. 3. 1979

KUPPER, G./P. LUNDGREEN/P. WEINGART, Umweltforschung – die gesteuerte Wissenschaft? Eine empirische Studie zum Verhältnis von Wissenschaftsentwicklung und Wissenschaftspolitik, Frankfurt a. M. 1978

QUEISSER, H.-J., Entwicklung der Mikroelektronik. Impulse aus Politik, Wissenschaft und Industrie, in: Meyer-Albich/Steger, S. 21 ff.

KING, A., Einleitung: Eine neue industrielle Revolution oder bloß eine neue Technologie? in: Friedrichs/Schaff, S. 11 ff.

LORENZ, G., Technische und wirtschaftliche Möglichkeiten und Betroffenheit durch Mikroelektronik, in: Meyer-Albich/Steger, S. 39 ff.

CURNOW, R u. S. CURRAN, Anwendung der Technologie, in: Friedrichs/Schaff, S. 101 ff.

EVANS, J., Arbeitnehmer und Arbeitsplatz, in: Friedrichs/Schaff, S. 169 ff.

DOSTAL, W., Beschäftigungspolitische Wirkungen der Mikroelektronik, in: Meyer-Abich/Steger, S. 97 ff.

LAMBORGHINI, B., Die Auswirkungen auf das Unternehmen, in: Friedrichs/Schaff, S. 131 ff.

STEGER, U., Politische Steuerungsmöglichkeiten der Mikroelektronik-Anwendung, in: Meyer-Abich/Steger, S. 115 ff.

RADA, J. F., Aussichten für die dritte Welt, in: Friedrichs/Schaff, S. 225 ff.

Quellenangaben für Zitate

HENNING, F.-W., Die Industrialisierung in Deutschland 1800 bis 1914 (UTB 145) 6. Auflage 1984, Ferdinand Schöningh, Paderborn

ANSPRENGER, F., Auflösung der Kolonialreiche (dtv 4013), Band 13 (Reihe: dtv-Weltgeschichte des 20. Jahrhunderts), München

CIPOLLA, C. M., Die Industrielle Revolution in der Weltgeschichte. Einführung; in: Europäische Wirtschaftsgeschichte in 4 Bd. = The Fontana economic history of Europe, hrsg. v. C. M. Cipolla. Dt. Ausg. hrsg. v. K. Borchardt, Band 3: Die Industrielle Revolution, G. Fischer Verlag, Stuttgart/New York 1976

ANDERSEN, U., Das internationale Währungssystem zwischen nationaler Souveränität und supranationaler Integration, 1977, Duncker & Humblot, Berlin

Register

543

Bildquellennachweis

Aus der letzten Ausgabe wurden Abbildungen folgender Bildagenturen
übernommen. (Die Zahlen in Klammern kennzeichnen die neu aufge-
nommenen Abbildungen.)

Umschlagabbildung: stern, Hamburg (Foto: Meyer-Andersen) – ADN
Zentraldienst, Berlin (Ost): (320.141) – Allgemeine Presse, DDR (Der Tagesspiegel): (310.137) – Archiv für Kunst und Geschichte, Berlin: (60.20;
61.21; 62.22; 66.24; 182.84; 184.86; 223.103/5; 223.103/2, 5; 327.142,
143; 347.152/1, 2) – Associated Press, Frankfurt a.M.: 18 – Athenäum,
Berlin: 3 – Bavaria-Verlag, Gauting: 1 (17.2; 200.91) – B. Behnke, Braunschweig: 1 – J. H. Darchinger, Bonn: 1 – Deutsche Presse-Agentur, Hamburg: 29 (31.6; 56.18; 91.39; 92.40; 220.100; 249.112; 303.134; 336.145/1,
2; 347.152/3; 385.166; 398.171, 172; 407.180; 415.182; 416.183; 419.185;
445.202) – Dietz Verlag, Hannover: 2 – Dr. P. Fuchs, Göttingen: 1 – FAZ,
Frankfurt a.M.: 2 – Gesamtdeutsches Institut, Bonn: 16 – Gerstenberg,
Frankfurt a.M.: 2 – Historia Foto, Bad Sachsa: 5 – Interfoto, München: 2 –
Keystone, München: 15 – laenderpress, Düsseldorf: 2 – Landtag Kiel: 1 –
Verlag Langewiesche-Brandt, Ebenhausen: 2 – Frau Dr. Maier, Braunlage:
1 – P. Neugebauer, Hamburg: 1 – Presse- und Informationsamt der Bundesregierung, Bonn: 10 – (217.97, freig. durch den Regierungspräsidenten
in Düsseldorf, Freigabe-Nr. O H 2165; 223.103/4; 228.104; 230.105/5;
237.106, 107; 337.146; 341.150; 410.181; 504.217) – Sabah Saaid, Frankfurt a.M.: 1 – Verlag E. Schmidt, Berlin: 1 – Seeboth, Wolfenbüttel: 1 –
Staatsbibliothek, Berlin: 9 – Süddeutscher Verlag, München: 58 (22.3;
26.4; 81.31; 90.38; 94.41; 187.87; 223.103/1, 3, 6; 238.108; 400.173) – Tio-
foto, Stockholm: 1 – Ullstein-Bilderdienst, Berlin: 53 (125.59; 129.63;
209.95; 221.102; 343.151; 422.188/1, 3; 502.216) – USIS, Bad Godesberg:
17 – Wesemann, Braunschweig: 1 – The Wiener Library, London: 2 –
Zefa, Düsseldorf: 2 – Zibelius, Braunschweig: 1